Empirische Finanzmarktforschung/ Empirical Finance

Reihe herausgegeben von
Jan P. Krahnen, Frankfurt am Main, Deutschland
Richard Stehle, Berlin, Deutschland

D1640731

Im betriebswirtschaftlichen Gebiet Finanzierung hat die empirische Forschung in den vergangenen Jahren beträchtlich an Bedeutung gewonnen. In die vorliegende Schriftenreihe sollen Dissertationen und Habilitationen aufgenommen werden, die zur empirischen Finanzmarktforschung (im weitesten Sinne) einen wichtigen Beitrag leisten. Autoren bzw. die sie betreuenden Hochschullehrer werden aufgefordert, sich bei Interesse an einer Aufnahme der Arbeit in die Reihe mit den Herausgebern in Verbindung zu setzen.

Weitere Bände in der Reihe http://www.springer.com/series/12260

Stefan Daske

Vorzugsaktien in Deutschland

Historische und rechtliche Grundlagen, ökonomische Analyse, empirische Befunde

Mit einem Geleitwort von Prof. Richard Stehle, Ph. D.

Stefan Daske
Berlin, Deutschland

Dissertation Humboldt-Universität zu Berlin, 2018

Empirische Finanzmarktforschung/Empirical Finance
ISBN 978-3-658-25775-0   ISBN 978-3-658-25776-7   (eBook)
https://doi.org/10.1007/978-3-658-25776-7

Die Deutsche Nationalbibliothek verzeichnet diese Publikation in der Deutschen National-
bibliografie; detaillierte bibliografische Daten sind im Internet über http://dnb.d-nb.de abrufbar.

Springer Gabler
© Springer Fachmedien Wiesbaden GmbH, ein Teil von Springer Nature 2019

Springer Gabler ist ein Imprint der eingetragenen Gesellschaft Springer Fachmedien Wiesbaden GmbH
und ist ein Teil von Springer Nature
Die Anschrift der Gesellschaft ist: Abraham-Lincoln-Str. 46, 65189 Wiesbaden, Germany

Meinen Eltern und meiner Familie
in Dankbarkeit gewidmet.

Geleitwort des Betreuers

Die Möglichkeit der Unterteilung des Eigenkapitals in zwei oder mehr Klassen wird in den wichtigsten Industrieländern schon mindestens seit Anfang des letzten Jahrhunderts genutzt, in einigen davon stark. Hierzu zählen u.a. die USA, Deutschland, die Schweiz, Schweden und Italien. In den USA wurden z.B. 76 der 461 von Howell (2017, Tabelle 5) erfassten Börseneinführungen von Unternehmen im Zeitraum 2009-2013 als sog. Dual-Class-IPO durchgeführt, 34,1% der Gesamterlöse der 461 Börseneinführungen stammen von diesen Dual-Class-IPOs. Ein Ende dieser Popularität ist in den genannten Ländern nicht abzusehen.

Fast immer unterscheiden sich die einzelnen Aktienklassen durch ihre Stimm- und Cashflow-Rechte. Dazu können weitere, ebenfalls in der Satzung festgelegte Unterschiede kommen. Die rechtlichen Rahmenbedingungen und die Marktusancen unterscheiden sich allerdings von Land zu Land, oft auf signifikante Weise. In fast allen Ländern haben sie sich im Zeitablauf geändert, u.a. auch in Deutschland. Nicht geändert haben sich in Deutschland allerdings die Bezeichnungen der beiden Aktiengattungen, traditionell wird zwischen Stamm- und Vorzugsaktien unterschieden. Letztere haben etwa seit den fünfziger Jahren in der Regel kein Stimmrecht und erhalten dafür häufig eine etwas höhere Dividende.

Zu einem Teil der mit Dual-Class-Systemen verbundenen Probleme liegen interessante wissenschaftliche Beiträge vor, z.B. zum ökonomischen Wert von Stimmrechten und zur Vorteilhaftigkeit der Zusammenführung der beiden Aktiengattungen. Insgesamt sind die Zahl der „weltweit" vorhandenen Forschungsarbeiten und der bisherige wissenschaftliche Erkenntnisstand zu Vorzugsaktien im Hinblick auf ihre praktische Bedeutung allerdings als gering einzustufen, dies gilt insbesondere auch für Deutschland.

Die vorliegende Arbeit füllt diese Lücke auf mehrfache Weise: In einem ersten Schritt werden die historischen und rechtlichen Grundlagen behandelt, wobei auch ausführlich auf andere Industrieländer eingegangen wird und viele historische Quellen herangezogen werden. In einem zweiten Schritt werden die mit Dual-Class-Systemen zusammenhängenden ökonomischen Probleme in umfassender Weise behandelt, wobei auch ein tiefgehender Überblick über die vorhandene Literatur gegeben wird. In einem dritten Schritt führt der Verfasser eine Reihe höchst interessanter eigener empirischer Untersuchungen durch.

Besonders hervorzuheben ist, dass Stefan Daske sich auf eine umfassende, weitgehend selbst erhobene Datenbank zu Stamm- und Vorzugsaktien stützen kann; es dürfte sich um die derzeit wichtigste diesbezügliche Datenbank für Deutschland handeln. Vollständig erhoben wurden z.B. alle seit 1938 börsennotierten Vorzugsaktien, ab 1954 liegen u.a. sorgfältig erhobene Kurs-, und Renditedaten auf monatlicher Basis sowie Daten zur Aktionärsstruktur der Dual-Class-Unternehmen vor. Durch die eigenen theoretischen und insbesondere empirischen Untersuchungen gelingt es dem Verfasser, eine Vielzahl wichtiger wissenschaftlicher Beiträge zu leisten.

Als Folge ihrer Breite und Tiefe dürfte diese Arbeit für viele Jahre zum Standardwerk über deutsche Vorzugsaktien werden. Besonders erfreulich ist, dass die Arbeit auch als E-Book verfügbar sein wird und damit auf digitale Weise durchsucht werden kann.

Richard Stehle

Überblick

Inhaltsverzeichnis _____ XI

Einführung_____ 1

**Erster Teil: Historische Entwicklung und rechtliche Grundlagen von
 Vorzugsaktien**_____ **9**
1 Historische Entwicklung von Vorzugsaktien in Deutschland_____ 9
2 Vorzugsaktien nach heutigem Aktienrecht _____ 47

Zweiter Teil: Vorzugsaktien in der Unternehmensfinanzierung_____ **193**
3 Stimmrechtslose Vorzugsaktien als Finanzierungsquelle und als
   Anlageinstrument_____ 193
4 Ökonomische Analyse von Dual-Class-Strukturen _____ 287

Dritter Teil: Empirische Analysen von Vorzugsaktien _____ **441**
5 Kursunterschiede, Renditen und Aktionärsstrukturen von Dual-Class-
   Unternehmen _____ 441

Schlussfolgerungen und Ausblick_____ **597**

Anhang_____ 603
Literaturverzeichnis _____ 695

Inhaltsverzeichnis

Tabellenverzeichnis _____ XXI

Abbildungsverzeichnis _____ XXV

Abkürzungsverzeichnis _____ XXVII

Einführung _____ 1

**Erster Teil: Historische Entwicklung und rechtliche Grundlagen von
Vorzugsaktien** _____ 9

1 Historische Entwicklung von Vorzugsaktien in Deutschland _____ 9

  1.1 Entwicklung von Aktiengesellschaften in Preußen 9

    1.1.1 Entstehungsgründe 9

    1.1.2 Entwicklung des Aktienrechts 12

    1.1.3 Zwischenfazit 15

  1.2 Entwicklung der Prioritätsaktien bis 1918 16

    1.2.1 Prioritätsaktien versus Prioritätsobligationen 16

    1.2.2 Vorzugsaktien nach der Aktienrechtsnovelle von 1870 20

    1.2.3 Zwischenfazit 23

  1.3 Mehrstimmrechtsaktien nach dem Ersten Weltkrieg 23

    1.3.1 Erhöhtes Stimmrecht als Motiv zur Ausgabe von
Vorzugsaktien 23

    1.3.2 Aushöhlung der Aktionärsdemokratie 27

    1.3.3 Zunehmender Widerstand gegen Mehrstimmrechtsaktien 31

    1.3.4 Zwischenfazit 34

  1.4 Stimmrechtslose Vorzugsaktien nach dem Aktiengesetz von 1937 34

    1.4.1 Bedarf an Finanzierungsvorzugsaktien 34

    1.4.2 Neue Vorzugsaktien nach dem Aktiengesetz von 1937 37

      1.4.2.1 Regelungen der §§ 115-117 AktG 1937   37

      1.4.2.2 Obligationsähnliche versus partizipative
Vorzugsaktien   39

    1.4.3 Stimmrechtslose Vorzugsaktien in der Nachkriegszeit 42

    1.4.4 Zwischenfazit 44

2 Vorzugsaktien nach heutigem Aktienrecht _____ 47

  2.1 Vorzugsaktien mit einfachem Stimmrecht 47

    2.1.1 Vorzugsaktien als Aktien besonderer Gattung 47

    2.1.2 Schutzvorschriften für Stimmrechts-Vorzugsaktien 49

        2.1.3   Zwischenfazit 50
2.2   Stimmrechtslose Vorzugsaktien 50
        2.2.1   Vorbemerkung zur Aktienrechtsnovelle 2016 50
        2.2.2   Regelungen zum Stimmrecht in der bis 2015
                geltenden Fassung des Aktiengesetzes 54
                2.2.2.1   Voraussetzungen für den Stimmrechtsausschluss   54
                2.2.2.2   Aufleben des Stimmrechtes von
                          stimmrechtslosen Vorzugsaktionären   56
        2.2.3   Schutzvorschriften für stimmrechtslose Vorzugsaktionäre 59
                2.2.3.1   Unmittelbare Beeinträchtigung des Vorzugs
                          gemäß § 141 Abs. 1 AktG   60
                2.2.3.2   Mittelbare Beeinträchtigung des Vorzugs
                          gemäß § 141 Abs. 2 AktG   61
                2.2.3.3   Ausnahmen vom Erfordernis der Zustimmung zu
                          Kapitalerhöhungen   63
                2.2.3.4   Sonderbeschluss nach § 141 Abs. 3 AktG   67
                2.2.3.5   Weitere Schutzvorschriften für stimmrechtslose
                          Vorzugsaktionäre   71
                2.2.3.6   Behandlung stimmrechtsloser Vorzugsaktien bei
                          Umwandlungen   75
        2.2.4   Vermögensrechtliche Ausgestaltung nach der bis 2015
                maßgeblichen Fassung des Aktiengesetzes 77
                2.2.4.1   Gewinnvorrecht   77
                2.2.4.2   Nachzahlbarkeit des Dividendenvorzugs   79
                2.2.4.3   Gestaltung des Dividendenvorzugs und anderer
                          Vermögensrechte   86
                2.2.4.4   Bezugsrecht bei ordentlichen Kapitalerhöhungen   93
                2.2.4.5   Dividendenvorzug bei Kapitalerhöhungen aus
                          Gesellschaftsmitteln   102
                2.2.4.6   Dividendenvorzug bei Kapitalherabsetzungen   103
        2.2.5   Abschaffung stimmrechtsloser Vorzugsaktien 109
                2.2.5.1   Aufhebung des Gewinnvorzugs durch
                          Satzungsänderung   109
                2.2.5.2   Umtausch in Stammaktien   112
                2.2.5.3   Zwangseinziehung   118
                2.2.5.4   Aktienrückkauf und Einziehung eigener Aktien   120
                2.2.5.5   Squeeze-out   124

         2.2.5.6 Delisting von Vorzugsaktien   128
    2.2.6 Rechtliche Einordnung stimmrechtsloser Vorzugsaktien
         zwischen Eigen- und Fremdkapital 133
         2.2.6.1 Normativer Charakter stimmrechtsloser
                  Vorzugsaktien   133
         2.2.6.2 Behandlung stimmrechtsloser Vorzugsaktien in
                  speziellen Rechtsgebieten   135
    2.2.7 Zwischenfazit 140
2.3 Vorzugsaktien mit mehrfachem Stimmrecht 142
    2.3.1 Fortbestehen von Mehrstimmrechtsaktien............................. 142
         2.3.1.1 Ursprüngliche Regelungen im Aktiengesetz
                  von 1965   142
         2.3.1.2 Grundsätzliches Verbot von Mehrstimmrechts-
                  aktien durch das KonTraG   145
    2.3.2 Ausgleich bei Aufhebung von Mehrstimmrechten 148
         2.3.2.1 Rechtsgrundlagen für den Anspruch
                  auf einen Ausgleich   148
         2.3.2.2 Bestimmung des angemessenen Ausgleichs   150
         2.3.2.3 Abweichung vom Barausgleich durch
                  Hauptversammlungsbeschluss   152
         2.3.2.4 Problematik der einzelfallbezogenen Bewertung   154
    2.3.3 Mehrstimmrecht ohne Mehrstimmrechtsaktie....................... 155
         2.3.3.1 Teileingezahlte Aktien   155
         2.3.3.2 Höchststimmrechte   157
    2.3.4 Zwischenfazit 165
2.4 Ausgestaltung von Vorzugsaktien im internationalen Vergleich........ 165
    2.4.1 Vorzugsaktien in den USA..................................... 166
         2.4.1.1 Stimmrecht amerikanischer Vorzugsaktien   166
         2.4.1.2 Dividendenrechte von Preferred Stock   169
         2.4.1.3 Weitere Besonderheiten US-amerikanischer
                  Vorzugsaktien   172
         2.4.1.4 Vergleich von amerikanischen und deutschen
                  Vorzugsaktien   174
    2.4.2 Vorzugsaktien in ausgewählten anderen Aktienmärkten........ 175
    2.4.3 Kapitalproportionales Stimmrecht als Ziel europäischer
         Harmonisierung 183
    2.4.4 Zwischenfazit 190

Zweiter Teil: Vorzugsaktien in der Unternehmensfinanzierung_____ **193**
3   Stimmrechtslose Vorzugsaktien als Finanzierungsquelle und als
Anlageinstrument_____ 193
3.1   Entwicklung der Anzahl von Vorzugsaktien in Deutschland 193
3.2   Motive zur Emission stimmrechtsloser Vorzugsaktien..................... 201
  3.2.1   Erhaltung der Stimmrechtsmacht bei Kapitalbedarf................ 201
    3.2.1.1   Ermöglichung von Wachstumsfinanzierung   201
    3.2.1.2   Nutzung von Vorzugsaktien durch
              Familiengesellschaften   203
    3.2.1.3   KGaA als Alternative zu einer Dual-Class-Struktur 206
  3.2.2   Stimmrechtslose Vorzugsaktien als vorbeugende Maßnahme
          zur Abwehr von Übernahmen und zum Schutz
          privater Vermögensvorteile 208
    3.2.2.1   Abwehr von Übernahmen   208
    3.2.2.2   Sicherung privater Vermögensvorteile   209
    3.2.2.3   Sicherstellung einer langfristig orientierten
              Geschäftspolitik   211
    3.2.2.4   Behinderung des „Market for Corporate Control"? 213
  3.2.3   Bildung von Eigenkapitalpyramiden 214
  3.2.4   Vorteile stimmrechtsloser Vorzugsaktien gegenüber
          Fremdfinanzierung als Emissionsmotiv 217
  3.2.5   Weitere Gründe für die Begebung von Vorzugsaktien............ 219
    3.2.5.1   Sanierung des Unternehmens   220
    3.2.5.2   Finanzierung von Großinvestitionen   222
    3.2.5.3   Finanzierung von Unternehmensübernahmen   222
    3.2.5.4   Privatisierung öffentlicher Beteiligungen   223
    3.2.5.5   Ausübung von Wandel- oder Optionsrechten   224
    3.2.5.6   Belegschaftsaktien   224
    3.2.5.7   Diversifizierung des Beteiligungsportfolios   225
    3.2.5.8   Steigerung der Bekanntheit von Unternehmen
              mit festem Anteilsbesitz   226
    3.2.5.9   Regelung der Unternehmensnachfolge   226
  3.2.6   Vergleich der Finanzierung mit Vorzugsaktien gegenüber
          einer Finanzierung mit mezzaninem Fremdkapital 227
    3.2.6.1   Vorzugsaktien als mezzanines Finanzinstrument   227
    3.2.6.2   Vergleich der Eigenschaften der
              Finanzierungsinstrumente   228

3.2.7 Hebelwirkung von Vorzugsaktien 231

3.2.8 Zwischenfazit 236

3.3 Motive zum Erwerb stimmrechtsloser Vorzugsaktien 237

    3.3.1 Erwerb durch Streubesitzaktionäre 237

    3.3.2 Bevorzugte Beteiligung am Unternehmenserfolg 239

    3.3.3 Liquidationsrang 242

    3.3.4 Marktliquidität von Vorzugsaktien 244

    3.3.5 Schutz vor Geldentwertung 245

    3.3.6 Absicherung einer beabsichtigten Unternehmensübernahme .. 246

    3.3.7 Auswirkung steuerlicher Rahmenbedingungen 247

        3.3.7.1 Maßgebliche Regelungen zur Besteuerung
von Dividenden und Kursgewinnen 247

        3.3.7.2 Auswirkungen auf die Präferenz für
Dividendenausschüttungen 250

    3.3.8 Zwischenfazit 253

3.4 Motive zur Abschaffung stimmrechtsloser Vorzugsaktien 254

    3.4.1 Ermöglichung weiterer Eigenkapitalfinanzierung bei
Mehrheitsbesitz 255

    3.4.2 Steigerung des Unternehmenswertes und
Verbesserung der Corporate Governance 256

        3.4.2.1 Erhöhung des Marktwertes 256

        3.4.2.2 Erwartungen des Kapitalmarktes
an eine gute Corporate Governance 258

    3.4.3 Verbesserung der Liquidität 260

    3.4.4 Vermeidung von Dividendenausfällen 262

    3.4.5 Öffentlich angegebene Gründe für
die Abschaffung von Vorzugsaktien 263

    3.4.6 Zwischenfazit 265

3.5 Berücksichtigung von Stimmrechtsunterschieden in der Praxis 266

    3.5.1 Berücksichtigung des Kursunterschieds
von Stammaktien und stimmrechtslosen Vorzugsaktien
im Vergleichswertverfahren.................................. 267

        3.5.1.1 Anwendung des Vergleichswertverfahrens
bei Dual-Class-Unternehmen 267

        3.5.1.2 Anwendung bei der Bemessung des Ausgleichs
für das Erlöschen von Mehrstimmrechten 273

3.5.2   Ertragswert- und DCF-Verfahren zur Bewertung von
        Stimmrechtsunterschieden 275
        3.5.2.1   Ermittlung eines Ausgleichs für Mehrstimmrechte   276
        3.5.2.2   Anwendung auf stimmrechtslose Vorzugsaktien   278
3.5.3   Substanzsteuerliche Bewertung von Stamm- und
        Vorzugsaktien bei Dual-Class-Unternehmen 280
3.5.4   Zwischenfazit 284

4   Ökonomische Analyse von Dual-Class-Strukturen _____ 287
4.1   Vorbemerkung zur ökonomischen Analyse 287
4.2   Auswirkung von Corporate-Governance-Aspekten auf den
      Stimmrechtswert von Dual-Class-Unternehmen 290
      4.2.1   Das Prinzip „One Share – One Vote" 290
              4.2.1.1   Argumente von Grossman/Hart (1988) zur
                        Optimalität einer „One Share – One Vote"-Regel   290
              4.2.1.2   Sicherung eines funktionsfähigen Marktes für
                        Unternehmensbeherrschung   292
              4.2.1.3   Gegenargumente zur Optimalität von
                        „One Share – One Vote"   295
              4.2.1.4   Gesellschaftliche Dimension von
                        „One Share – One Vote"   297
              4.2.1.5   Jüngere empirische Untersuchungen zum
                        „One Share – One Vote"-Prinzip   298
              4.2.1.6   Schlussfolgerungen für die
                        „One Share – One Vote"-Diskussion   300
              4.2.1.7   „One Share – One Vote"-Argumentation und
                        Stimmrechtsunterschied   302
      4.2.2   Auswirkungen von Private Benefits und Agency-Kosten
              auf den Stimmrechtswert 306
              4.2.2.1   Einfluss von Agency-Kosten   307
              4.2.2.2   Extrahierung privater Vermögensvorteile und
                        Unternehmenswert   311
              4.2.2.3   Einfluss der Konzentration der Aktionärsstruktur   315
              4.2.2.4   Höhe von Private Benefits für
                        verschiedene Aktionärstypen   318
              4.2.2.5   Weitere Faktoren von Private Benefits   322
      4.2.3   Übernahmewahrscheinlichkeit und Stimmrechtswert 326

4.2.3.1   Nicht-monotoner Einfluss der
          Stimmrechtskonzentration   326
4.2.3.2   Weitere Einflussfaktoren für die
          Übernahmewahrscheinlichkeit   333
4.2.3.3   Einfluss eines Stimmrechtshandels auf Über-
          nahmewahrscheinlichkeit und Private Benefits   334
4.2.4   Experimentelle Ergebnisse zum Stimmrechtswert
        bei Dual-Class-Strukturen 335
4.2.5   Zwischenfazit 337
4.3   Unterschiedliche Cashflow-Rechte bei Dual-Class-Strukturen 338
4.3.1   Dividendenvorzug bei einperiodiger Betrachtung 339
4.3.2   Dividendenvorzug bei mehrperiodiger Betrachtung 342
        4.3.2.1   Bedeutung der Cashflows aus Dividenden   342
        4.3.2.2   Einfluss des Diskontierungsfaktors   346
4.3.3   Optionspreistheoretische Bewertung von Differenzen
        der Cashflowrechte 351
        4.3.3.1   Zerlegung von Dividendenvorzug und
                  Mehrdividende in Bull Spreads und Bear Spreads   351
        4.3.3.2   Abbildung der Nachzahlbarkeit   357
        4.3.3.3   Ableitung von Einflussfaktoren   361
4.3.4   Zwischenfazit 364
4.4   Weitere Einflussfaktoren auf Bewertungsunterschiede 365
4.4.1   Liquidität von Vorzugsaktien 365
4.4.2   Steuer-Klientel-Effekte und Ausschüttungspolitik 374
4.4.3   Zwischenfazit 378
4.5   Renditeunterschied und Risiko von Stamm- und Vorzugsaktien 380
4.5.1   Empirische Untersuchungen zum Renditeunterschied 380
4.5.2   Bedeutung der Cashflowrechte für Rendite und Risiko
        von Stamm- und Vorzugsaktien 382
        4.5.2.1   Einfluss der Vorzugsdividende und des
                  Dividendenausfallrisikos   382
        4.5.2.2   Zusammenhang zwischen Kursaufschlag und
                  Renditeunterschied   384
        4.5.2.3   Resultierende auf den erwarteten Cashflow
                  bezogene Hypothesen   388
4.5.3   Auswirkung der Aktionärsstruktur auf Rendite und Risiko 390
4.5.4   Zwischenfazit 393

4.6   Wahrscheinlichkeit und Auswirkungen der Abschaffung
      von Dual-Class-Strukturen 394
      4.6.1   Wahrscheinlichkeit der Umwandlung von Vorzugs- in
              Stammaktien 395
              4.6.1.1   Kursunterschied als Indikator für Private Benefits   395
              4.6.1.2   Einfluss der Aktionärs- und Kapitalstruktur   396
              4.6.1.3   Unternehmensgröße und
                        Umwandlungswahrscheinlichkeit   399
              4.6.1.4   Erwartungen an die künftige Entwicklung des
                        Unternehmens   402
      4.6.2   Auswirkungen der Umwandlung von Vorzugs-
              in Stammaktien 404
              4.6.2.1   Anstieg des Unternehmenswertes nach Wandlung   404
              4.6.2.2   Auswirkungen auf die Liquidität der Aktien   409
      4.6.3   Empirische Studien zu Umwandlungseffekten
              am deutschen Aktienmarkt 411
              4.6.3.1   Ergebnisse von Dittmann/Ulbricht (2008)   411
              4.6.3.2   Studie von Ehrhardt/Nowak/Kuklinski (2008)   414
              4.6.3.3   Analyse von Betzer/van den Bongard/Goergen
                        (2017)   416
      4.6.4   Zwischenfazit 417
4.7   Bisherige Untersuchungen zu einzelnen weiteren Aspekten
      von Dual-Class-Strukturen am deutschen Kapitalmarkt 419
      4.7.1   Einführung von Dual-Class-Strukturen 419
      4.7.2   Kointegration der Kurse von Stamm- und Vorzugsaktien 424
      4.7.3   Einfluss von Noise-Trading auf die Renditen von Stamm-
              und Vorzugsaktien 429
      4.7.4   Price Discovery von Stamm- und Vorzugsaktien 431
      4.7.5   Zwischenfazit 434
4.8   Zusammenfassung der herausgearbeiteten Hypothesen 436
      4.8.1   Hypothesen zum Kursunterschied
              zwischen Stamm- und Vorzugsaktien 436
      4.8.2   Hypothesen zum Renditeunterschied
              zwischen Stamm- und Vorzugsaktien 438

Dritter Teil: Empirische Analysen von Vorzugsaktien _____ **441**

5 Kursunterschiede, Renditen und Aktionärsstrukturen
    von Dual-Class-Unternehmen _____ 441

   5.1 Bisherige Studien zur Untersuchung von Kurs- und
         Renditeunterschieden 441

         5.1.1 Untersuchungen zum deutschen Kapitalmarkt 441

               5.1.1.1 Dissertation von Doerks (1992)   441
               5.1.1.2 Studie von Daske/Ehrhardt (2002)   445
               5.1.1.3 Übersicht über weitere Analysen
                         zum deutschen Kapitalmarkt   447

         5.1.2 Studien zum Bewertungsunterschied
                an ausländischen Kapitalmärkten 453

         5.1.3 Ländervergleichende Studien 463

   5.2 Datenbasis der empirischen Untersuchungen zu Dual-Class-
         Unternehmen in Deutschland.. 466

         5.2.1 Datenquellen und Beschreibung der Grundgesamtheit der
                Gesellschaften mit stimmrechtslosen Vorzugsaktien 466

         5.2.2 Aktionärsstruktur der Dual-Class-Unternehmen 469

               5.2.2.1 Erhebung von Aktionärsstrukturdaten   469
               5.2.2.2 Deskriptive Ergebnisse zur Aktionärsstruktur   472

         5.2.3 Erhebung von Kursdaten und weiterer relevanter Daten 483

               5.2.3.1 Kurs- und Umsatzdaten   483
               5.2.3.2 Ausschluss von Pennystocks   489
               5.2.3.3 Ausschluss von Gesellschaften mit besonders
                         geringem Handelsvolumen   491
               5.2.3.4 Tatsächlich verwendete Kursdaten   493
               5.2.3.5 Dividenden von Stamm- und Vorzugsaktien   497
               5.2.3.6 Berechnung der Aktienrenditen   499
               5.2.3.7 Nennwerte und Marktwerte   503
               5.2.3.8 Indexzugehörigkeit   506
               5.2.3.9 Makroökonomische Kennzahlen   508

   5.3 Kurs- und Renditeunterschied zwischen Stamm-
         und Vorzugsaktien – Deskriptive Analyse 512

         5.3.1 Kursunterschiede 512

               5.3.1.1 Bereinigung von Ausreißern   512
               5.3.1.2 Mittlerer Kursaufschlag im Zeitablauf   516
               5.3.1.3 Kursaufschlag nach Börsensegment   521

5.3.1.4   Marktwertgewichtete Betrachtung   525
5.3.2   Renditen und Renditeunterschiede
        von Stamm- und Vorzugsaktien 529
    5.3.2.1   Dividendenrenditen   529
    5.3.2.2   Monatliche Aktienrenditen
              von Stamm- und Vorzugsaktien   534
    5.3.2.3   Jährliche Aktienrenditen
              von Stamm- und Vorzugsaktien   538
    5.3.2.4   Renditeunterschied für unterschiedliche Anlage-
              zeiträume zu verschiedenen Anlagezeitpunkten   545
    5.3.2.5   Risiko von Stamm- und Vorzugsaktien   547
5.4   Analyse der Einflussfaktoren auf Kurs- und Renditeunterschiede 550
    5.4.1   Kapitalmarktbezogene Hypothesen 550
        5.4.1.1   Makroökonomische Einflüsse auf den
                  Kursunterschied   550
        5.4.1.2   Renditeunterschied   558
    5.4.2   Unternehmensspezifische Bestimmungsfaktoren 560
        5.4.2.1   Variablentransformation für Regressionen auf
                  Basis von Monatsdaten   560
        5.4.2.2   Einflussfaktoren auf Kurs- und Rendite-
                  unterschiede auf Basis monatlicher Daten   566
        5.4.2.3   Regressionen von Kurs- und Rendite-
                  unterschieden auf jährlicher Basis   575
        5.4.2.4   Einbeziehung von Aktionärsstrukturdaten in die
                  Erklärung von Kurs- und Renditeunterschieden 582
5.5   Zusammenfassung der Ergebnisse 590

Schlussfolgerungen und Ausblick_____597

Ergebnisse der Untersuchung... 597

Ansätze für weitere Forschung... 599

Ausblick 600

Anhang _____603

Anhang A: Detaillierte Nachweise zum Bezugsrecht bei ordentlichen
           Kapitalerhöhungen_____603

Anhang B: Datenbasis _____609

Anhang C: Detaillierte Darstellung von Ergebnissen_____620

Literaturverzeichnis _____695

Verzeichnis der Urteile und Rechtsquellen _____719

Tabellenverzeichnis

Tabelle 1: Aktiengesellschaften und Vorzugsaktien in Preußen (1903-1921). 22

Tabelle 2: Mehrstimmrechte bei börsennotierten Gesellschaften (1925-1935). 29

Tabelle 3: Mehrstimmrecht als Folge eines Höchststimmrechts von 20%.... 159

Tabelle 4: Ausgestaltung von Vorzugsaktien in ausgewählten
Aktienmärkten............ 182

Tabelle 5: Stimmrechts- und Grundkapitalanteile der größten Aktionäre von
35 Dual-Class-Unternehmen mit börsennotierten Vorzugsaktien. 190

Tabelle 6: Bevorzugung von Dividenden oder Thesaurierungen
im Zeitablauf nach Typ des Investors............ 252

Tabelle 7: Von der Finanzverwaltung angesetzte Auf- bzw. Abschläge
zur Bewertung einer nichtnotierten Gattung
bei Dual-Class-Unternehmen............ 282

Tabelle 8: Dividendenhöhen und Dividendenvorteil in Abhängigkeit
vom ausgeschütteten Bilanzgewinn............ 339

Tabelle 9: Auftreten einer höheren Rendite von Stammaktien in Abhängigkeit vom Kursverhältnis der Stamm- und Vorzugsaktien........ 387

Tabelle 10: Empirische Studien zu Kursunterschieden und Renditeeigenschaften von Stamm- versus Vorzugsaktien in Deutschland........ 448

Tabelle 11: Empirische Studien zu Dual-Class-Strukturen
an ausländischen Aktienmärkten (Auswahl)............ 454

Tabelle 12: Anzahl der Monatsschlusskurse
von Dual-Class-Unternehmen nach Börsensegment............ 487

Tabelle 13: Sensitivitätsanalyse zur Annualisierung von Monatsrenditen
bei Datenlücken 502

Tabelle 14: Indexmitgliedschaft von Dual-Class-Unternehmen............ 507

Tabelle 15: Mittlerer Kursaufschlag der Stammaktien
in Abhängigkeit von der Ausreißerbehandlung............ 513

Tabelle 16: Mittlerer Kursaufschlag in einzelnen Zeitperioden............ 521

Tabelle 17: Mittlerer Kursaufschlag nach Börsensegment und Zeitperiode 524

Tabelle 18: Mittlerer Kursaufschlag nach Art der Gewichtung............ 529

Tabelle 19: Mittlere jährliche gleichgewichtete Dividendenrenditen
von Stamm- und Vorzugsaktien bei Steuersatz 0 %............ 532

Tabelle 20: Mittlere monatliche Renditen von Stamm- und Vorzugsaktien
bei Steuersatz 0%............ 536

Tabelle 21: Jahresrenditen von Stamm- und Vorzugsaktien
bei Steuersatz 0%............ 541

Tabelle 22: Mittlere Renditen von Stamm- und Vorzugsaktien über verschie-
            dene Anlagezeiträume (geom. Jahresmittel, Steuersatz 0 %) 546
Tabelle 23: Mittlere Volatilitäten und Betafaktoren der Renditen
            von zeitgleich notierten Stamm- und Vorzugsaktien 548
Tabelle 24: Korrelationsmatrix der Aktiennachfrage-Variablen (monatlich).. 551
Tabelle 25: Korrelationsmatrix der makroökonomischen Variablen
            (monatliche Daten) 552
Tabelle 26: Regressionen des mittleren Kursaufschlags am Monatsende
            auf makroökonomische Erklärungsvariablen 553
Tabelle 27: Regressionen des mittleren Kursaufschlags am Jahresende
            auf makroökonomische Erklärungsvariablen (1975-2017) 556
Tabelle 28: Regressionen der monatlichen Renditedifferenzen von Stamm-
            und Vorzugsaktien auf makroökonomische Erklärungsvariablen. 559
Tabelle 29: Übersicht der Variablen für monatliche Regressionen 565
Tabelle 30: Korrelationsmatrix der unternehmensindividuellen
            metrisch skalierten Regressoren 566
Tabelle 31: Regressionen des Kursaufschlags auf Basis monatlicher Daten ... 568
Tabelle 32: Regressionen der monatlichen Renditedifferenz
            aus Stamm- und Vorzugsaktien 573
Tabelle 33: Übersicht der Variablen für jährliche Regressionen 576
Tabelle 34: Regressionen des Kursaufschlags auf Basis jährlicher Daten 577
Tabelle 35: Regressionen der jährlichen Renditedifferenz
            aus Stamm- und Vorzugsaktien 581
Tabelle 36: Übersicht der zusätzlichen Variablen für
            vierjährliche Regressionen 583
Tabelle 37: Regressionen des Kursaufschlags unter Einbeziehung der
            Aktionärsstrukturvariablen (vierjähriger Abstand) 584
Tabelle 38: Kursaufschlag nach Typ des größten Aktionärs und Zeitperiode . 586
Tabelle 39: Regressionen der Renditedifferenzen unter Einbeziehung der
            Aktionärsstrukturvariablen (vierjähriger Abstand) 588
Tabelle 40: Anzahl deutscher Vorzugsaktien (1938-2017) 609
Tabelle 41: Übersicht aller im Zeitraum 1939-2017 in Deutschland
            börsennotierten stimmrechtslosen Vorzugsaktien 612
Tabelle 42: Studien zur Vereinheitlichung der Aktiengattungen an
            ausländischen Aktienmärkten und länderübergreifende Studien .. 620
Tabelle 43: Mittlere Renditen und Renditedifferenzen der börsennotierten
            Stamm- und Vorzugsaktien von Dual-Class-Unternehmen nach
            Gewichtung 628

Tabelle 44: Renditen eines Portfolios aus notierten Vorzugsaktien
von Dual-Class-Unternehmen mit gleichzeitig notierten
Stammaktien über verschiedene Anlagezeiträume 630
Tabelle 45: Renditen eines Portfolios aus notierten Stammaktien
von Dual-Class-Unternehmen mit gleichzeitig notierten
Vorzugsaktien über verschiedene Anlagezeiträume 632
Tabelle 46: Renditen eines Portfolios aus allein notierten Vorzugsaktien
über verschiedene Anlagezeiträume 634
Tabelle 47: Differenzen aus den gleichgewichteten Renditen eines Portfolios
aus Stammaktien und eines Portfolios aus zugehörigen
Vorzugsaktien über verschiedene Anlagezeiträume 636
Tabelle 48: Differenzen aus den Renditen eines Portfolios aus Stammaktien
und eines Portfolios aus zugehörigen Vorzugsaktien über
verschiedene Anlagezeiträume
(Gewichtung: Marktwerte des Eigenkapitals) 638
Tabelle 49: Differenzen aus den Renditen eines Portfolios aus Stammaktien
und eines Portfolios aus zugehörigen Vorzugsaktien über
verschiedene Anlagezeiträume
(Gewichtung: Marktwerte der Vorzugsaktien) 640

Abbildungsverzeichnis

Abbildung 1:   Höhe der Dividenden auf Stamm- und Vorzugsaktien bei
               verschiedenen Typen von stimmrechtslosen Vorzugsaktien 92
Abbildung 2:   Anzahl börsennotierter deutscher Vorzugsaktien 1938-2017.. 194
Abbildung 3:   Aufnahme der Notierung von stimmrechtslosen deutschen
               Vorzugsaktien in Abhängigkeit von der Notierung
               der jeweiligen Stammaktie (1938-2017) 196
Abbildung 4:   Anzahl nichtnotierter Vorzugsaktien verschiedener Typen..... 197
Abbildung 5:   Statutarische Merkmale des Dividendenvorzugs
               aller seit 1953 an deutschen Börsen notierten
               stimmrechtslosen Vorzugsaktien 240
Abbildung 6:   Von den Unternehmen angegebene Gründe
               für die Wandlung von Vorzugs- in Stammaktien 263
Abbildung 7:   Einstellung der Notiz von stimmrechtslosen Vorzugsaktien
               nach Ursache (1960-2017) 265
Abbildung 8:   Absoluter und relativer Dividendenvorteil bei unter-
               schiedlicher Höhe des ausgeschütteten Bilanzgewinns 340
Abbildung 9:   Zerlegung des absoluten Dividendenvorteils der Vorzugsak-
               tien für einen Ausschüttungszeitpunkt in zwei Komponenten 352
Abbildung 10: Absoluter Dividendenvorteil der Vorzugsaktien bei
               Gesellschaften ohne statutarische Mehrdividende 356
Abbildung 11: Zahlungsprofil des Nachzahlungsrechts
               für rückständige Vorzugsdividenden 357
Abbildung 12: Mittlere Stimmrechtsanteile von Dual-Class-Unternehmen
               nach Aktionärstypen 473
Abbildung 13: Typ des größten Stammaktionärs nach relativer Häufigkeit.... 475
Abbildung 14: Kapitalanteil der Vorzugsaktien, Stimmenanteil des größten
               Aktionärs und Entwicklung des Grundkapitals
               der Dual-Class-Unternehmen im Zeitablauf........................... 477
Abbildung 15: Zeitliche Entwicklung des Stimmenanteils des größten Ak-
               tionärs und des Streubesitzanteils in aufeinanderfolgenden
               Beobachtungen nach Börseneinführung der Vorzugsaktie...... 480
Abbildung 16: Häufigkeit der Quartile für den Stimmenanteil
               des größten Aktionärs... 482
Abbildung 17: Anzahl der für die empirischen Untersuchungen verwende-
               ten Monatsschlusskurse von Stamm- und Vorzugsaktien 495
Abbildung 18: Häufigkeit der Marktwerte der in die Untersuchung einbe-
               zogenen Unternehmen mit börsennotierten Vorzugsaktien..... 505

Abbildung 19: Histogramm und Q-Q-Plot der logarithmierten Marktwerte ... 506

Abbildung 20: Mittlerer Kursaufschlag im Zeitablauf in Abhängigkeit
von der Ausreißerbehandlung.. 515

Abbildung 21: Histogramm und Q-Q-Plot des Kursaufschlags
der Stammaktien.. 516

Abbildung 22: Mittelwert, Median und Streuung des Kursaufschlags der
Stammaktien (Monatsdaten).. 518

Abbildung 23: Mittelwert und Quartile des Kursaufschlags der
Stammaktien (Quartalsdaten)... 519

Abbildung 24: Mittlerer Kursaufschlag nach Börsensegment...................... 522

Abbildung 25: Gleich- und marktwertgewichteter Mittelwert des
Kursaufschlags der Stammaktien im Zeitablauf..................... 526

Abbildung 26: Gleich- und marktwertgewichtete Mittelwerte des Kursaufschlags der Stammaktien in den Jahren 1998 bis 2010 527

Abbildung 27: Gleichgewichtetes Mittel der Dividendenrenditen von
börsennotierten Dual-Class-Unternehmen im Zeitablauf
(Steuersatz 0 %)... 530

Abbildung 28: Gleich- und marktwertgewichtetes Mittel der monatlichen
Renditedifferenzen von Stamm- und Vorzugsaktien............... 534

Abbildung 29: Mittlere gleichgewichtete Jahresrenditen der gleichzeitig
notierten Stamm- und Vorzugsaktien
von Dual-Class-Unternehmen 539

Abbildung 30: Gleich- und marktwertgewichtete mittlere Differenzen der
jährlichen Renditen von gleichzeitig notierten Stamm- und
Vorzugsaktien (Steuersatz 0 %)... 540

Abbildung 31: Partielle Regressionsplots bei Regression des Kursaufschlags
auf makroökonomische Variablen (jährliche Daten).............. 557

Abbildung 32: Histogramm der monatlichen logarithmierten
Handelsumsätze der Vorzugsaktien.. 561

Abbildung 33: Q-Q-Plot der Differenzen aus den Umsatzanteilen der Vorzugsaktien und den Anteilen der Vorzugsaktien am börsengehandelten Grundkapital gegen eine Normalverteilung 563

Abbildung 34: „Residual-versus-Fitted"-Plots von monatlichen
und jährlichen Regressionen.. 579

Abbildung 35: Kursentwicklung und Entwicklung des Kursverhältnisses
der Stamm- und Vorzugsaktien im Zeitablauf........................ 642

Abkürzungsverzeichnis

a. a. O.	am angegebenen Ort	bzgl.	bezüglich
Abb.	Abbildung	CAPM	Capital Asset Pricing
ABl.	Amtsblatt der		Model
	Europäischen Union	CDAX	Composite DAX
abzgl.	abzüglich	CEM	Control Enhancing
ADHGB	Allgemeines Deutsches		Mechanism
	Handelsgesetzbuch	CEO	Chief Executive Officer
ADP	Actions à Dividende	CF	Cashflow
	Prioritaire	CI (CIP)	Certificat d'investissement
ADV	absoluter Dividendenvorteil		(privilégié)
a. F.	alte(r) Fassung	c. p.	ceteris paribus
AG	Aktiengesellschaft/en	CRR	Kapitaladäquanz-
AktG	Aktiengesetz		verordnung
AMEX	American Stock Exchange	D / Div.	prioritätisch Dividende /
Ant.	Anteil		Dividende
Anz. / #	Anzahl	DAI	Deutsches Aktieninstitut
arithm.	arithmetisch		e. V.
ausl.	ausländisch	DAX	Deutscher Aktienindex
Az.	Aktenzeichen	d. h.	das heißt
BaFin	Bundesanstalt für Finanz-	DFDB	Deutsche Finanzmarkt-
	dienstleistungsaufsicht		datenbank
BayObLG	Bayerisches Oberstes	Diff.	Differenz
	Landesgericht	DJT	Deutscher Juristentag
BDI	Bundesverband der	DM	Deutsche Mark
	Deutschen Industrie	dt.	deutsch
Beob.	Beobachtungen	DurchfVO	Durchführungs-
BFH	Bundesfinanzhof		Verordnung
BGB	Bürgerliches Gesetzbuch	EBA	European Banking
BGH	Bundesgerichtshof		Authority
BIP	Bruttoinlandsprodukt	ebd.	ebenda
BMF	Bundesministerium der	EDV	Elektronische
	Finanzen		Datenverarbeitung
BörsG	Börsengesetz	EG / EU	Europäische
bspw.	beispielsweise		Gemeinschaft / Union
BT-Drs.	Bundestags-Drucksache	EGAktG	Einführungsgesetz zum
BVerfG	Bundesverfassungsgericht		Aktiengesetz
BVerwG	Bundesverwaltungsgericht	einschl.	einschließlich
BvR	Aktenzeichen beim	EK	Eigenkapital
	BVerfG	EUCGF	European Corporate
BW	Buchwert		Governance Forum

EuGH	Europäischer Gerichtshof	jährl.	jährlich
europ.	europäisch	jew.	jeweilig/e
f. / ff.	folgende / fortfolgende	Kateg.	Kategorie
	(Seite/n)	KG	Kommanditgesellschaft/
FAZ	Frankfurter Allgemeine		Kammergericht
	Zeitung	KGaA	Kommanditgesellschaft
			auf Aktien
FG	Finanzgericht	KKMDB	Karlsruher Kapital-
FinMin	Finanzministerium		marktdatenbank
	(eines Bundeslandes)	KonTraG	Gesetz zur Kontrolle und
FK	Fremdkapital		Transparenz im
Forts.	Fortsetzung		Unternehmensbereich
F-Test	Test auf Basis der Fisher-	KSt	Körperschaftsteuer
	Verteilung	KWG	Kreditwesengesetz
GE	Geldeinheit	LG	Landgericht
gem.	gemäß	log. / log	logarithmiert / Logarithmus
geom.	geometrisch	lt.	laut
ger.	geregelter (Freiverkehr)	m	Median
Ges.	Gesetz	μ	arithmetisches Mittel
Gew. / gew.	Gewicht / gewichtet	m.	mit
GG	Grundgesetz	M & A	„Mergers & Acquisitions"
ggf.	gegebenenfalls	MDiv	Mehrdividende
ggü.	gegenüber	MDAX	Mid-Cap-DAX
GK	Grundkapital	Med.	Median
gr.	größte/r	md. / mind.	mindestens
HDAX	vormals DAX100 (zuletzt	mglw.	möglicherweise
	110 Werte)	Mio.	Million/en
HGB	Handelsgesetzbuch	Mittelw.	arithmetisches Mittel
h. M.	herrschende Meinung	Mod.	Modell
http	Hypertext Transfer Protocol	MoMiG	Modernisierungs- und
HV	Hauptversammlung		Missbrauchs-
IAS	International Accounting		bekämpfungsgesetz
	Standards	Mon.	Monate
i. d. R.	in der Regel	monatl.	monatlich
IFRS	International Financial	Mrd.	Milliarde/n
	Reporting Standards	MSR	Mehrstimmrechte
IG	Interessengemeinschaft	MW	Marktwert
inkl.	inklusive	NASDAQ	National Association of
inl. / inländ.	inländisch		Securities Dealers
insb.	insbesondere		Automated Quotations
insg.	insgesamt	NSDAP	Nationalsozialistische
insign.	insignifikant		Deutsche Arbeiterpartei
IPO	Initial Public Offering	NYSE	New York Stock
i. V. m.	in Verbindung mit		Exchange
J.	Jahr/e	n. F.	neue(r) Fassung

n. rkr.	nicht rechtskräftiges Urteil	SK	Stammaktienkapital
o.	oder	sog.	so genannt
o. Ä.	oder Ähnliche/s	spez.	spezifisch/e
o. g.	oben genannt/e	SpruchG	Spruchgesetz
ökon.	ökonomisch/e	SRP	„Stimmrechtsprämie" (proz. Kursaufschlag)
OLG	Oberlandesgericht	SSRN	Social Science Research Network
OLS	Ordinary Least Squares (Regression)	StA	Stammaktien
o. V.	ohne (benannten) Verfasser	tgl.	täglich/e
		Tsd.	Tausend
OVG	Oberverwaltungsgericht	TUG	Transparenzrichtlinie-Umsetzungsges.
p-Wert	Überschreitungswahrscheinlichkeit	t-Test	Test auf Basis der Student-t-Verteilung
p. a.	per annum (pro Jahr)		
PBM	Private Benefit Multiplier	u.	und
prior.	prioritätische (Dividende)	u. a.	unter anderem
proz.	prozentual	UmwG	Umwandlungsgesetz
PS	Partizipationsschein	usw.	und so weiter
Q-Q-Plot	Quantil-Quantil-Diagramm	u. U.	unter Umständen
		URL	Uniform Resource Locator
R^2	Bestimmtheitsmaß	v.	von
RDV	relativer Dividendenvorteil	vgl.	vergleiche
RKU	relativer Kursunterschied	VK	Vorzugsaktienkapital
RM	Reichsmark	VW	Volkswagen AG
RMSE	Root Mean Square Error	Vz / VzA	Vorzüge / Vorzugsaktien
Rn.	Randnummer	WKN	Wertpapierkennnummer
RoA	Gesamtkapitalrentabilität	Wkt.	Wahrscheinlichkeit
RSRA	relativer Stimmrechtsanteil	WpHG	Wertpapierhandelsgesetz
RTS	Regulatory Technical Standard	WpÜG	Wertpapiererwerbs- und Übernahmegesetz
s.	siehe	z. B.	zum Beispiel
S.	Seite	ZPO	Zivilprozessordnung
SchVG	Schuldverschreibungsgesetz	z. T.	zum Teil
SDAX	Small-Cap-DAX	zugl.	zugleich
SE	Societas Europaea (Europäische Gesellschaft)	1S1V	One Share – One Vote
		&	und
SEC	Securities and Exchange Commission	#	Anzahl (Beobachtungen)
sign.	signifikant		

Einführung

Im Jahr 1908 war Schmalenbach der Ansicht, „dass man dem gesamten Aktienwesen einen großen Dienst erweisen würde, wenn man die Möglichkeit, mehrere Aktiengattungen zu besitzen, abschaffte", denn „ein Bedürfnis nach Vorzugs-Aktien hat in der Hauptsache die Gesellschaft, die des Marktkapitals bedarf, sich aber zu einer hinreichenden Sanierung nicht entschließen kann".[1] 1950 hatte Schmalenbach hingegen die letztlich zutreffende Vorstellung, dass den Vorzugsaktien künftig eine größere Bedeutung zukommen werde.[2] Weitere gut 50 Jahre später sehen Wenger/Hecker (2004) den Vorzugsaktionär als „besonders rechtlose Variante des Minderheitsgesellschafters" und als „bevorzugtes Plünderungsopfer".[3] So wie die geschilderten Ansichten hat sich auch das Wesen der deutschen Vorzugsaktien in den rund 180 Jahren ihrer Geschichte seit 1839 mehrfach grundlegend gewandelt.

Während die im 19. Jahrhundert emittierten Vorzugsaktien hauptsächlich der Finanzierung von Investitionsprojekten mit hohem Kapitalbedarf, insbesondere im Eisenbahn- und Bergbau und bei so genannten Terraingesellschaften, dienten, wurde die zum Zwecke der Abwendung einer vermeintlichen Gefahr einer „äußeren Überfremdung" geschaffene Möglichkeit der Ausstattung von Vorzugsaktien mit mehrfachem Stimmrecht nach dem Ersten Weltkrieg in extensiver Weise auch zur Abwehr anderer „unliebsamer Einflüsse"[4] wie ausländischer Aktionäre genutzt; die *Mehrstimmrechtsaktien* waren letztlich *das* Mittel der Wahl zur Sicherung der Beherrschung der jeweiligen Gesellschaft. Daher konzentrierte sich die wissenschaftliche Diskussion zu jener Zeit auf diese dem demokratischen und ursprünglich genossenschaftlichen Verständnis einer Aktiengesellschaft zuwiderlaufenden Tendenzen. In der Bundesrepublik wurde die mit dem Aktiengesetz von 1937 eingeleitete Abschaffung von Mehrstimmrechtsaktien nicht mit Nachdruck verfolgt und erst 1998 durch das Gesetz zur Kontrolle und Transparenz im Unternehmensbereich (KonTraG) erleichtert.

Stimmrechtlose Vorzugsaktien wurden in Deutschland 1937 eingeführt; 1965 wurde das maximal zulässige Volumen solcher Aktien auf die Hälfte des Grundkapitals erweitert. Dies begünstigte vor allem mittelständisch geprägte Familienunternehmen, die im Nachkriegsdeutschland wesentlich zum wirtschaftlichen

---

[1] Schmalenbach (1908), S. 262.
[2] Vgl. Schmalenbach (1950), S. 63.
[3] Wenger/Hecker (2004), S. 265.
[4] Schmalenbach (1928), S. 255.

© Springer Fachmedien Wiesbaden GmbH, ein Teil von Springer Nature 2019
S. Daske, *Vorzugsaktien in Deutschland*, Empirische Finanzmarktforschung/Empirical Finance, https://doi.org/10.1007/978-3-658-25776-7_1

Aufschwung beitrugen und die für Erweiterungsinvestitionen auf – aus ihrer Sicht – „frisches" Eigenkapital ohne Gefährdung der Mehrheitsverhältnisse angewiesen waren. Eine merkliche Zunahme der Emission neuer stimmrechtsloser Vorzugsaktien war jedoch erst in den achtziger Jahren und in der ersten Hälfte der neunziger Jahre des 20. Jahrhunderts zu verzeichnen. Seither ist deren Anzahl wieder stark rückläufig, obgleich auch in den letzten Jahren einige Börseneinführungen von neuen Vorzugsaktien zu verzeichnen waren. Es bleibt abzuwarten, ob die mit der Aktienrechtsnovelle 2016 geschaffene Möglichkeit, stimmrechtslose Vorzugsaktien auch ohne kumulativen Dividendenvorzug auszugeben, den rückläufigen Trend stoppen und – wie vom Gesetzgeber angestrebt – zu einer Flexibilisierung der Unternehmensfinanzierung sowie zur Stärkung des bankaufsichtsrechtlichen Kernkapitals beitragen kann.

Aktiengesellschaften, die Stamm- und Vorzugsaktien ausgegeben haben – so genannte Dual-Class-Unternehmen – erzielen hin und wieder mediale Aufmerksamkeit, vor allem im Zusammenhang mit Übernahmeangeboten, bei denen eine ungleiche Wertschätzung der Bieter für Stamm- und Vorzugsaktien von Dual-Class-Unternehmen besonders deutlich zutage tritt und es meist bereits im Vorfeld zu starken Kursbewegungen der beiden Aktiengattungen sowie überdies im Nachgang oft zu gerichtlichen Auseinandersetzungen kommt. Beispielhaft ist neben der erfolgreichen Übernahme der Wella AG durch die Procter & Gamble GmbH im Jahr 2003 und dem erfolglosen Versuch der Übernahme der früheren ProSiebenSat.1 Media AG durch die frühere Axel Springer AG in den Jahren 2005 und 2006 insbesondere die versuchte Übernahme der Volkswagen AG durch die Porsche Automobil Holding SE in den Jahren 2008 und 2009 zu nennen, die letztlich gescheitert ist. Die mit dem Übernahmeversuch einhergehenden Spekulationsgeschäfte haben nicht nur zu nie gesehenen Kurskapriolen einer deutschen Blue-Chip-Aktie, sondern auch zu Verwerfungen im DAX und in anderen europäischen Indizes und in der Folge zu enormen Verlusten für viele Banken und Hedgefonds geführt;[5, 6] manche professionellen Anleger und Privatanleger dürfte im Gegenzug erhebliche Gewinne erzielt haben. Verluste konnten

---

[5] Der Kurs der VW-Stammaktie stieg innerhalb weniger Wochen von unter 200 € kurzzeitig auf über 1.000 € (was VW zeitweise zum teuersten Unternehmen der Welt machte, vgl. Tagesspiegel vom 28.10.2008 [o.V. (2008b)]), um danach wieder stark bis auf unter 100 € zu sinken. Damit hatte sich das Indexgewicht der VW-Stämme u. a. im DAX zeitweilig erheblich vergrößert, was aufgrund der Orientierung zahlreicher Fonds an der DAX-Zusammensetzung massive Verkäufe von Aktien anderer DAX-Unternehmen nach sich gezogen hat. Schließlich hat die Deutsche Börse AG im Dezember 2009 die VW-Stammaktie im DAX durch die VW-Vorzugsaktie mit ihrem größeren Marktwert des Streubesitzes ersetzt. Vgl. z.B. Berger (2008) und Rasonyi (2008).
[6] So erlitt die frühere WestLB einen Verlust in dreistelliger Millionen-Euro-Höhe, vgl. o.V. (2007a).

beispielsweise auch Privatanleger treffen, die in ein eigens zur Spekulation auf eine Einengung des Kursunterschieds zwischen den VW-Stamm- und Vorzugsaktien konstruiertes Spread-Zertifikat der Royal Bank of Scotland investiert hatten.[7] Schließlich dürften große Verluste aus solchen Spekulationsgeschäften auf VW-Aktien ein wichtiger Grund für die Krise der Unternehmensgruppe der Familie Merckle gewesen sein,[8] die auch selbst zahlreiche Unternehmen mit stimmrechtslosen Vorzugsaktien oder Mehrstimmrechtsaktien kontrollierte und davon einige als Börsenmäntel zur Vermögensverwaltung genutzt hat.[9] Die nach dem Scheitern des Übernahmeversuchs umgekehrte Übernahme von Porsche durch die Volkswagen AG wurde unter anderem durch Ausgabe von Vorzugsaktien finanziert, was angesichts des unerwartet hohen Volumens wiederum zu starken Kursbewegungen der VW-Vorzugsaktien führte.[10]

In der *wissenschaftlichen Diskussion* stand in den letzten 20 Jahren die vermeintliche Optimalität einer Übereinstimmung von Kapitalbeteiligung und Stimmrecht („One Share – One Vote") und damit die Frage im Mittelpunkt, ob aus Sicht eines Unternehmens auch eine davon abweichende Dual-Class-Struktur des Eigenkapitals effizient sein kann. Als Effizienzmaßstab wird dabei in der Regel die Maximierung des gesamten Marktwertes der Aktiengesellschaft angesehen.[11] Eine Marktwertmaximierung würde in einem *vollkommenen* Kapitalmarkt unabhängig von individuellen Präferenzvorstellungen die Zielsetzung aller *rationalen* Kleinaktionäre, also auch der Vorzugsaktionäre, darstellen, weshalb es in diesem Fall keinen Dissens zwischen Stamm- und Vorzugsaktionären geben sollte und folglich ein Stimmrechtsunterschied bedeutungslos wäre.[12]

In der Praxis haben Anteilseigner allerdings unterschiedliche Ziele. Aus der Sicht eines nicht altruistischen Mehrheitsaktionärs bzw. einer Mehrheitskoalition ist statt eines möglichst hohen Wertes aller Aktien der Unternehmung in der Regel die Maximierung der eigenen Vermögensposition bzw. des Barwerts des

---

[7] WKN AA120K, ISIN DE000AA120K4.

[8] Vgl. z.B. Atzler (2008) und Rasonyi (2008).

[9] Zu den Unternehmen der Gruppe, die Vorzugsaktien oder Mehrstimmrechtsaktien genutzt haben, zählen bzw. zählten zumindest die Bastfaserkontor AG, die Gruschwitzer Textilwerke AG, die Hanfwerke Oberachern AG, die Kötitzer Leder- und Wachstuchwerke AG, die F. Reichelt AG und die Otto Stumpf AG. Quelle: o.V. (2008a) im Magazin „Inside B" und eigene Erhebungen. Zu nennen sind auch maßgebliche Beteiligungen an den Dual-Class-Unternehmen HeidelbergCement AG und der früheren Allweiler AG.

[10] Vgl. Handelsblatt-Artikel „Volkswagen-Aktie bricht ein" vom 23.3.2010 [o.V. (2010a)].

[11] Vgl. z.B. Grossman/Hart (1988), S. 176.

[12] So Hartmann-Wendels/v. Hinten (1989), S. 268.

eigenen Einkommens aus der Beteiligung anzustreben, das sich als Summe aus den entsprechend der Beteiligungsquote zustehenden Cashflows und der Höhe der extrahierbaren privaten Vermögensvorteile, so genannter Private Benefits, ergibt. Durch die Schaffung einer Dual-Class-Struktur werden Entscheidungen zugunsten von Paketaktionären erleichtert, die mit geringerem Grundkapitalanteil und damit – im Vergleich zu einem sonst identischen Unternehmen ohne stimmrechtslose Vorzugsaktien – mit niedrigerem Kapitaleinsatz eine Stimmenmajorität erreichen können. Hinzu kommt, dass die Separierung von Cashflow- und Stimmrechten bei festgefügten Mehrheitsverhältnissen Übernahmen erschwert, da zum einen weniger finanzielle Mittel aufgewendet werden müssen, um eine potenzielle feindliche Übernahme abzuwehren,[13] und da zum anderen bei Übernahmeverhandlungen ein größerer Anteil am erwarteten Überschuss des Übernehmers durch die bisherigen Eigentümer als Kompensation für die Aufgabe der Kontrolle ausgehandelt werden kann als bei einem Single-Class-Unternehmen.[14] Private Benefits dürften bei Dual-Class-Unternehmen im Ergebnis tendenziell höher ausfallen als bei sonst vergleichbaren Unternehmen.

Vorzugsaktien sind aus ökonomischer Sicht auch deshalb interessant, weil (nur) aus Kursunterschieden zwischen Stammaktien und Vorzugsaktien mit abweichendem Stimmrecht indirekt auf die *Bewertung von Stimmrechten* durch den Kapitalmarkt und damit auch auf die Höhe privater Vermögensvorteile geschlossen werden kann. Dabei ist zwar – neben Aspekten wie der Aktienliquidität – auch der Wert des Dividendenvorteils der Vorzugsaktien zu berücksichtigen; dieser ist aber bei „normaler" Geschäftslage im Vergleich zum Marktwert relativ gering.[15] Dementsprechend existieren auch zahlreiche Untersuchungen zum Kursunterschied und seinen Determinanten. Dabei sind große Unterschiede zwischen verschiedenen Kapitalmärkten zu beobachten: Während für Länder mit hohem Aktionärsschutz und in der Regel breiter gestreutem Anteilsbesitz vergleichsweise niedrige Kursaufschläge zu verzeichnen sind (z. B. 5,4 % für die USA im Zeitraum 1940-1978[16]), sind diese in Ländern mit überwiegend in Mehrheitsbesitz befindlichen Gesellschaften und geringem Aktionärsschutz

---

[13] So Rydqvist (1992), S. 52. Andererseits muss auch ein potenzieller Übernehmer weniger finanzielle Mittel für eine Übernahme aufnehmen, sodass zumindest für Gesellschaften ohne Mehrheitsaktionär potenzielle Übernahmen disziplinierend auf das Management wirken können. Vgl. Hartmann-Wendels/v. Hinten (1989), S. 291.

[14] Vgl. Rydqvist (1992), S. 52 f.

[15] Aus Sicht von Wenger/Hecker (2004), S. 266, 293, wäre wegen der zu vernachlässigenden Dividendenvorrechte und der Stellung der Vorzugsaktien in der „Abfindungs- und Übernahmepraxis" eher der Begriff „Nachteilsaktie" inhaltlich zutreffend.

[16] Vgl. Lease/McConnell/Mikkelson (1983), S. 469.

äußerst hoch (z. B. in Frankreich 1986-1996 51,3 %[17]; in Italien 1987-1990 81,5 %[18]).[19] Für den deutschen Kapitalmarkt ermittelten Daske/Ehrhardt (2002a) einen mittleren Kursaufschlag von 17,2 % (1956-1998), der allerdings im Zeitablauf stark geschwankt hat.[20] So waren 1982 Vorzugsaktien im Mittel sogar höher als Stammaktien bewertet,[21] während zu Beginn der neunziger Jahre Kursaufschläge der Stammaktien von etwa 40 % zu beobachten waren.[22]

In der Regel wird der Kursaufschlag der Stammaktien mit dem erwähnten Konsum von *Private Benefits* begründet. Allerdings werden am Kapitalmarkt hauptsächlich Aktien von Streubesitzaktionären gehandelt, die im Gegensatz zu einem Mehrheitsaktionär nicht an der Unternehmensführung oder -kontrolle beteiligt sind. Auch die Aussicht der freien Stammaktionäre, im Gegensatz zu den Vorzugsaktionären bei einer Übernahme zu profitieren, ist nicht als Erklärung für den in Deutschland bereits in den 1960er bis 1980er Jahren beobachteten Kursaufschlag ausreichend: Auch bei Gesellschaften mit Mehrheitsbeteiligungen von über 75 %, bei denen also feindliche Übernahmen ausgeschlossen sind, waren positive Kursaufschläge der Stammaktien zu beobachten. Übernahmen – erst recht feindliche Übernahmen – kamen in Deutschland zudem äußerst selten vor und Regelungen zur Gleichbehandlung aller Stammaktionäre bei Übernahmen wurden erstmals 1995 eingeführt.[23] Daske/Ehrhardt (2002a) begründen den Kursaufschlag der Stammaktien u. a. damit, dass Minderheitsaktionäre – ggf. durch temporäre Koalitionsbildungen – eine für die Verhinderung einer unternehmerischen Entscheidung maßgebliche Sperrminorität erreichen können und mit ihrem Veto die beabsichtigte Maßnahme des kontrollierenden Aktionärs,

---

[17] Vgl. Muus (1998), S. 31.

[18] Vgl. Zingales (1994), S. 131. Linciano (2002) ermittelte für den Zeitraum 1989-2000 einen Kursunterschied von noch 62,3 %.

[19] Aus Sicht von Wenger/Hecker (2004) könne man zwar aus einem hohen relativen Kursunterschied darauf schließen, dass das Gesellschaftsrecht die Abschöpfung von Sondervorteilen nicht wirksam eindämmt, jedoch gelte dies nicht umgekehrt. Vielmehr könne eine niedriges Kursdifferential auch dadurch entstehen, dass Herrschaftsverhältnisse stabil sind oder dass es „im Fall einer Übernahme alten und neuen Großaktionären gelingt, den Kuchen unter sich aufzuteilen", d. h. ohne dass Streubesitzaktionäre überhaupt profitieren. Zudem komme es nicht allein auf ein „defizitäres Kapitalmarkt- und Gesellschaftsrecht" an, sondern auf das Ausmaß der tatsächlichen Ausnutzung der „Plünderungsmöglichkeiten" durch die Großaktionäre und die Wahrnehmung dessen durch die Streubesitzaktionäre; vgl. a. a. O., S. 268, 270.

[20] Vgl. Daske/Ehrhardt (2002a), S. 191 f.

[21] So auch Kruse/Berg/Weber (1993), S. 25.

[22] Vgl. auch Fatemi/Krahnen (2000), S. 46.

[23] Übernahmekodex vom 14.7.1995, vgl. u. a. Hoffmann-Burchardi (1999), S. 15. Am Beispiel der Übernahmen der Allweiler AG und der Dyckerhoff AG durch ausländische Investoren weisen Wenger/Hecker (2004) auf Defizite bzw. Umgehungsmöglichkeiten des Übernahmekodex hin.

z. B. Satzungsänderungen oder Kapitalmaßnahmen, paralysieren können. Auf
diese Weise könnte es Grenzanlegern des Streubesitzes möglich sein, eine Partizipation an privaten Kontrollrenten des Mehrheitsaktionärs zu erreichen.[24]

Empirische Untersuchungen zu deutschen Vorzugsaktien blieben bisher im Wesentlichen auf Einzelaspekte beschränkt und basierten in der Regel auf relativ
kleinen Stichproben oder anekdotischer Evidenz. *Ziel dieser Arbeit* ist es, unter
Einbeziehung der Gesamtheit der börsennotierten deutschen stimmrechtslosen
Vorzugsaktien sowohl deren Bedeutung für die Unternehmensfinanzierung he-
rauszuarbeiten, als auch Vorzugsaktien aus der Sicht von Kapitalanlegern zu betrachten und somit ein geschlossenes Bild dieser Aktiengattung mit ihren für
Deutschland spezifischen Ausstattungsmerkmalen zu vermitteln. Diesen empirischen Untersuchungen ist der dritte Teil dieser Arbeit gewidmet, nachdem im
ersten Teil die historische Entwicklung und die rechtlichen Rahmenbedingungen
der deutschen Vorzugsaktien dargestellt und im zweiten Teil die Gründe für die
Existenz von Vorzugsaktien analysiert, deren ökonomische Konsequenzen ausführlich erörtert und hieraus testbare Hypothesen abgeleitet werden.

Aus der *Sicht von Unternehmen* ist der Kursunterschied zwischen Stamm- und
Vorzugsaktien von Bedeutung, da sie bei Emission von Vorzugsaktien mit entsprechend weniger Liquiditätszufluss rechnen können als bei der Emission von
Stammaktien. Neben der empirischen Untersuchung der Entwicklung des Kursaufschlags im Zeitraum von 1955 bis 2017 sollen auch die Bestimmungsfaktoren
für die Höhe des Kursaufschlags analysiert werden. Nicht im Fokus dieser Arbeit
steht die für Emittenten gleichwohl relevante Fragestellung, ob es bei den – in
den letzten Jahren häufigen – Umwandlungen von Vorzugs- in Stammaktien tatsächlich zu Steigerungen des Marktwertes des Eigenkapitals kommt.[25]

Kapitalanleger sind vor allem an der (erwarteten) Rendite von Vorzugsaktien
interessiert.[26] Für den deutschen Markt gibt es zu tatsächlich eingetretenen Ren-

---

[24] Vgl. Daske/Ehrhardt (2002a), S. 185. Wenger/Hecker (2004), S. 269, weisen zu Recht darauf hin,
dass diese Erklärung nicht für Koalitionen zur Erreichung eines solchen Kapitalanteils gilt, durch
den solche Minderheitenrechte ausgeübt werden können, die sich nur auf einen Grundkapitalanteil
beziehen. Aus Sicht der Autoren kann die Beteiligung an einer Sperrminorität nur maßgeblich
sein, dass die Sperrminorität „über die Börse zusammengekauft oder ausgebaut wird und die Pa-
ketbildung noch nicht abgeschlossen ist"; dieser seltene Fall würde allerdings keine nennenswerte
Stimmrechtsprämie rechtfertigen; vgl. a. a. O.
[25] So ermittelten Dittmann/Ulbricht (2008) nach Bereinigung um die Marktentwicklung einen mittleren Marktwertanstieg um den Ankündigungszeitpunkt von 3,4 %; vgl. a. a. O., S. 183.
[26] Diese sind auch für Unternehmen von Interesse, da sich geringe Kapitalkosten positiv auf Investitionsentscheidungen auswirken.

diten bisher wenige, allerdings sehr unterschiedliche Ergebnisse. Während Klein (1981) bzw. in einer Erweiterung ihrer Studie Reckinger (1983) höhere Renditen der Vorzugsaktien berechnen, kommen Weber/Berg/Kruse (1992) und Stehle (1997) auf im Mittel höhere Renditen der Stammaktien.[27] Bei Daske/ Ehrhardt (2002a) ist die im Mittel leicht höhere Rendite der Vorzugsaktien statistisch nicht signifikant.[28] Eine detailliertere Analyse der Renditen scheint daher angebracht. Insbesondere soll in Anlehnung an die so genannten Rendite-Dreiecke von Stehle gezeigt werden,[29] für welche Anlagezeitpunkte und welche Anlagezeiträume Vorzugsaktien höhere Renditen erzielten und für welche Stammaktien.

Die empirischen Ergebnisse im dritten Teil sind daneben auch für weitere Fragestellungen relevant. Insbesondere müssen bei der Abschaffung von Vorzugs- und Mehrstimmrechtsaktien (z. B. durch Squeeze-out oder Aufhebung eines Mehrstimmrechtes) in der Regel durch Wirtschaftsprüfer angemessene Ausgleichszahlungen oder Zuzahlungen bestimmt oder im Rahmen von Spruchverfahren festgelegt werden. Dasselbe gilt für die Bemessung der angemessenen Gegenleistung im Fall von Übernahmeangeboten. Wenger/Hecker (2004) zeigen an Beispielen allerdings eindrucksvoll, dass eine bloße Orientierung der Abfindung bzw. des Gebots für Vorzugaktien an historischen Kursunterschieden allein keine Angemessenheit sicherstellt, sondern dass es vielmehr auf eine Gesamtwürdigung der konkreten Umstände ankommt (z. B. im Hinblick auf Veränderungen der Aktionärsstruktur und Beziehungen zwischen Übernehmer und bisherigen Paketaktionären).

Obwohl schon viele Abgesänge auf stimmrechtslose Vorzugsaktien veröffentlicht wurden[30] und sie als „prähistorische Papiere"[31] abgestempelt wurden, scheint die Existenz von Vorzugsaktien trotz der Häufung von Umwandlungen von Vorzugsaktien in Stammaktien nicht gefährdet: Das in der Bankenregulierung bereits seit dem Inkrafttreten von „Basel II" verankerte Prinzip risiko-

---

[27] Stehle (1997) vergleicht allerdings keine Paare von Stamm- und Vorzugsaktien, sondern berechnet die mittlere marktwertgewichtete Rendite der in Frankfurt amtlich gehandelten Vorzugsaktien mit der mittleren marktwertgewichtete Rendite aller in Frankfurt amtlich gehandelten inländischen Aktien (einschl. Vorzugsaktien). In den achtziger Jahren des 20. Jahrhunderts, in denen erst eine größere Anzahl von Vorzugsaktien gehandelt wurde, ist der Renditeunterschied besonders deutlich (Monatsrenditen 0,77 % versus 1,09 %).). Vgl. a. a. O., S. 241 f.

[28] Vgl. Daske/Ehrhardt (2002a), S. 200.

[29] Vgl. z. B. Stehle/Hartmond (1991), S. 390; Stehle (2004), S. 922 ff.

[30] Häufig verwendet wird die Bezeichnung „Auslaufmodell" (so z. B. Kruse (2001) in der Welt vom 2.3.2001), ebenso „sterbende Art" (Süddeutsche vom 28.2.2005, vgl. o. V. (2005)).

[31] So Schnell (2009).

adäquater Eigenmittelanforderungen kann insbesondere bei ungünstiger Wirt-
schaftslage dazu führen, dass Banken insbesondere kleinere und mit höheren
Risiken verbundene Unternehmen nur zurückhaltend finanzieren und für diese
Unternehmen daher ein höherer Bedarf an externer Eigenkapitalfinanzierung
entstehen kann. Für Unternehmen mit festgefügten Mehrheitsverhältnissen, insbesondere Familienunternehmen, bietet sich dafür – erst recht seit der mit der
Aktienrechtsnovelle 2016 geschaffenen Möglichkeit zur Ausgabe nichtkumu-
lativer stimmrechtsloser Vorzüge – auch in Zukunft eine Emission von stimmrechtslosen Vorzugsaktien an. Regulatorische Eingriffe oder gar ein Verbot von
Vorzugsaktien, wie einst von Schmalenbach (1908) gefordert und zeitweilig
auch von der EU-Kommission erwogen[32] sind überflüssig: Würden Vorzugsaktien regelmäßig „Plünderungsopfer" oder – allgemeiner – wäre ihr Rendite-
Risiko-Profil nicht für bestimmte Käufer attraktiv, würden sie als Anlageform
vom Markt verschwinden.

In einer Studie des Deutschen Aktieninstituts haben immerhin 61 % der befragten Privatanleger und 54 % der befragten institutionellen Anleger angegeben,
grundsätzlich zum Erwerb stimmrechtsloser Aktien bereit zu sein, und sie haben
ganz überwiegend einen Kursabschlag zwischen 10 % und 30 % als angemessen
betrachtet.[33] Insofern dürfte die stimmrechtlose Vorzugsaktie auch in Zukunft
eine Rolle in der Unternehmensfinanzierung spielen können, sofern ein angemessenes Schutzniveau für die Vorzugsaktionäre rechtlich sichergestellt ist.

---

[32] Vgl. Abschnitt 2.4.3.
[33] Vgl. Pellens/Schmidt (2014), S. 53 und S. 73. Den genannten Kursabschlag sahen demgemäß 77 %
   der Privatanleger und 80 % der institutionellen Anleger als angemessen an, davon jeweils deutlich
   mehr als die Hälfte einen Abschlag im Bereich 10 % bis 20 %.

Erster Teil:
Historische Entwicklung und rechtliche Grundlagen von Vorzugsaktien

1 Historische Entwicklung von Vorzugsaktien in Deutschland

1.1 Entwicklung von Aktiengesellschaften in Preußen

1.1.1 Entstehungsgründe

Zwei wichtige Faktoren werden für die Entwicklung von Aktiengesellschaften in Preußen[34] als ausschlaggebend angesehen: Die Kolonialisierung und der damit einhergehende Seehandel und die Entwicklungen nach der Französischen Revolution der 1790er Jahre.[35] Die Seefahrt und der Seehandel waren riskant und erforderten Finanzierungsmittel in einer Höhe, die von einer oder wenigen Privatpersonen nicht aufgebracht werden konnten. Die 1602 gegründete Holländisch-Ostindische Compagnie gilt als erste Gesellschaft, bei der das Risiko der Kapitalgeber („Aktionisten") auf die übernommenen Anteile (Aktien) beschränkt war.[36, 37] Das Gleichheitsideal der Französischen Revolution fand auch seinen Niederschlag in der ersten Kodifizierung des Handelsrechts, dem französischen

---

[34] Für andere deutsche Gebiete konnten weder umfassende Darstellungen noch ausreichende statistische Angaben zu Aktiengesellschaften und Vorzugsaktien ermittelt werden. Die hier geschilderten Entwicklungen dürften in den anderen deutschen Staaten in ähnlicher Weise verlaufen sein. In Preußen lebten im 19. Jahrhundert über 60 % der deutschen Bevölkerung; etwa 50 % der Aktiengesellschaften hatten hier ihren Sitz und 60,7 % des Anlagekapitals der für die Entwicklung wichtigen Eisenbahngesellschaften entfielen im Jahre 1873 auf preußische Gesellschaften. Die Angaben können daher als repräsentativ für das Deutsche Reich betrachtet werden. (*Quellen:* Statistische Jahrbücher des Deutschen Reiches und des Preußischen Staates, z. T. mit eigenen Berechnungen auf Basis des Umtauschkurses 1:3 von Talern in Mark gemäß Münzgesetz vom 9. 7. 1873).
[35] So z. B. Raemisch (1923), S. 1.
[36] Vgl. Raemisch (1923), S. 2.
[37] In der Literatur werden auch zwei italienische Banken, die Georgsbank in Genua von 1407 und die Mailänder Ambrosiusbank von 1598, aufgeführt. Ihnen wird allerdings kein Einfluss auf die Entwicklung der Aktiengesellschaften zugeschrieben, u. a. weil es sich bei deren Papieren um in variable ewige Renten umgewandelte Staatsschulden handelte; der italienische Staat konnte die Zinszahlungen nicht mehr aufbringen. Außerdem sind andere, tatsächliche Aktienbanken erst viel später entstanden, zuerst die Bank of England im Jahre 1694. Der Begriff „Aktie" wurde zuerst in den Niederlanden verwendet. Vgl. Bösselmann (1938), S. 52 f.

© Springer Fachmedien Wiesbaden GmbH, ein Teil von Springer Nature 2019
S. Daske, *Vorzugsaktien in Deutschland*, Empirische Finanzmarktforschung/Empirical Finance, https://doi.org/10.1007/978-3-658-25776-7_2

Code de Commerce aus dem Jahre 1807, in dem neben der Gewerbefreiheit auch die Gleichberechtigung aller Aktionäre in der Generalversammlung als oberstem Organ der Gesellschaft festgeschrieben wurde.[38] Im Code de Commerce wird auch erstmals die Aktiengesellschaft, wie sie sich in Form der Handels-Compagnien herausgebildet hatte, als Gesellschaftsform anerkannt.[39]

In Preußen war die Entwicklung von Aktiengesellschaften bis zum Inkrafttreten des Gesetzes über Aktiengesellschaften Ende 1843 gehemmt, da das bis dahin maßgebliche Allgemeine Landrecht von 1794 nur den Begriff einer Gesellschaft kannte und unter der aus dem römischen Recht abgeleiteten societas bonorum nur einen Gesellschaftsvertrag verstand, in dem Individuen ihr Vermögen zu einem gemeinsamen Zweck vereinten. Solche Gesellschaften hatten keine Rechtspersönlichkeit.[40]

Ein korporativer Charakter, der u. a. in der beschränkten Haftung der Gesellschafter zum Ausdruck kommt, konnte nach dem Allgemeinen Landrecht nur durch das Staatsoberhaupt verliehen werden und setzte die Verfolgung eines gemeinnützigen Zwecks voraus.[41] Vor 1843 wurden nahezu ausschließlich Versicherungs-Aktiengesellschaften konzessioniert, da das für Versicherungszwecke benötigte Kapital nicht durch wenige Personen aufgebracht werden konnte und ein großes gesellschaftliches Interesse an solchen Institutionen bestand – nicht zuletzt wegen der Erhaltung der Steuerkraft der Bürger und der Sicherung von Realkrediten.[42] In Preußen wurde zuerst im Jahre 1812 die Berlinische Feuerversicherungsgesellschaft nach dem Vorbild der seit 1765 bestehenden Hamburgischen See-Assekuranz-Compagnie gegründet.[43]

---

[38] Vgl. Raemisch (1923), S. 3.
[39] Vgl. Bösselmann (1938), S. 61.
[40] Vgl. Schumacher (1937), S. 6.
[41] Formal war dies eigentlich nur für Gesellschaften mit immateriellem Zweck, sog. *societates personarum*, möglich. Aufgrund der zunehmenden Handelstätigkeit wurden die Vorschriften bald auch auf Handelsgesellschaften angewendet. Die Gemeinnützigkeit wurde von der preußischen Regierung auch von den in Rheinpreußen gelegenen Gesellschaften gefordert, obwohl dort – wie auch in Rheinhessen, Rheinbayern und Baden – der französische *Code de Commerce* galt, der nur allgemein eine staatliche Genehmigung erforderte. Vgl. Schumacher (1937), S. 9.
[42] Vgl. z. B. Bösselmann (1938), S. 81.
[43] Auch in den übrigen deutschen Gebieten gab es vor 1812 keine größeren Aktiengesellschaften. Vgl. Schumacher (1937), S. 11. In Preußen gab es zwar einige nicht konzessionierte Gesellschaften, die aber vollständig als Sozietäten behandelt wurden, z. B. der Theater-Aktienverein zu Breslau von 1798; vgl. Bösselmann (1938), S. 198. Bei solchen Gesellschaften konnte der Vorstand nicht als Organ auftreten und also auch im Namen der Gesellschaft keine Grundstücke erwerben

Allerdings wurde auch die Bedeutung von Transportwegen, zunächst insbesondere von Chausseen und Wasserstraßen, für die Erschließung des weiträumigen preußischen Wirtschaftsraumes erkannt. Mit dem Staatsschuldenedikt von 1820 hatte jedoch der König die Aufnahme neuer Staatsschulden an die Zustimmung zu einer dem Volk bereits 1815 versprochenen Repräsentation der Reichsstände geknüpft, sodass aufgrund der Abneigung der preußischen Regierung gegen eine Volksvertretung auch Infrastrukturmaßnahmen letztlich privat finanziert werden mussten.[44] Für den Bau von Eisenbahnen wurde die Aufbringung von Finanzierungsmitteln in bis dahin ungekannten Höhen erforderlich. Da es in Preußen im Wesentlichen nur Privatbankiers gab, kam eine Kreditfinanzierung praktisch nicht in Frage, zumal die Depositen in aller Regel kurzfristig eingelegt wurden und somit für eine längerfristige Kreditvergabe nicht in erforderlichem Umfang zur Verfügung standen.[45] Ferner erschwerte die geringe Liquidität inländischer Anleihen am Kapitalmarkt eine Fremdfinanzierung.[46] Daher mussten die Eisenbahngesellschaften in großem Umfang Eigenkapital aufbringen.

Ab 1837 erhielten daher – trotz des zunächst weit verbreiteten Misstrauens in Bevölkerung und Regierung[47] – auch einige Eisenbahn-Aktiengesellschaften den Status einer „bestätigten Aktiengesellschaft", in Preußen zuerst die Berlin-Potsdamer Eisenbahn-Gesellschaft sowie die Rheinische Eisenbahngesellschaft zum Bau einer Eisenbahn von Köln in Richtung Aachen.[48] In Anbetracht der Geldknappheit sah sich der Staat aufgrund des öffentlichen Interesses an der

---

und Prozesse führen, sondern bedurfte stets einer Vollmacht aller aktuellen Mitglieder, die zudem unbeschränkt hafteten. Vgl. Schumacher (1937), S. 30 f.

[44] Vgl. Bösselmann (1938), S. 4 f.

[45] Die ursprünglich von den Bankiers durchgeführte Fristentransformation wurde nach einigen Bankkrisen zeitweilig nicht mehr praktiziert. Auch die Sparkassen als Kapitalsammelstellen erlangten nach deren gesetzlicher Regelung 1838 erst allmählich Bedeutung, obwohl beispielsweise die Berliner Sparkasse bereits 1818 gegründet worden war. Vgl. Bösselmann (1938), S. 28-34.

[46] Aufgrund der Größe Preußens und der schlechten Transportwege waren zahlreiche Regionalbörsen entstanden, der Kapitalmarkt war also zersplittert. Als Folge des Staatsschuldenediktes war der Handel zudem auf ausländische Papiere ausgerichtet, was einen großen Kapitalexport bedeutete. Vgl. Bösselmann (1938), S. 28 f. und S. 45 f.

[47] Der 1840 verstorbene König Friedrich Wilhelm III. und seine Regierung hatten wohl eher eine Vorliebe für die in Preußen traditionelle Landwirtschaft, zumal die meisten Verwaltungsbeamten dem Landadel im Osten entstammten und für Probleme der eher gewerbereichen Gebiete im seit 1815 preußischen Rheinland und Westfalen weniger Verständnis zeigten. Sie waren daher skeptisch gegenüber der hauptsächlich der Industrie dienenden Aktiengesellschaft. Außerdem befürchteten sie zu viel Missbrauch, Spekulation und Betrug – und das nicht zu Unrecht, wie schon die Aktienkrisen 1848 und 1857 zeigten; vgl. Schmalenbach (1966), S. 141, Bösselmann (1938), S. 2.

[48] Diese von Camphausen gegründete Gesellschaft unterlag allerdings bei der Vergabe der endgültigen Konzession der von Hansemann und dem Bankhaus Oppenheim gegründeten Preußisch-Rheinischen Eisenbahngesellschaft. Vgl. Schumacher (1937), S. 17.

Fertigstellung der Bahnen ab 1843 zur Übernahme von Garantien für die Eisenbahn-Gesellschaften und in Ermangelung geeigneter Anlageobjekte für Mündelgelder auch zur Erklärung der Mündelsicherheit von Eisenbahnaktien genötigt. Hinzu kam, dass Eisenbahnaktien wegen des großen Kapitalbedarfs und der somit erforderlichen Mobilisierung vieler, auch kleinerer privater Vermögen im Gegensatz zu Aktien in allen anderen Branchen als Inhaber- und nicht als Namensaktien ausgegeben werden konnten. Dies steigerte die Beliebtheit der Eisenbahnaktien außerordentlich und war für die Entwicklung des Aktienhandels sehr bedeutsam. So waren von den bis 1850 ausgegebenen Effekten preußischer Eisenbahngesellschaften mindestens zwei Drittel Aktien.[49]

1.1.2 Entwicklung des Aktienrechts

Die bei Gesellschaften dieser Größe gesammelten Erfahrungen trugen nicht unwesentlich zur Kodifizierung der Aktiengesellschaften bei. So wurden die wichtigsten Probleme von Aktiengesellschaften schon von Hansemann (1837) in aller Deutlichkeit dargelegt. Hansemann bemängelte insbesondere, dass Banken aufgrund der geringen Anwesenheit von Kleinaktionären auf Generalversammlungen einen dominierenden Einfluss auf die Gesellschaften haben und dass manche Gründer einer Gesellschaft mit der Gründung höchst eigennützige und dem Wohlergehen der Gesellschaft schädliche Zwecke verfolgten, indem es ihnen nicht um die Prosperität der Gesellschaft, sondern vorrangig um die Sicherung einer eigenen dauerhaften, nicht kontrollierten und gut bezahlten Lebensstellung und die Möglichkeit erlaubter wie unerlaubter Nebenverdienste ginge.[50] Daraus wurde die Notwendigkeit eines Verwaltungsrat genannten Gremiums als „fortwährenden Repräsentanten der Gesamtheit der Aktionäre"[51] zur Kontrolle der Direktion abgeleitet, zumal die Einsicht bestand, dass Generalversammlungen ungeeignet sind, einen direkten Einfluss auf die Geschäftsführung zu nehmen. Generalversammlungen sollten daher bereits nach Hansemanns Vorstellungen nur wenige maßgebliche Beschlüsse wie Kapitalerhöhungen fassen. Überdies betrachte u. a. Hansemann das Prinzip, pro Aktie ein Stimmrecht zu verleihen, aus den genannten Gründen als undemokratisch, und so war es in Deutschland und Kontinentaleuropa auch gängige Praxis, das Stimmrecht als Kompromiss zwischen „Demokratie und Autokratie" nach unten und oben zu

---

[49] Vgl. Bösselmann (1938), S. 21 und Anlage 3 auf S. 202. Da zu den dort aufgeführten Obligationen auch aktienartige Prioritätsobligationen zählen dürften, ist von einer tatsächlich noch höheren Eigenfinanzierung auszugehen.

[50] So wird z. B. auch schon die Gefahr von – mit heutigen Worten – Insidergeschäften benannt. Vgl. Hansemann (1837), S. 110-117.

[51] Hansemann (1837), S. 118.

begrenzen: Mit der oberen Begrenzung sollte – wie auch in England und den USA – die Macht der Großaktionäre vermindert werden, mit der unteren Grenze von meist 3-4 Aktien ein mit einer zu starken Zersplitterung des Grundkapitals einhergehender Praktikabilitätsmangel vermieden werden.[52]

Das maßgeblich vom preußischen Minister von Savigny geprägte Aktiengesetz vom 9.11.1843 überließ trotz der detaillierten Vorschläge von Hansemann weiterhin die Regelung des Innenverhältnisses der Aktiengesellschaften den Statuten; die Konzessionierung der Gesellschaften als juristische Personen wurde zudem nur noch davon abhängig gemacht, dass der Unternehmenszweck „aus allgemeinen Gesichtspunkten nützlich ... erscheint und wegen der Höhe des erforderlichen Kapitals ... das Zusammenwirken einer größeren Anzahl von Teilnehmern bedingt".[53] Insbesondere nach der Revolution 1848, als Camphausen und Hansemann Minister wurden, wurde das Konzessionssystem weiter gelockert und so entstanden in den fünfziger und sechziger Jahren des 19. Jahrhunderts 295 neue Aktiengesellschaften,[54] nachdem von 1826 bis 1850 nur 109 Neugründungen zu verzeichnen waren, davor nur 24.[55] Schon 1850 dominierten die Eisenbahn-Aktiengesellschaften die preußischen Börsen, da sie meist auf den Inhaber lauteten und somit besonders fungibel waren.[56]

Mit dem Inkrafttreten der Konkursordnung am 8.5.1855 wurden auch Kommanditgesellschaften auf Aktien[57] nach französischem Vorbild geschaffen, mit denen die Konzessionierung umgangen werden konnte, da die KGaA als Unterform der Kommanditgesellschaft und nicht der Aktiengesellschaft betrachtet wurde. Diese neue Gesellschaftsform wurde insbesondere von Banken genutzt, da diese ebenfalls einen hohen Kapitalbedarf hatten und zuvor in Preußen praktisch keine Konzessionierung in der Rechtsform einer Aktiengesellschaft erhielten.[58] Zum Schutz des Publikums wurde die innere Organisation der KGaA stärker gesetz-

---

[52] Vgl. Hansemann (1837), S. 116-117, Dunlavy (1998), S. 23-25.

[53] „Ministerialerlaß vom 22.4.1845", zitiert nach Passow (1922), S. 63.

[54] Vgl. Engel (1875), S. 467. Die Angabe bezieht sich auf den Zeitraum von 1851 bis Juni 1870. 66 der bis Mitte 1870 insgesamt gegründeten Gesellschaften gingen bis Ende 1874 in Konkurs oder Liquidation.

[55] Vgl. Bösselmann (1938), S. 199 f. Engel (1875) gibt hierfür 102 bzw. 21 Gesellschaften an.

[56] Alle übrigen Aktiengesellschaften mussten Namensaktien begeben. Das breite Publikum bevorzugte daher ansonsten die liquideren Anleihen meist ausländischer Staaten. Vgl. Bösselmann (1938), S. 48 f.

[57] Diese wurde früher gelegentlich auch als stille Gesellschaft auf Aktien bezeichnet. Vgl. Schumacher (1937), S. 65.

[58] Ausnahmen bildeten die Privatbank zu Stettin von 1824 und die 1851 von Hansemann gegründete Diskonto-Gesellschaft, die 1929 in die Deutsche Bank AG eingegliedert wurde. Vgl. Schumacher (1937), S. 20 f. und S. 59.

lich geregelt als die der Aktiengesellschaft. Dies trifft selbst noch für das Allgemeine Deutsche Handelsgesetzbuch (ADHGB) von 1861 zu, wenngleich mit diesem – nach heftigen Kontroversen im Vorfeld – schließlich auch für die Aktiengesellschaft die Dreiteilung in Vorstand, Aufsichtsrat und Generalversammlung festgelegt wurde.[59]

Die Genehmigungspflicht erwies sich bald als sehr hinderlich für das Wirtschaftsleben und war in Anbetracht des Vordringens der Großbetriebe, die auf eine solche Rechtsform angewiesen waren, weder praktikabel, noch konnte die ursprünglich bezweckte Schutzfunktion „ohne nicht zu rechtfertigenden Aufwand von Kräften und ohne schwer zu ertragendes Eindringen in die geschäftlichen Verhältnisse"[60] wirksam aufrecht erhalten werden; das Publikum hatte zu hohe Erwartungen an die Solidität staatlich konzessionierter Unternehmen.[61] Der Zwang zur Konzessionierung wurde daher mit der Aktiennovelle vom 11. Juni 1870 in allen deutschen Gebieten aufgehoben[62] und gilt seither – abgesehen von Zeiten des Krieges und der Diktatur – in Deutschland bis heute im Wesentlichen nur noch für Eisenbahnen, Banken und Versicherungen.[63] Als Folge nahm die Zahl der Aktiengesellschaften stark zu; allein in den 4 Jahren bis Mitte 1874 wurden mit 857 Gesellschaften in Preußen mehr als doppelt so viele Gesellschaften gegründet wie in den mehr als 70 Jahren zuvor.[64] Während 49,2 % der bis Mitte 1870 errichteten Aktiengesellschaften Eisenbahn-, Versicherungs- oder Bergbaugesellschaften waren, betrug der Anteil dieser Industriezweige an den in den vier darauf folgenden Jahren entstandenen Gesellschaften nur noch 15,6 %.[65] Nunmehr entstanden vor allem Aktiengesellschaften im Bau-, Brauerei- und Bankgewerbe, im Maschinenbau sowie im Handel, meist durch Umwandlung

---

[59] Die Vorschriften des ADHGB dienten ansonsten vor allem der Behebung herrschender Missstände und waren weniger systematisch geschlossen; vgl. Schumacher (1937), S. 67 f. Diese noch heute charakteristische Dreiteilung der Gesellschaftsstruktur war nicht selbstverständlich, da es zuvor auch in Deutschland Gesellschaften gab, bei denen nach ausländischem Vorbild der Verwaltungsrat mehr oder weniger direkt in die Geschäftsführung eingriff, z. B. beim Schaffhausenschen Bankverein von 1848; vgl. Schmalenbach (1966), S. 160.

[60] Amtliche Begründung zur Aktienrechtsnovelle von 1884, in der die Gründungsfreiheit bestätigt wurde, zitiert nach Passow (1922), S. 71.

[61] Vgl. Bösselmann (1938), S. 73.

[62] In einigen Ländern, z. B. in Bremen, Hamburg, Württemberg und Baden, galt schon vor 1870 eine Konzessionsfreiheit wie auch in England seit 1856 und in Frankreich seit 1863. Vgl. Passow (1922), S. 67 und 81.

[63] Der Genehmigungszwang ergibt sich aber dabei nicht aus der Rechtsform an sich, sondern aus den beabsichtigten Geschäften bzw. Dienstleistungen.

[64] Vgl. Engel (1875), S. 467. 77 dieser Gesellschaften gingen bis Ende 1874 wieder in Konkurs.

[65] Der Anteil am Kapital sank für neu errichtete Gesellschaften dieser Industriezweige von 90,6 % auf 53,7 % aller neu gegründeten Gesellschaften. Vgl. Engel (1875), S. 468.

von Personengesellschaften. Eine nahezu fehlende staatliche Kontrolle führt aber seit den Gründerjahren zu verstärkter Spekulation und zur Ausnutzung von Kleinaktionären, nicht zuletzt durch „gewerbsmäßige Gauner".[66] Der damals weit verbreitete Kauf von Aktien auf Kredit führte schließlich unausweichlich zu einem der größten Zusammenbrüche am deutschen Kapitalmarkt: Von Dezember 1872 bis Dezember 1875 betrug der mittlere Rückgang des Kurswertes 46,8%.[67] Die deutsche Regierung sah sich genötigt, korrigierend einzugreifen, und verschärfte in den Aktiennovellen von 1884 und 1897 wieder die Bestimmungen, führte Minderheitenrechte sowie die Haftung von Gründern und Organen ein.[68] Dennoch wurden im Deutschen Reich von 1884 bis 1913 pro Jahr durchschnittlich 180 Aktiengesellschaften gegründet.[69] Die Anzahl der Aktiengesellschaften überschritt schon um die Jahrhundertwende die Marke von 5.000, deutlich mehr als knapp 100 Jahre später[70] – eine im europäischen Vergleich allerdings auch früher vergleichsweise geringe Anzahl.[71]

1.1.3 Zwischenfazit

Der Beginn des Eisenbahnzeitalters in der ersten Hälfte des 19. Jahrhunderts war ein wesentlicher Faktor für die Entwicklung des Aktienrechts und des Börsenwesens. Der Kapitalbedarf für Infrastrukturinvestitionen in bis dahin nicht gekannter Höhe konnte nicht durch Fremdkapital gedeckt werden: Zum einen gab es in Preußen als damals größtem deutschen Staat nur Privatbankiers, die solche Kreditvolumina nicht aufbringen konnten, zum anderen waren die

---

[66] So Engel (1875), S. 469.
[67] Vgl. Engel (1875), S. 532. Ronge (2002) ermittelt für diesen Zeitraum auf Basis der 30 größten Gesellschaften eine marktwertgewichtete nominale Rendite von –20,9%, von November 1872 bis November 1875 sogar von –25,8%. Eine geringere mittlere Dreijahresrendite hat es in Deutschland abgesehen von der Weltwirtschaftskrise und der Währungsreform 1948 bisher nur noch im Zeitraum 2000-2002 gegeben; vgl. Ronge (2002), S. 237 und S. 249, sowie die Angaben in Stehle/Hartmond (1991), Stehle/Huber/Maier (1996) und Stehle/Schmidt (2015), S. 448-450. Die Angaben von Ronge dürften über das tatsächliche Ausmaß der Kursrückgänge von 1872-75 grob unterschätzen, da zu den 30 zur Berechnung verwendeten größten Aktiengesellschaften nahezu ausschließlich Eisenbahn-Gesellschaften und einige Banken zählen, deren (offensichtlich gleichgewichtete) mittlere Kursrückgänge nach Angaben von Engel (1875), S. 532, mit 35,6% bzw. 46,1% noch am geringsten waren, während z.B. der Kursrückgang in der chemischen Industrie nach der Methode von Engel 85,1% und im Baugewerbe 73,4% betrug.
[68] Vgl. Keinath (1957), S. 13.
[69] Eigene Berechnungen auf Basis von Passow (1922), S. 19.
[70] Bei Einstellung der Statistik der Aktienmärkte des Statistischen Bundesamtes 1994 gab 3.527 Aktiengesellschaften (geringste Zahl 1983: 2.122; höchste Zahl 1925 13.010). Letztere Zahl wurde nur von 2001 bis 2009 wieder übertroffen, vgl. Deutsches Aktieninstitut (2013), S. 01-1.
[71] Vgl. Schmalenbach (1966), S. 138.

Anleihemärkte noch nicht ausreichend entwickelt. Für die somit erforderliche Eigenkapitalfinanzierung mussten auch kleinere private Vermögen mobilisiert werden. Dazu war es erforderlich, das Zusammenwirken der Geschäftsführung einer Gesellschaft mit der Versammlung der Gesellschafter zu regeln und – angesichts der Vielzahl der Gesellschafter – Verwaltungsräte zu bestimmen, die die Geschäftsführung als Repräsentanten der Gesellschafter überwachten. Für die Regelungen bestand im Wesentlichen Satzungsautonomie.

1.2 Entwicklung der Prioritätsaktien bis 1918

1.2.1 Prioritätsaktien versus Prioritätsobligationen

Die besondere Problematik der Eisenbahn-Aktiengesellschaften bestand in den aus damaliger Sicht ungewissen Ertragsaussichten solch gewaltiger Investitionen, die aus der anfangs ablehnenden Haltung der Bevölkerung, technischen Problemen und aufkommender Konkurrenz[72] resultierten. Finanzierungen über Darlehen oder Obligationen konnte aufgrund dieser Unwägbarkeiten schnell existenzbedrohend sein. Allerdings sollten keine Mitspracherechte bei der Verwaltung des Unternehmens eingeräumt werden, wie dies bei der Finanzierung über „normale" Aktien erforderlich gewesen wäre. Der Ausweg bestand in der Schaffung von so genannten Prioritätsaktien, die eine Verzinsung nur bei Erzielung eines Reingewinns gewährten, aber den Kapitalgebern ähnliche Sicherheit wie den Obligationären boten, insbesondere die bevorrechtigte Beteiligung bei einer Liquidation. In Deutschland wurden Prioritätsaktien erstmals am 13. März 1839 durch die Berlin-Potsdamer Eisenbahngesellschaft und in der Folge von zahlreichen weiteren Eisenbahn-Gesellschaften emittiert.[73] Vergleichbare Vorzugsaktien waren schon seit 1639 aus Holland bekannt und wurden ebenfalls in England für die Finanzierung des Eisenbahnbaus verwendet.[74]

In der juristischen Literatur jener Zeit wurde teilweise heftig darüber gestritten, ob es sich bei den neuen Papieren tatsächlich um Aktien oder eigentlich um Obligationen handelte. Eine klare Unterscheidung zwischen Aktien und Obligationen fehlte; Aktien wurden teilweise auch als zinstragende Obligationen mit

---

[72] Zum einen konnte die Konkurrenz aufgrund des Ablaufs der Befristung der Privilegien (also der staatlich garantierten Monopolstellung) entstehen, zum anderen durch die zu gestattende Nutzung der Bahnanlagen durch eine einmündende Bahn. Vgl. Hansemann (1837), S. 79 f.

[73] Vgl. Weber (1927), S. 7 f.

[74] Auch in anderen Ländern wie in Frankreich, Italien, der Schweiz und den USA haben solche Vorzugsaktien mit vergleichbaren Konstruktionen schon damals existiert. Vgl. Meili (1874), S. 4 ff.

Gewinnaussicht angesehen.[75, 76] Die Rechtsunsicherheit oder zumindest -unklarheit führte auch zu verschiedenen Bezeichnungen für Vorzugsaktien: Sie wurden wahlweise (und teilweise auch fälschlicherweise) als Prioritätsaktien, Prioritäts-Stammaktien, Stamm-Prioritätsaktien (bzw. Stammprioritäten) bezeichnet.[77, 78] Die Begriffe Prioritätsaktie und Prioritätsobligation wurden nicht streng auseinander gehalten.[79]

Meili (1874) folgerte beispielsweise einzig aus der Begrenzung der prioritätischen Ausschüttung auf den „Zins" und dem fehlenden Stimmrecht, dass es sich zumindest bei den bis 1844 emittierten Papieren um Obligationen handelte, auch wenn in den Statuten die Inhaber als Mitglieder der Gesellschaften bezeichnet wurden und an Generalversammlungen teilnehmen durften.[80] Die damals häufige Verwendung des Begriffes „Zinsen" für Ausschüttungen auf Prioritätsaktien ist allerdings kein überzeugendes Argument dafür, dass Prioritätsaktien Obligationen waren: Auch für Aktien war eine Zinszahlung selbst bei ausbleibendem Gewinn nicht unüblich und als Dividende wurde meist nur der über einen Mindestbetrag hinausgehende Gewinnanteil bezeichnet.[81] Des Weiteren widersprechen z. T. verbriefte Kündigungs- und Rückzahlungsrechte der Prioritätsaktionäre oder der Gesellschaft nicht der Aktieneigenschaft: Erst zum Zeitpunkt der Kündigung oder Liquidation entsteht das Gläubigerrecht, ebenso wie aus dem dinglichen Anspruch eines Aktionärs auf Dividendenteilhabe erst nach

---

[75] Vgl. Schmalenbach (1908), S. 242, Bekker (1871), S. 35.

[76] Einige Autoren sehen in der Prioritätsaktien weder eine Aktie noch eine Obligation, sondern vielmehr eine neue Kategorie, vgl. Meili (1874), S. 56.

[77] Einige der genannten Bezeichnungen waren noch bis in die zweite Hälfte des 20. Jahrhunderts anzutreffen. Ferner wurden für Prioritätsaktien auch Bezeichnungen wie „Stammaktien Lit. B" verwendet, z. B. bei 1863 emittierten Aktien der Magdeburg-Leipziger Eisenbahn, die für manche Beschlussfassungen ein dreifaches, für wichtige Beschlüsse jedoch kein Stimmrecht hatten, vgl. Bekker (1871), S. 49. Bezeichnungen wie „Lit. B" konnten aber auch für normale Stammaktien mit anderen Rechten Verwendung finden.

[78] Bekker (1871), S. 33, weist ausdrücklich darauf hin, dass es sich trotz der unterschiedlichen und teilweise inkonsistenten Bezeichnungen in der Presse und auch in amtlichen Erlassen nach seiner Auffassung stets um dieselben Papiere, nämlich Prioritäts*aktien* handelt. Ebenso Saling (1871), S. 325.

[79] Bekker (1871), S. 62, führt beispielsweise aus, dass ein Bankier einen Auftrag zum Kauf von Prioritätsaktien auch durch Kauf von Prioritäts-Obligationen erfüllen konnte.

[80] Vgl. Meili (1874), S. 14. Beispielsweise war bei den Stammprioritäten genannten Aktien mit Stimmrecht der Crefeld-Kreis-Kempener-Industriebahn AG die Ausschüttung auf 6 % begrenzt, vgl. Bekker (1871), S. 47-48.

[81] Vgl. Schmalenbach (1908), S. 242, und Raemisch (1923), S. 11. Die Zahlung tatsächlicher (d. h. gewinnunabhängiger) Zinsen auf Aktien wurde erst mit dem Aktiengesetz von 1843 verboten, vgl. Bezzenberger (1991b), S. 6.

dem Dividendenbeschluss der schuldrechtliche Anspruch entsteht.[82] Das Kündigungsrecht kann als Schutzrecht der Prioritätsaktionäre, vergleichbar mit der heutigen Nachzahlbarkeit der Vorzugsdividende, betrachtet werden.[83] Wären Prioritätsaktien Gläubigerpapiere, wäre zudem die damals nicht unübliche Vereinbarung eines Liquidationsvorrechtes vor den Stammaktionären[84] überflüssig.

Schließlich beweist auch das fehlende Stimmrecht nicht den Obligationscharakter, da die Regelung des Stimmrechts als Merkmal der inneren Organisation der Aktiengesellschaft bis zur Aktiennovelle von 1884 den Statuten der Gesellschaften vorbehalten war und folglich keinen notwendigen Bestandteil eines Aktienrechts darstellte. Für den Aktiencharakter sprechen vielmehr die in den damaligen Statuten regelmäßig vorzufindenden Bestimmungen, dass Zinsen aus der „jährlichen Einnahme" (also dem Gewinn) zu zahlen seien, dass durch die Prioritätsaktien das Gesellschafts- bzw. Grundkapital vermehrt werde, dass deren Inhaber Mitglieder der Gesellschaft sind[85] oder dass ihnen „im Uebrigen alle Rechte der andern Actien" genießen.[86]

In diesem Sinne wurde auch im bekannt gewordenen Streit um die Prioritätsaktien der Lucca-Pistoja-Eisenbahn argumentiert: Das Berufungsgericht stellte fest, dass es sich bei den fraglichen Prioritätsaktien trotz des fehlenden Stimmrechts tatsächlich um Aktien und nicht – wie der Kläger behauptete – in Wirklichkeit um Obligationen handelte, u. a. weil über die festen Zinsen von 5 % hinaus eine Partizipation am Mehrertrag der Gesellschaft vereinbart war.[87] Die Vorinstanz war noch davon ausgegangen, dass alle Prioritätsaktien Gläubigerpapiere seien. Das Gericht wies ferner darauf hin, dass eine uneinheitliche Verwendung des Begriffs Prioritätsaktien hauptsächlich in Preußen anzutreffen sei (wobei selbst Stamm-Prioritätsaktien manchmal kein Stimmrecht besäßen), während in Süddeutschland sehr genau zwischen Prioritäts-Obligationen und Prioritäts-Aktien unterschieden werde.

Die Frage des Aktien- oder Obligationscharakters wird sich letztlich aufgrund der nahezu nicht vorhandenen Publizitätsvorschriften in den 1840er Jahren nicht

---

[82] So z. B. Bekker (1871), S. 35-37. Ein Kündigungsrecht für Vorzugsaktien ist auch heute noch denkbar und bestand teilweise auch bei den ab 1937 emittierten stimmrechtslosen Vorzugsaktien.
[83] Ein Nachzahlungsrecht war zwar in zahlreichen Statuten der Eisenbahn-Aktiengesellschaften explizit vorgesehen, aber ohne eine solche Regelung nicht zwingend. Vgl. Meili (1874), S. 77.
[84] Z. B. in §7 des Statuts der Kosel-Oderberger Wilhelms-Eisenbahn, vgl. Bekker (1871), S. 42.
[85] Vgl. Raemisch (1923), S. 11, mit dem Verweis auf die Statuten der Potsdam-Magdeburger Eisenbahngesellschaft.
[86] § 13 des Statuts der Rheinischen Eisenbahngesellschaft von 1844, zitiert nach Polte (2005), S. 54.
[87] Vgl. Ober-Appelationsgericht zu Lübeck (31.5.1858), S. 155-157.

mehr abschließend klären lassen; es verwundert, dass die jüngere Literatur ohne fundierte Begründung von Obligationen ausgeht.[88] Bekker (1871) jedenfalls konnte sich nicht endgültig festlegen, da sich sowohl für die Aktien- als auch die Obligationentheorie stets Gegenbeispiele finden ließen.[89] Immerhin besteht weitgehend Einigkeit darüber, dass alle in Deutschland ab etwa 1857 emittierten Prioritätsaktien als Aktien anzusehen sind, da entweder in den Statuten ausdrücklich eine Ausschüttung an die Prioritätsaktionäre nur aus dem Reingewinn verankert war, oder bei Gesellschaften ohne eine solche Regelung sämtlich neben einer „Verzinsung" der Prioritätsaktien im Sinne einer Vorabdividende eine aus dem Reingewinn zu zahlende Mehrdividende vereinbart war.[90]

In Ermangelung einer gesetzlichen Regelung der mit Vorzügen verbundenen Aktien bildete sich zunächst eine Vielfalt unterschiedlicher Typen von Prioritätsaktien heraus: Meili (1874) unterscheidet nicht weniger als sechs Gruppen, je nachdem ob ein Recht auf Superdividende (Mehrdividende), ein Liquidationsvorrecht, ein Recht auf Dividendennachzahlung, ein Stimmrecht bzw. vermindertes Stimmrecht oder eine Amortisationsklausel ausbedungen wurde.[91] Erst recht waren die Prioritätsaktien mit denen Englands und der USA nicht vergleichbar,[92] was sich bis heute nicht wesentlich geändert hat. Meili (1874) benennt sechs Emissionen von Prioritätsaktien bis 1848[93] und stellt erst wieder ab 1857 die Ausgabe neuer Prioritätsaktien fest, und zwar bis 1872 durch insgesamt 22 Eisenbahngesellschaften.[94] Besonders beliebt war die Ausgabe von Prioritätsaktien zur Finanzierung von Zweigbahnen, die meist durch die

---

[88] Z.B. Keinath (1957), S. 9, Depenbrock (1975), S. 170, und Bezzenberger (1991b), S. 5.

[89] Vgl. Bekker (1871), S. 55-85.

[90] Vgl. Meili (1874), S. 59. Nach seiner Auffassung ist einzig die Ausschüttung aus dem Reingewinn das maßgebliche Kriterium zur Entscheidung, ob es sich um Aktien oder Obligationen handelt. Vgl. a. a. O., S. 57.

[91] Meili (1874), S. 24-42. Gemäß der Amortisationsklausel werden Rücklagen (ein sog. „Amortisationsfonds") gebildet, um ausgeloste Prioritätsaktien zurückzukaufen.

[92] Vgl. Meili (1874), S. 55. So ist man z. B. in England nach 2 Gerichtsurteilen zugunsten der Great Northern Railway Company (1857 und 1859) dazu übergegangen, kein Nachzahlungsrecht der Vorzugsdividende mehr zu gewähren. Vgl. a. a. O., S. 75.

[93] Magdeburg-Cöthen-Halle-Leipziger Eisenbahn, Berlin-Anhalter Eisenbahn, Breslau-Schweidnitz-Freiburger Eisenbahn, Oberschlesische Eisenbahn, Rheinische Eisenbahn und Niederschlesische Zweigbahn; vgl. Meili (1874), S. 16-22. Die tatsächlich zuerst emittierten Prioritätsaktien der Berlin-Potsdamer Eisenbahn sind allerdings ebenso wie die Prioritätsaktien der Düsseldorf-Elberfelder Eisenbahn von 1840 bei Meili nicht aufgeführt, sodass von mindestens acht Gesellschaften auszugehen ist.

[94] Vgl. Meili (1874), S. 24. Obwohl Meili von „sämmtlichen deutschen Prioritätsactien" spricht, kann man wohl davon ausgehen, dass sich die Anzahl jeweils auf Preußen bezieht, da die aufgeführten Eisenbahnstrecken nahezu ausschließlich in Preußen liegen oder beginnen.

Betreiber der Hauptstrecken errichtet wurden, wobei sich die Dividende meist auf den Ertrag der zu errichtenden Bahn und nicht der gesamten Gesellschaft beschränkte.[95]

1.2.2   Vorzugsaktien nach der Aktienrechtsnovelle von 1870

Die Aktienrechtsnovelle von 1870 brachte neben der Aufhebung des Konzessionierungszwangs die Vorschrift, dass jede Aktie ein (jedoch nicht: genau ein) Stimmrecht gewährt. Erst die Verschärfung der Normativbestimmungen in der Aktienrechtsnovelle von 1884 führte zu einem Verbot von Mehrfach- und Minderstimmrechten, da im Artikel 190 festgelegt wurde, dass das Stimmrecht nach Aktiennennbeträgen ausgeübt wird.[96] Damit konnte das Stimmrecht auch nicht mehr – wie vorher üblich – für einzelne Beschlussgegenstände wie Wahlen oder Satzungsänderungen ausgeschlossen werden. Gleichzeitig wurde erstmals eine gesetzliche Grundlage für die im Wirtschaftsleben schon lange existierenden Vorzugsaktien geschaffen, indem der Artikel 209a (Ziffer 4) implizit bestimmt, dass es „Aktien verschiedener Rechte, insbesondere betreffs der Zinsen oder Dividenden oder des Antheils am Gesellschaftsvermögen" nur geben dürfe, wenn dies statutarisch festgeschrieben ist.[97]

Während bis zur großen Krise am Aktienmarkt in der ersten Hälfte der 1870er Jahre das Hauptmotiv für die Ausgabe von Vorzugsaktien hauptsächlich in der direkten Investitionsfinanzierung lag, wurden diese in den letzten Dekaden des 19. Jahrhunderts in der Regel nur von Gesellschaften in einer „prekären Situation" herausgegeben.[98] An erster Stelle sind dabei Sanierungen zu nennen: Stammaktionäre mussten bei finanziellen Problemen Zuzahlungen leisten und erhielten dafür Vorzugsaktien.[99] Auf diese Weise konnte das Grundkapital von

---

[95]   Dies war oft verbunden mit einer Beschränkung des Stimmrechts auf Angelegenheiten dieser Bahn, z. B. bei der Errichtung der Strecke Halle-Kassel durch die Magdeburg-Leipziger Eisenbahn. Vgl. Bekker (1871), S. 48-50.

[96]   Dies schließt nicht aus, dass Aktien einer Gesellschaft unterschiedliche Nennbeträge haben. Bei einem höheren Nennbetrag hat der Aktionär allerdings auch kapitalmäßig einen entsprechend höheren Anteil an der Gesellschaft erworben.

[97]   Vgl. Keinath (1957), S. 14. Es sei darauf hingewiesen, dass es sich bei den 1884 sanktionierten Vorzugsaktien also nicht um künstlich geschaffene Rechtsgebilde wie unsere heutigen stimmrechtslosen Vorzugsaktien handelt.

[98]   Vgl. Schmalenbach (1908), S. 243, und Weber (1927), S. 13. Weber gibt an, dass erst seit der Emission von Vorzugsaktien durch die Alkaliwerke Westeregeln 1896 wieder vermehrt andere Vorzugsaktien als solche zu Sanierungsfällen ausgegeben wurden.

[99]   Für Aktiengesellschaften bestand im Gegensatz zu Unternehmen in der Rechtsform einer bergrechtlichen Gewerkschaft keine rechtliche Möglichkeit, eine Zuzahlung (so genannte Zubuße) zu erzwingen. De facto konnte ein solcher Zwang dennoch ausgeübt werden, indem die Aktionäre,

Gesellschaften nur noch aus Vorzugsaktien bestehen, die auch weiterhin so bezeichnet wurden, obwohl das Vorrecht gegenüber einer anderen Gattung dann fehlte. Gelegentlich wurden Vorzugsaktien aufgrund des Verbots von Unter-Pari-Emissionen begeben: Wurde neues Kapital benötigt, notierten aber die Stammaktien unter pari, konnte keine Kapitalerhöhung der Stammaktien durchgeführt werden. Daher blieb die Ausgabe von Vorzugsaktien – neben der Ausgabe von Obligationen – als einzige Möglichkeit zur Kapitalbeschaffung. Die Vermeidung fester Zinszahlungen war in seltenen Fällen auch bei Unternehmen ohne angespannte finanzielle Lage ein Motiv für die Emission von Vorzugsaktien, die dann aber häufig mit einem Dividendennachteil versehen waren.[100]

Abgesehen vom Stimmrecht waren auch bei den nach 1870 und 1884 emittierten Vorzugsaktien die verschiedensten Vorzüge gegenüber den Stammaktien anzutreffen. Neben die erwähnten von Meili genannten Merkmale (vgl. Seite 19) traten auch Unterschiede in der Einzahlung, im Nominalbetrag der Aktien und in der Übertragbarkeit der Aktien.[101] Die Vielfalt der Vorzugsaktien hinsichtlich unterschiedlicher Ausgestaltungsmerkmale führte dazu, dass die Vorzugsaktien kaum miteinander zu vergleichen waren. Da zudem das in Vorzugsaktien ausgegebene Nominalkapital im Vergleich zum Stammaktienkapital meist relativ gering war, ergab sich oft eine geringe Liquidität. Die meisten Vorzugsaktien waren daher auch nicht börsennotiert.[102]

Wie man in der folgenden Tabelle 1 sieht, haben die Vorzugsaktien bis zum Ende des Ersten Weltkriegs generell keine große Bedeutung erlangt. So entfielen 1918 vom gesamten Nominalkapital aller preußischen Aktiengesellschaften in Höhe von über 12 Milliarden Mark gerade einmal 477,5 Millionen Mark, also etwa 4 %, auf Vorzugsaktien.[103] Auch im gesamten Deutschen Reich war der

---

die Zuzahlungen leisteten, neu ausgegebene (stimmberechtigte) Vorzugsaktien erhielten und so in der Generalversammlung mit einer auf diese Weise erreichten Dreiviertel-Mehrheit des nun höheren Grundkapitals Beschlüsse zu Lasten der Zahlungsunwilligen fassen konnten. Vgl. – mit ausführlichen Beispielen – Passow (1922), S. 204 ff.

[100] Vgl. Schmalenbach (1908), S. 242 f.

[101] Eine unterschiedliche Einzahlung und ein abweichender Nominalbetrag, der meist aufgrund der Reichsmark-Umstellung früherer, in Gulden begebener Aktien süddeutscher Gesellschaften entstanden war, führten trotz des gesetzlichen Verbots von Mehrstimmrechten (Aktienrechtsnovelle 1884) faktisch dennoch zu einem abweichenden Stimmrecht und rechtfertigen so die Bezeichnung als Vorzugsaktien. Unterschiede in der Übertragbarkeit führten nur im schweizerischen Aktienrecht zu Vorzugsaktien: Bei dortigen Eisenbahngesellschaften hatten Inhaberaktionäre im Gegensatz zu den Namensaktionären kein Stimmrecht. Vgl. Passow (1922), S. 242-248.

[102] Vgl. Weber (1927), S. 15 und S. 59.

[103] Diese Zahlen beinhalten auch die Vorzugsaktien mit mehrfachem Stimmrecht, die aber bis zum Ersten Weltkrieg praktisch bedeutungslos waren. Vgl. Abschnitt 1.2.3

Anteil des Vorzugsaktienkapitals in der Vorkriegszeit nicht höher und betrug in den Jahren 1906 3,0% und 1909 4,4%.[104] Erst ab 1919 ist ein deutlicher Anstieg des Vorzugsaktienkapitals zu verzeichnen, der in der Ausgabe von Mehrstimmrechtsaktien begründet ist.

Tabelle 1: Aktiengesellschaften und Vorzugsaktien in Preußen (1903-1921)

Jahr	Anzahl der Aktiengesellschaften*		Nominalkapital der Aktiengesellschaften*		Nominalkapital der Vorzugsaktien	
	zusammen	Anteil im Deutschen Reich	in Mio. Mark	Anteil im Deutschen Reich	in Mio. Mark	Anteil Vorzugsaktien
1903	2.554	49,3%	6.256,3	52,3%	366,1	5,9%
1906	2.650	52,4%	8.611,7	62,2%	349,8	4,1%
1909	2.791	53,5%	9.703,6	65,9%	381,6	3,9%
1913	2.935	53,5%	11.268,7	64,9%	394,1	3,5%
1918	2.854		12.133,7		477,5	3,9%
1919	2.737	51,2%	12.694,9	62,6%	698,7	5,5%
1920	2.759	48,8%	16.680,1	57,5%	864,2	5,2%
1921	2.899	43,7%	28.782,0	58,3%	2.741,3	9,5%

Quellen: Statistische Jahrbücher für das Deutsche Reich und den Preußischen Staat bzw. den Freistaat Preußen. Die Spalten „Anteil im Deutschen Reich" geben jeweils den Anteil der preußischen Aktiengesellschaft an der Anzahl bzw. am Nominalkapital aller deutschen Aktiengesellschaften an. (Anmerkung: Die Statistiken zu Aktiengesellschaften sind nur unregelmäßig erschienen.)
* einschließlich Kommanditgesellschaften auf Aktien

Der zuvor vorherrschende Vorzugsaktientyp mit limitierter Dividende erlangte als Anlageobjekt nach dem Ersten Weltkrieg keine Bedeutung mehr, da die Höchstdividenden gar nicht schnell genug an die schnell voranschreitende Geldentwertung angepasst werden konnten.[105] 1925 hatten nur 44 von 867 Vorzugsaktiengattungen einen Dividendenvorzug ohne Mehrstimmrecht, wobei es sich meist um die Vorzugsaktien aus der Vorkriegszeit handelte.[106]

---

[104] Vgl. Statistische Jahrbücher für das Dt. Reich 1908, 1913. Für andere Jahre keine Angaben.
[105] So steigerte sich die mittlere Höchstdividende der limitierten Vorzugsaktien nach Stichproben von Weber (1927), S. 7, von 5,42 Mark 1909/10 (bzgl. 126 Unternehmen) auf nur 6,50 Mark 1923 (auf Basis von 260 Unternehmen).
[106] Vgl. o.V. (1925), S. 738.

1.2.3   Zwischenfazit

Das Bedürfnis nach Aktien ohne oder mit geringerem Stimmrecht ergab sich insbesondere für die Eisenbahngesellschaften aus dem Ziel, den für die Eigenkapitalfinanzierung benötigten Kleinaktionären keine Mitspracherechte einzuräumen. Um solche Instrumente gleichwohl attraktiv zu gestalten, wurden sie oft mit einer höheren, wenn auch limitierten, Dividende oder einer gewinnabhängigen Zusatzdividende versehen. Aufgrund der Satzungsautonomie bildete sich eine große Variantenvielfalt an solchen Vorzugs- oder Prioritätsaktien im Hinblick auf Stimmrecht, Festverzinsungs- und Dividendenrechte, Nominalbetrag, Einzahlungsquoten, Kündigungs- und Rückzahlungsrechte, Liquidationsvorrechte und Übertragbarkeit heraus, die zu einer mangelnden Vergleichbarkeit und letztlich zu geringer Liquidität führten. Insgesamt ist der prozentuale Anteil der Vorzugsaktien bis 1918 nicht über eine mittleren einstelligen Wert angestiegen. In der Folge des so genannten Gründerkrachs von 1873 gerieten zahlreiche der nach Aufhebung des Konzessionierungzwangs gegründeten Aktiengesellschaften in Schwierigkeiten. In der Folge wurden vermehrt Vorzugsaktien zum Zwecke der Sanierung begeben, um feste Zinszahlungen zu vermeiden, Stammaktionäre für Zuzahlungen zu gewinnen und dies mit Vorzugsaktien abzugelten sowie um Kapitalerhöhungen bei einem Stammaktienkurs unter pari zu ermöglichen.

1.3   Mehrstimmrechtsaktien nach dem Ersten Weltkrieg

1.3.1   Erhöhtes Stimmrecht als Motiv zur Ausgabe von Vorzugsaktien

1897 wurden die aktienrechtlichen Regelungen ins HGB aufgenommen, so auch die erwähnte Regelung zu Aktien verschiedener Rechte in nahezu unveränderter Form (§ 185 HGB a. F.). Neu hinzugefügt wurde allerdings ein § 252 Abs. 1: „ ... Bei Vorhandensein mehrerer Gattungen von Aktien kann den Aktien der einen Gattung ein höheres Stimmrecht beigelegt werden als denen einer anderen Gattung".[107] Damit wurden nach dem Verbot in der Aktienrechtsnovelle von 1884 Mehrstimmrechtsaktien 1897 erneut legitimiert. Voraussetzung für ein abweichendes Stimmrecht war aber nach Wortlaut und herrschender Meinung das Vorhandensein einer eigenen Gattung, also einer Gattung mit abweichenden Rechten im Vergleich zu einer anderen Aktiengattung. Mit anderen Worten war die Existenz von Mehrstimmrechten an die Existenz von Vorzugsaktien gebun-

---

[107] Zitiert nach Keinath (1957), S. 14.

den;[108] die Mehrstimmrechtsaktien mussten aber – nach dem Wortlaut – nicht die Vorzugsaktien sein.[109] Hatten die Stammaktien ein höheres Stimmrecht als die Vorzugsaktien, wurden letztere auch als Minderstimmrechts(vorzugs)aktien bezeichnet.[110]

Wohl erst seit dem in der Literatur viel erörterten Hibernia-Fall[111] war der Weg in die Begebung von Vorzugsaktien des Stimmrechts wegen gewiesen; zuvor war noch stets die Heranziehung von Kapital das Hauptmotiv.[112] Der Gesetzgeber war sich vermutlich bei der Neufassung des HGB der Möglichkeit einer derartigen Ausnutzung des § 252 Abs. 4 gar nicht bewusst.[113] Bis zum Ende des deutschen Kaiserreichs war die Ausgabe von Aktiengattungen mit unterschiedlichem Stimmrecht allerdings noch eine äußerst seltene Ausnahme.[114] Es wurden sogar Gesellschaften nicht an der Börse zugelassen, die Mehrstimmrechts-Vorzugsaktien[115] ausgegeben hatten.[116] Das hat sich in den zwanziger Jahren grundlegend geändert.

---

[108] Einige Autoren waren nach dem Ersten Weltkrieg der Auffassung, dass eine Gattungsverschiedenheit nicht nur durch Vermögensvorrechte, sondern auch allein durch abweichendes Stimmrecht gegeben sei und dass es sich bei dem an sich eindeutigen Wortlaut um eine stilistisch unglückliche Formulierung handelte. Vgl. z. B. Konschewski (1921), S. 56 f., v. Müffling (1940), S. 29.

[109] Dennoch waren 1920 von den in Deutschland ausgegebenen nominal 298,2 Mio. Mark Aktien mit Stimmvorzug 95,3 % Vorzugsaktien. Quelle: Statistisches Jahrbuch für das Dt. Reich 1921.

[110] So gewährten z. B. die Prioritäts-Stammaktien der Berliner Kindl Brauerei AG je 500 RM Nennwert drei Stimmen, die Stammaktien hingegen erhielten je 50 RM Nennwert eine Stimme; vgl. Handbuch der Deutschen Aktiengesellschaften (1927), S. 1361. Auf Minderstimmrechts-Vorzugsaktien soll hier mangels Relevanz nicht näher eingegangen werden.

[111] Die Bergwerksgesellschaft Hibernia konnte 1906 durch die Ausgabe von Vorzugsaktien an die Verwaltung unter Ausschluss des Bezugsrechts für die bisherigen Aktionäre die durch den Preußischen Staat beabsichtigte faktische Verstaatlichung – der Preußische Staat besaß bereits ca. 46 % der Stammaktien und kaufte fortwährend Aktien auf – und die im Anschluss befürchtete Stilllegung erfolgreich abwehren. Vgl. z. B. Konschewski (1921), S. 45-52; Schmalenbach (1908), S. 244, Raemisch (1923), S. 16.

[112] Vgl. Raemisch (1923), S. 17.

[113] So z. B. Passow (1930), S. 2.

[114] Vgl. z. B. v. Müffling (1940), S. 27. Schmalenbach (1908) erwähnt – im Gegensatz zur erweiterten Version des Textes in Schmalenbach (1928) – eher beiläufig und als seltenen Fall, dass man auch das Stimmrecht unterschiedlich gestalten könnte, ohne dies jedoch weiter zu problematisieren. Vgl. a. a. O., S. 244 und S. 255.

[115] In der Praxis waren Mehrstimmrechte meist bei den Vorzugsaktien-Gattungen anzutreffen; daher wurde auch von „Mehrstimmrechts-Vorzugsaktien" gesprochen. Eine übliche Bezeichnung war auch der Ausdruck „Stimmrechtsaktien", womit aber nicht die Stammaktien gemeint waren.

[116] Passow (1922), S. 244, nennt das Beispiel der Maschinenfabrik AG Kirchner & Co. in Leipzig, bei der die Zulassungsstelle der Berliner Börse 1912 die Notierung von Stammaktien davon abhängig machte, dass die Vorzugsaktien nur einfaches Stimmrecht erhielten.

Die Wirtschaft war als Folge der dem Deutschen Reich aufgebürdeten und zunächst der Höhe nach unabsehbaren Reparationslasten stark geschwächt, die Aktienkurse waren stark gesunken und die Mark war gegenüber ausländischen Währungen äußerst schwach.[117, 118] Viele ausländische Unternehmen versuchten diese Lage auszunutzen und – insbesondere in den französisch besetzten links-rheinischen Gebieten – durch den Erwerb großer Aktien- und Kuxpakete zu einem niedrigen Preis Einfluss auf deutsche Aktiengesellschaften und (bergrecht-liche) Gewerkschaften und damit auch auf Bodenschätze und potenzielle Konkurrenten zu erlangen. Jung (1960) nennt zahlreiche Beispiele für Gesell-schaften aus allen Industriezweigen, insbesondere aus der chemischen Industrie sowie dem Schiffbau, bei denen „das feindliche Kapital zur Herrschaft gelangt ist."[119] Frankreich hatte den Plan, dass das Deutsche Reich 1922 ein Viertel des Aktienkapitals der deutschen Aktiengesellschaften als Reparation abzuliefern habe; England stimmte allerdings nicht zu.[120]

Die aus Sicht der Gesellschaft bestehende Gefahr der „äußeren Überfremdung" war zumindest in Einzelfällen zweifelsohne gegeben. So waren im Jahre 1932 zwar nur an 582 der 9.634 börsennotierten deutschen Aktiengesellschaften Ausländer beteiligt. Das Grundkapital dieser Gesellschaften repräsentierte aller-dings einen Anteil von 24,9 % am Grundkapital aller börsennotierten Gesell-schaften, sodass es sich offenkundig um sehr große Gesellschaften handelte, deren Aktien bisweilen auch an ausländischen Börsen, z. B. in Zürich, notiert waren. Bei solchen Unternehmen hatten ausländische Aktionäre eine mittlere Beteiligungsquote von 28,1 %.[121]

Diese Entwicklungen wurden wie der als Diktat empfundene Versailler Vertrag in Wirtschaft, Bevölkerung und Wissenschaft als Bedrohung angesehen, die deutsche Wirtschaft sollte nicht zum „Spielball ausländischer Finanzkräfte wer-den".[122] Der mögliche Ausweg eines gesetzlichen Verbots des Aktienerwerbs

---

[117] Vgl. Keinath (1957), S. 15.
[118] Der von Ronge (2002) aus den jeweils 30 deutschen Aktiengesellschaften mit der größten Markt-kapitalisierung berechnete marktwertgewichtete Aktienindex weist im Vergleich zum Vorkriegs-niveau umgerechnet in Schweizer Franken bis zum Februar 1920 einen Rückgang um 94,2 %, bis September 1922 einen Rückgang um 97,7 % auf; auf Dollar-Basis beträgt der Verlust 70,2 % bzw. 90,4 %. Vgl. a. a. O., S. 242 f.
[119] Vgl. Jung (1960), S. 5 ff., mit Auszügen aus seiner Dissertation aus dem Jahre 1921.
[120] So Schlegelberger (1926), S. 6-7.
[121] Quelle: Statistisches Jahrbuch für das Deutsche Reich (1934). Insgesamt waren also 7,0 % des deutschen Aktienkapitals in ausländischer Hand. Angaben für Jahre vor 1932 wurden nicht veröffentlicht.
[122] Schmalenbach (1928), S. 254.

durch Ausländer war durch Artikel 276d des Versailler Vertrages ausgeschlossen worden;[123] das „Problem" konnte also nur auf der Ebene der Aktiengesellschaften gelöst werden. Der Reichsverband der Deutschen Industrie belegte daher seine Mitglieder mit hohen Konventionalstrafen, wenn nicht Maßnahmen gegen eine „äußere Überfremdung" getroffen wurden.[124] In erster Linie bestanden solche Maßnahmen in der Ausgabe so genannter Schutz- oder Überfremdungsaktien: Vorzugsaktien wurden nur zu dem Zweck mit einem geringen, oft limitierten Dividendenvorzug ausgegeben, um ihnen ein teilweise beträchtliches mehrfaches Stimmrecht einräumen zu können.[125]

In der Regel erhielten die Vorstände und Aufsichtsräte die meist vinkulierten Mehrstimmrechts-Vorzugsaktien unter Ausschluss des Bezugsrechts für die übrigen Aktionäre, da sie als „uneigennützigste Vertreter von Gesellschaftsinteressen" betrachtet wurden.[126] Letzteres galt auch für die Familienmitglieder der Gründer, wenn diese noch maßgeblich an der Gesellschaft beteiligt waren (z.B. im Fall der Siemens & Halske AG). In anderen Fällen wurden die Mehrstimmrechts-Vorzugsaktien durch ein Bankenkonsortium[127] oder von einem „befreundeten", aber jedenfalls anfänglich rechtlich selbständigen Unternehmen übernommen. Zu letzterem Zweck wurden vermehrt „Interessengemeinschaft" bzw. „I.G." genannte Kartelle gebildet, die unter Ausschluss des Bezugsrechts neue Mehrstimmrechtsaktien zugunsten anderer Mitglieder der I.G: ausgaben, diese

---

[123] Darin war bestimmt, dass Angehörigen der alliierten Mächte keine anderen Beschränkungen auferlegt werden konnten als den Deutschen, sofern die Beschränkungen nicht schon vor dem Krieg bestanden. Vgl. Köhler (1926), S. 27.

[124] „Geschäftliche Mitteilung für die Mitglieder des Reichsverbandes der Deutschen Industrie vom 23. Dezember 1919", vgl. Jung (1960), S. 6.

[125] Bei etwa der Hälfte der Gesellschaften mit Mehrstimmrechts-Vorzugsaktien war der Vorzug auf die drei Fälle der Aufsichtsratswahl, der Auflösung der Gesellschaft und Satzungsänderung (und damit z.B. auch der Kapitalerhöhung) beschränkt; einige dieser Gattungen konnten auch bei der Gewinnverwendung mitstimmen. Vgl. o.V. (1925), S. 738. Die genannten Vorrechte betreffen also die wichtigsten Entscheidungen und ermöglichten somit eine ähnlich starke Einflussmöglichkeit wie bei einem allgemeinen Mehrfachstimmrecht.

[126] Konschewski (1921), S. 66.

[127] In dem Maße, in dem die Mehrstimmrechtsaktien zur Abwehr unternehmensfremder Einflüsse geeignet waren, konnten sie auch das genaue Gegenteil bewirken, wenn die ausländischen Aktionäre in ihren Besitz gelangten. Diese Gefahr wurde insb. bei der Übernahme der Vorzugsaktien durch Bankkonsortien gesehen, da die Banken auf ausländische Kapitalgeber angewiesen waren, vgl. Jung (1960), S. 9f. Ein weiteres Problem in diesem Zusammenhang war, dass die Banken über das Depotstimmrecht zugleich die Interessen der Stammaktionäre zu vertreten hatten, was einen Interessenkonflikt zur Folge haben konnte. Vgl. Konschewski (1921), S. 65f.

Vorzugsaktien also untereinander austauschten, und gleichzeitig Verträge über die Stimmrechtsbindung abschlossen.[128, 129]

1.3.2   Aushöhlung der Aktionärsdemokratie

Das Argument der „äußeren Überfremdung" war aber in vielen Fällen nicht objektiv begründet.[130] Es wurde bald zum Vorwand, um Großaktionäre und die von Ihnen eingesetzten Vorstände vor unliebsamen inländischen Aktienkäufern, insbesondere Konkurrenten, zu schützen und trotz geringer kapitalmäßiger Verantwortung die Unternehmenskontrolle langfristig zu erhalten.[131] Bereits bei der Gründung von Aktiengesellschaften wurden Mehrstimmrechtsaktien ausgegeben und während man sich anfangs noch mit zwei- oder fünffachem Stimmrecht begnügte, war schon bald ein zehn- oder 30-faches Stimmrecht häufig anzutreffen.[132] Teilweise erreichten die Mehrstimmrechte „astronomische" Höhen (z. B. 4.800 Stimmen pro Vorzugsaktie bei der Gruschwitz Textilwerke AG, 308.000faches Stimmrecht bei den Hamburger Elektrischen Werken AG[133]). Großaktionäre schreckten auch nicht davor zurück, ein „gleitendes Stimmrecht" einzuführen, bei dem das Mehrstimmrecht im Verhältnis der Kapitalerhöhungen anwuchs, auch wenn die Vorzugsaktionäre nicht teilnahmen.[134]

Die Ausgabe von Mehrstimmrechtsaktien war zu einer regelrechten Modeerscheinung geworden und musste – zumindest bis zur aktienrechtlichen Notverordnung 1931 – nicht einmal in der Bilanz ausgewiesen werden.[135] Mit der zunehmenden Disproportionalität von Kapitalbeteiligung und Stimmrecht wurde der ursprünglich demokratische Charakter von Aktiengesellschaften völlig unterhöhlt: Die Vorzugsaktie hatte sich von einem Kapitalbeschaffungsmittel zu

---

[128] Vgl. Jung (1960), S. 7-9, und Passow (1922), S. 243 und 336, Passow (1930), S. 21.

[129] Im bekanntesten Fall, die I.G. Farben, kam es schließlich 1925 zur Bildung einer neuen Aktiengesellschaft aus den vormaligen acht Mitgliedern des Kartells durch rechtliche Verschmelzung der einzelnen Unternehmen auf die BASF AG und deren Umbenennung in I.G: Farbenindustrie AG. Die neue Gesellschaft hatte 1926 einen Vorstand mit 82 Mitgliedern und einen Aufsichtsrat mit 55 Mitgliedern, vgl. die Wikipedia-Seite „I.G. Farben" URL: https://de.wikipedia.org/w/index.php?title=I.G._Farben&oldid=184622906 (Abgerufen: 13. Januar 2019).

[130] Dies wurde auch von dem Direktor der Deutschen Bank Dr. Schlitter vor einer Enquete-Kommission des Reichstages (siehe unten, S. 31) ausgesagt. Nach seiner Auffassung „gab es im Ausland nicht genügend Leute, die die deutschen Verhältnisse beurteilen konnten, auch nicht genügend Leute, die das erforderliche Vertrauen hatten". Vgl. Passow (1930), S. 18.

[131] So z. B. Keinath (1957), S. 146.

[132] Vgl. Passow (1922), S. 338 f.

[133] Vgl. Keinath (1957), S. 16.

[134] Passow (1922), S. 399, führt das Beispiel der Cuxhavener Hochseefischerei A.-G. auf.

[135] So Keinath (1957), S. 18 und S. 146.

einem Werkzeug der Beherrschung der Aktiengesellschaften durch „Cliquen" entwickelt.[136] Schmalenbach (1928) bezeichnete dies als „Witz der Zeitgeschichte".[137] Die (Stamm-) Aktie war „zu einer praktisch stimmrechtslosen Obligation ohne festen Zinsanspruch" herabgesunken.[138]

In der folgenden Tabelle 2 ist zu erkennen, dass Mitte der 1920er Jahre mehr als die Hälfte der börsennotierten Gesellschaften Mehrstimmrechtsaktien emittiert hatten. In der verarbeitenden Industrie lag 1925 der Anteil solcher Unternehmen auch hinsichtlich des Kapitalanteils deutlich über 60%.[139] Die Mehrstimmrechtsaktionäre konnten mit einer Kapitalbeteiligung von unter 3% im Mittel mehr als ein Drittel der Stimmen kontrollieren.[140] Da viele Mehrstimmrechts-Vorzugsaktien nur zu 20-25% eingezahlt waren, lag das tatsächliche Mehrstimmrecht oft noch weit höher.[141]

Bei einem Viertel aller Börsengesellschaften vereinigten die Mehrstimmrechtsaktien 1925 mehr als 40% der Stimmen auf sich, bei 53 Gesellschaften sogar die Stimmenmehrheit.[142] Der ungewogene Durchschnitt des Mehrfachstimmrechtes lag 1931 bei 124;[143] er dürfte zur Mitte der zwanziger Jahre in Anbetracht des im Vergleich zu 1931 wesentlich höheren mittleren Mehrstimmrechts (siehe nachfolgende Tabelle) noch beträchtlich darüber gelegen haben.[144, 145]

---

[136] So auch Raemisch (1923), S. 3, Schmalenbach (1928), S. 256.
[137] Vgl. Schmalenbach (1928), S. 256.
[138] Frankfurter Zeitung vom 15.12.1927, zitiert nach Schmalenbach (1928), S. 258.
[139] Vgl. o.V. (1925), S. 739.
[140] Vgl. o.V. (1925), S. 739.
[141] Vgl. z.B. Weber (1927), S. 5. 1927 entstand beispielsweise bei 38 Gesellschaften ein Mehrstimmrecht allein aufgrund unterschiedlicher Einzahlungen. Vgl. o.V. (1927), S. 636.
[142] Vgl. den Beitrag in „Wirtschaft und Statistik" o.V. (1937a), S. 114.
[143] Vgl. o.V. (1937a), S. 114. Diese Statistik wurde erst ab 1931 veröffentlicht.
[144] Geht man von einer Gleichverteilung der Stimmrechte innerhalb der in Wirtschaft und Statistik angegebenen Intervalle nach der Höhe des Mehrstimmrechtes aus, so ergibt sich (unter der weiteren Annahme, dass die Gesellschaften mit mehr als 1.000-fachem Stimmrecht „nur" ein 1.000-faches Stimmrecht haben) ein ungewogenes mittleres Mehrstimmrechtes von 189 Stimmen (1925) bzw. 147 Stimmen (1927). Vgl. o.V. (1925), S. 739; o.V. (1927), S. 637.
[145] Der starke Rückgang des mittleren Mehrstimmrechts im Jahre 1932 (vgl. Tabelle 2) kommt durch die mit nominal 80 Mio. RM sehr große Emission von Mehrstimmrechtsaktien mit nur zweifachem Stimmrecht durch die Berliner Kraft- und Licht-AG zustande, was den Mittelwert stark verringert und gleichzeitig den mittleren Anteil der Mehrstimmrechtsaktien am Grundkapital (5. Spalte) deutlich anhebt.

Tabelle 2:   Mehrstimmrechte bei börsennotierten Gesellschaften (1925-1935)

Jahr	Anzahl aller börsennotierten AGs*	Gesellschaften mit Stimmrechtsvorzügen				
		Anteil an der Anzahl aller börsennotierter AGs*	Anteil am Grundkapital aller Börsen-AGs*	Anteil der MSR-Aktien am GK der Gesellschaften[c]	Stimmenanteil der MSR-Aktien[c]	Mittleres Mehrstimmrecht[c, d]
1925[a]	1.595	53,9%	56,5%	2,35%	38,2%	25,7
1926[b]	1.580	52,9%	56,4%	2,33%	36,9%	24,6
1927[b]	1.499	49,5%	51,5%	2,77%	34,9%	18,8
1928	1.400	47,9%	51,9%	2,68%	29,6%	15,3
1929	1.321	47,2%	52,0%	2,62%	27,6%	14,2
1930	1.259	46,1%	50,6%	2,56%	27,6%	14,5
1931	1.171	45,3%	49,3%	2,95%	33,0%	16,2
1932	1.075	42,0%	47,6%	4,35%	33,3%	11,0
1933	976	41,3%	47,4%	4,53%	32,0%	9,9
1934	913	38,8%	42,9%	4,38%	33,4%	11,0
1935	888	37,4%	41,3%	4,55%	33,8%	10,7
1937	847	34,6%	40,3%	4,82%	34,4%	10,4
1938	834	26,4%	34,3%	5,97%	34,4%	8,3

Quellen: Statistische Jahrbücher für das Deutschen Reich 1930, 1934, 1936; Wirtschaft und Statistik (1927), S. 635 ff., Wirtschaft und Statistik (1937), S. 114, Wirtschaft und Statistik (1939), S. 666 f. Für 1936 konnten keine Angaben ermittelt werden. Vor 1925 gab es keine amtliche Statistik über Mehrstimmrechte.
* einschließlich Kommanditgesellschaften auf Aktien (jeweils nur amtlicher Handel)
   AG = Aktiengesellschaft; MSR = Mehrstimmrechte; GK = Grundkapital
[a] 31.8.   [b] 30.6.   [c] erst ab 1931 auf Basis des eingezahlten Kapitals
[d] Die Werte für 1925-1930 wurden selbst errechnet als $^s/_g \div {}^{(1-s)}/_{(1-g)}$, wobei s den Stimmenanteil und g den Grundkapitalanteil der Aktien mit Stimmrechtsvorzügen bezeichnen, und folglich $^s/_g$ die mittlere Stimmzahl der Aktien mit Stimmrechtsvorzug pro 1 RM und $^{(1-s)}/_{(1-g)}$ die mittlere Stimmzahl der Aktien ohne Stimmenvorzug pro 1 RM ausdrücken. Sie sind implizit gewichtet.

Die Rechtsprechung griff nicht in die Entwicklungen ein; das Reichsgericht erklärte in einem Urteil, dass „die Frage, ob die Entwicklung des Aktienwesens in bezug auf die Stimmrechtsaktien wünschenswert sei oder nicht, den Richter nichts angehe."[146] Eine Grenze konnte lediglich durch die allgemeingültige Norm eines Verstoßes gegen die guten Sitten (§ 138 BGB) gezogen werden. Dies

---

[146] So Schmalenbach (1928), S. 257, mit Verweis auf die Frankfurter Zeitung vom 14.12.1927.

erforderte aber eine weite Auslegung, da § 252 HGB die Schaffung von Aktien mit unterschiedlichen Rechten ja gerade gestattete. Zudem kam es nach höchstrichterlicher Rechtsprechung primär auf das Wohl der Gesellschaft und weniger auf die Rechtsposition des einzelnen Aktionärs an.[147] Dies entsprach der seit den zwanziger Jahren verbreiteten „Lehre vom Selbstinteresse des Unternehmens", die vor allem von Walther Rathenau in seiner Denkschrift „Vom Aktienwesen" – er war damals u.a. „Präsident" der AEG – propagiert wurde.[148] Er meinte, dass der Kleinaktionär „ein irregeleiteter Verwalter seines Vermögens" sei, bemängelte einen übertriebenen Minderheitenschutz und vertrat die Auffassung, dass letztlich nur „die satzungsgemäß qualifizierte Mehrheit" und die Verwaltung[149] die Interessen des Unternehmens vertreten würden.[150] Die Ansichten Rathenaus lieferten wenig später auch eine ideologische Rechtfertigung für den Verwaltungsabsolutismus[151] und die einsetzende Selbstbedienung der Majoritäten und Unternehmensleitungen in Form von Mehrstimmrechtsaktien.

Mit der Goldbilanzverordnung und den zugehörigen Durchführungsverordnungen wurden die „Überfremdungsaktien" auch rechtlich zementiert. Es wurde bestimmt, dass das ursprüngliche Stimmrechtsverhältnis von Aktien bei der Umstellung in Goldmark aufrecht zu erhalten sei.[152] Die gleichzeitige Festlegung eines Mindestnennwertes von einer Goldmark führte vermehrt zur Entstehung von Mehrstimmrechts-Stammaktien, da die Stammaktien mit einem ursprünglich höheren Nennwert im Vergleich zu denen mit einem niedrigeren Nennwert nun den gleichen Nennwert (z.B. eine Goldmark) haben konnten, aber ihre höhere Stimmkraft behielten.[153]

---

[147] Vgl. Konschewski (1921), S. 38 (die Arbeit hat 2 aufeinander folgende Seiten 38) und S. 59 f.

[148] Vgl. Rathenau (1918).

[149] Bis zum AktG 1937 wurden die Gesellschaftsorgane Aufsichtsrat und Vorstand häufig unter dem Begriff „Verwaltung" zusammengefasst, da gemäß § 246 Abs. III HGB a.F. dem Aufsichtsrat auch Kompetenzen der Geschäftsführung übertragen werden konnten, was auch sehr verbreitet war. Vgl. v. Müffling (1940), S. 19.

[150] Vgl. Rathenau (1918), S. 29-31.

[151] So v. Müffling (1940).

[152] Vgl. u.a. Schmalenbach (1928), S. 255.

[153] Voraussetzung war eine von den übrigen Stammaktionären nicht zu verhindernde Zuzahlung bis zur Erreichung des Mindestnennwertes und weiterhin die nicht gerade starke Einschränkung, dass alle Aktien mit Mehrstimmrechten (inklusive der neu entstandenen) zusammen mindestens einen Nominalwert von 5000 Gold- bzw. Reichsmark hatten (wobei ebenso zugezahlt werden konnte). Auf diese Weise konnten Aktien einer Gattung nun also verschiedene Stimmrechte besitzen. Sie wurden dennoch weiterhin als eine Gattung betrachtet, sodass z.B. bei Kapitalerhöhungen keine separate Abstimmung der an sich verschiedenen Aktien durchzuführen war. Vgl. v. Müffling (1940), S. 30, und Köhler (1926), S. 27 und S. 32.

1.3.3   Zunehmender Widerstand gegen Mehrstimmrechtsaktien

Es verwundert nicht, dass sich angesichts der durch die geschaffenen Mehrstimmrechte in der Mehrzahl der deutschen Aktiengesellschaften herrschenden Oligarchie und des Nepotismus und der sich als Konsequenz ergebenden Kartellbildung, die öffentliche Meinung, insbesondere die Presse, und auch zahlreiche Wissenschaftler gegen die Mehrstimmrechtsaktien richteten. Zudem verschärften die Zulassungsstellen der Wertpapierbörsen allmählich die Auflagen.[154] Schließlich konnte letztlich doch benötigtes ausländisches Kapital nicht gewonnen werden, wenn in den Aktiengesellschaften die beschriebenen Zustände herrschten.[155] So ist seit Mitte der zwanziger Jahre eine beständige, wenn auch allmähliche Abnahme des Einflusses von Mehrstimmrechtsaktien zu verzeichnen (vgl. Tabelle 2). Konkret wurde die Abschaffung dadurch erleichtert, dass bei der Ausgabe der Mehrstimmrechts-Vorzugsaktien meist eine Frist von einigen Jahren festgelegt war, ab der das Mehrstimmrecht durch qualifizierten Generalversammlungsbeschluss mittels Umwandlung oder Rückkauf der Aktien beseitigt werden konnte, wobei die Vorzugsaktien nur eine Stimme hatten.[156]

Auch der Ruf nach einem Eingreifen der Politik wurde spätestens in der zweiten Hälfte der zwanziger Jahre immer lauter. 1926 wurde vom Reichstag ein Enquete-Ausschuss eingesetzt, der sich ausführlich mit Fragen der Reform des Aktienrechts beschäftigte.[157] Die Sachverständigen rechtfertigten zwar die Begebung von Mehrstimmrechtsaktien in der Inflationszeit, meinten aber, dass wegen der starken Schädigung der Stammaktionäre „dieses Kapitel deutscher Verelendung" aufhören müsse, „indem ein für allemal verboten wird, Aktien mit mehrfa-

---

[154] Nachdem zunächst nur eine allgemeine Aufforderung an die Gesellschaften ergangen war, wirtschaftlich nicht zu rechtfertigende Mehrstimmrechte abzuschaffen, wurden bald Gesellschaften mit gleitenden Mehrstimmrechts-Aktien nicht zum amtlichen Börsenhandel zugelassen und anderen Gesellschaften zur Auflage gemacht, das Stimmrecht der Vorzugsaktien zu reduzieren. Vgl. Schmalenbach (1928), S. 257.

[155] Konschewski (1921), S. 81 f., weist darauf hin, dass die Beteiligung von Ausländern an sich nicht als „äußere Überfremdung" zu sehen sei, wenn sie nach „rein kapitalistischen Interessen" erfolgt und Anreiz zur Suche nach einer „gewinnreichen Betätigung für die AG" gibt. Unter der Überfremdungsgefahr wäre nur die Verfolgung gesellschaftsfremder Interessen zu verstehen.

[156] Vgl. Schmalenbach (1928), S. 262 f. Seltener kam eine reine Befristung vor, bei der es keines Beschlusses zur Umwandlung der Mehrstimmrechtsaktien in Stammaktien bedurfte. Vgl. Konschewski (1921), S. 75 f. Hierbei wurde aber die Gefahr einer erneuten „Überfremdung" gesehen, da in einigen Fällen kapitalkräftige Gruppen angeblich schon über einen längeren Zeitraum Stammaktien aufgekauft hatten, um beim Erlöschen der Mehrstimmrechte „ihrerseits die Macht an sich zu nehmen", vgl. Jung (1960), S. 15.

[157] „Ausschuß zur Untersuchung der Erzeugungs- und Absatzbedingungen in der deutschen Wirtschaft" (eingesetzt durch Reichsgesetz vom 15.4.1926); vgl. Passow (1930), S. 6.

chem Stimmrecht zu schaffen", da bei anderen Gegenmaßnahmen stets zu viele Hintertüren offen gehalten würden.[158] Insgesamt geschah allerdings so gut wie gar nichts; man konnte sich in Deutschland wohl nicht zu einem gesetzlichen Verbot oder zumindest einer staatlichen Konzessionierung der Ausgabe von Mehrstimmrechtsaktien durchringen;[159] die Regierung sah keine Notwendigkeit eines gesetzgeberischen Eingreifens.[160] Es waren wohl auch „starke Kräfte am Werk ..., die Reform soweit wie nur irgend möglich hinauszuschieben".[161] So gab es selbst 1935 z. B. noch bei 7 börsennotierten Gesellschaften ein über 500faches Stimmrecht, bei 78 Gesellschaften ein über 100faches.[162]

Die Nationalsozialisten konnten bzw. wollten „diesem Treiben nicht mehr geduldig zusehen",[163] da Mehrstimmrechte einen größeren Einfluss der Politik auf die Wirtschaft verhindern konnten.[164] In § 12 des AktG 1937 wurde schließlich bestimmt, dass Mehrstimmrechte unzulässig sind und dass sich das Stimmrecht nach den Nennbeträgen richtet.[165] Ausnahmen waren nach § 12 Abs. 2 AktG 1937 nur noch möglich, wenn es das Wohl der Gesellschaft oder gemeinwirtschaftliche Belange erforderten, und nur dann, wenn der Reichswirtschaftsminister[166] dies genehmigte. Bestehende Mehrstimmrechtsaktien sollten nach § 9 des Einführungsgesetzes zum AktG 1937 zu einem noch von der Reichsregierung zu bestimmenden Zeitpunkt ihren Stimmrechtsvorzug verlieren. Dazu kam es allerdings nicht mehr. Daher ergab sich für die Gesellschaften keine juristische Notwendigkeit der Abschaffung von Mehrstimmrechtsaktien.[167]

---

[158] Stellungnahme des Bankiers Hagen aus Köln, zitiert nach Passow (1930), S. 17.
[159] In anderen Ländern eingeleitete Gegenmaßnahmen wurden vom verantwortlichen Ministerialdirigenten Prof. Schlegelberger als nicht erfolgversprechend angesehen. Vgl. Schlegelberger (1926), S. 11-13.
[160] So u. a. Passow (1930), S. 35, S. 42 und S. 46 f. und Nussbaum in Schlegelberger (1926), S. 27, mit Verweis auf eine Rede Schlegelbergers vor dem Juristentag 1926.
[161] So Nussbaum in Schlegelberger (1926), S. 22.
[162] Vgl. die Ausführungen in Wirtschaft und Statistik, o.V. (1937b), S. 115.
[163] Schmalenbach (1950), S. 60. NB: Schlegelberger war inzwischen Staatssekretär im Reichsjustizministerium geworden und u. a. für das Aktienrecht verantwortlich.
[164] Für eine detaillierte Darstellung der Gesetzesplanung vgl. den folgenden Abschnitt 1.4.1.
[165] Dies impliziert auch, dass Minderstimmrechte unzulässig sind.
[166] Nach Inkrafttreten des Grundgesetzes war umstritten, ob für derlei Ausnahmegenehmigungen der Bundeswirtschaftsminister oder die entsprechenden Landesminister zuständig seien. Nach damals herrschender Meinung folgte aus Artikel 30 GG die Zuständigkeit der Länder; vgl. Baumbach/Hueck/Hueck (1961), S. 25, Classen (1950), S. 526 f. Im § 12 Abs. 2 AktG 1965 wurde dies dann auch so bestimmt.
[167] Auch der im § 1 Abs. 1 der 1. Durchführungsverordnung zum AktG 1937 verfügte Umtausch von Aktien mit einem Nennwert unter 100 RM in Aktien mit einem Mindestnennwert von 100 RM konnte für bestehende Mehrstimmrechtsaktien gem. § 2 Abs. 2 ohne Genehmigung erfolgen; vgl. Schlegelberger/Quassowski (1938), S. 31.

Allerdings wurde mit den §§ 8-11 der Dritten Durchführungsverordnung zum AktG 1937 vom 21.12.1938 die Einziehung bzw. Umwandlung der schon bestehenden Mehrstimmrechtsaktien wesentlich erleichtert, da die Gesellschaft dies mit einer Dreiviertelmehrheit des Grundkapitals beschließen konnte und es keines Sonderbeschlusses der Mehrstimmrechtsaktionäre bedurfte.

Zudem wurden im AktG 1937 wichtige Mehrheitserfordernisse zwingend auf Basis des Grundkapital- und nicht des Stimmenanteils festgelegt (z. B. Kapitalerhöhungen, § 149 AktG 1937), was die Macht der verbliebenen Mehrstimmrechtsaktionäre beschränkte. Schließlich bestimmte § 114 Abs. 2 AktG 1937, dass nur noch voll eingezahlte Aktien das Stimmrecht gewähren, sodass die allein durch unterschiedliche Einzahlungsquoten nach früherem Recht faktisch entstandenen Mehrstimmrechte abgeschafft wurden.[168] Schließlich wurde mit § 29 der Dritten Durchführungsverordnung auch die Möglichkeit der Schaffung von Höchststimmrechten gemäß § 114 Abs. 3 Satz 3 AktG 1937, die von Unternehmen als Ersatz für die Schaffung von Mehrstimmrechten angesehen wurde, rückwirkend ab 31. März 1937 unter einen ministeriellen Genehmigungsvorbehalt gestellt.[169]

Die in Tabelle 2 ersichtliche langfristige Abnahme der Bedeutung von Mehrstimmrechtsaktien ist konsequenterweise im Jahr 1938 besonders deutlich: Nahezu ein Viertel der Unternehmen mit solchen Aktien beseitigten das Stimmrecht. Bei zahlreichen weiteren wurde das Stimmrecht der Vorzugsaktien z. T. erheblich reduziert, woraus die deutliche Abnahme des mittleren Mehrstimmrechtes resultiert; der ungewogene Durchschnitt betrug „nur" noch 83,3.[170] Die Mehrstimmrechtsaktien hatten Ende 1938 in nur 11 Gesellschaften die Stimmenmehrheit und nur noch in 5,5 % der börsennotierten Aktiengesellschaften betrug der Stimmenanteil 40 % oder mehr. Lediglich in der Energiewirtschaft und im Verkehrswesen war keine deutliche Reduzierung des Mehrstimmrechts festzustellen, da diese Branchen mit ministeriellen Ausnahmegenehmigungen nach § 12 Abs. 2 AktG 1937 rechnen konnten. Die allmähliche Zunahme des Kapitalanteils der Mehrstimmrechtsaktien innerhalb der Gesellschaften seit 1932 liegt in

---

[168] Allerdings konnte die Satzung dennoch das Stimmrecht im Verhältnis der eingezahlten Kapitalien bestimmen. § 21 der 1. Durchführungsverordnung zum AktG 1937 ließ den betroffenen Unternehmen bis zum 30.06.1939 Zeit für entsprechende Satzungsänderungen; vgl. Schlegelberger/Quassowski (1938), S. 52.

[169] Diese Änderung der ursprünglichen Regelung erfolgte im Lichte der scharfen Kritik in der Folge der erstmaligen Verwendung der Höchststimmrechte nach AktG 1937 bei der Schering AG, vgl. v. Müffling (1940), S. 41.

[170] Vgl. auch für die anderen Angaben in diesem Absatz den Beitrag in Wirtschaft und Statistik o. V. (1939), S. 666-667.

den zunehmenden (Voll-)Einzahlungen auf bis dahin nur teileingezahlte Mehrstimmrechtsaktien begründet.

1.3.4   Zwischenfazit

Schon in der Mitte des 19. Jahrhunderts gestatteten Satzungen von Aktiengesellschaften die Ausgabe von Aktien mit mehrfachem Stimmrecht. Nach zwischen-
zeitlichem Verbot wurden Aktien¬gattungen mit Mehrfachstimmrecht im HGB
1897 auch gesetzlich legitimiert. Als Motiv für die Ausgabe solcher Vorzugsaktien trat die Kapitalbeschaffung immer stärker in den Hintergrund und die
Sicherung der Herrschaftsverhältnisse in der Gesellschaft in den Vordergrund.
Besonders stark wurde das Instrument nach dem Ersten Weltkrieg genutzt, um
die Versu¬che ausländischer Investoren abzuwehren, einen maßgeblichen Einfluss auf deutsche Unternehmen in Schlüsselindus¬trien zu erlangen. Nicht
selten stellte diese Gefahr der „äußeren Überfrem¬dung" jedoch nur einen Vorwand dar, um auch generell den Einfluss anderer Aktionäre durch Ausgabe von
Aktien mit teilweise vielhundertfachem Stimm¬recht zurückzu¬drängen. Abgesehen davon, dass solche aktionärsfeindlichen Entwicklungen die Kapitalbe-
schaf¬fung behinderten, erschwerten Mehrstimmrechtsaktien auch eine politi-
sche Einflussnahme der späteren nationalsozialistischen Macht¬haber auf die
Gesellschaften, weshalb die Ausgabe neuer Mehrstimmrechts¬aktien seit dem
Aktiengesetz von 1937 nur noch mit einer Ausnahmegenehmigung des Reichs-
wirtschaftsministers zulässig war.

1.4   Stimmrechtslose Vorzugsaktien nach dem Aktiengesetz von 1937

1.4.1   Bedarf an Finanzierungsvorzugsaktien

Mitte der zwanziger Jahre begann vor dem Hintergrund des nach wie vor bestehenden hohen Kapitalbedarfs und der Ausnutzung der Mehrstimmrechtsaktien
als reines Herrschaftsinstrument auch die Diskussion um eine Modernisierung
des deutschen Aktienrechts. Es lag nahe, sich dabei am englisch-amerikanischen
Modell zu orientieren, da in den Vereinigten Staaten von Amerika schon damals
durch Schaffung vielfältiger Finanzierungsmöglichkeiten eine breite Kapitalbasis
für die Unternehmen erreicht werden konnte. In Deutschland war auf absehbare
Zeit nicht mit einem für die Bedürfnisse der Unternehmen ausreichenden privaten Kapitalangebot zu rechnen. Deshalb sollte versucht werden, die Kapitalüberschüsse u. a. der Vereinigten Staaten in die deutsche Industrie zu lenken,

indem eine den ausländischen Anlegern vertraute Anlageform geschaffen wird, die zudem eine gewisse Sicherheit bietet.[171, 172] In Deutschland folgte aus § 252 HGB auch, dass das Stimmrecht ein unentziehbares Aktionärsrecht ist; eine Emission stimmrechtsloser Aktien nach dem Vorbild der Preferred Stock war also juristisch nicht möglich.

Aufgrund des Kapitalbedarfs wurden aber wirtschaftlich vergleichbare Konstruktionen geschaffen, wie die Obligationen der Harpener Bergbau AG, die eine um 1 % höhere Verzinsung als die Stammaktiendividende (mindestens jedoch 4,5 %) garantierten und zusätzlich eine Partizipation an einem eventuellen Liquidationserlös über die Höhe des Nennwertes hinaus verbrieften. Ein anderes Beispiel sind die 1000-jährigen Golddebentures der Siemens & Halske AG von 1928, die neben einer Verzinsung in Höhe der Aktiendividende (mindestens jedoch 6 %) sogar ein Bezugsrecht auf Aktien bei Erhöhungen des Aktienkapitals gewährten.[173] Abgesehen vom Teilnahmerecht an der Hauptversammlung und der Möglichkeit des Auflebens des Stimmrechts entsprachen solche Papiere bereits nahezu vollständig den späteren stimmrechtslosen Vorzugsaktien. Dies wird umso mehr daran deutlich, dass die deutsche Tranche der Siemens-Anleihe 1941 in die neuen stimmrechtslosen Vorzugsaktien umgetauscht wurde. Selbst nach einem Beschluss des Reichsfinanzhofs aus dem Jahre 1939 waren solche Papiere mit Stammaktien gleich zu behandeln, da sie sich lediglich durch das Stimmrecht unterschieden.[174]

Offiziell wurde die Problematik der Zulassung stimmrechtsloser Aktien erstmals auf dem 34. Deutschen Juristentag 1926 in Köln erörtert. Trotz der zunächst ablehnenden Haltung des Juristentages empfahl die eingesetzte Kommission zur Reform des Aktienrechts 1928 u. a. die Schaffung von Vorzugsaktien ohne Stimmrecht nach amerikanischem Vorbild.[175] Ein 1929 vom Reichsjustizministerium an Spitzenverbände der Wirtschaft, Juristen, Wissenschaftler und die Fachpresse versandter Fragebogen zur möglichen Aktienrechtsreform[176] behandelte auch die Schaffung so genannter Finanzierungsvorzugsaktien. Es ergab sich

---

[171] So Bezzenberger (1991b), S. 29.
[172] 1928 begab z. B. die I.G. Farbenindustrie AG zu diesem Zweck eine den amerikanischen Convertible Bonds vergleichbare Wandelschuldverschreibung.
[173] Vgl. Hintner (1941), S. 71.
[174] Reichsfinanzhof (31.10.1939, Az. I/77/37).
[175] Vgl. Lichtherz (1941), S. 2.
[176] Dieser Fragebogen war ein Arbeitsergebnis der im Abschnitt 1.3.3 erwähnten Enquete-Ausschusses. Passow (1930), S. 39, weist anhand konkreter Fragestellungen nach, dass sich dieser Fragebogen, insbesondere was die Mehrstimmrechte betrifft, nicht um eine „Aufhellung der tatsächlichen Verhältnisse bemühte."

eine annähernde Gleichverteilung von Befürwortungen und Ablehnungen dieser potenziell neuen Anlageform. Die überwiegende Zustimmung unter Praktikern (z. B. durch den Reichsverband der Deutschen Industrie) mag den Ausschlag gegeben haben, Vorzugsaktien ohne Stimmrecht 1930 in den ersten Entwurf eines Aktiengesetzes aufzunehmen.[177]

An eine parlamentarische Beratung des 1931 überarbeiteten Entwurfes war in Anbetracht der wirtschaftlichen und politischen Lage während der Zeit der Weltwirtschaftskrise nicht zu denken, da Zusammenbrüche von Großunternehmen und Zahlungseinstellungen von Großbanken ein schnelles Handeln erforderten. Teile des Aktiengesetz-Entwurfs wurden zur Beseitigung der „schlimmsten Übelstände"[178] in die Notverordnung des Reichspräsidenten[179] über Aktienrecht, Bankaufsicht und Steueramnestie vom 19. September 1931 aufgenommen; Regelungen zu stimmrechtslosen Vorzugsaktien wurden jedoch in dieser und den folgenden Notverordnungen mangels Dringlichkeit nicht berücksichtigt.[180]

Die nationalsozialistischen Machthaber hatten zunächst wenig Interesse am Aktienrecht. An ausländischen Kapitalgebern bestand ohnehin kein Interesse mehr, und angesichts der Weltwirtschaftskrise und der amerikanischen Bankenkrise 1932/1933 waren auch dort keine Kapitalüberschüsse mehr vorhanden.[181] Die „auffällige Ziellosigkeit" in der Aktienpolitik, das Anleihestockgesetz von 1934 und die Dividendenabgabeverordnungen von 1937 und 1941 führten zu Kapitalfehlleitungen und sind ein Indiz für die Abneigung der Nationalsozialisten gegenüber der Aktiengesellschaft. Es wurde vielmehr diskutiert, ob die Rechtsform einer Aktiengesellschaft insbesondere wegen der weitgehend anonymen Gesellschafter und der Ausgestaltung nach demokratischen Regeln überhaupt mit der nationalsozialistischen Wirtschaftspolitik und „Weltanschauung" vereinbar ist.[182]

---

[177] Vgl. Lichtherz (1941), S. 3.
[178] So Baumbach/Hueck/Hueck (1961), S. 3.
[179] Seit der Bildung des Kabinetts Brüning am 29. März 1930 wurde Deutschland von Präsidialkabinetten regiert, die nicht vom Reichstag gewählt, sondern vom damaligen Reichspräsidenten Paul von Beneckendorff und von Hindenburg ernannt wurden. Nach diesem faktischen Übergang der Macht vom Reichstag an den Reichspräsidenten wurden unter Berufung auf Artikel 48 der Weimarer Verfassung Gesetze ohne Reichstagsbeschluss als Notverordnung erlassen.
[180] Vgl. Lichtherz (1941), S. 5.
[181] Vgl. Bezzenberger (1991b), S. 29.
[182] So Schmalenbach (1966), S. 166-168.

Der von der „Akademie für Deutsches Recht" eingesetzte Aktienrechtsausschuss empfahl schließlich dennoch die Beibehaltung der Aktiengesellschaft[183] und auch die Einführung einer stimmrechtslosen Vorzugsaktie, die zweifelsohne eine willkommene Möglichkeit war, dass die „als suspekt geltende Aktie im Sinne des ‚Führerprinzips' denaturiert werden konnte".[184] Es lag der Gedanke zugrunde, dass nur noch persönlich verantwortliche „Verwaltungsaktionäre" ein Stimmrecht und damit wirtschaftliche Einflussmöglichkeiten haben, während die übrige „Masse der unverantwortlichen Aktionäre"[185], so genannte Finanzierungsaktionäre, eine – zumindest betragsmäßig garantierte – Dividende erhalten sollten, da „die Praxis der letzten Jahrzehnte gezeigt" hätte, dass diesen „sogenannten Kleinaktionären auch meist jedes Interesse [fehlt], sich an der Mitverwaltung der Gesellschaft zu beteiligen".[186]

Nach der amtlichen Begründung sollten die Vorzugsaktie ohne Stimmrecht ebenso wie die ebenfalls neu eingeführte bedingte Kapitalerhöhung (§ 159 ff. AktG 1937) und das genehmigte Kapital (§ 169 ff. AktG 1937) vor allem die Finanzierungsmöglichkeiten der Gesellschaften verbessern. Die durch die nachzahlbare Dividende im Vergleich zur gewöhnlichen Aktie erreichte höhere Sicherheit für Anleger sollte den Anreiz zur langfristigen Kapitalüberlassung erhöhen.

1.4.2   Neue Vorzugsaktien nach dem Aktiengesetz von 1937

1.4.2.1 Regelungen der §§ 115-117 AktG 1937

Nach der Billigung durch den Reichswirtschaftsminister und Reichsbankpräsidenten Dr. Schacht auf der Vollsitzung der „Akademie für Deutsches Recht" am 30. November 1935[187] wurde das neue Aktiengesetz am 30. Januar 1937 verkündet und trat am 1. Oktober 1937 in Kraft.[188] Darin wurde erstmals der Ausschluss

---

[183]   Um den aus früherer Zeit bekannten Missbräuchen vorzubeugen, sollten aber nur noch solche Unternehmen die Rechtsform einer Aktiengesellschaft annehmen können, die zur Finanzierung auf „die Heranziehung weiter Volkskreise" angewiesen sind, weshalb das Mindestgrundkapital auf 500.000 RM festgesetzt wurde; vgl. Baumbach/Hueck/Hueck (1961), S. 3. Gleichzeitig wurde die Umwandlung in andere Rechtsformen erleichtert und die Steuern für Kapitalgesellschaften deutlich erhöht. Im Vergleich zu 1929 hatte sich so die Zahl aller Aktiengesellschaften bis 1938 von 11.690 auf 5.509 mehr als halbiert; vgl. Schmalenbach (1966), S. 137 f.

[184]   Kriebel (1963), S. 175.

[185]   So die Amtliche Begründung, zitiert nach Klausing (1937), S. 3.

[186]   Lichtherz (1941), S. 6 f.

[187]   Vgl. Lichtherz (1941), S. 6.

[188]   Am Rande sei bemerkt, dass auch der frühere Vorstandsvorsitzende der beiden Siemens-Stammgesellschaften Siemens & Halske AG und Siemens-Schuckertwerke AG, Dr. Carl Friedrich von

des Stimmrechts für Aktien ermöglicht, sofern diese mit einem nachzuzahlenden Vorzug bei der Gewinnverteilung ausgestattet sind (§ 115 Abs. 1 AktG 1937), aber sonst alle dem Aktionär aus der Aktie zustehende Rechte gewähren (§ 116 Abs. 1 AktG 1937), etwa das Teilnahmerecht an der Hauptversammlung und das Recht auf Anfechtungsklagen gegen Hauptversammlungsbeschlüsse gemäß § 197 AktG 1937. Daher wurde der Vorzugsaktionär auch trotz des fehlenden Stimmrechts als „echter Aktionär" angesehen.[189] Die Regelungen entsprachen weitgehend dem ersten Gesetzentwurf von 1930. So wurde auch im 1937 in Kraft getretenen Aktiengesetz zum Schutz der Vorzugsaktionäre ein Wiederaufleben des Stimmrechtes für den Fall eines zweifachen Ausfalls der Vorzugsdividende bestimmt (§ 116 Abs. 2 AktG 1937), aber keine Mindesthöhe des nachzahlbaren Vorzuges festgelegt.[190]

Als weitere Schutzvorschrift zu Gunsten der Vorzugsaktionäre verlangten § 117 Abs. 1 und 2 AktG 1937 eine Zustimmung der Vorzugsaktionäre zur Ausgabe gleich- oder höherrangiger Aktien sowie zur Aufhebung des Vorzugs mit einer 75%igen Mehrheit; die Vorzugsaktionäre mussten ihre Zustimmung zu diesen Maßnahmen in einer gesonderten Versammlung, die nach den Regeln für die Hauptversammlung durchzuführen ist, erteilen.[191] Ein weiterer Unterschied zum Gesetzentwurf von 1930, in dem ein maximaler Anteil der stimmrechtslosen Aktien von einem Viertel des Grundkapitals vorgesehen war, bestand in der Erweiterung der Möglichkeit der Ausgabe der neuen Vorzugsaktien auf ein Drittel des Gesamtnennwertes aller Aktien. Dennoch wurde damit der Gedanke der Trennung in Verwaltungs- und Finanzaktionäre nicht konsequent umgesetzt, da für einige Mehrheitsbeschlüsse wie die Wahl des Aufsichtsrates immer noch eine Kapitalmehrheit erforderlich war. Schließlich wurde auch der ursprünglich beabsichtigte Vorzug bei der Verteilung eines Liquidations- bzw. Abwicklungserlöses nicht in das Gesetz aufgenommen.

Siemens, Mitglied der „Akademie für Deutsches Recht" war. Die Siemens & Halske AG hat als eines der ersten Unternehmen stimmrechtslose Vorzugsaktien begeben.

[189] So Baumbach/Hueck/Hueck (1961), S. 439.

[190] Die vom 34. Deutschen Juristentag eingesetzte Kommission zur Reform des Aktienrechts hatte 1928 noch eine mindestens 6%ige nachzahlbare Vorzugsdividende und darüber hinaus auch einen bevorrechtigten Anspruch am Liquidationsvermögen gefordert; vgl. Lichtherz (1941), S. 2. Gemäß der amtlichen Begründung sollte die vermögensrechtliche Ausgestaltung durch den Geld- und Kapitalmarkt geregelt werden; vgl. Klausing (1937), S. 103.

[191] Im Unterschied zum Gesetzentwurf von 1930 wurde auf die Zwischenschaltung eines gemeinsamen Vertreters der Vorzugsaktionäre, der in der Hauptversammlung namens der Vorzugsaktionäre den einschlägigen Beschlüssen zustimmen musste, ebenso verzichtet wie auf einen Verweis auf das Schuldverschreibungs-Gesetz (SchVG).

1.4.2.2 Obligationsähnliche versus partizipative Vorzugsaktien

Ungeklärt bleibt, ob der Gesetzgeber letztendlich eine obligationsähnliche oder partizipative Ausgestaltung der Ausschüttungen auf Vorzugsaktien beabsichtigte, ob also den Vorzugsaktionären nach Zahlung der Vorzugsdividende eine weitere Beteiligung am ausgeschütteten Gewinn nach dem Gesetz zustehen oder einer statutarischen Regelung bedürfen sollte. Weder die amtliche Begründung noch der u. a. von Schlegelberger herausgegebene Aktienrechtskommentar[192] nehmen dazu eindeutig Stellung. Da der Gesetzestext sich selbst in Formulierungen stark an den letzten Gesetzentwurf von 1931 anlehnte, der wiederum auf der Empfehlung der DJT-Kommission aus dem Jahre 1928 basiert, ist davon auszugehen, dass auch 1937 ein obligationsähnlicher Charakter mit limitierter Vorzugsdividende intendiert war. Dafür sprechen ferner mehrere weitere Gründe: .

Am englischen und amerikanischen Kapitalmarkt war die Dividende der Preferred Stock überwiegend auf die Höhe Vorzugsdividende begrenzt.[193] Um ausländischen Kapitalgebern neben einer gewissen Sicherheit auch eine vertraute Anlageform bieten zu können (das war – wie erläutert – die ursprüngliche Intention der Aktienrechtsreform), war daher vermutlich auch in Deutschland eine obligationsähnlich ausgestaltete Vorzugsaktie beabsichtigt.[194]

Die Schaffung einer obligationsähnlich ausgestalteten Aktie mit Stimmrecht, die eine mögliche Alternative zur Anziehung ausländischen Kapitals hätte darstellen können, hätte faktisch eine neue Form der Mehrstimmrechtsaktie entstehen lassen, da mit einem geringeren Kapitaleinsatz (für „normale" Stammaktien mit vollem Gewinnanteilsrecht wäre ein höherer Preis zu erwarten) das gleiche Stimmrecht wie bei Stammaktien hätte erworben werden können.[195] Mehrstimmrechtsaktien sollten aber gerade beseitigt werden. Daher konnte eine obligationsähnliche Aktie nur ohne Stimmrecht ausgegeben werden.

Der Gesetzesvorschlag der DJT-Kommission[196] enthielt einen Verweis auf die sinngemäß anzuwendenden Vorschriften des Gesetzes über die gemeinsamen

---

[192] Schlegelberger/Quassowski (1939).

[193] Vgl. z. B. Klein (1981), S. 31.

[194] Diese Auffassung wird auch im Schrifttum überwiegend vertreten. Für eine ausführliche Darstellung vgl. z. B. Bezzenberger (1991b), S. 15-26.

[195] So auch Bezzenberger (1991b), S. 23. Dabei würde mit zunehmender Dividendenhöhe der Stammaktie – also in einer wirtschaftlich eher guten Situation – das faktische Mehrstimmrecht sogar noch steigen.

[196] Der Vorschlag bezog sich zunächst auf einen in das HGB neu einzufügenden § 252a. Vgl. Bezzenberger (1991b), S. 17.

Rechte der Besitzer von Schuldverschreibungen (SchVG) in der Fassung vom 14. Mai 1914, was den Vorzugsaktionären eine eher den Obligationären als den Aktionären nahe stehende Rechtsposition hätte zukommen lassen.[197] Dieser Verweis fehlt zwar im Gesetzestext, war aber im Gesetzentwurf von 1931 noch enthalten und zeigt den beabsichtigten Charakter der Vorzugsaktien.

Es ist aber auch nicht auszuschließen, dass dieser aus heutiger Sicht nicht unbeachtlichen Frage damals weniger Aufmerksamkeit geschenkt wurde. Als Folge der Weltwirtschaftskrise waren stille Reserven im heutigen Ausmaß nicht vorhanden, sodass der Substanzwert einen starken Indikator für den Unternehmenswert darstellte.[198] Mit anderen Worten bewegten sich die Aktienkurse zu damaliger Zeit in der Nähe des Nennwertes oder sogar darunter und als Folge entsprach die Dividendenhöhe in etwa der erzielten Gesamtrendite. So betrug der gleichgewichtete mittlere Kurs der 30 hinsichtlich der Börsenkapitalisierung größten Aktiengesellschaften 1935 95,1 % des Nennwertes bei einer durchschnittlichen Dividende von 4,45 %; 1936 betrug der mittlere Kurs 114,5 %, die mittlere Dividende 5,52 %.[199] Da stimmrechtslose Vorzugsaktien aufgrund ihrer Konstruktion mit festverzinslichen Wertpapieren konkurrieren mussten, die von 1935 bis 1941 im Mittel eine Rendite von 4,4 % bis 5,1 % aufwiesen,[200] waren auch nur Vorzugsdividenden in dieser Höhe denkbar, sodass es wenig Anlass gab, eine Gewinnbeteiligung über die Vorzugsdividende hinaus zu regeln.

Im Aktiengesetz von 1937 wurde jedenfalls die Beteiligung der Vorzugsaktionäre am ausgeschütteten Gewinn über die Höhe des Dividendenvorzugs hinaus nicht speziell geregelt und damit zumindest auch nicht untersagt. Zwar waren die beiden ersten Emissionen stimmrechtsloser Vorzugsaktien (Mannesmannröhrenwerke AG gemäß Hauptversammlung vom 28.12.1937 und Reichswerke „Hermann Göring" AG gemäß Hauptversammlung vom 14.4.1938) mit einer limitierten Vorzugsdividende ausgestattet (5,5 % bzw. 4,5 %), die darauf folgenden Emissionen (Kampnagel, Siemens & Halske, Stettiner Oderwerke – sämtlich mit einer Vorzugsdividende von 5 % ausgestattet) legten in ihren Satzungen dagegen die gleichmäßige Verteilung des gesamten Gewinns auf beide Aktiengattungen –

---

[197] Dazu zählt die Möglichkeit der Einberufung einer gemeinsamen Versammlung und die Wahl eines Vertreters, der weitgehende Prüfungsrechte gegenüber der Gläubigerin hat und Rechte im Namen aller Obligationäre geltend machen kann. Vgl. auch Bezzenberger (1991b), S. 17 f.

[198] So auch Bezzenberger (1991b), S. 20.

[199] Eigene Berechnungen auf Basis von Ronge (2002), S. 337 f. In Deutsche Bundesbank (1976), S. 294, wird für alle an der Berliner Börse gehandelten Aktien ein mittlerer Kurs von 109 % (1935) bzw. 133 % (1936) des Nennwertes und eine mittlere nominale Dividende von 4,3 % (1935) bzw. 5,2 % (1936) angegeben.

[200] Renditen von Pfandbriefen; vgl. Deutsche Bundesbank (1976), S. 295.

einen entsprechend hohen Gewinn vorausgesetzt – fest und schufen somit Rechtstatsachen. Abgesehen von zwei Emissionen stimmrechtsloser Vorzugsaktien durch staatsnahe Gesellschaften[201] emittierten bis 1944 elf Gesellschaften stimmrechtslose Vorzugsaktien, davon neun mit partizipativer Dividende.[202]

Abgesehen vom notwendigen Dividendenvorzug blieb die vermögensrechtliche Ausgestaltung der stimmrechtslosen Vorzugsaktien den Gesellschaften überlassen. Daher wurden bekannte Ausgestaltungsmerkmale früherer Vorzugsaktien, wie Kündigungs- bzw. Einziehungs- und Wandelrechte sowie eine bevorrechtigte Teilhabe an einem Liquidationserlös auch auf die stimmrechtslosen Vorzugsaktien übertragen. Beispielsweise waren bereits die Vorzugsaktien der Reichswerke „Hermann Göring" AG und die der Maschinenbau und Bahnbedarf AG nach einer Karenzfrist mit einem Wandelrecht in Stammaktien ausgestattet.[203] Da bei der letzteren Gesellschaft die Vorzugsaktien eine prioritätische Dividende ohne Mehrdividende hatten, kam als Umwandlungsanreiz nur die Erlangung des Stimmrechtes infrage. Dass diesem schon damals ein Wert beigemes-

---

[201] Zum einen Vorzugsaktien zur Finanzierung der Oberschlesische Hydrierwerke AG, in der als Arbeitskräfte hauptsächlich Häftlinge der Konzentrationslager Auschwitz und Birkenau arbeiten mussten. Für die Zeit vor 1945 konnte vom Verfasser keine Publikation gefunden werden, in der die Vorzugsaktien erwähnt werden. Man kann sie jedoch heute als effektive Stücke bei Anbietern historischer Wertpapiere erwerben, was deren Existenz beweisen sollte. Die zweite Gesellschaft ist die Deutsche Golddiskontbank AG – eine Tochter der ebenfalls als Aktiengesellschaft firmierenden Reichsbank –, die gemäß Anleihestockgesetz vom 4.12.1934 den so genannten Anleihestock verwaltete, der aus den mit Ausschüttungsverbot belegten Dividenden gebildet worden war. Mit deren Vorzugsaktien wurden 1939 die ausländischen Aktionäre deutscher Unternehmen abgefunden, vgl. Bezzenberger (1991b), S 27. Beide Aktien wurde in der Bundesrepublik noch bis in die 1960er Jahre im Telefonverkehr gehandelt; die Aktien der Golddiskontbank wurden in Bundesbank-Genussscheine umgewandelt, vgl. Ronge (2002), S. 93 f.

[202] Neben den bereits erwähnten Anhaltinische Kohlenwerke AG, die Bank für Handel und Grundbesitz AG in Leipzig, die E. Gundlach AG in Bielefeld, die Köllmann-Werke AG in Leipzig, die „Nordsee" Deutsche Hochseefischerei AG in Wesermünde und die Maschinenbau und Bahnbedarf AG (vormals und nachmalig Orenstein & Koppel AG) in Berlin. Quelle: Eigene Erhebung aus den Handbüchern der deutschen Aktiengesellschaften und aus Keinath (1957), S. 194 ff. Die Ausgestaltung der Vorzugsaktien der Oberschlesischen Hydrierwerke war nicht feststellbar. Lichtherz (1941), S. 41, führt aus, dass auch die Vorzugsaktien der H. Henninger-Reifbräu AG in Erlangen stimmrechtslos sein sollten. Da die Vorzugsaktien 40 % des Nominalkapitals ausmachten, musste ihnen wegen der Verletzung des § 115 Abs. 2 AktG 1937 jedoch ein Stimmrecht gewährt werden.

[203] Vgl. o.V. (1940), S. 272. Ältere Vorzugsaktien mit Wandelrecht bestanden z.B. bei der Schultheiß AG, den Didier-Werken AG, der Allgemeine Baugesellschaft Lenz AG und den Zellstoffwerken Waldhof AG (später PWA).

sen wurde, zeigt sich z. B. daran, dass die Stammaktien der Siemens & Halske AG etwa 10 % über den stimmrechtslosen Vorzugsaktien notierten.[204]

1.4.3 Stimmrechtslose Vorzugsaktien in der Nachkriegszeit

Obwohl das Aktiengesetz von 1937 zur Zeit des Nationalsozialismus entstanden ist, trug es nach der herrschenden Meinung nach dem Zweiten Weltkrieg in den Grundzügen keinen nationalsozialistischen Charakter, zumal es – wie oben erläutert – auf den schon vor 1933 geltend gemachten Reformforderungen aufbaute.[205] Was die Regelungen zu Vorzugsaktien betrifft, ist dem – trotz der von den Nationalsozialisten angestrebten andersartigen Verwendung der Vorzugsaktien als Instrument zur Entdemokratisierung – zuzustimmen.

Ein offenes Problem war die Behandlung von vor der Währungsreform 1948 ausgefallenen Vorzugsdividenden, da es dafür keine unmittelbar anwendbare Umstellungsvorschrift im Währungsgesetz bzw. D-Mark-Bilanzgesetz gab. Obwohl das Nachzahlungsrecht des Dividendenvorzugs mangels anderer statutarischer Regelung unselbstständig ist und daher nicht im Ausfalljahr, sondern im ersten Jahr mit ausreichendem Gewinn (also in aller Regel nach der Währungsreform) entstand, war nach damals herrschender Meinung in Analogie zu einer selbstständigen, d. h. im Jahr des Ausfalls entstehenden Nachzahlungsforderung eine Umstellung im Verhältnis 1:10 vorzunehmen, und zwar unabhängig vom Verhältnis der RM-DM-Umstellung des Gesellschaftskapitals.[206] Im Fall Kampnagel hat der BGH dagegen aus dem Umstand, dass am Währungsstichtag kein Schuldverhältnis bestand, gefolgert, dass sich die Nachzahlung aus dem auf den neuen DM-Nennbetrag bezogenen prozentualen Vorzug ergibt, ohne dass ein Abwertungsverlust (90 %) zu berücksichtigen ist.[207]

Das Urteil des BGH steht damit im Einklang mit der damals verbreiteten, jedoch wohl nicht herrschenden Meinung, dass nach DM-Umstellung der Dividendenvorzug selbst (ebenso wie ein etwaiger Vorzugs bei Verteilung des Gesellschaftsvermögens) prozentual derselbe bleiben und sich auf den neuen DM-Nennwert beziehen müsse. Nach vorheriger „herrschender Auslegung" hätte der wirtschaftliche Inhalt des Vorzugsrechts absolut erhalten bleiben sollen, obwohl nach § 41 Abs. 1 DMBilG 1949 das Verhältnis der mit den Anteilen verbundenen Rechte durch die Neufestsetzung des Grundkapitals nicht berührt werden solle;

---

[204] Vgl. o. V. (1940), S. 272.
[205] So z. B. Baumbach/Hueck/Hueck (1961), S. 4.
[206] So z. B. Duden (1951), S. 715-716; v. Godin (1952a) , S. 1077 f. , v. Godin (1952b), S. 1006.
[207] BGH (8.10.1952, Az. II ZR 313/51). Vgl. auch v. Godin (1952b), S. 1005.

die herrschende Meinung habe hierunter wohl auf die Aufrechterhaltung der Substanz jedes einzelnen Rechtsverhältnisses verstanden und nicht auf das Verhältnis zueinander abgestellt.[208]

Ansonsten brachte man im Zuge der anstehenden Aktienreform den stimmrechtslosen Vorzugsaktien wenig Aufmerksamkeit entgegen. Weder der DIHT noch die zur Beratung der Reform eingesetzte Kommission des Deutschen Juristentages waren der Meinung, dass sich die stimmrechtslose Vorzugsaktie als allgemeine Finanzierungsmethode durchgesetzt hatte, und es wurde auch kein Bedarf an einer Erweiterung der gesetzlichen Möglichkeiten gesehen.[209] So wurden im Gesetz im Wesentlichen nur einige Klarstellungen vorgenommen. Eine bedeutsamere Änderung ist der erst mit dem AktG 1965 möglich gewordene Ausschluss des Bezugsrechts für Vorzugsaktionäre bei Kapitalerhöhungen (§ 141 Abs. 2 Satz 2 und Abs. 3 Satz 4 AktG).

Die größte Änderung betrifft allerdings die Begrenzung der Ausgabe stimmrechtsloser Vorzugsaktien. Der Regierungsentwurf von 1960 hatte in diesem Punkt keine Änderung vorgesehen; auf Betreiben des Rechts- und des Wirtschaftsausschusses des Bundestages wurde es dennoch ermöglicht, dass das Grundkapital der Aktiengesellschaften nunmehr zur Hälfte aus stimmrechtslosen Vorzugsaktien bestehen konnte.[210] Im AktG 1937 lag die Begrenzung noch bei einem Drittel des Grundkapitals, weil sonst die Stammaktionäre „die Gesellschaft beherrschen [könnten], ohne sich an der Aufbringung des Kapitals ausreichend zu beteiligen."[211] Dabei handelte es sich 1965 sogar nur um einen Kompromiss, da der Wirtschaftsausschuss vorgeschlagen hatte, doppelt so viele Vorzugsaktien wie Stammaktien ausgeben zu dürfen.[212]

Eine scharfe Stellungnahme gegen die Änderung ist von Kriebel (1963) bekannt, der auch andeutet, dass wohl „die Kapitalverhältnisse bei einer erfolgreichen

---

[208] Vgl. v. Godin (1950), S. 327 und 329. Von Godin verweist darauf, dass bei einem „zusammengeschmolzenen Vermögen" die Aufrechterhaltung des wirtschaftlichen Inhalts eines Vorzugs in absoluter Höhe zulasten der anderen Aktionäre gehe, also gerade das Verhältnis der mit den Gattungen verbundenen Rechte untereinander berührt werde vgl. a. a. O., S. 327.

[209] Vgl. Bezzenberger (1991b), S. 32 f.

[210] Der Rechts- und der Wirtschaftsausschuss geben in ihrem Bericht nur an, dass sich diese Neuregelung empfiehlt, ohne dass dies jedoch näher begründet wird. Vgl. Kropff (1965), S. 203.

[211] So die amtliche Begründung zum AktG 1937, vgl. Klausing (1937), S. 104. Wie erwähnt war im ursprünglichen Gesetzentwurf von 1930 noch die Begrenzung auf ein Viertel des Grundkapitals vorgesehen.

[212] Vgl. Kriebel (1963), S. 176. Der Wirtschaftsausschuss verhinderte im Übrigen auch die im Regierungsentwurf geplante Abschaffung aller Mehrstimmrechtsaktien innerhalb von drei Jahren.

großen Familien-AG der konkrete Anlaß" für die Neuregelung gewesen sind.[213] Offenkundig ist jedenfalls, dass mit dieser Maßnahme besonders diejenigen Familien begünstigt wurden, die die Kapitalmehrheit in den von ihnen oder ihren Vorfahren gegründeten so genannten Familiengesellschaften im Zuge der betrieblichen Expansion längst verloren hatten und nun zum Erhalt ihrer Vormachtstellung einer Kompensation für das in vermeintlich absehbarer Zeit nicht mehr zur Verfügung stehende Mehrstimmrecht bedurften.[214] Die Familiengesellschaften sollten also, um es mit dem Vokabular der zwanziger Jahre auszudrücken, vor einer inneren Überfremdung geschützt werden.

Beide Maßnahmen, Mehrstimmrechtsaktien und stimmrechtslose Vorzugsaktien, können zum gleichen Zweck eingesetzt werden und widersprechen dem erklärten Ziel der Aktienrechtsreform von 1965, die Stellung der Aktionäre als wirtschaftliche Eigentümer zu stärken und dem Aktionärswillen mehr Geltung zu verschaffen.[215] Letztlich musste der Gesetzgeber eine Abwägung zwischen den Interessen von Aktionären und Emittenten vornehmen. Es sollte dabei nicht verkannt werden, dass nach der besatzungsbedingten Neuordnung der Großindustrie in Westdeutschland (insbesondere in der Montan- und der chemischen Industrie) die oft mittelgroßen Familiengesellschaften einen großen Anteil am wirtschaftlichen Aufschwung hatten.

1.4.4   Zwischenfazit

Das unzureichende Kapitalangebot im Inland in den 20er und 30er Jahren des 20. Jahrhunderts führte zu Überlegungen, mit geeigneten Finanzinstrumenten die Attraktivität für ausländische, insbesondere US-amerikanische Investoren zu steigern und sich dabei – mit der Einschränkung, dass wichtige Aktionärsrechte wie das Stimmrecht in Deutschland als nicht dauerhaft entziehbar angesehen wurden – an den US-amerikanischen Usancen zum Preferred Stock zu orientieren. Für die nationalsozialistischen Machthaber bestand der Vorteil von grundsätzlich stimmrechtslosen „Finanzierungsvorzugsaktien" zudem darin, dass diese eine Kapitalzufuhr ermöglichten, ohne die Einflussnahme auf die „Verwaltungsaktionäre" zu erschweren. So wurden mit dem Aktiengesetz von 1937 grundsätzlich stimmrechtslose Vorzugsaktien eingeführt, denen im Gegenzug ein nachzuzahlender Vorzug bei der Gewinnverteilung einzuräumen war und bei de-

---

[213] Kriebel (1963), S. 177.
[214] Vgl. Kriebel (1963), S. 176-177.
[215] So auch Kriebel (1963), S. 176-177. Er sieht in einer stimmrechtslosen Aktie eine Denaturierung der Aktie und ihrer urtümlichsten Rechte.

nen das Stimmrecht nach zweifachem Ausfall des Dividendenvorzugs bis zur Nachzahlung auflebte. Ansonsten gewährten die stimmrechtslosen Vorzugsaktien die auch anderen Aktionären zustehenden Rechte, z. B. auf Teilnahme an der Hauptversamm⁻lung. Anders als bei Preferred Stock üblich, wurde die Beteiligung am Gewinn aber gesetzlich nicht auf den i. d. R. prozentualen Dividendenvorzug beschränkt, weshalb sich in der Praxis – anders als möglicherweise intendiert – auch Gattungen von stimmrechtslosen Vorzugsaktien entwickelten, die auch über den Dividendenvorzug hinaus am Gewinn beteiligt wurden, z. T. sogar in Form einer höheren Dividende („Mehrdividende"). Diese auf einen Gesetzentwurf von 1930 zurückgehenden Regelungen zu stimmrechtslosen Vorzugsaktien wurden auch in der Bundesrepublik beibehalten und galten in dieser Form im Wesentlichen bis 2015; lediglich die Obergrenze für das Nominalkapital der Vorzugsaktien wurde 1965 von bis dahin einem Drittel auf die Hälfte des Grundkapitals angehoben.

2 Vorzugsaktien nach heutigem Aktienrecht

Eine allgemeine Legaldefinition des Begriffes „Vorzugsaktie" erfolgt im Aktiengesetz nicht, der Begriff „Stammaktie" kommt im Gesetzestext nicht einmal vor. Beide Termini sind wie oben erläutert historisch gewachsen. Die Bezeichnung „Stammaktie" wird meist nur verwendet, um den Gegensatz zur „Vorzugsaktie" auszudrücken, und entstammt der Vorstellung, dass es bei Aktiengesellschaften zunächst einen „Stamm" von Aktien gibt, zu dem später weitere Aktien mit anderen Ausstattungsmerkmalen hinzutreten.[216] Bei diesen Merkmalen handelt es sich in aller Regel um Vermögensrechte, insbesondere Vorrechte bei der Verteilung des Gewinns oder des Gesellschaftsvermögens (§ 11 AktG).

Seit 2006 haben einige deutsche Aktiengesellschaften ihre Rechtsform in eine Europäische Gesellschaft (Societas Europaea, kurz SE) gewandelt, darunter mit MAN, der Porsche Automobil-Holding und Fresenius auch derzeitige oder frühere Dual-Class-Unternehmen.[217] Da die SE-Verordnung[218] in ihren Artikeln 5 und 9 für die nicht in der Verordnung geregelten Bereiche auf das nationale Recht verweist – dazu gehören auch die wesentlichen Regelungen über die Mitgliedschaftsrechte von Aktionären und stimmrechtslosen Vorzugsaktien – gelten auch in den deutschen SE-Gesellschaften die nachfolgend dargestellten Regelungen des Aktiengesetzes.[219]

2.1 Vorzugsaktien mit einfachem Stimmrecht

2.1.1 Vorzugsaktien als Aktien besonderer Gattung

§ 12 AktG bestimmt, dass Vorzugsaktien nach den noch zu erörternden Vorschriften des Aktiengesetzes auch ohne Stimmrecht ausgegeben werden können. Mit anderen Worten ist auch die Ausgabe von Vorzugsaktien mit Stimmrecht möglich, seit dem Verbot der Erteilung von Mehrstimmrechten (§ 12 Abs. 2 AktG) allerdings nur mit einfachem Stimmrecht. Ein weiterer Hinweis hierauf ist durch § 139 AktG gegeben: Indem bestimmt wird, dass für Vorzugsaktien mit einem Gewinnvorzug das Stimmrecht ausgeschlossen werden kann, wird zugleich implizit deutlich, dass es auch Vorzugsaktien mit Stimmrecht geben

---

[216] So Schmalenbach (1908), S. 242.
[217] Die Fresenius SE hat 2011 ihre Rechtsform in eine SE & Co. KGaA gewandelt, ebenso die STO AG.
[218] EG-Verordnung 2157/2001 über das Statut der Europäischen Gesellschaft (SE) vom 8.10.2001
[219] Vgl. Vins (2014), S. 28-30.

© Springer Fachmedien Wiesbaden GmbH, ein Teil von Springer Nature 2019
S. Daske, *Vorzugsaktien in Deutschland*, Empirische Finanzmarktforschung/Empirical Finance, https://doi.org/10.1007/978-3-658-25776-7_3

kann. Die Vorschriften der §§ 139-141 AktG sind dann allerdings nicht anwendbar, da diese ausdrücklich den Schutz von stimmrechtslosen Aktien regeln.[220]

Vorzugsaktien sind Aktien besonderer Gattung. Die nähere Ausgestaltung von Stimmrechts-Vorzugsaktien ist gesetzlich nicht geregelt. Neben den in § 11 AktG beispielhaft aufgezählten Abweichungen bei der Verteilung des Gewinns oder des Gesellschaftsvermögens können alle möglichen Verwaltungs- und Vermögensrechte anders als bei den Stammaktien festgelegt werden, sofern hierdurch nicht gegen das Aktiengesetz verstoßen wird. Die Rechte müssen in der Satzung festgeschrieben sein (§ 23 Abs. 2 Nr. 4 AktG). Alle Aktien mit gleichen Rechten (§ 11 Satz 2 AktG) und nach allgemeiner Meinung auch gleichen Pflichten[221] bilden eine Gattung. Keine Gattungsverschiedenheit wird hingegen begründet durch unterschiedliche Nennwerte, unterschiedliche Übertragbarkeit, Höchststimmrechte, Entsendungsrechte in den Aufsichtsrat (§ 101 Abs. 2 Satz 3 AktG) sowie nur einzelnen Aktionären zustehende und an die Person gebundene Sonderrechte im Sinne des § 35 BGB oder Sondervorteile gem. § 26 AktG (wie die Vorzugsgewährung an Gründer).[222]

Besondere Gattungen können im Vergleich zu den Rechten der Stammaktionäre sowohl nachteilige Rechte als auch vorteilige Rechte in sich vereinen. Den Namen „Vorzugsaktien" kann die Satzung ungeachtet dessen verwenden, die Art der Bezeichnung ist nicht geregelt und auch nicht rechtserheblich. Letztlich kann es im Auge des Betrachters liegen, ob eine bestimmte Kombination von Rechten einen Vorzug darstellt und den Namen „Vorzugsaktie" rechtfertigt, man denke etwa an eine nachzahlbare Vorzugsdividende, die auf einen Höchstbetrag beschränkt ist.

Die Schaffung von Vorzugsaktien mit einfachem Stimmrecht ist, wenn sie nicht schon bei der Gründung entstanden sind, durch eine Kapitalerhöhung oder – unter Wahrung des Gleichbehandlungsgrundsatzes – durch Umwandlung von Stammaktien in Vorzugsaktien möglich und stellt eine Satzungsänderung dar.

---

[220] Dies wird schon an der Überschrift des Unterabschnittes im Aktiengesetz deutlich; vgl. z. B. Keinath (1957), S. 52 f., Depenbrock (1975), S. 198.
[221] Vgl. z. B. Depenbrock (1975), S. 183.
[222] Für eine ausführliche Diskussion vgl. Keinath (1957), S. 26-32, und Hüffer (2014), S. 59 (Rn. 7). und S. 141 (Rn. 2 f.).

2.1.2   Schutzvorschriften für Stimmrechts-Vorzugsaktien

Bestehende Vorzugsaktien *mit* Stimmrecht werden vor allem durch die allgemeine Norm des § 179 Abs. 3 AktG geschützt, nach der Veränderungen des Verhältnisses der Aktiengattungen zu Lasten der Vorzugsaktionäre neben einem Hauptversammlungsbeschluss auch eines Sonderbeschlusses der benachteiligten Gattung bedürfen. Für beide Beschlüsse ist neben der Stimmenmehrheit eine Dreiviertel-Kapitalmehrheit erforderlich, wenn die Satzung keine andere Kapitalmehrheit vorsieht (§ 179 Abs. 2 AktG).[223] Insbesondere erfordert auch ein nachteiliger Eingriff in ein gattungsspezifisches Vorzugsrecht und die Aufhebung der Gattung, also die Umwandlung in Stammaktien, einen solchen Sonderbeschluss, es sei denn, der Vorzug war bereits von Vornherein mit der beschlossenen Maßnahme belastet. Zustimmungspflichtig sind neben direkt benachteiligenden Beschlüssen auch solche Beschlüsse, die die Rechte einer anderen Gattung erweitern.[224] Für Beschlüsse, die die Vorzugsaktien ausschließlich begünstigen, ist hingegen grundsätzlich kein Sonderbeschluss dieser Gattung nach § 179 Abs. 3 erforderlich, nach gleicher Norm wohl aber ein Sonderbeschluss der anderen, hierdurch benachteiligten Gattungen (also der Stammaktien).

Problematisch ist die Abgrenzung der Vorteilhaftigkeit von Beschlüssen von einer Benachteiligung besonders bei Kapitalveränderungen. Ordentliche Kapitalerhöhungen durch Ausgabe von zu bestehenden Vorzugsaktien gleichrangigen jungen Vorzugsaktien stellen formal eine Beschränkung eines bereits gewährten Vorzugs bei der Verteilung des Bilanzgewinns dar, da der bevorrechtigte Anspruch aller Vorzugsaktionäre an künftigen Bilanzgewinnen nun zunimmt und die vollständige Befriedigung des Vorrechts somit etwas unwahrscheinlicher wird. Die Aufnahme von zusätzlichem Eigenkapital erfolgt aber in der Regel zur Durchführung von Investitionsmöglichkeiten mit einem positiven erwarteten Kapitalwert. Daher kann durch die Investition der für die bisherigen Vorzugsaktionäre festgelegte Dividendenvorzug sogar noch sicherer werden. Da die Wirkung einer ordentlichen Kapitalerhöhung auf die einzelnen Gattungen a priori also nicht sicher feststellbar ist, fordert § 182 Abs. 2 AktG eine separate Zustimmung jeder stimmberechtigten Gattung und nicht nur, wie aus § 179 Abs. 3 AktG ableitbar wäre, jeder benachteiligten Gattung. § 179 Abs. 3 AktG wird daher bei

---

[223] Dabei müssen die für den Hauptversammlungs- und den Sonderbeschluss erforderlichen Mehrheiten nicht identisch sein. Aus dem Begriff Kapital*mehrheit* folgt aber, dass es sich um mehr als 50 % des vertretenen Grundkapitals handeln muss. Vgl. Hüffer (2014), S. 1162 (Rn. 19).

[224] Vgl. Hüffer (2014), S. 1169 (Rn. 44).

effektiven Kapitalerhöhungen[225] verdrängt; dies gilt auch bei Kapitalherabsetzungen (§ 222 Abs. 2 AktG).

Im Ergebnis erfordern also effektive Kapitalveränderungen[226] bei Vorhandensein
von Stimmrechts-Vorzugsaktien zumindest drei Beschlüsse: einen Hauptversammlungsbeschluss, einen Sonderbeschluss der Vorzugsaktionäre und einen
Sonderbeschluss der Stammaktionäre. Für alle übrigen Satzungsänderungen ist
nur bei direkter oder indirekter Benachteiligung eine separate Zustimmung der
Vorzugsaktionäre notwendig.[227] Andere Beschlüsse der Hauptversammlung bedürfen im Regelfall lediglich einer Stimmenmehrheit (§ 133 Abs. 1 AktG), wobei
Vorzugsaktionäre mit einfachem Stimmrecht mit Stammaktionären gleichberech-
tigt abstimmen. Somit nehmen beide stimmberechtigten Gattungen in gleichem
Maße an der Willensbildung der AG teil.

2.1.3   Zwischenfazit

Vorzugsaktien bei Gesellschaften in der Rechtsform einer AG, KGaA oder SE
sind Aktien besonderer Gattung, deren nähere Ausgestaltung – abgesehen von
stimmrechtslosen Vorzugsaktien – nicht näher gesetzlich geregelt ist. Es existiert
auch keine aktienrechtliche Legaldefinition; der Begriff wird letztlich zur
Abgrenzung von den „normalen" Stammaktien verwendet. Für Vorzugsaktien
mit einfachem Stimmrecht gelten die allgemeinen aktienrechtlichen Schutzvorschriften, insbesondere das Erfordernis eines Sonderbeschlusses der Vorzugsaktionäre bei benachteiligender Satzungsänderung sowie bei Kapitalerhöhung
oder -herabsetzung.

2.2   Stimmrechtslose Vorzugsaktien

2.2.1   Vorbemerkung zur Aktienrechtsnovelle 2016

Die Regelungen des Aktiengesetzes von 1965 zu stimmrechtslosen Vorzugsaktien (§§ 139-141) hatten bis 2015 abgesehen von einer klarstellenden Anpassung

---

[225]   Dies gilt nicht bei Kapitalerhöhungen aus Gesellschaftsmittel; § 207 Abs. 2 AktG verweist nicht
        auf § 182 Abs. 2 AktG.
[226]   Dies gilt auch für genehmigtes und bedingtes Kapital: § 193 Abs. 1 Satz 3 AktG und § 202 Abs. 2
        Satz 4 AktG verweise auf § 182 Abs. 2 AktG.
[227]   Bei Aufhebung des Stimmrechts muss jeder einzelne betroffene Aktionär zustimmen. Nach h. M.
        sind davon alle stimmberechtigten Aktionäre betroffen, nicht nur die Aktionäre, deren Stimm-
        recht aufgehoben wird: Den anderen Aktionären wird durch Aufhebung des Stimmrechts der da-
        mit einhergehende Dividendenvorzug vorenthalten. Vgl. Hüffer (2014), S. 1017 (Rn. 12).

des § 139 an die Einführung von Stückaktien unverändert Bestand. Der Untersuchungszeitraum der empirischen Analysen in dieser Arbeit und der zugrunde liegende Datensatz enden im Jahr 2017. Bei der einzigen nach Inkrafttreten der Novelle neu an der Börse eingeführte Vorzugsaktien, der Vorzugsaktie der (neuen) Metro AG, wurde die neuen Möglichkeiten nicht genutzt und in der Satzung eine partizipative, kumulative Vorzugsdividende mir Mehrdividende verankert.[228] Vor diesem Hintergrund sind hierfür allein die Regelungen des AktG in der bis Ende 2015 geltenden Fassung maßgeblich, die in den nachfolgenden Abschnitten ab 2.2.2 im Vordergrund stehen.

Mit Inkrafttreten der Aktienrechtsnovelle 2016 wurden Änderungen der §§ 139 und 140 AktG vorgenommen: Seit 1. Januar 2016 ist es gemäß § 139 AktG 2016 zulässig, Vorzugsaktien ohne Stimmrecht sowohl (wie bisher) *mit* als auch (neu) – wenn die Satzung dies ausdrücklich vorsieht – *ohne* einen nachzuzahlenden Vorzug bei der Verteilung des Gewinns auszugeben. Der Vorzug kann nach der neuen Fassung des Gesetzes *„insbesondere* in einem auf die Aktie vorweg entfallenden Gewinnanteil" (im Gesetz erstmals als Vorabdividende bezeichnet) oder in „einem erhöhten Gewinnanteil (Mehrdividende)" bestehen. Insofern ist seit 2016 auch keine Vorabdividende mehr zwingend, eine bloße Mehrdividende ist ausreichend.[229] Zugleich erfolgt im § 139 AktG n. F. erstmals eine Legaldefinition des Begriffs „Mehrdividende". Aus der Verwendung des Wortes „insbesondere" wird deutlich, dass der Gesetzgeber auch andere Vorzüge bei der Verteilung des Gewinns zulassen wollte. Auch wenn offen gelassen wurde, welche Gestaltungen der Gesetzgeber im Auge hatte,[230] bleibt festzuhalten, dass die bis-

---

[228] Es handelt sich um die Aktien mit WKN BFB002 der Metro AG, die bis zum Börsengang nach Abspaltung von der früheren Metro AG am 13. Juli 2017 unter dem Namen „METRO Wholesale & Food Specialist AG" firmierte und nicht börsennotiert war; die frühere Metro AG firmiert nun unter dem Namen „Ceconomy AG".

[229] Bormann/Di Prima (2015), S. 49, vertreten die Ansicht, dass ein in einer Mehrdividende bestehender Vorzug per Definition nie nachzahlbar sein könne, da eine Mehrdividende nur einen relativ zu dem Stammaktien höheren Gewinnanteil vermittle und es daher an einer Bestimmbarkeit fehle. Aus diesem Grunde könne im Fall eines nicht nachzahlbaren Vorzugs in Form einer Mehrdividende das Stimmrecht nur aufleben, wenn die Gesellschaft überhaupt keinen Gewinn ausweist, da sonst diese Vorzugsaktionäre immer einen höheren Gewinn erhalten. Dieser Auffassung kann nicht gefolgt werden: Die Mehrdividende wird in den Satzungen üblicherweise als Prozentsatz des Nennwertes oder (häufiger) als fester Euro-Betrag festgelegt. Insofern fehlt es nicht an einer Bestimmbarkeit. Würde bei niedrigem Bilanzgewinn nicht die volle Mehrdividende gezahlt, führte dies nach § 140 Abs. 2 S. 2 AktG 2016 zum Aufleben des Stimmrechts.

[230] Ein bloßer Vorteil bei der Verteilung eines Liquidationserlöses dürfte nicht als Vorzug im Sinne des § 139 ausreichen, da das Stimmrecht dann nie auflebte, so Bormann/Di Prima (2015), S. 48.

her zu beobachtenden Gestaltungsformen, z. B. auch eine limitierte Vorzugsdividende, weiterhin zulässig sind.[231]

Wird der Vorzugsbetrag in einem Geschäftsjahr nicht gezahlt, lebt im Fall eines nachzuzahlenden Vorzugs wie bisher das Stimmrecht im Folgejahr auf, wenn keine vollständige Nachzahlung aller Rückstände erfolgt (§ 140 Abs. 2 Satz 1 AktG 2016). Bei nicht nachzahlbarem Vorzug erhalten die Vorzugsaktionäre bei Nichtzahlung des Vorzugs sofort das Stimmrecht (§ 140 Abs. 2 Satz 2 AktG 2016). Aus der bisher zwingenden Nachzahlbarkeit ergab sich implizit, dass der nachzahlbare Vorzug objektiv bestimmbar sein musste (üblicherweise in Form eines Geldbetrages) und insbesondere nicht vom Bilanzgewinn abhängen durfte. Soweit künftig nicht mehr nachzahlbare Vorzugsaktien ausgegeben werden, dürfte der Vorzug auch vom Bilanzgewinn abhängen können,[232] z. B. indem auf Vorzugsaktien eine mit einem Faktor multiplizierte Dividende gezahlt wird. Solche Ausgestaltungen würden es Banken ermöglichen, mit Vorzugsaktien hartes Kernkapital zu generieren.[233]

Aus der Sicht des Gesetzgebers gebieten Gründe des Aktionärsschutzes jedenfalls nicht zwingend das Festhalten an einem nachzuzahlenden Vorzug, zumal schon bisher eine Mindesthöhe der Vorzugsdividende nicht festgelegt war und nachzuzahlende Vorzüge auch im Ausland nicht verbreitet seien.[234] Letztlich sei schon jetzt die beabsichtigte Schutzwirkung der Marktbewertung überlassen. Würde man diesen Gedanken konsequent umsetzen, könnte man aber letztlich das Wiederaufleben des Stimmrechts auch generell zur Disposition der Satzung stellen,[235] denn am Markt würden sich ohne Weiteres – wie z. B. auch in Frankreich[236] – Preise für Vorzugsaktien mit dauerhaftem Stimmrechtsausschluss bilden.[237] Der Bundesverband der Deutschen Industrie e.V. (BDI) hat eine solche Regelung in seiner Stellungnahme sogar konkret gefordert, da anderenfalls „insbesondere Unternehmen mit kleinem Aktionärskreis fürchten [würden], dass Kapitalgeber außerhalb dieses Kreises Stimmrechte und damit Einfluss auf die

---

[231] Siehe im Detail den Abschnitt 2.2.4.3, ab S. 86, und Abbildung 1, S. 92.
[232] So. z. B. Vins (2014), S. 30 f.
[233] Vgl. im Detail Abschnitt 2.2.6.2.
[234] Vgl. die Gesetzesbegründung, Bundestags-Drucksache 18/4349, S. 25-26.
[235] So auch Stellungnahmen der Sachverständigen Prof. Dr. Koch und Prof. Dr. Habersack im Rahmen des Gesetzgebungsverfahrens, siehe Koch (2015), S. 1, Habersack (2015), S. 2.
[236] Vgl. Abschnitt 2.4.2.
[237] Ähnlich auch Harbarth/von Plettenberg (2016), S. 153, und Heeren (2008), S. 113. Ein Mittelweg wäre die von Heeren (2008), S. 112, erwähnte Möglichkeit, die Vorzugsaktien mit einem Stimmrecht nur für den Fall der Gefährdung der Gesellschaft auszustatten.

Gesellschaft erhalten würden."[238] Auch aus der Sicht von Die Deutsche Kreditwirtschaft, dem Zusammenschluss der Spitzenverbände der deutschen Banken, sei es geboten, stimmrechtslose Vorzugsaktien zu ermöglichen, deren Stimmrecht unter keinen Umständen auflebt. Das Instrument wäre sonst bei geschlossenem Aktionärskreis unattraktiv, da solche Gesellschaften kein Interesse an einer Einflussnahme durch Dritte hätten; Publikumsgesellschaften hätten dagegen regelmäßig kein Bedürfnis zur Ausgabe von Vorzugsaktien.[239] Der Gesetzgeber wollte sich eines solchen, mit erstaunlicher Direktheit formulierten Aktionärsverständnisses offensichtlich nicht anschließen und hat den Aktionärsschutz nicht in dem geforderten Maße ausgehöhlt; offensichtlich soll die tradierte Konnexität zwischen Vorzugsbefriedigung und Stimmrechtsausschluss die Effektivität des Vorzugs auch ohne Nachzahlbarkeit sicherstellen.[240]

Ausweislich der Gesetzesbegründung bezweckt der Gesetzgeber mit den dargestellten Änderungen, die Finanzierung der Aktiengesellschaft über Eigenkapital zu flexibilisieren. Insbesondere wird angeführt, dass das bisherige Erfordernis eines nachzuzahlenden Vorzugs für Kreditinstitute nachteilig sei, da solche Vorzugsaktien weder als hartes noch als zusätzliches Kernkapital angerechnet werden können: Nach Art. 52 Abs. 1 Buchst. l Ziffer iii der 2014 in Kraft getretenen Kapitaladäquanzverordnung[241] dürfen zusätzliche Kernkapitalinstrumente nicht kumulativ nachzahlbar sein, nach Art. 28 Abs. 1 Buchst. h Ziffer i darf es für hartes Kernkapital keine Vorzugsrechte für die Auszahlung von Ausschüttungen und keine Vorzugsbehandlung bezüglich der Reihenfolge der Ausschüttungen geben. Zwar konnten kumulative Vorzugsaktien auch vor 2014 nicht als Kernkapital, sondern nur als Ergänzungskapital erster Klasse angerechnet werden konnten, jedoch bestehe infolge der mit der Umsetzung von „Basel III" verbundenen strengeren Eigenmittelanforderungen an Kreditinstitute nunmehr ein erhöhter Kernkapitalbedarf.[242]

Der „Preis" für die nun möglichen stärkeren Abweichungen von einer standardisierten stimmrechtslosen Vorzugsaktie und flexiblere Gestaltungsmöglichkeiten der Emittenten sind höhere Informationskosten für die potenziellen Investoren. Dies wäre erst recht der Fall, wenn man die geforderten stets stimm-

---

[238] Vgl. BDI e.V. (2015), S. 5.
[239] So Die Deutsche Kreditwirtschaft (2015), S. 2 und S. 4.
[240] Vgl. Harbarth/von Plettenberg (2016), S. 153.
[241] Verordnung (EU) Nr. 575/2013 des Europäischen Parlaments und des Rates vom 26. Juni 2013 über Aufsichtsanforderungen an Kreditinstitute und Wertpapierfirmen und zur Änderung der Verordnung (EU) Nr. 646/2012 (ABl. L 176 vom 27. Juni 2013).
[242] So Die Deutsche Kreditwirtschaft (2015), S. 4.

rechtslosen Vorzugsaktien zuließe. Bei solchen Vorzugsaktien wären jedenfalls für Nichtbanken die Grenzen zu entsprechend ausgestalteten Genussscheinen fließend. Es wird sich zeigen, wie der Markt etwaige nach den neuen Regelungen gestaltete stimmrechtslose Vorzugsaktien aufnimmt und eine Nicht-Nachzahlbarkeit im Kursabschlag berücksichtigt und ob Dual-Class-Unternehmen die statutarischen Regelung ihrer ausgegebenen Vorzugsaktien anzupassen. Trotz der guten Absicht des Gesetzgebers, die Kernkapitalstärkung der Kreditinstitute zu erleichtern, dürfte der von der Kreditwirtschaft gesehene Anwendungsbereich – Banken in der Rechtsform von Aktiengesellschaften mit geschlossenem Aktionärskreis – eher gering sein.[243] Auch in der Vergangenheit gab es nur eine Bank, von der stimmrechtslose Vorzugsaktien börsennotiert waren.[244]

2.2.2   Regelungen zum Stimmrecht in der bis 2015 geltenden Fassung des Aktiengesetzes

2.2.2.1   *Voraussetzungen für den Stimmrechtsausschluss*

Gemäß § 12 Abs. 1 Satz 1 AktG ist grundsätzlich jede Aktie mit einem Stimmrecht verbunden. Der Begriff Aktie wird hier im Sinne der Mitgliedschaft in einer Aktiengesellschaft gebraucht.[245] Das Stimmrecht stellt ein wesentliches Abgrenzungsmerkmal der Mitgliedschaftsrechte, genauer gesagt der Herrschaftsrechte, von den Gläubigerrechten dar. Implizit folgt aus der Bestimmung, dass etwa mit Anleihen oder Genussscheinen kein Stimmrecht verbunden sein kann. In Verbindung mit der seit 1998 gültigen Fassung von § 12 Abs. 2 AktG, dem Verbot von Mehrstimmrechten, folgt, dass jede Aktie grundsätzlich das gleiche Stimmrecht gewährt. Als Ausnahme von diesem Grundsatz gestattet § 12 Abs. 1 Satz 2 AktG die Ausgabe von Vorzugsaktien ohne Stimmrecht nach den Vorschriften der §§ 139-141 AktG.[246] Verfassungsrechtlich stellt dies eine zulässige

---

[243] Zu denken ist vor allem an Banken im Konzernverbund von Nichtbanken, z.B. so genannte „Autobanken".

[244] Bankhaus Main AG ab 2007 (Insolvenz 2015).

[245] Daneben werden auch die Anteile am Grundkapital und die Aktienurkunde als Aktie bezeichnet.

[246] Als weitere Ausnahmen vom Prinzip des gleichen Stimmrechtes für jede Aktie kennt das AktG erstens vor dem Inkrafttreten des KonTraG begründete und durch Fortgeltungsbeschluss vor dem 1.6.2003 noch bestehende Mehrstimmrechte. § 5 Abs. 1 EGAktG n. F. (vgl. Abschnitt 2.3.1), zweitens Stimmrechtsbeschränkungen gem. § 134 Abs. 1 S. 2 AktG (Höchststimmrechte, vgl. Abschnitt 2.3.3.2), drittens die Regelungen zu nicht voll eingezahlten Aktien gem. § 134 Abs. 2 AktG (vgl. Abschnitt 2.3.3.1) und viertens bestimmte Stimmrechtsausschlüsse (z.B. gem. § 71b AktG für eigene Aktien und gem. § 136 Abs. 1 AktG, wenn der Aktionär entlastet oder gegen ihn ein Anspruch durchgesetzt werden soll).

Inhalts- und Schrankenbestimmung im Sinn des Art. 14 Abs. 1 Satz 2 GG dar.[247] Vorzugsaktien mit einem Minderstimmrecht kann es nicht geben, da damit das Verbot der Mehrstimmrechte umgangen würde.

Der Ausschluss des Stimmrechts ist nach § 139 Abs. 1 AktG 1965 möglich, wenn eine Aktie mit einem nachzuzahlenden Vorzug bei der Verteilung des Gewinns ausgestattet ist.[248] Sofern allerdings nicht wie üblich neue Vorzugsaktien ausgegeben, sondern einige der bestehenden Stammaktien in Vorzugsaktien gewandelt werden sollen, indem ihnen ein Vorzug eingeräumt und zugleich das Stimmrecht genommen wird, muss *jeder* betroffene Aktionär der Wandlung zustimmen, da es sich um einen schwerwiegenden Eingriff in die Mitgliedschaftsrechte handeln würde.[249]

Eine gegenständliche Beschränkung des Stimmrechtsausschlusses auf bestimmte Beschlussgegenstände ist aber nicht zulässig und war auch nicht beabsichtigt – der Ausschluss muss für alle Beschlüsse, also etwa auch Satzungsänderungen gelten.[250] Schon aus der Formulierung des Gesetzestextes ergibt sich, dass es sich bei stimmrechtslosen Vorzugsaktien um Aktien handeln soll, obwohl das Stimmrecht das wichtigste Herrschaftsrecht des Aktionärs darstellt, da er nur durch das Stimmrecht auf die Willensbildung der Gesellschaft Einfluss nehmen kann.[251] Die Aktieneigenschaft folgt auch aus § 140 Abs. 1 AktG, der bestimmt, dass stimmrechtslose Vorzugsaktien mit Ausnahme des Stimmrechtes alle mit einer Aktie verbundenen Rechte gewähren, speziell also auch Minderheitenrechte, Bezugsrechte und das Recht zur Teilnahme an der Hauptversammlung.[252] Selbst wenn man mit der zumindest früher h. M. davon ausgeht, dass ein bloßer Stimmrechtsunterschied keine Gattungsverschiedenheit begründen kann, folgt aus dem zu gewährenden Vorzug, dass stimmrechtslose Vorzugsaktien eine eigene Gattung bilden.

---

[247] So BVerfG (28.8.2007, Az. 1 BvR 861/06). Das BVerfG hat anerkannt, dass Vorzugsaktien die Unternehmensfinanzierung erleichtern und solchen Aktionären entgegenkommen, die mehr an der Rendite und weniger an der Ausübung von Einfluss interessiert sind. Zudem erfordere die Einführung von Vorzugsaktien die Zustimmung der betroffenen Aktionäre. Vgl. a. a. O.

[248] Vgl. hierzu Abschnitt 2.2.4.

[249] So auch Polte (2005), S. 91.

[250] Vgl. Depenbrock (1975), S. 191; Begründung Regierungsentwurf in Kropff (1965), S. 203.

[251] Vgl. z. B. Lichtherz (1941), S. 13.

[252] Vgl. Hüffer (2014), S. 1019 (Rn. 2 f.).

2.2.2.2 Aufleben des Stimmrechtes von stimmrechtslosen Vorzugsaktionären

Das Stimmrecht als charakteristisches Merkmal der Mitgliedschaft in einer Aktiengesellschaft ist den stimmrechtslosen Vorzugsaktionären aber nicht gänzlich
genommen. Es ist vielmehr latent vorhanden, da das Stimmrecht gemäß § 140
Abs. 2 AktG 1965 wieder auflebt, wenn in einem Jahr der Dividendenvorzug
ganz oder teilweise ausgefallen ist und im folgenden Jahr nicht der gesamte
Rückstand zusammen mit dem vollen Dividendenvorzug dieses Jahres nachgezahlt wird. Maßgeblich ist nur der Ausfall des Dividendenvorzuges an sich,
also der nachzuzahlenden Priorität, die nach § 139 Abs. 1 AktG 1965 den Stimmrechtsausschluss ermöglicht hat. Der alleinige Ausfall etwaiger weiterer Dividen-
denbestandteile (Mehrdividenden) führte nach der bis 2015 maßgeblichen Fassung nicht zu einem Aufleben des Stimmrechtes.

Für die Erlangung des Stimmrechtes ist es nicht maßgeblich, ob die Gesellschaft
mangels ausreichenden Gewinns den Dividendenvorzug nicht vollständig zahlen
kann oder ob sie nicht zahlen will.[253] Im Fall eines nicht ausreichenden Bilanzgewinns lebt das Stimmrecht mit der rechtsverbindlichen Feststellung des maßgeblichen Jahresabschlusses auf. Erfolgt die Feststellung wie üblich durch den
Aufsichtsrat (§ 172 Satz 1 AktG), gilt es bereits in der folgenden Hauptversammlung. Wenn die Feststellung eines Jahresabschlusses mit nicht ausreichendem Bilanzgewinn durch die Hauptversammlung erfolgt, weil Vorstand und
Aufsichtsrat dies gem. § 172 Satz 2 AktG beschlossen haben oder weil der Aufsichtsrat den maßgeblichen Jahresabschluss nicht gebilligt hat, erlangen die
stimmrechtslosen Vorzugsaktionäre bereits bei allen folgenden Beschlüssen in
derselben Hauptversammlung das Stimmrecht, nicht jedoch beim Feststellungs-
beschluss selbst, da die Hauptversammlung noch durch Auflösung von Rücklagen einen ausreichenden Bilanzgewinn ausweisen könnte.[254]

Fraglich ist der Zeitpunkt des Auflebens des Stimmrechts, wenn in der Hauptversammlung ein Gewinnverwendungsbeschluss gefasst wird, durch den (bei kumulativen Vorzugsaktien) der rückständige und der aktuelle Dividendenvorzug trotz
ausreichenden Bilanzgewinns nicht oder nicht vollständig bedient werden. Kei-
nesfalls lebt das Stimmrecht bereits mit einem entsprechenden Beschlussvor-
schlag des Vorstandes auf, da die Hauptversammlung nicht daran gebunden ist.

---

[253] Vgl. z. B. Lichtherz (1941), S. 20.
[254] Vgl. Bezzenberger (1991b), S. 98. Er verweist darauf, dass bei Änderung des Bilanzgewinns
      durch die Hauptversammlung gem. § 173 Abs. 3 AktG innerhalb von zwei Wochen ein erneuter
      uneingeschränkter Bestätigungsvermerk des Jahresabschlussprüfers erforderlich ist.

Die h. M. bezieht sich darauf, dass der Feststellungs- oder Gewinnverwendungsbeschluss erst mit dem Versammlungsende und der Beurkundung rechtswirksam
wird und dass die stimmrechtslosen Vorzugsaktionäre somit erst in der darauf
folgenden Hauptversammlung ein Stimmrecht haben.[255] Dies wird zum einen aus
der Nichtigkeit von Hauptversammlungsbeschlüssen gefolgert, die nicht gemäß
§ 130 AktG notariell oder – bei nicht börsennotierten Gesellschaften – durch den
Aufsichtsratsvorsitzenden beurkundet sind (§ 241 Nr. 2 AktG); zum anderen
kann die Hauptversammlung ihre eigenen Beschlüsse jederzeit ändern. Nach anderer Auffassung ist die Willensbildung mit der Ergebnisfeststellung durch den
Versammlungsleiter abgeschlossen und das Ergebnis verbindlich. Es bestehe
eine Selbstbindung, weshalb die stimmrechtslosen Vorzugsaktionäre auch in
diesem Fall bereits bei den folgenden Beschlüssen derselben Hauptversammlung
mitstimmen könnten.[256] Die Vertreter dieser Auffassung sehen keinen Hinderungsgrund darin, dass die Hauptversammlung mit den nun geänderten Mehrheitsverhältnissen unmittelbar einen neuen Gewinnverwendungsbeschluss zugunsten der Vorzugsaktionäre fassen könnte und begründen dies damit, dass ein
abschlägiger Gewinnverwendungsbeschluss außer bei wirtschaftlich notwendiger
Thesaurierung ohnehin rechtswidrig und anfechtbar sei und die Ermöglichung
der Aufhebung eines solchen Beschlusses somit die vom Gesetz gewollte Durchsetzung des Dividendenvorzugs erleichtert.[257]

Beim Aufleben des Stimmrechtes besteht dieses im gleichen Umfang wie für
Stammaktionäre, d. h. für Beschlüsse jeder Art. Dies entspricht auch dem gesetzgeberischen Gedanken, dass der Dividendenvorzug einen Ersatz für das fehlende
Stimmrecht darstellt, das ansonsten jede Aktie gewährt.[258] Trotz des allgemeinen
Stimmrechts werden die Vorzugsaktien nicht temporär zu Stammaktien; der Dividendenvorzug muss bspw. auch für die Zeiten gezahlt werden, in denen die
Vorzugsaktionäre ein Stimmrecht haben.[259] Dies ergibt sich schon daraus, dass
sie eine eigene Gattung darstellen und daher für eine Beschränkung ihrer Rechte
nach § 141 Abs. 1 AktG ein Sonderbeschluss erforderlich wäre.[260]

In Wirklichkeit handelt es sich bei stimmrechtslosen Vorzugsaktien also um Aktien mit einem bedingten[261] Stimmrecht. Auch bei Aufleben des Stimmrechtes

---

[255] So Depenbrock (1975), S. 196, und die Argumentation in Hüffer (2014), S. 1019 (Rn. 5).
[256] So Bezzenberger (1991b), S. 98, Hüffer (2014), S. 725 (Rn. 5).
[257] So Bezzenberger (1991b), S. 99 und S. 49.
[258] So auch Depenbrock (1975), S. 195.
[259] Hierzu ausführlich Abschnitt 2.2.4.2.
[260] Vgl. Abschnitt 2.2.3.1.
[261] So Baumbach/Hueck/Hueck (1961), S. 441.

sind die Einflussmöglichkeiten der „stimmrechtslosen" Vorzugsaktionäre allerdings begrenzt: Durch die Vorschrift des § 139 Abs. 2 AktG, nach der stimmrechtslose Vorzugsaktien maximal bis zur Hälfte des Grundkapitals ausgegeben
werden dürfen, können die Vorzugsaktionäre im Zweifel keine eigene Mehrheit
in der Hauptversammlung erzielen und damit allein keine Beschlüsse durchsetzen, es sei denn es sind proportional weniger Stammaktionäre anwesend. Hinzu kommt, dass die Zahl der Stimmrechte der Vorzugsaktionäre auch bei etwaigen Stimmrechtsbegrenzungen, die seit 1998 nur noch für nicht börsennotierte
Gesellschaften zulässig sind (§ 134 Abs. 1 AktG), zu berücksichtigen ist.[262]

Ist das Stimmrecht gemäß § 140 Abs. 2 Satz 1 aufgelebt, werden gemäß Satz 2[263]
bei allen Entscheidungen der Hauptversammlung, die gesetzlich oder statutarisch
eine Kapitalmehrheit erfordern, auch die Kapitalanteile der stimmrechtslosen
Vorzugsaktien berücksichtigt. Diese Regelung wurde im AktG 1965 neu eingefügt und soll zugleich klarstellen, dass das Kapital der Vorzugsaktien ohne
Stimmrecht im Regelfall – wenn diese also kein Stimmrecht haben – nicht bei
der Berechnung von Kapitalmehrheiten zu berücksichtigen sind.[264] Dies ergibt
sich allerdings auch daraus, dass für die Berechnung von Kapitalmehrheiten die
Grundkapitalanteile des mit ja oder nein stimmenden Kapitals maßgeblich
sind;[265] stimmrechtslose Vorzugsaktionäre können aber nicht abstimmen.[266]

Das Stimmrecht bleibt bis einschließlich zu der Hauptversammlung bestehen, in
der die Zahlung aller Rückstände einschließlich der aktuellen Vorzugsdividende
beschlossen wird. Nach dem Wortlaut des Gesetzes kommt es aber auf die
tatsächliche Zahlung an, der bloße Beschluss einer ausreichenden Ausschüttung
reicht zum Erlöschen des Stimmrechts nicht aus.[267] In der Beschluss fassenden
Hauptversammlung sind die stimmrechtslosen Vorzugsaktionäre also für alle
nachfolgenden Beschlüsse ebenfalls noch stimmberechtigt.

---

[262] So z.B. Bezzenberger (1991b), S. 100.
[263] In der ab 1.1.2016 geltenden Fassung § 140 Abs. 2 *Satz 3*.
[264] Vgl. Stellungnahme des Bundesrates zum Regierungsentwurf in Kropff (1965), S. 204. Siehe
       aber auch Abschnitt 2.2.3.5 zu Minderheitenrechten.
[265] Vgl. Hüffer (2014), S. 1016 (Rn. 13) und S. 1160 (Rn. 14).
[266] Neben einer Kapitalmehrheit ist gem. § 133 Abs. 1 AktG immer auch eine Stimmenmehrheit
       erforderlich; es muss aber keine getrennte Abstimmung durchgeführt werden.
[267] Zwar wäre nach einem rechtswirksamen Beschluss der Dividendenanspruch auch ohne Stimm-
       recht einklagbar [vgl. z.B. Lichtherz (1941), S. 21]. Bei einem mit dem Beschluss einher-
       gehenden Erlöschen des Stimmrechtes könnte dies aber dann nicht wieder aufleben, wenn der
       Gewinnverwendungsbeschluss z.B. wegen der nachträglich festgestellten Nichtigkeit des Jahres-
       abschlusses oder nach sonstiger Anfechtung nichtig wird, da in diesem Fall die Forderung
       erlischt. Vgl. Bezzenberger (1991b), S. 101.

Da Vorzugsaktien nicht gänzlich stimmrechtslos sind, stellt sich im Rahmen der Meldepflichten gemäß § 21 Abs. 1 WpHG bei Erreichen, Überschreiten oder Unterschreiten einer Beteiligung von 3, 5, 10, 15, 20, 25, 30, 50 oder 75 Prozent[268] der Stimmrechte einer börsennotierten Gesellschaft[269] die Frage, inwieweit eine Berücksichtigung der Vorzugsaktien erfolgen muss.[270] Das WpHG knüpft dabei nur an die Stimmrechte an, die durch die Aktien gewährt werden. Nach der herrschenden Meinung ergibt sich daraus, dass eine Berücksichtigung der Vorzugsaktien dann und nur dann erfolgt, wenn ihnen ein Stimmrecht nach § 140 Abs. 2 AktG bei Ausfall des Dividendenvorzugs erwächst.[271]

2.2.3   Schutzvorschriften für stimmrechtslose Vorzugsaktionäre

Das Aufleben des Stimmrechtes stellt einen wichtigen Schutz der Vorzugsaktionäre dar, da die Hauptversammlung ansonsten permanent den verteilungsfähigen Bilanzgewinn gegen den Willen der Vorzugsaktionäre thesaurieren könnte, wodurch die implizite Vereinbarung, eine sichere Dividende als Ersatz für das Stimmrecht zu gewähren, von den Stammaktionäre umgangen werden könnte. Diese Gefahr bestünde insbesondere dann, wenn ein Mehrheitsaktionär

---

[268] Vor dem Inkrafttreten des Transparenzrichtlinie-Umsetzungsgesetzes (TUG) 2007 gab es vier maßgebliche Schwellen; die Meldepflicht begann erst bei Erreichen von 5 % der Stimmrechte.

[269] Ursprünglich waren nach § 21 Abs. 2 WpHG darunter nur zum amtlichen Handel zugelassene Gesellschaften zu verstehen [vgl. z. B. Nottmeier/Schäfer (1997), S. 91], nach der Änderung per 20.12.2001 zählt dazu jedoch jede Zulassung an einem organisierten Markt innerhalb der EU, auch am früheren Geregelten Markt; vgl. Hüffer (2002), S. 98 (Rn. 13). Es ist dabei unerheblich, welche Gattung die Zulassung hat; so greift die Meldepflicht über den Stimmrechtsanteil beispielsweise auch bei ausschließlicher Zulassung stimmrechtsloser Vorzugsaktien, da diese u. U. ein Stimmrecht haben können; vgl. Nottmeier/Schäfer (1997), S. 91.

[270] Die Meldepflicht eines *Unternehmens* an eine nicht börsennotierte AG bei Erreichen einer Beteiligung von 25 % und 50 % (§ 20 Abs. 1, 4 und 8 AktG) bezieht sich auf die Anteile am Grundkapital. Allerdings besteht i. V. mit § 16 Abs. 1 AktG auch eine Meldepflicht für das Erreichen der Stimmenmehrheit.

[271] Vgl. z. B. Burgard (1995), S. 2070, Hüffer (2002), S. 96 (Rn. 6). Ein Unterschied besteht bei der Berechnung der Stimmenmehrheit zur Feststellung einer Mehrheitsbeteiligung im Sinne des § 16 Abs. 1 i. V. m. Abs. 3 AktG. Da es hier auf die tatsächlich ausübbaren Stimmrechte ankommt, sind Stimmrechtsbeschränkungen nach h.M. im Zähler zu berücksichtigen, wenn sie dauerhaft sind, insbesondere bleiben Höchststimmrechte (vgl. auch Abschnitt 2.3.3.2) und stimmrechtslose Vorzugsaktien unberücksichtigt; vgl. Hüffer (2014), S. 80 f. (Rn. 11). Nach WpHG wären jedenfalls Höchststimmrechte hingegen weder im Zähler noch im Nenner zu berücksichtigen gewesen, da sonst u. U. unbemerkt größere Aktienpakete hätten aufgebaut werden können [vgl. Burgard (1995), S. 2071; Nottmeier/Schäfer (1997), S. 91 f.]. Die Stimmrechtsanteile waren also so zu melden, als wenn das Höchststimmrecht nicht bestanden hätte. Nach dem Wegfall des europarechtswidrigen Höchststimmrechts bei Volkswagen dürfen in einem regulierten Markt notierte Gesellschaften allerdings keine Höchststimmrechte mehr haben.

andere private Vermögensvorteile aus seiner Beteiligung erzielen kann und daher nicht auf Dividenden angewiesen ist. Wie schon erläutert, ist es aufgrund der Begrenzung des stimmrechtslosen Vorzugskapitals gleichwohl unwahrscheinlich, dass die Vorzugsaktionäre auch bei vorhandenem Stimmrecht Entscheidungen zu ihren Gunsten durchsetzen können. Zur Sicherung der Rechtsposition der Vorzugsaktionäre sind daher weitere Schutzmaßnahmen erforderlich.

2.2.3.1   Unmittelbare Beeinträchtigung des Vorzugs gemäß § 141 Abs. 1 AktG

Einer Beschränkung des Vorzugs müssen die Vorzugsaktionäre gem. § 141 Abs. 1 AktG ebenso wie einer Aufhebung des Vorzugs mit einem Sonderbeschluss in einer separaten Versammlung zustimmen. Unter einer Beschränkung ist eine unmittelbare rechtliche Verschlechterung des Vorzugsrechtes zu verstehen,[272] d. h. eine Beschränkung des eigentlichen Dividendenvorzugs oder des Nachzahlungsrechtes.[273] Die h. M. folgt heute nicht mehr der früher verbreiteten Auffassung, wonach § 141 Abs. 1 AktG vor einem Eingriff in jedes den Vorzugsaktionären statutarisch verliehene gattungsspezifische Recht schütze, insbesondere auch vor der Änderung eines Liquidationsvorrechts oder einer eventuellen Mehrdividende.[274] Bezüglich des Liquidationsvorrechts wurde dies aus dessen Schutz vor mittelbarer Beeinträchtigung gefolgert (§ 141 Abs. 2 AktG) gefolgert – daher müsse das Recht erst recht vor unmittelbarer Beeinträchtigung geschützt sein.[275] Nach nun h. M. sei dieser Schluss nicht zwingend und ein Schutz solcher Rechte sei schon durch § 179 Abs. 3 AktG gegeben, der einen Sonderbeschluss einer Aktiengattung verlangt, wenn in ihre gattungsspezifischen Rechte nachteilig eingegriffen wird.[276]

---

[272]   Vgl. Baumbach/Hueck/Hueck (1961), S. 443.

[273]   Das Nachzahlungsrecht könnte z. B. in der Weise beschränkt werden, dass es unter eine zusätzliche Bedingung gestellt wird, dass bei bereits ausgefallenen Vorzugsdividenden auf deren Nachzahlung verzichtet werden soll oder dass ein selbstständiges, d. h. vom Besitz der Aktie losgelöstes Nachzahlungsrecht in ein unselbstständiges, d. h. an den Besitz der Vorzugsaktie gebundenes Nachzahlungsrecht umgewandelt werden soll (vgl. auch Bezzenberger (1991b), S. 126).

[274]   So z. B. schon Lichtherz (1941), S. 33, und auch Hüffer (2002), S. 727 f. (Rn. 3).

[275]   Vgl. Hüffer (2002), S. 727 f. (Rn. 3)

[276]   Vgl. Hüffer (2014), S. 1022 f. (Rn. 3). Nach früher h. M. wurde § 141 als lex specialis zu § 179 Abs. 3 AktG und damit als abschließende Regelung betrachtet, neben der § 179 Abs. 3 AktG nicht anwendbar sei, vgl. Hüffer (2002), S. 733 und S. 806. Bezzenberger (1991b) vertrat schon früher die heute verbreitete gegenteilige Auffassung, vgl. a. a. O., S. 134 f. Im Hinblick auf eine Mehrdividende habe der Gesetzgeber mglw. eine zu § 141 Abs. 2 AktG (mittelbare Beeinträchtigung u. a. bzgl. eines Liquidationsvorzugs) vergleichbare Regelung versäumt, weil er – wie schon ausführlich erläutert – nicht an partizipative, sondern nur an obligationsähnliche Vorzugsaktien gedacht habe; vgl. a. a. O., S. 136 f.

Nicht zustimmungspflichtig nach § 141 Abs. 1 AktG sind beispielsweise auch Hauptversammlungsbeschlüsse über die Auflösung oder Verschmelzung der Gesellschaft, über den Abschluss von Unternehmensverträgen, über eine Thesaurierung des gesamten Bilanzgewinns oder über die Ermächtigung des Vorstandes und des Aufsichtsrates zu einer erhöhten Thesaurierung (§ 58 Abs. 2 AktG), da hierdurch keine gattungsspezifischen Rechte betroffen sind.[277] Allein wirtschaftlich nachteilige Folgen eines Hauptversammlungsbeschlusses, z. B. in der Form, dass der Eintritt von Zahlungen auf Vorzugsrechte infolge der Verringerung der wirtschaftlichen Substanz unwahrscheinlicher wird, unterfallen ebenfalls nicht dem Schutz von § 141 Abs. 1 AktG.[278] So ist auch bei Kapitalerhöhungen aus Gesellschaftsmitteln keine Zustimmung erforderlich, obwohl im Falle eines prozentualen Dividendenvorzugs eine Kürzung erforderlich wird.[279]

2.2.3.2 Mittelbare Beeinträchtigung des Vorzugs gemäß § 141 Abs. 2 AktG

Eine Beeinträchtigung des Dividendenvorzugs ist aber nicht nur direkt, sondern mittelbar auch durch die Ausgabe neuer Vorzugsaktien, die bei der Verteilung des Bilanzgewinns bevorrechtigte oder gleichrangige Ansprüche haben, möglich. Dadurch wird zwar nicht der Vorzug in seiner rechtlichen Ausgestaltung geändert; die Wahrscheinlichkeit, dass für die bisherigen Vorzugsaktionäre nach Befriedigung der neuen, bevorrechtigten Vorzugsaktionäre noch ein ausreichender verteilungsfähiger Gewinn verbleibt, kann sich aber c. p. verringern.[280] Durch die Ausgabe von konkurrierenden Vorzugsaktien kann dementsprechend die wirtschaftliche Position der Vorzugsaktionäre verschlechtert (verwässert) werden.[281] Gleichwohl ist dies nicht zwingend, da – wie schon im Abschnitt 2.1 erwähnt – durch eine erfolgreiche Investition des neu aufgenommenen Kapitals der nachzahlbare Dividendenvorzug auch sicherer werden kann. Da also von Vornherein nicht sicher ist, ob die Kapitalerhöhung ökonomisch einen positiven oder negativen Einfluss auf den Dividendenvorzug hat, erfordert § 141 Abs. 2 AktG als

---

[277] Vgl. z. B. Bezzenberger (1991b), S. 124 f.

[278] In diesem Sinne auch OLG Düsseldorf (22.6.2017, Az. I-6 AktG 1/17), S. 907.

[279] Zu den Kapitalmaßnahmen, insbesondere dem strittigen Fall der Sonderbeschlussfassung bei Kapitalherabsetzungen, vgl. Abschnitte 2.2.4.5 f.

[280] Dies gilt ebenso, wenn „nur" gleichrangige Vorzugsaktien ausgegeben werden, da in diesem Fall ein Teil des Bilanzgewinns zunächst auf eine gestiegene Zahl von Vorzugsaktien verteilt werden müsste. Dies führt bei einem zu geringen Bilanzgewinn zu einer verringerten Auszahlung in der aktuellen und aufgrund des Nachzahlungsrechtes zu einer Verschiebung in künftige Perioden.

[281] Bezzenberger (1991b), S. 121 f., sieht als Abgrenzungskriterium zwischen § 141 Abs. 1 und Abs. 2 nicht wie die h. M. die Unmittelbarkeit bzw. Mittelbarkeit des Eingriffs in die Rechtsposition, sondern ausschließlich die Erfassung von möglichen Beeinträchtigungen durch echte Kapitalerhöhungen (Abs. 2) und alle anderen Maßnahmen, die den Vorzug beschränken (Abs. 1).

Spezialregelung für stimmrechtslose Vorzugsaktien in Anlehnung an § 182
Abs. 2 AktG, dass bei der Ausgabe von hinsichtlich des nachzuzahlenden Dividendenvorzugs vor- oder gleichrangigen, nicht notwendigerweise stimmrechtslosen Vorzugaktien ebenfalls eine Zustimmung der stimmrechtslosen Vorzugsaktionäre in einem Sonderbeschluss erforderlich ist (§ 141 Abs. 2 Satz 1
AktG).[282] Dies stellt aber nicht etwa eine Besserstellung der stimmrechtslosen
Vorzugsaktionäre, sondern im Gegenteil eine Einschränkung im Vergleich zu
§ 182 Abs. 2 dar:[283] Für die Kapitalerhöhung von Stammaktien oder nachrangigen Vorzugsaktien ist nämlich keine Zustimmung der stimmrechtslosen Vorzugsaktionäre erforderlich.[284] Das ist vor dem Hintergrund, dass Vorzugsaktionäre prinzipiell stimmrechtslos sein sollen, nur konsequent, da sie sonst jegliche
Kapitalerhöhung der Gesellschaft verhindern könnten.[285] Die stimmrechtslosen
Vorzugsaktionäre sollen nur vor einer von der Hauptversammlung oktroyierten
Rangverschlechterung und einer damit möglichen Schwächung ihrer wirtschaftlichen Position geschützt werden.

Nach ganz herrschender Meinung fallen unter das Zustimmungsgebot des § 141
Abs. 2 auch Umwandlungen von Stammaktien oder nachrangigen Vorzugsaktien
in gleich- oder höherrangige Vorzugsaktien.[286] Der Wortlaut spricht zwar nur
von der Ausgabe von Vorzugsaktien; die genannten Umwandlungsmaßnahmen
wirken jedoch faktisch identisch, da sie den existierenden Vorzug mittelbar
beschränken.[287]

Unerheblich ist es, wie hoch der Dividendenvorzug der gleich- oder höherrangigen Aktien im Vergleich zum Dividendenvorzug der bisherigen stimmrechtslosen Vorzugsaktien ist; es kommt nur darauf an, in welcher Reihenfolge eine

---

[282] Vor der Neufassung des § 182 im Jahre 1994 erforderte der Wortlaut des Absatzes 2 nicht nur
eine Zustimmung der stimmberechtigten Gattungen zu Kapitalerhöhungen gegen Einlagen,
sondern die Zustimmung aller Gattungen. Die h. M. folgerte jedoch schon damals wegen der
Spezialität des § 141 Abs. 2 die Nichtanwendbarkeit des § 182 Abs. 2 für stimmrechtslose
Vorzugsaktien. Vgl. Hüffer (2014), S. 1200 (Rn. 19), Polte (2005), S. 105.

[283] So z. B. Bezzenberger (1991b), S. 140.

[284] Dies hat der Gesetzgeber auch so beabsichtigt und die Formulierung des AktG 1937 daher im
AktG 1965 präzisiert. Vgl. den Ausschussbericht in Kropff (1965), S. 205 f.

[285] Vgl. z. B. Bezzenberger (1991a), S. 160.

[286] So schon Lichtherz (1941), S. 35, und Baumbach/Hueck/Hueck (1961), S. 443.

[287] Bezzenberger (1991b) kommt im Rahmen seiner obigen Argumentation (Fußn. 281) zu dem
Schluss, dass ein Schutz vor Umwandlungen durch § 141 Abs. 1 und nicht durch Abs. 2 besteht.
Dem folgt die herrschende Meinung nicht. Es leuchtet auch nicht ein, warum stimmrechtslose
Vorzugsaktionäre vor neuen Vorzugsaktien durch Umwandlungen stärker geschützt werden
sollen als vor neuen Vorzugsaktien durch Kapitalerhöhungen.

Bedienung mit Gewinnauszahlungen erfolgt. So könnten bspw. nachrangige Vorzugsaktien mit einem sehr hohen Dividendenvorzug oder mit einer vergleichsweise hohen Mehrdividende ausgegeben werden, ohne dass die stimmrechtslosen Vorzugsaktionäre zustimmen müssten. Dadurch wird nämlich nicht die Zahlung des eigentlichen Dividendenvorzugs an die stimmrechtslosen Vorzugsaktionäre beeinträchtigt, sondern „nur" deren Teilhabe am übrigen ausgeschütteten Gewinn vermindert. Die Mehrdividende ist aber nach der bis 2015 gültigen Rechtslage kein Vorzug im Sinne des § 139 Abs. 1 AktG 1965 und war damit kein durch § 141 Abs. 2 AktG 1965 geschütztes Vorrecht.[288] Seit 2016 kann der Vorzug auch in einer Mehrdividende bestehen (§ 139 Abs. 1 Satz 2 AktG n. F.).

§ 141 Abs. 2 AktG gilt ausdrücklich nicht nur für die Ausgabe von Aktien, die bei der Verteilung des *Gewinns* bevorrechtigt oder gleichrangig sind, sondern verlangt eine Zustimmung der Vorzugsaktionäre auch, wenn die neuen Aktien mit einem Vorrecht oder gleichem Rang bei der Verteilung des *Gesellschaftsvermögens* im Vergleich zu den bisherigen Vorzugsaktien ausgestattet sind. Hatten die bisherigen Vorzugsaktien kein Liquidationsvorrecht, ergibt sich für ein Liquidationsvorrecht der neu auszugebenden Vorzugsaktien kein Zustimmungserfordernis der alten, da diese dadurch nicht in ihren Vorrechten beeinträchtigt werden.[289] Eine Zustimmung ist schon erforderlich, wenn nur für eines der beiden Vorrechte, Gewinn- oder Liquidationsvorrecht, eine Konkurrenz oder ein höherer Rang der neuen Aktien besteht, unabhängig davon, ob das jeweils andere Recht ebenfalls durch sie beeinträchtigt wird. Im AktG 1937 bestand noch eine generelle Zustimmungspflicht für die Ausgabe von neuen Vorzugsaktien unabhängig von der Art der Vorrechte.[290] Der Gesetzgeber sah 1965 eine Schutzbedürftigkeit nur für Dividenden- und Liquidationsvorrechte.[291]

2.2.3.3 Ausnahmen vom Erfordernis der Zustimmung zu Kapitalerhöhungen

§ 141 Abs. 2 Satz 2 AktG regelt eine Ausnahme von der Zustimmungspflicht: Bei der Ausschließung des Stimmrechtes für die Vorzugsaktien oder ggf. schon früher bei der Einräumung des Vorzuges kann die Ausgabe gleich- oder höherrangiger Vorzugsaktien in der Satzung ausdrücklich vorbehalten werden. Wenn

---

[288] Vgl. Bezzenberger (1991b), S. 146 f.

[289] Ansonsten müsste nämlich aufgrund des Zustimmungserfordernisses auch bei gleichrangigen Rechten jeder Kapitalerhöhung zugestimmt werden, was inkonsistent mit der beabsichtigten Schutzwirkung (siehe Seite 62 Mitte) wäre. So z. B. Lichtherz (1941), S. 35.

[290] Vgl. Baumbach/Hueck/Hueck (1961), S. 442 f.

[291] Vgl. den Ausschussbericht in Kropff (1965), S. 206. Die heutige Regelung entspricht der im Regierungsentwurf 1930 ursprünglich geplanten, vgl. Bezzenberger (1991b), Fußnote 75.

außerdem das Bezugsrecht der bisherigen Vorzugsaktionäre nicht ausgeschlossen wird, ist deren Zustimmung zur Ausgabe konkurrierender Vorzugsaktien
nicht erforderlich.[292] Dies stellt eine weitere Einschränkung im Vergleich zu
§ 182 Abs. 2 AktG dar: Stimmrechtslose Vorzugsaktionäre haben nicht nur bei
der Neuausgabe nachrangiger oder hinsichtlich eines anderen Vorzugs als der
Gewinn- oder Liquidationsrechte vor- oder gleichrangiger Aktien keinen Einfluss, ihnen kann auf diese Weise bereits bei der Emission das Zustimmungsrecht
im Hinblick auf ein Gewinn- oder Liquidationsrecht vor- oder gleichrangiger
Aktien genommen werden.[293] Da ein entsprechender Vorbehalt in der Satzung
erforderlich ist, können sich stimmrechtslose Vorzugsaktionäre allerdings vor
einem Erwerb solcher Aktien – sei es auf dem Primär- oder Sekundärmarkt – im
Klaren sein. Der Vorbehalt kann – anders als es der Wortlaut des § 141 Abs. 2
AktG nahelegt – auch später durch einen satzungsändernden Beschluss der
Hauptversammlung entstehen; diesem Beschluss müssten die stimmrechtslosen
Vorzugsaktionäre allerdings nach § 141 Abs. 1 AktG mit Dreiviertelmehrheit
zustimmen, da der Bestandsschutz ihres Vorrechtes eingeschränkt wird.[294]

Auch diese Regelung des AktG 1965 stellt im Vergleich zum AktG 1937 eine
Schwächung der Position der Vorzugsaktionäre dar: Nach § 117 Abs. 2 AktG
1937 war das Bezugsrecht der Vorzugsaktionäre noch gänzlich unentziehbar.[295]
§ 141 Abs. 3 Satz 4 AktG 1965 stellt nun klar, dass ein Bezugsrechtsausschluss
für stimmrechtslose Vorzugsaktien unter den auch sonst dafür geltenden Bedingungen (§ 186 Abs. 3 bis 5 AktG) möglich ist.[296] Eine Kapitalerhöhung um
gleich- oder höherrangige Vorzugsaktien mit völligem oder auch teilweisem

---

[292] Laut Bezzenberger (1991b), S. 144, seien derartige Satzungsvorbehalte „weithin üblich", und da
regelmäßig auch wenig Interesse am Ausschluss des Bezugsrechts auf stimmrechtslose Aktien
bestehe, könne der Sonderbeschluss zur Kapitalerhöhung um konkurrierende Vorzugsaktien häufig entfallen.

[293] Für Dual-Class-Unternehmen in der Rechtsform einer SE legt der Wortlaut von Art. 60 Abs. 1
SE-Verordnung, der sich inhaltlich stark an Art. 25 Abs. 3 der Kapitalrichtlinie orientiert, nahe,
dass die von einer Kapitalmaßnahme betroffenen Aktionäre in jedem Fall einen Sonderbeschluss
fassen müssen, dass also der Vorbehalt gem. § 141 Abs. 2 Satz 2 AktG nicht greifen würde und er
letztlich europarechtswidrig wäre. Vins (2014), S. 277-279, kommt jedoch bei der Analyse des
Regelungszwecks zu dem Ergebnis, dass der Normgeber von SE-Verordnung und Kapitalrichtlinie schon die Entscheidung über die generelle Zulässigkeit von stimmrechtslosen Vorzugsaktien
dem nationalen Gesetzgeber überlassen hat und somit erst recht die Entscheidung über die Voraussetzungen, unter denen ein Stimmrechtsausschluss bei deren Ausgabe zulässig ist. Umgekehrt
folgt daraus, dass die in Deutschland geltenden Vorschriften des AktG für deutsche SEs gelten.

[294] So Bezzenberger (1991b), S. 149.

[295] Vgl. Baumbach/Hueck/Hueck (1961), S. 442 f.

[296] Zur Stellung der stimmrechtslosen Vorzugsaktionäre bei Kapitalerhöhungen und zum Bezugsrecht siehe auch Abschnitt 2.2.4.4.

Ausschluss des Bezugsrechtes kann die Hauptversammlung allerdings nicht ohne zustimmenden Sonderbeschluss der Vorzugsaktionäre durchsetzen.[297]

Für das Zustimmungserfordernis ist unerheblich, ob der Bezugsrechtsausschluss – wie im Gesetzeswortlaut – direkt durch einen Beschluss erfolgt, oder ob er sich nur indirekt aus dem Beschluss zur Kapitalerhöhung ergibt: So ist für bedingte Kapitalerhöhungen (§ 192 AktG) ebenfalls ein Sonderbeschluss der stimmrechtslosen Vorzugsaktionäre erforderlich, wenn hierdurch konkurrierende Vorzugsaktien ausgegeben werden könnten, etwa bei der Gewährung von Umtausch- oder Bezugsrechten an Gläubiger einer Wandelschuldverschreibung,[298] an Arbeitnehmer oder Geschäftsführer der Gesellschaft (Belegschaftsaktien, Stock Options) oder zur Vorbereitung einer Fusion.[299] In Fall einer bedingten Kapitalerhöhung kann es zwar ein Bezugsrecht der Vorzugsaktionäre auf Wandelanleihen o. Ä. geben, dies kann jedoch das gesetzliche Bezugsrecht der Vorzugsaktionäre auf junge Aktien nicht ersetzen, weshalb stets ein Zustimmungsbeschluss nach § 141 Abs. 2 AktG zur bedingten Kapitalerhöhung erforderlich ist.

Wird der Vorstand durch satzungsändernden Hauptversammlungsbeschluss gem. § 202 AktG zur Ausgabe neuer Aktien ermächtigt (sog. genehmigtes Kapital), ist er nach § 204 Abs. 1 AktG ohne eine spezielle Regelung im Ermächtigungsbeschluss in der Ausgestaltung der auszugebenden Aktiengattung frei, allerdings muss der Aufsichtsrat seine Zustimmung erteilen. Damit wäre auch die Ausgabe zusätzlicher stimmrechtsloser Vorzugsaktien durch Vorstands- und Aufsichtsratsbeschluss möglich, was eine Umgehung des Schutzes der alten Vorzugsaktionäre durch § 141 Abs. 2 AktG nach sich ziehen könnte. Aus diesem Grund regelt § 204 Abs. 2 AktG, dass im Falle des Vorhandenseins von stimmrechtslosen Vorzugsaktien konkurrierende junge Vorzugsaktien nur ausgegeben werden kön-

---

[297] Zu den Mehrheitserfordernissen für den Sonderbeschluss siehe Abschnitt 2.2.3.4, siehe S. 67.

[298] Neben Wandelanleihen werden unstrittig unter die Wandelschuldverschreibungen im Sinne des § 192 Abs. 2 S. 1 Nr. 1 AktG auch Optionsanleihen subsumiert. Aus der Regelung des § 221 Abs. 1 AktG ergibt sich, dass dies auch für Gewinnschuldverschreibungen und Genussrechte mit Bezugsrechten zutrifft. Problematisch ist die Sachlage allerdings bei sog. Warrant-Anleihen, bei denen eine ausländische Tochtergesellschaft Anleihen mit Bezugsrecht auf Aktien der inländischen Mutter emittiert, wobei im Regelfall das Bezugsrecht von der Muttergesellschaft garantiert wird. Besteht hierbei ein Konzernfinanzierungsinteresse der Mutter, geht die h. M. von der Zulässigkeit einer bedingten Kapitalerhöhung aus, sofern die Ausgabe einer eigenen Anleiheemission vergleichbar ist und die Aktionäre der Mutter entweder ein Bezugsrecht haben oder der Ausschluss des Bezugsrechts nach § 186 AktG erfolgt, vgl. Hüffer (2014), S. 1282 f. (Rn. 12).

[299] Vgl. Bezzenberger (1991b), S. 155 f.

nen, wenn hierzu eine ausdrückliche Ermächtigung vorliegt.[300] Der Ermächtigungsbeschluss der Hauptversammlung fällt wiederum unter die durch § 141 Abs. 2 AktG geschützten Maßnahmen, sodass grundsätzlich neben einem Ermächtigungsbeschluss, der die Ausgabe stimmrechtsloser Vorzugsaktien durch den Vorstand ermöglicht, ein Zustimmungsbeschluss der stimmrechtslosen Vorzugsaktionäre erforderlich ist. Im Gegensatz zum bedingten Kapital kann hier allerdings der Ausnahmetatbestand des § 142 Abs. 2 Satz 2 AktG greifen, nach welchem die Zustimmung nicht erforderlich ist, wenn ein entsprechender statutarischer Vorbehalt besteht und das Bezugsrecht der stimmrechtslosen Vorzugsaktionäre nicht ausgeschlossen wird; direkte Kapitalerhöhung und genehmigtes Kapital sind aktienrechtlich gleichwertig.[301] Der Vorstand kann gemäß § 203 Abs. 2 AktG zugleich ermächtigt werden, selbst über den Bezugsrechtsausschluss zu entscheiden. Wenn diese Ermächtigung erteilt werden soll, ist der o. g. Ausnahmetatbestand nicht erfüllt, eine Zustimmung zum genehmigten Kapital also erforderlich, da die Vorzugsaktionäre auf die spätere Entscheidung des Vorstandes und die Zustimmung des Aufsichtsrates gem. § 204 Abs. 1 Satz 2 2. Halbsatz AktG keinen Einfluss mehr nehmen können. Es kommt dabei nicht darauf an, ob der Vorstand tatsächlich das Bezugsrecht der Vorzugsaktionäre ausschließt, sondern nur darauf, dass er dazu rechtlich in der Lage ist.[302]

Da § 141 Abs. 2 AktG für die Ausgabe neuer Vorzugsaktien ausdrücklich Ausnahmen bzw. einen entsprechenden Vorbehalt zulässt, Abs. 1 für die Beschränkung oder Aufhebung des Vorzugs jedoch nicht, folgt zugleich implizit, dass ein Vorbehalt der späteren Beschränkung oder Aufhebung durch satzungsändernden Hauptversammlungsbeschluss nicht wirksam ist. Damit könnte die qualifizierte Stammaktienmehrheit in der Hauptversammlung ansonsten die Schutzvorschriften für stimmrechtslote Vorzugsaktien aushebeln. Für die Beschränkung oder Aufhebung des Vorzugs ist deshalb stets eine Zustimmung der Vorzugsaktionäre erforderlich.[303] In diesem Fall besteht für die Vorzugsaktionäre ja auch kein dem

---

[300] Als Umkehrschluss folgert die h. M. im Übrigen, dass der Vorstand ein genehmigtes Kapital auch ohne diesbezügliche Ermächtigung zur Ausgabe stimmrechtsloser Vorzugsaktien nutzen kann, wenn noch keine solchen vorhanden sind. Nach Bezzenberger (1991b), S. 161 f., kann aber nur die Hauptversammlung einen so schwer wiegenden Eingriff in die Verbandsordnung vornehmen. Den Zweck des genehmigten Kapitals, die größere Flexibilität bei der Eigenkapitalbeschaffung, erfülle die Ausgabe von stimmrechtslosen Vorzugsaktien aufgrund des i. d. R. niedrigeren Ausgabekurses schlechter als die Ausgabe von Stammaktien, es gehe in diesem Fall nur um die Erhaltung der Stimmenmacht.

[301] Vgl. OLG Karlsruhe (28.8.2002, Az. 7 U 137/01),S. 959.

[302] So Bezzenberger (1991b), S. 157.

[303] So auch Lichtherz (1941), S. 33.

Bezugsrecht des Abs. 2 vergleichbarer Schutz vor diskriminierenden Hauptversammlungsbeschlüssen.

Nicht von der Schutzwirkung des § 141 Abs. 1 erfasst sind allerdings nach h. M.
die Fälle, bei denen ein Vorzug schon bei der Einräumung zeitlich befristet war
oder er unter eine auflösende Bedingung gestellt wurde. In diesem Fall hätten
nämlich die Vorzugsaktionäre bereits bei dem Erwerb der stimmrechtslosen
Aktien konkludent der Befristung oder Bedingung zugestimmt.[304] Allerdings
kommt es hierbei auf die objektive Bestimmbarkeit der Beschränkung oder
Befristung an. Würde man etwa die Beschränkung oder Aufhebung auf Bilanz-
kennzahlen auflösend bedingen oder befristen (z. B. auf einen mehrmaligen
negativen Bilanzgewinn), so wäre die Aufrechterhaltung des Vorzuges durch bilanzielle Maßnahmen des Vorstandes und Aufsichtsrates oder – je nachdem, wer
den Jahresüberschluss feststellt – der Hauptversammlung beispielsweise durch
die Ausübung von Bilanzierungswahlrechten beeinflussbar. Dies widerspräche
dem schon erwähnten Umstand, dass in der Satzung vorbehaltene Beschlüsse
über einer Beschränkung oder Aufhebung des Vorzugs nicht zulässig sind, und
wäre auch damit nicht vereinbar, dass stimmrechtslose Vorzugsaktionäre den
sicheren Dividendenvorzug gerade wegen ihres Verzichtes auf Einflussnahme in
die Geschäftspolitik (und damit mittelbar auch in die Gestaltung der Bilanz)
erhalten.[305] Die Stammaktionäre könnten sonst durchzusetzen versuchen, dass
der Vorstand mit dem stimmrechtslos aufgenommenen Kapital riskante Investitionen durchführt, und müssten bei Misserfolgen den Dividendenvorzug ggf.
nicht (nach)zahlen. Eine Zustimmung zu einer Aufhebung oder Beschränkung
des Vorzuges ist also nur dann nicht erforderlich, wenn der hierfür maßgebliche
Zeitpunkt durch die Befristung oder durch die auflösende Bedingung schon bei
Ausgabe der Vorzugsaktien bestimmt oder bestimmbar ist. Beispielsweise könnte eine Veränderung der Höhe oder das Aufheben des Gewinnvorzugs in einem
bestimmten Kalenderjahr schon vorab vereinbart werden.

2.2.3.4 Sonderbeschluss nach § 141 Abs. 3 AktG

Erfordert ein Hauptversammlungsbeschluss nach obigen Erwägungen eine Zustimmung der stimmrechtslosen Vorzugsaktionäre, so ist ein Sonderbeschluss
mit Dreiviertelmehrheit zu fassen (§ 141 Abs. 3 Satz 1-3 AktG). § 179 Abs. 3
AktG, der das Erfordernis eines Zustimmungsbeschlusses durch die von einem
Hauptversammlungsbeschluss in ihren gattungsspezifischen Rechten benachtei-

---

[304] Vgl. z. B. Hüffer (2014), S. 1025 (Rn. 11).
[305] In diesem Sinne auch Bezzenberger (1991b), S. 77 f.

ligten Gattungen festlegt, ist neben § 141 Abs. 1 nicht anwendbar.[306, 307] Dadurch
entfällt grundsätzlich auch die in § 179 Abs. 2 eröffnete Möglichkeit, durch die
Satzung eine andere, auch geringere Kapitalmehrheit als 75 % festzulegen; nach
dem Wortlaut des § 141 Abs. 3 Satz 2 und 3 AktG ist einzig eine Dreiviertel-
Stimmenmehrheit zulässig.[308, 309] Ausgenommen ist nur der Fall eines Bezugsrechtsausschlusses: § 141 Abs. 3 Satz 4 AktG verweist auf § 186 Abs. 3 ff. AktG,
wonach die Satzung eine *höhere* Kapitalmehrheit als drei Viertel des bei der
Beschlussfassung vertretenen Grundkapitals festlegen kann. Diese Anforderungen gelten demnach auch für den Sonderbeschluss der Vorzugsaktionäre.

Der entsprechende Beschluss *der Hauptversammlung* muss gemäß § 133 Abs. 1
AktG zumindest mit der einfachen oder einer satzungsmäßigen größeren Stimmenmehrheit gefasst werden.[310] Handelt es sich um eine Satzungsänderung, wovon bei den durch § 141 AktG geschützten Maßnahmen in aller Regel auszugehen ist, ergibt sich nach § 179 Abs. 2, § 182 Abs. 2 bzw. § 202 Abs. 1 AktG zusätzlich das Erfordernis einer Dreiviertel-Kapitalmehrheit oder einer anderen
(z. T. nur einer höheren) satzungsgemäßen Kapitalmehrheit in der Hauptversammlung. Für beide Mehrheiten zählen die Stimmen bzw. das Kapital der

---

[306] So Hüffer (2014), S. 1168 (Rn. 42); anderer Auffassung hierzu Bezzenberger (1991b), u. a.
        S. 132 f. Umstritten war die Spezialität bei ordentlichen Kapitalerhöhungen und -herabsetzungen
        gem. § 182 Abs. 2 AktG bzw. § 222 Abs. 2 AktG. Mit deren Neufassung 1994 hat der Gesetzge-
        ber aber klargestellt, dass die genannten Normen nur für stimmberechtigte Gattungen gelten. Vgl.
        Hüffer (2002), S. 733, (Rn. 23), Hüffer (2014), S. 1200 (Rn. 19) und S. 1440 f. (Rn. 18)

[307] Bei den Sonderbeschlussrechten gem. Art. 25 Abs. 3, 31 und 38 der Kapitalrichtlinie wird nicht
        zwischen stimmberechtigten und nicht stimmberechtigten Gattungen unterschieden. Lt. Polte
        (2005), S. 404, ist es fraglich, ob die (schon vor Inkrafttreten der Richtlinie) im deutschen Ak-
        tiengesetz bestehende Ausnahme der stimmrechtslosen Vorzugsaktionäre von der Anwendbarkeit
        des § 179 Abs. 3 durch die Spezialregelung des § 141 AktG richtlinienkonform ist.

[308] Eine Dreiviertel-Stimmenmehrheit ist allerdings bei stimmrechtslosen Vorzugsaktien identisch
        zur Dreiviertel-Kapitalmehrheit, da eventuelle Höchst- und ggf. Mehrstimmrechte bei der Stim-
        menmehrheit der stimmrechtslosen Vorzugsaktionäre nicht zu berücksichtigen sind; vgl. Hüffer
        (2014), S. 1027 (Rn. 20). Bezzenberger (1991b), S. 181 f., weist darauf hin, dass es sich bei der
        Festlegung einer *Stimmen*mehrheit nur um eine 1965 fortgeschriebene Nachlässigkeit des Aktien-
        gesetzgebers von 1937 handele, da – wie oben erläutert – die ursprünglichen Entwürfe zu stimm-
        rechtslosen Vorzugsaktien auf dem damaligen Schuldverschreibungsgesetz basierten, das eben-
        falls Mehrheiten nach Stimmen vorgesehen habe.

[309] Gemäß § 117 Abs. 3 AktG 1937 war noch ein höheres Mehrheitserfordernis zulässig; vgl. Baum-
        bach/Hueck/Hueck (1961), S. 442 und S. 444. Mit der Neuregelung 1965 sollte jedoch ein Be-
        schluss über die Aufhebung bzw. Beschränkung eines Vorzugs nicht übermäßig erschwert wer-
        den; vgl. die Begründung des Regierungsentwurfes in Kropff (1965), S. 205.

[310] Dabei ist es unerheblich, ob der Zustimmungsbeschluss der Vorzugsaktionäre vor oder nach dem
        Hauptversammlungsbeschluss erfolgt. Das Registergericht darf eine einschlägige Satzungsände-
        rung erst nach zustimmendem Sonderbeschluss eintragen. Vgl. Hüffer (2014), S. 1024 (Rn. 10).

stimmrechtslosen Vorzugsaktien nur mit, wenn deren Stimmrecht aufgelebt ist.[311] Auch bei aufgelebtem Stimmrecht ist der Sonderbeschluss der Vorzugsaktionäre nicht entbehrlich, da diese ansonsten in der Hauptversammlung einfach überstimmt werden könnten.[312]

Sonderbeschlüsse durch Aktiengattungen – sei es nach § 141 oder § 179 Abs. 3 AktG – stellen eine aktienrechtliche Spezialregelung der vereinsrechtlichen Bestimmung des § 35 BGB dar, nach der einem Mitglied die ihm gewährte Sonderrechte auch bei einem entsprechenden Beschluss der Mitgliederversammlung nicht gegen seine Zustimmung genommen werden dürfen. Aus diesem auch schon im Preußischen Allgemeinen Landrecht verankerten Grundsatz folgte an sich das Erfordernis einer Einzelzustimmung von Aktionären zu allen für sie nachteiligen Eingriffen in ihre Gattungsrechte. Dies erwies sich im Wirtschaftsleben als hinderlich und führte im ADHGB 1884 zur Einführung der Gattungsbeschlüsse. Aus rechtlicher Sicht ist ein Sondervotum der Vorzugsaktionäre nur eine die Zustimmung gemäß § 35 BGB ersetzende Erklärung und keine Form einer Stimmrechtsausübung,[313] also keine Teilnahme an der Willensbildung der Gesellschaft im engeren Sinne; Mehrheitsbeschlüsse innerhalb der Gattung ersetzen die Einzelzustimmung. Praktisch kann nur so die Gleichheit der Rechte innerhalb einer Gattung (§ 11 Satz 2 AktG) und der Gleichbehandlungsgrundsatz (§ 53a AktG) gewahrt bleiben. Mit der Ermöglichung von Gattungsbeschlüssen wurde also die Durchsetzbarkeit von benachteiligenden Beschlüssen nicht erschwert, sondern sogar erleichtert.[314] Die überstimmten Vorzugsaktionäre haben nämlich bei einem zustimmenden Gattungsbeschluss keinen Ausgleichsanspruch für den gegen ihren Willen erfolgten Entzug des Vorrechtes.[315]

Strittig ist, ob die stimmrechtslosen Vorzugsaktionäre bei bestimmten Maßnahmen, die einen Sonderbeschluss von Gattungen erfordern, z. B. bei ordentlichen Kapitalerhöhungen (§ 182 Abs. 2 AktG), im Falle eines aufgelebten Stimmrechtes ebenfalls ein Recht auf einen Sonderbeschluss haben, ob also die Spezialität des § 141 AktG nur dann gilt, wenn die stimmrechtslosen Vorzugsaktien tatsächlich kein Stimmrecht aufweisen. Die Neufassung der Bestimmungen zu Gattungsbeschlüssen im Jahre 1994, bei der die Passagen „mehrere Gattungen von Aktien" durch „mehrere Gattungen von stimmberechtigten Aktien" ersetzt wur-

---

[311] Vgl. oben Abschnitt 2.2.2.2.
[312] So z. B. Bezzenberger (1991a), S. 159 f.
[313] Vgl. Bezzenberger (1991b), S. 118 f.
[314] Vgl. Bezzenberger (1991b), S. 115-117.
[315] Vgl. z. B. Bezzenberger (1991b), S. 128. Anderer Auffassung Depenbrock (1975), S. 228 f.

den, brachten diesbezüglich keine Klarstellung. Nach einer Mindermeinung sei nicht einzusehen, warum stimmrechtslose Vorzugsaktien, bei denen zu ihrem Schutz das Stimmrecht aufgelebt ist, schlechter gestellt sein sollen als andere Gattungen.[316] Dem ist zu entgegnen, dass durch ein vorübergehendes Aufleben des Stimmrechtes nicht die Gattung der Vorzugsaktien verändert wird, man kann also schon tatbestandlich bei an sich stimmrechtslosen Vorzugsaktien nicht von „stimmberechtigten Gattungen" sprechen.[317] Die herrschende Meinung geht zudem zutreffender Weise auch bei aufgelebtem Stimmrecht von einer Spezialität des § 141 AktG aus, weshalb neben der Beschränkung oder Aufhebung des Vorzugs nur bei Kapitalerhöhungen um ranggleiche oder ranghöhere Vorzugsaktien ein Sonderbeschluss der Vorzugsaktionäre erforderlich ist.[318] Nur in diesem Fall einer Kapitalerhöhung wird das Vorzugsrecht der Vorzugsaktionäre potenziell beeinträchtigt, unabhängig davon, ob das Stimmrecht vorläufig aufgelebt ist oder nicht[319] – und nur zu dessen Schutz ist das Aufleben vorgesehen. Es gibt keine Rechtfertigung dafür, dass Vorzugsaktionäre eine Kapitalerhöhung um Stammaktien durch Versagung eines Sonderbeschlusses verhindern könnten.[320] Wie oben erläutert sind Gattungsbeschlüsse schließlich auch keine Form der Stimmrechtsausübung.

Sonderbeschlüsse sind nach § 141 Abs. 3 Satz 1 in einer gesonderten Versammlung der Vorzugsaktionäre zu fassen, die nach den Vorschriften der Hauptversammlung abzuhalten ist. Eine gesonderte Abstimmung im Rahmen der Hauptversammlung, an der stimmrechtslose Vorzugsaktionäre ja prinzipiell teilnehmen dürfen, reicht auch bei aufgelebtem Stimmrecht nach h. M. nicht aus, da die ungestörte Willensbildung gewährleistet werden soll und Stammaktionäre somit keinen Zutritt haben sollen.[321] Die Versammlung der Vorzugsaktionäre bildet

---

[316] Vgl. die Nachweise in Krauel/Weng (2003), S. 562.

[317] Daraus ergibt sich zugleich, dass die Stammaktionäre auch bei einem aufgelebten Stimmrecht der Vorzugsaktionäre kein Recht auf einen Sonderbeschluss haben (sofern keine andere von vornherein stimmberechtigte Gattung existiert) und damit eine unter Mitwirkung der stimmberechtigten Vorzugsaktionäre zustande gekommene Hauptversammlungsentscheidung nicht blockieren können. Ansonsten wäre das Aufleben des Stimmrechtes der Vorzugsaktionäre bei wichtigen Entscheidungen praktisch wirkungslos.

[318] So auch Frey/Hirte (1989), S. 2469.

[319] So auch Krauel/Weng (2003), S. 562.

[320] So auch die Klarstellung im Ausschussbericht im Rahmen des Gesetzgebungsverfahrens zum AktG 1965, vgl. Kropff (1965), S. 205 f.

[321] So Lichtherz (1941), S. 38; Hüffer (2014), S. 1027 (Rn. 19). Diese Auffassung wird von Bezzenberger (1991b), S. 179 f., zu Recht als unnötige Strenge kritisiert. Nach seiner Auffassung genügt die zeitweilige Unterbrechung der Hauptversammlung, wenn die ausschließliche Verfahrensherrschaft, Rede-, Auskunfts- und Stimmberechtigung der stimmrechtslosen Vorzugsaktio-

also faktisch ein weiteres Gremium der Aktiengesellschaft – neben Vorstand, Aufsichtsrat und Hauptversammlung.[322]

2.2.3.5 Weitere Schutzvorschriften für stimmrechtslose Vorzugsaktionäre

Seit dem Inkrafttreten des AktG 1965 dürfen stimmrechtslose Vorzugsaktien gemäß § 139 Abs. 2 AktG *nur bis zur Hälfte des gesamten Grundkapitals* ausgegeben werden; nach § 115 Abs. 2 AktG 1937 war die Obergrenze noch ein Drittel des Grundkapitals. Bis zur Neufassung des § 139 Abs. 2 AktG im Rahmen der Einführung von Stückaktien 1998 wurde als Obergrenze der „Gesamtnennbetrag der anderen Aktien" angegeben, was inhaltlich nichts anderes bedeutet. Aus der modifizierten Formulierung kann man zugleich die Klarstellung ableiten, dass teileingezahlte Aktien von prinzipiell stimmberechtigten Gattungen unabhängig davon, ob sie bereits ein Stimmrecht gewähren oder nicht, entgegen einer früher teilweise vertretenen Auffassung[323] bei der Bestimmung der Obergrenze mitzuzählen sind. Hätte der Gesetzgeber das hierfür maßgebliche Kapital z. B. auf voll eingezahltes einschränken wollen, hätte er dies bei der Änderung so fassen können. Für diese Folgerung spricht auch, dass im Interesse der Rechtssicherheit eine feste und keine variable Obergrenze für Vorzugsaktionäre bestehen sollte.[324] Teileingezahlten Stammaktien, die noch kein Stimmrecht gewähren und damit ohnehin ein „vortreffliches" Instrument zur Umgehung der Bestimmung für stimmrechtslose Vorzugsaktien sind,[325] erhöhen also zusätzlich die Möglichkeit der Ausgabe stimmrechtsloser Vorzugsaktien.

Der Wortlaut des § 139 Abs. 2 AktG spricht zwar nur von der Ausgabe stimmrechtsloser Vorzugsaktien, es ist aber nahezu unstrittig, dass auch durch spätere Kapitalherabsetzung des stimmberechtigten Kapitals die vorgeschriebene Obergrenze nicht umgangen werden darf.[326] Praktisch ist eine Umgehung der Begrenzung allerdings durch die Bildung von Eigenkapitalpyramiden möglich; dies ist allerdings für den Aktionär erkennbar.[327] Die Obergrenze soll zum Schutz der Vorzugsaktionäre verhindern, dass stimmberechtigte Aktionäre die Gesellschaft

---

näre in der „gesonderten Versammlung" sichergestellt ist. Für die h. M. spricht einzig der Wortlaut des Abs. 3, Satz 1. Dass die physische Anwesenheit von „stummen" anderen Aktionären die Willensbildung der Vorzugsaktionäre beeinflussen soll, ist keineswegs überzeugend.

[322] Vgl. Schmalenbach (1966), S. 154.
[323] Zum Beispiel von Bezzenberger (1991b), S. 92.
[324] So auch Hüffer (2014), S. 1017 (Rn. 17).
[325] Im Detail hierzu Abschnitt 2.3.3.1.
[326] So schon Lichtherz (1941), S. 32. Vgl. auch Hüffer (2014), S. 1018 (Rn. 18). Anders z. B. Albart (1955), S. 113.
[327] Vgl. hierzu Abschnitt 3.2.3

mit ihrem Stimmrecht beherrschen, „ohne sich an der Aufbringung des Kapitals nennenswert zu beteiligen."[328] Für absolute Stimmenmehrheiten müssen Aktionäre oder Aktionärskoalitionen daher zumindest über ein Viertel des Grundkapitals verfügen, was gegenüber den prinzipiellen Beherrschungsmöglichkeiten von Mehrstimmrechtsaktionären mit mehr als dreifachem Stimmrecht einen Fortschritt im Sinne der Aktionärsgerechtigkeit darstellt.[329] Bei einem niedrigeren Kapitalanteil *v* der Vorzugsaktionäre muss der Kapitalanteil eines Mehrheitsaktionärs mit mindestens *(1–v)/2* entsprechend höher sein.

Weiterhin bestimmt § 140 Abs. 1 AktG zum Schutz der stimmrechtslosen Vorzugsaktionäre, dass ihnen mit Ausnahme des Stimmrechtes *alle den anderen Aktionären zustehenden Rechte ebenfalls zustehen*. Neben dem schon erwähnten Bezugsrecht sind insbesondere die Minderheitenrechte zu nennen. Vorzugsaktionäre sind unabhängig von der Höhe ihrer Kapitalbeteiligung per se Minderheitsaktionäre, da sie auf die Entscheidungen der Gesellschaft im Wesentlichen keinen Einfluss nehmen können, aber dennoch an sie gebunden sind.[330] Die Stimmenmehrheit kann ohne Kapitalmehrheit in die rechtliche, zumindest aber in die wirtschaftliche Position ˙der Vorzugsaktionäre eingreifen, woraus sich eine Treuepflicht eines Mehrheitsaktionärs oder einer Mehrheitskoalition gegenüber den Vorzugsaktionären ableiten lässt: Die Treuepflicht verbietet es, Mitgliedschaftsrechte willkürlich zum Nachteil der übrigen Gesellschafter oder der Gesellschaft auszunutzen und andere Gesellschafter aus eigennützigen Gründen zu schädigen. Sie wächst mit zunehmender Einflussmöglichkeit eines Gesellschafters, da damit zugleich die Möglichkeit der negativen Interessenbeeinträchtigung im Hinblick auf andere Gesellschafter wächst.[331] Den Minderheitsaktionären bleibt im Zweifel nur der Weg, die Rechtmäßigkeit durch die Anfechtung von Beschlüssen, die gegen Satzung oder Gesetz verstoßen, überprüfen zu lassen.

Vorzugsaktionäre haben auch ohne aufgelebtes Stimmrecht ein Teilnahmerecht an der Hauptversammlung mit allen damit verbundenen Rechten außer dem

---

[328] Amtliche Begründung zum AktG 1937 zitiert nach Lichtherz (1941), S. 31.
[329] Bei Mehrstimmrechtsaktien mit dreifachem Stimmrecht benötigt ein Mehrstimmrechtsaktionär ebenfalls mehr als 25 % Kapitalanteil für die Erzielung von Stimmenmehrheiten (sofern nicht gleichzeitig stimmrechtslose Vorzugsaktien ausgegeben worden sind); bei höherem Mehrstimmrecht entsprechend einen geringeren, bei niedrigerem Mehrstimmrecht allerdings einen höheren Kapitalanteil zur Beherrschung. Die Angaben von Bezzenberger (1991b), S. 92, hierzu sind falsch; er vergleicht die Beherrschungsmöglichkeiten unter den heutigen stimmrechtslosen Vorzugsaktien mit Mehrstimmrechtsaktien mit *zwei*fachem Stimmrecht.
[330] Ähnlich Bezzenberger (1991b), S. 105.
[331] Vgl. Kunze (2004), S. 118-120.

Stimmrecht, z. B. Antrags-, Auskunfts- und Wahlvorschlagsrecht. Dadurch wird die Durchsetzbarkeit von Minderheitenrechten erleichtert. Bei solchen Schutzrechten, die nach dem Gesetz eine bestimmte Kapitalbeteiligung erfordern, wird das Kapital der Vorzugsaktionäre im Gegensatz zu Beschlüssen, für die bestimmte Kapitalmehrheiten erforderlich sind, z. B. Satzungsänderungen, mitgerechnet. Dies ergibt sich daraus, dass es bei Kapitalmehrheiten nach dem regelmäßigen gesetzlichen Wortlaut auf das bei der „Beschlussfassung vertretene Grundkapital" (z. B. in § 179 AktG, § 65 UmwG) ankommt und somit nur eine höhere Hürde für weit reichende Beschlüsse gesetzt werden soll. Für die Geltendmachung von Schutzrechten ist dagegen der Anteil des gesamten Grundkapitals, also nicht nur des vertretenen, maßgeblich. Diese Rechte stehen inhaltlich dem Anfechtungsrecht nahe[332] und bestehen teilweise auch unabhängig von Beschlüssen der Hauptversammlung. Im Einzelnen zählen hierzu vor allem die folgenden *Minderheitenrechte*:[333]

– Mit einem *Grundkapitalanteil von 10 %* oder i. d. R. mit einem absoluten Grundkapitalanteil von 1.000.000 €: Verlangen eines separaten Entlastungsbeschlusses über ein einzelnes Vorstands- oder Aufsichtsratsmitglied (§ 120 Abs. 1 AktG);[334] Verhinderung eines Verzichtes der Gesellschaft auf Ersatzansprüche gegen Vorstands- und Aufsichtsratsmitglieder, Gründer und andere haftende Gesellschafter (§§ 50, 53, 93 Abs. 4, § 310 Abs. 4 i. V. m. § 309 Abs. 3, § 318 Abs. 4 i. V. m. § 309 Abs. 3 AktG), gegen vertraglich oder faktisch herrschende Unternehmen und deren gesetzliche Vertreter (§§ 302 Abs. 3, 309 Abs. 3, § 317 Abs. 4 i. V. m. § 309 Abs. 3 AktG) sowie Antrag auf gerichtliche Einsetzung eines anderen als von der Hauptversammlung beschlossenen Vertreters zur Geltendmachung solcher Ansprüche gegen die genannten Personen (§ 147 Abs. 2 Satz 2 AktG); Antrag auf gerichtliche Abberufung eines aufgrund Satzung berufenen Aufsichtsratsmitglieds (§ 103

---

[332] So Bezzenberger (1991b), S. 109.
[333] Vgl. auch Daske/Ehrhardt (2002a), S. 203, Fußnote 12. Es wird im Folgenden der Einfachheit halber keine Unterscheidung der Kapitalbeteiligungen, die durch Worte wie „mindestens" und „mehr als" beschrieben werden, vorgenommen. Teilweise gelten neben dem relativen Grundkapitalanteil alternativ auch betragsmäßige Untergrenzen für die Durchsetzbarkeit von Minderheitenrechten.
[334] Trotz des eindeutigen Wortlautes hier anders Bezzenberger (1991b), S. 109, da ein Beschluss über die Einzelabstimmung nur die Mehrheitsentscheidung vorbereite. Bezzenberger (1991b), sieht hier einen ähnlichen Fall wie bei der Einzelabstimmung über die Wahl des Aufsichtsrates (§ 137 AktG), obwohl für ein solches Verlangen explizit 10 % des *vertretenen* Grundkapitals erforderlich sind. Inhaltlich ist ein (möglicherweise nicht erfolgender) Entlastungsbeschluss zudem einer Anfechtung näher als die Wahl eines Aufsichtsratsmitglieds.

Abs. 3 AktG); Antrag auf Einberufung einer gesonderten Versammlung von
zu einem Sonderbeschluss berechtigten Aktionären (§ 138 Satz 3 AktG;
10%-Anteil bezieht sich nur auf die berechtigten Aktionäre);

- mit einem *Grundkapitalanteil von 5%* oder i.d.R. mit einem absoluten
  Grundkapitalanteil von 500.000 €: Einberufung einer Hauptversammlung
  (§ 122 Abs. 1 AktG); Einbringung von Beschlussvorlagen für eine Hauptversammlung (§ 122 Abs. 2 AktG); Verhinderung einer Eingliederung durch
  Mehrheitsbeschluss (§ 320 Abs. 1 AktG) und vor aktienrechtlichem
  „Squeeze-out";[335] Anfechtungsrecht gegen Hauptversammlungsbeschlüsse,
  aufgrund derer nach „vernünftiger kaufmännischer Beurteilung" nicht notwendige Thesaurierungen vorgenommen werden und dadurch Dividenden
  von zusammen weniger als vier Prozent des Grundkapitals ausgeschüttet
  werden (§ 254 Abs. 1, 2 AktG);[336] Antrag auf gerichtliche Entscheidung im
  Fall von abschließenden Feststellungen von Sonderprüfern im Hinblick auf
  eine unzulässige Unterbewertung (§ 260 Abs. 1 AktG); Antrag auf gerichtliche Bestellung oder Abberufung eines Abwicklers (§ 265 Abs. 3 AktG);

- mit einem *Grundkapitalanteil von 1%* oder einem absoluten Grundkapitalanteil von 100.000€: Antrag auf gerichtliche Einsetzung eines Sonderprüfers trotz eines ablehnenden Hauptversammlungsbeschlusses, wenn Ver-
  dacht auf Unredlichkeiten oder grobe Verletzungen von Gesetz oder Satzung
  besteht (§ 142 Abs. 2 AktG); bei zustimmendem Hauptversammlungsbeschluss ggf. Antrag auf Einsetzung eines anderen Sonderprüfers (§ 142
  Abs. 4 AktG); Antrag auf gerichtliche Zulassung der Geltendmachung von
  Ersatzansprüchen der Gesellschaft gegen Vorstands- oder Aufsichtsratsmitglieder im eigenen Namen, sofern die Gesellschaft trotz Fristsetzung nicht
  selbst die Geltendmachung beschlossen hat und sofern keine überwiegenden

---

[335] Bei Letzteren handelt es sich nicht Schutzrechte der Minderheit im Sinne einer Handlungsoption,
sondern um einen gesetzlichen Schutz vor Eingliederung bzw. Zwangsübertragung. Bei einem
übernahmerechtlichen Squeeze-out ist eine Übertragung der stimmberechtigten Aktien vorgela-
gert, wenn dem Bieter 95 % der stimmberechtigten Aktien gehören. Ein verschmelzungsrecht-
lichem Squeeze-out kann nur mit einem Grundkapitalanteil von 10 % verhindert werden.

[336] Vorzugsaktionäre sollen – so Hüffer (2014), S. 1651 (Rn. 3) – grundsätzlich auch dann anfech-
tungsberechtigt sein, wenn sie zwar vier oder mehr Prozent Vorzugsdividende erhalten, die
Stammaktionäre jedoch nicht. Dies entspricht zwar dem Gesetzeswortlaut, widerspricht aber dem
Regelungszweck, mit Festlegung einer Mindestdividende von 4 % vor einer Aushungerungs-
politik durch die Aktionärsmehrheit zu schützen, und ist – da sich in diesem Fall wohl kaum ein
Rechtsschutzinteresse der Vorzugsaktionäre ableiten lässt – umstritten.

Gründe des Gesellschaftswohls entgegenstehen (§ 148 Abs. 1 AktG, sog. Minderheitenhaftungsklage).

Die allgemeinen mitgliedschaftlichen Rechte sind nicht durch Mehrheitsbeschluss der Gesellschaft oder auch der Gattung entziehbar. Grundsätzlich kann und muss jeder einzelne Aktionär einem Entzug gewährter Sondervorteile (§ 26 AktG), des Stimmrechtes (s. o.), der Gewinn- und Vermögensbeteiligung, der Auferlegung von Nebenverpflichtungen (§ 180 Abs. 1 AktG) oder einer Einschränkung der Übertragbarkeit der Aktien (Vinkulierung, § 180 Abs. 2 AktG) selbst zustimmen.

2.2.3.6 Behandlung stimmrechtsloser Vorzugsaktien bei Umwandlungen

Bis zur Neufassung des Umwandlungsgesetzes im Jahr 1994 war z. B. bei einer Umwandlung einer Aktiengesellschaft in eine GmbH die Zustimmung jedes einzelnen Aktionärs, also auch der Vorzugsaktionäre erforderlich (§ 369 Abs. 2 AktG a. F.). Dies war dadurch zu rechtfertigen, dass in einer GmbH der Minderheitenschutz geringer ausgeprägt ist als in einer Aktiengesellschaft und dass eine Umwandlung einen schwerwiegenden Eingriff in die Aktionärsrechte darstellt; zudem wird durch Umwandlung die Veräußerbarkeit der Anteile erschwert.

Gleichwohl hat sich der Gesetzgeber des Umwandlungsgesetzes 1994 im Rahmen der mit dem Gesetz bezweckten Verbesserung der rechtlichen Rahmenbedingungen[337] entschieden, eine Umwandlung bereits mit einer Kapitalmehrheit von mindestens drei Vierteln in der Hauptversammlung und einer ebensolchen Zustimmung in einem Sonderbeschluss der einzelnen *stimmberechtigten* Gattungen zu ermöglichen, und zwar unabhängig davon, ob es sich bei der Umwandlung um eine Verschmelzung durch Neugründung, Spaltung, Vermögensübertragung oder einen Wechsel der Rechtsform in eine KG, GmbH oder KGaA handelt (im UmwG wird jeweils auf § 65 Abs. 2 UmwG verwiesen, der die Mehrheitserfordernisse regelt) und im Übrigen auch unabhängig davon, ob die jeweilige Gattung durch die Umwandlung benachteiligt wird.[338] Daraus folgt aber, dass ein zustimmender Sonderbeschluss der Vorzugsaktionäre grundsätzlich *nicht* erforderlich ist.[339] Zwar müssen gemäß § 23 UmwG[340] stimmrechts-

---

[337] So die Gesetzesbegründung, BT-Drs. 12/6699, S. 71. Laut Gesetzesbegründung sollte mit dem Gesetz die Beteiligung an deutschen Unternehmen „interessanter gemacht werden." (vgl. a. a. O.)

[338] Vgl. Polte (2005), S. 159 ff. Er weist darauf hin, dass Art. 7 der Verschmelzungsrichtlinie nicht nach stimmberechtigten und nicht stimmberechtigten Gattungen unterscheide, vgl. a. a. O. S. 404.

[339] So auch das OLG Düsseldorf (22.6.2017, Az. I-6 AktG 1/17), S. 905-907, im Fall der Aufspaltung der Metro AG.

losen Instrumenten gleichwertige Rechte in der Zielgesellschaft eingeräumt werden, weshalb angenommen werden könnte, dass eine individuelle Zustimmung
erforderlich ist, wenn die Vorzugsaktionäre keine vergleichbaren Anteile an dem
neuen Unternehmen erhalten. Der der Bestimmung zugrundeliegende Artikel 15
der Verschmelzungsrichtlinie nimmt Aktien allerdings ausdrücklich vom Anwendungsbereich der Vorschrift aus, offensichtlich, da in der Richtlinie ein
Schutz der Vorzugsaktionäre durch Sonderbeschluss vorgesehen ist.[341] Auch aus
der Begründung zu § 23 ergibt sich, dass hier nur Gläubigerinstrumente gemeint
sind.[342, 343]

Eine individuelle Zustimmung der einzelnen Vorzugsaktionäre ist nur noch dann
erforderlich, wenn bei Spaltungen die Aktionäre keine ihrer bisherigen Beteiligung entsprechenden neuen Anteile erhalten (§ 128 UmwG) und außerdem bei
Umwandlungen in Personengesellschaften, Genossenschaften mit Nachschusspflicht oder solchen (unrealistischen) Formwechseln in eine KGaA, bei denen
die Aktionäre zu Komplementären werden, da in den genannten Fällen eine
persönliche Haftung begründet wird (§§ 233, 240, 252 UmwG).[344]

Für den in der Praxis zuletzt mehrfach aufgetretenen Fall einer Umwandlung
einer AG in eine KGaA,[345] bei der die Aktionäre zu Kommanditisten werden,
besteht indes wohl noch kein gefestigter Meinungsstand im Hinblick auf ein Zustimmungserfordernis:[346] Während die h. M. von einer Spezialität des § 65 Abs. 2
UmwG ausgeht, also keinen Sonderbeschluss der Vorzugsaktien fordert, ist nach
nahe liegenderer anderer Auffassung allein maßgeblich, ob der Vorzug beschränkt oder gänzlich aufgehoben wird.[347] In diesem Fall dürfte – wie auch in
der Verschmelzungsrichtlinie vorgesehen – ein Sonderbeschluss gemäß § 141
Abs. 1 AktG erforderlich sein, also § 141 AktG neben § 65 Abs. 2 UmwG anzuwenden sein. Bei Formwechsel einer AG zur KGaA nicht erforderlich ist hinge-

---

[340] Die Vorschrift besagt für den Fall von Verschmelzungen, dass den „Inhabern von Rechten ..., die
   kein Stimmrecht gewähren, insbesondere den Inhabern von Anteilen ohne Stimmrecht, ... gleichwertige Rechte in dem übernehmenden Rechtsträger zu gewähren" sind.
[341] Vgl. Winzen (2014), S. 200.
[342] Vgl. BT-Drs. 12/6699, S. 92 f.
[343] Auch da die Vorgängervorschrift (§ 340c Abs. 3 Satz 1 a. F. AktG) nicht für stimmrechtslose
   Vorzugsaktien galt, zweifelt lt. Polte (2005), S. 160, ein Teil der Rechtslehre an, dass die Vorschrift für stimmrechtslose Vorzugsaktien anwendbar ist; sei sie nur ein streng subsidiäres
   Schutzinstrument.
[344] Vgl. z. B. Polte (2005), S. 164.
[345] Vgl. Abschnitt 3.2.1 auf S. 205.
[346] Vgl. Polte (2005), S. 164, und Winzen (2014), S. 198.
[347] Vgl. Winzen (2014).

gen ein Barabfindungsangebot; der Gesetzgeber hat unterstellt, dass bei dieser Art des Formwechsels die Rechtsstellung der Aktionäre unverändert bleibt und daher ein Verbleiben in der Gesellschaft oder eine selbstständige Veräußerung der Aktien zumutbar ist.[348]

2.2.4 Vermögensrechtliche Ausgestaltung nach der bis 2015 maßgeblichen Fassung des Aktiengesetzes

Nach § 139 Abs. 1 AktG 1965 mussten stimmrechtslose Vorzugsaktien mit einem nachzuzahlenden Vorzug bei der Verteilung des Gewinns ausgestattet sein. Andere Vorzüge, etwa bei der Verteilung des Liquidationserlöses waren weder notwendig noch ausreichend für die Zulässigkeit eines Stimmrechtsausschlusses. Seit der Aktienrechtsnovelle 2016 genügt auch ein *nicht nachzahlbarer* Vorzug bei der Verteilung des Gewinns. Der Vorzug wird vom Gesetzgeber als ausreichende Kompensation für das fehlende Stimmrecht angesehen.[349]

2.2.4.1 Gewinnvorrecht

Ein wichtiges Merkmal einer Vorzugsaktie ist bei den bis 2015 ausgegebenen stimmrechtslosen Vorzugsaktien die prioritätische Zahlung einer Dividende an die Vorzugsaktionäre.[350] Bei der Ausschüttung aus einem Bilanzgewinn müssen dabei die stimmrechtslosen Vorzugsaktionäre ihren Gewinnanteil in Höhe der Vorzugsdividende erhalten, bevor Ausschüttungen an die anderen Aktionäre erfolgen dürfen. Ein anders lautender Gewinnverwendungsbeschluss der Hauptversammlung wäre wegen eines Verstoßes gegen Gesetz und Satzung nach § 243 Abs. 1 AktG anfechtbar.[351] Der Vorzug ist aus rechtlicher Sicht kein Zahlungsanspruch an die Gesellschaft, sondern eine besondere Gestaltung des allgemeinen Mitgliedschaftsrechts auf Teilhabe am Bilanzgewinn (§ 58 Abs. 4 AktG).[352]

---

[348] Vgl. Winzen (2014), S. 192.

[349] Vgl. z. B. Depenbrock (1975), S. 192.

[350] Dementsprechend sind auch die Begriffe *Dividendenvoraus* oder *Vorabdividende* gebräuchlich. Letzterer Begriff wird im AktG erstmals in der ab 1.1.2016 gültigen Fassung von § 139 Abs. 1 AktG in einem Gesetzestext verwendet.

[351] Er wäre allerdings nicht nichtig. Sind also ausnahmsweise alle Vorzugsaktionäre mit einem teilweisen oder vollständigen Verzicht auf ihre Vorzugsdividende einverstanden, etwa im Sanierungsfall, so kann eine andere Gewinnverwendung beschlossen werden.

[352] Vgl. Bezzenberger (1991b), S. 46 f.

Eine Dividendengarantie durch die Gesellschaft ist aufgrund des Verbotes der Zusage oder Zahlung von Zinsen (§ 57 Abs. 2 AktG) unzulässig.[353, 354]

Nicht erforderlich ist es, dass die Vorzugsaktionäre eine höhere oder gleich hohe Dividende wie die Stammaktionäre erhalten, nur die Priorität war bis 2015 gesetzlich vorgeschrieben. Der Gesetzgeber hat auch keine Begrenzung der Vorzugsdividende nach unten oder oben vorgenommen; eine minimale Vorzugsdividende, z. B. in Höhe von einem Cent, wäre ausreichend. Eine solche Festlegung ist auch nicht erforderlich, da Vorzugsaktien mit zu geringen Prioritäten keine Käufer finden würden und Vorzugsaktien mit zu hohen Vorzugsdividenden nicht im Interesse der Stammaktionäre liegen.

Die Höhe der Vorzugsdividende muss aber objektiv bestimmbar und ohne einschränkende Bedingungen festgelegt werden. Insbesondere darf sie nicht von der Höhe des Bilanzgewinns abhängen, da sie sonst null werden könnte und somit die Schutzvorschriften für Vorzugsaktionäre, z. B. ein – noch zu erläuterndes – Nachzahlungsrecht, umgangen werden könnten.[355] Ebenso wenig darf sie von steuerlichen Effekten beeinflusst werden: Der festzusetzende Vorzug bezieht sich auf die zu veröffentlichende Bardividende vor Abzug von Einkommensteuern oder Hinzurechnung eines – in früheren Jahren in Ansatz gebrachten – Körperschaftsteuerguthabens.[356] Im § 140 Abs. 2 und 3 AktG wird der Begriff Vorzugsbetrag verwendet. Schon daraus kann man entnehmen, dass ein der Höhe nach festgelegter Betrag den Regelfall einer Vorzugsdividende darstellen dürfte; dies hat sich auch mit der Aktienrechtsnovelle 2016 nicht geändert. Bei Gesellschaften mit Stückaktien wird üblicherweise eine solche fixe Priorität (als Euro-Betrag) in der Satzung festgesetzt; bei Gesellschaften mit Nennwertaktien erfolgt die Festlegung meist in Relation zum Nennwert (z. B. 5 %), was den gleichen Effekt hat. Rechtlich zulässig ist nach allgemeiner Meinung auch eine variable Priorität, sofern sich stets ein bestimmbarer, positiver Betrag ergibt und die Be-

---

[353] Zulässig sind dagegen Dividendengarantien von Dritten, insbesondere von herrschenden Unternehmen gem. § 304 Abs. 1 und 2 AktG.

[354] Die bloße Verwendung der Bezeichnungen Zinsen oder Garantiedividende für den Dividendenvorzug, wie z. B. in der Satzung der früheren Südmilch AG, führt nicht schon zur Unzulässigkeit; im Rahmen einer teleologischen Auslegung der Satzung sind die objektiven, mithin auch wirtschaftlichen Umstände maßgeblich. Siehe auch OLG Stuttgart (23.1.1995, Az. 5 U 117/94), S. 284.

[355] So z. B. Volhard (2004), S. 685.

[356] Vgl. Bezzenberger (1991b), S. 44 f.

zugsgröße nicht von der Gesellschaft zu beeinflussen ist. Insbesondere ist hierbei an Zinssätze der Zentralbank zu denken.[357]

Strittig ist, ob mit dem Dividendenvorzug nicht nur eine besondere Reihenfolge bei der Verteilung eines vorhandenen Bilanzgewinnes festgelegt ist, sondern ob im Falle eines ausreichenden Bilanzgewinns darüber hinaus sogar ein materielles Ausschüttungsgebot in Höhe des Dividendenvorzugs besteht, das neben das schwache, sich aus § 254 Abs. 1 AktG implizit ergebende Ausschüttungsgebot von vier Prozent auf das Grundkapital tritt,[358] ob also die Hauptversammlung den Vorzugsaktionären einen für die Zahlung des Vorzugs ausreichenden Bilanzgewinn überhaupt vorenthalten darf. Bezzenberger (1991b) sieht im Fall einer wirtschaftlich nicht notwendigen Thesaurierung eines für die Zahlung eines Vorzugs ausreichenden Bilanzgewinns ein – im Gegensatz zum Anfechtungsrecht nach § 254 AktG ohne Mindestkapitalbeteiligung bestehendes – Anfechtungsrecht nach § 243 Abs. 1 AktG, da der Dividendenvorzug als Ausdruck gesetzlicher Anordnung eine feste Mindestrendite verbürge, es auf eine möglichst gleichmäßige Zahlung der Mindestdividende ankomme und die Vorenthaltung des Vorzugs somit einen Satzungsverstoß darstellen würde.[359] Nach anderer Ansicht haben jedoch Vorzugsaktionäre keinen über das Recht der anderen Aktionäre hinausgehenden Ausschüttungsanspruch.[360] Das potenzielle Aufleben des Stimmrechts, das Nachzahlungsrecht und die damit verbundene eigene Dividendenlosigkeit halten die Stammaktionäre faktisch zur Ausschüttung des Vorzugs an und stellen den vom Gesetzgeber gewollten Schutz der Vorzugsaktionäre vor einer Benachteiligung durch die Stammaktionäre dar. Hätte der Gesetzgeber einen stärkeren Schutz, insb. ein Anfechtungsrecht für Vorzugsaktionäre gewollt, hätte er dies in §§ 139-141 AktG oder in den §§ 243, 254 AktG verfügen können.

2.2.4.2 Nachzahlbarkeit des Dividendenvorzugs

Der Dividendenvorzug musste für bis 2015 ausgegebene stimmrechtslose Vorzugsaktien nachzahlbar sein. Fällt ein nachzahlbaren Vorzug in einem Jahr ganz oder teilweise aus, muss der gesamte Dividendenvorzug in späteren Jahren nach-

---

[357] Vgl. z.B. Volhard (2004), S. 686; Depenbrock (1975), S. 192, Keinath (1957), S. 41. Die Kopplung an einen Zentralbankzins wurde allerdings bisher wohl nur bei der früheren Hoffmanns Stärkefabriken AG, Bad Salzuflen, verwirklicht; vgl. Bezzenberger (1991b), S. 44. Nach Ansicht von Bezzenberger (1991b) muss ein Dividendenvorzug *fest* und *vorab* betragsmäßig bestimmbar sein.
[358] Zu dem Anfechtungsrecht bei niedrigerer Ausschüttung vgl. S. 73.
[359] Vgl. Bezzenberger (1991b), S. 49 f. Nach seiner Ansicht stellen Nachzahlungsrecht und Aufleben des Stimmrechts nur Notbehelfe für den Fall dar, dass der Vorzug nicht verwirklicht wird.
[360] Vgl. z.B. Lichterz (1941), S. 20, v. Godin (1952a), S. 1078.

gezahlt werden. Dabei ist es unerheblich, ob eine Thesaurierung beschlossen wurde oder ob der Bilanzgewinn nicht ausreicht. Ein Nachzahlungsrecht[361] muss sich auf die gesamte Höhe des Dividendenvorzugs erstrecken, darf also nicht geringer sein.[362] Aus einem künftig zur Ausschüttung gelangenden Bilanzgewinn müssen bei nachzahlbarem Vorzug zunächst alle rückständigen Vorzugsbeträge in der Reihenfolge ihrer Entstehung nachgezahlt werden, bevor der aktuelle Prioritätsbetrag gezahlt und im Anschluss die Stamm- und ggf. die Vorzugs- aktionäre entsprechend der statutarischen Gewinnverteilung befriedigt werden dürfen.[363] Ausgefallene Vorzugsdividenden häufen sich somit also an, der Divi- dendenvorzug ist *kumulativ*. Nachzahlung bedeutet aber nicht, dass in der Ver- gangenheit begründete Ansprüche nachträglich gezahlt werden, sondern dass aus einem ausreichenden Bilanzgewinn eine Kompensation für Ausfälle in der Vergangenheit geleistet wird, dass also in einem Gewinnjahr aufgrund des ange- wachsenen Gewinnrechts der Vorzugsaktionäre der aktuelle Verteilungsschlüssel zu deren Gunsten verschoben wird.[364]

Bestehen mehrere Gattungen von Vorzugsaktien, sind diese unabhängig vom Zeitpunkt ihrer Entstehung gleichrangig, es sei denn die Satzung sieht ausdrück- lich einen unterschiedlichen Rang vor.[365] Bei verschiedenrangigen Vorzugs- aktien erhält die niedrigerrangige Gattung erst dann ihre Nachzahlungsbeträge, wenn die höherrangige alle Nachzahlungsbeträge und ihren aktuellen Dividen- denvorzug erhalten hat. Ein höherer Rang muss sich also sowohl auf die Priorität als auch auf die Nachzahlbarkeit beziehen; beide Rechte bildeten bis 2015 zwin- gend eine Einheit.[366]

Die Nachzahlbarkeit war für den Gesetzgeber bis 2015 zum Schutz der Vorzugs- aktionäre mindestens ebenso wichtig wie das Aufleben des Stimmrechtes zu der zweiten Hauptversammlung mit einem Gewinnverwendungsbeschluss, der die Vorzugsaktionäre nicht mit dem Dividendenvorzug und allen Nachzahlungs-

---

[361] Zutreffender wären die Ausdrücke *Nachbezugsrecht* oder *Nachzahlungsanspruch*, vgl. z. B. v. Godin (1952a), S. 1077; v. Godin (1952b), S. 1004.

[362] Die Ansicht, dass sich das Nachzahlungsrecht nicht zwingend auf die gesamte Höhe des Dividen- denvorzugs beziehen muss, wird von der h. M. abgelehnt; vgl. Hüffer (2014), S. 1015 (Rn. 10).

[363] Vgl. Hüffer (2014), S. 1017 (Rn. 14). Nach Bezzenberger (1991b), S. 60, stellt sich die Frage der Reihenfolge der Nachzahlung nicht, da das Gewinnvorrecht der Vorzugsaktie um die ausge- fallenen Beträge anwachse und der Zeitpunkt des Anwachsens daher nicht maßgeblich sei.

[364] Vgl. Bezzenberger (1991b), S. 59. In diesem Sinn auch BGH (8.10.1952, Az. II ZR 313/51).

[365] Der Ausgabe gleich- oder höherrangiger Vorzugsaktien müssen die älteren Vorzugsaktionäre ge- mäß § 141 Abs. 2 AktG zugestimmt haben; bei Ausgabe niedrigerrangiger Vorzugsaktien haben die Erwerber der nachrangigen Bedienung konkludent zugestimmt. Vgl. auch Abschnitt 2.2.3.2.

[366] Vgl. Volhard (2004), S. 687.

beträgen befriedigt.[367] Sie erschien erforderlich, da sonst das Recht auf eine Dividendenpriorität ausgehöhlt werden könnte, indem in Jahren mit geringem Bilanzgewinn thesauriert wird und Ausschüttungen nur erfolgen, wenn auch die Stammaktionäre eine gleich hohe Dividende erhalten. Durch die Kumulation der Dividenden sollte also zum einen ein „Aushungern" der stimmlosen Aktionäre verhindert werden, zum anderen sollten in erster Linie die (stimmberechtigten) Stammaktionäre die unternehmerischen Risiken tragen und nicht abwälzen können.[368] Ebenso wenig wie aus den genannten Gründen ein Vorzug ohne Nachzahlbarkeit sinnvoll erschien, war aber auch keine Nachzahlbarkeit ohne Vorzug denkbar, da dann nicht objektiv zu bestimmen wäre, welcher Betrag nachzuzahlen ist.[369]

---

[367] Vgl. die detaillierte Darstellung in Abschnitt 2.2.2.2. Faktisch dürfte das Nachzahlungsrecht von größerer Bedeutung sein, da die Vorzugsaktionäre auch bei aufgelebtem Stimmrecht i. d. R. keinen Einfluss auf Hauptversammlungsmehrheiten haben.

[368] Ähnlich Bezzenberger (1991b), S. 57 f.

[369] Einzige Ausnahme von der Nachzahlbarkeit war bis 2015 die im Rahmen der Maßnahmen zur Finanzmarktstabilisierung im Jahre 2008 eingeführte aktienrechtliche Sonderregelung des § 5 Finanzmarktstabilisierungsbeschleunigungsgesetz (FMStBG). Demnach konnte der Vorstand der Gesellschaft im Rahmen einer Rekapitalisierung durch den Finanzmarktstabilisierungsfonds an diesen stimmrechtslose Vorzugsaktien ausgeben, bei denen der Gewinnvorzug *nicht* nachzahlbar ist (§ 5 Abs. 1 Satz 3 FMStBG). Allerdings handelte es sich hierbei um eine in einer außergewöhnlichen, die Finanzmarktstabilität gefährdenden Krisensituation geschaffene Möglichkeit, die tatsächlich überhaupt nicht genutzt wurde. Zudem war diese Möglichkeit zeitlich befristet, da Rekapitalisierungen nur bis Ende 2015 beantragt werden konnten. Außerdem war in § 5 Abs. 5 FMStBG geregelt, dass der Gewinnvorzug bei Übertragung der Aktien an einen Dritten erlischt, sodass die fehlende Nachzahlbarkeit nur den Finanzmarktstabilisierungsfonds als Sondervermögen des Bundes selbst betroffen hätte. Es begegnet aber im Hinblick auf den Aktionärsschutz keinen Bedenken, wenn der Gesetzgeber für den Bund – und nur für diesen – auf das Nachzahlungsrecht verzichtet. Ein wichtiger Grund dafür, dass diese Möglichkeit des FMStBG nicht genutzt wurde, dürfte in den nach h. M. bestehenden verfassungs- und europarechtlichen Bedenken gegen einige der bei Ausgabe von Vorzugsaktien anzuwendenden Vorschriften des FMStBG liegen. Insbesondere wäre es mglw. nicht mit Art. 14 GG und Art. 25 der EU-Kapitalrichtlinie 77/91 vereinbar, wenn Vorstand oder Aufsichtsrat im Einvernehmen mit einer staatlichen Einrichtung und ohne Beteiligung der Hauptversammlung eine Kapitalerhöhung auch ohne Bezugsrecht für Aktionäre vornehmen und sich damit faktisch über die Satzung hinwegsetzen können. Außerdem hätte es verfassungsrechtlich nur schwer begründet werden können, dass der Finanzmarktstabilisierungsfonds allein (ohne Beteiligung der Gesellschaft oder deren Organe) bestimmen *kann*, dass die an ihn ausgegebenen Vorzugsaktien bei Übertragung an einen Dritten in stimmberechtigte Stammaktien umgewandelt werden. Dabei würde das Stimmrecht der Stammaktionäre verwässert, ohne dass diese dem zustimmen müssten oder sich zur Wehr setzen könnten. Eine solche Wandlung wäre zur Erreichung des Gesetzeszweckes jedenfalls nicht erforderlich gewesen. Vgl. z. B. Roitzsch/Wächter (2009), S. 2 f., und Seiler/ Wittgens (2008), S. 2254.

Der Schutz der Vorzugsaktionäre erforderte bis 2015 des Weiteren, dass das Nachzahlungsrecht dauerhaft besteht, die Nachzahlung also nicht z. B. auf die jeweils folgenden drei Geschäftsjahre beschränkt wird. Dies schließt aber nicht aus, dass in der Satzung eine Befristung der Nachzahlbarkeit in der Weise erfolgt, dass z. B. nach vier aufeinander folgenden Jahren ohne Bilanzgewinn die Nachzahlbarkeit endet und zugleich das Stimmrecht dauerhaft auflebt, die Vorzugs- also zu Stammaktien werden.[370] In diesem Fall wird nicht die Nachzahlbarkeit an sich befristet, sondern die Existenz der stimmrechtslosen Vorzugsaktien. Auch jeder andere Beschluss, der die Nachzahlbarkeit aufhebt, bedarf nach § 141 Abs. 1 AktG der Zustimmung der Vorzugsaktionäre; die Aufhebung des Vorzugs führt nach § 141 Abs. 4 AktG zum dauerhaften Aufleben des Stimmrechts. Durch Ausfall einer kumulativen Vorzugsdividende bereits entstandene konkrete Nachzahlungsbeträge könnten hingegen wie weiter unten beschrieben ohne Aufleben des Stimmrechts beseitigt, bedingt oder befristet werden, da hierdurch nicht die grundsätzliche Nachzahlbarkeit als Satzungsbestimmung aufgehoben wird.

Bei Ausfall von Vorzugsdividenden entsteht nach § 140 Abs. 3 AktG – sofern in der Satzung nichts anderes bestimmt wird – keine vom Gewinnverwendungsbeschluss unabhängig bestehende Forderung an die Gesellschaft (unselbstständiges Nachzahlungsrecht bei kumulativen Vorzugsaktien).[371] Vielmehr handelt es sich bei dem Nachzahlungsrecht grundsätzlich um eine besondere Ausgestaltung des mitgliedschaftlichen Gewinnbeteiligungsrechts.[372] Es unterliegt als solches prinzipiell auch der Disposition der Hauptversammlung. Beschließt die Hauptversammlung z. B. eine komplette Thesaurierung des Bilanzgewinns, so steht den Vorzugsaktionären im betreffenden Jahr keine Auszahlung zu.[373] Nachträglich können bereits entstandene (unselbstständige) Nachzahlungsrechte zwar durch satzungsändernden[374] Hauptversammlungsbeschluss beseitigt werden, gemäß

---

[370] Ebenso kommt eine kalendermäßige Befristung, z. B. mit Ablauf des Geschäftsjahres 2020, in Betracht. Vgl. Hüffer (2014), S. 1015 (Rn. 10).

[371] Im AktG 1937 war dies noch nicht explizit geregelt, entsprach aber bereits der herrschenden Meinung; vgl. z. B. v. Godin (1952a), S. 1077 f.; Duden (1951), S. 715.

[372] So z. B. Hüffer (2014), S. 1015 (Rn. 9) und S. 1020 (Rn. 9)..

[373] Allerdings haben Vorzugs- wie auch Stammaktionäre nach § 254 Abs. 1 AktG ein Anfechtungsrecht gegen Hauptversammlungsbeschlüsse, aufgrund derer nach „vernünftiger kaufmännischer Beurteilung" nicht notwendige Thesaurierungen vorgenommen werden und dadurch Dividenden von weniger als vier Prozent des Grundkapitals ausgeschüttet werden.

[374] Zwar bleibt die grundsätzliche Regelung des Dividendenvorzugs in der Satzung bei Beseitigung konkret angefallener Nachzahlungsbeträge grundsätzlich erhalten; die einmalige Außerkraftsetzung von Satzungsregeln führt jedoch auch zu einer Satzungsänderung, da der den Vorzugsaktien inhärente Dividendenvoraus vorübergehend geschmälert wird; vgl. auch Bezzenberger (1991b), S. 127.

§ 141 Abs. 1 und 3 AktG müssen die betroffenen Aktionäre jedoch in gesonderter Versammlung mindestens mit Dreiviertelmehrheit zustimmen.[375]

Das unselbstständige Nachzahlungsrecht bleibt außer im Insolvenzfall[376] bis zur tatsächlichen Nachzahlung Bestandteil der Vorzugsaktie. Für die Nachzahlung, d. h. die Kompensation für vergangene Ausfälle, sind allein die Verhältnisse im Ausschüttungsjahr maßgebend: Wurden der Vorzug inzwischen aufgehoben oder die Vorzugsaktien in Stammaktien gewandelt, besteht auch kein Nachzahlungsrecht für Ausfälle mehr, denn „das Nachzahlungsrecht als Mitgliedschaftsrecht auf Gewinnbeteiligung entfällt mit der Änderung des Mitgliedschaftsrechts",[377] zumal die Vorzugsaktionäre der Aufhebung in einem Sonderbeschluss mit qualifizierter Mehrheit zugestimmt haben müssen. Wurde eine Kapitalherabsetzung durch Herabsetzung des Nennwertes vorgenommen, bezieht sich das prozentuale Nachzahlungsrecht nur noch auf den geringeren Nennwert.[378]

Das unselbstständige Nachzahlungsrecht ist unselbstständiger Bestandteil des Mitgliedschaftsrechts, also der Vorzugsaktie, und kann daher nur mit dieser zusammen auf einen neuen Eigentümer übertragen werden; es ist nicht selbstständig verkehrsfähig. Da es sich zunächst um keine Forderung an die Gesellschaft im schuldrechtlichen Sinn handelt, unterliegt das unselbständige Nachzahlungsrecht auch keiner Verjährung.[379] Erst mit einem Beschluss über die Höhe der Dividende entsteht ein konkreter Zahlungsanspruch an die Gesellschaft (§ 58 Abs. 4 AktG), der Aktionär wird in Höhe dieses Anspruchs Gläubiger und kann seine Forderung durchsetzen.

§ 140 Abs. 3 AktG gestattet eine abweichende Regelung in der Satzung: Ein Nachbezugsrecht kann statt als mitgliedschaftliches Recht als separates Gläubi-

---

[375] Vgl. z. B. OLG Stuttgart (23.1.1995, Az. 5 U 117/94), S. 283. Im beurteilten Fall (Südmilch AG) war es im Übrigen ohne Belang, dass in der Satzung der Dividendenvorzug als *garantierte* Dividende bezeichnet worden war.

[376] Vgl hierzu den letzten Absatz dieses Abschnitts.

[377] OLG Stuttgart (23.1.1995, Az. 5 U 117/94), S. 284. Bereits im Fall Kampnagel hatte der BGH 1952 entschieden, dass Dividendenrückstände aus der Reichsmark-Zeit nicht 1:10 abgewertet werden, sondern dass sich die Nachzahlung nach der Währungsreform auf das DM-Grundkapital beziehen müsse, da (erst) im Gewinnjahr ein „einheitlicher Anspruch" der Vorzugsaktionäre entstehe; vgl. BGH (8.10.1952, Az. II ZR 313/51).

[378] Vgl. Bezzenberger (1991b), S. 71.

[379] Vgl. Volhard (2004), S. 686.

gerrecht ausgestaltet werden (selbstständiges Nachzahlungsrecht).[380] Die Satzung darf jedoch keinen Zweifel daran lassen, dass es sich um ein selbstständiges Nachzahlungsrecht handeln soll.[381] In diesem Fall begründet ein festgestellter Gewinnausfall eine Forderung in der Person des zu diesem Zeitpunkt betroffenen Vorzugsaktionärs und nicht ein Nachbezugsrecht des jeweiligen Vorzugsaktionärs im Jahr der Nachzahlung. Die Forderung ist jedoch auf den späteren Gewinnverteilungsbeschluss, aufgrund dessen die Nachzahlung zu bewirken ist, aufschiebend bedingt.[382] Historisch ist das selbstständige Nachzahlungsrecht wertpapierrechtlich abgeleitet worden: Der zur Vorzugsaktie gehörende Dividendenschein des Ausfalljahres konnte abgetrennt und separat gehandelt werden, nach Ansicht des Reichsgerichts konnte so ein bedingtes Forderungsrecht von der Mitgliedschaft abgespalten werden.[383, 384]

Als Gläubigerrecht wird ein selbstständiges Nachzahlungsrecht nicht mit der Vorzugsaktie übertragen, sondern verbleibt beim Verkäufer; die Übertragung kann durch separate Zession erfolgen. Ein selbstständiges Nachzahlungsrecht steht aufgrund seines Forderungscharakters auch nicht zur Disposition der Hauptversammlung oder der Versammlung der Vorzugsaktionäre; es kann nachträglich nur durch Zustimmung des Gläubigers bzw. individuelles Rechtsgeschäft beschränkt oder beseitigt werden. Im Vergleich zum unselbstständigen Nachzahlungsrecht befindet sich ein einzelner Vorzugsaktionär mit einem selbstständigen Gläubigerrecht in einer stärkeren Position, da er nicht befürchten muss, dass das Nachzahlungsrecht durch Beschluss mit qualifizierter Mehrheit beseitigt wird, und weil er keine Unsicherheit darüber hat, das Nachzahlungsrecht bei

---

[380] Beispielsweise hatte die Bayerische Hypo- und Vereinsbank AG die stimmrechtslosen Vorzugsaktien mit einem selbständigen Nachbezugsrecht ausgestattet. Vgl. Hoppenstedt Aktienführer 2002 (2001), S. 133.

[381] So OLG Stuttgart (23.1.1995, Az. 5 U 117/94), S. 283.

[382] Vgl. z. B. Hüffer (2014), S. 1021 (Rn. 10). Das Entstehen eines bedingten Forderungsrechtes war vormals umstritten – vgl. z. B. v. Godin (1952a), S. 1078 –; es ergibt sich aber an sich schon aus dem Wortlaut des § 140 Ab. 3 AktG.

[383] Für eine ausführliche Darstellung vgl. Bezzenberger (1991b), S. 63-69. Nach dessen Auffassung handelt es sich beim selbstständigen Nachbezugsrecht jedoch im Gegensatz zur h.M. nicht um ein Gläubigerrecht, sondern um ein mitgliedschaftliches Sonderrecht nach § 35 BGB in Form einer „unentziehbaren mitgliedschaftlichen Gewinnanwartschaft".

[384] In gleicher Weise wurde ein unselbstständiges Nachbezugsrecht dann angenommen, wenn das Nachzahlungsrecht nicht an den Dividendenschein des Ausfall-, sondern erst an den des Gewinnjahres gebunden war; vgl. Keinath (1957), S. 93. Erklärend sei hinzugefügt, dass früher im Gegensatz zur heutigen Usance die Dividendenscheine nicht durchnummeriert, sondern mit den Jahreszahlen versehen waren, sodass eine Unterscheidung nach der Bindung des Nachbezugsrechts von Bedeutung war.

einem Verkauf der Vorzugsaktie vom Käufer in adäquater Höhe vergütet zu bekommen. Auch bleibt das selbstständige und daher betragsmäßig feststehende Nachzahlungsrecht anders als das unselbstständige Nachzahlungsrecht auch bei späteren Kapitalveränderungen oder Aufhebung des Vorzugs unverändert erhalten.[385] Allerdings hat der Nachzahlungsberechtigte bei einer Veräußerung der Vorzugsaktie ohne Übertragung des Nachzahlungsrechtes keinerlei Möglichkeit mehr, auf die Willensbildung der Gesellschaft und die Herbeiführung eines Gewinnverteilungsbeschlusses Einfluss zu nehmen. Insbesondere steht ihm als Nicht-Aktionär auch kein Anfechtungsrecht gegen fehlerhafte Gewinnverwendungsbeschlüsse zu.[386]

Im Falle der Liquidation der Gesellschaft ist das Vermögen der Gesellschaft nach Abzug der Verbindlichkeiten unter den Gesellschaftern nach Anteilen am Grundkapital zu verteilen (§ 271 Abs. 1, 2 AktG). Sofern also für die Vorzugsaktien kein Vorrecht und keine Obergrenze bei der Verteilung des Gesellschaftsvermögens vereinbart sind, partizipieren diese bei Liquidation in gleicher Weise wie die Stammaktionäre.[387] Da Forderungen aus Nachzahlungsrechten erst bei einem Gewinnverwendungsbeschluss entstehen bzw. durchsetzbar werden, bei beschlossener Liquidation jedoch keine Gewinnverteilung mehr erfolgt, werden Nachzahlungsrechte nicht mehr bedient, ganz gleich, ob sie selbstständiger oder unselbstständiger Natur waren.[388]

Anderes kann auch im Fall der Insolvenz der Gesellschaft nicht gelten. Umstritten war allerdings der Fall, dass nach erfolgreicher Sanierung das Insolvenzverfahren beendet wurde und noch Nachzahlungsansprüche aus der Zeit vor der Insolvenz bestanden. Im Fall der Garant Schuh AG hatte das *OLG Düsseldorf* wie die Vorinstanz die Auffassung vertreten, dass nach Beendigung des Insolvenzplanverfahrens ein unselbstständiges Nachzahlungsrecht weiter bestehe und dass damit den Vorzugsaktien auch ein Stimmrecht bis zur Nachzahlung der rückständigen Dividenden zufalle.[389] Zum einen komme die Restschuldbefreiung im Insolvenzplanverfahren nur gegenüber Insolvenzgläubigern in Betracht, zu denen Vorzugsaktionäre nicht gerechnet werden können. Zum anderen hätte es der Gesellschaft im Vorfeld freigestanden, das Nachzahlungsrecht mit zustim-

---

[385] Bei der Währungsreform wäre ein selbstständiges Nachbezugsrecht – im Gegensatz zum unselbstständigen – allerdings 1:10 abgewertet worden, da die Forderung bereits im Ausfalljahr entstanden wäre; vgl. BGH (8.10.1952, Az. II ZR 313/51).

[386] Vgl. v. Godin (1952a), S. 1078, Bezzenberger (1991b), S. 69.

[387] Anderer Auffassung hier Depenbrock (1975), S. 208.

[388] Ähnlich auch Volhard (2004), S. 702, Bezzenberger (1991b), S. 72.

[389] Vgl. OLG Düsseldorf (30.9.2009, Az. I-6 U 166/08).

mendem Sonderbeschluss der Vorzugsaktionäre durch Satzungsänderung zu be-
enden oder dieses allgemein in ein selbstständiges Nachzahlungsrecht umzuwandeln. Im letzteren Fall würden die Ansprüche eine Insolvenzforderung darstellen,
der jedoch lediglich ein Rang nach den nachrangigen Forderungen zuerkannt
werden könne (§ 199 InsO). Der *BGH* hat sich dieser Auffassung nicht ange-
schlossen und im Rahmen der richterlichen Rechtsfortbildung entschieden, dass
auch unselbstständige Nachzahlungsansprüche von Vorzugsaktionären wie Forderungen letztrangiger Insolvenzgläubiger zu behandeln sind und mit rechtskräf-
tiger Bestätigung des Insolvenzplans erlöschen, wenn im Insolvenzplan nichts
anderes bestimmt ist.[390] Ein Fortbestehen der unselbständigen Nachzahlungsansprüche würde die Vorzugsaktionäre besserstellen als Insolvenzgläubiger. Zudem sei es nicht mit der mit einem unselbstständigen Nachzahlungsrecht verbundenen ungünstigeren Rechtsposition im Vergleich zu Vorzugsaktien
mit selbständigem Nachzahlungsrecht zu vereinbaren, wenn die ersteren Vorzugsaktien im Insolvenzverfahren bessergestellt werden. Überdies könnten Vorzugsaktionäre im Verhältnis zu Insolvenzgläubigern nicht bessergestellt werden
als Stammaktionäre, da deren unterschiedliche Rechtsstellung allein das Innen-
verhältnis der Gesellschaft betrifft.

2.2.4.3 Gestaltung des Dividendenvorzugs und anderer Vermögensrechte

§ 11 AktG gestattet die Gewährung unterschiedlicher Rechte durch verschiedene
Gattungen und zählt (nur) beispielhaft die Aufteilung des Gewinns und des
Gesellschaftsvermögens auf. Vorzugsaktien können daher auch andere Verwal-
tungs-, Vermögens- oder Sonderrechte eingeräumt werden. Hierfür gelten die
gleichen Maßstäbe wie für alle Aktien; für stimmrechtslose Vorzugsaktien ist
jedoch der – bis 2015 zwingend kumulative – Dividendenvorzug obligatorisch.
Die abweichenden Rechte von Vorzugsaktien können – abgesehen vom Dividendenvorzug – nicht nur eine Besserstellung im Vergleich zu Stammaktien darstellen, sondern auch Beschränkungen enthalten.[391] Vorrechte oder Nachzüge[392], die

---

[390] Vgl. BGH (15.4.2010, Az. IX ZR 188/09). Als Folge des Erlöschens von Nachzahlungsan-
sprüchen haben die Vorzugsaktionäre auch kein Stimmrecht wegen Nichterfüllung dieser Ansprüche.
[391] Vgl. Hüffer (2014), S. 1019 (Rn. 2).
[392] Nachzüge treten – wenn überhaupt – in Form von Nebenverpflichtungen auf, die gem. § 55
Abs. 1 AktG für vinkulierte Namensaktien möglich sind. Praktische Anwendung findet dies jedoch nur in satzungsgemäßen Lieferverpflichtungen in der Rübenzuckerindustrie [vgl. Hüffer
(2014), S. 306 (Rn. 1)], z. B. bei den Vorzugsaktien der Zuckerfabrik Süderdithmarschen AG.

sich nicht auf Gewinnverteilung oder Beteiligung am Liquidationserlös beziehen, sind allerdings äußerst selten.[393]

Im Hinblick auf die *Verteilung des Gesellschaftsvermögens* war es bis in die fünfziger Jahre nicht unüblich, den Vorzugsaktionären auch einen Vorzug in Form einer Vorwegbeteiligung bei der Verteilung des Gesellschaftsvermögens einzuräumen, da – wie oben erwähnt – Nachzahlungsrechte bei Liquidation faktisch untergehen und der Dividendenvorzug erlischt. So sahen manche Satzungen vor, dass bestehende Nachzahlungsrechte aus einem Liquidationserlös vorab zu bedienen sind.[394] Häufiger wurde aber bestimmt, dass im Falle einer Liquidation die Vorzugsaktionäre zunächst den Nennwert der Vorzugsaktien erhalten, ggf. mit Agio oder Disagio;[395] auch eine Verknüpfung beider Varianten ist denkbar.

Zwar erfolgt die Verteilung eines nach Bedienung eines Liquidationsvorzugs verbleibenden Gewinns grundsätzlich nach Grundkapitalanteilen (§ 271 Abs. 2 AktG), die Satzung kann jedoch auch vorsehen, dass die Vorzugsaktien an einem über einen Liquidationsvorzug hinausgehenden Abwicklungserlös nicht partizipieren.[396] Für den Fall, dass bei Liquidation nach Begleichung aller Verbindlichkeiten noch ein hohes Gesellschaftsvermögen verbleibt (insbesondere wenn aufgrund stiller Reserven der Marktwert des Eigenkapitals höher als das Grundkapital ist), führt ein solcher Liquidationsvorzug in Wirklichkeit zu einer Benachteiligung der Vorzugsaktionäre.[397] Bei schlechter Vermögenslage der Ge-

---

[393] Zwar hatte die frühere Brauhaus Torgau AG 1998 eine Gattung Vorzugsaktien eingeführt, deren Dividendenvorzug aus 3 % in Geld und 3 % in Naturalien („Bier oder Faßbrause") bestand, im Hinblick auf die Formulierung „Vorzugs*betrag*" in § 140 Abs. 2 AktG dürfte eine Gewährung des Dividendenvorzugs ausschließlich in Naturalien aber nicht statthaft sein. Gleichwohl kann seit einer Änderung von § 58 AktG im Jahre 2002 die Hauptversammlung auch eine Sachdividende beschließen, wenn die Satzung dies zulässt. Bis dahin war die Substitution einer Bardividende durch eine Sachdividende nur mit Zustimmung des einzelnen Aktionärs möglich [vgl. Hüffer (2002), S. 286 (Rn. 28); Hüffer (2014), S. 341 (Rn. 31).].

[394] Zum Beispiel bei den Vorzugsaktien der Hamburger Getreide-Lagerhaus AG (WKN 601153).

[395] So war bei der Nordwestdeutsche Kraftwerke AG (WKN 677603) eine Vorabbeteiligung am Abwicklungserlös in Höhe von 50 % des Nennwerts vorgesehen, bei der O&K Orenstein & Koppel AG 100 % und bei der E. Gundlach AG, Bielefeld (WKN 591303) 105 % des Nennwerts.

[396] Ein genereller Ausschluss einer Beteiligung am Liquidationserlös in der Satzung wäre nach h. M. allerdings nicht durch die Satzungsautonomie (§ 23 Abs. 5 AktG) zu rechtfertigen. Dies wird als zu weitgehende Entrechtung gesehen, mit der ein Aktionär nicht rechnen muss, es sei denn, er hat selbst (d. h. individuell) dem Ausschluss zugestimmt. Vgl. Hüffer (2014), S. 1730 f. (Rn. 2).

[397] Genauer gesagt gilt dies bei einem Liquidationsvorzug von 100 % des Nennwerts der Vorzugsaktien. Im Allgemeinen entsteht bei einem Liquidationsvorzug in Höhe von *L* (in Prozent des Nennwerts) dann eine Benachteiligung der Vorzugsaktionäre, wenn der Marktwert des Eigenka-

sellschaft – und das dürfte der Regelfall bei einer Abwicklung sein – werden
Vorzugsaktionäre durch einen Liquidationsvorzug aber tendenziell besser gestellt, da die Stammaktionäre dadurch u. U. leer ausgehen.

Die Gestaltung von Vorrechten der Vorzugsaktien beschränkt sich in aller Regel
auf den *Gewinnvorzug*. Grundsätzlich ist nur der Dividendenvorzug zwingend.
Die prioritätische Dividende beträgt üblicherweise etwa 4 % bis 6 % des (ggf.
impliziten) Nennwerts der Vorzugsaktien.[398] Erhalten Vorzugsaktionäre nach
Ausschüttung eines kumulativen Dividendenvorzugs keine weitere Beteiligung
am Bilanzgewinn, spricht man von *limitierten Vorzugsaktien* oder *Vorzugsaktien
mit Höchst(betrags)dividende*. Derartige Vorzugsaktien ähneln Gewinnobligationen, da der kumulative Dividendenvorzug einer konstanten Verzinsung ähnelt,
die in Gewinnjahren gezahlt (und ansonsten später nachgezahlt) wird. Da die
Zahlung aus einem Bilanzgewinn und nur auf Beschluss der Hauptversammlung
erfolgt, handelt es sich gleichwohl um eine Dividende, also eine gesellschafts-
und nicht schuldrechtliche Zahlung.[399] Obwohl die aus diesem Grund früher auch
Finanzierungsvorzugsaktien genannten Instrumente ursprünglich vom Aktiengesetzgeber als Regelfall der stimmrechtslosen Vorzugsaktie angedacht waren,[400]
haben sie nie eine nennenswerte Bedeutung erlangt. Seit 1950 existierten nach
Kenntnis des Verfassers außer den drei börsennotierten Vorzugsaktien der
Verseidag AG (1951 bis 1978), der Tewidata AG (1983 bis 1985) und der Gerling Konzern Allgemeine Versicherungs-AG (1973 bis 1998) nur fünf weitere,
nicht börsennotierte Vorzugsaktien mit Höchstdividende.

Der Regelfall in Deutschland ist die *partizipierende* oder *partizipative Vorzugsaktie*, bei der der Aktionär auch nach Nachzahlung etwaiger rückständiger
Vorzugsdividenden und Bedienung des Dividendenvorzugs für das letzte Geschäftsjahr noch am ausgeschütteten Gewinn beteiligt ist. Zu unterscheiden ist
hierbei zwischen Vorzugsaktien mit einfacher prioritätischer Dividende und solchen mit Mehrdividende.[401]

Haben die Vorzugsaktien eine *einfache prioritätische Dividende*, wird der nach
Ausschüttung des Dividendenvorzugs D verbleibende Gewinn zunächst an die

---

pitals multipliziert mit dem Grundkapitalanteil der Vorzugsaktien größer als das Produkt aus dem
Grundkapital der Vorzugsaktien und dem Liquidationsvorzug L ist.

[398] Vgl. die Auswertung der eigenen Erhebung in Abbildung 5, S. 245.
[399] Vgl. z. B. Heeren (2008), S. 110.
[400] Vgl. die ausführliche Darstellung im Abschnitt 1.4.2.2.
[401] Stimmrechtslose Vorzugsaktien ohne prioritätische Dividende, z.B. nur mit Mehrdividende, sind
erst seit 2016 zulässig. Dem Verfasser waren bis Ende 2017 keine solchen Gestaltungen bekannt.

Stammaktionäre verteilt, bis diese ebenfalls eine Dividende in Höhe des Dividendenvorzugs erhalten. Der danach noch ausschüttungsfähige Gewinn wird schließlich gleichmäßig auf beide Aktiengattungen verteilt. Im Ergebnis entfällt auf die Aktien beider Gattungen dieselbe Dividende, es sei denn, der Bilanzgewinn ist kleiner als $(S+V) \cdot D$, wobei S und V die Anzahlen der Stammaktien bzw. der stimmrechtslosen Vorzugsaktien bezeichnen. Der Vorteil für die Vorzugsaktionäre besteht also nur in der prioritätischen und bei Dividendenausfall nachzuholenden Zahlung des Vorzugs.

Die einfache prioritätische Dividende war bis 2015 auch der gesetzliche Regelfall:[402] Nach § 60 Abs. 1 AktG bemisst sich der Anteil der Aktionäre am Gewinn nach deren Grundkapitalanteil. Zwar kann die Satzung die Gewinnverteilung abweichend regeln (§ 60 Abs. 3 AktG), die bloße Festsetzung eines Dividendenvorzugs für die Vorzugsaktien bestimmt jedoch nur eine andere Reihenfolge der Gewinnverteilung und regelt nicht die Höhe des Gewinns pro Aktie. Da nach § 140 Abs. 1 AktG Vorzugsaktien ansonsten die gleichen Rechte wie Stammaktien gewähren, gilt auch § 60 Abs. 1 AktG, d. h. auf Vorzugsaktien entfällt ohne eine anders lautende statutarische Bestimmung bei ausreichendem Gewinn die gleiche Dividende wie auf Stammaktien.

Zahlreiche Aktiengesellschaften mit stimmrechtslosen Vorzugsaktien sehen in ihren Satzungen jedoch eine höhere Dividende auf Vorzugsaktien als auf Stammaktien vor, was die Attraktivität der Vorzugsaktie für Investoren steigern dürfte. Es haben sich verschiedene Varianten für die Zahlung einer solchen *Mehrdividende* (M) oder „Überdividende" entwickelt:[403]

(1) Nach Zahlung des Dividendenvorzugs D wird der verbleibende Bilanzgewinn zunächst an die Stammaktionäre ausgeschüttet, bis diese eine (geringere) Dividende in Höhe von $D-M$ erhalten. Ist der auszuschüttende Gewinn höher als $V \cdot D + S \cdot (D-M)$, erfolgt die Zuteilung auf beide Gattungen gleich-

---

[402] So auch Bezzenberger (1991b), S. 52. Nach der Neufassung von § 139 Abs. 1 AktG ab 2016 gilt auch weiterhin, dass eine prioritätische Dividende nachzahlbar ist, wenn die Satzung nichts anderes bestimmt. Allerdings ist eine prioritätische Dividende nun nicht mehr zwingend.

[403] Anstelle des Ausdrucks „Mehrdividende" werden in der Literatur auch die Bezeichnungen „Überdividende", „Zusatzdividende" und „Differenzdividende" [vgl. z. B. Depenbrock (1975), S. 206; Reckinger (1983), S. 125; Klein (1981), S. 29], historisch auch „Superdividende" [vgl. z. B. Schmalenbach (1908), S. 242] verwendet.

mäßig (pro rata). Die Dividende auf Vorzugsaktien ist also stets höher als die auf Stammaktien.[404]

(2) Nach Zahlung des Dividendenvorzugs D wird der verbleibende Bilanzgewinn zunächst an die Stammaktionäre ausgeschüttet, bis diese – wie bei der einfachen prioritätischen Dividende – eine ebenso hohe Dividende D erhalten. Ist der auszuschüttende Gewinn höher als $(V+S){\cdot}D$, erhalten zunächst die Vorzugsaktien die Mehrdividende M. Bei einem auszuschüttenden Gewinn über $(V+S){\cdot}D+V{\cdot}M$, erfolgt die Zuteilung pro rata. Die volle Mehrdividende wird bei dieser Variante also erst ab einem höheren Bilanzgewinn gezahlt.[405]

(3) Selten anzutreffen ist der Spezialfall von Typ (1), bei dem die Mehrdividende dem Dividendenvorzug entspricht ($M = D$). Dabei wird ein nach Zahlung des Dividendenvorzugs verbleibender Bilanzgewinn pro rata auf beide Gattungen verteilt. Der Anteil der Vorzugsaktionäre am Bilanzgewinn ist bei dieser Variante ceteris paribus am höchsten. Bisweilen wird diese Variante auch als „nachzahlbare Mehrdividende"[406] oder „absolute prioritätische Dividende"[407] bezeichnet.

Nicht unüblich ist, dass die Höhe der Mehrdividende nicht fix, sondern abhängig von der Ausschüttungshöhe ist. Dabei steigt die Mehrdividende meist in einer oder mehreren Stufen an, wenn die Dividende auf Stammaktien eine bestimmte Höhe erreicht bzw. überschreitet. Man spricht daher auch von einer *gestaffelten Mehrdividende*. Durch den Anstieg der Mehrdividende kann der Effekt gemildert werden, dass der relative Vorteil der Vorzugsaktien aus einer Mehrdividende gegenüber den Stammaktien mit zunehmender Ausschüttungshöhe sinkt und dass diese dadurch unattraktiver werden.[408] Allerdings gibt bzw. gab es auch Gesell-

---

[404] Polte (2005), S. 61, bezeichnet diese Ausgestaltung als „prioritätische Überdividende" und gibt an, dass es in seltenen Fällen auch eine „prioritätische Unterdividende" gäbe, bei der auf Stammaktien im Ergebnis eine höhere Dividende entfällt, bei der also M negativ ist.

[405] Polte (2005), S. 63, nennt diesen Typ „prioritätische Dividende mit Über-/Mehrdividende"; auch hier wird eine Ausgestaltung mit „Unterdividende" genannt.

[406] Z. B. in der Satzung der Schuler AG, Göppingen, vom 30.3.2006. Trotz der Bezeichnung ist auch bei dieser Konstruktion aber nicht die Mehrdividende an sich nachzahlbar, sondern nur die Mehrdividende bei vollständigem Ausfall der Dividende auf Stammaktien, die aber in diesem Fall der Vorabdividende im Sinne des § 139 Abs. 1 AktG entspricht.

[407] So Polte (2005), S. 64.

[408] Ein Beispiel hierfür sind die Vorzugsaktien der Ceconomy AG: Nach § 21 der Satzung in der Fassung vom 6.2.2017 erhalten die stimmrechtslosen Vorzugsaktien nach Zahlung der prioritäti-

schaften, bei denen die Mehrdividende mit zunehmender Stammdividende sinkt (z. B. bei der KSB AG und der AG Kühnle Kopp & Kausch) oder sogar entfällt (z. B. bei der WKM Terrain- und Beteiligungs-AG). Als Grund für eine solche Gestaltung ist denkbar, dass die Vorzugsaktionäre in schlechteren Geschäftsjahren (mit geringem Gewinn) für die Übernahme von Risiken ohne Einflussmöglichkeit entschädigt werden sollen, in guten Geschäftsjahren hierfür jedoch kein Anlass gesehen wird. Prinzipiell kann eine gestaffelte Mehrdividende an alle drei geschilderten Varianten für eine Mehrdividende geknüpft werden.

In der nachfolgenden Abbildung 1 werden die üblichen Fallgestaltungen noch einmal grafisch dargestellt, die gestaffelte Mehrdividende anhand der am häufigsten anzutreffenden Variante (2):

---

schen Dividende eine Mehrdividende in Höhe von 6 Cent und ab Erreichen einer Stammaktiendividende von 1,02 € eine Mehrdividende in Höhe von 10 % der Stammaktiendividende.

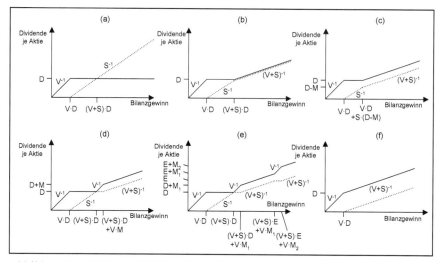

Abbildung 1:   Höhe der Dividenden auf Stamm- und Vorzugsaktien bei
               verschiedenen Typen von stimmrechtslosen Vorzugsaktien

(a) Vorzugsaktien mit limitierter Vorzugsdividende
(b) partizipative Vorzugsaktien mit einfacher prioritätischer Dividende
(c) partizipative Vorzugsaktien mit Mehrdividende [Typ (1)]
(d) partizipative Vorzugsaktien mit Mehrdividende [Typ (2)]
(e) partizipative Vorzugsaktien mit gestaffelter Mehrdividende
     [auf Basis von Typ (2)], hier mit $M_2 > M_1$ dargestellt
(f) partizipative Vorzugsaktien mit Mehrdiv. [Typ (3)],
     „nachzahlbare Mehrdividende"

——— Dividende der Vorzugsaktie

········· Dividende der Stammaktie

V = Anzahl der Vorzugsaktien, S = Anzahl der Stammaktien, D = Dividendenvorzug (in Geldeinheiten), M = Mehrdividende in Geldeinheiten (M_1 = Mehrdividende 1. Stufe; M_2=Mehrdividende 2. Stufe, gezahlt ab Stammdividende E)
Die Angaben an den Graphen geben den Anstieg der Geraden im jeweiligen
Teilstück an.
Die Darstellung setzt voraus, dass nur jeweils eine Gattung Stamm- und Vorzugsaktien existiert, die den gleichen Nennwert haben. Unter Bilanzgewinn ist hier
der gesamte ausgeschüttete Teil des Jahresüberschusses ohne Berücksichtigung
etwaiger Nachzahlungsbeträge zu verstehen. Quelle: Eigene Darstellung[409]

[409] Ähnliche Darstellungen wie in den Grafiken (a), (b) und (f) finden sich in Wöhe/Bilstein (1991),
       S. 49-50, dort als Zahlenbeispiel. Ebenso in Hartmann-Wendels/v. Hinten (1989), S. 267, ähnlich
       zu Abbildung (c).

2.2.4.4 Bezugsrecht bei ordentlichen Kapitalerhöhungen

In den Abschnitten 2.2.3.2 und 2.2.3.3 wurde schon ausführlich das Erfordernis einer Zustimmung der Vorzugsaktionäre zu einer Ausgabe höher- oder gleichrangiger Vorzugsaktien erörtert und die Ausnahme des statutarischen Vorbehalts der Ausgabe neuer Vorzugsaktien mit Gewährung des Bezugsrechts erwähnt (§ 141 Abs. 2 AktG). Da Vorzugsaktionären wie allen Aktionären grundsätzlich ein Bezugsrecht zusteht, stellt sich die Frage, wie bei ordentlichen Kapitalerhöhungen die gesetzliche Bestimmung umzusetzen ist, nach der jedem Aktionär ein seinem bisherigen Grundkapitalanteil entsprechender Teil der jungen Aktien zusteht (§ 186 Abs. 1 AktG).[410]

Werden im Zuge der Kapitalerhöhung nur stimmrechtslose Vorzugsaktien emittiert, steht den Stammaktionären ein entsprechender Anteil an den jungen Vorzugsaktien zu, wenn das Bezugsrecht nicht ausdrücklich ausgeschlossen wird.[411] Dadurch bleiben die Stimmenverhältnisse in der Hauptversammlung sowohl bei nicht aufgelebtem als auch bei aufgelebtem Stimmrecht unverändert. Auch wenn das Vorzugsrecht der bisherigen Vorzugsaktionäre rechtlich unangetastet bleibt, kann es im Falle der Ausgabe gleich- oder höherrangiger Vorzugsaktien aber wirtschaftlich beeinträchtigt sein, da nun auch die früheren Stammaktionäre mit ihren über das Bezugsrecht erworbenen Vorzugsaktien an einem Dividendenvorzug partizipieren. Zudem wird das Stimmrecht der bisherigen Vorzugsaktionäre in einer gesonderten Versammlung der Vorzugsaktionäre verwässert. Dementsprechend erfordern § 141 Abs. 2, 3 AktG auch die Zustimmung der Vorzugsaktionäre mit Dreiviertel-Mehrheit, sofern kein Satzungsvorbehalt vorliegt. In der Tatsache, dass die Vorzugsaktionäre nicht alle jungen Vorzugsaktien erhalten, ist aufgrund der Regelung in § 186 Abs. 1 AktG kein teilweiser Bezugsrechtsausschluss zu sehen.[412]

---

[410] Die folgenden Ausführungen zum Bezugsrecht gelten auch für vergleichbare Kapitalerhöhungen aus genehmigtem Kapital (Verweis in § 203 Abs. 1 AktG), soweit nicht ausdrücklich das Bezugsrecht ausgeschlossen wird, nicht jedoch für bedingtes Kapital, da hierbei – mit Zustimmung der Vorzugsaktionäre – kein Bezugsrecht besteht. Wird im Rahmen des Beschlusses über genehmigtes Kapital der Vorstand zur Ausgabe von Vorzugsaktien ermächtigt und das Bezugsrecht ausgeschlossen, darf der Vorstand bei fehlenden Vorgaben im Ermächtigungsbeschluss die konkrete Ausgestaltung des Gewinnvorzugs selbst festlegen, um „flexibel auf Situationen am Kapitalmarkt reagieren zu können", so Schleswig-Holsteinisches OLG (27.5.2004, Az. 5 U 2/04). Zum Vorgehen bei der Kapitalerhöhung aus Gesellschaftsmitteln vgl. Abschnitt 2.2.4.5 (S. 104).

[411] Schieber/Schweizer (2010), S. 102, nennen dies „erweitertes Bezugsrecht".

[412] So auch Bezzenberger (1991b), S. 151 f.

Umgekehrt erhalten im Zuge einer Kapitalerhöhung ausschließlich um Stammaktien die bisherigen Vorzugsaktionäre nach der o. g. Bestimmung grundsätzlich
ebenfalls den ihrem Grundkapitalanteil entsprechenden Anteil junger Stammaktien. Wäre dies nicht der Fall, gäbe es also einen – auch teilweisen – Bezugsrechtsausschluss für Vorzugsaktionäre, würde sich die Position der Vorzugsaktionäre bei aufgelebtem Stimmrecht im Vergleich zur Situation vor der Kapitalerhöhung verschlechtern. Der Dividendenvorzug bleibt bei Emission von
Stammaktien in jedem Fall rechtlich und wirtschaftlich unangetastet; jeder Vorzugsaktionär erhält aus einem Bilanzgewinn denselben Dividendenvorzug wie
zuvor. Allerdings wird eine etwaige Mehrdividende beeinträchtigt, da die Wahrscheinlichkeit der Zahlung einer Mehrdividende abnimmt. Hingegen verschlechtert sich ohne Bezugsrechtsausschluss für die Vorzugsaktionäre die Position der
Stammaktionäre: Ihr Anteil am stimmberechtigten Kapital und damit ihr Einfluss
bei allen Entscheidungen, die eine Stimmenmehrheit erfordern, nimmt ab.[413]
Allerdings muss eine Kapitalerhöhung mit Drei-Viertel-Kapitalmehrheit (§ 182
Abs. 1 AktG) und überdies mit Stimmenmehrheit,[414] also unter Beteiligung der
Stammaktionäre beschlossen werden.

Ein *Bezugsrechtsausschluss* für die Vorzugsaktionäre bei Ausgabe von Stammaktien erfordert – wie jeder Bezugsrechtsausschluss – gemäß § 186 Abs. 3 Satz 2
AktG mindestens eine Drei-Viertel-Kapitalmehrheit und wäre damit u. U. auch
gegen die Vorzugsaktionäre möglich.[415] Dennoch liegt ein solcher Bezugsrechtsausschluss nicht ausschließlich im Ermessen der Hauptversammlung: Nach h. M.
erfordert ein so schwer wiegender Eingriff in die Mitgliedschaftsrechte eine
sachliche Rechtfertigung: Er muss zur Erreichung des Zwecks geeignet und
erforderlich sein, im Interesse der Gesellschaft – nicht nur der Aktionärsmehrheit
– liegen und das Gesellschaftsinteresse muss die berechtigten Aktionärsinteres-

---

[413] Wie man leicht zeigen kann, beträgt der Stimmrechtsanteil eines Stammaktionärs mit einer Beteiligung von α vor der Kapitalerhöhung nach der Kapitalerhöhung um Stammaktien noch
$\alpha \cdot s \cdot (1+\Delta)/(s+\Delta)$, wobei s den prozentualen Grundkapitalanteil aller Stammaktien vor der Kapitalerhöhung und Δ die Kapitalerhöhung in Prozent des Grundkapitals bezeichnet. Dieser Anteil ist
offensichtlich kleiner als α. Aus den ersten Ableitungen des Faktors $F_1 = s \cdot (1+\Delta)/(s+\Delta)$ nach s
bzw. nach Δ erkennt man, dass der relative Stimmanteilsverlust umso größer ist, je größer c. p.
die Kapitalerhöhung bzw. je kleiner c. p. der Anteil der Stammaktien am Grundkapital ist.

[414] Das Erfordernis einer bestimmten Kapitalmehrheit ist stets nur eine zusätzliche Anforderung, da
eine Stimmenmehrheit nach § 133 Abs. 1 AktG für alle HV-Beschlüsse erforderlich ist; vgl. auch
Witt (2000), S. 346.

[415] Wie bereits erörtert, verlangt § 141 Abs. 3 S. 4 AktG einen Sonderbeschluss der Vorzugsaktionäre nur für den Ausschluss des Bezugsrechts auf gleich- oder höherrangige Vorzugsaktien.

sen (z. B. am Erhalt der Vermögensposition[416]) überwiegen.[417, 418] Dies gilt umso mehr, wenn der Vorstand zur Kapitalerhöhung und zum Bezugsrechtsausschluss ermächtigt ist (genehmigtes Kapital).[419]

Eine solche sachliche Rechtfertigung wird im Schrifttum bei Ausgabe von jungen Aktien beiderlei Gattung insbesondere beim sog. *„gekreuzten Bezugsrechtsausschluss"* als gegeben angesehen.[420] Dabei erfolgt eine Kapitalerhöhung um Stammaktien und stimmrechtslose Vorzugsaktien im Verhältnis ihrer bisherigen Grundkapitalanteile, wobei Aktionäre jeder Gattung nur ein Bezugsrecht auf Aktien derselben Gattung erhalten (*„Gattungsbezugsrecht"*): Vorzugsaktionäre erhalten ausschließlich junge Vorzugsaktien, Stammaktionäre erhalten ausschließlich junge Stammaktien. Es ist offensichtlich, dass hierbei die Stimmverhältnisse mit aufgelebtem und ohne aufgelebtes Stimmrecht der Vorzugsaktien unangetastet bleiben. Der „Charme" dieser Lösung liegt aber auch darin, dass dem Umstand Rechnung getragen wird, dass Vorzugsaktionäre tendenziell wenig an Stammaktien interessiert sein dürften (und vice versa), sowie dass die Aktionärsstrukturen der Stammaktien wie die der Vorzugsaktien nicht beeinflusst werden. Dies gilt jedenfalls dann, wenn das Verhältnis der jungen Stammaktien zu den jungen Vorzugsaktien dem bisherigen Verhältnis der Grundkapitalanteile

---

[416] Selbst wenn für Kleinaktionäre das Stimmrecht aufgrund einer verschwindend geringen Beteiligung praktisch wertlos ist, dürfte insb. bei überdurchschnittlichen Zukunftsaussichten und damit Renditechancen der Erhalt der Vermögensposition durch Ausnutzung des Bezugsrechts für Aktionäre wegen mangelnder Alternativanlagen von Interesse sein; vgl. auch Vollmer (1991), S. 1314.

[417] So z. B. Bezzenberger (1991a), S. 157 f., Münch (1993), S. 770, Hüffer (2014), S. 1245 (Rn. 25 ff.). Vgl. auch BGH (23.6.1997, Az. II ZR 132/93), S. 465. Der Schutzgedanke lag schon der Einführung des gesetzlichen Bezugsrechts im HGB 1897 zugrunde, vgl. Groß (1993), S. 449.

[418] Seit einer im Schrifttum häufig kritisierten Änderung des AktG im Jahre 1994 sind Bezugsrechtsausschlüsse dann auch ohne Prüfung des Gesellschaftsinteresses, der Erforderlichkeit und der Verhältnismäßigkeit zulässig, wenn eine Kapitalerhöhung gegen Bareinlagen nicht mehr als 10 % des Grundkapitals ausmacht und der Ausgabepreis nicht wesentlich unter dem Börsenpreis liegt. Durch wiederholte Anwendung dieser an sich zur Erleichterung der Eigenkapitalfinanzierung gedachten Regelung kann die Beteiligungs- und Stimmquote außenstehender Aktionäre schnell reduziert und sogar ein Squeeze-out ermöglicht werden. Für eine kritische Diskussion mit zahlreichen Nachweisen zum Missbrauch des Bezugsrechtsausschlusses vgl. Zöllner (2002). Bezzenberger (2002), S. 1917, 1930, plädiert hingegen im Interesse einer Erleichterung der Gewinnung externer Kapitalgeber für eine bloße Missbrauchskontrolle des Bezugsrechtsausschlusses anstelle einer zu formalen Verhältnismäßigkeitskontrolle. Eine Analyse von Rammert (1998) weckt jedoch Zweifel an der ökonomischen Vorteilhaftigkeit des „vereinfachten Bezugsrechtsausschlusses".

[419] Ähnlich LG Tübingen (15.11.1990, Az. 2 HO 116/89 u 174/89), S. 617 f.

[420] Vgl. Hüffer (2014), S. 1247 (Rn. 30), mit zahlreichen Nachweisen. An sich wäre die Bezeichnung „Ausschluss des gekreuzten Bezugsrechts" treffender.

von Stamm- und Vorzugsaktien entspricht. Für andere Fälle wird ein so genannter Spitzenausgleich vorgeschlagen:[421] Zunächst erhalten die Aktionäre der Gattung mit überproportionaler Kapitalerhöhung den ihrem Grundkapitalanteil entsprechenden Anteil an der Kapitalerhöhung in Form von jungen Aktien der eigenen Gattung; die Aktionäre der anderen Gattung erhalten alle jungen Aktien ihrer
Gattung und die restlichen jungen Aktien der anderen Gattung.[422] Im Fall der
überproportionalen Erhöhung des Stammaktienkapitals erhalten die Vorzugsaktien also auch junge Stammaktien.[423]

Nichtsdestotrotz erfordert der gekreuzte Bezugsrechtsausschluss nach h.M. eine
Zustimmung mit Dreiviertel-Kapitalmehrheit (§ 186 Abs. 3 AktG) und Stimmen-
mehrheit, jedoch keine separate Zustimmung der Vorzugsaktionäre zum Bezugs-
rechtsausschluss, da das Bezugsrecht auf junge Vorzugsaktien nicht ausgeschlos-
sen wird.[424] Dessen ungeachtet ist bei Ausgabe von gleich- oder höherrangigen
Vorzugsaktien die Kapitalerhöhung selbst zustimmungspflichtig (§ 141 Abs. 2
AktG), sofern sie nicht schon bei Ausgabe der Vorzugsaktien vorbehalten war.
Bei unverändertem Dividendenvorzug hat der einzelne Aktionär mit der nach
Kapitalerhöhung gestiegenen Anzahl an Vorzugsaktien nun einen höheren
betragsmäßigen Anspruch auf eine – bis 2015 zwingende – Vorabdividende. Aus

---

[421] Vgl. z.B. Frey/Hirte (1989), S. 2467. Ein Spitzenausgleich rechtfertigt unstrittig jedenfalls dann
einen teilweisen Bezugsrechtsausschluss, wenn er nur dazu dient und erforderlich ist, ein prakti-
kables Bezugsverhältnis zu erreichen, wenn also die „freien Spitzen" nur einen geringen Umfang
annehmen; vgl. z.B. Hüffer (2014), S. 1246 (Rn. 29).

[422] Beispiel: Besteht das Grundkapital einer Gesellschaft aus 75 Stamm- und 25 Vorzugsaktien gleichen Nennwerts und erfolgt eine Kapitalerhöhung um 20 Stamm- und 20 Vorzugsaktien (also
eine überproportionale Erhöhung der Vorzugsaktien), so erhalten die Vorzugsaktionäre – da ihnen insgesamt 10 der jungen Aktien zustünden – 10 junge Vorzugsaktien, die Stammaktionäre erhalten die gesamten 20 jungen Stammaktien und die übrigen 10 Vorzugsaktien, insgesamt also 30
junge Aktien, wie dies ihrem Grundkapitalanteil entspricht.

[423] Nach einer Mindermeinung sei das Gattungsbezugsrecht der gesetzliche Regelfall und nicht das
noch zu erläuternde Mischbezugsrecht, da eine Verwässerung der Stimmquote als im Vergleich
zum Mischbezugsrecht „schonender" anzusehen sei, vgl. Groß (1993), S. 452.

[424] So z.B. Münch (1993), S. 771. Aus Sicht der Vertreter der Mindermeinung stellt das Gattungsbezugsrecht den gesetzlichen Regelfall dar und erfordert daher auch keinen Beschluss über einen
– gekreuzten – Bezugsrechtsausschluss, vgl. z.B. Groß (1993), S. 453. Bezzenberger (1991a),
S. 155, S. 161 und S. 166, führt aus, dass aus § 186 AktG kein Schutz gattungsspezifischer Rechte abzuleisen sei, da dies allein durch Sonderbeschlussregelungen abgedeckt werde, sondern dass
vielmehr Aktionäre nur vor Eingriffen in allgemeine Mitgliedschaftsrechte bewahrt werden sollen. § 186 AktG sei daher im Falle eines Gattungsbezugsrechts nicht einschlägig; konkrete Eingriffe in Gattungsrechte durch einen Mehrheitsbeschluss seien nur danach zu beurteilen, ob ein
Sonderbeschluss erforderlich und erteilt ist. Da dies aus § 141 Abs. 2 AktG nicht hervorgeht,
seien allein die in der Hauptversammlung stimmberechtigten Aktionäre berufen, über die gat-
tungsmäßige Ausgestaltung der jungen Aktien zu entscheiden.

Sicht der Stammaktionäre folgt aus einem größeren Dividendenvorab bei Befriedigung des vollen Dividendenvorzugs der gestiegenen Anzahl Vorzugsaktien eine geringere Wahrscheinlichkeit der Ausschüttung einer Dividende auf die Stammaktien. Diese Schlechterstellung erscheint allerdings wirtschaftlich gerechtfertigt, da Eigenkapital von Nicht-Stammaktionären aufgenommen und investiert werden konnte, ohne dass die Stammaktionäre an Stimmkraft verloren haben. Wollte man die Höhe eines als Dividendenvorzug auszuschüttenden Anteils am Bilanzgewinn bei der Kapitalerhöhung konstant halten, müsste der Vorzug im Verhältnis der Kapitalerhöhung herabgesetzt werden. Hierzu dürften Vorzugsaktionäre, die neues Kapital bereitstellen, nicht bereit sein; ohnehin erforderte eine solche Beschränkung des Vorzugs deren Zustimmung.

Nach dem Wortlaut von § 186 Abs. 1 AktG ist der gesetzliche Regelfall bei Ausgabe von Stamm- und zugleich Vorzugsaktien – nach derzeit h. M. – das so genannte „*Mischbezugsrecht*" oder „*gekreuztes Bezugsrecht*", bei dem jede Gattung einen ihrem Grundkapital entsprechenden Anteil der jungen Aktien beider Gattungen erhält.[425, 426] Da es keinen Bezugsrechtsausschluss gibt, ist auch keine separate Zustimmung der Stamm- oder Vorzugsaktionäre hierzu erforderlich, allerdings wie oben ein Sonderbeschluss der Vorzugsaktionäre zur Kapitalerhöhung um gleich- oder höherrangige Vorzugsaktien, sofern kein entsprechender Satzungsvorbehalt besteht. Dies gilt auch dann, wenn die jungen Aktien beider Gattungen nicht im Verhältnis der bisherigen Grundkapitalanteile begeben wer-

---

[425] Vgl. z. B. Münch (1993), S. 773. Anderer Auffassung Frey/Hirte (1989), S. 2467, die aus der gesetzlichen Regelung bei der Kapitalerhöhung aus Gesellschaftsmitteln, nach der das Verhältnis der Gattungen durch eine solche Kapitalerhöhung nicht berührt wird (§ 216 Abs. 1 AktG), schlussfolgern, dass der Gesetzgeber generell die Inhaber der Aktien verschiedener Gattungen getrennt halten will. Groß (1993), S. 451, argumentiert, dass der Wortlaut des § 186 Abs. 1 AktG nur die „quantitative" Seite der Kapitalerhöhung, also den Anteil an der gesamten Kapitalerhöhung, regele, nicht jedoch die „qualitative" Seite, also die Gattung, auf die ein Bezugsrechtsanspruch besteht; ähnlich auch Bezzenberger (1991a), S. 161. Nach dieser Argumentation würden allerdings die wirtschaftlich identischen Sachverhalte einer Kapitalerhöhung mit Stamm- und Vorzugsaktien einerseits und die nacheinander folgende separate Kapitalerhöhung zunächst um Stamm- und anschließend um Vorzugsaktien andererseits zu verschiedenen Ergebnissen führten, da im zweiten Fall zweifelsohne Stammaktien Bezugrechte auf junge Vorzugsaktien hätten (und vice versa).

[426] Nach Ansicht von Bezzenberger (1991b), S. 153 f., folgt ohne anderslautenden Beschluss zwar ein Mischbezugsrecht; er sieht das Gattungsbezugsrecht jedoch als gleichwertig an und sieht daher hierfür wie die anderen Vertreter der Mindermeinung kein Erfordernis zur Genehmigung eines Bezugsrechtsausschlusses. Wenn stimmrechtslose Vorzugaktien nach § 139 AktG geschaffen worden sind, könne man annehmen, dass sich diese nicht wieder aufgrund anderer Gesetzesbestimmungen mit den Stammaktien verflechten müssen.

den.[427] Wie bei allen Kapitalerhöhungen ohne (oder mit gekreuztem) Bezugsrechtsausschluss ändert sich im Falle eines aufgelebten Stimmrechts auch beim Mischbezugsrecht die Stimmkraft der Aktionäre nicht. Im Regelfall der Stimmrechtslosigkeit der Vorzugsaktien verringert sich allerdings die Stimmkraft der bisherigen Stammaktionäre, da nun auch bisherige Vorzugsaktionäre Stammaktien erhalten. Der relative Stimmkraftverlust der Stammaktionäre ist jedoch nicht so hoch wie bei der ausschließlich Emission junger Stammaktien.[428] Mit der gestiegenen Anzahl der Vorzugsaktien steigt auch die aus einem Bilanzgewinn zuerst zu zahlende Summe aus Dividendenvorzügen, an denen nun aber auch bisherige Stammaktionäre partizipieren. Die Vorzugsaktionäre müssen einer solchen mittelbaren Beeinträchtigung des Vorzugs durch die Kapitalerhöhung aber wie schon erwähnt zugestimmt haben.

Es kann nicht ernstlich bestritten werden, dass das Gattungsbezugsrecht die Zielsetzung des Bezugsrechts, nämlich die Erhaltung der Rechtsposition des Aktionärs, in jeder Hinsicht besser erfüllen kann.[429] Der Wortlaut des § 186 Abs. 1 AktG steht dem als gesetzlicher Regelfall aber entgegen.[430] Zudem verlangt § 140 Abs. 1 AktG, dass den Vorzugsaktien mit Ausnahme des Stimmrechts alle Rechte gewährt werden; zweifelsohne ist das Bezugsrecht eines der wichtigsten mitgliedschaftlichen Rechte und steht daher Vorzugsaktionären in gleicher Weise zu wie Stammaktionären.[431]

Aus ökonomischer Sicht ist zu beachten, dass – insbesondere beim Gattungsbezugsrecht – ein angemessenes *Verhältnis der Bezugskurse* für die jungen Stamm- und die jungen Vorzugsaktien festgelegt wird; rechtliche Schranken ergeben sich durch das Verbot einer Unter-Pari-Emission (§ 9 Abs. 1 AktG), den

---

[427] So auch Bezzenberger (1991a), S. 163 f.

[428] Ein Stammaktionär mit einer bisherigen Stammaktienbeteiligung von α hat nach einer Kapitalerhöhung mit Mischbezugsrecht noch einen Stimmenanteil von $\alpha \cdot (1+s \cdot \Delta)/(1+\Delta) < \alpha$. Es lässt sich leicht zeigen, dass der Faktor $F_2 = (1+s \cdot \Delta)/(1+\Delta)$ stets größer als der Faktor F_1 (vgl. Fußnote 413) ist. Dieses Ergebnis ist auch intuitiv klar, da die Vorzugsaktionäre beim Mischbezug weniger junge Stammaktien erhalten als bei einer reinen Kapitalerhöhung um Stammaktien.

[429] Daher bestehen – wie oben ausgeführt – auch keine Zweifel an der sachlichen Rechtfertigung und der Verhältnismäßigkeit eines solchen Bezugsrechtsausschlusses.

[430] Selbst wenn die in Fußnote 425 erwähnte Argumentation von Groß (1993) zuträfe, dass § 186 Abs. 1 AktG nur die quantitative Beteiligung an der Gesamtkapitalerhöhung regele, bleibt offen, aus welcher Rechtsnorm dann die vorgeschlagene Aufteilung der jungen Stamm- und Vorzugsaktien zu ihren bisherigen Stamm- bzw. Vorzugsaktionären folgen soll. Erst recht wenn die Kapitalerhöhung nicht pari passu erfolgte, fehlte für den wohl von Frey/Hirte (1989) konstruierten Spitzenausgleich jede erkennbare Rechtsgrundlage.

[431] Vgl. Münch (1993), S. 772.

im Kapitalerhöhungsbeschluss festzulegenden Mindestbetrag für die Ausgabe der jungen Aktien (§ 182 Abs. 3 AktG) sowie die Anfechtungsmöglichkeit bei unangemessen niedrigem Ausgabekurs im Falle eines Bezugsrechtsausschlusses (§ 255 Abs. 2 AktG).[432, 433] Ist z. B. der Bezugskurs für die jungen Vorzugsaktien im Vergleich zum Bezugskurs der jungen Stammaktien zu hoch, folgt daraus, dass der rechnerische Wert des Bezugsrechts[434] der bisherigen Vorzugsaktien zu gering ist und somit eine Bevorteilung der bisherigen Stammaktionäre und eine Vermögensverschiebung zu deren Gunsten vorliegt.[435] Diese liegt darin begründet, dass die Stammaktionäre überwiegend in das gewinnverteilungsberechtigte Grundkapital einzahlen, während die Vorzugsaktionäre bei einem relativ höheren Bezugskurs ein höheres Agio aufbringen und zudem relativ mehr Investitionsmittel zur Verfügung stellen, deren Erträge sowohl Stamm- als auch Vorzugsaktien abgesehen von einer Mehrdividende im Verhältnis der Gattungen zustehen.[436] Beim Mischbezugsrecht vermindert sich das Problem in dem Maße, in dem der Anteil des Vorzugsaktienkapitals gegen sein Maximum 50 % geht.

Fraglich ist allerdings, welche Werte für die Angemessenheit der Bezugskurse maßgeblich sind. Zum Teil besteht die Auffassung, dass sich ein angemessenes Bezugspreisverhältnis am Verhältnis der Börsenkurse orientiert.[437] Nach anderer Ansicht wird mit Verweis auf den Gleichbehandlungsgrundsatz die Gleichheit

---

[432] Unterschiedliche Ausgabekurse widersprechen nicht dem Gleichheitsgrundsatz (§ 53a AktG), da dieser wegen § 11 Satz 2 AktG nur innerhalb einer Gattung gilt; vgl. ausführlich Trölitzsch (1993). Der Gleichbehandlungsgrundsatz gebietet nach Ansicht von Bezzenberger (1991a), S. 165, sogar die Festlegung unterschiedlicher Bezugskurse, da sonst das Bezugsrecht der Aktien mit dem geringeren (Kurs-)Wert minderwertiger wäre (siehe auch die Nachweise im Anhang A).

[433] Daneben ist zu beachten, dass ein unangemessen hoher Bezugskurs wie ein „faktischer Bezugsrechtsausschluss" wirkt und entsprechend unzulässig ist. Übersteigt der Bezugskurs den Wert der Aktie, wäre der Aktionär zur Aufrechterhaltung seiner Stimmquote zu einer unwirtschaftlichen Investition gezwungen; bei einer nicht börsennotierten Gesellschaft wäre auch der hierzu alternativ mögliche Zukauf an der Börse ausgeschlossen. Vgl. Groß (1993), S. 455.

[434] Dieser wird berechnet als Quotient aus der Differenz des Börsenkurses der Aktie und dem Bezugspreis einerseits und dem mit eins addierten Bezugsverhältnis alter zu junger Aktien andererseits.

[435] Wie man leicht zeigen kann, bleibt auf einem vollkommenen Kapitalmarkt das Kursverhältnis der Stamm- und Vorzugsaktien bei einem Gattungsbezugsrecht vor und nach der Kapitalerhöhung genau dann unverändert, wenn auch die Bezugspreise dieses Kursverhältnis aufweisen. Daraus folgt weiter, dass auch die rechnerischen Werte der Bezugsrechte dasselbe Preisverhältnis aufweisen. Vergleich die Erläuterungen im nächsten Absatz und den Nachweis in Anhang A, Buchst. ab).

[436] Vgl. Schieber/Schweizer (2010), S. 105.

[437] In Bezug auf die Anwendung bei der Festlegung unterschiedlicher Bezugskurse für Stamm- und Vorzugsaktien findet sich eine vertiefte Diskussion bei Trölitzsch (1993), S. 1458 f.

der rechnerischen Bezugsrechtswerte für Stamm- und Vorzugsaktionäre als Maßstab verwendet.[438] Beide Ziele sind nicht miteinander vereinbar: Beim Gattungsbezugsrecht besteht für Stamm- und Vorzugsaktionäre dasselbe Bezugsverhältnis
im Rahmen der Kapitalerhöhung. Für die Gleichheit der rechnerischen Bezugsrechtswerte müsste deshalb die Differenz aus dem aktuellen Börsenkurs der
jeweiligen Altaktie und dem Bezugspreis der jeweiligen Gattung gleich sein. Mit
anderen Worten müsste die Differenz der Bezugspreise der Differenz der Börsenkurse der Aktien entsprechen.[439] Da die Bezugspreise unter den aktuellen
Börsenkursen liegen, wäre der prozentuale Abschlag des Bezugspreises für den
Bezug niedriger notierender Vorzugsaktien im Vergleich zum Bezugspreis der
Stammaktien größer als der prozentuale Kursabschlag der Vorzugsaktien gegenüber den Stammaktien.[440] Aus ökonomischer Sicht sollte aber nicht der absolute
Bezugsrechtswert gleich groß sein, sondern der Bezugsrechtswert in Bezug auf
den Marktwert (Kurs) der Aktie. Dies wird beim Gattungsbezugsrecht tatsächlich
durch ein Verhältnis der Bezugspreise in Höhe des Kursverhältnisses der Altaktien gewährleistet.[441, 442]

Bei der obigen Argumentation wurde die „klassische" Berechnung des Bezugs-
rechtswerts zugrunde gelegt. Diese berücksichtigt jedoch eine aufgrund der Kapitalerhöhung ergebende Wertsteigerung des Unternehmens über das eingezahlte
Kapital hinaus nicht; mit anderen Worten wird implizit unterstellt, dass der Kapitalwert des investierten Kapitals null ist. Wenn jedoch das Unternehmen keine
bessere Rendite erwirtschaften würde als Alternativanlagen, bestünde kein Anreiz, an der Kapitalerhöhung teilzunehmen. Um unter Berücksichtigung einer
Wertsteigerung durch die Kapitalerhöhung ein dem Kursverhältnis der Vorzugs-

---

[438] So z. B. Bezzenberger (1991b), S. 154, Bezzenberger (1991a), S. 165.

[439] Siehe den detaillierten Nachweis in Anhang A, Buchst. aa).

[440] Für die *Gleichheit der Bezugsrechtswerte* im Falle eines *Mischbezugs* muss gelten, dass die mit
dem Anteil der Stammaktien am Grundkapital multiplizierte Differenz aus dem Kurs der alten
Stammaktien und dem Bezugskurs der jungen Stammaktien genauso groß ist wie die mit dem
Anteil der Vorzugsaktien am Grundkapital multiplizierte Differenz aus dem Kurs der alten Vorzugsaktien und dem Bezugskurs der jungen Vorzugsaktien. Nur bei einer Vorzugsaktienquote
von 50 % gilt daher das für das Gattungsbezugsrecht Gesagte; bei kleinerer Vorzugsaktienquote
muss die Differenz der Bezugspreise größer sein. Siehe den Nachweis im Anhang A, Buchst. ba)
mit weiteren Details.

[441] Siehe den detaillierten Nachweis im Anhang A, Buchst. ab).

[442] Auch für ein *dem Kursverhältnis entsprechendes Bezugsrechtswertverhältnis* ist im Falle eines
Mischbezugs das gleich hohe Verhältnis der Bezugspreise nur dann angemessen, wenn der Anteil
des Vorzugsaktienkapitals 50 % beträgt; bei kleinerer Vorzugsaktienquote muss der Abschlag des
Bezugspreises der jungen Vorzugsaktien größer als der Kursabschlag sein. Siehe den detaillierten
Nachweis im Anhang A, Buchst. bb).

und Stammaktien entsprechendes Verhältnis der Bezugsrechtswerte zu erzielen, müssten die Stammaktionäre unter der üblichen Annahme eines höheren Kurswertes im Vergleich zu den Vorzugsaktien bei einem Bezugspreisverhältnis in Höhe des Kursverhältnisses einen höheren Anteil an dem Wertzuwachs erhalten, als ihrem Grundkapitalanteil entspricht, bzw. müssen die Vorzugsaktionäre einen höheren Bezugspreis zahlen, wenn der Marktwertzuwachs entsprechend den Grundkapitalanteilen aufgeteilt werden soll.[443]

Tatsächlich dürften Stammaktionäre einen im Vergleich zu dem so ermittelten angemessenen Wert noch höheren Anteil am Wertzuwachs erzielen: Die Stammaktionäre kontrollieren nach einer gemischten Kapitalerhöhung mit Gattungsbezugsrecht (und im Übrigen auch bei einer Kapitalerhöhung nur um Vorzugsaktien) mit unveränderter Stimmkraft eine Gesellschaft mit gestiegenem Eigenkapital und höherer Bilanzsumme, weshalb der Wert des Stimmrechts tendenziell ansteigen und sich die Stammaktienkurse besser als die Vorzugsaktienkurse entwickeln dürften.[444, 445]

In der Praxis ist bei Dual-Class-Unternehmen das Gattungsbezugsrecht am häufigsten anzutreffen.[446] Stammaktionäre sind nicht an einer Verwässerung ihrer Stimmkraft interessiert, was jedoch bei Emission von Stammaktien oder Mischbezugsrecht ohne Bezugsrechtsausschluss nicht zu vermeiden ist. Die ausschließliche Emission junger Vorzugsaktien würde zwar die Stimmkraft der Stammaktionäre erhalten, die wirtschaftliche Beeinträchtigung des Dividendenvorzugs lässt eine Zustimmung der Vorzugsaktionäre aber fraglich erscheinen. Zudem ist diese Variante nicht durchführbar, wenn – wie häufig anzutreffen – mit einem 50%-igen Grundkapitalanteil der Vorzugsaktien die Obergrenze gem. § 139

---

[443] Vgl. hierzu exemplarisch für das Gattungsbezugsrechts den Nachweis im Anhang A, Buchst. c).

[444] Ähnlich argumentieren auch Frey/Hirte (1989), S. 2467. Auch Nicodano (1998), S. 1118, und Hoffmann-Burchardi (1999), S. 3 und S. 13, kommen empirisch zu dem Ergebnis, dass der Umfang der für einen Mehrheitsaktionär erzielbaren privaten Vermögensvorteile und der Wert des Stimmrechts mit höherem kontrollierten Vermögen ansteigt. Vgl. hierzu Abschnitt 4.2.2.

[445] Aus dem gleichen Grund führt im Übrigen ein Bezugsrechtsausschluss bei Ausgabe von Stammaktien zu einer Verlagerung des in den Aktienkursen enthaltenen Stimmrechtswerts von den alten auf die neuen Aktionäre, vgl. auch Zöllner (2002), S. 590 f. Dies ist besonders dann problematisch, wenn – wie in der Vergangenheit nicht selten vorgekommen – der neue Investor dem Großaktionär nahe steht. Auch dabei partizipieren Vorzugsaktien bestenfalls unterdurchschnittlich an eventuellen Kurssteigerungen.

[446] Nach den Ergebnissen von Hartmond (1993), S. 81, bestanden bei 58,8 % der Kapitalerhöhungen von Dual-Class-Unternehmen Gattungsbezugsrechte, während in 35,3 % der Fälle nur das Kapital einer Gattung erhöht wurde (ohne Bezugsrechtsausschluss). Das Mischbezugsrecht spielt mit 5,9 % nur eine untergeordnete Rolle. Vgl. auch Klein (1981), S. 53.

Abs. 2 AktG ausgeschöpft ist. Ein Mischbezugsrecht wird insbesondere dann zum Tragen kommen, wenn die Vorzugsaktionäre in einer krisenhaften Unternehmenssituation bei aufgelebtem Stimmrecht einen gekreuzten Bezugsrechtsausschluss verhindern können und dies verhindern, um sich einen Zugriff auf Stammaktien zu sichern, oder wenn die Finanzierungsmöglichkeiten der Stammaktionäre erschöpft sind und eine ausschließliche Finanzierung über Vorzugsaktien wegen Erreichens der 50%-Grenze nicht mehr möglich ist.[447]

2.2.4.5 Dividendenvorzug bei Kapitalerhöhungen aus Gesellschaftsmitteln

Eine kumulative Vorzugsdividende ist dem Vorzugsaktionär materiell gesichert, d. h. ihre relative Bedeutung darf – wie jedes andere Einzelrecht der Gattung – auch durch eine Kapitalerhöhung aus Gesellschaftsmitteln nicht verändert werden; dies muss bei solchen Kapitalerhöhungen nach § 216 Abs. 1 AktG für jede Gattung gelten. Durch eine proportionale Erhöhung des Grundkapitals und der Stückzahl jeder Gattung entfiele bei einer unveränderter Vorzugsdividende pro Aktie allerdings in der Summe ein höherer Vorwegabzug zugunsten der Vorzugsaktionäre aus einem durch die Kapitalmaßnahme nicht beeinflussten Bilanzgewinn, was eine Benachteiligung der Stammaktionäre und anderer nachrangiger Gattungen zugunsten der Vorzugsaktionäre bedeuten würde und daher unzulässig ist.[448] Daher muss bei einer Kapitalerhöhung aus Gesellschaftsmitteln die Höhe eines Dividendenvorzugs im Verhältnis der Kapitalerhöhung herabgesetzt und auf alte und junge Aktien verteilt werden, sodass der absolute Betrag des Gewinnvoraus vor und nach der Kapitalerhöhung unverändert bleibt. Die Kürzung eines Dividendenvorzugs pro Aktie aus diesem Grund ist daher keine Beschränkung des Vorzugs im Sinne des § 141 Abs. 1 AktG, da die Rechtsposition jedes Vorzugsaktionärs (und jedes anderen Aktionärs) unverändert bleibt.[449,450]

---

[447] So auch Schieber/Schweizer (2010), S. 105.

[448] Haben Letztere einer solchen Vorgehensweise zugestimmt, ist das Vorgehen rechtlich allerdings nicht zu bemängeln, vgl. LG Tübingen (15.11.1990, Az. 2 HO 116/89 u 174/89), S. 618.

[449] Vgl. LG Tübingen (15.11.1990, Az. 2 HO 116/89 u 174/89), S. 618, sowie OLG Stuttgart (11.2.1992, Az. 10 U 313/90), S. 95. Im Fall der Hugo Boss AG wurde eine Kapitalerhöhung aus Gesellschaftsmitteln im Verhältnis 3:1 vorgenommen. Aus Sicht des Gerichtes war es gerechtfertigt, dass der Vorzugsbetrag von 4 % vor der Kapitalmaßnahme auf 3 % gesenkt wurde: Ein Vorzugsaktionär mit 3 Aktien erhält mit seinen 4 Aktien nach der Kapitalerhöhung den gleichen absoluten Vorzugsbetrag. Somit bleibt auch die Summe des Dividendenvorabs aller Vorzugsaktionäre gleich und auch Stammaktionäre werden weder besser noch schlechter gestellt.

[450] Theoretisch wäre es zwar auch denkbar, dass die Vorzugsaktionäre im Rahmen der Kapitalerhöhung aus Gesellschaftsmitteln solche Vorzugsaktien erhalten, die einen herabgesetzten Vorzugsbetrag aufweisen, durch den der aggregierte Vorzugsbetrag aller Vorzugsaktien unverändert

2.2.4.6 Dividendenvorzug bei Kapitalherabsetzungen

Bei der Herabsetzung des Grundkapitals einer Aktiengesellschaft (§ 222 AktG) wird auf Beschluss der Hauptversammlung mit qualifizierter Mehrheit (mindestens drei Viertel des vertretenen Kapitals) ein Teil des Grundkapitals in Rücklagen verwandelt und steht somit prinzipiell zur Ausschüttung zur Verfügung. Da hierdurch das grundsätzliche Verbot der Einlagenrückgewähr (§ 57 AktG) durchbrochen würde, ist eine Ausschüttung allerdings erst dann zulässig, wenn den Gläubigern, denen das Grundkapital ja als Haftungsmasse zur Verfügung steht, Kompensation oder Besicherung gewährt worden ist (§ 225 AktG).[451] Neben dem Kapitalschnitt zur Vorbereitung einer Sanierung als Hauptanwendungsfall von Kapitalherabsetzungen werden diese auch nach der Einziehung von Aktien und zur Freistellung von überschüssigem Kapital verwendet – Letzteres in Form einer Teilliquidation bei zurückgegangenem Geschäftsvolumen oder der Einstellung von Geschäftszweigen sowie in Form einer Realteilung (Unternehmensspaltung), d. h. der Ausstattung eines neu zu gründenden Unternehmens mit Grundkapital. Mit diesem Ziel werden auch Kapitalherabsetzungen für die Kapitalausstattung von Zweckgesellschaften zur Verbriefung von Bilanzaktiva (Asset-Backed Securities) durchgeführt.[452] Praktisch wird die Kapitalherabsetzung bei Stückaktien durch Neufestsetzung des Grundkapitals und bei Nennwertaktien durch Herabsetzung des Nennwertes bzw. bei Unterschreiten des Mindestnennwertes durch Zusammenlegung von Aktien durchgeführt (§ 222 Abs. 4 AktG).[453] Die wirtschaftliche Bedeutung von Kapitalherabsetzungen wird oft unterschätzt; in den Jahren 1960-1994 waren bei Aktiengesellschaften durch-

---

bleibt. Dadurch würde aber eine separate Gattung Vorzugsaktien entstehen, was § 216 Abs. 1 AktG widerspricht, wonach das Verhältnis der Aktiengattungen durch die Erhöhung nicht berührt werden darf. Für die neue Gattung mit mglw. geringem Kapitalanteil ergeben sich z. B. separate Sonderbeschluss-Erfordernisse und so Vetorechte bei wesentlichen Maßnahmen der Gesellschaft; vgl. Polte (2005), S, 150-152.

[451] Dies gilt bei der ordentlichen Kapitalherabsetzung. Bei der vereinfachten Kapitalherabsetzung zur Sanierung gilt nur ein eingeschränkter Gläubigerschutz; allerdings sind dabei auch keine Auszahlungen an Aktionäre zulässig (§ 230 AktG).

[452] Vgl. Oechsler (2001), S. 8 f. Der Vollständigkeit halber sei als weiteres Motiv die „Begradigung" der Grundkapitalziffer, insbesondere zur Erlangung eines klareren Bezugsverhältnisses bei künftigen Kapitalerhöhungen erwähnt; vgl. ebd. und Lutter (1995), S. 649. Schließlich kann durch eine Kapitalerhöhung aus Gesellschaftsmitteln mit anschließender Kapitalherabsetzung eine Verminderung gebundener Rücklagen (z. B. der Kapitalrücklage) zugunsten freier Rücklagen erreicht werden; vgl. Weiss (2005), S. 2702.

[453] Ferner ist die Kapitalherabsetzung durch Einziehung von Aktien möglich; vgl. 2.2.5.3, 2.2.5.4.

schnittlich 22 Kapitalherabsetzungen pro Jahr mit einem Herabsetzungsbetrag von bis zu 1 Mrd. DM zu verzeichnen.[454]

Bilanztechnisch erfolgt die Kapitalherabsetzung genau umgekehrt zur Kapitalerhöhung aus Gesellschaftsmitteln. Daher verändert sich das betragsmäßige Dividendenvorrecht eines Vorzugsaktionärs bei der Kapitalherabsetzung symmetrisch hierzu auch nicht, wenn bei Nennwertaktien der prozentuale Dividendenvorzug entsprechend der Herabsetzungsquote heraufgesetzt wird[455] oder wenn bei Stückaktien der absolute Dividendenvorzug gleich bleibt (der Gewinn und die prozentuale Beteiligung des Vorzugsaktionärs ändern sich ja durch Kapitalherabsetzung nicht). In diesen Fällen wird der Vorzug offensichtlich nicht beschränkt und somit ergibt sich auch kein Sonderbeschluss-Erfordernis nach § 141 Abs. 1 AktG.[456]

Umstritten ist allerdings die Beurteilung des Falls, dass eine Vorabdividende durch die Herabsetzung faktisch gekürzt wird, indem der prozentuale Dividendenvorzug einer Nennwertaktie beibehalten wird. In diesem Fall erhalten die Vorzugsaktionäre einzeln und in der Summe eine betragsmäßig geringere Vorzugsdividende, ohne dass sich der Bilanzgewinn verändert. Die Kapitalherabsetzung führt also zu einer Beeinträchtigung des Vorzugs. Ein Sonderbeschluss ist nur für unmittelbare Beeinträchtigungen des Vorzuges (§ 141 Abs. 1 AktG) und mittelbare Beeinträchtigungen durch Ausgabe von höher- oder gleichrangigen Vorzugsaktien (§ 141 Abs. 2 AktG) erforderlich.[457] Die Beschränkung des Vorzuges bei der beschriebenen Kapitalherabsetzung ist nach h.M. und bisheriger Rechtsprechung ausschließlich wirtschaftlicher Art und wirkt nur mittelbar, da sie nicht Ziel der Kapitalherabsetzung sei. Den Vorzugsaktionären werde ein prozentual gleich hohes Dividendenvorrecht für die Zukunft nicht genommen.[458] Da § 141 Abs. 2 AktG eine abschließende Regelung für mittelbare Beeinträchti-

---

[454] Vgl. Oechsler (2001), S. 6, und Lutter (1995), S. 651.

[455] Wird z.B. bei einer Vorzugsaktie mit einem Nennwert von 5 € und einer Vorabdividende von 2% eine Kapitalherabsetzung auf einen Nennwert von 1 € vorgenommen, erhält der Vorzugsaktionär nur dann den gleichen Dividendenvorzug in Höhe von 0,10 €, wenn der Vorzugssatz auf 10% angehoben wird.

[456] So z.B. Frey/Hirte (1989), S. 2469; Bezzenberger (1991b), S. 174. Das Sonderbeschlusserfordernis gem. § 222 Abs. 2 AktG gilt nur für stimmberechtigte Gattungen.

[457] Ein Gattungsbeschluss nach § 222 Abs. 2 AktG ist seit dessen Neufassung 1998 explizit und war zuvor schon wegen der angenommenen Spezialität des § 141 AktG ausgeschlossen, und zwar auch dann, wenn das Stimmrecht der Vorzugsaktien aufgelebt ist (vgl. hierzu Seite 72).

[458] So LG Frankfurt/Main (25.4.1991, Az. 3/11 O 179/89), S. 1501 f., im Fall der Kapitalherabsetzung der früheren coop AG im Verhältnis 32123:1. Diese Ansicht wurde vom Berufungsgericht bestätigt; vgl. OLG Frankfurt/Main (23.12.1992, Az. 21 U 143/91), S. 273.

gungen sei, ergäbe sich im Ergebnis kein Zustimmungserfordernis der Vorzugsaktionäre zur Kapitalherabsetzung. Bisweilen wird ein prozentual gleichbleiben-
der Vorzug auch damit gerechtfertigt, dass sich infolge der Kapitalherabsetzung
auch der Kapitaleinsatz der Vorzugsaktionäre reduziere.[459]

Bei der ordentlichen Kapitalherabsetzung mit Beibehaltung des auf den Nennwert bezogenen prozentualen Dividendenvorrechts nimmt unbestreitbar ein Vorzugsbetrag, also ein bevorrechtigter Anspruch der einzelnen Vorzugsaktionäre
wie der Gesamtheit der Vorzugsaktionäre am Bilanzgewinn, ab. Nach der herrschenden Meinung würde „der Rechtsbegriff des »Vorzugs« und der eher ökonomisch geprägte Begriff des »Vorzugsbetrages« vermischt."[460] Tatsächlich liegt
der Kern des Streits in der Frage, was unter dem durch §§ 139 bis 141 AktG
geschützten Vorzug zu verstehen ist: Bei der Abwägung sollte nicht außer Acht
gelassen werden, dass der Dividendenvorzug den Vorzugsaktionären gerade als
geldwerter Vorteil dafür eingeräumt wurde, dass sie keinen Einfluss auf die
Geschäftspolitik nehmen.[461] Im Ergebnis ist der Vorzug also materiell, d.h.
betragsmäßig aufrechtzuerhalten.[462] Durch eine formaljuristische Herangehensweise, die aus ökonomischer Sicht nicht zu rechtfertigen ist,[463] wird der Schutz
der Vorzugsaktionäre vor diskriminierenden Beschlüssen der Hauptversammlung
nicht gewährleistet. Bei vorliegender Unterbilanz könnte eine Gesellschaft einerseits keine Dividenden ausschütten – bei kumulativen Vorzugsaktien bestünde
dann ein Anrecht auf Nachzahlung des Vorzugs. Andererseits könnten jedoch
durch eine Kapitalherabsetzung ein Bilanzgewinn ausgewiesen werden und daher auch Ausschüttungen an Stamm- und Vorzugsaktionäre erfolgen. Auf diese
Weise würde bei prozentual gleichem Dividendenvorzug nicht nur der nachzahlbare Vorzugsbetrag reduziert; die sonst leer ausgehenden Stammaktionäre könnten bei dieser Auslegung ebenfalls und zu Lasten der Vorzugsaktionäre einen
Teil des bestehenden Bilanzgewinns extrahieren.[464]

---

[459] Vgl. Brause (2002), S. 101.
[460] So OLG Frankfurt/Main (23.12.1992, Az. 21 U 143/91), S. 273.
[461] Vgl. z. B. OLG Stuttgart (11.2.1992, Az. 10 U 313/90), S. 95.
[462] So auch Lutter (1995), S. 658 f.
[463] So auch Krauel/Weng (2003), S. 564 f., die zwar von der formaljuristischen Richtigkeit der herrschenden Meinung ausgehen, aber zugleich der Ansicht sind, dass das Ergebnis aus wirtschaftlicher Sicht nicht zu billigen ist und gesetzlicher Änderungsbedarf bestehe.
[464] In einem Fall wie der co op AG mit einem Kapitalanteil der Vorzugsaktien von v am ursprünglichen Grundkapital GK_{alt} bedeutet etwa die Kapitalherabsetzung im Verhältnis 32123:1 mit Beibehaltung des prozentualen Dividendenvorzugs von 6 % eine Reduzierung des bevorrechtigten
Anteils am unveränderten Bilanzgewinn von 6 %· $v \cdot GK_{alt}$ auf 0,00019 %· $v \cdot GK_{alt}$; der Vorzug

Der wohl herrschenden Auffassung kann daher nicht gefolgt werden. Maßgeblich kann nicht die im Schrifttum überwiegend vorgenommene Abwägung zwischen einer mittelbaren und einer unmittelbaren Beschränkung des Vorzugs sein: Kapitalherabsetzungen – die von der h. M. als mittelbare Beeinträchtigungen gesehen werden – werden von § 141 Abs. 2 AktG tatbestandlich nicht erfasst.[465] Vielmehr ist zu entscheiden, ob die Ausgestaltung der Kapitalherabsetzung eine Beschränkung im Sinne des § 141 Abs. 1 AktG ist. Es kommt nicht darauf an, dass ein Hauptversammlungsbeschluss eine Beschränkung des Vorzugsrechtes explizit vorsieht, sondern darauf, dass es tatsächlich in seinem rechtlichen Bestand beschnitten wird.[466] Das ist – wie ausgeführt – der Fall: Auch wenn man den prozentualen Vorzug als Vorzug im Sinne des § 139 Abs. 1 AktG betrachten würde, läge dessen rechtlich erhebliche Beeinträchtigung darin begründet, dass die Bemessungsgrundlage für den prozentualen Vorzug – und damit der Vorzugsbetrag insgesamt – vermindert wird.[467] Demnach wäre eine solche Maßnahme nach § 141 Abs. 1 AktG zustimmungspflichtig.[468] Auch die Argumentation eines verringerten Kapitaleinsatzes der Vorzugsaktionäre nach Kapitalherabsetzung ist ökonomisch nicht zu rechtfertigen, da ihnen derselbe Anteil am gesamten, unveränderten *Eigen*kapital der Gesellschaft zusteht; umgekehrt müsste bei Gültigkeit dieser Argumentation bei einer Kapitalerhöhung aus Gesellschaftsmitteln der prozentuale Vorzug gleichbleiben, was nicht der Fall ist.[469]

Wäre eine solche faktische Beschränkung des Vorzugs nicht zustimmungspflichtig, stünde der Vorzug generell zur Disposition der Hauptversammlung, da jederzeit eine ordentliche Kapitalherabsetzung ohne Beteiligung der Vorzugsaktionäre beschlossen werden und der Vorzug damit faktisch beseitigt werden könnte. Durch eine anschließende Kapitalerhöhung aus Gesellschaftsmitteln, bei der unstritig der Vorzugssatz gekürzt werden müsste (siehe oben), könnte das ursprüngliche Grundkapital wieder hergestellt werden, ohne dass die Vorzugsak-

---

wird also praktisch vernichtet. Daher würden künftige und durch die Kapitalherabsetzung ermöglichte Bilanzgewinne zwischen Stamm- und Vorzugsaktien entsprechend der Kapitalbeteiligung aufgeteilt; auch der formell bestehende Nachzahlungsanspruch hat keine Grundlage mehr.

[465] Wie Bezzenberger (1991b), S. 171, zutreffend bemerkt, kann aus dem Zustimmungserfordernis für die Ausgabe konkurrierender Vorzugsaktien (§ 141 Abs. 2 AktG) nicht zwingend geschlossen werden, dass dies für Kapitalherabsetzungen gerade nicht gelten soll.

[466] So z. B. Kiem (1997), S. 1629.

[467] So Bezzenberger (1991b), S. 173.

[468] Gleicher Ansicht Frey/Hirte (1989), S. 2469. Bezzenberger (1991b) geht nicht von einer Spezialität des § 141 Abs. 1 AktG gegenüber § 222 Abs. 2 a. F. AktG aus, sieht die beschriebene Kapitalherabsetzung aber als rechtserheblichen Nachteil bzw. Rangverschlechterung (S. 172 f.).

[469] So auch Polte (2005), S. 159.

tionäre ihr volles Dividendenvorrecht zurückerlangen würden. Das kann vom Aktiengesetzgeber nicht gewollt sein.

Die im Fall der co op AG in der Urteilsbegründung vertretene Auffassung, dass Vorzugsaktionäre vor solchen Maßnahmen durch das Willkürverbot geschützt seien und z. B. in der als Folge eines Missmanagements von den stimmberechtigten Aktionären beschlossenen wirtschaftlichen Beseitigung der Vorzugsaktien keine Willkür zu sehen sei,[470] wirft die Frage auf, warum es dann überhaupt Schutzvorschriften für Vorzugsaktionäre wie den § 141 AktG gibt. Die Anfechtung treuewidriger Hauptversammlungsbeschlüsse gemäß § 243 Abs. 2 AktG ist ein äußerst schwacher Schutz im Vergleich zur Sonderbeschlussfassung, schon weil der Nachweis des Missbrauchs schwierig sein dürfte.[471] Die Argumentation, dass bei einem Sonderbeschluss-Erfordernis stimmrechtslose Vorzugsaktionäre z. B. aus dem Motiv einer Erhaltung des Dividendenvorzugs notwendige Sanierungen der Gesellschaft – den hauptsächlichen Anwendungsfall von Kapitalherabsetzungen – durch Versagung eines Sonderbeschlusses verhindern könnten,[472] überzeugt nicht, zumal Kapitalherabsetzungen nicht nur zum Zwecke der Sanierung, sondern für jeden Zweck zulässig sind.[473] Zudem ist die gesellschaftliche Treuepflicht nach neuerer BGH-Rechtsprechung nicht – wie früher meist unterstellt – ein Instrument des Minderheitenschutzes, sondern sie gilt auch für Minderheitsaktionäre und – nach wohl h. M. – selbst Kleinaktionäre.[474] Auch solche Aktionäre dürfen also nicht aus eigennützigen Gründen eine mehrheitlich angestrebte, im Interesse der Gesellschaft liegende und nicht auf schonendere Weise erreichbare Sanierung verhindern, wenn ohne die Sanierung ein Zusammenbruch der Gesellschaft unvermeidlich wäre.[475] Da wegen § 138 Satz 2 AktG auch Mängel von Sonderbeschlüssen – und zwar auch ablehnenden – Anfech-

---

[470] So LG Frankfurt/Main (25.4.1991, Az. 3/11 O 179/89), S. 1502.

[471] So auch Krauel/Weng (2003), S. 565.

[472] In diesem Sinne aber Hüffer (2014), S. 1024 (Rn. 9) sowie LG Frankfurt/Main (25.4.1991, Az. 3/11 O 179/89), S. 1503.

[473] Vgl. Oechsler (2001), S. 8.

[474] So im Ergebnis Ostler (2010), S. 187-192, der darauf verweist, dass die Zustimmung oder Ablehnung eines Beschlusses unabhängig von der Beteiligungshöhe entweder inhaltlich treuwidrig ist oder nicht, da sich auch ein aus unkoordiniertem Streubesitz gefasster Beschluss negativ auf die Vermögensinteressen der übrigen Aktionäre auswirken könne.

[475] So z. B. Oechsler (2001), S. 14. Allerdings muss das gesellschaftliche Interesse an den Maßnahmen gegenüber den schützenswerten mitgliedschaftlichen Belangen des Minderheitsaktionärs überwiegen und der Nachteil zu Lasten dieser Aktionäre verhältnismäßig sein; vgl. Beckerhoff (1996), S. 81 f. Kunze (2004), S. 180 f. weist darauf hin, dass – anders als in der Literatur bisweilen vertreten – der BGH keine Zustimmungspflicht konstruiert hat; der Minderheitsaktionär darf den Sanierungsbeschluss nur nicht verhindern.

tungsgründe nach § 243 Abs. 2 AktG darstellen können,[476] ist davon auszugehen, dass Stammaktionäre treuwidrige Beschlüsse der Vorzugsaktionäre anfechten können.[477]

Ein Spezialfall ist die *vereinfachte Kapitalherabsetzung* im Rahmen der Sanierung. Für die Sanierung benötigtes Kapital kann bei Vorliegen einer Unterbilanz und einem meist resultierenden Unter-Pari-Kurs aufgrund des Verbots der Emission unter dem Aktiennennwert (§ 9 Abs. 1 AktG) nicht direkt durch eine ordentliche Kapitalerhöhung aufgenommen werden. In solchen Fällen wird in aller Regel der Kapitalschnitt mit einer ordentlichen Kapitalerhöhung (gegen Einlagen) unmittelbar verbunden; entsprechende Beschlüsse sind als eine Einheit zu betrachten. Hierdurch könnte (etwa bei einer Halbierung des Nennwertes mit anschließender Kapitalerhöhung gegen Einlagen im Verhältnis 1:1) auch bei einer Beibehaltung des prozentualen Dividendenvorzugs der bevorrechtigte Anspruch der Vorzugsaktionäre am Bilanzgewinn konstant bleiben. Allerdings ist der Vorzugsaktionär zur Erhaltung des gleichen Anspruches gezwungen, sich an der Kapitalerhöhung zu beteiligen und zu investieren. Dies bedeutet selbst nach h. M. eine Beschränkung des Vorzugs im Sinne des § 141 Abs. 1 AktG, sodass ein Sondervotum der Vorzugsaktionäre erforderlich ist.[478]

Im Ergebnis gebietet die Wahrung des Rangverhältnisses der Aktiengattungen bei einer ordentlichen Kapitalherabsetzung also die Heraufsetzung des prozentualen Dividendenvorzugs bzw. bei Stückaktien die Beibehaltung des nominalen Dividendenvorzugs. Anderenfalls ist bei Kapitalherabsetzungen ein Sonderbe-

---

[476] Vgl. Hüffer (2001), S. 229.
[477] Zwar geht der BGH in der sog. Girmes-Entscheidung (in der Konsequenzen aus der Verhinderung einer Kapitalherabsetzung bei der Girmes AG wurden) nur von einer Treuepflicht von Minderheitsaktionären aus, wenn diese allein oder durch Stimmbündelung ein für die Durchsetzung von Minderheitenrechten ausreichendes Stimmpotential bzw. eine Sperrminorität erzielen (vgl. BGH (20.3.1995, Az. II ZR 205/94), S. 146). Auch in der Erzielung einer qualifizierten Mehrheit im Sonderbeschluss der Vorzugsaktionäre ist aber eine Durchsetzung von Minderheitenrechten in diesem Sinn zu sehen. Im Übrigen ist die Kritik der wohl noch herrschenden Meinung, dass es aufgrund des von (legitimem) Desinteresse und Einflusslosigkeit geprägten Kleinaktienbesitzes keine Treuebindung und keine daraus möglicherweise resultierende Haftung der Kleinaktionäre geben könne, nicht beizupflichten: Kleinaktionäre können durch beabsichtigte oder zufällige Stimmenbündelung zumindest eine ebensolche Wirkung entfalten wie qualifizierte Minderheitsaktionäre und sollten daher nach dem Grundsatz der Korrelation von Rechtsmacht und Verantwortung ebenfalls eine Treuepflicht zur Gesellschaft bzw. den Mitgesellschaftern haben. Zudem wird auch von der h. M. bei einstimmig zu treffenden Entscheidungen eine Treuebindung der Kleinaktionäre gesehen; vgl. Beckerhoff (1996), S. 55-57.
[478] Vgl. Oechsler (2001), S. 16, und Lutter (1995), S. 658.

schluss der (benachteiligten) Vorzugsaktionäre erforderlich.[479] Bei vereinfachten Kapitalherabsetzungen mit Kapitalerhöhung müssen die Vorzugsaktionäre darüber hinaus stets zustimmen, wenn die Ausgabe neuer Aktien im Sanierungsfall nicht schon in der Satzung vorgesehen war.[480]

2.2.5 Abschaffung stimmrechtsloser Vorzugsaktien

Für die Abschaffung von Vorzugsaktien mit *einfachem* Stimmrecht gilt die allgemeine Norm des § 179 Abs. 3 AktG, nach der die Veränderung des Verhältnisses von Aktiengattungen und mithin die Abschaffung von Gattungen neben einem Hauptversammlungsbeschluss mit Dreiviertel-Kapitalmehrheit auch einer Zustimmung der benachteiligten Gattung mit gleicher Mehrheit bedarf. Neben den noch zu erläuternden Regelungen für die Abschaffung von *Mehrstimmrechtsaktien* existieren spezielle Bestimmungen nur für die Abschaffung *stimmrechtsloser* Vorzugsaktien, allerdings auch hierfür nur hinsichtlich der Aufhebung des Dividendenvorzugs.

2.2.5.1 *Aufhebung des Gewinnvorzugs durch Satzungsänderung*

Für die Aufhebung des Dividendenvorzugs stimmrechtsloser Vorzugsaktien gelten die gleichen Voraussetzungen wie für die Beschränkung des Vorzuges:[481] Neben dem satzungsändernden Beschluss der Hauptversammlung ist also ein Sonderbeschluss der Vorzugsaktionäre mit Dreiviertelmehrheit erforderlich (§ 141 Abs. 1 und 3 AktG); trotz des Eingriffs in die Mitgliedschaftsrechte ist demnach keine Zustimmung jedes einzelnen betroffenen Aktionärs erforderlich,[482] was die Beseitigung von Vorzugsaktien auch faktisch unmöglich machen würde. Ein separater Sonderbeschluss der Stammaktionäre gem. § 179 Abs. 3 AktG zusätzlich zum Hauptversammlungsbeschluss ist nicht erforderlich, wenn sie neben den nicht stimmberechtigten Vorzugsaktien die einzige andere Aktiengattung sind, obwohl sie bei der Aufhebung des Vorzugs durch Verlust ihrer Stimmrechtsmacht oder (im Falle einer Abschaffung von Vorzugsaktien mit Höchstdividende) durch Verminderung ihrer prozentualen Gewinnbeteiligung benachteiligt werden.[483] Ist das Stimmrecht der Vorzugsaktionäre nach zweima-

---

[479] So z.B. Bezzenberger (1991b), S. 172 f., Frey/Hirte (1989), S. 2469.
[480] Vgl. Lutter (1995), S. 659.
[481] Siehe auch Abschnitt 2.2.3.1, S. 60 f.
[482] So z.B. Polte (2005), S. 126.
[483] Letzteres folgt aus der Tatsache, dass die Satzungsänderung mit gleicher Kapitalmehrheit zu beschließen ist, wobei die stimmrechtslosen Vorzugsaktionäre grundsätzlich nicht mitstimmen dürfen. Ein Sonderbeschluss der Stammaktionäre wäre in diesem Fall eine überflüssige Formalie.

ligem Ausfall der Vorzugsdividende aufgelebt, nehmen sie trotz des weiterhin in separater Versammlung der Vorzugsaktionäre zu fassenden Zustimmungsbeschlusses auch an dem Hauptversammlungsbeschluss teil. Daher dürfte in diesem Fall auch ein Sonderbeschluss der Stammaktionäre gem. § 179 Abs. 3 AktG erforderlich sein. Insgesamt muss eine solche Maßnahme im Interesse der qualifizierten Mehrheit beider Gattungen liegen, damit eine Zustimmung zu der Maßnahmen erwartet werden kann, d. h. die Aktionäre beider Gattungen sollten sich durch die Umwandlung mehrheitlich besser bzw. nicht schlechter stellen.

Der Vorzug kann schon wegen des Gleichbehandlungsgrundsatzes (§ 53a AktG) nur für alle Vorzugsaktien einer Gattung aufgehoben werden.[484] Eine Treuepflicht, aus der sich eine Verpflichtung zur Zustimmung der Vorzugsaktionäre zur Aufhebung des Vorzugs ergäbe, wenn dies im Gesellschaftsinteresse liegt, besteht indes nicht: Eingriffe in Sonderrechte eines Aktionärs als Kernbereich der Mitgliedschaft können nicht gegen andere Interessen abgewogen werden, sondern vielmehr nur mit (mehrheitlicher) Zustimmung der Betroffenen erfolgen.[485] Anders wäre die Situation, wenn jeder einzelne Aktionär einer Aufhebung des Vorzugs zustimmen müsste und nur wenige Aktionäre die Zustimmung rechtsmissbräuchlich verweigern würden.

Mit der Aufhebung des Vorzugs der stimmrechtslosen Vorzugsaktien ist das endgültige Aufleben des Stimmrechts kraft Gesetz verbunden (§ 141 Abs. 4 AktG). Maßgeblich ist hier eine Aufhebung des Dividendenvorzugs, mithin entweder des Gewinnvorzugs insgesamt oder (bis 2015) auch nur der Nachzahlbarkeit, da das unbedingte, unbefristete Nachzahlungsrecht bis 2015 Voraussetzungen für den Ausschluss des Stimmrechtes waren (§ 139 Abs. 1 AktG 1965).[486] Nach herrschender Meinung folgte bereits aus der Herabminderung des Vorzuges unter die Anforderungen des § 139 Abs. 1 AktG, z. B. in Form einer zeitlichen Befristung des Nachzahlungsrechtes, ein Aufheben des Vorzugs in diesem Sinne.[487] Nach anderer Auffassung war unter dem „Aufheben des Vorzugs" nur eine vollständige Tilgung des Gewinnvorzuges aus der Satzung zu verstehen; Beschlüsse der Hauptversammlung über Beschränkungen des Vorzuges unter die

---

Dennoch wurde z. B. im Fall SAP „vorsorglich" ein Sonderbeschluss der Stammaktionäre gefasst, vgl. Senger/Vogelmann (2002), S. 195. In der Tagesordnung der Hauptversammlung der Metro AG vom 4.7.2000 war ausgeführt, dass der Umwandlungsbeschluss zugleich als Sonderbeschluss der Stammaktionäre gilt; vgl. OLG Köln (20.9.2001, Az. 18 U 125/01), S. 2050.

[484] Vgl. Wirth/Arnold (2002), S. 867, Olbrich/Rapp (2011a), S. 475.

[485] So Kunze (2004), S. 163.

[486] So z. B. auch Depenbrock (1975), S. 193.

[487] So schon Lichtherz (1941), S. 18. Vgl. auch Hüffer (2014), S. 1027 (Rn. 21).

Schwelle der gesetzlichen Anforderungen wären nach dieser Auffassung gemäß § 241 Nr. 3 AktG[488] nichtig, wenn nicht ausdrücklich das Aufleben des Stimmrechts beschlossen wurde.[489] Andere Beschränkungen des Gewinnvorzuges, die die Anforderungen an den Stimmrechtsausschluss nicht verletzen, stellten jedenfalls ebenso wie mittelbare Beeinträchtigungen des Vorzuges keine Aufhebung des Dividendenvorzugs dar und führten also nicht zum Aufleben des Stimmrechtes. Seit 2016 genügt auch ein minimaler Gewinnvorzug den Anforderungen des § 139 Abs. 1 AktG für einen Stimmrechtsausschluss; eine Nachzahlbarkeit ist nicht zwingend. Daher ist nunmehr nur noch ein expliziter Beschluss über die Aufhebung des Vorzugs denkbar, der zum Aufleben des Stimmrechts gem. § 141 Abs. 4 AktG führt, unabhängig davon, ob diese Wirkung im Beschlusstext angegeben wird oder nicht.

Einen Ausgleich für Stammaktionäre wegen einer aus der Umwandlung bzw. dem Aufleben des Stimmrechts der Vorzugsaktien möglicherweise resultierenden Schlechterstellung in Form einer Verwässerung des Stimmrechts sieht das Gesetz anders als etwa bei Eingliederungen, Rechtsformwandlungen, dem Abschluss von Beherrschungs- und Gewinnabführungsverträgen oder dem Erlöschen von Mehrstimmrechten nicht vor. Dieser kann auch nicht durch vergleichbare Anwendung anderer Rechtsnormen oder aus einem Eingriff in das geschützte Eigentum (Art. 14 Abs. 1 GG) konstruiert werden. Demzufolge ist eine Ausgleichzahlung der Gesellschaft an die Stammaktionäre unzulässig, da hierauf kein Anspruch besteht; es würde sich um eine gem. § 57 Abs. 1 AktG verbotene Einlagenrückgewähr handeln. [490]

Mit dem Aufleben des Stimmrechts werden die stimmrechtslosen Vorzugsaktien zu Stammaktien oder – falls sie noch andere Vorzüge genießen – zu Vorzugsak-

---

[488] Diese Norm bestimmt u. a. die Nichtigkeit von Hauptversammlungsbeschlüssen wegen der Verletzung von im öffentlichen Interesse liegenden Vorschriften. Gemeint ist hier ein Verstoß gegen § 139 Abs. 1 AktG, also gegen den nur bei einem entsprechenden Gewinnvorzug zulässigen Stimmrechtsausschluss.

[489] So u. a. Bezzenberger (1991b), S. 103. Nach dieser Auffassung ist es nicht Zweck des § 141 Abs. 4 AktG, der Gesellschaft stimmberechtigte Aktien „unterzuschieben", wenn die Hauptversammlung es nicht ausdrücklich oder durch die vollständige Aufhebung des Vorzugs beschließt. Außerdem ist in jedem Fall unmittelbar feststellbar, ob ein beschränktes Gewinnvorrecht noch die gesetzlichen Bedingungen erfüllt.

[490] Vgl. Wirth/Arnold (2002), S. 872 ff. Nach der BVerfG-Entscheidung im Fall DAT/Altana sei bereits zweifelhaft, ob die bloße Stimmrechtsverwässerung (anders als der vollständige Verlust des Stimmrechts) das in der Aktie verkörperte Anteilseigentum verletzt. Selbst wenn dies der Fall wäre, ist dies nach der BVerfG-Entscheidung nicht zu beanstanden, wenn die Verwässerung mit einem ausreichenden Minderheitenschutz bzgl. der *Vermögens*komponente einhergeht.

tien mit einfachem Stimmrecht. Da das Stimmrecht und der Dividendenvorzug „nur" aufgehoben werden, folgt, dass mit dieser Methode die Vorzugsaktien nur 1:1 in Stammaktien gewandelt werden können und dass auch Zuzahlungen nicht verlangt werden können. Das Gesetz sieht auch keine Pflicht der Vorzugsaktionäre zur Zahlung eines Ausgleichsbetrages vor; solche Zahlungsverpflichtungen wären als gemäß § 241 Nr. 3 1. Fall i. V. m. § 54 Abs. 1 AktG unzulässige Nachschusspflicht anzusehen.

Die Vorschriften der §§ 139 bis 141 AktG sind für die „neuen" Stammaktien nach Aufhebung des Vorzugs nicht mehr anwendbar. Eine spätere „Rückumwandlung" in eine Vorzugsaktie ist nur nach den Vorschriften des § 139 AktG und auch nur mit Zustimmung jedes einzelnen Aktionärs möglich, da weder die Hauptversammlung noch gesonderte Versammlungen von Aktiengattungen die Kompetenz haben, in die allgemeinen Mitgliedschaftsrechte, die mit einer Stammaktie verknüpft sind, namentlich in das Stimmrecht, gegen den Willen eines betroffenen Aktionärs einzugreifen.

Die Aufhebung des Gewinnvorzugs kann allerdings bereits beim Entstehen der Vorzugsaktien durch Festlegung einer objektiv bestimmten Frist und/oder Bedingung vereinbart werden (§ 141 Abs. 2 Satz 2 AktG). In diesem Falle treten die Rechtsfolgen des Auflebens unmittelbar mit Fristablauf oder Bedingungseintritt ein, ohne dass es eines Beschlusses der Vorzugsaktionäre oder der Hauptversammlung bedarf.[491] Nach h. M. nicht ausreichend ist eine bloße Ermächtigung der Hauptversammlung oder des Vorstands als „Bedingung" für eine Aufhebung des Vorzugs, da dadurch das gesetzliche Erfordernis eines Sonderbeschlusses umgangen würde.[492]

2.2.5.2 Umtausch in Stammaktien

Bei den ersten stimmrechtslosen Vorzugsaktien war es nicht unüblich, dass statt einer Aufhebung des Vorzugs eine Umwandlung der Vorzugsaktien in Stammaktien nach einer im Voraus bestimmten Frist oder auf Anforderung der Gesellschaft nach Ablauf einer Frist vereinbart wurde. In einigen Fällen hatten die Vorzugsaktionäre nach einer Karenzzeit auch das Recht (und nicht unbedingt die Pflicht), ihre Vorzugsaktien in Stammaktien zu wandeln (sog. Wandelvorzugs-

---

[491] Vgl. Bezzenberger (1991b), S. 102, Lichtherz (1941), S. 18, Keinath (1957), S. 116.

[492] So Polte (2005), S. 128, der jedoch selbst eine andere Auffassung vertritt und auf den Wortlaut von § 141 Abs. 1, 2 AktG verweist, wonach es bei auflösender Bedingung gar keinen Beschluss gebe. Außerdem sei die auflösende Bedingung *jedem* Aktienzeichner von Vornherein bekannt, insofern handele es sich um eine besondere Ausgestaltung des Vorzugs; vgl. a. a. O., S. 131 f.

aktien).[493] Aufgrund der damals meist bestehenden Höchstdividenden waren diese Wandelvorzugsaktien den Wandelanleihen sehr verwandt: Sie gewährten eine relativ sichere, da kumulative Ausschüttung und ermöglichten den Anlegern, bei positiver Aktienkursentwicklung durch Wandlung zu profitieren. Nur in dieser Konstellation ist die Gewährung eines Umwandlungsrechtes sinnvoll.[494] Die heutige Rechtslage steht einem solchen Wandelrecht nicht entgegen. Für die nachträgliche Einräumung eines Wandelrechtes bedürfte es auch keines zustimmenden Beschlusses der Vorzugsaktionäre, da die verbliebenen Vorzugsaktionäre von einer Ausübung des Wandelrechts durch andere Vorzugsaktionäre und der damit einhergehenden größeren Sicherheit bei der Zahlung des Gewinnvorzugs nur profitieren.[495] Dass ein Wandelrecht heutzutage sehr selten schon bei Emission der Vorzugsaktien vereinbart wird, zeigt deutlich, dass der ursprünglich vom Gesetzgeber geplante Charakter einer eher obligationsähnlich ausgestalteten Finanzierungsvorzugsaktie heute nicht im Vordergrund steht.

Die Voraussetzungen für eine Umwandlung ohne bestehendes Wandelrecht entsprechen denen der Aufhebung des Vorzugs: Satzungsändernder Hauptversammlungsbeschluss mit Stimmen- und mindestens Dreiviertel-Kapitalmehrheit sowie Sonderbeschluss der Vorzugsaktionäre gemäß § 141 Abs. 1, 3 AktG.[496]

Auch heute ist die Umwandlung in Stammaktien neben dem Squeeze-Out[497] die häufigste Form der Abschaffung von stimmrechtslosen Vorzugsaktien.[498] Der Grund hierfür ist aber nunmehr, dass es auf diesem Wege im Gegensatz zum

---

[493] Dies galt z. B. bei den Reichswerken „Hermann Göring" AG ab 1943, vgl. Lichtherz (1941), S. 41, sowie bei der Lenz Bau AG und der Ferdinand Rückforth Nachf. AG, vgl. Keinath (1957), S. 116.

[494] So schon Hintner (1941), S. 75.

[495] Vgl. Bezzenberger (1991b), S. 79.

[496] So OLG Köln (20.9.2001, Az. 18 U 125/01). Altmeppen (2005) argumentiert dagegen überzeugend, dass es eines Sonderbeschlusses der Vorzugsaktionäre bei einer Umwandlung gegen Zuzahlung gar nicht bedarf: Die bereits auf Art. 215 Abs. 6 ADHGB 1884 zurückgehende Regelung eines Sonderbeschlusses der benachteiligten Gattung verfolgt das Ziel, die Zustimmung des einzelnen Aktionärs durch eine kollektive zu ersetzen, auch um Maßnahmen im Interesse der Gesellschaft von der individuellen Zustimmung jedes einzelnen Aktionärs zu entkoppeln (a. a. O., S. 770). Da eine Wandlung gegen Zuzahlung nur freiwillig erfolgen kann (siehe weiter unten), hätten umtauschwillige Vorzugsaktionäre kein Interesse an einem Sonderbeschluss und das Interesse der umtauschunwilligen Vorzugsaktionäre könne nur darin bestehen, die umtauschwilligen Vorzugsaktionäre von einem Umtausch abzuhalten. Es sei aber abwegig, dass ein solches Ansinnen von der Regelung des § 141 Abs. 1 AktG geschützt sein soll, die an sich den Aktionär vor einem unfreiwilligen Entzug seiner Rechte bewahren soll. Vgl. a. a. O., S. 771.

[497] Vgl. hierzu den Abschnitt 2.2.5.5.

[498] Vgl. Abbildung 6 auf S. 263.

bloßen Aufheben des Dividendenvorzugs möglich ist, von den Vorzugsaktionären eine Wandlungsprämie, also eine Zuzahlung an die Gesellschaft beim Bezug der Stammaktien, als Kompensation für den Wertzuwachs zu verlangen,
wenn der Börsenkurs der Vorzugsaktie unter dem der Stammaktie liegt.[499] Weil
Aktionären nach § 180 Abs. 1 AktG ohne deren Zustimmung keine Nebenverpflichtungen, also auch keine Zuzahlungen auferlegt werden können, kann es
sich jedoch nur um Umtausch*angebote* handeln, die den Vorzugsaktionär nicht
verpflichten. Eine vollständige Beseitigung von Vorzugsaktien kann auf diese
Weise i. d. R. nicht erzielt werden.[500]

In der rechtswissenschaftlichen Literatur wird bisweilen argumentiert, durch die
Umwandlung der Vorzugsaktien würde der „innere Wert" der Stammaktien wegen der Verwässerung des Stimmrechts und des Kursabschlags der Vorzugsaktien reduziert, weshalb den Stammaktionären der Nachteil auszugleichen ist.[501]
Dies mag für Paketaktionäre zutreffen, die durch die Umwandlung unter Umständen die Möglichkeit zur Extrahierung privater Vermögensvorteile verlieren;
generell ist dies aber nicht zwingend: Empirisch ist häufig ein Anstieg des gesamten Unternehmens- bzw. Börsenwertes der umwandelnden Gesellschaften zu
verzeichnen, von dem beide Aktiengattungen profitieren können.[502] Dies dürfte
neben der verbesserten Marktliquidität nach Umwandlung[503] auch an der geringeren Wahrscheinlichkeit liegen, mit der Paketaktionäre der Gesellschaft private
Vermögensvorteile zulasten aller Aktionäre entziehen können. Außerdem profitieren die bisherigen Stammaktionäre auch durch eine tendenziell höhere Gewinnbeteiligung wegen des Wegfalls bevorrechtigter Dividendenansprüche.[504]

Soweit es sich um eine freiwillige Wandlung der Vorzugs- in Stammaktien handelt, ist die Bemessung der Zuzahlung grundsätzlich in das Ermessen der Hauptversammlung gestellt. Die Zuzahlung muss aus den genannten Gründen nicht
zwingend der vollen Höhe der Kursdifferenz entsprechen. Ein „Nachlass" auf die

---

[499] Diese Möglichkeit wurde z. B. bei der (freiwilligen) Umwandlung von Vorzugsaktien der Metro
AG im Jahre 2000 genutzt.

[500] Alternativ wäre es möglich, dass die Zuzahlungen nicht an die Gesellschaft, sondern als Ausgleichszahlungen direkt an die Stammaktionäre fließen. Auch einem solchen zwischen der Gesellschaft und den Vorzugsaktionären zu schließenden Vertrag zugunsten Dritter müssten aber
wie bei Anwendung des § 180 Abs. 1 AktG alle Vorzugsaktionäre einzeln zustimmen, was un-
praktikabel und unrealistisch ist. Vgl. Senger/Vogelmann (2002), S. 198.

[501] Vgl. Wirth/Arnold (2002), S. 870.

[502] Vgl. hierzu den Abschnitt 4.6.

[503] Vgl. auch Senger/Vogelmann (2002), S. 206.

[504] So OLG Köln (20.9.2001, Az. 18 U 125/01), S. 2052, im Fall Metro.

Kursdifferenz ist also sachlich zu rechtfertigen und daher nicht als verdeckte (verbotene) Einlagenrückgewähr zu klassifizieren.[505] Außerdem ist in diesem Fall auch keine willkürliche Diskriminierung einer Gattung zu sehen:[506] Der Gleichbehandlungsgrundsatz des § 53a AktG regelt die Gleichbehandlung unter gleichen Voraussetzungen, verbietet aber keine (Un-)Gleichbehandlung unter verschiedenen Voraussetzungen. Schließlich kann auch die Rechtsprechung zur Berücksichtigung des regelmäßig durch den Börsenkurs bestimmten Verkehrswertes als Untergrenze für die Bemessung von Abfindungen bei Unternehmensverträgen und Eingliederungen[507] nicht ohne Weiteres auf die Umwandlung von Vorzugs- in Stammaktien übertragen werden, da es bei den vom BVerfG behandelten Sachverhalten um eine Entschädigung für den vollständigen Verlust der Mitgliedschaft in der AG im Interesse des Mehrheitsaktionärs ging. Bei der Umwandlung von Vorzugs- in Stammaktien verlieren die Vorzugsaktionäre dagegen weder ihre Mitgliedschaft in der Gesellschaft, noch müssen sie sich einem Mehrheitswillen unterwerfen – es steht ihnen frei, die Vorzugsaktien zu wandeln oder nicht zu wandeln. Im Übrigen müssen einer Umwandlung und damit der Umwandlungsprämie neben den Vorzugsaktionären auch die Stammaktionäre im entsprechenden Hauptversammlungsbeschluss mit qualifizierter Mehrheit zustimmen. Bei einer zu geringen Umwandlungsprämie ist eine Zustimmung der Stammaktionäre nicht zu erwarten.

Im umgekehrten Fall eines höheren Vorzugsaktienkurses könnte in gleicher Weise argumentiert werden, dass den Vorzugsaktionären ein Ausgleich für die Aufgabe ihrer günstigeren Vermögensposition zusteht. Aktienrechtlich ist aber eine „Zuzahlung" der Stammaktionäre an die Gesellschaft oder eine Ausgleichszahlung der Stamm- an die Vorzugsaktionäre wegen des Verbots von Nebenverpflichtungen nicht durchsetzbar. Daher käme nur eine Ausgleichszahlung der Gesellschaft an die Vorzugsaktionäre aus freien Gewinnrücklagen in Betracht.[508]

---

[505] Vgl. Wirth/Arnold (2002), S. 880.

[506] Beim Umwandlungsangebot der Metro AG im Jahr 2000 betrug die „Umwandlungsprämie" z. B. zirka zwei Drittel der Differenz der Durchschnittskurse der vorangegangenen drei Monate; vgl. Wirth/Arnold (2002), S. 868, Olbrich/Rapp (2011a), S. 475.

[507] Vgl. BVerfG (27.4.1999, Az. 1 BvR 1613/94), BGH (12.3.2001, Az. II ZB 15/00) sowie BVerfG (29.11.2006, Az. 1 BvR 704/03).

[508] So jedenfalls Senger/Vogelmann (2002), S. 198-201. Eine Ausgleichzahlung der Gesellschaft stellt allerdings eine Einlagenrückgewähr dar, die nach § 57 Abs. 1 außer beim Erwerb eigener Aktien unzulässig ist. Für höher notierende Vorzugsaktien kann dies aber durch eine indirekte Umwandlung in Stammaktien durch Einziehung nach Rückkauf der Vorzugsaktien in Verbindung mit einer Kapitalerhöhung mit Bezugsrechtsausschluss umgangen werden. Hierbei wird das Grundkapital insgesamt nicht verändert und die Kapitalrücklage steigt (wenn auch weniger stark als die freie Gewinnrücklage sinkt), weshalb die Interessen der Gesellschaftsgläubiger nicht be-

Eine solche Sonderausschüttung an die Vorzugsaktionäre aus dem Bilanzgewinn ist nur durch statutarische Änderung des Gewinnverteilungsschlüssels möglich; der entsprechenden Satzungsänderung müssten auch die formell benachteiligten Stammaktionäre zustimmen.[509]

Dieses Verfahren könnte auch angewendet werden, wenn im Fall eines höheren Stammaktienkurses statt einer Zuzahlung der Vorzugsaktionäre an die Gesellschaft, an der alle Aktionäre (auch die bisherigen Vorzugsaktionäre) partizipieren, eine Ausgleichszahlung an die Stammaktionäre geleistet werden soll. In diesem Fall müssten die umtauschenden Vorzugsaktionäre einzeln (gegenüber der Gesellschaft oder durch Zustimmung zu einem statutarisch geänderten Gewinnverteilungsschlüssel) auf ihre Dividendenansprüche verzichten. Allerdings würden die dem Verzicht unterliegenden Gewinnanteile nicht nur den Stammaktionären, sondern allen anderen Aktionären, mithin auch den nicht umwandelnden Vorzugsaktionären, zufließen.[510]

Statt der Zahlung einer Umwandlungsprämie oder eines Ausgleichs kann aufgrund der Freiwilligkeit der Umwandlung auch ein von 1:1 abweichendes Bezugsverhältnis zwischen Vorzugs- und Stammaktien beschlossen werden. Bei höherem Vorzugsaktienkurs können die hierfür benötigten zusätzlichen Stammaktien aus eigenen Aktien im Bestand stammen (hierfür ist allerdings die Begrenzung auf 10 % des Grundkapitals zu beachten) oder sie können durch eine ordentliche Kapitalerhöhung mit Ausschluss des Bezugsrechts der Stammaktionäre geschaffen werden. Bei höherem Stammaktienkurs, also einem Bezugsverhältnis größer als eins, ist hingegen eine Kapitalherabsetzung durch Zusammenlegung von Vorzugsaktien oder Herabsetzung des Vorzugsaktien-Nennwertes er-

---

einträchtigt werden. Der Saldo der Rücklagenveränderung entspricht gerade der Zahlung an die Vorzugsaktionäre. Notieren allerdings die Stammaktien höher, ist auf diesem Wege (der einzigen Ausnahme vom Verbot der Einlagenrückgewähr) keine Zahlung an die Stammaktionäre möglich, da deren Aktien ja nicht zurückgekauft werden. Vgl. ebd. und den Abschnitt 2.2.5.4.

[509] Vgl. Senger/Vogelmann (2002), S. 199.
[510] Vgl. Wirth/Arnold (2002), S. 883-885. Die Autoren sehen auch ein Modell als zulässig an, in dem die Gesellschaft die von den Vorzugsaktionären gezahlten Umwandlungsprämien nur treuhänderisch verwaltet und an die Stammaktionäre auszahlt. Dies dürfte allerdings außer im Fall vinkulierter Namensaktien praktisch schwer umzusetzen sein. Gleiches gilt – wie die Autoren selbst anmerken – ebenso für den Vorschlag, dass an Stammaktionäre Umtauschscheine ausgegeben werden, die die Vorzugsaktionäre erwerben können, um sie dann der Gesellschaft als „Quittung" für die Umwandlungsberechtigung vorlegen zu können.

forderlich, da aktienrechtlich das in einer Aktie verkörperte Mitgliedschaftsrecht nicht wegfallen kann, ohne dass das Grundkapital herabgesetzt wird.[511]

Eine interessante Option ist es auch, die Umwandlungsprämie nicht betragsmäßig festzulegen, sondern vom Kapitalmarkt bestimmen zu lassen. So wurden bei der Abschaffung der Mehrstimmrechtsaktien der RWE AG von einem Vehikel Umwandlungsscheine ausgegeben, mit denen Vorzugsaktionäre ihre stimmrechtslosen Vorzugsaktien in Stammaktien wandeln konnten. Diese Umtauschberechtigungen waren börsennotiert, sodass sich ein Gleichgewichtspreis bilden konnte. In diesem Fall wurden aus dem Erlös die Mehrstimmrechtsaktionäre für den Verlust ihres 20-fachen Mehrstimmrechts abgefunden, sie flossen also anders als im Regelfall nicht der Gesellschaft zu.[512] Das Modell ließe sich leicht auf eine Situation übertragen, in der die Stammaktionäre aus dem Emissionserlös eine Ausgleichszahlung erhalten. Auch hierbei stellt das Umwandlungsrecht eine Art Quittung dafür dar, dass die Bedingung für den Umtausch erfüllt ist.[513]

Im „klassischen" Umwandlungsszenario, also bei einem Bezugsverhältnis von 1:1,[514] liegen die Vorteile einer Umwandlung gegenüber dem alternativen Aktienrückkauf und einer Zwangseinziehung[515] – egal ob ohne oder mit Zahlung einer Umwandlungsprämie – darin, dass die Vorzugsaktien ohne Liquiditätsabfluss oder sogar mit Liquiditätszufluss beseitigt werden können, dass keine Begrenzung auf 10% des Grundkapitals besteht (wie bei einem Rückkauf nach § 71 Abs. 1 Nr. 8 AktG) und dass keine Herabsetzung des Grundkapitals erfolgt, die sich z. B. bei der Bestimmung von Indexgewichten ungünstig auswirken kann.[516] Der Anleger muss jedoch ggf. steuerliche Nachteile in Kauf nehmen, da die Umwandlung steuerlich wie ein Verkauf der Vorzugsaktie mit anschließendem Kauf der Stammaktie behandelt wird.[517]

Mit der Umwandlung erhalten die Vorzugsaktionäre neue Aktien und verzichten damit – sofern nichts anderes beschlossen wird – auch auf etwaige Nachzahlungsansprüche aus zuvor ausgefallenen und noch nicht nachgezahlten Dividen-

---

[511] Vgl. Senger/Vogelmann (2002), S. 202 f., Wirth/Arnold (2002), S. 893.
[512] Eine detaillierte Darstellung findet sich in Hering/Olbrich (2001b), S. 33 f., Wirth/Arnold (2002), S. 868 f., sowie Olbrich/Rapp (2011a), S. 476.
[513] Vgl. Wirth/Arnold (2002), S. 888.
[514] Wie z. B. bei der Umwandlung der MLP- und der SAP-Vorzugsaktien in den Jahren 2000/2001.
[515] Vgl. hierzu die folgenden Abschnitte 2.2.5.3 und 2.2.5.4.
[516] So auch Senger/Vogelmann (2002), S. 194.
[517] Insbesondere musste bis 2008 bei einer Umwandlung innerhalb der Spekulationsfrist von einem Jahr der Spekulationsgewinn versteuert werden. Vgl. o.V. (2001). Seit 2009 unterliegen die Erträge generell der Kapitalertragsteuer (ggf. in Form der Abgeltungsteuer).

den. Insofern kann eine Umwandlung in Stammaktien auch eine Maßnahme zur Sanierung einer Gesellschaft sein, die rückständige Vorzugsdividenden nicht aufbringen kann und daher aufgrund von Nulldividenden auf Stammaktien auch Probleme bei der Beschaffung neuen Eigenkapitals haben dürfte. Andererseits kann im Sanierungsfalle durch Ausgabe von vorrangigen stimmrechtslosen Vorzugsaktien, die nach einer gewissen Frist in Stammaktien umgewandelt werden, neues Eigenkapital generiert werden, ohne dass zunächst Mitspracherechte eingeräumt werden müssen.[518]

2.2.5.3 Zwangseinziehung

Von der Möglichkeit der Befristung wurde insbesondere auch bei den ersten nach 1937 emittierten stimmrechtslosen Vorzugsaktien Gebrauch gemacht, allerdings in Form einer Rückzahlung in Geld zu pari oder ggf. mit einem Agio.[519] Mit einer solchen Einziehung erlischt im Gegensatz zur Umwandlung oder Aufhebung des Vorzugs die Mitgliedschaft der Aktionäre in der Gesellschaft und die Vorzugsaktie geht unter. Wie eine ordentliche Kapitalherabsetzung ist auch eine Einziehung von Aktien zu jedem Zweck zulässig.[520] Nach § 237 Abs. 1 Satz 2 AktG erfordert eine Zwangseinziehung[521], dass diese Möglichkeit schon vor der Zeichnung oder Übernahme der Aktien in der Satzung festgelegt oder zumindest vorbehalten war; Vorzugsaktien können auf diese Weise faktisch für eine begrenzte „Laufzeit" ausgegeben werden.[522] Nach herrschender Meinung kann eine entsprechende Satzungsänderung entgegen dem Wortlaut auch nachträglich erfolgen, allerdings nur dann, wenn alle betroffenen Aktionäre zustimmen (oder auf eine Anfechtung einer mit zustimmendem Sonderbeschluss der Vorzugsaktionäre formal gebilligten Satzungsänderung verzichten.[523] Der

---

[518] In diesem Sinne auch Bezzenberger (1991b), S. 79.

[519] Beispielsweise sollten die zuerst emittierten stimmrechtslosen Vorzugsaktien der Mannesmannröhrenwerke nach einer Karenzzeit von fünf Jahren in zehn Tranchen zurückgezahlt werden. Die Vorzugsaktien der Reichswerke „Hermann Göring" von 1938 sollten durch die Gesellschaft ab 1948 an jedem Geschäftsjahresende eingezogen werden können. Vgl. Lichtherz (1941), S. 41.

[520] Es gilt also das schon im Abschnitt 2.2.4.6 hierzu Gesagte. Der Zweck ist nach § 237 Abs. 4 AktG bzw. nach § 222 Abs. 3 AktG anzugeben und bindet den Vorstand bei der Verwendung eventuell entstehender Rücklagen.

[521] Der Begriff der Zwangseinziehung wird für die Einziehung von Aktien im Eigentum von Dritten, die also nicht von der AG erworben wurden, verwendet, und zwar unabhängig davon, ob dies mit oder gegen den Willen des Aktionärs erfolgt.

[522] So auch Heeren (2008), S. 109.

[523] Vgl. Hüffer (2014), S. 1493 (Rn. 8f.).

Satzungsvorbehalt ist für die Einziehung nach Erwerb durch die Gesellschaft, also die Einziehung von eigenen Aktien, nicht erforderlich.[524]

Für die tatsächliche Einziehung im ordentlichen Einziehungsverfahren gelten nach § 237 Abs. 2 AktG grundsätzlich die Vorschriften über die ordentliche Kapitalherabsetzung (§§ 222 ff. AktG)[525], d.h. es ist ein zusätzlicher Beschluss der Hauptversammlung mit einer Kapitalmehrheit von mindestens drei Vierteln erforderlich, dem auch die stimmberechtigten Gattungen in einem Sonderbeschluss mit gleicher Mehrheit zustimmen müssen (§ 222 Abs. 1 und 2 AktG). Der Schutz der Vorzugsaktionäre ergibt sich auch hier aus der Vorschrift des § 141 Abs. 1 AktG, weshalb ebenso ein Sonderbeschluss der stimmrechtslosen Vorzugsaktionäre mit Dreiviertelmehrheit erforderlich ist, wenn der Vorzug hierdurch beschränkt wird. Davon ist in aller Regel auszugehen: Da eine Ungleichbehandlung der Aktionäre einer Gattung wegen § 53a AktG grundsätzlich unzulässig ist, müssen alle stimmrechtslosen Vorzugsaktien mit einer Einziehung rechnen (etwa bei Bestimmung der konkret einzuziehenden Aktien durch das Los). Dies stellt eine potenzielle Beschränkung des Vorzugs dar. Im Gegensatz zum Sonderbeschluss der stimmberechtigten Gattungen und zum Hauptversammlungsbeschluss kann hier aber keine größere Mehrheit festgelegt werden.

Meist werden die Aufwendungen für die Einziehung der Aktien nur aus dem Bilanzgewinn oder aus Gewinnrücklagen bestritten,[526] da in diesem Fall ein Beschluss der Hauptversammlung mit einfacher Stimmenmehrheit genügt (vereinfachtes Einziehungsverfahren, § 237 Abs. 3-5 AktG) und es nach h.M. keines Sonderbeschlusses der stimmberechtigten Gattungen bedarf.[527] Für die Einziehung von stimmrechtslosen Vorzugsaktien ist aus dem oben angeführten Grund aber auch hier ein Sonderbeschluss erforderlich.[528] Beide Beschlüsse, der der Hauptversammlung und der der Vorzugsaktionäre, können nur dann entfallen, wenn die Einziehung bereits in der Satzung „angeordnet" war (§ 237 Abs. 6 AktG). In diesem Fall genügt ein einfacher Vorstandsbeschluss. Der bloße Vorbehalt einer Einziehung ist dafür aber nicht ausreichend. Die „Anordnung"

---

[524] Zur Einziehung eigener Aktien nach Aktienrückkauf siehe Abschnitt 2.2.5.4.

[525] Siehe S. 104.

[526] Vgl. z. B. Hillebrandt/Schremper (2001), S. 534, Depenbrock (1975), S. 211.

[527] Vgl. Oechsler (2001), S. 141. Anders Lutter (1995), S. 809, der § 222 Abs. 2 AktG nicht durch § 237 Abs. 4 AktG verdrängt sehen will. Dies ist jedoch systematisch fraglich, da nach § 237 Abs. 3 AktG (und nur auf diesen bezieht sich Abs. 4) die Regeln für die ordentliche Kapitalherabsetzung gerade nicht gelten sollen.

[528] Vgl. Hüffer (2014), S. 1502 (Rn. 35), Hillebrandt/Schremper (2001), S. 534, Oechsler (2001), S. 141.

besteht vielmehr darin, dass in der Satzung klar festgelegt sein muss, unter welchen objektiven oder objektivierbaren und zugleich nicht durch Beschlussorgane
zu beeinflussenden Voraussetzungen eine Einziehung erfolgen kann oder soll.[529]
Typische Anwendungsbeispiele sind die oben erwähnte Einziehung zu einem bestimmten Termin oder die Auslosung der einzuziehenden Aktien ab einem bestimmten Termin. Weiterhin kommen auch Einziehungen auf Verlangen des Aktionärs oder auf Basis von dessen persönlichen Verhältnissen, wie Pfändung der
Aktien oder Insolvenz des Aktionärs, in Betracht.[530]

Die Höhe des Ausgleichs für die Einziehung (Einziehungsentgelt) ist bei einer
Satzungsanordnung der Einziehung zwingend ebenfalls in der Satzung zu regeln
und kann auch null betragen. Bei einer gestatteten Zwangseinziehung kann die
Konkretisierung durch die Hauptversammlung erfolgen. Im letzteren Fall gelten
die üblichen Bewertungsmaßstäbe für die Bemessung der Angemessenheit eines
Ausgleichs; ggf. ist ein Spruchstellenverfahren möglich. Dabei sind auch eventuelle Nachzahlungsansprüche ausgefallener Vorzugsdividenden zu berücksichtigen.[531] In Anbetracht der mit einer Einziehung verringerten Haftungsmasse besteht allerdings für die Auszahlung des Einziehungsentgeltes nach § 225 Abs. 2
AktG wie für die ordentliche Kapitalherabsetzung ein mindestens sechsmona-
tiges Auszahlungsverbot, bis die Gläubiger der Gesellschaft befriedigt worden
sind oder Sicherheiten erhalten haben.

2.2.5.4 Aktienrückkauf und Einziehung eigener Aktien

Der Rückkauf eigener Aktien war seit der Notverordnung von 1931 infolge der
missbräuchlichen Verwendung von Aktienrückkäufen in der Weltwirtschaftskrise und daraus resultierender spektakulärer Pleiten grundsätzlich unzulässig. Er
stellt eine Einlagenrückgewähr dar, die nach § 57 Abs. 1 Satz 1 AktG verboten
ist. Bis zur Neufassung des § 71 AktG in den Jahren 1997/98 infolge des
KonTraG und der Umsetzung von EG-Richtlinien gestattete auch das AktG 1965
nur wenige Ausnahmen von diesem Verbot, namentlich den Rückkauf zur Schadensabwendung, zur Bereitstellung von Belegschaftsaktien, zur Einziehung (!)

---

[529] Auch bei angeordneter Zwangseinziehung kann sich die Hauptversammlung aber in der Satzungsanordnung die Möglichkeit eines Beschlusses offen halten. Zudem kann der an sich er-
mächtigte Vorstand auch die Beschlussfassung durch die Hauptversammlung verlangen. Da es
sich hierbei jedoch nur um Verwaltungshandlungen handelt und die Einziehung schon in der Satzung verfügt wurde, ist ein Sonderbeschluss von Gattungen nicht erforderlich. Vgl. Oechsler
(2001), S. 143 f.
[530] Vgl. Hüffer (2014), S. 1494 (Rn. 12).
[531] Vgl. Depenbrock (1975), S. 211.

sowie zur Abfindung von Aktionären bei Umwandlungen und durch Erwerb bei Gesamtrechtsnachfolge.[532] Seither dürfen Kreditinstitute, Finanzdienstleistungsinstitute und Finanzunternehmen maximal fünf Prozent des Grundkapitals zum Zwecke des Wertpapierhandels (§ 71 Abs. 1 Nr. 7 AktG) und alle Aktiengesellschaften maximal zehn Prozent des Grundkapitals ohne Zweckbindung (allerdings nicht für den Eigenhandel) zurückkaufen (§ 71 Abs. 1 Nr. 8 AktG).[533]

In den beiden letzteren Fällen ist ein Ermächtigungsbeschluss der Hauptversammlung mit einfacher Stimmenmehrheit erforderlich, der maximal 18 Monate, seit Ende 2008 maximal 5 Jahre Gültigkeit hat und eine Preisspanne vorgeben muss. Bei dem Rückkauf ohne gesetzliche Zweckbindung nach § 71 Abs. 1 Nr. 8 AktG muss der Vorstand die nächste Hauptversammlung zudem über den Anteil der zurückgekauften Aktien und deren Gegenwert unterrichten und die Angaben zwingend auch in den Anhang des Jahresabschlusses aufnehmen (§ 160 Abs. 1 Nr. 2 AktG). Die Möglichkeit zum Aktienrückkauf ohne vorgeschriebenen Zweck soll insbesondere eine zumindest zeitweilige Reduzierung des Grundkapitals und die Kurspflege erleichtern[534] sowie für die Bedienung von Aktienoptionen eine Alternative zum bedingten Kapital darstellen. Neben der Optimierung der Kapitalstruktur können durch eigene Aktien auch wechselseitige Beteiligungen aufgebaut und feindliche Übernahmen erschwert werden. Ferner kann vom Aktienrückkauf eine Signalwirkung bei einer angenommenen Unterbewertung ausgehen. Faktisch kann mittels Aktienrückkauf auch eine verdeckte Gewinnausschüttung vorgenommen werden.[535]

§ 71 AktG gibt nicht vor, wie der Rückkauf bei Gesellschaften mit mehreren Aktiengattungen zu erfolgen hat. Da nur eine Beschränkung des Grundkapitalanteils eigener Aktien auf zehn Prozent festgelegt ist, können durch Beschluss der Hauptversammlung und mithin bei nicht aufgelebtem Stimmrecht der Vorzugsaktien nur der Stammaktionäre ohne Zustimmungsbeschluss der Vorzugsaktio-

---

[532] Vgl. z. B. Kropff (1965), S. 89-92. Möglich wird die Umgehung des Verbots der Einlagenrückgewähr durch die Öffnungsklausel des § 57 Abs. 1 S. 2 AktG für Aktienrückkäufe.

[533] Die genannten Grenzen gelten für alle eigenen Aktien im Bestand zusammengerechnet, also nicht nur für den jeweiligen Rückkauf, allerdings nur, wenn sie aus den beiden letztgenannten Gründen, zur Schadensabwendung, zur Abfindung oder für Belegschaftsaktien erworben wurden (§ 71 Abs. 2 AktG). Zudem muss die Gesellschaft in diesen Fällen in der Lage sein, eine Rücklage für eigene Anteile aus freien Mitteln zu bilden, ohne das Grundkapital oder die gesetzliche bzw. eine nach der Satzung erforderliche Rücklage zu mindern.

[534] Vgl. die Regierungsbegründung BT-Drucksache 13/9712.

[535] Für eine detaillierte Darstellung der Rückkaufmotive vgl. Oechsler (2003), S. 476-481, und Schremper (2002), S. 53-122.

näre bis zu zehn Prozent des Grundkapitals in stimmrechtslosen Vorzugsaktien und damit bis zu zwanzig Prozent des Vorzugsaktienkapitals[536] zurückgekauft werden, falls der Hauptversammlungsbeschluss dies ausdrücklich vorsieht und das Rückkaufverfahren allen Vorzugsaktionären die gleichen Partizipationschancen bietet (z. B. durch Rückkauf an der Börse oder Auktionsverfahren). Da die Vorzugsaktionäre durch Kurssteigerungen profitieren und keinen Nachteil erleiden, ist ein solcher Hauptversammlungsbeschluss in der Regel auch nicht zustimmungspflichtig.[537] Auch die Zahlung einer angemessenen Prämie auf den Börsenkurs an die verkaufenden Vorzugsaktionäre ist nach herrschender Meinung ohne Zustimmungsbeschluss möglich.[538] Des Weiteren ist eine Benachteiligung der Stammaktionäre für den Fall, dass nur Vorzugsaktien zurückgekauft werden sollen, nicht zu sehen, wenn diese Beschränkung im überwiegenden Gesellschaftsinteresse liegt.[539] Beschließt die Hauptversammlung in einem Dual-Class-Unternehmen allerdings einen Aktienrückkauf ohne nähere Spezifikation der Gattung, folgt aus dem Gleichbehandlungsgrundsatz des § 53a AktG, dessen Anwendung § 71 Abs. 1 Nr. 8 Satz 3 AktG explizit verlangt, dass der Rückkauf entsprechend der Kapitalanteile der Gattungen zu erfolgen hat.[540]

Die Abschaffung von Vorzugsaktien kann nur erfolgen, wenn die zurückgekauften Aktien eingezogen werden. Hierfür bestehen zwei Möglichkeiten:

- Die Einziehung kann nach den im Abschnitt 2.2.5.3 erläuterten Vorschriften zur Kapitalherabsetzung durch Einziehung erfolgen (§ 237 AktG).[541] Im

---

[536] Dies gilt dann, wenn das Grundkapital der Vorzugsaktien seine Höchstgrenze von 50 % des gesamten Grundkapitals erreicht.

[537] Die sich möglicherweise ergebende geringere Liquidität der Vorzugsaktien ist kein durch § 141 Abs. 1 oder Abs. 2 AktG geschütztes Vorrecht; vgl. Hillebrandt/Schremper (2001), S. 537, und Schremper (2002), S. 24, die allerdings betonen, dass dies ökonomisch sinnvoll wäre. Ebenso ist kein Sonderbeschluss der Stammaktionäre erforderlich, da diese den Rückkauf selbst beschließen und damit implizit einer möglichen Ungleichbehandlung zugestimmt haben. So auch Hillebrandt/Schremper (2001), S. 535.

[538] Dagegen spricht, dass bei einem öffentlichen Rückkaufangebot die nicht zum Zuge kommenden Vorzugsaktionäre keine Prämie erhalten und somit benachteiligt werden.

[539] So Wirth/Arnold (2002), S. 863. Beispielhaft könnte die Beschränkung des Rückkaufs auf Vorzugsaktien mit dem Erhalt der Stellung in einem Aktienindex oder einer starken Unterbewertung der Vorzugsaktien begründet werden.

[540] Die mögliche relative Benachteiligung von Stammaktionären bei ausschließlichem Rückkauf von Vorzugsaktien widerspricht im Übrigen nicht dem Gleichbehandlungsgrundsatz, da sie die Maßnahme ja selbst beschließen. Vgl. Hillebrandt/Schremper (2001), S. 535, 537.

[541] Sie ist nach § 71c Abs. 3 AktG sogar angeordnet, wenn die Gesellschaft unzulässigerweise Aktien zurückgekauft oder die 10 %-Grenze überschritten hat und diese Aktien nicht innerhalb von einem bzw. drei Jahren wieder veräußert hat.

Gegensatz zur Zwangseinziehung ist für eine „Einziehung nach Erwerb" keine vorherige Anordnung oder Gestattung in der Satzung erforderlich. Die Einziehung kann im ordentlichen oder vereinfachten Einziehungsverfahren erfolgen. Es ist dabei stets ein Hauptversammlungsbeschluss mit entsprechender Mehrheit und ggf. ein Sonderbeschluss der stimmberechtigten Gattungen erforderlich.[542, 543] Ein Sonderbeschluss der Vorzugsaktionäre ist hingegen nicht erforderlich, da der Gesellschaft aus ihren eigenen Vorzugsaktien keine Rechte zustehen (§ 71 b AktG n. F. bzw. § 71 Abs. 6 AktG a. F.) und der Vorzug für die übrigen Vorzugsaktionäre wegen des gesunkenen Grundkapitalanteils des Vorzugskapitals sogar noch sicherer wird und folglich nicht beschränkt wird.[544] Für den Rückkauf zur Einziehung nach den Vorschriften zur Kapitalherabsetzung (§ 71 Abs. 1 Nr. 6 AktG) gilt die Beschränkung auf 10 % des Grundkapitals im Übrigen nicht.

–   Der Vorstand kann mit dem Ermächtigungsbeschluss zum Aktienrückkauf ohne Zweckbindung gem. § 71 Abs. 1 Nr. 8 AktG – und nur mit diesem – zugleich zum Einzug der Aktien ermächtigt werden kann (§ 71 Abs. 1 Nr. 8 Satz 6 AktG). Da der Umfang der nach dieser Vorschrift zu erwerbenden Aktien auf 10 % des Grundkapitals beschränkt ist (§ 71 Abs. 2 Satz 1 AktG), kann sich auch die Einziehungsermächtigung auf keinen höheren Betrag beziehen.[545] Auf einen erneuten Hauptversammlungsbeschluss wie nach den Vorschriften der §§ 237 bzw. 222 AktG kann nach erfolgter Ermächtigung verzichtet werden und ebenso ist wohl kein Sonderbeschlusserfordernis der stimmberechtigten Gattungen nach § 222 Abs. 2 AktG[546] und mangels Benachteiligung der nicht im Eigentum der Gesellschaft befindlichen Aktien auch kein Sonderbeschlusserfordernis nach § 179 Abs. 3 AktG ableitbar. Wegen der fehlenden Benachteiligung der Vorzugsaktionäre durch Einziehung eigener Aktien lässt sich aus § 141 Abs. 1 AktG auch kein Erfordernis eines Sonderbeschlusses zur Einziehungsermächtigung rechtfertigen.

---

[542] So auch Oechsler (2001), S. 134.

[543] Ein Vorstandsbeschluss reicht anders als bei Zwangseinziehung (§ 237 Abs. 6 AktG) nicht aus.

[544] So auch Bezzenberger (1991b), S. 173 (FN 33). Auch für die nachrangigen Gattungen, namentlich die Stammaktien, erhöht sich im Übrigen die Wahrscheinlichkeit der Partizipation am Bilanzgewinn. Die im ordentlichen Einziehungsverfahren vorzunehmende Sonderbeschlussfassung bei mehreren stimmberechtigten Gattungen kann dennoch nicht entfallen, da sie nicht an nachteilige Veränderungen geknüpft ist.

[545] Der Wortlaut des Gesetzestextes begrenzt zwar nur den *Erwerb* eigener Aktien auf 10 % des Grundkapitals. Aus teleologischen Gründen wird man aber auch keine andere Lösung für die Einziehung ableiten können; so Oechsler (2003), S. 551.

[546] So auch Oechsler (2003), S. 550, Hillebrandt/Schremper (2001) und Hüffer (2014), S. 413 f. (Rn. 19n).

Der Vorteil der zweiten Methode besteht in der großen Flexibilität beim Rückkauf der Aktien: Der Vorstand kann innerhalb der gesetzten Frist selbst bestimmen, wann der Rückkauf erfolgen soll. Bei der ersten Methode können zwar
mehr als 10 % des Grundkapitals zurückgekauft werden, der Vorstand setzt hingegen nur den (mit größerer Mehrheit zu treffenden) Beschluss der Hauptversammlung zur Kapitalherabsetzung durch Einziehung um und kann den erforderlichen Rückkauf ausführen.

Theoretisch ist als dritte Methode denkbar, dass die Gesellschaft den Vorzugsaktionären den Rückkauf nur unter der Bedingung anbietet, dass der Anspruch auf
den Kaufpreis für die rückzukaufenden Aktien sogleich als Sacheinlage gegen
Ausgabe neuer Stammaktien eingelegt wird. Im Ergebnis entspricht dies einem
Umtausch von Vorzugs- in Stammaktien; die eingetauschten Vorzugsaktien können von der Gesellschaft eingezogen werden. Allerdings muss dabei das Bezugsrecht für nicht verkaufswillige Aktionäre ausgeschlossen werden.[547]

In der Praxis wird meist die Methode der Einziehung von Vorzugsaktien nach
Aktienrückkauf aufgrund eines Ermächtigungsbeschlusses angewendet, da an
derartige Hauptversammlungsbeschlüsse die geringsten Mehrheitsanforderungen
gestellt werden. Werden Vorzugsaktien nicht mehr zur Aufrechterhaltung einer
Stimmenmehrheit ohne Kapitalmehrheit benötigt, profitieren die Stammaktionäre von der Reduzierung des Vorzugskapitals, da der bevorrechtigte Anspruch
aus Bilanzgewinnen vermindert wird. Häufig dient der Aktienrückkauf der Vorbereitung einer Umwandlung der restlichen Vorzugsaktien,[548] da dann nur noch
für die verbliebenen Vorzugsaktien ggf. Aufpreise zum Kurs gezahlt werden
müssen, um den restlichen Vorzugsaktionären einen Sonderbeschluss zur Aufhebung des Dividendenvorzugs „schmackhaft" zu machen. Schließlich kann
durch Aktienrückkäufe möglicherweise der Kapitalanteil der Vorzugsaktionäre
so vermindert werden, dass ein Squeeze-out erleichtert wird.

2.2.5.5 *Squeeze-out*

Die Abschaffung von Vorzugsaktien ist auch gegen den Willen der Vorzugsaktionäre möglich: Verfügt ein Mehrheitsaktionär über mindestens 95 % des
Grundkapitals der Gesellschaft,[549] kann er durch Hauptversammlungsbeschluss

---

[547] Vgl. Wirth/Arnold (2002), S. 865.
[548] Zum Beispiel bei Fielmann und Metro. Vgl. auch Hillebrandt/Schremper (2001), S. 537.
[549] Handelt es sich bei dem Mehrheitsaktionär um ein Unternehmen, werden auch alle Beteiligungen
der von ihm abhängigen Unternehmen hinzugerechnet (§ 16 Abs. 4 AktG). Daher muss nicht
zwingend eine einzelne juristische Person über die 95%ige Beteiligung verfügen.

die Übertragung der restlichen Aktien auf sich gegen Barabfindung bewirken (sog. *aktienrechtlicher Squeeze-out* gemäß § 327a Abs. 1 AktG).[550] Die Vorzugsaktien sind bei diesem Beschluss nicht stimmberechtigt.[551] Der Übertragungsbeschluss hebt nicht den Vorzug auf; er lässt wie auch ein Verschmelzungsbeschluss die rechtliche Ausgestaltung der Gattung unberührt. Würde man den Vorzugsaktionären ein Vetorecht im Squeeze-out-Verfahren einräumen, so würde man sie besserstellen als andere Minderheitsaktionäre und ihnen die Möglichkeit einräumen, selbst mit kleinsten Aktienbeständen einen vom Gesetzgeber als sinnvoll betrachteten Squeeze-out zu verhindern.[552]

Mit dieser im Zuge der Einführung des WpÜG zum 1.1.2002 geschaffenen Möglichkeit des Ausschlusses von Minderheitsaktionären wollte der Gesetzgeber die vollständige Übernahme von Unternehmen vereinfachen und so auch den sog. Market for Corporate Control erleichtern.[553, 554] Mit einer vollständigen Übernahme entfallen die hohen Formalkosten für die Durchführung von Hauptversammlungen, die Erfüllung von Publizitätsanforderungen und die Einhaltung anderer

---

[550] Seit 15.7.2011 ist im Zusammenhang mit einer anschließenden Verschmelzung der Tochter- auf die Muttergesellschaft auch ein sog. *„verschmelzungsrechtlicher Squeeze-out"* gem. § 62 Abs. 5 UmwG möglich, für den zur Beschleunigung des Verfahrens bereits ein Grundkapitalanteil von 90 % ausreicht, wobei aber keine Zurechnung von Aktien im Besitz von verbundenen Unternehmen oder Treuhändern erfolgt. Ansonsten gelten die Ausführungen in diesem Abschnitt.
Zudem gibt es seit 14.7.2006 den *„übernahmerechtlichen Squeeze-out"* gem. § 39a Abs. 1 WpÜG. Dabei kann der Bieter im Zusammenhang mit einem Pflicht- oder Übernahmeangebot die Übertragung der stimmberechtigten Aktien verlangen, wenn ihm 95 % der stimmberechtigten Aktien gehören. Gehören ihm zugleich 95 % des Grundkapitals, kann er wie beim aktienrechtlichen Squeeze-out die Übertragung der anderen Aktien verlangen. Für diese Form des Squeezeout ist keine Hauptversammlung erforderlich, er erfolgt vielmehr durch Gerichtsbeschluss. Nehmen 90 % der Aktionäre das Gebot an, gilt der Gebotspreis als angemessen.

[551] So BVerfG (28.8.2007, Az. 1 BvR 861/06): Wenn stimmberechtigte Aktionäre gegen deren Willen aus der Gesellschaft gedrängt werden können, bestünden keine verfassungsrechtlichen Bedenken, wenn stimmrechtslose Minderheitsaktionäre herausgedrängt werden.

[552] So Ogorek (2007).

[553] Bis 2001 war es Hauptaktionären außer im Falle einer übertragenden Auflösung nicht möglich, Minderheitsaktionäre aus dem Unternehmen zu drängen. Bei Unternehmensverträgen, Verschmelzungen und Eingliederungen hatten die Minderheitsaktionäre das Recht auf Zahlung einer Abfindung bei Ausscheiden, aber ebenso die Möglichkeit, weiterhin an dem (ggf. neuen) Unternehmen beteiligt zu sein. Vgl. ausführlich Ritzer-Angerer (2004), S. 287.

[554] Diese Veränderung von einer gesellschaftsrechtlichen Sichtweise, die den Aktionär als Mitglied der Gesellschaft versteht, hin zu einer kapitalmarktorientierten Herangehensweise, die den Aktionär als renditeorientierten Investor betrachtet, dessen Vermögensinteressen leicht abgefunden werden können, wird auch kritisch gesehen. Die Ermöglichung einer Ausbeutung von Kleinaktionären durch zu geringe Barabfindungen kann den Rückzug der Kleinaktionäre vom Aktienmarkt bewirken statt den freien Kapitalmarkt beflügeln. Vgl. Ritzer-Angerer (2004), S. 286.

minderheitsschützender Normen.[555] Überdies können kleinste Beteiligungen durch Anfechtungsklagen – oft mit dem Ziel finanzieller Zugeständnisse – wichtige Vorhaben verzögern.[556] Nicht zu unterschätzen ist auch die mit einem Delisting nach Squeeze-out verbundene Kostenersparnis, zumal der Kapitalmarkt bei einem nur geringfügigen Streubesitz mit einem Kursabschlag und höheren Renditeforderungen reagieren dürfte.

Ein Squeeze-out kann jederzeit und nicht etwa nur nach einer Übernahme erfolgen. Er erleichtert aber eine vollständige Übernahme, wenn bei einem öffentlichen Übernahmeangebot[557] – wie zu erwarten – nicht alle Aktien an den Bieter verkauft werden. Ferner kann ein Squeeze-out von einem Hauptaktionär jedweder Art durchgeführt werden, also unabhängig davon, ob es sich um eine Privatperson oder eine in- oder ausländische juristische Person handelt.[558] Die systematisch vergleichbare Eingliederung durch Mehrheitsbeschluss (§ 320 AktG) kann im Gegensatz zum Squeeze-out nur in eine inländische Aktiengesellschaft erfolgen. Da das Stimmrecht der Minderheitsaktionäre bei einem 95 %igen Großaktionär faktisch wertlos ist und somit nur noch Vermögensinteressen des Aktionärs bestehen, stellt die Umwandlung der mitgliedschaftlichen Stellung in einen Abfindungsanspruch nach einhelliger Meinung und Rechtsprechung keinen enteignenden Eingriff im Sinne des Art. 14 GG dar.[559] Verfassungsrechtliche Bedenken wären nur angebracht, wenn eben nicht nur die Vermögensinteressen von Belang sind, also z. B. bei Familiengesellschaften oder Gesellschaften „mit kleinem, dem Unternehmen persönlich verbundenen Aktionärskreis".[560] Squeeze-outs von Vorzugsaktien dürften solche Überlegungen nicht rechtfertigen. Die

---

[555] Selbst wenn nur noch ein außenstehender Aktionär existiert, müssten ansonsten die genannten formalen Anforderungen eingehalten werden. Praktisch ist es auch auszuschließen, dass jeder einzelne Aktionär bekannt ist und etwa wegen eines Verkaufs seiner Aktien gegen Abfindung befragt werden könnte. Vgl. auch Steinmeyer/Häger (2002), S. 627.
[556] So die Regierungsbegründung, zitiert nach Fleischer/Kalss (2002), S. 141 f.
[557] Durch öffentliches Übernahmeangebot können Vorzugsaktien zwar übernommen werden; sie bleiben jedoch bestehen und werden in diesem Sinne nicht „abgeschafft". Daher wird an dieser Stelle auf das Thema nicht näher eingegangen.
[558] Vgl. Fleischer/Kalss (2002), S. 141 f.
[559] Vgl. Steinmeyer/Häger (2002), S. 628 f.; OLG Hamburg (8.8.2003, Az. 11 U 45/03 -n.rkr.-), S. 698. Voraussetzung für die Verfassungskonformität ist die wirtschaftlich „volle" Entschädigung, vgl. BGH (25.10.2005, Az. II ZR 327/03), S. 2651. Würde den Minderheitsaktionären ein Vetorecht eingeräumt, würde die gesetzgeberische Zielsetzung des Squeeze-out-Verfahrens verfehlt, so OLG Düsseldorf (14.1.2005, Az. I 16 U 59/04). Vielmehr werde vom Gesetzgeber zu Recht dem unternehmerischen Gestaltungsinteresse der Vorrang vor dem Bestandsinteresse von Kleinaktionären eingeräumt, zumal die bei Kleinaktionären im Vordergrund stehende Vermögenskomponente der Aktie durch Zahlung eines Geldbetrages abgefunden werde.
[560] OLG Hamburg (8.8.2003, Az. 11 U 45/03 -n.rkr.-), S. 698.

Barabfindung, die einseitig vom Hauptaktionär festgelegt wird,[561] unterliegt auf Antrag der Kontrolle durch ein Spruchverfahren (§ 1 Nr. 3 SpruchG); eine Anfechtung des Squeeze-outs kann jedoch nicht auf die Höhe der Barabfindung gestützt werden (§ 327f AktG).

Problematisch ist die Bemessung der Abfindungshöhe bei einem Squeeze-out in einem Dual-Class-Unternehmen. Aufgrund der faktischen Wertlosigkeit des Stimmrechts der freien Stammaktien und weil die Minderheitenrechte für Stamm- und Vorzugsaktionäre gleichermaßen gelten, erscheint eine mindestens gleich hohe Abfindung der Vorzugsaktionäre im Vergleich zu den Stammaktionären zu rechtfertigen, denn es ist in diesem Fall nur noch das Vermögensinteresse des Aktionärs aus seiner Beteiligung von Belang. Hinzu kommt, dass Stamm- und Vorzugsaktien in gleicher Weise zum Zustandekommen der 95%igen Kapitalmehrheit beitragen können. Nach höchstrichterlicher Rechtsprechung zu Abfindungen soll zwar grundsätzlich der mittlere Börsenkurs der vorangegangenen drei Monate maßgeblich sein, wenn nicht der anteilige Ertragswert höher ist.[562] Der vom BVerfG anerkannte Ausnahmetatbestand, bei dem der Börsenkurs ausnahmsweise nicht zu berücksichtigen ist, nämlich das Vorliegen einer „Marktenge", die zu einem geringen Handelsvolumen führt, dürfte jedoch bei Squeeze-outs mit einem Freefloat von unter 5% fast immer zutreffen. Aus diesem Grund ist der Fall des Squeeze-outs auch nicht völlig mit den den Urteilen zugrunde liegenden Abschlüssen von Unternehmensverträgen vergleichbar, die „nur" 75%ige Kapitalmehrheiten erfordern.

In der Praxis ist bei Squeeze-outs meist eine identische Abfindungshöhe für Stamm- und Vorzugsaktionäre festzustellen. In den Jahren 2002 und 2003 wurden 122 Squeeze-out-Verfahren beschlossen und i.d.R. wurde ein Spruchver-

---

[561] Der BGH sah auch hierin keinen Grund, dass ein Squeeze-out nicht verfassungskonform sein könnte, da sichergestellt sei, dass es sich durch den Verweis auf die Regelungen für Abschlussprüfer um unabhängige Prüfer zur Bestätigung der Angemessenheit handelt, und da der Berufsstand der Wirtschaftsprüfer „wie wohl kaum ein anderer über die hier erforderliche Sachkunde ... verfügt und zur Objektivität verpflichtet ist"; BGH (25.10.2005, Az. II ZR 327/03), S. 2652.

[562] Vgl. BGH (12.3.2001, Az. II ZB 15/00) als Folge der Entscheidung des BVerfG im Fall DAT/Altana [BVerfG (27.4.1999, Az. 1 BvR 1613/94)]. Bis dahin wurde die Relevanz des Börsenkurses von Gerichten regelmäßig in Frage gestellt, vgl. z.B. Ritzer-Angerer (2004), S. 291. Im Jahr 2010 hat der BGH seine Rechtsprechung aus dem Jahr 2001 insoweit korrigiert, als der dreimonatige Referenzzeitraum nicht am Tag der Beschlussfassung (also der Hauptversammlung) endet, sondern bei Bekanntgabe der vorgesehenen Maßnahme (z.B. der Einladung zur Hauptversammlung); bei längerer Zeitspanne zwischen Ankündigung und Beschlussfassung ist eine geeignete Extrapolation vorzunehmen, vgl. Olbrich/Rapp (2011b), S. 2005, BGH (19.7.2010, Az. II ZB 18/09).

fahren eingeleitet. Vier der 81 Squeeze-outs im Jahre 2002 betrafen Unternehmen mit Stamm- und stimmrechtslosen Vorzugsaktien; 2003 fanden drei der 41 Squeeze-outs in Dual-Class-Unternehmen statt. Dabei waren teilweise ausschließlich Vorzugsaktien börsennotiert. In fünf dieser Fälle war die Abfindung für Stamm- und Vorzugsaktionäre identisch; in einem Fall (Allweiler) war die der Stammaktionäre höher, in einem anderen Fall (Zanders Feinpapiere) die der Vorzugsaktionäre. Nachdem 2004 bis 2007 weitere 16 Squeeze-outs bei börsennotierten Dual-Class-Unternehmen zu verzeichnen waren, hat die Häufigkeit solcher Squeeze-outs wieder abgenommen.[563]

2.2.5.6 Delisting von Vorzugsaktien

Im weiteren Sinne ist auch ein Delisting eine Möglichkeit zur Abschaffung von Vorzugsaktien, jedenfalls von börsennotierten Vorzugsaktien; rechtlich bleiben die Vorzugsaktien bei einem Delisting bestehen. Konkret ist unter einem Delisting ein Widerruf der Zulassung zum amtlichen Handel oder Geregelten Markt (seit 2007: zum Regulierten Markt) zu verstehen, im Regelfall auf Antrag der Gesellschaft (sog. „echtes Delisting").[564, 565] Ein Handel der Aktien im Freiverkehr oder im Telefonhandel ist davon unberührt. Eine solche Maßnahme wird die Gesellschaft vor allem bei „Austrocknung" von Börsenumsätzen zur Verhinderung von Marktpreismanipulationen, bei geringem Streubesitz zur Vermeidung der hohen Formalkosten oder in Krisensituationen zur „stillen Sanierung" anwenden.[566] Hält ein Großaktionär 95% des Eigenkapitals, steht ein Delisting zwar nicht in rechtlicher, aber in faktischer Konkurrenz zum Squeeze-out.[567] Auch bei geringerer Kapitalbeteiligung als 95% stellt das Delisting ein probates Mittel zur Verdrängung von Minderheitsaktionären dar.[568, 569]

---

[563] Von 2008 bis Ende 2015 fanden insgesamt nur fünf solcher Squeeze-outs statt (2009: 2, 2012: 2, 2013: 1). Quelle: Eigene Erhebung, siehe Abbildung 7 auf der Seite 265.
[564] Im Gegensatz dazu bezeichnet das „unechte" oder „kalte" Delisting den Wegfall der Börsennotiz durch Verlust der Börsenfähigkeit, insb. bei Rechtsformwechsel, Verschmelzung und Vermögensübertragung auf eine nichtbörsennotierte Gesellschaft; vgl. Hüffer (2014), S. 807 (Rn. 30).
[565] In dieser Arbeit werden die Bezeichnungen „Geregelter Markt" und „Regulierter Markt" mit Großschreibung (wie von der Deutschen Börse angegeben) verwendet. Der ältere „Amtliche Markt" hieß vor 2002 „amtlicher Handel", daher wird hier die historische und vom Gesetzgeber verwendete Bezeichnung mit Kleinschreibung benutzt. Vgl. auch Fußnote 1661 auf S. 485.
[566] Nach den empirischen Ergebnissen von Jansen/Kleimeier (2004) ist jedoch die Illiquidität kein Indikator für ein Delisting. Vielmehr steigt die Delisting-Wahrscheinlichkeit insbesondere mit abnehmendem Streubesitzanteil („Freefloat"); vgl. a. a. O., S. 470.
[567] So z. B. Krämer/Theiß (2003), S. 226.
[568] Vgl. die Nachweise in Jansen/Kleimeier (2004), S. 461 f.

Die rechtlichen Anforderungen an ein Delisting hinsichtlich der Beschlusserfordernisse und des Minderheitenschutzes wurden in den letzten Jahren kontrovers diskutiert und die Beurteilung in der Rechtsprechung bzw. die Rechtslage haben sich mehrmals geändert. Im Kern geht es dabei darum, ob der Minderheitenschutz kapitalmarktrechtlich oder gesellschaftsrechtlich abzuleiten ist und ob ein Angebot zur Übernahme aller Aktien abgegeben werden muss. Für eine kapitalmarktrechtliche Lösung spricht, dass durch ein Delisting die in der Aktie verbrieften Verwaltungs- und Vermögensrechte in keiner Weise beeinträchtigt werden und auch nach einem Delisting regelmäßig ein Handel im Freiverkehr oder auf einer darauf spezialisierten Plattform stattfindet. Dementsprechend wäre ein Delisting als Maßnahme der Geschäftsführung zu sehen, über die die Hauptversammlung nur auf Antrag des Vorstandes entscheiden darf (§ 119 Abs. 2 AktG). Der Anlegerschutz wird kapitalmarktrechtlich im § 39 Abs. 2 BörsG (vormals § 43 Abs. 4 BörsG a. F.) geregelt, indem bestimmt wird, dass eine Zulassungsstelle die Börsenzulassung auf Antrag des Emittenten widerrufen kann, wobei der Widerruf *nicht dem Schutz der Anleger widersprechen* darf. Die Befürworter dieser kapitalmarktrechtlichen Regelung argumentierten, dass eine solche Ermessensentscheidung unter besonderer Berücksichtigung des Anlegerschutzes nach Abwägung der weiteren Umstände, insbesondere von Streubesitz und Liquidität, zur Auflage eines Pflichtangebotes an die außenstehenden Aktionäre führen *kann*, aber im Vergleich zu einer gesellschaftsrechtlichen Lösung *nicht muss.*[570]

Das sah der BGH in seiner umstrittenen *Macrotron-Entscheidung*[571] zunächst anders: Da die konkrete Ausgestaltung des Anlegerschutzes den Börsenordnungen überlassen ist und diese von dem zuständigen Börsengremium jederzeit geändert werden können, werde kapitalmarktrechtlich kein hinreichender Minderheitenschutz gewährleistet. Die Frankfurter Wertpapierbörse verlangte beispielsweise seit der Neufassung der Börsenordnung im Jahre 2002 für ein Delisting kein Pflichtangebot des Emittenten mehr.[572] Zudem würden die Börsenordnungen bei

---

[569] Nach den eigenen Erhebungen waren jedoch im Hinblick auf stimmrechtslose Vorzugsaktien in Deutschland nur drei Fälle festzustellen, bei denen zunächst nur ein Delisting stattgefunden hat, und zwar die Westafrikanische Pflanzungsgesellschaft „Victoria" AG (1986), die Volkmann Vermögens Verwaltungs AG (2012) und die CONET Technologie AG (2015).
[570] Vgl. Krämer/Theiß (2003), S. 234 f.
[571] Vgl. BGH (25.11.2002, Az. II ZR 133/01), S. 275.
[572] Es wurde lediglich bestimmt, dass den Anlegern von der Bekanntgabe des Widerrufes der Zulassung bis zum tatsächlichen Delisting genügend Zeit zur Veräußerung verbleiben muss, und zwar mindestens sechs Monate; vgl. Fritzsche/Dreier/Verfürth (2004), S. 107. Dies lässt die Tatsache unbeachtet, dass die Kursreaktion auf das Delisting spätestens am Tag der Ankündigung erfolgt,

einem Kaufangebot meist eine auf vorangegangene Börsenpreise und nicht auf den Aktienwert bezogene Erstattung vorschreiben, was aber nicht mit dem Urteil des BVerfG im Fall DAT/Altana im Einklang stehe.[573] Folglich könne der Minderheitenschutz nur gesellschaftsrechtlich verwirklicht werden. Der BGH hat daher die im Aktienrecht gesehene Regelungslücke dahingehend ausgefüllt, dass der Minderheitenschutz bei Delisting nur durch ein *Pflichtangebot* für den Kauf der Aktien durch die Gesellschaft (unter Beachtung der Obergrenze für Aktienrückkäufe, § 71 AktG) oder durch den Mehrheitsaktionär gewährleistet werden kann, das im Rahmen eines Spruchverfahrens überprüft werden könne.[574] Der BGH sah in einem Delisting auch keine reine Maßnahme der Geschäftsführung, weshalb es eines Hauptversammlungsbeschlusses mit einfacher Stimmenmehrheit bedürfe,[575] da die Verkehrsfähigkeit der Aktie ein unerlässlicher Bestandteil des Rechtsverhältnisses zwischen Gesellschaft und Aktionär sei[576] und daher wie das Gewinnbezugsrecht, der Liquidationsanteil und der Vermögenswert der Beteiligung der Eigentumsgarantie des Art. 14 GG unterliege.[577] Der Rückzug vom Börsenhandel hätte daher für Minderheits- und Kleinaktionäre im Gegensatz zu Großaktionären derartig gravierende Nachteile, dass nicht der Vorstand darüber beschließen könne.[578, 579]

---

weshalb die Anleger bei späterem Verkauf mit deutlichen Kursabschlägen rechnen müssen, was der Eigentumsgarantie nach Art. 14 GG widerspricht.

[573] In der Entscheidung BVerfG (27.4.1999, Az. 1 BvR 1613/94) im Fall DAT/Altana wurde festgestellt, dass der Verkehrswert regelmäßig als *Untergrenze* für die Bemessung von Ausgleichs- oder Abfindungszahlungen zu sehen ist, der nicht ohne Rücksicht auf den Börsenkurs festgesetzt werden könne. Dementsprechend kann der Börsenkurs zwar ein wichtiger, aber kein alleiniger Wertmaßstab sein.

[574] Vgl. BGH (25.11.2002, Az. II ZR 133/01), S. 275.

[575] Vgl. BGH (25.11.2002, Az. II ZR 133/01), S. 276.

[576] Dies wird z.B. aus der Entscheidung BVerfG (27.4.1999, Az. 1 BvR 1613/94) im Fall DAT/-Altana gefolgert, nach der die jederzeitige Realisierbarkeit des Verkehrswertes eine Eigenschaft des Aktieneigentums ist.

[577] Vgl. BGH (25.11.2002, Az. II ZR 133/01), S. 275. Nach anderer Auffassung besteht die Verkehrsfähigkeit der Aktie im Wesentlichen in der Standardisierung und leichten (rechtlichen) Übertragbarkeit der Aktie und nur sekundär in der Börsennotiz; die bloße „Veräußerungschance" falle nicht in den Schutzbereich des § 14 GG; so Krämer/Theiß (2003), S. 229 f.

[578] Auch eine anschließende Notiz im Freiverkehr könne diese Nachteile nicht ausgleichen, so BGH (25.11.2002, Az. II ZR 133/01), S. 274. Dies liegt wohl darin begründet, dass im Freiverkehr im Gegensatz zu den beiden anderen Marktsegmenten keine hoheitliche Kontrolle der Preisbildung stattfindet und rechtlich möglich ist.

[579] Die Vorinstanzen sahen im Gegensatz zum BGH in einem Delisting keinen Eigentumseingriff, sondern eine dem sog. Holzmüller-Fall [in dem es um die Ausgliederung eines wesentlichen Betriebsteiles ging] vergleichbare Strukturentscheidung, bei der sich das Recht des Vorstandes, der

Das BVerfG hat 2012 entschieden, dass das vom BGH zur Ausfüllung der von ihm gesehenen gesetzlichen Regelungslücke festgelegte Erfordernis eines Pflichtangebots sich zwar im verfassungsrechtlichen Rahmen richterlicher Rechtsfortbildung bewege, dass diese Auslegung jedoch nicht zwingend sei:[580] Insbesondere berühre der Widerruf der Börsenzulassung von Aktien im Regulierten Markt nicht den Schutzbereich des Eigentumsgrundrechts des Aktionärs gem. Art. 14 Abs. 1 GG, da die Substanz des Anteilseigentums in seinem mitgliedschaftsrechtlichen und in seinem vermögensrechtlichen Element anders als etwa beim Squeeze-out unbeeinträchtigt bleibe – weder verliere der Aktionär seine in der Aktie verkörperte Rechtsposition noch werde deren Substanz verändert. Die Funktionsfähigkeit eines Marktes,[581] die durch den Handel im Regulierten Markt möglicherweise gesteigerte Verkehrsfähigkeit der Aktie, der bloße Vermögenswert des Aktieneigentums sowie der Bestand einzelner wertbildender Faktoren seien keine Bestandteile des verfassungsrechtlich geschützten Anteilseigentums. Daher könne auch dahingestellt bleiben, ob durch ein Delisting regelmäßig ein Kursverfall eintrete. In der Literatur wurde das Urteil einhellig als Fingerzeig an den BGH und die Fachgerichte aufgefasst, die Macrotron-Grundsätze zu überdenken, zumal dem BGH „die Eckpfeiler seiner ursprünglichen Argumentation abgeschnitten worden" seien.[582]

Da ein gerichtlich überprüfbares Pflichtangebot nach Feststellung des BVerfG verfassungsrechtlich nicht geboten ist, gab der BGH 2013 mit der sog. *Frosta-Entscheidung* seine Macrotron-Rechtsprechung konsequenterweise auf. Für ein Delisting bedürfe es demnach keines Pflichtangebots und daher sei auch kein Erfordernis eines im einfachen Recht nicht vorgesehenen Hauptversammlungsbeschlusses herleitbar. Vielmehr handele es sich vor diesem Hintergrund um eine Maßnahme der Geschäftsführung, d.h. die Entscheidung treffe grds. der Vorstand, ggf. mit Zustimmung des Aufsichtsrates. Die erwähnte kapitalmarktrecht-

---

Hauptversammlung Beschlüsse zu Fragen der Geschäftsführung vorzulegen, zu einer Pflicht „verdichtet". Vgl. Krämer/Theiß (2003), S. 235 f. Dies hat allerdings dieselbe Konsequenz.

[580] Vgl. BVerfG (11.7.2012, Az. 1 BvR 1569/08), Rn. 49-68.

[581] Das BVerfG berücksichtigte mit seinem Urteil auch nach der Macrotron-Entscheidung des BGH eingetretene Entwicklungen, nämlich die Einführung von Qualitätssegmenten auch im Freiverkehr (z.B. den Entry Standard der Frankfurter Wertpapierbörse oder das Segment „m:access" der Börse München). Es wurde deutlich, dass es auch außerhalb des Regulierten Marktes einen funktionsfähigen Aktienmarkt mit höheren Transparenz- und Informationsanforderungen an den Emittenten gibt. Vgl. Wasmann/Glock (2014), S. 105. In Abgrenzung vom Delisting wird ein Wechsel in einen nicht regulierten Markt als „Downgrading" oder „Downlisting" bezeichnet.

[582] Vgl. z.B. Bungert/Wettich (2012), S. 2268. Im Ergebnis so auch der BGH selbst, vgl. BGH (8.10.2013, Az. II ZB 26/12), Rn. 3.

liche Schutzbestimmung (§ 39 Abs. 2 BörsG) sei zum Schutz der Minderheitenrechte ausreichend, die konkreten Bestimmungen über den Widerruf der Zulassung könnten den Börsenordnungen überlassen bleiben. Die Überprüfung eines etwaigen, nach der Frosta-Entscheidung nun freiwilligen Abfindungsange-
bots durch ein Spruchverfahren habe daher keine Grundlage.[583]

Als Konsequenz daraus hätte sich empfohlen, vor strukturellen Maßnahmen,
z. B. vor Squeeze-out, ein Delisting durchzuführen und damit die Vorschriften
umgehen zu können, nach denen die hierfür erforderlichen Abfindungen die
Börsenkurse (am Regulierten Markt) berücksichtigen müssen, da es solche Kurse
dann nicht mehr gibt.[584] Tatsächlich ist nach Feststellung des Gesetzgebers die
Zahl der Gesellschaften stark angestiegen, die einen Rückzug vom Regulierten
Markt vollzogen haben; dabei seien Kursverluste nach Ankündigung festzustellen gewesen.[585]

Vor diesem Hintergrund hat der Gesetzgeber im Rahmen des Gesetzes zur Umsetzung der Transparenzrichtlinie-Änderungsrichtlinie (Inkrafttreten 2015) reagiert und § 39 BörsG erweitert, da er eine gesetzliche Verbesserung des Anlegerschutzes beim Widerruf der Börsenzulassung für erforderlich erachtete.[586]
Wesentliche Voraussetzung für die Zulässigkeit eines Widerrufs ist nunmehr
wieder das Vorliegen eines aktuellen *Erwerbsangebots nach den Vorschriften
des WpÜG* (§ 39 Abs. 2 Satz 3 Nummer 1 BörsG n. F.), allerdings mit der Konkretisierung (Absatz 3), dass es sich bei der angemessenen Gegenleistung um
eine Geldleistung handeln muss, für die der gewichtete durchschnittliche inländische Börsenkurs während der letzten sechs Monate vor der Veröffentlichung
des Angebots oder der Kontrollerlangung maßgeblich ist.[587] Eine Unternehmensbewertung ist dem Angebot nur in Ausnahmefällen (bei Verstößen gegen Ad-
Hoc-Pflichten oder Marktmanipulation) zugrunde zu legen, wobei der genannte
Börsenkurs auch dann eine Untergrenze darstellt. Das Angebot muss vorab von
der Bundesanstalt für Finanzdienstleistungsaufsicht geprüft werden. Vor dem
Hintergrund der nun umfassenden und konkretisierten kapitalmarktrechtlichen
Schutzbestimmungen sah der Gesetzgeber einen zustimmenden Hauptversamm-

---

[583] Vgl. Wasmann (2002), S. 108.
[584] So z. B. die Empfehlung von Wasmann (2002), S. 108.
[585] Vgl. Bundestags-Drucksache 18/6220, S. 83 f.
[586] Vgl. die Gesetzesbegründung in Bundestags-Drucksache 18/6220, S. 84-86.
[587] Da es sich auch aus Sicht des Gesetzgebers beim Delisting nicht um eine gesellschaftsrechtliche
       Strukturmaßnahmen handelt, erfolgte die Regelung im Börsengesetz, d. h. kapitalmarktrechtlich.

lungsbeschluss als nicht geboten an.[588] In der Literatur werden die gesetzlichen Bestimmungen als stimmiges Regelungskonzept angesehen.[589]

2.2.6 Rechtliche Einordnung stimmrechtsloser Vorzugsaktien zwischen Eigen- und Fremdkapital

2.2.6.1 *Normativer Charakter stimmrechtsloser Vorzugsaktien*

Aufgrund des im Regelfall nicht aufgelebten Stimmrechts haben die Vorzugsaktien nach §§ 139-141 AktG zweifelsohne eine Zwitterstellung zwischen Eigen- und Fremdkapital. Eigenkapital ist allerdings kein originär aktienrechtlicher, sondern ein primär handelsrechtlicher Terminus.[590] Gemäß § 3 Abs. 1 AktG sind Aktiengesellschaften unabhängig vom Gegenstand des Unternehmens Handelsgesellschaften; die Anwendbarkeit der handelsrechtlichen Vorschriften ergibt sich für die Aktiengesellschaften als Formkaufleute aus § 6 Abs. 1 HGB. Insbesondere findet § 272 HGB Anwendung, in dem die Eigenkapitalbestandteile aufgeführt werden; hierzu gehört auch das handelsrechtlich unter das gezeichnete Kapital zu subsumierende Grundkapital einer Aktiengesellschaft.[591] Das Grundkapital einer Aktiengesellschaft wird nach § 1 Abs. 2 AktG aus den Aktien gebildet. Da Vorzugsaktien nach § 11 AktG Aktien besonderer Gattung sind, sie als Aktien ohne Stimmrecht ausgegeben werden können (§ 12 AktG) und sie mit Ausnahme des Stimmrechts die jedem Aktionär zustehenden Rechte gewähren (§ 140 Abs. 1 AktG) – namentlich auch das Recht auf Verbriefung der Mitgliedschaft in einer Aktienurkunde[592] –, gehören sie aus rechtlicher Sicht unzweifelhaft zum Grundkapital und damit wie erläutert zum Eigenkapital.

---

[588] Vgl. Bundestags-Drucksache 18/6220, S. 86.

[589] Vgl. z. B. Morell (2016), S. 84.

[590] Im AktG wird der Begriff Eigenkapital nur in zwei nachträglich eingefügten Bestimmungen verwendet, und zwar im § 58 Abs. 2a (Umwandlung stiller Reserven in Rücklagen) und im § 90 Abs. 1 Satz 1 Nr. 2 (Berichtspflicht des Vorstandes über Eigenkapitalrentabilität).

[591] Gezeichnetes Kapital ist nach § 272 HGB das Kapital, auf das die Haftung der Gesellschafter gegenüber den Gläubigern der Gesellschaft begrenzt ist. Zwar haftet nach § 1 Abs. 1 S. 2 AktG das Gesellschaftsvermögen für die Verbindlichkeiten der AG, der einzelne Gesellschafter hat jedoch gemäß § 54 Abs. 1 AktG lediglich die Verpflichtung zur Leistung seiner Einlage in Höhe des Ausgabebetrages der Aktien (es sei denn, es ist eine Nebenverpflichtung gem. § 55 Abs. 1 AktG vereinbart; hierbei sind jedoch nur Nicht-Geld-Leistungen zulässig). § 152 AktG bestimmt, dass das Grundkapital einer Aktiengesellschaft in der Bilanz als gezeichnetes Kapital auszuweisen ist.

[592] Dies folgt implizit aus § 10 Abs. 5 AktG. Der früher nach h. M. bestehende Anspruch auf Einzelverbriefung konnte seit einer Änderung des AktG im Jahre 1994 ausgeschlossen werden, wenn Mehrfachurkunden (d. h. Urkunden über jeweils mehrere Anteile) ausgegeben wurden; nach der

Ein weiteres Kennzeichen für die Aktieneigenschaft ist aus rechtlicher Sicht, dass außer beim Erwerb eigener Aktien auch auf Vorzugsaktien keine Einlagen zurückgewährt und keine Zinsen gezahlt werden dürfen; verteilungsfähig ist vor Auflösung der Aktiengesellschaft nur der Bilanzgewinn (§ 57 AktG). Auch aus diesem Grund können – unabhängig von der Anzahl der Stimmrechte – weder Vorzugsaktien als Ganzes noch Ausschüttungen auf Vorzugsaktien, insbesondere Vorzugsbeträge, vor einem Gewinnverwendungsbeschluss eine Forderung der Gesellschafter und somit einen Fremdkapitalcharakter begründen. Der Vorzug ist lediglich eine besondere Form des mitgliedschaftlichen Rechts der Aktionäre auf Gewinnteilhabe (§ 58 Abs. 4 AktG) und kann anders als eine Forderung nicht unabhängig von der Aktie übertragen werden.[593]

Gegen die Aktieneigenschaft von Vorzugsaktien kann angeführt werden, dass das Stimmrecht das wichtigste Mitgliedschaftsrecht des Aktionärs darstellt und dass die Vorzugsaktien daher nur einen „aktienähnlichen Charakter" haben.[594] Schon der Gesetzgeber des AktG 1937 hat in der amtlichen Begründung ausgeführt, dass das Stimmrecht – abgesehen von Stimmrechtsbeschränkungen – jedem Aktieninhaber zusteht,[595] dass es also prinzipiell zum wesentlichen Aktieninhalt gehört und nicht etwa ein unentziehbares Sonderrecht nach § 35 BGB darstellt. Das Stimmrecht der Vorzugsaktionäre lebt aber unter den im Abschnitt 2.2.2.2 erläuterten Bedingungen wieder auf und ist daher nicht gänzlich ausgeschlossen. Außerdem müssen Vorzugsaktionäre in der separaten Versammlung der Vorzugsaktionäre zu Fragen der Aufhebung, Beschränkung oder Kapitalerhöhung um gleich- oder höherrangige Vorzugsaktien einen Sonderbeschluss fassen.[596] Vorzugsaktionäre verfügen also über das wichtigste Mitgliedschaftsrecht: Sie haben – auch nach der Aktienrechtsnovelle 2016 – ein lediglich bedingtes bzw. schwebendes Stimmrecht. Den zu stimmrechtslosen Vorzugsaktien wirtschaftlich ähnlichen, wohl dem Fremdkapital zuzurechnenden Gestaltungsformen hybrider Finanzinstrumente wie Genussrechte, Gewinnschuldverschreibungen oder partiarische Darlehen können zwar Kontrollrechte verliehen werden, jedoch kein (bedingtes) Stimmrecht.[597]

Änderung des AktG durch das KonTraG 1998 genügt die Verbriefung von Anteilen in Form einer hinterlegten Globalurkunde; vgl. Hüffer (2014), S. 56 (Rn. 10).

[593] Vgl. hierzu Bezzenberger (1991b), S. 47, und ausführlich Abschnitt 2.2.4.2.

[594] Vgl. schon die Diskussion in Lichtherz (1941), S. 12-15.

[595] Quelle: Lichtherz (1941), S. 14.

[596] Ausführlich in Abschnitt 2.2.3.

[597] So Heeren (2008), S. 114, der aber aus der Übernahme vergleichbarer unternehmerischer Risiken durch die Inhaber der hybriden Finanzinstrumente schlussfolgert, dass sich auch für solche

Insgesamt kann aus den genannten Gründen kein Zweifel bestehen, dass stimm-rechtslose Vorzugsaktien jedenfalls aus rechtlicher Sicht als Aktien und mithin als Eigenkapital anzusehen sind; dies gilt erst recht für Vorzugsaktien mit Stimmrecht.[598]

2.2.6.2 Behandlung stimmrechtsloser Vorzugsaktien in speziellen Rechtsgebieten

Das *Steuerrecht* geht von einer – angesichts der Entwicklung von hybriden Kapitalinstrumenten aus wirtschaftlicher Sicht realitätsfernen – Dichotomie von Eigen- und Fremdkapital aus und nimmt die Klassifizierung von Kapitalinstrumenten anhand von schon seit Langem angewandten Prinzipien vor.[599] Maßgeblich für die steuerrechtliche Einordnung der Vorzugsaktien als Eigenkapital ist die gesellschaftsrechtliche Fundierung des Finanzierungsverhältnisses. In steuerrechtlicher Hinsicht stellen sie aufgrund ihrer mitgliedschaftlichen, nicht schuldrechtlichen Ansprüche gegen die Gesellschaft das einzige hybride Kapitalinstrument dar, das zweifelsfrei dem Eigenkapital zuzuordnen ist. Bereits bei stillen Gesellschaften als weiterem Fall gesellschaftsrechtlich begründeter Kapitalinstrumente hängt die Zuordnung von der konkreten Ausgestaltung des Vertragsverhältnisses im Einzelfall ab.[600] Insofern kommt es bei Vorzugsaktien auf die ansonsten steuerrechtlich heranzuziehenden Kriterien (Ausgestaltung von Vergütungs- und Rückzahlungsanspruch, monetäre Pflichten, Informations- und Gestaltungsrechte, Duldung der Gestaltungsrechtsausübung durch den Emittenten, Verhältnis von Emittent und Anleger)[601] nicht mehr an.

Als Konsequenz aus der steuerlichen Einordnung als Eigenkapital kann bei der Bemessung von Substanzsteuern bei Dual-Class-Unternehmen mit nur einer

---

Instrumente mitgliedschaftliche Treuepflichten aus dem allgemeinen Grundsatz von Treu und Glauben ergeben und die Kapitalgeber nicht als Außenstehende betrachtet werden können.

[598] Im Hinblick auf hybride Finanzinstrumente kommt Heeren (2008), S. 337, zu dem Ergebnis, dass sich weder aus gesetzlichen Vorschriften noch aus einer funktionalen Betrachtung ein allgemeiner Eigenkapitalbegriff ableiten ließe und dass auch keine objektive Abgrenzung nach den Kriterien „Eigentums- und Mitgliedschaftsrecht, gewinnabhängige Vergütung, Verlustbeteiligung, Anspruch auf Auseinandersetzungsguthaben oder Dauer der Kapitalüberlassung" alle Aspekte sinnvoll abdecken könne. Die Schlussfolgerung, dass in der Bilanzierung bei Beibehaltung der Zweiteilung in Eigen-und Fremdkapital ein „davon-Vermerk" angebracht wäre, trifft zwar zu, ist jedoch im Hinblick auf stimmrechtslose Vorzugsaktien nicht relevant, da diese bereits jetzt ausgewiesen werden.

[599] Vgl. Briesemeister (2006), S. 65 f.

[600] Vgl. Briesemeister (2006), S. 71.

[601] Aufzählung in Anlehnung an Briesemeister (2006), S. 71 f.

börsennotierten Gattung der Wert der nichtnotierten Gattung aus dem Kurs der börsennotierten Gattung abgeleitet werden.[602] Außerdem vermindern die Dividendenzahlungen auf Vorzugsaktien ebenso wie Ausschüttungen auf Stammaktien im Gegensatz zu Fremdkapitalzinsen nicht den Jahresüberschuss und sind daher Nachsteuer-Zahlungen. Dies schließt den nachzahlbaren Dividendenvorzug mit ein.

In anderen Rechtsgebieten steht eher der wirtschaftliche Charakter des Vorzugskapitals im Vordergrund und weniger die Rechte der Vorzugsaktionäre. Im Ergebnis werden Vorzugsaktien als Eigenkapital geringerer Qualität behandelt.

Insbesondere im *Bankaufsichtsrecht* steht der Haftungscharakter von Kapitalinstrumenten und nicht deren sonstige rechtliche Einordnung als Eigen- oder Fremdkapital im Fokus; maßgeblich ist hier der Begriff der Eigenmittel. Am 1.1.2014 ist die in Deutschland unmittelbar geltende europäische Kapitaladäquanzverordnung (CRR)[603] in Kraft getreten. Bis dahin bestanden die Eigenmittel aus dem sog. „haftenden Eigenkapital", das sich unter Berücksichtigung einiger Korrekturposten aus dem Kernkapital und dem Ergänzungskapital zusammensetzte (§ 10 Abs. 2 Satz 2 bis 7 KWG a.F.), sowie aus so genannten Drittrangmitteln.[604] Vorzugsaktien mit einem nachzuzahlenden Gewinnvorzug (kumulative Vorzugsaktien) waren dem Ergänzungskapital zuzuordnen (§ 10 Abs. 2a Satz 1 Nr. 2 i.V.m. § 10 Abs. 2b Satz 1 Nr. 2 KWG a.F.), genauer gesagt als „Ergänzungskapital 1. Klasse".[605] Ursächlich hierfür war die bis 2015 obligatorische Nachzahlung ausgefallener Dividenden: Durch einen in der Zukunft außer im Insolvenzfall nachzuholenden Eigenmittelabfluss war eine künftige Verminderung der Haftungsmasse durch Gewinnausschüttung auf solche Vorzugsaktien durch die Gesellschaft langfristig nicht abzuwenden. Ausdrücklich war in der gesetzlichen Bestimmung zwar nicht von *stimmrechtslosen* Vorzugsaktien die Rede; nach § 139 Abs. 1 AktG in der bis 2015 gültigen Fassung mussten diese aber stets mit einem nachzuzahlenden Gewinnvorzug versehen werden und waren daher stets als Ergänzungskapital zu klassifizieren. Vorzugs-

---

[602] Eine detaillierte Darstellung dieser Bewertungsproblematik erfolgt in Abschnitt 3.5.3.

[603] Verordnung (EU) Nr. 575/2013 des Europäischen Parlamentes und des Rates vom 26. Juni 2013 über Aufsichtsanforderungen an Kreditinstitute und Wertpapierfirmen und zur Änderung der Verordnung (EU) Nr. 646/2012.

[604] Die Drittrangmittel enthielten nur dann bilanzielle Eigenkapitalpositionen, wenn diese wegen der Begrenzung des Ergänzungskapitals auf die Höhe des Kernkapitals (§ 10 Abs. 2 Satz 3 KWG a.F.) nicht als Ergänzungskapital angerechnet werden.

[605] Vgl. z.B. Schwennicke/Auerbach (2009), S. 378, Rn. 167. Daneben bestand das Ergänzungskapital überwiegend aus nachrangigen Fremdkapitalpositionen und nicht realisierten Reserven.

aktien, die ausschließlich mit anderen Vorzügen (z. B. einem Vorrang bei der Verteilung des Gesellschaftsvermögens) ausgestattet sind, konnte hingegen dem Kernkapital zugerechnet werden.

Mit der CRR-Verordnung wurden ab 2014 die Eigenmittelanforderungen verschärft. Kumulative Vorzugsaktien erfüllen die Anforderungen der Artikel 66-71 CRR an *Ergänzungskapital*, das allerdings nun eine geringere Bedeutung hat. Sie dürfen aber auch weiterhin nicht dem Kernkapital zugerechnet werden, und zwar weder dem „harten Kernkapital"[606] noch dem neu geschaffenen „zusätzlichen Kernkapital"[607].

Die seit der Aktienrechtsnovelle 2016 zulässigen stimmrechtslosen Vorzugsaktien *ohne* nachzahlbaren Vorzug, die auch keinen Vorzug im Liquidationsfall besitzen, können so ausgestaltet werden, dass sie als *zusätzliches Kernkapital* anerkannt werden. Unter bestimmten Bedingungen ist für nichtkumulative Vorzugsaktien sogar eine Anrechnung als *hartes Kernkapital* möglich – auf Basis des „Regulatory Technical Standard EBA/RTS/2014/03" der Europäischen Bankenaufsichtsbehörde EBA hat die Kommission in einer Verordnung[608] klargestellt, wann eine Mehr- oder Vorzugsdividende auch bei hartem Kernkapital zulässig ist (Artikel 7a): Die satzungsmäßige Dividende darf nur ein Vielfaches der Dividende auf Stammaktien (d. h. insbesondere kein Festbetrag) sein und diese um nicht mehr als 25 % übersteigen. Die Gesamtausschüttung auf alle Instrumente des harten Kernkapitals darf eine hypothetische Gesamtausschüttung, bei der alle diese Instrumente dieselbe Ausschüttung (also die auf Stammaktien) erhalten würden, nicht um mehr als 5 % übersteigen. In einer Gesellschaft mit

---

[606] Nach Art. 28 Abs. 1 Buchst. h Ziffer i CRR darf es für hartes Kernkapital „keine Vorzugsrechte für die Auszahlung von Ausschüttungen" und „keine Vorzugsbehandlung in Bezug auf die Reihenfolge der Ausschüttungen" im Vergleich zu anderen Instrumenten des harten Kernkapitals (wie Stammaktien) geben. Nach Abs. 3, 4 sind allerdings „Mehrfachdividenden" zulässig, vorausgesetzt diese führen „nicht zu einer Ausschüttung, die einen unverhältnismäßig hohen Abfluss bei den Eigenmitteln verursacht." Unterschiede bei der Ausschüttung dürfen „nur Ausdruck von Unterschieden bei den Stimmrechten sein. Hierbei darf eine höhere Ausschüttung nur für Instrumente des harten Kernkapitals vorgenommen werden, an die weniger oder keine Stimmrechte geknüpft sind."

[607] Nach Art. 52 Abs. 1 Buchst. l Ziffer iii CRR dürfen zusätzliche Kernkapitalinstrumente nicht kumulativ nachzahlbar sein (genauer gesagt muss das Institut das Recht haben, „die Ausschüttungen ... jederzeit nach eigenem Ermessen für unbefristete Zeit und auf nicht kumulierter Basis ausfallen zu lassen"). Im Übrigen ist für zusätzliches Kernkapital gem. Art. 52 Abs. 1 Buchst. f CRR auch ein Vorzug im Liquidationsfall unzulässig. Dies gilt gem. Art. 28 Abs. 1 Buchst. i, j CRR erst recht für Instrumente des harten Kernkapitals.

[608] Delegierte Verordnung (EU) Nr. 2015/850 vom 30. Januar 2015 zur Änderung der Delegieren Verordnung (EU) Nr. 241/2014 (Einfügung Art. 7a bis 7d in die vorgenannte Verordnung).

einem Grundkapitalanteil der stimmrechtslosen Vorzugsaktien von 50 % dürfte die Dividende auf Vorzugsaktien mithin maximal 10 % höher als die Stammaktiendividende sein. Unzulässig sind mehrere Gattungen von Vorzugsaktien mit unterschiedlicher Mehrdividende. Gemäß Artikel 7d darf zudem keine Verpflichtung bestehen, „die Ausschüttungen auf eine Art von Instrumenten des harten Kernkapitals auszuzahlen, bevor die Ausschüttungen auf eine andere Art von Instrumenten des harten Kernkapitals ausgezahlt werden." Mit anderen Worten ist ein aus einem Bilanzgewinn zuerst zu bedienender Dividendenvorzug, also einer den gesetzlichen Regelfall des § 139 Abs. 1 AktG 2016 darstellenden Vorabdividende für hartes Kernkapital nicht statthaft, jedoch eine wie oben konstruierte Mehrdividende.

Für die Beurteilung der Bonität von Banken werden in erster Linie die bankaufsichtsrechtlichen Eigenmittelquoten herangezogen. In der Bankpraxis ist regelmäßig der Fall anzutreffen, dass deutlich mehr potenzielles Ergänzungs- als Kernkapital vorhanden ist. Da das Ergänzungskapital jedoch nur begrenzt angerechnet werden konnte, seit 2014 in noch geringerem Umfang als zuvor, können durch Emission von kumulativen Vorzugsaktien die Eigenmittel nicht gesteigert werden, obwohl dadurch die bilanzielle Eigenkapitalquote ansteigen würden. Daher ist die Emission solcher Vorzugsaktien für Kreditinstitute im Vergleich zu anderen als Kernkapital anerkennbaren Instrumenten unattraktiv.[609] Um das Ergänzungskapital zu stärken wurde von Banken jedenfalls bis 2014 die Ausgabe von i. d. R. zeitlich befristeten und flexibleren Genussscheinen bevorzugt, zumal diese so ausgestaltet werden können, dass sich die Ausschüttungen steuermindernd auswirken. Ob der mit der Aktienrechtsnovelle 2016 eröffnete Weg, auch stimmrechtlose Vorzugsaktien so ausgestalten zu können, dass sie nicht kumulativ sind und hartes Kernkapital darstellen, genutzt wird, muss sich erst noch zeigen.

Für die Beurteilung der Bonität von Nichtbanken werden anders als bei Banken vorrangig die bilanziellen Eigenkapitalquoten herangezogen. Im deutschen *Handels- bzw. Bilanzrecht* orientiert sich die Abgrenzung zwischen Eigen- und Fremdkapital an den Kriterien Nachrangigkeit des Kapitals gegenüber Forderungen von Gläubigern im Insolvenzfall, Nachhaltigkeit der Kapitalüberlassung, Erfolgsabhängigkeit der Vergütung und Teilnahme am Verlust bis zur vollen Höhe. Nur bei Erfüllung aller vier Kriterien liegt handelsrechtliches Eigenkapital

---

[609] Seit 1945 hatten auch nur sieben kleinere deutsche Banken stimmrechtslose Vorzugsaktien emittiert, wovon nur eine Gattung (Bankhaus Main AG, WKN A0KD0H) börsennotiert war. Quelle: Eigene Erhebungen

vor.[610] Da der Dividendenvorzug von stimmrechtslosen Vorzugsaktien auch trotz Nachzahlbarkeit ausgefallener Dividenden nur aus einem ausschüttungsfähigen Bilanzgewinn erfolgen kann, also erfolgsabhängig ist, und da auch die anderen drei Kriterien zweifelsfrei erfüllt sind, sind Vorzugsaktien nach deutschem Handelsrecht als Eigenkapital zu klassifizieren.

Wie in der EU insgesamt besteht auch in Deutschland für kapitalmarktorientierte Unternehmen die Verpflichtung, handelsrechtliche Konzernabschlüsse nach *International Financial Reporting Standards (IFRS)* zu erstellen.[611] Die Abgrenzung von Eigen- und Fremdkapital ist in IAS 32 geregelt.[612] Zunächst ist hiernach als Eigenkapitalinstrument ein Residualanspruch an die Differenz aus Vermögenswerten und Verbindlichkeiten anzusehen.[613] Die weiteren Kriterien stellen auf den wirtschaftlichen Charakter und daraus ggf. resultierende faktische und ökonomische Zwänge und nicht auf die rechtliche Ausgestaltung des Finanzinstruments ab.[614] Im Vergleich zu den erwähnten mehrdimensionalen Abgrenzungskriterien nach HGB fokussieren sich die IFRS-Kriterien an ein Eigenkapitalinstrument letztlich nahezu eindimensional auf eine Vermeidbarkeit von Zahlungsansprüchen des Inhabers des Finanzinstruments an das emittierende Unternehmen. So scheidet nach IFRS eine Klassifizierung als Eigenkapitalinstrument insbesondere dann aus, wenn gegenüber dem emittierenden Unternehmen ein Zahlungsanspruch besteht bzw. wenn sich das Unternehmen generell dem Abfluss von liquiden Mitteln zugunsten der Inhaber nicht uneingeschränkt entziehen kann (IAS 32.16(a), IAS 32.19),[615] Ausschüttungen müssen im Ermessen des Kapitalnehmers liegen.[616] Dies ist auch bei kumulativen Vorzugsaktien der Fall.

---

[610] So IDW HFA 1/1994, zitiert nach Briesemeister (2006), S. 95.

[611] Vgl. § 315a HGB; EG-Verordnung, Nr. 1606/2002, Abl. EG Nr. L 243, S. 1. In Deutschland ist es möglich, dass auch Einzelabschlüsse und Abschlüsse von nicht kapitalmarktorientierten Unternehmen nach IFRS aufgestellt werden; in anderen EU-Staaten ist dies uneinheitlich geregelt.

[612] Daneben sind insbesondere IAS 39 zu einzelnen Bilanzierungs-, Ansatz- und Bewertungsfragen sowie IFRS 7 zu Anhangsangaben zu beachten. Diese Standards werden wiederum durch mehrere verbindliche IFRS Interpretationen (IFRICs) ergänzt.

[613] Vgl. IAS 32.11 i. V. m. IAS 39.8 sowie F.49. Diese Definition setzt jedoch den Begriff der Verbindlichkeit und seine vorherige Abgrenzung zum Eigenkapital bereits voraus, weshalb diese Definition für sich genommen zirkulär ist und somit die Abgrenzungsfrage zwischen Eigen- und Fremdkapital nach IFRS nicht lösen kann.

[614] Vgl. IAS 32.15, IAS 32.18.

[615] Dabei ist es unerheblich, ob sich diese Zahlungsverpflichtungen des emittierenden Unternehmens aus dem Nominalbetrag des Finanzinstruments (z. B. aufgrund einer Rückzahlungsverpflichtung) oder seinen Vergütungskomponenten (z. B. „Pflicht-Dividenden") ergeben.

[616] Nach IDW RS HFA 9 Tz. 21 stellt die Partizipation des Inhabers an Dividenden oder anderen Gewinnausschüttungen für den Emittenten keine vertragliche Zahlungsverpflichtung dar, sofern

Im Hinblick auf stimmrechtslose Vorzugsaktien bestehen keine Zweifel, dass Dividendenausschüttungen ein Residualeinkommen darstellen. Da ein Zahlungsanspruch der Vorzugsaktionäre erst bei Vorliegen eines Bilanzgewinns und eines entsprechenden Gewinnverwendungsbeschlusses der Hauptversammlung entsteht und somit im Ermessen eines Organs der Aktiengesellschaft steht, kann sich das Unternehmen im Sinne von IAS 32 einer Ausschüttung und damit einem Abfluss von Liquidität entziehen. Folglich ist auch nach IFRS der Eigenkapitalcharakter deutscher stimmrechtsloser Vorzugsaktien zu bejahen.

2.2.7 Zwischenfazit

Die wesentlichen rechtlichen Ausgestaltungsmerkmale stimmrechtsloser Vorzugsaktien im Zeitraum bis Ende 2015 waren bzw. sind:

– Der Ausschluss des Stimmrechts ist nur zulässig, wenn zugleich ein Vorzug bei der Gewinnverteilung besteht, der bei Nichtgewährung in späteren Jahren nachzuzahlen, also kumulativ ist. Alle anderen Aktionärsrechte gelten auch für die Vorzugsaktionäre, z. B. Minderheitenrechte. Allerdings werden bei Beschlüssen, die Kapitalmehrheiten erfordern, stimmrechtslose Vorzugsaktien mit nicht aufgelebtem Stimmrecht nicht mitgezählt.

– Kann oder soll der nachzuzahlende Vorzug nicht im Folgejahr zusammen mit dem Vorzug dieses Jahres nachgezahlt werden, lebt das uneingeschränkte Stimmrecht bereits im Folgejahr auf, und zwar bis zur tatsächlichen Nachzahlung aller Rückstände. In diesem Fall sind die Aktien auch bei der Überschreitung von Meldeschwellen nach dem WpHG zu berücksichtigen. Ausfallende Dividendenvorzüge werden auch bei aufgelebtem Stimmrecht unbefristet weiter kumuliert.

– Einer Aufhebung oder rechtlichen Verschlechterung der gattungsspezifischen Vorzugsrechte (nicht nur des Dividendenvorzugs) müssen die Hauptversammlung sowie in gesonderter Versammlung auch die Vorzugsaktionäre jeweils mit Dreiviertelmehrheit zustimmen, sofern der Vorzug nicht von Vornherein befristet oder unter eine auflösende Bedingung gestellt war. Dasselbe gilt bei mittelbarer, insbesondere wirtschaftlicher Beeinträchtigung des Vorzugs, so u. a. bei Ausgabe gleich- oder höherrangiger Vor-

---

die entsprechenden Ausschüttungen im Ermessen der Organe des Emittenten liegen und somit die Übertragung von flüssigen Mitteln oder anderen finanziellen Vermögenswerten an den Inhaber nicht vorgeschrieben werden kann (vgl. auch IAS 32.17, IAS 32.AG26).

zugsaktien im Rahmen von Kapitalerhöhungen sowie bei Gewährung von Wandelrechten oder genehmigtem Kapital.

– Der Grundkapitalanteil der Vorzugsaktien darf höchstens die Hälfte des gesamten Grundkapitals betragen.

– Bis 2015 bestand der für die Zulässigkeit des Stimmrechtsausschlusses erforderliche Vorzug in einer prioritären Ausschüttung eines bezogen auf den (ggf. impliziten) Nennwert prozentualen Wertes oder eines Euro-Betrages aus einem Bilanzgewinn vor Ausschüttung an Aktionäre stimmberechtigter Gattungen oder nachrangiger Vorzugaktien. Dieser zwingende Dividendenvorzug war weder nach unten noch nach oben begrenzt. Andere in der Praxis übliche Bestandteile einer Vorzugsdividende, insbesondere eine Beteiligung an Ausschüttungen über den Dividendenvorzug hinaus (partizipative Dividende) oder eine im Vergleich zu Stammaktien gezahlte Mehrdividende waren keine zwingenden Voraussetzungen für den Stimmrechtsausschluss. Tatsächlich wurden stimmrechtslose Vorzugsaktien mit lediglich auf den Dividendenvorzug beschränkter Dividende nur selten ausgegeben.

– Bei ordentlichen Kapitalerhöhungen ist das sog. „Mischbezugsrecht" der gesetzliche Regelfall: Sowohl Stamm- als auch Vorzugsaktien haben ein Bezugsrecht auf junge Aktien aller neu ausgegebenen Gattungen. Im Fall von Kapitalerhöhungen im Verhältnis der Grundkapitalanteile ist jedoch der sog. gekreuzte Bezugsrechtsausschluss zulässig und in der Praxis üblich; dabei erhalten Vorzugsaktionäre nur junge Vorzugsaktien und Stammaktionäre nur junge Stammaktien („Gattungsbezugsrecht").

– Bei Kapitalerhöhungen aus Gesellschaftsmitteln muss der Dividendenvorzug im Verhältnis der Kapitalanteile herabgesetzt werden, damit der absolute Vorzug konstant bleibt. Bei Kapitalherabsetzungen muss im Fall von Nennwertaktien der prozentuale Dividendenvorzug heraufgesetzt werden, wenn ein Sonderbeschluss der Vorzugsaktionäre vermieden werden soll.

– Der gesetzliche Regelfall zur Abschaffung von Vorzugsaktien ist ein mit Dreiviertelmehrheit zu fassender Beschluss über die Aufhebung des Vorzugs. Sofern keine weiteren Vorrechte bestehen, werden alle betroffenen Vorzugsaktien ohne Zuzahlung, jedoch erst nach Zahlung aller rückständigen Dividendenvorzüge zu Stammaktien. Üblich ist jedoch ein Beschluss über einen freiwilligen Umtausch in Stammaktien, da die Gesellschaft in diesem Fall eine Zuzahlung als Kompensation für einen Wertzuwachs bei höherem Stammaktienkurs verlangen, ein von 1:1 abweichendes Bezugsverhältnis festlegen und den Verzicht auf bestehende Nachzahlungsan-

sprüche (z. B. im Fall von Sanierungen) zur Bedingung machen kann. Häufig endete die Börsennotiz von Vorzugsaktien auch durch Squeeze-out nach
Übernahmeangebot oder durch Delisting der Gesellschaft.

Mit der Aktienrechtsnovelle 2016 wurde die Möglichkeit geschaffen, stimmrechtslose Vorzugsaktien auch ohne nachzuzahlenden Dividendenvorzug auszugeben, wobei im Fall eines Dividendenausfalls das Stimmrecht sofort auflebt.
Der Vorzug kann nun auch nur in einer Mehrdividende bestehen. Es muss sich
noch zeigen, ob solche Ausgestaltungen aus der Sicht von Investoren interessant
sein können. Ein Ziel des Gesetzgebers war es, durch die neue Ausgestaltungs-
möglichkeit auch die Stärkung des bankaufsichtsrechlichen harten Kernkapitals
von Kreditinstituten zu ermöglichen; bis 2015 konnten stimmrechtslose Vorzugsaktien aufgrund der zwingenden Nachzahlbarkeit nur als Ergänzungskapital
angerechnet werden. Aus handels- und bilanzrechtlicher Sicht sind Vorzugsaktien in jedem Fall Eigenkapitalinstrumente.

2.3   Vorzugsaktien mit mehrfachem Stimmrecht

2.3.1   Fortbestehen von Mehrstimmrechtsaktien

2.3.1.1   Ursprüngliche Regelungen im Aktiengesetz von 1965

Schon § 9 des Einführungsgesetzes zum AktG 1937 hatte die Benennung eines
Zeitpunktes angekündigt, zu dem Mehrstimmrechtsaktien unzulässig werden.
Auch der Regierungsentwurf für das AktG 1965 sah ein Erlöschen von Mehrstimmrechten kraft Gesetzes nach einer Übergangsfrist von drei Jahren vor, da
„jeder Anteilseigner nur soviel Rechte haben soll, wie er aufgrund seiner Kapitalbeteiligung beanspruchen kann".[617] Ausdrücklich verwies der Regierungsentwurf darauf, dass es mit stimmrechtslosen Vorzugsaktien, Höchststimmrechten
und vinkulierten Namensaktien geeignete Ersatzinstrumente – auch für Familienunternehmen und die öffentliche Hand – gebe.[618] Der Wirtschaftsausschuss des
Bundestages hatte vor der Neufassung des Aktiengesetzes zunächst „nur" eine
Übergangsfrist bis zum automatischen Erlöschen des Mehrstimmrechts gefordert. Diese sollte allerdings 20 Jahre betragen.[619]

---

[617] BT-Drucksache IV/171, zitiert nach Kriebel (1963), S. 176.
[618] Begründung des Regierungsentwurfes, vgl. Kropff (1965), S. 25.
[619] Vgl. Kriebel (1963), S. 176.

Aber auch in den sechziger Jahren regte sich Widerstand gegen eine Abschaffung von Mehrstimmrechtsaktien. Nach Ansicht von Jung (1960) seien Mehrstimmrechtsaktien ausschließlich zum Schutz des Unternehmens gedacht, weshalb im Wesentlichen auch nur Vorstand und Aufsichtsrat solche Aktien (unter Ausschluss des Bezugsrechts der Aktionäre) erhalten sollten. Die Streichung von Mehrstimmrechtsaktien würde die Aktiengesellschaften schwächen und Schädigungen durch „fremde Spekulationskäufer" ermöglichen.[620] Diese Argumentation wurde sogar so weit auf die Spitze getrieben, dass das Mehrstimmrecht eines der „bewährtesten Abwehrmittel gegen die Entrechtung des Kleinaktionärs" sei, da solche Aktionäre im Gegensatz zu Vorstand und Aufsichtsrat mangels Sachkunde nicht beurteilen könnten, ob eine bestimmte Maßnahme notwendig ist.[621] Zudem bestand nach einer verbreiteten Meinung auch nach dem Zweiten Weltkrieg eine Gefahr äußerer und innerer Überfremdung.[622] Letztere sah Jung auch in der Bildung „marktbeherrschender Konzerne" durch „kapitalstarke Gruppen" gesehen, da dabei Kleinaktionäre rücksichtslos aus den Gesellschaften gedrängt würden.[623]

Nach Stellungnahmen des Deutschen Industrie- und Handelskammertag und des Bundesverbandes der Deutschen Industrie zum Referentenentwurf des AktG zugunsten von Mehrstimmrechtsaktien verwundert es nicht, dass sich der Rechts- und der Wirtschaftsausschuss des Bundestages wie schon bei den stimmrechtslosen Vorzugsaktien gegenüber dem Regierungsentwurf durchsetzten: Der Grundsatz der Unzulässigkeit von Aktien mit mehrfachem Stimmrecht (§ 12 Abs. 2 Satz 1 AktG 1965) konnte wie im AktG 1937 durch Ausnahmegenehmigungen durchbrochen werden. Solche Genehmigungen konnten weiterhin erteilt werden, wenn dies aufgrund überwiegender gesamtwirtschaftlicher Belange (nach AktG 1937 noch ohne das Wort überwiegend) erforderlich war (§ 12 Abs. 2 Satz 2 AktG 1965).[624] Die Ausschüsse begründeten dies damit, dass es

---

[620] So Jung (1960), S. 17.
[621] Jung (1960), S. 18.
[622] Vgl. z. B. Dempewolf (1959), S. 132.
[623] Vgl. Jung (1960), S. 18.
[624] Zuständige Behörden waren gem. § 12 Abs. 2 S. 2 AktG 1965 wie schon nach dem Krieg üblich die Wirtschaftsministerien der Bundesländer. Der Zusatz „überwiegend" führt dazu, dass eine Abwägung mit den Interessen von Aktionären an einer Übereinstimmung von Kapital- und Stimmrecht vorgenommen werden muss; das Wort „erforderlich" macht eine Genehmigung nur möglich, wenn kein milderes Mittel zur Zielerreichung zur Verfügung steht. Vgl. Zöllner (1988), S. 126. Die Stammaktionäre hatte daher einen Anspruch darauf, dass eine solche Ausnahmegenehmigung *nur* bei Vorliegen der genannten Gründe erteilt wird, vgl. OVG Nordrhein-Westfalen (9.10.1995, Az. 4 A 2986/93).

Fälle gebe, in denen ein öffentliches Interesse an einer Erhaltung bestehender Mehrheitsverhältnisse bestehe, z. B. bei Versorgungsunternehmen.[625] Ausdrücklich wurde auch die Eignung zur Abwehr einer drohenden Überfremdung genannt.[626] Die Möglichkeit der Aufhebung der Mehrstimmrechte durch Hauptversammlungsbeschluss mit einer ¾-Mehrheit des vertretenen Grundkapitals (ohne Berücksichtigung der Stimmenmehrheit) wurde nahezu unverändert aus § 10 der 3. DurchfVO zum AktG 1937 in § 5 Abs. 2 des EGAktG 1965 übernommen.[627]

Bei Einführung des AktG 1965 bereits bestehende, rechtmäßig geschaffene Mehrstimmrechte galten nach § 5 Abs. 1 EGAktG 1965 a. F. weiterhin fort.[628] Die in dieser Bestimmung fehlende Differenzierung von mit ministerieller Genehmigung entstandenen Mehrstimmrechten nach § 12 AktG 1937 und älteren, nach § 252 Abs. 1 HGB a. F. begründeten Mehrstimmrechtsaktien hatte zur Folge, dass diese nunmehr gleich zu behandeln waren. Schon aus diesem Grund kam und kommt eine nachträgliche Aufhebung einer ministeriellen Genehmigung nach AktG 1937 nicht mehr infrage.[629]

Für die Erteilung neuer Ausnahmegenehmigungen nach § 12 Abs. 2 AktG 1965 kam es nach Ansicht mehrerer Autoren nur auf die „Qualität der betroffenen Interessen" [630] an: Nicht das Unternehmen musste gesamtwirtschaftliche Bedeutung haben, sondern die Ausgabe von Mehrstimmrechtsaktien musste der Wahrung gesamtwirtschaftlicher Belange dienen.[631] Auch für nach dem AktG 1965 geschaffene Mehrstimmrechte genügte die Erfüllung des Ausnahmetatbestandes zum Zeitpunkt der Genehmigung: Die genehmigende Behörde muss das Vorliegen der Gründe nach ergangener Zulassung nicht erneut prüfen, da die Zulassung

---

[625] Eine extreme Ausprägung eines Mehrstimmrechts mit 3.200 Stimmen je Vorzugsaktie gab es bei der Fränkisches Überlandwerk AG in Nürnberg. Dadurch konnte sich der Bezirk Mittelfranken eine Stimmenmehrheit sichern, obwohl er nur über ein Drittel des Grundkapitals verfügte.

[626] Vgl. Kropff (1965), S. 25 f.

[627] Nicht mehr enthalten war die Möglichkeit der zuständigen Behörde, trotz eines solchen Beschlusses die Aufrechterhaltung der Mehrstimmrechte anzuordnen (§ 11 Abs. 2 der 3. DurchfVO zum AktG 1937). Dafür wurde nun in § 5 Abs. 2 S. 4 ff. bestimmt, unter welchen Voraussetzungen ein finanzieller Ausgleich für die Aufhebung eines Mehrstimmrechts zu gewähren ist.

[628] Im Ausschussbericht wird abgesehen von Erwägungen zur Besitzstandswahrung dazu ausgeführt, dass es nicht zu vereinbaren wäre, existierende Mehrstimmrechte (unabhängig von ihrem Entstehungszeitpunkt) abzuschaffen und ggf. neue zuzulassen; vgl. Kropff (1965), S. 518.

[629] Vgl. Schwark (1993), S. 371 f., mit einer ausführlichen Erörterung.

[630] So Hüffer (2014), S. 62 f. (Rn. 9).

[631] So Geßler (1971), S. 1015. „Gesamtwirtschaftlich" ist nach der Auffassung von Zöllner (1988), S. 125, nicht räumlich, sondern nur als Gegensatz zu „einzelwirtschaftlich" zu verstehen.

nach § 12 Abs. 2 AktG 1965 keinen Dauerverwaltungsakt darstellt;[632] andere Verwaltungsakte können nur zurückgenommen werden, wenn sie zum Zeitpunkt der Entscheidung rechtswidrig waren.[633] Auch ein Widerruf eines privatrechtsgestaltenden Verwaltungsaktes ist nicht möglich, wenn die privatrechtliche Wirkung endgültig eingetreten ist.[634] Die Möglichkeit der nachträglichen Rücknahme einer ministeriellen Ausnahmegenehmigung würde im Übrigen zu dem unhaltbaren Zustand einer schwebenden Unwirksamkeit der Mehrstimmrechte während ihres gesamten Bestehens und als Folge möglicherweise zu unsicheren Mehrheitsverhältnisses führen.[635]

2.3.1.2 Grundsätzliches Verbot von Mehrstimmrechtsaktien durch das KonTraG

Erst mit dem Gesetz zur Kontrolle und Transparenz im Unternehmensbereich (KonTraG) vom 27.4.1998 wurde § 12 Abs. 2 Satz 2 – der Erlaubnisvorbehalt zur „Wahrung überwiegender gesamtwirtschaftlicher Belange" – gänzlich gestrichen, sodass neue Ausnahmegenehmigungen nicht mehr möglich sind. Gleichzeitig wurde im § 5 Abs. 1 des ebenfalls geänderten Einführungsgesetzes zum AktG 1965 bestimmt, dass bestehende Mehrstimmrechte zum 1. Juni 2003 erlöschen, es sei denn, die Fortgeltung wird/wurde mit einer Mehrheit von drei Vierteln des vertretenen Grundkapitals beschlossen, wobei die Inhaber von Mehrstimmrechtsaktien von der Ausübung des Stimmrechts insgesamt ausgeschlossen waren (§ 5 Abs. 1 Satz 2 EGAktG) und – sofern die Fortgeltung beschlossen wurde – auch bei künftigen Befassungen der Hauptversammlung ausgeschlossen sind. Zur Erleichterung der Abschaffung von Mehrstimmrechten konnte und kann jeder Aktionär nach § 5 Abs. 2 EGAktG eine Abstimmung über die Abschaffung der Mehrstimmrechte verlangen, wobei nur eine einfache Kapitalmehrheit erforderlich ist.[636] Für die Beseitigung von Mehrstimmrechten ist den Inhabern nach § 5 Abs. 3 EGAktG ein angemessener Ausgleich zu gewähren.[637]

---

[632] So das BVerwG (28.02.1997) im Falle der RWE AG. Kritisch hierzu Terbrack/Wermeckes (1998), S. 189 f. Zuvor war eine verbreitete Auffassung in der Literatur, dass eine Genehmigung widerrufen werden könne, vgl. auch Kluth (1997), S. 1218. Anders Schwark (1993), S. 373 f.

[633] Vgl. Schwark (1993), S. 373.

[634] Vgl. Schwark (1993), S. 375.

[635] So auch Schwark (1993), S. 376.

[636] Aus Sicht des Gesetzgebers sollte diese Regelung die Konsequenz haben, dass „voraussichtlich das Thema in jedem Jahr auf der Tagesordnung sein wird, bis die Mehrstimmrechte beseitigt sind." Vgl. Bundestags-Drucksache 13/10038, S. 28.

[637] Vgl. die Darstellung im folgenden Abschnitt 2.3.2.

Heute können also Mehrstimmrechtsaktien – unabhängig davon, ob sie mit ministerieller Ausnahmegenehmigung oder vor 1937 entstanden sind – nur noch bestehen, wenn deren Fortgeltung vor dem 1. Juni 2003 explizit beschlossen wurde. Solche Beschlüsse erfolgten – auch wenn dies zuvor für unwahrscheinlich gehalten wurde[638] – beispielsweise durch die Hauptversammlungen der Gruschwitz Textilwerke AG am 26.7.2000,[639] der Custodia Holding AG am 30.5.2001, der Vereinigten Schmirgel- und Maschinenfabriken AG am 28.8.2002 und der INKA AG für Beteiligungen (vormals Tucher Bräu AG) am 11.12.2002. Auch in Zukunft werden also wohl noch einige Gesellschaften in Deutschland Mehrstimmrechtsaktien haben.

Kapitalerhöhungen gegen Einlagen dürften für Mehrstimmrechtsaktien dann nicht mehr möglich sein, wenn hierdurch zusätzliche Mehrstimmrechtsaktien geschaffen werden sollen, also z.B. auch bei einem gekreuzten Bezugsrechtsausschluss zwischen Stamm- und Mehrstimmrechtsaktionären; das Verbot der Schaffung neuer Mehrstimmrechtsaktien gilt ausnahmslos, also ohne Möglichkeit der Ausnahmegenehmigung.[640, 641] Damit dürfte sich langfristig der Kapitalanteil der noch bestehenden Mehrstimmrechtsaktien vermindern.

Bei den Änderungen des AktG durch das KonTraG im Jahr 1998 hatte der Gesetzgeber wohl den § 216 Abs. 1 Satz 2 AktG übersehen, nach dem die gemäß § 12 Abs. 2 Satz 2 AktG a. F. zugelassenen Mehrstimmrechtsaktien zur Wahrung der Rechtsverhältnisse ohne erneute Zulassung an einer Kapitalerhöhung teil-

---

[638] Vgl. z.B. Wasmann (2002), S. 57.

[639] Eine Anfechtungsklage gegen diesen Beschluss, in der die Kläger vortrugen, dass ein Familienangehöriger bzw. ein abhängiges Unternehmen des Inhabers der Mehrstimmrechtsaktien die Mehrheit der Stammaktien besäßen, weshalb der Fortgeltungsbeschluss nicht zustande gekommen sei, wurde abgewiesen, da für diese Behauptung die Kläger und nicht die Gesellschaft beweispflichtig seien und der Gesetzgeber nach Ansicht des Gerichts bewusst keine speziellen diesbezüglichen Kontrollmaßnahmen erlassen habet. Vgl. LG Memmingen (12.2.2001, Az. 2H O 1748/00). Da die Inhaber von (Stamm-)Aktienpaketen letztlich nur über die Pflichtmitteilungen ermittelbar sind und auch nur dann, wenn sich seit dem Inkrafttreten des WpHG eine meldepflichtige Veränderung bei dem betreffenden Aktionär ergeben hat (bei Gesellschaften, die nicht im amtlichen Handel oder Geregelten Markt notiert sind, nur bei Anteilen von 25% und 50%), dürfte es für Mehrheitsaktionäre noch „Gestaltungsspielräume" gegeben haben, einen Fortgeltungsbeschluss zu erwirken.

[640] Vgl. Milde-Büttcher (1999), S. 1074. Nach vorherigem Recht ergab sich in Ermangelung einer zu der Kapitalerhöhung aus Gesellschaftsmitteln vergleichbaren Regelung bei ordentlichen Kapitalerhöhungen aus § 12 Abs. 2 AktG 1965 eine Genehmigungspflicht für neue Mehrstimmrechtsaktien, was auch aus OLG München (24.3.1993, Az. 7 U 3550/92), S. 925, hervorgeht.

[641] Gleichwohl folgt aus § 186 Abs. 1 AktG das Bezugsrecht der Mehrstimmrechtsaktionäre auf etwaige junge Stamm- oder Vorzugaktien.

nehmen durften. Dieser Verweis führte wegen der Abschaffung des Satzes 2 in § 12 Abs. 2 AktG a. F. ins Leere. Da für Kapitalerhöhungen aus Gesellschaftsmitteln keine Sonderbeschlüsse erforderlich sind und da sie bei Stückaktien auch ohne Ausgabe neuer Aktien erfolgen können (§ 207 Abs. 2 Satz 2 AktG), waren solche Kapitalerhöhungen bei Stückaktien auch für Mehrstimmrechtsaktien gültig. Dies dürfte aber ebenfalls für Kapitalerhöhung aus Gesellschaftsmitteln gegolten haben, da kein Grund für eine Ungleichbehandlung von Stückaktien und Nennwertaktien ersichtlich ist, auch wenn bei Nennwertaktien eine Kapitalerhöhung aus Gesellschaftsmitteln stets mit der Ausgabe neuer Aktien verbunden ist.[642] Qualitativ neuen Anteilsrechte hätten dadurch aber nicht begründet werden können, da nur durch die Teilnahme der Mehrstimmrechtsaktien die Stimmen- und Dividendenrelationen der Aktionäre nach der Kapitalerhöhung aus Gesellschaftsmitteln aufrecht erhalten werden konnten.

Gleichwohl hat der Gesetzgeber im Herbst 2008 mit dem Gesetz zur Modernisierung des GmbH-Rechts und zur Bekämpfung von Missbräuchen (MoMiG) § 216 Abs. 1 Satz 2 AktG mit der Begründung aufgehoben, dass die Übergangsfrist gem. § 5 EGAktG abgelaufen sei.[643] Zwar könnte man bei isolierter Betrachtung des von § 216 Abs. 1 AktG verbliebenen Satzes 1[644] ebenfalls zu dem Ergebnis kommen, dass das Mehrstimmrecht an einer Kapitalerhöhung aus Gesellschaftsmitteln teilnimmt, jedoch entspricht dies nicht dem durch die Streichung des Satzes 2 deutlich gewordenen Willen des Gesetzgebers. Folglich dürften Mehrstimmrechtsaktionäre bei Kapitalerhöhungen aus Gesellschaftsmitteln nunmehr an Stimmgewicht verlieren.[645]

Mehrstimmrechtsaktien sind zweifellos Hemmnisse bei der Übernahme von Unternehmen, und gerade zu diesem Zweck sind sie meist auch entstanden. Im Rahmen der Herstellung der „Waffengleichheit" bei Übernahmen im europäischen Rahmen sah der Entwurf der EU-Übernahmerichtlinie auch die Außerkraftsetzung von Übernahmehemmnissen bei öffentlichen Übernahmeangeboten vor, wobei allerdings nur Höchststimmrechte und Übertragungsbeschränkungen einbezogen wurden. Dies war heftig kritisiert worden, da Mehrstimmrechte und Höchststimmrechte funktional vergleich- und austauschbar sind.[646] Eine Eini-

---

[642] So Milde-Büttcher (1999), S. 1075.
[643] Vgl. die Regierungsbegründung in Bundestags-Drucksache 16/6140, S. 52 (zu Nummer 15).
[644] „Das Verhältnis der mit den Aktien verbundenen Rechte zueinander wird durch die Kapitalerhöhung nicht berührt."
[645] Die h. M. ist anderer Auffassung und sieht eine „unvollständige Problemanschauung des Gesetzgebers", so Hüffer (2014), S. 1389 f. (Rn. 5), anders noch die Vorauflage von Hüffer (2014).
[646] Vgl. Dauner-Lieb/Lamandini (2003), S. 267, und die nähere Begründung in Abschnitt 2.3.3.2.

gung zwischen den EU-Mitgliedstaaten über dieses Thema konnte allerdings nicht erzielt werden, weshalb die im Dezember 2003 verabschiedete Übernahmerichtlinie nur eine Minimallösung darstellt und die nationalen Abwehrmaßnahmen unangetastet lässt. Somit dürfen Mehrstimmrechtsaktien in der EU auch weiterhin bestehen.

2.3.2   Ausgleich bei Aufhebung von Mehrstimmrechten

2.3.2.1 Rechtsgrundlagen für den Anspruch auf einen Ausgleich

In der ursprünglichen Fassung des AktG 1965 war eine Entschädigung für die Beseitigung von Mehrstimmrechten nur dann zwingend, wenn ein Aktionär die Mehrstimmrechte erhalten hat, weil er „besondere Leistungen für die Gesellschaft erbracht hat" (§ 5 Abs. 2 Satz 4 a.F. EGAktG).[647] Eine Abfindung war nach einer früher verbreiteten Meinung aber ohnehin nach Artikel 14 Abs. 3 GG erforderlich, da das Stimmrecht als wichtigstes mitgliedschaftliches Verwaltungsrecht nach Art. 14 Abs. 1 GG als Eigentum geschützt ist und dessen – auch teilweise – Entziehung einen enteignenden Eigentumseingriff darstellt.[648]

Kluth (1997) differenziert drei Fallgruppen: 1.) Kommunale Aktionäre (und das ist seit 1937 der Regelfall bei Mehrstimmrechtsaktien mit ministerieller Ausnahmegenehmigung) haben Mehrstimmrechte nicht wegen der Privatnützigkeit, sondern gerade wegen der Gemeinnützigkeit und zum Zwecke der Wahrnehmung der Aufgaben der öffentlichen Verwaltung erhalten, weshalb sie sich nicht auf den Grundrechtsschutz des Art. 14 GG berufen können.[649] 2.) Für Mehrstimmrechtsaktionäre, deren Stimmrechtsanteil nicht einmal einer Sperrminorität entspricht, wird keine schwere Beeinträchtigung des Eigentums (und damit keine Enteignung) gesehen, da die Abschaffung der Mehrstimmrechte eine bloße Minderung des Verkehrswertes bedeutet. 3.) Eine schwere Beeinträchtigung bestehe aber, wenn ein Mehrstimmrechtsaktionär eine Sperrminorität oder einen weitergehenden Stimmrechtsanteil an der Gesellschaft hat, weshalb in diesem Fall die verfassungsrechtliche Zulässigkeit einer gesetzlichen Abschaffung von Mehr-

---

[647] Diese Regelung sah auch der Regierungsentwurf zum KonTraG vor, der solche Mehrstimmrechtsaktien zudem vom automatischen Erlöschen des Mehrstimmrechts zum 1.6.2003 ausnehmen wollte. Vgl. Terbrack/Wermeckes (1998), S. 190.
[648] So Zöllner/Noack (1991b), S. 159 f. und S. 165.
[649] Vgl. Kluth (1997), S. 1219, Saenger (1997), S. 1818.

stimmrechten – auch mit Ausgleichszahlung – mangels ausreichendem Gemeinwohlinteresse in Zweifel zu ziehen sei.[650]

Andere Autoren sahen schon 1962 in der Aufhebung der Mehrstimmrechte keine Enteignung, sondern nur eine „Änderung der Inhaltsbestimmung des »Eigentums«".[651] Nach neuerer Rechtsprechung des BVerfG handelt es sich tatsächlich „nur" um eine Inhalts- und Schrankenbestimmung. Auch ein solcher Eingriff ist aber nur gerechtfertigt, wenn es schwer wiegende Gründe im öffentlichen Interesse gibt und der Grundsatz der Verhältnismäßigkeit gewahrt bleibt. Ein öffentliches Interesse kann in der Vereinheitlichung des europäischen Gesellschaftsrechts und der Verbesserung der Liquidität des Kapitalmarktes und des Anlegervertrauens gesehen werden. Diese Gründe sind jedoch nicht so schwer wiegend, dass eine Ausgleichspflicht verneint werden könnte – diese folgt aus dem Grundsatz der Verhältnismäßigkeit.[652]

Der Regierungsentwurf zum KonTraG sah grundsätzlich eine entschädigungslose Abschaffung von ohne Gegenleistung gewährten Mehrstimmrechtsaktien vor.[653] Nach der erwähnten massiven Kritik und Zweifeln an einer Verfassungskonformität wurde allerdings eine generelle Pflicht zur Zahlung eines angemessenen Ausgleichs ins EGAktG aufgenommen. Ob ein Ausgleich angemessen ist, kann auf Antrag schon eines einzelnen Aktionärs gerichtlich bestimmt werden, wenn dieser in der beschlussfassenden Hauptversammlung seinen Widerspruch zur Niederschrift erklärt hat (§ 5 Abs. 4 EGAktG). Dies führt aber nicht zur Nichtigkeit des gesamten Beschlusses: Die Aufhebung der Mehrstimmrechte bleibt auch in diesem Fall wirksam. Im Fall des Erlöschens der Mehrstimmrechte zum 1. Juni 2003 wurde keine Mitwirkung der Hauptversammlung vorgesehen; Mehrstimmrechtsaktionäre mussten bis 1. August 2003 einen Ausgleichsanspruch gerichtlich geltend.[654]

Der Ausgleich muss gemäß § 5 Abs. 3 Satz 1 EGAktG in jedem Fall durch die Gesellschaft gewährt werden. Dies leuchtet zwar ein, wenn die Hauptversammlung die Aufhebung der Mehrstimmrechte beschließt, ist aber verfassungsrechtlich bedenklich, wenn die Abschaffung unmittelbar durch die allein vom Gesetz-

---

[650] Vgl. Kluth (1997), S. 1223.
[651] So z. B. Hamann (1962), S. 289 f. Des Weiteren leitet Hamann aus dem Gleichheitssatz des Art. 3 GG eine Berechtigung des Gesetzgebers ab, mit einem (nicht grundgesetzwidrigen) Verbot der Neuausgabe von Mehrstimmrechtsaktien auch alte Mehrstimmrechte zu beseitigen.
[652] Vgl. Zöllner/Hanau (1997), S. 215 f., und Saenger (1997), S. 1818 f.
[653] Vgl. Saenger (1997), S. 1817, Terbrack/Wermeckes (1998), S. 190.
[654] Vgl. Wasmann (2002), S. 61.

geber gesetzte Frist erfolgt ist und der Gesellschaft somit aufgedrängt wurde. Für diesen Fall sehen u. a. Zöllner/Hanau (1997) eine Entschädigungspflicht des Staates.[655, 656]

Da bis zur Neuregelung des § 5 EGAktG jederzeit eine entschädigungslose Abschaffung von vor dem Inkrafttreten des AktG 1965 ohne Gegenleistung entstandenen Mehrstimmrechtsaktien nach § 5 Abs. 2 EGAktG a. F. möglich gewesen wäre, ist fraglich, ob für diese überhaupt ein Ausgleich zu gewähren ist.[657] Wurde allerdings bei vor 1937 entstandenen Mehrstimmrechtsaktien eine Gegenleistung, z. B. eine Sacheinlage in Form eines Unternehmens, eingebracht, ist seit der Neufassung des § 5 EGAktG ein Ausgleichsanspruch anzunehmen, und zwar auch für die Rechtsnachfolger früherer Mehrstimmrechtsaktionäre.[658] Nach 1937 konnten Mehrstimmrechte nicht allein für die Gewährung von Gegenleistungen begründet werden. Daher dürften sich für solche Mehrstimmrechtsaktien auf dieser Basis keine Ausgleichsansprüche ableiten lassen.

2.3.2.2 Bestimmung des angemessenen Ausgleichs

Der Gesetzgeber hat die Bestimmung der Höhe des Ausgleichs bewusst nicht näher geregelt, da die zu berücksichtigenden Faktoren wie Entstehungsgeschichte, Stimmrechtseinfluss, Handelbarkeit und satzungsmäßige Ausgestaltung zu vielgestaltig seien. Ausdrücklich wird erwähnt, dass der angemessene Ausgleich im Einzelfall auch gegen Null tendieren könne.[659] Beschließt die Hauptversammlung einer Gesellschaft die Aufhebung von Mehrstimmrechten ohne Ausgleich, kann die Gesellschaft allerdings eine gerichtliche Korrektur nicht verhindern, da der Gesetzgeber grundsätzlich von einem positiven Stimmrechtswert ausgeht und nicht nur die relative Bedeutung des Stimmrechtswertes, sondern auch der absolute Betrag des Ausgleichs berücksichtigt werden muss.[660]

---

[655]   So Zöllner/Hanau (1997), S. 218 f., Saenger (1997), S. 1819. Anders Hering/Olbrich (2001b), S. 25.

[656]   Ob es hierzu einschlägige Fälle gibt, in denen also weder eine vorherige Beseitigung der Mehrstimmrechte noch deren Fortgeltung beschlossen wurde, ist dem Verfasser nicht bekannt. Rechtsprechung zu dieser Problematik ist ebenfalls nicht ersichtlich.

[657]   Ähnlich Wasmann (2002), S. 62.

[658]   So Schulz (2002), S. 1001 f. Früher war h. M., dass unter den „besonderen Leistungen" im Sinne des § 5 Abs. 2 EGAktG a. F. höchstpersönliche Leistungen des Inhabers zu verstehen sind, weshalb für Rechtsnachfolger in der Regel kein Ausgleichsanspruch gesehen wurde.

[659]   Vgl. BT-Drucksache 13/10038, S. 28.

[660]   So LG München I (14.9.2001, Az. 5HK O 16369/99), S. 1962. Im Fall der im Zuge der Notizaufnahme der Stammaktien an der NYSE abgeschafften Siemens-Mehrstimmrechts-Vorzugsak-

Hering/Olbrich (2001b) haben sich modelltheoretisch mit der Bemessung der Abfindungshöhe befasst.[661] Dabei ergibt sich eine Ausgleichspflicht allein dann, wenn die Mehrstimmrechtsaktionäre keine Kapitalmehrheit, aber einen positiven Einfluss auf den Ausschüttungsstrom der Gesellschaft haben und wenn sich – was unrealistisch ist – durch das wegfallende Mehrstimmrecht künftig geringere Dividenden ergeben.[662] Es verwundert nicht, dass solche modellhaften Ergebnisse (wie auch eine von den Autoren vorgeschlagene pragmatischere Herangehensweise) in der juristischen Literatur abgelehnt werden, weil schon nach der erwähnten Gesetzesbegründung eine Berücksichtigung mindestens der o. g. weiteren Faktoren zu erwägen ist.[663] Die dabei auftretenden Schwierigkeiten einer praktikablen Quantifizierung der Vermögenswirkungen auf die Aktionärsgruppen im Falle einer Umwandlung in Stammaktien, insbesondere auch hinsichtlich der „Nebenfaktoren" würden mit dem Modell nicht gelöst. Außerdem wird kritisiert, dass ein Ergebnis des Modells, nämlich dass der angemessene Ausgleich fast immer null ist, nicht damit zu vereinbaren sei, dass der Gesetzgeber grundsätzlich von einem positiven Wert des Ausgleichs ausgeht.[664] Schließlich wird bemängelt, dass die Verfahrensweise der Autoren die Ausgleichszahlung nach § 5 Abs. 3 EGAktG, die eine Entschädigung für den Eingriff in das Eigentum nach Art. 14 Abs. 1 GG darstellt, in einen „Schadenersatzanspruch für mittelbare Schäden umdeute."[665]

Ein Wert des Mehrstimmrechts wäre bei fehlender Kapitalmehrheit der Mehrstimmrechtsaktionäre ökonomisch zu rechtfertigen, wenn Beschlüsse, die neben einer bestimmten Kapitalmehrheit auch eine bestimmte Stimmenmehrheit erfordern, über eine Sperrminorität verhindert werden könnten, oder wenn die Mehrstimmrechtsaktionäre mit einer Stimmenmehrheit sogar selbst Beschlüsse ohne erforderliche Kapitalmehrheit fassen können. Da § 53a AktG eine Gleichbehandlung der Aktionäre nur unter gleichen Voraussetzungen erfordert, ist eine unter-

---

tien hatte der gerichtlich zunächst festgestellte Ausgleich pro Mehrstimmrecht nur 1,13 % des Stammaktienkurses betragen, was aber mehr als 32 Millionen DM zugunsten der klagenden Familie ausgemacht hätte.

[661] Für eine ausführliche Diskussion zur ökonomischen Bewertung von Stimmrechten vgl. Abschnitt 4.2.2 ab Seite 306.

[662] Vgl. Hering/Olbrich (2001b), S. 36. In dem Modell wird allerdings nur der Fall betrachtet, dass die Dividenden im Verhältnis der Kapitalbeteiligungen aufgeteilt werden, dass es also keine Dividendenvor- oder -nachzüge gibt. Vgl. hierzu den Abschnitt 3.5.2. Inhaltlich sehr stark angelehnt sind die Veröffentlichungen Hering/Olbrich (2001a) und Hering/Olbrich (2003).

[663] Vgl. Schulz (2002), S. 999, Wasmann (2002), S. 63.

[664] So Schulz (2002), S. 999.

[665] Schulz (2002), S. 999.

schiedliche Bewertung von Stamm- und Mehrstimmrechtsaktien und damit ein Ausgleichsanspruch nicht von Vornherein auszuschließen.[666] Sofern sich allerdings kein konkreter und messbarer wirtschaftlicher Wert von Mehrstimmrechten feststellen lässt, kann aus § 53a AktG kein Anspruch auf eine differenzierte Bewertung und mithin kein Anspruch auf einen Ausgleich für wegfallende Mehrstimmrechte abgeleitet werden.[667] Zudem darf nach einem Urteil des BVerfG vom 27.4.1999[668] ein Paketzuschlag im Spruchstellenverfahren (der einen wirtschaftlich messbaren Wert aus Sicht des Mehrstimmrechtsaktionärs darstellen könnte) keine Anwendung finden.

Unzweifelhaft hat auch die Verkehrsfähigkeit von Aktien einen Einfluss auf deren Wert: Je schwieriger deren Veräußerung (insbesondere hinsichtlich Übertragbarkeit und Liquidität) ist, desto geringer sollte der Preis sein. Dennoch dürfte dies bei der Bemessung des Ausgleichs keine Rolle spielen, da dieser allein für die Mehrstimmrechte zu bestimmen ist;[669] die Aktien an sich bleiben beim Erlöschen des Mehrstimmrechtes mit allen sonstigen Rechten bestehen. Aus dem gleichen Grund sind andere satzungsmäßige Ausgestaltungsmerkmale (z. B. Dividenden- oder Liquidationsvorzüge) beim bloßen Erlöschen des Mehrstimmrechtes unbeachtlich.

2.3.2.3 Abweichung vom Barausgleich durch Hauptversammlungsbeschluss

Erfolgt allerdings – wie üblich – gleichzeitig eine Umwandlung der Mehrstimmrechtsaktien, die in aller Regel vinkulierte Namensaktien sind, in Inhaber- oder Namensstammaktien, erfahren sie einen teilweisen Wertzuwachs durch die Verbesserung der Übertragbarkeit und damit der Liquidität. Dieser muss zwangsläufig zu einer Verminderung eines eventuellen Ausgleichs führen.[670] Bei einem ansonsten geringen objektiv feststellbaren Wert eines Mehrstimmrechts könnte die Änderung der Übertragbarkeit schon den einzigen Wertausgleich darstel-

---

[666] Vgl. z. B. OLG Düsseldorf (10.6.2009, Az. I-26 W 1/07).

[667] So OLG München (19.10.2006, Az. 31 Wx 92/05) und OLG München (26.10.2006, Az. 31 Wx 012/06).

[668] BVerfG (27.4.1999, Az. 1 BvR 1613/94). Dabei ging es um die Bemessung eines Ausgleichs für Minderheitsaktionäre im Spruchstellenverfahren „DAT – Altana".

[669] Anders Wasmann (2002), S. 62 f., der dies damit begründet, dass das Stimmrecht nicht von der Aktie getrennt werden kann (Abspaltungsverbot).

[670] Das LG München I hatte beispielsweise im Fall der Mehrstimmrechte bei der Siemens AG einen Abschlag für die Vinkulierung von 10 % und für die beschränkte Fungibilität von 15 % wegen der nur innerhalb der Siemens-Familie zulässigen Übertragbarkeit vorgenommen; vgl. LG München I (14.9.2001, Az. 5HK O 16369/99), S. 1962. Dieses Urteil hatte allerdings vor dem Beschwerdegericht keinen Bestand; vgl. die folgende Fußnote und Abschnitt 3.5.2.1.

len.[671] § 5 Abs. 3 EGAktG verlangt nämlich nur einen angemessenen Ausgleich und legt nicht fest, dass dieser in einer Geldleistung bestehen muss.[672] Auch die Beseitigung anderer Nachteile (insbesondere eines Dividendennachzugs oder eines Liquidationsnachrangs) oder die Gewährung von Vorteilen (z. B. Dividendenvorzügen) kann als Ausgleich ausreichend sein.[673]

Soll der Abfluss liquider Mittel aus der Gesellschaft verhindert werden, kommt bei einem feststellbaren Ausgleichswert statt einer Barabfindung auch eine wertgleiche Abfindung in Form von Aktien in Betracht. Diese können entweder aus dem Bestand eigener Aktien stammen oder über eine ordentliche Kapitalerhöhung unter Ausschluss des Bezugsrechts der übrigen Aktionäre entstehen, wobei der (einvernehmlich festgelegte) Ausgleich als Sacheinlage eingebracht wird.[674]

Eine derartige Gestaltungsfreiheit bei der Bemessung des Ausgleichs kann aber nur der Hauptversammlung vorbehalten sein und nicht nachträglich gerichtlich festgelegt werden, weil die Gerichtsbarkeit nicht in unternehmerische bzw. statutarische Kompetenzen der Hauptversammlung eingreifen kann und zudem an die Abfindungs- und Ausgleichsarten der gemäß § 5 Abs. 5 EGAktG und § 1 SpruchG entsprechend anzuwendenden §§ 304-305 AktG (Spruchverfahren) gebunden ist. Da bei einem Erlöschen der Mehrstimmrechte zum 1. Juni 2003 die Bestimmung des Ausgleichs nur auf Antrag der Mehrstimmrechtsaktionäre und nur durch das zuständige Landgericht erfolgen konnte, konnte der angemessene Ausgleich in diesen Fällen nur in einer Geldleistung bestehen und sich wegen der Beibehaltung aller sonstigen Gattungsmerkmale nur auf den Wert der „verlorenen" Stimmrechte beziehen.[675] Zwar hat ein Stimmrecht isoliert betrachtet theoretisch immer einen positiven, wenn auch ggf. sehr geringen Wert, gleichwohl kann es im Spruchstellenverfahren zu einer Nullentschädigung kommen.[676]

---

[671] So urteilte im Fall Siemens das Beschwerdegericht, dass aufgrund der viel höheren Liquidität der Siemens-Stammaktie ein Mehrwert der Vorzugsaktie trotz des Mehrstimmrechts nicht mit hinreichender Sicherheit feststellbar sei, vgl. BayObLG (31.7.2002, Az. 3Z BR 362/01), S. 70.

[672] Dies kann man u. a. daraus ableiten, dass im AktG an anderer Stelle, z. B. bei Beherrschungs- oder Gewinnabführungsverträgen, explizit eine „Geldleistung" (§ 304 Abs. 1) oder „Barabfindung" (§ 305 Abs. 2 Nr. 3) festgeschrieben wurde, vgl. z. B. Wasmann (2002), S. 64. Selbst in der alten Fassung des § 5 EGAktG war noch von einem „angemessenen Entgelt" die Rede (§ 5 Abs. 2 Satz 4 a. F. EGAktG).

[673] Vgl. Wasmann (2002), S. 64.

[674] So auch Hüffer (2014), S. 64 f. (Rn. 14). Nicht infrage kommt eine Kapitalerhöhung aus Gesellschaftsmitteln, da das Bezugsrecht der anderen Aktionäre nicht ausgeschlossen werden kann.

[675] So auch Schulz (2002), S. 997.

[676] So lässt die Urteilsbegründung des Bayerischen Obersten Landesgerichts im Fall Siemens erkennen, dass es bei der Verneinung eines Ausgleichsanspruchs allein auf das mangelnde Stimmen-

2.3.2.4 Problematik der einzelfallbezogenen Bewertung

Die geschilderten Probleme machen deutlich, dass stets eine einzelfallbezogene Feststellung des Ausgleichs erforderlich ist. Letztlich aus diesem Grund hat im Fall Siemens das Bayerische Oberste Landesgericht den Beschluss der Vorinstanz kassiert und die Anwendung eines Vergleichswertverfahrens[677] abgelehnt. Es komme auf die Beeinträchtigung des Vermögenswertes der konkreten Mehrstimmrechtsaktien und nicht etwa auf im Durchschnitt oder im Median zu erwartende und damit hypothetische Stimmrechtsprämie an. Eine Ausgleichspflicht bestehe nur, wenn der besondere Wert des Stimmrechts überhaupt feststellbar ist – die Feststellungslast trage der Mehrstimmrechtsaktionär.[678] Dem Beschluss zufolge müssten bei der Bestimmung eines Ausgleichs auch die Vermögensinteressen der Gesellschaft und der Stammaktionäre abgewogen werden, da der Ausgleichsleistung ein Äquivalent im Vermögen der Gesellschaft gegenüber stehen müsse.[679] Wenn also durch die Mehrstimmrechte realistischer Weise keine privaten Vermögensvorteile zu erlangen sind, stelle ein Ausgleich einen inadäquaten Eingriff zulasten von Gesellschaft und Stammaktionären dar.

Das Beschwerdegericht ließ offen, wie eine einzelfallbezogene Bewertung zu erfolgen hat. Folgt man dessen Argumentation, so dürfte sich in den wenigsten Fällen eine konkrete Wertbestimmung für den aufgrund des geringen Gemeinwohlinteresses verfassungsrechtlich wohl in der Höhe des Verkehrswertes gebotenen Ausgleich durchführen lassen.[680] Problematisch ist auch die Begründung des Gerichtes, dass die Bewertung im Rahmen einer Schätzung nach § 287 Abs. 1 ZPO, wie sie vom LG München I als Vorinstanz angewandt wurde, nicht in Betracht komme, da schon die Vorfrage, ob überhaupt eine Vermögensminderung vorliege, verneint wurde.[681] Dies steht möglicherweise im Widerspruch zu § 5 Abs. 3, 4 EGAktG, der ja gerade die gerichtliche Bestimmung des Ausgleichs auf Antrag gebietet. Es ist sicher nicht ausgeschlossen, dass sich im Rah-

---

gewicht der Mehrstimmrechtsaktien ankam. Es wäre also wohl ebenso entschieden worden, wenn die Vorzugsaktien nur ihr zusätzliches Stimmrecht verloren hätten und nicht in Stammaktien umgewandelt worden wären.

[677] Siehe hierzu Abschnitt 3.5.1.2.

[678] Vgl. Hüffer (2014), S. 64 f. (Rn. 14).

[679] BayObLG (31.7.2002, Az. 3Z BR 362/01), S. 68.

[680] So auch Löwe/Thoß (2002), S. 2078.

[681] Vgl. auch Löwe/Thoß (2002), S. 2077 f. Das Beschwerdegericht hat keinen Nachweis dazu erbracht, dass der Wert der Mehrstimmrechte durch die fehlende Handelbarkeit der Mehrstimmrechtsaktien vollständig ausgeglichen wird, obwohl deshalb eine mit hinreichender Sicherheit bestehende Vermögensminderung nicht gesehen wurde. Vgl. Arnold (2003), S. 268.

men der Würdigung aller Umstände der Wert null ergeben kann, wohl aber, dass erst gar keine Schätzung nach § 287 ZPO erfolgt.

2.3.3 Mehrstimmrecht ohne Mehrstimmrechtsaktie

Wenn auch nach § 12 Abs. 1 AktG grundsätzlich jede Aktie ein Stimmrecht gewährt und nach § 12 Abs. 2 AktG Mehrstimmrechte grundsätzlich unzulässig sind, sind neben den stimmrechtslosen Vorzugsaktien noch zwei weitere Möglichkeiten für eine Abweichung zwischen dem kapitalmäßigen Anteil und der Stimmrechtskraft eines Aktionärs zu untersuchen. Durch die im Folgenden aufgeführten Regeln zu teileingezahlten Aktien und Höchststimmrechten werden allerdings keine eigenen Gattungen begründet.

2.3.3.1 Teileingezahlte Aktien

Vor dem Inkrafttreten des AktG 1937 war mit jeder Aktie unabhängig von der Höhe der geleisteten Einzahlung ein Stimmrecht verbunden. Somit hatten beispielsweise nicht voll eingezahlte Aktien bezogen auf das eingezahlte Kapital faktisch ein höheres Stimmrecht als voll eingezahlte. Wie schon erwähnt, war dies zumindest in den zwanziger Jahren ein nicht unüblicher Weg zur Schaffung oder Verstärkung von Mehrstimmrechtsaktien. Mit der grundsätzlichen Unzulässigkeit der Mehrstimmrechtsaktien gem. § 12 Abs. 2 AktG 1937 und AktG 1965 sollte daher auch diese Umgehungsmöglichkeit unterbunden werden und daher bestimmt § 134 Abs. 2 AktG 1965 nahezu identisch mit § 114 Abs. 2 AktG 1937, dass das Stimmrecht grundsätzlich erst mit der vollständigen Leistung der Einlage beginnt.[682, 683] Tatsächlich bestehen aber nach wie vor zwei Umgehungsmöglichkeiten:

– Gemäß § 134 Abs. 2 Satz 2 AktG 1965 (seit 2009: Satz 3) kann die Satzung bestimmen, dass das Stimmrecht abweichend vom gesetzlichen Grundsatz bereits mit der Leistung der gesetzlichen Mindesteinlage (nach § 36a Abs. 1 AktG ein Viertel des geringsten Ausgabebetrages zzgl. Aufgeld) oder einer höheren satzungsgemäßen Mindesteinlage beginnt. In diesem Fall bemisst sich das Stimmrecht aller Aktien (also z. B. auch der voll eingezahlten) nach dem Verhältnis der geleisteten Einlagen (gemäß § 134 Abs. 2 Satz 4 AktG n. F.). Somit haben die Aktionäre, die eine vergleichsweise höhere Einzah-

---

[682] Nach § 10 EGAktG 1937 galt dies auch für 1937 bereits bestehende teileingezahlte Aktien.

[683] Ferner bestimmt § 134 Abs. 1 Satz 1 AktG, dass das Stimmrecht nach Aktiennennbeträgen bzw. bei Stückaktien nach deren Zahl auszuüben ist.

lung geleistet haben, ein Mehrstimmrecht im Vergleich zu Aktionären, die weniger eingezahlt haben. Allerdings dürfen solche Satzungsregelungen nicht für einzelne Aktiengattungen oder Aktionäre getroffen werden, weshalb die Schaffung einer separaten Gattung mit Mehrstimmrechten auf diesem Wege nicht möglich ist.

– In den Fällen, in denen keine einzige Aktie voll eingezahlt ist, richtet sich das Stimmrecht auch kraft Gesetz nach den eingezahlten Beträgen (§ 134 Abs. 2 Satz 5 AktG n. F.), da es nicht denkbar ist, dass kein Aktionär ein Stimmrecht hat. Dies ermöglicht ebenso eine Stimmrechtsdifferenzierung.

Sind bei einzelnen Aktiengattungen die Aktien nur teileingezahlt, so gewähren sie nach der dargestellten gesetzlichen Regelung grundsätzlich kein Stimmrecht. Dadurch können auch stimmrechtslose Aktien geschaffen werden, für die die Vorschriften über stimmrechtslose Vorzugsaktien (§§ 139-141 AktG), insbesondere ein Dividendenvorzug oder die kapitalmäßige Begrenzung, nicht anzuwenden sind. Außerdem sind solche nicht stimmberechtigten teileingezahlten Aktien auch bei der Berechnung von Kapitalmehrheiten nicht zu berücksichtigen.[684] Daher sind stimmrechtslose, teileingezahlte Aktien aus der Sicht eines kontrollierenden Großaktionärs noch besser als Finanzierungsinstrument geeignet als stimmrechtslose Vorzugsaktien, da die hierfür geltenden Schutzvorschriften nicht beachtet werden müssen. Allerdings muss vor Ausgabe von teileingezahlten Aktien abgewogen werden, ob sich ausreichend Abnehmer für solche ihrer wesentlichen Mitgliedschaftsrechte „beraubten" Aktien finden und ob ein liquider Handel möglich erscheint.

Da neue teileingezahlte Aktiengattungen jederzeit geschaffen werden können, eignet sich diese Maßnahme nicht nur für neu gegründete Aktiengesellschaften. Teileingezahlte Aktien müssen allerdings gemäß § 10 Abs. 2 AktG als Namensaktien ausgegeben werden, damit die Schuldner der Aktiengesellschaft leicht feststellbar sind.[685]. Die damit verbundenen Transaktionskosten dürften im Zeitalter EDV-gestützter Abwicklung keinen besonderen Hinderungsgrund für die praktische Anwendung dieser Methode darstellen. Teileingezahlte Aktien finden

---

[684] Vgl. Hüffer (2014), S. 969 (Rn. 17).
[685] Die Leistung der Einlage ist nach § 54 Abs. 1 AktG die Hauptpflicht der Aktionäre. Die Einzahlung muss nach Aufforderung durch den Vorstand geleistet werden (§ 63 Abs. 1 AktG). Die bei Nichtleistung möglichen satzungsgemäßen Strafen (§ 63 Abs. 3 AktG), die mögliche Kaduzierung (§ 64 Abs. 3 AktG) und eventuelle Vollstreckungsmaßnahmen erfordern, dass die Aktionäre namentlich bekannt sind. Im Übrigen muss auf der Aktienurkunde die Einzahlungshöhe angegeben werden (§ 10 Abs. 2 Satz 2 AktG).

sich insbesondere bei Versicherungsgesellschaften: Sie dienen dort als Mittel zur Risikovorsorge, damit bei großem Kapitalbedarf infolge von Großschäden ggf. Nachzahlungsforderungen an die Aktionäre gerichtet werden können.

2.3.3.2 Höchststimmrechte

Die Begrenzung der Stimmrechtsmacht einzelner Aktionäre wurde schon seit Beginn des Aktienwesens praktiziert; vor dem ADHGB 1861 wurde sogar ein gesetzliches Höchststimmrecht diskutiert. Letztlich überließ man eine Abweichung vom Prinzip „eine Stimme pro Aktie" aber auch nach dem Ende der staatlichen Konzessionierung den Satzungen: Hätte man durch ein gesetzliches Höchststimmrecht Mehrheitsbeteiligungen unmöglich gemacht; wären sicher bedeutend weniger Aktiengesellschaften entstanden, was die Übernahme von Investitions-Risiken und damit das Wirtschaftswachstum insgesamt behindert hätte.[686] Auch § 134 Abs. 1 Satz 2 AktG 1965 erlaubt wie schon vorher § 114 Abs. 1 Satz 3 AktG 1937 die Begrenzung oder Abstufung des Stimmrechts für Besitzer mehrerer Aktien in der Satzung, seit Inkrafttreten des KonTraG (1.5.1998) jedoch nur noch für nicht börsennotierte Gesellschaften.[687]

Der Regierungsentwurf zum AktG 1965 hatte vorgesehen, dass eine Stimmrechtsbeschränkung nicht für einzelne Aktiengattungen festgelegt werden kann, damit nicht neue Gattungen mit Stimmrechtsbeschränkung als Ersatz für die grundsätzlich nicht mehr zulässigen Mehrstimmrechtsaktien geschaffen werden können. Aus diesem Grund war schon in § 13 der 3. DurchfVO zum AktG 1937 die Einführung eines Höchststimmrechts unter den gleichen Genehmigungsvorbehalt gestellt worden wie die Gewährung von Mehrstimmrechten. Auch in diesem Fall veränderten allerdings die Bundestagsausschüsse den Regierungsentwurf, weil in der Praxis ein Bedürfnis nach einem gattungsspezifischen Höchststimmrecht bestehe und kein zwingender Grund für ein Verbot ersichtlich sei.[688] So wurde im § 134 Abs. 1 Satz 5 AktG eine Stimmrechtsbeschränkung für einzelne Aktionäre, nicht aber für Aktiengattungen als unzulässig erklärt; der bis dahin geltende Genehmigungsvorbehalt wurde aufgehoben.[689] Ein Höchst-

---

[686] Vgl. die Darstellung der Entstehungsgeschichte in Baums (1990), S. 223.
[687] Sofern für einen Beschluss eine Kapitalmehrheit erforderlich ist, z. B. bei Satzungsänderungen, wird die Stimmrechtsbeschränkung allerdings nicht berücksichtigt (§ 134 Abs. 1 Satz 6 AktG).
[688] Vgl. Kropff (1965), S. 192.
[689] Wie schon im HGB 1897 kann aber eine Gattungsverschiedenheit nicht schon durch einen bloßen Stimmrechtsunterschied begründet werden; vgl. Hüffer (2014), S. 968 (Rn. 14).

stimmrecht für einzelne Aktionäre würde im Übrigen gegen das Gleichbehandlungsgebot gem. § 53a AktG verstoßen.[690]

Entgegen der dargelegten Auffassung der Bundestagsausschüsse[691] eignen sich
Höchststimmrechte aber sehr wohl zur Schaffung faktischer Mehrstimmrechte.[692]
Offensichtlich wird mit Höchststimmrechten die Macht großer Aktionäre beschränkt. Daher eignen sich Stimmrechtsbegrenzungen vor allem zur Verhinderung feindlicher Übernahmen. Letztlich kann ein Übernehmer nur über die Wahl
des Aufsichtsrates den Vorstand bestellen und somit die Geschäftsführung bestimmen bzw. beeinflussen. Dazu ist jedoch nach § 101 Abs. 1 i. V. m. § 133
Abs. 1 AktG – falls keine andere statutarische Regelung besteht – eine einfache
Stimmenmehrheit erforderlich.

Die Eignung eines Höchststimmrechts zur Verhinderung von Übernahmen ist
u. a. bei der beabsichtigten und später gescheiterten Übernahme der Volkswagen
AG durch die Porsche SE deutlich geworden: Die Porsche SE hatte in der
zweiten Jahreshälfte 2008 direkt und über Optionsgeschäfte 74,1 % der Stammaktien kontrolliert, während das Land Niedersachsen über 20,2 % der Stammaktien verfügte.[693] Aufgrund des im so genannten VW-Gesetz[694] bestimmten
Höchststimmrechts von 20 % und der auch nach dessen Aufhebung aus dem
gesetzlichen Erfordernis von 80%-Mehrheiten für bestimmte Beschlussgegenstände (§ 4 Abs. 3 VW-Gesetzes) resultierenden Sperrminorität von 20 % kann
faktisch eine Übernahme nicht erfolgen.

Für den Fall eines Höchststimmrechts von 20 % bei einer Aktiengattung soll
nachfolgend die Wirkung auf die Stimmrechtskraft der anderen Aktien verdeutlicht werden:

---

[690] So Winkler (2006), S. 17.
[691] Vgl. Kropff (1965), S. 192.
[692] So z. B. auch Dauner-Lieb/Lamandini (2003), S. 267.
[693] Vgl. Berger (2008).
[694] „Gesetz über die Überführung der Anteilsrechte an der Volkswagenwerk GmbH in private Hand"
vom 21.7.1960. Vgl. hierzu die Ausführungen am Ende dieses Abschnitts.

Tabelle 3: Mehrstimmrecht als Folge eines Höchststimmrechts von 20%
            (Beispiele)

Kapitalanteil		resultierender Stimmenanteil		Stimmenanteil pro Kapitalanteil		relatives Mehrstimm-
größter Aktionär	andere Aktionäre	größter Aktionär	andere Aktionäre	größter Aktionär	andere Aktionäre	recht der anderen
25%	75%	21,05%	78,95%	0,842	1,053	1,25
50%	50%	28,57%	71,43%	0,571	1,429	2,50
60%	40%	33,33%	66,67%	0,556	1,667	3,00
75%	25%	44,44%	55,56%	0,593	2,222	3,75
80%	20%	50,00%	50,00%	0,625	2,500	4,00
95%	5%	80,00%	20,00%	0,842	4,000	4,75

Es wird unterstellt, dass abgesehen von einem Aktionär mit mehr als 20% Grundkapitalanteil die „anderen Aktionäre" breit gestreut sind bzw. einen individuellen Kapitalanteil von unter 20% haben. Daher ist die Stimmrechtsbegrenzung nur für den größten Aktionär wirksam. Außerdem wird angenommen, dass es nur eine Aktiengattung gibt. Quelle: Eigene Berechnungen.

Im obigen Beispiel wird ersichtlich, dass ein potenzieller Übernehmer bei dem gewählten Höchststimmrecht mehr als 80% des Grundkapitals übernehmen muss, um auch die Stimmenmehrheit zu erzielen. Beträgt allgemein das Höchststimmrecht in Prozent des Aktienkapitals h, so muss zur Übernahme der Stimmenmehrheit der Kapitalanteil k des größten Aktionärs mehr als $(1–h)$ betragen. Umgekehrt müsste zur sicheren Verhinderung einer Übernahme der Kontrolle durch einen Paketaktionär das Stimmrecht folglich auf einen Anteil in Höhe von 100% abzüglich des Anteils des Übernahmewilligen begrenzt werden.

Bei einem Höchststimmrecht nimmt allgemein – wie auch in der obigen Tabelle beispielhaft ersichtlich ist – mit zunehmendem Kapitalanteil des größten Aktionärs die relative Stimmrechtskraft der anderen Aktionäre zu. Das Mehrstimmrecht der anderen Aktionäre im Vergleich zum größten Aktionäre beträgt im Falle $k > h$ bei allen Entscheidungen, die keine Kapitalmehrheit erfordern, k/h.[695] Die Eignung von Stimmrechtsbegrenzungen zur Schaffung von Mehrstimm-

---

[695] Ist s der prozentuale Anteil der stimmberechtigten Aktien an allen Aktien unter Berücksichtigung des Höchststimmrechtes h, also $s = h + (1–k)$ für den Fall eines Paketaktionärs mit einem Kapitalanteil k größer h, so sind die Stimmanteile des größten Aktionärs h/s und die der anderen Aktionäre $(1–k)/s$. Die relative Anzahl der Stimmen pro Kapitaleinheit des größten Aktionärs beträgt also $h/(k \cdot s)$ und die der anderen Aktionäre $(1–k)/[(1–k)s]$, woraus das Mehrstimmrecht der anderen Aktionäre in Höhe von $[1/s]/[h/(k \cdot s)] = k/h > 1$ folgt.

rechten steigt also, je stärker die Ausübung des Stimmrechts beschränkt wird, d. h. mit sinkendem *h*. Eine solche Festlegung liegt für nicht börsennotierte Gesellschaften in deren freien Ermessen.

Durch ein restriktives Höchststimmrecht kommt es auch zu einer Verlagerung von Kompetenzen von der dann „weitgehend entmachteten Hauptversammlung hin zu den Verwaltungsorganen".[696] Letztlich wird auch das Management – wie bei den Mehrstimmrechtsaktien – vor „unabgestimmten" Übernahmen und dem Einfluss von Großaktionären geschützt.[697] Die mit einem Höchststimmrecht einhergehende Sicherung der Machtverhältnisse fand und findet vor allem bei Unternehmen mit Beteiligungen der öffentlichen Hand und bei Familienunternehmen Anwendung. Vor der Beschränkung der Zulässigkeit von Höchststimmrechten auf nicht börsennotierte Gesellschaften im Jahre 1998 besaßen Familien bisweilen eine Aktiengattung vollständig und führten das Höchststimmrecht nur für eine neu geschaffene börsengehandelte Aktiengattung ein. Auch dadurch können mit analoger Begründung faktische Mehrstimmrechte für die nicht börsengehandelte Gattung im Familienbesitz entstehen.[698] Trotz des Höchststimmrechts ist aber bei Beschlüssen, die die Position der stimmrechtsbeschränkten Gattung beeinflussen bzw. beeinträchtigen, ein Sonderbeschluss der benachteiligten Aktionäre gemäß § 179 Abs. 3 AktG erforderlich.

Höchststimmrechte sind kein bloßes theoretisches Konstrukt. 1989 hatten 23 der etwa 800 börsennotierten Unternehmen Höchststimmrechte, darunter zahlreiche große Gesellschaften wie BASF, Bayer, Deutsche Bank, Henkel, Mannesmann, Schering (seit 1937!) und VEBA. Diese waren hauptsächlich nach Aufkäufen deutscher Aktienpakete durch ölexportierende Staaten und speziell nach der Übernahme der früheren Quandt-Beteiligung an der Daimler-Benz AG durch Kuwait entstanden, da man weitere ähnliche Übernahmen und eine entsprechende Einflussnahme der neuen Aktionäre befürchtete und sicherheits- und energiepolitische Bedenken geltend machte.[699] Da es sich überwiegend um Publikumsaktiengesellschaften handelte, wurde das Höchststimmrecht sehr niedrig,

---

[696] So Otto (1994), S. 173.
[697] Vgl. auch BT-Drucksache 13/9712 (Regierungsbegründung zum KonTraG), S. 20. Otto (1994), S. 167, meint, dass dies nicht die Intention des AktG sei, da das Höchststimmrecht stets durch eine Satzungsänderung und damit durch eine Kapitalmehrheit aufgehoben werden könne. Diese Begründung berücksichtigt allerdings nicht, dass für eine Satzungsänderung neben der gesetzlichen oder satzungsmäßigen Kapitalmehrheit (§ 179 Abs. 2 AktG) stets auch eine einfache Stimmenmehrheit (§ 133 Abs. 1 AktG) erzielt werden muss [vgl. Hüffer (2014), S. 1160 (Rn. 14)].
[698] So auch Baums (1990), S. 223.
[699] Vgl. Baums (1990), S. 221 f., Schneider (1991), S. 613 f., und Bank (2006), S. 82.

meist bei 5-10 % des Aktienkapitals, festgesetzt. Aus den vorstehenden Erörterungen folgt, dass das faktische Mehrstimmrecht in der Praxis sogar zwei- bis viermal so hoch war wie im obigen Beispiel angegeben.

Nach der Änderung des § 134 Abs. 1 AktG durch Art. 1 Nr. 17 des KonTraG von 1998 sind Stimmrechtsbeschränkungen nur noch für nicht börsennotierte Unternehmen statthaft; für Freiverkehrsunternehmen sind sie weiter zulässig[700] Ausschlag gebend für diese Änderung waren die Harmonisierungsbestrebungen der Europäischen Union, die auf einen freien Kapitalverkehr und damit auf eine Erleichterung von Übernahmen bzw. einen Abbau von Übernahmehemmnissen abzielten.[701] Für Publikumsaktiengesellschaften ist somit die Schaffung verdeckter Mehrstimmrechte durch Höchststimmrecht nicht mehr möglich.

Der bekannteste Fall eines Höchststimmrechts war die bereits erwähnte Begrenzung des Stimmrechts auf einen Kapitalanteil von 20 % bei der *Volkswagen AG.*[702] Obwohl mit dem KonTraG Höchststimmrechte für börsennotierte Gesellschaften mit der Begründung unzulässig wurden, dass sie Übernahmen beeinträchtigen, der Vorstellung einer Korrespondenz von Stimmrecht und Eigentum widersprechen und die Verwaltung vor dem Einfluss von Großaktionären schüt-

---

[700] Dies sind – wie schon erwähnt – alle Unternehmen, die nicht im amtlichen Handel oder Geregelten Markt bzw. seit 2007 in einem regulierten Markt notiert sind; vgl. auch Hüffer (2014), S. 965 f., (Rn. 4 und 5). Gemäß § 5 Abs. 7 EGAktG n. F. gab es für bestehende Höchststimmrechte eine Übergangsfrist bis zum 1. Juni 2000.

[701] Noch 1991 bestand die Auffassung, dass solche Bestrebungen „gänzlich verfehlt" seien, da nicht sinnvoll von einem „Markt für Unternehmenskontrolle" gesprochen werden könne und die „rechtspolitische Wünschbarkeit und Sinnhaftigkeit von take-overs ... ganz erheblichen Zweifeln unterworfen" sei – so Zöllner/Noack (1991a), S. 131, die daher ein Verbot von Höchststimmrechten und auch Mehrstimmrechten als nicht unbedenklich einstuften.

[702] Nach der Privatisierung der Volkswagen AG im Jahre 1960 behielten die Bundesrepublik Deutschland und das Land Niedersachsen je 20 % des Grundkapitals und führten ein auf zehn Jahre begrenztes Höchststimmrecht von 0,1 ‰ für alle anderen Aktionäre ein (§ 2 Abs. 1 Privatisierungsgesetz vom 21.7.1960). Kurz vor Ablauf der Zehnjahresfrist wurde das Privatisierungsgesetz so geändert, dass fortan ein generelles Höchststimmrecht von 20 % bestand. Zudem durfte das Stimmrecht durch Dritte (also insbesondere durch Banken für ihre Kunden) nur dann ausgeübt werden, wenn konkrete Weisungen erteilt wurden. Mit dem Gesetz sollte, so der Wirtschaftsausschuss des Bundestages, eine breite Aktienstreuung aufrechterhalten und eine unerwünschte Konzentration verhindert werden. Vgl. Baums (1990), S. 224, Endell (2000), S. 1160. Hintergrund der getroffenen Regelungen war der Verzicht der Gewerkschaften auf ihre Ansprüche an Volkswagen (die finanzielle Grundlage des Konzerns bildete das von der NSDAP-Teilorganisation „Deutsche Arbeitsfront" „geraubte" Vermögen aus der Zerschlagung der Gewerkschaften). Als Gegenleistung wurde ein gesetzlicher Schutz vor einem allein dominierenden Großaktionär zugesagt [vgl. Vortrag der Bundesrepublik Deutschland im Verfahren vor dem EuGH in EuGH (23.10.2007, Az. C-122/05), Tz. 22-24, sowie Huber (2008)].

zen,[703] wurde das „VW-Gesetz" trotz offenkundigen Verstoßes gegen EU-Recht damals nicht geändert.[704] Dies lag insbesondere im Interesse des Landes Niedersachsen und der Arbeitnehmer von Volkswagen.[705]

Der Verstoß gegen europäisches Recht ergab sich schon aus früheren Urteilen des Europäischen Gerichtshofes,[706] nach denen der freie Kapitalverkehr nur beschränkt werden darf, wenn dies durch zwingende Gründe des Allgemeinwohlinteresses wie die Sicherstellung der Grundversorgung, eine schwere Gefährdung der öffentlichen Sicherheit oder durch die Erbringung von Dienstleistungen von strategischer Bedeutung geboten ist.[707] Solche Abweichungen vom Grundprinzip des freien Kapitalverkehrs seien aber eng zu verstehen; die ergriffenen Maßnahmen dürfen nicht durch weniger einschneidende Maßnahmen ersetzt werden können.[708] Rein wirtschaftliche oder finanzielle Erwägungen rechtfertigten keine Stimmrechts- oder Übernahmebeschränkungen.[709] Außerdem komme es bei einer Beschränkung des Kapitalverkehrs nicht auf die rechtliche Ungleichbehandlung

---

[703] Vgl. die Regierungsbegründung zum KonTraG (BT-Drucksache 13/9712, S. 20).

[704] Ursprünglich war im Rahmen von Deregulierungsmaßnahmen 1994 von der Bundesregierung auch eine Abschaffung des VW-Gesetzes beabsichtigt, vgl. Endell (2000), S. 1160. Noch der Referentenentwurf des KonTraG sah 1997 eine Abschaffung des Höchststimmrechtes bei VW und im Übrigen auch für alle, also auch nicht börsennotierte Gesellschaften vor. Claussen (1998), S. 81, sieht die Abschwächung des Vorhabens durch die 1998 anstehenden Bundestagswahlen und Landtagswahlen in Niedersachsen begründet.

[705] Das Land Niedersachsen hielt und hält bis heute eine Beteiligung von etwa 20 %. Zusammen mit dem Höchststimmrecht und anderen Maßnahmen stellt dies sicher, dass die Gesellschaft keine unerwünschten Standortverlagerungen oder Werksschließungen beschließen kann. Vgl. z. B. Huber (2008). § 4 Abs. 2 VW-Gesetz erfordert für solche Entscheidungen bis heute eine Zweidrittelmehrheit. Angesichts der im Branchenvergleich ungünstigen Kostenstrukturen und der geringen Rendite wären solche Entscheidungen ohne Sperrminorität und Zweidrittelmehrheit im Aufsichtsrat auch nicht auszuschließen, vgl. z. B. Seiwert (2010).

[706] EuGH (4.6.2002, Az. Rs C-367/98) Kommission gegen Portugal, EuGH (4.6.2002, Az. Rs C-483/99) Kommission gegen Frankreich, EuGH (4.6.2002, Az. Rs C-503/99) Kommission gegen Belgien. Für eine detaillierte Darstellung siehe Grundmann/Möslein (2002), Ruge (2002).

[707] Vgl. auch EuGH (13.05.2003), S. 1161-1162. Im diesem Fall wurde die Unvereinbarkeit eines spanischen Gesetzes mit europäischen Recht festgestellt, das für einzelne Unternehmen in der Tabakbranche und im Bankensektor u. a. den Erwerb von Beteiligungen von 10 % oder mehr unter einen staatlichen Genehmigungsvorbehalt stellte.

[708] So EuGH (4.6.2002, Az. Rs C-483/99), S. 436. Im beurteilten Fall Elf-Aquitaine wurde der zulässige Ausnahmetatbestand der Sicherstellung der Erdölversorgung (rechtmäßig gemäß dem angeführten Urteil zur belgischen Regelung) nicht für anwendbar befunden, weil es für die staatlichen Genehmigungen bei bestimmten Beteiligungshöhen keine objektiv nachprüfbaren und genauen Kriterien gab. Daher ging die Regelung über das zur Zielerreichung Erforderliche hinaus.

[709] Vgl. Grundmann/Möslein (2002), S. 763. Die in Portugal geltende Beschränkung eines ausländischen Aktienbesitzes im Banken-, Versicherungs-, Energie- und Verkehrssektor wurde mit der Sicherung der finanziellen Interessen des Landes gerechtfertigt, aber vom EuGH verworfen.

von in- und ausländischen Anlegern an – dies war beim VW-Gesetz auch nicht der Fall –, sondern es reiche aus, wenn eine Maßnahme geeignet ist, „den freien Kapitalverkehr illusorisch zu machen".[710]

Die genannten Voraussetzungen sind im Falle der Volkswagen AG offensichtlich nicht gegeben. Folgerichtig hat der EuGH im Jahre 2007 entschieden, dass einzelne Bestimmungen im VW-Gesetz gegen die Kapitalverkehrsfreiheit verstoßen haben: Die Vertragsverletzung beruhe neben den Entsenderechten[711] des Bundes und des Landes Niedersachsen für den Aufsichtsrat (§ 4 Abs. 1 VW-Gesetz a. f.) auf dem Zusammenspiel des Höchststimmrechts (§ 2 Abs. 1 VW-Gesetz a. f.) mit der gesetzlichen Festlegung der für (unter anderem) satzungsändernde Hauptversammlungsbeschlüsse erforderlichen Kapitalmehrheit von 80 % (§ 4 Abs. 3 VW-Gesetz a. f.).[712] Anders als von der Europäischen Kommission beantragt, hat der EuGH also die beiden letztgenannten Bestimmungen ausdrücklich nicht unabhängig voneinander gerügt.[713] Dementsprechend wurde Ende 2008 das VW-Gesetz geändert und dabei (nur) die Bestimmung des VW-Gesetzes zum Entsenderecht sowie das Höchststimmrecht ersatzlos aufgehoben; das Erfordernis 80 %iger Kapitalmehrheiten ist hingegen bestehen geblieben.[714] Die von dem Mehrheitserfordernis benachteiligte Porsche Automobil Holding SE als damalige Mehrheitsaktionärin[715] hat ihre Beschwerde gegen ein Urteil des

---

[710] Vgl. EuGH (4.6.2002, Az. Rs C-483/99), S. 436, im Fall Elf-Aquitaine. Mit dem Stimmrechtsanteil des Landes Niedersachsen an VW von ca. 20 % war eine Übernahme von Volkswagen nach den früheren Bestimmungen des VW-Gesetzes in der Tat illusorisch; die Sperrminorität von 20 % macht eine Übernahme auch heute unattraktiv.

[711] Das in § 4 Abs. 1 VW-Gesetz a. F. verankerte Entsenderecht des Bundes und des Landes Niedersachsen für je zwei Aufsichtsratsmitglieder hinderte einen Mehrheitsaktionär daran, die Mehrheit in dem paritätisch besetzten Aufsichtsrat zu erzielen und damit den Vorstand zu bestimmen. Entsenderechte sind nicht grundsätzlich rechtswidrig, sondern nur dann, wenn sie ein Sonderrecht des Staates darstellen, vgl. BGH (8.6.2009, Az. II ZR 111/08).

[712] Vgl. den Tenor von EuGH (23.10.2007, Az. C-122/05) und Rapp-Jung/Bartosch (2009).

[713] Im Hinblick auf die von der Kommission außerdem gesehene Verletzung der Niederlassungsfreiheit wurde die Klage abgewiesen. Vgl. EuGH (23.10.2007, Az. C-122/05) Rn. 16.

[714] „Gesetz zur Änderung des Gesetzes über die Überführung der Anteilsrechte an der Volkswagenwerk Gesellschaft mit beschränkter Haftung in private Hand" vom 8.12.2008. Ausweislich der Regierungsbegründung werde dem EuGH-Urteil genüge getan, indem das Zusammenspiel der beiden genannten Normen beendet wird, vgl. Bundestags-Drucksache 16/10389, S. 6.

[715] Porsche hatte seinen Stammaktien-Anteil seit 2005 kontinuierlich und mit dem Ziel der Übernahme von VW aufgebaut, vgl. Möllers (2015), S. 411. Lt. Ad-Hoc-Mitteilung vom 5.1.2009 verfügte Porsche über 50,76 % der VW-Stammaktien und hatte das Ziel, seine Beteiligung bis auf 75% aufzustocken (Ad-Hoc-Mitteilung vom 26.10.2008). Zu diesem Zweck hatte Porsche auch Kaufoptionen erworben und sich mit Optionen auf VW-Vorzugsaktien vermutlich gegen eine denkbare Umwandlung von VW-Vorzugs- in Stammaktien wappnen wollen.

LG Hannover,[716] das in der Regelung keine Europarechtswidrigkeit sah, zurückgezogen,[717] als nach dem Scheitern des Übernahmeversuchs das operative Por-
sche-Geschäft selbst von der Volkswagen AG übernommen und in den VW-
Konzern integriert wurde.[718] Die erneute Klage der Kommission gegen die weiterhin erforderliche 80%-Kapitalmehrheit hat der EuGH 2013 abgewiesen. Insofern hätte Porsche selbst bei erfolgreichem Erwerb von 75% der Stammaktien
auch nach der Streichung des Höchststimmrechts keine ausreichende Stimmenmehrheit gegen das Land Niedersachsen erreichen können, jedenfalls solange die
Vorzugsaktien kein Stimmrecht haben.[719]

Für nicht börsennotierte Unternehmen wird in der Literatur keine Einschränkung
des freien Kapitalverkehrs durch Höchststimmrechte gesehen, da die nachteiligen Wirkungen für die Kursbildung, die Behinderung der Allokationsfunktion
des Kapitalmarktes und die Interessenkonflikte durch Depotstimmrechte bei
Gesellschaften mit geschlossenem Mitgliederkreis nicht zum Tragen kämen.[720]
Diese Argumentation übersieht jedoch zumindest, dass diese Wirkungen für Unternehmen im Freiverkehr eintreten können, da nur im amtlichen Handel oder
Geregelten Markt (jetzt: im Regulierten Markt) gehandelte Aktien rechtlich als
„börsennotiert" gelten.[721]

---

[716] LG Hannover (27.11.2008, Az. 21 O 61/08).

[717] Vgl. o.V. (2010b).

[718] Vgl. z.B. Seiwert (2010). Zum Scheitern dürften vor allem Finanzierungsprobleme beigetragen
haben, da finanzierende Banken im Zuge der Finanzmarktkrise ab 2008 nicht mehr bereit waren,
Kreditlinien zu verlängern, vgl. z.B. Möllers (2015), S. 412. Im Zuge des Übernahmeversuchs
war es insbesondere durch die Kursspekulation von Leerverkäufern zu erheblichen Kursbewegungen und in der Folge zu zahlreichen Schadenersatzforderungen in mehrstelliger Milliarde-
Euro-Höhe sowie zu einem Strafverfahren wegen möglicher Marktmanipulation gekommen,
siehe a.a.O., S. 413 ff.

[719] Nach einem Bericht von Spiegel Online (2016) vom 20.5.2016 hätten die Großaktionärsfamilien
Porsche und Piëch sowie der Großaktionär Katar im Aufsichtsrat gegen die Zahlung einer Dividende für 2015 gestimmt und damit das Ziel verfolgt, dass nach zwei dividendenlosen Jahren
das Stimmrecht der Vorzugsaktien auflebt und so das Land Niedersachsen entmachtet werden
kann. Diese Darstellung wurde als „Überinterpretation" zurückgewiesen, vgl. Focus (2016).

[720] So Baums (1990), S. 226-231.

[721] Ausweislich der Regierungsbegründung (BT-Drucksache 13/9712, S. 20) sollten für Freiverkehrsunternehmen „bewusst geringere Anforderungen" gelten und Höchststimmrechte nicht abgeschafft werden: Daran bestehe kein kapitalmarktpolitisches Interesse und überdies solle nicht
börsennotierten Gesellschaften mehr Satzungsautonomie gegeben werden.

2.3.4　Zwischenfazit

Bei der Neufassung des Aktiengesetzes 1965 wurde wie schon 1937 entgegen der ursprünglichen Absicht keine Frist für das Erlöschen von Mehrstimmrechtsaktien festgelegt. Bis 1998 konnten weiterhin neue Mehrstimmrechts¬aktien ausgegeben werden, wenn der Wirtschaftsminister des jeweiligen Bundeslandes dies zur Wahrung überwiegender gesamtwirtschaftlicher Belange genehmigte; immerhin 19 solcher Genehmigungen sind bekannt. Im Jahr 2003 sind kraft Gesetzes alle Mehrstimmrechte erloschen, es sei denn, die anderen Aktionäre haben deren Fortgeltung beschlossen (was auch bei mindestens vier Gesellschaften erfolgte). Im Fall des Erlöschens der Mehrstimmrechte hatten bzw. haben die Mehrstimmrechtsaktionäre allerdings einen Anspruch auf angemessenen Ausgleich eines etwaigen konkret messbaren Wertes der Mehrstimmrechte. Faktisch können Mehrstimmrechte aber auch weiterhin geschaffen werden: Zum einen kann in dem Fall, dass einige Namensaktien nur teileingezahlt sind, die Satzung bestimmen, dass sich das Stimmrecht nach dem Verhältnis der geleisteten Einlagen bemisst. Zum anderen kann durch sog. Höchststimmrechte erreicht werden, dass die Stimmrechtsmacht großer Aktionäre beschränkt wird, wodurch kleinere Aktionäre relativ gesehen ein höheres Stimmgewicht erhalten als ihrer Kapitalbeteiligung entspricht. Mit diesem Instrument können daher wie mit Mehrstimmrechtsaktien feindliche Übernahmen behindert werden. Seit 1998 ist dies nur noch bei nicht börsennotierten Unternehmen zulässig.

2.4　Ausgestaltung von Vorzugsaktien im internationalen Vergleich

Bei der Gesetzgebung in den 1930er Jahren waren die amerikanischen Preferred Stock Vorbild für die deutschen Vorzugsaktien.[722] Dennoch gibt es zwischen beiden Instrumenten erhebliche Unterschiede. Auch innerhalb Europas unterscheiden sich die Regelungen zu Vorzugsaktien stark; Harmonisierungsbestrebungen der EU-Kommission wurden lange Zeit kontrovers diskutiert und sind schließlich gescheitert.

Die nationalen Besonderheiten sind auch bei der Interpretation empirischer Studien über Vorzugsaktien auf den einzelnen Kapitalmärkten zu berücksichtigen und werden daher nachfolgend kurz dargestellt.

---

[722] Vgl. hierzu ausführlich den Abschnitt 1.4.1.

2.4.1 Vorzugsaktien in den USA

In der US-amerikanischen Terminologie bezeichnet man die Aktiengattungen als selbstständige „Stocks". Neben den Stammaktien, die den *Common Stock* bilden, gibt es eine große Vielfalt von Aktien oder aktienähnlichen Instrumenten, denen bestimmte Vorrechte eingeräumt werden. Solche Gattungen bilden jeweils einen *Preferred Stock*.[723] Bei großen Gesellschaften finden sich oft fünf oder mehr Gattungen solcher Aktieninstrumente. Die *Preferreds* werden i. d. R. nicht bei Gründung, sondern bei Kapitalerhöhungen für konkrete Finanzierungsvorhaben geschaffen, wobei die jeweiligen Konditionen der aktuellen Kapitalmarktlage angepasst werden – insbesondere hinsichtlich der Dividendenrechte.[724, 725] Aufgrund eines fehlenden bundeseinheitlichen Aktienrechts gibt es in den USA auch zu Preferred Stock eine große Zahl einzelstaatlicher Regelungen und Gerichtsentscheidungen; die Unternehmen haben eine große Freiheit bei der Gestaltung der Konditionen.

2.4.1.1 Stimmrecht amerikanischer Vorzugsaktien

Amerikanische Aktien können sich im Stimmrecht unterscheiden. Die meisten Preferreds sind stimmrechtslos („*Non-Voting Shares*"); einige sind jedoch mit einem Einfach-, Mehr- oder Minderstimmrecht ausgestattet.[726] Daneben kommt es vor, dass amerikanische Gesellschaften zwei Gattungen von Stammaktien (Common Stock) haben, von denen die eine über ein höheres Stimmrecht verfügt. Typisch ist hierbei ein zehnfaches Stimmrecht der Aktie mit superiorem Stimmrecht.[727, 728] Zur Unterscheidung werden die beiden Gattungen als

---

[723] Die konkreten Instrumente eines *Preferred Stock* werden in den USA häufig als *Preference Shares*, *Preferred Shares* oder kurz *Preferreds* bezeichnet, seltener als *Preferred Stocks*.

[724] Vgl. Depenbrock (1975), S. 17-20, Klein (1981), S. 18. Klein führt unter anderem als Beispiel der Alabama Power Company an, die 16 Gattungen von Preferred Stock ausgegeben hatte (S. 298). Die von Klein untersuchte Stichprobe umfasste 24 an der NYSE notierte Gesellschaften. Diese hatten zusammengerechnet 74 Gattungen Preferred Stock emittiert.

[725] Ermöglicht wird die Anpassung an das aktuelle Kapitalmarktumfeld durch die sog. *Blank Stocks*: In aller Regel hat das *Board of Directors* das Recht, die Dividendenausstattung, Rückkaufs- und Liquidationspreise und Wandelrechte von neu auszugebenden Vorzugsaktien ohne Beschluss der Aktionärsversammlung festzulegen. Vgl. Depenbrock (1975), S. 110.

[726] Depenbrock (1975), S. 94, gibt an, dass etwa 90 % der Preferred Shares über kein oder nur ein bedingtes Stimmrecht verfügen. In der erwähnten Stichprobe von Klein (1981) haben nur neun der 24 Gesellschaften Non-Voting Preferred Stock emittiert (siehe a. a. O. S. 297-344). Vier der 74 Gattungen sind mit einem Mehr- und zwei mit einem Minderstimmrecht ausgestattet. Bei der Atlantic Richfield Co., Los Angeles, gab es bspw. zeitgleich eine stimmrechtslose Vorzugsaktie und je eine Gattung mit einem halben und einem doppelten Stimmrecht (vgl. a. a. O. S. 303).

[727] So z. B. in den bekannten Fällen Facebook und Google/Alibaba, vgl. Howell (2014), S. 1 f.

Common Stock Class A bzw. *Class B* und die Aktien kürzer als *Class A Stock(s)* bzw. *Class B Stock(s)* bezeichnet. Die Class-B-Stocks haben regelmäßig eine schwächere Stellung als die Preferred Stock und werden daher bisweilen auch „weakened preferred stock" genannt.[729] Häufig besitzen Class-A-Stock und Class-B-Stock jeweils das Recht zur Bestimmung von Direktoren, was eine Repräsentation von Minderheitsaktionären ermöglicht.[730]

In den zwanziger Jahren des 20. Jahrhunderts wurden in den USA in großem Umfang stimmrechtslose Aktien eingeführt, sodass sehr viele Gesellschaften über mehrere Aktiengattungen verfügten.[731] Die fehlende Begrenzung des nicht stimmberechtigten Eigenkapitals führte in Verbindung mit dem zunehmenden Aufbau von Holding-Strukturen, d. h. Eigenkapital-Pyramiden, schließlich in einigen Branchen, insbesondere in der Energiewirtschaft, zu ähnlichen Stimmrechtskonzentrationen, wie sie in Deutschland aufgrund der Mehrstimmrechtsaktien zu beobachten waren.[732, 733]

Der Gesetzgeber schritt ein und unterstellte die sog. Utility-Gesellschaften 1935 der Aufsicht der SEC, die gehalten war, darauf hinzuwirken, dass die Stimmrechte zwischen den Aktionären nicht „unfair oder unbillig verteilt" wurden.[734] Dies wurde so ausgelegt, dass nicht das „One Share – One Vote"-Prinzip gelten musste, sondern dass es ausreichte, wenn die Vorzugsaktien mit einem Eventualstimmrecht (Contingent Vote) ausgestattet wurden. Dieses garantiert das Recht, im Falle des mehrfachen Ausbleibens von Dividendenzahlungen eine außerordentliche Aktionärsversammlung einzuberufen und auf dieser – bei Erreichen eines Quorums Director(s) zu wählen, deren Amtszeit mit Nachzahlung endet.[735]

---

[728] Allerdings ist das Verhältnis der Stimmrechte von inferioren und superioren Aktien in dem von Gompers/Ishii/Metrick (2010) untersuchten Zeitraum von (1995-2002) in etwa einem Sechstel der Fälle höher und in etwa einem Fünftel der Fälle niedriger als 1:10. Vgl. a. a. O., S. 1052 und S. 1057. Bei einem Viertel der Dual-Class-Unternehmen bestanden keine Stimmunterschiede.

[729] Vgl. Depenbrock (1975), S. 109.

[730] Vgl. Polte (2005), S. 186.

[731] Vgl. Howell (2017) , S. 444, Depenbrock (1975), S. 22. Den Banken wurden Preferred Shares erst 1933 gestattet.

[732] Vgl. hierzu den Abschnitt 1.3.2.

[733] Mehrstimmrechtsaktien waren in den USA in den 1920er Jahren im Gegensatz zu Europa formal nicht anzutreffen. Allerdings war es üblich, Aktien mit unterschiedlichem Nennwert oder unterschiedlichem Ausgabepreis mit jeweils einer Stimme zu versehen. Dadurch waren Mehrstimmrechte jedenfalls faktisch auch in den USA möglich. Vgl. auch Depenbrock (1975). S. 89.

[734] Sec. 11 (b) Nr. 2 Public Utility Holding Company Act 1935. Vgl. Depenbrock (1975), S. 92.

[735] Vgl. Depenbrock (1975), S. 95 f. Nach der Erhebung von Klein (1981) entsteht das Recht auf Bestellung von meist zwei bis drei Directors i. d. R. nach einer Dividendenlosigkeit von 18 Monaten, manchmal auch schon nach sechs oder zwölf Monaten.

Die New York Stock Exchange (NYSE) führte bereits 1926 die „One Share –
One Vote"-Regel (Rule 499) ein; stimmrechtslose Aktien, soweit sie nicht als
Preferred Stock zu betrachten waren, wurden an der NYSE nicht mehr gelistet.[736]
Im Juli 1986 wurde diese Regel jedoch wegen der Konkurrenz durch AMEX und
NASDAQ, bei denen diese Regel nicht bestand, aufgegeben.[737] Auch eine Rege-
lung der SEC von 1988, die die Abweichung von Stimmrecht und Kapitalbeteiligung für börsennotierte Unternehmen zu unterbinden bezweckte (Rule 19c-4),
wurde 1990 für rechtswidrig erklärt,[738] weil die SEC nicht dafür zuständig sei,
die Interessen der Aktionäre oder der Öffentlichkeit zu schützen, da es „keinen
Vorrang der Freiheit des Kapitalmarktes vor der Gestaltungsfreiheit der Aktionäre"[739] gebe. Das Prinzip „One Share – One Vote" gilt nach Sec. 7.21 Revised
Model Business Corporations Act nur, wenn keine andere Regelung in den Statuten getroffen wird; eine dem § 23 Abs. 5 AktG vergleichbare Regelung, dass
Satzungsregelungen vom Gesetz nur abweichen dürfen, wenn dies im Gesetz
ausdrücklich erlaubt ist, existiert in den USA nicht. 1993/94 implementierten die
großen Börsen NYSE, AMEX und NASDAQ auf Empfehlung der SEC eine gemeinsam Regelung, die zwar für bei ihnen gehandelte Gesellschaften bestimmte
Gestaltungen ausschließt, die das Stimmrecht bisheriger Stammaktionäre beeinträchtigen (z.B. Mehrstimmrechte), die jedoch generell keine Restriktionen für
neu ausgegebene Aktien im Hinblick auf das Stimmrecht auferlegt.[740]

Schon im ersten Jahr nach Aufhebung der „One Share – One Vote"-Regel an der
NYSE führten 26 der dort börsennotierten Gesellschaften Gattungen mit geringerem Stimmrecht ein,[741] in den ersten drei Jahre über 60 Gesellschaften.[742]
Zusammen mit anderen Maßnahmen zur Verhinderung feindlicher Übernahmen
(Mehrstimmrechtsaktien, Stimmrechtsbeschränkungen) hatten schon 1990 bereits 300 bis 350 der 500 größten amerikanischen Unternehmen solche Übernahmehindernisse aufgebaut.[743] Nach einer Studie aus 2007 haben 896 von 4.399

---

[736] Howell (2017) gibt an, dass gleichwohl insgesamt zehn Dual-Class-Unternehmen an der NYSE
    gelistet waren, darunter Ford. In diesen Fällen hatten die gelisteten Unternehmen aber ein Min-
    derstimmrecht, indem ihrer Gattung ein bestimmter Anteil der Gesamtstimmrechte zugewiesen
    war; sie waren also nicht stimmrechtlos. Vgl. a.a.O., S. 444.
[737] Vgl. Howell (2017) , S. 446.
[738] Vgl. Peltzer (1997), S. 94*-95*.
[739] Zitiert nach Schneider (1991), S. 626.
[740] Vgl. Howell (2017), S. 446.
[741] Vgl. Schneider (1991), S. 623.
[742] Vgl. Ang/Megginson (1989), S. 301.
[743] Vgl. Peltzer (1997), S. 94*-95*.

gelisteten US-Gesellschaften (entspricht 20,4 %) zwei Aktiengattungen.[744] Nach einer weiteren Studie von Gompers/Ishii/Metrick (2010), in der nach Angabe der Autoren alle US-amerikanischen Dual-Class-Unternehmen berücksichtigt werden, von denen mindestens eine Gattung an der NYSE, AMEX oder NASDAQ notiert ist, wird angegeben, dass die Anzahl der Dual-Class-Unternehmen im Untersuchungszeitraum von 1995 bis 2002 zwischen 362 und 504 und die Anzahl der Single-Class-Unternehmen zwischen 6.345 und 7.619 geschwankt hat.[745] Dabei waren nur von 52 bis 77 der Gesellschaften beide bzw. alle Klassen börsennotiert;[746] in etwa 85 % der Fälle ist also eine Gattung – ganz überwiegend die mit Mehrstimmrecht – nicht notiert. Nach den Ergebnissen von Gompers/ Ishii/Metrick (2010) halten auf diesem Wege Insider (z.B. Familien) mit im Mittel 40 % der Cashflowrechte rund 61 % der Stimmrechte.[747]

Zum Schutz der stimmrechtslosen Aktionäre haben diese wie in Deutschland stets ein Stimmrecht, wenn ihre eigene Rechtsposition von einer Maßnahme der Gesellschaft tangiert wird, z.B. bei der Ausgabe vorrangiger Vorzugsaktien, bei Verschmelzungen oder bei der Liquidierung. Dieses so genannte Consent Voting kann entweder in der Weise erfolgen, dass eine bestimmte Mehrheit (in den meisten Bundesstaaten zwei Drittel) erforderlich ist (Positive Consent Voting) oder dass die Zustimmung als erteilt gilt, wenn nicht ein bestimmter Prozentsatz gegen die Maßnahme stimmt (Implied Consent Voting). Die Abstimmung erfolgt dabei getrennt nach Gattungen.[748]

2.4.1.2 Dividendenrechte von Preferred Stock

Während in Deutschland praktisch alle Vorzugsaktien partizipierend ausgestaltet sind, ist in den USA die Festlegung einer vierteljährlich zu zahlenden *Höchst-*

---

[744] Vgl. Institutional Shareholder Services Europe (2007), S. 81. Nach den Angaben in dieser Studie hätten zudem neun der Gesellschaften so genannte *Loyalty Votes* (fünf bis zehn Stimmrechte pro Aktie nach vier Jahren Haltedauer) und 24 Gesellschaften ein Höchststimmrecht von i.d.R. 10 %. Eine Quellenangabe zu den angegebenen Größen enthält die Studie nicht.

[745] Vgl. Gompers/Ishii/Metrick (2010), S. 1056-1057. Die Autoren geben an, dass von den Dual-Class-Unternehmen 17 bis 28 Gesellschaften über mehr als zwei Aktiengattungen verfügten.

[746] Dies erklärt auch die große Diskrepanz zur Angabe von Nenova (2003), S. 328, die auf Basis von Datastream-Daten von 39 börsennotierten Dual-Class-Unternehmen im Jahr 1997 ausgeht.

[747] Vgl. Gompers/Ishii/Metrick (2010), S. 7. Diese Anteile blieben nahezu konstant.

[748] Im Gegensatz zu diesem *Class Voting* wird die gemeinsame Abstimmung der Aktionäre aller Gattungen als *Share Voting* bezeichnet. Vgl. Depenbrock (1975), S. 95-97.

dividende der Regelfall; der Preferred Stock ist also meist *non-participating*.[749] Die Dividendenhöhe kann dabei auch an einen Kapitalmarktzins gekoppelt werden (sog. *Floating Rate Preferred*).[750] Durch die Höchstdividende haben Preferred Stock einen obligationsähnlichen Charakter und können aus Sicht der Stammaktionäre eine zusätzliche Hebelwirkung entfalten (sog. „Secondary Financial Leverage").[751]

Die Frage, ob ohne eine Regelung im Statut (Charter) der Preferred Stock partizipierend ist oder nicht, ist von der US-amerikanischen Rechtsprechung nicht eindeutig entschieden worden. In einigen Bundesstaaten orientieren sich die Gerichte an der zuerst im Jahr 1912 in Großbritannien ergangenen Entscheidung, nach der der nach Zahlung der Vorzugsdividende verbleibende Gewinn allein den Stammaktionären zustehe, da diese auch das höhere Risiko trügen und somit auch an Chancen profitieren sollten („English Rule"). Die Mehrheit der Rechtsprechung richtet sich allerdings wohl nach der so genannten „Pennsylvania Rule", die der Auslegung des deutschen Aktiengesetzes entspricht: Da Vorzugsaktionäre alle Rechte der Stammaktionäre hätten, sei ein nach Zahlung der Vorzugsdividende und einer gleich hohen Dividende an die Stammaktionäre verbleibender Überschuss pro rata zu verteilen.[752]

Der Preferred Stock kann unabhängig vom Stimmrecht und einer etwaigen Höchstdividende kumulativ oder nicht kumulativ ausgestaltet werden. Bei *Cumulative Preferred Stock* – inzwischen der Regelfall in den USA – besteht wie in Deutschland ein Nachbezugsrecht bei Ausfall von Dividenden.[753] Damit dieses Recht nicht ausgehöhlt werden kann, erfolgt die Zahlung der aktuellen und rückständigen Dividenden auf diese Aktien ebenfalls prioritätisch vor einer Ausschüttung an die Stämme.

Aus Sicht der Investoren ungünstiger ist ein *Non-Cumulative Preferred Stock*. Oft wurden solche Vorzugsaktien zu Sanierungszwecken an vormalige Anleihegläubiger einer Gesellschaft ausgegeben, damit diese in Gewinnjahren wieder

---

[749] Da nach der Feststellung von Gompers/Ishii/Metrick (2010), S. 1057, in den USA die Dividendenrechte von Class-A- und Class-B-Shares in zirka 85 % der Fälle identisch sind, konzentriert sich die nachfolgende Darstellung auf die viel weiter verbreiteten Preferred Stock.

[750] Vgl. Brealey/Myers/Marcus (1995), S. 327.

[751] Vgl. Klein (1981), S. 31. Alle 74 von ihr untersuchten Gattungen haben eine limitierte Dividende.

[752] Details zur diesbezüglichen Rechtsprechung finden sich in Depenbrock (1975), S. 62-71.

[753] Vgl. Brealey/Myers/Marcus (1995), S. 326, Realdon (2006), S. 3. Nur zwei der 74 von Klein (1981) untersuchten Preferred Stock sind nicht kumulativ: Die Uniroyal Inc. und die Kansas City Southern Railway Co.

eine zinsähnliche Zahlung erhalten, die Gesellschaft aber in Verlustzeiten nicht durch feste Zinsverpflichtungen insolvenzgefährdet ist. Als problematisch an nicht-kumulativen Vorzugsaktien erweist sich aber, dass das fehlende Nachbezugsrecht dazu ausgenutzt werden kann, den Vorzugsaktionären auch in Gewinnjahren durch fortlaufende Thesaurierung Dividendenzahlungen vorzuenthalten. Insbesondere bei limitierten Vorzugsdividenden kommen die thesaurierten Beträge praktisch ausschließlich den Stammaktionären zugute: Entweder in Form von Kurssteigerungen oder durch eine spätere Ausschüttung der thesaurierten Beträge an die Stammaktionäre (die Vorzugsaktionäre erhalten dabei im Zweifel nur einmalig ihre Vorzugsdividende). Da dies auch in der Praxis häufig vorkam, existiert eine umfangreiche Rechtsprechung zum Non-Cumulative Preferred Stock.

Im amerikanischen Aktienrecht wird die Entscheidung, ob eine Dividende gezahlt wird und wie hoch sie ist, ausschließlich vom Board of Directors – das in der Regel durch die Stammaktionäre kontrolliert wird – nach pflichtgemäßem Ermessen getroffen. Gerichtlich kann gegen eine Thesaurierung daher nur vorgegangen werden, wenn der Ermessensspielraum missbraucht wird. Für die Mehrzahl amerikanischer Gerichte inklusive des Supreme Courts ist die Einbehaltung des Gewinns zur Investition in das Anlagevermögen oder in das Working Capital trotz der im Schrifttum geäußerten starken Kritik kein Ermessensmissbrauch. Lediglich in New Jersey gehen die Gerichte davon aus, dass im Falle der Einbehaltung entstandener Gewinne auch Non-Cumulative Preferred Stock ein Nachbezugsrecht besitzen, dass also das Board nur über den Zeitpunkt der Ausschüttung befinde könne und die Vorzugsaktionäre daher bis zur Ausschüttung ein Dividendenguthaben hätten, das vor einer Dividendenzahlung an die Stammaktionäre auszuzahlen sei („dividend credit rule").[754]

Auch aufgrund dieser Rechtsunsicherheit wird der Ermessensspielraum der Boards of Directors bei der Bedienung von Non-Cumulative Preferred Stock oft durch Regelungen in den Satzungen eingeschränkt. Eine Möglichkeit ist es, den Vorzugsaktionären im Fall der Erzielung eines Gewinns einen einklagbaren Anspruch auf Zahlung der (limitierten) Vorzugsdividende einzuräumen (*Mandatory Payment Non-Cumulative Preferred Stock* oder *Guaranteed Preferred Stock*[755]). Eine andere Möglichkeit ist es, entstandene, aber nicht ausgeschüttete Gewinne

---

[754] Die Sichtweise der Gerichte in New Jersey wird auch als „New-Jersey-Doktrin" bezeichnet. Vgl. Depenbrock (1975), S. 52 f.

[755] Lt. Polte (2005), S. 225, werden so z. B. „Verzinsungen" von Muttergesellschaften garantiert, wenn neu gegründete Töchter in anderen Staaten noch keine eigene Kreditwürdigkeit besitzen.

in Höhe des festgelegten Dividendenvorzugs zu akkumulieren und auszuzahlen, bevor eine Ausschüttung an Stammaktionäre erfolgen kann (*Earned Cumulative Non-Cumulative Type*). Gegenüber kumulativen Vorzugsaktien hat dies aus Sicht der Gesellschaft den Vorteil, dass in Verlustjahren kein nachzuzahlender Dividendenanspruch entsteht. Als Abwandlung davon kann das Nachbezugsrecht erst ab einem bestimmten Mindestgewinn begründet werden (*Contingent Cumulative Non-Cumulative Type*). Schließlich können Gewinne nach Gattungen getrennt ausgewiesen werden, wobei Stammaktien nur dann Dividenden erhalten, wenn auch die Vorzugsdividende gezahlt wird (*Trust Fund Non-Cumulative Type*). Dabei behält das Board seine volle Entscheidungsfreiheit über den Zeitpunkt der Dividendenzahlungen; Thesaurierungen von auf Vorzugsaktien entfallenden Gewinnen kommen Stammaktionären nicht zugute.[756]

Hinsichtlich der Beteiligung an einem Liquidationserlös hat die amerikanische Rechtsprechung in den meisten Fällen entschieden, dass erstens bei Cumulative Preferred Stock das Nachbezugsrecht auch bei Liquidation erhalten bleibt und daher aus einem Liquidationserlös zuerst bedient werden muss und dass zweitens sowohl bei Participating als auch bei Non-Participating Preferred Stock der Anteil am Liquidationserlös auf den in der Charter festgelegten Wert (meist Nennwert plus Agio) begrenzt ist und der Rest den Stammaktionären zufließt, da die Inhaber der Preferred Stock von Anfang an keine höhere Erwartung an ihre Beteiligung hätten.[757]

2.4.1.3   Weitere Besonderheiten US-amerikanischer Vorzugsaktien

Da Preferred Shares wie schon erwähnt vornehmlich für konkrete Finanzierungsvorhaben emittiert werden, sind die Gesellschaften häufig auch berechtigt, die Aktien zu einem ihnen genehmen Zeitpunkt einzuziehen.[758] Derart ausgestaltete Vorzugsaktien werden als *Redeemable Preferred Stock* oder als *Callable Preferred Stock* bezeichnet.[759] Ein Einziehungsrecht (*Redemption Right*) für Common Stock ist dagegen auch in den USA i. d. R. nicht vorgesehen. Für die Rücknahme

---

[756] Detailliert hierzu Depenbrock (1975), S. 58-62.

[757] Vgl. Depenbrock (1975), S 73-75. Bei allen von Klein (1981) untersuchten Gattungen ist der Anteil am Liquidationserlös betragsmäßig begrenzt. Bei einer nicht-kumulativen Vorzugsaktie besteht auch im Liquidationsfall kein Nachbezugsrecht für ausgefallene Dividenden mehr.

[758] In Deutschland wurde die Einziehung früher auch als „Amortisation" bezeichnet; vgl. z.B. Baumbach/Hueck/Hueck (1961), S 698.

[759] Daneben gibt es seltenere Formen, bei denen entweder Aktionäre das Recht haben, die Einziehung ihrer Aktien zu verlangen, oder bei denen die Gesellschaft bei Eintritt bestimmter Bedingungen zur Einziehung verpflichtet ist. Vgl. Depenbrock (1975), S. 83.

der Aktien werden oft „Amortisationsfonds" (*Sinking Funds*) gebildet, die aus den jährlichen Gewinnen dotiert werden. Die Gesellschaften kaufen daraus die Preferreds am Markt oder zum vorher festgelegten Rücknahmepreis (Call Price) zurück, der regelmäßig über dem Ausgabepreis der Aktien liegt.[760] Im letzteren Fall muss die Rücknahme durch Auslosung oder pro rata erfolgen, um die Gleichbehandlung der Vorzugsaktionäre zu gewährleisten. Ansonsten finanzieren die Gesellschaften die Rücknahme von Preferred Stock auch durch die Ausgabe neuer Preferreds mit einem an die aktuellen Kapitalmarktverhältnisse angepassten Dividendensatz.[761] Umgekehrt existieren *Puttable Preferred Stock*, bei denen der Inhaber ein Andienungsrecht hat, d. h. den Emittenten zur Rücknahme und Rückzahlung verpflichten kann. Nur in seltenen Fällen ist die Laufzeit von Preferred Stock von vornherein begrenzt, meist werden sie dagegen als *Perpetual Preferred Stock* ausgegeben.

Sind Vorzugsaktien mit einem dem Inhaber zustehenden Umtauschrecht in Stammaktien versehen, werden sie häufig auch als *Convertible Preferred Stock* bezeichnet. Der Umtauschzeitraum und das Umtauschverhältnis werden dabei im Voraus festgelegt und können auch variabel gestaltet werden. Der Umtausch erfolgt durch einfache Erklärung des berechtigten Aktionärs; die Gesellschaft muss daher ausreichend Stammaktien bereithalten, z. B. durch genehmigtes Kapital („authorized capital"). Die Aktionäre haben zwar im Regelfall kein Bezugsrecht bei Kapitalerhöhungen, sind aber meist durch Verwässerungsklauseln (z. B. Anpassung des Umtauschverhältnisses) geschützt.[762] Convertible Preferred Stock ist ein Spezialfall von *Exchangeable Preferred Stock*, die allgemein solche Preferred Stock bezeichnen, die unter bestimmten Bedingungen in ein anderes Wertpapier des Emittenten (insbesondere Bonds) umgetauscht werden können.

Für Investoren sind Preferred Stock interessant, da sie einen relativ konstanten Einkommensstrom generieren,[763] aber zugleich die Chance zur Partizipation an einer positiven Wertentwicklung des Unternehmens bieten, wenn sie über Umtauschrechte verfügen.[764] Convertible Preferred Stock eignen sich daher beson-

---

[760] In der Studie von Klein (1981) waren 71 der 74 Gattungen von Preferred Stock kündbar, davon bestanden in zehn Fällen Sinking-Fund-Vereinbarungen.

[761] Insbesondere bei gesunkenem Kapitalmarktzins. Vgl. Depenbrock (1975), S. 84-87.

[762] Vgl. Depenbrock (1975), S 102-104.

[763] Vorzugsaktien mit einer zinsähnlichen Dividende, die vor der Stammdividende gezahlt wird, werden auch als *Interest Bearing Stocks* bezeichnet. Vgl. Depenbrock (1975), S. 108 f.

[764] In der Untersuchung von Klein (1981) haben zwölf der 24 Gesellschaften Preferred-Stock-Gattungen mit Wandelrechten.

ders für die Finanzierung von Wachstumsunternehmen.[765] Sie finden auch bei Übernahmen Verwendung: Die Aktionäre der übernommenen Gesellschaft werden mit Convertible Preferred Stock abgefunden, die in Stammaktien der übernehmenden Gesellschaft umgetauscht werden können. Das Stimmrecht kann dabei so gestaltet werden, dass die Mehrheitsverhältnisse der übernehmenden Gesellschaft nicht beeinträchtigt werden.

2.4.1.4 Vergleich von amerikanischen und deutschen Vorzugsaktien

Zusammenfassend ist festzuhalten, dass es in den USA eine Vielzahl unterschiedlicher Ausgestaltungsmerkmale von *Preferred Stock* gibt, die sich hinsichtlich des Stimmrechts, der Dividendenberechtigung und der Partizipationsrechte, der Kumulierbarkeit ausgefallener Dividenden, der Liquidationsrechte, der Rückkaufs-, Umwandlungs- und Einziehungsrechte sowie hinsichtlich der Übertragbarkeit unterscheiden:

Die Preferred Stock sind meist kündbar, besitzen i. d. R. kein Bezugsrecht, werden häufig kontinuierlich über die gebildeten Sinking Funds eingezogen, sind nicht selten in Stammaktien wandelbar und haben vor allem fast immer eine limitierte Dividende.[766] Preferred Stock sind in den USA anders als in Deutschland nicht selten eine befristete Finanzierungsquelle, was auch an der häufigen Emission neuer Serien zu sehen ist. Ohne Stimmrecht haben sie den Charakter von Gewinnobligationen oder Genussscheinen. Mit deutschen Vorzugsaktien heutiger Prägung sind am ehesten die amerikanischen *Perpetual Non-Voting Participating Cumulative Non-Convertible Non-Redeemable Preferred Stock* zu vergleichen. Diese Kombination ist jedoch in den USA äußerst selten: Nahezu alle Preferred Stock sind nicht partizipierend.

Class-B-Stock haben dagegen ganz überwiegend dieselben Dividendenrechte wie Class-A-Stock und daher meist keine Höchstdividende, sie besitzen aber häufig ein geringeres Stimmrecht. Ein Vergleich mit deutschen stimmrechtslosen Vorzugsaktien ist aufgrund der vielfältigen Ausgestaltungsmöglichkeiten in der Charter – wie bei Preferred Stock – schwer möglich.

Auffällig ist, dass in den USA Dual-Class-Strukturen überwiegend von großen Unternehmen genutzt werden: Der Median der Bilanzsumme und der Median der

---

[765] Vgl. McCahery/Vermeulen (2008), S. 163 f. Demnach sind die Convertible Preferred Stock häufig mit Liquidationsvorrechten und Entsendungsrechten für den Aufsichtsrat ausgestattet.

[766] Vgl. Klein (1981), S. 20 f. Auch nach Angaben von Realdon (2006), S. 11, sind *Callable Cumulative Preferred Stock* die verbreiteteste Variante.

Marktkapitalisierung von Dual-Class-Unternehmen sind mehr als dreimal so hoch, wie die Median-Werte bei Single-Class-Unternehmen.[767]

Gompers/Ishii/Metrick (2010) berichten, dass Börsengänge von Dual-Class-Unternehmen im Zeitraum von 1995 bis 2002 kontinuierlich zugenommen haben. Dies steht im Gegensatz zur Entwicklung in Deutschland mit einer rückläufigen Zahl solcher Börsengänge und einer zunehmenden Anzahl von Umwandlungen in Stammaktien.[768] Die Unterschiede werden unter anderem mit dem in den USA flexibleren gesetzlichen Umfeld, aber auch mit der in Deutschland vorherrschenden Fremdfinanzierung über Banken begründet. Aus diesen Gründen herrschten in Deutschland eine fehlende Phantasie und ein Innovationsmangel bei der Entwicklung neuer Eigenkapitalinstrumente.[769] Die europäische Kapitalrichtlinie ließe sogar die gesetzliche Einführung von rückerwerbbaren (*redeemable*) und in Aktien wandelbaren (*convertible*) Vorzugsaktien auch in Deutschland zu. Ebenso wären Dividendenvorzüge mit variabler, aber bestimmbarer Bezugsgröße oder solche mit einer Sachdividende in Form von Aktien derselben Gattung (*payment in kind*) zulässig; ebenso spartenbezogene Vorzugsaktien (sog. *tracking stocks*), allerdings ohne das in den USA übliche gleitende Stimmrecht.[770]

2.4.2   Vorzugsaktien in ausgewählten anderen Aktienmärkten

In *Kanada* wurde schon 1925 das erste Dual-Class-Unternehmen an der Toronto Stock Exchange (TSE) notiert. Im Zeitraum 1979-1998 hatten 13 % der an der TSE notierten Unternehmen eine Dual-Class-Struktur,[771] im Jahr 2005 war deren Anteil auf 6,6 % gesunken.[772, 773] Zu unterscheiden sind hier *Non-Voting Shares*, *Subordinate Voting Shares* mit einem geringeren Stimmrecht als die *Superior Voting Shares* und *Restricted Voting Shares*, die zwar zahlenmäßig das gleiche

---

[767]   Vgl. Gompers/Ishii/Metrick (2010), S. 9. Das angegebene Verhältnis gilt auch für die Median-Werte des Verschuldungsgrads von Dual-Class- im Vergleich zu Single-Class-Unternehmen.

[768]   Für die USA vgl. a. a. O., S. 9. Für Deutschland vgl. Abschnitt 3.1.

[769]   So Polte (2005), S. 415.

[770]   Vgl. im Detail Polte (2005), S. 415-417.

[771]   Quellen: Amoako-Adu/Smith (2001), S. 1085, und Smith/Amoako-Adu (1995), S. 230 f.

[772]   96 der 1.459 im April 2005 notierten TSE-Aktien wurden von Dual-Class-Unternehmen ausgegeben, vgl. Allaire (2006), S. 3.

[773]   Unter dem Begriff „Dual-Class-Struktur" werden hier nur Unternehmen mit mindestens zwei Aktiengattungen, die sich im Stimmrecht unterscheiden, subsumiert. Daneben gibt es in Kanada auch Unternehmen mit einer Dual-Class-Struktur, bei der sich die Aktiengattungen nur dadurch unterscheiden, dass die eine die volle Bardividende und die andere eine geringere Ausschüttung infolge eines pauschalen Steuerabzugs (mit späterer Versteuerung des Kursgewinns) erhält; vgl. im Detail Bailey (1988), S. 1144 f.

Stimmrecht wie Stammaktien haben, aber nur eine Minderheit der Board-Mit-glieder wählen dürfen.[774] Im internationalen Vergleich bestehen in Kanada nur wenige gesetzliche Regelungen zu Vorzugsaktien, sodass eine Vielzahl konkreter Ausgestaltungsvarianten hinsichtlich Dividendenrecht, Stimmrecht und Liquidationsvorrechten existiert. So gibt es in Kanada neben betragsmäßig konstanten auch prozentual festgeschriebene Mehrdividenden.[775] Eine Untergrenze für den Anteil des stimmberechtigten Kapitals ist nicht gesetzlich geregelt. Bei Übernahmeangeboten fordert die TSE, dass den Vorzugsaktionären ohne oder mit geringerem Stimmrecht der gleiche Preis wie den Stammaktionären geboten werden muss. Diese Regelung kann jedoch durch eine bundesstaatliche Ausnahmeregelung durchbrochen werden, wenn die Aktien von maximal fünf Aktionären gekauft werden und der Preis maximal 115 % des vorherigen Marktpreises beträgt.[776] Einige Restricted Shares sind statutarisch mit einer so genannten *Coattail Provision* ausgestattet. Dabei erhalten diese Aktien im Falle eines Übernahmeangebots für Aktien mit Stimmrecht, das ihnen selbst nicht zu gleichen Konditionen unterbreitet wird, entweder die gleiche Stimmenanzahl wie die Aktien mit Stimmrecht für eine Beschlussfassung über etwaige Abwehrmaßnahmen oder sie konvertieren „automatisch" in Aktien mit Stimmrecht, sodass der Bieter im Ergebnis den gleichen Übernahmepreis zahlen muss.[777]

Weitgehende Gestaltungsfreiheit und Abweichungen vom Prinzip „One Share – One Vote" durch Satzungen sind gesellschaftsrechtlich auch in *Großbritannien* zulässig.[778] Aktiengesellschaften dürfen sog. *Preference Shares*[779] mit einem Dividendenvorzug emittieren, sofern diese mit „adäquaten Stimmrechten" für Entscheidungen über Dividendenrückstände, Kapitalveränderungen und Maßnahmen, die die Rechtsposition der Anteilseigner betreffen, versehen sind.[780] Diese können kumulativ oder nicht kumulativ, einziehbar (*redeemable*) oder nicht

---

[774] Bisweilen werden auch die stimmrechtslosen Aktien als „Nonvoting Restricted Shares" bezeichnet; vgl. z. B. Robinson/Rumsey/White (1996), S. 251.

[775] Vgl. Robinson/White (1990), S. 12.

[776] Vgl. Amoako-Adu/Smith (2001), S. 1087 f.

[777] Vgl. Robinson/Rumsey/White (1996), S. 252.

[778] Grundsätzlich gilt in Großbritannien aus Praktikabilitätsgründen (Abstimmung per Handzeichen) sogar das Prinzip „One Man – One Vote", bei dem jedem Aktionär unabhängig von der Kapitalbeteiligung *ein* Stimmrecht zusteht; jedoch können Aktionäre im Anschluss auch eine Abstimmung nach Kapitalanteilen verlangen; vgl. Winkler (2006), S. 60 f.

[779] Die Bezeichnung *Stock* ist nur in den USA gebräuchlich, in anderen angelsächsischen Staaten spricht man z. B. von Dual-Class-*Shares*, Common *Shares* (in Großbritannien *Ordinary Shares*).

[780] Vgl. Faccio/Lang (2002), S. 386. Preference Shares haben aber ansonsten i. d. R. kein permanentes Stimmrecht, vgl. Polte (2005), S. 323.

einziehbar oder auch mit einer Wandelmöglichkeit versehen sein.[781] Daneben können auch Stammaktien mit vorrangigem Dividendenanspruch (*preferred ordinary shares*) oder ohne Stimmrecht (*non-voting ordinary shares*) ausgegeben werden, die bis auf das Stimmrecht i. d. R. mit identischen Rechten wie die Stammaktien ausgestattet sind. Da die Ausstattungsmerkmale dieser *A-Shares* und der *Preference Shares* frei kombiniert werden können, ist die Bezeichnung der Gattung letztlich nur eine Frage der Bezeichnung in der Satzung.[782] Auch im Hinblick auf Mehrstimmrechte bestehen keine Beschränkungen, diese können sich auch nur auf einzelne Personen beziehen.[783] Auffallend in Großbritannien ist die große Diskrepanz zwischen der gesetzlichen Zulässigkeit von Abweichungen vom One-Share-One-Vote-Prinzip und der tatsächlichen Nutzung solcher Maßnahmen in vergleichsweise geringem Umfang.[784] Allerdings sind in durch Venture Capital finanzierten Unternehmen komplexere Kapitalstrukturen mit *convertible redeemable preference shares* weit verbreitet.[785]

Rydqvist (1992) gibt zwar an, dass seit 1968 an der London Stock Exchange keine Dual-Class-Unternehmen mehr gehandelt würden,[786] Ang/Megginson (1989) identifizieren jedoch im Zeitraum 1955-1982 202 börsennotierte britische Unternehmen mit Dual-Class-Shares, darunter 104 ab 1975 notierte.[787] Von 1.632 britischen Aktiengesellschaften in der Stichprobe von Bennedsen/ Nielsen (2010) verfügten 411 Gesellschaften über eine Dual-Class-Struktur, wobei eine deutliche Zunahme in den neunziger Jahren festzustellen gewesen sei.[788] Von den zwanzig größten britischen Gesellschaften nutzt nur eine Gesellschaft Mehrstimmrechte.[789]

In *Frankreich* gilt wie im deutschen Recht der Grundsatz, dass jede Aktie ein Stimmrecht gewährt. Unter der Voraussetzung, dass Aktien bereits über einen bestimmten Zeitraum, mindestens zwei Jahre, gehalten werden, können vinkulierte Namensaktien ein doppeltes Stimmrecht erhalten.[790] Dabei handelt es sich

---

[781] Vgl. Laurent (2003), S. 5.
[782] Vgl. Bank (2006), S. 277.
[783] Vgl. Winkler (2006), S. 61 f.
[784] Vgl. Institutional Shareholder Services Europe (2007), S. 15 f; Winkler (2006), S. 62.
[785] So Polte (2005), S. 289.
[786] Vgl. Rydqvist (1992), S. 47, so aber auch Faccio/Lang (2002), S. 386.
[787] Vgl. Ang/Megginson (1989), S. 307.
[788] Vgl. a. a. O., S. 2214.
[789] So Institutional Shareholder Services Europe (2007), S. 15.
[790] Zum Teil sind die hierfür erforderlichen Haltezeiträume viel länger, z. B. zehn Jahre bei Pernod-Ricard. Eine Übernahme ist dadurch für außenstehende Investoren unattraktiv, da es bis zu zehn Jahre dauern kann, bis trotz Kapitalmehrheit eine Stimmenmehrheit erreicht wird. Bis dahin ist es

allerdings nicht um eine spezielle Aktiengattung, sondern das mehrfache Stimm-recht erwächst prinzipiell jedem *Aktionär* nach der vorgegebenen Zeit (wie bei US-amerikanischen Loyalty Votes); die Aktie verliert das doppelte Stimmrecht bei Veräußerung. Diese Form des Mehrstimmrechts ist sehr verbreitet.

Im Jahre 2004 hat Frankreich seine Bestimmungen zu Vorzugsaktien grundle-gend reformiert. Bis dahin gab es drei Formen von Vorzugsaktien: 1.) *„Actions à Dividende Prioritaire"* (ADP) mit einer kumulativen, prioritätischen Dividende von 5 % und einer Mehrdividende von 2,5 %, bei denen das Stimmrecht nach drei Dividendenausfällen auflebte 2.) Investmentzertifikate ohne die Möglichkeit des Auflebens des Stimmrechts mit identischen Dividendenrechten wie die Stamm-aktien (*„Certificats d'investissement"*, CI) sowie 3.) *„Certificats d'investissement privilégié"* (CIP) mit höheren Dividendenrechten als Stammaktien.[791] Eine Be-sonderheit ist hierbei, dass für jedes CI seit 1988 ein separates Stimmrechts-zertifikat (*Certificat de droit de vote*, CDV) ausgegeben und an die Stammak-tionäre im Verhältnis ihrer Kapitalbeteiligung verteilt wurde. Ein CI konnte bei Vorlage eines CDV in eine Stammaktie umgewandelt werden; allerdings wurden CI/CDV häufig von Staatsunternehmen genutzt und der Staat hielt die CDV.[792] Im Juni 2004 wurden die genannten Aktienformen durch neue Vorzugsaktien (*„Actions des Préférence"*) ersetzt; nunmehr unterliegen die wesentlichen Rege-lungen der Satzungsautonomie:[793] Die Vorzüge können finanzieller Art (Mehr-dividende, kumulative Dividende) oder nicht-finanzieller Art sein (z. B. Bestim-mung von Direktoren, bessere Informationsrechte – was interessant für Inves-toren in Start-up-Unternehmen sein soll); das Stimmrecht kann (bis zum Doppel-ten) von dem der Stammaktien abweichen und im Fall stimmrechtsloser Vor-zugsaktien vollständig oder nur für den Fall der Zahlung des Vorzugs ausge-schlossen werden, es kann ggf. auch nur für bestimmte Beschlussgegenstände gelten.[794] Auch gänzlich stimmrechtslose „Vorzugs"-Aktien mit niedrigerer Dividende wären theoretisch zulässig – letztlich entscheiden die Investoren, ob eine Ausgestaltung sinnvoll ist. Unverändert besteht eine Obergrenze für Vor-zugsaktien von 50 %, bei börsennotierten Unternehmen 25 % des Aktienkapi-tals.[795] Tatsächlich haben nur 3 % der Gesellschaften Dual-Class-Strukturen.[796]

---

u. U. für Minderheitsaktionäre, die schon seit Langem im Unternehmen investiert sind, möglich, bereits mit einem Kapitalanteil von 33 % die Gesellschaft zu kontrollieren; vgl. Jubb (2007).

[791] Vgl. Peltzer (1997), S. 98*, Muus (1998), S. 5 f., Winkler (2006), S. 46 f.
[792] Vgl. Conac (2005), S. 489.
[793] Vgl. z. B. Winkler (2006), S. 47.
[794] Vgl. Conac (2005), S. 494-499.
[795] Vgl. Conac (2005), S. 503.
[796] Vgl. Khachaturyan/McCahery (2007), S. 174, und Bennedsen/Nielsen (2010), S. 2214, Tabelle 1.

Auch in der *Schweiz* gibt es mehrere Arten von Eigenkapitalpapieren. Neben die Inhaberaktien treten oft sog. *Namenaktien*, die oft die Mehrheit der Stimmrechte haben und vinkuliert sind, um einen Kauf insbesondere durch Ausländer zu verhindern.[797] Diese Aktien verfügen über eine Stimme pro Aktie unabhängig von deren Nennwert, sodass faktisch auch Mehrstimmrechtsaktien, die in der Schweiz im Gegensatz zu Stammaktien als „*Stimmrechtsaktien*" bezeichnet werden,[798] existieren und ein bis zu zehnfaches Stimmrecht haben können.[799] Sofern sich die Nennwerte unterscheiden, sind die der Namenaktien üblicherweise geringer, sodass diese ein höheres Stimmgewicht haben.[800] Die Kontrolle kann bei einer Schweizer Gesellschaft auf diese Weise schon mit einem Elftel des Aktienkapitals erreicht werden.[801] Neben den Aktien gibt es so genannte Partizipationsscheine, die zwar kein Stimmrecht haben, aber sonst den Aktien gleichgestellt sind. Insbesondere ist deren Dividende an die der Stammaktien gekoppelt. Partizipationsscheine dürfen zusammen jedoch maximal die doppelte Höhe des Aktienkapitals ausmachen. Des Weiteren existieren auch so genannte Vorzugsaktien, deren Vorzug nur auf Vermögensrechte beschränkt ist.[802] Zwar gibt es auch in der Schweiz einen Trend zur so genannten Einheitsaktie,[803] jedoch war in der Schweiz nach Schweden mit 52 % der höchste Anteil von Unternehmen mit Dual-Class-Strukturen hinsichtlich des Stimmrechts zu verzeichnen.[804]

---

[797] Auch für andere Aktionäre wird eine Registrierung häufig auf 2 % bis 5 % pro Aktionär beschränkt. Vgl. Schmid (2009), S. 1457. Bis 1992 war eine Diskriminierung von ausländischen Aktionären durch Vinkulierung auch gesetzlich zulässig, vgl. Gardiol/Gibson-Asner/Tuchschmid (1997), S. 301. Außerdem gab es ein Abkommen zwischen der Schweizerischen Bankiervereinigung und den Schweizer Unternehmen, aufgrund dessen die Banken (die alle „Börsensitze" hielten) nicht mit vinkulierten Namenaktien handeln durften, sofern dabei nicht auch Mitgliedschaftsrechte übertragen werden (die der Vinkulierung unterlagen). Dies galt jedenfalls für den Kassahandel; Terminkontrakte wurden bis zu einer Laufzeit von drei Monaten gehandelt und konnten von Ausländern nur ausgeglichen oder durch neue Terminkontrakte ersetzt werden; vgl. Horner (1986), S. 63 f.

[798] Vgl. Gerster (1997), S. 7.

[799] Nach Art. 693 Abs. 2 des Schweizerischen Obligationenrechts dürfen Stammaktien maximal den zehnfachen Nennwert der Stimmrechtsaktien haben; vgl. Röthlisberger (2000), S. 44.

[800] Vgl. Schmid (2009), S. 1457, Gardiol/Gibson-Asner/Tuchschmid (1997), S. 301.

[801] Vgl. auch Kunz/Angel (1996), S. 10, Kunz (1998), S. 9 f.

[802] Vgl. Röthlisberger (2000), S. 54 f.

[803] Vgl. Röthlisberger (2000), S. 24.

[804] Vgl. Bennedsen/Nielsen (2010), S. 2214 (Tabelle 1). Der Anteil in Schweden, wo wie auch in Finnland die Class-B-Aktien über ein Zehntel des Stimmrechts der Stammaktien verfügen, beträgt demnach 62 % (Faccio/Lang (2002), S. 387, geben 66 % an) und er betrug Anfang der neunziger Jahre nach Rydqvist (1996), S. 1417, sogar 75 %. Vorzugsaktien in Russland werden wegen der besonderen Entstehungsumstände nicht in den Vergleich einbezogen.

In *Österreich* entsprechen die Regelungen zu stimmrechtslosen Vorzugsaktien in § 12a des österreichischen AktG nahezu wortgleich den Formulierungen in §§ 139, 140 AktG (in der bis 2015 geltenden Fassung), jedoch ist die Möglichkeit der Ausgabe – wie in Deutschland bis 1965 – auf ein Drittel des Grundkapitals beschränkt.[805]

In *Italien* wurden 1974 zur Förderung des Aktienerwerbs dauerhaft stimmrechtslose „Sparaktien" eingeführt, die mit einer prioritätischen nachzahlbaren Mindestdividende von mindestens 5 % und einer Mehrdividende von mindestens 2 % ausgestattet sind. Fallen Dividenden länger als zwei Jahre aus, sind mindestens zwei ausgefallene Mindestdividenden nachzuzahlen.[806] Bei Übernahmeversuchen müssen Übernahmeangebote nur für Stammaktien abgegeben werden.[807] Zwischen 1986 und 1990 hatten 84 von 206 an der Mailänder Aktienbörse notierten Unternehmen stimmrechtslose Aktien;[808] zuletzt war der hohe Anteil aber stark rückläufig.[809] Mehrstimmrechtsaktien sind nicht zulässig. Ähnlich wie in Frankreich haben italienische Gesellschaften seit einer Aktienrechtsreform 2003 weitgehende Satzungsautonomie bei der Gestaltung von Aktiengattungen. Das Stimmrecht kann ausgeschlossen, auf bestimmte Beschlussgegenstände beschränkt oder vom Eintritt von Bedingungen abhängig gemacht werden; ein Vorzug ist flexibel gestaltbar und nicht zwingend.[810]

Vorzugsaktien in *Russland* wurden im Rahmen der Privatisierung der Staatsbetriebe 1992 ursprünglich kostenlos an Mitarbeiter und Ruheständler vergeben. Erst später wurden neue Vorzugsaktien vor allem von Großunternehmen zu Finanzierungszwecken emittiert. Die Vorzugsaktien dürfen höchstens ein Viertel des Grundkapitals ausmachen.[811] Ursprünglich musste ihre Dividende mindestens derjenigen der Stammaktien entsprechen, gleichzeitig gab es aber auch eine Mindestdividende in Höhe eines festen Anteils von mindestens 10 % des Jahresergebnisses pro Aktie.[812] 1996 wurden die Vorschriften für Vorzugsaktien „flexibilisiert"; die Mindestdividende und die Dividendenuntergrenze sind nun nicht

---

[805]   Vgl. auch Gugler et al. (2001), S. 47.
[806]   Vgl. z. B. Bigelli/Croci (2013), S. 96.
[807]   Vgl. z. B. Caprio/Croci (2008), S. 2434. Linciano (2002), S. 13, gibt hingegen an, dass seit 1998 ein Übernahmeangebot an alle Aktionäre abgegeben werden müsse.
[808]   Vgl. Zingales (1994), S. 128 und 130.
[809]   Vgl. Bennedsen/Nielsen (2010), S. 2214 (Tabelle 1), und Bigelli/Croci (2013), S. 96.
[810]   Vgl. Winkler (2006), S. 102.
[811]   Vgl. Muravyev (2009b), S. 26.
[812]   Vgl. Goetzmann/Spiegel/Ukhov (2003).

mehr verpflichtend – eine Vorzugsdividende muss lediglich festgelegt werden.[813] Die russischen Vorzugsaktien verfügen auch über Stimmrechte (bis 1996 und wiederum seit 2002 auch Vetorechte) bei Entscheidungen, die ihre Gattungsrechte betreffen, sowie bei Ausfall der Vorzugsdividende. Von 909 Aktien, die zwischen 1995 und 2001 im Russischen Aktienhandel (RTS) notiert waren, waren 258 Vorzugsaktien. Die Dual-Class-Unternehmen im RTS-Index der 63 größten Unternehmen hatten 2001 zusammen sogar einen Anteil von 65,2 % der Marktkapitalisierung des Index.[814]

In *Australien* haben lediglich zehn von 248 Gesellschaften eine zweite Aktiengattung mit Stimmrechtsvorzug; allerdings werden Übernahmen hier durch andere Maßnahmen erschwert.[815] In Staaten *Südost- und Ostasiens* (z.B. Japan, Singapur) sind Aktiengattungen mit geringeren oder keinen Stimmrechten weitgehend unbekannt oder bedeutungslos;[816] erst 2013 wurde in Singapur die Ausgabe von stimmrechtslosen Aktien und Mehrstimmrechtsaktien zugelassen.[817] Dennoch werden mehr als zwei Drittel der Unternehmen in diesen Staaten von einzelnen Aktionären kontrolliert; die Trennung von Cashflow- und Stimmrechten wird vorrangig durch Pyramidenstrukturen und Überkreuzbeteiligungen erzielt.[818] In *China* gibt es zwar zahlreiche Dual-Class-Unternehmen. Bei diesen bestehen jedoch keine Unterschiede im Stimmrecht, sondern es gibt so genannte A-Aktien nur für Chinesen und B-Aktien nur für Ausländer, die auch an separaten Börsen gehandelt werden.[819] Dual-Class-Strukturen zur Separierung von aus-

---

[813] Vgl. Muravyev (2009b), S. 26 f.

[814] Vgl. Goetzmann/Spiegel/Ukhov (2003), S. 3-5 und S. 32.

[815] Vgl. Institutional Shareholder Services Europe (2007), S. 81 und S. 16. Ausländer benötigen bereits für den Kauf von mehr als 15 % der Stimmrechte eine behördliche Genehmigung.

[816] Im Mittel benötigt man in neun von Claessens/Djankov/Lang (2000) untersuchten Staaten (neben den genannten auch Südkorea, Hongkong, Indonesien, Malaysia, Philippinen, Taiwan und Thailand) 19,76 % der Cashflow-Rechte, um 20 % der Stimmrechte zu erzielen. Vgl. ebd., S. 92. Für Südkorea geben Chung/Kim (1999), S. 41, allerdings an, dass an der Korea Stock Exchange in den Jahren 1992 und 1993 von 119 Unternehmen sowohl Aktien mit als auch Aktien ohne Stimmrecht gehandelt wurden. Neben dem Stimmrecht bestehe hierbei der einzige Unterschied in einer Mehrdividende der stimmrechtslosen Vorzugsaktien in Höhe von 1 % des Nennwertes. Nach Angaben in der Studie von Institutional Shareholder Services Europe (2007), S. 81, haben in Japan nur zwei von 248 Gesellschaften in der Stichprobe Mehrstimmrechtsaktien; in Singapur haben zwei von 106 Gesellschaften, in Malaysia zwei von 78 Gesellschaften und in Indonesien drei von 39 Gesellschaften zwei Aktiengattungen mit abweichendem Stimmrecht.

[817] So Chan/Ho (2014), S. 168.

[818] Vgl. auch die Darstellung in Jin/Park (2015), S. 436 ff.

[819] Vgl. Bergström/Tang (2001), S. 408-410, Fung/Lee/Leung (2000), S. 179 f.

ländischen Investoren bestehen auch in *Hongkong* (hier gibt es zusätzlich eine dritte Kategorie von „Shanghai-Aktien") sowie in *Thailand*.[820]

Die folgende Übersicht fasst Ausgestaltung und Bedeutung von Vorzugsaktien bzw. Aktien mit Stimmrechtsunterschieden in weiteren Ländern zusammen:

Tabelle 4: Ausgestaltung von Vorzugsaktien in ausgewählten Aktienmärkten
Quelle: Eigene Auswertung der angegebenen Quellen.

Land	Quelle	Besonderheiten
Brasilien	Carvalhal da Silva/Subrah-manyam (2007); Bortolon/ Câmara Leal (2014)	VzA stimmrechtslos. Bis zu $^2/_3$ des Grundkapitals, für Börsengänge nach 2001 nur bis zu 50%. Stimmrecht lebt nach drei Dividendenausfällen auf. Von 1997-2001 gesetzliche Mehrdividende von 10%. Seit 2001 für *börsennotierte* Gesellschaften gesetzliche Mehrdividende von 10%, Mindestdividende von 3%; Bei Übernahmeangeboten Mindestgebot von 80% des Stammaktiengebots. Kein Mehrstimmrecht für StA. 55% von 341 börsennotierten Gesellschaften waren 2011 Dual-Class-Unternehmen (2008: 63%). Mittlerer Stimmenanteil des größten Aktionärs 71% bei einem mittleren Kapitalanteil von 50% (2002).
Dänemark	Neumann (2003)	Neben Stammaktien gab es im Untersuchungszeitraum (bis 1999) Mehrstimmrechtsaktien mit bis zu zehnfachem Stimmrecht (außer bei Banken). 54% der 188 gelisteten Unternehmen hatten solche Mehrstimmrechtsaktien. 25% der Unternehmen hatten zudem Höchststimmrechte oder vinkulierte Aktien oder es gab hohe Mehrheitserfordernisse. Stimmrechtslose Vorzugsaktien sind nicht zulässig, bestehen aber bei einigen Gesellschaften noch aus historischen Gründen.
Griechen-land	Milonas (2000)	„Preferred Stock" zählen nicht zu den Aktien und haben kein Stimmrecht (außer bezüglich eigener Gattung). Sie erhalten grds. dieselbe Dividende wie Stammaktien, ggf. kumulative Mindestdividende 6-8% des Nennwertes. Ökonomisch war kumulative Mindestdividende praktisch wertlos wegen hoher Inflationsraten in 80er und 90er Jahren (als die meisten VzA ausgegeben wurden). Liquidationsvorrang.

---

[820] Vgl. Institutional Shareholder Services Europe (2007), S. 81.

Norwegen	Ødegaard (2007)	3 Aktiengattungen: A-, B- und (bis 1994) F-Aktien, gleiche Cashflow-Rechte; A- und F-Aktien: volles Stimmrecht; B-Aktien: Stimmrecht nur für Satzungs-änderungen, Zielgruppe: ausländische Investoren B- und F-Aktien durch Ausländer uneingeschränkt erwerbbar, seit 1995 auch A-Aktien (F-Aktien wurde zu A-Aktien). Bis 1994 durften Ausländer max. $^1/_3$ der Stimmrechtsaktien halten; häufig wurden daher $^2/_3$ A- und $^1/_3$ F-Aktien emittiert. 2000/01 Abschaffung der meisten B-Aktien (2005: noch 4 Gattungen)
Polen	Tamowicz/ Dzier-zanowski (2002)	Im Jahr 2000 hatten 79 von 201 gelisteten Aktien-gesellschaften Vorzugsaktien mit mehrfachem Stimm-recht (davon in 64 Fällen mit dem damals höchsten zulässigen fünffachen Stimmrecht). In 40 dieser Gesell-schaften wurde Stimmenmehrheit nur dank Mehrfach-stimmrecht erzielt. Es gab auch „Goldene Aktien", die i.d.R. das Recht zur Bestimmung von Aufsichtsrats-mitgliedern verbriefen, sowie Höchststimmrechte. Im Jahr 2001 wurden stimmrechtslose Aktien eingeführt (jedoch kaum genutzt), bestehende Mehrstimmrechte auf max. zwei Stimmen begrenzt und die Ausgabe neuer Mehrstimmrechtsaktien verboten.
Schweden	Steuer (2010)	Zwei Drittel aller börsennotierten Gesellschaften haben Dual-Class-Strukturen. B-Aktien haben mindestens ein Zehntel des Stimmrechts der A-Aktien; bei älteren B-Aktien kommen aber geringere Stimmrechte vor, da es früher keine Beschränkungen gab (z.B. im Fall Ericsson 1/1000-Stimmrecht). Stimmrechtslose Aktien sind nicht zulässig.

2.4.3 Kapitalproportionales Stimmrecht als Ziel europäischer Harmonisierung

Bisher bestehen europarechtlich nur punktuelle Vorgaben im Hinblick auf das Aktionärsstimmrecht; es gibt auch für am Kapitalmarkt gehandelte Aktien keine Mindeststandards.[821] Stimmrechtslose Aktien sind nur in wenigen Mitgliedstaa-ten der Europäischen Union nicht zulässig, so in Dänemark, Schweden und den Niederlanden;[822] in den meisten anderen Mitgliedstaaten sind sie nur bei gleich-

---

[821] So Winkler (2006), S. 112.

[822] Vgl. Winkler (2006), S. 105; Institutional Shareholder Services Europe (2007), S. 15 (Abb. 3.3), 19 und 28. In Dänemark existieren aus historischen Gründen noch einige stimmrechtslose Aktien.

zeitigem Dividendenvorteil statthaft.[823] In den europäischen Ländern, in denen stimmrechtslose Aktien auch ohne Dividendenvorzug ausgegeben werden dürfen, wird dies nie oder sehr selten praktiziert.[824] Mehrstimmrechte sind in der EU in den skandinavischen Ländern besonders häufig anzutreffen, und ansonsten in Frankreich und Polen (in Form des doppelten Stimmrechts), Ungarn, Großbritannien und Irland sowie in den Niederlanden (maximal sechsfaches Stimmrecht) gesetzlich erlaubt.[825] Auch Stimmrechtsbegrenzungen bzw. Höchststimmrechte sind in vielen Mitgliedstaaten zulässig.[826]

Diese Variantenvielfalt der Vorzugsaktien zeigt, dass in Europa starke Abweichungen vom Prinzip „One Share – One Vote" bestehen. Auch laut einer Stellungnahme im Rahmen des Gesetzgebungsverfahrens zur Aktienrechtsnovelle 2016 in Deutschland könne international keine Rede davon sein, dass der Grundsatz „One Share – One Vote" die maßgebenden Aktienrechtsordnungen beherrsche. Vielmehr handele es sich um eine „doktrinäre Beschwörung" dieses Grundsatzes.[827] Vielmehr ist in den europäischen Staaten, in denen die Ausstattungsmerkmale von Aktien wie in den USA im Wesentlichen in der Satzung geregelt werden – insbesondere in Großbritannien, aber nach Reformen auch in

---

[823] Vgl. Institutional Shareholder Services Europe (2007), S. 19. Hierzu zählen neben Deutschland auch Griechenland, Luxemburg und Ungarn sowie Belgien, Estland, Polen und Spanien. In den letztgenannten Ländern werden stimmrechtslose Vorzugsaktien wohl faktisch nicht genutzt. Laut Faccio/Lang (2002), S. 385 f., trifft dies für Portugal zu; für Spanien geben diese Autoren dagegen einen Anteil der Dual-Class-Unternehmen von 2,64% an. Stimmrechtslose Vorzugsaktien in Spanien erhalten eine Mehrdividende von mindestens 5 Prozent des Nominalwertes, vgl. Arruñada/Paz-Ares (1995), S. 351.
[824] In Frankreich, Italien, Finnland und Großbritannien. In Frankreich und Finnland werden stimmrechtslose Vorzugsaktien praktisch nie genutzt, in Italien dafür von 30% der Unternehmen. Faccio/Lang (2002), S. 386 f., nennen für Italien mit 41,35% Dual-Class-Unternehmen sogar einen noch höheren Wert und geben auch für Österreich mit 23,2% einen im Vergleich zu Deutschland noch höheren Anteil der Nutzung einer Dual-Class-Struktur an. In Irland hat nur ein in die Studie einbezogenes Unternehmen eine stimmrechtslose Aktie ohne Vorzug emittiert. Diese Vorzugsaktie erhält aber auch keine Dividenden; sie ist der Stammaktie als so genannte „Einkommensaktie" beigefügt. Allerdings haben in Irland mit 30% deutlich mehr Gesellschaften stimmrechtslose Vorzugsaktien als in Deutschland. Dies dürfte wie in Großbritannien mit dem fremdkapitalähnlichen Charakter der Instrumente zusammenhängen.
[825] Vgl. Institutional Shareholder Services Europe (2007), S. 15 (Abb. 3.3). Allerdings wurden nur 16 Mitgliedstaaten in die Untersuchung einbezogen. Vgl. Winkler (2006), S. 104 f.
[826] Winkler (2006), S. 103 f., nennt neben Deutschland auch Frankreich, Großbritannien, Belgien, die Niederlande, Spanien, Dänemark, Finnland, Griechenland, Irland, Luxemburg, Österreich, Portugal, Schweden, Ungarn und Polen.
[827] Vgl. Noack (2015).

Frankreich und Italien – nicht gewährleistet, dass aus einer hohen Kapital-beteiligung auch ein hohes Stimmgewicht resultiert.[828]

Die Europäische Kommission hatte ursprünglich versucht, das Prinzip „One Share – One Vote" mit der Übernahmerichtlinie quasi durch die Hintertür einzu-führen: Im Jahr 2002 wurde im so genannten Winter-Bericht[829] eine „Durchbre-chungsregel" vorgeschlagen, nach der im Falle eines Übernahmeangebots zum einen alle nationalgesetzlichen Abweichungen von „One Share – One Vote" wie Stimmrechtsunterschiede, Höchststimmrechte und inhaltlich eingeschränkte Stimmrechte während eines Übernahmeprozesses nicht anwendbar wären; damit wäre z. B. in Deutschland eine Übernahme bei einem Grundkapitalanteil stimm-rechtsloser Vorzugsaktien von 50 % mit dem Kauf aller Vorzugsaktien plus einer Stammaktie möglich gewesen. Zum anderen hätte der übernehmende Investor mit qualifizierter Mehrheit die entsprechenden Bestimmungen (z. B. über die Stimmrechtslosigkeit der Vorzugsaktien) auch dauerhaft aus der Satzung strei-chen können.[830] In der endgültigen Fassung der Übernahmerichtlinie,[831] die als Minimalkonsens betrachtet und gegen den Willen der EU-Kommission durchge-setzt wurde,[832] besteht nun zum einen eine so genannte Opt-out-Klausel für Mitgliedstaaten;[833] zum anderen sind stimmrechtslose Vorzugsaktien nicht Gege-nstand der Richtlinie, da Wertpapiere im Sinne der Richtlinie nur solche über-tragbaren Papiere sind, die ein Stimmrecht vermitteln (Art. 2 Abs. 1 Buchst. e der Richtlinie). Eine verpflichtende Klausel hätte einen faktischen Zwang auf börsennotierte Gesellschaften ausgeübt, sog. „Control Enhancing Mechanisms" wie stimmrechtslose Aktien schon vorsorglich abzuschaffen.

In Rahmen ihres Aktionsplans zur Modernisierung des Gesellschaftsrechts hat die Europäische Kommission das Anliegen der Durchsetzung einer One-Share-One-Vote-Regel gleichwohl weiterverfolgt. Bei zwei Konsultationen in den Jah-ren 2003 und 2006 zeigte sich ein kontroverses Bild zur Frage eines kapitalpro-portionalen Stimmrechts: Während Investoren mehrheitlich für die Durchsetzung einer solchen Regel waren, lehnten Emittenten und Handelskammern einen regu-

---

[828] So Winkler (2006), S. 112.
[829] „Report of the High Level Group of Company Law Experts on Issues Related to Takeover Bids".
[830] Vgl. Khachaturyan/McCahery (2007), S. 165.
[831] Richtlinie 2004/25/EG betreffend Übernahmeangebote vom 21.4.2004.
[832] Vgl. o.V. (2003b), o.V. (2003a). Die Kommission war bestrebt, die in Deutschland möglichen Vorratsbeschlüsse als Übernahmehindernisse zu unterbinden, jedoch die in Frankreich üblichen Loyalty Votes weiterhin zu gestatten, wohl um eine Zustimmung zur Richtlinie zu erreichen.
[833] Vgl. Ferrarini (2006), S. 3-6. Mitgliedstaaten können in der nationalen Gesetzgebung demnach von der Durchbrechungsregel abweichen.

latorischen Eingriff der EU ab.[834] Auf der Grundlage einer im Mai 2007 entsprechend dem Auftrag der Kommission vorgelegten Studie, die die in 16 EU-Mitgliedstaaten und drei weiteren Jurisdiktionen bestehenden „Control Enhancing Mechanisms" (CEM) systematisch dargestellt und ihren Einfluss auf die Finanzmärkte bewertet hatte,[835] konnte das „European Corporate Governance Forum" (EUCGF) keine Empfehlung für die zwingende Einführung des kapitalproportionalen Stimmrechts aussprechen.[836] Den mit einem disproportionalen Stimmrecht einhergehenden Problemen in Bezug auf die Benachteiligung von Minderheitsaktionären und die Erschwerung von Übernahmen sollte nach der Empfehlung des EUCGF durch verbesserte Transparenz der Unternehmen über ihre „Control Enhancing Mechanisms" und durch verbesserte Transparenz über das Stimmrechtsverhalten von institutionellen Investoren begegnet werden. Nachdem die Kommission im Dezember 2007 die vorgelegten Studien sowie die Pro- und Kontra-Argumente im Rahmen einer Auswirkungsstudie[837] dargestellt hat, hat der damalige Kommissar McCreevy entschieden, dass im Hinblick auf die One-Share–One-Vote-Regel kein Handlungsbedarf auf EU-Ebene mehr bestehe. Angesichts der Vielgestaltigkeit der nationalen Ausgestaltungsmöglichkeiten würde sich auch jeder Versuch, ein kapitalproportionales Stimmrecht zu erzwingen, mit einer großen Zahl von Umgehungstatbeständen auseinandersetzen müssen.[838]

Unabhängig davon, dass seitens der Europäischen Kommission derzeit keine Aktivitäten zur erneuten Befassung mit der One-Share-One-Vote-Problematik erkennbar sind, stellt sich in rechtspolitischer Hinsicht die Frage, ob ohne eine Durchsetzung kapitalproportionaler Stimmrechte länderübergreifende Unternehmensübernahmen und damit der freie Kapitalverkehr innerhalb der EU tatsächlich behindert werden oder ob stattdessen ein Wettbewerb verschiedener gesellschaftsrechtlicher Systeme stattfinden und gefördert werden sollte. Eine Regulierung würde dazu führen, dass Aktiengesellschaften stärker als bisher auch andere Abwehrmechanismen wie die vor allem im Südostasien üblichen Pyrami-

---

[834] Vgl. Commission of the European Communities (2007), S. 7-9.
[835] Shearman & Sterling LLP, Institutional Shareholder Services Europe, European Corporate Governance Institute (2007): Report on the Proportionality Principle in the European Union (Proportionality Between Ownership and Control in EU Listed Companies) vom 18.5.2007. Diese Studie und das Thema wurden des Weiteren auf einer Konferenz an der Copenhagen Business School im September 2007 sowie auf zwei von der finnischen (2006) und der deutschen (2007) Ratspräsidentschaft organisierten Konferenzen diskutiert.
[836] Vgl. European Corporate Governance Forum (2007).
[837] Commission of the European Communities (2007).
[838] Vgl. Winkler (2006), S. 106.

denstrukturen und Überkreuzbeteiligungen[839] anwenden, was praktisch nicht mehr durch weitere regulatorische Eingriffe kontrollierbar wäre, da man schwerlich die Bildung von Konzernen verbieten kann.[840]

Ein staatlicher Eingriff in die unternehmerische Entscheidungsfreiheit zur Etablierung einer Dual-Class-Struktur wären allenfalls dann zu rechtfertigen, wenn dies zum einen im überwiegenden Interesse des Allgemeinwohls liegt und wenn die Maßnahme zum anderen im Hinblick auf das gewünschte Ziel auch geeignet und zweckmäßig wäre. Wegen der leichten Umgehungsmöglichkeit bestehen an der Geeignetheit eines Verbots stimmrechtsloser Aktien ernstliche Zweifel. Zudem würde mit der Einheitsaktie auch nicht das erwünschte Level Playing Field mit anderen Aktienmärkten hergestellt, da z. B. seit 1986 auch in den USA wieder Dual-Class-Unternehmen an der NYSE notieren und auch in der Schweiz nach wie vor faktische Mehrstimmrechtsaktien existieren. Im Übrigen könnte ein gesetzlicher Zwang zur Einführung eines kapitalproportionalen Stimmrechts dazu führen, dass sich Unternehmen in Mehrheitsbesitz von den Aktienmärkten zurückziehen und stattdessen auf Mezzanine-Finanzierungen setzen.[841] Damit würde der am Kapitalmarkt zu beobachtende Trend zum Delisting möglicherweise noch verstärkt. Auch dies kann schon vor dem Hintergrund des Verlustes an Transparenz für die Öffentlichkeit, den Wettbewerb und die Politik nicht erwünscht sein. Eine Abschaffung der Möglichkeit zur Nutzung von Dual-Class-Strukturen kann schließlich dazu führen, dass Entrepreneure daran gehindert werden, sich (wie schon im 19. Jahrhundert bei der Finanzierung des Eisenbahnbaus) das für die Verwirklichung innovativer Projekte benötigte Kapital zu beschaffen, wenn sie (was nachvollziehbar ist) nicht bereit sind, ihre Ideen in einem Unternehmen umzusetzen, das sie nicht kontrollieren. Volkswirtschaftlich betrachtet kann die Durchsetzung einer One-Share-One-Vote-Struktur also auch Wachstumspotenziale kosten.

Der Verlauf der Diskussion zur Proportionalitätsregel im Rahmen des Aktionsplans der Kommission zur Modernisierung des Gesellschaftsrechts hat deutlich gezeigt, dass die Durchsetzung des One-Share–One-Vote-Prinzips eine Form der Interessenpolitik ist. Sie schützt nicht nur „uninformierte" Kleinanleger und generell Minderheiten besser vor Vermögensverschiebungen durch Mehrheitsaktionäre zu ihren Ungunsten, sondern sie liegt auch im Interesse institutioneller

---

[839] Vgl. z.B. Jin/Park (2015), S. 436 ff.
[840] Ein Ansatz zur Verhinderung von Pyramidenstrukturen wäre die Doppelbesteuerung von konzerninternen Dividenden, wie in den USA seit den 1930er Jahren; vgl. Ferrarini (2006), S. 16.
[841] Vgl. hierzu den Abschnitt 3.2.6.

Investoren, da dadurch Übernahmen erleichtert werden. Dies würde allerdings zugleich auch die Tür für solche Finanzinvestoren öffnen, die nur an einer kurzfristigen Maximierung der Ausschüttungen interessiert sind, was z. b. struktur- und arbeitsmarktpolitisch unerwünschte Konsequenzen haben könnte. Tatsächlich könnte der immer wieder behaupteten Uninformiertheit der Kleinanleger[842] auch ohne Durchsetzung von „One Share – One Vote" durch erhöhte Transparenzvorschriften Rechnung getragen werden.

Da schon die Möglichkeit, dass eine One-Share–One-Vote-Regulierung Partikularinteressen entgegenkommen könnte, Zweifel auch daran aufkommen lässt, dass ein zwingendes Allgemeinwohlinteresse an einem solchen Staatseingriff besteht, müsste vom europäischen Gesetzgeber zumindest die ökonomische Vorteilhaftigkeit einer solchen Regulierung belegt werden. Ein Aspekt dieser Analyse wäre die Frage, ob eine Abschaffung stimmrechtsloser bzw. stimmrechtsreduzierter Aktien zu einer Verminderung privater Vermögensvorteile (Private Benefits) des Mehrheitsaktionärs zulasten der Gesellschaft und der anderen Aktionäre und damit zu einer Steigerung des Marktwerts der Gesellschaft führen würde. Die empirische Evidenz hierfür ist allerdings nicht eindeutig und beruht meist auf kurzfristig orientierten Ereignisstudien.[843] Eine Kausalität konnte jedenfalls nicht mit ausreichender Sicherheit nachgewiesen werden. Im Gegenteil könnte argumentiert werden, dass mit einer One-Share-One-Vote-Struktur einige Investoren abgeschreckt werden könnten, sodass unternehmenswerterhöhende Übernahmen mglw. sogar unterbleiben könnten.[844]

Bei der Abwägung eines Staatseingriffs in die unternehmerische Entscheidungsfreiheit muss im Hinblick auf das Allgemeinwohlinteresse auch berücksichtigt werden, ob Dual-Class-Strukturen in der EU zahlenmäßig überhaupt eine große Bedeutung für die Behinderung von Übernahmen haben. Auch hieran bestehen Zweifel: Nach Angaben von Bennedsen/Nielsen (2010) verfügen nur 23,5 % der 4.096 untersuchten Gesellschaften aus 12 großen EU-Staaten über Dual-Class-Strukturen, nach Pajuste (2005) ist der Anteil solcher Unternehmen in fünf großen EU-Staaten, in denen früher häufiger Dual-Class-Strukturen anzutreffen waren, von 41,2 % im Jahre 1995 deutlich auf 22,1 % im Jahre 2001 gesunken.[845]

---

[842] Tatsächlich zahlen Investoren und somit auch Kleinanleger bei Börsengängen und in der Regel auch am Sekundärmarkt für stimmrechtslose Aktien einen geringeren Preis als für Stammaktien; sie sollten sich daher ihrer vergleichsweise schwächeren Position von Anfang an bewusst sein.

[843] Vgl. Abschnitt 4.6.

[844] Vgl. auch Khachaturyan/McCahery (2007), S. 184.

[845] Die Autoren haben jeweils auch Norwegen und die Schweiz einbezogen; die diesbezüglichen Werte wurden für die obigen Angaben vom Verfasser herausgerechnet.

In Deutschland ist der Anteil börsennotierter Dual-Class-Unternehmen noch deutlich geringer: In dem genannten Zeitraum ist er von 17,3 % auf 11,3 % gesunken, bis 2009 sogar auf 7,6 %.[846] Zudem haben fast alle EU-Staaten das Vorzugsaktienkapital auf i. d. R. 50 % des Aktienkapitals beschränkt.[847] Dieser maximal mögliche Anteil von Vorzugsaktien wird nach Angaben in der Literatur selten ausgenutzt.[848] In Deutschland ist dies allerdings häufiger festzustellen: Von 35 Gesellschaften mit börsennotierten Vorzugsaktien im Jahre 2014 bestand das Grundkapital bei 57 % der Gesellschaften zu mehr als 40 % aus Vorzugsaktien, bei 26 % der Gesellschaften sogar zur Hälfte.[849]

Schließlich verfügt der Mehrheitsaktionär nicht in jeder Gesellschaft, die eine Dual-Class-Struktur nutzt, über eine Stimmen-, aber nicht über eine Kapitalmehrheit. Nur in dieser Konstellation könnte jedoch nach Abschaffung der Dual-Class-Struktur eine Übernahme auch gegen den Willen des Mehrheitsaktionärs erfolgen. Der Anteil der Unternehmen, bei denen Dual-Class-Strukturen Übernahmen tatsächlich behindern, könnte im europäischen Rahmen im einstelligen Prozentbereich liegen.[850] Auch dies verhält sich allerdings nach den Ergebnissen in Tabelle 5 (siehe unten) in Deutschland anders: Von 35 Gesellschaften mit börsennotierten Vorzugsaktien Ende 2013[851] verfügte nur in fünf Fällen der Aktionär mit Stimmenmehrheit auch über eine Grundkapitalmehrheit; bei 20 Gesellschaften hatte der Mehrheitsaktionär allerdings keine Grundkapitalmehrheit, davon in 19 Fällen auch nicht bei Berücksichtigung möglicher Koalitionsbildungen aus den vier größten Aktionären. Insgesamt kann also (per Ende 2014) bei der Mehrzahl der deutschen Dual-Class-Unternehmen eine Mehrheitsübernahme durch die Dual-Class-Struktur verhindert werden.

---

[846] Quellen: Eigene Erhebung der Anzahl Dual-Class-Unternehmen (vgl. Abbildung 2 auf S. 198); Anzahl der inländischen börsennotierten Aktiengesellschaften gemäß Factbook des Deutschen Aktieninstituts e.V. mit Stand 5.4.2013, S. 02-3.

[847] Vgl. Faccio/Lang (2002), S. 386 f.

[848] Vgl. Institutional Shareholder Services Europe (2007), S. 48.

[849] Quelle: Eigene Erhebungen auf der Basis von Hoppenstedt Aktienführern.

[850] Ferrarini (2006), S. 5, verweist auf geschätzte 4 % der Unternehmen, bei denen durch die Durchbrechungsregel ein Mehrheitsverlust wahrscheinlich wäre.

[851] Insgesamt waren Ende 2013 stimmrechtslose Vorzugsaktien von 43 Gesellschaften börsennotiert; acht dieser Gesellschaften, die sich entweder in Insolvenz befanden oder bei denen in Squeeze-out-Verfahren angekündigt wurde, werden hier jedoch nicht betrachtet.

Tabelle 5: Stimmrechts- und Grundkapitalanteile der größten Aktionäre von 35
Dual-Class-Unternehmen mit börsennotierten Vorzugsaktien (2013)

In der Tabelle ist die Anzahl der Gesellschaften angegeben, die in die jeweilige Kategorie fällt. In der unteren Tabellenhälfte bezeichnet die erste Zahl die Anzahl der Gesellschaften, bei denen der Stimmrechtsanteil *des größten Aktionärs* in die jeweilige
Kategorie gemäß Spaltenüberschrift fällt, die dahinter in Klammern stehende Zahl die
Anzahl der Gesellschaften, bei denen der Stimmrechtsanteil *der vier größten Aktionäre*
in die jeweilige Kategorie gemäß Spaltenüberschrift fällt.
Acht der Ende 2013 notierten Gesellschaften mit Vorzugsaktien bleiben wegen bestehender Insolvenz oder angekündigtem Squeeze-out unberücksichtigt.
Quelle: Eigene Erhebungen.

	Stimmrechtsanteil des größten Aktionärs / der vier größten Aktionäre (in Klammern)			
	<30%	≥30% u. <50%	≥50% u. <75%	≥75%
Grundkapitalanteil des größten Aktionärs				
<30%	1	5	5	0
≥30% und < 50%	0	4	9	6
≥50% und < 75%	0	0	2	2
≥75%	0	0	0	1
Aggregierter Grundkapitalanteil der vier größten Aktionäre				
<30%	1 (1)	3 (3)	1 (1)	0 (0)
≥30% und < 50%	0 (0)	4 (1)	12 (12)	6 (9)
≥50% und < 75%	0 (0)	2 (0)	3 (3)	2 (4)
≥75%	0 (0)	0 (0)	0 (0)	1 (1)

Auf die in diesem Abschnitt angesprochenen ökonomischen Fragestellungen,
insbesondere die Konsequenzen aus dem Auseinanderfallen von Stimmrecht und
Kapitalbeteiligung, wird im zweiten Teil näher einzugehen sein.

2.4.4   Zwischenfazit

Aktiengattungen mit geringerem oder ohne Stimmrecht sind in den meisten Kapitalmärkten mit Ausnahme der Staaten Südost- und Ostasiens anzutreffen. Es
hat sich eine große Bandbreite von Ausgestaltungsmerkmalen herausgebildet,
was eine Vergleichbarkeit – auch im Hinblick auf Erkenntnisse aus wissenschaftlichen Studien – nahezu unmöglich macht. Häufig unterscheiden sich die Gattungen neben dem Stimmrecht auch in der Dividendenberechtigung und zum Teil
auch in der Zulässigkeit eines Erwerbs durch Ausländer. Anstelle eines Wieder-
auflebens des Stimmrechts bei mehrfacher Dividendenlosigkeit wie in Deutschland sind auch die Wahl von eigenen Vertretern in das Aufsichtsorgan oder ein

Stimmrecht für bestimmte Beschlussgegenstände der Aktionärsversammlung übliche Schutzvorschriften.

Eine besondere Variantenvielfalt zeigt sich bei den US-amerikanischen Preferred Stock, und zwar im Hinblick auf deren Stimmrecht, ihr Recht zur Bestellung von Direktoren, die Möglichkeit der Gesellschaft zum Einzug der Aktien, die Möglichkeit des Inhabers zur Rückgabe der Preferreds, Wandelrechte in Common Stock und ihre (meist unbefristete) Laufzeit. Zudem haben die Preferreds i. d. R. kein Bezugsrecht bei Kapitalerhöhungen, sind meist nicht kumulativ und überdies häufig mit einer Höchstdividende ausgestattet, wie dies bei Einführung der stimmrechtslosen Vorzugsaktien 1937 auch in Deutschland intendiert war. Preferred Stock haben eher den Charakter von Genussscheinen oder Gewinnobligationen und damit einen stärkeren Fremdkapitalcharakter als stimmrechtslose Vorzugsaktien in Deutschland.

In der EU ist die Europäische Kommission 2007 mit ihrem Versuch gescheitert, die „One Share – One Vote"-Regel durchzusetzen, um grenzüberschreitende Übernahmen zu erleichtern. Abgesehen davon, dass gesetzliche Verbote von bestimmten „Control Enhancing Mechanisms" durch andere Maßnahmen zur Abwehr von Übernahmen wie die in Südostasien üblichen Überkreuzverflechtungen und Pyramidenstrukturen faktisch hätten umgangen werden können, ist letztlich der richtige Weg, den Kapitalmarkt darüber entscheiden zu lassen, welche gesellschaftsrechtlichen Strukturen im Hinblick auf einen ausreichenden Schutz von Investoren wettbewerbsfähig sind. Zudem ist fraglich, ob eine Erleichterung von Übernahmen der richtige Maßstab im Hinblick auf die Maximierung der Wohlfahrt der Aktionäre und das Allgemeinwohlinteresse ist.

Zweiter Teil:
Vorzugsaktien in der Unternehmensfinanzierung

3 Stimmrechtslose Vorzugsaktien als Finanzierungsquelle und als Anlageinstrument

Das Grundkapital von deutschen Aktiengesellschaften mit so genannten Dual-Class-Strukturen ist in Stammaktien mit einem einfachen Stimmrecht und Vorzugsaktien mit einem hiervon abweichenden Stimmrecht und in der Regel – bei stimmrechtslosen Vorzugsaktien zwingend – mit abweichenden Dividendenrechten eingeteilt. Daraus lassen sich insbesondere die folgenden in dieser Arbeit zu diskutierenden Fragestellungen ableiten:

1. Warum werden Vorzugsaktien in der Unternehmensfinanzierung eingesetzt und welche Vorteile bieten Vorzugsaktien für die Anleger?
2. Welchen Wert hat das Stimmrecht bei einer Aktiengesellschaft und wie kann dieser bei Dual-Class-Unternehmen geschätzt werden?
3. Welche weiteren Faktoren beeinflussen die festzustellenden Kursunterschiede zwischen den Stamm- und den Vorzugsaktien einer Gesellschaft?
4. Folgen aus den bestehenden Kursunterschieden auch Renditeunterschiede zwischen den Aktiengattungen?
5. Welche Faktoren beeinflussen die am Kapitalmarkt zu beobachtende Tendenz zur Abschaffung stimmrechtsloser Vorzugsaktien?

In diesem Kapital sollen zunächst die denkbaren und tatsächlich von den Unternehmen genannten Motive für die Ausgabe und die Abschaffung von Vorzugsaktien sowie die Motive von Investoren für den Erwerb von Vorzugsaktien betrachtet werden. Im Kapitel 4 werden die genannten Fragen mit dem Ziel vertieft, für die Untersuchung von Kurs- und Renditeunterschieden soweit wie möglich testbare Hypothesen abzuleiten. Diese werden im dritten Teil der Arbeit empirisch überprüft.

3.1 Entwicklung der Anzahl von Vorzugsaktien in Deutschland

Abbildung 2 zeigt die zahlenmäßige Entwicklung von allein oder zeitgleich mit den jeweiligen Stammaktien börsennotierten stimmrechtslosen Vorzugsaktien

© Springer Fachmedien Wiesbaden GmbH, ein Teil von Springer Nature 2019
S. Daske, *Vorzugsaktien in Deutschland*, Empirische Finanzmarktforschung/Empirical Finance, https://doi.org/10.1007/978-3-658-25776-7_4

sowie von notierten Vorzugsaktien mit einfachem Stimmrecht.[852] Daraus ist ersichtlich, dass die stimmrechtslosen Vorzugsaktien lange Zeit ein Schattendasein führten, obwohl sie zur Erleichterung der Eigenkapitalfinanzierung von Aktiengesellschaften eingeführt wurden. In den siebziger und vor allem in den achtziger Jahren des letzten Jahrhunderts kam es allerdings, vor allem durch Börsengänge von Familienunternehmen, zu einem starken Anstieg der Zahl börsennotierter Vorzugsaktien.

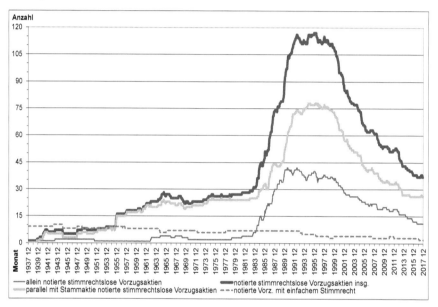

Abbildung 2:   Anzahl börsennotierter deutscher Vorzugsaktien (1938-2017)

Erfasst sind alle deutschen Börsen und alle Segmente, einschl. Freiverkehrssegmente. Quelle: Eigene Erhebungen (siehe Abschnitt 5.2, S. 466)

Ab 1979 ist die Anzahl von Gesellschaften mit börsennotierten stimmrechtslosen Vorzugsaktien von nur 26 bis auf 116 im Mai 1992 angestiegen; seit Mai 1996 hat sie wieder fast kontinuierlich bis auf 36 (Ende 2017) abgenommen.[853] Einige

---

[852] Einbezogen sind Notizen an allen deutschen Börsen und in alle Segmenten einschließlich des Freiverkehrs bzw. des früheren „ungeregelten Freiverkehrs", jedoch keine ausschließlich außerbörslich, zum Beispiel im Telefonhandel, gehandelten Werte.

[853] Vgl. Abbildung 2 sowie Tabelle 40 im Anhang. Quelle: Eigene Erhebungen – zu den einzelnen Unternehmen siehe auch Tabelle 41 im Anhang. Für die Angaben in Abbildung 2 und in Tabelle

dieser Gesellschaften sind nach der Emission von Vorzugsaktien zu Publikumsgesellschaften geworden, mittlerweile aber in andere Konzerne eingegliedert.[854]
Andere Gesellschaften können noch bis heute den Familienunternehmen zugerechnet werden,[855] wobei sich häufig die Stammaktien mehrheitlich in den Händen der Eigentümerfamilien befinden und zum Teil bis heute ausschließlich die
Vorzugsaktien börsennotiert sind.[856] Für die letztgenannten Gesellschaften ist ein
noch stärkerer Anstieg der Anzahl der notierten Vorzugsaktien von zwei (Anfang
1979) bis auf 42 im Juni 1990 zu beobachten. Zu diesem Zeitpunkt lag der Anteil
an allen börsennotierten stimmrechtslosen Vorzugsaktien bei 42 %. Der Rückgang der Anzahl börsennotierter Vorzugsaktien erfolgte bei diesen Gesellschaften in etwa im gleichen Ausmaß, begann aber infolge der Veräußerung der Anteile zahlreicher Familiengesellschafter und der Übernahme durch Konkurrenten
oder professionelle Investoren schon etwa 1992 und damit deutlich früher. Zum
Ende des Betrachtungszeitraums (2017) betrug der Anteil der Gesellschaften mit
ausschließlicher Notiz von Vorzugsaktien noch 30 %.

Bei der Betrachtung, ob die Vorzugsaktien zusätzlich zu oder zeitgleich mit
Stammaktien an der Börse eingeführt wurden (siehe die nachfolgende Abbildung
3), ist festzustellen, dass bis 1982 bei Erstnotiz der Vorzugsaktien fast immer
bereits eine Stammaktie börsennotiert war. Vorzugsaktien wurden hier also meist
von etablierteren Gesellschaften ausgegeben; eine Börsennotiz von echten Familiengesellschaften war bis dahin eher selten. Ab 1983 hat sich das Bild dagegen
stark gewandelt: Seither haben ganz überwiegend Gesellschaften jedenfalls zunächst nur Vorzugsaktien an der Börse eingeführt (dunkle und dunkelgraue bzw.
blaue und rote Balken) – in den meisten Fällen waren dies wie erwähnt Familiengesellschaften. In wenigen Fällen wurden gleichzeitig Stammaktien eingeführt.
Seit 1997 hat keine Gesellschaft mehr Vorzugsaktien als zweite Gattung nach
einer bereits notierenden Stammaktie ausgegeben. Im Zeitraum von 2000 bis
2017 wurden stimmrechtslose Vorzugsaktien überhaupt nur von insgesamt zehn
Gesellschaften neu an der Börse eingeführt.

---

40 wurden die tatsächlichen Zeiten der Börsennotiz zugrunde gelegt, während für die empirischen Untersuchungen im Kapitel 5 in einigen Fällen Unternehmen nur bis zu einem früheren
Zeitpunkt berücksichtigt wurden, insbesondere bis zur Ankündigung eines Squeeze-out oder
einer Insolvenzanmeldung (in diesen Fällen sind die Aktien i. d. R. noch einige Zeit notiert).

[854] Z. B. die Escada AG, die Quante AG und die Wella AG.
[855] Z. B. die Drägerwerk AG und die Eurokai KGaA.
[856] Z. B. bei der Jungheinrich AG und der edding AG.

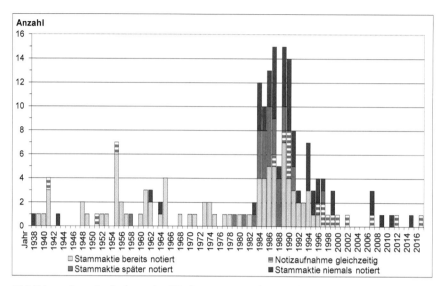

Abbildung 3:   Aufnahme der Notierung von stimmrechtslosen deutschen
              Vorzugsaktien in Abhängigkeit von der Notierung der jeweiligen
              Stammaktie (1938-2017)[857]
              Quelle: Eigene Erhebungen.

Auch die starke Zunahme der Anzahl börsennotierter Aktien im Rahmen der so
genannten „New Economy" Ende der neunziger Jahre und Anfang der 2000er
Jahre[858] ist – wie auch in Abbildung 3 ersichtlich ist – an den Vorzugsaktien
vorbeigegangen. Dies dürfte hauptsächlich darin begründet liegen, dass in den
„Neuen Markt" der Deutschen Börse keine Vorzugsaktien aufgenommen wurden
und sich die Bemühungen deutscher Aktiengesellschaften, ausländische und insbesondere angelsächsische Kapitalgeber anzuziehen, seit Mitte der neunziger

---

[857] Unter der Kategorie „Stammaktie niemals notiert" sind solche Gesellschaften zu verstehen, bei
      denen *während der Börsennotiz der Vorzugsaktie* keine Stammaktien an der Börse eingeführt
      wurden. Dies schließt nicht aus, dass Vorzugsaktien in Stammaktien gewandelt wurden.
[858] Vgl. z.B. die Tabelle 2 in Brückner et al. (2015), S. 29. Demnach stieg die Zahl der an der Frank-
      furter Wertpapierbörse notierten Aktien von 540 Ende 1998 bis auf 912 Ende 2001 an und fiel
      dann bis Ende 2004 auf 816 ab. Davon waren Ende 2000 283 Unternehmen im Neuen Markt no-
      tiert; laut Kalckreuth/Silbermann (2010), S. 6, hatten insgesamt 326 Gesellschaften ein IPO am
      Neuen Markt. Die damaligen Höchststände wurden bereits 2006 wieder übertroffen, jedoch wie
      erwähnt bei gleichzeitiger Netto-Abnahme der Anzahl notierter Vorzugsaktien.

Jahre deutlich verstärkt haben; dies erforderte aus Sicht der Emittenten vermutlich eine stärkere Orientierung am Prinzip „One Share – One Vote".

Gleichwohl haben stimmrechtslose Vorzugsaktien in Deutschland auch für nicht an einer Börse – auch nicht im Freiverkehr – notierte Aktiengesellschaften[859] Bedeutung erlangt, wie aus Abbildung 4 ersichtlich ist.

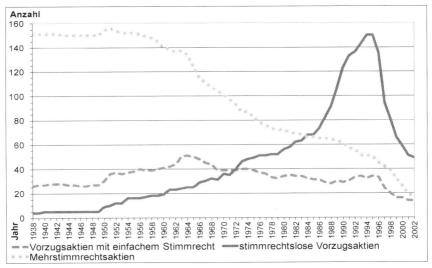

Abbildung 4:   Anzahl nichtnotierter Vorzugsaktien verschiedener Typen
                1937-2002

Quelle: Eigene Erhebungen.[860]

So hatten bereits im Jahr 1970 36 solcher Gesellschaften Vorzugsaktien ohne Stimmrecht emittiert; 1995 waren es 150. Da nichtnotierte Gesellschaften überwiegend nicht im Fokus der öffentlichen Berichterstattung stehen und deren Vor-

[859]   Der Fall, dass von einem Dual-Class-Unternehmen zwar Stammaktien an einer Börse notiert sind, jedoch die daneben ausgegebenen Vorzugsaktien nicht, wurde insgesamt in weniger als zehn Fällen ermittelt.

[860]   Die Erhebung erfolgte vor allem aus den Jahresbänden „Die nicht notierten deutschen Gesellschaften" des Verlags Hoppenstedt, die von 1963 bis 1996 erschienen sind, danach und ab 1955 davor aus den Handbüchern der deutschen Aktiengesellschaften. Da es keine Informationen über die Vollständigkeit der in den Nachschlagewerken verzeichneten Unternehmen gibt, ist nicht auszuschließen, dass noch weitere nichtnotierte Gesellschaften Vorzugsaktien mit oder ohne Stimmrecht ausgegeben haben.

zugsaktien kaum das Interesse von Kleinanlegern wecken dürften, ist davon auszugehen, dass diese Gesellschaften ihre Vorzugsaktien an einen ihnen bekannten
Anlegerkreis, z. B. an die Belegschaft, ausgegeben haben. Bisweilen werden
solche Aktien im Telefonhandel gehandelt oder von auf solche Gesellschaften
spezialisierten Maklern angeboten. Der Rückgang der Anzahl auf 49 Vorzugsaktiengattungen nichtnotierter Gesellschaften Ende 2002 fiel stärker aus als bei
börsennotierten Vorzugsaktien.

Vorzugsaktien, die statutarisch mit einem einfachen Stimmrecht versehen sind,
haben in der deutschen Unternehmensfinanzierung nie eine bedeutende Rolle
gespielt: Deren Anzahl hat sowohl bei börsennotierten Unternehmen als auch bei
nichtnotierten Unternehmen seit den sechziger Jahren langsam und kontinuierlich – von einem niedrigem Niveau kommend – abgenommen: Die Anzahl börsennotierter Vorzugsaktien mit einfachem Stimmrecht lag seit 1945 stets unter
zehn, Ende 2017 bei zwei.[861] Offenbar waren die Altaktionäre nur selten bereit,
neuen Aktionären als Gegenleistung für die Bereitstellung von Eigenkapital eine
überproportionale Gewinnbeteiligung in Form eines Dividendenvorzugs anzu-
bieten, wenn dabei zugleich ihre Stimmrechtsmacht abgenommen hat.[862] Ein
Drittel (38) der insgesamt 114 ermittelten, 1955 oder später bestehenden notierten und nicht notierten Vorzugsaktien mit einfachem Stimmrecht sind vor 1945
entstanden, die überwiegende Mehrzahl (72) bis 1966.

Bei den Vorzugsaktien mit einfachem Stimmrecht handelt es sich nicht um Gesellschaften, bei denen ein Mehrstimmrecht aufgehoben und ein bestehender Dividendenvorzug beibehalten worden wäre; Mehrstimmrechtsaktien wurden vielmehr ganz überwiegend direkt in Stammaktien umgewandelt. Insgesamt hat die
Zahl der – fast ausnahmslos nicht börsennotierten – Mehrstimmrechts-(vorzugs)aktien[863] seit 1955 kontinuierlich abgenommen. Von den zwölf Gesellschaften, die unmittelbar vor dem 1. Juni 2003 – dem grundsätzlichen Erlöschen
von Mehrstimmrechten gemäß § 5 Abs. 1 EGAktG – noch über Mehrstimmrechtsaktien verfügten, haben zehn Gesellschaften einen gesetzlich zulässigen

---

[861] Quelle: Eigene Erhebungen auf der Basis von Hoppenstedt-Kurstabellen. Konkret handelt es sich
bei den noch Ende 2017 notierten Vorzugsaktien mit einfachem Stimmrecht um die der Dahlbusch AG und der GAG Immobilien AG.

[862] Ein Anwendungsfall für die Ausgabe von stimmberechtigten Vorzugsaktien ist eine Sanierung.
So wurden nach der HV der Areal Ende 2010 Vorzugsaktien nach Kapitalschnitt ausgegeben.

[863] Die einzigen börsennotierten „Mehrstimmrechtsaktien" waren die sog. Prioritätsstammaktien der
Berliner Kindl Brauerei AG (notiert von 1886-1964), die allerdings ein Minderstimmrecht im
Vergleich zu den Stammaktien aufwiesen (umgerechnet 0,3 Stimmen pro 50 DM-Aktie).

Fortgeltungsbeschluss gefasst;[864] bei zwei Gesellschaften ist demnach das Mehrstimmrecht auf Basis der gesetzlichen Regelung aufgehoben worden.[865] In den verbliebenen zehn Gesellschaften gab es bei der jeweiligen Hauptversammlung im Jahr 2017 nur noch 4 Gesellschaften mit Mehrstimmrecht;[866] in der Mehrzahl der anderen Fälle erfolgte zwischenzeitlich ein Squeeze-out.[867]

Insgesamt hat sich die Anzahl deutscher Vorzugsaktien von 1950 bis etwa 1980 nur wenig verändert: Der kontinuierlichen Abnahme von Mehrstimmrechtsaktien stand eine kontinuierliche Zunahme stimmrechtsloser Vorzugsaktien gegenüber.[868] Erst seit 1980 wird die Entwicklung der Gesamtzahl deutscher Vorzugsaktien von der Anzahl stimmrechtsloser Vorzugsaktien dominiert.

Um die Bedeutung von stimmrechtslosen Vorzugsaktien für börsennotierte Gesellschaften besser einschätzen zu können, ist auch der Anteil von börsennotierten Vorzugsaktien an allen börsennotierten inländischen Aktien relevant. Solche Aussagen sind langfristig nur für im amtlichen Handel und im Geregelten Markt notierte Aktien möglich, da in der 1995 eingestellten Statistik der Aktienmärkte des Statistisches Bundesamtes Freiverkehrswerte unberücksichtigt geblieben sind. Aus den darin vorliegenden Angaben ergibt sich, dass der Anteil der im amtlichen Handel oder Geregelten Markt notierten Vorzugsaktien an allen börsennotierten Aktien von 2 % im Jahr 1955 beständig bis auf 24 % im Jahre 1995 zugenommen hat.[869] Außerdem lässt sich aus den Angaben im 2012 eingestellten „DAI-Factbook" des Deutschen Aktieninstituts ein weiterer Anstieg auf 26,1 % im Jahr 1996 und ein anschließender deutlicher Rückgang des Anteils der bör-

---

[864] Badische Gas- und Elektrizitätsversorgungs-AG, Custodia Holding AG, Gruschwitz Textilwerke AG, Hansa Metallwerke AG, INKA AG für Beteiligungen, PARA Einkaufs- und Vertriebs-AG (jetzt: PARA AG), Neufang Brauerei AG, Carl Schlenk AG, Otto Stumpf AG, VSM Vereinigte Schmirgel- und Maschinen-Fabriken AG .

[865] Camera Work AG, Schwabenverlag AG.

[866] Custodia Holding AG, PARA AG, Carl Schlenk AG, VSM Vereinigte Schmirgel- und Maschinen-Fabriken AG. Quelle: Eigene Erhebung auf Basis der Angaben zur Hauptversammlung auf der jeweiligen Internet-Seite oder von Gesellschaftsbekanntmachungen im Bundesanzeiger.

[867] Quelle: Siehe Fußnote 866.

[868] Vgl. die Angaben in Tabelle 40 im Anhang.

[869] Die Statistik der Aktienmärkte enthielt nur Angaben zu Gesellschaften mit börsennotierten Stammaktien. Zur Ermittlung der angegebenen Anteile wurde die selbst erhobene Anzahl der börsennotierten stimmrechtslosen Vorzugsaktien mit der Summe aus der in der Statistik angegebenen Anzahl der Gesellschaften mit börsennotierten Stammaktien und der selbst erhobenen Anzahl der börsennotierten Vorzugsaktien ins Verhältnis gesetzt. Angaben zu börsennotierten Vorzugsaktien wurden vom Statistischen Bundesamt nur sporadisch und ergänzend veröffentlicht. Diese Angaben wurden zum Abgleich mit den selbst erhobenen verwendet.

sennotierten Vorzugsaktien bis auf 8 % im Oktober 2012 ableiten.[870] Festzuhalten ist, dass zwischen 1991 und 2000 rund jede fünfte im amtlichen Handel oder Geregelten Markt notierte Gesellschaft auch Vorzugsaktien ausgegeben hatte.

Die Statistik der Aktienmärkte erlaubt auch eine Bestimmung des Grundkapitalanteils der Vorzugsaktien am Grundkapitalanteil aller börsennotierten Gesellschaften. Dabei ist festzustellen, dass der Grundkapitalanteil des Vorzugsaktienkapitals trotz seines ebenfalls kontinuierlichen Anstiegs von 1,2 % im Jahr 1956 bis zur ersten Hälfte der 1990er Jahre nur auf ein Niveau von 5,7 % bis 5,9 % (relativ konstant für 1990-1995) gestiegen ist.[871] Dies bedeutet, dass Vorzugsaktien überwiegend von kleineren Gesellschaften genutzt wurden oder dass die Gesellschaften mehrheitlich nur einen kleineren Teil ihres Grundkapitals als Vorzugsaktien ausgegeben und die maximale Quote (50 %) nicht ausgeschöpft haben.[872]

Die Angaben zur Häufigkeit der Nutzung von Dual-Class-Strukturen in Deutschland sind in der Literatur ähnlich,[873] jedoch wurden für diese Arbeit die stimmrechtslosen Vorzugsaktien erstmals vollständig erfasst. Die Betrachtung des Grundkapitalanteils von Vorzugsaktien zeigt, dass mit den üblichen anzahlbezogenen Angaben über die Nutzung von Vorzugsaktien das wahre Ausmaß der Nutzung von Vorzugsaktien in Deutschland stark überschätzt wird und dass man also insbesondere nicht davon sprechen kann, dass Vorzugsaktien in Deutschland

---

[870] Quelle: Eigene Berechnungen auf der Basis der jährlichen Statistiken 02-1-1-1 und 02-1-1-2 des DAI Factbook. Ab 1998 wurden im Nenner nur die Anzahlen der im amtlichen Handel, Geregelten Markt bzw. Regulierten Markt *in Frankfurt* notierten Aktien angesetzt. Zwar enthält die Statistik bis zum Jahr 2009 auch Angaben zu nur an anderen deutschen Börsen notierten Aktien, jedoch ohne Aufgliederung nach Börsensegment. Der Unterschied ist allerdings relativ gering: Ende 2009 waren lt. der Statistik 89 % der Aktien auch in Frankfurt notiert.

[871] Die Angaben wurden berechnet als Quotient aus dem selbst erhobenen Grundkapital der im amtlichen Handel oder Geregelten Markt notierten Vorzugsaktien und der Summe aus diesem Betrag und dem in der Statistik angegebenen börsennotierten Stammaktienkapital.

[872] In Bezug auf Familiengesellschaften ist der Anteil allerdings deutlich höher: Ehrhardt/Nowak (2003b), S. 371, ermitteln z. B. für die in Frankfurt amtlich notierten Familienunternehmen einen Grundkapitalanteil der Vorzugsaktien von 33,1 %. Vgl. auch Abschnitt 3.2.1.2.

[873] Folgende konkrete Angaben wurden bisher veröffentlicht: Bennedsen/Nielsen (2010): 19 % (Zeitraum 1996-98); Khachaturyan/McCahery (2007): 18 %; Faccio/Lang (2002): 17,6 %; Pajuste (2005): 24,3 % (1995), 11,5 % (2001). Andere Autoren geben nur die absolute Anzahl börsennotierter Dual-Class-Unternehmen an. Diese Angaben weichen allerdings i. d. R. stark von der tatsächlichen Anzahl ab – z. B. gibt Nenova (2003), S. 328, für 1997 eine Anzahl von 65 deutschen Dual-Class-Firms an und folgert daraus, dass deren Anteil z. B. im Vergleich zu Großbritannien hoch wäre (S. 327) – oder die Autoren betrachten nur diejenigen Gesellschaften, von denen sowohl Stamm- als auch Vorzugsaktien notiert sind, z. B. Hoffmann-Burchardi (1999), S. 35, die allerdings auch dabei fünf bis sieben Gesellschaften pro Jahr unberücksichtigt lässt.

in großem Stil zur Ausbeutung von Minderheitsaktionären oder zur Verhinderung von Übernahmen genutzt werden. Dieser Umstand sollten bei den erwähnten ökonomischen und rechtspolitischen Diskussionen über ein Verbot von Vorzugsaktien stärker beachtet werden.

Auch wenn die Anzahl der stimmrechtslosen Vorzugsaktien nun schon seit fast 20 Jahren stark rückläufig ist, kam es auch in jüngerer Zeit gelegentlich noch zur Neuemission solcher Vorzugsaktien. Die bislang letzten Emissionen börsennotierter Vorzugsaktien erfolgten 2012 durch die Klepper Faltbootwerft AG, 2015 durch die Schaeffler AG und 2017 durch die (neue) Metro AG nach Abspaltung von der nun als Ceconomy AG firmierenden früheren Metro AG. Auch die Gesamtzahl von immer noch 36 börsennotierten stimmrechtslosen Vorzugsaktien (Ende 2017) legt den Schluss nahe, dass einige deutsche Unternehmen in der Vorzugsaktie immer noch eine probate Finanzierungsquelle sehen, sodass sich ohne einen (europa-)rechtlichen Eingriff und trotz der zu beobachtenden Tendenz zur Abschaffung von Dual-Class-Strukturen kein Ende der Existenz von stimmrechtslosen Vorzugsaktien abzeichnet.

3.2   Motive zur Emission stimmrechtsloser Vorzugsaktien

3.2.1   Erhaltung der Stimmrechtsmacht bei Kapitalbedarf

Der wesentliche rechtliche Unterschied zwischen Stammaktien und Vorzugsaktien – das fehlende bzw. nur unter den im Abschnitt 2.2.2 erläuterten Bedingungen auflebende Stimmrecht in der Hauptversammlung – ist zugleich das zentrale Motiv zur Emission von Vorzugs- anstelle von Stammaktien. Der Vorteil für die Gesellschaft – genauer gesagt: für die bisherigen (Stamm-)Aktionäre – besteht darin, dass deren Stimmrechtsanteile bei einer Kapitalerhöhung durch Ausgabe von stimmrechtslosen Vorzugsaktien grundsätzlich nicht verwässert wird, dass also ihre Stimmrechtsmacht außer im Fall ausbleibender Ausschüttungen der Vorzugsdividende erhalten bleibt.[874]

3.2.1.1 Ermöglichung von Wachstumsfinanzierung

Der Erhalt der Stimmrechtsmacht hat vor allem dann eine große Bedeutung, wenn die Gesellschaft über erfolgversprechende Investitionsmöglichkeiten ver-

---

[874] Jedenfalls muss die Einführung von Vorzugsaktien im Interesse einer qualifizierten Mehrheit der bisherigen Aktionäre liegen, da über Kapitalerhöhungen und Satzungsänderungen nur die Hauptversammlung als Willensbildungsorgan (§ 118 i. V. m. 119 Abs. 1 AktG) entscheiden darf.

fügt und zur Wachstumsfinanzierung (z. B. für die Durchführung von Erweite-rungsinvestitionen oder Unternehmenskäufen) externes Kapital benötigt, die (Mehrheits-) Gesellschafter aber das benötigte Kapital nicht aufbringen können oder wollen, sodass Kapitalerhöhungen des Stammkapitals ausscheiden.[875]

Angesichts tendenziell geringer Eigenkapitalquoten deutscher Unternehmen[876] können auch die Möglichkeiten zu einer zusätzlichen Fremdfinanzierung von Wachstumsinvestitionen begrenzt sein, da für Kreditgeber mit einer ansteigenden Verschuldungsquote das Ausfallrisiko steigt und da für fremdfinanzierende Unternehmen sich in der Folge tendenziell zumindest die Zinskonditionen verschlechtern. Mittels stimmrechtsloser Vorzugsaktien kann ein solches Dilemma umgangen werden: Es kann zur Abdeckung von Risiken geeignetes Kapital aufgenommen werden, ohne die Machtverhältnisse wesentlich zu beeinträchtigen, wie dies bei der Ausgabe von Stammaktien der Fall wäre.[877] Da die Vorzugsaktien echtes, erforderlichenfalls verlusttragendes Eigenkapital darstellen,[878] werden die Möglichkeiten der zusätzlichen Fremdfinanzierung nach Emission von Vorzugsaktien zudem erweitert.[879] Auch in einem ungünstigen Börsenumfeld kann durch Verwendung von Options- oder Wandelanleihen auf stimmrechtslose Vorzugsaktien der finanzielle Spielraum verbessert und eine Wachstumsfinanzierung erleichtert werden, die die Perspektive der Verbreiterung der Eigenkapitalbasis ohne Änderung der Mehrheitsverhältnisse hat. Insgesamt kann

---

[875] Vgl. z. B. Girgensohn/Calmbach (1980), S. 434.

[876] Die bilanziellen Eigenkapitalquoten von kleinen und mittelständischen Unternehmen in Deutschland lagen 1997 bei 7,3 % und die von Großunternehmen bei 25,7 %. Zwar haben sich diese bis 2013 deutlich auf 24,0 % bzw. 29,8 % verbessert (vgl. Bendel/Demary/Voigtländer (2016), S. 40), allerdings liegen diese Werte noch deutlich unter dem europäischen Durchschnitt (35 %) und dem in der USA (45 %), vgl. Trautvetter (2011), S. 8.

[877] Aus dem Modell von Chemmanur/Jiao (2007) ergibt sich, dass vorrangig solche Unternehmen eine zweite Aktiengattung ausgeben, die in der Vergangenheit eine gute Rendite zu verzeichnen hatten und dank ihrer hohen Reputation danach sicher sind, auch mit Dual-Class-Struktur noch Kapitalerhöhungen in ausreichendem Umfang durchführen zu können; vgl. a. a. O., S. 37.

[878] Vgl. Abschnitt 2.2.6.

[879] Nach den Ergebnissen von Ehrhardt/Nowak (2002) beträgt bei Dual-Class-Unternehmen bereits beim Börsengang das Verhältnis des Eigen- zum Fremdkapital weniger als ein Drittel des Verhältnisses bei Single-Class-Unternehmen (vgl. a. a. O, Tabelle 6, Differenz ist allerdings nicht signifikant). Für die USA haben z. B. Moyer/Rao/Sisneros (1992) festgestellt, dass der Verschuldungsgrad der Gesellschaften nach dem IPO von Vorzugsaktien US-amerikanischer Prägung ansteigt, vgl. a. a. O., S. 41. Diese Ergebnisse können so interpretiert werden, dass die Dual-Class-Gesellschaften bereits beim Börsengang auf Eigenkapital angewiesen sind und dass sie die durch die Aufnahme des Eigenkapitals erweiterten Möglichkeiten zur Fremdfinanzierung danach auch tatsächlich nutzen.

die Ausgabe von Vorzugsaktien eine Verbesserung der Bonität und des Ratings von Fremdkapital der Gesellschaft begünstigen.[880]

Die Stimmrechtsmacht der Stammaktionäre bleibt durch Ausgabe von Vorzugsaktien selbst für solche Hauptversammlungs-Beschlüsse erhalten, für die aktienrechtlich eine Kapital- und nicht nur einen Stimmenmehrheit erforderlich ist; das Vorzugsaktienkapital wird bei solchen Entscheidungen im (Normal-)Fall der Stimmrechtslosigkeit nicht mitgezählt.[881] Zwei Nachteile müssen aber aus Sicht der bisherigen Stammaktionäre in Kauf genommen werden: Erstens sind Vorzugsaktionäre zur Ausübung von Minderheitenrechten[882] berechtigt; dies wäre aber auch bei Emission von Stammaktien nicht anders. Zweitens wird durch den kumulativen Dividendenvorzug eine Ausschüttung an die Stammaktionäre unsicherer – bei Emission von Stammaktien wäre ein Gewinn nur mit den jungen Aktionären zu teilen. Bei regelmäßiger Zahlung des Dividendenvorzugs muss aus Sicht des Emittenten allerdings nicht befürchtet werden, dass das Stimmrecht auflebt, sodass im Ergebnis zur Abdeckung von Risiken geeignetes Kapital aufgenommen werden kann, ohne die Machtverhältnisse wesentlich zu beeinträchtigen, wie dies bei der Ausgabe von Stammaktien der Fall wäre.

3.2.1.2 *Nutzung von Vorzugsaktien durch Familiengesellschaften*

Familiengesellschaften sind bei der Durchführung von Kapitalerhöhungen des Stammaktienkapitals angesichts drohender Verwässerung typischerweise zurückhaltend.[883] Auch in Deutschland wurde die Ausgabe von stimmrechtslosen Vorzugsaktien in der Vergangenheit vorrangig durch Familiengesellschaften genutzt, offenbar in der Ansicht, stimmrechtslose Vorzugsaktien brächten „viel Geld und wenig Ärger".[884] Ehrhardt/Nowak (2003b) ermitteln, dass von den in Frankfurt amtlich notierten Familiengesellschaften immerhin 31,1% Dual-Class-Unternehmen waren und dass der Anteil des Vorzugsaktienkapitals am Grundkapital aller in Frankfurt amtlich notierten Familiengesellschaften 15,9% beträgt.[885] Im

---

[880]   Vgl. Liebi (2008), S. 25.
[881]   Allerdings sind für bestimmte die Vorzugsaktien betreffende Maßnahmen, insbesondere für Ausgabe weiterer gleich- oder vorrangiger Vorzugsaktien Sonderbeschlüsse der Vorzugsaktien erforderlich, vgl. Abschnitt 2.2.3.
[882]   Z. B. zur Einberufung einer außerordentlichen Hauptversammlung oder zur Beantragung der Einsetzung eines Sonderprüfers. Für eine detaillierte Darstellung siehe S. 75.
[883]   Cronqvist/Nilsson (2003) und Gompers/Ishii/Metrick (2010), S. 9, haben dies z.B. für US-Familienunternehmen festgestellt.
[884]   So Frey/Hirte (1989), S. 2465.
[885]   Vgl. Ehrhardt/Nowak (2003b), S. 370. Die Untersuchung bezieht sich auf 1970 bis 1994.

Vergleich zu allen börsennotierten Gesellschaften sind diese Anteile überdurchschnittlich.[886]

Bei den Gesellschaften, von denen ausschließlich Vorzugsaktien notiert sind oder waren, handelt es sich in aller Regel um Familiengesellschaften, bei denen sich die Stammaktien mehr oder weniger vollständig in der Hand von Familienmitgliedern befanden, wie z. B. die Porsche Automobil Holding SE oder die Jungheinrich AG.

Die Sicherung des Familieneinflusses wäre zwar bei börsennotierten Familienunternehmen auch durch ein „Going Private" denkbar; bei bestehenden Investitionsmöglichkeiten stellt dies aber – auch angesichts tendenziell höherer Kapitalkosten nach „Going private" – keine Lösung dar, wenn das Problem besteht, dass das Familienvermögen für einen ausreichenden Kapitalnachschuss nicht ausreicht. Mittels Ausgabe von Vorzugsaktien kann dagegen das für solche Gesellschaften häufig anzutreffende Unterinvestitions-Problem gelöst und zugleich der maßgebliche Einfluss der Gründer bzw. von deren Nachfahren auf „ihre" Gesellschaft aufrechterhalten werden.[887, 888]

Problematisch ist die Ausgabe von Vorzugsaktien dann, wenn nach der initialen Ausgabe von Vorzugsaktien oder auch erst nach nachfolgenden Kapitalerhöhungen das höchstmögliche Volumen der Hälfte des Grundkapitals ausgeschöpft ist. In diesem Fall können bei späterem zusätzlichem Kapitalbedarf entweder nur Stammaktien oder zu gleichen Teilen Stamm- und Vorzugsaktien ausgegeben werden. Ein Familien- bzw. der Mehrheitsaktionär kann dabei nur dann seine Stimmenmehrheit behalten, wenn er sich an dieser Kapitalerhöhung beteiligt. Dies kann Familienaktionäre schnell an ihre finanziellen Grenzen führen.[889]

---

[886] Vgl. Abschnitt 3.1, dort Seite 204.

[887] Lehn/Netter/Poulsen (1990) stellten für die USA fest, dass nach der Einführung einer Dual-Class-Struktur in der Folge häufiger Kapitalerhöhungen durchgeführt wurden, was das o.g. Motiv unterstreicht; vgl. a. a. O., S. 578.

[888] Allerdings mussten die Familienaktionäre bis 2007 mit steuerlichen Nachteilen durch einen Börsengang rechnen, da z. B. die Erbschaftsteuer für nichtnotierte Gesellschaften mit dem Stuttgarter Verfahren (und damit am Substanzwert orientiert, vgl. Abschnitt 3.5.3) und für börsennotierte Gesellschaften anhand des meist deutlich höheren Börsenwertes ermittelt wurde. Vgl. zum Beispiel Gerke/Bank (1999), S. 17.

[889] Bei der ersten Ausgabe von Vorzugsaktien beteiligen sich Familienaktionäre üblicherweise nicht an der Kapitalerhöhung, da es ihnen ja gerade um das „Einsammeln" externen Kapitals geht. Vielmehr werden sie sich tendenziell von ihren ggf. bestehenden Bezugsrechten trennen und dadurch zusätzliche Einnahmen erzielen. Vgl. Schürmann (1995), S. 26.

Nach verschiedenen Studien können die Familien aber ihren Mehrheitseinfluss auf die Gesellschaften auch bei Börsengang bzw. Ausgabe von Aktien aufrechterhalten:[890]

- Franks et al. (2012) ermitteln, dass von 356 Familienunternehmen der 1.000 größten deutschen Unternehmen per Ende 1996 nach zehn Jahren noch 68% der Unternehmen im Familienbesitz waren,[891] von den größten 253 börsennotierten Familiengesellschaften (davon 60 mit Dual-Class-Struktur) noch 50%.[892]

- Nach den Ergebnissen von Jaskiewicz et al. (2005) betrug der Stimmrechtsanteil der Familiengesellschafter *nach* einem Börsengang im Mittel aller untersuchten deutschen IPOs im Zeitraum 1990-2001 64%.[893]

- Ehrhardt/Nowak (2003b) ermitteln für 1970-1994 in Frankfurt amtlich notierte Familiengesellschaften einen mittleren Stimmrechtsanteil der Familien von 61,1%, für Dual-Class-Familienunternehmen sogar von 71,1%.[894] Bei 60 der 76 Gesellschaften, die bis 1991 stimmrechtslose Vorzugsaktien ausgegeben hatten, lag der Stimmrechtsanteil des größten Aktionärs bei Börseneinführung der Vorzugsaktien bei mindestens 50%.[895]

- Ehrhardt/Nowak (2003a) ermitteln, dass beim Börsengang von Familienunternehmen die Familienaktionäre im Mittel auch noch nach zehn Jahren über eine Stimmenmehrheit verfügen, wenn der Börsengang mit Vorzugsaktien erfolgt; beim Börsengang mit Stammaktien wird die Beherrschung hingegen im Mittel schon nach etwa fünf Jahren aufgegeben.[896]

---

[890] Die Studien beziehen sich nur zum Teil auf Gesellschaften mit Vorzugsaktien.

[891] Vgl. a. a. O., Tabelle 3 (S. 1694). Dies liegt etwa auf dem Niveau von Frankreich (65%) und Italien (72%); nur in Großbritannien ist der Anteil mit 50% geringer.

[892] Dabei erfolgte allerdings von den weiteren börsennotierten Familiengesellschaften, die übernommen wurden, in 44% der Fälle eine Übernahme durch eine andere Familiengesellschaft; im Ergebnis waren daher tatsächlich 63% der börsennotierten Familiengesellschaften auch im Jahre 2006 weiterhin im Mehrheitsbesitz einer Familie, vgl. a. a. O.; eigene Berechnungen auf der Basis von Tabelle 5 (S. 1698).

[893] Vgl. Jaskiewicz et al. (2005), S. 186. Die Autoren erklären den hohen Anteilswert damit, dass Familienunternehmen häufig stimmrechtslose Vorzugsaktien emittieren. Allerdings haben die Autoren IPOs mit ausschließlicher Ausgabe von Vorzugsaktien nicht in ihre Untersuchung einbezogen, sodass – wenn man in diesen 28 Fällen von 100% Familienbesitz der Stammaktien ausgeht – der tatsächliche mittlere Familienanteil nach IPO noch höher liegen dürfte.

[894] Vgl. Ehrhardt/Nowak (2003b), S. 371. Die zweite Angabe bezieht sich auf alle Gesellschaften, die bis 1991 Vorzugsaktien ausgegeben hatten, also nicht nur in Frankfurt amtlich notierte. Der Median beträgt sogar 75%, d. h. in der Hälfte dieser Gesellschaften verfügten die anderen Aktionäre zusammen nicht einmal über eine Sperrminorität.

[895] Dabei bei 28 Gesellschaften sogar über 75%. Vgl. Ehrhardt/Nowak (2003b), S. 371, S. 373.

[896] Vgl. Ehrhardt/Nowak (2003a), Tabelle 1.

– Ehrhardt/Nowak/Weber (2006) stellten fest, dass bei den traditionellen Familiengesellschaften, die seit 1913 im Mehrheitsbesitz der Gründerfamilie verblieben sind, zwar der Stimmrechtsanteil in den drei der Gründergeneration folgenden Generationen schrittweise etwas sinkt, dass dieser jedoch auch bis zur fünften Generation deutlich über 50% beträgt.[897] Auf diese Weise erhalten sich die Gesellschaften einen Puffer gegen eine Verwässerung, z. B. bei einer notwendigen Kapitalerhöhung.

3.2.1.3 KGaA als Alternative zu einer Dual-Class-Struktur

Wenn bereits die Hälfte oder nahezu die Hälfte des Grundkapitals Vorzugsaktienkapital ist, kann zur Aufrechterhaltung der Fähigkeit zur Eigenkapitalfinanzierung insbesondere bei zur Beteiligung an Kapitalerhöhungen nicht bereiten Mehrheitsaktionären auch ein Rechtsformwechsel erwogen werden: So sind in den letzten Jahren einige Dual-Class-Unternehmen dazu übergangen, ihre Rechtsform in eine Kommanditgesellschaft auf Aktien (KGaA) zu ändern und dabei zum Teil auch die Vorzugsaktien in Stammaktien umzuwandeln.[898] Die KGaA gewährt weitgehende Freiheit bei der Ausgestaltung der Kompetenzordnung der Gesellschaft und ermöglicht so die Kontrolle der Gesellschaft ohne Stimmenmehrheit des Aktionärskapitals.[899] Insbesondere hat der Aufsichtsrat keine Personalkompetenz, kann also weder die Geschäftsführung ernennen oder abberufen noch deren Vergütung bestimmen. Zudem kann für bestimmte Hauptversammlungsbeschlüsse durch eine statutarische Regelung die Zustimmung der persönlich haftenden Gesellschafter erforderlich gemacht werden. Schließlich bedarf es auch keiner Kapitaleinlage der Komplementäre. Im Ergebnis ist also auch ohne Vorzugsaktien die Position der Komplementäre – im Regelfall Vertreter der Gründerfamilien – bei entsprechenden Satzungsregelungen grundsätzlich nicht gefährdet. Da auf diese Weise Machtverhältnisse ohne proportionale Kapitalbeteiligungen aufrecht erhalten werden können, kann die wichtigste Zielsetzung der Ausgabe von Vorzugsaktien auf andere Weise umgesetzt werden.

Allerdings kann bei der KGaA nur die Hauptversammlung, also die Versammlung der Kommanditaktionäre, über die Entlastung der persönlich haftenden

---

[897] Vgl. Ehrhardt/Nowak/Weber (2006), Tabelle V. Die Untersuchung bezieht sich nicht speziell auf Dual-Class-Unternehmen, die Mechanismen dürften aber dieselben sein.

[898] So im Jahr 2005 die frühere Fresenius Medical Care AG (zunächst mit freiwilligem Umwandlungsangebot mit Zuzahlung, das nicht alle Vorzugsaktionäre annahmen; 2013 Abschaffung der Vorzugsaktien), im Jahr 2010 die frühere Fresenius AG sowie im Jahr 2015 die frühere Hornbach Holding AG. Quelle: Eigene Erhebung.

[899] Vgl. Winzen (2014), S. 3.

Gesellschafter entscheiden und – anders als bei der AG – den Jahresabschluss feststellen, sodass diese auch Einfluss auf die Bilanzierungs-, Bewertungs- und Rücklagenpolitik hat.[900] Berücksichtigt man auch die autonome Entscheidung der Hauptversammlung über die Gewinnverwendung und das Zustimmungserfordernis der Hauptversammlung zu außergewöhnlichen Maßnahmen der Geschäftsführung,[901] wird klar, dass die Rechtsform der KGaA allein nicht in jedem Fall ausreicht, um die Interessen von Gründerfamilien und Mehrheitsgesellschaftern zu sichern. Vielmehr kann es sich auch bei dieser Rechtsform als günstig erweisen, zur Finanzierung stimmrechtslose Vorzugsaktien auszugeben und zugleich die Mehrheit der Stammaktien anzustreben. Dementsprechend ist auch bei einigen Kommanditgesellschaften auf Aktien das Kommanditkapital nach wie vor in Stamm- und Vorzugsaktien zerlegt, per Ende 2015 namentlich bei der Drägerwerk AG & Co. KGaA, der Mineralbrunnen Überkingen-Teinach KGaA, der STO SE & Co. KGaA (notiert sind nur Vorzugsaktien), der Eurokai KGaA sowie der Henkel KGaA und somit bei fünf von 22 börsennotierten Kommanditgesellschaften auf Aktien.[902] Die Anzahl börsennotierter KGaAs ist auch insgesamt ansteigend.[903] Als nachteilig an einer Dual-Class-Struktur innerhalb einer KGaA ist zu nennen, dass es aufgrund der Rechtsform praktisch keine Übernahmephantasie geben dürfte, weshalb ein Kursunterschied jedenfalls nicht aus diesem Grund bestehen dürfte. Daher ist fraglich, welche Motive in einer solchen Konstellation aus der Sicht von Investoren für den Erwerb der Stammaktien sprechen sollten.

---

[900] Vgl. im Detail Grafmüller (1994), S. 134 f.

[901] Nach BGH-Rechtsprechung sind hierunter sog. Grundlagengeschäfte im Sinne des Personengesellschaftsrechts zu verstehen. Zu beachten ist die gesellschaftsrechtliche Treuepflicht des Komplementärs gegenüber den Kommanditaktionären; vgl. Winzen (2014), S. 111-114.

[902] Quelle: Eigene Erhebung. Die drei erstgenannten Gesellschaften haben ihre Dual-Class-Struktur bei ihrem Rechtsformwechsel aus einer AG in den Jahren 2007, 2015 bzw. 2014 beibehalten. Bis 1993 waren zusätzlich noch stimmrechtslose Vorzugsaktien der FAG Kugelfischer KGaA notiert (ab 1993 FAG Kugelfischer AG).

[903] Noch 1991 gab es nach der Erhebung von Grafmüller (1994), S. 57, in der Bundesrepublik überhaupt nur 31 KGaAs, von denen 8 börsennotiert waren. Im System Thomson Reuters wurden am 15.2.2017 201 deutsche KGaAs, darunter 26 börsennotierte, identifiziert.

3.2.2 Stimmrechtslose Vorzugsaktien als vorbeugende Maßnahme zur Abwehr von Übernahmen und zum Schutz privater Vermögensvorteile

3.2.2.1 Abwehr von Übernahmen

Mit dem Auseinanderfallen von Cashflow- und Stimmrechten[904] durch Ausgabe stimmrechtsloser Vorzugsaktien geht zugleich eine Trennung von Eigentums- und Herrschaftsrechten[905] einher: Ein Vorzugsaktionär mit einem noch so großen Anteil am Vorzugsaktienkapital ist zwar rechtlich (jedenfalls nach deutschem Aktienrecht) gleichberechtigter Eigentümer, kann aber auf das Unternehmen bei nicht aufgelebtem Stimmrecht keine Herrschaftsrechte ausüben, also z. B. nicht an der Wahl von Aufsichtsratsmitgliedern mitwirken, die wiederum den Vorstand ernennen.

Bei einer vergleichbaren rein stammaktienfinanzierten Aktiengesellschaft mit dem gleichen Grundkapital wie bei einem Dual-Class-Unternehmen wäre die Beteiligungsquote des Mehrheitsaktionärs bzw. der Mehrheitskoalition im Vergleich zum Dual-Class-Unternehmen geringer, sofern dieser wie regelmäßig der Fall nur über einen geringeren (oder gar keinen) Anteil am Vorzugskapital verfügt. Damit gäbe es bei der rein stammaktienfinanzierten Gesellschaft mehr außenstehende Aktionäre, also Aktionäre, die nicht der Mehrheitskoalition – sofern diese dann überhaupt noch eine Mehrheit hätte – angehören. Folglich wäre es für außenstehende Investoren vergleichsweise leichter, einen größeren Kapitalanteil an dem Unternehmen, eventuell sogar die Kapital- und damit die Stimmenmehrheit zu übernehmen als bei dem Dual-Class-Unternehmen.

Dies veranschaulicht, warum stimmrechtslose Vorzugsaktien gut als Abwehrmaßnahme gegen feindliche Übernahmen, also als Mittel zur Herrschaftssicherung, geeignet sind; Winzen (2014) bezeichnet dieses Emissionsmotiv als „Über-

---

[904] In der Literatur wir u. a. die Bezeichnung „Separation of Cash Flow and Control Rights" verwendet. *Cash Flow* bezieht sich dabei in diesem Kontext den Anteil am Residualeinkommen der Gesellschaft, also den ausgeschütteten und – wegen eventueller Liquidationsvorrechte – auch den einbehaltenen Gewinn.

[905] Die in deutschsprachigen Veröffentlichungen häufig anzutreffende Übersetzung des englischen Wortes *Control* (z. B. in *Separation of Ownership and Control*) durch *Kontrolle* greift nach Ansicht des Verfassers zu kurz, da die *Herrschaft*srechte eben nicht nur die Kontrolle, sondern gerade die maßgebliche Bestimmung der Unternehmensführung und -politik durch Einsetzung einer loyalen Unternehmensleitung umfassen. Im Falle von Familiengesellschaften ist durch die regelmäßige Entsendung von Familienmitgliedern in den Vorstand damit häufig auch direkt die Wahrnehmung exekutiver Rechte der Unternehmensleitung verbunden.

nahmeresistenz".[906] Chemmanur/Jiao (2007) weisen darauf hin, dass die Welle der Emission einer zweiten Aktiengattung in den 1980er Jahren in den USA vor allem in Branchen mit starker Übernahmeaktivität zu beobachten war.[907] Zwar dürfte es für die Emission von Vorzugsaktien bei einer konkret drohenden feindlichen Übernahme im Allgemeinen zu spät sein, jedoch kann man der Gefahr von Übernahmeangeboten durch eine Dual-Class-Struktur schon vorbeugend begegnen. Auch wenn die früher verwendete Formulierung von der Abwehr der „Überfremdungsgefahr"[908] heute nicht mehr opportun klingt, so trifft sie doch den Kern: Stimmrechtslose Vorzugsaktien sollen unter anderem auch dazu dienen, das Eindringen gesellschafts„fremder" Aktionäre in das Unternehmen zu ver- oder behindern.

3.2.2.2 Sicherung privater Vermögensvorteile

Mit der Sicherstellung der Beherrschung des Unternehmens durch Schaffung einer Dual-Class-Struktur ist auch gewährleistet, dass ein Mehrheitsaktionär weiterhin private Vermögensvorteile („Private Benefits") zulasten des Unternehmens und der anderen Aktionäre generieren kann.[909] Dies dürfte ein weiteres wichtiges Motiv zum Erhalt der Stimmrechtsmacht nach einem Börsengang oder einer Kapitalerhöhung und zum besseren Schutz vor feindlichen Übernahmen darstellen. Empirisch lässt sich z. B. zeigen, dass ein größeres Ausmaß an immateriellen Vermögenswerten – die schwer bewertbar und deren Bilanzansätze Manipulationen durch ein im Interesse eines Großaktionärs handelndes Management eher zugänglich sind – positiv mit der Wahrscheinlichkeit einer Dual-Class-Struktur assoziiert ist.[910] Dass – nach den Ergebnissen von Ehrhardt/ Nowak (2003b) – in allen 13 Fällen des Ausstiegs einer Familie aus einer Dual-Class-Gesellschaft im Zeitraum 1970-1994 ein Blockverkauf stattgefunden hat, ist ein deutliches Indiz für das Bestehen von Private Benefits bei Dual-Class-Unternehmen,[911] wie der Umstand, dass bei 60 der 76 Börsengänge mit Vorzugsaktien bis 1991 der größte Aktionär über die Stimmenmehrheit verfügte.[912]

---

[906] Vgl. Winzen (2014), S. 95.
[907] Vgl. Chemmanur/Jiao (2007), S. 36.
[908] Vgl. z. B. Passow (1930), S. 13, Lichtherz (1941), S. 10, Jung (1960), S. 6. Die Formulierung „Überfremdung" bezog sich auch damals nicht nur auf das Eindringen ausländischer Aktionäre.
[909] Vgl. hierzu im Detail Abschnitt 4.2.2. Wenger/Hecker (2004) verwenden anstelle von „Private Benefits" die am Aktienrecht orientierte Bezeichnung „Sondervorteile", vgl. S. 267.
[910] Vgl. Lim (2016), S. 772 und 776.
[911] Anderenfalls würde man häufiger einen Ausstieg über die Börse erwarten. So auch Ehrhardt/ Nowak (2003b), S. 372.
[912] Vgl. Ehrhardt/Nowak (2003b), S. 373.

Mehrheitsaktionäre maximieren nicht die Rendite der Aktien sondern ihren Ge-
samtnutzen, in den auch die privaten (Vermögens-)Vorteile einfließen. Rationale
Investoren werden dies antizipieren und daher Vorzugsaktien nur zu einem
geringeren Preis als Stammaktien erwerben. Insofern müssten die Stammaktionäre die Kosten der Extrahierung privater Vermögensvorteile durch den Mehrheitsaktionär bei vollständiger Rationalität und vollständiger Information selbst
tragen,[913] was aber voraussetzt, dass diese – wie noch zu analysieren sein wird –
selbst höhere Kursgewinnchancen haben als Vorzugsaktionäre. In dieser Hinsicht ist eine Emission von Vorzugsaktien aber dann lohnenswert, wenn die
potenziellen Vorzugsaktionäre das Ausmaß der Extrahierung von Private Benefits nicht in voller Höhe antizipieren bzw. aufgrund asymmetrischer Informationsverteilung nicht antizipieren können *oder* wenn die Stammaktien nicht
vollständig im Festbesitz sind. In diesem Fall können andere Stammaktionäre an
den Kosten beteiligt werden, die selbst keine privaten Vermögensvorteile generieren können und ebenfalls entweder die Minderung des Gesellschaftsvermögens aufgrund der Extrahierung privater Vermögensvorteile durch den Mehrheitsaktionär unterschätzen – also einen zu hohen Erwerbspreis zahlen – oder
sich Kursgewinnchancen insbesondere im Fall einer Übernahme ausrechnen.

Trotz der Generierung Privater Vermögensvorteile zugunsten der Mehrheitsaktionäre kann die Schaffung einer Dual-Class-Struktur langfristig auch im Interesse
der freien Stammaktionäre liegen: Bei einer späteren Übernahme wird der bisherige Mehrheitsaktionär seine Anteile nur veräußern, wenn der Erwerber einen
Kaufpreis zahlt, der über dem Wert der Anteile aus der Sicht des Mehrheitsaktionärs, also über der Summe aus Börsenwert und privaten Vermögensvorteilen des Aktionärs, liegt. Angesichts der gesetzlichen Pflicht zur Abgabe von
Übernahmeangeboten[914] muss der Erwerber auch den Kleinaktionären eine
Übernahme ihrer Stammaktien zu demselben Preis anbieten. Unterstellt man,
dass es dem Mehrheitsaktionär durch eine Dual-Class-Struktur möglich ist,
Private Benefits in größerem Umfang als bei einer Single-Class-Unternehmung
zu generieren, können sich die außenstehenden Aktionäre möglicherweise auch
unter Berücksichtigung einer durch Private-Benefits-Entnahme eintretenden
vorübergehenden Wertminderung insgesamt besserstellen, wenn eine Übernahme erfolgt und sie die Übernahmewahrscheinlichkeit nicht überschätzen.[915]

---

[913] So Hartmann-Wendels/v. Hinten (1989), S. 271.
[914] In Deutschland besteht die gesetzliche Pflicht seit dem Inkrafttreten des WpÜG zum 1.1.2002.
     Zuvor bestand bereits seit 1995 ein freiwilliger Übernahmekodex; vgl. hierzu Fußnote 1211.
[915] Bei Überschätzung der Übernahmewahrscheinlichkeit würden die freien Stammaktionäre ebenso
     wie bei Unterschätzung der Private Benefits des Mehrheitsaktionärs einen zu hohen Preis zahlen.

Die erwähnte gesetzliche Pflicht gemäß § 35 Abs. 2 WpÜG zur Abgabe eines Übernahmeangebots gilt auch gegenüber Vorzugsaktionären, allerdings wird nicht notwendigerweise ein Gebotspreis in derselben Höhe wie für Stammaktien verlangt. Da strategische Investoren an der Erzielung einer Stimmenmehrheit interessiert sind, verteuern die Ausgaben für die Übernahme von Vorzugsaktien, mit denen sie grundsätzlich keine Stimmen erhalten, die Übernahme zusätzlich und können eine Übernahme daher im Ergebnis unattraktiv werden lassen.[916] Dies ist ein weiterer Grund für die Eignung von Vorzugsaktien zur Verhinderung einer Übernahme.

3.2.2.3 Sicherstellung einer langfristig orientierten Geschäftspolitik

Mit einem durch Emission von Vorzugsaktien erleichterten Schutz vor Übernahmeversuchen wird faktisch auch erreicht, dass der Vorstand einer Gesellschaft vor einem – im Fall einer Übernahme über kurz oder lang zu erwartenden Ablösung durch ein anderes Management-Team – bewahrt wird. Dies kann auch im Interesse der außenstehenden Aktionäre liegen: Zum einen verfügen Vorstände meist über unternehmensspezifische Kenntnisse, die sich für ein neues Management oft erst über einen längeren Zeitraum aufbauen lassen (was temporäre Ineffizienzen zulasten aller Aktionäre mit sich bringen kann).[917, 918] Dies gilt erst recht bei Familiengesellschaften, bei denen Mitglieder der Gründerfamilie in den Vorstand berufen werden,[919] sowie für kleinere, spezialisierte Unternehmen. Zum anderen wird ein Vorstand eher geneigt sein, langfristig gewinnträchtige, aber dem Kapitalmarkt z. B. schwer erklärbare oder aus Wettbewerbsgründen geheim zu haltende oder mit kurzfristigen Risiken verbundene Investitionen durchzuführen, wenn er nicht mit seiner Abberufung während einer möglichen ge-

---

[916] Vgl. z. B. Winzen (2014), S. 96.
[917] Vgl. z. B. Jarrell/Poulsen (1988), S. 133.
[918] Smart/Thirumalai/Zutter (2008) vergleichen Wechsel von Vorstandsvorsitzenden („CEO") in einer Stichprobe von 253 US-amerikanischen Dual-Class-Unternehmen und 2.369 Single-Class-Unternehmen und stellen dabei fest, dass bei Single-Class-Unternehmen solche Wechsel mit negativen Überrenditen und einer schlechten Ergebnisentwicklung verbunden sind, bei Dual-Class-Unternehmen jedoch nicht. Vgl. a. a. O., S. 113. Dies deutet darauf hin, dass in Dual-Class-Unternehmen das Management tendenziell nur ausgetauscht wird, wenn solche Ineffizienzen nicht zum Tragen kommen.
[919] Taylor/Whittred (1998) können für den australischen Kapitalmarkt nachweisen, dass Unternehmen, die Aktien mit Minderstimmrecht an der Börse eingeführt haben, stärker vom Humankapital der Gründerfamilie abhängig sind; vgl. a. a. O., S. 130. Mitglieder der Gründerfamilien sind dort regelmäßig auch im Vorstand vertreten. Die Abhängigkeit vom Humankapital der Gründerfamilie korrespondiert auch mit dem Befund, dass eher kleinere Unternehmen Dual-Class-Strukturen etablieren.

winnlosen Investitionsphase rechnen muss.[920] Muss er dagegen mit einer Übernahme der Gesellschaft und seiner Abberufung rechnen, wird sich ein Vorstand indes möglicherweise eher auf kurzfristige Gewinnerzielungsmöglichkeiten konzentrieren und langfristige Investitionen, z. B. in Forschung und Entwicklung und die Schaffung von Patenten, tendenziell unterlassen.[921] Neben forschungsintensiven Branchen und Unternehmen, die Großinvestitionen durchführen (wie in der Bauindustrie und früher im Eisenbahnbereich) sowie Start-up-Unternehmen sind Dual-Class-Strukturen vor dem geschilderten Hintergrund z. B. auch für die Zeitungs- und Medienbranche geeignet, wenn die Unabhängigkeit des Herausgebers und die Bindung einer bestimmten Leserschaft längerfristig gewahrt und nicht kurzfristigen Renditezielen unterworfen werden soll.[922]

Selbst wenn aus ökonomischer Sicht Übernahmen im Interesse einer effizienten Kapitalallokation sinnvoll sein können, kann aus wettbewerbs- und gesellschaftspolitischer Sicht die Verhinderung von Übernahmen wünschenswert sein, da Übernahmen nicht selten zu Konzentrationsprozessen führen.[923] Zudem werden Pakete an Familiengesellschaften nicht selten an institutionelle Investoren veräußert. Es ist zu vermuten, dass sich bei in abseits der Großstädte domizilierenden Gesellschaften nach einer solchen Übernahme das nicht selten auch identitätsstif-

---

[920] Vgl. z. B. Dimitrov/Jain (2006), S. 343. Tatsächlich stellen Jordan/Kim/Liu (2016) bei einer Untersuchung von im Durchschnitt der Jahre 1994 bis 2011 222 US-amerikanischen Dual-Class-Unternehmen fest, dass diese relativ mehr in Forschung und Entwicklung investieren und langfristig ein höheres Umsatzwachstum aufweisen sowie dass sie einem Marktdruck nur in geringerem Maße ausgesetzt sind (indem sie weniger im Fokus von Analysten stehen und ein geringere Übernahmewahrscheinlichkeit aufweisen). Vgl a. a. O., S. 305 und S. 315.

[921] So Alchian/Demsetz (1972). Vogl-Mühlhaus (1998), S. 54, bezeichnet dieses Emissionsmotiv treffend als „Begrenzung des Einflusses »kurzsichtiger Aktionäre«." Nguyen/Xu (2010) haben für den US-amerikanischen Kapitalmarkt empirisch nachgewiesen, dass das Management von Dual-Class-Gesellschaften vergleichsweise seltener eine Bilanzpolitik („Earnings Management") mit dem Ziel kurzfristiger Gewinnausweise betreibt. vgl. a. a. O., S. 481. Allerdings finden Arugaslan/Cook/Kieschnick (2010) jedenfalls für die USA keinen empirischen Beleg dafür, dass nach einer Börseneinführung von Vorzugsaktien die Dual-Class-Gesellschaften insgesamt und auch bezogen auf Ausgaben für Forschung und Entwicklung mehr investieren würden als Single-Class-Unternehmen.

[922] Vgl. z. B. Howell (2017), S. 441, Chemmanur/Jiao (2012), S. 315. Die letztgenannten Autoren nennen als weiteres Beispiel die Filmindustrie, da hier langfristige Investitionen ohne Aussicht auf kurzfristige Gewinne und mit großer Unsicherheit getätigt werden müssen. Tatsächlich ist z. B. in den USA die Zugehörigkeit zur Medienbranche ein Faktor, der die Nutzung einer Dual-Class-Struktur begünstigt; vgl. Gompers/Ishii/Metrick (2010), S. 1063. Die Autoren sehen dies allerdings darin begründet, dass es in der Medienbranche besonders gute Möglichkeiten zur Generierung von Private Benefits gibt. In Deutschland sind seit 1997 stimmrechtslose Vorzugsaktien der ProSieben Sat.1 Media SE (vormals ProSieben Media AG) notiert.

[923] So auch Lorch (1993), S. 201.

tende regionale Engagement einer betroffenen Familiengesellschaften bzw. des Mittelstandsunternehmens vermindert. Zudem kann zu einem gesellschaftlich unerwünschten Abbau von Arbeitsplätzen sowie einem Know-How- und Kapitaltransfer z. B. ins Ausland kommen.

3.2.2.4   Behinderung des „Market for Corporate Control"?

Aktienrechtlich sind Vorzugsaktien nach der Abschaffung von Mehr- und Höchststimmrechten das wichtigste in Deutschland verbliebene Instrument zur Verhinderung von Übernahmen. Es verwundert nicht, dass sich insbesondere Finanzinvestoren für eine Durchsetzung des Prinzips „One Share – One Vote" einsetzen,[924] da so Übernahmen vermeintlich erleichtert würden. Man darf sich im Hinblick auf solche Forderungen jedoch keine Illusionen machen: Sollte den Gesellschaften – was sich angesichts der Aktienrechtsnovelle 2016 und des gescheiterten Vorstoßes der Europäischen Kommission auch überhaupt nicht abzeichnet – die Möglichkeit zur Emission stimmrechtsloser Vorzugsaktien genommen werden, werden die Unternehmen andere Methoden zur Abwehr von Übernahmen anwenden, vor allem die Bildung von Eigenkapitalpyramiden[925] oder Überkreuzbeteiligungen, die Emission eigenkapitalähnlicher Fremdkapitalinstrumente, den Abschluss von Stimmbindungsverträgen oder auch die Änderung der Rechtsform in eine Kommanditgesellschaft auf Aktien[926] wie z. B. 2006 bei der Fresenius Medical Care AG.

Auch wenn stimmrechtlose Vorzugsaktien grundsätzlich zur Übernahmeabwehr geeignet sind, kann durch eine Dual-Class-Struktur eine unfreiwillige Übernahme der Mehrheit letztlich nicht verhindert werden, wenn die Gesellschaft nicht im mehrheitlichen Besitz eines Aktionärs oder einer Koalition von unternehmenstreuen Aktionären ist. Für den sehr seltenen Fall von Dual-Class-Unternehmen mit überwiegendem Streubesitz der Stammaktien wird eine Übernahme in finanzieller Hinsicht sogar erleichtert, da weniger Mittel zum Erwerb einer Stimmenmehrheit aufgewendet werden müssen als bei einer vergleichbar kapitalisierten Single-Class-Gesellschaft. Mit stimmrechtslosen Vorzugsaktien kann auch keine Übernahme verhindert werden, die durch die Veräußerung von Aktienblöcken einzelner Investoren einer Mehrheitskoalition ermöglicht wird. Schließlich wäre für bereits bestehende Dual-Class-Unternehmen in der Rechtsform einer

---

[924]   Vgl. z. B. Ferrarini (2006), S. 5, und die Erläuterungen zur „One-Share-One-Vote"-Diskussion auf europäischer Ebene (Abschnitt 2.4.3).

[925]   Siehe hierzu den folgenden Abschnitt 3.2.3.

[926]   Siehe hierzu den Abschnitt 3.2.1.3.

AG auch bei einem in Folge von Dividendenlosigkeit zwangsweisen Aufleben des Stimmrechts, also bei wirtschaftlich schlechter Verfassung des Unternehmens, der Abwehrmechanismus gegen Übernahmen außer Kraft. Insofern wird der „Markt für Unternehmensbeherrschung" jedenfalls im Hinblick auf die Übernahme solcher Unternehmen durch Vorzugsaktien nicht wesentlich behindert.

3.2.3   Bildung von Eigenkapitalpyramiden

Stimmrechtslose Vorzugsaktien eignen sich auch zur Bildung von so genannten Eigenkapitalpyramiden. Dabei wird das Kapital einer Obergesellschaft ganz oder teilweise in eine oder mehrere Tochtergesellschaften eingebracht und auf deren Ebene neues externes Eigenkapital (z. B. weitere Vorzugsaktien) und/oder Fremdkapital aufgenommen. Damit kann zusätzliches Kapital generiert werden, ohne z. B. die Mehrheit über ein Unternehmen bzw. den so gebildeten Konzern abgeben zu müssen. Dies stellt zugleich einen Schutz gegen feindliche Übernahmen dar.

Der Mechanismus kann folgendermaßen verdeutlicht werden: Die Gesellschaft könnte (durch Beschluss der Stammaktionäre) im Extremfall ihr gesamtes Kapital (Stammaktienkapital SK_0 plus Vorzugsaktienkapital $VK_0=SK_0$) in eine Tochtergesellschaft als Stammaktienkapital einbringen.[927] Zur Beherrschung einer Tochtergesellschaft genüge aber in dem Beispiel bereits eine Beteiligung von 50 % des Stammaktienkapitals jeder Tochtergesellschaft zuzüglich einer Aktie.[928] Daher können zusätzlich in gleicher Höhe ($2 \cdot SK_0$) Stammaktien und folglich in doppelter Höhe ($VK_1=4 \cdot SK_0$) stimmrechtslose Vorzugsaktien der Tochtergesellschaft ausgegeben werden. Aus dem originären Stammaktienkapital der Obergesellschaft in Höhe von SK_0 Geldeinheiten – von denen der Mehrheitsaktionär nur über die Hälfte, also $\frac{1}{2} \cdot SK_0$ verfügen muss – kann daher auf der Ebene der Tochtergesellschaft ein Grundkapital in Höhe von $8 \cdot SK_0$ Geldeinheiten (und zwar Stammaktienkapital in Höhe von $SK_1=4 \cdot SK_0$ und Vorzugsaktienkapital in Höhe von $VK_1=4 \cdot SK_0$) generiert werden.

Dies ist über mehrere Stufen möglich, solange sich neue Stamm- und Vorzugsaktionäre finden lassen. Dabei gelten in jeder Tochtergesellschaft der Stufe $(i+1)$ im Extremfall die oben erläuterten Beziehungen $SK_{i+1}= 2 \cdot (SK_i+VK_i) = 4 \cdot SK_i$

---

[927]   Zur leichteren Verständlichkeit des Prinzips der Eigenkapitalpyramiden wird hier von rein eigenkapitalfinanzierten Unternehmen ausgegangen, sodass das Kapital (Passiva) dem Vermögen (Aktiva) entspricht.

[928]   Dies „zusätzliche Aktie" wird zur Vereinfachung der Darstellung im Folgenden vernachlässigt.

und $VK_{i+1} = SK_{i+1}$. Da auf jeder Stufe i die Hälfte des Stammaktienkapitals ($\frac{1}{2} \cdot SK_i$) und das gesamte Vorzugsaktienkapital (VK_i) extern beschafft werden, beträgt das Verhältnis des originären Stammaktienkapitals des Mehrheitsaktionärs zum gesamten von ihm kontrollierten, tatsächlich eingezahlten Grundkapital

$$\frac{\frac{1}{2}SK_0}{\frac{1}{2}SK_0 + \frac{1}{2}\sum_{i=0}^{n}SK_i + \sum_{i=0}^{n}VK_i} = \frac{\frac{1}{2}SK_0}{\frac{1}{2}SK_0 + \frac{3}{2}\sum_{i=0}^{n}SK_i} = \frac{\frac{1}{2}SK_0}{\frac{1}{2}SK_0 + \frac{3}{2}\sum_{i=0}^{n}SK_0 4^i}$$

$$= \frac{\frac{1}{2}SK_0}{\frac{1}{2}SK_0 + \frac{3}{2}SK_0 \frac{4^{n+1}-1}{4-1}} = \frac{1}{4^{n+1}} \ .$$

Mit anderen Worten kann der Mehrheitsaktionär der Obergesellschaft bei maximaler Ausnutzung der Emission externer Stamm- und Vorzugsaktien bei einem zweistufigen Konzern (d. h. mit einer Tochter) schon das 16-fache Eigenkapital seines von ihm erworbenen Anteils kontrollieren, bei einem dreistufigen Konzern das 64-fache.[929]

Verfolgt ein Unternehmen bzw. ein Mehrheitsaktionär die erläuterte Strategie, dann beträgt der Anteil des Vorzugsaktienkapitals am gesamten, vom Mehrheitsaktionär kontrollierten Grundkapital unabhängig von der Anzahl der Stufen des Konzerns jeweils 50 %.[930] Die Bildung von Eigenkapitalpyramiden ermöglicht insbesondere auch die Umgehung der Vorschrift von § 139 Abs. 2 AktG, nach der stimmrechtslose Vorzugsaktien nur bis zur Hälfte des Grundkapitals einer Gesellschaft ausgegeben werden dürfen: Modifiziert man die o. g. Strategie so, dass zwar das gesamte Kapital einer Gesellschaft in das Stammaktienkapital einer Tochter eingebracht wird, dass aber auf jeder Ebene nur Vorzugsaktien und keine externen Stammaktien ausgegeben werden (sodass der Mehrheitsaktionär über 100 % der originär eingezahlten Stammaktien SK_0 im Konzern verfügt), so beträgt das maximal auf jeder Stufe ($i+1$) auszugebende Vorzugsaktienkapital $VK_{i+1} = SK_{i+1} = SK_i + VK_i = 2 \cdot SK_i$. Bei einem n-stufigen Konzern würde somit ins-

---

[929] Beispiel: Bei einer Gesellschaft mit 200 Geldeinheiten (GE) Stammaktienkapital genügt einem Mehrheitsaktionär eine Beteiligung im Umfang von 100 GE (plus einer Aktie) zur Erzielung der Stimmenmehrheit. Mit der maximal möglichen Ausgabe von 200 GE Vorzugsaktienkapital beherrscht der Mehrheitsaktionär in einer Dual-Class-Gesellschaft ohne Tochter Eigenkapital in Höhe des Vierfachen seines Einsatzes. Werden das gesamte EK von 400 GE in eine Tochter eingebracht und in gleicher Höhe Stammaktien ausgegeben – die Stimmenmehrheit in der Tochter bleibt gesichert –, können in Höhe des Stammaktienkapitals der Tochter (800 GE) ebenso viele Vorzugsaktien (800 GE) ausgegeben werden. Dadurch beherrscht der Mehrheitsaktionär der Mutter 1.600 GE Eigenkapital der Tochter, also das 16-fache seines Einsatzes.

[930] Dies lässt sich verdeutlichen, wenn man in der o. g. Formel im Zähler anstelle von $\frac{1}{2} \cdot SK_0$ die Summe des Vorzugsaktienkapitals $\sum_{i: 0 \to n} VK_i$ einsetzt und die Formel entsprechend umstellt.

gesamt externes Vorzugsaktienkapital in Höhe von $(2^n - 1) \cdot SK_0$ ausgegeben. Damit betrüge der Anteil des Stammaktionärs am gesamten eingezahlten Grundkapital im Konzern bei einem n-stufigen Konzern nur noch

$$\frac{SK_0}{SK_0 + (2^n - 1) \cdot SK_0} = 2^{-n}.$$ Der Anteil der Vorzugsaktionäre betrüge daher

$100\% - 2^{-n}$ und ginge mit wachsendem n asymptotisch gegen 100%. Bereits bei einem zweistufigen Konzern würden die Vorzugsaktionäre auf diese Weise $^3/_4$ des eingezahlten Grundkapitals stellen, bei einem dreistufigen $^7/_8$.[931] Der Gesetzgeber scheint diese Möglichkeit der Umgehung von § 139 Abs. 2 AktG nicht erkannt oder ihr keine Bedeutung beigemessen zu haben.[932]

Die hier dargestellten Beispielrechnungen stellen Extremfälle dar, da sich kaum Vorzugsaktionäre und ggf. externe Stammaktionäre finden werden, wenn jeweils das gesamte Vermögen in eine Tochtergesellschaft transferiert wird. Auf der anderen Seite lässt sich der Pyramideneffekt noch verstärken, wenn die Gesellschaften auch Fremdkapital aufnehmen und das gesamte, so vermehrte Vermögen jeweils in die Tochtergesellschaften investiert wird.

Eigenkapitalpyramiden sind kein theoretisches Konstrukt, sondern im Gegenteil auch in Deutschland weit verbreitet.[933] Dies zeigt sich auch an geringeren buch- und marktwertmäßigen Eigenkapitalquoten in Konzernabschlüssen im Vergleich zu den Einzelabschlüssen der Konzernmütter.[934] EU-weit sind Eigenkapitalpyramiden die am häufigsten angewandte Variante zur Verhinderung von Übernahmen.[935] Der Pyramideneffekt wird beispielsweise von jeder börsennotierten Holdinggesellschaft ausgenutzt, deren Tochtergesellschaft ebenfalls externes Aktien-

---

[931] Im obigen Beispiel betrüge der Anteil des Stammaktionärs mit einem Einsatz von 100 GE am EK der Mutter (200 GE, nach Ausgaben von 100 GE Vorzugsaktien) die Hälfte, auf Ebene der Tochter würden zu den 200 GE Stammaktien weitere 200 GE Vorzugsaktien ausgegeben. Der Stammaktionär würde also mit 100 GE Stammaktien der Mutter 400 GE in der Tochter kontrollieren.

[932] So Baums (1994), S. 12.

[933] In einer Untersuchung von Franks/Mayer (2001) war bei 33 von 38 untersuchten börsennotierten Gesellschaften ein Pyramideneffekt mit einem durchschnittlichen Verhältnis von Stimmrechten zu Cashflow-Rechten der Stammaktionäre von 1,6 festzustellen, wobei bei zehn Gesellschaften durch die Pyramide kritische Stimmenanteile (25%, 50%, 75%) erreicht wurden.

[934] Stehle (1994) ermittelt für 1986 für die Einzelabschlüsse von börsennotierten Gesellschaften eine mittlere bilanzielle Eigenkapitalquote von 36% (bei Marktwertbetrachtung rund 60%), während diese Quoten bei Analyse der Konzernabschlüsse 1990 mit im Mittel 22% bzw. 40% deutlich geringer waren. Vgl. a.a.O., S. 814 und S. 832 (Abbildung 12).

[935] Vgl. Institutional Shareholder Services Europe (2007), S. 16. und S. 25 f. Der Studie zufolge sind Pyramidenstrukturen lediglich in Dänemark, Finnland, Großbritannien und Irland unüblich.

kapital aufnimmt.[936] Auch in der Literatur werden Eigenkapitalpyramiden als eine Möglichkeit zur Sicherung der Mehrheitsverhältnisse und zur faktischen Separierung von Cashflow- und Stimmrechten und somit als Substitut zur Nutzung von stimmrechtslosen Aktien analysiert. So ermitteln Gugler et al. (2001) für österreichische börsennotierte Aktiengesellschaften, dass mit jeder zusätzlichen Ebene einer Pyramide das Verhältnis von Stimmrechten zu Cashflow-Rechten um 20 % ansteigt und dass das Verhältnis bei Vorhandensein von stimmrechtslosen Vorzugsaktien im Mittel sogar um 37 % ansteigt.[937] Allerdings kommen Heaney/Holmen (2008) zu dem Ergebnis, dass Eigenkapitalpyramiden keine perfekten Substitute zu Dual-Class-Strukturen sind, sondern dass vielmehr die (Opportunitäts-)Kosten der unzureichenden Diversifizierung von Familien durch die Nutzung von Eigenkapitalpyramiden beträchtlich vermindert werden können, durch Dual-Class-Strukturen jedoch nicht.[938] Selbst wenn dieses Ergebnis in Deutschland nicht gelten sollte, sind Eigenkapitalpyramiden und stimmrechtslose Vorzugsaktien auch hier eher als Komplemente zu sehen, da – wie oben gezeigt – der bereits mit Stammaktien erzielbare Pyramideneffekt durch die Nutzung von stimmrechtslosen Vorzugsaktien beträchtlich verstärkt werden kann.

3.2.4 Vorteile stimmrechtsloser Vorzugsaktien gegenüber Fremdfinanzierung als Emissionsmotiv

Durch die Ausgabe von Vorzugsaktien wird – ungeachtet der steuerlichen Nachteile[939] – die Eigenkapitalbasis der Gesellschaft gestärkt. Dies verbessert die Bonität der Gesellschaft aus Sicht von Kapitalgebern und Lieferanten. Mit dem re-

---

[936] Wie zum Beispiel die Hornbach Holding AG & Co. KGaA (WKN 608340), von der bis zum Formwechsel aus einer AG im Oktober 2015 auch Vorzugsaktien notiert waren, die mit dem Rechtsformwechsel gegen Abfindungszahlung in Stammaktien gewandelt wurden und nun Streubesitz darstellen. Die Hornbach Holding AG & Co. KGaA hält wiederum 76,4 % der Stammaktien der börsennotierten Hornbach-Baumarkt-AG, wobei die restlichen 23,6 % in Streubesitz sind.

[937] Vgl. Gugler et al. (2001), S. 57 f.

[938] In der empirischen Untersuchung, die sich auf den schwedischen Kapitalmarkt bezieht, wird die mögliche Kosteneinsparung mit 13 % angegeben; vgl. Heaney/Holmen (2008), S. 1736. Zur Begründung wird angegeben, über Pyramidenstrukturen sei der Erwerb der Kontrolle über ein Unternehmen/eine Gruppe mit weniger Kapitaleinsatz verbunden, sodass die kontrollierende Familie mehr Mittel zur Diversifizierung des eigenen Portfolios und damit zur Steigerung der erwarteten Rendite zur Verfügung hat, vgl. a. a. O., S. 1735. Wegen der anderen gesellschaftsrechtlichen Rahmenbedingungen – in Deutschland gibt es grundsätzlich keine Mehrstimmrechtsaktien mehr, in Schweden keine stimmrechtslosen Aktien – müssen die angeführten Schlussfolgerungen nicht zwingend auch in Deutschland gelten.

[939] Vgl. Abschnitt 3.2.6.2., S. 228.

sultierenden geringeren Verschuldungsgrad werden die Finanzierungsmöglichkeiten der Gesellschaft, insbesondere eine zusätzliche Fremdfinanzierung, erweitert. Mit niedrigerem Verschuldungsgrad sinken c. p. grundsätzlich auch die
Zinsforderungen von Fremdkapitalgebern.

Bei der alternativen Ausgabe von Anleihen oder anderen Fremdkapitalinstrumenten erhöhen sich hingegen der Verschuldungsgrad und das Insolvenzrisiko;
weitere Fremdfinanzierungsmöglichkeiten werden eingeschränkt und Zinsforderungen von Fremdkapitalgebern steigen tendenziell an. Dies gilt erst recht seit
der mit der Umsetzung von „Basel II"[940] ausgeprägteren Abhängigkeit der Kre-
ditkonditionen der Banken (als in Deutschland wichtigster Quelle der Unterneh-
mensfremdfinanzierung) von der Bonität des Unternehmens. Dies kann – wie
zum Teil in der Finanzmarktkrise 2007 bis zumindest 2009 zu beobachten war –
für Unternehmen einiger Branchen neben einer Verschärfung der Kreditkondi-
tionen auch dazu führen, dass der Kreditkanal vollständig geschlossen sein kann,
sodass bei einem Kapitalbedarf, der die Möglichkeiten der Innenfinanzierung
übersteigt, nur noch eine Finanzierung am Kapitalmarkt möglich ist.

Zudem ist eine klassische Fremdfinanzierung[941] von Wachstumsprojekten – auch
wenn sie mit geringeren Kapitalkosten verbunden ist – riskant, wenn die resultierenden Erträge schwer prognostizierbar oder stark schwankend sind oder wenn
sie voraussichtlich erst in ferner Zukunft entstehen.

Fremdkapitalgläubiger haben unabhängig von der Erzielung eines ausreichenden
Jahresüberschusses stets eine Forderung gegen die Gesellschaft auf Zahlung des
Zinses bzw. der vereinbarten Ausschüttung und auf Rückzahlung des bereitgestellten Kapitals am Laufzeitende. Sie können dies notfalls auf dem Rechtsweg
durchsetzen, auch mit der Konsequenz der Insolvenz der Gesellschaft. Für Vorzugsaktionäre entsteht hingegen wie für alle Aktionäre eine durchsetzbare Forderung gegen die Gesellschaft erst mit dem Gewinnverwendungsbeschluss, was
einen ausschüttbaren Bilanzgewinn voraussetzt. Auch wenn ein ausreichender
Bilanzgewinn vorhanden ist, können sich die Aktionäre aber dafür entscheiden,
z. B. zur Verbesserung der Liquiditätslage, den Gewinn zu thesaurieren und die
Zahlungsmittel im Unternehmen zu belassen. Dies ist auch bei mezzaninen

---

[940] In der EU Umsetzung im Wesentlichen ab 2007 mit Kapitaladäquanzrichtlinie (2006/49/EG) und
Bankenrichtlinie (2006/48/EG) sowie den nationalen Umsetzungsregelungen (in Deutschland
KWG-Änderungen und Inkrafttreten der Solvabilitätsverordnung).
[941] Zu Vor- und Nachteilen einer mezzaninen Fremdfinanzierung im Vergleich zur Finanzierung mit
Vorzugsaktien vgl. den Abschnitt 3.2.6.

Fremdkapitalinstrumenten, z. B. Genussscheinen, nicht möglich,[942] da die Forderung des Gläubigers und die Verbindlichkeit der Gesellschaft nach den Bedingungen des Instruments schon mit einem festgestellten Bilanzgewinn oder einem festgestellten Jahresüberschuss und nicht wie bei Aktionären durch kollektiven Mehrheitsbeschluss der Inhaber des Instruments entsteht. Im Vergleich zur Fremdkapitalfinanzierung können also mit Vorzugsaktien Ertragsschwankungen durch geringere Dividenden oder Ausfall von Ausschüttungen auf Vorzugsaktien ausgeglichen und eine mögliche Insolvenz verhindert werden.[943]

Des Weiteren steht das bei Emission von Vorzugsaktien eingenommene Kapital der Gesellschaft unbefristet zur Verfügung. Aus ökonomischer Sicht ist eine „Rückzahlung" indirekt über einen schrittweisen Aktienrückkauf mit anschließender Einziehung möglich. Die Gesellschaft hat dabei aber die volle Flexibilität, ob, wann, zu welchem Preis (je nach aktuellem Marktpreis) und wie viel Aktien sie zurückkauft. Fremdkapital wird hingegen in aller Regel zeitlich befristet überlassen und muss dann mit einem bestimmten Betrag, häufig zum Nennwert, an einem festgelegten Fälligkeitstag zurückgezahlt werden.

Schließlich kann die Gesellschaft im Vergleich zur Aufnahme von Fremdkapital einen Liquiditätsvorteil erzielen: Dividenden für ein Geschäftsjahr sind erst am Tag nach der Hauptversammlung fällig – mithin einige Monate nach Ende des Geschäftsjahres – während Zinszahlungen auf Anleihen üblicherweise zum 1. Januar, häufig also direkt nach Ende des Kalenderjahres, fällig sind. Mit Vorzugsaktien ist also im Vergleich zur Anleihefinanzierung faktisch ein zinsloser Kredit in Höhe der Ausschüttung für die Zeit bis zur ersten Hauptversammlung nach Emission verbunden.

3.2.5 Weitere Gründe für die Begebung von Vorzugsaktien

Neben den bisher aufgeführten Gründen gibt es weitere Anlässe für die Wahl von stimmrechtslosen Vorzugsaktien als Finanzierungsinstrument. Im Kern ist dabei aber in der Regel der schon erwähnte Erhalt der Mehrheitsverhältnisse das Hauptmotiv zur Emission von Vorzugsaktien.

---

[942] Dies gilt umso mehr, wenn der Vergütungsanspruch, z. B. von Genussrechtsgläubigern, nicht an einen Bilanzgewinn, sondern an einen Jahresüberschuss anknüpft, was bisweilen der Fall ist, z. B. bei den Genussscheinen der Bertelsmann AG von 1980 und 1986, vgl. Capelle (1989), S. 284 f.

[943] Vgl. z. B. Donaldson (1962), S. 123, zum Unterschied von Anleihen und Preferred Stock: „When chips are down ... these differences can be all-important".

3.2.5.1 Sanierung des Unternehmens

Schon im 19. Jahrhundert wurden stimmrechtslose Vorzugsaktien auch dann ausgegeben, wenn eine Sanierung des Unternehmens erforderlich wurde und sich keine Fremdkapitalgeber (mehr) fanden.[944] Sofern die vorhandenen Fremdkapitalgeber nicht zu einem Forderungsverzicht bereit sind, kann eine Insolvenz wegen Überschuldung i. d. R. nur durch Zufuhr von Eigenkapital verhindert werden. Wenn allerdings der Stammaktienkurs unter den Aktiennennwert gesunken ist,[945] ist wegen des Verbots der Unter-Pari-Emission (§ 9 Abs. 1 AktG) auch keine Ausgabe von neuen Stammaktien zu diesem Kurs mehr möglich. In dieser Situation kann – ggf. auch ohne vorherige Kapitalherabsetzung – eine Vorzugsaktie bei Emission zum Nennwert und Einräumung eines entsprechend hohen Dividendenvorzugs bzw. einer hohen Mehrdividende für risikoorientierte Investoren interessant werden.[946] In dieser Situation werden bisweilen auch Vorzugsaktien mit Stimmrecht ausgegeben.[947] Außerdem können Stammaktionären gegen freiwillige Zahlungen (eine Nachschusspflicht gibt es im Aktienrecht nicht) Dividenden-Vorzugsrechte eingeräumt, also Stamm- in stimmrechtslose oder Stimmrechts-Vorzugsaktien umgewandelt werden.[948] Selbst wenn sich Fremdkapitalgeber mit einem festen, im Fall einer Unternehmenskrise entsprechend hohen Zinsanspruch finden würden, wäre der regelmäßig zu zahlende Zinsaufwand und der mit der Zinszahlung verbundene Liquiditätsabfluss für eine erfolgreiche Sanierung vergleichsweise ungünstig: Stimmrechtslose Vorzugsaktien sind neben Fremdkapitalinstrumenten mit gewinnabhängiger Vergütung (z. B. Besserungsscheinen) hier vorteilhafter für das Unternehmen. Möglicherweise lassen sich auch (nachrangige) Fremdkapitalgläubiger, die an eine erfolgreiche Sanierung glauben und diese ermöglichen wollen, bei attraktiven Konditionen der Vorzugsaktien zu einem Tausch ihrer Fremdkapitalinstrumente in Vorzugsaktien moti-

---

[944] Vgl. z. B. Schmalenbach (1908), S. 243 und Reischer (1925), S. 13-14.

[945] Bei Stückaktien ist der auf sie entfallende anteilige Betrag des Grundkapitals, also der implizite Nennwert, maßgeblich.

[946] Bei bereits bestehenden Vorzugsaktien, die unter dem Nennwert notieren, können u. U. den bestehenden Vorzugsaktien nachrangige Vorzugsaktien ausgegeben werden. Selbst bei sehr hohem Dividendenvorzug und/oder Mehrdividende besteht hierbei aber das Problem, dass die Dividendenansprüche der bestehenden Vorzugsaktien vorgehen.

[947] Z. B. im Jahr 2010 bei der Areal Immobilien und Beteiligungs-AG (WKN A0Z24K) im Zusammenhang mit einem Kaptalschnitt. In Datenbanken bzw. Veröffentlichungen (z. B. Reuters, Börsenzeitung) werden diese Vorzugsaktien fälschlicherweise als stimmrechtslos bezeichnet.

[948] Vgl. Depenbrock (1975), S. 220.

vieren. Ein solcher Debt-to-Equity-Swap wurde beispielsweise bei der Koch Gruppe Automobile AG im Jahr 2011 durchgeführt.[949]

Um gegenüber der Öffentlichkeit zu verbergen, dass die Sanierung einer Gesellschaft erforderlich ist oder die Insolvenz droht, wird von solchen Unternehmen bisweilen behauptet, die Emission von Vorzugsaktien erfolge zur Ablösung teurer Bankkredite.[950] Dabei handelt es sich allerdings nur um ein Scheinargument: Da bei gesunden Unternehmen die Eigenkapitalkosten – im Einklang mit dem zweiten Modigliani-Miller-Theorem – über den Fremdkapitalkosten liegen, zeigt sich an einem hohen oder sogar prohibitiven Zinssatz, dass die Banken – die in aller Regel einen besseren Einblick in die wirtschaftlichen Verhältnisse haben als außenstehende Eigenkapitalgeber – einen hohen Zinsaufschlag für das Insolvenzrisiko kalkulieren. Ein rationaler Eigenkapitalgeber müsste demzufolge zumindest von einer sinkenden Eigenkapitalrentabilität ausgehen und eine noch höhere Risikoprämie verlangen, d.h. neue Aktien nur zu einem sehr geringen Ausgabepreis übernehmen.[951] Gelingt in einer solchen Situation ungeachtet dessen die Ausgabe von Vorzugsaktien zur Fremdkapitalablösung (und damit zur Reduzierung der Insolvenzwahrscheinlichkeit aus Sicht von Gläubigern), kann dies tatsächlich zur Abwendung einer Insolvenz und zur Sanierung beitragen.[952]

Sofern sich angesichts der mit der Aktienrechtsnovelle 2016 geschaffenen Möglichkeit, auch nicht-kumulative stimmrechtslose Vorzugsaktien auszugeben, Banken dazu entschließen sollten, Vorzugsaktien als hartes Kernkapital auszugestalten,[953] könnten diese das Zielinstrument einer bei unzureichenden Eigenmitteln automatischen oder von der Bankenaufsichts- bzw. -abwicklungsbehörde anzuordnenden Wandlung von Zwangswandelanleihen (sog. Contingent Convertible Bonds oder CoCo-Bonds) sein.

---

[949] Konkret wurden dabei je 100 € Nennwert einer fälligen 9%igen Anleihe zur Vermeidung des Liquiditätsabflusses in 40 Vorzugsaktien mit einem impliziten Nennwert von 1 € und einer Garantiedividende in Höhe von 4% umgetauscht. Die Stammaktien verblieben zu 100% im Familienbesitz.

[950] Z.B. im Fall der Ausgabe von Vorzugsaktien durch die Brauhaus Torgau AG im Jahre 1998 (Insolvenz 2001), vgl. Töpfert (1998).

[951] Ersetzt der Aktionär teures Fremdkapital bzw. erfolgt die EK-Finanzierung alternativ zur teureren FK-Finanzierung, ergibt sich in der Modigliani-Miller-Gleichung $r_{EK} = r_{GK} + (r_{GK} - r_{FK}) \cdot FK/EK$ ein geringeres FK.

[952] Zum Kreis der Gläubiger, die einer solchen Umwandlung zustimmen, dürften insb. Banken gehören. Üblich ist aber eher die Wandlung in Genussrechte. Vgl. Kakuschke (1996), S. 33.

[953] Vgl. hierzu ausführlich Abschnitt 2.2.6.2.

3.2.5.2 Finanzierung von Großinvestitionen

Im Falle von erforderlichen Großinvestitionen, aufgrund derer über eine längere Zeit der Free Cashflow nicht zur Dividendenzahlung auf Stammaktien ausreicht, ist es denkbar, dass Mehrheitsgesellschafter auf die Dividende verzichten, indem eine zweite, stimmrechtslose Gattung für die außenstehenden Aktionäre geschaffen und ihnen zum Bezug angeboten wird; bei der Ausstattung mit lukrativen Dividendenvorzügen kann dadurch mit Kapitalerhöhungen zusätzliches Kapital zur Finanzierung der Investitionen akquiriert werden. Klein (1981) verweist z. B. auf den erwähnten Fall der Deutsche Lufthansa AG, bei der der Großaktionär Bundesrepublik Deutschland Ende der sechziger Jahre zur Finanzierung von Großinvestitionen auf Dividenden verzichtete und den übrigen Stammaktionären einen 1:1-Umtausch in stimmrechtslose Vorzugsaktien anbot.[954]

3.2.5.3 Finanzierung von Unternehmensübernahmen

In ähnlicher Weise können stimmrechtslose Vorzugsaktien auch der Finanzierung von Unternehmensübernahmen in Form einer Verschmelzung durch Aufnahme dienen. Dabei erhalten die Aktionäre der übernommenen Gesellschaft unter Ausschluss des Bezugsrechts für die Altaktionäre neu ausgegebene Vorzugsaktien der übernehmenden Gesellschaft (Aktientausch). Schon die ersten stimmrechtslosen Vorzugsaktien nach dem AktG 1937 sind vor diesem Hintergrund entstanden: Die früheren Vorzugsaktien der früheren Siemens & Halske AG) bei der Fusion mit der Schuckertwerke AG (1939) und die Vorzugsaktien der früheren Mannesmannröhrenwerke AG bei der Fusion mit dem Stahl- und Walzwerk Großenbaum AG (1938).

Auch die Bayerische Staatsbank AG wurde 1971 vom Freistaat Bayern als Alleinaktionär auf die frühere Bayerische Vereinsbank AG gegen Zuteilung von Vorzugsaktien übertragen; ebenso übernahm 1970 die Deutsche Babcock AG die Mehrheit der indirekt zu 100 % der Bundesrepublik Deutschland gehörenden Borsig AG gegen Ausgabe von Vorzugsaktien. In den beiden letzteren Fällen war der Ausschluss des staatlichen Einflusses auf das fusionierte Unternehmen beabsichtigt.[955]

---

[954] Vgl. Klein (1981), S. 88 f.
[955] Vgl. Klein (1981), S. 96-98.

3.2.5.4 Privatisierung öffentlicher Beteiligungen

Andere Unternehmen mit einem früheren öffentlich-rechtlichen Mehrheitseigner haben im Rahmen der Privatisierung dagegen stimmrechtslose Vorzugsaktien emittiert: In diesen Fällen sollte ein staatlicher Einfluss erhalten bleiben, der öffentlich-rechtliche Eigentümer jedoch kein zusätzliches Kapital wie bei einer Kapitalerhöhung um Stammaktien aufbringen. Beispiele hierfür sind die Volkswagen AG, die Deutsche Lufthansa AG und die RWE AG. Im Jahr 2007 hat der Parteivorstand der SPD, die damals den Bundesminister für Verkehr und den Bundesminister der Finanzen stellte, auch eine Teilprivatisierung der Deutschen Bahn durch Ausgabe stimmrechtsloser Vorzugsaktien prüfen lassen; damit sollte insbesondere die Kontrolle des Staates über das Schienennetz sichergestellt werden.[956] Zu einer Privatisierung ist es allerdings bis dato nicht gekommen.

Vorzugsaktien können aber bei der Privatisierung öffentlicher Beteiligungen wie in den genannten Fällen der Borsig AG und der Bayerische Staatsbank AG auch eine Rolle spielen, wenn der öffentlich-rechtlichen Eigentümer zwar die Stimmenmehrheit an private Investoren veräußert, jedoch stimmrechtslose Vorzugsaktien behält. Er kann dann – anders als bei einem gänzlichen Verkauf der Beteiligung – Minderheitsrechte als Aktionär[957] geltend machen, über satzungsrechtliche Regelungen ggf. auch Aufsichtsratsmandate wahrnehmen und auf diese Weise Einblick in die Vorgänge der Gesellschaft nehmen, ohne sich dem politischen Vorwurf ausgesetzt zu sehen, dass der Staat weiterhin die Geschäftspolitik beeinflusst. Aufgrund des Dividendenvorzugs könnte für die öffentliche Hand zudem ein nachhaltiger Dividendenstrom generiert werden, da die neuen Mehrheitsaktionäre im Interesse der Attraktivität der Stammaktien bestrebt sein werden, Dividenden an außenstehende Stammaktionäre auszuschütten. Damit müssen zwangsläufig auch die stimmrechtslosen Vorzugsaktien der öffentlichen Hand bedient werden.

Ein solches Vorgehen bietet sich möglicherweise auch bei einer etwaigen Privatisierung von noch verbliebenen Landesbanken an,[958] z. B. weil die öffentliche Hand aus Rücksicht auf die Interessen der Mitarbeiter und im Hinblick auf die Zusammenarbeit mit öffentlich-rechtlichen Sparkassen zur Sicherstellung der regionalen Versorgung mit Krediten und Bankdienstleistungen den Einfluss auf

---

[956] Vgl. das Interview mit dem früheren Berliner Finanzsenator Sarrazin in o.V. (2007b).
[957] Vgl. Seite 73 f.
[958] Staats (2006), S. 269-271, sieht stimmrechtslose Vorzugsaktien als eine von mehreren Möglichkeiten bei der Privatisierung von Landesbanken und Sparkassen.

die jeweilige Landesbank zumindest anfänglich nicht gänzlich aufgeben will. Die öffentliche Beteiligung am Vorzugsaktienkapital könnte dann je nach Markt- und Interessenlage schrittweise an einzelne Investoren verkauft[959] oder durch entsprechende Platzierungen breit gestreut werden.

3.2.5.5 Ausübung von Wandel- oder Optionsrechten

Ein weiterer Grund für die Existenz stimmrechtsloser Vorzugsaktien kann der Umtausch von Wandelanleihen oder die Ausübung von Optionsscheinen aus Optionsanleihen sein.[960] Diese können so ausgestaltet werden, dass deren Tauschobjekt keine Stammaktie, sondern eine stimmrechtslose Vorzugsaktie ist. Ein hoher Dividendenvorzug kann zum einen die Attraktivität der Wandelanleihe erhöhen. Zum anderen werden auch hierbei die Mehrheitsverhältnisse im Fall von Wandlungen nicht berührt. Aus Wandelanleihen sind beispielsweise die früher notierten Vorzugsaktien der mittlerweile nicht mehr existenten Gesellschaften M.A.N. AG (1956), Nordwestdeutsche Kraftwerke AG (1955) und Chemische Werke Albert AG (1962) entstanden;[961] bei der Sixt AG sind ab 1991 Vorzugsaktien durch Ausübung von Optionsrechten aus Optionsgenussscheinen entstanden. Sofern die öffentliche Hand im Rahmen von Privatisierungen stimmrechtslose Vorzugsaktien erworben hat, können diese anstelle einer Veräußerung ebenfalls als Tauschobjekt von Wandelanleihen (z. B. Bundesanleihen mit Wandelkomponente) dienen. Dadurch kann der von der öffentlichen Hand während der Anleihelaufzeit zu zahlende Kupon verringert und die Zinsbelastung somit gesenkt werden.

3.2.5.6 Belegschaftsaktien

Die Emission stimmrechtsloser Vorzugsaktien wurde auch für die Ausgabe von Belegschaftsaktien genutzt, dies spielte vor allem im Rahmen von Mitarbeiterbeteiligungsprogrammen der 1980er Jahre eine wichtige Rolle.[962] Einerseits kann hierdurch erreicht werden, dass sich die Verbundenheit von Arbeitnehmern mit

---

[959] Die öffentliche Hand ist aufgrund des Transparenzgebots allerdings nicht frei in der Auswahl der Investoren. Vielmehr müssen diese grundsätzlich durch öffentliche Ausschreibung ermittelt werden.

[960] Ebenso können die Wandel- bzw. Optionsrechte an Genussscheine gekoppelt sein (sog. Wandel- bzw. Optionsgenussscheine).

[961] Die Vorzugsaktien der früheren M.A.N. AG sind wiederum 1986 bei der Verschmelzung auf die heute als MAN AG firmierende Gutehoffnungshütte (GHH) AG in deren Vorzugsaktien umgetauscht worden. Klein (1981), S. 87, nennt beispielhaft weitere Wandelanleihen auf Vorzugsaktien (begeben von der Hartmann und Brau AG 1968 und von der KSB AG im Jahre 1969).

[962] So Winzen (2014), S. 96.

„ihrem" Unternehmen verbessert und auch das Verständnis für kapitalmarktorientierte Maßnahmen der Geschäftsführung steigt, andererseits wird auch dabei
die Stimmrechtsmacht der übrigen Aktionäre nicht beeinflusst. Aus Sicht der
Arbeitnehmer kann eine solche Anlageform neben der Beteiligung am Unternehmenserfolg durch Dividendenausschüttung auch wegen der Steuerfreiheit
eines geldwerten Vorteils von insgesamt bis zu 360 € bei Gewährung eines Sach-
bezugs in Form einer Aktienbeteiligung des Arbeitgebers (§ 3 Nummer 39 EStG)
interessant sein.[963] Hinzu kommt die bis zu einer bestimmten Einkommensgrenze
bestehende staatliche Förderung so genannter vermögenswirksamer Leistungen
in Form von steuerfreien Zuschüssen. Bei derart geringfügigen Beteiligungshöhen, wie sie typischerweise durch Belegschaftsaktien vermittelt werden, fällt für
die Aktionäre das fehlende Stimmrecht nicht ins Gewicht. Die Gesellschaft kann
damit gleichwohl die Mitarbeitermotivation steigern, ohne einen Liquiditätsabfluss (wie etwa bei Zahlung von Leistungsprämien oder Bezuschussung anderer
Anlageformen) in Kauf nehmen zu müssen, und verbreitet zugleich noch ihre
Eigenkapitalbasis. Nach eigenen Erhebungen haben in der Vergangenheit mindestens 17 börsennotierte Gesellschaften Belegschaftsaktien in Form von stimmrechtslosen Vorzugsaktien ausgegeben,[964] im Fall der Nixdorf AG war die Ausgabe von Belegschaftsaktien wohl überhaupt der Anlass zu erstmaligen Ausgabe
von Vorzugsaktien.[965]

3.2.5.7 *Diversifizierung des Beteiligungsportfolios*

Ein Motiv für Börsengänge im Allgemeinen ist die Möglichkeit der Diversifizierung des Portfolios der (bisherigen) Eigentümer: Da Familien oft einen Großteil
ihres Vermögens in „ihre" Unternehmung eingebracht haben, können sie durch
Verkauf eines Teils der Cashflowrechte Einnahmen erzielen, die sie zur Diversifizierung, also zur Verminderung des Gesamtrisikos ihrer Vermögensanlagen,
einsetzen können. Durch die Nutzung einer Dual-Class-Struktur kann es erheblich erleichtert werden, sich von einem Teil der Cashflow-Rechte zugunsten von
diversifizierenden Anlagen zu trennen und dennoch die Stimmrechtsmehrheit,
also die Kontrolle über die Gesellschaft, aufrechtzuerhalten. Nach Arugaslan/
Cook/Kieschnick (2010) ist dies in den USA der wichtigste Grund für einen

---

[963] Bis zum 1.4.2009 war ein geldwerter Vorteil in Form eines Kursabschlag von bis zu 50% des
Wertes der Beteiligung bis zu einer Höhe von 135 € steuerfrei (§ 19a Abs. 1 EStG a. F.).

[964] AGROB AG, BMW AG, Binding Brauerei AG, Deutsche Babcock AG, Fielmann AG, Glunz
AG, Herlitz AG, Henkel KGaA, Hornblower Fischer AG, MLP AG, Mineralbrunnen Überkingen-Teinach AG, Möbel Walther AG, Nixdorf AG, RWE AG, Südzucker AG, Wasgau Produk-
tions- und Handels-AG, WMF AG.

[965] So Klein (1981), S. 114.

Börsengang mit Class-B-Aktien.[966] Auch für schwedische Familienunternehmen stellen Hagelin/Holmén/Pramborg (2003) fest, dass diese Minderstimmrechtsaktien an die Börse bringen, um die Kontrolle aufrechtzuerhalten ihr Portfolio zu diversifizieren.[967]

3.2.5.8 Steigerung der Bekanntheit von Unternehmen mit festem Anteilsbesitz

Mit einem durch Ausgabe von Vorzugsaktien höheren Eigenkapital und einer höheren Bilanzsumme wird i. d. R. auch die Position der Gesellschaft am Kapitalmarkt gestärkt und es erhöht sich das Sozialprestige für den Vorstand.[968] Die Gesellschaft erfährt – auch wenn die Stammaktien vollständig in Festbesitz sind – bei einem Börsengang von Vorzugsaktien eine größere Beachtung in der Öffentlichkeit und während der folgenden Börsennotiz wegen der damit verbundenen Berichtspflichten eine größere Präsenz in den Medien, als dies beispielsweise bei einer reinen Anleiheemission der Fall sein dürfte. Damit dürfte es tendenziell auch leichter sein, qualifizierte Mitarbeiter und Manager zu gewinnen.

3.2.5.9 Regelung der Unternehmensnachfolge

Vorzugsaktien können auch zur Regelung der Unternehmensnachfolge genutzt werden: Um nur einem Teil der Nachfolger bzw. Erben den Einfluss auf die Gesellschaft zu sichern, können die Stammaktien an diese übertragen werden.[969] Die restlichen Familienmitglieder können durch Übertragung von Vorzugsaktien vermögensrechtlich nahezu gleichgestellt werden.[970]

---

[966] Vgl. Arugaslan/Cook/Kieschnick (2010), S. 180.

[967] Vgl. Hagelin/Holmén/Pramborg (2003), S. 10 f. und S. 18 f.

[968] Renner (1999), S. 160-161, verweist darauf, dass für Manager einer Publikums-Aktiengesellschaft das Sozialprestige ein wichtiger Bestandteil der individuellen Nutzenfunktion darstellt und in sich in hohem Maße am Umfang der zu allozierenden Ressourcen bestimmt.

[969] So wurde beispielsweise die Unternehmensnachfolge des Lebensmittelunternehmens Steinhaus in Remscheid über eine Familien-AG (die Steinhaus Holding AG) gestaltet, wobei „Stammaktien für die Entscheidungsträger und Vorzugsaktien für andere" ausgegeben wurden, vgl. o.V. (2014) [Remscheider General-Anzeiger, 15.12.2014].

[970] Aufgrund der gesetzlichen Regelungen ist zwar eine vermögensmäßige Besserstellung der Vorzugsaktionäre erforderlich, diese kann jedoch durch einen sehr geringen Dividendenvorzug oder eine sehr geringe Mehrdividende ebenfalls sehr gering ausfallen.

3.2.6   Vergleich der Finanzierung mit Vorzugsaktien gegenüber einer
         Finanzierung mit mezzaninem Fremdkapital

3.2.6.1 Vorzugsaktien als mezzanines Finanzinstrument

Im Handels- und im Steuerrecht werden Finanzinstrumente strikt in Eigenkapi-
tal- und Fremdkapitalinstrumente unterteilt.[971] Dies spiegelt die ökonomische
Realität allerdings nur unzureichend wider: Neben den idealtypischen Vertretern
beider Kategorien, Stammaktien und Unternehmensanleihen, gibt es eine Vielzahl von Mischformen, so genannten mezzaninen Finanzinstrumenten: Einerseits
Fremdkapitalinstrumente mit eigenkapitalähnlichen Eigenschaften, andererseits
Eigenkapitalinstrumente mit fremdkapitalähnlichen Eigenschaften. Durch die
Strukturierung von Finanzinstrumenten, d. h. die – meist durch Investmentban-
ken begleitete – Kreation von Finanzinstrumenten aus mehreren „Bausteinen"
mit dem Ziel der Optimierung im Hinblick auf die Anforderungen von Emittenten und/oder Anlegern, wurde das Spektrum mezzaniner Finanzinstrumente in
den letzten 20 Jahren stark erweitert.

Neu sind mezzanine bzw. hybride Finanzinstrumente[972] jedoch nicht: Mit Ge-
nussrechten, Gewinnschuldverschreibungen und partiarischen Darlehen, Nach-
rangdarlehen, ewigen Anleihen, stillen Gesellschaften und auch eigenkapitaler-
setzenden Darlehen[973] werden elementare, also nicht strukturierte Finanzinstrumente, die eine Zwitterstellung zwischen Eigen- und Fremdkapital einnehmen,
schon seit Langem in der Unternehmensfinanzierung verwendet. Kumulative
Vorzugsaktien sind als (einziges) elementares mezzanines Eigenkapitalinstrument anzusehen,[974] bei den anderen genannten Instrumenten handelt es sich dagegen um mezzanines Fremdkapital. Aus den aktienrechtlichen Vorschriften ergeben sich Gestaltungsgrenzen für andere mezzanine Kapitalinstrumente, insbesondere dürfen durch deren vertragliche Ausgestaltung die aktienrechtlichen Regelungen für stimmrechtslose Vorzugsaktien nicht umgangen werden.[975] Konkret

---

[971] Vgl. die Erläuterungen im Abschnitt 2.2.6.2.

[972] Die Begriffe „hybrid" und „mezzanin" werden hier synonym verwendet. Im Schrifttum wird bis-
       weilen auch eine weites Verständnis hybrider Finanzinstrumente vertreten, wobei darunter neben
       mezzaninen Finanzinstrumenten auch andere strukturierte Finanzinstrumente und Derivate subsu-
       miert werden, die eindeutig einen Eigen- oder Fremdkapitalcharakter aufweisen. So auch Briese-
       meister (2006), S. 13 f.

[973] Deren hybrider Charakter wird nur in einer Krise des Unternehmens relevant und ist daher nur
       temporär.

[974] So die Einordnung von Briesemeister (2006), S. 22.

[975] Vgl. Winzen (2014), S. 39.

kann mit anderen mezzaninen Instrument keine gesellschaftsrechtliche Stellung (als Eigentümer) verbunden werden; es handelt sich um schuldrechtliche Vereinbarungen, die eine Gläubigerstellung begründen. Gleichwohl ist auch der Einsatz strukturierter mezzaniner Finanzinstrumente, bei denen der eigenkapitalähnliche Charakter häufig durch eine auf Aktien bezogene Komponente („Equity-Kicker") erreicht wird, wie Wandelvorzugsaktien, Wandelgenussrechte, Options-, Umtausch- und Wandelanleihen, schon seit Langem gängige Praxis.

3.2.6.2 Vergleich der Eigenschaften der Finanzierungsinstrumente

Ziel der Verwendung mezzaniner Fremdkapitalinstrumente ist vor allem die Vermeidung der im Abschnitt 3.2.4 genannten Nachteile der Fremdfinanzierung gegenüber einer Finanzierung mit (Vorzugs-)Aktien: So können mezzanine Fremdkapitalinstrumente mit stark eigenkapitalähnlichem Charakter z. B. durch Vereinbarung einer gewinn- oder dividendenabhängigen, nachrangigen Vergütung, einer Teilnahme am Bilanzverlust (z. B. durch – ggf. temporäre – Verminderung des Nennwerts oder Rückzahlungsbetrags), eines Nachrangs für den Fall der Liquidation bzw. Insolvenz, einer Beteiligung an stillen Reserven und/oder einer sehr langen oder unbefristeten Laufzeit geschaffen werden. Sofern dabei keine Kumulation ausgefallener Ausschüttungen vereinbart wird, kann der Eigenkapitalcharakter dieser Fremdkapitalinstrumente ökonomisch sogar stärker ausgeprägt sein als der von kumulativen Vorzugsaktien, die rechtlich Eigenkapitalinstrumente darstellen.

Allerdings sind mit Fremdkapitalinstrumenten keine den Mitgliedschaftsrechten von Vorzugsaktien vergleichbaren Einflussmöglichkeiten zu vereinbaren.[976] Bei Vorzugsaktien muss die ausgebende Gesellschaft daher prinzipiell ein zeitweiliges Aufleben des Stimmrechts „befürchten".

Durch Nutzung von mezzaninen Fremdkapitalinstrumenten (z. B. Genussscheinen oder typischen stillen Beteiligungen) steigt – abhängig von deren Ausgestaltung – der Verschuldungsgrad und das Insolvenzrisiko aus Sicht „gewöhnlicher" vorrangiger Fremdkapitalgeber in ökonomischer Hinsicht nicht zwingend an; das zur Verlusttragung vorhandene Kapital wird i. d. R. sogar erweitert. Dadurch vermindern sich die bereits erörterten Vorteile stimmrechtsloser Vorzugsaktien gegenüber einer solchen Fremdfinanzierung erheblich. Zudem kann mit mezzani-

---

[976] Eine Ausnahme bilden so genannte atypische stille Gesellschaften, bei denen der stille Gesellschafter zwar kein Stimmrecht bei der Hauptversammlung hat, aber auf vertraglicher Grundlage Einfluss auf die Geschäftspolitik nehmen kann. Solche Einlagen werden aber aus steuerlicher Sicht ebenso wie Vorzugsaktien als Eigenkapital behandelt.

nem Fremdkapital eine stärkere Hebelwirkung („Leverage-Effekt") als mit partizipativen Vorzugsaktien [977] erzielt werden: Da die Ausschüttung auf mezzanine Fremdkapitalinstrumente auch bei Gewinnabhängigkeit – wie bei limitierten Vorzugsaktien – meist in der Höhe begrenzt ist, fließen die mit dem aufgenommenen Kapital zusätzlich erwirtschafteten Residualgewinne, also die Erträge aus der Investition des Kapitals abzüglich der Ausschüttungen auf die Fremdkapitalinstrumente, vollständig den Aktionären zu – deren Gewinn pro Aktie steigt also durch die Nutzung solcher Instrumente.

Ein wesentliches Hindernis für die Finanzierung mit Vorzugsaktien ist die steuerliche Benachteiligung der Ausschüttung von Vorzugsaktien im Vergleich zu mezzaninem Fremdkapital: Dividendenzahlungen auf Vorzugsaktien stellen ebenso wenig wie Ausschüttungen auf Stammaktien Betriebsausgaben dar. Im Gegensatz zu Ausschüttungen auf Fremdkapital vermindern sie also nicht den Jahresüberschuss und damit die Bemessungsgrundlage für die Körperschaftsteuer und die Gewerbesteuer;[978] die Dividenden der Vorzüge bewirken kein „Tax Shield", sondern sind aus Sicht der Gesellschaft vielmehr Nachsteuerzahlungen.[979],[980] Dies ist meist der Hauptgrund für die Konstruktion und Verwendung von mezzaninen Fremdkapitalinstrumenten mit stark eigenkapitalähnlichem Charakter, die zwar faktisch nahezu die gleichen Zahlungsströme wie Vorzugsaktien haben, aber deren Ausschüttungen steuerlich vorteilhafter behandelt werden.[981] Diese steuerliche Ungleichbehandlung führt dazu, dass die ökonomisch wünschenswerte Entscheidungsneutralität der Besteuerung im Hinblick auf die Wahl der Finanzierungsform nicht gegeben ist. Die unterschiedliche Besteuerung na-

---

[977] Zur mit partizipativen Vorzugsaktien erreichbaren Hebelwirkung vgl. den Abschnitt 3.2.7.

[978] Vor 1983 wurden Fremdkapitalzinsen voll dem Gewerbeertrag hinzugerechnet, sodass sich diesbezüglich kein Vorteil im Vergleich zu Vorzugsdividenden ergab; seit 1984 erfolgt nur noch eine Zurechnung der langfristigen Fremdkapitalzinsen („Dauerschulden") zu 50 % (1983: zu 60 %).

[979] Während der Gültigkeit des Anrechnungsverfahren (1977-2000) wurde die von der Gesellschaft gezahlte Körperschaftsteuer auf die nach individuellen Steuersatz des Anlegers maßgebliche Einkommensteuer angerechnet, sodass während dieser Zeit die Zahlung von Fremdkapitalzinsen oder gleich hohen Dividenden aus Sicht der inländischen Anleger zumindest im Hinblick auf die Einkommensteuer keinen Unterschied darstellte, jedoch nach wie vor aus Sicht der Gesellschaft.

[980] Aus Sicht der Unternehmen konnte bis 1996 durch Aufnahme von Fremdkapital im Gegensatz zur Aufnahme von Eigenkapital auch das vermögensteuerliche Reinvermögen vermindert und so die Vermögensteuerbelastung reduziert werden.

[981] Insbesondere im Bankensektor war eine weitere Motivation zur Nutzung von mezzaninem Fremdkapital statt Vorzugsaktien die Schaffung von bankaufsichtlichem Kernkapital, vgl. Abschnitt 2.2.6.2; kumulative Vorzugsaktien wurden gemäß § 10 Abs. 2b KWG a. F. „nur" als Ergänzungskapital angerechnet. Ein Ziel der Aktienrechtsnovelle 2016 war es, dieses „Problem" zu beheben, weshalb eine Kumulation nun nicht mehr zwingend ist, vgl. Abschnitt 2.2.1. Es bleibt abzuwarten, ob Banken künftig häufiger Vorzugsaktien zur Finanzierung nutzen werden.

hezu gleicher Sachverhalte kann potenziell einen Verstoß gegen die Steuerge-rechtigkeit darstellen, die auf dem Gleichheitsgrundsatz fußt.[982]

Ein weiterer Nachteil von Vorzugsaktien ist die limitierte Möglichkeit zur Nut-zung von Vorzugsaktien als Finanzierungsinstrument. Übersteigt der Kapitalbe-darf den Höchstbetrag (Hälfte des Grundkapitals gemäß § 139 Abs. 2 AktG), müssen – sofern keine Stammaktien ausgegeben werden sollen – (ggf. mezza-nine) Fremdkapitalinstrumente genutzt werden. Für die Begebung solcher Instru-mente besteht dagegen rechtlich keine Beschränkung.

Dennoch sind stimmrechtslose Vorzugsaktien trotz der Vielfalt mezzaniner Fremdkapitalinstrumente und der genannten steuerlichen und anderen Nachteile offensichtlich nicht völlig unattraktiv, da sie in anderenfalls kein Unternehmen mehr emittieren würde. Dies zeigt sich auch daran, dass einige Gesellschaften sowohl stimmrechtslose Vorzugsaktien als auch Genussrechte emittiert haben.[983] Letztlich dürfte hierfür maßgeblich sein, dass Vorzugsaktien im Gegensatz zu – möglicherweise noch so ausgefeilten Konstruktionen anderer Hybridkapital-instrumente – juristisch, bilanzrechtlich und faktisch „echtes" Eigenkapital (nämlich Grundkapital) darstellen, dass die Kapitalüberlassung unbefristet er-folgt, dass kein Zwang zur Rückzahlung besteht[984] und schließlich dass auch bei Vorliegen eines Bilanzgewinns eine Ausschüttung nicht zwingend erfolgen muss. Komplexe Regelwerke bei anderem Hybridkapital können hingegen unter Umständen Interpretationsspielräume über den Eigenkapitalcharakter des jewei-ligen Instruments für Gläubiger, Ratingagenturen, Wirtschaftsprüfer, Steuer- und Aufsichtsbehörden eröffnen. Auch für institutionelle Anleger können fehlende gesellschaftsrechtlicher Mitwirkungsrechte bei anderem Hybridkapital und mög-licherweise langwierige Prozesse zur Durchsetzung von Ansprüchen abschre-

---

[982] So Briesemeister (2006), S. 57-61.

[983] Bisher war dies (nach eigenen Erhebungen) bei der Drägerwerk AG, der Eurokai KGaA, der Fuchs Petrolub AG, der Gerling Konzern Allgemeine Versicherungs AG, der Sixt AG und der WKM Terrain- und Beteiligungs-AG der Fall.

[984] In einigen Fällen werden auch Genussscheine mit unbefristeter Laufzeit ausgegeben. Vgl. z.B. die Übersicht in Capelle (1989), S. 284-287. Dabei bestehen aber i.d.R. Kündigungsrechte für den Emittenten, sodass die Kapitalüberlassung zwar rechtlich unbefristet erfolgt, der Kapital-markt aber i.d.R. die Erwartung hat, dass Kündigungsmöglichkeiten seitens des Emittenten auch wahrgenommen werden (anderenfalls wäre von einer ungünstigen wirtschaftlichen Verfassung der Gesellschaft auszugehen). Erst recht sind stimmrechtslose Vorzugsaktien im Hinblick auf die Dauer der Kapitalüberlassung günstiger, wenn die Genussscheine mit Kündigungsrechten seitens des Genussscheininhabers ausgestattet sind. Dies ist häufig für den Fall einer Verschlechterung steuerlicher Regelungen aus Sicht des Genussscheininhabers möglich, vgl. hierzu die Übersichten in Capelle (1989), S. 280-287.

ckend wirken. In jedem Fall werden daher durch die Verwendung von – bis auf die konkrete Höhe von Vorzugs- und Mehrdividende faktisch standardisierten – Vorzugsaktien anstelle von Hybridkapital Transaktionskosten eingespart. Schließlich dürften aus den genannten Gründen Investmentrichtlinien von Investment- oder Pensionsfonds oder Anlagevorschriften für Versicherungsunternehmen den Erwerb von Aktien eher als den Erwerb komplexer mezzaniner Fremdkapitalinstrumente zulassen. Letztlich kommt es darauf an, dass die Gesellschaft Anleger für die von ihr begebenen Finanzinstrumente zu einem akzeptablen Preis findet.

3.2.7 Hebelwirkung von Vorzugsaktien

Wie im letzten Abschnitt ausgeführt wurde, kann von mezzaninem Fremdkapital eine Hebelwirkung ausgehen, wenn die Ausschüttung auf das Fremdkapital der Höhe nach begrenzt ist. Der gleiche Mechanismus greift auch bei den üblicherweise nicht partizipativen US-amerikanischen Preferred Stock und der Ausgabe obligationenähnlicher Vorzugsaktien mit limitierter Vorzugsdividende in Deutschland; er basiert auf der Steigerung (Verringerung) des Residualeinkommens für Stammaktionäre durch Emission von Finanzinstrumenten mit limitierter Ausschüttung, sofern die Gesamtkapitalverzinsung über (unter) der limitierten Vergütung/Verzinsung liegt.[985] Dieser Zusammenhang wird auch als zweites Modigliani-Miller-Theorem bezeichnet.[986] Formal kann diese Aussage in einer Welt ohne Steuern und ohne Vorzugsaktien durch Umstellen der Gleichung für die gewichteten (Gesamt-) Kapitalkosten

$r_{GK} = \dfrac{FK}{GK} \cdot i + \dfrac{EK}{GK} \cdot r_{EK}$ nach r_{EK} dargestellt werden, wobei FK den Marktwert des Fremdkapitals, EK den Marktwert des Eigenkapitals, GK den Marktwert des Gesamtkapitals (= EK + FK), i die Verzinsung des Fremdkapitals und r_{EK} die Eigenkapitalkosten bezeichnen. Daraus ergibt sich

$$r_{EK} = r_{GK} + (r_{GK} - i) \cdot \frac{FK}{EK} \qquad \text{(Gleichung 1)}.$$

Überträgt man die obigen Überlegungen auf eine Unternehmung, deren Passiva aus den drei Bestandteilen Fremdkapital (FK), Vorzugsaktienkapital (VK) mit

---

[985] Analog Capelle (1989), S. 196, für die Finanzierung mit Genussscheinen.
[986] Vgl. z. B. Ross/Westerfield/Jaffe (1996), S. 393.

Kapitalkosten r_{VK} und Stammaktienkapital (SK) mit Kapitalkosten r_{SK} besteht, ergeben sich die gewichteten Gesamtkapitalkosten als

$$r_{GK} = \frac{FK}{GK} \cdot i + \frac{VK}{GK} \cdot r_{VK} + \frac{SK}{GK} \cdot r_{SK} \qquad (2).$$

Durch Umstellen nach den Eigenkapitalkosten der Stammaktien erhält man

$$r_{SK} = r_{GK} + (r_{GK} - i) \cdot \frac{FK}{SK} + (r_{GK} - r_{VK}) \cdot \frac{VK}{SK}. \qquad (3).$$

Daraus folgt, dass durch Emission von neuen Vorzugsaktien im Vergleich zu einer Situation, in der die Passiva nur aus Fremdkapital und Stammaktien bestehen (dabei gilt also VK=0, SK=EK) die Rendite der Stammaktionäre auch von der Rendite des Vorzugsaktienkapitals beeinflusst wird:

1. Sofern die Kapitalkosten der Vorzugsaktien unter den Gesamtkapitalkosten liegen (r_{GK} - r_{VK} > 0), steigt die Rendite der Stammaktien durch Emission der Vorzugsaktien an, mit anderen Worten tritt durch Ausgabe solcher Vorzugsaktien eine Hebelwirkung ein. Diese Situation dürfte insbesondere bei obligationsähnlich ausgestalteten Vorzugsaktien mit limitierter Vorzugsdividende anzutreffen sein, da deren Kapitalkosten im Hinblick auf das geringere Risiko näher bei denen von Obligationen, also den Fremdkapitalkosten, liegen dürften.

2. Sofern die Kapitalkosten der Vorzugsaktien über den Gesamtkapitalkosten liegen (r_{GK} - r_{VK} < 0), ist mit der Emission von Vorzugsaktien aber eine negative Hebelwirkung auf die Rendite von Stammaktien verbunden.[987] Dieser Fall dürfte insbesondere bei partizipativen Vorzugsaktien eintreten, die zumindest proportional, bei Vorhandensein einer Mehrdividende überproportional, am Residualeinkommen beteiligt sind. Daher dürften deren Kapitalkosten deutlich näher an den Kapitalkosten von Stammaktien liegen. Das Ergebnis ist auch intuitiv: Im Grenzfall gleicher Kapitalkosten entspricht die Ausgabe von Vorzugsaktien einer Erhöhung von EK in Gleichung 1 bei Konstanz der anderen Größen auf der rechten Seite. Dies führt zu einer geringeren Hebelwirkung und einer geringeren Eigenkapitalrentabilität.

---

[987] Während in der Gleichung 3 die ersten beiden Summanden im Vergleich zur Situation vor Emission von Vorzugsaktien (d.h. im Vergleich zu Gleichung 1) unverändert sind, wird der dritte Summand negativ.

In Deutschland ist – anders als z. B. in den USA – aktuell keine obligations-ähnliche Vorzugsaktie börsennotiert. Vielmehr sind in Deutschland derzeit aus-schließlich noch partizipative Vorzugsaktien anzutreffen. Daher dürfte mit der Emission von Vorzugsaktien in Deutschland in aller Regel eine negative Hebel-wirkung im Vergleich zur Situation vor Emission des Vorzugsaktienkapitals verbunden sein.

Die bisherigen Ausführungen bezogen sich auf den Vergleich der Emission von Vorzugsaktienkapital mit einer Situation ohne zusätzliches Kapital. Betrachtet man nun stattdessen den Unterschied in der Rendite der Stammaktien bei der zur Ausgabe von Vorzugsaktien alternativen Emission von Fremdkapital (Fall a) bzw. Stammaktienkapital (Fall b), jeweils mit gleichem Marktwert wie VK, ist in der Modigliani-Miller-Welt ohne Steuern Folgendes festzustellen:

a. Für das zusätzlich zum bisherigen Fremdkapital FK ausgegebene Fremd-kapital im Umfang VK gelten auch die Kapitalkosten i (d. h. in den Glei-chungen 2 und 3 gilt $r_{VK} = i$). Aus Gleichung 3 folgt für die neuen Kapital-kosten der Stammaktien r_{SK}^{*}:

$$r_{SK}^{*} = r_{GK} + (r_{GK} - i) \cdot \frac{FK}{SK} + (r_{GK} - i) \cdot \frac{VK}{SK}.$$ Im Vergleich mit der

Ausgabe von Vorzugsaktien folgt

$$r_{SK}^{*} > r_{SK} \quad \Leftrightarrow \quad (r_{GK} - i) \cdot \frac{VK}{SK} > (r_{GK} - r_{VK}) \cdot \frac{VK}{SK} \quad \Leftrightarrow \quad r_{VK} > i.$$

988

Wird statt des Vorzugsaktienkapitals also Fremdkapital mit gleichem Markt-wert ausgegeben, ist die resultierende Eigenkapitalrendite höher, die Hebel-wirkung also stärker, wenn der Fremdkapitalzins unter den Kapitalkosten der Vorzugsaktien liegt. Dies dürfte in aller Regel, zumindest jedoch im langjährigen Mittel zutreffen. Anderenfalls würde auch kein Anreiz beste-hen, im Vergleich zu Fremdkapitalinstrumenten in riskanteres Vorzugsak-tienkapital zu investieren.

b. Für zusätzlich zu SK ausgegebene Stammaktien im Umfang von VK gelten ebenfalls die (neuen) Kapitalkosten der Stammaktien r_{SK}^{*} (d. h. in Glei-chung 2 gilt $r_{VK} = r_{SK}^{*}$). Aus Gleichung 2 folgt für die unveränderten Gesamtkapitalkosten:

---

988 Mit „⇔" wird die logisch Äquivalenz symbolisiert („genau dann, wenn").

$$r_{GK} = \frac{FK}{GK} \cdot i + \frac{VK}{GK} \cdot r_{SK}^{*} + \frac{SK}{GK} \cdot r_{SK}^{*} . \text{ Umstellen nach } r_{SK}^{*} \text{ ergibt}$$

$$r_{SK}^{*} = r_{GK} + (r_{GK} - i) \cdot \frac{FK}{SK + VK} . \text{ Im Vergleich zur Emission von}$$

Vorzugskapital (Gleichung 2) gilt folglich

$$r_{SK}^{*} < r_{SK} \quad \Leftrightarrow \quad (r_{GK} - i) \cdot \frac{FK}{SK + VK} \quad < (r_{GK} - i) \cdot \frac{FK}{SK} + (r_{GK} - r_{VK}) \cdot \frac{VK}{SK}$$

$$\Leftrightarrow \quad (r_{GK} - i) \cdot FK \cdot SK \quad < (r_{GK} - i) \cdot FK \cdot (SK + VK) + (r_{GK} - r_{VK}) \cdot VK \cdot (SK + VK)$$

$$\Leftrightarrow \quad 0 \quad < (r_{GK} - i) \cdot FK \cdot VK + (r_{GK} - r_{VK}) \cdot VK \cdot (SK + VK)$$

$$\Leftrightarrow (r_{VK} - r_{GK}) \cdot (SK + VK) < (r_{GK} - i) \cdot FK$$

$$\Leftrightarrow \quad r_{VK} \quad < r_{GK} + (r_{GK} - i) \cdot \frac{FK}{SK + VK} \quad = r_{SK}^{*}$$

Daraus ergibt sich implizit das ebenso intuitive Ergebnis, dass bei einer Kapitalerhöhung um Vorzugsaktien die Kapitalkosten der Stammaktien dann ansteigen, wenn die Kapitalkosten der Vorzugsaktien unter denen der Stammaktien liegen. Dies bedeutet, dass die Stammaktionäre auch durch die Emission von Vorzugsaktien anstelle von Stammaktien ihre eigene Rendite steigern können, wenn sie die Ausgabe von Vorzugsaktien mit geringeren zu erwartenden Kapitalkosten beschließen. In diesem Sinne kann auch für partizipative Vorzugsaktien eine gewisse Hebelwirkung eintreten (sog. „Secondary Financial Leverage"[989]). Allerdings ist diese höhere Rendite der Stammaktionäre mit einem höheren Risiko des Dividendenausfalls aufgrund des Dividendenvorrechts der Vorzugsaktien verbunden.

Vorzugsaktien genießen i. d. R. keine Vorrechte für den Fall der Liquidation der Gesellschaft.[990] Daher ist mit ihnen – im Gegensatz zur Begebung von Fremdkapital – auch kein Anstieg des Insolvenzrisikos gegeben und aus Sicht der Stammaktionäre keine Verschlechterung der eigenen Position im Fall von Liquidation oder Insolvenz verbunden. Im Gegensatz zur Emission von Fremdkapitalinstrumenten ist demnach die Möglichkeit zur Steigerung der Hebelwirkung durch Ausgabe von immer mehr stimmrechtslosem Vorzugsaktienkapital nicht

---

[989] Vgl. z. B. Klein (1981), S. 31.
[990] Vgl. hier den Abschnitt 3.3.3, S. 242.

begrenzt; allerdings greift hier die gesetzliche Limitierung auf die Hälfte des Grundkapitals (§ 139 Abs. 2 AktG).

Als Fazit bleibt festzuhalten, dass zum einen mit obligationenähnlichen Vorzugsaktien eine Hebelwirkung erreicht werden kann, dass aber zum anderen auch die Ausgabe partizipativer Vorzugsaktien im Vergleich zur Ausgabe von Stammaktien für die Stammaktionäre wirtschaftlich vorteilhaft sein kann, wenn die Vorzugsaktien geringere Kapitalkosten aufweisen. Entscheidend für das Auftreten dieses sog. „(Financial) Leverage"-Effekts ist also nicht die dichotome Unterscheidung in Eigen- und Fremdkapital wie im Modigliani-Miller-Modell, sondern die Anspruchslimitierung einer Kapitalgebergruppe im Verhältnis zu einer anderen[991] bzw. die daraus resultierenden unterschiedlichen Kapitalkosten. Zwar ist die erzielbare Hebelwirkung bei Ausgabe von Fremdkapital mit noch geringeren Kapitalkosten als Vorzugsaktienkapital unter den Annahmen des ursprünglichen Modigliani-Miller-Modells ohne Steuern größer; mit zunehmender Verschuldung steigt jedoch die Insolvenzwahrscheinlichkeit. Dies führt zu steigenden Fremdkapitalkosten und lässt eine Finanzierung mit Vorzugsaktienkapital, die das Insolvenzrisiko nicht vergrößert, sondern im Gegenteil sogar schmälert, relativ gesehen vorteilhafter werden als eine Finanzierung mit unbedingten Zahlungs- oder Rückzahlungsansprüchen.

Nach einer Erhebung vom Arbeitskreis Finanzierung der Schmalenbach-Gesellschaft für Betriebswirtschaft e.V. (2009) gaben nur 41,5 % der befragten 41 großen deutschen Unternehmen an, dass die mit dem Leverage-Effekt mögliche Wertsteigerung ein primäres Motiv der Kapitalstrukturpolitik sei; 82,9 % gaben hingegen an, die „strategische Flexibilität" sei das Hauptmotiv.[992] Insofern dürfte auch die Hebelwirkung von Vorzugsaktien nicht der Hauptgrund für deren Ausgabe zu sein. Ein wichtigeres Motiv der Kapitalstrukturpolitik scheint es zu sein, die Einflussmöglichkeiten der Eigenkapitalgeber zu berücksichtigen (so 70,7 % der Befragten) und namentlich den Fokus auf den Erhalt der Kontroll-

---

[991] Ähnlich Capelle (1989), S. 196.

[992] Mehrfachantworten waren möglich. Ein signifikanter Unterschied zwischen der Häufigkeit der beiden Antworten ergab sich hierbei bei Unternehmen mit mindestens 25 % Festbesitz; bei Unternehmen mit geringerem Festbesitz ergab sich kein signifikanter Unterschied zwischen den Antworten. Vgl. hierzu Arbeitskreis Finanzierung der Schmalenbach-Gesellschaft für Betriebswirtschaft e.V. (2009), S. 333-335. Die Aussagen beziehen sich allgemein auf den Leverage-Effekt durch Anhebung der Verschuldung, nicht auf die Nutzung von Vorzugsaktien.

strukturen zu legen (56,1%).[993] Hierfür sind stimmrechtslose Vorzugsaktien eines der am besten geeigneten Mittel.

3.2.8 Zwischenfazit

Das Hauptmotiv für die Ausgabe von stimmrechtslosen Vorzugsaktien ist die Erhöhung des Eigenkapitals der Gesellschaft bei Kapitalbedarf, z. B. bei langfristigen Großinvestitionen, Akquisitionsvorhaben oder der Finanzierung von jungen Wachstumsunternehmen, ohne dass für Stammaktionäre und damit für Block- und Mehrheitsaktionäre eine Verwässerung des Stimmrechts eintritt. Dadurch konnten und können insbesondere Eigentümerfamilien, aber auch die öffentliche Hand in der Rolle als Großaktionäre ihren Einfluss auf die Gesellschaften ohne Beteiligung an notwendigen Kapitalerhöhungen absichern; einige Dual-Class-Gesellschaften haben zu diesem Zweck ihre Rechtsform zudem in eine KGaA geändert. Auch bei der Ausgabe von Belegschaftsaktien als stimmrechtlose Vorzugsaktien und bei der Verwendung von Vorzugsaktien als Underlying von Wandel- oder Optionsrechten steht im Vordergrund, dass die Stimmenverhältnisse in der Gesellschaft grundsätzlich nicht berührt werden.

Mittels Ausgabe von stimmrechtslosen Vorzugsaktien können feindliche Übernahmen besser abgewehrt werden; dies gilt erst recht bei der Verwendung von Vorzugsaktien zur Bildung von Eigenkapitalpyramiden. Mehrheitsaktionäre können dadurch die Nutzung privater Vermögensvorteile (Private Benefits) aus der Beteiligung absichern und eine langfristige Orientierung der Geschäftspolitik begünstigen. Im Gegensatz zu einer klassischen Fremdfinanzierung steigt das Insolvenzrisiko bei einer Finanzierung über Vorzugsaktien nicht an, vielmehr wird der Fremdfinanzierungsspielraum tendenziell vergrößert. Stammaktionäre können mit Vorzugsaktien auch eine Hebelwirkung erzielen, die allerdings geringer als die Hebelwirkung von Fremdkapital ausfällt.

Obwohl die Zahlungsströme einschließlich des Verlusttragungspotenzials bei mezzaninen Fremdkapitalinstrumenten ähnlich denen von Vorzugsaktien gestaltet werden können und obwohl mezzanine Instrumente für den Emittenten i. d. R. steuerlich günstiger behandelt werden, dürften geringere Transaktionskosten, die gesetzliche Standardisierung und die zweifelsfreie Einordnung von Vorzugsak-

---

[993] Vgl. Arbeitskreis Finanzierung der Schmalenbach-Gesellschaft für Betriebswirtschaft e.V. (2009), S. 341 f. Ein wichtiger Hintergrund für dieses Motiv dürfte es sein, dass in 47,7% der befragten Unternehmen nach deren Angabe seitens der Anteilseigner Druck in Bezug auf die Ausgestaltung der Kapitalstruktur ausgeübt wird; vgl. a. a. O., S. 346.

tien als Eigenkapital wesentliche Gründe dafür sein, dass stimmrechtslose Vorzugsaktien nicht durch hybride Finanzinstrumente verdrängt worden sind. Im Fall einer notwendigen Sanierung können Vorzugsaktien mit hohem Dividendenvorzug zudem eines der wenigen Mittel sein, mit denen noch externe Kapitalgeber gewonnen werden können.

3.3   Motive zum Erwerb stimmrechtsloser Vorzugsaktien

3.3.1   Erwerb durch Streubesitzaktionäre

Die im vorangegangenen Abschnitt dargestellten Vorteile der Emission von Vorzugsaktien stellen überwiegend Vorteile aus Sicht der Gesellschaft und der sie dominierenden Großaktionäre dar. Es ist fraglich, welches Interesse Klein- und andere Streubesitzaktionäre an der Ausgabe von stimmrechtslosen Vorzugsaktien haben sollten, obwohl sie dadurch u. U. auch vermögensmäßige Nachteile hinnehmen müssen. Diese können dadurch entstehen, dass eine wertsteigernde Übernahme und die Einsetzung eines effizienteren Managements durch die Emission von Vorzugsaktien und die damit möglicherweise einhergehende „Verschanzung" eines Mehrheitsaktionärs besser verhindert und Private Benefits besser extrahiert werden können. Nach einer Studie des Deutschen Aktieninstituts schätzen die befragten Privatanleger die Wahrscheinlichkeit, dass sich Banken, Großaktionäre und das Management auf ihre Kosten bereichern, jeweils auf Werte zwischen 45 % und 57 % ein, institutionelle Anleger sehen ein deutlich geringeres Risiko.[994] Unabhängig davon hat das Vorhandensein eines Mehrheitsaktionärs aus Sicht einer deutlichen Mehrheit der privaten und institutionellen Anleger einen negativen Einfluss auf den Aktienwert.[995]

Berle/Means (1932) begründen die Machtlosigkeit der Kleinaktionäre mit dem fehlenden Anreiz zur Kontrolle des Managements. Infolge der Zersplitterung des Anteilsbesitzes ist eine Koordination der Kleinaktionäre nicht möglich, weshalb ein „Trittbrettfahrer"-Verhalten im Vertrauen darauf, dass irgendjemand die Beschlussvorschläge des Managements kontrollieren wird, individuell rational sein

---

[994] Hierbei allerdings auch nur mit einer Wahrscheinlichkeit von 23 % bzgl. eines Mehrheitsaktionärs bzw. 30 % bzgl. des Managements nach 39 % bzw. 48 % in der ersten vergleichbaren Studie im Jahr 2004. Vgl. Pellens/Schmidt (2014), S. 55, 74.

[995] Konkret aus Sicht von 85 % der befragten Privatanleger und 55 % der befragten institutionellen Investoren; vgl. Pellens/Schmidt (2014), S. 54, 73.

kann.[996] Dies führt allerdings nicht zwingend zu kollektiver Rationalität. Ausdruck dieses sog. „Free-Rider"-Verhaltens ist eine „Apathie der Kleinaktionäre" gegenüber dem Management und den Großaktionären,[997] die sich auch in geringen Hauptversammlungspräsenzen zeigt.[998] Angesichts der Einflusslosigkeit des Einzelnen kann dies als „rationale Apathie" angesehen werden.[999]

Diese Argumentation kann auch die Existenz stimmrechtsloser Vorzugsaktien rechtfertigen: Die Ausrichtung von Kleinaktionären, also der weit überwiegenden Zahl der Aktionäre, an finanziellen Zielen,[1000] konkret die Erzielung eines möglichst hohen Ertrages in Form von Dividende oder Kurssteigerung, verbunden mit der faktischen Bedeutungslosigkeit des Stimmrechts für solche Aktionäre, waren bereits eine wichtige Motivation für den Gesetzgeber 1937 zur Einführung von stimmrechtslosen Vorzugsaktien als „Finanzierungsvorzugsaktien".[1001] Stimmrechtslose Vorzugsaktien werden erst recht durch die mit ihnen verbundenen pekuniären Vorteile für Kleinanleger attraktiv. Außerdem können Anleger in Geschäftsmodelle von Unternehmen investieren, die ohne Dual-Class-Struktur möglicherweise kein Kapital am Kapitalmarkt beschaffen würden, wenn nämlich die Gründer nicht zur Aufgabe der Kontrolle bereits sind.[1002] Dies hat auch eine gesamtgesellschaftlich positive Wirkung. Zugleich bedeutet dies für den Anleger auch eine Diversifizierungsmöglichkeit entsprechend seinen Risikopräferenzen. Abgesehen davon ist es für Kleinaktionäre aufwändig, sich die notwendigen

---

[996] Wenger/Knoll (2001), S. 29, weisen darauf hin, dass Aktionäre mit einem gewissen Anteilsbesitz (deren finanzielle Anreize groß genug sind, an der Hauptversammlung teilzunehmen) der Interessenlage der nicht-teilnehmenden Kleinaktionäre näherstehen als Stimmrechtsvertreter wie Banken und dass die Kleinaktionäre daher in der Rolle des Trittbrettfahrers von den Inhabern kleiner Pakete kostenlos profitieren.

[997] Vgl. Vogl-Mühlhaus (1998), S. 90-92. Diese „Apathie" sei in Deutschland besonders hoch ausgeprägt. Als Ursachen hierfür seien die historische geringe Bedeutung der Eigenkapitalfinanzierung, der vergleichsweise große Einfluss der Banken, auch durch das Depotstimmrecht, und der aktien- und handelsrechtlich vergleichsweise stark ausgeprägte Gläubigerschutz zu nennen, der es dem Vorstand leicht mache, sich der Kontrolle der Anteilseigner zu entziehen und Auskünfte zu verweigern. Vgl. a. a. O., S. 96.

[998] Nach der erwähnten Studie des Deutschen Aktieninstituts auf Basis einer Befragung im Jahr 2013 wurde das Stimmrecht auf der Hauptversammlung in den beiden vorangegangenen Jahren nur von 50% (2008: 57%) der privaten Aktionäre wahrgenommen, davon nur von 11% der Aktionäre persönlich. 36% der Privatanleger (2008: 28%) planten auch für die Zukunft keine Ausübung des Stimmrechts. Vgl. Pellens/Schmidt (2014), S. 50.

[999] Vgl. dazu ausführlich Mittermeier (2014), S. 67 f.

[1000] Vgl. Wenger/Knoll (2001), S. 29.

[1001] Vgl. Abschnitt 1.4.1.

[1002] So auch Howell (2017), S. 441, der beispielhaft darauf verweist, dass Google vermutlich keinen vergleichbaren IPO durchgeführt hätte, wenn nicht – durch die Dual-Class-Struktur – sichergestellt worden wäre, dass die Gründer Einfluss behalten.

Informationen zur Kontrolle des Managements zu beschaffen; im Zweifel ist es einfacher, die Aktien bei sich realisierender schlechter Unternehmensführung rechtzeitig zu verkaufen,[1003] hierfür werden keine (wie noch gezeigt wird i. d. R. teureren) Aktien mit Stimmrecht benötigt.

Von den Vorteilen der Vorzugsaktien profitieren auch Stammaktionäre, wenn sie bei Ausgabe von Vorzugsaktien ein Bezugsrecht haben. Dies kann ein rationales Motiv für deren Zustimmung bei einem Hauptversammlungsbeschluss sein.

3.3.2 Bevorzugte Beteiligung am Unternehmenserfolg

Vor dem Hintergrund der Fokussierung der Kleinaktionäre auf finanzielle Vorteile, insbesondere auf eine regelmäßige, sichere Dividende kann es für einen Anleger unter Renditegesichtspunkten vorteilhaft sein, mit Vorzugsaktien, die in den meisten Fällen unter den Stammaktien notieren, zu einem geringeren Preis eine Beteiligung an einer Aktiengesellschaft zu erwerben. Als Folge ergibt sich meist eine höhere tatsächliche Dividendenrendite, da die Dividenden auf Vorzugsaktien – abgesehen vom praktisch irrelevanten Fall von limitierten Vorzugsdividenden – in jeder Periode mindestens den Dividenden der Stammaktien entsprechen und im häufigen Fall einer statutarischen Mehrdividende sogar darüber liegen.[1004] Zudem sind die Dividenden der Vorzugsaktien sicherer, da zumindest ein Teil – die prioritätische Dividende oder Vorzugsdividende – außer im Falle einer Insolvenz aus einem späteren Bilanzgewinn prioritätisch nachgezahlt wird.

Die statutarische Ausgestaltung der Vorzugsaktien mit prioritätischen Dividenden und Mehrdividenden ist in der nachfolgenden Abbildung 5 dargestellt. Der Abbildung ist zu entnehmen, dass die prioritätische Dividende in den allermeisten Fällen zwischen 4 % und 6 % des (ggf. impliziten) Aktiennennwertes beträgt; der Mittelwert liegt – bereinigt um zwei Ausreißer[1005] – bei 4,6 %.

[1003] So auch Mittermeier (2014), S. 67.

[1004] Eine höhere Dividendenrendite ist in Deutschland auch empirisch festzustellen; vgl. schon Daske/Ehrhardt (2002a), S. 201, und die Ergebnisse in dieser Arbeit im Abschnitt 5.3.2.1, S. 529. Für US-amerikanische Dual-Class-Unternehmen haben u. a. Jordan/Liu/Wu (2014) eine signifikant höhere Dividendenrendite gegenüber vergleichbaren Single-Class-Unternehmen festgestellt, vgl. a. a. O, S. 6-8 (Tabellen 1 bis 3).

[1005] Ein Ausreißer ergab sich aus der Ausgestaltung bei der sehr kleinen Gesellschaft LHA Krause AG (IPO im Jahr 2000): Hier betrug die prioritätische Dividende 64 % und die statutarische Mehrdividende 16 % des impliziten Nennwertes von einem Euro; bereits 2007 wurden diese sehr attraktiv ausgestalteten Vorzugaktien wieder in Stammaktien gewandelt. Bei dem anderen Ausreißer handelt es sich um die stimmrechtslosen Vorzugsaktien der (neuen) Metro AG, die im Juli 2017 durch Abspaltung von der nun als Ceconomy AG firmierenden alten Metro AG entstanden

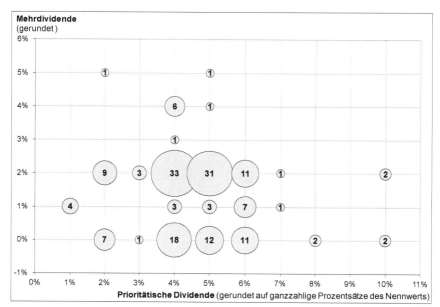

Abbildung 5:   Statutarische Merkmale des Dividendenvorzugs aller seit 1953 an deutschen Börsen notierten stimmrechtslosen Vorzugsaktien

Einbezogen sind alle börsennotierten stimmrechtslosen deutschen Vorzugsaktien (alle Börsen, alle Segmente, einschl. Freiverkehr).[1006] Prioritätischen Dividenden und Mehrdividenden wurden jeweils auf ganzzahlige Prozentsätze des – ggf. impliziten – Nennwerts gerundet.[1007] Die Werte in den Kreisen geben die Anzahl der Gesellschaften an, deren Vorzugsaktien die jeweilige Dividende aufweisen. Quelle: Eigene Erhebungen.

---

sind. Dabei sind zwei Elemente der Satzungsregelung der alten Metro AG übernommen worden – eine prioritätische Dividende von 0,17 € und eine Mehrdividende vom 10% der Dividende auf Stammaktien, wenn diese mindestens 1,02 € beträgt, jedoch bezieht sich dies bei der neuen Metro AG auf einen Nennwert von 1 € pro Aktie und bei der Ceconomy AG nach wie vor auf einen Nennwert von rund 2,56 € (vormals 5 DM) pro Aktie.

[1006] Zwei Ausreißer sind in der Darstellung nicht gezeigt, siehe Fußnote 1005. Für zwei Gesellschaften – die Westafrikanische Pflanzungsgesellschaft „Victoria" AG und die Oberschlesische Hydrierwerke AG – konnten keine Angaben ermittelt werden.

[1007] Maßgeblich für die Darstellung ist der aktuelle bzw. bei Notizeinstellung oder Wandlung letzte Stand von Dividendenvorzug und Mehrdividende, gerundet auf ganze Prozentsätze des ggf. impliziten Nennwertes; in den sieben Fällen mit gestaffelter oder prozentual ansteigender Mehrdividende wurde die erste Stufe der Mehrdividende zugrunde gelegt. Bei 23 Gesellschaften hat sich im Laufe der Notiz der Dividendenvorzug geändert, darunter in 7 Fällen um mehr als 2 Prozentpunkte. Änderungen der Mehrdividende von mehr als 2 Prozentpunkten sind nur in 3 Fällen

Häufig wird auch eine Mehrdividende gezahlt, die typischerweise 2 % des Nennwertes beträgt. Der Mittelwert der statutarischen Mehrdividenden beträgt ohne Berücksichtigung der genannten Ausreißer 2,02 %.

Mit einer Beteiligung in Form von partizipativen Vorzugsaktien erhält der Anleger im Gegensatz zu Fremdkapitalgläubigern aber nicht nur eine feste oder jedenfalls beschränkte Ausschüttung, sondern er kann in guten Geschäftsjahren in vergleichbarer Weise wie die Stammaktionäre am Unternehmenserfolg teilhaben. Dieser Vorzug hat jedoch eine „Kehrseite": Da die Beschränkung der Aktionärsrechte für Vorzugsaktionäre nicht durch Übertragung von Gläubigerrechten kompensiert wird, besteht das „Gefahrenmoment" für den Vorzugsaktionär[1008] darin, dass er für Geschäftsjahre ohne Bilanzgewinn abgesehen von seinem in ungewisser Zukunft nachzuzahlenden Dividendenvorzug keine Ausschüttung erhält. Selbst in Jahren mit Bilanzgewinn kann die Hauptversammlung eine Thesaurierung beschließen.

Zwar kann auch die Vergütung auf Genussscheine und andere mezzanine Fremdkapitalinstrumente wie die Aktiendividende an den (meist handelsrechtlichen) Gewinn geknüpft sein. Für solche Instrumente ist aber nicht immer ein Gewinnvorzug und noch seltener die für Vorzugsaktien typische Nachzahlbarkeit von ausgefallenen Vergütungen vereinbart.[1009] Insofern kann das Ausschüttungsprofil von Vorzugsaktien bei vergleichbarem Risiko auch aktienähnlich ausgestalteten Genussscheinen mit grundsätzlich proportionalem Gewinnbeteiligungsanspruch überlegen sein.

In jedem Fall sind mit Vorzugsaktien höhere, mindestens jedoch ebenso hohe Cashflowrechte verbunden wie mit Stammaktien. In für das Unternehmen wirtschaftlich schwierigen Zeiten erhöht die Kumulation ausgefallener Mindestdividenden die Attraktivität der Vorzugsaktie gegenüber der Stammaktie erheblich. Aus der Kumulation folgt auch ein im Vergleich zu Stammaktien geringeres Dividendenschwankungsrisiko.[1010] Mit der größeren Ausschüttungswahrscheinlichkeit dürften Vorzugsaktien zudem weniger stark im Kurs schwanken als

---

vorgekommen. Einer der Fälle ist die Garant Schuh AG, bei der sich bei einem Kapitalschnitt die prioritätische Dividende und die Mehrdividende absolut nicht geändert haben, sich jedoch prozentual auf rund 15 % verdreifacht haben.

[1008] So Heeren (2008), S. 111.
[1009] In der Untersuchung von Capelle (1989), war nur einer von elf Genussscheinen mit einem Gewinnnachbezugsrecht ausgestattet. Vgl. a. a. O., S. 167.
[1010] Vgl. auch Hartmann-Wendels/v. Hinten (1989), S. 267, und Klein (1981), S. 165 ff.

Stammaktien, das Verlustrisiko bei einem Verkauf wäre daher mglw. geringer bei Vorzugs- als bei Stammaktien.

Die Attraktivität der statutarischen Ausgestaltung von Vorzugsaktien hängt auch von Präferenzen des Anlegers im Hinblick auf die gewünschte Dividendenpolitik ab: Gesellschaften mit einer gewinnorientierten Dividendenpolitik, die Ausschüttungen als Residualgröße nach Fremdfinanzierung betrachten, müssten Vorzugsaktien mit nur geringer kumulativer Dividende, dafür aber „im Gegenzug" mit hoher Mehrdividende anbieten. Unternehmen mit kapitalorientierter Dividendenpolitik streben eine Glättung der Dividenden im Zeitablauf an und sollten Vorzugsaktien mit einer hohen kumulativen Dividende bei geringer oder ohne Mehrdividende anbieten. Mit letzterer Dividendenpolitik kann zwar einerseits eine höhere Kursstabilität im Vergleich zu einer gewinnorientierten Dividendenpolitik erreicht werden, andererseits werden aber die Möglichkeiten zur Selbstfinanzierung in schlechteren Geschäftsjahren erheblich eingeschränkt,[1011] jedenfalls wenn ein Aufleben des Stimmrecht vermieden werden soll. Aus Abbildung 5 lässt sich eine Häufung solcher Kombinationen allerdings kaum trennscharf ableiten.[1012]

3.3.3   Liquidationsrang

Im Hinblick auf das Risiko einer Anlage in Vorzugsaktien ist auch deren Rangstellung bei Liquidation zu beachten, zumal bei Auflösung der Gesellschaft der Dividendenvorzug und insbesondere auch das Recht auf Nachzahlung erlöschen.[1013] Im Vergleich zu Gläubigern wird der Vorzugsaktionär im Falle der Liquidation bzw. der Insolvenz nachrangig bedient, im Regelfall – ohne anderslautende statutarische Festlegung – pro rata mit Stammaktionären im letzten Rang.

Satzungen können auch eine andere Verteilung des Liquidationserlöses vorsehen, etwa in der Form, dass zunächst eventuelle Nachzahlungsansprüche zu befriedigen sind und/oder dass aus dem Abwicklungserlös zunächst die Nennbeträge der Vorzugsaktien ggf. mit Agio gezahlt werden.[1014, 1015] Außerdem können

---

[1011] So Allmandiger/Güttler (1989), S. 460.

[1012] Zumindest ist in der Abbildung aber offensichtlich, dass bei hoher prioritätischer Dividende von 6% oder mehr die Mehrdividende maximal 2% beträgt und dass Mehrdividenden von mehr als 2% nur mit prioritätischen Dividenden von maximal 5% einhergehen.

[1013] Vgl. Bezzenberger (1991b), S. 72.

[1014] Z.B. bei der früheren „Nordsee" Deutsche Hochseefischerei AG.

[1015] Ein solcher Vorzug begründet zwar das Vorliegen einer von Stammaktien zu unterscheidenden Aktiengattung und rechtfertigt die Bezeichnung „Vorzugsaktie"; für den Stimmrechtsausschluss

bei entsprechender Regelung in der Satzung Vorzugsaktionäre vom Zeitpunkt des Auflösungsbeschlusses bis zur Beendigung des Geschäftsbetriebs auch eine feste Verzinsung ihres Nennwertes erhalten.[1016] Früher wurde der Liquidationsanteil der Vorzugsaktionäre teilweise auch beschränkt.[1017]

Im Regelfall wird sich der potenzielle Vorzugsaktionär bei seiner Anlageentscheidung allerdings nicht an der Behandlung der Aktien im Liquidationsfall oder gar im Fall der Insolvenz orientieren. Bei einem gesunden Unternehmen ist eine freiwillige Abwicklung[1018] nicht wahrscheinlich. Dementsprechend haben bei börsennotierten stimmrechtslosen Vorzugsaktien Liquidationsvorrechte keine nennenswerte praktische Bedeutung erlangt: Von den vor 1950 emittierten Vorzugsaktien hatten zwar fast alle einen vorrangigen Anspruch im Liquidationsfall, mehrheitlich in Höhe des Nennwertes,[1019] von den danach ausgegebenen allerdings wohl nur noch bei zwei Gesellschaften.[1020] Heute ist nur noch eine dieser Gesellschaften börsennotiert (Hamburger Getreide-Lagerhaus AG).

Bei höherer Insolvenzwahrscheinlichkeit dürften auch die Vorzugsaktionäre kaum von einem Überschuss nach Befriedigung aller Gläubiger ausgehen und müssen daher mit einem Totalverlust rechnen, da die Insolvenz „einen unglücklichen Ausgang bedeutet, der den Aktionären nichts übrig läßt und darum Liquidationsvorrechte illusorisch macht"[1021]. Insofern sind Unterschiede im Liquidationsrang auch kaum geeignet, einen Kursunterschied zwischen Stamm- und Vorzugsaktien zu begründen. Diese Beurteilung kann sich allerdings ändern, wenn die Ausgabe der Vorzugsaktien im Rahmen einer Sanierung oder zur Abwendung einer Insolvenz erfolgt.[1022] In diesem Fall wird sich der risikobereite Vorzugsaktionär seine Position mit einer hohen Dividendenpriorität und/ oder

---

reicht ein solcher Vorzug aber nicht aus, da § 139 Abs. 1 AktG hierfür ausdrücklich einen Vorzug bei der Verteilung des Gewinns verlangt.

[1016] Dies ist zulässig, da sich das Verbot der Zinszahlung auf Aktien nur auf den Zeitraum aktiver Geschäftstätigkeit erstreckt. Vgl. Depenbrock (1975), S. 209.

[1017] Vgl. Schmalenbach (1950), S. 54-55.

[1018] Von den Gesellschaften, die nach 1945 stimmrechtslose Vorzugsaktien emittiert haben, ist es in keinem einzigen Fall zu einer freiwilligen Liquidation (d. h. einer Abwicklung und Auflösung einer nicht insolventen Gesellschaft auf Beschluss der Aktionäre) gekommen.

[1019] Anhaltinische Kohlenwerke AG, Hamburger Getreidelagerhaus AG, „Nordsee" Deutsche Hochseefischerei AG und Orenstein & Koppel AG mit jeweils 100% des Nennwerts, Kampnagel/IWT mit 83,3% des Nennwertes sowie Siemens & Halske mit 35% des Nennwertes, zum Teil zuzüglich der Dividendenrückstände.

[1020] Nordwestdeutsche Kraftwerke AG (1955-1986) und Pintsch Bamag AG (1968-1969).

[1021] Vgl. Schmalenbach (1908), S. 258.

[1022] Vgl. auch den Abschnitt 3.2.5.1.

einer hohen Mehrdividende und/oder einem Vorrang der Dividendenzahlung sowie mglw. mit einem Vorrang im Liquidationsfall absichern wollen, damit das Risiko aus der Investition im Vergleich zu Stammaktionären geringer ist. In der Praxis ist allerdings eher (nur) der Fall einer vorrangigen Zahlung der Dividendenpriorität anzutreffen wie im Fall der Sanierung der Garant Schuh + Mode AG in den Jahren 2007/2008.[1023]

3.3.4   Marktliquidität von Vorzugsaktien

Die Marktliquidität von Vorzugsaktien (wie jedes anderen Finanzinstruments) ist ein entscheidendes Kriterium für eine Kapitalanlageentscheidung: In der Zielrangfolge von Publikumsanlegern ist neben der Rentabilität vor allem eine leichte Mobilisierbarkeit der Geldanlage von Bedeutung; Mitspracherechte und ein unternehmenspolitischer Einfluss rangieren eher am Ende der Skala.[1024] Im Gegensatz zu Stammaktien sind Vorzugsaktien selten in Paket- sondern meist in Streubesitz. Bei genügend großem Emissionsvolumen besteht also für Vorzugsaktionäre tendenziell eher die Möglichkeit, ihre Aktien jederzeit zu einem objektiven Marktpreis zu veräußern.

Dies gilt erst recht bei solchen Vorzugsaktien, die in einem maßgeblichen Aktienindex enthalten sind.[1025] Für solche Vorzugsaktien ergibt sich eine stärkere Investorennachfrage nicht nur wegen der größeren medialen Aufmerksamkeit, sondern vor allem, da sich Fondsgesellschaften bei ihrer Kaufentscheidung angesichts größerer Liquidität eher an Indexwerten orientieren dürften. Speziell bilden Anbieter von Indexfonds die Fonds nach, was quasi „automatische" Transaktionen in den Vorzugsaktien zur Folge hat. Mit höherer Liquidität verringert sich allerdings die Liquiditätsprämie als Teil der Kursrendite. Trotz höherer Di-

---

[1023] Konkret wurden hier 2008 mit Zustimmung der bisherigen stimmrechtslosen Vorzugsaktionäre (für deren Vorzugsaktien eine Dividendenpriorität von 1,41 € pro Aktie bestand) in gesonderter Versammlung am 19.12.2017 zwei neue Gattungen stimmrechtsloser Vorzugsaktien mit Dividendenpriorität von 0,01 € und 0,39 € geschaffen, die jedoch (nur) bei der Zahlung der Dividenden einen Vorrang vor den bisherigen Vorzugsaktien hatten.
[1024] So Lorch (1993), S. 194 f.
[1025] Bisher waren Vorzugsaktien von insgesamt fünf Gesellschaften im DAX vertreten (Fresenius, Henkel, Nixdorf, SAP, Volkswagen), Ende 2017 noch zwei (Henkel und Volkswagen). Von weiteren 24 Gesellschaften sind oder waren Vorzugsaktien in den MDAX oder TecDAX aufgenommen, Vorzugsaktien von 15 weiteren Gesellschaften in den SDAX (Stand: 31.12.2017), vgl. Tabelle 14, S. 507.

videndenrendite der Vorzugsaktien kann sich daher insgesamt eine geringere Gesamtrendite ergeben.[1026]

3.3.5 Schutz vor Geldentwertung

Mit (Vorzugs-)Aktien lässt sich für Kapitalanleger auch ein besserer Inflationsschutz erreichen als mit Fremdkapitalinstrumenten, da Aktienanlagen einen Sachwertcharakter aufweisen. Steigen die Preise etwa infolge einer erhöhten Geldmenge, steigen tendenziell auch die Aktienkurse. Dies liegt daran, dass die Unternehmen zwar nominal mehr Aufwand haben, aber nominal auch höhere Preise und damit letztlich höhere Umsatzerlöse erzielen können. Der Ertrag kann bei Inflation nominal zusätzlich steigen, wenn sich das Unternehmen zumindest teilweise festverzinslich refinanziert hat, da dabei die Zinszahlungen nominal konstant bleiben und nicht durch Inflation ansteigen. Dies ermöglicht, auch die Dividendenzahlungen zu erhöhen. Bei der Bestimmung des Barwerts der künftigen Dividendenzahlungen kann in diesem Fall der Anstieg der Dividenden den Diskontierungseffekt aus höheren Nominalzinsen übersteigen.[1027] Mit einem höheren Barwert der Dividendenzahlungen müsste – theoretisch – auch der Aktienkurs entsprechend ansteigen.

Finanziert sich eine Gesellschaft hingegen über Kapitalinstrumente mit limitierter Vergütung (also mit Fremdkapitalinstrumenten oder Vorzugsaktien mit Höchstdividende) und/oder einem limitierten Rückzahlungsbetrag werden durch Inflation die künftigen, nominal konstanten oder jedenfalls begrenzten Zinszahlungen und ein begrenzter Rückzahlungsbetrag real entwertet, sodass der reale Marktwert des Instruments bis einschließlich zur Endfälligkeit sinkt.

Die Mehrdividende und auch der nachzuzahlende Dividendenvorzug hängen in aller Regel vom Nennwert ab oder sind als Euro-Beträge festgelegt. Daher bleiben ohne Satzungsanpassung beide auch bei Inflation absolut (d. h. nominal) konstant. Der aus ihren Cashflows resultierende pekuniäre Vorteil im Vergleich zu Stammaktien wird zwar damit durch Inflation real abgewertet, bleibt nominal aber stets bestehen.

[1026] Vgl. hierzu den Abschnitt 4.4.1.

[1027] „Technisch" werden die höheren nominalen Zahlungsströme mit einen infolge Inflation höheren nominalen Diskontierungszins abdiskontiert. Dabei ergibt sich der nominale Diskontierungssatz i aus dem Realzinssatz r und der erwarteten Inflationsrate π als $i = (1 + r) \cdot (1 + \pi) - 1$. Zum sog. *Fisher-Effekt* vgl. z. B. Copeland/Weston (1988), S. 61-65.

3.3.6   Absicherung einer beabsichtigten Unternehmensübernahme

Investoren, die beabsichtigen, im Wege einer Übernahme die Mehrheit an einem Dual-Class-Unternehmen zu erzielen, sind zwar hierfür augenscheinlich nur auf die mit einem Stimmrecht verbundenen Stammaktien angewiesen. Der potenzielle Übernehmer könnte beabsichtigen, die Vorzugsaktien nach erfolgreicher Übernahme in Stammaktien zu wandeln. In diesem Fall ist er gut beraten, neben den Stammaktien bereits im Vorfeld auch Vorzugsaktien zu erwerben, um nach der Umwandlung weiterhin die Stimmenmehrheit und auch eine für satzungsändernde Beschlüsse erforderliche Kapitalmehrheit aufrechterhalten zu können. Da die Vorzugsaktien in der Regel unter den Stammaktionären notieren, ist es zudem preiswerter, die Grundkapitalanteile bereits vorab über diesen „Umweg" zu erwerben. Erleichternd kommt hinzu, dass für die Übernahme von Aktienpaketen oder auch den allmählichen Aufkauf von Vorzugsaktien die wertpapierhandelsrechtlichen Meldepflichten des § 21 Abs. 1 WpHG jedenfalls dann nicht gelten, wenn deren Stimmrecht nicht aufgelebt ist.[1028] Auf diese Weise ist es möglich, Kauf- bzw. Übernahmeabsichten länger vor der Zielgesellschaft und der Öffentlichkeit zu verbergen. Mit dem Kauf von Vorzugsaktienpaketen wird es zudem auch in dem Fall, dass bei Kontrollübernahme noch keine Umwandlung der Vorzugsaktien erfolgt ist, erleichtert, eine Mehrheit für möglicherweise erforderliche Sonderbeschlüsse der Vorzugsaktionäre zu erreichen.

Ein weiteres Motiv für die allmähliche Übernahme von Vorzugsaktien vor einer beabsichtigten Übernahme kann die Verminderung von Ansprüchen außenstehender Vorzugsaktionäre nach einer Übernahme sein. Im Falle des Abschlusses eines Beherrschungs- oder Gewinnabführungsvertrages muss eine Abfindung oder eine dauerhafte Garantiedividende gezahlt werden (§§ 304, 305 AktG). Bereits mit Erreichen von 30 % der Stimmrechte ist ein Pflichtangebot zur Übernahme auch der Vorzugsaktien erforderlich (§ 35 i.V.m. § 29 Abs. 2 WpÜG). Schließlich muss auch bei einem eventuellen Squeeze-out eine Abfindung der Vorzugsaktionäre erfolgen.[1029] In solchen Situationen gelingt es Kleinaktionären bisweilen, gerichtlich eine Erhöhung der Ausgleichszahlungen durchzusetzen. Durch einen „geräuschlosen" Aufkauf von Vorzugsaktien im Vorfeld einer Übernahme kann die Anzahl der Entschädigungsberechtigten zu einem potenziell noch günstigen Preis verringert werden. Zudem ist die Voraussetzung für einen

---

[1028] Vgl. hierzu den Abschnitt 2.2.2.2 am Ende (S. 59)

[1029] Dies folgt bei einem aktienrechtliche Squeeze-out aus § 327a Abs. 1 i.V.m. § 327b AktG, bei einem übernahmerechtlichen Squeeze-out aus § 30a Abs. 1 WpÜG und bei einem verschmelzungsrechtliche Squeeze-out aus § 62 Abs. 5 UmwG i.V.m. § 327a Abs. 1 AktG.

aktienrechtlichen Squeeze-out-Beschluss, dass dem Großaktionär 95 % der Aktien des Grundkapitals gehören, beim verschmelzungsrechtlichen Squeeze-out reichen 90 % aus. Dieses Quorum kann auch durch Anteile am Vorzugsaktienkapital erreicht werden, auch wenn diese bei einem solchen Hauptversammlungsbeschluss grundsätzlich nicht stimmberechtigt sind.[1030, 1031]

Schließlich kann ein übernahmewilliger Investor damit konfrontiert sein, dass in Falle eines „feindlichen" Übernahmeversuchs der bedrängte bisherige Mehrheitsaktionär zur Verhinderung oder Erschwerung der Übernahme eine Umwandlung der bisherigen Vorzugs- in Stammaktien initiiert. Sofern der übernahmewillige Investor nur über Stammaktien verfügt, würden durch diese Maßnahme sein Stimmenanteil und sein für satzungsändernde Hauptversammlungsbeschlüsse maßgeblicher Kapitalanteil verringert. Dem kann der Investor zuvorkommen, indem er im Vorfeld stimmrechtslose Vorzugsaktien im gleichen Umfang wie Stammaktien erwirbt. In diesem Fall kann eine Umwandlung der Vorzugsaktien seinen Übernahmeplan nicht verhindern.

Die hier angeführten Gründe für den Erwerb von Vorzugsaktien im Rahmen einer beabsichtigten Übernahme waren auch ein Baustein bei der versuchten und letztlich gescheiterten Übernahme der Volkswagen AG durch die Porsche Automobilholding: Porsche hatte sich überwiegend indirekt, über den Kauf von Optionen, einen Zugriff auf vermutlich mind. 50 % der VW-Vorzüge gesichert.[1032]

3.3.7   Auswirkung steuerlicher Rahmenbedingungen

3.3.7.1 *Maßgebliche Regelungen zur Besteuerung von Dividenden und Kursgewinnen*

In steuerlicher Hinsicht wurden und werden Stamm- und Vorzugsaktien sowohl für Anleger als auch für Emittenten unter gleichen Voraussetzungen (z. B. bei demselben Investor) gleich behandelt. Die steuerlichen Regelungen haben sich im Untersuchungszeitraum mehrfach verändert. Da sie einen großen Einfluss auf

---

[1030] Vgl. im Detail Abschnitt 2.2.5.5.

[1031] Ein übernahmerechtlicher Squeeze-out bezieht sich zwar auf 95 % des *stimmberechtigen* Kapitals für die Übertragung der restlichen stimmberechtigten Aktien; die Übertragung stimmrechtsloser Vorzugsaktien kann aber auch hier bei einem Grundkapitalanteil (bestehend aus dem Stamm- und dem Vorzugsaktienkapital) von 95 % verlangt werden.

[1032] Dies ergibt sich aus den Angaben in Atzler/Dreykluft/Haake (2009), denen zufolge das Emirat Katar 50 % der Vorzüge kaufen werde und hierfür Optionen von Porsche erwarb.

die Attraktivität von Aktien und speziell auch von Vorzugsaktien haben, soll kurz ein Überblick über die wichtigsten Regelungen gegeben werden.[1033]

Aus der Sicht von inländischen Privatanlegern ist ein wesentliches Merkmal der Besteuerung in Deutschland die unterschiedliche Behandlung von Dividenden und Kursgewinnen bis 2008. Für nach dem 30.9.1976 beginnende Geschäftsjahre bis zum Jahr 2000 waren die Dividenden zuzüglich der anteiligen, von der Gesellschaft für die ausgeschütteten Beträge gezahlten Körperschaftsteuer[1034] mit dem persönlichen Steuersatz eines inländischen Privatanlegers zu versteuern bzw. unterlagen der Körperschaftsbesteuerung bei inländischen Kapitalgesellschaften. Dadurch wurde eine Doppelbesteuerung der Dividenden vermieden.[1035] Für ausländische Anleger erfolgte allerdings keine Anrechnung der gezahlten Körperschaftsteuer auf die weiterhin zu zahlende Kapitalertragsteuer. Ab dem Jahr 2001 wurde dieses sog. Körperschaftsteueranrechnungsverfahren durch das sog. Halbeinkünfteverfahren abgelöst und der bis dahin geltende gespaltene Körperschaftsteuersatz für einbehaltene und ausgeschüttete Gewinne abgeschafft. Die Hälfte der Dividenden musste dabei – ohne Anrechnung der von der Gesellschaft gezahlten Körperschaftsteuer – mit dem marginalen Steuersatz des Aktionärs versteuert werden. Aufgrund der gleichzeitigen Absenkung der Körperschaftsteuer auf 25 % waren Investoren unter Berücksichtigung des Solidaritätszuschlags[1036] bei einem marginalen Steuersatz von 41,74 % zwischen beiden Systemen indifferent, bei einem höheren Steuersatz war das Halbeinkünfteverfahren

---

[1033] Für eine ausführliche Darstellung der steuerlichen Regelungen 1968 bis 2002 siehe Schulz (2006), S. 25-31.

[1034] Die sog. Körperschaftsteuergutschrift betrug bis 1993 36 % und von 1994 bis 2000 30 %, ggf. zzgl. des Solidaritätszuschlags (vgl. hierzu Fußnote 1036)

[1035] Vor 1977 unterlag der ausgeschüttete Gewinn neben der Besteuerung bei der ausschüttenden Gesellschaft mit Körperschaftsteuer zusätzlich der Einkommensbesteuerung bei einem inländischen Privatanleger bzw. der Körperschaftsbesteuerung bei einer inländischen Kapitalgesellschaft ohne wesentliche Beteiligung. Durch Anwendung eines gespaltenen Körperschaftsteuertarifs für einbehaltene und ausgeschüttete Gewinne wurde die Doppelbesteuerung abgemildert. Gleichwohl wurden Dividenden für einen inländischen Privatanleger mit Spitzensteuersatz z. B. im Jahr 1976 mit insgesamt 66,81 % besteuert. Für ausländische Anleger war neben der Körperschaftsbesteuerung eine Kapitalertragsteuer in Höhe von 25 %, bei bestehendem Doppelbesteuerungsabkommen i. d. R. in Höhe von 15 % abzuführen. vgl. Schulz (2006), S. 26 f.

[1036] Dieser betrug 1991 und 1992 3,75 % (formal: 7,5 %, jedoch nur Erhebung für jeweils ein halbes Jahr), 1995 bis 1997 7,5 % und seit 1998 5,5 % auf die Einkommen- bzw. Körperschaftsteuer. 1993 und 1994 wurde kein Solidaritätszuschlag erhoben.

günstiger.[1037] Inländische Kapitalgesellschaften mussten unter dem Halbeinkünfteverfahren Dividenden nicht besteuern. Für ausländische Anleger wurde eine Anlage in deutschen Aktien wegen der gesenkten Kapitalertragsteuer günstiger.

Kurs- und andere Kapitalgewinne waren außerhalb der Spekulationsfrist[1038] sowohl nach dem Körperschaftsteueranrechnungs- als auch nach dem Halbeinkünfteverfahren für in- und ausländische Privatanleger steuerfrei. Inländische Kapitalgesellschaften mussten realisierte Kursgewinne bis 2001 unabhängig von der Haltedauer versteuern und waren seit 2002 ebenfalls steuerbefreit.

Mit der Einführung der Abgeltungssteuer bzw. des Teileinkünfteverfahrens ab 2009 hat sich das Besteuerungsverfahren von Dividenden und Kursgewinnen für natürliche Personen erneut grundlegend geändert: Nunmehr werden unabhängig vom persönlichen Steuersatz des Anlegers 26,375 %[1039] der Ausschüttungen und realisierter Kapitalgewinne einbehalten (Quellensteuer), soweit der Freistellungsbetrag überschritten wird[1040]. Der Anleger kann aber im Rahmen der Einkommensteuerveranlagung eine teilweise Rückerstattung der gezahlten Steuer erhalten, wenn sein marginaler Steuersatz (ohne Kirchensteuer) unter 26,375 % liegt. Insofern handelt es sich effektiv um eine Besteuerung zum persönlichen Steuersatz, die jedoch auf den genannten Satz gedeckt ist. Da die Höhe der Abgeltungssteuer die Hälfte des maximalen Grenzsteuersatzes von derzeit 47,475 % (inkl. Solidaritätszuschlag, ohne Kirchensteuer)[1041] übersteigt, ist die Steuerlast auf Dividenden für inländische Privatanleger mit dem Systemwechsel angestiegen.[1042] Inländische Kapitalgesellschaften müssen wie schon seit 2002 weder Ausschüttungen noch Kapitalgewinne versteuern.[1043]

[1037] Bezeichnet D die Dividende ergibt sich dieser marginale Steuersatz inkl. Solidaritätszuschlag als Lösung der Gleichung $\frac{D}{[1-25\% \cdot (1+5,5\%)]} \cdot (1-t) = D - \frac{D}{2} \cdot t = D \cdot \left(1 - \frac{t}{2}\right)$ nach t.

[1038] Eine Steuerpflicht für private Veräußerungsgewinne trat bis 1999 nur bei einem Verkauf innerhalb von 6 Monaten nach dem Kauf einer Aktie ein; von 2000 bis 2008 betrug diese sog. Spekulationsfrist 12 Monate. Während der Gültigkeit des Halbeinkünfteverfahrens war die Hälfte der innerhalb der Spekulationsfrist erzielten Veräußerungsgewinne zu versteuern.

[1039] 25 % Abgeltungssteuer zzgl. 5,5 % des Steuerbetrages als Solidaritätszuschlag. Ggf. ist auch die Kirchensteuer hinzuzurechnen.

[1040] Freistellungsaufträge dürfen maximal in Höhe des Sparer-Pauschbetrages erteilt werden.

[1041] Seit 2007 beträgt der Grenzsteuersatz (wie schon bis 2004) 45 %. Er gilt ab einem zu versteuernden Einkommen von 256.304 € für Ledige, vgl. § 32a Abs. 1 Nr. 5 EStG.

[1042] Für Dividenden und Veräußerungsgewinne aus Beteiligungen von Personengesellschaften bzw. im Betriebsvermögen von natürlichen Personen sowie für Veräußerungsgewinne aus privaten Beteiligungen von mehr als 1 % an der Gesellschaft gilt seit 2009 das *Teileinkünfteverfahren*. Für

3.3.7.2 Auswirkungen auf die Präferenz für Dividendenausschüttungen

Dass für inländische Privatanleger bis 2008 Dividenden zu versteuern waren, Kursgewinne außerhalb der Spekulationsfrist jedoch nicht, bedeutet nicht zwangsläufig eine Benachteiligung von Dividenden und eine Bevorzugung von Kapitalgewinnen. Zu beachten ist, dass sich ein Anleger im Fall einer Thesaurierung die Dividende durch anteiligen Aktienverkauf auch selbst generieren kann, da mit der Thesaurierung aus theoretischer Sicht ein entsprechender Anstieg des Aktienkurses einhergeht. Ein Anleger bevorzugt Kapitalgewinne durch Thesaurierung nur dann, wenn die *gesamte* Steuerbelastung eines Gewinns aus Körperschaft- und Einkommensteuer aus Sicht des Anlegers bei Thesaurierung geringer ist als bei Ausschüttung. Bei einem höheren Körperschaftsteuersatz für thesaurierte Gewinne fließt entsprechend mehr Liquidität aus dem Unternehmen an den Staat ab, was unter der Sichtweise der Gesellschaft als gemeinsame Vermögensmasse der Aktionäre nachteilig ist.

Konkret war während der Geltung des Anrechnungsverfahrens und des gespaltenen Körperschaftsteuersatzes (bis 2001) eine Thesaurierung für einen Anleger nur dann günstiger, wenn sein persönlicher Steuersatz über dem für einbehaltene Gewinne maßgeblichen Körperschaftsteuersatz lag. Dieser Werte waren im Zeitraum 1977 bis 2000 mit 42,2 % bis 56 % vergleichsweise hoch und nahe am jeweiligen maximalen Grenzsteuersatz der Einkommensteuer. Schulz (2006) zeigt,

---

Ausschüttungen aus privaten Beteiligungen von mehr als 25 % an der Gesellschaft oder mehr als 1 % an der Gesellschaft, wenn der Anteilseigner beruflich in der Gesellschaft tätig ist, besteht ein Wahlrecht zwischen Abgeltungssteuer und Teileinkünfteverfahren. Beim Teileinkünfteverfahren sind nun 60 % der Dividenden oder Veräußerungsgewinne (statt bisher 50 %) zu versteuern, wobei zu berücksichtigen ist, dass 2008 zum einen der maßgebliche Körperschaftsteuersatz auf 15 % gesenkt, zum anderen aber die Abzugsfähigkeit der gezahlten Gewerbesteuern bei der Berechnung der Körperschaftsteuer abgeschafft wurde. Im Ergebnis ergibt sich für Investoren, die nach dem Teileinkünfteverfahren besteuert werden, selbst für überdurchschnittliche Gewerbesteuerhebesätze eine Senkung der Gesamtsteuerbelastung im Vergleich zu 2007: Für einen Gewinn pro Aktie G vor Ertragsteuern, einen Gewerbesteuersatz g_{2007} bzw. g_{2009} und einen persönlichen Grenzsteuersatz s war die Nettodividende im Jahr 2007 unter der vereinfachenden Annahme derselben Besteuerungsbasis für Körperschaft- und Gewerbesteuer

$G \cdot (1 - g_{2007}) \cdot (1 - 26,375\%) \cdot 50\% \cdot (1 - s)$ und im Jahr 2009

$G \cdot (1 - g_{2009} - 15,825\%) \cdot 60\% \cdot (1 - s)$. Der zweite Ausdruck ist genau dann größer als der erste, wenn $g_{2009} < 0,228 + 0,614 \cdot g_{2007}$, was in Anbetracht eines mittleren Hebesatzes von 399 % (Stand: 2015; Quelle: Pressemitteilung des Statistischen Bundesamtes vom 26.8.2016) und einer Gewerbesteuermesszahl von 3,5 % (vor 2008: 5 %) praktisch immer gilt. Folglich erzielen die hier betrachteten Anleger nun in aller Regel eine höhere Nettodividende.

[1043] Da in Höhe von 5 % der Ausschüttung oder des Veräußerungsgewinns ein Betriebsausgabenabzugsverbot besteht (§ 8 Abs. 5 KStG), sind effektiv allerdings nur 95 % dieser Erträge steuerfrei.

dass der Grenzsteuersatz der Indifferenz zwischen Ausschüttung und Thesaurierung im Zeitraum von 1968 bis 1976 mit 37,1 % bis 38,9 % geringer ausfiel.[1044] Während der Geltung des Halbeinkünfteverfahrens und der damit verbundenen Abschaffung des gespaltenen Körperschaftsteuersatzes waren Thesaurierungen für alle Anleger mit einem Grenzsteuersatz größer als 0 % vorzugswürdig, sofern die Dividendenerträge den Sparer-Pauschbetrag überschritten haben. Lediglich für Anleger mit besonders geringem Einkommen oder niedrigen Einkünften aus Kapitalvermögen bestand dabei Indifferenz zwischen Ausschüttung und Einbehaltung von Gewinnen. Diese Anleger dürften jedoch nur eine Minderheit der Aktienanleger darstellen. Mit Einführung der für Kapitalgewinne und Dividenden einheitlichen Abgeltungssteuer sind inländische Privatanleger unabhängig vom Grenzsteuersatz aus steuerlicher Sicht indifferent. Schematisch vereinfacht lassen sich die Präferenzen wie in der nachfolgenden Tabelle 6 darstellen.

Auch für inländische Gesellschaften als Emittenten von Aktien ist nicht nur die steuerliche Behandlung auf Unternehmensebene bei Aktienfinanzierung von Interesse. Zum einen kann es bei gespaltenem Körperschaftsteuersatz vorteilhaft sein, Dividenden auszuschütten und zugleich eine Kapitalerhöhung durchzuführen („Schütt-aus-hol-zurück-Verfahren"), um dadurch die eigene Steuerlast zu senken. Zum anderen ist es für börsennotierte Aktiengesellschaften wichtig, für Eigenkapitalgeber attraktiv zu sein, um im Wettbewerb um das von Anlegern angebotene Kapital bestehen zu können. Hierzu muss bei Finanzierung mit Eigenkapital auch die Gesamtsteuerbelastung der Aktionäre berücksichtigt werden.

[1044] Vgl. Schulz (2006), S. 34.

Tabelle 6: Bevorzugung von Dividenden oder Thesaurierungen im Zeitablauf nach Typ des Investors

T: Bevorzugung von Thesaurierungen, D: Bevorzugung von Dividenden, I: Indifferenz

Periode	Inländische Privatanleger mit sehr hohem Einkommen	Inländische Privatanleger mit mittlerem Einkommen	Inländische Privatanleger mit niedrigem Einkommen	Inländische Kapitalgesellschaften	Ausländische Anleger *
vor 1977 (Doppelbesteuerung mit gespaltenem KSt-Satz)	T	T	D	D**	D
1977 – 2000 (Anrechnungsverfahren)	T	D	D	D**	D****
2001 – 2008 (Halbeinkünfteverfahren)	T	T	T	I***	T
ab 2009 (Abgeltungssteuer)	I	I	I	I	I

*   Die Präferenz ist auch abhängig vom ausländischen Steuersystem, hier nur Unterscheidung nach in Deutschland zu zahlenden Steuern.

**   Grundsätzlich unterlagen Dividenden und realisierte Kursgewinne in gleicher Weise der Körperschaftsteuer. Der KSt-Satz wurde jedoch auf 15 % ermäßigt, wenn die empfangenen Dividenden an die nachgelagerten Aktionäre ausgeschüttet wurden. Außerdem war bei Beteiligung von 25 % oder mehr die Gesamtbelastung auf 51 % begrenzt („Schachtelprivileg"), vgl. Schulz (2006), S. 27.

*** ab 2002

**** Sofern im Wohnsitzland keine weitere Besteuerung erfolgt, sind Dividenden vorteilhaft, wenn ein bestimmter Kapitalertragsteuersatz nicht überschritten wird. Dieser errechnet sich als $1 - (1 - KSt_{Thesaurierung})/(1 - KSt_{Ausschüttung})$ und betrug ohne Berücksichtigung des Solidaritätszuschlags 1990-1993 21,9 %, 1994-1998 21,4 % und 1999-2000 15,4 %. Da sich für die Jahre 1977-89 ein rechnerischer Wert von 31,3 % ergibt, die Kapitalertragsteuer jedoch maximal 25 % betrug, waren jedenfalls in dieser Zeit Dividenden bei ausschließlicher Berücksichtigung der deutschen Steuern stets vorteilhaft.

Quelle: Eigene Darstellung.

Wie Tabelle 6 zeigt, konnte eine Gesellschaft zu keinem Zeitpunkt eindeutig entscheiden, ob Gewinne aus Sicht ihrer Investoren ausgeschüttet werden sollten oder nicht. Vielmehr muss sich die Gesellschaft daran orientieren, welcher Typus von Aktionär mit der gewählten Ausschüttungspolitik begünstigt werden soll. Man spricht in diesem Zusammenhang von Steuer-Klientelen. Da – abgesehen vom seltenen Fall einer statutarischen Höchstdividende – auf Vorzugsaktien eine mindestens ebenso hohe Dividende gezahlt wird wie auf Stammaktien, im Fall einer statutarischen Mehrdividende sogar eine höhere, dürften bei Anwendbarkeit der Steuer-Klientel-Erklärung Vorzugsaktien tendenziell von solchen Privatanlegern bevorzugt worden sein, die einen niedrigeren Steuersatz aufweisen. Bis zum Jahr 2000 sollten daher Vorzugsaktien für inländische Privatanleger mit hohem Steuersatz oder ausländische Privatanleger aus Ländern mit einer zur deutschen Kapitalertragsteuer ergänzenden Steuerpflicht bzw. – im Falle einer Anrechnung der deutschen Kapitalertragsteuer – mit einem hohem Steuersatz im Wohnsitzland eher uninteressant gewesen sein.

Für die erwähnte Studie des Deutschen Aktieninstituts wurden im Jahr 2013 private und institutionelle Anleger auch zu ihrer Dividenden-Präferenz befragt. Dabei hat sich gezeigt, dass im Vergleich zu vorherigen Studien in den Jahren 2004 und 2008 die Bedeutung von Dividenden im Vergleich zu Kurssteigerungen bei beiden Anlegergruppen deutlich zugenommen hat, und dass die Dividendenpolitik ein zunehmend bedeutenderes Kriterium bei der Anlageentscheidung ist.[1045] Konkret befürworten immerhin 38 % der Privatanleger eine sehr hohe oder hohe Dividende bei im Gegenzug geringer oder ausbleibender Kurssteigerung; bei der ersten Studie 2004 waren es nur 19 %.[1046] Allerdings gaben nur 25 % der Privatanleger und 38 % der Institutionellen an, dass steuerliche Gründe eine Rolle für die Dividendenpräferenz spielen würden.[1047] Andere Beweggründe könnten die Suche nach einem Ausgleich für Kursveränderungen bei volatilerem Kapitalmarktumfeld sowie das Niedrigzinsniveau sein.[1048] Dazu korrespondiert, dass 25 % der Privatanleger eine gewinnunabhängige Mindestdividende fordern.[1049]

3.3.8   Zwischenfazit

Unter der plausiblen Annahme, dass Streubesitzaktionäre mit ihrer Investition lediglich finanzielle Ziele verfolgen und ihrem Stimmrecht angesichts fehlender Einflussnahmemöglichkeiten bei der Hauptversammlung und zu hoher Kosten für eine eigene Überwachung von Entscheidungen des Managements keinen

---

[1045] Vgl. Pellens/Schmidt (2014), S. 17-19. Der Anstieg kann mit der steuerliche Bevorzugung von Kurssteigerungen während des Halbeinkünfteverfahrens zusammenhängen.

[1046] Bei den institutionellen Investoren waren dies nur 13 % (2004: 17 %). In beiden Investorengruppen bevorzugen allerdings je 43 % ein ausgewogenes Verhältnis von Dividende und Kursanstieg. Vgl. a. a. O., S. 45, 69.

[1047] Vgl. a. a. O., S. 47, 70.

[1048] Vgl. a. a. O., S. 17.

[1049] Allerdings nur 6 % der institutionellen Anleger; vgl. a. a. O., S. 49, 70.

Wert beimessen, ist es für die Streubesitzaktionäre vorteilhaft, Finanzinstrumente zu erwerben, die als Kompensation für das fehlende Stimmrecht mit einer höheren, zumindest aber sichereren Dividende ausgestattet sind: Stimmrechtslose Vorzugsaktien. Erwerbsanreize bestehen in der prioritätischen und nach der Rechtslage bis 2015 zwingend kumulativen Dividende, die bei den börsennotierten deutschen Dual-Class-Unternehmen im Mittel 4,6% des (ggf. impliziten) Nennwertes der Aktie beträgt, und bei der Mehrzahl der Gesellschaften auch in einer Mehrdividende, die im Mittel 2,1% des Nennwerts ausmacht. Steuerlich war die Ausschüttung von Dividenden auf Vorzugsaktien wegen des gespaltenen Steuersatzes für einbehaltene und ausgeschüttete Gewinne bis 2001 für inländische Privatanleger mit geringem Grenzsteuersatz attraktiver als für Privatanleger mit höherem Grenzsteuersatz. Aktuell scheint die Bedeutung von Dividenden im Vergleich zu Kurssteigerungen sowohl für private als auch institutionelle Anleger zugenommen zu haben.

Im Fall anhaltender Geldentwertung werden die pekuniären Vorzüge zwar real entwertet, an einem inflationsbedingten Gewinnanstieg bei temporär nahezu unveränderten nominalen Fremdkapitalkosten würden Vorzugsaktien aber entsprechend vorrangig partizipieren. Im Fall der notwendigen Sanierung einer Gesellschaft können eine hohe Vorzugs- und Mehrdividende, ggf. ergänzt durch eine vorrangige Stellung im Liquidationsfall, die Bereitschaft risikobewusster Anleger, der Gesellschaft frisches Kapital zuzuführen, verbessern. Für den Erwerb von Vorzugsaktien kann auch deren hohe Liquidität sprechen, wenn die Vorzugsaktien in einen maßgeblichen Index aufgenommen worden sind. Schließlich können institutionelle Anleger, die eine Übernahme planen, im Vorfeld Vorzugsaktien der Zielgesellschaft erwerben, um die Kosten für ein Übernahmeangebot bzgl. der Vorzugsaktien zu senken und Beschlüsse über einen Squeeze-out abzusichern, für die der Anteil am Gesamtkapital maßgeblich ist.

3.4   Motive zur Abschaffung stimmrechtsloser Vorzugsaktien

Nicht nur in Deutschland, sondern auch in anderen Staaten Kontinentaleuropas ist ein Trend zur Vereinheitlichung der Aktiengattungen, d.h. zur Abschaffung von Aktien mit abweichenden Stimmrechten, zu beobachten.[1050] Dies bedeutet, dass entweder die Gründe, die zur Einführung von Vorzugsaktien geführt haben, nicht mehr bestehen oder dass sich die Rahmenbedingungen so geändert haben,

---

[1050] Vgl. Pajuste (2005), Tabelle auf S. 47.

dass die Aufrechterhaltung einer Dual-Class-Struktur mit Nachteilen für die jeweilige Gesellschaft oder deren aktuellen Mehrheitsaktionär verbunden ist.

3.4.1 Ermöglichung weiterer Eigenkapitalfinanzierung bei Mehrheitsbesitz

Bei der Einführung der Vorzugsaktien war in der Vergangenheit die häufigste Konstellation eine Gesellschaft im gänzlichen oder mehrheitlichen Familienbesitz, die durch die Ausgabe der Vorzugsaktien häufig externes Eigenkapital generiert hat und so potenziell profitable Investitionen finanzieren konnte.[1051] Bei weiteren Kapitalerhöhungen zur Wachstumsfinanzierung kann ohne die Beteiligung des Mehrheitsaktionärs die Situation eintreten, dass zum einen – durch Kapitalerhöhungen um Stammaktien – der Stimmrechtsanteil des Mehrheitsaktionärs immer weiter verwässert wird und dass zum anderen – durch Kapitalerhöhungen um Vorzugsaktien – die gesetzliche Obergrenze für das Grundkapital der Vorzugsaktien – gem. § 139 Abs. 2 AktG die Hälfte des Grundkapitals – ausgeschöpft wird. Eine weitere Eigenkapitalfinanzierung ist dann ab einem gewissen Punkt nur noch möglich, wenn der Mehrheitsaktionär seine Stimmenmehrheit aufgibt. In dieser Situation sind aber Vorzugsaktien zur Sicherung der Stimmenmehrheit aus Sicht des bisherigen Mehrheitsaktionärs nicht mehr erforderlich.

Nach den Ergebnissen von Franks et al. (2012) ist das Vorhandensein einer Dual-Class-Struktur allerdings kein signifikanter Faktor für den Kontrollverlust einer Familie,[1052] die beschriebene Situation kann auch in rein stammaktienfinanzierten Gesellschaften eintreten, dort nur tendenziell früher. Wandlungen von Vorzugsaktien in Stammaktien wurden nach den Ergebnissen von Ehrhardt/ Nowak (2003b) überwiegend bei solche Gesellschaften vorgenommen, bei denen der Großaktionär entweder kein Familienaktionär ist, oder die im Besitz von mehreren, nicht verwandten Privatpersonen standen (z. B. bei der SAP AG), mit anderen Worten waren dies Gesellschaften, für die ein geringeres Ausmaß an

---

[1051] Von den insgesamt 158 Gesellschaften mit börsennotierten stimmrechtslosen Vorzugsaktien seit 1948 war in 108 Fällen der größte Stammaktionär nach dem Börsengang der Vorzugsaktien eine natürliche Person oder eine Familienholding (Quelle: Eigene Erhebung).

[1052] In die Probit-Analyse der Veränderung zwischen 1996 und 2006 werden die 741 größten börsennotierten Familienunternehmen aus Deutschland, Frankreich, Großbritannien und Italien einbezogen, davon ca. 31 % aus Deutschland. Signifikant (und zwar negativ) auf die Wahrscheinlichkeit des Kontrollverlusts wirken nur das Alter der Gesellschaft und der Umstand, dass noch die Gründerfamilie die Mehrheit hält. Vgl. a. a. O., S. 1701 f.

Private Benefits zu erwarten ist.[1053] Dies deutet darauf hin, dass das beschriebene Problem eher Nicht-Familiengesellschaften trifft, die z. B. Kapital zur Wachstumsfinanzierung benötigen und mglw. schneller oder stärker wachsen wollen, als Familienunternehmen dies mit Rücksicht auf die langfristige Sicherung ihrer Vermögensposition und das einzugehende Risiko umsetzen würden.

Winzen (2014) sieht eine Blockade der Eigenkapitalfinanzierung als zentralen Grund für die Abschaffung von Vorzugsaktien,[1054] allerdings dürfte ein solcher Grund seitens der Gesellschaften oder Mehrheitsaktionäre kaum öffentlich als Hintergrund für die Abschaffung der Vorzugsaktien angegeben werden.[1055] Zur Erhaltung der Unternehmensherrschaft wird in der geschilderten Situation bisweilen eine Umwandlung der Gesellschaft in eine Kommanditgesellschaft auf Aktien durchgeführt.[1056] Winzen (2014) verweist hierzu beispielhaft auf den Fall der Fresenius SE, bei der der Grundkapitalanteil der Vorzugsaktien bereits 50 % betrug und die Mehrheitsaktionärin, die Else-Kröner-Fresenius-Stiftung, nur noch über einen Stimmenanteil von 50 % verfügte und wohl nicht mehr an Kapitalerhöhungen teilnehmen wollte; Anfang 2011 erfolgte die Umwandlung in eine SE & Co. KGaA. Letztlich kann die KGaA als „funktionales Äquivalent" zur Vorzugsaktie eingesetzt werden und die Beibehaltung des Machtgefüges innerhalb der Gesellschaft sichern. Dies gilt selbst dann, wenn zugleich die Vorzugsaktien der Gesellschaft z. B. zur Verbesserung der Liquidität in Stammaktien gewandelt werden, sofern dem Komplementär durch Satzungsgestaltung weitgehende Geschäftsführungbefugnise eingeräumt werden.[1057]

3.4.2 Steigerung des Unternehmenswertes und Verbesserung der Corporate Governance

3.4.2.1 Erhöhung des Marktwertes

Die Emission der meisten Vorzugsaktien erfolgte mit dem Ziel der Aufrechterhaltung der Stimmrechtsmacht bei Kapitalbedarf, der Verhinderung feindlicher Übernahmen und der Sicherung der Möglichkeit zur Generierung privater Vermögensvorteile. Folge der Extrahierung solcher Mittel zulasten des Unterneh-

---

[1053] Vgl. Ehrhardt/Nowak (2003b), S. 374. Diese Studie bezieht sich auf die bis 2001 zu beobachtenden Umwandlungen von Vorzugs- in Stammaktien. Nach Feststellung der Autoren war nur in fünf der 21 betroffenen Unternehmen der Unternehmensgründer noch größter Aktionär.
[1054] So Winzen (2014), S. 131.
[1055] Zu den angegebenen Gründen siehe Abschnitt 3.4.5.
[1056] Vgl. Abschnitt 3.2.1.3.
[1057] Vgl. Schlitt/Winzen (2012), S. 266 f.

mens sind erhöhte Finanzierungskosten, weshalb aus Sicht des Unternehmens weniger an sich lohnenswerte Investitionsmöglickeiten einen positiven Kapitalwert haben.[1058] Solche Vermögensminderungen sollten sich negativ im Marktwert des Unternehmens widerspiegeln. In empirischen Untersuchungen wird tatsächlich ein *negativer Einfluss einer Stimmrechtsdifferenzierung auf den Unternehmenswert* und die Rendite festgestellt.[1059]

Rationale Investoren dürften die Agency-Kosten und insbesondere den – von der Art der Blockaktionäre abhängigen – Konsum von Privat Benefits antizipieren. Folglich dürften sie neue Vorzugsaktien (z. B. bei Kapitalerhöhungen) nur mit einem entsprechenden Preisabschlag zeichnen.[1060] Insofern dient umgekehrt die Abschaffung von Vorzugsaktien auch der *Erzielung des höchstmöglichen Preises bei Ausgabe von Eigenkapital*. Dies ist z. B. auch dann von Bedeutung, wenn das ausgegebene Kapital zur *Finanzierung von Übernahmen* dienen soll, da dann für einen feststehenden Kaufpreis weniger junge Aktien ausgegeben werden müssen, sodass die Anteile der bisherigen Aktionäre nur in möglichst geringem Umfang verwässert werden. Außerdem ist mit der Erzielung eines höheren Ausgabepreises bei Kapitalerhöhungen auch eine *größere finanzielle Flexibilität* im Hinblick auf zusätzliche Investitionen oder die Ausschöpfung von Wachstumspotenzialen verbunden.

Aus geringeren Einzahlungen bei der Emission von Vorzugsaktien im Rahmen von Kapitalerhöhungen folgt unmittelbar, dass bei Kapitalerhöhung um Stammaktien mit gleichem Nominalbetrag c. p. eine *Steigerung des Unternehmenswertes* eintritt. Dies gilt erst recht nach Reklassifizierung der Aktiengattungen (d. h. der Umwandlung der Vorzugs- in Stammaktien), wenn die am Markt täti-

---

[1058] Vgl z. B. Dyck/Zingales (2004a), S. 52.

[1059] So stellen z. B. Bjuggren/Eklund/Wiberg (2007) für den schwedischen Aktienmarkt (mit dem europaweit höchsten Anteil an Dual-Class-Unternehmen) fest, dass in Dual-Class-Unternehmen das marginale Tobins Q signifikant (-34,7 %) unter eins liegt, während in Unternehmen mit geringer Stimmrechtskonzentration das marginale q näher an eins liegt. Dies impliziere, dass Dual-Class-Unternehmen stärker in Projekte investieren, deren Barwert unter den Investitionskosten liegt, d. h. dass deren Unternehmenswert c. p. kleiner als der eines vergleichbaren Single-Class-Unternehmens ist; vgl. a. a. O., S. 1329-1331. Bjuggren/Palmberg (2010) bestätigen dies auch explizit für Familienunternehmen mit und ohne Dual-Class-Struktur; vgl. a. a. O., S. 337.

[1060] Nach der Argumentation von Wenger/Hecker (2004) ist der höhere Preis der Stammaktien nicht Ausdruck höherer Private Benefits bei Dual-Class-Unternehmen, sondern des Umstands dass insbesondere Familienunternehmen mit überdurchschnittlicher Wahrscheinlichkeit an Übernehmer gehen, die höhere Private Benefits extrahieren können, vgl. a. a. O., S. 270. In diesem Sinne müsste eine Steigerung des Marktwertes nach Wandlung der Vorzugsaktien mit einer gesunkenen Übernahmewahrscheinlichkeit begründet werden.

gen Aktionäre bei der Ermittlung eines „fairen" Aktienkurses ein geringeres Ausmaß an extrahierten Private Benefits zugrunde legen. Der daraus folgende Anstieg des Unternehmenswertes dürfte angesichts der in den letzten etwa zwanzig Jahren auch in Deutschland zunehmende Orientierung an Aktionärsinteressen der Hauptgrund für die Abschaffung von Dual-Class-Strukturen sein. Insofern geht von der Umwandlung von Vorzugsaktien in Stammaktien auch eine *Signalwirkung zur Ausrichtung am „Shareholder Value"* aus. Sofern – wie allgemein üblich – eine *Kopplung der Bezüge des Vorstands an die Aktienkurse* der Gesellschaft vereinbart wurde, hat das Management selbst einen starken Anreiz, sich für eine Steigerung des Unternehmenswertes und daher – sofern damit eine Steigerung des Unternehmenswertes erreichbar ist – auch für eine Umwandlung von Vorzugs- in Stammaktien einzusetzen.

Bei Dual-Class-Unternehmen kam es häufig zum Ausstieg der Mehrheitsgesellschafter, indem diese ihre Anteile an andere Unternehmen oder Finanzinvestoren/Private-Equity-Gesellschaften veräußert haben.[1061] Die hinter den Finanzinvestoren stehenden Gesellschafter bzw. Investoren messen ihren Erfolg meist an einer Steigerung des Aktienkurses bzw. der Aktienrendite. Sofern sie diese Kennziffern transparent gegenüber ihren Investoren offenlegen, haben sie einen *geringeren Anreiz zur potenziell kursschmälernden Generierung von Private Benefits*. Ein möglichst hoher Aktienkurs ist zudem auch im Hinblick auf einen späteren Exit von Bedeutung, weshalb solche Aktionäre typischerweise eine Abschaffung von Vorzugsaktien betreiben.[1062]

3.4.2.2 *Erwartungen des Kapitalmarktes an eine gute Corporate Governance*

Selbst wenn bei Ex-Post-Betrachtung eine Steigerung des Unternehmenswertes gar nicht eintritt, kann die Umwandlung der Vorzugsaktien auch der Erfüllung der *Erwartung des Kapitalmarktes* über die Abschaffung der Dual-Class-Struktur dienen. Die Erwartungen des Kapitalmarktes werden möglicherweise umso stärker, je mehr Dual-Class-Unternehmen ihre Vorzugsaktien umgewandelt haben. Dies wäre nicht der einzige Fall eines *Herdenverhaltens*, der am

---

[1061] Seit 1990 war dies bei mindestens 24 Dual-Class-Unternehmen der Fall, z. B. bei der ProSieben Sat. 1 Media AG, der WMF AG oder der Berentzen AG. Quelle: Eigene Erhebungen.

[1062] Ohne Transparenz gegenüber ihren Investoren, wenn also für die Investoren z. B. nur der Gewinn des Finanzinvestors von Interesse ist, kann aber ein Anreiz zur Extrahierung von Private Benefits in großem Umfang bestehen, wenn diese Sondervorteile dem Finanzinvestor und dessen Investoren zugutekommen.

Kapitalmarkt zu beobachten wäre.[1063] Der Druck, dem Trend zur Umwandlung zu folgen, könnte in diesem Fall dadurch zunehmen, dass der Kapitalmarkt bei Dual-Class-Unternehmen Eigenkapital nur mit immer größeren Abschlägen zeichnet, und zwar selbst dann, wenn dies nicht rational bzw. fundamental nicht erklärbar ist. Ein Hintergrund für eine *Veränderung der „Mode"*[1064] könnte sein, dass der Kapitalmarkt verstärkt Maßnahmen, mit denen sich Manager oder Großaktionäre festsetzen können, um eigene Vorteile zu generieren, mit Argwohn betrachtet. Vorzugsaktien sind hierbei nach der Abschaffung von Mehrstimmrechtsaktien das augenfälligste verbliebene Mittel und wurden bei konkreten Übernamefällen tatsächlich übervorteilt.[1065] Diese Motivation zur Beendigung einer Dual-Class-Struktur korrespondiert mit der erwähnten Signalwirkung zur verbesserten Ausrichtung der Unternehmenspolitik an den Interessen *aller* Aktionäre.

Ein deutliches Indiz für die veränderten Erwartungen des Kapitalmarktes sind auch die *Empfehlungen einflussreicher Verbände*. So hat sich die Deutsche Schutzvereinigung für Wertpapierbesitz mehrfach gegen die Ausgabe von stimmrechtslosen Vorzugsaktien ausgesprochen.[1066, 1067] In Großbritannien hat das Institutional Shareholders' Committee (ISC) stimmrechtslose Aktien abgelehnt und seinen Mitgliedern empfohlen, Beschlüssen zur Einführung solcher Aktien nicht zuzustimmen.[1068]

Die Abschaffung von Vorzugsaktien kann unter bestimmten Umständen sogar ein *Schutz gegen feindliche Übernahmen* sein, auch wenn dies an sich der wichtigste Grund für die Einführung von Vorzugsaktien war: Sind die für einen Mehrheitsaktionär extrahierbaren Private Benefits gering, so ist auch sein Reservationswert – der subjektive Wert des Unternehmens für den bisherigen Mehr-

---

[1063] Beispielsweise dürfte Herdenverhalten auch zur Erklärung von Überrenditen so genannter Momentum- bzw. Winner-Loser-Strategien beitragen, die nicht allein durch unterschiedliche Größe, Liquidität oder Buchwert-Marktwert-Verhältnisse erklärbar sind. Vgl. hierzu z. B. Glaser/Weber (2003), S. 133, De Bondt/Thaler (1987), S. 579.

[1064] So Pajuste (2005), S. 12 und S. 14. Nach ihrer Auffassung sind Dual-Class-Unternehmen zunehmend „out of fashion." Dies zeige sich auch daran, dass am „Neuen Markt" in Deutschland ebenso wie am „Nuovo Mercato" in Italien Vorzugsaktien nicht zugelassen waren.

[1065] Wenger/Hecker (2004) erläutern ausführlich die Vorgänge bei den Übernahmen von Allweiler, Dyckerhoff und Wella.

[1066] Vgl. Bank (2006), S. 87, und Assmann/Bozenhardt (1990), S. 125.

[1067] Allerdings sei die Umwandlung der Vorzugs- in Stammaktien bereits wieder „etwas aus der Mode gekommen", meinte ein Mitarbeiter der Deutschen Schutzvereinigung für Wertpapierbesitz (DSW) im Handelsblatt [vgl. Schnell (2009)].

[1068] Vgl. Bank (2006), S. 280.

heitsaktionär – gering. Damit fällt es einem feindlichen Bieter in einem Dual-Class-Unternehmen leichter, diesen Reservationswert zu überbieten, da nur die Mehrheit der Stammaktien übernommen werden muss. Da bei einem Block-erwerb mittlerweile – anders als noch in der Zeit der verstärkten Emission von Vorzugsaktien vor Inkrafttreten des WpÜG – auch allen anderen Stammaktio-nären ein Übernahmeangebot zum selben Preis unterbreitet werden muss,[1069] wäre der Erwerb der Stimmenmehrheit einer vergleichbaren Single-Class-Unter-nehmung tendenziell teurer. Diese Argumentation gilt zwar grundsätzlich auch dann, wenn der bisherige Mehrheitsaktionär hohe Private Benefits extrahieren kann, jedoch ist in diesem Fall die Wahrscheinlichkeit, dass ein externer Bieter höhere Private Benefits generieren und den bisherigen Großaktionär überbieten kann, bereits bei einer Dual-Class-Unternehmung geringer.

3.4.3 Verbesserung der Liquidität

Hat das Unternehmen nach Umwandlung nur noch eine Gattung, so ist die *Liqui-dität der börsennotierten Aktien* nach Zusammenfassung des gehandelten Streu-besitzes zu einer Gattung in aller Regel größer als vor der Reklassifizierung, was tendenziell auch Verzerrungen bei der Preisbildung bzw. einen Risikoaufschlag bei der geforderten Aktienrendite wegen mangelnder Liquidität mindert. Die höhere Liquidität nach Umwandlung dürfte auch dadurch begründet sein, dass einige Investoren von dem Erwerb von Vorzugsaktien generell absehen und möglicherweise anstelle von Vorzugsaktien einer Dual-Class-Unternehmung eher in Stammaktien einer vergleichbaren oder anderen Single-Class-Unterneh-mung investieren. Insbesondere ausländische Investoren, die mit dem Instrument der deutschen stimmrechtslosen Vorzugsaktie weniger vertraut sind, dürften ge-genüber einer Investition in Vorzugsaktien eher zurückhaltend sein. Zwar gibt es Aktien mit Stimmrechtsunterschieden in den meisten Jurisdiktionen, allerdings sind die Regelungen länderspezifisch und nur schwer vergleichbar. Insofern ver-ursacht eine Investition in Vorzugsaktien für Ausländer höhere Transaktionskos-ten, z. B. für die Rechtsberatung. Die Schaffung einer Single-Class-Struktur stei-gert somit auch die *Attraktivität der Gesellschaft für ausländische Investoren.* Insbesondere Pensionsfonds aus Staaten mit einer im Vergleich zu Deutschland größeren Bedeutung von privater und betrieblicher Altersvorsorge (z. B. aus den USA) können mit ihren Investitionsentscheidungen angesichts des großen ver-walteten Vermögens einen großen Einfluss auf die Liquidität der Aktien ein-zelner Gesellschaften haben. Gerade institutionelle Investoren werden nicht auf

---

[1069] Vgl. Fußnote 1293.

das Stimmrecht als wesentliches Mittel zur Durchsetzung ihrer Interessen verzichten.

Mit der Umwandlung von Vorzugs- in Stammaktien kommt es bei Gesellschaften, von denen eine Gattung in einem Index enthalten ist, zu einer *Erhöhung des
Gewichts im Aktienindex*, sofern sowohl Stamm- als auch Vorzugsaktien an der
Börse gehandelt werden[1070] und – wie bei DAX und MDAX seit 2002 – der so
genannte „Free Float" (das börsengehandelte Kapital) maßgeblicher Gewich-
tungsfaktor ist.[1071] Eine Gewichtung auf Basis des Free Floats ist auch gerechtfertigt, da sich ein liquider Handel einer Aktie letztlich nur aus den potenziell an
der Börse gehandelten Aktien ergeben kann. Durch Umwandlung von Vorzugs-
in Stammaktien erhöht sich bei Unternehmen mit einem vor Umwandlung größeren Festbesitz der Stammaktien der Streubesitz der (Stamm-)Aktie und mithin
das Indexgewicht; bei einem relativ geringen Indexgewicht kann durch eine
Wandlung folglich auch ein *Abstieg aus dem Index vermieden* werden.
Betzer/van den Bongard/Goergen (2013) ermitteln für die in den Auswahlindizes
vertretenen CDAX-Unternehmen empirisch einen signifikanten Einfluss des
durch Wandlung erzielbaren höheren Indexgewichts und eines durch Nichtwandlung drohenden Abstiegs aus einem Index auf die Umwandlungswahrscheinlichkeit bzw. -motivation. Die kontrollierenden Aktionäre müssen diese
Opportunitätskosten einer Nichtwandlung gegen den Wert eines nach Wandlung
für sie eintretenden Stimmrechtsverlustes abwägen.[1072]

Nach erfolgter Umwandlung werden Investment- und Indexfonds, Banken und
andere Investoren, die sich an dem jeweiligen Index orientieren oder diesen sogar nachbilden, zusätzliche Stammaktien der Gesellschaft erwerben. Dies erhöht
wiederum die Umsätze in der Aktie und verstärkt deren Liquidität zusätzlich.
Zudem erleichtert dies die Beschaffung neuen Kapitals im Rahmen von Kapitalerhöhungen, da die genannten Investoren faktisch an den Kapitalerhöhungen
teilnehmen müssen, damit sich der Anteil der jeweiligen Aktie in ihrem Portfolio
weiterhin an dem Indexgewicht orientiert. Für Unternehmen, die (noch) nicht in
einem Index vertreten sind, folgt aus der Abschaffung der Vorzugsaktien eine
Erhöhung der Wahrscheinlichkeit für die Aufnahme in einen Index, da sich nach

---

[1070] Ist die Stammaktie bisher nicht börsennotiert, steigt auch nicht der Freefloat der börsennotierten
Gattung nach Wandlung der Vorzugsaktien, sofern nicht gleichzeitig Stammaktien ausgegeben
werden.

[1071] Sowohl in den DAX als auch in den MDAX wird jeweils nur eine Gattung einer Gesellschaft
aufgenommen. Vgl. Deutsche Börse AG (2010), S. 20 f.

[1072] Vgl. Betzer/van den Bongard/Goergen (2013), S. 24 f.

Umwandlung tendenziell die Marktkapitalisierung des Streubesitzes und die Umsätze – also die maßgeblichen Aufnahmekriterien für die Auswahlindizes der
Deutschen Börse – verbessern.[1073] Ggf. kann die Wandlung auch unmittelbar zu
der Aufnahme in einen Index führen.[1074]

Sowohl erhöhte Umsätze und verbesserte Liquidität als auch die gestiegene Attraktivität für zusätzliche Investorengruppen und die mit der Umwandlung von
Vorzugsaktien bekundete verstärkte Shareholder-Value-Orientierung führen
schließlich dazu, dass die Aktien der Gesellschaft stärkere Beachtung von Analysten und Medien finden. Auch dies kann letztlich zur Verbesserung der Liquidität beitragen.

3.4.4   Vermeidung von Dividendenausfällen

Stammaktien von Dual-Class-Unternehmen sind wegen der beschriebenen Hebelwirkung von Vorzugsaktien[1075] riskanter als Stammaktien vergleichbarer
Single-Class-Unternehmen. Die Schaffung einer Single-Class-Struktur führt daher wegen des Wegfalls prioritätischer und kumulativer Dividendenansprüche
auch zu einer Reduzierung des Dividendenausfallrisikos der Stammaktien. Auch
dieser Umstand kann für bestimmte Investoren – je nach Risikoneigung – die
Attraktivität einer Investition in die Gesellschaft erhöhen. Aus Sicht der Gesellschaft kommt hinzu, dass die nachzahlbaren Vorzugsdividenden von meist 4 %
bis 6 %[1076] bei nicht ausreichendem Bilanzgewinn wegen der Nachzahlungs-
pflicht zu einer Reduzierung des Unternehmenswertes im Vergleich zu einer
Stammaktienfinanzierung führen. Außerdem kann bei niedrigem Zinsniveau die
Aufrechterhaltung einer Dual-Class-Struktur zu teuer sein. Aus diesem Grund
waren beispielsweise in Italien nach dem Inkrafttreten der Europäischen Wäh-
rungsunion und dem damit einhergehenden starken Rückgang der Zinssätze viele
Umwandlungen von stimmrechtslosen Aktien zu verzeichnen.[1077]

[1073] Vgl. Dittmann/Ulbricht (2008), S. 169. Winzen (2014), S. 133, verweist auf die Rhön-Klinikum
AG, die erst nach Umwandlung der Vorzugs- in Stammaktien in den MDAX aufgenommen
wurde.

[1074] Seit September 2016 erfolgen die Indexveränderungen bei MDAX, CDAX und SDAX vollständig automatisiert und nach rein quantitativen Regeln bezüglich der Kriterien „Free Float Marktkapitalisierung" und „Börsenumsatz auf Xetra und Börse Frankfurt" (d.h. ohne Ermessensentscheidung); für den DAX galt dies schon zuvor. Quelle: Pressemitteilung der Deutsche Börse
AG vom 7.6.2016.

[1075] Zum „Secondary Financial Leverage" vgl. Abschnitt 3.2.7.

[1076] Vgl. Abbildung 5 auf Seite 240.

[1077] So Bigelli (2004), S. 8.

3.4.5 Öffentlich angegebene Gründe für die Abschaffung von Vorzugsaktien

Wenn Gesellschaften ihre Vorzugs- in Stammaktien umzuwandeln beabsichtigen, werden die Gründe hierfür gegenüber den Aktionären und der Öffentlichkeit i. d. R. in Presse- und Ad-Hoc-Mitteilungen erläutert und in den Einladungen zur beschlussfassenden Hauptversammlung begründet. Für die 59 Umwandlungen, die in den Jahren von 1962 bis 2017 zu verzeichnen waren, konnten für die in der nachfolgenden Abbildung 6 genannten Begründungen folgende Häufigkeiten ermittelt werden:[1078, 1079]

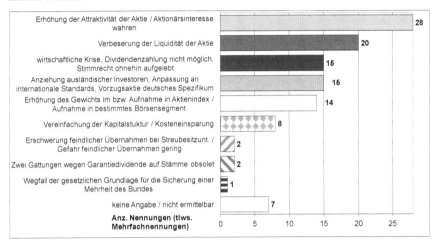

Abbildung 6: Von den Unternehmen angegebene Gründe für die Wandlung von Vorzugs- in Stammaktien

> Mehrfachnennungen waren möglich. Nicht berücksichtigt sind die Fälle, in denen die Vorzugsaktien wegen Squeeze-out nicht mehr gehandelt wurden oder bei denen die Vorzugsaktien infolge einer Fusion oder eines Rechtsformwechsels untergegangen sind; siehe hierzu auch Abbildung 7, S. 265.
>
> Quelle: Eigene Erhebung auf der Basis von Ad-Hoc- und Pressemitteilungen.

[1078] Die Nennung mehrerer Begründungen ist üblich und angesichts der Vielzahl der in diesem Abschnitt geschilderten Motivationen auch glaubhaft. Dies bedeutet aber nicht, dass davon ausgegangen werden kann, dass alle tatsächlichen Gründe auch genannt werden.

[1079] Von den 56 Umwandlungen seit 1989 (die übrigen Umwandlungen fanden vor 1979 statt) konnte nur in fünf Fällen keine Mitteilung der Gesellschaft über den Grund der Umwandlung gefunden werden, und zwar bei der Massa AG, der Hornblower Fischer AG, der Pegasus Beteiligungen AG, der AG für chemische Industrie AG und der LHA Krause AG.

Die Rangfolge der Begründungen stimmt im Wesentlichen mit den von Ditt-mann/Ulbricht (2008) ermittelten Häufigkeiten überein.[1080] Allerdings ist in dieser Studie die Verstärkung des Indexgewichts bzw. die Verbesserung der Chancen auf Aufnahme in einen Index die am häufigsten genannte Begründung. Der Unterschied dürfte darin begründet liegen, dass Indexunternehmen oder „In-dexkandidaten" relativ frühzeitig Umwandlungen durchgeführt haben; danach verblieben überwiegend Unternehmen, die nicht zu diesem Kreis zu zählen sind. Die von Amoako-Adu/Smith (2001) für den kanadischen Aktienmarkt darüber hinaus gefundenen Begründungen für die Schaffung einer One-Share-One-Vote-Struktur (z. B. Ermöglichung einer Notierung in den USA) haben in Deutschland keine Rolle gespielt. Aus nachvollziehbaren Gründen haben auch keine Gesell-schaft und kein Mehrheitsaktionär angegeben, die Umwandlung diene dem leich-teren Ausstieg des Mehrheitsaktionärs.[1081]

Die Umwandlung von Vorzugsaktien in Stammaktien durch Aufhebung des Vor-zugs nach Beschluss der Hauptversammlung oder mit freiwilligem Umtauschan-gebot sind nicht die einzigen Wege zur Abschaffung von Dual-Class-Struktu-ren.[1082] Insbesondere können Vorzugsaktien bei Fusionen, (endgültiger) Insol-venz und im Fall eines Rechtsformwechsels untergehen. Empirisch waren für Notizeinstellungen[1083] von Vorzugsaktien die in der nachfolgenden Abbildung 7 genannten Gründe zu beobachten. Aus der Abbildung ist ersichtlich, dass die Umwandlung von Vorzugs- in Stammaktien in den Jahren 1992 bis 2001 ins-gesamt betrachtet der dominierende Grund für das Delisting und die Abschaf-fung von Vorzugsaktien war. Seit 2002 hat jedoch die Anzahl der Umwandlun-gen abgenommen. Mit der gesetzlichen Zulassung des Herausdrängens von Min-derheitsaktionären (ein aktienrechtlicher „Squeeze out" ist seit 2002 zulässig) ist dies der Hauptgrund für den Untergang von Vorzugsaktien geworden.[1084] In

---

[1080] Vgl. Dittmann/Ulbricht (2008), S. 174. In dieser Studie werden insgesamt 30 Umwandlungen bis zum Jahr 2001 ausgewertet (Mehrfachnennungen waren auch hier möglich); in Abbildung 6 sind dagegen *alle* Umwandlungen bis Ende 2017 berücksichtigt.

[1081] In Kanada war dies eine häufige Begründungen; vgl. Amoako-Adu/Smith (2001), S. 1108.

[1082] Zu den rechtlichen Grundlagen vgl. Abschnitt 2.2.5.

[1083] Zwecks eindeutiger Zuordnung des Ereignisses zu Kalenderjahren wurde als Kriterium der Zeit-punkt der Notizeinstellung gewählt, da im Falle der Insolvenz oder bei gerichtlichen Auseinan-dersetzungen nach Fusionen und Rechtsformwechseln oder bei Wandlung der zu 100 % im Be-sitz des Großaktionärs befindlichen Vorzugsaktien in Stammaktien nach einem Squeeze-out der juristische Zeitpunkt des Untergangs der Vorzugsaktien empirisch i. d. R. nicht zu ermitteln ist.

[1084] Der Vollständigkeit halber sei erwähnt, dass mit Teutoburger Wald-Eisenbahn AG (2017) und der Areal Immobilien- und Beteiligungs-AG (2016) zwei der insgesamt fünf in den letzten 20 Jahren notierten Vorzugsaktien *mit* Stimmrecht durch Squeeze-out faktisch erledigt worden sind.

diesem Fall ist das Ziel der Abschaffung von Vorzugsaktien die Erlangung der vollständigen Kontrolle über die Gesellschaft mit Rückzug von der Börse („Going Private") und meist die Integration der Gesellschaft in ein bestehendes Unternehmen bzw. einen bestehenden Konzern.

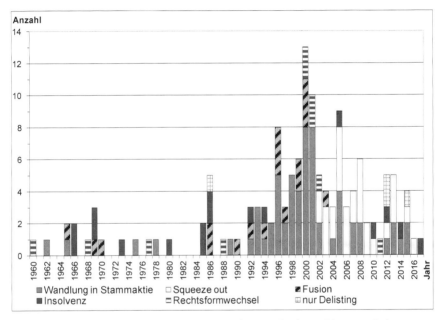

Abbildung 7:   Einstellung der Notiz von stimmrechtslosen Vorzugsaktien nach Ursache (1960-2017)

Quelle: Eigene Erhebung auf der Basis von Ad-Hoc- und Pressemitteilungen. Maßgeblich für die Zuordnung auf die einzelnen Jahre ist der tatsächliche Zeitpunkt der letzten Börsennotiz.

3.4.6   Zwischenfazit

Haben Unternehmen Bedarf an einer Erhöhung des Eigenkapitals, z.B. zur Finanzierung von Wachstumsinvestitionen oder Unternehmensübernahmen, kann die Situation eintreten, dass das maximal zulässige Volumen an stimmrechtlosen

---

Zu den anderen drei Gesellschaften mit einfachem Stimmrecht ist anzumerken, dass die Rinteln-Stadthagener Eisenbahn AG liquidiert wurde, die Vorzugsaktien der GBWAG Bayer. Wohnbau AG in Stammaktie gewandelt wurden und die Dahlbusch AG Ende 2017 noch notiert war.

Vorzugsaktien in Höhe der Hälfte des Grundkapitals bereits ausgeschöpft ist. In diesem Fall muss das Stammaktienkapital erhöht werden. Sofern der bisherige Großaktionär sich nicht daran beteiligt und durch die Verwässerung seine Stimmenmehrheit verliert, ist aus dessen Sicht auch die Aufrechterhaltung einer Dual-Class-Struktur nicht mehr erforderlich. Dies gilt auch, wenn der Großaktionär seine beherrschende Stellung durch Umwandlung in eine KGaA absichert.

Sofern Investoren eine verstärkte Extrahierung von Private Benefits bei Dual-Class-Unternehmen unterstellen und Vorzugsaktien nur mit Abschlag zeichnen, geht eine Umwandlung von Vorzugs- in Stammaktien mit einer Steigerung des Unternehmenswertes einher, z. B. infolge künftig höherer Zuflüsse bei Kapitalerhöhungen. Insofern kann eine Wandlung auch eine Signalwirkung im Hinblick auf eine Shareholder-Value-Orientierung haben. Markterwartungen in dieser Richtung können auch dadurch verstärkt worden sein, dass Vorzugsaktien in konkreten Übernahmefällen übervorteilt worden sind.

Hauptmotivation für die Wandlung von Vorzugs- in Stammaktien dürfte die Verbesserung der Liquidität sein, wenn nur noch eine Aktiengattung der Gesellschaft mit höherer Stückzahl und höherem Streubesitz notiert. Dadurch kann die Aufnahme in einen Aktienindex begünstigt oder das Gewicht in einem Index erhöht und die Attraktivität für ausländische und institutionelle Investoren gesteigert werden.

Seit der Zulassung eines aktienrechtlichen Squeeze-out im Jahr 2002 ist die damit mögliche erzwungene Übertragung der Aktien der Minderheitsaktionäre auf den Mehrheitsaktionär der häufigste Grund für die Beendigung des Börsenhandels von Vorzugsaktien.

3.5   Berücksichtigung von Stimmrechtsunterschieden in der Praxis

Die Bewertung von Stimmrechten und die Bestimmung des Kursunterschieds zwischen Stamm- und Vorzugsaktien hat eine hohe praktische Relevanz, und zwar insbesondere dann, wenn eine Zuzahlung bei freiwilliger Umwandlung von Vorzugs- in Stammaktien, eine Ausgleichszahlung bei Aufhebung eines Mehrstimmrechts, eine angemessener Wert für ein Übernahmeangebot und die Übertragung der Vorzugsaktien im Falle eines Squeeze-out, eine Abfindung bei Untergang der Vorzugsaktien wegen eines Rechtsformwechsels oder ggf. bei Delisting oder wenn das Umtauschverhältnis bei einer Fusion festzulegen ist. Des Weiteren kann für Dual-Class-Unternehmen, bei denen eine Gattung nicht börsennotiert ist, für Zwecke der Bemessung von Substanzsteuern eine adäquate Bewertung auf Basis des Wertes der notierten Gattung erfolgen.

3.5.1 Berücksichtigung des Kursunterschieds von Stammaktien und stimmrechtslosen Vorzugsaktien im Vergleichswertverfahren

3.5.1.1 Anwendung des Vergleichswertverfahrens bei Dual-Class-Unternehmen

Aus theoretischer Sicht kann der Wert eines einfachen Stimmrechts für einen Streubesitzaktionär indirekt aus dem Marktwert (Börsenkurs) von Stamm- und stimmrechtslosen Vorzugsaktien der betrachteten Unternehmung ermittelt werden. Da beide Gattungen sich zwingend in ihrer Dividendenausstattung und in aller Regel auch in ihrer Liquidität unterscheiden, muss die beobachtbare Kursdifferenz allerdings um diese und noch weitere Einflussfaktoren bereinigt werden, die allerdings je nach Spezifika (z. B. Zugehörigkeit zu einem maßgeblichen Aktienindex) auch für einen großen Teil der Kursdifferenz zwischen Stamm- und Vorzugsaktien ursächlich sein können oder aus denen sich sogar eine negative Kursdifferenz ergeben kann.[1085] Sind nur Vorzugs- oder nur Stammaktien börsennotiert, ist eine direkte Bestimmung des Stimmrechtswertes aus historischen Kursunterschieden nicht möglich. In diesen Fällen bietet es sich an, eine hypothetische Marktwertdifferenz beider Gattungen und/oder einen hypothetischen Stimmrechtswert aus den entsprechenden Größen eines oder mehrerer vergleichbarer Dual-Class-Unternehmen abzuleiten, also ein sog. Vergleichswertverfahren anzuwenden.

Für die vorzunehmende Bereinigung des beobachteten Kursunterschieds der Vergleichsunternehmen müssen i. d. R. pauschalisierende Annahmen über die Wirkung der Einflussfaktoren getroffen werden. Aufgrund der damit verbundenen Unsicherheiten begegnet die Jurisprudenz Vergleichswertverfahren überwiegend mit Skepsis.[1086] Allerdings kann sich auch bei dem alternativen Ertragswertverfahren bzw. der Discounted Cashflows (DCF)-Methode (vgl. hierzu Abschnitt 3.5.2) in Abhängigkeit von den getroffenen Annahmen, insbesondere im Hinblick auf den Diskontierungszinssatz, eine erhebliche Bandbreite eines ermittelten Unternehmenswertes ergeben,[1087] ganz abgesehen von der damit noch

---

[1085] Wenn die Vorzugsaktien wie etwa im Fall der Henkel AG & Co. KGaA als DAX-Titel deutlich über den Stammaktien notieren (Stand: 4.6.2018), würde sich ohne Bereinigung u. U. ein – unplausibler – negativer Stimmrechtswert ergeben.

[1086] Vgl. z. B. Wasmann (2002), S. 63-64. Anderer Auffassung sind aber Löwe/Thoß (2002), S. 2078, Schulz (2002), S. 1006, Arnold (2003), S. 269, und Hüffer (2014), S. 64 f. (Rn. 14). Diese bejahen eine Ableitbarkeit eines (Mehr-)Stimmrechtswertes aus einer „typisierenden Betrachtung" der Kursdifferenzen von Stamm- und Vorzugsaktien.

[1087] Beispielsweise betrug im Fall der Umwandung der Grohe AG in eine KG die von der Hauptversammlung auf der Basis der Einschätzung von zwei Wirtschaftsprüfungsgesellschaften beschlos-

problematischeren Differenzierung des Wertes verschiedener Aktiengattungen. Der „wahre Wert" einer Aktie lässt sich eben nicht mit mathematischer Präzision bestimmen,[1088] auch wenn es das Ziel der Bewertung ist, den „wirklichen" oder „wahren" Wert des Anteilseigentums widerzuspiegeln.[1089] Aufgrund der für eine Unternehmensbewertung auch in wirtschaftswissenschaftlicher bzw. finanzmathematischer Sicht zu treffenden Annahmen besteht für die praktische Anwendung ein enger Bezug zu den rechtlichen Regelungen und gerichtlichen Entscheidungen, die die Spielräume für Annahmen eingrenzen oder Vorgaben enthalten.

Der BGH hat zwar in einer Entscheidung zu einem Squeeze-out-Fall ausgeführt, dass die Ertragswertmethode eine grundsätzlich geeignete Methode zur Schätzung des Unternehmenswertes sei, dass aber nach den konkreten Umständen des Einzelfalls auch die Anwendung einer anderen Methode, beispielsweise eine „marktorientierte Methode nach dem Börsenwert" nicht ausgeschlossen sei.[1090] Ob dies auch eine Orientierung an Vergleichswerten einschließen soll, wurde nicht vertieft. Allerdings gibt es aus Sicht des OLG Düsseldorf keinen durchgreifenden Einwand gegen die Bildung einer Peer Group vergleichbarer Unternehmen.[1091] Ein denkbarer konkreter Anwendungsfall für Vergleichswertverfahren ist die Bemessung der angemessenen Höhe von Übernahme- und Pflichtangeboten: Die Gegenleistungen für Aktien verschiedener Gattungen müssen gemäß § 3 Satz 3 der WpÜG-Angebotsverordnung (WpÜGAngebV) getrennt ermittelt wer-

---

sene Abfindung 12,70 € pro Vorzugsaktie und die vom LG Dortmund im Spruchstellenverfahren zuerkannte Abfindung 25,13 € pro Vorzugsaktie, im Wesentlichen, da das LG die grundsätzliche Geeignetheit des CAPM für die Bemessung von Risikozuschlägen anzweifelte und einen geringeren Diskontierungszinssatz festsetzte [vgl. LG Dortmund (19.3.2007, Az. 18 Akt E 5/03), S. 944]. Da aus Sicht des OLG Düsseldorf als Folgeinstanz das CAPM trotz der einem theoretischen Konzept inhärenten vereinfachenden Annahmen die Standardmethode der internationalen Bewertungspraxis sei, folgte es dem Sachverständigen, der unter Rückgriff auf die Ergebnisse von Stehle (2004) einen Anteilswert von 19,57 € je Vorzugsaktie ermittelte, vgl. OLG Düsseldorf (27.5.2009, Az. I-26 W 5/07), S. 2225 f.

[1088] So äußerte Prof. Richard Stehle in einem Interview mit der Welt am Sonntag „Den wahren Wert einer Aktie kennt nur der liebe Gott – Anleger müssen ihn schätzen." Vgl. Stehle (2007), S. 61.

[1089] So BGH (29.09.2015, Az. II ZB 23/14), S. 139.

[1090] Vgl. a.a.O.

[1091] Vgl. OLG Düsseldorf (27.5.2009, Az. I-26 W 5/07), S. 2226. Zwar bezieht sich die Ausführung auf die Bildung einer Peer Group zur Ermittlung des Beta-Faktors für die Anwendung des CAPM, jedoch besteht kein Anhaltspunkt dafür, dass dies nicht auch auf andere Sachverhalte übertragen werden könnte.

den. Insofern dürften erforderlichenfalls auch nach dieser Regelung verschiedene Bewertungsverfahren für die beiden Gattungen zum Einsatz kommen können.[1092]

Finanzielle Auswirkungen eines Stimmrechts sind im Einzelfall nicht objektivierbar und bloße pauschale (d.h. nicht näher substantiierte) Aufschläge zur Bemessung des Gebotspreises für Stammaktien nicht zulässig.[1093] Auch bei Börsennotiz beider Gattungen können die vielfältigen Einflüssen unterliegenden Börsenkurse nur der Ausgangspunkt für die Ermittlung eines angemessenen Wertverhältnisses der jeweiligen Stamm- und Vorzugsaktien sein. Daher erscheint zur Berücksichtigung der unternehmensspezifischen Umstände eine Orientierung an der Kursdifferenz von Vergleichsunternehmen empfehlenswert: Hierzu kann als Maßstab zum einen die Kursdifferenz bei Dual-Class-Unternehmen mit ähnlichen Mehrheits- und vermögensrechtlichen Verhältnissen herangezogen werden. Sind beide Gattungen börsennotiert, sollte der Kursunterschied bei dem zu bewertenden Unternehmen ähnlich sein; anderenfalls liegt das Erfordernis einer Anpassung des angemessenen Wertverhältnisses nahe. Zum anderen kann – bei Börsennotiz beider Gattungen – das zu bewertende Unternehmen auch mit Dual-Class-Unternehmen mit ähnlichem Kursverhältnis verglichen werden; bei großen Abweichungen zwischen den Mehrheits- und vermögensrechtlichen Verhältnissen beider Unternehmen, spricht auch dies für eine Anpassung des angemessenen Wertverhältnisses.[1094]

Allerdings kann es im Einzelfall schwierig sein, für solche Vergleiche einigermaßen passgenaue Referenzunternehmen zu finden, erst recht vor dem Hintergrund der zu verzeichnenden starken Abnahme der Anzahl börsennotierter Vorzugsaktien. Letzteres spricht für eine stärkere Berücksichtigung von gesamtmarktbezogenen Vergleichswerten und den daraus abgeleiteten Einflussfaktoren und Sensitivitäten einzelner Charakteristika von Dual-Class-Unternehmen. Körner (2006) schlägt daher vor, für Dual-Class-Unternehmen mit börsennotierten

---

[1092] Der Gebotspreis muss gemäß §5 Abs. 1 WpÜGAngebV mindestens dem gewichteten durchschnittlichen inländischen (gem. §6 Abs. 1 hilfsweise dem an einer europäischen Börse festgestellten) Börsenkurs der letzten drei Monate vor Gebotsabgabe entsprechen; gem. §4 WpÜGAngebV stellt auch der höchste in den drei Vormonaten vom Bieter gezahlte Erwerbspreis eine Untergrenze für den Gebotspreis dar. Bei illiquidem Handel einer Gattung (Börsenumsatz an weniger als einem Drittel der maßgeblichen Handelstage *und* Abweichung mehrerer aufeinanderfolgender Börsenkurse um mehr als 5%) ist der Angebotspreis gemäß §5 Abs. 4 WpÜGAngebV auf der Grundlage einer Unternehmensbewertung zu ermitteln. Dies eröffnet auch im Fall der Börsennotiz beider Gattungen den Raum, den Mindest-Gebotspreis der illiquiden Gattung aus dem Wert der liquide gehandelten Gattung abzuleiten.

[1093] Vgl. z.B. Steinmeyer/Häger (2002), S. 365 (Rn. 9).

[1094] Vgl. Körner (2006), S. 55 f.

Vorzugsaktien, aber nicht notierten Stammaktien den Mindestgebotspreis für Vorzugsaktien dadurch zu ermitteln, dass auf den sog. Vorerwerbspreis des Bieters für Stammaktien der von Daske/Ehrhardt (2002b) als bisher umfänglichster Untersuchung für den Zeitraum 1956 bis 1998 auf Basis von 101 Dual-Class-Unternehmen ermittelte mittlere Kursaufschlag von 17,2 % angewendet (d.h. in Abzug gebracht) wird.[1095, 1096] Durch einen zusätzlichen Abschlag von 15 % soll dem Umstand Rechnung getragen, dass der in dieser Höhe unterstellte Paketzuschlag für Stammaktien nur dem Kontrollaktionär zustehe, da nur für diesen das Stimmrecht einen Wert vermittle, weshalb die im Streubesitz befindlichen Stamm- und Vorzugaktionäre daran nicht partizipieren sollten und der Vorerwerbspreis entsprechend zu bereinigen ist.[1097, 1098] Konsequenterweise soll dann bei Börsennotiz beider Gattungen für die Ermittlung des Mindestpreises für Vorzugsaktien der Vorerwerbspreises ebenfalls durch Multiplikation mit dem Faktor 0,85 um den enthaltenen Paketzuschlag bereinigt werden und im Anschluss mit dem historischen Kursverhältnis (der Vorzüge zu den Stämmen) bei der jeweiligen Gesellschaft multipliziert werden.[1099]

Ein Vergleichswertverfahren kann selbst dann zur Anwendung kommen, wenn eine Dual-Class-Gesellschaft überhaupt nicht börsennotiert ist. Dabei kann im ersten Schritt der Unternehmenswert z.B. mit dem Ertragswertverfahren ermittelt und mit einem Multiplikatorverfahren plausibilisiert werden[1100] und dieser im

---

[1095] Alternativ könne eine angemessene (und aktuelle) Kurswertrelation durch die BaFin ermittelt werden; vgl. Körner (2006), S. 231 f.

[1096] In dem Vorschlag wird allerdings irrtümlich der Vorerwerbspreis mit einem Faktor von 0,828 (= 100 % − 17,2 %) multipliziert. Aus einem Kursaufschlag der Stammaktien in Höhe von 17,2 % resultiert aber ein angemessener Abschlag der Vorzugsaktien in Höhe von 14,7 % [= 100 % − (100 %/117,2 %)] bzw. ein Faktor von 0,853.

[1097] Dies unterstellt, dass in dem Preis, den der Bieter bisher für die Stammaktien gezahlt hat (Vorerwerbspreis), nur die Einflüsse zur Geltung kommen, die allen Stammaktionären zugutekommen (z.B. die Aufnahme der Gattung in einen Aktienindex).

[1098] Der Abschlag orientiert sich an den im österreichischen und schweizerischen Wertpapierübernahmerecht und auch in „den Vorstadien des WpÜG" (u.a. Übernahmekodex) als gerechtfertigt angesehenen Abschlägen von „15 % bzw. 25 %"; so Körner (2006), S. 229 f.

[1099] Vgl. Körner (2006), S. 231.

[1100] Ein Multiplikatorverfahren ist ein spezielles Vergleichswertverfahren, bei dem der Wert eines Unternehmens grundsätzlich als Produkt aus dem mittleren Verhältnis des Markt- bzw. Kurswertes von Vergleichsunternehmen zu bestimmten Bezugsgrößen dieser Unternehmen (z.B. EBIT, Umsatz) und dem Wert der Bezugsgröße beim zu bewertenden Unternehmen ermittelt wird, ggf. modifiziert um Zu- oder Abschläge für Unternehmensspezifika. Für eine Darstellung der Konzeption von und der Kritik an Multiplikatorverfahren vgl. z.B. Coenenberg/Schultze (2002a) und Schwetzler (2003). Da es sich hierbei eher um eine pragmatische Herangehensweise handelt, die wichtige Zusammenhänge mglw. unberücksichtigt lässt, erscheinen Multiplikator-

zweiten Schritt unter Berücksichtigung des aus geeigneten Vergleichsunternehmen abgeleiteten angemessenen Wertverhältnisses auf die Gattungen aufgeteilt werden.[1101] Aus den so ermittelten fairen Werten der nichtnotierten Gattungen können im Bedarfsfall Ausgleichs- bzw. Zuzahlungen bestimmt werden.

Dabei kann es durchaus vorkommen, dass den stimmrechtslosen Vorzugsaktien ein höherer Wert beigemessen wird als den *frei gehandelten* Stammaktien, nämlich wenn *deren* Stimmrecht wegen einer übergroßen Mehrheit des Großaktionärs (z.b. 98 %) wertlos ist und die Vorzugsaktien Anspruch auf eine Mehrdividende haben oder sich im rechtlich als Wertuntergrenze maßgeblichen Börsenkurs der Vorzugsaktien eine Liquiditätsprämie widerspiegelt. Dass aber, wie im bereits angeführten Fall Grohe, den vollständig im Besitz der Eigentümerfamilie befindlichen Stammaktien *insgesamt* ein geringerer Wert pro Aktie beigemessen wird als den mit einer geringfügigen Mehrdividende ausgestatteten stimmrechtslosen Vorzugsaktien erscheint angesichts der angeführten Begründung, die Möglichkeit zur Einflussnahme auf strategische Überlegungen für potenzielle Erwerber entfalle mit zunehmendem Stammaktien-Anteil des Großaktionärs,[1102] zumindest merkwürdig: Selbstverständlich hat die durch den Besitz von 100 % der Stimmrechte erreichte Beherrschung der Gesellschaft und die dadurch auch im Fall eines aufgelebten Stimmrechts der Vorzugsaktien gesicherte Stimmenmehrheit für den Großaktionär einen hohen Wert, z. B. durch die Möglichkeit zur Extrahierung privater Vermögensvorteile und zur Gestaltung von Gewinnausschüttungen (potenziell auch zulasten der Vorzugsaktionäre) sowie die direkte Einflussnahme auf den Vorstand. Für einen Erwerber von 100 % der Stammaktien würde sich ebenfalls ein höherer Wert ergeben als für einen hypothetischen Stammaktionär mit wertlosem Stimmrecht. Aus ökonomischer Sicht stellt dieser Wert einen hypothetischen Marktwert für die Stammaktien dar, der nur diejenigen Umstände unberücksichtigt lässt, die sich nur für den derzeitigen Großaktionär werterhöhend auswirken und daher den Wert des Unternehmens nicht erhöhen können; bei notierten Aktien wäre dies der Stammaktienkurs zuzüglich „Paketzuschlag". Insofern muss der auf die Stammaktien entfallende

---

verfahren für die direkte Ermittlung von unterschiedlichen Werten von Stamm- und Vorzugsaktien (z. B. auf der Basis von mittleren Kurs-Gewinn-Verhältnissen der Gattungen anderer Dual-Class-Unternehmen) zu stark vereinfachend. Jedoch sind sie bei der Bewertung eines gesamten Unternehmens hilfreich, wenn der Bewertende über keine ausreichenden unternehmensinternen Informationen für die Durchführung eines Ertragswertverfahrens verfügt.

[1101] Dabei kann ggf. auch berücksichtigt werden, dass der Unternehmenswert bei einer Umwandlung von Vorzugs- in Stammaktien i. d. R. ansteigt. Vgl. z. B. Dittmann/Ulbricht (2008), S. 183.

[1102] So übereinstimmend OLG Düsseldorf (27.5.2009, Az. I-26 W 5/07), S. 2227, und LG Dortmund (19.3.2007, Az. 18 Akt E 5/03), S. 946.

Anteil eines Unternehmenswertes auch *diesen* Wert berücksichtigen und bei der Aufteilung des Unternehmenswertes auf die beiden Gattungen einem höheren Wert der Stammaktien für den (künftigen) Großaktionär Rechnung getragen werden. Dies steht nicht im Widerspruch dazu, dass ein solcher „Paketzuschlag" bei der Bemessung einer Abfindungshöhe für *freie* Stammaktionäre (wenn es denn solche gäbe) zu Recht nicht zu berücksichtigen ist.[1103]

Die in diesem Fall vom Gericht vertretene Sichtweise zeigt die Grenzen der Anwendung einer reinen Ertragswertmethode auf Dual-Class-Unternehmen, wenn diese auf ergänzende Vergleichswertbetrachtungen (und sei es zur Ermittlung eines Paketzuschlags) verzichtet. Mit der Sichtweise des Gerichts würden sich im Fall einer Mehrdividende – wegen der größeren Dividendensicherheit auch bereits auf Basis des kumulativen Dividendenvorzugs – faktisch immer höhere Abfindungswerte für Vorzugsaktien ergeben, obwohl tatsächlich häufig Stammaktien über den Vorzugsaktien notieren. Dies steht offensichtlich im Widerspruch und wird in der Praxis bei höherem Stammaktienkurs ggf. nur dadurch geheilt, dass nach der Rechtsprechung des BVerfG der Börsenkurs grundsätzlich die Untergrenze der Abfindung darstellt.[1104] Wenn allerdings die Börsenkurse sowohl der Stamm- als auch der Vorzugsaktien unterhalb des ermittelten Ertragswert pro Aktie liegen, ist dies keine Lösung; zumindest in einem solchen Fall sollte die Anwendung von Vergleichswertverfahren zur Aufteilung des Unternehmenswertes auf die Gattungen erwogen werden.

[1103] In diese Richtung argumentiert im Ergebnis auch das OLG Frankfurt/Main (28.3.2014, Az. 21 W 15/11), Rn. 225, 226. Zwar dürfe ein Paketzuschlag nicht berücksichtigt werden, jedoch sei ein bei wahrscheinlicher Übernahmeabsicht ansteigender Preis berücksichtigungsfähig, auch wenn dieser zumindest durch die Hoffnung auf eine künftige nachhaltige Nachfrage durch einen Großaktionär begründet sei; der Aktionär könne schließlich diesen Preis bei einer freiwilligen Desinvestitionsentscheidung am Markt realisieren. Dem hinzuzufügen ist, dass ein Großaktionär aus ökonomischer Sicht maximal einen Kurs zu zahlen bereit ist, der seinem Reservationswert entspricht, den er also auch an den Großaktionär zahlen würde (dies ist folglich der Wert inkl. Paketzuschlag).

[1104] So wurde im Fall Wella auf der Basis einer Ertragswertbetrachtung zunächst ein Unternehmenswert pro Aktie von 74,58 € ermittelt und dieser aufgrund einer Mehrdividende der Vorzugsaktien so aufgeteilt, dass der anteilige Unternehmenswert pro Stammaktien 74,45 € und der pro Vorzugsaktie 74,83 € betrug. Im Anschluss wurde die Abfindung für Stammaktien auf der Basis des höheren Durchschnittskurses drei Monate vor Bekanntgabe der Maßnahme auf 88,08 € festgesetzt; der Durchschnittskurs der Vorzugsaktie lag unter dem berechneten anteiligen Ertragswert. Vgl. OLG Frankfurt/Main (28.3.2014, Az. 21 W 15/11), Rn. 195 ff.

3.5.1.2 *Anwendung bei der Bemessung des Ausgleichs für das Erlöschen von Mehrstimmrechten*

Praktische Anwendung gefunden haben dual-class-spezifische Vergleichswertfahren z. B. bei der Bestimmung der Kompensation von Mehrstimmrechtsaktionären. Nach § 5 Abs. 3 EGAktG hat im Fall der Beseitigung von Mehrstimmrechten die Hauptversammlung zugleich einen Ausgleich zu beschließen, der den besonderen Wert der Mehrstimmrechte angemessen berücksichtigt.[1105] Konkret wurde bei Wegfall des Mehrstimmrechts bei den früheren Vereinigten Elektrizitätswerken Westfalen (VEW) AG, bei der ausschließlich Stammaktien börsennotiert waren, aus der Kursdifferenz von 29 börsennotierten Stamm- und stimmrechtslosen Vorzugsaktien ein „marktüblicher Stimmrechtswert" der beiden der Bestimmung vorangegangenen Jahre ermittelt und zur Berücksichtigung der Sonderfaktoren der VEW-Mehrstimmrechtsaktien (z. B. der Vinkulierung) der so ermittelte Wert pauschal halbiert.[1106]

Im Fall der Bemessung des Ausgleichs für die umgewandelten Mehrstimmrechtsaktien der Siemens-Familie sah auch das Landgericht München I die Anwendung des Vergleichswertverfahrens, also die Ermittlung einer Stimmrechtsprämie am Kapitalmarkt und die Anpassung an die Ausstattungsmerkmale der betrachteten Unternehmung mit Zu- bzw. Abschlägen, als akzeptables Verfahren an.[1107] Diese Sichtweise hatte allerdings in der Folgeinstanz keinen Bestand, da aus Sicht des Bayerischen Obersten Landesgerichts ein Median oder Durchschnitt der am Markt auftretenden „Stimmrechtsprämien" nicht allein oder entscheidend maßgeblich für die Bewertung der konkret betrachteten Mehr-

---

[1105] Vgl. im Detail Abschnitt 2.3.2.

[1106] Für die nähere Darstellung vgl. Hering/Olbrich (2001b), S. 25. Es ist allerdings anzumerken, dass die Kommunen als Inhaber der Mehrstimmrechtsaktien neben der Stimmen- auch über eine Kapitalmehrheit verfügten, sodass sie über die dargestellte Berechnung mglw. selbst mitbestimmt, in jedem Fall die Höhe des Ausgleichs mitbeschlossen haben. Tatsächlich war das Mehrstimmrecht in den Händen der Kommunen wegen deren Kapitalmehrheit faktisch wertlos.

[1107] Konkret wurde der Median der „Stimmrechtsprämie" der fünf vorangegangenen Jahre (1995-1999) von liquiden Gesellschaften ermittelt und um „Dividendenprämien" bereinigt. Es ergab sich ein Stimmrechtswert von 9,2 % des Stammaktienwertes. Dieser Wert wurde um ein Drittel gekürzt, da die Siemens-Mehrstimmrechte auf bestimmte Beschlussgegenstände beschränkt waren. Da die Vorzugsaktien ein sechsfaches Stimmrecht aufwiesen, wurde das Fünffache der korrigierten Stimmrechtsprämie auf den Wert der Stammaktie abzüglich 25 % für die geringere Fungibilität aufgeschlagen. Der Fungibilitätsabzug wurde mit 10 % für die Vinkulierung und mit 15 % für die bis 2006 nur innerhalb der Familie Siemens zulässige Übertragbarkeit begründet. Der resultierende Ausgleich pro Mehrstimmrecht betrug 1,13 %, pro Mehrstimmrechtsaktie also 5,65 % des Stammaktienwertes. Für weitere Details siehe LG München I (14.9.2001, Az. 5HK O 16369/99).

stimmrechte sein könne. Unter Berücksichtigung der im Vergleich zur Siemens-Stammaktie äußerst geringen Liquidität sei ein Mehrwert der Mehrstimmrechts-Vorzugsaktie gegenüber einer Stammaktie nicht mit hinreichender Sicherheit feststellbar, was aber die Voraussetzung für die Gewährung eines Ausgleichs darstelle. Außerdem seien die Mehrstimmrechte auch deshalb als wertlos anzusehen, da die Mehrstimmrechtsaktionäre auch unter Nutzung des Mehrstimmrechts keine Mehrheit hatten und daher Entscheidungen der Gesellschaft nicht beeinflussen konnten.[1108] Im Übrigen lehnte das Gericht eine Orientierung an der von dem (wirtschaftswissenschaftlichen) Gutachter empirisch ermittelten Kursreaktion der Siemens-Stammaktie auf die Ankündigung der Umwandlung der Mehrstimmrechte sowie an unterschiedlichen Emissionskursen börsennotierter und nichtnotierter Gesellschaften als nicht überzeugend bzw. nicht zielführend ab.

Da das Beschwerdegericht im Gegensatz zur Erstinstanz keinen Versuch der Bemessung unternommen hat, blieb offen, wie zu verfahren ist, wenn der Wert von solchen Mehrstimmrechtsaktien zu bemessen ist, die ohne Kapitalmehrheit eine Stimmenmehrheit vermitteln und somit offensichtlich einen besonderen Wert für die Inhaber aufweisen. Auch für diese Konstellation sah das OLG München im Fall der Fränkischen Überlandwerk AG aber keinen Anlass, einen höheren Wert für Vorzugsaktien mit (3.200-fachem) Mehrfachstimmrecht anzusetzen.[1109] Erstens sei es umstritten, ob Aktien mit Stimmrecht höher zu bewerten seien als Aktien ohne Stimmrecht. Zweitens existiere kein betriebswirtschaftlich anerkanntes Verfahren zur Bemessung des Zuschlags für Mehrstimmrechte. Drittens bezögen sich die empirischen Untersuchungen zum Stimmrechtswert auf börsennotierte Aktien, die sich um genau ein Stimmrecht unterscheiden; dies sei nicht vergleichbar mit dem Wertunterschied bei mehreren hundert Stimmrechten pro Aktie.[1110] Viertens sei davon auszugehen, dass die Minderdividende der Mehrstimmrechtsvorzugsaktien bei deren Ausgabe als angemessenes und gleichwertiges Gegengewicht zu einem möglichen Wert des Mehrstimmrechts angesehen worden ist. Im Ergebnis sprechen nach Ansicht des Gerichts das Fehlen sicherer Anhaltspunkte hinsichtlich eines Werts der Mehrstimmrechte und dessen mangelnde Quantifizierbarkeit für die Anwendbarkeit des Gleichheitsgrundsatzes, also für eine wertmäßige Gleichstellung mit Stammaktien.

[1108] Vgl. BayObLG (31.7.2002, Az. 3Z BR 362/01), S. 67-70.
[1109] Vgl. OLG München (19.10.2006, Az. 31 Wx 92/05) und OLG München (26.10.2006, Az. 31 Wx 012/06).
[1110] Derartige Aktien seien nahezu einzigartig. Das Gericht lässt implizit erkennen, dass es auch die Frage, ob eine Stimmrechtsprämie aus Marktbeobachtungen (also mittels Vergleichswertfahren) überhaupt mit hinreichender Sicherheit abgeleitet werden kann, nicht uneingeschränkt bejaht.

Auch wenn aus den Ausführungen des OLG München indirekt folgt, dass der Wert eines Mehrstimmrechtes nicht durch bloße Multiplikation der Anzahl der Stimmrechte pro Aktie mit dem empirisch ermittelten Wert eines Stimmrechts erfolgen kann, wurde genau dies in dem schon geschilderten Fall der Abschaffung der RWE-Mehrstimmrechtsaktien faktisch umgesetzt:[1111] Die Mehrstimmrechtsaktionäre wurden aus dem Erlös des Verkaufs von Umwandlungsrechten, die zur Umwandlung jeweils einer stimmrechtslosen Vorzugsaktie in eine Stammaktie ausgegeben wurden, entsprechend der Anzahl ihrer Stimmrechte abgefunden.[1112] Ein solches Verfahren mag zwar ökonomisch wünschenswert sein, da der von den Vorzugsaktionären gezahlte Preis für Umwandlungsscheine – eine ausreichende Liquidität und auch sonst gleiche Ausgestaltungsmerkmale der Gattungen vorausgesetzt – direkt deren Wertschätzung für das Stimmrecht bzw. den geldwerten Vorteil aus einer Umwandlung ausdrückt. Jedoch ist das Verfahren bei der Bemessung einer durch Hauptversammlungsbeschluss zu beschließenden oder im Spruchverfahren zu überprüfenden Abfindung für den Wert der Mehrstimmrechte rechtlich nicht anwendbar.[1113]

3.5.2 Ertragswert- und DCF-Verfahren zur Bewertung von Stimmrechtsunterschieden

Im Hinblick auf aktien- und wertpapierübernahmerechtliche Sachverhalte wird in der Rechtsprechung den Ertragswert- oder Discounted-Cashflow-Verfahren der Vorzug gegeben. Bei einem Ertragswertverfahren werden prognostizierte künftige Erträge (bei DCF-Verfahren Zahlungsströme) aus betriebsnotwendigem Vermögen ermittelt, risikoadäquat diskontiert und ggf. der Wert des nicht betriebsnotwendigen Vermögens mit dessen Liquidationswert addiert.[1114] Wie schon angeführt, sind auch mit diesen Methoden erhebliche Schwierigkeiten und Bewertungsspielräume, u. a. im Hinblick auf Prognoseunsicherheiten und die Bemessung eines risikoadäquaten Diskontierungszinssatzes, verbunden.[1115]

[1111] Vgl. Abschnitt 2.2.5.2.

[1112] Eine detaillierte Darstellung findet sich z.B. in Hering/Olbrich (2001b), S. 33 f., Wirth/ Arnold (2002), S. 868 f.

[1113] So auch Schulz (2002), der darauf hinweist, dass § 141 AktG bei der Aufhebung des Dividendenvorzugs stimmrechtsloser Vorzugsaktien anders als § 5 Abs. 3 EGAktG bei Aufhebung des Mehrstimmrechts keinen Zahlungsanspruch zugunsten oder zulasten der stimmrechtslosen Vorzugsaktionäre festschreibt, dass also solche Zahlungen freiwillig erfolgen.

[1114] Vgl. z.B. LG Dortmund (19.3.2007, Az. 18 Akt E 5/03), S. 941.

[1115] Vgl. hierzu vertiefend z.B. Coenenberg/Schultze (2002b), Ballwieser (2002), Gebhardt/ Daske (2005) und Peemöller/Beckmann/Meitner (2005).

3.5.2.1 Ermittlung eines Ausgleichs für Mehrstimmrechte

Prinzipiell ist auch die Bemessung des Wertes von Mehrstimmrechten über Ertragswert- oder DCF-Verfahren denkbar, wenngleich in Deutschland wohl nur noch vier Aktiengesellschaften Aktien mit Mehrstimmrechten ausgegeben haben.[1116] Soweit ersichtlich, haben in der wirtschaftswissenschaftlichen Literatur nur Hering/Olbrich (2001b) ein als Dividendendiskontierungsmodell zu klassifizierendes Verfahren vorgeschlagen. Sie berechnen die Abfindung für Mehrstimmrechte als kapitalisierte unendliche Rente der Differenz der (erwarteten) Gesamtdividendenzahlungen der Gesellschaft vor und nach Aufhebung der Mehrstimmrechte, sofern diese positiv ist.[1117] Steigt die erwartete Gesamtdividende nach Abschaffung der Mehrstimmrechte oder bleibt sie gleich, sind die zusätzlichen Stimmrechte unter den getroffenen Annahmen wertlos und berechtigen nicht zu einer Ausgleichszahlung.

Im Modell von Hering/Olbrich (2001b) wird unterstellt, dass der Anteil an den Dividendenrechten vor und nach Abschaffung der Mehrstimmrechte konstant bleibt. Damit kann sich in dem Modell ein Vermögensnachteil durch Abschaffung der Mehrstimmrechte und folglich eine Ausgleichsverpflichtung nur ergeben, wenn die jährliche Dividendensumme nach Abschaffung der Vorzugsaktien sinkt. In diesem Fall sinkt aber auch der Dividendenanspruch der Stammaktien, sodass sich überhaupt keine Benachteiligung der Mehrstimmrechtsaktionäre ergibt.[1118] Außerdem ist zwar die Folgerung, dass überhaupt nur bei sinkender Dividendensumme eine Ausgleichspflicht entstehen kann, zutreffend, jedoch gibt

---

[1116] Stand: Ende 2016, vgl. Abschnitt 3.1.

[1117] Vgl. Hering/Olbrich (2001b), S. 28-30. Die Autoren gehen davon aus, dass die Abfindung unter allen Mehrstimmrechtsaktionären im Verhältnis der Kapitalanteile aufgeteilt wird. Sofern es mehrere Gattungen Mehrstimmrechtsaktien mit unterschiedlichem Mehrstimmrecht gibt, müsste eine Anpassung des Modells erfolgen. In Deutschland ist dies aber nur noch ein rein theoretischer Fall.

[1118] Hinzu kommt, dass Mehrstimmrechtsaktien häufig auch mit einem Dividendenvorrecht verknüpft sind bzw. waren. Unterstellt man eine sinkende Dividendensumme, würden damit die Mehrstimmrechtsaktionäre wegen bevorrechtigter Dividendenansprüche durch die Abschaffung der Mehrstimmrechte im Hinblick auf die Dividendenansprüche sogar bessergestellt als Stammaktionäre. Einzige Ausnahme ist der Fall einer statutarischen Minderdividende oder einer Höchstdividende: Wenn nur die Mehrstimmrechte aufgehoben werden, aber keine Gleichstellung der Dividendenrechte mit Stammaktionären erfolgt, erhalten die Mehrstimmrechtsaktionäre einen unterproportionalen Anteil an der Gesamtdividende. In den hierzu einschlägigen Entscheidungen wurde allerdings unterstellt, dass diese Minderdividende eine angemessene Gegenleistung für das Mehrstimmrecht darstellte, sodass auch in diesem Fall kein Ausgleichsanspruch gesehen wurde. Vgl. OLG München (19.10.2006, Az. 31 Wx 92/05) und OLG München (26.10.2006, Az. 31 Wx 012/06).

es keinerlei Anhaltspunkte dafür, warum sich die Dividendensumme bzw. die Ertragsaussichten der Gesellschaft durch Abschaffung der Mehrstimmrechtsaktien verringern sollten. Im Gegenteil: Wenn unterstellt wird, dass der Zweck der Mehrstimmrechte die Generierung von privaten Vermögensvorteilen zulasten der Gesellschaft und damit letztlich zulasten der übrigen Aktionäre sowie die Verhinderung von (potenziell wertsteigernden) Unternehmensübernahmen ist, dürfte die Dividendensumme nach Abschaffung der Mehrstimmrechtsaktien tendenziell ansteigen. Dies gilt insbesondere dann, wenn die Mehrstimmrechtsaktionäre nur durch ihr Mehrstimmrecht über eine Stimmenmehrheit verfügt haben und nur dadurch private Vermögensvorteile extrahieren konnten. In diesem Fall sinkt durch Abschaffung der Mehrstimmrechte zudem das Dividendenrisiko aus Sicht der Stammaktionäre, da das Risiko entfällt, dass die Mehrstimmrechtsaktionäre mit ihrer Stimmenmehrheit Entscheidungen (z. B. über einen Einbehaltung von Gewinnen) zu Lasten der Stammaktionäre treffen. Folglich müsste für Stammaktien ein geringerer Diskontierungszins angewendet werden, was ebenfalls den Wert der Stammaktien durch Wegfall des Mehrstimmrechts erhöhen sollte und gegen einen Ausgleichsanspruch für Mehrstimmrechtsaktionäre spricht.[1119]

In dem Fall, dass Mehrstimmrechtsaktionäre neben der Stimmenmehrheit zugleich über eine Kapitalmehrheit verfügen oder wenn sie auch mit ihrem Mehrstimmrecht nicht über eine für die Extrahierung privater Vermögensvorteil ausreichende Stimmenanzahl verfügt haben, lässt sich eine Änderung des Unternehmenswertes durch Abschaffung der Mehrstimmrechte und damit ein Ausgleich für das Erlöschen der Mehrstimmrechte – wie im Fall Siemens – erst recht nicht ableiten.

Aus dem Modell muss letztlich gefolgert werden, dass Mehrstimmrechtsaktionären bei Bewertung mit einem Dividendendiskontierungsmodell kein Anspruch auf einen Ausgleich für Aufhebung des Mehrstimmrechts zusteht.[1120] Dies kann

---

[1119] Hering/Olbrich (2001b) haben auch selbst den Fall individuell unterschiedlicher Diskontierungsfaktoren betrachtet, jedoch ohne zur Abfindungsbemessung praktisch anwendbares Ergebnis.

[1120] Zwar empfehlen Hering/Olbrich (2001b) als pragmatisches Vorgehen, eine Gewichtung der potenziellen Entschädigungshöhe, also des anteiligen Gewinnrückganges, mit der Wahrscheinlichkeit des Eintretens eines solchen Falles, vorzunehmen. In diesem Fall würde sich für Mehrstimmrechtsaktionäre, die keine Kapital- aber eine Stimmenmehrheit haben, in jedem Fall eine Ausgleichszahlung ergeben, also im Gegensatz zum Modell auch, wenn der Ausschüttungsstrom nach der Umwandlung wahrscheinlich, aber nicht sicher ansteigt [vgl. Hering/Olbrich (2001b), S. 36]. Da die subjektive Ermittlung der Eintrittswahrscheinlichkeiten ebenso problematisch wie die Quantifizierung eines hypothetischen Dividendenrückgangs ist und da die Eintrittswahr-

auch deshalb nicht anders sein, weil die privaten Vermögensvorteile, die sich aus der Nutzung des Mehrstimmrechts ergeben, nicht Gegenstand der Unternehmensbewertung sind und sich einer Bewertbarkeit durch Berücksichtigung bei Cashflows und Kalkulationszinsfüßen entziehen. Henselmann (2001) kritisiert an dem Modell von Hering/Olbrich (2001b), dass alle Mehrstimmrechtsaktionäre gleichbehandelt werden sowie dass das Modell sich rein an Zahlungsgrößen orientiert und nicht auf Nutzenströme abstellt.[1121] Eine Bewertung des Nutzens aus Mehrstimmrechtsaktien ist aber letztlich gleichbedeutend mit der Bewertung der privaten Vermögensvorteile, sofern ein Abfindungsanspruch als Geldbetrag ermittelt werden soll.

Ob die Möglichkeit zur Generierung privater Vermögensvorteile durch die Mehrstimmrechtsaktionäre aus rechtlicher Sicht überhaupt schutzwürdig ist und einen Ausgleichsanspruch begründen kann, darf bezweifelt werden.[1122] Auch die in der Gesetzesbegründung als zu berücksichtigende Umstände genannten Faktoren wie Entstehungsgeschichte der Mehrstimmrechtsaktien, Übertragbarkeit und satzungsgemäße Ausgestaltung (Umwandlungsbestimmungen und die Anzahl der Beschlussgegenstände, in denen ein Mehrstimmrecht zum Tragen kommt) können in der Praxis allenfalls über pauschale Zu- oder Abschläge Berücksichtigung finden.[1123] Letztlich können solche Wertbestandteile besser in einem Vergleichswertverfahren berücksichtigt werden. Auch der Wert des Stimmrechts lässt sich eher aus den unterschiedlichen Kursen von Stamm- und stimmrechtslosen Vorzugsaktien vergleichbarer Unternehmen (unter Berücksichtigung der anderen Gattungsspezifika) ableiten.

3.5.2.2 *Anwendung auf stimmrechtslose Vorzugsaktien*

Das hier dargestellte Problem der mangelnden Quantifizierbarkeit eines Stimmrechtswerts mit einem Ertragswertfahren betrifft auch die Feststellung eines angemessenen Wertunterschiedes von Stammaktien und stimmrechtslosen Vor-

---

scheinlichkeit aus den genannten Gründen ohnehin praktisch null sein dürfte, ist dieser Vorschlag auch nicht geeignet, eine sinnvolle Anwendung eines DCF-Modells für Mehrstimmrechtsaktien zu konstruieren.

[1121] Siehe Henselmann (2001), S. 723-725.

[1122] Allerdings muss der Aktionär nach der Rechtsprechung des BVerfG für die Beeinträchtigung seiner vermögensrechtlichen Stellung *und* „den Verlust seiner Rechtsposition" wirtschaftlich voll entschädigt werden, vgl. BGH (29.09.2015, Az. II ZB 23/14), S. 139. Das BVerfG hatte etwas schwächer formuliert, dass der Aktionär „wertmäßig für den Verlust seiner Aktionärsstellung" zu entschädigen sei; vgl. BVerfG (29.11.2006, Az. 1 BvR 704/03).

[1123] So auch OLG Düsseldorf (10.6.2009, Az. I-26 W 1/07) im Fall einer Vorzugsaktie mit einfachem Stimmrecht.

zugsaktien. Da im Gegensatz zu den Mehrstimmrechtsaktien stimmrechtslose Vorzugsaktien überwiegend börsennotiert sind, können (und nach der erwähnten BVerfG/BGH-Rechtsprechung im Fall DAT/Altana müssen) die Börsenkurse der Aktien bei der Bewertung berücksichtigt werden. Das OLG Karlsruhe vertrat zwar die Auffassung, dass es ausgehend vom Gleichbehandlungsgrundsatz des § 53a AktG keinen Anlass für eine unterschiedliche Bewertung von Vorzugs-aktien und Stammaktien gäbe, und dass daher beide Gattungen ohne Rücksicht auf den Börsenkurs mit demselben Wert angesetzt werden könnten, solange kein gravierendes Missverhältnis zwischen dem Vor- und Nachteil besteht.[1124] Diese Ansicht vermag jedenfalls ökonomisch nicht zu überzeugen: Ein unterschied-licher, i.d.R. geringerer Börsenkurs der Vorzugsaktien bringt gerade zum Aus-druck, dass das Stimmrecht und das Dividendenvorrecht vom Kapitalmarkt un-terschiedlich bewertet werden. In dem der Entscheidung zugrunde liegenden Fall einer stimmrechtlosen Vorzugsaktien mit aufgelebtem Stimmrecht ist zu beach-ten, dass der Wert des temporär aufgelebten Stimmrechts nicht zu dem Wert des Stimmrechts der Stammaktien gleichwertig sein kann, da der Vorzugsaktionär bei Fortführung des Unternehmens von einer baldmöglichen Nachzahlung der Dividendenrückstände ausgehen kann, die aber den Wegfall des Stimmrechts und somit der Einflussmöglichkeit auf künftige Entscheidungen der Hauptver-sammlung zur Folge haben. Auch aus diesem Grund sollte sich die in den Bör-senkursen der Gattungen reflektierte Bewertung durch den Markt in der Höhe von Ausgleichszahlungen bzw. in einem Umtauschverhältnis widerspiegeln.[1125]

Im Ergebnis sollte bei Dual-Class-Unternehmen zur Bewertung der Aktiengat-tungen im ersten Schritt eine Unternehmensbewertung mithilfe eines „normalen" Ertragswert- oder DCF-Verfahrens auf der Basis der prognostizierte Erträge bzw. Zahlungsströme durchgeführt werden und im zweiten Schritt – bei Notiz beider Gattungen – auch der Börsenwertes des Unternehmens im Rahmen einer Plausi-bilisierung Berücksichtigung finden. Im Anschluss sollte der auf diese Weise geschätzte Unternehmenswert unter Berücksichtigung des angemessenen Wert-verhältnisses der Stamm- und Vorzugsaktien auf diese aufgeteilt werden. Wie

---

[1124] Vgl. OLG Karlsruhe (10.1.2006, Az. 12 W 136/04). Im hier entschiedenen Fall war zwar das Stimmrecht der Vorzugsaktien wegen Dividendenlosigkeit aufgelebt, jedoch war der Börsenkurs gleichwohl nur halb so hoch wie der der Stammaktie. Dies zeigt gerade, dass die Unterstellung des Gerichts, die Vorzugsaktien seien wegen des aufgelebten Stimmrechts faktisch gleich-gestellt, aus der Sicht des Kapitalmarktes nicht zutrifft.

[1125] Auch das OLG Düsseldorf war der Ansicht, dass Börsenkurse ein „besonders gutes Indiz" für das Verhältnis, in dem ein Unternehmenswert auf Stamm- und Vorzugsaktien aufzuteilen ist, darstellen, da die Bewertung auf gleicher Informationsgrundlage erfolge und sich Fehlinforma-tionen daher häufig nicht auswirkten; vgl. OLG Düsseldorf (10.6.2009, Az. I-26 W 1/07).

schon ausgeführt, ist als Wertverhältnis aber nicht allein das Verhältnis der aktuellen oder durchschnittlichen Börsenkurse des Unternehmens maßgeblich; vielmehr muss die Angemessenheit durch Vergleich mit den Kursverhältnissen bei ähnlichen Unternehmen plausibilisiert bzw. bei Notiz nur einer Gattung durch ein solches Vergleichswertverfahren aus ihnen abgeleitet werden.[1126] Dabei sind im Rahmen der erforderlichen einzelfallbezogenen Betrachtung die unterschiedlichen Gattungsrechte und -spezifika, z. B. Dividendenvorrechte und Liquidität, ggf. auch im Vergleich zu dem oder den Werten bei Vergleichsunternehmen zu berücksichtigen und zu bewerten. Bei der Bewertung der Dividendenvorrechte bietet sich wiederum die Anwendung eines Ertragswert- bzw. DCF-Verfahrens auf Basis der prognostizierten Gewinnentwicklung und des Risikos eines Gewinnausfalls an.[1127] Für andere Gattungsspezifika dürften sich Werte nur unter Berücksichtigung von Vergleichswerten ableiten lassen.

Entscheidend ist, so auch der BGH, dass die jeweilige Methode zur Wertermittlung in der „Betriebswirtschaftslehre anerkannt und in der Praxis gebräuchlich ist"; Bewertungsmethoden seien keine Rechtsnormen und ähnelten ihnen nicht.[1128] Dies gelte auch für Verlautbarungen des IDW, dessen Wertungen nicht zwingend denen des Gesetzes entsprechen müssten und das angesichts der auch andernorts vorhandenen Sachkompetenz keinen privilegierten Zugang zu Lösungen der hier aufgeworfenen Fragen habe.[1129]

3.5.3   Substanzsteuerliche Bewertung von Stamm- und Vorzugsaktien bei Dual-Class-Unternehmen

Unterschiedliche Werte von Aktiengattungen, insbesondere aufgrund unterschiedlicher gattungsspezifischer Rechte müssen sich auch in der Bemessungsgrundlage für die Bestimmung der Steuerpflicht aus Substanzsteuern widerspiegeln. Die Bewertung von Aktien erfolgt für Zwecke der Erbschaft- und Schenkungssteuer, ebenso wie früher bei der Vermögensteuer, nach § 11 des Bewertungsgesetzes (BewG). Bei börsennotierten Aktien ist der niedrigste am Stichtag oder zuletzt innerhalb von 30 Tagen vor dem Stichtag notierte Börsenkurs maßgeblich, dies gilt auch für im Freiverkehr notierte Aktien. Bei nichtnotierten Gattungen ist der so genannte „gemeine Wert" maßgeblich, der in erster Linie aus

---

[1126] Bei Notiz nur einer Gattung kann nur der nach Aufteilung auf sie entfallende Wert mithilfe des Börsenkurses plausibilisiert werden.
[1127] Vgl. auch Abschnitt 4.3.2.
[1128] So BGH (29.09.2015, Az. II ZB 23/14), S. 140 und S. 141.
[1129] So OLG Stuttgart (17.3.2010, Az. 20 W 9/08).

„Verkäufen unter fremden Dritten" innerhalb des letzten Jahres vor dem Bewertungsstichtag zu bestimmen ist (§ 11 Abs. 2 Satz 2 1. Halbsatz AktG).[1130] Hilfsweise war bis 2007 das „Stuttgarter Verfahren" anzuwenden, bei dem eine Schätzung anhand des Vermögens und der Ertragsaussichten erforderlich war.[1131]

Für Dual-Class-Unternehmen mit nur einer börsennotierten Gattung ergab sich bei der Anwendung des Stuttgarter Verfahrens für die nichtnotierte Gattung das Problem, dass sich die so ermittelten Werte durchschnittlich nur etwa halb so hoch wie die auf Basis des Börsenkurses ermittelten erwiesen, sodass es für die nichtnotierte Gattung oft zu großen und steuerlich inakzeptablen Diskrepanzen zur Bemessungsgrundlage für die notierte Gattungen gekommen wäre.[1132] Daher wurde § 11 Abs. 2 BewG seitens der Finanzverwaltung so ausgelegt, dass es sich bei den vorrangig vor Anwendung des Stuttgarter Verfahrens heranzuziehenden Verkäufen innerhalb des letzten Jahres nicht um Verkäufe derselben Gattung handeln müsse. Schon seit 1963 wurde daher der Wert der nichtnotierten Gattung bei Dual-Class-Unternehmen regelmäßig aus dem Börsenkurs der notierten Gattung abgeleitet.[1133, 1134] Aufgrund der Maßgabe der Finanzverwaltung, dass das Stimmrecht den Aktienwert nicht erhöhen durfte und für Gewinnvor- bzw.

[1130] Gemäß § 11 Abs. 3 BewG war und ist auch ein im Vergleich zum Kurs höherer Beteiligungswert aus Sicht einer Unternehmung beherrschenden Person („Paketzuschlag") in die Steuerbemessungsgrundlage bei dieser Person einzubeziehen. Nach BFH-Rechtsprechung sei ein solcher Zuschlag bereits bei einer Sperrminorität (25 %) nicht zu beanstanden; vgl. Pyszka (1997), S. 464.

[1131] Beim „Stuttgarter Verfahren" wurde der Substanzwert der Gesellschaft mit zwei Dritteln und der Ertragswert mit einem Drittel gewichtet, wobei im Rahmen der Substanzwertermittlung der Grundbesitz mit dem Verkehrswert angesetzt wird; vgl. Binz/Sorg (1987), S. 1997.

[1132] Bei ertragsstarken Unternehmen waren im Vergleich zum „Stuttgarter Verfahren" die Börsenkurse oft drei- bis fünfmal so hoch; in einem Extremfall bis zu achtmal; vgl. Binz/Sorg (1987), S. 1997. In dem einen Entscheidung des BFH (9.3.1994, Az. II R 39/90), S. 1199 ff., zugrunde liegenden Fall betrug beispielsweise der nach dem Stuttgarter Verfahren ermittelte Wert einer Stammaktie 253 DM, der Börsenkurs der notierten Vorzugsaktien aber 804 DM, jeweils bezogen auf 100 DM Grundkapital.

[1133] Auch der BFH (28.5.1997, Az. II B 105/96), S. 1989, folgte dieser Auslegung. Anderer Auffassung Herzig/Ebeling (1989), S. 230, die argumentieren, dass die Ableitung des Wertes aus dem Börsenwert der notierten Gattung keine Ableitung aus Verkäufen im Sinne des § 11 Abs. 2 BewG, sondern vielmehr eine Schätzung des gemeinen Werts darstelle, die aber nach § 11 Abs. 2 Satz 2 BewG nur durch Berücksichtigung von Ertragsaussichten *und* Vermögen, d. h. nur mit dem Stuttgarter Verfahren erfolgen könnte.

[1134] Vgl. z. B. den Erlass des Finanzministeriums Nordrhein-Westfalen [FinMin NRW Erlass (19.7.1990, Az. S 3263 - 54 - V A 4), S. 1592] mit Verweisen auf Erlasse vom 14.11.1963 und 7.3.1985. Die diesbezüglichen Erlasse der Finanzministerien der Bundesländer waren im Wesentlichen gleich lautend, wie man den zahlreichen Veröffentlichungen in den Zeitschriften „Deutsches Steuerrecht" und „Der Betrieb" entnehmen kann. Eine detaillierte Darstellung der Vorgehensweise findet sich in Herzig/Ebeling (1989), S. 225.

-nachzüge ein Zu- bzw. Abschlag in Höhe des dreifachen Dividendenvor- bzw.
-nachteils anzusetzen sei, wurden stimmrechtslose Vorzugsaktien damit praktisch stets höher als die Stammaktien bewertet, obwohl bei Unternehmen mit
zwei börsennotierten Gattungen die Stammaktien auch in den achtziger Jahren
meist deutlich über den Vorzugsaktien notierten.[1135, 1136]

Im Jahr 1989 war die Finanzverwaltung bundesweit dazu übergegangen, die
Auf- bzw. Abschläge bei der Bewertung der nichtnotierten Stamm- bzw. Vorzugsaktien an einer vom BMF herausgegebenen so genannten Kurswertliste zu
ermitteln, die den Auf- bzw. Abschlag aus dem ausreißerbereinigten durchschnittlichen Kursunterschied der Unternehmen mit beiden börsennotierten Gattungen enthielt, siehe nachfolgende Tabelle 7.[1137] Damit wurde für substanzsteuerliche Zwecke faktisch ein Vergleichswertfahren angewendet.

Tabelle 7:   Von der Finanzverwaltung angesetzte Auf- bzw. Abschläge zur Be-
             wertung einer nichtnotierten Gattung bei Dual-Class-Unternehmen

Bewertungs-stichtag	Kursaufschlag für nichtnotierte Stammaktien	Kursabschlag für nichtnotierte Vorzugsaktien
31.12.1988	10%	20%
31.12.1989	15%	25%
31.12.1990	20%	30%
31.12.1991	20%	30%
31.12.1992	24%	28%
31.12.1993	16%	20%
31.12.1994	13%	12%
31.12.1995	13%	10%

Quellen: Bis 1992 FinMin NRW Erlass (31.5.1994, Az. S 3263 - 54 - V A 4),
S. 1447, danach FinMin Baden-Württemberg Erlass (24.8.1998, Az. 3 - S 3263/2),
S. 1473.

[1135] Diese Vorgehensweise wurde auch vom BFH prinzipiell gebilligt, wobei die Berücksichtigung
eines Stimmrechtszuschlags für Stammaktien zwar nicht für zwingend erachtet, dafür aber als
möglich angesehen wurde; vgl. BFH (9.3.1994, Az. II R 39/90), S. 1201.

[1136] Vgl. Binz/Sorg (1987), S. 1997.

[1137] In den Jahren 1990 und 1991 wurde nach einem Sicherheitsabschlag von 30% noch auf den
nächsten durch 5% teilbaren Betrag gerundet, danach betrug der Abschlag noch 15% und es
wurde auf volle Prozentwerte gerundet. Vgl. FinMin Niedersachsen Erlass (25.5.1994, Az.
S3263 - 50 -34), S. 1205. Im Einzelfall konnte von diesen nachfolgend aufgeführten Sätzen
zugunsten des Steuerpflichtigen abgewichen werden.

Der BFH hatte allerdings Zweifel an der Rechtmäßigkeit dieses Vorgehens, da in den empirisch ermittelten Kursauf- bzw. -abschlägen implizit auch Stimmrechtszuschläge enthalten sind, die keinen Bezug zur zu bewertenden Gesellschaft haben.[1138] Durch die pauschalen Sätze könne den konkreten Umständen einer zu bewertenden Unternehmung somit nicht Rechnung getragen werden.[1139] In einer weiteren Entscheidung hat der BFH daher die geschilderte Praxis der Finanzverwaltung verworfen und ergänzend festgehalten, dass der Wert nichtnotierter Stammaktien ohne weiteren Nachweis mit dem Kurswert der börsennotierten Vorzugsaktien festgesetzt werden könne und dass hiervon abweichende Werte nur unter Berücksichtigung der konkreten Verhältnisse der Gesellschaft abgeleitet werden könnten.[1140]

Im Zuge der vom BVerfG aufgegebenen Reform des Erbschaftsteuerrechts hat der Gesetzgeber auch die Vorschriften zur Bewertung nichtnotierter Gesellschaften bzw. Gattungen überarbeitet und das Stuttgarter Verfahren abgeschafft. Nunmehr muss die Bewertung für den Fall, dass keine Verkäufe stattgefunden haben, „unter Berücksichtigung der Ertragsaussichten ... oder einer anderen anerkannten, auch im gewöhnlichen Geschäftsverkehr für nichtsteuerliche Zwecke üblichen Methode" erfolgen, wobei die Methode anzuwenden ist, „die ein Erwerber der Bemessung des Kaufpreises zu Grunde legen würde" (§ 11 Abs. 2 Satz 2 AktG).[1141] In der Regierungsbegründung[1142] wurde ausdrücklich erwähnt, dass die Ertragswertmethode zwar üblicherweise für große Gesellschaften angewandt wird, aber nicht für die Bewertung jedes Unternehmens geeignet sei. Vielmehr

---

[1138] Allerdings ist in Tabelle 7 ersichtlich, dass die Aufschläge für Stammaktien (außer 1994 und 1995) (plus 100 %) geringer sind als das Reziproke der Differenz von 100 % zum Abschlagssatz für nichtnotierte Vorzugsaktien (dieses wäre anzusetzen, wenn allein auf den empirischen Kursunterschied hätte abgestellt werden sollen). Insofern hatte die Finanzverwaltung offenkundig einen Abschlag für den im höheren Stammaktienkurs implizit enthaltenen Stimmrechtswert vorgenommen.

[1139] So BFH (28.5.1997, Az. II B 105/96), S. 1989. In diesem Sinne bereits Binz/Sorg (1994), S. 996f, sowie Herzig/Ebeling (1989), S. 226 f.

[1140] So BFH (21.4.1999, Az. II R 87/97), S. 1737; anders – und im Sinne des bis dahin angewandten Vorgehens– noch die Vorinstanz FG München (23.9.1997, Az. 7 K 4/95).

[1141] Auch weiterhin stellt der so genannte Substanzwert (Wert der zum Betriebsvermögen gehörenden Vermögensgegenstände abzüglich der Schulden) steuerlich die Untergrenze für die Bemessungsgrundlage der Besteuerung dar (§ 11 Abs. 2 Satz 3 BewG).

[1142] Bundestags-Drucksache 16/7918.

kämen auch „vergleichswertorientierte Verfahren und Multiplikatorenmethoden" in Betracht, wenn der Steuerpflichtige deren Angemessenheit darlegen kann.[1143]

Mit der Neuregelung wurde also prinzipiell wieder die Ableitung des steuerlichen Wertes einer nichtnotierten Gattung aus Kursen der notierten Gattung und den Kursunterschieden vergleichbarer Dual-Class-Unternehmen statthaft, sofern dabei unternehmensspezifische Umstände berücksichtigt werden. Denkbar wäre neben der Beachtung von Dividenden- und Liquiditätsunterschieden auch eine Berücksichtigung des Einflusses unterschiedlicher Aktionärsstrukturen bzw. Stimmrechtskonzentrationen, da diese einen großen Einfluss auf den Kursunterschied haben können.[1144] Insofern ist die empirische Untersuchung der Wirkungsweise verschiedener Einflussfaktoren auf Kursunterschiede von Stamm- und Vorzugsaktien in dieser Arbeit geeignet, einen Beitrag zur adäquaten Anwendung des Vergleichswertverfahrens für nichtnotierte Gattungen zu leisten.

3.5.4   Zwischenfazit

In der Praxis spielen die Gattungsunterschiede und insbesondere ein unterschiedliches Stimmrecht eine Rolle bei der Bemessung des angemessenen Wertes einer Gattung im Fall von Übernahme- oder Wandlungsangeboten und Abfindungen sowie bei der Bemessung des gesetzlich vorgesehenen Ausgleichs bei der Aufhebung eines Mehrstimmrechts. Bei Dual-Class-Unternehmen mit nur einer notierten Gattung, kann ein angemessenes Wertverhältnis durch Anwendung des Kursverhältnisses vergleichbarer Unternehmen und Anpassung an unternehmensspezifische Besonderheiten geschätzt werden. Auch im Fall der Notiz von Stamm- *und* stimmrechtslosen Vorzugsaktien kann mittels eines solchen Vergleichswertverfahrens ein angemessenes Wertverhältnis bestimmt oder überprüft werden, wenn sich z. B. im Vorfeld einer Übernahme der Kurs einer Gattung (meist der Stammaktien) als sehr volatil erwiesen hat.

[1143] Daneben wurde auch ein „vereinfachtes Ertragswertverfahren" eingeführt, bei dem der Unternehmenswert grundsätzlich aus den nach standardisierten Vorgaben ermittelten Betriebsergebnissen der letzten drei Geschäftsjahre („nachhaltig zu erzielender Jahresertrag") und einem Kapitalisierungszins (von der Deutschen Bundesbank zu ermittelnder Basiszins für langfristige Anlagen in öffentlichen Anleihen zuzüglich 4,5 %) zu berechnen ist (vgl. §§ 199 bis 203 BewG). Dieses Verfahren kann angewendet werden, wenn es nicht zu „offensichtlich unzutreffenden Ergebnissen führt", ist aber nicht obligatorisch. Daher kann bei Anwendung des Ertragswertverfahrens prinzipiell auch ein Kapitalisierungszins angewendet werden, der einen unternehmensspezifischen Risikozuschlag beinhaltet.

[1144] Vgl. hierzu im Detail Abschnitt 4.2.2.

Die in der Rechtsprechung dominierenden Ertragswert- oder DCF-Verfahren sind zwar sehr gut zur Unternehmensbewertung geeignet, führen jedoch aufgrund ihrer Zahlungsstromorientierung für sich genommen häufig zu dem unplausiblen Ergebnis eines höheren Wertes von stimmrechtslosen Vorzugs- gegenüber Stammaktien; der den Stammaktien inhärente Wert eines Stimmrechts bleibt dabei meist unberücksichtigt.[1145] Vor diesem Hintergrund bietet es sich bei Dual-Class-Unternehmen an, zunächst mittels eines Ertragswertverfahrens einen Unternehmenswert zu bestimmen, sodann auf der Basis von Vergleichswertbetrachtungen und mit Anpassungen an gattungsspezifische Charakteristika ein angemessenes Wertverhältnis von Stamm- und Vorzugsaktien zu ermitteln und auf dieser Basis den Unternehmenswert auf die beiden Gattungen aufzuteilen.

Auch für die Bemessung von Substanzsteuern kann bei Dual-Class-Unternehmen der Wert der nicht-notierten Gattung aus dem Wert der notierten Gattung abgeleitet und dabei gattungsspezifischen Unterschieden Rechnung getragen werden. Bis zu einem BFH-Urteil 1999 setzte die Finanzverwaltung aus tatsächlichen mittleren Kursunterschieden abgeleitete pauschale prozentuale Zu- oder Abschläge an, seither sind jeweils die konkreten unternehmensspezifischen Umstände zu berücksichtigen. Die Anwendung eines Vergleichswertverfahrens ist aber auch weiterhin grundsätzlich nicht ausgeschlossen.

[1145] Dies wäre die richtige Herangehensweise, wenn alle Zahlungsströme abgebildet werden könnten, also z. B. nicht nur die Dividenden, sondern auch die – wie Olbrich/Rapp (2011a) und Rapp (2012) sie nennen – persönlichen Sondereffekte. Aus der von den Autoren betrachteten individuellen Perspektive mögen diese u. U. zu quantifizieren sein, jedoch nicht aus einer externen Perspektive wie derjenigen des Sachverständigen, der eine Unternehmensbewertung durchführt.

4 Ökonomische Analyse von Dual-Class-Strukturen

4.1 Vorbemerkung zur ökonomischen Analyse

Im Kapitel 3 ist deutlich geworden, dass mit Vorzugsaktien sowohl aus Sicht von Anlegern als auch von Emittenten jeweils bestimmte Vor- und Nachteile im Vergleich zur Ausgabe bzw. zum Erwerb von Stammaktien verbunden sind. Entsprechend der Bewertung der abweichenden Rechte oder Eigenschaften der beiden Gattungen durch die Investoren sollten sich in unterschiedlichen Preisen und ggf. unterschiedlichen Renditen beider Gattungen manifestieren.

Empirisch ist überwiegend ein positiver Kursunterschied zwischen Stamm- und Vorzugsaktien festzustellen. Dieser wird in der Literatur üblicherweise als Stimmrechtsprämie („Voting Premium") bezeichnet.[1146] In der Tat dürfte der Unterschied im Stimmrecht als markantestes Unterscheidungsmerkmal der beiden Gattungen und die daraus resultierenden Corporate-Governance-Aspekte, die in diesem Kapitel vertieft werden, einen Teil des Kursunterschieds erklären.

Nach der *neoklassischen Finanzierungstheorie* müssen unterschiedliche Bewertungen und erwartete Renditen allerdings mit unterschiedlichen Zahlungsströmen – unter Berücksichtigung ihrer Eintrittswahrscheinlichkeiten – zusammenhängen. Offensichtlich unterschiedliche Zahlungsströme können insbesondere aus der für Vorzugsaktien bis Ende 2015 gesetzlich geforderten kumulativen Vorzugsdividende, einer in vielen Dual-Class-Unternehmen anzutreffenden, statutarisch festgelegten Mehrdividende und sich daraus möglicherweise ergebenden steuerlichen Aspekten[1147] resultieren. Unterschiedliche Eintrittswahrscheinlichkeiten der Zahlungsströme können durch unterschiedliche Risiken der Gattungen für die Anleger, etwa infolge von Liquiditätsunterschieden oder die vorrangige Zahlung der Vorzugsdividende, begründet sein.[1148] Die superioren Cashflow-

---

[1146] Genauer gesagt wird als Stimmrechtsprämie i. d. R. die Kursdifferenz im Verhältnis zum Kurs der Vorzugsaktie bzw. der prozentuale Aufschlag des Kurses der Stammaktien gegenüber dem Kurs der Vorzugsaktien [$(K_S - K_V)/K_V = K_S/K_V - 1$] bezeichnet. Vgl. z. B. Zingales (1995), S. 1051, Rydqvist (1996), S. 1417.

[1147] Vgl. Abschnitt 3.3.7.

[1148] Eine ggf. unterschiedliche Behandlung von Stamm- und Vorzugsaktien im Fall der freiwilligen Liquidation wird nachfolgend nicht nochmals thematisiert, da diese in der Praxis nicht auftritt und insofern auch keine statistisch signifikante Auswirkung auf den Kursunterschied haben dürfte. Im Fall der Insolvenz ist die Aussicht der Vorzugsaktionäre auf Partizipation an der Insolvenzmasse äußerst gering, da eine Beteiligung erst nach Bedienung aller Gläubiger erfolgt; auch dann besteht gegenüber Stammaktionären ein Vorrang nicht auf gesetzlicher Basis, sondern nur bei entsprechendem satzungsmäßigen Vorzug. Vgl. hierzu auch den Abschnitt 3.3.3.

© Springer Fachmedien Wiesbaden GmbH, ein Teil von Springer Nature 2019
S. Daske, *Vorzugsaktien in Deutschland*, Empirische Finanzmarktforschung/Empirical Finance, https://doi.org/10.1007/978-3-658-25776-7_5

rechte für Vorzugsaktionäre wirken einer Stimmrechtsprämie tendenziell entgegen. Liquiditätsunterschiede sollten sich wegen des Risikos eines nicht markt-
gerechten Preises zulasten der Aktiengattung mit geringerer Liquidität auswirken. Das Aktienstimmrecht selbst hat grundsätzlich keinen monetären Nutzen.
Eine Stimmrechtsprämie ist daher mit der neoklassischen Sicht nur dann vereinbar, wenn durch Ausübung des Stimmrechts die künftigen Zahlungsströme
beeinflusst werden und die Stammaktionäre damit geldwerte Vorteile erzielen
können.[1149] Haben Marktteilnehmer keine diesbezüglichen Erwartungen, kann
die neoklassische Sichtweise einen Kursunterschied zwischen Stamm- und Vorzugsaktien nicht erklären, soweit dieser auf dem Stimmrecht basiert. Umgekehrt
deutet z. B. bei gleich hohen Dividendenerwartungen und gleicher Liquidität der
Gattungen – einem sehr theoretischen Fall – ein Kursunterschied darauf hin, dass
unterschiedliche Zahlungsströme erwartet werden, die in Zusammenhang mit
dem Stimmrechtsunterschied stehen.

In der *neoinstitutionalistischen Finanzierungstheorie* werden anders als in der
neoklassischen Finanzierungstheorie mit ihrer Zahlungsstromorientierung die
institutionellen Rahmenbedingungen nicht vorausgesetzt. Insbesondere resultiert
aus der Aufgabe der Annahme eines vollkommenen, transaktionskostenfreien
Kapitalmarktes, dass die institutionellen Formen auf Finanzmärkten nicht irrele-
vant sind; sie sind vielmehr selbst Gegenstand der Theorie.[1150] Die Erklärungs-
ansätze versuchen, aus Rechts- und Kontrollbeziehungen zwischen Kapitalneh-
mern und Kapitalgebern, Prinzipal-Agenten-Beziehungen und einer asymme-
trischen Informationsverteilung Wohlfahrtseffekte abzuleiten. Finanzierungs-
formen werden demgemäß danach beurteilt, wie hoch der Wohlfahrtsverlust
zuzüglich der durch die Prinzipale bzw. Kapitalgeber aufgewendeten so genannten Agency-Kosten ist.[1151]

Eine asymmetrische Informationsverteilung besteht i. d. R. zwischen Blockaktionären und allen außenstehenden Aktionären, d. h. außenstehenden Stamm- *und*
Vorzugsaktionären. Zwischen den Stamm- und Vorzugsaktionären besteht zudem ein einer Prinzipal-Agenten-Beziehung zwischen Aktionären und Management ähnliches Verhältnis: So, wie die Aktionäre davon ausgehen, dass das
Management im Interesse der Gesellschaft handelt, dies jedoch nur indirekt und

---

[1149] Vgl. Lease/McConnell/Mikkelson (1983), S. 441.
[1150] Es handelt sich nicht um eine geschlossene Theorie, sondern vielmehr um mehrere Ansätze mit
ähnlicher Zielrichtung auf Basis der Theorie der Verfügungsrechte (*Property Rights*). Vgl.
Schmidt (1988), S. 249-250.
[1151] Ähnlich Schmidt (1988), S. 260-261.

unvollständig kontrollieren können, müssen Vorzugsaktionäre mangels Stimmrecht bei anderen Entscheidungen der Hauptversammlung, als den auf die
Ausschüttung bezogenen, also z. B. bei Abstimmungen über die Entlastung des
Vorstandes und Aufsichtsrates, davon ausgehen, dass die freien Stammaktionäre
im Interesse der Gesellschaft, also aller Stamm- *und* Vorzugsaktionäre, abstimmen bzw. nicht wesentlich davon abweichen, können dies jedoch nicht beeinflussen. Im Hinblick auf die Festlegung der Dividende müssen Vorzugsaktionäre
allerdings davon ausgehen, dass Stammaktien ihr Stimmrecht nutzen, um eigennützige Entscheidungen, im Zweifel auch zulasten der durch den Dividendenvorzug geschützten Vorzugsaktionäre, zu treffen. Auf dieser Basis kann ein Wertunterschied zwischen Stamm- und Vorzugsaktien auch durch das abweichende
Stimmrecht begründet werden. Insbesondere stellt das Stimmrecht ein Verfü-
gungsrecht („Property Right") dar, mit dessen Hilfe eine Kontrollfunktion ausgeübt werden kann, über die Vorzugsaktionäre grundsätzlich nicht verfügen.[1152] Da
im Sinne der Property-Rights-Theorie der Preis für ein Gut eine Kompensation
für die Überlassung von Verfügungsrechten darstellt, ergibt sich für Aktien mit
Stimmrecht ein höherer Preis als für Aktien ohne Stimmrecht.[1153]

Allerdings sind Wohlfahrtsverluste im Vergleich zum Ideal vollständiger, kos-
tenloser Kontrolle und Information nicht messbar; den pekuniären Wert einer auf
einer qualifizierten Mehrheit der Stimmrechte beruhenden Unternehmensbeherrschung kann allenfalls der beherrschende Stammaktionär selbst ermessen. Zudem wirken aus Sicht individueller Aktionäre wie erwähnt andere Faktoren in
die entgegengesetzte Richtung. Daher kann die isolierte Quantifizierung eines
Stimmrechtswertes und die empirische Überprüfung der auf der Grundlage von
Prinzipal-Agenten-Beziehungen und anderen Corporate-Governance-Aspekten
gewonnenen theoretischen Erkenntnisse über Einflussfaktoren für einen Außenstehenden nur eine grobe Schätzung sein. In den folgenden Abschnitten werden
Hypothesen zu den Einflussfaktoren auf Kurs- und Renditeunterschiede zwischen Stamm- und Vorzugsaktien abgeleitet und die Frage beleuchtet, wann Gesellschaften ihre Vorzugs- in Stammaktien umwandeln – in diesen Fällen überwiegen offensichtlich die Nachteile einer Dual-Class-Struktur.

[1152] Dies wird z. B. an der Möglichkeit der Stammaktionäre, bei der Wahl des Aufsichtsrates abzustimmen deutlich; in Deutschland haben Vorzugsaktionäre dieses Recht grundsätzlich nicht.

[1153] In Jurisdiktionen mit Erwerbsbeschränkungen für Ausländer (wie z. B. bis 1992 in der Schweiz)
können bzw. konnten wegen der unterschiedlichen Qualität der mit den Aktien verbundenen
Verfügungsrechte auch Wertunterschiede zwischen verschiedenen Gattungen mit Stimmrecht resultieren, wobei in der Schweiz allerdings auch die hohe Aktiennachfrage aus dem Ausland kurs-
beeinflussend gewesen sein dürfte.

4.2   Auswirkung von Corporate-Governance-Aspekten auf den Stimmrechtswert von Dual-Class-Unternehmen

4.2.1   Das Prinzip „One Share – One Vote"

4.2.1.1   Argumente von Grossman/Hart (1988) zur Optimalität einer „One Share – One Vote"-Regel

Während in der ersten Hälfte des 19. Jahrhunderts in den USA häufig jeder Aktie eine Stimme zuteilwurde, war bei den kontinentaleuropäischen Aktiengesellschaften das Stimmrecht üblicherweise gestaffelt und nach oben und teilweise nach unten begrenzt.[1154] In Deutschland forderte der Handelsrechtler Meno Pöhls bereits 1842, dass jeder Aktionär so viele Stimmen wie Aktien haben sollte, da die Eigenschaft als Teilhaber und nicht die als persönlicher Gesellschafter im Vordergrund stehe.[1155]

Neben dieser normativen Sichtweise kann zugunsten des Prinzips der Äquivalenz von Kapitalbeteiligung und Stimmrechtsmacht angeführt werden, dass Abweichungen von diesem Prinzip ganz überwiegend dazu dienen, feindliche Übernahmen zu verhindern und die Macht von Aktionärsgruppen zu sichern, die hierzu finanziell nicht in der Lage sind oder jedenfalls das dafür notwendige Kapital nicht bereitstellen wollen.[1156] Auch aus diesem Grund werden Abweichungen vom Prinzip „One Share – One Vote" bisweilen auch in den Medien kritisch begleitet; nach Feststellung von Lauterbach/Pajuste (2017) war dies besonders in den Jahren 1999 bis 2005 der Fall, als zugleich (jedenfalls in Europa und auch in Deutschland) sehr viele Umwandlungen von Vorzugs- in Stammaktien stattgefunden haben.[1157] In diese Zeit fallen auch die schon dargestellten Bemühungen der Europäischen Kommission zur Durchsetzung einer „One Share – One Vote"-Regulierung in der EU (vgl. Abschnitt 2.4.3).[1158]

[1154] Vgl. Dunlavy (1998), S. 23, und Hansemann (1837), S. 141-2 und 157-8.

[1155] So Dunlavy (1998), S. 23 mit Verweis auf Pöhls (1842): „Darstellung des gemeinen deutschen und des hamburgischen Handelsrechts für Juristen und Kaufleute", S. 198.

[1156] Vgl. Abschnitt 3.2.1.

[1157] Vgl. Lauterbach/Pajuste (2017), S. 13 (Abb. 1). Die Autoren analysierten die Häufigkeit der negativen Berichterstattung über solche Abweichungen in der Financial Times und im Wall Street Journal Europe bezogen auf 214 europäische Dual-Class-Unternehmen.

[1158] Es ist darauf hinzuweisen, dass das Schlagwort „One Share – One Vote" insofern stark vereinfacht, als es auch – wie z. B. in der Schweiz – Stimmrechtsunterschiede aufgrund von Aktiengat-

Die theoretische Literatur zur „One Share – One Vote"-Thematik[1159] geht vor allem auf Grossman/Hart (1988) und Harris/Raviv (1988) zurück. Aus deren Sicht können bei einem Wettbewerb um eine Unternehmensübernahme im Wege einer „Übernahmeschlacht" freie Stammaktionäre besser gestellt werden, wenn die potenziellen Erwerber durch Aufkäufe am Kapitalmarkt versuchen, einen konkurrierenden Erwerbsinteressenten zu verdrängen. Die Erwerbsinteressenten sind zur Zahlung einer Prämie, also eines Aufschlags auf den Börsenkurs bereit, soweit sie nach einer erfolgreichen Übernahme Private Benefits[1160] generieren können und unter Berücksichtigung dieser persönlichen Sondervorteile den Aktien einen höheren Wert beimessen. Die Prämie müssten sie aber zur Erreichung ihres Ziels an sich nur an Aktionäre mit Stimmrechten zahlen, da nur deren Aktien zur erforderlichen Stimmrechtsmehrheit verhelfen können.[1161] Dies entsprach auch der damaligen Rechtslage in Deutschland; seit 2002 sind aber bei Überschreitung bestimmter Stimmrechtsschwellen Übernahmeangebote obligatorisch, auch für Vorzugsaktien.[1162] Jeder rationale Bieter wird für eine Stimmrechtsaktie bis zur Höhe seines Reservationswertes, d. h. bis zur Summe aus dem bei einem Erfolg zu erwartenden Barwert der Cashflows pro Aktie und seinen (barwertmäßigen) Private Benefits pro Aktie mitbieten. Dabei ist zu berücksichtigen, dass die Bieter i. d. R. unterschiedliche Erwartungen an die (nach Übernahme unter ihrem Management) erzielbaren künftigen Cashflows haben.

Im (hypothetischen) Extrem einer vollständigen Separierung von Stimmrechten und Dividendenrechten sind die Aktien, die ausschließlich Stimmrechte gewähren, für Streubesitzaktionäre mangels Dividendenrechten wertlos, weshalb sie diese für jeden positiven Preis an einen Bieter verkaufen würden. Zwar erhalten auch erfolgreiche Bieter, die die Mehrheit dieser Aktien erwerben und damit das Unternehmen beherrschen, keine Dividenden auf diese Aktien; dafür könnten diese aber Private Benefits aus der Unternehmensbeherrschung generieren (was in diesem theoretischen Fall das einzige Erwerbsmotiv darstellte). Bei einem

---

tungen mit unterschiedlichen Nennwerten geben kann. Zu verstehen ist mit diesem Ausdruck aber stets das Prinzip eines zu der Kapitalbeteiligung des Aktionärs proportionalen Stimmrechts.

[1159] Bisweilen wird in der Literatur auch die Abkürzung „1S1V" verwendet, vgl. z. B. Khachaturyan/McCahery (2007), Vinaimont/Sercu (2008), S. 1.

[1160] Siehe hierzu im Detail Abschnitt 4.2.2.2.

[1161] Vgl. Grossman/Hart (1980), S. 59-60.

[1162] Gemäß §35 Abs. 2 i. V. m. §14 WpÜG i. V. m. §3 Abs. 1 der WpÜG-Angebotsverordnung müssen Übernahmeangebote in Deutschland seit 2002 allen Aktionären, also auch Vorzugsaktionären, unterbreitet werden, jedoch kann (und in der Regel wird) es sich hierbei um unterschiedliche Angebotspreise handeln: Nach §3 Satz 3 der WpÜG-Angebotsverordnung ist die Gegenleistung für jeden Gattung separat zu ermitteln; vgl. auch Fußnote 1092, S. 269.

Übernahmewettbewerb in einer solchen Konstellation wird derjenige Bieter gewinnen, der die höchsten privaten Vermögensvorteile erzielt und damit dem Unternehmen (und den Dividendenaktionären) letztlich am meisten schadet.

Im anderen Extrem einer Gleichverteilung von Stimmrechten und Dividendenrechten sind neben den extrahierten Private Benefits pro Aktie insbesondere die erwarteten Dividendenzahlungen von Bedeutung. Ein Bieter, dem es nur auf die Erzielung privater Vermögensvorteile zulasten des Unternehmens und weniger auf hohe Dividendenzahlungen ankommt, wird hier gegen einen Investor, der ein effizienteres Management einsetzen kann, das zu besseren Investitions- und Finanzierungsentscheidungen befähigt ist, tendenziell nicht bestehen: Zum einen müsste er wegen der im Fall seiner Unternehmensbeherrschung geringeren erzielbaren Cashflows in der Lage sein, entsprechend höhere Private Benefits als der „effizientere" Mitbewerber zu generieren, zum anderen müsste er die bisherigen Aktionäre in größerem Umfang in Form des Übernahmepreises an diesen Benefits beteiligen, um den erfolgreicher wirtschaftenden Mitbewerber überbieten zu können. In diesem Fall hätte der „ineffizientere" Bieter selbst letztlich keinen Vorteil von den höheren erzielbaren Benefits. Zudem wird unter der vereinfachenden Annahme, dass alle Bieter Private Benefits in demselben Umfang generieren können, stets der „effizienteste" Bieter den Wettbewerb um die Übernahme der Single-Class-Unternehmung gewinnen können.

Allgemein nimmt mit zunehmender Disparität von Stimm- und Dividendenrechten der Anteil an privaten Vermögensvorteilen, den ein Bieter, der im Falle einer Übernahme der Gesellschaft nicht effizient wirtschaftet, zur erfolgreichen Übernahme an die bisherigen Aktionäre „abgeben" muss, ab. Die Optimalität von „One Share – One Vote" ergibt sich also daraus, dass im Fall nur einer Aktiengattung zum einen der größte Betrag an erwarteten Private Benefits enthüllt und in Form des Übernahmepreises ausgeschüttet werden muss, um in einer „Übernahmeschlacht" zu obsiegen, und dass zum anderen die Wahrscheinlichkeit für die Übernahme durch einen effizient wirtschaftenden Bieter (letztlich zum Wohle aller Aktionäre) am größten ist.

4.2.1.2 Sicherung eines funktionsfähigen Marktes für Unternehmensbeherrschung

Unter der von Grossman/Hart (1988) theoretisch abgeleiteten Optimalität einer „One Share – One Vote"-Regel ergibt sich implizit die Anforderung, dass Unternehmensübernahmen und Übernahmewettbewerbe nicht behindert werden dürfen. Für einen funktionsfähigen „Market for Corporate Control" bedarf es demnach des Abbaus von Hemmnissen, z. B. der Abschaffung von Höchststimmrechten, Mehrstimmrechtsaktien oder Markteintrittsbarrieren. Als weitere Maßnahme zur Sicherung der Funktionsfähigkeit dieses Marktes ist das so genannte Vereitelungsverbot (engl.:„ban on takeover defenses") zu nennen, d. h. das Verbot von Abwehrmaßnahmen durch das bestehende Management.[1163] Im Hinblick auf die verwendete Mehrheitsregel ist es für die Chancengleichheit bei einem Übernahmewettbewerb optimal, wenn für die Übernahme der Kontrolle nur eine einfache Mehrheit vonnöten ist. Jede größere qualifizierte Mehrheit stellt einen Schutzschirm für das bisherige, möglicherweise wirtschaftlich weniger erfolgreich arbeitende Management dar.[1164]

Letztlich trägt die Pflicht zur Abgabe öffentlicher Übernahmeangebote[1165] zu einem funktionsfähigen Markt bei. Sie verhindert, dass sich alte und neue Großaktionäre – wie Grossman/Hart (1980) unterstellt haben – die privaten Vermögensvorteile unter sich aufteilen, ohne dass freie Aktionäre partizipieren könnten. In diesem Fall würden sich die Streubesitzaktionäre langfristig vom Markt zurückziehen, zumal sie keine Möglichkeit hätten, auf die Effizienz des Managements Einfluss zu nehmen.[1166] Damit würde dem Aktienmarkt die Grundlage entzogen, was nicht im Interesse von Blockaktionären liegen dürfte. Für die Sicherung eines funktionsfähigen Marktes für Unternehmensbeherrschung kommt es in der Regulierung bzw. Gesetzgebung darauf an, die richtige Balance zwischen den gegensätzlichen Interessen zu finden: Einerseits soll eine ausreichende Transparenz über Übernahmeversuche gegeben sein, sodass es insbesondere nicht zu einem „Anschleichen" von Investoren unter Nutzung von Aktienderivaten wie in den Fällen Porsche/VW oder Schaeffler/Continental[1167] kom-

---

[1163] In Deutschland gestattet § 33 Abs. 1, Satz 2, und Abs. 2 WpÜG allerdings Ausnahmen von diesem Verbot. So darf der Vorstand nach einem konkurrierenden Angebot suchen und auch Abwehrmaßnahmen treffen, wenn der Aufsichtsrat zustimmt oder ihn die Hauptversammlung innerhalb der letzten 18 Monate hierzu ermächtigt hat (sog. Vorratsbeschluss).

[1164] Vgl. Vogl-Mühlhaus (1998), S. 50. Übernahmehindernisse sind z. B. die auch in Deutschland für einige Beschlussgegenstände gesetzlich vorgesehenen Dreiviertelmehrheiten bezogen auf das stimmberechtigte Grundkapital.

[1165] Im Wertpapierübernahmegesetz (§§ 29, 35 WpÜG) werden die verpflichtenden Angebote bei Erlangung der Kontrolle (d. h. mit Erreichen der Schwelle von 30 % der Stimmrechte) als „Pflichtangebote" bezeichnet. Davon abzugrenzen sind die „Übernahmeangebote", die erst auf den Erwerb der Kontrolle gerichtet und daher grundsätzlich nicht verpflichtend sind. Bei Übernahmeangeboten kann der Bieter die Wirksamkeit des Angebots auch vom Erreichen einer Mindestbeteiligung abhängig machen. Vgl. Steinmeyer/Häger (2002), S. 328 f.

[1166] Der Markt für Unternehmensbeherrschung hat insbesondere eine disziplinierende Wirkung auf das Management im Hinblick auf die „Zweckentfremdung" finanzieller Mittel des Unternehmens für private Zwecke oder Bedürfnisbefriedigung des Managements. Vgl. Abschnitt 4.2.2.1.

[1167] Für eine Darstellung des Falles vgl. z. B. Tautges (2015), S. 126-129. Im Kern schloss Schaeffler mit der Investmentbank Merrill Lynch einen *Cash Settled Equity Swap* über 28 % der Con-

men kann; diese Transparenz liegt im Interesse potenziell konkurrierender Bieter, der Gesellschaft selbst sowie von deren Management, Aktionären und auch Arbeitnehmern, Fremdkapitalgebern und Kunden. Andererseits muss für Bieter der Anreiz bestehen bleiben, nach Synergien und lohnenswerten Übernahmezielen zu suchen; dies könnte durch zu frühe Publizität behindert werden, insbesondere weil die Übernahme infolge eines sich daran mglw. anschließenden Kursanstiegs aufgrund spekulativer Geschäfte zu teuer werden kann und weil Abwehrmaßnahmen eines frühzeitig „gewarnten" Managements eine Übernahme so verteuern könnten, dass sie nicht mehr lohnend ist.[1168]

In diesem Lichte sind auch stimmrechtslose Vorzugsaktien deutscher Prägung zu beurteilen. Einerseits stellen sie zwar ein Übernahmehindernis dar, andererseits kann aber in einem Dual-Class-Unternehmen wegen der Begrenzung ihres Grundkapitalanteils eine Übernahme nur verhindert werden, wenn der größte Aktionär über mind. 50 % der Stammaktien, also mind. 25 % des Grundkapitals verfügt. Mit Instrumenten wie Mehrstimmrechtsaktien oder Höchststimmrechten können Übernahmen viel stärker erschwert werden.[1169] Die zahlreichen Squeeze-out-Verfahren nach Übernahmen von Dual-Class-Unternehmen seit 2002 zeigen, dass trotz stimmrechtsloser Vorzugsaktien ein Markt für Unternehmensbeherrschung besteht. Im deutschen Corporate-Governance-Modell gibt es auch andere Instrumente und Usancen, die die Funktionsfähigkeit des Marktes für Unternehmensbeherrschung u. U. deutlich stärker beeinträchtigen können, etwa Überkreuzverflechtungen zwischen Unternehmen, den großen Einfluss von Banken – auch über das Depotstimmrecht – und auch von Versicherungen, das deutsche Aufsichtsratssystem,[1170] das Fehlen einer Kultur für feindliche Übernahmen (bis in die 1990er Jahre),[1171] die nach wie vor große Bedeutung von Gründerfamilien,

---

tinental-Aktien ab; Merrill Lynch erwarb knapp unter 3 % und sicherte sich im Übrigen über Equity Swaps bei neun anderen Banken ab, die selbst jeweils wiederum 2,99 % der Aktien erworben haben dürften. Alle Beteiligten konnten dadurch die Meldeschwelle von 3 % umgehen.

[1168] Vgl. Tautges (2015), S. 194-201 und Mittermeier (2014), S. 14-16.

[1169] Vgl. Abschnitt 3.2.2 und z. B. die Diskussion in Goergen/Manjon/Renneboog (2008).

[1170] Die Trennung von Aufsichtsrat und Vorstand ist im deutschen Corporate-Governance-Modell strikter als in anderen Jurisdiktionen, was größere Freiheiten für den Vorstand zur Folge hat; vgl. z. B. Clark/Wojcik (2003), S. 7. Hinzu kommt, dass die Anteilseigner-Vertreter bei großen Unternehmen nach dem Mitbestimmungsgesetz von 1976 nur die Hälfte der Aufsichtsratsmitglieder stellen, bei großen Unternehmen der Montanindustrie sogar nur 5 von 11 (bzw. 7 von 15 oder 10 von 21) Mitgliedern; Arbeitnehmer und -geber einigen sich dabei auf ein „neutrales Mitglied".

[1171] Lt. Goergen/Manjon/Renneboog (2008), S. 55, gab es in Deutschland nach dem Zweiten Weltkrieg bis zur feindlichen Übernahme von Mannesmann durch Vodafone nur zwei erfolgreiche feindliche Übernahmen (Feldmühle Nobel 1988/89 und Hoesch 1990/91). Zwar mag es weitere feindliche Übernahme kleinerer Unternehmen gegeben haben, über die in den Medien wenig

die ihre Interessen über Holdings bzw. Stimmbindungsverträge bündeln, sowie eine „rationale Apathie" von Streubesitzaktionären bei Hauptversammlungen verbunden mit geringen Hauptversammlungspräsenzen.[1172, 1173]

4.2.1.3 Gegenargumente zur Optimalität von „One Share – One Vote"

Dass die One-Share-One-Vote-Regel einen optimalen Zustand darstellt, wird in der Literatur nicht einhellig geteilt. So wenden z. B. Bergström/Rydqvist (1992) dagegen ein, dass diese Regel mit einer negativen Anreizwirkung verbunden sei, da Bieter bestrebt seien, einen möglichst großen Teil erzielbarer Synergieeffekte für sich zu behalten. Insofern könnten Dual-Class-Unternehmen häufiger das Ziel von Übernahmeangeboten sein als Single-Class-Unternehmen und damit potenziell häufiger im Hinblick auf die Profitabilität gerechtfertigte Steigerungen des Marktwertes erfahren. Zwar käme es Blockaktionären darauf an, die Summe aus dem Börsenwert ihres Anteils und den privaten Vermögensvorteilen zu erhöhen und nicht den Marktwert bzw. die Aktienkurse des Unternehmens. Jedoch könnten gleichwohl die Aktienkurse für alle Aktionäre größer als in einer Streubesitzunternehmung mit einer vermeintlich optimalen One-Share-One-Vote-Struktur sein, selbst wenn nur ein Teil dieser Private Benefits extrahiert wird, da in Streubesitzunternehmen keine Private Benefits für Aktionäre (z. B. auch keine wertsteigernden Synergieeffekte) entstünden.

Ein weiteres sehr gewichtiges Argument gegen eine One-Share-One-Vote-Regel ist der Umstand, dass Dual-Class-Strukturen wegen der geringeren Gefahr einer Übernahme den Blockaktionären dabei helfen, langfristige Strategien zur Steigerung des Unternehmenswertes, die mglw. kurzfristig mit höheren Risiken verbunden sind, im Interesse aller Aktionäre in Angriff zu nehmen und firmenspezifische Investitionen, die sich erst langfristig auszahlen (z. B. in Humankapital), zu tätigen.[1174, 1175] Im Gegensatz zu der auf der Agency-Theorie basierenden

---

berichtet worden ist, jedoch waren z. B. in Großbritannien von 1984-89 im Mittel 40 feindliche Übernahmen *pro Jahr* zu verzeichnen, was eine andere Übernahmekultur offenbart.

[1172] So auch Vogl-Mühlhaus (1998), S. 3, S. 17 und S. 90 ff.

[1173] Das Problem der „rationalen Apathie" kann letztlich auch bei institutionellen Investoren mit etwas größerem Anteilsbesitz (wie z. B. diversifizierten Aktienfonds) bestehen: Insbesondere wenn diese im Ausland ansässig sind, sind deren Kosten der Informationsbeschaffung vergleichsweise hoch und das Interesse und die Möglichkeiten an einer effektiven Kontrolle des Managements gering. Vgl. Mittermeier (2014), S. 73-75.

[1174] Vgl. z. B. auch Nüesch (2016), S. 4 f., mit weiteren Nachweisen.

[1175] Auch aus dem auf S. 209 erwähnten Ergebnis von Lim (2016), S. 776, dass das Niveau der immateriellen Vermögensgegenstände positiv mit der Wahrscheinlichkeit einer Dual-Class-Struktur zusammenhängt, wäre eine mögliche Schlussfolgerung, dass solche Unternehmen

Schlussfolgerung von Grossman/Hart (1988), die ein eigennütziges Verhalten von Management und Großaktionär unterstellt, geht die Gegenansicht im Sinne der „Stewardship-Theorie" auch von einer intrinsischen Motivation von Management und Großaktionär im Hinblick auf die *langfristige* Steigerung des Unternehmenswertes und auf eine Identifikation mit den Unternehmenszielen aus.

Aus Sicht der Stewardship-Theorie wäre es in diesem Sinne nicht vorteilhaft, ein „Level Playing Field" für Übernahmen zu schaffen, sondern im Gegenteil, in gewissem Umfang Barrieren für feindliche Unternehmensübernahmen wie Dual-Class-Strukturen zuzulassen, da diese verhindern würden, dass rein an kurzfristiger Renditemaximierung orientierte Investoren in einem Übernahmewettbewerb obsiegen und dass das Management sich daher letztlich an kurzfristigen Zielen orientieren muss. Dies ist vor allem dann eine nachvollziehbare Argumentation, wenn der Markt den Barwert von weiter in der Zukunft liegenden Erträgen unterschätzt,[1176] z. B. aufgrund eines infolge überschätzter Unsicherheit zu hohen Diskontierungsfaktors. Durch einen zu hohen Diskontierungsfaktor würden zum einen kurzfristig absehbare Cashflows relativ übergewichtet und zum anderen der tatsächliche Unternehmenswert bei Durchführung der Strategie des bisherigen Großaktionärs unterschätzt.

Die Sichtweise der Stewardship-Theorie dürfte zum Beispiel für Entrepreneure in jungen Wachstumsunternehmen maßgeblich sein: Eine zwingende One-Share-One-Struktur könnte solche Unternehmen wegen der Gefahr eines Kontrollverlusts von einer Kapitalmarktfinanzierung abhalten, da mit einer wahrscheinlicheren Übernahme und der somit geschmälerten Möglichkeit zur Erzielung von Private Benefits die Anreize für Entrepreneure, die mit unsicheren Zukunftsaussichten einhergehenden persönlichen Risiken auf sich zu nehmen, vermindert werden. Im Ergebnis kann dies dazu führen, dass durch eine One-Share-One-Struktur volkswirtschaftlich wünschenswerte Investitionen behindert werden.[1177]

Hinzu kommt, dass Paketaktionäre mit zunehmendem Stimmrecht erst recht bei Dual-Class-Strukturen mehr Möglichkeiten zur Überwachung des Managements haben und damit Agency-Kosten im Interesse aller Aktionäre begrenzen können.

---

stärker in unternehmensspezifisches Humankapital investiert haben, da sie diese Investitionen mit einer Dual-Class-Struktur besser schützen können.
[1176] In diesem Sinne auch Nüesch (2016), S. 5.
[1177] Howell (2017) verweist wie erwähnt auf das Beispiel Google: Der Gründer Larry Page hat beim Börsengang im Jahr 2004 erklärt, dass im Interesse der Unabhängigkeit und Stabilität der Gesellschaft eine Dual-Class-Struktur genutzt werde, die es erforderlich mache, dass die Investoren dem Team, insbesondere Sergey Brin und ihm selbst, vertrauen müssten; vgl. a.a.O., S. 441.

Eine One-Share-One-Vote-Regel könnte Investoren von einem Erwerb von größeren Aktienblöcken abhalten und letztlich zu höheren Agency-Kosten führen, da das Management weniger, bei Streubesitzunternehmen mglw. gar nicht, kontrolliert wird.[1178]

4.2.1.4 Gesellschaftliche Dimension von „One Share – One Vote"

Die Frage der Sicherung eines funktionsfähigen Übernahmemarktes und des Abbaus von Übernahmeerschwernissen wie Vorzugsaktien hat nicht nur eine ökonomische Dimension. Unter „Optimalität" im Sinne von Grossman/Hart (1980) ist nämlich „nur" die Pareto-Effizienz zu verstehen. Diese beruht letztlich auf der Prämisse, dass in einem vollkommenen Kapitalmarkt wegen des nutzenmaximierenden Handels der Aktionäre – also durch die „unsichtbare Hand" im Sinne von Adam Smith – eine „optimale" Allokation des Kapitals erzielt wird. Damit wird jedoch nicht zwingend eine Optimalität in Bezug auf gesamtgesellschaftliche Ziele erreicht.[1179] So galt es in der Bundesrepublik bis in die 1990er Jahre als Grundkonsens, dass feindliche Übernahmen und die soziale Marktwirtschaft nicht zusammenpassten. Beispielsweise wurden durch konzertierte Aktionen von Arbeitnehmern, Aktionären, Banken und Politik die Übernahmen von Continental (bei der ein Höchststimmrecht bestand) durch Pirelli 1990/91[1180] und von Thyssen durch Krupp im Jahr 1997[1181] verhindert. Selbst der frühere Vorstandssprecher der Deutschen Bank Herrhausen sah 1988 feindliche Übernahmen als „Irrwege des amerikanischen Kapitalismus" an.[1182, 1183]

Für Arbeitnehmer und Zulieferer sind Übernahmen und die mit ihnen häufig verbundene Konzernbildung oder -integration tatsächlich nicht selten mit negativen Konsequenzen verbunden.[1184] Es darf auch bezweifelt werden, dass durch so genannte Zerschlagungsübernahmen, d. h. Aufkäufe von diversifizierten Unternehmen durch bestimmte Private-Equity-Unternehmen mit dem Ziel, Einzelteile der Unternehmen wieder zu verkaufen, nachdem stille Reserven abgeschöpft

---

[1178] In diesem Sinne z. B. Burkart/Lee (2008), S. 3 f.

[1179] Vgl. auch Streeck/Höpner (2003), S. 15.

[1180] Vgl. Haase (2009).

[1181] Vgl. Müller/Schumacher (1997).

[1182] Zitiert nach Schneider (1991), S. 614 f.

[1183] Noch im Jahr 2000 hat die frühere Dresdner Bank AG einem Zeitungsbericht zufolge von der Idee einer feindlichen Übernahme der Commerzbank AG nach dem Scheitern von Fusionsverhandlungen Abstand genommen, da Versuche feindlicher Übernahme in Deutschland (bis dahin) wenig erfolgreich gewesen seien. Vgl. o.V. (2000), S. 37.

[1184] Vgl. Dauner-Lieb/Lamandini (2003), S. 266.

worden sind, tatsächlich Effizienzsteigerungen bewirkt werden.[1185] Dies mag aus
Sicht von (einzelnen Stamm-) Aktionären im Hinblick auf die Maximierung des
Wertes ihres Anteils inklusive der generierbaren Private Benefits zwar gelten;
damit ist aber unvermittelt die – an dieser Stelle nicht zu beantwortende – Frage
verbunden, ob eine reine „Shareholder-Value"-Sicht das maßgebliche Kriterium
aus gesellschaftlicher Sicht im Sinne einer „Social Welfare" ist.[1186] Von der
Beantwortung dieser Frage nach Shareholder-Value-Orientierung versus Stake-
holder-Value-Orientierung hängt zu einem gewissen Grad auch die Beurteilung
der Frage ab, ob stimmrechtslose Vorzugsaktien zu Recht einen Platz im
deutschen Gesellschaftsrecht haben.

4.2.1.5 *Jüngere empirische Untersuchungen zum „One Share – One Vote"-Prinzip*

Auch aus empirischen Untersuchungen ergibt sich keine klare Rechtfertigung für
die Optimalität einer „One Share – One Vote"-Regel. Jordan/Kim/Liu (2016)
kommen zwar zu dem Ergebnis, dass das branchenbereinigte Tobins Q bei Dual-
Class-Unternehmen tatsächlich geringer als das Tobins Q vergleichbarer Single-
Class-Unternehmen ist und mit zunehmender Disparität zwischen Cashflow- und
Stimmrechten abnimmt,[1187] jedoch stellen die Autoren bei näherer Analyse fest,
dass bei Dual-Class-Unternehmen mit hohem Umsatzwachstum und hohen For-
schungsausgaben die Bewertung *höher* ist als bei vergleichbaren Single-Class-
Unternehmen.[1188] Dies steht im Einklang mit der aus dem Modell von Chem-
manur/Jiao (2012) ableitbaren Schlussfolgerung, dass Dual-Class-Unternehmen
einen höheren Unternehmenswert als vergleichbare Single-Class-Unternehmen
aufweisen, *wenn* der Wertunterschied von Investitionsmöglichkeiten mit hoher
und mit niedriger kurzfristiger Unsicherheit groß ist.[1189] Dies ist mit anderen

---

[1185] Solche Übernahmen konnten bzw. könnten beispielsweise schon durch stärkere Abwertung des
DM- bzw. Euro-Wechselkurses für ausländische Anleger vorteilhaft erscheinen, ohne dass sich
an der Effizienz im produktionstheoretischen Sinn etwas geändert hätte.

[1186] Dies wird z.B. von Berle/Means (1932) verneint, da die Streubesitzaktionäre ihr Recht auf den
Unternehmensgewinn verwirkt hätten, wenn/weil sie die Kontrolle über die Gesellschaften verloren haben. Auf der anderen Seite würde eine Ausrichtung des Unternehmens an mehreren, letztlich diffusen Zielen dazu führen, dass der Einfluss der Protagonisten der jeweiligen Ziele (z.B.
Politiker, Gewerkschafter) immer weiter zunimmt und das Unternehmen letztlich nicht mehr
kontrollierbar wären; vgl. Vogl-Mühlhaus (1998), S. 19.

[1187] Dies entspricht dem Ergebnis von Gompers/Ishii/Metrick (2010), deren Studie durch Jordan/
Kim/Liu (2016) repliziert wurde.

[1188] Vgl. Jordan/Kim/Liu (2016), S. 317.

[1189] Vgl. Chemmanur/Jiao (2012), S. 315 f. Nach dem Modell gilt dies für solche Gesellschaften, bei
denen das Management eine hohe Reputation genießt.

Worten insbesondere bei langfristig gewinnbringenden Investitionen, die mit kurzfristigen Risiken verbunden sind, der Fall. In dieser Situation kann also wie schon vermutet durch eine Dual-Class-Struktur während einer anfänglich möglichen „Durststrecke" ein Schutz vor einer Übernahme im Interesse aller langfristig orientierten Aktionäre auch ökonomisch sinnvoll sein.

Lim (2016) zeigt zudem, dass in Dual-Class-Unternehmen das Ausmaß der Verschanzung[1190] und der Informationsasymmetrie abnimmt und der Umfang der Publizität bis auf das Niveau von Single-Class-Unternehmen zunimmt, wenn und je stärker ein Unternehmen Kapitalbedarf hat,[1191] wenn es also lohnenswerte Investitionsmöglichkeiten gibt. Insofern bestätigen sich die z. T. behaupteten negativen Konsequenzen von Dual-Class-Strukturen in dieser Konstellation nicht.

Villalonga/Amit (2010) kommen bei der Untersuchung von 8.104 US-amerikanischen Familienunternehmen zu dem Ergebnis, dass sich unter dem Einfluss von Gründerfamilien der Unternehmenswert trotz Extraktion privater Vermögensvorteile so entwickelt, dass alle Aktionäre profitieren, während allerdings unter dem Einfluss anderer Blockaktionäre und Nicht-Gründerfamilien deren eigener Vorteil maximiert wird.[1192] Da Dual-Class-Unternehmen häufig Familienunternehmen sind, stellt sich vor diesem Hintergrund auch die Frage, ob für Familienunternehmen, die nicht zur Abgabe der Kontrolle bereit sind, der Vergleich zwischen Dual- und Single-Class-Unternehmen überhaupt gerechtfertigt ist: Stünden Dual-Class-Strukturen nicht zur Verfügung, würden die Familienunternehmen mglw. andere Übernahmehindernisse – in Deutschland z. B. die Rechtsform einer KGaA – nutzen und eben nicht als Aktiengesellschaft mit einer Single-Class-Struktur an die Börse gehen.

Eklund/Poulsen (2014) argumentieren zudem, dass auch bei Single-Class-Unternehmen mit Blockaktionären die Stimmrechts*macht* nicht dem Stimmrechts-

---

[1190] Zurückgehend auf Jensen/Meckling (1976) wird die Ausnutzung der Stimmenmehrheit durch einen Mehrheitsaktionär zur Aufrechterhaltung der Machtposition mit dem Ziel der Generierung privater Vermögensvorteile gegen die Interessen der anderen Aktionäre auch als „Entrenchment" (Verschanzung) bezeichnet.

[1191] Vgl. Lim (2016), S. 788 f. Die Autorin verwendet als Maß für den Kapitalbedarf die Summe aus den Zuwächsen des Aktienkapitals, des Preferred Stock und des langfristigen Fremdkapitals abzüglich der Aktienrückkäufe (vgl. a. a. O., S. 773) sowie als Maß für die Qualität der Publizität („Disclosure") die Größe des Bid-Ask-Spreads im Vergleich zum Bid-Ask-Spread einer Single-Class-Unternehmung (vgl. a. a. O., S. 779).

[1192] Vgl. Villalonga/Amit (2010), S. 901.

anteil entspricht und nennen diesen Effekt intrinsische Disparität.[1193] Sie unter-
suchen empirisch die Auswirkungen verschiedener Abweichungen von einer
One-Share-One-Vote-Struktur, so genannter „Control Enhancing Mechanisms"
(CEM), zu denen auch Dual-Class-Strukturen zu subsumieren sind, auf die
Marktbewertung von Unternehmen – die bei Optimalität einer „One Share – One
Vote"-Struktur maximal sein müsste. Zu diesem Zweck untergliedern sie die
Disparität zum einen in die intrinsische Disparität und zum anderen in die durch
den CEM hervorgerufene Disparität. Für die 131 in die Untersuchung einbezogenen deutschen Unternehmen mit CEM[1194] ermitteln die Autoren anhand des
Shapley-Shubik-Index, dass der größte Aktionär im Vergleich zu seinem Stimmrechtsanteil im Mittel eine um 127% höhere Stimmrechtsmacht hat und dass dies
zu 32 Prozentpunkten auf der intrinsischen Disparität und zu 95 Prozentpunkten
auf dem CEM (also z. B. der Dual-Class-Struktur) beruht.[1195] Die Autoren stellen
des Weiteren zwar ebenfalls fest, dass mit zunehmender Disparität das Tobins Q
der Unternehmen sinkt, dass dies aber nur zu einem geringen Teil auf den CEM
(also z. B. die Dual-Class-Struktur) zurückzuführen ist und zum größeren Teil
auf der intrinsischen Disparität beruht, die es auch bei Unternehmen mit One-
Share-One-Vote-Struktur gibt.[1196]

4.2.1.6 *Schlussfolgerungen für die „One Share – One Vote"-Diskussion*

Nach den dargestellten Ergebnissen ist empirisch weder belegt, dass der auf
Aktienkursen basierende Marktwert einer Unternehmung bzw. das Marktwert-
Buchwert-Verhältnis durch eine One-Share-One-Vote-Struktur maximiert wer-
den kann,[1197] noch dass eine solche Struktur zu einer kapitalproportionalen
Stimmrechtsmacht führt. Vielmehr ist es ein Trugschluss, disproportionale
Stimmrechtsmacht nur mit dem Bestehen von „Control Enhancing Mechanisms"
– wie den schon im Abschnitt 4.2.1.2 genannten Beispielen für das deutsche

---

[1193] Hat eine Gesellschaft z. B. drei Aktionäre mit Stimmrechtsanteilen von 40%, 30% bzw. 24%, so
hat faktisch jeder der drei Aktionäre trotz des unterschiedlichen Stimmrechtsanteils die gleiche
Stimmrechtsmacht, wenn es darum geht, eine Mehrheitskoalition zu bilden, während das Stimmrecht der übrigen Aktionäre keine Bedeutung hat. Vgl. Eklund/Poulsen (2014), S. 455.

[1194] Da im Untersuchungszeitraum 1996 bis 1999 von den 131 einbezogenen deutschen Unternehmen nicht alle eine Dual-Class-Struktur aufgewiesen haben können (vgl. Abbildung 5, S. 194),
dürften einige der Unternehmen einen anderen „Control Enhancing Mechanismus", z. B. eine
Pyramidenstruktur, genutzt haben. Die Ergebnisse der Studie sind zwar nicht nach der Art des
CEM aufgeschlüsselt, für die Schlussfolgerung spielt dies aber keine entscheidende Rolle.

[1195] Vgl. a. a. O., S. 458. Für Unternehmen ohne CEM beträgt die (intrinsische) Disparität 36%.

[1196] Vgl. a. a. O., S. 460.

[1197] In diesem Sinne auch Bergström/Rydqvist (1992), S. 103 f.

Corporate-Governance-Modell – zu begründen und auf dieser Grundlage eine „One Share – One Vote"-Regel zu fordern.[1198]

Burkart/Lee (2008) formulieren das „fundamentale Dilemma" der One-Share-One-Vote-Debatte wie folgt: Die *ökonomisch* maßgebliche Frage ist, ob stabile Mehrheitsverhältnisse mit einer besseren Kontrolle des Managements (jedoch der Gefahr der „Selbstbedienung" durch die Mehrheitsaktionäre) *oder* ein durch Übernahmewettbewerbe mit der Möglichkeit der Ablösung konfrontiertes Management, das jedoch wegen geringerer Kontrolle größere Agency-Kosten verursachen kann, im Hinblick auf eine langfristig effiziente Unternehmensführung vorteilhaft sind. Etwas zugespitzt ist abzuwägen, ob ein durch einen Großaktionär kontrolliertes Unternehmen oder ein (nur) durch das Management kontrolliertes Streubesitzunternehmen langfristig zu effizienteren Ergebnissen führt und letztlich c. p. einen höheren Unternehmenswert nach sich zieht.[1199]

Auch wenn man ökonomisch zum dem Schluss gelangte, das Stimmrechtskonzentrationen stärkere negative Auswirkungen haben, wäre *politisch und regulatorisch* nach den Ergebnissen von Eklund/Poulsen (2014) nicht in erster Linie an die Beseitigung von Dual-Class-Strukturen und anderen CEM zu denken, sondern daran, die Stimmrechtsmacht dem Stimmrechtsanteil anzunähern, etwa durch Regelungen zur Stimmrechtsmacht von Großaktionären, zur Transparenz über Unternehmensentscheidungen und zum Schutz von Kleinanlegern,[1200] und allgemein das Corporate-Governance-System zu modernisieren und die Corporate-Governance-Kultur zu verbessern. Wenn politisch dagegen die Absicht besteht, Blockaktionäre durch Einführung einer One-Share-One-Vote-Regel zu schwächen – dies wäre die wesentliche Konsequenz einer solchen Regelung –, müsste zugleich sichergestellt werden, dass das Management durch andere Maßnahmen diszipliniert und Agency-Kosten reduziert werden, z. B. durch starke Einwirkungsrechte des Aufsichtsorgans.[1201]

Wegen der im europäischen Vergleich aufgrund unterschiedlicher Rechtsordnungen und historischer Entwicklungen vielfältigen und im Vergleich zu Dual-Class-Strukturen teilweise deutlich problematischeren Möglichkeiten, Abweichungen von einem kapitalproportionalen Stimmrecht zu bewirken, wäre es kei-

---

[1198] So auch Eklund/Poulsen (2014), S. 461.
[1199] Vgl. Burkart/Lee (2008), S. 29 und S. 41.
[1200] In diesem Sinn auch Eklund/Poulsen (2014), S. 461-463. In der empirischen Analyse stellen die Autoren im Übrigen fest, dass in Staaten mit besserem Aktionärsschutzregeln die negative Auswirkung der Disparität auf Tobins Q ein geringes Ausmaß hat, vgl. a. a. O., S. 460.
[1201] So auch Burkart/Lee (2008), S. 4 und S. 29.

nesfalls ausreichend, ein One-Share–One-Vote-Prinzip nur dadurch umzusetzen, dass man Aktien mit unterschiedlichem Stimmrecht verbietet; dies hatten schon die Auswirkungsstudie der Europäischen Kommission aus dem Jahr 2007 und die letztlich eingestellten Bemühungen zur Umsetzung einer One-Share-One Vote-Regel in der EU gezeigt.[1202]

4.2.1.7 „One Share – One Vote"-Argumentation und Stimmrechtsunterschied

Wie schon im Abschnitt 4.2.1.1 ausgeführt, profitieren in einem Übernahmewettbewerb die freien Stammaktionäre dann, wenn – jeweils bezogen auf eine Aktie – der Reservationswert des meistbietenden Unterlegenen größer ist als die für die freien Stammaktionäre ohne Übernahme (d. h. unter dem bisherigen Management und den bisherigen Mehrheitsverhältnissen) erwarteten Cashflows: In diesem Fall muss der erfolgreiche Bieter im Rahmen seines Übernahmeangebots einen Teil seiner erwarteten Private Benefits – bis leicht über dem Gebot des meistbietenden Unterlegenen – an die Streubesitzaktionäre abgeben. Zwar muss in Deutschland seit 2002 auch ein Übernahmeangebot zugunsten der Vorzugsaktionäre abgegeben werden,[1203] in der Praxis darf und wird dies jedoch unter dem Gebot für die Stammaktien liegen, die für die Erlangung der Stimmenmehrheit im Fokus des Bieters stehen. Da demzufolge die freien Stammaktionäre stärker an den so extrahierten Private Benefits partizipieren, ergibt sich unter der Annahme, dass die Wahrscheinlichkeit für die Übernahme der Gesellschaft nicht null ist, sowie unter der vereinfachenden Annahme sonst unwesentlicher Gattungsunterschiede (z. B. im Hinblick auf Liquidität und Dividendenrechte)[1204] die folgende Hypothese:[1205]

> **Hypothese K1:**
> **Der Kurs von börsennotierten Stammaktien liegt im Mittel über dem Kurs von börsennotierten Vorzugsaktien derselben Gesellschaft.**

[1202] Vgl. Commission of the European Communities (2007) und Abschnitt 2.4.3.

[1203] Vgl. Fußnoten 1162 und 1211.

[1204] Diese Annahme dürfte jedenfalls dann zu rechtfertigen sein, wenn keine der beiden Gattungen in einen Auswahlindex (z. B. den MDAX) aufgenommen ist, eine etwaige Mehrdividende gering ist und die Gesellschaft regelmäßig Dividenden an beide Gattungen ausschüttet.

[1205] Im Folgenden werden die auf den *Kurs* bezogenen Hypothesen beginnend mit K1 und die auf die *Rendite* bezogenen Hypothesen beginnend mit R1 jeweils fortlaufend nummeriert. Eine zusammenfassende Darstellung aller abgeleiteten Hypothesen findet sich im Abschnitt 4.8.

In Deutschland waren allerdings Unternehmensübernahmen in Form eines bei der Argumentation von Grossman/Hart (1988) unterstellten Wettbewerbs von übernahmewilligen Bietern zumindest bis in die 1990er Jahre wie erwähnt sehr selten anzutreffen. Dies dürfte unter anderem an der vergleichsweise hohen Stimmrechtskonzentration in deutschen Aktiengesellschaften liegen, die sich in mehreren Studien gezeigt hat. So hatten bei einer Untersuchung im Jahr 2004 deutsche Aktiengesellschaften im Mittel 3,4 Blockaktionäre, die 75,8 % der Stimmrechte direkt kontrollierten.[1206] Ungeachtet dessen waren positive Kursaufschläge der Stamm- gegenüber Vorzugsaktien zu verzeichnen. Insofern ist es fraglich, ob die Argumentation von Grossman/Hart (1988) Kursaufschläge auch in Deutschland erklären kann.

In Deutschland erfolgten Unternehmensübernahmen zumindest bis in die 1990er Jahre meist durch Kauf von Aktienpaketen.[1207] Bei einem solchen „Block Trading" werden die Übernahmekonditionen nur zwischen dem bisherigen Großaktionär und dem potenziellen Erwerber ausgehandelt, wobei sich der bisherige Großaktionär und der Erwerber den höheren Reservationswert des Erwerbers je nach Verhandlungsstärke aufteilen.[1208] Streubesitzaktionäre konnten nach früherer Rechtslage[1209] in diesem Fall nur insoweit profitieren, als sich die Aktienkurse beider Gattungen an den zu erwartenden Cashflow unter dem neuen

---

[1206] So Jansen/Kleimeier (2004), S. 461. Auch Iber (1987), S. 127, ermittelte, dass der kumulierte Anteil der vier größten Aktionäre bereits im Jahre 1983 bei 58,8 % der Aktiengesellschaften mehr als 75 % betrug (1963 war dies nur bei 37,2 % der Gesellschaften der Fall). Bei 81,4 % der Gesellschaften war der kumulierte Anteil über 50 % (1963: 72,1 %) und bei 90,7 % der Gesellschaften über 25 % (1963: 86,7 %). Nach den Ergebnissen von Franks/Mayer (2001) hatten 85 % der größten Gesellschaften einen Aktionär mit Sperrminorität, 57,3 % einen Mehrheitsaktionär und immerhin 22,2 % einen Aktionär mit mehr als 75 % Stimmrechtsanteil (a. a. O., Tabelle 1). In seiner Untersuchung zur hohen Stimmrechtskonzentration in Deutschland allgemein ermittelte Böhmer (2002), dass 1995 47,3 % der Stimmrechte deutscher Publikumsgesellschaften in den Händen von 510 Blockaktionären lagen, davon zwei Drittel in den Händen von Banken, Versicherungen, Holdings und Industrieunternehmen; vgl. a. a. O. S. 271.
[1207] Vgl. z. B. Franks/Mayer (2001).
[1208] So verweisen z. B. Wenger/Hecker (2004) darauf, dass nicht die kontinuierlichen, vom aktuellen Großaktionär gezogenen Vermögensvorteile für Kursunterschiede relevant sind, sondern die realisierbaren Sondervorteile eines Übernehmers und deren wahrscheinliche Aufteilung mit dem/den Altaktionär/en unter Berücksichtigung der Übernahmewahrscheinlichkeit, vgl. a. a. O. S. 269. Siehe hierzu den Abschnitt 4.2.2.3.
[1209] Bis 1994 war es auch in Deutschland herrschende Meinung in der Rechtswissenschaft und der Rechtsprechung, dass der bei Übernahme des Aktienpaketes von einem kontrollierenden Großaktionär gezahlte Paketaufschlag und die Kontrollprämie allein dem Veräußerer zustanden. Hinzu kam, dass für etwaige Abfindungen nicht ein Börsenpreis, sondern stets ein „wirklicher" Unternehmenswert nach Unternehmensbewertungsmethoden zugrunde gelegt wurden, was einen nicht unbeträchtlichen Gestaltungsspielraum zur Folge hatte; vgl. z. B. Otto (1994), S. 167 f.

Mehrheitsaktionär/Management angeglichen haben.[1210] Seit der Einführung eines Übernahmekodex in Deutschland im Jahr 1995 konnten jedoch auch freie Stammaktionäre vom Verhandlungsergebnis profitieren, da ihnen seither die gleichen Übernahmekonditionen angeboten werden sollen wie den Blockaktionären.[1211] Ein abweichender Gebotspreis für Vorzugsaktien ist wie bereits ausgeführt auch nach dem 2002 in Kraft getretenen WpÜG zulässig, soweit dieser durch die Gattungsverschiedenheit gerechtfertigt ist.

Im Ergebnis lässt sich also ein höherer Kurs der (am Kapitalmarkt gehandelten) Stammaktien im Streubesitz zumindest seit 1995 auch bei Übernahmen durch Block Trading begründen.[1212] Dittmann (2004) argumentiert, dass dies generell (also auch schon vor 1995) der Fall war: Wenn auf den Konsum von Private Benefits gerichtete Koalitionen aus Besitzern von Aktienpaketen („Blockholder") instabil werden, würden einige der Paketaktionäre oder auch außenstehende Aktionäre Stammaktien hinzukaufen, um ihre Machtposition innerhalb der Koalition zu festigen oder eine entsprechende Verhandlungsposition zu erlangen. Ein solches Verhalten würde vom Kapitalmarkt antizipiert, weshalb Stammaktionäre davon profitieren können und Stammaktien mit einem Aufschlag gegenüber Vorzugsaktien gehandelt werden.[1213] Der bei dieser Argumentation unterstellte Fall, dass sich die Stimmenmehrheit aus einer Koalition zusammensetzt, dürfte allerdings vor 1995 in Deutschland eher selten anzutreffen gewesen sein; die verschiedenen Aktionäre von Familien, die zusammen eine Stimmenmehrheit auf sich vereinen, dürften i. d. R. nicht zu instabilen Koalitionen neigen.

[1210] Aus der Sicht von Grossman/Hart (1980) würden die freien Stammaktionäre auch bei verdecktem Aufkauf von Aktien am Markt nicht vom Wert des Unternehmens für den Erwerber profitieren: Dabei würden sich die Kurse beider Gattungen nicht verändern, solange der Markt keine Vermutung über den allmählichen Aufkauf hat. Wenn dies schließlich bekannt oder vermutet werden würde, würden sich die Aktienkurse beider Gattungen aber an den zu erwartenden Cashflow unter einem neuen Management angleichen.

[1211] Dieser Kodex war zunächst freiwillig und galt bei Übernahme von Aktienpaketen ab 30 % (vor 1998 ab 50 %). Allerdings hatten die deutschen Banken erklärt, nur Erwerber zu unterstützen, die den Übernahmekodex akzeptiert haben; vgl. Hoffmann-Burchardi (1999), S. 18. Mit Inkrafttreten des WpÜG im Jahre 2002 hat die Verpflichtung zur Abgabe von Übernahmeangeboten bei Erlangung der Kontrolle, d. h. von 30 % der Stimmrechte, Gesetzesrang (§ 35 Abs. 2 WpÜG).

[1212] Vgl. Fußnote 1162, S. 291, und Fußnote 1092, S. 269.

[1213] Vgl. Dittmann (2004), S. 2-4, der dies sowohl modellhaft als auch empirisch bestätigt sieht. Der Autor kommt insbesondere zu dem Ergebnis, dass der Umfang des Handels mit Aktienpaketen von der Aktionärsstruktur abhängt und einen signifikant positiven Einfluss auf die Stimmrechtsprämie hat. Unter Berücksichtigung des erstgenannten Effekts kann Dittmann (2004) keinen (zusätzlichen) signifikanten Einfluss der Aktionärsstruktur auf die Stimmrechtsprämie mehr feststellen.

Allerdings sind und waren stimmrechtslose Vorzugsaktien in mehreren Konstellationen auch schon vor Einführung von rechtlichen Regelungen zu Übernahmeangeboten für die Verwirklichung einer beabsichtigten Übernahme von Interesse:

– Wenn das *Stimmrecht aufgelebt* ist, wenn also zwei Jahre lang der Dividendenvorzug nicht ausgeschüttet worden ist, sind die Vorzugsaktien für einen Bieter (fast) ebenso wichtig wie Stammaktien.[1214] In diesen Fällen kann man allerdings von einer wirtschaftlichen Krise der Unternehmung ausgehen, weshalb in dieser Situation tendenziell ein negativer Kursaufschlag der Stammaktien zu erwarten ist, da der Dividendenvorzug der Vorzugsaktie einen maßgeblichen Faktor für die Kursbildung der Vorzugsaktie darstellen sollte.

– Die aktienrechtlichen Vorschriften zur *Zahlung einer Garantiedividende*[1215] oder einer Abfindung an außenstehende Aktionäre bei Abschluss eines Gewinnabführungs- oder Beherrschungsvertrages bestanden bereits vor Inkrafttreten der Squeeze-out-Regelungen (und auch schon vor 1995). Eine gleiche Abfindungshöhe ist gesetzlich nicht erforderlich und wurde daher auch nicht praktiziert.[1216]

– Bei einigen Übernahmeangeboten erhalten die Inhaber von Streubesitzanteilen des Stamm- oder Vorzugsaktienkapitals gegen Abgabe ihrer Anteile *Vorzugsaktien des übernehmenden Unternehmens*, wodurch sie an Wertsteigerungen beteiligt werden, die die übernehmende Gesellschaft aus der Übernahme realisiert – und die die übernommene Gesellschaft ohne eine Übernahme möglicherweise nicht hätte realisieren können. Für Großaktionäre der übernehmenden Gesellschaft hat diese Konstruktion den Vorteil, dass die Mehrheitsverhältnisse dieser Gesellschaft grundsätzlich nicht angetastet werden. Wie bereits erwähnt wurde diese Möglichkeit bereits bei der Übernahme der Schuckert-Werke durch die Siemens & Halske AG im Juni 1939 genutzt. Auch in dieser Konstellation war und ist es nicht zwingend, den Vorzugsakti-

---

[1214] Beispiele sind das Übernahmeangebot der französischen Intermarché S.A. für die Vorzugsaktien der Spar Handels-AG im Jahr 2001, das Übernahmeangebot von American Standard für die JADO Design Armaturen und Beschläge AG Anfang 2003 und das Übernahmeangebot der Maho AG für die Friedrich Deckel AG im Jahr 1993.

[1215] Wiederkehrende Ausgleichszahlung im Sinne von § 304 Abs. 1 AktG.

[1216] In der Regel waren die Garantiedividenden für Vorzugsaktien höher, jedoch die Abfindungsangebote für Stammaktien. So hatte 1998 ein amerikanischer Bieter für Aktien der Allweiler AG 525 DM pro Stammaktie und 386 DM pro Vorzugsaktie geboten und dies bei Abschluss eines Beherrschungs- und Gewinnabführungsvertrages im Jahr 2000 auf 949 DM bzw. 698 DM angehoben; die Garantiedividende betrug 35 DM je Stamm- und 36 DM je Vorzugsaktie.

onären ein gleich hohes Angebot oder Umtauschverhältnis wie den Stammaktionären zu unterbreiten.

– Ein Angebot für Vorzugsaktien ist auch im Fall einer beabsichtigten *Verschmelzung* oder eines beabsichtigten *Rechtsformwechsels*, z. B. in eine GmbH, sinnvoll.[1217] Auch dies muss nicht zwingend in Höhe des Stammaktienkurses erfolgen.

Insgesamt ist für den deutschen Aktienmarkt also auch schon vor 1995 erklärbar, dass Streubesitzaktionären in Übernahmesituationen eine Prämie auf den Börsenkurs geboten wird und dass diese Prämie für Stammaktien höher als für Vorzugsaktien ausfallen kann. Da auch vor 1995 regelmäßig Übernahmen (wenn auch ohne feindliche Übernahmeangebote) stattfanden, rechtfertigt die Spekulation der freien Stammaktionäre, bei einer solchen Übernahme eine höhere Abfindung zu erzielen auch einen höheren Kurs für Stammaktien.

4.2.2   Auswirkungen von Private Benefits und Agency-Kosten auf den Stimmrechtswert

Das Stimmrecht ist die einzige Möglichkeit eines Aktionärs, über die weder gesetzlich noch statutarisch geregelten Sachverhalte direkt oder indirekt (durch Wahl von Aufsichtsräten) mitzuentscheiden und auf die Geschicke der Gesellschaft sowie ggf. auf die Satzung selbst Einfluss zu nehmen. Ob auch das Stimmrecht der freien Stammaktionäre einen Wert hat, dürfte nach den vorstehenden Erwägungen maßgeblich von der Wahrscheinlichkeit eines Übernahmewettbewerbs (vgl. Abschnitt 4.2.3) oder jedenfalls eines Blockverkaufs und von den in diesen Fällen erwarteten extrahierbaren privaten Vorteilen (Private Benefits) von Aktionären (vgl. Abschnitt 4.2.2.2 ff.) sowie von den durch das Management verursachten Agency-Kosten (vgl. Abschnitt 4.2.2.1) einschließlich der dem Management gewährten oder von diesem gezogenen Sondervorteilen abhängen. Dies gilt zumindest dann, wenn ein rationales Handeln der Aktionäre unterstellt wird.[1218]

[1217] Beispiele sind das Übernahmeangebot an die Aktionäre der Steinbeis Temming AG im Jahr 2000 im Rahmen eines Management Buy-outs und die Verschmelzung der B.U.S. Berzelius Umwelt-Service AG auf die NORDAG in den Jahren 2002/2003.

[1218] Gibt man die Rationalitätsannahme auf, so wäre eine Erklärung, dass Streubesitzaktionäre unrealistische Erwartungen über die durch die Übernahme durch einen Blockaktionär erzielbaren Cashflows oder die für ihn erzielbaren Private Benefits oder die Agency-Kosten haben. Eine weitere Erklärung für einen Wert des Stimmrechts außerhalb der Rationalitätsannahme wäre,

4.2.2.1 Einfluss von Agency-Kosten

Die Möglichkeiten einer Unternehmensleitung, aus ihrer beruflichen Stellung Vorteile zu eigenen Gunsten zu generieren, ist eine Folge der Verselbstständigung der Unternehmensleitung von den Eigentümern der Aktiengesellschaften. Historisch gesehen ist dies die zwangsläufige Folge der Zersplitterung des Anteilsbesitzes auf viele (Klein-)Aktionäre nach dem Ausstieg der ursprünglichen Gründer, der Entwicklung von Gründerfamilien zu großen Familienstämmen über viele Generationen hinweg und das ggf. das Desinteresse der Erben zur Fortführung des Unternehmens, der aufgrund begrenzter Ressourcen der Gründerfamilien bestehenden Notwendigkeit externer Kapitalbeschaffung sowie auch des häufig nur indirekten Aktienbesitzes durch Anlage von Vermögen bei Kapitalsammelstellen wie Versicherungen, Investmentfonds und Pensionskassen. Nur durch diese Trennung können die Koordinationskosten der Eigentümer so weit gesenkt werden, dass ein effizientes Wirtschaften der gemeinsamen Gesellschaft selbst bei breitem Anteilseignerkreis („Publikumsgesellschaften") möglich ist. Außerdem wird letztlich erst durch diese Verselbstständigung eine leichte Handelbarkeit der Gesellschaftsanteile (Aktien) ermöglicht.[1219] Zwar haben die Aktionäre noch immer die endgültige Macht zur Einsetzung oder Absetzung eines Vorstandes; das Stimmrecht hat bei diversifiziertem Anteilseignerkreis aber letztlich oft nur noch den Charakter einer „Zeremonie" und bedeutet „nur wenig mehr als das Recht, eine sehr seltene Revolution zu entfesseln."[1220] Der Aktionärseinfluss kann zudem durch die Kooperation von Entscheidungsträgern (Vorstand) und Kontrollträgern (Aufsichtsrat) bzw. eine „Nichteinmischung" des Aufsichtsrates beschränkt werden.[1221] Daraus resultieren einige wichtige Agency-Probleme aus Sicht der außenstehenden Aktionäre:

---

dass Aktionäre dem Stimmrecht an sich einen Wert als „Statussymbol" beimessen, da sie nur damit berechtigt dazu sind und das Gefühl haben, auf wichtige Fragen der Gesellschaft Einfluss nehmen zu können, auch wenn ihre Stimme tatsächlich keinen Einfluss hat oder sie den Einfluss zumindest überschätzen. Nach den experimentellen Ergebnissen von Dittmann et al. (2009) kann der Wert des Stimmrechts allerdings rational nicht erklärt werden, siehe Abschnitt 4.2.4.

[1219] Vgl. auch Schmidt (1981), S. 199 f.

[1220] So Berle (1967), S. 54. Berle sieht die Wirkung der Trennung der Unternehmensherrschaft von den Kleinaktionären vergleichbar mit einer kommunistischen Ordnung, bei der die Produktionsmittel dem „Volk" gehören. Ähnlich hierzu kommt den Kleinaktionären nur noch eine passivempfangende Stellung ohne Einflussmöglichkeit zu, vgl. a. a. O., S. 65. Diese Sichtweise blendet allerdings die Legitimation des Managements und die Möglichkeit zur Abberufung des Managements aus.

[1221] So Iber (1987) S. 85.

- In Deutschland haben Vorstand und Aufsichtsrat grundsätzlich die rechtliche Möglichkeit, die Hälfte des Jahresüberschusses durch *Thesaurierung* (Einstellung in „andere Gewinnrücklagen" gem. § 58 Abs. 2 AktG) den Aktionären insofern vorzuenthalten, als in dieser Höhe keine Ausschüttung erfolgt. Dies können Aktionäre nur durch satzungsändernden Hauptversammlungsbeschluss verhindern.[1222]

- Als Folge der Trennung von Eigentum und Unternehmensleitung besteht eine *Informationsasymmetrie* zwischen außenstehendem Aktionär und Management. Li/Zaiats (2017) stellen in einer großen Studie von über 12.000 Unternehmen aus 19 Ländern[1223] fest, dass für Dual-Class-Unternehmen im Vergleich zu Single-Class-Unternehmen ein höheres Maß an Informationsasymmetrie zwischen Management/Großaktionär und anderen Aktionären besteht und dass sie in größerem Umfang den Gewinn durch Nutzung von Rückstellungen und die Abschreibungspolitik manipulieren.[1224]

- Das Management kann nicht nur die Unternehmenspolitik gestalten, sondern im Rahmen der gesetzlichen Schranken auch ohne Veruntreuung von Gesellschaftsmitteln im rechtlichen Sinn in gewissem Rahmen private materielle und immaterielle *Vorteile und Vergünstigungen (sog. „Perquisites")* – ähnlich den Private Benefits für einen Großaktionäre – für sich ableiten, etwa eine luxuriöse Büroausstattung, Luxus-Dienstwagen und die Nutzung von Gesellschaftsressourcen für private Zwecke.[1225] In nicht-pekuniärer Hinsicht ist auf den aus einer Vorstandstätigkeit resultierenden Sozialstatus und das damit verbundene gesellschaftliche Ansehen hinzuweisen.

[1222] Gem. § 58 Abs. 1 AktG kann in der Satzung festgelegt werden, dass die Hauptversammlung den Jahresabschluss feststellt. Gemäß Abs. 2 kann bei Feststellung des Jahresabschluss durch Vorstand und Aufsichtsrat die Satzung die Ermächtigung zur Bildung von anderen Gewinnrücklagen auch auf einen geringeren Anteil als 50 % beschränken.

[1223] Die Studie umfasst 76.877 Beobachtungen (Kombinationen Unternehmen/Jahr) für Single-Class-Unternehmen und 3.976 Beobachtungen von Dual-Class-Unternehmen (davon jeweils rd. 8 % aus Deutschland). Untersuchungszeitraum 1994-2010.

[1224] Dies zeigt sich für verschiedene Maße für die Informationsasymmetrien (u. a. für den prozentualen Bid-Ask-Spread sowie die Streuung und Prognosegüte von Analysten-Prognosen) sowie für das „Earnings Management" (u. a. „Earnings Smoothing" als Verhältnis der Standardabweichungen von operativem Einkommen und operativem Cashflow, Korrelationskoeffizient zwischen Veränderung von Rückstellungen und operativem Cashflow), vgl. Li/Zaiats (2017), S. 9.

[1225] Manche (aber bei Weitem nicht alle) Perquisites werden faktisch zum Teil durch die Allgemeinheit finanziert: Sofern sie einkommensteuerfrei sind, steht der Körperschaftsteuerersparnis für die Gesellschaft keine Einkommensteuererhöhung gegenüber.

–   Nach empirischen Untersuchungen erhält das Management in Unternehmen mit konzentriertem Anteilsbesitz und *in Dual-Class-Unternehmen eine überdurchschnittliche Vergütung.* So hat Tinaikar (2012) für 210 US-amerikanische Dual-Class-Unternehmen festgestellt, dass deren Manager im Mittel 154.000 US-Dollar mehr als die Manager in ähnlich großen und profitablen Vergleichsunternehmen derselben Branche mit Single-Class-Struktur verdienen.[1226] Amoako-Adu/Baulkaran/Smith (2011) stellen auch für an der Börse in Toronto notierte kanadische Familienunternehmen mit Dual-Class-Struktur signifikant höhere Vorstandsvergütungen als bei vergleichbaren Single-Class-Familienunternehmen mit konzentriertem Anteilsbesitz fest.[1227]

–   Jedenfalls in US-amerikanischen Dual-Class-Unternehmen scheint das *Management eine längere Amtsdauer* zu haben: So stellt Baulkaran (2014) für den Zeitraum 2001-2007 fest, dass die CEOs in Dual-Class-Unternehmen im Mittel (branchenbereinigt) 5,3 Jahre länger im Amt sind als in vergleichbaren Single-Class-Unternehmen. Bei Unternehmen mit unterdurchschnittlicher Gesamtkapitalrentabilität im Vergleich zum Branchendurchschnitt sind die CEOs im Mittel sogar 8,6 Jahre länger im Amt.[1228]

–   In den USA haben McGuire/Wang/Wilson (2014) festgestellt, dass Dual-Class-Unternehmen in *geringerem Umfang Steuervermeidungsaktivitäten* betreiben als vergleichbare Single-Class-Unternehmen.[1229] Die finanziellen Konsequenzen solcher Agency-Probleme treffen letztlich die Aktionäre.

[1226]   Vgl. Tinaikar (2012), S. 394. Der Autor analysierte die Geschäftsjahre 2000 und 2001; die Differenz ist auf einem Konfidenzniveau von 95 % signifikant. Er stellt zudem fest, dass auch die Publizität über die Vergütung des Management im Hinblick auf Peer-Vergleiche, Zielbonus und Bonussystem signifikant schlechter als in Vergleichsunternehmen ist, vgl. a. a. O, S. 399. Auch dies deutet auf kollusives Verhalten von Management und Mehrheitsaktionär hin.

[1227]   Die mittlere Differenz beträgt 430.000 Kanadische Dollar (Median 160.000 kanadische Dollar), wobei innerhalb des Managements Familienangehörige eine höhere Gesamtvergütung als andere Vorstandsmitglieder erhielten; die höhere Gesamtvergütung resultiert aus höheren Boni und Aktienoptionen; vgl. Amoako-Adu/Baulkaran/Smith (2011), S. 1585, 1592. Die Studie bezieht sich auf 700 Beobachtungen (Kombinationen aus Unternehmen und Jahren) von im Jahresdurchschnitt 1998 bis 2006 70 Unternehmen.

[1228]   Vgl. Baulkaran (2014), S. 75 f. und S. 80. Die Studie umfasst 792 Beobachtungen (Kombinationen von Unternehmen und Jahr).

[1229]   Vgl. McGuire/Wang/Wilson (2014), S. 1488, 1512. Nach den empirischen Ergebnissen der Autoren auf Basis von 1.857 Beobachtungen (Kombinationen von Unternehmen und Jahren) im Zeitraum 1995 bis 2002 ist dies durch einen fehlenden Anreiz des Managements zu Steuervermeidungspraktiken zu erklären, da das Management in Dual-Class-Unternehmen in geringerem Maße von einem Job-Verlust bedroht sei als in Single-Class-Unternehmen. Außenstehende Aktionäre könnten die Durchführung solcher Aktivitäten bei infolge einer Dual-Class-Struktur „ver-

Insbesondere die längere Amtsdauer trotz unterdurchschnittlicher Rentabilität ist ein deutliches Zeichen für die bessere Möglichkeit zur „Verschanzung" des Managements in Dual-Class-Unternehmen. Die Ausgaben und Opportunitätskosten der Gesellschaft für solche Effekte – und auch die Kosten für das Monitoring, d. h. die Überwachung des Managements – fallen den Aktionären anheim. Das Prinzipal-Agenten-Problem erwächst daraus, dass die Kapitalgeber das beschriebene Handeln des Managements nicht vollständig bzw. jedenfalls nicht kostenlos überwachen können und dass zudem die Interessen der Kapitalgeber und des Managements nicht identisch sind. Diese Effekte sollten das Risiko der Streubesitzaktien erhöhen und sich folglich in einer niedrigeren Bewertung im Vergleich zu vergleichbaren Single-Class-Unternehmen niederschlagen.

Während es den Aktionären in aller Regel vorrangig auf Renditeziele ankommt, stehen für Manager nach Vogl-Mühlhaus (1998) neben der Rendite der Investoren die eigene Vergütung, der Freizeitkonsum und der Konsum von Perquisites im Vordergrund.[1230] In gewissen Grenzen werden Aktionäre solche Ausgaben aber tolerieren, da mit ihnen eine Anreizwirkung für das Management im Hinblick auf die Erfüllung der Renditeziele der Aktionäre verbunden sein kann. Insbesondere bei konzentriertem Anteilsbesitz werden die Blockaktionäre ein solches Verhalten eher in Kauf nehmen, wenn/da sie durch ihre Private Benefits im Gegensatz zu Streubesitzaktionären überproportional am wirtschaftlichen Ertrag des Unternehmens profitieren.

Engelen (2015) kommt bei einer Untersuchung von 149 Unternehmen, die zwischen 2006 und 2010 an der Frankfurter Wertpapierbörse im HDAX oder SDAX notiert waren, allerdings zu dem Ergebnis, dass in Unternehmen, bei denen Familien, Banken oder strategische Investoren Aktienpakete halten („traditionell einflussreiche Gruppen"), die Agency-Kosten geringer sind als bei Gesellschaften mit anderen Blockaktionären.[1231] Der Autor erklärt dies damit, dass bei anderen Blockaktionären das Management über größere Freiheiten verfügt und durch

---

schanzterem" Management schwerer kontrollieren und erst recht nicht das Management dazu anhalten.

[1230] Vgl. Vogl-Mühlhaus (1998), S. 15.

[1231] Vgl. Engelen (2015), S. 953 f. Die Studie betrachtet höhere Agency-Kosten in Form von niedrigerem Kapitalumschlag (wegen ineffizienter Nutzung der Ressourcen und Risikoaversion des Managements), höherer M&A-Aktivität (Maximierung der kontrollierten Ressourcen als Ziel eines sich selbst überschätzenden Managements und Zahlung zu hoher Kaufpreise bei übermäßiger Akquisitionstätigkeit) und einem zu hohem Niveau diskretionärer Ausgaben, gemessen als normierte Differenz zwischen Gesamtkosten und Herstellkosten der Produkte (als Indikator für Perquisites, unzureichender Kostenkontrolle, zu hohen Overhead-Kosten); vgl. a. a. O., S. 937 f.

das Vorhandensein eines Blockaktionärs gleichzeitig vor einer effektiveren Überwachung durch Streubesitzaktionäre abgeschirmt wird.[1232]

In jedem Fall werden die Aktionäre berücksichtigen, dass nur bei Gewährung bestimmter „Benefits" im Bedarfsfall „Manager" von anderen Unternehmen für die Gesellschaft gewonnen werden können.[1233] Zudem sollte ein funktionsfähiger Markt für Unternehmensbeherrschung disziplinierend auf ein bestehendes Management wirken, da das Management bereits im Fall eines potenziellen Eintritts eines (anderen) Mehrheitsaktionärs mit dem Austausch gegen ein konkurrierendes Management rechnen muss, das weniger Sondervorteile extrahiert und damit den ineffizienten Einsatz von Ressourcen vermindert. Ein probates Mittel, die Interessen von Management und Aktionären stärker in Einklang zu bringen, ist eine geeignete Kopplung der Management-Vergütung an die Entwicklung der Aktienkurse. In diesem Fall kann der Anreiz zur Steigerung des Unternehmenswertes größer sein als das Bedürfnis nach Perquisites,[1234] wodurch die Interessen der außenstehenden Aktionäre besser vertreten und Agency-Kosten sinken.

Agency-Kosten treffen über einen verminderten Unternehmenswert im Wesentlichen alle Streubesitzaktionäre. Eine Auswirkung auf den Kursunterschied zwischen den börsengehandelten Stamm- und Vorzugsaktien lässt sich daher aus den vorstehenden Überlegungen kaum ableiten. Allenfalls ist der indirekte Effekt zu nennen, dass bei einem aufgrund von Agency-Kosten geringeren Bilanzgewinn ein Dividendenvorzug – jedenfalls eine betragsmäßig konstante Mehrdividende – relativ gesehen einen größeren Vorteil für die Inhaber der Vorzugaktien hat und daher tendenziell einen geringeren Kursaufschlag der Stammaktien nach sich ziehen sollte.

4.2.2.2 *Extrahierung privater Vermögensvorteile und Unternehmenswert*

Für den Unternehmenswert dürften im Vergleich zu den Agency-Kosten solche privaten Vermögensvorteile größere Konsequenzen haben, die ein Mehrheitsaktionär bzw. eine Mehrheitskoalition von Aktionären – ggf. unter Mithilfe eines

---

[1232] Vgl. a. a. O., S. 945.

[1233] Daraus ergibt sich die Notwendigkeit, die Anreiz- (d. h. insbesondere die Vergütungs-)Systeme für das Management so auszugestalten, dass diese die Ziele der Prinzipale umfassen. Selbst bei einer Bindung der Vergütung an den Aktienkurs wird aber der rationale Manager solange Perquisites konsumieren, wie deren Grenznutzen über seinen Grenzkosten des Konsums (in Form einer Verminderung des Unternehmenswertes und damit des Aktienkurses durch Perquisites-Konsum) liegt. Vgl. hierzu Hartmann-Wendels/v. Hinten (1989), S. 269.

[1234] So Jensen/Meckling (1976), S. 313.

von ihm/ihr installierten Managements – erzielen kann, die also „nicht die regulären Verteilungsmechanismen des Aktienrechts durchlaufen, sondern an diesen vorbeigeschleust werden."[1235] Hierzu zählen insbesondere Vermögensverschiebungen zu anderen Unternehmen des Mehrheitsaktionärs (z. B. durch Berechnung von Leistungen zwischen Konzerngesellschaften zu vom Marktpreis abweichenden Verrechnungspreisen). Ein Mehrheitsaktionär ist tendenziell an einem großen Ausmaß von Private Benefits interessiert, da ihm der Nutzen vollständig allein zufließt, während an den Kosten und Opportunitätskosten (z. B. in Form von Dividendeneinbußen) alle Aktionäre beteiligt werden.[1236, 1237]

Die empirische Evidenz zu den Auswirkungen einer Dual-Class-Struktur auf den Unternehmenswert ist ambivalent. Es ist nicht eindeutig belegt, welcher Effekt einer konzentrierten Anteilseignerstruktur überwiegt: der „Expropriation Effect" – d. h. die negative Wirkung der Entnahme von Private Benefits auf die anderen Aktionäre – oder der „Substitution Effect" – die bessere Kontrolle des Managements durch einen Großaktionär mit zunehmendem Anteilsbesitz, die letztlich im Interesse aller Aktionäre liegen kann.[1238] Edwards/Weichenrieder (2004) kommen jedenfalls für den deutschen Kapitalmarkt zu der Schlussfolgerung, dass die Präsenz eines großen Aktionärs „nicht schädlich" für Kleinaktionäre ist, da der Effekt der Interessengleichheit mit zunehmenden Cashflow-Rechten größer ist als die Extrahierung von Private Benefits infolge größerer Kontrollrechte.[1239] Jog/Zhu/Dutta (2010) stellen für den kanadischen Aktienmarkt keine

---

[1235] So Wenger/Hecker (2004), S. 266.

[1236] Vgl. Vogl-Mühlhaus (1998), S. 3 und S. 59.

[1237] Im Einzelfall ist eine Abgrenzung von Private Benefits aber schwierig, wie man am Beispiel der Unterstützung von gemeinnützigen Stiftungen wie der „BASF Stiftung" oder der „BMW Foundation Herbert Quandt" erkennt: Zwar kommen die hierfür von den Gesellschaften netto aufgewandten Mittel nicht dem eigentlichen Gesellschaftszweck zugute, sondern fördern eher die Interessen bzw. das Ansehen von Eigentümerfamilien – sie sind daher tendenziell Private Benefits. Jedoch können die mildtätigen oder gesellschaftlich relevanten Stiftungsvorhaben eine sehr positive Reputationswirkung auch auf die Gesellschaft haben und somit die für Streubesitzaktionäre bei Betrachtung nur der direkten Aufwendungen zunächst negativ erscheinende Wirkung kompensieren oder abmildern.

[1238] Siehe u. a. Bozec/Bozec (2007), S. 183 f. Aus Sicht der Autoren soll der Begriff „Substitution" verdeutlichen, dass ein hoher Stimmrechtsanteil eines Aktionärs ein Substitut für andere Mechanismen zur Kontrolle des Managements ist.

[1239] Die Autoren analysieren 97 deutsche Aktiengesellschaften im Jahr 1992 und kommen zu dem Ergebnis, dass zwar mit zunehmenden Kontrollrechten des größten Aktionärs das MW/BW-Verhältnis des Eigenkapitals signifikant sinkt, dass jedoch mit zunehmenden Cashflow-Rechten des größten Aktionärs das MW/BW-Verhältnis steigt, und zwar betragsmäßig in stärkerem Ausmaß. Die Ergebnisse gelten für verschiedene Typen des größten Aktionärs (Privatperson, Bank, Nichtbank, Ausländer) mit Ausnahme der öffentlichen Hand als größtem Aktionär (in diesem Fall in

signifikanten Unterschiede zwischen Unternehmen mit und ohne Stimmrechts-differenzierungen im Hinblick auf deren Unternehmenswert (gemessen als To-bins Q), Gesamtkapitalrentabilität (RoA), Aktienrendite sowie Überrendite bei Ankündigung von M&A-Transaktionen fest.[1240] Für US-amerikanische Unter-nehmen ergibt sich dagegen in der erwähnten Studie von Baulkaran (2014), dass das Tobins Q für Dual-Class-Unternehmen im Mittel (signifikant) um 8,8 % unter dem Tobins Q vergleichbarer Single-Class-Unternehmen mit konzentrier-tem Anteilsbesitz liegt.[1241] Der Autor führt dies auf stärkere „Verschanzung" des Managements zurück; mit zunehmendem „Entrenchment" sinke Tobins Q.[1242]

Für schweizerische Dual-Class-Unternehmen stellt Nüesch (2016) bei einer Ana-lyse von 132 Unternehmen im Zeitraum 1990 bis 1999 (davon bei 32 % der Be-obachtungen mit stimmrechtslosen Partizipationsscheinen) keinen signifikanten Einfluss einer Dual-Class-Struktur auf Tobins Q oder die Gesamtkapitalrenta-bilität fest. Seine nähere Analyse zeigt aber, dass eine Dual-Class-Struktur die Rentabilität signifikant verbessert, wenn externer Kapitalbedarf besteht, und signifikant verschlechtert, wenn kein externer Kapitalbedarf besteht.[1243] Nach der Interpretation der Autoren würden sich die positiven und negativen Effekte einer Dual-Class-Struktur über alle untersuchten Unternehmen hinweg grundsätzlich neutralisieren. Wenn kein externer Kapitalbedarf besteht, bestünde ein größeres Ermessen der „Insider" zur Extraktion von Private Benefits und weniger Kon-trolle, während bei vorhandenem externen Kapitalbedarf aufgrund profitabler In-vestitionsmöglichkeiten eine größere Marktdisziplin bestünde, die auch Agency-Konflikte vermindert; dies wirke sich letztlich positiv auf die Rentabilität aus. Es sei denkbar, dass eine Gesellschaft mithilfe eines Mehrheitsaktionärs in gewinn-bringende Anlagemöglichkeiten investieren kann, zu denen sie ansonsten keinen Zugang hätte, z. B. wegen der Erzielung von Synergieeffekten innerhalb eines

---

beiderlei Hinsicht keine Signifikanz). Vgl. a. a. O., S. 158 und 165. Die Untersuchung beinhaltet auch Dual-Class-Unternehmen, betrachtet diese aber nicht separat.

[1240] Die Autoren erklären dies mit dem hohen Standard des Schutzes von Minderheitsaktionären in Kanada und dem Bestreben von Großaktionären und insbesondere Gründerfamilien, ihre Reputa-tion nicht zu gefährden. Vgl. a. a. O., S. 432-434.

[1241] Vgl. Baulkaran (2014), S. 75 und S. 80.

[1242] Die zeigt sich in Regressionen mit signifikanten Ergebnissen für verschiedene Entrenchment-Maße (u. a. Differenz der Amtsdauer des CEO bzw. der „Direktoren" zu den Werten bei Ver-gleichsunternehmen bzw. zum Branchendurchschnitt), vgl. Baulkaran (2014), S. 75.

[1243] Vgl. Nüesch (2016), S. 541. Der externe Kapitalbedarf wird gemessen als Differenz aus der tatsächlichen Wachstumsrate der Bilanzsumme und der nachhaltig (bei konstanter Verschul-dungsquote) erzielbaren Wachstumsrate. Bei positiver Differenz ist externes Kapital erforderlich, bei negativer Differenz sind die Innenfinanzierungsmöglichkeiten größer als der Kapitalbedarf; vgl. a. a. O., S. 11.

Konzerns des Mehrheitsaktionärs.[1244] Insofern können bei Vorhandensein eines Mehrheitsaktionärs Effizienzgewinne entstehen, die allen Aktionären zugute kommen; schnell wachsende Unternehmen könnten also von einer Dual-Class-Struktur und der damit i. d. R. einhergehenden stabilen Aktionärsstruktur insgesamt profitieren.[1245, 1246]

Auch die hier dargestellten Auswirkungen einer Dual-Class-Struktur auf den Unternehmenswert betreffen unmittelbar alle Streubesitzaktionäre. Allerdings können mit Dual-Class-Strukturen Paket- und Mehrheitsaktionäre länger ihre Machtposition sichern und haben somit eine bessere und tendenziell für einen längeren Zeitraum bestehende Möglichkeit, zur Generierung und Nutzung von Private Benefits. Deren Umfang dürfte sich allerdings in deutlich stärkerem Maße als Agency-Kosten auf einen Kursunterschied zwischen Stamm- und Vorzugsaktien auswirken, da im Fall einer Unternehmensübernahme die Private Benefits des bisherigen Mehrheitsgesellschafters zumindest anteilig enthüllt werden müssen und die Vorzugsaktionäre mangels Stimmrecht für einen Übernehmer weniger interessant sind und in geringerem Umfang als Stammaktien (im Wege der Höhe des Übernahmeangebots) an den Private Benefits partizipieren.

Zwar sind die pekuniären und die nicht-pekuniären Vermögensvorteile in unterschiedlichem Ausmaß auf einen potenziellen Übernehmer übertragbar bzw. für ihn von Nutzen und insbesondere haben einige Vermögensvorteile keinen Wert für einen Erwerber (z. B. die Möglichkeit der Anstellung von Mitgliedern der bisherigen Eigentümerfamilie). Jedoch fließt die individuelle Bewertung der Private Benefits für bzw. durch *den bisherigen Eigentümer* in dessen Reservations-

---

[1244] Eine in diesem Sinne höhere Attraktivität der Gesellschaft für potenzielle Bieter erhöht im Übrigen zugleich die Übernahmewahrscheinlichkeit für die Gesellschaft vgl. hierzu Abschnitt 4.2.3.

[1245] So auch Nüesch (2016), S. 22.

[1246] Doerks (1992) weist in vergleichbarer Weise darauf hin, dass das Management bestrebt sein könnte, einen Free Cashflow auch bei fehlenden Anlagemöglichkeiten nicht auszuschütten, sondern im Unternehmen zu belassen und bestenfalls Finanzanlagen (mit Kapitalwert null) zu tätigen, da häufig die Vergütung des Managements auch von der Bilanzsumme abhänge oder jedenfalls damals abhing. Bei Vorhandensein eines Mehrheitsaktionärs und bei einem funktionsfähigen Markt für Unternehmensbeherrschung werde diese Art der Agency-(Opportunitäts-)Kosten vermindert; vgl. a. a. O, S. 81 f. Bei der empirischen Untersuchung des univariaten, unternehmensbezogenen Zusammenhangs zwischen Stimmrechtsprämie und Proxy-Variablen für den Free Cashflow (Liquiditätsgrade, Working Capital) ergaben sich zwar signifikante Regressionskoeffizienten, die jedoch je nach verwendeter Kennzahl und Unternehmung unterschiedliche Vorzeichen aufwiesen (vgl. a. a. O., S. 130 f.). Auf dieser Basis kann – jedenfalls auf Basis des Samples – nicht von einem sicheren Zusammenhang zwischen Free Cashflows und Stimmrechtsprämie ausgegangen werden.

preis ein, den folglich ein Übernahmeinteressent überbieten muss.[1247] Insofern wird bei einer Übernahme (Rationalität vorausgesetzt) der maximale Wert, den die nicht transferierbaren Private Benefits für den bisherigen Eigentümer hatten, deutlich; der Wert der Private Benefits für den Erwerbers allerdings nicht in voller Höhe: Die Differenz teilen sich bisheriger Eigentümer und Erwerber nach Verhandlungsstärke auf.

Grundsätzlich haben Vorzugsaktionäre wegen der Gefahr der übermäßigen Extraktion von Private Benefits einen Anreiz, einen höheren Aufwand für das Monitoring zu betreiben. Dies werden sie allerdings nur so lange tun, wie der Grenznutzen der Überwachung über den Grenzkosten des Monitorings liegt. Daher werden Mehrheitsaktionär und Management bestrebt sein, die Vorzugsaktionäre jedenfalls in einem gewissen Umfang angemessen zu informieren, damit diese sich nicht wegen zu hoher Kosten des Monitorings aus dem Markt zurückziehen. Im Gegenzug akzeptieren Vorzugsaktionäre in Grenzen auch die Abgeltung des Monitorings des Managements durch Paketaktionäre durch Private Benefits. Sofern sich Kleinaktionäre mit Vorzugsaktien aber als Aktionäre dritter Klasse fühlen müssten, würden sie sich mit Eigenkapital allenfalls noch in Stammaktien engagieren.[1248] Dies würde letztlich eine künftige Finanzierung über Vorzugsaktien erschweren oder gar unmöglich machen.

4.2.2.3 Einfluss der Konzentration der Aktionärsstruktur

Insgesamt dürfte die Aktionärsstruktur einen maßgeblichen Einfluss auf die Höhe der Private Benefits und auch auf die Höhe der Agency-Kosten haben, sowohl im Hinblick auf die Konzentration also auch im Hinblick auf die Art der Blockaktionäre (siehe hierzu Abschnitt 4.2.2.4). Für die drei Fälle einer niedrigen, mittleren oder hohen Konzentration des Anteilsbesitzes ergeben sich folgende Überlegungen:[1249]

– Sofern eine Gesellschaft über einen breit gestreuten Aktionärskreis verfügt (d. h. wenn eine *niedrige Konzentration* des Anteilsbesitzes vorliegt), ist eine Kontrolle des Managements durch Aktionäre schwerer möglich, als wenn ein großer Teil der Stimmrechte in der Hand eines oder mehrerer Aktionäre liegt. Insofern ist von einem hohen Niveau an Perquisites des Managements, also auch hohen Agency-Kosten, auszugehen, die jedoch grundsätzlich bei-

---

[1247] So Ehrhardt/Nowak (2002), S. 9.
[1248] So auch Reckinger (1983), S. 221.
[1249] Diese fließen unter Berücksichtigung der Übernahmewahrscheinlichkeit in die Ableitung von Hypothesen im folgenden Abschnitt 4.2.3 ein.

de Aktiengattungen betreffen. Wenn kein Aktionär über größere Aktienpakete verfügt, dürfte der Unternehmenswert dagegen nicht durch Vermögensverschiebungen zugunsten einzelner Stammaktionäre vermindert werden.

- Allerdings ist bzw. war (vorrangig im 20. Jahrhundert) bei Publikumsgesellschaften der Einfluss von Banken durch Nutzung des Depotstimmrechts zu beachten, das den beteiligten Banken zusammen gerechnet nicht selten eine Stimmenmehrheit verschafft bzw. verschafft hat.[1250] Die Banken haben selbst aber keinen Anreiz, die Unternehmenssubstanz durch Entnahme von Private Benefits zu schwächen, da sie häufig zugleich als Kreditgeber fungieren.[1251] Zwar könnte auch ein über Marktkonditionen angesetzter Zins als Private Benefit der Bank angesehen werden, jedoch sollte dies in einem sehr wettbewerblichen Bankenmarkt wie in Deutschland selten durchsetzbar sein.

- In Dual-Class-Unternehmen mit *mittlerer Konzentration* des Stammaktienkapitals (d. h. im Falle mehrerer Blockaktionäre, aber ohne Mehrheitsaktionär) dürfte eine bessere Kontrolle des Managements möglich sein: Der Vorstand wird im eigenen Interesse häufiger Absprachen mit Blockaktionären treffen bzw. diese über ihre Vertreter im Aufsichtsrat besser informieren und ihnen auch Rechenschaft ablegen müssen. Daher dürfte das Management nicht notwendige Ausgaben zu Lasten der Aktionäre nur in geringerem Ausmaß tätigen, was sich c. p. positiv auf die Aktienkurse von Stamm- und Vorzugsaktien auswirken sollte. Bei isolierter Betrachtung führt dies tendenziell zu einer Reduzierung des Kursaufschlags der Stammaktien, wenn man unterstellt, dass die aufgrund der besseren Kontrolle vom Management nicht „abgezweigten" Mittel den Stamm- und Vorzugsaktionären gleichermaßen (im Verhältnis ihrer Grundkapitalanteile) zugutekommen.[1252] Zugleich würde sich auch das Ausmaß der von Blockaktionären erzielbaren Private Bene-

---

[1250] Baums/Fraune (1995), S. 103, kamen zu dem Ergebnis, dass von den 24 größten deutschen Aktiengesellschaften in Streubesitz die Banken inklusive des Depotstimmrechts in 20 Fällen über eine Stimmenmehrheit und in 18 Fällen sogar über eine 75 %-Mehrheit verfügten.

[1251] Dass der Kapitalmarkt jedenfalls diese Erwartung hat, spiegelt sich auch im empirisch ermittelten Kursaufschlag von Stammaktien gegenüber Vorzugsaktien wider: Der Kursaufschlag ist in der Studie von Daske/Ehrhardt (2002a), S. 194, geringer, wenn der größte Aktionär einer Gesellschaft eine Bank ist; der Median des Kursaufschlags betrug in diesem Fall 4,8 % im Vergleich zu 14,2 % in dem Fall, dass das größte Aktienpaket in Familienbesitz ist.

[1252] Wird im Zähler und Nenner eines Kursverhältnisses $K_S/K_V > 1$ ein konstanter Wert addiert, verringert sich der Quotient: Wird konkret der zusätzliche Cashflow pro Aktie als $CF > 0$ bezeichnet, gilt $(K_S+CF)/(K_V+CF) < K_S/K_V$. Haben Private Benefits ein geringes Ausmaß, können Agency-Kosten relativ gesehen eher einen Einfluss auf den Kursunterschied haben.

fits in Grenzen halten, wenn diese nicht über eine Mehrheit verfügen und nicht einseitig unternehmenspolitische Entscheidungen durchsetzen können.

– Sofern der Anteilsbesitz *stark konzentriert* ist, wenn also ein Aktionär oder eine Aktionärsgruppe über eine Stimmenmehrheit oder gar einen beherrschenden Einfluss verfügt, dürfte das Management vor allem im Interesse des Mehrheitsaktionärs handeln und ihm damit bei der Generierung von Private Benefits zulasten der Kleinaktionäre behilflich sein. Zum einen dürften in diesem Fall die Private Benefits zugunsten des Mehrheitsaktionärs einen großen Umfang annehmen und im Übrigen mit der Höhe des Free Cashflows ansteigen,[1253] z. B. durch vergleichsweise geringe Ausschüttungen.[1254] Zum anderen hat der Mehrheitsaktionär kein Interesse an einer Abwanderung eines in seinem Interesse handelnden Managements und wird dieses für seine Kooperation überdurchschnittlich und auch durch nichtmonetäre Anreize entlohnen, was aus Sicht der Streubesitzaktionäre höhere Agency-Kosten nach sich zieht.[1255] Der Umfang der Belastungen der Unternehmenssubstanz wird daher bei konzentriertem Anteilsbesitz hoch sein und mit steigendem Anteil des Mehrheitsaktionärs ansteigen (weil z. B. bei einer Stimmenmehrheit von über 75 % i. d. R. auch Satzungsänderungen im eigenen Interesse durchgesetzt werden können). Da am Kapitalmarkt nicht die Aktien der Großaktionäre, sondern die des Streubesitzes gehandelt werden, dürfte sich dies negativ in den Aktienkursen niederschlagen, und zwar in stärkerem Maße bei den im Fall einer Übernahme durch einen anderen Großaktionär weniger partizipierenden Vorzugsaktien.

– Eine starke Konzentration des Anteilsbesitzes hat noch deutlichere Konsequenzen auf außenstehende Aktionäre, wenn die *Stimmrechtsmehrheit in der Hand des Managements* selbst liegt: Agency-Kosten und Private Benefits können in diesem Fall kaum unterschieden werden und das Management hat aufgrund seiner exekutiven Funktion die besten Möglichkeiten zur unbe-

---

[1253] So Gompers/Ishii/Metrick (2010), S. 14. Free Cashflows können wie schon erwähnt leichter von anderen Aktionären unbemerkt in Private Benefits (Gehälter, private Projekte) umgelenkt werden.

[1254] Amoako-Adu/Baulkaran/Smith (2014) stellen für 792 US-amerikanische Dual-Class-Unternehmen fest, dass diese im Vergleich zu vergleichbaren Single-Class-Unternehmen mit konzentriertem Anteilsbesitz signifikant weniger ausschütten und weniger Aktien zurückkaufen und dass der Unterschied mit zunehmender Disparität zwischen Cashflow- und Stimmrechten zunimmt. Dies deuten die Autoren als Hinweis auf die Extraktion von Private Benefits. Vgl. a. a. O., S. 25.

[1255] Siehe Abschnitt 4.2.2.1.

merkten Generierung von Vermögensvorteilen und damit zur „Ausbeutung"
von Minderheitsaktionären. Neben der Verminderung des Unternehmenswertes steigt auch der Reservationswert des Mehrheitsaktionärs – also des
Managements – für die Akzeptanz eines Übernahmeangebots.[1256] Insofern
würden bei tatsächlich erfolgender Übernahme die Stammaktionäre in größerem Umfang durch Enthüllung der Vermögensvorteile partizipieren. Allerdings dürfte die Übernahmewahrscheinlichkeit hierfür besonders gering
sein, da das Management – ganz abgesehen von einem hohen und für Bieter
mglw. abschreckenden Reservationswert – am besten in der Lage ist, geeignete Maßnahmen zur Abwehr von Übernahmeangeboten zu treffen.[1257]

4.2.2.4 Höhe von Private Benefits für verschiedene Aktionärstypen

Die Stimmrechtsprämie dürfte sich wie bereits ausgeführt neben der Wahrscheinlichkeit einer Übernahme im Wesentlichen daran orientieren, wie hoch die
für den bisherigen Mehrheitsaktionär oder Blockaktionär und die für einen Erwerber erzielbaren Vermögensvorteile sind, welcher Anteil daran im Fall einer
Übernahme zugunsten der Streubesitzaktionäre enthüllt werden muss und in
welchem Maße stimmberechtigte Aktionäre dabei stärker profitieren als stimmrechtslose. Da bei Übernahmen der vom Erwerber erwartete Wert der individuell
erzielbaren privaten Vermögensvorteile nicht vollständig enthüllt wird, ist der
Kursaufschlag der Stammaktien (ganz abgesehen von den dem Stimmrechtswert
entgegenwirkenden höheren Dividendenrechten der Vorzugsaktien) ein Maß, das
den „wahren Wert" des Stimmrechts für den Mehrheitseigentümer oder Paketaktionär noch unterschätzt.

Nach den Ergebnissen von Daske/Ehrhardt (2002a) unterscheidet sich die Höhe
des Kursaufschlags auch in Deutschland nicht nur danach, wie die Aktionärsstruktur z. B. im Hinblick auf die prozentuale Höhe der Aktienanteile verteilt ist,

---

[1256] Für den US-amerikanischen Aktienmarkt haben Hoi/Robin (2010) gezeigt, dass der Firmenwert
von Dual-Class-Unternehmen mit zunehmender „Nähe" des größten Aktionärs zum Management
ab- und die Agency Costs somit zunehmen, und dass der Firmenwert insbesondere dann am geringsten ist, wenn das Management selbst den größten Aktionär stellt bzw. die größte Aktio-
närskoalition bildet. Vgl. a. a. O., S. 133. Nach empirischen Ergebnissen von Hwang/Satchell
(2002), der 1.140 Blockverkäufe in den USA von 1987-2002 untersucht, werden höhere Paketzu-
schläge gezahlt, wenn der Erwerber daraufhin ein neues, von ihm kontrolliertes Management
einsetzt (vgl. a. a. O., S. 10).

[1257] Beispielsweise haben Saint-Pierre/Gagnon/Saint-Pierre (1996), S. 70, für den wie Deutschland
durch hohe Stimmrechtskonzentration gekennzeichneten kanadischen Kapitalmarkt einen signifikanten Zusammenhang zwischen dem Umfang der Aktienblöcke in der Hand des Managements
und der Wahrscheinlichkeit zur Ablehnung von Übernahmeangeboten festgestellt.

sondern auch danach, welche Art von Aktionären die Gesellschaft dominiert. Insbesondere hat sich in der Vergangenheit empirisch gezeigt, dass der Kursaufschlag der Stammaktien am höchsten ist, wenn der größte Aktienanteil in inländischem Familienbesitz liegt.[1258] Schon DeAngelo/DeAngelo (1985) und Morck/Shleifer/Vishny (1988) hatten auf diesen empirischen Effekt für den US-amerikanischen Markt hingewiesen;[1259] auch für andere Märkte gibt es empirische Belege für diesen Einflussfaktor auf den Kursunterschied.[1260]

Einige empirische Befunde legen den Schluss nahe, dass Familienaktionäre in größerem Umfang private Vermögensvorteile extrahieren. Dies könnte mit der besonderen Stellung der Gründerfamilien im Unternehmen zusammenhängen. Üblicherweise haben solche Familien auch noch ohne Stimmenmehrheit einen erheblich Einfluss im Unternehmen. Außerdem wird Familienmitgliedern im Vorstand oder Aufsichtsrat mglw. eine besondere Loyalität entgegengebracht.[1261] Dies kann zudem den beschriebenen „Entrenchment"-Effekt verstärken, die Kontrolle des Vorstands durch den Aufsichtsrat aufweichen und den Konsum von Perquisites erleichtern.

Aus Sicht von Wenger/Hecker (2004) könne aus dem hohen Kursunterschied bei Familiengesellschaften dagegen nicht geschlossen werden, dass diese private Vermögensvorteile besonders gut abschöpfen könnten; vielmehr sei dies zumindest für größere Gesellschaften „reichlich unplausibel": Ein Großaktionär mit eigener unternehmerischer Betätigung verfüge über ein „weitaus größeres Spektrum potentieller Abschöpfungstransaktionen". Die großen Stimmrechtsunterschiede bei Familiengesellschaften ließen sich statt mit hohen Private Benefits damit begründen, dass sie „mit überdurchschnittlicher Wahrscheinlichkeit an einen in höherem Maße zur Abschöpfung von Sondervorteilen befähigten Übernehmer" gingen. Im Fall großer Sondervorteile eines herrschenden Aktionärs wäre aus Sicht der Autoren die Übernahmewahrscheinlichkeit gering und im Extremfall null, weshalb der Kursunterschied gerade dann verschwinden müsste.[1262]

[1258] Vgl. Daske/Ehrhardt (2002a), S. 194 f. Der Mittelwert des Kursaufschlags bei diesen Gesellschaften beträgt nach dieser Untersuchung 18,2 % (Median: 14,2 %). Allerdings hat sich dieses Bild in den letzten 20 Jahren deutlich gewandelt – vgl. die Ergebnisse in Tabelle 38, S. 586.

[1259] Vgl. DeAngelo/DeAngelo (1985), S. 54, und Morck/Shleifer/Vishny (1988), S. 310.

[1260] Vgl. z. B. Caprio/Croci (2008) für Italien, Schmid (2009) für die Schweiz und Muus (1998) für Frankreich.

[1261] So Vogl-Mühlhaus (1998), S. 88.

[1262] Vgl. Wenger/Hecker (2004), S. 269 f. und Fußnote 22.

Nach der bereits erwähnten Untersuchung von Edwards/Weichenrieder (2004) ist der bestehende negative Zusammenhang zwischen dem Marktwert-Buchwert-Verhältnis und dem Umfang der Kontrollrechte des größten Aktionärs bei Familienaktionären, inländischen Unternehmen, Banken und ausländischen Aktionären ähnlich ausgeprägt, allerdings etwas stärker bei inländischen Banken und anderen inländischen Unternehmen.[1263] Dies deutet einerseits zwar – unabhängig von Dual-Class-Strukturen – in der Tat darauf hin, dass institutionellen Investoren als Großaktionäre etwas stärker zu einem Rückgang des Marktwerts beitragen und mutmaßlich mehr Private Benefits zulasten der Gesellschaft extrahieren, dass aber andererseits auch kein Anlass für die Annahme besonders niedriger Private Benefits zugunsten von Familiengesellschaften besteht.

Gegen die Hypothese eines vergleichsweise großen Ausmaßes der Extraktion von Private Benefits durch Familien spricht, dass diese häufig eine Mehrgenerationenperspektive haben und daher mglw. stärker als institutionelle Investoren an einer langfristigen Stabilität interessiert sind und eine Schwächung der Substanz des Unternehmens vermeiden wollen.[1264] Dies können die Familien aber auch dadurch erreichen, dass sie üblicherweise eine weniger riskante Geschäftspolitik betreiben: Ohnehin sind Familien häufig schlecht diversifiziert und haben einen hohen Anteil ihres Vermögens in „ihrer" Gesellschaft gebunden; ein mit einer riskanteren Strategie mit höherer Wahrscheinlichkeit eintretender Verlust würde sie empfindlicher treffen als diversifizierte Aktionäre.[1265]

Zweifelsohne könnte auch bei geringen Private Benefits in Familiengesellschaften ein hoher Kursunterschied erklärt werden, wie dies Wenger/Hecker (2004) unterstellen, *wenn* eine hohen Übernahmewahrscheinlichkeit bestünde. Dies ist allerdings fraglich. Zudem liefert dieser Ansatz keine Erklärung dafür, warum auch ohne tatsächliche nennenswerte Übernahmeaktivität in den achtziger und eingangs der neunziger Jahre des 20. Jahrhunderts in Deutschland deutliche Kursaufschläge bei Familiengesellschaften, also Gesellschaften mit einem Stimmrechtsanteil der Familie von über 50 %, zu verzeichnen waren. Außerdem liefert die Hypothese von Wenger/Hecker (2004) keine Erklärung für bestehende Kursunterschiede bei Vorzugsaktien, die von einer Familiengesellschaft in der

---

[1263] Vgl. Edwards/Weichenrieder (2004), S. 158. Der Einfluss der öffentlichen Hand ist dagegen nur leicht und insignifikant negativ.

[1264] Vgl. z. B. Jin/Park (2015), S. 435.

[1265] Anderson/Mansi/Reeb (2003) stellen dies auch empirisch bei der Untersuchung von Agency-Konflikten zwischen Aktionären und Kreditoren in großen US-amerikanischen Familienunternehmen fest; vgl. a. a. O., S. 283.

Rechtsform einer KGaA ausgegeben wurden;[1266] in diesen Fällen dürften Übernahmen ebenfalls äußerst unwahrscheinlich sein.

Die Hypothese von Daske/Ehrhardt (2002a), wonach Minderheitsaktionäre – ggf. durch temporäre Koalitionsbildungen – eine für die Verhinderung von Entscheidungen (wie Satzungsänderungen oder Kapitalmaßnahmen) maßgebliche Sperrminorität erreichen und die Maßnahmen des kontrollierenden Aktionärs paralysieren können und daher u. U. eine Partizipation an privaten Kontrollrenten des Mehrheitsaktionärs durchsetzen können,[1267] würde jedenfalls auch bei hohen Private Benefits zugunsten von Familiengesellschaftern eine von Unternehmensübernahmen unabhängige Erklärungsmöglichkeit bieten und auch darüber hinaus nicht an die Hypothese von Wenger/Hecker (2004) einer höheren Übernahmewahrscheinlichkeit von Familiengesellschaften anknüpfen.

Der von Daske/Ehrhardt (2002a) empirisch ermittelte Kursaufschlag ist für Unternehmen, deren größter Aktionär ein anderes inländisches Unternehmen ist, (Mittelwert 16,3%, Median 12,2%) nicht deutlich geringer als bei Familienunternehmen (18,2% bzw. 14,2%). Hier dürfte die Extraktion von Private Benefits stärker in der Form Vermögensverschiebungen in andere zum Konzern gehörende Unternehmen erfolgen, was – im Gegenzug zur Extrahierung von Private Benefits durch Familienaktionäre – i. d. R. nach außen weniger sichtbar wird. Nach der Argumentation von Wenger/Hecker (2004) müsste im Fall einer Übernahme in diesen Fällen der Anteil abschöpfbarer Private Benefits (mit anderen Worten der Gebotspreis) c. p. größer, jedoch die Wahrscheinlichkeit für eine Übernahme geringer sein als bei einem vergleichbaren Familienunternehmen. Letzteres erscheint empirisch in Deutschland nicht der Fall zu sein.

Für andere Arten von Aktionären als größter Aktionär ergibt sich dagegen in der Untersuchung von Daske/Ehrhardt (2002a) ein deutlich geringer Kursaufschlag:[1268] Für ausländische Pensionsfonds als Großaktionäre dürfte die Rendite der Aktieninvestition im Vordergrund stehen; was gegen eine Entnahme von Private Benefits spricht. Im Hinblick auf Kreditinstitute als Großaktionäre spricht die Schwächung einer möglicherweise gleichzeitig bestehenden Gläubigerposition gegen einen Abzug von Unternehmensvermögen.[1269] Die öffentliche Hand

---

[1266] Für Beispiele siehe Abschnitt 3.2.1.3.
[1267] Vgl. Daske/Ehrhardt (2002a), S. 185.
[1268] Ausländischer Aktionär: Mittelwert 13,1%/Median 5,3%; Kreditinstitut: 12,3%/ 4,8%; öffentliche Hand: 9,4%/ 4,0%; Streubesitzunternehmen 9,0%/7,3%.
[1269] Abgesehen davon dürften die Synergiepotenziale von Kreditinstituten ebenso wie von Pensionsfonds bei Übernahme von Industrieunternehmen tendenziell sehr gering sein.

als größter Aktionär verbindet schließlich mit einer Beteiligung häufig andere Interessen als die Gewinnmaximierung, sondern anstelle dessen z. B. eher den Erhalt von Arbeitsplätzen, Unternehmensstandorten oder die Versorgung mit durch die Gesellschaft bereitgestellten Infrastrukturen wie Verkehrswegen oder Energienetzen. Die genannten empirischen Befunde sollen mit der hier vorliegenden deutlich vergrößerten Datenbasis nochmals und dabei auch für verschiedene Zeiträume und Größenklassen differenziert untersucht werden und führen zu der folgenden Hypothese:

Hypothese K2:
Der Kursaufschlag der Stammaktien ist abhängig vom Typ des größten Aktionärs. Dabei ist der Kursaufschlag am höchsten, wenn der größte Aktienanteil in Familienbesitz liegt. Auch wenn der größte Aktionär ein inländisches Unternehmen ist, ist der Kursaufschlag höher als in anderen Fällen (außer im Vergleich zu Familienaktionären).

In Bezug auf Familienunternehmen sind des Weiteren Studien anzuführen, bei denen gezeigt wird, dass Unternehmen mit größerer Wahrscheinlichkeit eine Dual-Class-Struktur aufweisen, wenn der Name des maßgeblichen Aktionärs bzw. der Familie mit maßgeblichem Einfluss auch Teil des Unternehmensnamens ist.[1270] Sofern die Erklärung der genannten Studien zutrifft, dass dies ein hohes Ausmaß an Private Benefits signalisiert, müsste in solchen Dual-Class-Gesellschaften auch der Kursunterschied höher sein. Soweit ersichtlich, wurde dieser Zusammenhang in Deutschland noch nicht untersucht. Dies führt zu der folgenden Hypothese:

Hypothese K3:
Der Kursaufschlag der Stammaktien ist in solchen Gesellschaften vergleichsweise höher, bei denen der Name eines Großaktionärs Teil des Gesellschaftsnamens ist.

4.2.2.5 Weitere Faktoren von Private Benefits

Neben der Aktionärsstruktur – aber nicht unabhängig von ihr – gibt es noch weitere Faktoren, die die Höhe von Private Benefits beeinflussen. Nicodano (1998) und Hoffmann-Burchardi (1999) unterstellen, dass die Höhe der Private Benefits

---

[1270] Vgl. z. B. Tinaikar (2012), S. 394 f., Gompers/Ishii/Metrick (2010), S. 1063.

proportional zum kontrollierten Vermögen der Gesellschaft ist.[1271] Der von ihnen so genannte „Private Benefit Multiplier" stellt das Verhältnis der beherrschten Aktiva zum für die Beherrschung aufzubringenden Kapitaleinsatz dar und steigt daher mit zunehmenden beherrschten Aktiva oder/und einem sinkenden erforderlichen Kapitaleinsatz. Der Umfang der beherrschten Aktiva kann z.B. durch eine höhere Verschuldung gesteigert werden. Sofern damit (noch) keine Insolvenzgefahr gegeben ist, wird das Management für eine gestiegene Bilanzsumme tendenziell – und unabhängig von der Aktionärsstruktur – „belohnt" und der Mehrheitsaktionär bzw. die Paketaktionäre können sich über einen größeren Umfang der Extrahierung von Private Benefits selbst „belohnen". Bei vorhandenem Mehrheitsaktionär kann der Umfang der beherrschten Aktiva auch erheblich durch Aufbau einer Konzernstruktur und Nutzung von Eigenkapitalpyramiden erweitert werden:[1272] Schließlich trifft auch die Extrahierung von Private Benefits durch den Mehrheitsaktionär auf der Ebene nachgeordneter Konzernunternehmen letztlich (auch) die Streubesitzaktionäre der Konzernobergesellschaft durch verminderte Ausschüttungen der Tochtergesellschaften.[1273]

Der Nenner des Private Benefit Multipliers – der für die Beherrschung aufzubringende Kapitaleinsatz – wird dadurch determiniert, welcher Anteil am Grundkapital erworben werden muss, um die Stimmrechtsmehrheit (oder eine andere statutarisch festgelegte qualifizierte Mehrheit) zu erzielen und die Gesellschaft bzw. den Konzern zu kontrollieren. Der erforderliche Grundkapitalanteil ist umso geringer, je geringer der Anteil der Stammaktien am Grundkapital ist, da – abgesehen vom Fall eines aufgelebten Stimmrechts – die Mehrheit am Stammaktienkapital zur Kontrolle des Unternehmens i.d.R. ausreicht. Unter der erwähnten Prämisse, dass die Private Benefits proportional zum Vermögen der Gesellschaft sind, folgt aus einem geringeren Kapitaleinsatz für den Erwerb der Stimmrechtsmehrheit an der Gesellschaft, dass die Private Benefits für den Mehrheitsaktionär pro Aktie höher sind. Dies sollte sich positiv im Stimmrechtswert auswirken.[1274] Es ergibt sich also die folgende Hypothese:

[1271] Vgl. Nicodano (1998), S. 1118, und Hoffmann-Burchardi (1999), S. 3 und S. 13.

[1272] Vgl. ausführlich Abschnitt 3.2.3.

[1273] Zum Verschuldungsgrad und zu Konzernstrukturen der betrachteten Dual-Class-Unternehmen lagen für diese Untersuchung keine Daten vor. Daher können prinzipiell ableitbare Hypothesen über den Zusammenhang von Stimmrechtswert und Verschuldungsgrad bzw. Stimmrechtswert und Umfang von Eigenkapitalpyramiden nicht getestet werden.

[1274] So auch Lease/McConnell/Mikkelson (1984), S. 443.

Hypothese K4:
Der Kursaufschlag der Stammaktien ist umso höher, je geringer der Grund-
kapitalanteil des Stammaktienkapitals ist bzw. je höher der Grundkapital-
anteil des Vorzugsaktienkapitals ist.[1275]

Die Hypothese K4 kann auch aus der Abschwächung des von Jensen/Meckling (1976) so bezeichneten „Alignment"-Effekts mit abnehmendem Grundkapitalanteil der Stammaktien, also zunehmender Divergenz von Cashflow- und Stimmrechten, abgeleitet werden:[1276] Die grundsätzliche Übereinstimmung des Interesses von „Inside"- und „Outside"-Aktionären an einem möglichst geringen Konsum von Private Benefits besteht nicht mehr, wenn die resultierende Belastung des Unternehmenswertes – wie in Dual-Class-Unternehmen – nicht mehr proportional von allen Aktionären zu tragen ist. Wenn die außenstehenden Aktionäre mit überproportionalem Dividendenrecht einen größeren Anteil dieser Belastung tragen müssen, haben die Aktionäre mit überproportionalem Stimmrecht (z. B. die Großaktionäre) einen Anreiz zur Extraktion von Private Benefits.[1277] Dies hat zur Folge, dass der Reservationspreis dieser Aktionäre (und mithin der Kursaufschlag) ansteigt.

Doerks (1992) weist darauf hin, dass bei der Bestimmung der Stimmrechtsprämie auch berücksichtigt werden müsse, wann das Stimmrecht für einen Erwerber einen Wert besitzt. Verfolgt ein Investor die Strategie, durch allmählichen Aufkauf von Stammaktien eine Mehrheit zu erwerben, so fallen die privaten Vermögensvorteile für ihn nach der Übernahme, also möglicherweise erst in der Zukunft an. Daher ist er beim Aufkauf von Stammaktien nur bereit, einen Auf-

---

[1275] In empirischen Studien wird bisweilen als alternative Bezugsgröße das Verhältnis des Anteils eines Mehrheitsaktionärs an den Stimmrechten zu seinem Anteil am Gesamtkapital verwendet, um den Unterschied zwischen Cashflow- und Stimmrechten dieses Aktionärs direkter ausdrücken zu können; vgl. z. B. Ben-Amar/André (2006), S. 527. Verfügt ein Aktionär über A von insgesamt S Stammaktien und keine der V Vorzugsaktien, so ist das beschriebene Verhältnis $(A/S) / [A/(S+V)] = (S+V)/S$ gerade der Kehrwert des Stammaktienanteils am Grundkapital. Teilweise wird auch die Differenz der beiden Anteile verwendet. Damit wird die zusätzliche „Kontrolle" gemessen, die eine Dual-Class-Struktur einem Mehrheitsaktionär im Vergleich zu seinem Kapitalanteil verschafft. Vgl. a. a. O., S. 527.

[1276] Vgl. Fußnote 1190 und Jensen/Meckling (1976), S. 312 ff.

[1277] Hartmann-Wendels/v. Hinten (1989) weisen dies in ihrem Modell zu deutschen Vorzugsaktien auch formal nach, vgl. a. a. O., S. 270. Aus dieser Erklärung folgt auch, dass bei Gesellschaften mit limitierten Vorzugsaktien (mit begrenzter Vorzugsdividende) kein zusätzlicher Anreiz zur Extraktion von Private Benefits besteht, da die Wertminderungen durch diesen Konsum allein von den Stammaktien zu tragen sind, jedenfalls sofern ein Dividendenausfall bzgl. der Vorzugsaktien wegen der Gefahr des Auflebens des Stimmrechts verhindert werden soll.

schlag auf den geltenden Aktienkurs zu zahlen, der die vom Zeitpunkt der angestrebten Übernahme abdiskontierten erwarteten Private Benefits nicht übersteigt.[1278] Seit Einführung des (freiwilligen) Übernahmekodex 1995, spätestens
aber mit Inkrafttreten des WpÜG im Jahre 2002 ist der allmähliche Erwerb einer
Mehrheit wegen der Pflicht zur Abgabe eines Übernahme- bzw. Pflichtangebotes
mit Erreichen eines Stimmrechtsanteils von mindestens 30 % (§ 35 i. V. m. § 29
WpÜG) so nicht mehr möglich. Zudem werden die anderen Aktionäre wegen der
wertpapierhandelsrechtlichen Meldevorschriften bei Erreichen bzw. Überschreiten bestimmter Stimmrechtsquoten[1279] auf eine mögliche Übernahmeabsicht auf-
merksam, was tendenziell zu einem Nachfragedruck bei Stammaktien und damit
zu einem Preisanstieg um (maximal) die erwarteten Private Benefits des Investors führen kann. Der aufkaufende Investor kann dadurch gezwungen sein, einen
höheren Preis zu zahlen als die abdiskontierten erwarteten Private Benefits; treffen die Markterwartungen zu, wird die Übernahme für den Bieter sogar unwirt-
schaftlich. Tatsächlich hat Hoffmann-Burchardi (1999) für Unternehmen im
Mehrheitsbesitz einen signifikanten Anstieg des Kursaufschlags für die Zeit nach
Inkrafttreten des Übernahmekodex (im Vergleich zur Periode davor) festgestellt.[1280]

[1278] Vgl. Doerks (1992), S. 63-66. Der Autor nimmt an, dass der Stimmrechtswert mit zunehmender
Nähe der Hauptversammlung ansteigt, da nur hier über die Wahl der Aufsichtsratvertreter eine
Stimmenmehrheit zu einem Einfluss auf die Unternehmenspolitik ausgenutzt werden kann. Tatsächlich kommt aber bei der Verpflichtung zur Abgabe von Übernahmeangeboten eine Stammaktienmehrheit außerhalb von Hauptversammlungsterminen zum Tragen und ermöglicht erforderlichenfalls die Einberufung einer außerordentlichen Hauptversammlung. Doerks (1992)
begründet die Hypothese des Weiteren mit der Annahme, dass es insbesondere für bestimmte
Kleinanleger ein selbständiges Konsumgut „Stimmrecht" gäbe, das einen positiven Nutzen habe.
Da die Befriedigung des Bedürfnisses nach Stimmrechtsausübung nur bei der Hauptversammlung möglich ist, seien die Kleinanleger mit zunehmender zeitlicher Entfernung der Hauptversammlung nur bereit, einen Stimmrechtsaufschlag in Höhe des abdiskontierten Nutzenwertes
zu zahlen; vgl. Doerks (1992), S. 65-69. Auch diese Begründung ist wegen unbekannter Nut-
zenfunktionen der Kleinanleger nicht für Testzwecke operationalisierbar. Zudem spricht der
Umstand, dass nicht alle Aktien mit Stimmrechten ausgestattet sind, um ein Konsumbedürfnis
„Stimmrecht" zu befriedigen, dafür, dass die Beifügung von Stimmrechten zu Aktien mit Kosten
verbunden ist. Dies – so Hartmann-Wendels/v. Hinten (1989), S. 264 – führt letztlich wieder zu
der Frage, welche (finanziellen) Vorteile mit einem Stimmrecht verbunden sind; die Vorstellung
eines selbstständigen Konsumgutes „Stimmrecht" erscheint wenig zielführend.

[1279] Gemäß § 21 Abs. 1 WpHG ist das Erreichen, Überschreiten oder Unterschreiten einer Beteiligung von 3, 5, 10, 15, 20, 25, 30, 50 oder 75 Prozent *der Stimmrechte* einer börsennotierten Gesellschaft maßgeblich. Vgl. hierzu Abschnitt 2.2.2.2 am Ende (S. 59)

[1280] Nach den empirischen Ergebnissen hatte das Vorhandensein eines Mehrheitsaktionärs vor 1995
keinen signifikanten Einfluss auf den Kursaufschlag (bei 75 %-Mehrheit einen signifikant negativen), und ab 1995 für beide Mehrheiten einen signifikant positiven Einfluss. Spiegelbildlich

4.2.3   Übernahmewahrscheinlichkeit und Stimmrechtswert

4.2.3.1 Nicht-monotoner Einfluss der Stimmrechtskonzentration

Ein Kursaufschlag von Stammaktien gegenüber Vorzugsaktien kann – wie schon erwähnt – nur dann aus der Höhe der Private Benefits (und damit dem Wert des Stimmrechts) für die Paketaktionäre oder den Mehrheitsaktionär erklärt werden, wenn auch die Wahrscheinlichkeit dafür berücksichtigt wird, dass ein freier Stammaktionär an den Private Benefits partizipieren kann. Dies ist letztlich nur bei Vorliegen eines Übernahmeangebots oder zumindest bei einem Verkauf von Aktienpaketen möglich, durch die dem Erwerber ein pekuniärer Nutzen – insbesondere nach Erreichen der Stimmenmehrheit oder einer Sperrminorität – entstehen kann. In allen anderen Fällen hat die Stammaktie (abgesehen von Liquiditätseffekten) keinen über den Barwert der erwarteten Dividenden hinausgehenden Wert; dem Streubesitz-Stammaktionär verbleibt z. B. bei individueller Unzufriedenheit ebenso wie dem Vorzugsaktionär nur die Möglichkeit der Veräußerung seiner Aktien. In Abhängigkeit von der Stimmrechtskonzentration ergeben sich Auswirkungen auf die Übernahmewahrscheinlichkeit:

–   Im Fall einer *hohen Stimmrechtskonzentration*, wenn also ein Aktionär oder eine Koalition von Aktionären den überwiegenden Teil der Stimmrechte hält oder im Extremfall alle Stammaktien besitzt, kann der Mehrheitsaktionär bzw. die Mehrheitskoalition zwar Private Benefits in großem Umfang extrahieren. In diesen Fällen kommt aber praktisch nur eine Übernahme des gesamten Aktienanteils des Mehrheitsaktionärs bzw. eines Blockaktionärs in Betracht; eine Übernahmeschlacht ist im Falle einer Mehrheitskoalition kaum denkbar, im Falle eines Mehrheitsaktionärs ausgeschlos-

---

dazu sank der Kursaufschlag bei Dual-Class-Unternehmen, die den Übernahmekodex akzeptiert haben, da das Unternehmen im Fall der Übernahme einer anderen Gesellschaft dabei weniger profitierte und daher insbesondere mit geringeren Private Benefits aus der Übernahme zu rechnen war; vgl. Hoffmann-Burchardi (1999), S. 19-21 und S. 32. Für den kanadischen Aktienmarkt stellte Maynes (1996) fest, dass mit der regulatorischen Einführung der so genannten „Coattail Provision", aufgrund derer Aktien mit Minderstimmrecht bei Übernahmeangeboten durch Stimmrecht (oder Umwandlung in Stammaktien) bessergestellt wurden und damit höhere Übernahmeangebote erzielen konnten, der Kursabstand zu den Aktien mit höherem Stimmrecht signifikant gesunken ist (vgl. a. a. O., S. 167 und 172). Im Ergebnis reagierte im Vergleich zu Hoffmann-Burchardi (1999) der Kursunterschied also in entgegengesetzter Richtung: Während in Kanada die Minderstimmrechtsaktien von der Regulierung profitiert hatten, profitierten in Deutschland die allein stimmberechtigten Stammaktien.

sen.[1281] Im Rahmen eines Blockverkaufs hat der bisherige Mehrheitsaktionär eine starke Verhandlungsposition und kann daher tendenziell einen großen Teil der Private Benefits des Erwerbers dafür einfordern, dass er dem Erwerber seine Stimmenmehrheit verschafft. Im für den bisherigen Aktionär günstigsten Fall existieren mehrere Interessenten für das Aktienpaket, die einen höheren Reservationswert als der bisherigen Eigentümer selbst haben. In diesem Fall kann der bisherige Eigentümer vom Bieter mit dem höheren Gebot die privaten Vermögensvorteile zumindest bis zur Höhe des Reservationswertes des zweitbesten Bieters extrahieren.[1282] Entsprechend hoch sind in der Folge auch die auf die freien Stammaktionäre entfallenden anteiligen extrahierten Private Benefits pro Aktie bei Übernahme.

Diese dürften sich im Falle eines Mehrheitsaktionärs aber vorab kaum im Kurs der Stammaktien widerspiegeln, da die Wahrscheinlichkeit für einen Blockverkauf äußerst gering ist: Der bisherige Großaktionär hat durch Schaffung einer Dual-Class-Struktur gerade gezeigt, dass er nicht an einer Abgabe der Unternehmensherrschaft interessiert ist. Da der Wert des Stimmrechts vereinfacht als Prämie im Falle einer Übernahme multipliziert mit der Übernahmewahrscheinlichkeit betrachtet werden kann, dürfte die Stimmrechtsprämie pro Aktie in diesem Szenario ungeachtet etwaiger hoher extrahierbarer Private Benefits insgesamt eher gering sein.[1283] Der Wert des Stimmrechts in dieser Situation ist auch deshalb gering, weil die vergleichsweise wenigen freien Stammaktionäre faktisch kaum mehr Einflussmöglichkeiten als Vorzugsaktionäre haben. Dies kann dazu führen, dass das Stimmrecht keinen Kursunterschied zwischen Stamm- und Vorzugsaktien mehr erklären kann.[1284]

[1281] Zwar wäre es – sehr theoretisch – auch denkbar, dass der Mehrheitsaktionär nur einen Teil seiner Aktien veräußert, jedoch gäbe es auch in diesem Fall keine „Übernahmeschlacht".

[1282] Vgl. Adams/Ferreira (2008), S. 79, Fußnote 33. Die Autoren unterscheiden zwischen den „transferrable private benefits", von denen alle Mehrheitseigentümer profitieren und den individuellen Vermögensvorteilen, die für andere wertlos sind bzw. jedenfalls für den bisherigen Eigentümer in der Verhandlungssituation nicht transparent sind.

[1283] Vgl. auch Stulz (1988), S. 26 ff., in dessen Modell für den Fall des Vorhandenseins eines Mehrheitsaktionärs als Stimmrechtswert null angesetzt wird.

[1284] Vgl. DeAngelo/DeAngelo (1985), S. 56.

–　Im anderen Extrem einer Streubesitzunternehmung oder jedenfalls bei *niedriger Stimmrechtskonzentration*[1285] ist zwar ein Übernahmeangebot jederzeit denkbar. Allerdings muss der Bieter nicht die bisherigen Private Benefits eines Großaktionärs „übertrumpfen", kann also einen geringeren Gebotspreis ansetzen und muss – wenn überhaupt – nur einen geringen Teil seiner potenziellen Private Benefits abgeben.[1286] Ein in diesem Szenario möglicherweise hohes Ausmaß des Perquisites-Konsum des Managements fällt bei der Betrachtung des Kursaufschlags kaum ins Gewicht, da sich dies zulasten beider Aktiengattungen auswirkt. Die im Rahmen eines Übernahmeangebots vergleichsweise geringen extrahierten Private Benefits des Bieters verteilen sich auf eine Vielzahl von Aktionären. Insofern dürften in diesem Fall die Stimmrechtsprämie und damit der Kursaufschlag gering sein. Im Übrigen ist die Wahrscheinlichkeit für einen Aktionär, dass gerade seine Aktie zur Erreichung der Stimmenmehrheit erforderlich ist, sehr gering.

–　Verfügt der größte Paketaktionär nicht über die Stimmenmehrheit und liegt eine *mittlere Stimmrechtskonzentration* vor, dürfte das Stimmrecht einen höheren Wert als im zuvor geschilderten Fall besitzen: Zwar sind bei mittlerer Stimmrechtskonzentration die Private Benefits für Blockaktionäre tendenziell niedriger als bei hoher Stimmrechtskonzentration (aber höher als bei niedriger Stimmrechtskonzentration).[1287] Dafür ist aber die Wahrscheinlichkeit hoch, dass es zu einem Übernahmeangebot oder gar einer „Übernahmeschlacht" kommt; bei konkreteren Übernahmeerwartungen des Marktes spricht man auch von einer „Übernahmephantasie". Es kommt zu-

---

[1285] Dieser Fall ist in Deutschland selten anzutreffen. So hatten im Jahre 1983 nur 6,6 % der börsennotierten Aktiengesellschaften keinen Aktionär mit mehr als 1 % Stimmrechtsanteil und nur 9,3 % der Aktiengesellschaften keinen Aktionär mit mehr als 25 % Stimmrechtsanteil (mit fallender Tendenz seit 1963); vgl. Iber (1987), S. 125 und S. 127. Im Rahmen der eigenen Erhebungen konnte lediglich ein Dual-Class-Unternehmen ermittelt werden, das nach Angaben im jeweiligen Hoppenstedt Aktienführer bzw. Saling Aktienführer (auch nur) zeitweilig keinen Stammaktionär mit einem Stimmrechtsanteil von mehr als 10 % hatte, nämlich die Deutsche Babcock AG, bei der die WestLB im Jahr 1987 ein 25%-Paket des iranischen Staates an verschiedene institutionelle Anleger platziert und selbst wohl einen Anteil von 10 % behalten hatte. In anderen Fällen, bei denen in den Aktienführern ein vollständiger Streubesitz angegeben wurde, erwies sich dies bei näherer Prüfung als nicht zutreffend. Zu erwähnen ist, dass auch die Deinböck Immobilien-Vermögensverwaltungs-AG nach eigenen Angaben keinen beherrschenden Aktionär hatte, allerdings handelt es sich hier um eine dem Grauen Kapitalmarkt und dem Umfeld der Göttinger Gruppe zuzurechnende Gesellschaft. Vgl. hierzu ergänzend den Abschnitt 5.2.3.2, S. 490.

[1286] Es werden nur dann höhere Private Benefits extrahiert, wenn sich mehrere Bieter gleichzeitig um die Stimmenmehrheit im Streubesitzunternehmen bemühen, wenn also tatsächlich ein Übernahmewettbewerb stattfindet.

[1287] Vgl. Abschnitt 4.2.2.

dem nicht nur auf die Höhe der Private Benefits bei mittlerer Stimmrechtskonzentration an, sondern auf die potenziell höheren Private Benefits, die ein Aktionär im Fall der Erreichung der Stimmenmehrheit erzielen könnte, und die zum Teil enthüllt werden.

Es sind verschiedene Szenarien denkbar, durch die die Gesellschaft in Mehrheitsbesitz geraten könnte: Zum einen könnte ein bisheriger Blockaktionär versuchen, die Stimmenmehrheit durch Übernahmeangebot oder Zukauf am Markt oder Kauf eines weiteren Aktienblocks zu erlangen. Die Streubesitzaktionäre und auch andere Blockaktionäre dürften die privaten Vermögensvorteile des ihnen gut bekannten Aktionärs gut einschätzen können und daher einen solchen Preis verlangen, der die vermuteten Private Benefits pro Aktie für den bisherigen Blockaktionär nahezu vollständig beinhaltet.

Zum anderen könnte auch ein externer potenzieller Erwerber versuchen, durch öffentliches Übernahmeangebot eine Stimmrechtsmehrheit gegen die bisherigen Blockaktionäre zu erreichen.[1288] Der Erwerber muss für die Aktien im Zweifel mehr als den Reservationswert der bisherigen Blockaktionäre zahlen.[1289] Daran würde auch ein verdeckter Aufkauf von Stammaktien am Kapitalmarkt nichts ändern, der heutzutage wegen der wertpapierrechtlichen Meldepflichten publik würde und schnell zu einer Kursanpassung nach oben führen würde.

Der Angebotspreis muss regelmäßig über dem Kursniveau im Zeitpunkt der Angebotsabgabe liegen, damit für die Stammaktionäre ein Anreiz zum Verkauf besteht.[1290] Bei Bekanntwerden der Erwerbsabsichten würde der Stammaktienkurs tendenziell bis nahezu auf den (vom Kapitalmarkt vermuteten) Reservationswert des Aufkäufers ansteigen.[1291, 1292] Wegen der

---

[1288] Allerdings kann letztlich nur durch vorzeitige Abberufung von Aufsichtsräten die Wahl der durch den Bieter vorgesehenen Aufsichtsräte der Anteilseignerseite und damit die Wahl eines vom Bieter favorisierten Managements (mit 50%-Mehrheit im Aufsichtsrat) vor Ablauf der Amtszeit des bisherigen Aufsichtsrates sichergestellt werden. Für die vorzeitige Abberufung von Aufsichtsräten ist allerdings grundsätzlich eine 75%-Mehrheit erforderlich (§ 103 Abs. 1 AktG).

[1289] Dies gilt erst recht, wenn der Bieter zusätzlich einen Aktienblock eines Blockaktionärs übernimmt, da dieser natürlich seinen Reservationswert kennt, während die Streubesitzaktionäre diesen nur vermuten können.

[1290] So auch Hartmann-Wendels/v. Hinten (1989), S. 279.

[1291] Liegt der Gebotspreis darunter, können Stammaktionäre auf eine Nachbesserung des Angebots spekulieren, da der Bieter durch die Transaktion immer noch einen Gewinn erzielen würde, solange der Kaufpreis unter dem Wert der Gesellschaft aus seiner Sicht (inklusive der erzielbaren

insgesamt hohen extrahierbaren Private Benefits (im unterstellten Fall der Mehrheitsübernahme) und der größeren Wahrscheinlichkeit für eine solche Unternehmensübernahme dürften die freien Stammaktionäre bei mittlerer Stimmrechtskonzentration am stärksten profitieren.

Unabhängig von der Stimmrechtskonzentration würden Vorzugsaktien im Gegensatz zu Stammaktien weder bei einem Übernahmeangebot noch im Falle eines Blockverkaufs in vergleichbarer Weise profitieren.[1293] Daraus resultiert eine Stimmrechtsprämie zugunsten von Stammaktien. Gleichwohl ist in allen Fällen – auch ohne Partizipation an Private Benefits – ein Anstieg des Vorzugsaktienkurses wahrscheinlich, wenn ein Anstieg des (anteiligen) Marktwerts der Gesellschaft nach der Übernahme erwartet wird. Dieser Kursanstieg von Vorzugsaktien wird allerdings geringer ausfallen als der von – an Private Benefits partizipierenden – Stammaktien, weshalb sich abhängig vom Szenario unterschiedliche Auswirkungen auf den Kursunterschied ergeben. Aus den vorstehenden Erwägungen ergeben sich folgende Hypothesen:

Hypothese K5:
Der Kursaufschlag der Stammaktien ist abhängig von der Stimmrechtskonzentration:
a) **Bei sehr hoher und sehr geringer Konzentration ist der Stimmrechtswert gering.**
(Fortsetzung auf der nächsten Seite)

Private Benefits) liegt. Allerdings ist die Schätzung der erzielbaren Private Benefits aus Sicht des unternehmensfremden Bieters mit Unsicherheiten verbunden, weshalb dieser bei der Bestimmung des maximalen Gebotspreises einen Risikoabschlag von den erwarteten Private Benefits vornehmen wird. Außerdem ist auch die Schätzung der erwarteten Private Benefits des Bieters durch Streubesitz- oder Blockaktionäre mit Unsicherheiten verbunden, weshalb auch diese mit einem Preis einverstanden sein werden, durch den die erwarteten Private Benefits des Bieters nicht vollständig extrahiert werden. Sollten sie sich nämlich in ihrer Einschätzung irren, könnte sich der Bieter zurückziehen, wodurch für die bisherigen Aktionäre Opportunitätskosten in Form des entgangenen Gewinns entstehen würden.

[1292] Mit dieser Begründung lässt sich eine Extraktion von Private Benefits auch für die Zeit vor Inkrafttreten des Übernahmekodex 1995 rechtfertigen: Auch ohne Übernahmeangebote und Publizitätspflichten über das Erreichen von Stimmrechtsschwellen und ohne Partizipation am Kaufpreis bei Paketverkäufen konnten Stammaktionäre im Falle eines allmählichen Aufkaufs von Aktien am Markt den Kurs bis nahezu zum vermuteten Reservationswert des Erwerbers treiben.

[1293] Zwar muss gemäß § 32 WpÜG allen Aktionären ein Übernahmeangebot unterbreitet werden. Allerdings verstößt es nicht gegen das Gleichbehandlungsgebot des § 53a AktG, wenn sich die Angebotspreise für verschiedene Aktiengattungen unterscheiden. Insbesondere darf der Bieter bei den Stammaktien den besonderen Wert des Stimmrechts in der Übernahmesituation berücksichtigen. Vgl. Körner (2006), S. 35 und S. 292.

(Fortsetzung)

b) **Bei einem Anteil des größten Aktionärs von nahezu 50 % ist der Stimmrechtswert besonders hoch.**

c) **Die Abhängigkeit des Kursaufschlags von der Stimmrechtskonzentration ist (folglich) nicht monoton. Sie nimmt einen „glockenförmigen" Verlauf[1294] mit einem Maximalwert bei leicht unter 50 %.**

Die Hypothese K5 ist auch mit dem Modell von Stulz (1988) zur Abhängigkeit des Unternehmenswertes vom Anteil des Großaktionärs vereinbar: Mit steigendem Anteil des Großaktionärs nimmt demgemäß der Unternehmenswert zu, da ein Bieter eine immer höhere Prämie zahlen muss, um für die immer weniger außenstehenden Aktionäre einen Anreiz zum Verkauf ihrer Anteile zu schaffen. Ab einem gewissen Anteil des Großaktionärs wird dieser Effekt jedoch durch die abnehmende Erfolgswahrscheinlichkeit für eine Übernahme überkompensiert.[1295] McConnell/Servaes (1990) haben diese Beziehung empirisch bestätigt; auch nach ihren Ergebnissen steigt „Tobins Q" (also praktisch das Marktwert-Buchwert-Verhältnis der Aktien) bis zu einem Aktienanteil des Großaktionärs zwischen 40 % und 50 % an und sinkt danach wieder.[1296, 1297] Im Rahmen einer

---

[1294] Dass der Verlauf vom Maximum der Stimmrechtsprämie bei etwa 50 % zu den beiden Extremwerten nicht linear verläuft, kann man sich auch wie folgt verdeutlichen: Der Unterschied in der Stimmrechtsprämie zwischen einer Situation mit einem Anteil des größten Stammaktionärs von 95 % und einer Situation mit einem Anteil des größten Stammaktionärs von 99 % dürfte nur gering sein. Ebenso dürfte z. B. der Unterschied in der Stimmrechtsprämie zwischen einer Situation mit einem Anteil des größten Stammaktionärs von 5 % und einer Situation mit einem Anteil des größten Stammaktionärs von 1 % nur gering sein. Dagegen dürfte z. B. der Unterschied in der Stimmrechtsprämie zwischen einer Situation mit einem Anteil des größten Stammaktionärs von 47 % und einer Situation mit einem Anteil des größten Stammaktionärs von 52 % gemäß den Erläuterungen in diesem Abschnitt hoch sein. Der Absolutbetrag des Anstiegs der funktionalen Abhängigkeit des Stimmrechtswertes von der Stimmrechtskonzentration muss also an den Rändern gering sein und zur Mitte hin im Wesentlichen (bis auf ein kleines Intervall um das Maximum) anwachsen.

[1295] Vgl. Stulz (1988), S. 25 f. Agency-Probleme zwischen Großaktionär und Management werden in diesem Modell ausgeblendet; vielmehr wird – wie häufiger in der angelsächsischen Literatur – der Großaktionär als „Management" bezeichnet. Mi dem Modell von STULZ (1988) kann allerdings wegen der darin ausgeschlossenen Übernahme im Falle des Mehrheitsbesitzes kein Anstieg des Unternehmenswertes (sinngemäß übertragen auf Dual-Class-Unternehmen: kein Kursaufschlag der Stammaktien) mehr erklärt werden. Dies ist allerdings nicht auf den deutschen Markt übertragbar, da die freien Stammaktionäre auch im Falle des Blockverkaufs einer zumindest 30%igen Beteiligung an den Stammaktien ihre Aktien wegen des erforderlichen Pflichtangebots mindestens zum Übernahmepreis des Aktienblocks an den Erwerber verkaufen können.

[1296] Vgl. McConnell/Servaes (1990), S. 601-604.

aktuellen umfangreicheren Studie haben auch Gompers/Ishii/Metrick (2010) für US-amerikanische Aktien einen solchen Zusammenhang bestätigt; das Maximum ergibt sich in dieser Untersuchung für Single-Class-Unternehmen bei einem Anteil von „Insider"-Aktionären zwischen 30 % und 40 % und für Dual-Class-Unternehmen bei einem Cashflow-Anteil von 60 %.[1298, 1299]

Ein weiteres Indiz für einen nicht-monotonen Zusammenhang zwischen Private Benefits und Stimmrechtskonzentration liefern empirische Untersuchungen zum Zusammenhang zwischen den kumulierten Überrenditen bei Ankündigung von Unternehmensübernahmen und dem Anteil des größten Aktionärs: So ermitteln Ben-Amar/André (2006) für Übernahmen durch kanadische Firmen im Zeitraum 1998 bis 2002 signifikante Parameter für einen funktionalen Zusammenhang in quadratischer Form mit einem Scheitelpunkt bei 49,2 %.[1300, 1301]

[1297] Morck/Shleifer/Vishny (1988) stellen hingegen in ihrer Untersuchung bei einem Aktienanteil des größten Aktionärs von 5 % bis 25 % (anders als bei kleinerem und größerem Anteilswert) eine Verminderung des Unternehmenswertes fest. Sie begründen dies damit, dass der größte Blockaktionär auch bei einer geringeren Aktienquote als 50 % bereits einen erheblichen Einfluss haben kann, sodass der sog. Entrenchment-Effekt überwiege (vgl. a. a. O., S. 301). In Deutschland sind mit den in Abschnitt 2.2.3.5 (ab S. 73) beschriebenen Minderheitenrechten und einer Sperrminorität von i. d. R. 25 % Stimmrechtsanteil solche Verschanzungseffekte nicht unplausibel. Auch dürften Mitglieder von Gründerfamilien selbst dann einen erheblichen Einfluss in Vorstand oder Aufsichtsrat haben, wenn die Familie nicht mehr über eine Stimmenmehrheit verfügt. Daneben tragen auch die üblicherweise geringen Hauptversammlungspräsenzen zur Möglichkeit der „Verschanzung" bei geringem Stimmrechtsanteil bei; vgl. Vogl-Mühlhaus (1998), S. 75. Dies spricht aber bezogen auf Dual-Class-Unternehmen dafür, dass auch in dieser Spanne für den Anteilsbesitz der Kursaufschlag von Stammaktien ansteigt, da sich die Blockaktionäre einen Verkauf ihrer Anteile entsprechend den erzielbaren Private Benefits vergüten lassen würden.

[1298] Vgl. Gompers/Ishii/Metrick (2010), S. 7 und S. 28. Im Mittel liegt auch dabei der mittlere Stimmrechtsanteil bei 40 %. Bei Dual-Class-Unternehmen hängt der Gesamteffekt auf Tobins Q auch vom Anteil der Insider-Aktionäre an den Stimmrechten, also implizit vom Unterschied zwischen den Cashflow- und Stimmrechtsanteilen des Großaktionärs ab. Mit zunehmender betragsmäßiger Differenz sinkt hier Tobins Q; vgl. a. a. O., S. 24.

[1299] Der nichtlineare Verlauf korrespondiert möglicherweise auch mit einem nichtlinearen Verlauf der Abhängigkeit der Aktienrendite von der Eigentümerstruktur. Ehrhardt/Nowak (2003a) stellen für 105 deutsche IPOs fest, dass die Rendite der ersten drei Jahre nach dem Börsengang von Familienunternehmen im Vergleich zu einem Benchmark im Mittel um mehr als 20 % unterdurchschnittlich ist, wenn die Familie entweder die uneingeschränkte Kontrolle behält (mindestens 75 % Stimmenanteil) oder sogar die Sperrminorität aufgibt (weniger als 25 % der Stimmrechte). Behält die Familie einen Anteil zwischen 25 % und 50 % ist die Überrendite hingegen stark positiv (60,8 %), vgl. Ehrhardt/Nowak (2003a), Tabelle 2, und Abschnitt 4.5.3.

[1300] Vgl. Ben-Amar/André (2006), S. 530-532. Die Autoren verweisen auch auf eine vergleichbare Untersuchung von Bigelli/Mengoli (2004) für italienische Übernahmen, bei denen die quadratische Funktion ihr Maximum bei 44 % erreicht.

4.2.3.2 Weitere Einflussfaktoren für die Übernahmewahrscheinlichkeit

Die Übernahmewahrscheinlichkeit ist noch von weiteren Faktoren abhängig. So dürfte sie in dem Fall eines nicht ausgeschütteten Free Cashflows ansteigen, da dadurch die Attraktivität für Bieter steigen würde, wenn diese über gewinnbringende Investitionsmöglichkeiten für den Free Cashflow verfügen, zu denen die Gesellschaft selbst keinen Zugang hat.

Die Übernahmewahrscheinlichkeit steigt insbesondere auch dann an, wenn die Vorzugsaktien ein Stimmrecht wegen ausgefallener Dividenden erlangen. In diesem Fall ist es nämlich selbst im Fall eines Mehrheitsbesitzes der Stammaktien möglich, die Stimmrechtsmehrheit bei der nächsten (ggf. auch außerordentlichen) Hauptversammlung durch Kauf von Aktienblöcken und Streubesitz-Vorzugsaktien (am Markt oder durch Übernahmeangebot) zu erreichen und über die Wahl von Aufsichtsräten die Unternehmenspolitik im Sinne des Erwerbers zu verändern sowie einen neuen Vorstand einzusetzen.[1302] In diesem Fall würden auch die Vorzugsaktien an Private Benefits des Bieters partizipieren. Dadurch dürfte insgesamt der Kursaufschlag der Stammaktien verringert werden.[1303]

Dennoch führt der Umstand, dass Stammaktien und Vorzugsaktien zeitweilig dasselbe Stimmrecht haben können, auch bei aufgelebtem Stimmrecht nicht zwingend dazu, dass die in den Kursen der Stamm- und der Vorzugsaktien enthaltenen Stimmrechtswerte identisch sind, da der Vorzugsaktionär mit einer Nachzahlung ausgefallener Dividenden im nächsten erfolgreichen Geschäftsjahr und daher mit einem „Verlust" des aufgelebten Stimmrechts rechnen kann. Wenn der Zeitpunkt der möglichen Partizipation an Private Benefits eines Blockaktionärs noch nicht feststeht, müssen daher rationale Vorzugsaktionäre bei der Diskontierung der erwarteten Private Benefits einen höheren Risikozuschlag bei der Diskontierung vornehmem.

[1301] Zwar ist ein glockenförmiger Verkauf plausibler begründbar (siehe oben), jedoch dürfte es häufig wenig Beobachtungen im extremen Bereich (Anteil des größten Aktionärs >95 % oder <5 %) geben, sodass eine quadratische Funktion eine gute Approximation darstellen kann.

[1302] Zwar müssen zur Erlangung der Stimmenmehrheit in diesem Fall einerseits mehr Grundkapitalanteile erworben werden als bei nicht aufgelebtem Stimmrecht. Aufgrund der wegen der Dividendenlosigkeit offensichtlichen wirtschaftlichen Probleme des Unternehmens dürften aber die Kurse von Stamm- und Vorzugsaktien andererseits gesunken sein, sodass zur Erreichung der Stimmenmehrheit nicht unbedingt ein absolut höherer Kapitalbetrag aufgewendet werden muss.

[1303] Auf die Formulierung einer separaten Hypothese wird an dieser Stelle verzichtet, da die mögliche Hypothese identisch zu der Hypothese K10 in Abschnitt 4.3.2.1 (S. 345) wäre.

Der Anstieg der Übernahmewahrscheinlichkeit erfolgt nicht erst mit dem tatsächlichen Aufleben des Stimmrechts, sondern bereits beim ersten Dividendenausfall, da dann die Wahrscheinlichkeit des Auflebens durch einen weiteren Dividendenausfall ansteigt. Des Weiteren dürften die Wahrscheinlichkeit eines Dividendenausfalls und damit die aktuelle Übernahmewahrscheinlichkeit umso größer sein, je geringer der Bilanzgewinn im Verhältnis zu der zu zahlenden Summe der Vorzugsdividenden (einschließlich etwaiger Nachzahlungsansprüche) ist. Bei einem Verhältnis knapp über eins reicht der Bilanzgewinn gerade zur Zahlung der Vorzugsdividenden aus, d. h. es ist im Vergleich zu einem höheren Quotienten wahrscheinlicher, dass die Dividende künftig ausfällt und das Stimmrecht wiederauflebt.[1304]

4.2.3.3 Einfluss eines Stimmrechtshandels auf Übernahmewahrscheinlichkeit und Private Benefits

In der Literatur wird bisweilen diskutiert, die Abspaltung des Stimmrechts von der Aktie zu ermöglichen und einen separaten Stimmrechtshandel einzuführen.[1305] Dadurch könnte insbesondere der einflusslose Kleinaktionär, für den die Ausübung des Stimmrechts tendenziell keinen Einfluss auf Unternehmensentscheidungen hat, sein Stimmrecht an einen interessierten Investor veräußern und dabei selbst die Vermögens- (d. h. insbesondere die Dividenden-)Rechte behalten.[1306] Der Vorteil für den Kleinaktionär liegt darin, dass ein Investor, der viele Stimmrechte akkumuliert, einen Einfluss auf die Gesellschaft und das Management ausüben und so direkt oder indirekt durch Androhung einer Übernahme einen disziplinierenden Einfluss auf das Management im Hinblick auf die Konsumierung von Perquisites ausüben kann. Dies würde auch den Kleinaktionären zugutekommen. Insofern würde der Kleinaktionär sein für ihn nutzloses Stimmrecht an einen aus seiner Perspektive „besseren Kontrolleur" veräußern. Der An-

---

[1304] Doerks (1992), S. 79 f., bezeichnet dieses Verhältnis als „Stimmrechtswiederauflebungsindikator". In den Querschnittsregressionen zeigt sich für die Jahre 1974 bis 1987 allerdings kein signifikanter Zusammenhang zwischen dem Stimmrechtswiederauflebungsindikator und dem Kursaufschlag der Stammaktien (vgl. a. a. O., S. 124). Da für die empirische Analyse in dieser Arbeit keine Daten über Gewinngrößen verfügbar waren, wird eine prinzipiell ableitbare Hypothese über einen negativen Zusammenhang der beiden Größen hier nicht weiter verfolgt.

[1305] Vgl z. B. Elschen (1988), Lattemann/Klemens/Durica (2007), Geldmacher/Foit (1999).

[1306] Hinter dem Vorschlag steht der Gedanke der Property-Rights-Theorie, dass die Aktie ein Bündel von Verfügungsrechten ist. Eine zwangsweise Bindung der unterschiedlichen Verfügungsrechte könne daher dazu führen, dass keine effiziente Allokation erreicht wird; so Geldmacher/Foit (1999), S. 15. Da Stimmrechte wegen ihres unbestrittenen Wertes ein ökonomisches Gut darstellen, würde deren Nichtausübung und Verfall damit „qua definitionem zu Marktineffizienzen" führen; so Lattemann/Klemens/Durica (2007), S. 3.

reiz für einen Stimmrechtsinvestor besteht darin, dass er durch den Erwerb vieler Stimmrechte tatsächlich die Stimmrechtsmehrheit und damit die Kontrolle erlangen kann, dies z. B. auch, wenn ein Übernahmeinteressent bereits über eine Minderheitskapitalbeteiligung verfügt und Stimmrechte hinzukaufen möchte.

Vordergründig würden also durch einen solchen Stimmrechtshandel der Konsum von Perquisites durch das Management zugunsten aller Aktionäre abnehmen und die Übernahmewahrscheinlichkeit ansteigen, da Kontrollübernahmen auf diesem Wege günstiger sind. Tatsächlich wären mit einem solchen Stimmrechtshandel jedoch auch negative Anreizwirkungen verbunden: Investoren werden stets an einer Kontrollübernahme interessiert sein, da ihnen allein aus den Stimmrechten kein Vorteil erwächst: Die Dividendenrechte stehen weiterhin den Kleinaktionären zu. Erst mit Kontrollübernahme können die Stimmrechtskäufer durch Generierung von Private Benefits pekuniäre Vorteile zulasten aller Aktionäre erzielen, die – damit sich der Stimmrechtserwerb lohnt – über dem für die Stimmrechte gezahlten Preis liegen müssen. Zum einen kann dies nicht im Interesse der Kleinaktionäre liegen, zum anderen wird durch den Stimmrechtshandel unter Berücksichtigung des für den Kontrollerwerb gezahlten vergleichsweise geringen Preises die Ausplünderung von Unternehmen erleichtert.[1307] Es ist daher gerechtfertigt, Vermögens- und Stimmrechte nicht zu trennen, wie dies auch im deutschen Aktienrecht festgeschrieben ist.[1308]

4.2.4   Experimentelle Ergebnisse zum Stimmrechtswert bei Dual-Class-Strukturen

Wie bereits erörtert, wird der Wert eines Stimmrechts u. a. damit erklärt, dass freie Stammaktionäre erwarten, im Fall einer Unternehmensübernahme (oder jedenfalls in dem Fall, dass ihre Stimme z. B. für eine Koalitionsbildung benötigt wird) zusätzliche Cashflows zu erhalten, die den Vorzugsaktionären nicht zuteil-

---

[1307] Zur Abmilderung dieser Gefahr wird von den Befürwortern eines Stimmrechtshandels vorgeschlagen, dass das Stimmrecht nur temporär – bis zum Ende der nächsten Hauptversammlung – abgespaltet wird und dann zunächst wieder kostenlos dem Aktionär zufließt [vgl. Geldmacher/ Foit (1999), S. 26]. Dies könnte tatsächlich zur Disziplinierung der Stimmrechtsinvestoren beitragen. Allerdings ändert dies nichts an dem erwähnten Umstand, dass sich der Stimmrechtserwerb für den Investor lohnen muss. Dies ist letztlich nur zulasten der Aktionäre möglich. Zudem würde eine solche Regelung die Orientierung des Managements an kurzfristigen Erfolgen verstärken, da schon bei der nächsten Hauptversammlung eine neue Stimmrechtsmehrheit bestehen kann. Investitionen, die sich erst langfristig auszahlen, dürften daher tendenziell zurückgestellt werden.

[1308] Abspaltungsverbot (§ 8 Abs. 5 AktG). Tatsächlich ist für professionelle Investoren eine indirekte Handelbarkeit via Wertpapierleihe möglich, vgl. Lattemann/Klemens/Durica (2007), S. 3.

werden, insbesondere durch Extrahierung eines Teils der Private Benefits von Blockaktionären (unter Berücksichtigung der Eintrittswahrscheinlichkeit für solche Szenarien). Problematisch bei diesem Ansatz ist, dass die Wahrscheinlichkeit für einen Aktionär, dass gerade dessen Aktie bei großen Streubesitzunternehmen benötigt wird (sie also die „Pivot-Aktie" ist), verschwindend gering ist.

Dittmann et al. (2014) haben diese Erklärung in einem Experiment überprüft und festgestellt, dass die Teilnehmer des Experiments dem Stimmrecht genau dann einen Wert beigemessen haben, wenn sie aus dem Ergebnis der Abstimmung Auszahlungen für sich erwartet haben, und zwar unabhängig von ihrem (Stimmen-)Anteil am Erfolg der Abstimmung. Im Mittel betrug der Aufschlag der Aktien mit Stimmrecht gegenüber den Aktien ohne Stimmrecht 13,4%.[1309] Für andere denkbare Erklärungen als dieses sog. „instrumental voting" (zu übersetzen in etwa mit „zielorientierte Abstimmung"), namentlich das Sichtbarwerden der Stimmabgabe („expressive voting"), die Präferenz, abzustimmen anstelle nichts zu tun („entertainment voting"), oder das positive Gefühl, mit dem Gewinner zu stimmen, können die Autoren keine signifikanten Belege finden.[1310]

Als Erklärung des scheinbar paradoxen Befundes einer Zahlungsbereitschaft für das Stimmrecht wegen einer erwarteten Auszahlung trotz vernachlässigbaren Einflusses des Stimmrechts ermitteln die Autoren in dem Experiment, dass erstens die Akteure die Wahrscheinlichkeit überschätzen, dass ihre Stimme einen Einfluss hat, also pivotal ist, zweitens, dass den Akteuren das Stimmgewicht egal ist, sowie drittens, dass die Akteure die Fehlerhäufigkeit ihrer eigenen Entscheidungen unter- und die der anderen Akteure überschätzen („Overconfidence").[1311]

Das wichtige Ergebnis des Experiments ist also, dass Aktionäre dem Stimmrecht nur dann einen Wert beimessen, wenn dies *aus ihrer Sicht* zu finanziellen Auswirkungen auf das eigene Vermögen führen kann, auch wenn sie dabei in dem Sinne irrational handeln, dass sie ihre eigene Machtlosigkeit ignorieren und ihre Fähigkeiten überschätzen. Auf die in diesem Abschnitt abgeleiteten Hypothesen zum Einfluss des Stimmrechtswertes auf den Kursaufschlag kann dies insofern Einfluss haben, als in eindeutigen Konstellationen einer konzentrierten Aktionärsstruktur, etwa bei einem Anteilsbesitz eines Großaktionärs von über 75%, auch der beschränkt rational handelnde Aktionär seine Machtlosigkeit stärker wahrnimmt und letztlich dem Stimmrecht einen sehr geringeren Wert beimisst.

[1309] Vgl. Dittmann et al. (2014), S. 23 f.
[1310] Vgl. a. a. O., S. 26 f.
[1311] Vgl. a. a. O., S. 18.

4.2.5   Zwischenfazit

Aus Sicht von Grossman/Hart (1988) stellt ein kapitalproportionales Stimmrecht („One Share – One Vote") einen optimalen Zustand dar, da im Fall eines Übernahmewettbewerbs die Wahrscheinlichkeit für die Übernahme durch den am effizientesten wirtschaftenden Bieter – letztlich zum Wohl aller Aktionäre – am größten ist und mit dem am Ende erfolgreichen Übernahmeangebot der größte Betrag an erwarteten Private Benefits anteilig an die anderen Aktionäre fließt. Unter dieser Sichtweise wäre es sinnvoll, Instrumente zur Behinderung von Übernahmen wie stimmrechtslose Vorzugsaktien zu unterbinden. Empirische Untersuchungen zeigen aber, dass es auch bei Single-Class-Unternehmen mit Blockaktionären eine Disparität von Stimmrecht und Kontrolle gibt, die eine negative Wirkung auf die Marktbewertung des Unternehmens hat, dass also eine Abschaffung von Dual-Class-Strukturen das von den „One Share – One Vote"-Befürwortern gesehene Problem nicht löst.

Der Anreiz, von einer One-Share-One-Vote-Struktur abzuweichen, ist für Investoren umso größer, je größer die erzielbaren Private Benefits im Vergleich zu den erzielbaren Cashflows sind.[1312] Wenn in der Praxis Dual-Class-Unternehmen für Investoren interessanter sind, könnten dadurch faktisch auch die Streubesitzaktionäre im Zuge von häufigeren Übernahmeangeboten profitieren. Plausibel ist zudem, dass Übernahmehemmnisse dabei helfen können, langfristige Investitionen und Strategien zur Steigerung des Unternehmenswertes, die mglw. kurzfristig mit höheren Risiken verbunden sind, im Interesse aller Aktionäre in Angriff zu nehmen, indem an kurzfristiger Gewinnerzielung orientierte Investoren von Übernahmen abgehalten werden. Dies ist nicht nur für traditionell an langfristiger Unternehmenswertsteigerung orientierte Familiengesellschaften ein Motiv zur Ausgabe von Vorzugsaktien, sondern dadurch können auch die gesamtgesellschaftlich wünschenswerten Anreize für Entrepreneure gesichert werden, trotz unsicherer Erfolgsaussichten persönliche Risiken einzugehen und am Ende ggf. nach „langem Atem" profitieren zu können.

Die Aussicht der Stammaktionäre, dass für Stammaktien im Fall einer Übernahme ein höheres Übernahmeangebot als für Vorzugsaktien gezahlt wird, kann bei vergleichbarer Liquidität der Gattungen und nur geringen Dividendenunterschieden einen langfristig höheren Stammaktienkurs erklären. Dies gilt für Deutschland auch schon vor 1995, obwohl feindliche Übernahmen praktisch kaum vorkamen. Maßgeblich für den impliziten Wert des Stimmrechts als einem der we-

---

[1312] So auch Vogl-Mühlhaus (1998), S. 48.

sentlichen Bestimmungsfaktoren des Kursunterschieds ist der Umfang an privaten Vermögensvorteilen (Private Benefits), den ein Blockaktionär erzielen kann,
und die Wahrscheinlichkeit, dass es zu einem Übernahme- oder jedenfalls An-
kaufsangebot kommt. Diese beiden Bestimmungsfaktoren werden ebenso wie die
tendenziell durch eine stärkere Verschanzung des Managements in Dual-Class-
Unternehmen vergleichsweise größere Höhe der Agency-Kosten maßgeblich von
der Konzentration der Aktionärsstruktur und von der Art der Blockaktionäre beeinflusst. Konkret ist u. a. davon auszugehen, dass bei Gesellschaften, deren
größter Aktionär ein Familienunternehmen ist, der Kursunterschied am höchsten
ist. Je nach Konzentration der Aktionärsstruktur ist der Umfang der Private Benefits tendenziell groß und die Übernahmewahrscheinlichkeit gering oder umgekehrt. Mehrere empirische Studien bestätigen dementsprechend einen nicht-
monotonen (z. B. quadratischen) Zusammenhang zwischen der Konzentration der
Aktionärsstruktur und dem Stimmrechtswert.

Schließlich erscheint es plausibel, dass das Ausmaß der Privat Benefits und damit c. p. der Kursaufschlag der Stammaktien zunehmen, je geringer der Kapitaleinsatz des Mehrheitsaktionärs im Vergleich zum gesamten Vermögen der Gesellschaft ist; dies ist u. a. bei höherem Grundkapitalanteil der Vorzugsaktien
(und entsprechend größerer Divergenz von Cashflow- und Stimmrechten) und in
Konzernen mit Pyramidenstruktur der Fall.

4.3   Unterschiedliche Cashflow-Rechte bei Dual-Class-Strukturen

Aus der Sicht von Investoren sind neben dem grundsätzlich fehlenden Stimmrecht von Vorzugsaktien insbesondere die im Vergleich zu Stammaktien abweichenden Cashflow-Rechte von Bedeutung. Diese ergeben sich zum einen aus der
gesetzlichen Forderung einer nachzahlbaren Mindestdividende (§ 140 Abs. 2
AktG 1965), zum anderen aus der gesetzlich nicht gebotenen, aber häufig anzutreffenden Mehrdividende gegenüber Stammaktien.[1313] Zur genaueren Analyse
des aus den unterschiedlichen Cashflow-Rechten resultierenden Bewertungsunterschieds seien im Folgenden die prioritätische Dividende der Vorzugsaktien
mit D und die statutarische Mehrdividende mit M, ggf. versehen mit einem Zeit-
index, bezeichnet.

[1313] Seit der Aktienrechtsnovelle 2016 ist der Dividendenvorzug nicht mehr zwingend kumulativ.
Außerdem kann der Vorzug nunmehr auch „nur" in einer Mehrdividende bestehen. Vgl. im Detail den Abschnitt 2.2.1.

4.3.1 Dividendenvorzug bei einperiodiger Betrachtung

Betrachtet man zunächst nur eine Periode mit dem Bilanzgewinn G, ergeben sich die Dividendenhöhe der Stammaktien (Anzahl S) und der Vorzugsaktien (Anzahl V) sowie der daraus resultierende absolute Dividendenvorteil (die Differenz der Dividenden beider Gattungen) und der relative Dividendenvorteil (der absolute Dividendenvorteil als Anteil an der Dividende der Vorzugsaktie) wie in der nachfolgenden Tabelle 8 ersichtlich.[1314] Für Vorzugsaktien ohne Mehrdividende, also mit einfacher prioritätischer Dividende (siehe Abb. 1 b), gelten die Angaben in Tabelle 8 entsprechend mit M=0.

Tabelle 8: Dividendenhöhen und Dividendenvorteil in Abhängigkeit vom ausgeschütteten Bilanzgewinn

Höhe des Bilanz- gewinns G	Dividende Stammaktie	Dividende Vorzugsaktie	absoluter Dividendenvor- teil (ADV)	relativer Dividenden- vorteil (RDV)	Bemerkung
$0 \leq G < V{\cdot}D$	0	G/V	G/V	$1\ (=100\%)$	G reicht nicht zur Zahlung des Divi-dendenvorzugs
$V{\cdot}D \leq G$ $< (V{+}S){\cdot}D$ $- S{\cdot}M$	$\dfrac{G - V{\cdot}D}{S}$	D	$\dfrac{(V{+}S){\cdot}D - G}{S}$ (1315)	$1 - \dfrac{G - V{\cdot}D}{S{\cdot}D}$	Vorzugsaktien er-halten Dividenden-vorzug, aber keine volle Mehrdividende
$G \geq$ $(V{+}S){\cdot}D - S{\cdot}M$	$\dfrac{G - V{\cdot}M}{S{+}V}$	$\dfrac{G + S{\cdot}M}{S{+}V}$ (1316)	M	$\dfrac{M{\cdot}(S{+}V)}{G + S{\cdot}M}$	Vorzugsaktien erhalten volle Mehrdividende

Die Angaben gelten für eine prioritätische Dividende mit Mehrdividende und teilweiser Anrech-nung des Dividendenvorzugs. G bezeichnet die Höhe des (ausgeschütteten) Bilanzgewinns, V und S die Anzahlen der Vorzugs- bzw. Stammaktien, D die Dividendenpriorität und M die Mehrdivi-dende der Vorzugsaktien. Der absolute Dividendenvorteil ADV ist die Differenz der Dividenden auf Vorzugs- und Stammaktien, der relative Dividendenvorteil RDV ist der Quotient aus ADV und Vorzugsaktiendividende (siehe Fußnote 1317 auf der Folgeseite). Quelle: Eigene Darstellung.

[1314] Dabei wird der häufige Fall einer prioritätischen Dividende mit teilweiser Anrechnung der Mehr-dividende bei der Ermittlung der Stammdividende unterstellt: Konkret wird der nach Verteilung des Dividendenvorzugs an die Vorzugsaktionäre verbleibende Bilanzgewinn zunächst an die Stammaktionäre ausgeschüttet, bis diese eine Dividende erhalten, die der um die Mehrdividende verringerten Vorzugsdividende (D – M) entspricht. Ein darüberhinausgehender Bilanzgewinn wird gleichmäßig auf beide Gattungen verteilt; ab dieser Höhe führt ein Bilanzgewinn zu einer Dividendendifferenz in Höhe der Mehrdividende. Vgl. hierzu auch die Abbildung 1 c) auf S. 94 und die dortige Erläuterung.

[1315] $ADV = D - (G - V{\cdot}D)/S = (S{\cdot}D - G + V{\cdot}D)/S = [(V + S){\cdot}D{-}G]/S$

[1316] Der Ausdruck für die Dividende der Vorzugsaktien errechnet sich als
$[G - S{\cdot}(G - V{\cdot}M)/(S + V)]/V = [G{\cdot}(V{+}S) - S{\cdot}(G - V{\cdot}M)]/[V{\cdot}(V{+}S)] = (G{\cdot}V + S{\cdot}M{\cdot}V)/[V{\cdot}(V{+}S)]$

In der folgenden Abbildung 8 sind der absolute und relative Dividendenvorteil[1317] der Vorzugsaktie grafisch dargestellt. Der absolute Dividendenvorteil entspricht dabei der vertikalen Differenz zwischen der Dividende von Vorzugs- und Stammaktien in Abbildung 1 c).

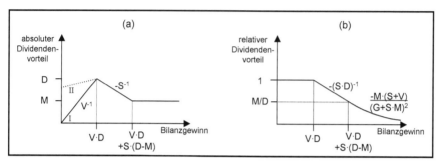

Abbildung 8:   Absoluter und relativer Dividendenvorteil bei unterschiedlicher Höhe des ausgeschütteten Bilanzgewinns

Die Darstellung gilt für eine Vorzugsaktie mit prioritätischer Dividende und einer Mehrdividende mit teilweiser Anrechnung des Dividendenvorzugs (vgl. auch Abbildung 1 c).
In Abbildung (a) gibt Linie I den tatsächlichen Verlauf des absoluten Dividendenvorteils im Ausschüttungsjahr an; Linie II entspricht dem absoluten Dividendenvorteil unter Berücksichtigung späterer, im Betrachtungszeitpunkt zu diskontierender Nachzahlungen (siehe Text). Die Angaben an den Graphen geben den Anstieg der Geraden im jeweiligen Teilstück an.
Quelle: Eigene Darstellungen, ähnlich denen in Doerks (1992), S. 34 und S. 38.

Betrachtet man nur die Zahlungen in einer Periode, wird der absolute Dividendenvorteil in Abbildung 8 a) durch Linie I korrekt wiedergegeben. Allerdings wird in diesem Bereich den Vorzugsaktionären nicht die volle Dividendenpriorität ausgeschüttet, sodass sie einen prioritätischen Nachzahlungsanspruch aus Gewinnen späterer Geschäftsjahre erwerben. Außer im Fall der Insolvenz der Gesellschaft ist ihnen die Zahlung dieser Vorzugsdividende insgesamt sicher. Um diese in späteren Jahren zu befriedigenden Ansprüche in der hier betrachteten Auszahlungsperiode zu berücksichtigen, müssen diese entsprechend der (un-

---

[1317] Der *relative Dividendenvoteil (RDV)* gibt – in Anlehnung an die Definition in Doerks (1992), S. 37 – an, wie groß der Anteil des Dividendenvorzugs an der Dividende der Vorzugsaktie ist. Sinnvoll wäre auch eine auf die Dividende der Stammaktie bezogene Normierung. Dies ist jedoch aus mathematischer Sicht ungünstig, wenn die Stammaktiendividende 0 ist.

bekannten) Dauer bis zur Nachzahlung diskontiert werden. Der nominale Verlust durch diese Diskontierung ist umso größer, je geringer der in der betrachteten Periode gezahlt Teil der Vorzugsdividende ist, ist also am größten, falls überhaupt keine Dividendenzahlung auf Vorzugsaktien erfolgt ist. Schematisch wird dieser Zusammenhang durch Linie II dargestellt.

Aus Abbildung 8 b) ist ersichtlich, mit welcher Rate, d. h. wie schnell, der relative Dividendenvorteil der Vorzugsaktien mit zunehmendem Bilanzgewinn abnimmt: Verzeichnet die Gesellschaft einen hohen (auszuschüttenden) Bilanzgewinn, fällt auch eine Mehrdividende weniger ins Gewicht. Erst recht dürfte die Dividendenpriorität und damit die Sicherheit, außer im Insolvenzfall eine konstante Mindestdividende zu erhalten, im Falle einer guten wirtschaftlichen Verfassung des Unternehmens mit Zahlung von deutlich darüberhinausgehenden Dividenden an Stamm- und Vorzugsaktionäre für die Investitionsentscheidung des Investors tendenziell relativ unbedeutend sein. Für die Frage, ob Investoren die u. U. vorteilhafteren Cashflowrechte von Vorzugsaktien bei der Bewertung und Findung eines angemessenen Preises für Stamm- und Vorzugsaktien als maßgeblichen Faktor überhaupt berücksichtigen, kommt es also darauf an, wie die Investoren die Zukunftsaussichten des Unternehmens einschätzen. Ist davon auszugehen, dass das Unternehmen eine wirtschaftlich schwache Phase durchlaufen wird, müssen Investoren die Gefahr „einkalkulieren", dass Dividenden nicht oder nicht in voller Höhe gezahlt werden können. In dieser Situation steigt wegen der Kumulation ausgefallener bzw. potenziell ausfallender Mindestdividenden die Attraktivität der Vorzugsaktie im Vergleich zur Stammaktie und damit auch deren Kurs relativ zum Kurs der Stammaktie. Umgekehrt sollte demzufolge der Kursaufschlag in einem guten Konjunkturumfeld steigen. Dies hat auch die Studie von Rothauge/Schmitt (1993) gezeigt.[1318]

Die von Marktteilnehmern unterstellte Wahrscheinlichkeit für einen Dividendenausfall dürfte nicht nur in einem konkreten schlechteren gesamtwirtschaftlichen Umweltzustand steigen, sondern bereits bei Erwartungen über eine künftige ungünstige gesamtwirtschaftliche Entwicklung. Da die Aktienkurse hierfür als wichtige Indikatoren dienen, sollte sich der Kursaufschlag auch mit einem allgemein sinkenden Kursniveau vermindern und mit steigenden Aktienkursen erhöhen. Mithin ergeben sich die folgenden Hypothesen:

[1318] Zitiert nach Vogl-Mühlhaus (1998), S. 33.

Hypothese K6:
Der Kursunterschied zwischen Stamm- und Vorzugsaktienkursen steigt mit höherem BIP-Wachstum.

Hypothese K7:
Der Kursunterschied zwischen Stamm- und Vorzugsaktienkursen steigt mit einem allgemeinen Anstieg der Aktienkurse.

Auch Weber/Berg/Kruse (1992) haben einen signifikant positiven Zusammenhang zwischen der Kursdifferenz aus Stamm- und Vorzugsaktien und einem Aktienindex (konkret dem FAZ-Index) ermittelt.[1319] Neben der schon angeführten Erklärung über ein gesunkenes Dividendenausfallrisiko bei steigenden Ertragserwartungen begründen die Autoren den Zusammenhang damit, dass spekulative Anleger Stammaktien bevorzugen würden und dass daher bei steigenden Aktienkursen die Nachfrage nach Stammaktien schneller ansteigen (und bei fallenden Aktienkursen stärker zurückgehen) würde.

Nicht nur bei einem allgemeinen Kursrückgang dürften Vorzugsaktien als sicherer Hafen gefragt sein, auch bei nur auf das einzelne Unternehmen bezogenen gesunkenen Zukunftsaussichten (die sich in sinkenden Aktienkursen des Unternehmens manifestieren) erscheint eine relativ gestiegene Attraktivität der Vorzugsaktie und damit ein geringerer Kursunterschied plausibel. Hierauf wird im folgenden Abschnitt noch einzugehen sein (vgl. Hypothese K11, Seite 346).

4.3.2 Dividendenvorzug bei mehrperiodiger Betrachtung

4.3.2.1 Bedeutung der Cashflows aus Dividenden

Nach dem Dividendendiskontierungsmodell ergibt sich der Kurs einer Aktie als Barwert der erwarteten künftigen Cashflows aus der Aktie. Aus diesem Modell resultiert ein theoretischer Kurs der Stammaktie von

$$K_S = \sum_{t=1}^{\infty} \frac{E(SDiv_t)}{(1+i)^t} \qquad \text{(Gleichung 4).}$$

Dabei drücken *SDiv$_t$* die jeweilige Ausschüttung in Periode *t*, *E(·)* den Erwartungswert und *i* den (zur Vereinfachung als konstant angenommenen) Diskon-

---

[1319] Vgl. Weber/Berg/Kruse (1992), S. 562 f.

tierungszinssatz aus.[1320] Des Weiteren wird unterstellt, dass außer Dividendenzahlungen keine weiteren Cashflows aus der Aktie resultieren und dass Dividendenzahlungen im Abstand von jeweils genau einem Jahr erfolgen, wobei die erste Zahlung in genau einem Jahr, gerechnet vom Betrachtungszeitpunkt, erfolgt.

Das Dividendendiskontierungsmodell kann auch zur Ableitung eines theoretisch adäquaten Preis der Vorzugsaktien herangezogen werden. Dabei wird zur weiteren Vereinfachung im Folgenden angenommen, dass der Bilanzgewinn entweder zur Zahlung von Vorzugsdividende und Mehrdividende ausreicht, oder dass keine Dividende ausgeschüttet wird (dass also die Vorzugsdividende später vollständig nachgezahlt wird). Unter diesen Prämissen entspricht die Dividende der Vorzugsaktie bei ausreichendem Bilanzgewinn der Dividende auf Stammaktien zuzüglich der Mehrdividende M zuzüglich etwaiger Nachzahlungen der Dividendenpriorität D. Es bezeichne ferner n_t die Anzahl der Perioden, bis die Zahlung des in Periode t fälligen Dividendenvorzugs tatsächlich erfolgt (bei Ausfall des Dividendenvorzugs gilt also $n_t > 0$; sonst gilt $n_t = 0$). Dann ergibt sich der Kurs K_V der Vorzugsaktie bei analoger Anwendung des Dividendendiskontierungsmodells als

$$K_V = \sum_{t=1}^{\infty} \frac{E(SDiv_t)}{(1+i)^t} + \left(\frac{M}{i} - M \sum_{t=1|n_t>0}^{\infty} \frac{1}{(1+i)^t} \right) + \left(D \sum_{t=1|n_t>0}^{\infty} \frac{1}{(1+i)^{t+n_t}} \right) \quad (5).$$

Der Barwert der Mehrdividenden (zweiter Summand in Gleichung 5) ergibt sich dadurch, dass man von der „ewigen Rente" der Mehrdividende die mangels ausgeschütteten Bilanzgewinns nicht gezahlten (und damit auch nicht nachgezahlten), Mehrdividenden diskontiert und abzieht. Für diese Perioden erfolgt jedoch eine Nachzahlung des Dividendenvorzugs nach n_t Perioden, weshalb diese mit einem entsprechend dem höheren Exponenten höheren Diskontierungsfaktor abzuzinsen sind.

[1320] Für die hier abzuleitenden Hypothesen ist die Vereinfachung eines identischen Diskontierungszinssatzes für Stamm- und Vorzugsaktien unproblematisch, siehe auch die Erläuterung nach Gleichung 6 (S. 344). Grundsätzlich sind die Dividendenzahlungen an Vorzugsaktionäre wegen der vorrangigen und kumulativen Zahlung des Dividendenvorzugs zu jedem Zeitpunkt sicherer, was tendenziell – auch bei Verwendung laufzeitkongruenter Zinssätze – für geringere Diskontierungszinssätze für auf Vorzugsaktien entfallende Zahlungen spricht. Insofern ergibt die nachfolgend praktizierte Verwendung eines einheitlichen Diskontierungssatzes für Stamm- und Vorzugsaktien eine konservative Bewertung der superioren Cashflowrechte von Vorzugsaktien.

Der absolute Bewertungsunterschied von Stamm- und Vorzugsaktien bei ausschließlicher Berücksichtigung der mit ihnen verbundenen Cashflows ergibt sich aus Subtraktion der Gleichungen 4 und 5 als[1321]

$$K_V - K_S = \left(\frac{M}{i} - M \sum_{t=1|n_t>0}^{\infty} \frac{1}{(1+i)^t} \right) + \left(D \sum_{t=1|n_t>0}^{\infty} \frac{1}{(1+i)^{t+n_t}} \right) \geq 0 \qquad (6).$$

Der Ausdruck wäre im Übrigen auch bei einer Abweichung von der getroffenen Annahme, dass der Diskontierungszins für Vorzugs- und Stammaktien identisch ist, stets positiv, da die in Gleichung (6) diskontierten Zahlungsströme sämtlich Zahlungen betreffen, die nur auf Vorzugsaktien entfallen.

Nimmt man nun als starke Vereinfachung zusätzlich an, dass rückständige Vorzugsdividenden immer nach Δ Perioden nachgezahlt werden, d. h. $n_t = 0$ oder $n_t = \Delta$ $\forall$t, vereinfacht sich (6) zu

$$K_V - K_S = \frac{M}{i} + \left(\frac{D}{(1+i)^{\Delta}} - M \right) \sum_{t=1|n_t>0}^{\infty} \frac{1}{(1+i)^t} \qquad (7).$$

Aus den Gleichungen 6 und 7 folgt auch formal die – wenig überraschende – Erkenntnis, dass sich sowohl die Höhe der Mehrdividende als auch die Höhe der Vorzugsdividende und ebenso der Umstand der Nachzahlbarkeit der Vorzugsdividende positiv auf die Kursdifferenz aus Vorzugs- und Stammaktien auswirken. Für die Untersuchungen auf Basis des (umgekehrten und relativ definierten) Aufschlags des Stammaktienkurses gegenüber dem Vorzugsaktienkurs ergeben sich mithin die folgenden Hypothesen:

Hypothese K8:
Je höher die Mehrdividende ist, desto geringer[1322] ist der relative Kursaufschlag der Stammaktien.

Hypothese K9:
Je höher der Dividendenvorzug ist, desto geringer ist der relative Kursaufschlag der Stammaktien.

[1321] Vgl. auch Daske/Ehrhardt (2002a), S. 188.
[1322] „Geringer" ist im mathematischen Sinn zu verstehen, d. h. bei einem negativen (relativen) Kursaufschlag infolge eines höheren Kurses der Vorzugsaktien wird dessen Absolutbetrag größer.

Hypothese K10:
Der relative Kursaufschlag der Stammaktien ist geringer, wenn die Dividende auf Vorzugsaktien ausfällt.[1323]

Eine präzisere Formulierung für die letztgenannte Hypothese zur Nachzahlbarkeit würde lauten, dass der Kursaufschlag der Stammaktien sinkt, wenn die Erwartung auf künftige Dividendenausfälle steigt. Diese Hypothese kann jedoch ex post nicht getestet werden. Allerdings ist mit an Sicherheit grenzender Wahrscheinlichkeit davon auszugehen, dass die Erwartung an künftige Dividendenausfälle steigt, wenn die Dividende tatsächlich ausfällt.

Im vorigen Abschnitt wurde bereits der positive Zusammenhang zwischen allgemein steigenden Aktienkursen und dem Kursaufschlag der Stammaktien herausgearbeitet. Dies dürfte insbesondere auch in Bezug auf den Anstieg des Kurses der „eigenen" Stammaktien gelten. Das Kursverhältnis K_V/K_S erhält man durch Division der Gleichung 5 durch den Stammaktienkurs (Gleichung 4):

$$\frac{K_V}{K_S} = \frac{\sum_{t=1}^{\infty}\frac{E(SDiv_t)}{(1+i)^t} + \left(\frac{M}{i} - M\sum_{t=1|n_t>0}^{\infty}\frac{1}{(1+i)^t}\right) + \left(D\sum_{t=1|n_t>0}^{\infty}\frac{1}{(1+i)^{t+n_t}}\right)}{\sum_{t=1}^{\infty}\frac{E(SDiv_t)}{(1+i)^t}}$$

$$= 1 + \frac{\left(\frac{M}{i} - M\sum_{t=1|n_t>0}^{\infty}\frac{1}{(1+i)^t}\right) + \left(D\sum_{t=1|n_t>0}^{\infty}\frac{1}{(1+i)^{t+n_t}}\right)}{K_S}.$$

(8).

In Gleichung 8 ist festzustellen, dass der Zählerausdruck im rechten Summanden der rechten Seite, der gerade die superioren Cashflowrechte der Vorzugsaktien widerspiegelt, nicht vom Kurs der Stammaktie abhängig ist. Dies bedeutet, dass mit steigendem Kurs der Stammaktie der Quotient auf der rechten Seite und damit das Kursverhältnis K_V/K_S sinken. Der relative Kursaufschlag der Stammaktien, also das Reziproke dieses Wertes abzüglich eins ($K_S/K_V -1$), steigt dem-

---

[1323] Zwar wird in diesem Fall auch die ansonsten „eingepricte" Mehrdividende nicht gezahlt, jedoch wird der ausgefallene Dividendenvorzug nachgezahlt. Wie in der Abbildung 5 (S. 240) ersichtlich ist, gab es überhaupt nur eine Gesellschaft, bei der die statutarische Mehrdividende höher war als der statutarische Dividendenvorzug. Dabei handelte es sich um die Creaton AG.

nach mit steigendem Kurs der Stammaktie (und umgekehrt). Dies führt zu der folgenden Hypothese:

> **Hypothese K11:**
> **Der relative Kursaufschlag der Stammaktien steigt bei einem Anstieg des Stammaktienkurses.**

Der Effekt beruht – wie oben schon gezeigt – darauf, dass der kumulative Dividendenvorzug und eine eventuelle Mehrdividende für Aktionäre relativ betrachtet weniger Wert haben, wenn sich die Zukunftsaussichten für das Unternehmen verbessern.

Die in der Hypothese beschriebene Beziehung wurde zumindest auch in Italien empirisch bestätigt.[1324] Breitung/Wulff (1999) stellen für den deutschen Kapitalmarkt einen Anstieg des Kursaufschlags mit dem Aktienkurs allerding nur in zwei von sechs untersichten Fällen fest (RWE und Rheinmetall).[1325]

4.3.2.2 Einfluss des Diskontierungsfaktors

Aus den Gleichungen (6) und (7) lässt sich noch ein weiterer Einflussfaktor ableiten: Mit steigendem Diskontierungszins verringert sich der Barwert der aus Vorzugsaktien resultierenden höheren Cashflows und damit der Kursunterschied $K_V - K_S$. Ein höherer anzusetzender Diskontierungsfaktor kann mehrere Ursachen haben:

1. *Anstieg des Zinsniveaus am Kapitalmarkt.*[1326]
   Daraus ergibt sich unmittelbar die folgende Hypothese:

> **Hypothese K12:**
> **Je höher das Zinsniveau am Kapitalmarkt ist, desto höher ist der relative Kursaufschlag der Stammaktien.**

[1324] Vgl. Linciano (2002), S. 14.
[1325] Vgl. Breitung/Wulff (1999), S. 425. Nach dieser Analyse verminderte sich der Kursaufschlag im Untersuchungszeitraum bei ansteigendem Aktienkurs bei BMW, VW, MAN und Hugo Boss.
[1326] Wie erwähnt ist an sich prinzipiell ein laufzeitkongruenter Diskontierungszinssatz zu verwenden. Auch wenn nur die Zinssätze für einige Laufzeitbänder steigen, kann sich eine negative Wirkung auf die Kursdifferenz ergeben. Bei einer Drehung der Zinsstrukturkurve mit Zinsanstieg für einige und Zinssenkung für andere Laufzeitbänder hängt die Wirkung von dem Gewicht der Cashflows auf dem jeweiligen Laufzeitband ab. Wegen der Diskontierung einer unendlichen Reihe von Dividenden dürften tendenziell Änderungen des langfristigen Zinses einen größeren Einfluss haben.

Noch ein weiteres Argument spricht für diese Hypothese: Der Dividendenvorzug von Vorzugsaktien beträgt überwiegend 4 % bis 6 % des (ggf. impliziten) Nennwerts.[1327] In Phasen mit einem niedrigen Zinsniveau am Renten- bzw. Geldmarkt können Vorzugsaktien mit diesem der Höhe – wenn auch nicht dem Zeitpunkt nach – sicheren und nicht vom Kapitalmarktzins abhängigen Dividendenvorzug eine gute Anlagealternative für Investoren darstellen, und zwar selbst nach Berücksichtigung eines Risikoabschlags. Dies kann zu einem Kursanstieg der Vorzugsaktie relativ zur Kursentwicklung der Stammaktien führen. Umgekehrt kann der bloße Dividendenvorzug bei einem hohen Kapitalmarktzinsniveau keinen Anreiz zur Substitution einer Anlage von festverzinslichen Titeln durch eine Anlage in Vorzugsaktien bieten, weshalb sich ein Zinsanstieg negativ auf die Kursdifferenz $K_V - K_S$ und damit positiv auf den Kursaufschlag der Stammaktien auswirken dürfte.

Weber/Berg/Kruse (1992) haben für deutsche Dual-Class-Unternehmen im Zeitraum von 1977-89 einen entgegengesetzten Effekt, nämlich einen negativen Einfluss des Zinsniveaus (genauer gesagt: der Umlaufrendite) auf das Kursverhältnis festgestellt.[1328] Dabei war der Erklärungsgehalt einer entsprechenden univariaten Regression des Kursaufschlags auf die Umlaufrendite besonders hoch, wenn der um sechs Monate verzögerte Kursaufschlag verwendet wurde.[1329] Die Zinsentwicklung scheint demnach gegenüber dem Kursaufschlag einen Vorlauf zu haben. Die Autoren erklären den gefundenen signifikanten Zusammenhang damit, dass bei steigendem Zins Stammaktien riskanter werden, da die Ertragserwartungen sinken, und dass bei steigenden Zinsen tendenziell die Nachfrage nach Stammaktien stärker zurückgehe als die Nachfrage nach Vorzugsaktien, weil spekulative Anleger eher in Stammaktien investieren und bei fallendem Aktienmarkt infolge steigender Zinsen schneller aussteigen würden.[1330] Auch diese Erklärungen erscheinen nachvollziehbar, zumal sie mit der Hypothese K7 eines Anstiegs des Kursaufschlags bei steigendem Aktienmarkt eher im Einklang stehen. Insofern wird das Ergebnis des Hypothesentests zeigen, ob für die Höhe des Kursauf-

---

[1327] Vgl. Abbildung 5 (S. 240).
[1328] Vgl. Weber/Berg/Kruse (1992), S. 562. Die Autoren verwenden das reziproke Kursverhältnis und stellen einen signifikant positiven Zusammenhang fest.
[1329] Bestimmtheitsmaß $R^2=0,82$; vgl. Weber/Berg/Kruse (1992), S. 562.
[1330] Vgl. Weber/Berg/Kruse (1992), S. 563. Nach ihrer Argumentation wäre der Vorlaufeffekt dadurch erklärbar, dass die Anleger die Auswirkung der gestiegenen Zinsen auf die Erträge des Unternehmens erst später erkennen oder die Zinsentwicklung vielleicht anfänglich für eine schnell vorübergehende Phase halten.

348 Ökonomische Analyse von Dual-Class-Strukturen

schlags eher der Effekt der Auswirkungen des Zinsniveaus auf die konkreten Cashflows der Aktionäre oder der Einfluss auf die kapitalmarktbezogenen bzw. gesamtwirtschaftlichen Faktoren überwiegt.

2. *Anstieg der erwarteten Inflationsrate.*
In diesem Fall werden künftige nominale Zahlungen zum Bewertungszeitpunkt real weniger wert. Dieser Effekt findet jedoch zwangsläufig Eingang in die (nominalen) Kapitalmarktzinssätze[1331] und ist daher in der vorherigen Fallgruppe (1.) enthalten.

3. *Anstieg des Dividendenrisikos des Unternehmens.*
Im Dividendendiskontierungsmodell sind die erwarteten Zahlungsströme abzudiskontieren. Diese Erwartungswerte sind jedoch mit Unsicherheiten behaftet. Risiken können beispielsweise aus konkreten Investitions(fehl)entscheidungen des Unternehmens, einem schlechteren gesamtwirtschaftlichen oder branchenspezifischen Umfeld, einer verschärften Wettbewerbssituation oder einer riskanteren Unternehmensfinanzierung (Erhöhung des Leverage-Risikos) resultieren.

Der Diskontierungszins muss daher eine Risikoprämie als Aufschlag zum risikolosen Zinssatz beinhalten, die diese Unsicherheit widerspiegelt. Eine solche Risikoprämie kann z. B. mit Hilfe des Capital Asset Pricing Modells (CAPM) oder mit mehrfaktoriellen Modellen ermittelt werden.

Das Ausmaß der Unsicherheit über die erwarteten Dividenden ist nicht direkt zu beobachten. Auch die Schwankung der Dividendenzahlungen in der Vergangenheit dürfte kein geeignetes Maß für die Unsicherheit über künftige Dividendenzahlungen darstellen. Die am Markt vorherrschenden Unsicherheiten über die Bewertung spiegeln sich am besten in den Schwankungen der Aktienkurse wieder. Daraus resultiert die folgende Hypothese:

Hypothese K13:
Der relative Kursaufschlag der Stammaktien ist umso größer, je höher die Volatilität[1332] des Vorzugsaktienkurses[1333] ist.

[1331] Der nominale Zinssatz i ergibt sich aus dem Realzinssatz r und der erwarteten Inflationsrate π als $i = (1+r) \cdot (1+\pi) - 1$. Zum sog. *Fisher-Effekt* vgl. z. B. Copeland/Weston (1988), S. 61 f.

[1332] Volatilität ist hier nicht zwingend im mathematischen Sinn (als Standardabweichung), sondern im sprachlichen Sinn zu verstehen. So sollte bei der Beurteilung der Volatilität der Kurse der je-

Allerdings sprechen auch gute Gründe gegen die Gültigkeit dieser Hypothese. Insbesondere könnte man inhaltlich einwenden, dass mit zunehmender Volatilität des Bilanzgewinns (und damit mit großer Wahrscheinlichkeit auch der Aktienkurse) die Wahrscheinlichkeit steigt, dass der entscheidende Vorteil der Vorzugsaktien, die Dividendenpriorität, zur Geltung kommt; bei stetig hohem Bilanzgewinn, der für eine Ausschüttung auch auf Stammaktien ausreicht, ist dies nicht der Fall. Mit dieser Argumentation würde der Wert der superioren Cashflowrechte von Vorzugsaktien mit zunehmender Volatilität des Bilanzgewinns tatsächlich steigen: In der Terminologie von Gleichung 7 würde dies bedeuten, dass die Summationsbedingung $n_t > 0$ (d. h. der Ausfall der Dividendenpriorität) häufiger eintritt. Beides könnte zu einer Erhöhung der Kursdifferenz $K_V - K_S$ und damit zu einer Verminderung des Kursaufschlags der Stammaktien führen. Zudem könnte infolge einer höheren Volatilität des Bilanzgewinns auch der Stammaktienkurs c. p. sinken, was – entsprechend der Hypothese K11 – ebenfalls zu einem Rückgang des Kursaufschlags führen kann. Ob die Hypothese K13 bestätigt wird, wird also auch davon abhängen, welcher der beiden Effekte überwiegt.

Hartmann-Wendels/v. Hinten (1989)[1334] kommen auf der Basis ihres Modells zu der Schlussfolgerung, dass bei partizipativer Vorzugsdividende mit Mehrdividende ein Anreiz für die Gesellschaft bestünde, in Investitionsprojekte mit möglichst geringer Streuung der Zahlungsüberschüsse zu investieren: Im Fall von Investitionen mit höherem Risiko würden die Vorzugsaktien im Erfolgsfall wegen der Mehrdividende stärker an höheren Gewinnen partizipieren als Stammaktien und bei Misserfolg trotzdem einen kumulativen Nachzahlungsanspruch behalten. Sollte es zutreffen, dass Dual-Class-Unternehmen tatsächlich durch eine geringere Gewinnvolatilität charakterisiert sind, wäre der in Hypothese K13 aufgestellte Zusammenhang möglicherweise auch nicht nachweisbar.

---

weiligen Aktiengattung beispielsweise auch die jeweils vorherrschende Marktvolatilität berücksichtigt werden.

[1333] Für die Formulierung der Hypothese könnte prinzipiell auch die Volatilität des Stammaktienkurses herangezogen werden, da es um Risiken für die Erzielung eines ausreichenden Bilanzgewinns insgesamt geht. In der Volatilität des Vorzugsaktienkurses spiegeln sich aber auch Unsicherheiten über die Zahlung der Mehrdividende und ggf. erforderliche Nachzahlungen der Dividendenpriorität wider, was für die Verwendung dieser Volatilität spricht.

[1334] Vgl. a. a. O., S. 274 f.

3. *Anstieg des Diskontierungsfaktors mit größerem zeitlichem Abstand zur nächsten Hauptversammlung*

Bei der Anwendung des Dividendendiskontierungsmodells in den Gleichungen (4) bis (8) wurde unterstellt, dass die erste Dividendenzahlung in einem Jahr gerechnet vom Bewertungszeitpunkt aus erfolgt. Diese Annahme ist im Allgemeinen nicht erfüllt: Wenn der nächste Ausschüttungszeitpunkt nur einen Bruchteil q eines Jahres ($0 < q \leq 1$) entfernt ist, müssen alle Diskontierungsfaktoren entsprechend vermindert werden; für den Zeitraum bis zur ersten Ausschüttung muss die Diskontierung mit dem Faktor $(1+i)^{-q}$ anstelle des Faktors $(1+i)^{-1}$ erfolgen, d.h. es muss eine Korrektur um den Faktor $(1+i)^{(1-q)}$ vorgenommen werden. Berücksichtigt man dies als Faktor in Gleichung (6), so ergibt sich für die Kursdifferenz

$$K_V - K_S = \left(\frac{M}{i \cdot (1+i)^{(q-1)}} - M \sum_{t=1|n_t>0}^{\infty} \frac{1}{(1+i)^{t+(q-1)}} \right) + \left(D \sum_{t=1|n_t>0}^{\infty} \frac{1}{(1+i)^{t+n_t+(q-1)}} \right) \quad (9).$$

Dies bedeutet, dass sich mit gegen 1 steigendem q die Kursdifferenz vermindert und mit abnehmendem q vergrößert, woraus sich folgende Hypothese ergibt:

Hypothese K14:
Der relative Kursaufschlag der Stammaktien ist c. p. umso geringer, je weniger Zeit bis zum nächsten Ausschüttungstermin verbleibt.

Die unterschiedliche Dividendenausstattung der Stamm- und Vorzugsaktien führt für Anleger (abgesehen von den Private Benefits zugunsten von Paketaktionären) nur am Ausschüttungstag zu unterschiedlichen Cashflows. Je näher der nächste Hauptversammlungs- bzw. Ausschüttungstermin rückt, desto geringer sind die Diskontierungsfaktoren für diesen und alle folgenden (im jährlichen Abstand unterstellten) Dividendentermine und umso größer ist der Barwert nächsten und aller folgenden Dividendenzahlungen. Im Jahresverlauf sollte dies allmählich im Kurs der Vorzugsaktien an Einfluss gewinnen, jedenfalls in Gesellschaften mit statutarischer Mehrdividende, bei denen eine höhere Dividende ausgeschüttet wird.

In Gesellschaften ohne Mehrdividende beschränkt sich der Dividendenvorteil in Bezug auf die nächste Hauptversammlung im Wesentlichen auf die Frage, ob ein ausreichender Bilanzgewinn für die Zahlung der Dividende auf Vorzugs- und auf Stammaktien erzielt wird. Mit nahender Hauptversammlung sinkt die Unsicherheit über die Ausschüttungshöhe, was – bzgl. aller Dual-

Class-Gesellschaften – zu einer Reduzierung des risikoadäquaten Diskontierungszinses beiträgt.[1335]

4.3.3 Optionspreistheoretische Bewertung von Differenzen der Cashflowrechte

Die Ausstattungsmerkmale von Vorzugsaktien – Vorzugsdividende, Mehrdividende, und Nachzahlbarkeit – haben den Charakter von bedingten Termingeschäften (Optionen), die sich auf den Basiswert Bilanzgewinn beziehen. Für die konkrete Ermittlung eines Bewertungsunterschieds können daher auch Duplizierungsstrategien angewendet werden, die zu den Vorzugs- bzw. Stammaktien identische Zahlungsströme nachbilden und dabei bekannte oder jedenfalls ermittelbare Parameter nutzen.

4.3.3.1 *Zerlegung von Dividendenvorzug und Mehrdividende in Bull Spreads und Bear Spreads*

Das Konzept des „ausstattungseffizienten Wertes" von Schäcker (1997) für die Bewertung von Genussscheinen, das auf die Arbeit von Kanders (1991) zurückgeht, ist auf die Bewertung von stimmrechtslosen Vorzugsaktien übertragbar. Unter einem „ausstattungseffizienten Wert" ist derjenige Kurs zu verstehen, den ein Wertpapier theoretisch haben müsste, wenn die ausstattungsinduzierten Chancen und Risiken rational und präferenzfrei im Kurs reflektiert wären.[1336] Hiervon abweichende Kurse könnten bei strenger Markteffizienz durch Arbitrage mittels der Duplizierungsstrategie gewinnbringend ausgenutzt werden, was zu einer Preisnivellierung führen würde. Bei den zur Duplizierung genutzten optionspreistheoretischen Modellen kann es nur um diejenigen Chancen und Risi-

---

[1335] Mit der Hypothese K12 ist genau die umgekehrte Wirkungsrichtung verbunden, wie die von Doerks (1992) aufgestellte Hypothese zur Stimmrechtsantizipation: Da das Stimmrecht nur am Tag der Hauptversammlung ausgeübt werden kann, kann auch erst dann eine über einen allmählichen Aufkauf von Aktien erworbene Mehrheit zur Änderung der Unternehmenspolitik und damit zur Extraktion von Private Benefits zugunsten des Mehrheitsaktionärs führen. Wegen der erforderlichen Abdiskontierung steige der Stimmrechtswert bis zur Hauptversammlung an und falle danach ab. Tatsächlich können beide Effekte (Dividendenantizipation und Stimmrechtsantizipation) gleichzeitig wirken [so auch Doerks (1992), S. 69]. Es wird aber hier davon ausgegangen, dass der monetäre Dividendenantizipationseffekt den Stimmrechtseffekt überwiegt, zumal sich die Rahmenbedingungen mit dem Inkrafttreten von WpHG und WpÜG seit der Arbeit von Doerks verändert haben.

[1336] Vgl. Schäcker (1997), S. 3. Man denke beispielsweise an die Duplizierung einer Europäischen Kaufoption durch ein Portfolio aus dem Kauf einer Aktie auf Kredit, die im einperiodigen Binomialmodell zu identischen Zahlungsströmen führt.

ken gehen, die aus unterschiedlichen monetären Rechten resultieren und deren Wahrscheinlichkeitsverteilung sich erfassen lässt.[1337]

Bezogen auf die stimmrechtslosen Vorzugsaktien sind auch hier die unterschiedlichen Rechte in der Mehrdividende für den Fall eines ausreichenden Bilanzgewinns und in der Nachzahlung der Dividendenpriorität als Ausstattungsmerkmal zu sehen. Die aus den unterschiedlichen Rechten resultierenden Cashflow-Unterschiede wurden bereits in Abbildung 8 a) dargestellt. Diese Unterschiede lassen sich wie nachfolgend ersichtlich in zwei Komponenten zerlegen:

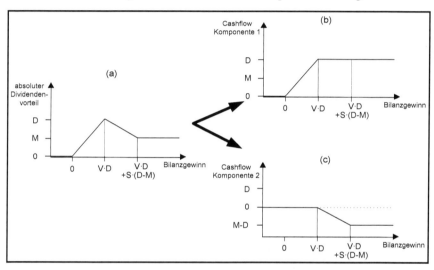

Abbildung 9: Zerlegung des absoluten Dividendenvorteils der Vorzugsaktien für einen Ausschüttungszeitpunkt in zwei Komponenten

Die Darstellung gilt für eine Vorzugsaktie mit prioritätischer Dividende D und Mehrdividende M mit teilweiser Anrechnung des Dividendenvorzugs (vgl. auch Abbildung 1 c) mit der Annahme D>M. Abbildung (a) wiederholt zur Verdeutlichung Abbildung 8 a). S und V sind die Anzahlen der ausgegebenen Stamm- bzw. stimmrechtslosen Vorzugsaktien. Quelle: Eigene Darstellung.

Zur Modellierung des Bewertungsunterschieds sind die Komponenten jeweils auf eine Vorzugsaktie zu beziehen (also der Bilanzgewinn durch die Anzahl der Vorzugsaktien zu dividieren):[1338]

[1337] Ähnlich Schäcker (1997), S. 70, 72.

1. Mit Komponente 1 wird das Risiko modelliert, dass der Bilanzgewinn G in der Periode t geteilt durch die Anzahl der Vorzugsaktien V nicht mindestens der (nachzahlbaren) *Dividendenpriorität* D entspricht. Gilt $G_t/V < D$ so muss der Vorzugsaktionär zumindest für den Zeitpunkt der Ausschüttung seinen Vergütungsanspruch um die Differenz $D - G_t/V$ reduzieren, der aus künftigen Gewinnen vorrangig nachgezahlt wird (zur Nachzahlbarkeit siehe Abschnitt 4.3.3.2, S. 357). Das dargestellte Zahlungsprofil lässt sich mit dem optionstheoretischen Instrumentarium als „(Vertical) Bull Spread" mit dem Basiswert G_t/V (also dem Gewinn in der Periode t dividiert durch die Anzahl der Vorzugsaktien) abbilden.[1339] Der „Bull Spread" besteht aus dem Kauf einer Kaufoption mit dem niedrigeren Ausübungspreis 0 und dem gleichzeitigen Verkauf einer Kaufoption (also einer Stillhalterposition) auf den höheren Basispreis D $(=V \cdot D/V)$.[1340]

Das Ausstattungsmerkmal „Dividendenpriorität" kann somit – ohne Berücksichtigung der Nachzahlbarkeit – durch ein Portfolio aus Bull Spreads für jeden künftigen Ausschüttungszeitpunkt t dupliziert werden. Der Wert dieses Portfolios ergibt sich als Summe des Wertes aller gekauften Kaufoptionen abzüglich der Summe des Wertes aller verkauften Kaufoptionen. Die Short-Position mit dem Basispreis D lässt sich mithilfe der Black-Scholes-Formel bewerten. Hierfür werden als Parameter benötigt:

a) Laufzeit bis zum jeweiligen Ausschüttungszeitpunkt [t].
b) risikoloser Zinssatz für Anlagen mit einer Laufzeit bis zum jeweiligen Ausschüttungstermin $[r_f(t)]$.
c) Höhe der nachzahlbaren Vorzugsdividende [D]
d) Anzahl der Vorzugsaktien [V]
e) Volatilität (Standardabweichung) des Basiswertes, also des Bilanzgewinns dividiert durch die Anzahl der Vorzugsaktien $[\sigma(G/V)]$
f) aktueller Zustand des Basiswertes, also aktueller Bilanzgewinn dividiert durch die Anzahl der Vorzugsaktien $[G_0/V]$

[1338] Dies entspricht nicht dem „Bilanzgewinn pro Vorzugsaktie": Diese Bezeichnung wird üblicherweise für den Betrag verwendet wird, der für Ausschüttungen auf Vorzugsaktien unter Berücksichtigung von Ausschüttungen auf Stammaktien zur Verfügung steht.

[1339] Eine Beschreibung der verschiedenen Optionsstrategien bzw. Kombinationen aus Optionen findet sich z. B. auf der Wikipedia-Seite „Optionsstrategie" unter https://de.wikipedia.org/w/index.php?title=Optionsstrategie&oldid=182467428 (Abruf am 14.1.2019).

[1340] Ein „Bull Spread" oder auch „Hausse-Spread" kann alternativ aus einer Kombination von zwei Verkaufsoptionen konstruiert werden, wobei der „Long Put" den niedrigeren Ausübungspreis als der „Short Put" hat.

Die Long-Positionen in den Kaufoptionen lassen sich hingegen nicht mit der Black-Scholes-Formel bewerten, da diese den Ausübungspreis null haben.[1341] Die Bewertung ist aber durch Verwendung so genannter Austauschoptionen möglich, für die Margrabe eine Bewertungsgleichung als Verallgemeinerung der Black-Scholes-Formel abgeleitet hat.[1342] Austauschoptionen sind Optionen europäischen Typs, die dazu berechtigen, einen Vermögensgegenstand X gegen einen Vermögensgegenstand Y einzutauschen.[1343] Der „Trick" besteht nun darin, das Jahresergebnis in die als Quasi-Vermögensgegenstände anzusehenden Größen „Aufwand" und „Ertrag" des Geschäftsjahres zu zerlegen. Eine Kaufoption auf den Bilanzgewinn mit einem Ausübungspreis von null entspricht dann einer Margrabe'schen Austauschoption, bei der der Vermögensgegenstand „Ertrag des Geschäftsjahres" gegen Abgabe des Vermögensgegenstandes „Aufwand des Geschäftsjahres" als Tauschobjekt erworben werden kann: Übersteigt der Ertrag den Aufwand, wird die Option ausgeübt und der Optionsinhaber erzielt als Auszahlung das Jahresergebnis; anderenfalls wird die Option nicht ausgeübt.[1344] Zur Bestimmung des Wertes der genannten Kaufoptionen mit der Margrabe-Formel sind daher zusätzlich die folgenden Werte vonnöten:[1345]

g) Summe der Erträge des aktuellen Geschäftsjahres

h) Summe der Aufwendungen des aktuellen Geschäftsjahres

[1341] Da in den Argumenten der in der Black-Scholes-Formel an zwei Stellen verwendeten Verteilungsfunktion der Standardnormalverteilung der Quotient aus dem Preis des Basisgegenstandes und dem Ausübungspreis verwendet wird, ist die Black-Scholes-Formel für einen Ausübungspreis von null nicht definiert. Für eine ausführliche Diskussion und eine Erläuterung der nachfolgend dargestellten Lösungsmöglichkeit für dieses Problem vgl. Kanders (1991), S. 93-98.

[1342] Vgl. z. B. Copeland/Weston (1988), S. 281 f.

[1343] So muss für die Ausübung einer Kaufoption auf den Vermögenswert Y statt eines deterministischen Zahlbetrags in Höhe des Ausübungspreise (wie im Black-Scholes-Modell) ein Vermögenswert X hingegeben werden, dessen Wert zum Ausübungszeitpunkt im Bewertungszeitpunkt noch nicht bekannt, also stochastisch ist. Dies verdeutlicht, dass das Margrabe-Modell eine Erweiterung des Black-Scholes-Modells darstellt.

[1344] Dabei wird angenommen, dass der für die Ausschüttung maßgebliche Bilanzgewinn dem Jahresüberschuss entspricht, dass also insbesondere keine Auflösung oder Dotierung von Rücklagen erfolgt. Dies ist zwar realitätsfern, eine Berücksichtigung diskretionärer Entscheidungen des Managements und/oder der Hauptversammlung über Rücklagenveränderungen sind aber einer optionstheoretischen Modellierung nicht zugänglich.

[1345] Zu berücksichtigen ist, dass mit dem Margrabe-Modell der Ausübungspreis der Option zum Ausübungszeitpunkt modelliert wird. Für die Bewertung der Option zu einem früheren Zeitpunkt müssen also entweder der errechnete Optionswert oder (wegen der linearen Homogenität von Optionspreisen) beide Eingangsgrößen abdiskontiert werden. Vgl. Kanders (1991), S. 100 f.

i) Standardabweichung der jährlichen Erträge und der jährlichen Aufwendungen, Korrelation von jährlichen Aufwendungen und Erträgen.[1346]

2. Die Komponente 2 in Abbildung 10 c) ergänzt Komponente 1 mit dem Ziel der Abbildung der *Mehrdividende* M der Vorzugsaktien. Die Mehrdividende wird immer dann vollständig gezahlt, wenn für den Bilanzgewinn G_t in der jeweiligen Periode die Beziehung $G_t \geq (V+S) \cdot D - S \cdot M = V \cdot D + S \cdot (D-M)$ gilt, wenn also aus dem Bilanzgewinn alle Vorzugsaktien mindestens die Vorzugsdividende D und alle Stammaktionäre mindestens eine Dividende in Höhe von $D-M$ erhalten haben.[1347] Bezogen auf eine einzelne Vorzugsaktie muss also $G_t/V \geq D + (S/V) \cdot (D-M) =: C$ gelten. Der Ausdruck C ist dabei für jedes Unternehmen eine Konstante, die sich entsprechend der Definition aus den statutarischen Ausstattungsmerkmalen D, M, S und V errechnen lässt.

Im Fall eines Zahlungsstroms aus der Komponente 2, also bei Ausschüttung einer Mehrdividende, wird die Zahlung aus Komponente 1 für $G_t/V \geq D$ verringert. Dies liegt daran, dass bei einem geringeren Bilanzgewinn (dividiert durch die Anzahl der Vorzugsaktien) in Höhe von z. B. $G_t/V = D$ die auf die Vorzugsaktionäre im Vergleich zur Stammaktie zusätzlich ausgeschüttete Dividende wegen der realitätsnahen Annahme D>M zunächst höher als die Mehrdividende ist. Bei hohem Bilanzgewinn $G_t/V \geq C$ erfolgt die maximale Reduktion des Zahlungsstroms aus Komponente 1, nämlich in Höhe von $D-M$. Erst ab dieser Schwelle beträgt der Vorteil der Vorzugsaktien aus den superioren Cashflowrechten $D-(D-M)=M$.

Der Zahlungsstrom aus Komponente 2 lässt sich optionstheoretisch abbilden als Stillhalterposition (Verkauf) eines „Bull Spreads" auf den Basisgegenstand G_t/V. Der verkaufte „Bull Spreads" besteht aus dem Kauf einer Kaufoption mit dem niedrigeren Ausübungspreis D ($= V \cdot D/V$) und dem gleichzeitigen Verkauf einer Kaufoption auf den höheren Basispreis $C = D + (S/V) \cdot (D-M)$. Diese Position ist identisch mit dem Kauf einer Kaufoption zum höheren Ausübungspreis C und dem Verkauf einer Kaufoption zum niedrigeren Ausübungspreis D, was man auch als „(Vertical) Bear Spread" bezeichnet.[1348]

[1346] Diese Größen dienen der Bestimmung der Varianz des logarithmierten Verhältnisses beider Basiswerte als Inputvariable für die Margrabe-Formel.

[1347] Dabei wird D>M unterstellt. Dies ist/war für alle deutschen Vorzugsaktien mit einer Ausnahme (der Creaton AG) erfüllt; vgl. Abbildung 5 (S. 240) und Fußnote 1323.

[1348] Ein „Bear Spread" oder auch „Baisse-Spread" kann alternativ aus einer Kombination von zwei Verkaufsoptionen konstruiert werden, wobei der „Long Put" den höheren Ausübungspreis hat.

Der Wert der Ausstattungskomponente „Mehrdividende" ergibt sich wie der Wert der Komponente 1 als Wert des Portfolios aus den genannten Optionspositionen für jeden Ausschüttungszeitpunkt t, also – ausgehend vom „Bear Spread" als Summe des Wertes der Kaufoptionen zum Ausübungspreis C abzüglich der Summe des Wertes der Kaufoptionen zum Ausübungspreis D. Wegen C > D ist der Wert der Komponente 2 – wie bereits erläutert – negativ.

Die genannten Optionspositionen lassen sich wie der Short Call in Komponente 1 prinzipiell mit dem Black-Scholes-Modell bewerten. Zu den Inputparametern a bis f der Ausstattungskomponente „Dividendenpriorität" kommen hier nur noch die zur Berechnung des Ausübungspreises benötigten Parameter M (Höhe der Mehrdividende) und S (Anzahl der Stammaktien) hinzu.

Das Instrumentarium kann auch unverändert zur Anwendung kommen, wenn eine Gesellschaft keine Mehrdividende zahlt (M=0). Grafisch lassen sich die Zahlungsprofile zu jedem Ausschüttungszeitpunkt t in diesem Fall (ohne Berücksichtigung einer Nachzahlung) wie folgt abbilden:

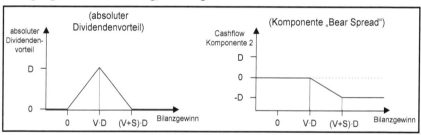

Abbildung 10: Absoluter Dividendenvorteil der Vorzugsaktien bei Gesellschaften ohne statutarische Mehrdividende

Komponente 1 wie in Abbildung 9 b). D ist der Betrag der prioritätischen Vorzugsdividende; S und V sind die Anzahlen der ausgegebenen Stamm- bzw. stimmrechtslosen Vorzugsaktien. Quelle: Eigene Darstellungen.

Auch der bisweilen auftretende Fall, dass die Mehrdividende und die Vorzugsdividende die gleiche Höhe haben (M=D) ist unproblematisch zu duplizieren. In diesem Fall werden die superioren Cashflowrechte der Vorzugsaktionäre durch Abbildung 9 b) vollständig beschrieben, d. h. Komponente 2 entfällt und die Duplizierung erfolgt ausschließlich durch den Bull Spread.[1349]

[1349] Selbst der realitätsferne Fall M>D ließe sich unproblematisch durch einen Bull-Spread wie in Komponente 1 duplizieren, wobei aber der Ausübungspreis der verkauften Kaufoption M (und nicht D) beträgt. Auch in diesem Fall würde Komponente 2 entfallen.

4.3.3.2 Abbildung der Nachzahlbarkeit

Im Ausstattungsmerkmal „Dividendenpriorität" wurde die kumulative Nachzahlbarkeit eines in Periode t noch nicht gezahlten Teils der prioritätischen Dividende für den Fall einer gänzlich oder teilweise ausgefallenen Vorzugsdividende nicht berücksichtigt. Der nachzuzahlende Betrag für eine Periode t bemisst sich als $\max(D - G_t/V;\ 0)$; eine Verzinsung des ausgefallenen Teils ist in § 139 Abs. 1 AktG nicht vorgesehen.

Die Nachzahlung der kumulierten rückständigen Beträge aus den einzelnen Ausschüttungszeitpunkten erfolgt vorrangig im nächstfolgenden Geschäftsjahr mit einem positiven Bilanzgewinn. Nachfolgend bezeichne Δ die Anzahl der Jahre bis zum nächstfolgenden Geschäftsjahr mit einem positiven Bilanzgewinn. Sofern der Bilanzgewinn in diesem Geschäftsjahr ($t+\Delta$) geringer als der aus dem Jahr t nachzuzahlende Betrag K ist, wird nur dieser Betrag ($G_{t+\Delta}/V$) gezahlt und der Nachzahlungsanspruch reduziert sich entsprechend (allerdings vermehrt um den Dividendenvorzug D für das Geschäftsjahr ($t+\Delta$). Das Zahlungsprofil aus dem Nachzahlungsrecht lässt sich grafisch wie folgt darstellen:

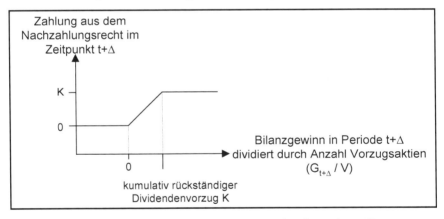

Abbildung 11: Zahlungsprofil des Nachzahlungsrechts für rückständige Vorzugsdividenden

K ist der rückständige Betrag der im Zeitpunkt t nicht gezahlten prioritätischen Vorzugsdividenden; V die Anzahl der ausgegebenen stimmrechtslosen Vorzugsaktien; $G_{t+\Delta}$ ist der ausgeschütteten Bilanzgewinn im betracheten Jahr $t+\Delta$. Quelle: Eigene Darstellung.

Es ist zu erkennen, dass das Nachzahlungsrecht wiederum die Form eines europäischen „Bull Spread" über Δ Perioden annimmt, der aus dem Kauf einer Kauf-

option auf einen positiven Bilanzgewinn und dem Verkauf einer Kaufoption auf
einen positiven Bilanzgewinn (jeweils dividiert durch die Anzahl der Vorzugsaktien) in Höhe des rückständigen Betrages K annimmt. Für die Bewertung ist
hierbei problematisch, dass weder der Zeitpunkt t des Auftretens von Dividendenausfällen noch die Anzahl Δ der Perioden bis zum jeweiligen nächsten positiven Bilanzgewinn bekannt ist.

Kanders (1991) schlägt zur Modellierung eines solchen Sachverhalts (für Ge-
nussscheine) im Wege der Duplizierung vor, dass der Vorzugsaktionär von
Beginn an eine sog. „Nachzahlungsoption" für jeden Zeitpunkt t erhält.[1350] Diese
Option beinhaltet das Recht,

– zum Zeitpunkt t im Fall einer nicht vollständigen Zahlung des Dividendenvorzugs für die Periode t die oben dargestellten Optionsstruktur „Nachzahlungsrecht" auf den Bilanzgewinn (dividiert durch die Anzahl der Vorzugsaktien) des nächsten Jahres (d. h. mit Δ = 1) zu beziehen,[1351] und

– zum Zeitpunkt t im Fall einer nicht vollständigen Zahlung des Dividendenvorzugs für die Periode t eine sog. „Nachbesserungsoption" auf den Zeitpunkt (t+1) zu erhalten. Diese „Nachbesserungsoption" beinhaltet zum einen
   das Recht auf Bezug der Optionsstruktur „Nachzahlungsrecht" auf den Bilanzgewinn (dividiert durch die Anzahl der Vorzugsaktien) des darauffolgenden Jahres (t+2) im Zeitpunkt (t+1) für den Fall einer nicht vollständiger
   Nachzahlung des aus t noch offenen Betrages im Zeitpunkt (t+1) mit einem
   Ausübungspreis in Höhe des jeweils noch kumulativ rückständigen Dividendenvorzuges. Zum anderen beinhaltet die „Nachbesserungsoption" das
   Recht auf den Bezug einer „Nachbesserungsoption" im Zeitpunkt (t+1) auf
   den Zeitpunkt (t+2). Mit diesem Instrument werden die jeweils noch offenen
   Nachzahlungsansprüche aus dem Zeitpunkt t faktisch jeweils um ein Ge-
   schäftsjahr in die Zukunft verschoben.

Es muss dabei sichergestellt werden, dass eine Nachzahlungsoption im Zeitpunkt
t nur ausgeübt werden kann, wenn keine Nachbesserungsoption für einen früheren Zeitpunkt mehr ausgeübt wird, wenn also alle früheren rückständigen Vorzugsdividenden bereits nachgezahlt worden sind.[1352]

[1350] Vgl. Kanders (1991), S. 138-146, für kumulative Nachzahlungsrechte bei Genussscheinen.

[1351] Kanders (1991) bezeichnet die dargestellte Optionsstruktur „Nachzahlungsrecht" als „Nachzah-
lungsspread", vgl. a. a. O., S. 139.

[1352] Ansonsten würden auf das Jahresergebnis des Folgejahres zwei Ansprüche bestehen: Zum einen
aus der durch Ausübung der Nachzahlungsoption für den Zeitpunkt t bezogenen Optionsstruktur

Da die für die Duplizierung des Nachzahlungsrechts in Periode t zu erwerbenden Kaufoptionen auch hier einen Ausübungspreis von null haben, muss die Modellierung mittels Margrabe'scher Austauschoptionen erfolgen. Die zum Zeitpunkt t zu bewertende Optionsstruktur „Nachzahlungsrecht" (also der „Bull Spread") auf das Ergebnis pro Vorzugsaktie des Folgejahres (t+1) ist duplizierbar durch den Kauf einer Austauschoption zum Erwerb der Erträge pro Vorzugsaktie des folgenden Geschäftsjahres gegen Abgabe der Aufwendungen pro Vorzugsaktie des folgenden Geschäftsjahres (dies dupliziert den Long Call auf einen positives Jahresergebnis) und den gleichzeitigen Verkauf einer Austauschoption, die den Inhaber zum Erwerb der Erträge pro Vorzugsaktie des folgenden Geschäftsjahres gegen Hingabe der Aufwendungen pro Vorzugsaktie des folgenden Geschäftsjahres zuzüglich der bis zum Zeitpunkt t entstandenen kumulierten Nachzahlungsansprüche[1353] berechtigt (dies dupliziert den Short Call auf das Ergebnis des Folgejahres mit dem Ausübungspreis in Höhe des kumulierten Nachzahlungsbetrages).[1354] Da im Zeitpunkt t alle benötigten Informationen zur Verfügung stehen, ist eine Bewertung der Optionskomponente „Nachzahlungsrecht" im Zeitpunkt t möglich.[1355]

Um eine Bewertung im Zeitpunkt 0 zu ermöglichen, müssen demnach noch zwei Angaben ermittelt werden:

– Zum einen die Höhe der kumulierten Nachzahlungsansprüche K_t, die in die jeweilige Bewertung des Nachzahlungsrechts im Zeitpunkt t einzubeziehen sind (Ausübungspreis der Short-Komponente). Hierzu muss ermittelt werden, welche Teilbeträge der Dividendenvorzüge in den Jahren 1 bis t ausgefallen und noch nicht nachgeholt worden sind. Für eine Bewertung zum Zeitpunkt 0 sind dafür naturgemäß die Erwartungswerte heranzuziehen. Hier kann man sich den Umstand zu Nutze machen, dass der Bull-Spread zur Abbildung der Zahlung des Dividendenvorzugs im Zeitpunkt 0 bewertet werden kann.[1356] Der Wert einer Option gibt den risikoneutral abgezinsten

---

„Nachzahlungsrecht", zum anderen aus der durch Ausübung einer „Nachbesserungsoption" aus Periode (t-1) im Zeitpunkt t bezogenen Optionsstruktur „Nachzahlungsrecht".

[1353] Dies sind die in Periode t angefallenen Nachzahlungsansprüche wegen eines in Periode t zu geringen Gewinns zuzüglich der über die Nachbesserungsoption aus früheren Geschäftsjahren vorgetragenen kumulierten Nachzahlungsansprüche.

[1354] Ähnlich auch Schäcker (1997), S. 151.

[1355] Die so für jeden Zeitpunkt ermittelten Werte des jeweiligen Optionsportfolios müssen noch auf den Betrachtungszeitpunkt 0 diskontiert, also mit dem Faktor $(1+r)^{-t}$ multipliziert werden.

[1356] Siehe oben die Darstellung der Komponente 1.

Erwartungswert der Ausübung an;[1357] der Wert dieses Bull-Spreads muss also der risikolos abgezinsten erwarteten Höhe des in Periode t gezahlten Dividendenvorzugs entsprechen.[1358] Der für Periode t erwartete Betrag des Ausfalls des Dividendenvorzugs ergibt sich demnach als Differenz aus der statutarischen Höhe des Dividendenvorzugs und dem Erwartungswert der in Periode t tatsächlich gezahlten Höhe (Wert des Bull Spreads der Komponente „Dividendenvorzug").

Durch Kumulation der so bestimmten erwarteten Ausfallbeträge erhält man den Basiswert K_t für die Bewertung der Optionsstruktur „Nachzahlungsrecht" zu den einzelnen Zeitpunkten (mit einer Laufzeit von jeweils einem Jahr). Daraus ergibt sich, dass die praktische Umsetzung der Bewertung nur durch eine iterative Vorgehensweise möglich ist:

- Zunächst Bestimmung des erwarteten Ausfallbetrags K_1 als D abzgl. des Wertes der Komponente 1 (Bull Spread „Dividendenpriorität") für t = 1.

- Bewertung der Komponente 1 für t = 2, allerdings mit angepasstem Wert für die Short-Call-Position ($D+K_1$ statt D).[1359]

- Ermittlung von K_2 als Differenz aus $D+K_1$ abzüglich des Wertes der Komponente 1 für t = 2 wie vorstehend beschrieben.

- (wie Schritt 2): Bewertung der Komponente 1 für t = 3, allerdings mit angepasstem Wert für die Short-Call-Position ($D+K_2$ statt D)

- usw.

– Zum anderen müssen für die Bewertung mit der Margrabe-Formel zu jedem Zeitpunkt t auch die Aufwendungen und Erträge der Periode t (pro Vorzugsaktie) bekannt sein. Auch diese Information fehlt zum Zeitpunkt 0. Aller-

---

[1357] Vgl. Kanders (1991), S. 99-101. Dies gilt für die hier verwendeten Margrabe-Optionen ebenso, da für eine Bewertung zu einem früheren Zeitpunkt – wie bereits erläutert – entweder die berechneten Optionswerte oder die Eingabeparameter risikolos abdiskontiert werden müssen.

[1358] Auf diesem Prinzip (Duplizierung der Option durch ein Hedgeportfolio aus Underlying und Kredit bzw. Geldanlage zum risikolosen Zins) basiert gerade die Herleitung von Optionsbewertungsformeln wie denen von Black-Scholes und Margrabe. Siehe auch Kanders (1991), S. 124, dort bezogen auf die Modellierung der Verlustteilnahme bei Genussscheinen.

[1359] Dadurch wird abgebildet, dass zunächst rückständige Vorzugsdividenden gezahlt werden, bevor eine Ausschüttung an Stammaktionäre erfolgt. Hierzu müssen auch die Ausübungspreise der Optionen von Komponente 2 angepasst werden, nämlich der der Short-Call-Position ebenfalls auf $D+K_1$ und der der Long-Call-Position auf
$C^* = [V \cdot (D+\mathbf{K_1}) + S \cdot (D-M)]/V = (D+\mathbf{K_1}) + S/V \cdot (D-M)$. Der Ausdruck „D−M" in vorstehender Gleichung muss nicht angepasst werden, da die tatsächliche Mehrdividende im Fall der Nachzahlung von rückständigen Dividenden nicht M sondern $M+K_1 = (D+\mathbf{K_1}) - (D-M)$ beträgt.

dings ist aus der im vorigen Anstrich dargestellten Überlegung für jeden Zeitpunkt das erwartete Ausmaß bestimmt, in dem die Aufwendungen ggf. die Erträge überschreiten. Insofern können für die Entwicklung der Erträge Annahmen getroffen werden und die Aufwendungen durch Addition des nach obigem Prinzip ermittelten erwarteten Betrags des Ausfalls des Dividendenvorzugs pro Periode errechnet werden. Kanders (1991) schlägt vor, als Höhe der Erträge die Aufwendungen und Erträge im Bewertungszeitpunkt anzusetzen;[1360] andere Annahmen, z. B. Trendannahmen sind hierbei aber möglich.

Das geschilderte Vorgehen ermöglicht in der Praxis die Bewertung der unterschiedlichen Cashflowrechte von Stamm- und Vorzugsaktien. Da die Kapitalüberlassung mit Vorzugsaktien unbefristet erfolgt, ist in Anbetracht der erforderlichen iterativen Vorgehensweise eine pragmatische Entscheidung über die Anzahl der in die Bewertung einzubeziehenden Ausschüttungszeitpunkte zu treffen.

4.3.3.3 Ableitung von Einflussfaktoren

Der aufgezeigte Weg zur optionstheoretischen Bewertung der Cashflowrechte erfordert zwecks Bewertung der Margrabe'schen Austauschoptionen u. a. Informationen über die jährlichen Aufwendungen und Erträge. Diese Daten liegen für die empirische Analyse in dieser Arbeit nicht vor. Gleichwohl können aus dem optionstheoretischen Instrumentarium empirisch zu untersuchende Einflussfaktoren auf den Bewertungsunterschied abgeleitet werden.

Die in Abbildung 9 a) ersichtliche Darstellung der superioren Cashflowrechte von Vorzugsaktionären entspricht bildlich gesprochen der Form einer Kaufoption (nämlich des Long Calls mit dem Ausübungspreis 0 aus dem Bull Spread in Komponente 1), deren Wert durch die anderen beteiligten Optionsstrukturen „beschnitten" wird: Zunächst durch den Short Call mit Ausübungspreis $D+K_t$ in Komponente 1 und anschließend durch den Short Call aus dem Bear Spread von Komponente 2 mit dem gleichen Ausübungspreis $D+K_t$. Die Wertverminderung wird begrenzt durch den Long Call aus dem Bear Spread von Komponente 2 mit dem Ausübungspreis $C^*=(D+K_t)+S/V\cdot(D-M)$. Daraus ergeben sich die folgenden Schlussfolgerungen:[1361]

[1360] Vgl. ebd., S. 145.

[1361] Unabhängig vom konkreten Umfang der „Beschneidung" bleibt der Call-Charakter der superioren Cashflowrechte erhalten. Dies liegt daran, dass der Ausübungspreis des Short Calls aus Komponente 1 und die beiden Ausübungspreise des Bear Spreads über dem Ausübungspreis des

- Da mit steigendem Ausübungspreis der Wert einer Call-Option sinkt, wird bei höherem *Dividendenvorzug D* der Wert des mit Komponente 1 verkauften Calls mit Ausübungspreis $D+K_t$ geringer, d. h. der Wert des Long Call mit dem Ausübungspreis 0 aus dem Bull Spread in Komponente 1 wird durch den Wert des Short Calls mit dem genannten höheren Ausübungspreis weniger stark reduziert. Bei höherem D nimmt also der Cashflow-Vorteil für Vorzugsaktionäre zu. Dies stimmt mit Hypothese K9 überein.

- Da mit sinkendem Ausübungspreis der Wert einer Call-Option steigt, steigt mit höherer *Mehrdividende M* und daher sinkendem Ausübungspreis C^* des Long Call aus dem Bear Spread von Komponente 2 der Wert dieses Calls. Bei höherer Mehrdividende ist also der Cashflow-Vorteil für Vorzugsaktionäre höher. Dies stimmt mit Hypothese K8 überein

- Da im Fall eines *Dividendenausfalls* eine Nachzahlungsoption auf das Ergebnis des folgenden Jahres gewährt wird, steigt für den Fall eines Dividendenausfalls der Cashflow-Vorteil für Vorzugsaktionäre. Dies entspricht der Hypothese K10.

- Da mit *steigendem risikolosen Zinssatz* der Wert einer Call-Option steigt („Rho-Risiko"), müsste damit – bei Anwendung des Black-Scholes-Modells – auch der Cashflow-Vorteil für Vorzugsaktionäre steigen, was Hypothese K12 widerspräche. Allerdings ist die Margrabe-Formel zur Bewertung der verwendeten Austauschoptionen nicht vom Zinssatz abhängig, da das duplizierendes Portfolio nicht auf einer verzinslichen Geldaufnahme oder -anlage basiert. Vielmehr sind wie erwähnt entweder die Modellwerte oder die Eingabegrößen (Aufwand, Ertrag) abzudiskontieren. Damit sinkt der Optionswert mit steigendem Zinssatz, was Hypothese K12 tatsächlich unterstützt.

- Aus der Black-Scholes-Formel ergibt sich, dass mit steigender *Volatilität* des Underlyings, hier also des aktuellen Bilanzgewinns, der Wert der Option steigt („Vega-Risiko"). Demnach müsste bei hoher Volatilität des Bilanzgewinns der Cashflow-Vorteil für Vorzugsaktionäre hoch sein, was der Hypothese K13 widerspräche. Tatsächlich ist aber für die Größe „Bilanzgewinn" die im Black-Scholes-Modell unterstellte Annahme lognormal-verteilter Werte des Underlyings nicht erfüllt, da der Bilanzgewinn auch negativ werden kann. In das Margrabe-Modell fließt die Volatilität des logarith-

---

Long Calls liegen. Untechnisch und bildlich gesprochen entstehen trotz der „Beschneidung" die möglichen Cashflows stets rechts vom Ausübungspreis und es besteht kein Risiko, dass diese negativ werden. Daher sollten sich auch die Abhängigkeiten von den Inputparametern tendenziell wie bei der Bepreisung eines Calls verhalten.

mierten Verhältnisses beider Inputgrößen (Aufwand, Ertrag) ein. Daher besteht zumindest kein direkter Widerspruch zur Hypothese K13,[1362] auch wenn der Wert einer Austauschoption mit Zunahme der so bestimmten Volatilität steigt. Abgesehen davon wurde nach der Ableitung der Hypothese K13 bereits erwähnt, dass auch gute Gründe gegen die Gültigkeit der Hypothese K13 angeführt werden können. Diese stehen mit der Abhängigkeit des Black-Scholes Ergebnisses von der Volatilität eher im Einklang und sind auch inhaltlich vergleichbar.

- Da mit steigendem Wert des Underlyings, hier also des aktuellen Bilanzgewinns, der Wert einer Kaufoption steigt („Delta-Risiko"), ist bei höherem *Bilanzgewinn* der resultierende Wert des Cashflow-Vorteils für Vorzugsaktionäre höher. Dies ergibt sich ebenso bei Anwendung der Margrabe-Austauschoption, da mit steigendem Bilanzgewinn das Verhältnis von Ertrag und Aufwand steigt. Unterstellt man eine hohe Korrelation des Bilanzgewinns mit dem (Stamm-)Aktienkurs, so bedeutet dies, dass mit steigendem Stammaktienkurs der absolute Wert des Cashflow-Vorteils zunimmt. Dessen ungeachtet kann aber dabei der relative Wert des Cashflow-Vorteils abnehmen,[1363] was zu einer höheren Rendite der Stammaktien im Vergleich zu den Vorzugsaktien und in der Folge zu einem höheren Kursaufschlag der Stammaktien führen kann. Insofern kann die Auswirkung des „Delta-Risikos" mit der Hypothese K11 vereinbar sein.

- Zwar steigt der Optionspreis eines Calls auch mit zunehmender Restlaufzeit („Theta-Risiko"), Vorzugsaktien haben aber eine unbefristete Laufzeit, sodass sich der Einfluss dieses Faktors im Zeitablauf nicht ändern sollte: Die Restlaufzeit ist stets unendlich und für jeden Ausschüttungszeitpunkt muss ein separates Optionsportfolio (mit konstanter Laufzeit) modelliert werden.

Die Schlussfolgerungen aus der optionstheoretischen Modellierung des Wertes der superioren Cashflowrechte stehen also insgesamt im Einklang mit den aus dem Dividendendiskontierungsmodell abgeleiteten Hypothesen oder widersprechen diesen jedenfalls nicht zwingend. Zusätzliche Hypothesen sind daraus nicht ableitbar.

[1362] Wegen $\sigma^2[\ln(X/Y)] = \sigma^2(\ln X - \ln Y) = \sigma^2(\ln X) + \sigma^2(\ln Y) - 2 \cdot \sigma(\ln X) \cdot \sigma(\ln Y) \cdot \text{Corr}(\ln X, \ln Y)$ wird die Volatilität bei hoher Korrelation der Inputvariablen X und Y vermindert. Bei Aufwand und Ertrag eines Unternehmens ist prinzipiell von einer hohen Korrelation auszugehen.

[1363] Vgl. auch Abbildung 8 b).

4.3.4　Zwischenfazit

Die superioren Cashflowrechte der Vorzugsaktien, bestehend aus dem in aller Regel als absoluten Betrag festgelegten kumulativen Dividendenvorzug und häufig auch aus einer Mehrdividende, wirken dem aus dem Stimmrecht der Stammaktien ableitbaren Wert entgegen. Die relative Bedeutung der Vorzugsdividende nimmt allerdings mit steigendem Aktienkurs ab; sie sollte daher auch bei einem allgemeinen Anstieg der Aktienkurse und bei guter wirtschaftlicher Entwicklung regelmäßig zurückgehen und daher zu einer Erhöhung des Kursaufschlags der Stammaktien führen (bei höherem Kurs der Vorzugsaktien entspräche dies einer Verringerung des absoluten Betrags des negativen Kursaufschlags). Umgekehrt gewinnt bei Ausfall der Dividendenzahlung die Nachzahlbarkeit des Dividendenvorzugs an Bedeutung und verringert tendenziell den relativen Kursaufschlag der Stammaktien.

Im Hinblick auf den Einfluss eines Anstiegs des Zinsniveaus und der Inflationsrate auf den Kursaufschlag ist nicht von Vornherein eindeutig, ob der Effekt der Entwertung der Vorzugsdividende durch einen höheren Diskontierungsfaktor überwiegt oder ob dieser Effekt durch den häufig mit einem Zinsanstieg einhergehenden allgemeinen Rückgang der Aktienkurse und der dabei steigenden relativen Bedeutung der Vorzugsdividende überkompensiert wird. Ebenso kann eine höhere Volatilität der Ausschüttungen einerseits die Bedeutung des ggf. nachzuzahlenden Dividendenvorzugs stärken; andererseits kann der mit steigender Volatilität einhergehende höhere risikoadäquate Diskontierungsfaktor zu einer Entwertung der Vorzugs- und insbesondere einer Mehrdividende beitragen. In jedem Fall sollte mit nahendem Hauptversammlungstermin die Unsicherheit über eine Ausschüttung abnehmen und in Gesellschaften mit Mehrdividende zu einem allmählichen Rückgang des Kursaufschlags der Stammaktien führen.

Die Vorzugsdividende – der Vorteil der Cashflow-Rechte der Vorzugsaktien gegenüber den Stammaktien – lässt sich durch ein Bündel von Optionen für alle künftigen Perioden duplizieren, die sich jeweils auf den Basiswert „Bilanzgewinn je Vorzugsaktie" der jeweiligen Periode beziehen: Konkret entspricht der Wert der Dividendenpriorität in Periode t ohne Berücksichtigung der Nachzahlbarkeit einem sog. Long Bull-Spread auf den Bilanzgewinn je Vorzugsaktie der Periode t, d. h. dem Kauf einer Kaufoption (Ausübungswert 0) und den Verkauf einer Kaufoption (Ausübungswert = Höhe der Dividendenpriorität). Zur Berücksichtigung einer Mehrdividende muss für jede künftige Periode t der Wert eines Short Bull-Spread auf denselben Basiswert berücksichtigt werden; dabei entsprechen die Ausübungswerte des Short Calls der Dividendenpriorität und des Long Calls einem höheren, auf Basis der statutarischen Ausgestaltung der Vorzugsaktien determinierten Wertes. Alle Optionen lassen sich mithilfe der Black-Scholes-Formel, ggf. über Margrab'sche Austauschoptionen, prinzipiell bewerten. Das Recht auf Nachzahlung ausgefallener Dividendenvorzüge als ggf. periodenübergreifender Zahlungsstrom kann allerdings nur über einen iterativen Prozess unter Treffung von Annahmen über die künftige Entwicklung von Erträgen und Aufwendungen bewertet werden. Die Hypothesen, die sich aus der Duplizierung des Cashflow-Vorteils ableiten lassen, entsprechen den oben dargestellten, im Wesentlichen aus dem Dividendendiskontierungsmodell abgeleiteten oder widersprechen diesen jedenfalls nicht zwingend.

4.4   Weitere Einflussfaktoren auf Bewertungsunterschiede

4.4.1   Liquidität von Vorzugsaktien

Obwohl in Deutschland bis in die neunziger Jahre feindliche Unternehmensübernahmen und „Übernahmeschlachten" äußerst selten und damit ex ante unwahrscheinlich waren,[1364] wurden bereits seit der Einführung stimmrechtsloser Vorzugsaktien im Jahre 1937 Stammaktien häufig mit einem Kursaufschlag gegenüber Vorzugsaktien gehandelt, und zwar auch bei solchen Gesellschaften, bei denen Vorzugsaktien nicht mit einer statutarischen Mehrdividende ausgestattet sind und bei denen der Mehrheitsaktionär nicht gewechselt hat bzw. die Stimmrechte in Mehrheitsbesitz sind bzw. waren wie z. B. in den 1940er und 1950er Jahren bei der Siemens & Halske AG und in jüngerer Vergangenheit bei der RWE AG.[1365] Daher muss es neben den auf Private Benefits und allgemein auf Corporate-Governance-Aspekte bezogenen Einflussfaktoren und Dividendenunterschieden noch andere, von diesen Charakteristika unabhängige Erklärungen geben. Hierbei ist in erster Linie an Liquiditätsunterschiede zu denken, da der Einfluss der Liquidität auf den Kurs von Aktien einen in der Praxis zu beobachtenden, wissenschaftlich etablierten Zusammenhang darstellt.[1366]

Möglicherweise ist die Liquidität auch *der* maßgebliche Faktor für die Kursunterschiede: Nach einer modellhaft abgeleiteten Hypothese von Dittmann (2004)

[1364] Vgl. Fußnote 1171 auf Seite 294.

[1365] Der Kurs der RWE-Stammaktien lag auch vor dem Beginn der 2000er Jahre – als die kommunalen Aktionäre noch über eine Stimmenmehrheit verfügten – über dem der RWE-Vorzugsaktien, und dies obwohl neben den Stammaktien noch Mehrstimmrechtsaktien mit bedeutenden Anteilen (1997 z.B. über 30 %) der Stimmrechte bestanden (Quelle: Hoppenstedt Aktienführer 1998).

[1366] Vgl. z. B. Amihud/Mendelson (1991b), S. 60, Amihud/Mendelson (1991a), S. 236. Kempf/ Uhrig-Homburg (2000), S. 26.

hätte die Aktionärsstruktur überhaupt keinen direkten Einfluss auf Kursunterschiede zwischen Stamm- und Vorzugsaktien. Vielmehr bestehe nach der empirischen Analyse des Autors ein signifikant positiver Einfluss des Umfangs von Blocktransaktionen in Stammaktien auf den Kursaufschlag, jedoch kein signifikanter Einfluss von Aktionärsstruktur und Marktkapitalisierung; es bestehe aber ein signifikant negativer Zusammenhang zwischen dem Umfang der Blocktransaktionen und dem Anteil des größten Aktionärs, also insgesamt ein indirekter Einfluss der Aktionärsstruktur auf den Kursunterschied.[1367] Es ist allerdings fraglich, ob die vom Autor verwendeten abhängigen und unabhängigen Variablen geeignet sind, diesen Erklärungsansatz für den Kursunterschied tatsächlich zu rechtfertigen:[1368] Die als Proxy für Blocktransaktionen verwendete Variable (die größten 5 % der täglichen mittleren Wertumsätze) könnte auch einfach deshalb mehr solcher Transaktionen in Stamm- als in Vorzugsaktien ergeben, da Stammaktien allgemein häufiger höhere Umsätze als Vorzugsaktien haben könnten (z. B. weil mglw. ganz generell nicht nur mehr größere, sondern auch mehr kleinere Transaktionen durchgeführt werden). Eine mögliche Schlussfolgerung aus den empirischen Befunden des Autos wäre dann, dass bei instabilen Mehrheitsverhältnissen größere Umsätze in Stammaktien stattfinden als bei festgefügter Mehrheitsstruktur. Eine nicht unplausible Ursache hierfür könnte die erfolgversprechendere Spekulation auf eine Unternehmensübernahme sein, da in diesen

---

[1367] Der Autor erklärt den Zusammenhang damit, dass im Falle instabiler Koalitionen von Paketaktionären einzelne dieser Aktionäre (oder außenstehende Aktionäre) Stammaktien zukaufen, um – vor dem Hintergrund des Erhalts von Private Benefits – ihren Einfluss zu stabilisieren oder einen Einfluss zu erlangen. Der Kapitalmarkt würde solche Transaktionen antizipieren, was in einem höherem Stammaktienkurs resultiert, da Blocktransaktionen häufiger in Stammaktien erfolgen.

[1368] Zum einen verwendet Dittmann (2004) mangels verfügbarer Daten zu Paketkäufen und Paketverkäufen als Blocktransaktionen die größten 5 % der täglichen mittleren Wertumsätze (Wertumsatz des jeweiligen Tages dividiert durch Anzahl Transaktionen an diesem Tag). Es handelt sich dabei also um keine echten Blocktransaktionen. Zudem ist es zweifelhaft, ob Blocktransaktionen überhaupt oder üblicherweise über die Börse abgewickelt werden. Selbst wenn dies der Fall ist, dürften solche Transaktionen nicht an nur einem Handelstag abgewickelt werden, sodass sich die zugehörigen Umsätze auf mehrere Tage verteilen. Zum anderen ist es fraglich, ob der Anteil des größten Aktionärs ein mit der Instabilität von Mehrheitskoalitionen hochkorrelierter Proxy ist. Andere, hierfür vermutlich besser geeignete Maße (z. B. das Shapley-Maß, Einbeziehung des zweitgrößten Aktienpakets) haben nach Angaben von Dittmann (2004) keinen signifikanten Einfluss auf die Stimmrechtsprämie oder nur eine geringere Erklärungskraft; vgl. a. a. O., S. 22. Schließlich könnte der gewählte Indikator für den Umfang von Blocktransaktionen aufgrund seiner Konstruktion als Anteil der „Blocktransaktionen" in Stammaktien an allen Blocktransaktionen (wie oben definiert) nur deshalb mit 57 % über 50 % liegen, weil Stammaktien generell im Mittel höhere Umsätze aufweisen. Dies spricht tendenziell dagegen, dass der von Dittmann (2004) vertretene Erklärungsansatz als empirisch nachgewiesen angesehen werden kann.

Fällen eine Übernahme wahrscheinlicher ist.[1369] Es zeigt sich also, dass die Erklärungen der beobachtbaren Kursunterschiede – einerseits Corporate-Governance-Gründe und andererseits Liquiditätsunterschiede in Form von Handelsumsätzen beider Gattungen – „zwei Seiten derselben Medaille" sein können.

Die von Dittmann (2004) festgestellten Liquiditätsunterschiede machen am Beispiel der Dual-Class-Unternehmen deutlich, dass die diesbezüglichen Annahmen der klassischen Kapitalmarktmodelle (vollkommener Kapitalmarkt, in dem alle Käufer Preisnehmer sind, in denen also insbesondere eine vollkommen elastische Nachfrage herrscht und die Liquidität keine Rolle spielt)[1370] empirisch nicht haltbar sind. Dies zeigt sich z.B. auch daran, dass Aktienblöcke mit einem Abschlag gehandelt werden und dass für Aktien mit geringerer Liquidität Renditezuschläge (Liquiditätsprämien) verlangt werden.[1371]

Da Stamm- und Vorzugsaktien im Allgemeinen eine unterschiedliche Liquidität aufweisen, lässt sich das Bestehen eines Kursunterschieds auch theoretisch erklären: Aktien mit geringerer Liquidität müssen zur Erzielung der vom Markt geforderten Liquiditätsprämien (also einer höheren Rendite) einen geringeren Kurs aufweisen. Dies lässt sich wie folgt veranschaulichen: Die heute (im Zeitpunkt t=0) von Aktionären zu erwartende Rendite $E^0(r_S)$ einer Stammaktie ergibt sich

als $E^0(r_S) = \dfrac{E^1(CF_S) - K_S^0}{K_S^0}$, wobei $E^1(CF_S)$ den auf den nächsten Zeitpunkt t=1

bezogene Erwartungswert aller künftigen Cashflows der Stammaktie (und damit den Erwartungswert des künftigen Kurses) und K_S^0 den heutigen Stammaktienkurs bezeichnen. Aus der entsprechenden Beziehung für Vorzugsaktien

$E^0(r_V) = \dfrac{E^1(CF_V) - K_V^0}{K_V^0}$ und dem Umstand, dass vereinfachend[1372] die erwarteten

künftigen Cashflows für beide Gattungen (Dividenden) identisch sind, folgt

$$E^0(r_S) < E^0(r_V) \quad \Leftrightarrow \quad \frac{E^1(CF_S)}{K_S^0} - 1 < \frac{E^1(CF_V)}{K_V^0} - 1 \underset{E(CF)>0}{\Leftrightarrow} \frac{1}{K_S^0} < \frac{1}{K_V^0} \Leftrightarrow K_S^0 > K_V^0$$.

[1369] Rothauge/Menkhoff/Krahnen (1993) finden allerdings keinen empirischen Beleg für einen signifikanten Einfluss von Übernahmespekulationen auf den Kursunterschied bei deutschen Dual-Class-Unternehmen (vgl. a.a.O., S. 244), bei indes stark begrenzter Datenbasis.

[1370] Vgl. z.B. Neumann (2003), S. 319.

[1371] Vgl. z.B. Amihud/Mendelson (1991a), S. 236.

[1372] Ohne Berücksichtigung von Übernahmeprämien, Mehrdividenden und etwaigen Dividendenausfällen der Stammaktie, also nicht liquiditätsbedingten Einflussfaktoren.

Dies bedeutet, dass c.p. bei höherer Liquidität der Stammaktien der Kursaufschlag positiv ist und dass bei höherer Liquidität der Vorzugsaktien der Kursaufschlag der Stammaktien negativ ist. Somit ergibt sich die folgende Hypothese:

Hypothese K15:
**Der Kursaufschlag der Stammaktien ist umso höher, je höher die Liquidität
der Stammaktien im Vergleich zur Liquidität der Vorzugsaktien bzw. je
geringer die Liquidität der Vorzugsaktien im Vergleich zur Liquidität der
Stammaktien ist.**

Nach den Ergebnissen von Kruse/Berg/Weber (1993) haben im Zeitraum von
1989 bis 1990 in Deutschland Liquiditätsunterschiede über 40% des Kursaufschlags erklärt.[1373]

Es ist nicht auszuschließen, dass bei einer vergleichsweise hohen Liquidität der
Vorzugsaktien der Kursaufschlag auch negativ werden kann, nämlich insbesondere dann, wenn durch einen aus einer vergleichsweise geringeren Liquiditätsprämie resultierenden höheren Kurs der Vorzugsaktie der aus dem Stimmrecht
resultierende Wertanteil der Stammaktien überkompensiert wird. Auch am deutschen Kapitalmarkt war regelmäßig zu beobachten, dass Vorzugsaktien, die in
einem bedeutenden Index (DAX, MDAX oder TecDAX) vertreten und daher besonders liquide sind, zu einem höheren Kurs notieren als die entsprechenden
nicht im Index vertretenen Stammaktien (z.B. im Fall SAP).[1374] Als im Vergleich zur Hypothese K15 speziellere Hypothese folgt daher:

Hypothese K16:
**Der Kursaufschlag ist höher, wenn (nur) die Stammaktie in einem
bedeutenden Index vertreten ist und geringer, wenn (nur) die
Vorzugsaktien in einem bedeutenden Index vertreten ist.[1375]**

[1373] In der univariaten Regression des relativen Kursaufschlags der Stammaktien auf eine Variable
„relative Marktaktivität" ermitteln die Autoren ein Bestimmtheitsmaß von R^2=42,01% bei einem
Signifikanzniveau von 0,02%; vgl. a.a.O., S. 30. Dabei bezeichnet die „relative Marktaktivität"
die Differenz aus dem Verhältnis des Nominalkapitals des frei gehandelten Stamm- und
Vorzugsaktienkapitals und dem Umsatzverhältnis der Stamm- und Vorzugsaktien.
[1374] In solchen Fällen wäre der empirisch zu beobachtende höhere Vorzugsaktienkurs durch die
erläuterten Corporate-Governance-Aspekte nicht erklärbar. Dies unterstreicht die Wichtigkeit der
Einbeziehung anderer Aspekte – wie der Marktliquidität der Aktiengattungen – in die Analyse.
[1375] Nach den Indexregeln der Deutschen Börse kann stets nur eine Gattung in einen Index aufgenommen werden.

Die große Bedeutung einer Notiz im Index für die Liquidität zeigt sich daran, dass z. B. im Jahr 2003 auf Aktien von DAX-Unternehmen allein 96 % der Umsätze aller DAX100-Aktien und 90 % der Umsätze aller börsennotierten deutschen Aktien entfielen.[1376]

Der Umstand, dass deutsche Vorzugsaktien in aller Regel mit einem Abschlag notieren, wird regelmäßig auch damit erklärt, dass die Nachfrage von ausländischen Investoren nach Vorzugsaktien gering ist.[1377] Da die Ausgestaltung von stimmrechtsbeschränkten Aktien in den einzelnen Ländern sehr unterschiedlich geregelt ist, entstehen für Ausländer hohe Transaktionskosten, z. B. für die Rechtsberatung über die spezifische deutsche Ausgestaltung von Vorzugsaktien und Abweichungen etwa zu Preferred Stock US-amerikanischer Prägung.[1378] Da Ausländer u. a. aus diesem Grund eher Stammaktien präferieren, dürfte die Investorenbasis für Vorzugsaktien und damit die Nachfrage nach bzw. Liquidität von Vorzugsaktien geringer sein.

Nach den vorgenannten Erwägungen erscheint es plausibel, dass die Auslandsnachfrage nach deutschen Aktien c. p. auch einen Einfluss auf die Höhe des Kursaufschlags der Stammaktien haben könnte, auch wenn dies offensichtlich nicht der einzige maßgebliche Faktor sein kann. Da Angaben zur Aktiennachfrage von Ausländern für den deutschen Aktienmarkt nur im Aggregat vorliegen, ergibt sich die folgende Hypothese:

Hypothese K17:
Der mittlere Kursaufschlag deutscher Stamm- gegenüber Vorzugsaktien steigt mit zunehmender Auslandsnachfrage nach deutschen Aktien.

Dittmann/Ulbricht (2008) schlussfolgern aus dem Verhalten ausländischer Investoren, dass der Kursabschlag der Vorzugsaktien bei größeren Unternehmen und bei Unternehmen mit einem größeren Anteil des Auslandsgeschäfts größer ist, da solche Unternehmen im Ausland bekannter sind. In Aktien kleinerer, lokaler Unternehmen würden Ausländer ohnehin kaum investieren, weshalb sich hier die Präferenz von Ausländern für Stammaktien weniger auswirken würde und daher ein Kursabschlag aus diesem Grund unwahrscheinlicher wird.[1379] Allerdings könnte ebenso gut argumentiert werden, dass Ausländer von größeren Gesell-

---

[1376] So Clark/Wojcik (2003), S. 10.
[1377] Vgl. z. B. Dittmann/Ulbricht (2008), S. 169.
[1378] Vgl. Abschnitt 2.4.1.4 auf Seite 174.
[1379] So Dittmann/Ulbricht (2008), S. 169.

schaften noch von Analysten beobachtete Vorzugsaktien kaufen würden, während sie von kleineren Gesellschaften nur in Stammaktien investieren; daraus ergäbe sich ein mit zunehmender Unternehmensgröße ansteigender Kursaufschlag.

Für die letztere Kausalität spricht auch, dass ein abnehmender Grenznutzen von Private Benefits oder jedenfalls von Perquisites bestehen dürfte, da die extrahierten Private Benefits bei kleineren Unternehmen in Relation zur Bilanzsumme und damit vermutlich ebenfalls in Relation zum Marktwert des Eigenkapitals überproportional groß sind. Sofern dies (nicht nur ausländische) rationale Investoren unterstellen, könnte sie dies von einem Erwerb von Vorzugsaktien kleinerer Gesellschaften abhalten. Dies gilt erst recht vor dem Hintergrund, dass kleinere Gesellschaften weniger im Fokus von Öffentlichkeit und Analysten stehen, sodass es für Mehrheits- und Blockaktionäre leichter sein dürfte, unbemerkt eigennützige Geschäfte abzuschließen. Vorzugsaktien kleiner Gesellschaften sollten bei Gültigkeit dieser Annahmen also mit einem größeren Abschlag notieren. Bei größeren Gesellschaften werden hingegen auch Vorzugsaktien von Analysten und institutionellen Investoren genauer beobachtet, sodass „unsaubere Geschäfte" für Geschäftsleitung und Mehrheitsaktionäre schwerer zu verschleiern sind und daher jedenfalls aus diesem Grund keine Zurückhaltung beim Kauf von Vorzugsaktien begründbar ist. Sofern Anleger von einer Investition in Vorzugsaktien kleinerer Gesellschaften „abgeschreckt" werden, hätte dies eine im Vergleich zu Stammaktien geringere Liquidität der Vorzugsaktien kleinerer Gesellschaften zur Folge. Stammaktionäre könnten zudem bei einer Übernahme an den höheren Private Benefits pro Aktie partizipieren.[1380] Es ergibt sich mithin die folgende Hypothese:[1381]

Hypothese K18:
Der Kursaufschlag der Stammaktien sinkt mit zunehmendem Marktwert des Eigenkapitals.

[1380] Diese Erklärung steht im Widerspruch zu der weiter oben erwähnten Annahme von Hoffmann-Burchardi (1999), dass die Private Benefits proportional zum kontrollierten Vermögen wären; vgl. hierzu Abschnitt 4.2.2.5 auf S. 322.

[1381] Diese Hypothese hätte sich ebenso in die Argumentation des Abschnitts 4.2.2 eingefügt: Dort würde die Begründung lauten, dass zum einen bei kleineren Gesellschaften proportional größere Private Benefits zu erwarten sind und dass zum anderen wegen eines geringeren erforderlichen Kapitaleinsatz für eine Übernahme eine höhere Übernahmewahrscheinlichkeit besteht; aus dem resultierenden höheren Stimmrechtswert folgt ein höherer Kursaufschlag. Da die Begründung sowohl Corporate-Governance-Aspekte als auch Liquiditätsaspekte berührt und um mehrfache identische Hypothesen zu vermeiden, wurde die Hypothese nur an dieser Stelle aufgeführt.

Einfluss auf die Liquidität von Aktien und damit auf einen etwaigen Kursunterschied haben auch Übertragungsbeschränkungen. Diese können zum einen unternehmensspezifischer Natur sein: Neben den üblichen Inhaberaktien können in Deutschland Aktien auch als Namensaktien ausgestaltet sein. Die Zahl solcher Aktien hat seit der Möglichkeit der elektronischen Erfassung der Aktionärsnamen 2001 zwar zugenommen und stellt daher kein echtes Übertragungshindernis mehr dar. Zuvor war allerdings die Umschreibung im papierhaften Aktionärsbuch mit weitergehenden Angaben zum Aktionär eine bürokratische Hürde und dürfte für Aktionäre eher abschreckend gewirkt haben. Eine echte Übertragungsbeschränkung stellt aber noch heute die Vinkulierung von Namensaktien dar. Dabei bedarf die Umschreibung im Aktionärsbuch der Zustimmung des Vorstandes der Gesellschaft nach von ihr selbst in der Satzung festgelegten Kriterien oder – ohne eine statutarische Regelung – nach pflichtgemäßem Ermessen.[1382] Dadurch kann faktisch keine rasche Rechtssicherheit einer Kauf- oder Verkaufstransaktion hergestellt werden. Sofern für beide Aktiengattungen dieselben Übertragungsbeschränkungen gelten, ist allerdings kein Einfluss auf den Kursunterschied zu erwarten, sondern auf die Liquidität beider Gattungen gleichermaßen. Folglich ergibt sich die nachstehende Hypothese:

> **Hypothese K19:**
> **Unterscheidet sich die satzungsgemäße Übertragbarkeit der Stamm- und der Vorzugsaktien, so ist der Kursaufschlag geringer, wenn die Übertragbarkeit der Stammaktien restriktiver ist (und umgekehrt).**

Beschränkungen in der Übertragbarkeit kann es auch aus rechtlichen/gesetzlichen Gründen geben. So ist oder war in einigen Jurisdiktionen der Erwerb von bestimmten Aktien mit vollem Stimmrecht durch Ausländer aus protektionistischen Gründen beschränkt oder untersagt.[1383] In empirischen Studien wurde festgestellt, dass dabei der Kurs der Aktien mit Erwerbsbeschränkungen unter dem Kurs der für Ausländer erwerbbaren Aktien lag, selbst wenn diese ein geringeres Stimmrecht hatten.[1384] In Deutschland gab es vergleichbare explizite gesetzliche

---

[1382] Vgl. Hüffer (2014), S. 392 (Rn. 15): Der Vorstand hat dabei die Interessen der Gesellschaft und der Aktionäre abzuwägen und ist durch das aktienrechtliche Gleichbehandlungsgebot gebunden.

[1383] Zum Beispiel in Norwegen, der Schweiz, China und Hongkong, vgl. Abschnitt 2.4.2 ab S. 175.

[1384] Ødegaard (2007) stellt für Norwegen für 1988-1994 im marktwertgewichteten Mittel einen Bewertungsabschlag der beschränkten Aktien gegenüber von Ausländern erwerbbaren Aktien mit gleichem Stimmrecht in Höhe von 9,5 % und gegenüber von Ausländern erwerbbaren stimmrechtslosen Aktien in Höhe von 3,4 % fest, vgl. Ødegaard (2007), S. 3631. Horner (1986) leitet auch modellhaft ab, warum in der Schweiz der Kurs der sog. Namenaktien (deren Vinkulierung in aller Regel gegen ausländische Erwerber schützen soll) unter den Kursen der

Regulierungen nicht; Erwerbsbeschränkungen für unerwünschte, z. B. auch ausländische Aktionäre können aber auf der Ebene der Gesellschaften durch Vinkulierung erreicht werden.

Eine weitere potenzielle Begründung für einen Liquiditätsunterschied im größten Teil des Untersuchungszeitraums könnte das Depotstimmrecht der Banken liefern: Binz/Sorg (1994) vertreten die Ansicht, dass Banken ein Interesse daran hatten, dass Privatanleger eher Stamm- als Vorzugsaktien erwerben, da sie damit – wegen des Depotstimmrechts – einen großen Einfluss auf die Hauptversammlungsbeschlüsse börsennotierter Gesellschaften ausüben konnten. Wenn die Banken ihren Kunden „auf breiter Front von Vorzugsaktien abraten", führe dies zwangsläufig zu einer geringeren Nachfrage nach Vorzugsaktien und damit zu einem Kursabschlag der Vorzugsaktien.[1385] Träfe diese Argumentation zu und würde sie nicht durch andere Effekte überlagert, müsste der Kursunterschied bei Gesellschaften mit hohem Streubesitzanteil besonders hoch sein. Dieser Vermutung steht aber entgegen, dass bei hohem Streubesitzanteil die Übernahmewahrscheinlichkeit gering ist. Eine entsprechende Hypothese könnte auch nur geprüft werden, wenn gesellschaftsspezifische Daten zum Umfang des Depotstimmrechts der Banken herangezogen würden. Diese Informationen liegen jedoch jedenfalls für diese Untersuchung nicht vor.

Abschließend sei erwähnt, dass die Geltung der oben abgeleiteten Hypothesen auch mit den aus einem Gleichgewichtsmodell abgeleiteten Vorhersagen von Amihud/Mendelson (1986) vereinbar sind, nach denen langfristig orientierte Investoren die illiquideren Aktien und kurzfristig orientierte Investoren die liquideren Aktien präferieren: Bei einem langfristigen Investment können sich die Transaktionskosten über einen längeren Zeitraum amortisieren. Somit können solche Investoren einen höheren Preis für dieselbe Aktie zahlen als kurzfristige Investoren. Da für kurzfristig orientierte Anleger illiquide Aktien sehr riskant

---

frei erwerbbaren Inhaberaktien mit Stimmrecht und unter den Kursen der Partizipationsscheine (ohne Stimmrecht) liegt. Bisweilen wird eine Ausländerdiskriminierung als separater Faktor („Marktsegmentierung") zur Erklärung eines Kursunterschiedes angesehen, so auch von Ødegaard (2007), S. 3625, oder es wird angeführt, dass für Ausländer zusätzliche Haltekosten anfallen (z. B. als Kosten für Terminkontrakte, wenn Ausländer die Aktien nicht durch Kassageschäft erwerben können wie in der Schweiz, vgl. Horner (1986), S. 64). Tatsächlich ergibt sich aber aus den Beschränkungen bzw. Erschwerungen für Ausländer letztlich immer „nur" ein Liquiditätsproblem sowie ggf. Opportunitätskosten für Stammaktionäre wegen der Verhinderung von Übernahmen durch Ausländer, die eventuell höhere Effizienzgewinne erzielen könnten und diese im Rahmen einer Übernahmeschlacht teilweise an die Stammaktionäre weitergeben könnten bzw. müssten.

[1385] So Binz/Sorg (1994), S. 996.

sind und da sie diesen daher nur einen (im Vergleich zu einem langfristigem Horizont zu) geringen Wert beimessen, werden im Gleichgewicht die langfristigen Investoren die illiquideren Aktien halten.[1386] Dies ist mit den o. g. Hypothesen für Dual-Class-Unternehmen vereinbar, weil

- in dem Fall, dass (nur) eine Gattung in einem wichtigen Index vertreten ist, mehr kurzfristig orientierte Investoren dieses Papier handeln werden (z. B. für Arbitragegeschäfte, spekulative Investments und als Basiswert für Termingeschäfte) mit der Folge eines geringeren Kurses der anderen Gattung,

- in dem Fall, dass Unterschiede in der Übertragbarkeit bestehen, kurzfristig orientierte Anleger die Gattung ohne bzw. mit geringeren Übertragungsbeschränkungen (insbesondere Inhaberaktien) bevorzugen werden, um etwaige Kursgewinne schnell realisieren zu können, und

- falls die beiden vorherigen Merkmale nicht zutreffen, weil langfristig orientierte Investoren aufgrund der Nachzahlbarkeit ausgefallener Vorzugsdividenden langfristig höhere Cashflows aus Ausschüttungen auf Vorzugsaktien erhalten als auf Stammaktien. Eine Spekulation auf Übernahmeprämien aus dem Besitz von Stammaktien eignet sich dagegen eher für kurzfristig orientierte Anleger; für langfristig orientierte Anleger könnte die aus einer Übernahmeprämie resultierende unsichere Zusatzrendite bei Verteilung auf eine längere Investitionsdauer geringer sein, als eine etwaige mit größerer Wahrscheinlichkeit dauerhaft gezahlte Mehrdividende bei Vorzugsaktien. Mit anderen Worten könnte das Sicherheitsäquivalent der ungewissen Realisierung einer Übernahmeprämie für einen langfristig orientierten Investor geringer sein, als das Sicherheitsäquivalent des erwarteten Dividendenzahlungsstroms (Summe aus den abgesehen vom Insolvenzfall betragsmäßig – wenn auch nicht zeitlich – sicheren Zahlung der Vorzugsdividenden und ggf. der unsichereren, aber im Vergleich zur Übernahmeprämie immer noch wahrscheinlicheren Zahlung der Mehrdividende).

Nach der Argumentation von Amihud/Mendelson (1991b) ist ein Kursaufschlag der Stammaktien auch aus Liquiditätsgründen erklärbar, wenn kurz- und langfristig orientierte Investoren um Stammaktien konkurrieren, um Vorzugsaktien vorrangig nur langfristig orientierte Investoren (und unter der Voraussetzung, dass diese Präferenzen nicht durch Indexeffekte oder Übertragungsbeschränkungen überlagert werden). Eine Überprüfung dieser Hypothese wäre durch Vergleich der mittleren Haltedauer von Stammaktien und von Vorzugsaktien der

---

[1386] So Amihud/Mendelson (1991b), S. 59 f.

Dual-Class-Unternehmen möglich. Hierzu liegen allerdings für Deutschland keine Daten vor.

Noch allgemeiner ausgedrückt: Sind Vorzugsaktien illiquider als Stammaktien, werden rationale Investoren für Vorzugsaktien nur einen geringeren Preis bezahlen als für Stammaktien (und umgekehrt), da aus einer stärkeren Illiquidität potenzielle Kosten resultieren,[1387] etwa weil ein Verkauf der Aktien zu einem vom Investor gewünschten Zeitpunkt nicht oder nur zu einem ungünstigen Kurs möglich ist.

4.4.2   Steuer-Klientel-Effekte und Ausschüttungspolitik

Im Abschnitt 3.3.7 wurde bereits erläutert, dass aus der im Zeitablauf mehrfach grundlegenden Veränderungen unterworfenen steuerlichen Behandlung von Kursgewinnen und Dividenden Unterschiede in der Präferenz verschiedener Aktionärstypen für die Ausschüttung von Dividenden oder die Thesaurierung von Gewinnen resultieren. Nach der Steuer-Klientel-Hypothese müssten Anleger mit niedrigen Grenzsteuersätzen hohe Dividendenrenditen und demnach Vorzugsaktien bevorzugen.[1388]

Die Überprüfung einer solchen Hypothese kann auf Basis der Aktienkursbildung am Ausschüttungstag erfolgen: Ein rationaler Grenzanleger muss – ohne Berücksichtigung von Transaktionskosten – indifferent zwischen einem Verkauf einer Aktie am Tag vor der Ausschüttung und einem Verkauf am Tag der Ausschüttung mit gesunkenem Kurs, aber gleichzeitiger Vereinnahmung der Dividenden sein, wenn beide Handlungsalternativen dasselbe Nettoergebnis nach Steuern erbringen. Schulz (2006) zeigt, dass dies bei Steuerfreiheit von Kursgewinnen dann der Fall ist, wenn das Verhältnis aus Kursabschlag und Bardividende (die sog. „Prämie") gleich eins minus dem marginalen Steuersatz eines Grenzanlegers ist; Anleger mit höherem (niedrigerem) Steuersatz bevorzugen eine Thesaurierung (Ausschüttung).[1389] Die empirische Untersuchung von Schulz (2006) ergibt, dass die Prämie der Vorzugsaktien im Mittel von 1968-2002 nur ca. 35,19 %, die der Stammaktien aber 68,8 % beträgt, dass also der Kursrückgang der Vorzugsaktien am Ausschüttungstag nur ca. ein Drittel der Dividendenhöhe beträgt.

[1387] Ähnlich auch Kruse/Berg/Weber (1993), S. 29.

[1388] So Schulz (2006), S. 198. Dass deutsche stimmrechtslose Vorzugsaktien im Mittel höhere Dividendenrenditen als Vorzugsaktien aufweisen, haben neben Schulz (2006), S. 244, auch Daske/Ehrhardt (2002a), S. 201, empirisch bestätigt. Siehe auch die Ergebnisse in dieser Arbeit im Abschnitt 5.3.2.1 (Tabelle 19, S. 532).

[1389] Vgl. Schulz (2006), S. 69 f. und 149 f.

Mithin ist der Indifferenzsteuersatz eines Grenzanlegers in Vorzugsaktien mit 64,8 % mehr als doppelt so hoch wie der eines Grenzanlegers in Stammaktien (31,2 %). Schulz (2006) sieht das Ergebnis als nicht mit der Steuer-Klientel-Hypothese vereinbar an.[1390]

Da die Ergebnisse im Zeitablauf in der Größenordnung robust sind, scheiden Datenfehler als Erklärung aus. Das Ergebnis von Schulz (2006) kann aber so interpretiert werden, dass Privatanleger von Vorzugsaktien unabhängig von ihrem Grenzsteuersatz stets eine Ausschüttung bevorzugen, da der Indifferenzsteuersatz größer als alle in der Vergangenheit anwendbaren maximalen Grenzsteuersätze ist. Für diese Beobachtung sind mehrere Erklärungen denkbar:

– Überdurchschnittliches *Dividenden-Stripping*: Besonders im Zeitraum von 1977 bis 2001 war es für Anleger, die keine Körperschaftsteuergutschrift erhielten (insbesondere ausländische private und institutionelle Anleger) sinnvoll, Aktien am Cum-Tag (Tag vor der Dividendenausschüttung) an inländische Anrechnungsberechtigte zu verkaufen, die neben der Dividende auch die Körperschaftsteuergutschrift abzüglich zu zahlender Steuern vereinnahmen konnten, und die Aktien am Ex-Tag (Tag der Ausschüttung) zurückzukaufen. Wenn auf Vorzugsaktien wie jedenfalls im überwiegenden Fall höhere Dividenden gezahlt werden, kann diese Strategie insbesondere nach Transaktionskosten im Mittel günstiger als ein Dividenden-Stripping bei Stammaktien. Dies könnte zu einem überdurchschnittlichen Verkaufsdruck von Vorzugsaktien vor dem Ex-Tag und einem überdurchschnittlichen Kauf-Druck am Ex-Tag geführt haben, weshalb der Kursabschlag geringer ausfallen könnte als bei Stammaktien.[1391] Dieser Effekt sollte empirisch nachweisbar sein, wenn auf Vorzugsaktien eine Mehrdividende gezahlt wird oder nur Vorzugsdividenden eine Dividende erhalten. Konkret wäre zu testen, ob der Kursabschlag bei Dividendenzahlung bezogen auf die Dividendenhöhe geringer als bei anderen Vorzugsaktien ist, wenn die zugehörigen Stammaktionäre eine geringere oder keine Dividende erhalten.[1392]

[1390] Vgl. Schulz (2006), S. 198 und S. 244.

[1391] Schulz (2006), S. 76, weist darauf hin, dass 1994 eine Mindesthaltedauer von 10 Tagen bei Kauf einer Aktie von einem Nichtanrechnungsberechtigten eingeführt wurde, um Dividendenstripping zu erschweren. Dies hat zwar das Risiko für den Erwerber erhöht, dass in den neun Tagen nach dem Ex-Tag widrige Kursentwicklungen eintreten, stellt jedoch nicht den Erfolg der Strategie insgesamt infrage.

[1392] Die empirischen Analysen in dieser Arbeit erfolgen auf der Basis von monatlichen Kursdaten; daher muss ein Test dieser Hypothese der weiteren Forschung vorbehalten bleiben.

– *Fehlende Thesaurierungsalternative*: Die prioritätische Dividende auf Vorzugsaktien muss in jedem Fall gezahlt, ggf. nachgezahlt werden. Damit besteht in dieser Höhe jedenfalls nicht dauerhaft die Alternative, eine Thesaurierung vorzunehmen. Als Folge besteht diese Alternative – außer bei schlechter wirtschaftlicher Lage des Unternehmens – praktisch auch nicht für Stammaktien: Würde eine Thesaurierung (nur) der potenziellen Stammaktiendividende vorgenommen, kommt der im Vergleich zu einer Ausschüttung einer Stammaktiendividende angestiegene Marktwert allen Aktionären und damit auch den Vorzugsaktionären zugute, da sich eine Thesaurierung nicht zugunsten einer bestimmten Aktiengattung separieren lässt; im Fall einer Mehrdividende profitieren Vorzugsaktionäre daran sogar überproportional. Würden bspw. 50 % des Grundkapitals aus Vorzugsaktien bestehen, kämen maximal 50 % einer einbehaltenen Stammaktiendividende den Stammaktionären zugute. Auch bei hohem Grenzsteuersatz macht dieser Umstand eine Thesaurierung für einen rationalen Stammaktionär einer Dual-Class-Unternehmung uninteressant. Daher sollte auch bei den Stammaktionären von Dual-Class-Unternehmen der Indifferenzsteuersatz überdurchschnittlich sein und dem der Vorzugsaktionäre ähneln.[1393] Auf der Basis von täglichen Kursdaten könnte also getestet werden, ob der Kursabschlag der Stammaktien von Dual-Class-Unternehmen im Fall einer Dividendenausschüttung – bezogen auf die Dividendenhöhe – dem Kursabschlag der zugehörigen Vorzugsaktien entspricht.

Sofern ein Stammaktionär mit hohem Grenzsteuersatz trotz der fehlenden echten Thesaurierungsalternative in das Unternehmen investiert bleibt und nicht in eine andere Gesellschaft ohne Dual-Class-Struktur wechselt, muss er dafür andere als steuerliche Gründe haben; die Steuer-Klientel-Hypothese kann diesen Umstand ebenso wie für einen Vorzugsaktionär nicht erklären.

[1393] Da Schulz (2006) die Ergebnisse für Stammaktien auf alle in Frankfurt amtlich notierten Stammaktien und nicht auf die Stammaktien von Dual-Class-Unternehmen bezieht, kann ein Vergleich der Kursabschläge von Stamm- und Vorzugsaktienpaaren daraus nicht abgeleitet werden. In Anbetracht der Tatsachen, dass nur 13,3 % der Gesamtbeobachtungen in dieser Studie von Vorzugsaktien stammen, dass nur zu etwa zwei Drittel der Vorzugsaktien zugleich Stammaktien notiert sind (siehe Abbildung 2 auf S. 194) und dass für diese Stamm- und Vorzugsaktienpaare in einigen Fällen nur Vorzugsaktien eine Dividende erhalten haben, weshalb für die zugehörige Stammaktien keine Beobachtung existiert, dürfte der Einfluss der Stammaktien aus Stamm- und Vorzugsaktienpaaren auf das von Schulz (2006) ermittelte Ergebnis für alle Stammaktien gering sein. Dass im Mittel der Stammaktien der Indifferenzsteuersatz nur etwa halb so hoch ist wie der der Vorzugsaktien heißt daher nicht zwingend, dass dies auch für die Stammaktien aus Stamm- und Vorzugsaktienpaaren gilt.

– Mit den beiden bisherigen Erklärungen lässt sich möglicherweise die Tendenz eines höheren Indifferenzsteuersatzes begründen. Allerdings müsste
aufgrund der Höhe des von Schulz (2006) ermittelten Indifferenzsteuersatzes
die Strategie „Kauf der Vorzugsaktie am Cum-Tag und Verkauf am Ex-Tag
nach Vereinnahmung der Dividende" selbst für einen inländischen Spitzen-
verdiener gewinnbringend sein. Eine solche Strategie würde jedoch durch
Arbitragegeschäfte in kürzester Zeit nicht mehr Erfolg versprechend sein, da
dann der Cum-Kurs steigen, der Ex-Kurs fallen und der Kursabschlag damit
ansteigen müsste. Es ist daher nicht auszuschließen, dass es sich bei der Beobachtung um ein *statistisches Artefakt* handelt: Schulz (2006) verwendet im
Interesse einer effizienten Schätzung, also einer möglichst geringen Varianz
des Schätzwertes, die GLS-Methode. Dabei werden die Beobachtungen mit
den quadrierten Dividendenrenditen gewichtet, statt – wie bei der ebenfalls
erwartungstreuen OLS-Methode – gleichgewichtet.[1394] Da die Dividendenrenditen von Vorzugsaktien in der Regel und auch im Mittel höher als die der
Stammaktien sind,[1395] erhalten diese erst recht nach Quadrierung höhere Ge-
wichte. Wegen der Ermittlung der „Prämien" (Verhältnis des Kursabschlags
zur Bardividende) durch Regression auf eine Konstante folgt daraus, dass die
geschätzten Prämien bei Vorzugsaktien bei der Methode von Schulz (2006)
geringer und damit die Indifferenzsteuersätze höher ausfallen, als sie tatsächlich sind. Wenn sich bei OLS-Regression eine deutlich höhere Prämie der
Vorzugsaktien als bei Schulz ergäbe, läge diese dritte Erklärung nahe. In diesem Fall würde eine relativ zu den Stammaktien höhere Prämie der Vorzugsaktien und damit ein geringerer Indifferenzsteuersatz der Vorzugsaktien-In-
vestoren für die Gültigkeit der Steuer-Klientel-Hypothese sprechen, nach der
Vorzugsaktien durch Anleger mit geringerem Steuersatz bevorzugt werden.

Falls Steuer-Klientel-Effekte bei der Wahl zwischen Stamm- und Vorzugsaktien
eine Rolle spielen, sollte sich dies nicht nur im Dividendenabschlag, sondern
auch im Rahmen von *Aktienrückkäufen* zeigen. Aktienrückkäufe sind aus Sicht
eines Anlegers einer Ausschüttung vorzuziehen, wenn die mit ihnen potenziell
einhergehenden Kursgewinne gegenüber Dividenden steuerlich begünstigt sind.
Dies war in Deutschland bei inländischen Privatanlegern mit hohem Steuersatz
stets und bei anderen Anlegern mit Einführung des Halbeinkünfteverfahrens
(2001) der Fall.[1396] Die steuerliche Vorteilhaftigkeit ist daher auch eine wichtige
Erklärungshypothese für positive Kurseffekte am Ankündigungstag solcher

---

[1394] Vgl. Schulz (2006), S. 152 f. und S. 244.
[1395] Vgl. Schulz (2006), S. 244, Daske/Ehrhardt (2002a), S. 201.
[1396] Vgl. Tabelle 6 auf S. 252.

Rückkäufe; die Kurseffekte sollten umso höher ausfallen, je höher die Dividende pro Aktie ausfällt.[1397] Tatsächlich sind die von Seifert (2006) ermittelten kumulierten Überrenditen für nahezu alle betrachteten Teilzeiträume der Ereignisstudie bei Vorzugsaktien größer als die Überrenditen der Stammaktien, allerdings sind die Werte nur für die Tage -1 bis 4 (in Bezug auf den Ankündigungszeitpunkt) signifikant positiv, nicht jedoch für die anderen Teilperioden im Zeitraum von Tag -25 bis Tag +25.[1398]

Die höhere kumulierte Überrendite der Vorzugsaktien bei Ankündigung von Aktienrückkäufen spricht dafür, dass dabei zusätzliche Investoren Vorzugsaktien erwerben, die sonst nicht in Vorzugsaktien investieren würden. Nach den Überlegungen zur Steuer-Klientel-Hypothese wäre hierbei insbesondere an Anleger mit höherem Steuersatz zu denken. In diesem Fall würden die Beobachtung von Seifert (2006) und die Steuer-Klientel-Hypothese also im Einklang stehen.[1399]

4.4.3   Zwischenfazit

Schon anhand einiger allgemein bekannter Einzelfälle, wie den Vorzugsaktien der Henkel KGaA und den früheren Vorzugsaktien von SAP, bei denen die Vorzugsaktien im DAX notiert sind bzw. waren und in der Regel einen höheren Kurs als die zugehörigen Stammaktien aufwiesen, wird deutlich, dass die Mitglied-

---

[1397] Vgl. Seifert (2006), S. 84 f. Seifert (2006) nennt als weitere Erklärungshypothesen im Wesentlichen Informationsasymmetrien (Signalisierung positiver Erwartungen des Managements), die Reduzierung von Agency-Kosten durch Verminderung des für eine „Verschwendung" durch das Management potenziell zur Verfügung stehenden Free Cashflows, die Erzielung einer optimalen Kapitalstruktur bei bisher zu geringem Debt-Equity-Verhältnis, die Vermeidung der Abweichung von einer bisher optimalen Kapitalstruktur bei notwendiger Bedienung von Aktienoptionen (was ohne eigene Aktien im Bestand eine Erhöhung des Eigenkapitals nach sich ziehen müsste) sowie einen Preisdruck infolge der massiven Aktiennachfrage durch das zurückkaufende Unternehmen. Diese Erklärungen sind eher ungeeignet, Unterschiede zwischen Ankündigungseffekten bei Rückkauf von Stamm- versus Vorzugsaktien unter sonst gleichen Bedingungen (insbesondere bei einem zu den jeweiligen Grundkapitalanteilen proportionalem Rückkaufvolumen) zu rechtfertigen.

[1398] Vgl. Seifert (2006), S. 167. Die Renditen der Vorzugsaktien basieren auf 16 Beobachtungen, die der Stammaktien auf 1.598 Beobachtungen.

[1399] Seifert (2006), S. 166, erklärt den Unterschied allerdings damit, dass im Marktsegment „Neuer Markt" nur Stammaktien notiert waren und dass dort in den 24 Tagen vor dem Ankündigungstag (und ebenso in den 24 Tagen danach) unterdurchschnittliche Überrenditen erzielt wurden. Alternativ wäre es nach Ansicht des Autors denkbar, dass Aktienrückkäufe von Vorzugsaktien häufiger mit dem Ziel einer gänzlichen Abschaffung dieser Aktiengattung vorgenommen werden, sodass sich die stärker positiven Renditen aus diesem Umstand erklären. Beide Erklärungen erscheinen plausibel, haben jedoch keinen Zusammenhang zur Steuer-Klientel-Hypothese.

schaft in einem relevanten Aktienindex und ganz allgemein die zum Beispiel anhand des Handelsvolumens gemessene Marktliquidität einen maßgeblichen Einfluss auf den Kurs der jeweiligen Gattung und damit auf den Kursunterschied zwischen Stamm- und Vorzugsaktien haben. Neben der Indexmitgliedschaft können solche Liquiditätsunterschiede auch durch Übernahmespekulation bei nicht festgefügten Mehrheitsverhältnissen oder durch Unterschiede in der Übertragbarkeit der Gattungen bedingt sein. Außerdem ist davon auszugehen, dass die Nachfrage von ausländischen Investoren nach Vorzugsaktien gering ist, da deren Ausgestaltung ein deutsches Spezifikum darstellt und daher eine Investition mit Informationskosten verbunden ist. Diese Hypothesen sind auch mit dem Modell von Amihud/Mendelson (1986) vereinbar, nach dem im Gleichgewicht kurzfristig orientierte Anleger in die vergleichsweisen liquideren und langfristig orientierte Anleger in die relativ illiquideren Aktien investieren. Bezogen auf Dual-Class-Unternehmen bedeutet dies, dass langfristig orientierte Investoren Vorteile in den langfristig höheren Cashflows von Vorzugsaktien sehen.

Die weitere Hypothese eines mit zunehmender Unternehmensgröße abnehmendem Kursaufschlags kann sowohl durch Corporate-Governance-Effekte als auch durch Liquiditätsaspekte begründet werden: Unternehmen stehen mit abnehmender Größe weniger im Fokus von Öffentlichkeit und Analysten, was die unbemerkte Generierung von Private Benefits und Perquisites und damit eine „Ausbeutung" insbesondere der im Falle eines Übernahmeangebots daran nicht partizipierenden Vorzugsaktionäre erleichtert. Zum einen ergibt sich daraus zusammen mit einer größeren Übernahmewahrscheinlichkeit infolge eines geringeren erforderlichen Kapitaleinsatzes ein größerer Stimmrechtswert, zum anderen verstärkt die Gefahr der Ausbeutung tendenziell eine Kaufzurückhaltung in Bezug auf Vorzugsaktien und vermindert damit deren Liquidität, was zu einem höheren Kursaufschlag der Stammaktien führt.

Nach der Steuer-Klientel-Hypothese müssten Vorzugsaktien wegen ihrer höheren Dividenden von Anlegern mit niedrigeren Grenzsteuersätzen bevorzugt werden. Hierzu im Widerspruch steht der empirische Befund von Schulz (2006), dass der aus dem Verhältnis von Kursabschlag und Dividendenhöhe ermittelte Indifferenzsteuersatz zwischen Ausschüttung und Thesaurierung bzgl. Vorzugsaktien höher als der bzgl. Stammaktien ist. Abgesehen davon, dass dies durch die Regressionsmethode bedingt sein könnte, wäre dies zum einen durch den Umstand zu erklären, dass zur Einsparung von Transaktionskosten bei Cum-Ex-Transaktionen um den Dividendenstichtag Vorzugsaktien mit Mehrdividenden attraktiver sind. Zum anderen besteht bei Dual-Class-Gesellschaften wegen der Nachzahlbarkeit des Dividendenvorzugs außer in wirtschaftlich schlechten Zeiten faktisch keine Thesaurierungsalternative. Wirtschaftlich gibt es eine solche

Alternative allerdings in Gestalt von Aktienrückkäufen. Nach der Studie von Seifert (2006) erzielen dabei Vorzugsaktien größere kumulierte Überrenditen als Stammaktien, was mit der Steuer-Klientel-Hypothese in Einklang steht.

4.5   Renditeunterschied und Risiko von Stamm- und Vorzugsaktien

4.5.1   Empirische Untersuchungen zum Renditeunterschied

Aus den bisher abgeleiteten Hypothesen über die Einflussfaktoren auf den Bewertungsunterschied von Stamm- und Vorzugaktien lassen sich nicht direkt Schlüsse über die Einflussfaktoren auf mögliche Renditeunterschiede ableiten. Die Literatur zur Dual-Class-Unternehmen konzentriert sich überwiegend auf den Kursunterschied von Stamm- und Vorzugsaktien (bzw. auf internationaler Ebene auf den Kursunterschied zwischen Aktien mit abweichendem Stimmrecht) und die sich daraus ergebenden Konsequenzen für den Unternehmenswert sowie auf Effekte bei der Einführung und Abschaffung von Dual-Class-Strukturen. International sind Untersuchungen zu möglichen Renditeunterschieden eher selten.[1400] Für den US-amerikanischen Kapitalmarkt sind Aussagen aus der Studie von Smart/Thirumalai/Zutter (2008) zur Renditeentwicklung nach einem Börsengang ableitbar: Die Autoren konnten keinen signifikanten Renditeunterschied zwischen Dual-Class- und Single-Class-Gesellschaften feststellen und interpretieren dies so, dass beim Börsengang ein „korrekter" bzw. rationaler Abschlag für die Minderstimmrechtsaktien vorgenommen wird, sodass es danach keiner Korrektur mehr bedarf, die zu einer höheren oder niedrigeren Rendite im Vergleich zu Single-Class-Unternehmen führen würde.[1401]

Für den deutschen Kapitalmarkt gibt es keine eindeutige Evidenz für das Bestehen solcher Renditeunterschiede. In der Untersuchung von Breitung/Wulff (2001) ergeben sich für drei von sechs untersuchten DAX- bzw. MDAX-Unternehmen höhere Renditen der Stamm- und für drei Unternehmen höhere Renditen

---

[1400] Vgl. die ausführliche Übersicht in Tabelle 11, S. 454. Als eine der wenigen publizierten Studien für einen ausländischen Kapitalmarkt ist hier Foerster/Porter (1993) zu nennen, in der für kanadische Aktien mit Stimmrechtsunterschieden (aber ohne Dividendenunterschiede) trotz bestehenden Kursunterschieds kein signifikante mittlere Renditedifferenz festzustellen ist, auch nicht bei Berücksichtigung von unterschiedlichen Marktwerten; vgl. a. a. O, S. 901.

[1401] Vgl. Smart/Thirumalai/Zutter (2008), S. 105 f. Die Autoren vergleichen die Renditeentwicklung über 5 Jahre nach dem IPO für 158 Dual-Class und 162 Single-Class-Unternehmen. Damit ist allerdings nichts über das Verhältnis der Renditen der beiden Gattungen innerhalb der Dual-Class-Unternehmen ausgesagt.

der Vorzugsaktien.[1402] Daske/Ehrhardt (2002a) ermitteln eine im langjährigen Mittel zwar leicht (um 0,03%) höhere Aktienrendite aller deutschen Vorzugsaktien seit 1956. Diese entsteht im Wesentlichen aber durch den vergleichsweise hohen Renditevorteil der Vorzugsaktien im Zeitraum 1988 bis 1998 und ist nicht signifikant; von 1967 bis 1987 hatten nach dieser Studie die Stammaktien eine höhere Rendite.[1403] Dass die Hypothese gleicher Aktienrenditen von Stamm- und Vorzugsaktien nicht verworfen wird, erklären die Autoren damit, dass sich die aufgrund ihrer statutarischen Ausgestaltung höheren Dividendenrenditen der Vorzugsaktien und die höheren Kursgewinnchancen der Stammaktien bei Kontrolltransfers mglw. ausgleichen.

Auch Klein (1981) hatte für den Zeitraum von 1965-78 eine höhere Dividendenrendite (+0,62%) und eine höhere Gesamtrendite (+0,63%) der Vorzugsaktien ermittelt und dies in einer weiteren Untersuchung auch für den Zeitraum von 1972-81 bestätigt (Dividendenrendite: +1,0%, Aktienrendite +1,6%).[1404] Weber/Berg/Kruse (1992) haben hingegen für den Zeitraum von 1977-89 trotz einer um durchschnittlich 0,47% höheren Dividendenrendite der Vorzugsaktien eine im Mittel um 0,95% höhere, wenn auch nicht signifikant höhere Gesamtrendite der Stammaktien festgestellt.[1405] Dittmann (2001) findet für drei von sieben untersuchten Aktienpaaren aus dem DAX oder MDAX eine höhere Rendite (und ein höheres Risiko) der Stammaktien, für drei Gesellschaften ähnliche Renditen von Stamm- und Vorzugsaktien.[1406] In der Untersuchung der marktgewichteten Monatsrenditen für den Zeitraum von 1979-90 ermittelt Stehle (1997) eine im Mittel deutlich höhere Rendite der Stammaktien, allerdings für den Zeitraum von 1967-76 und auch für den Zeitraum von 1954-1966 eine im Mittel leicht höhere Rendite der Vorzugsaktien.[1407]

[1402] Vgl. Breitung/Wulff (2001), S. 432. Eine Signifikanzaussage wird nicht getroffen, die Renditeunterschiede erscheinen aber mit einer Ausnahme (Hugo Boss) gering. Untersucht wird der Zeitraum bis 7/1997, der Beginn variiert von 1984 (Rheinmetall) und 1994 (Hugo Boss).

[1403] Vgl. Daske/Ehrhardt (2002a), S. 199. Diese Aussagen gelten sowohl für das arithmetische als auch für das geometrische Mittel der Renditen.

[1404] Vgl. Klein (1981), S. 193 und 203, und Reckinger (1983), S. 221 f.

[1405] Vgl. Weber/Berg/Kruse (1992), S. 558 und S. 563. Allerdings war nur bei 64% der 25 untersuchten Gesellschaften die Stammaktienrendite höher, in keinem einzigen Fall war die Renditedifferenz signifikant.

[1406] Vgl. Dittmann (2001), S. 326. Einzige Ausnahme ist die Asko Deutsche Kaufhaus AG. Untersucht wurde der Zeitraum von 1974 bis 1996.

[1407] Vgl. Stehle (1997), S. 241 (Tabelle 2). Zwar sind nur die mittleren Renditen des Vorzugsaktienportefeuilles und des Portefeuilles aller in Frankfurt notierten Aktien angegeben; aus einer im Mittel höheren Rendite aller Aktien im Vergleich zu Vorzugsaktien folgt allerdings unmittelbar

4.5.2 Bedeutung der Cashflowrechte für Rendite und Risiko von Stamm- und Vorzugsaktien

4.5.2.1 Einfluss der Vorzugsdividende und des Dividendenausfallrisikos

Für eine Ex-Post-Betrachtung aus theoretischer Sicht seien die Kurse der Stamm- und Vorzugsaktien in zwei aufeinanderfolgenden Jahren mit K_S^0 und K_S^1 bzw. K_V^0 und K_V^1 und die Kursverhältnisse mit $\alpha_0 = K_S^0 / K_V^0$ bzw. $\alpha_1 = K_S^1 / K_V^1$ bezeichnet. Unterstellt man die Ausschüttung einer Dividende D auf die Stamm- und Vorzugsaktien und einer Mehrdividende M auf Vorzüge betragen die Dividendenrenditen $r_V^{Div} = \dfrac{D + M}{K_V^0}$ bzw. $r_S^{Div} = \dfrac{D}{\alpha_0 \cdot K_V^0}$.[1408]

Wegen $M \geq 0$ folgt bei einem höherem Stammaktienkurs (d.h. bei $\alpha_0 > 1$) stets eine höhere Dividendenrendite der Vorzugsaktien ($r_V^{Div} > r_S^{Div}$).[1409] Auch bei Unternehmen mit geringerem Stammaktienkurs ist tendenziell die Dividendenrendite der Vorzugsaktie größer, wenn diese mit einer Mehrdividende ausgestattet ist, da

$$r_S^{Div} > r_V^{Div} \Leftrightarrow \frac{D}{\alpha_0} > D + M \Leftrightarrow M < \frac{1 - \alpha_0}{\alpha_0} \cdot D \qquad (10)$$

für realistische Werte von α_0 (z. B. 0,8 oder 0,9) wegen der üblichen Höhe der Mehrdividende von etwa 2 % des (ggf. impliziten) Aktiennennwertes[1410] i. d. R. nicht erfüllt ist. Für Gesellschaften ohne Mehrdividende ist hingegen bei einem geringeren Stammaktienkurs die Dividendenrendite der Stammaktien größer, wenn es nicht zu Nachzahlungen ausgefallener Vorzugsdividenden kommt. Da bei der Mehrzahl der deutschen Dual-Class-Unternehmen die Stamm- über den Vorzugsaktien notieren, ergibt sich die folgende Hypothese:

---

die im Mittel (noch) höhere mittlere Rendite der Stammaktien. Einschränkend zur Interpretation ist aber zu bemerken, dass im Portefeuille aller Aktien auch alle Stammaktien von Single-Class-Unternehmen enthalten sind, die den größeren Anteil der Aktien ausmachen.

[1408] Bei einer Ex-Ante-Betrachtung handelt es sich bei den Renditegrößen, den Dividendenzahlungen sowie den Kursen bzw. Kursverhältnissen in der Zukunft um Erwartungswerte.

[1409] Dies gilt erst recht, wenn die Dividende auf Stammaktien geringer als die Vorzugsdividende ist, da die Vorzugsaktionäre in diesem Fall entweder die Vorzugsdividende erhalten oder den Differenzbetrag in einem späteren Geschäftsjahr nachgezahlt bekommen.

[1410] Siehe Abbildung 5 auf S. 240.

Hypothese R1:
Die Dividendenrendite der börsennotierten Vorzugsaktien ist im Mittel größer als die Dividendenrendite der zugehörigen börsennotierten Stammaktien.[1411]

Dies steht auch im Einklang mit den Ergebnissen von Daske/Ehrhardt (2002a), die für Gesellschaften mit einfacher Mehrdividende eine im Vergleich zu Stammaktien im Mittel um 1,14% höhere Dividendenrendite und für Gesellschaften ohne Mehrdividende eine mittlere Dividendenrendite-Differenz von 0,54% ermitteln.[1412]

Da die Dividendenzahlungen auf Vorzugsaktien sicherer und bei Gesellschaften mit Mehrdividende oder im Fall von Nachzahlungen auch höher sind, ist eine Investition in Stammaktien tendenziell riskanter, jedenfalls wenn man nur die Dividendenzahlungen und nicht deren ungewisse Aussicht auf eine Partizipation z.B. bei Übernahmeangeboten berücksichtigt. Eine größere Unsicherheit kann zu im Vergleich zu Vorzugsaktien stärkeren Schwankungen des Stammaktienkurses führen. Für die damit einhergehende höhere Volatilität werden rationale Anleger eine Risikoprämie, also insgesamt eine höhere Rendite erwarten; bei gleichem Erwartungswert der Rendite würden rationale Anleger ansonsten in die Aktien mit geringerer Volatilität – die Vorzugsaktie – investieren. Unter der vereinfachenden Annahme der Gültigkeit des CAPM folgt aus der höheren erwarteten Rendite im Marktgleichgewicht auch ein höherer Betafaktor der börsennotierten Stammaktien. Dies bedeutet, dass die Kovarianz der Renditen von Stammaktien mit der Rendite des Marktportfolios größer ist als die Kovarianz der Renditen von Vorzugsaktien. Daher liegen ungeachtet der empirischen Ergebnisse von Daske/Ehrhardt (2002a) die folgenden Hypothesen nahe:

Hypothese R2:
Die Gesamtrendite der börsennotierten Stammaktien ist größer als die Gesamtrendite der zugehörigen Vorzugsaktien.

[1411] Aufgrund der vorstehenden Überlegungen ist die Hypothese auch separat für Gesellschaften mit und Gesellschaften ohne Mehrdividenden zu testen.

[1412] Vgl. Daske/Ehrhardt (2002a), S. 200. Die Renditedifferenz ist auch in allen Teilperioden signifikant positiv; vgl. a. a. O., Tabelle 7, S. 201.

Hypothese R3:
Die Volatilität der Stammaktienkurse ist größer als die Volatilität der Kurse der zugehörigen Vorzugsaktien.

Hypothese R4:
Der Betafaktor der Stammaktien ist größer als der Betafaktor der zugehörigen Vorzugsaktien.

Das Dividendenausfallrisiko für Stammaktionäre steigt mit zunehmendem Grundkapitalanteil der Vorzugsaktien, da in diesem Fall der Gesamtbetrag der bevorrechtigten Dividendenausschüttung an die Vorzugsaktionäre (Dividenden-vorzug) ansteigt. Von einem bestimmtes erwartetes Jahresergebnis, das letztlich dem leistungswirtschaftlichen Risiko der Unternehmung unterliegt und nicht von der Art der Eigenkapitalfinanzierung abhängt, wird also bei größerem Grundka-pitalanteil der Vorzugsaktien ein größerer Betrag zunächst für den Dividenden-vorzug der Vorzugsaktionäre verwendet. Um ein Aufleben des Stimmrechts zu vermeiden, wird dieser Vorzug tendenziell auch dann gezahlt werden, wenn der Bilanzgewinn keine darüber hinausgehende Dividendenzahlung zulässt. Zwar ist auch das Dividendenausfallrisiko für Vorzugsaktionäre größer, wenn sie sich ei-nen möglicherweise für die vollständige Bedienung des Dividendenvorzugs zu geringen Bilanzgewinn mit einer größeren Anzahl Vorzugsaktien „teilen müs-sen"; jedoch dürfte das Risiko für Stammaktionäre stärker ansteigen. Damit er-gibt sich die Hypothese:

Hypothese R5:
Der Renditeunterschied zwischen Stamm- und Vorzugsaktien steigt mit zunehmendem Grundkapitalanteil der Vorzugsaktien.

4.5.2.2 Zusammenhang zwischen Kursaufschlag und Renditeunterschied

Unabhängig von eventuellen Einflussfaktoren auf den Renditeunterschied ist in genereller Hinsicht zu klären, inwiefern Renditeunterschiede zwischen Stamm- und Vorzugsaktien mit dem beobachteten, im Mittel zwar schwankenden, jedoch langfristig tendenzlosen Kursaufschlag der Stammaktien überhaupt zu verein-baren sind. Geht man von der Gültigkeit der Hypothese R2, also einer ein Mittel höheren Stammaktienrendite aus, so kann dies wegen

$$r_S > r_V \Leftrightarrow \frac{K_S^1}{K_S^0} > \frac{K_V^1}{K_V^0} \Leftrightarrow \frac{\alpha_1 K_V^1}{\alpha_0 K_V^0} > \frac{K_V^1}{K_V^0} \Leftrightarrow \alpha_1 > \alpha_0 \text{ für den nur zur Illus-}$$

tration vereinfachenden Fall der Nichtberücksichtigung von Dividenden nur gelten, wenn der Kursaufschlag der Stammaktien ansteigt. Eine dauerhaft höhere Rendite der Stammaktien würde (unter der vereinfachenden Annahme) eine permanente Vergrößerung des Kursaufschlags nach sich ziehen, die empirisch jedoch nicht zu beobachten ist. Umgekehrt widerspricht auch eine permanent höhere Gesamtrendite der Vorzugsaktien den empirischen Beobachtungen, da sich in diesem Fall ein Kursaufschlag allmählich verringern würde. Berücksichtigt man nun die Dividende D und die Mehrdividende M, so kann eine größere Rendite der Stammaktien nur unter der folgenden Bedingung erklärt werden:

$$r_S > r_V \Leftrightarrow \frac{K_S^1 + D}{K_S^0} > \frac{K_V^1 + D + M}{K_V^0} \Leftrightarrow \frac{\alpha_1 K_V^1 + D}{\alpha_0 K_V^0} > \frac{K_V^1 + D + M}{K_V^0}$$

$$\Leftrightarrow \alpha_1 K_V^1 + D > \alpha_0 K_V^1 + \alpha_0 D + \alpha_0 M$$

$$\Leftrightarrow M < \frac{1 - \alpha_0}{\alpha_0} \cdot D + \frac{\alpha_1 - \alpha_0}{\alpha_0} \cdot K_V^1 \qquad (11)$$

Im Vergleich zur Bedingung für eine größere Dividendenrendite von Stammaktien (s. Gleichung 10, S. 382) ist die rechte Seite der Ungleichung um einen Summanden erweitert. Aus Gleichung 11 lassen sich folgende Aussagen ableiten:

1. Im Fall eines *konstanten Kursaufschlags* ($\alpha_0 = \alpha_1$) gelten die gleichen Aussagen wie bei der Bedingung für höhere Dividendenrenditen der Stammaktien:

   a. Bei *positivem Kursaufschlag* der Stammaktien ($\alpha_0 > 1$) ist die Bedingung nie erfüllt. Im häufigsten Fall eines höheren Stammaktienkurses ist ein konstanter Kursaufschlag nicht mit einer höheren Rendite der Stammaktien vereinbar.

   b. Bei *negativem Kursaufschlag* der Stammaktien ($\alpha_0 < 1$) ist die Bedingung für realistische Werte von α_0 (z. B. 0,8 oder 0,9) in Gesellschaften *mit Mehrdividende* bei den üblichen Größenordnung der Mehrdividende ebenfalls nie erfüllt. Um einen konstanten Kursaufschlag aufrecht zu erhalten, müsste die Kursrendite der Stammaktie zu hoch sein, um die höhere Dividende der Vorzugsaktie überzukompensieren.

   c. Bei *negativem Kursaufschlag* der Stammaktien ($\alpha_0 < 1$) ist die Bedingung für Gesellschaften *ohne Mehrdividende* stets erfüllt, da die Dividendenrendite der Stammaktien größer als die der Vorzugsaktien ist.

d. Bei *gleichem Kurs* von Stamm- und Vorzugsaktien ($\alpha_0=1$) ist die Bedingung in Gesellschaften *mit Mehrdividende* wegen der resultierenden
größeren Dividendenrendite der Vorzugsaktien (bei gleicher Kursrendite) nie erfüllt, in Gesellschaften ohne Mehrdividende folgt $r_v=r_s$.

2. Im Fall eines *abnehmenden Kursaufschlags* ($\alpha_0>\alpha_1$) wird der zweite Summand auf der rechten Seite negativ. Daher muss die Mehrdividende im Vergleich zum Fall 1 noch geringer sein, damit eine höhere Stammaktienrendite
überhaupt möglich ist. Folglich gilt:

a. Die Aussagen 1a) und 1b) gelten in dieser Situation erst recht: Bei *positivem Kursaufschlag* der Stammaktien ist die Bedingung nicht erfüllbar,
bei *negativem Kursaufschlag* für Gesellschaften *mit Mehrdividende* in
realistischer Höhe ebenfalls nicht.

b. Bei *negativem Kursaufschlag* der Stammaktien ($\alpha_0<1$) folgt für Gesellschaften *ohne Mehrdividende* nicht mehr zwingend eine höhere Gesamtrendite der Stammaktien. Die höhere Dividendenrendite der
Stammaktien könnte durch einen vergleichsweise stärkeren Rückgang
des Stammaktienkurses (d. h. den sinkenden Kursaufschlag) überkompensiert werden.

c. Bei *gleichem Kurs* von Stamm- und Vorzugsaktien zum Zeitpunkt 0
($\alpha_0=1$) ist die Bedingung auch für Gesellschaften ohne Mehrdividende
nicht erfüllbar (rechter Ausdruck negativ): Eine höhere Kursrendite der
Vorzugsaktien (als Folge des Rückgang des Kursverhältnisses) und
deren mindestens gleich hohe Dividendenrendite führen zu einer höheren Gesamtrendite.

3. Im Fall eines *ansteigenden Kursaufschlags* ($\alpha_0<\alpha_1$) wird der zweite Summand auf der rechten Seite positiv. Damit vergrößert sich mit zunehmendem
Kursaufschlag die Möglichkeit, dass die Gesamtrendite der Stammaktien
trotz einer bestehenden *Mehrdividende* der Vorzugsaktien größer ist als die
Gesamtrendite der Vorzugsaktien. Dies gilt auch im Fall eines schon anfänglich bestehenden Kursaufschlags der Stammaktien mit der daraus resultierenden höheren Dividendenrendite der Vorzugsaktien. Für Gesellschaften *ohne
Mehrdividende* folgt schon aus der mindestens gleich hohen Dividendenrendite der Stammaktie bei einem anfänglich nicht bestenden Kursaufschlag der
Stammaktie aus der höheren Kursrendite der Stammaktie (ansteigender Kursaufschlag) eine höhere Gesamtrendite.

In Tabelle 9 sind diese Aussagen der Übersicht halber noch einmal zusammengefasst. Die darin angegebenen Abhängigkeiten erhält man durch partielle Diffe-

renzierung des für eine höhere Stammaktienrendite (gemäß Gleichung 11) positiven Ausdrucks $\frac{1-\alpha_0}{\alpha_0} \cdot D + \frac{\alpha_1 - \alpha_0}{\alpha_0} \cdot K_V^1 - M$ nach den einzelnen Einflussfaktoren.[1413]

Tabelle 9: Auftreten einer höheren Rendite von Stammaktien in Abhängigkeit vom Kursverhältnis der Stamm- und Vorzugsaktien

> In den Feldern der Tabelle ist angegeben, in welchen Fällen bezogen auf das Verhältnis α_0 der Kurse K_S und K_V der Stamm- und der Vorzugsaktien und bezogen auf dessen Tendenz (Kursverhältnis α_1 nach einer Periode) es möglich ist, dass die Rendite der Stammaktien (StA) größer als die Rendite der Vorzugsaktien ist. M ist die prozentuale Höhe der Mehrdividende. Quelle: Eigene Darstellung.

Kursverhältnis ($\alpha_0 = K_S/K_V$)	Tendenz des Kursverhältnisses		
	fallend ($\alpha_0 > \alpha_1$)	konstant ($\alpha_0 = \alpha_1$)	steigend ($\alpha_0 < \alpha_1$)
$K_S > K_V$ ($\alpha_0 > 1$)	*höhere Rendite der StA ...* nicht möglich	nicht möglich	möglich; Wkt. sinkt mit $M\uparrow$, $\alpha_0\uparrow$, $E(\alpha_1)\downarrow$
$K_S = K_V$ ($\alpha_0 = 1$)	nicht möglich	nicht möglich	M=0: stets erfüllt
$K_S < K_V$ ($\alpha_0 < 1$)	unwahrscheinlich; Wkt. sinkt mit $M\uparrow$, $\alpha_0\uparrow$, $E(\alpha_1)\downarrow$	M=0: stets erfüllt M>0: unwahrscheinlich; Wkt. sinkt mit $M\uparrow$, $\alpha_0\uparrow$	M>0: möglich; Wkt. sinkt mit $M\uparrow$, $\alpha_0\uparrow$, $E(\alpha_1)\downarrow$

Im Ergebnis ist eine höhere Rendite der Stammaktien (wie dies mit Hypothese R2 getestet werden soll) dann möglich, wenn entweder zugleich der Kursaufschlag steigt oder wenn (was unwahrscheinlicher ist) die Stammaktien unter den Vorzugsaktien notieren und wegen eines vergleichsweise hohen Aktienkurses (im Vergleich zur absoluten Höhe von Dividende und ggf. Mehrdividende) der Vorzugsaktien eine höhere Dividendenrendite erzielen können als die Vorzugsaktien. Letzteres ist wahrscheinlicher, je weiter die Stammaktien unter den Vorzugsaktien notieren[1414] und je geringer die Mehrdividende der Vorzugsaktien ist. Der entscheidende Einflussfaktor kann jedoch bei der rein mathematischen Ableitung leicht unbeachtet bleiben: Während im Zeitpunkt 0 die Mehrdividende M (sofern kein Bilanzverlust entsteht) und das initiale Kursverhältnis α_0 bereits feststehen und auch die Dividende D aufgrund den von den Gesellschaften übli-

---

[1413] So gilt zum Beispiel $\frac{\partial}{\partial \alpha_0}\left(\frac{1-\alpha_0}{\alpha_0} \cdot D + \frac{\alpha_1 - \alpha_0}{\alpha_0} \cdot K_V^1 - M\right) = -\frac{D}{\alpha_0^2} - \frac{\alpha_1 \cdot K_V^1}{\alpha_0^2} < 0$.

[1414] Man denke hier an Gesellschaften, deren Vorzugsaktien in einem Index notiert sind.

cherweise angestrebten möglichst geringen Dividendenschwankungen außer im Fall eines unerwartet schlechten (oder guten) Geschäftsjahres bereits absehbar ist, kann die tatsächliche Kursentwicklung und damit die Entwicklung des Kursaufschlags nicht seriös prognostiziert werden. Die Renditedifferenz der beiden Aktiengattungen wird letztlich in großem Maße – wie auch zu erwarten ist – durch deren Kursentwicklung determiniert (und umgekehrt).

4.5.2.3 Resultierende auf den erwarteten Cashflow bezogene Hypothesen

Stammaktien haben größere Chancen auf Kursgewinne als Vorzugsaktien, da sie bei Unternehmensübernahmen – wie bereits ausführlich erörtert – einen Teil der Private Benefits der Blockaktionäre extrahieren können, während Übernahmeangebote für Vorzugsaktien überwiegend mit einem im Vergleich dazu geringeren Gebotspreis verbunden sind. Bezieht man diese Erwartungen in die Kursbildung mit ein (was einem Anstieg von $E(\alpha_1)$ entspricht), wird deutlich, dass Kursgewinne der Stammaktien (d. h. höhere Kursrenditen der Stammaktien) infolge einer „Übernahmespekulation" die tendenziell höheren Dividendenrenditen der Vorzugsaktien kompensieren (wie dies Daske/Ehrhardt (2002a) angenommen haben) oder überkompensieren können.

Verbesserte Aussichten für Stammaktien ergeben sich generell bei (voraussichtlich) besserer Ertragslage, da in diesem Fall das Dividendenausfallrisiko für die Stammaktionäre sinkt. Dies ist insbesondere bei einer Verbesserung der allgemeinen wirtschaftlichen Situation (BIP-Anstieg) und bei einem allgemeinen Anstieg der Aktienkurse der Fall.[1415] Analog zu den entsprechenden Hypothesen K6 und K7 zum Kursaufschlag ist daher Folgendes plausibel:

Hypothese R6:
Die Differenz der Renditen von Stamm- und Vorzugsaktien steigt mit zunehmendem BIP-Wachstum.

Hypothese R7:
Die Differenz der Renditen von Stamm- und Vorzugsaktien erhöht sich bei einem allgemeinen Anstieg der Aktienkurse.

[1415] Vgl. die Ausführungen auf S. 341.

Weber/Berg/Kruse (1992) stellen allerdings keinen Zusammenhang zwischen Renditedifferenz und der Änderung des Bruttosozialprodukts[1416] fest. Daneben ergibt sich bei ihnen auch keine Korrelation mit dem Grundkapital der Gesellschaft als Proxy für die Unternehmensgröße. Tatsächlich sollte aber nach den Überlegungen im Abschnitt 4.4.1 und den obigen Überlegungen die Liquidität mit ihrem Einfluss auf den Kursunterschied auch einen Einfluss auf den Renditeunterschied haben. Möglicherweise ist das von Weber/Berg/Kruse (1992) gewählte Grundkapital kein geeigneter Proxy für die Liquidität; eher bietet sich der Marktwert bzw. das Verhältnis der Marktwerte von Stamm- und Vorzugsaktien an. Mit relativ gesehen höherer Liquidität der Stammaktie sollte diese wegen des geringeren Risikos eine geringere Rendite erzielen und sich daher die Renditedifferenz vermindern.

Hypothese R8:
Die Differenz der Renditen von Stamm- und Vorzugsaktien vermindert sich, wenn die Liquidität der Stammaktie relativ zur Liquidität der Vorzugsaktie zunimmt bzw. wenn die Liquidität der Vorzugsaktien im Vergleich zur Liquidität der Stammaktien abnimmt.

Den höheren Kursgewinnchancen der Stammaktien wirkt auch der Dividendenvorteil der Vorzugsaktien entgegen. Bei Gesellschaften ohne Mehrdividende (M=0) ist dieser Dividendenvorteil besonders gering und resultiert dann (abgesehen von Jahren mit Nachzahlungen des Dividendenvorzugs) nur bei einem höheren Stammaktienkurs in einer höheren Dividendenrendite der Vorzugsaktien (siehe auch Tabelle 9). Daraus ergibt sich schließlich die folgende Hypothese:

Hypothese R9:
Die Differenz der Renditen von Stamm- und Vorzugsaktien ist bei Gesellschaften mit Mehrdividende geringer als bei Gesellschaften ohne Mehrdividende.[1417]

[1416] Vgl. Weber/Berg/Kruse (1992), S. 561. Früher wurde die Wirtschaftsleistung üblicherweise mit dem „Bruttosozialprodukt" (=Bruttonationaleinkommen) gemessen; heutzutage dient hierfür in aller Regel das Bruttoinlandsprodukt als Maßstab.

[1417] Dies gilt auch bei höherer Gesamtrendite der Vorzugsaktien. Dabei wird der negative Renditeabstand betragsmäßig größer.

4.5.3   Auswirkung der Aktionärsstruktur auf Rendite und Risiko

Im Abschnitt 4.2.2 wurde darauf hingewiesen, dass der Kursunterschied zwischen Stamm- und Vorzugsaktien bei Familienunternehmen wegen der potenziell hohen Entnahme von Private Benefits vergleichsweise groß sein dürfte. Daraus kann allerdings nicht geschlussfolgert werden, dass ein solches Dual-Class-Unternehmen insgesamt eine schlechtere Rendite aufweisen muss. Vielmehr stellen Kaserer/Moldenhauer (2006) fest, dass in Deutschland eine signifikant positive Beziehung zwischen dem Anteil von Insider-Aktionären und der „Performance" besteht, wobei Insider-Aktionäre in Deutschland häufig Familienaktionäre sind, die Vertreter in Vorstand und Aufsichtsrat entsenden.[1418, 1419] Auch unter Berücksichtigung eines hohen Umfangs von Perquisites und Private Benefits zulasten des Unternehmensvermögens könnte die resultierende Rendite dann höher als bei anderen Unternehmen sein, wenn die Unternehmensrendite vor Abzug dieser privaten Vermögensvorteile entsprechend höher als bei Nicht-Familiengesellschaften ist. Dies könnte z. B. die Folge einer besseren Identifikation der Arbeitnehmer mit dem Unternehmen im Vergleich zu einem Unternehmen im Mehrheitsbesitz eines nicht greifbaren Finanzinvestors, sowie Folge eines besseren Betriebsklimas und eines größeren Engagements von Familienmitgliedern im Vorstand im Vergleich zu angestellten Managern sein.

Da bei einem besseren Unternehmensergebnis in Form einer höheren Gesamtkapitalrendite sowohl Stamm- als auch Vorzugsaktien profitieren, erscheint es nicht unplausibel, dass beide Aktiengattungen eine höhere Rendite erzielen können. Ein signifikant höherer Anstieg des Unternehmenswertes bei Übernahmen für Gesellschaften, die von einem Familienaktionär kontrolliert werden, wurde z. B. auch in Kanada festgestellt, wo eine für angelsächsische Verhältnisse eine hohe

---

[1418] Vgl. Kaserer/Moldenhauer (2006), S. 2 und 20. Der Effekt eines höheren Marktwert-Buchwert-Verhältnisses, eines höheren Umsatzwachstums und einer höheren Bruttomarge wird auch für US-amerikanische Familienunternehmen bestätigt; vgl. z. B. McConaughy et al. (1998), S. 9-14.

[1419] Auch Clark/Wojcik (2003) sehen für deutsche Aktiengesellschaften einen positiven Zusammenhang zwischen Performance-Maßen (Cashflow, ROI) und der Eigentümerkonzentration, sie stellen jedoch einen signifikant negativen Zusammenhang zwischen der Aktienrendite und der Stimmrechtskonzentration fest; vgl. a. a. O., S. 7 und S. 13. Diese Diskrepanz erklären die Autoren damit, dass durch eine höhere Stimmrechtskonzentration zwar eine bessere Kontrollmöglichkeit im Hinblick auf eine effiziente, an Gewinnmaximierung ausgerichtete Unternehmensführung bestehe, dass es aber ein Spezifikum des deutschen Corporate-Governance-Modells sei, dass von einem zur Verteilung stehenden Ertrag aber auch Arbeitnehmer und – angesichts der häufig regionalen Verwurzelung von Familienunternehmen auch – andere „Stakeholder" profitieren und dass somit der Anteil der Aktionäre an einem (höheren) Gewinn relativ gesehen geringer sein kann.

Stimmrechtskonzentration in den Händen von Familienaktionären besteht.[1420] Daraus ergibt sich die folgende Hypothese:

> **Hypothese R10:**
> **Die Aktienrendite der börsennotierten Vorzugs- und ggf. der Stammaktien ist bei Dual-Class-Unternehmen, die von Familienaktionären kontrolliert werden (Familiengesellschaften), größer als bei anderen Dual-Class-Unternehmen.**

Dieser Zusammenhang könnte allerdings auch dadurch begründet sein, dass das Risiko für einen Anleger, durch den Familienaktionär im Wege des Konsums privater Vermögensvorteile benachteiligt zu werden, größer als bei Nicht-Familiengesellschaften ist und dass ein rationaler Anleger deshalb eine höhere Rendite verlangt. Die höhere erwartete/erforderliche Rendite beinhaltet eine Risikoprämie für die Ungewissheit darüber, ob der Mehrheitsaktionär die Streubesitzaktionäre tatsächlich benachteiligt und in welchem Umfang.[1421] Könnten die Familiengesellschaften keine höhere Rendite erwirtschaften, hätten Anleger keinen Anreiz, trotz des höheren beschriebenen Risikos in Aktien der Familiengesellschaft zu investieren.

Nach den Ergebnissen von Ehrhardt/Nowak (2003a) ergibt sich allerdings ein etwas differenzierteres Bild des Zusammenhangs von Rendite und Aktionärsstruktur bei Familienunternehmen:

– Bei der Untersuchung der Buy-and-Hold-Rendite über einen Zeitraum von drei Jahren nach einem Börsengang von Familiengesellschaften stellen die Autoren fest, dass die Aktienrenditen im Mittel um mehr als 20 % unter der Rendite eines Vergleichsportfolios liegen, wenn die Familie in dieser Zeit entweder die Sperrminorität aufgibt (also nur noch weniger als 25 % der Stimmrechte hält) oder unverändert über eine satzungsändernde Mehrheit verfügt (mindestens 75 % Stimmenanteil).[1422] Letzteres begründen die Autoren ebenso damit, dass die Familienaktionäre ihre Gesamtrendite (inklusive

---

[1420] Vgl. Ben-Amar/André (2006), S. 537-538, die größere positive Überrenditen bei der Ankündigung von Übernahmen feststellen, wenn die Gesellschaft mehrheitlich in Familienhand steht.

[1421] Wegen der besseren Absicherung der Vorzugsaktionäre in Form der Vorzugsdividende könnte aus der für Stammaktionäre bestehenden größeren Unsicherheit im Übrigen wiederum eine größere Volatilität des Stammaktienkurses und ein größerer Betafaktor resultieren. Dies wird bereits mit den Hypothesen R3 und R4 getestet, siehe S. 384.

[1422] Letzteres ist bei Dual-Class-Unternehmen nach den Ergebnissen der Autoren regelmäßig der Fall: Selbst fünf Jahre nach dem IPO liegt der Anteil der Familienaktionäre im Mittel bei 73 % und im Median bei 95 %. Vgl. Ehrhardt/Nowak (2003a), Tabellen 1 und 2.

Private Benefits) maximieren und dabei die Minderheitsaktionäre durch die Generierung privater Vermögensvorteile „ausbeuten". Allerdings müssten rationale Aktionäre wie erwähnt ein solches Verhalten antizipieren und an sich eine höhere Rendite „verlangen".

– Bei einem Anteil der Familienaktionäre zwischen 25% und 75% stellen die Autoren hingegen positive Überrenditen fest: Die Überrendite ist besonders groß (60,8%), wenn der Anteil des Familienaktionärs weniger als 50% beträgt. Dies könnte damit zusammenhängen, dass ein für die Aktionäre lohnender Kontrollwechsel stattgefunden hat oder dass dieser zumindest erwartet wird und den Kurs getrieben hat.

Diese Überlegungen sind allerdings nicht nur auf (ehemalige) Familienunternehmen anwendbar. Bei mittlerer Stimmrechtskonzentration ist nicht nur die Wahrscheinlichkeit des Ausstiegs eines Familienaktionärs größer – schon wegen des in der Regel begrenzten Vermögens der Familie: Vielmehr steigt für Gesellschaften mit einem mittleren Anteil eines institutionellen Aktionärs auch die Wahrscheinlichkeit einer Übernahme, an der insbesondere Stammaktionäre profitieren, also mit einer höheren Rendite rechnen können. Bei Streubesitzunternehmen und auch bei Nicht-Familiengesellschaften mit festgefügter Anteilseignerstruktur sind potenziell wert- d.h. renditesteigernde Übernahmen unwahrscheinlicher als bei mittlerer Stimmrechtskonzentration. Dies spricht insgesamt dafür, dass die Ergebnisse von Ehrhardt/Nowak (2003a) auch allgemeiner gültig sind, dass also wie schon für den Kursaufschlag eine nichtlineare Abhängigkeit der Aktienrenditen vom Anteil des größten Aktionärs in der beschriebenen Form besteht. Die beschriebenen Gründe für eine solche Abhängigkeit der Aktienrenditen dürften nicht nur für die Zeit nach dem Börsengang gelten, wie dies Ehrhardt/ Nowak (2003a) untersucht haben. Es ist naheliegend, dass dieser Zusammenhang auch generell beobachtet werden kann:

Hypothese R11:
Die Rendite der Aktien von Dual-Class-Unternehmen ist sowohl für Stamm- als auch für Vorzugsaktien nicht-monoton abhängig von der Stimmrechtskonzentration:

a)   **Bei sehr hoher und sehr geringer Konzentration ist die Rendite vergleichsweise gering.**

b)   **Bei einem Anteil des größten Aktionärs von nahezu 50% ist die Rendite vergleichsweise hoch.**

Sofern die obige Erklärung zutrifft, nach der eine vergleichsweise höhere Rendite bei mittlerer Stimmrechtskonzentration durch eine mögliche Partizipation der Aktionäre bei Übernahmen zu erklären sein könnte, müsste der Renditeeffekt bei Stammaktien größer ausfallen. Falls die negative Überrendite bei hoher Stimmrechtskonzentration auf der „Ausbeutung" durch den Mehrheitsaktionär beruht, spricht dies zudem dafür, dass dieser Effekt bei Vorzugsaktien größer ist, auch weil Mehrheitsaktionäre auf die Interessen der stimmberechtigten Stammaktionäre möglicherweise mehr Rücksicht nehmen. Allerdings ist dabei zu beachten, dass die Vorzugsaktionäre durch ihre kumulative Vorzugsdividende geschützt sind und dass ihnen ggf. eine Mehrdividende zusteht. Im Hinblick auf Dividendenzahlungen könnte sich daher die Benachteiligung der Streubesitzaktionäre durch den Großaktionär bei Stammaktien stärker auswirken.

Bei Gültigkeit der Hypothese R11 und der zugrunde liegenden Begründung sollten die Renditen von Vorzugsaktien bei Gesellschaften, deren Stammaktien zu 100% im Festbesitz liegen, besonders gering sein. Da bei solchen Gesellschaften nur eine Aktiengattung, nämlich die Vorzugsaktie, börsennotiert ist, während bei Dual-Class-Gesellschaften mit börsennotierten Stamm- und Vorzugsaktien die Stammaktien offensichtlich nicht zu 100% im Festbesitz sind, ergibt sich die folgende Hypothese.

Hypothese R12:
Die Rendite der Vorzugsaktien von Gesellschaften, deren Stammaktien nicht börsennotiert sind, ist im Mittel geringer als die Rendite der Vorzugsaktien von Gesellschaften, von denen auch Stammaktien börsennotiert sind.

Allerdings kann die Aufrechterhaltung einer 100%-Stimmenmehrheit auch ein Signal für eine stärkere Bindung („Commitment") des Familien-Stammaktionärs sein, der zudem mit größerer Wahrscheinlichkeit über gewinnbringende Kenntnisse über die Gesellschaft verfügt.

4.5.4 Zwischenfazit

In der Literatur wird nur selten analysiert, ob Renditeunterschiede zwischen Aktiengattungen mit verschiedenen Stimmrechten bestehen; die Evidenz ist zudem ambivalent. Zwar sollten in aller Regel Vorzugsaktien eine höhere Dividendenrendite aufweisen, allerdings sollten Stammaktien aufgrund des mit ihnen verbundenen höheren (und mit steigendem Grundkapitalanteil der Vorzugsaktien ansteigenden) Dividendenrisikos und einer potenziell höheren Volatilität eine höhere Gesamtrendite aufweisen, jedenfalls sofern es keine Liquiditätsunterschiede gibt. Die Analyse der verschiedenen Konstellationen für die Entwicklung der Kurse beider Gattungen und die Dividendenausstattung der Vorzugsaktien zeigt jedoch, dass c.p. eine höhere Gesamtrendite der Stammaktien nur möglich ist, wenn bei höherem Stammaktienkurs der Kursaufschlag tendenziell ansteigt – was insbesondere bei einer Verbesserung der wirtschaftlichen Situation oder einem allgemeinen Anstieg der Aktienkurse der Fall sein sollte –, *oder* wenn bei niedrigerem Stammaktienkurs die Vorzugsaktien entweder keine Mehrdividende erhalten oder die höhere Dividende der Vorzugsaktien wegen eines ggf. deutlich höheren Kurses nicht zu einer höheren Dividendenrendite der Vorzugsaktien führt. Letzteres ist insbesondere dann realistisch, wenn die Vorzugsaktien in einem relevanten Index enthalten sind oder allgemein eine deutlich höhere Liquidität aufweisen.

Der nicht-monotone Einfluss der Stimmrechtskonzentration sollte sich – wie schon im Kursunterschied – auch in den Renditen von Stamm- und Vorzugsaktien widerspiegeln. Insbesondere wären bei einer großen Stimmrechtskonzentration geringere Renditen zu erwarten, unter anderem weil von einem großen Ausmaß der Extrahierung von Private Benefits zulasten des Unternehmensgewinns auszugehen ist. Sofern dies am Markt erwartet wird, z. B. bei Gesellschaften, die zu 100 % im Besitz einer Familie sind, sollten rationale Investoren eine Risikoprämie verlangen.

4.6   Wahrscheinlichkeit und Auswirkungen der Abschaffung von Dual-Class-Strukturen

Die wesentlichen von den Unternehmen angeführten Motive zur Abschaffung von Dual-Class-Strukturen bei nicht notleidenden Unternehmen[1423] sind die Steigerung der Attraktivität für zusätzliche Investoren durch Erhöhung des Unternehmenswertes, Verbesserung der Marktliquidität und Signalisierung einer aktionärsfreundlichen Unternehmenspolitik, insbesondere einer Shareholder-Value-Orientierung (vgl. Abschnitt 3.4.5). Mit einer Umwandlung wird zugleich auch die Beschaffung von Eigenkapital im Rahmen von Kapitalerhöhungen erleichtert. Nach einer Studie von Maury/Pajuste (2011) zu Umwandlungen bei Dual-Class-Unternehmen in mehreren europäischen Staaten wandeln vorrangig solche Unternehmen ihre Vorzugs- in Stammaktien um, die für die Finanzierung von Wachstumsprojekten auf die Nutzung des Kapitalmarktes angewiesen sind und

---

[1423] Bei insolvenzgefährdeten Unternehmen erfolgen Umwandlungen vorrangig aus dem Grund, dass die zugesagte Vorzugsdividende nicht gezahlt werden kann und dass der kumulative Nachzahlungsanspruch eine zu hohe Bürde für die Sanierung des Unternehmens bedeutet.

bei denen die Mehrheitsaktionäre nur ein geringes Ausmaß an Private Benefits generieren.[1424] Nachfolgend sollen auf Basis der Ergebnisse umfangreicher Studien zur Umwandlung von Minderstimmrechtsaktien der Einfluss einzelner Bestimmungsfaktoren auf die Umwandlungswahrscheinlichkeit und die Konsequenzen der Umwandlung der Vorzugsaktien näher untersucht werden. Nicht Gegenstand der nachfolgenden Betrachtung sind die Motive für ein Squeeze-out, die weniger spezifisch Dual-Class-Unternehmen betreffen dürften, auch wenn eine Dual-Class-Struktur einen Squeeze-out erleichtern kann.[1425]

4.6.1 Wahrscheinlichkeit der Umwandlung von Vorzugs- in Stammaktien

4.6.1.1 Kursunterschied als Indikator für Private Benefits

Eine aktionärsfreundliche Unternehmenspolitik kommt vor allem darin zum Ausdruck, dass Private Benefits nur in geringem Ausmaß konsumiert werden. In diesem Fall ist auch der Reservationswert eines Mehrheitsaktionärs geringer, sodass eine Verschanzung („Entrenchment") unwahrscheinlicher und Übernahmen wahrscheinlicher sind. Zudem gibt es in dieser Konstellation weniger Anreize, eine den Unternehmenswert potenziell reduzierende Dual-Class-Struktur aufrechtzuerhalten. Im Einklang damit stellen Maury/Pajuste (2011) in ihrer Mehrländerstudie fest, dass der Kursaufschlag (ehemaliger) Dual-Class-Unternehmen, die Vorzugs- in Stammaktien gewandelt haben, niedriger war als bei Dual-Class-Unternehmen, die keine Umwandlung vorgenommen haben.[1426] Nach den Ergebnissen von Bigelli (2004) wächst in Italien der Nachteil für Stammaktionäre aus einer Umwandlung mit zunehmendem Kursaufschlag der Stimmrechtsaktien.[1427] Chemmanur/Jiao (2007) kommen auch modellhaft zu dem Ergebnis, dass geringe Private Benefits (z. B. durch stärkeren Wettbewerb in der Branche) zu einer größeren Umwandlungswahrscheinlichkeit führen.[1428]

[1424] Vgl. Maury/Pajuste (2011), S. 356. Die Studie bezieht 493 Dual-Class-Gesellschaften in den sieben europäischen Ländern, in denen Dual-Class-Strukturen am meisten genutzt werden (skandinavische Länder, Deutschland, Schweiz und Italien), ein und analysiert 108 Umwandlungen im Zeitraum 1996-2002; davon 41 in Deutschland; vgl. a. a. O., S. 367.

[1425] Die Motive für ein Squeeze-out analysieren z. B. Croci/Nowak/Ehrhardt (2017) empirisch.

[1426] Vgl. Maury/Pajuste (2011), S. 363.

[1427] Vgl. Bigelli (2004), S. 3.

[1428] Vgl. Chemmanur/Jiao (2007), S. 37. Die Autoren nennen zusätzlich den Fall des Ausstiegs oder der Zur-Ruhe-Setzung von Großaktionären, denen in großem Umfang Private Benefits zugeflossen sind. Mit der anschließenden Reduzierung der Private Benefits steige auch die Umwandlungswahrscheinlichkeit.

Insofern sollte die Wahrscheinlichkeit einer Umwandlung von Vorzugs- in Stammaktien mit abnehmendem Kursaufschlag der Stammaktien steigen. Allerdings ist zu berücksichtigen, dass eine Annäherung der Kurse von Stamm- und Vorzugsaktien auch dann stattfinden kann, wenn der Kapitalmarkt eine Umwandlung nur vermutet. Nach den Ergebnissen von Dittmann/Ulbricht (2008) geht der Kursunterschied in den zwei Jahren vor einer Umwandlung um 44 % zurück.[1429] Bei einer Betrachtung nur des Kursunterschieds unmittelbar vor der Bekanntgabe der Umwandlung konnte in dieser Studie nicht zwischen beiden Effekten (niedrige Private Benefits vs. Umwandlungsphantasie) differenziert werden. Insofern wäre es für eine höhere Umwandlungswahrscheinlichkeit tendenziell eher relevant, wenn für eine längere Zeit ein geringer Kursaufschlag bestanden hat, da dieser auf ein niedriges Niveau erzielbarer Private Benefits hinweist.

4.6.1.2 Einfluss der Aktionärs- und Kapitalstruktur

Daske/Ehrhardt (2002a) haben einen vergleichsweise geringen Kursaufschlag festgestellt, wenn der größte Aktionär aus dem Ausland stammt, eine Bank oder eine öffentliche Institution ist.[1430] Wie schon im Abschnitt 3.4 erläutert, dürfte in diesen Fällen das Ausmaß an Private Benefits wegen anderer Zielsetzungen des Hauptaktionärs (z. B. Maximierung der Aktienrendite) tendenziell geringer sein.

Maury/Pajuste (2011) stellen eine signifikante Erhöhung der Umwandlungswahrscheinlichkeit fest, wenn das Unternehmen von einem – i. d. R. ausländischen – Finanzinvestor kontrolliert wird.[1431] Für Deutschland ist in der Untersuchung von Betzer/van den Bongard/Goergen (2017) ein solcher Effekt festzustellen.[1432] Ehrhardt/Nowak/Kuklinski (2008) ermitteln zwar ebenfalls einen positiven Einfluss auf die Umwandlungswahrscheinlichkeit, wenn der größte Investor ein Finanzinvestor ist, dieser Einfluss war allerdings nicht signifikant.[1433] Dittmann/Ulbricht (2008) konnten einen solchen Zusammenhang nicht feststellen, auch keinen Einfluss eines ausländischen Blockaktionärs.[1434]

[1429] Vgl. Dittmann/Ulbricht (2008), S. 192.

[1430] Vgl. Daske/Ehrhardt (2002a), S. 194.

[1431] Im Übrigen erweist sich in der Studie auch der Umstand, dass das Unternehmen auch an einer US-Börse gelistet ist, als signifikanter Faktor für die Erhöhung der Umwandlungswahrscheinlichkeit. Maury/Pajuste (2011) erklären dies damit, dass bei solchen Unternehmen der Schutz von Minderheitsaktionären stärker ausgeprägt sei und dass Private Benefits in geringerem Umfang extrahiert würden; vgl. a. a. O., S. 364.

[1432] Vgl. Betzer/van den Bongard/Goergen (2017), S. 150 (Tabelle 6), Signifikanzniveau 10 %.

[1433] Vgl. Ehrhardt/Nowak/Kuklinski (2008), S. 15 f. Die Autoren begründen die Insignifikanz damit, dass Finanzinvestoren sehr selten die größten Aktionäre seien.

[1434] Vgl. Dittmann/Ulbricht (2008), S. 189.

Für *Banken* als (Stamm-)Aktionäre besteht allerdings ein zusätzlicher Anreiz zur Forcierung einer Umwandlung: Auf diese Weise wird eine eventuell neben der Aktionärsposition zusätzlich bestehende Gläubigerposition nicht durch die mögliche Nachzahlung ausgefallener Vorzugsdividenden geschwächt; bei einer Single-Class-Unternehmung kommt es auch nach Jahren ohne Bilanzgewinn nicht zu einem unfreiwilligen Abfluss von Liquidität und einer Verminderung des bilanziellen Eigenkapitals durch zusätzliche Ausschüttungen. Für Gesellschaften mit bedeutender *Beteiligung der öffentlichen Hand* ist trotz des festgestellten vergleichsweise niedrigen Kursaufschlags, d. h. des potenziell geringen Ausmaßes an Private Benefits, eine höhere Umwandlungswahrscheinlichkeit nicht zu erwarten, da die mit einer Beteiligung meist verbundenen strukturpolitischen Ziele nur erreicht werden können, wenn die öffentliche Hand den maßgeblichen Einfluss behält. Insofern ist eine Verschanzung wahrscheinlich, zumal die öffentliche Hand angesichts begrenzter finanzieller Mittel auch bestrebt sein wird, Kapitalerhöhungen zu verhindern, die zu einem Verlust der Kontrolle führen können.

Ehrhardt/Nowak (2003b) konstatieren auf Basis einer Analyse der bis 2001 vorgenommenen Umwandlungen von bis 1991 ausgegeben deutschen Vorzugsaktien, dass bei *Familiengesellschaften* die Wahrscheinlichkeit einer Umwandlung von Vorzugs- in Stammaktien niedriger als bei Nicht-Familienunternehmen ist.[1435,1436] Dies erscheint auch dadurch begründbar, dass Eigentümerfamilien typischerweise eine Mehrgenerationenperspektive haben und über einen langen Zeitraum die Beherrschung des Unternehmens sichern wollen.[1437] Dies spricht für die Aufrechterhaltung von Vorzugsaktien als Instrumente zur Abwehr von Übernahmen. Demach könnte eine Wandlung bei Familienunternehmen jedenfalls unter der Ägide der Gründerfamilie unwahrscheinlicher sein. Bei einem Exit der Familien steigen diese für gewöhnlich gänzlich aus der Gesellschaft aus, indem sie ihren Anteil an einen anderen Großaktionär veräußern.

[1435] Vgl. Ehrhardt/Nowak (2003b), S. 374 f. Aussagen zur statistischen Signifikanz werden allerdings nicht getroffen.

[1436] Nach den Ergebnissen von Pajuste (2005), S. 52, ist der Anteil von Familienunternehmen an den Unternehmen, die gewandelt haben, zwar tatsächlich kleiner als bei den anderen Dual-Class-Gesellschaften, der Unterschied ist jedoch nicht signifikant. In der publizierten Fassung [Maury/Pajuste (2011)] wird dieses Ergebnis nicht mehr gezeigt.

[1437] Ehrhardt/Nowak/Weber (2006), stellen fest, dass von 159 vor 1913 gegründeten Aktiengesellschaften im mehrheitlichen Familienbesitz im Jahr 2003 immerhin noch 62 Unternehmen (nicht notwendigerweise Dual-Class-Unternehmen) im Besitz der Gründerfamilie waren, davon in 43 Fällen mit einem Stimmrechtsanteil von mindestens 75% (mittlerer Stimmrechtsanteil 85,2%). Vgl. a. a. O, S. 2 und S. 15 und Tabelle IV.

Bei *Unternehmen im Mehrheitsbesitz* wird ein rationaler Mehrheitsaktionär unabhängig vom Typus des größten Aktionärs eine Abschaffung der Vorzugsaktien nicht allein deshalb befürworten, weil dann z. B. der Unternehmenswert oder die Liquidität ansteigen. Vielmehr wird er nur dann zustimmen, wenn auch der Wert seiner Anteile unter Berücksichtigung der von ihm nach Reklassifizierung der Aktiengattungen noch erzielbaren Private Benefits zunimmt.[1438] Allgemeiner ausgedrückt sollte die Umwandlungswahrscheinlichkeit mit zunehmendem Anteil des größten Aktionärs, also mit dessen zunehmender Verschanzung, sinken. Dies wird z. B. auch durch die empirischen Ergebnisse von Howell (2008), S. 43, Dittmann/Ulbricht (2008), S. 192, Maury/Pajuste (2011), S. 363, und Betzer/van den Bongard/Goergen (2017), S. 11, gestützt.

Allerdings könnte argumentiert werden, dass ein Anteilseigner mit nahezu 100 % Stimmrechtsanteil durch eine Wandlung nicht den Verlust seiner Unternehmensbeherrschung befürchten muss und insofern an einem infolge einer Wandlung steigenden Aktienkurs profitieren könnte.[1439] Daher wird in mehreren Studien der mögliche *Umfang des Stimmrechtsverlusts des größten Aktionärs* durch Umwandlung als erklärende Variable verwendet.[1440] So ermitteln Maury/Pajuste (2011) einen signifikant negativen Einfluss des Unterschieds zwischen Stimm- und Cashflowrechten bei Dual-Class-Unternehmen auf die Umwandlungswahrscheinlichkeit.[1441] Auch für den deutschen Kapitalmarkt sehen Dittmann/Ulbricht (2008) und Ehrhardt/Nowak/Kuklinski (2008) empirisch bestätigt, dass der relative Rückgang des Stimmrechtsgewichts des größten Aktionärs im Jahr der Wandlung kleiner ist, als er bei der Vergleichsgruppe (d. h. in anderen Jahren oder bei anderen Dual-Class-Unternehmen ohne Wandlung) wäre.[1442]

[1438] Anders ausgedrückt, wird ein Mehrheitsaktionär einer Abschaffung der Dual-Class-Struktur nur zustimmen, wenn die Opportunitätskosten der Aufrechterhaltung der Dual-Class-Struktur (z. B. niedrigerer Emissionserlös bei Kapitalerhöhungen oder Anteilsverkäufen) größer sind als die erzielbaren Private Benefits; so Dittmann/Ulbricht (2008), S. 165.

[1439] Tatsächlich tritt aber häufig in der Folge einer Umwandlung ein Verlust der Unternehmensbeherrschung ein: Nach den Ergebnissen der Mehrländerstudie von Lauterbach/Pajuste (2017) ist dies sieben Jahre nach der Wandlung bei 72,2 % dieser Unternehmen der Fall.

[1440] Vgl. z. B. Ehrhardt/Nowak/Kuklinski (2008), S. 48.

[1441] Vgl. Maury/Pajuste (2011), S. 363. Ein solches Maß ist einer Mehrländerstudie auch erforderlich, da in einigen Ländern bei Schaffung einer One-Share-One-Vote-Struktur Aktien mit Mehrstimmrecht in Aktien mit einfachem Stimmrecht umgewandelt werden und dabei häufig der Mehrstimmrechtsaktionär zum Teil auch eine Kompensation in Form von Aktien erhält. Insofern hat diese Variable eine etwas andere Aussage als der Stimmrechtsanteil des größten Aktionärs. Vgl. z. B. Hauser/Lauterbach (2004), S. 1177

[1442] Vgl. Dittmann/Ulbricht (2008), S. 190 (Tabelle 9), Ehrhardt/Nowak/Kuklinski (2008), S. 48 (Tabelle 7). Logit- bzw. Probit-Analysen bestätigt diesen signifikanten Zusammenhang.

Eine größere Divergenz zwischen Stimmrechts- und Cashflowrechten des größten Aktionärs entsteht durch einen geringeren Anteil des Stammaktienkapitals am Gesamtkapital und/oder eine größere Beteiligung des Großaktionärs an den Stimmrechten.[1443] Unterstellt man die Gültigkeit der Hypothese, dass die Private Benefits mit sinkendem *Grundkapitalanteil des Stammaktienkapitals* zunehmen (vgl. Hypothese K4, S. 324), so dürfte dies ebenfalls ein Faktor sein, der die Umwandlungswahrscheinlichkeit vermindert. Auch Dittmann/Ulbricht (2008) zeigen, dass der Grundkapitalanteil der Stammaktien von Unternehmen, die Vorzugsaktien gewandelt haben, signifikant höher war als bei Unternehmen, die nicht gewandelt haben. Allerdings sinkt mit abnehmendem Grundkapitalanteil der Stammaktien, also zunehmendem Anteil der Vorzugsaktien, der Spielraum für weitere Kapitalerhöhungen um Vorzugsaktien, was bei dringendem Kapitalbedarf eine Umwandlung in Stammaktien mit dem Ziel der Aufrechterhaltung des Zugangs zum Kapitalmarkt begünstigen könnte.

4.6.1.3 *Unternehmensgröße und Umwandlungswahrscheinlichkeit*

Eine weitere interessante Frage ist, ob die *Größe des Unternehmens* einen Einfluss auf die Umwandlungswahrscheinlichkeit hat. Dittmann/Ulbricht (2008) finden hier keinen Zusammenhang;[1444] bei Ehrhardt/Nowak/Kuklinski (2008) ist der *negative* Einfluss des Marktwertes hingegen der einzige auf einem Signifikanzniveau von 5 % signifikante Zusammenhang.[1445] Einen negativen, allerdings nicht signifikanten Zusammenhang zwischen dem Marktwert des Unternehmens und der Umwandlungswahrscheinlichkeit ermitteln auch Bigelli/ Mehrotra/Rau (2011), Lauterbach/Pajuste (2017) und Pajuste (2005).[1446]

[1443] Berücksichtigte man noch den Fall einer Beteiligung des Großaktionärs an den Vorzugsaktien, so wirkte diese Beteiligung dem negativen Einfluss der Differenz aus Stimmrechts- und Kapitalanteil auf die Umwandlungswahrscheinlichkeit entgegen (d. h. erhöhte die Umwandlungswahrscheinlichkeit). Allerdings existieren mangels Meldepflicht keine zuverlässigen Daten bezüglich solcher Beteiligungen. Eine größere Beteiligung des Großaktionärs am Vorzugsaktienkapital im Vorfeld einer Wandlung ist aber außer in der Situation eines bevorstehenden Squeeze-out eher unplausibel; Dittmann/Ulbricht (2008) finden dafür auch keinen empirischen Beleg, vgl. a. a. O. S. 185.

[1444] Die logarithmierten Marktwerte von Unternehmen, die wandeln, und Unternehmen, die eine Dual-Class-Struktur beibehalten, unterscheiden sich kaum; vgl. Dittmann/Ulbricht (2008), S. 189 f. Dasselbe ergibt sich bei Umwandlungen in Brasilien, vgl. Bortolon/Câmara Leal (2014), S. 98.

[1445] Vgl. Ehrhardt/Nowak/Kuklinski (2008), S. 48 (Tabelle 7).

[1446] Vgl. Pajuste (2005), S. 25, Lauterbach/Pajuste (2017), S. 14 und S. 16 (Tabellen 4 und 6) sowie Bigelli/Mehrotra/Rau (2011), S. 1629 f. (Tabelle 4).

Für einen *positiven* Einfluss des Marktwertes auf die Umwandlungswahrschein-
lichkeit spricht der Umstand, dass solche Unternehmen häufiger im Fokus der
Öffentlichkeit und der Medien stehen dürften und damit tendenziell eher die
Gefahr besteht, dass eine in der Öffentlichkeit bisweilen kritisch kommentierte
Dual-Class-Struktur das Image des Unternehmens beeinträchtigt. Nach den Ergebnissen der Mehrländerstudie von Lauterbach/Pajuste (2017) gehen eine negative Berichterstattung über Dual-Class-Strukturen und generell eine verstärkte
Thematisierung von Corporate-Governance-Themen in der Presse sowie eine
größere Bedeutung von „Corporate Social Repsonsibility"–Themen für die jeweilige Branche mit einem Rückgang der Bewertungen von Dual-Class-Unternehmen (Tobins Q) und einer größeren Wahrscheinlichkeit zur Wandlung der
Vorzugs- in Stammaktien einher.[1447] Nach Auffassung der Autoren erfahren also
Dual-Class-Unternehmen bei einem stärkeren „Anti Dual-Class-Sentiment" und
einer entsprechenden Positionierung von Medien einen „Reputational Discount";
dies würde insbesondere in Unternehmen, in denen das Image wichtig ist, eine
freiwillige Umwandlung incentivieren.[1448] Bei dieser Argumentation ist allerdings die Frage nach der Wirkungsrichtung der Kausalität zu stellen: Möglicherweise gibt oder gab es einen Trend zur Umwandlung von Vorzugs-aktien, infolgedessen die Medien darüber berichtet haben (und nicht umgekehrt).[1449]

Insbesondere für Gesellschaften, die im *DAX oder MDAX* vertreten sind, und
daher stärker im Fokus der medialen Berichterstattung, auch der internationalen
Wirtschaftspresse, stehen, müssten die Anreize zur Umwandlung demnach groß
sein, zumal mit der Umwandlung zugleich eine Vergrößerung des Indexgewichts
und eine resultierende Steigerung der Liquidität erreicht werden kann.[1450] Auch
in der Ereignisstudie von Dittmann/Ulbricht (2008) hat sich gezeigt, dass die bei

---

[1447] Vgl. Lauterbach/Pajuste (2017), S. 15, 17. Die statistische Signifikanz der geschilderten Zusammenhänge ergab sich bei Probit-Regressionen mit der gesamten Stichprobe, jedoch – möglicherweise wegen zu geringer Teilstichprobenumfänge – nicht bei länderspezifischen Probit-Regressionen, vgl. a. a. O., S. 13.
[1448] Vgl. a. a. O., S. 17.
[1449] Die Autoren versuchen diesem Problem dadurch zu begegnen, dass sie die Häufigkeiten der verschiedenen Kategorien von Zeitungsartikeln *des Vorjahres* als erklärende Variable verwenden.
Da sich die von den Autoren verwendeten Häufigkeiten aber nur auf den Gesamtmarkt oder die
Branche, nicht jedoch auf das von der Wandlung betroffene Unternehmen beziehen, ist dies kein
geeignetes Verfahren, da bei Vorliegen eines Trends die Zeitreihen der genannten Häufigkeiten
autokorreliert sein dürften (was Abbildung 1 auf S. 13 der Veröffentlichung auch nahelegt) und
folglich bei Signifikanz der Häufigkeit im aktuellen Jahr mit hoher Wahrscheinlichkeit auch eine
Signifikanz der Häufigkeit im Vorjahr gegeben sein wird.
[1450] Vgl. Abschnitt 3.4.3.

Umwandlungen von Vorzugsaktien erzielbaren Überrenditen mit der nach Umwandlung erwarteten Liquiditätssteigerung zunehmen.[1451]

Eine mögliche Erklärung für einen *negativen* Einfluss des Marktwertes auf die Umwandlungswahrscheinlichkeit könnte der Umstand sein, dass die Umwandlung von Vorzugsaktien insofern auch einen *Schutz gegen feindliche Übernahmen* bewirken kann, als ein Bieter nach Umwandlung einen höheren Kaufpreis aufbringen muss, um die Mehrheit der Stimmen, d. h. die Mehrheit der Stammaktien, zu übernehmen. Für einen Bieter wird es tendenziell umso schwieriger, einen entsprechend hohen Kaufpreis aufzubringen, je größer das Unternehmen ist. Daher dürfte es für kleinere Gesellschaften von größerer Bedeutung sein, Schutzmaßnahmen gegen feindliche Übernahmen zu treffen. Sofern die Grenzen einer Dual-Class-Struktur als primäre Möglichkeit für einen Übernahmeschutz bereits „ausgereizt" sind, wenn also bereits die Hälfte des Grundkapitals aus Vorzugsaktienkapital besteht und der Mehrheitsaktionär gerade noch 50 % der Stimmrechte hält, wird der Mehrheitsaktionär bei einer notwendigen Kapitalerhöhung ohne eigenen Nachschuss ohnehin die Unternehmensbeherrschung verlieren.[1452] In dieser Situation kann der bisherige Mehrheitsaktionär durch eine Wandlung der Vorzugs- in Stammaktien möglicherweise neben der Erschwerung einer Übernahme an einem steigenden Stammaktienkurs partizipieren, was seinen Verlust an Private Benefits kompensieren oder jedenfalls vermindern kann. Auf Basis dieser Erklärung. sollte für kleinere Gesellschaften die Umwandlungswahrscheinlichkeit größer sein.

In der empirischen Untersuchung von Betzer/van den Bongard/Goergen (2017) hat sich auf Basis der Umwandlung von 19 der 54 im CDAX vertretenen Gesellschaften ein signifikant negativer Einfluss der (logarithmierten) Bilanzsumme auf die Umwandlungswahrscheinlichkeit gezeigt.[1453] Allerdings bestätigt sich in der Untersuchung auch, dass ein durch Umwandlung drohender Verlust an Indexgewicht ebenso wie die Gefahr, aus dem Index „abzusteigen", hochsignifikante Treiber einer Umwandlungsentscheidung sind.[1454]

[1451] Vgl. Dittmann/Ulbricht (2008), S. 184. In die Untersuchung wurden 89 deutsche Dual-Class-Unternehmen einbezogen, von denen 32 im Zeitraum von 1990 bis 2001 ihre Vorzugsaktien gewandelt haben.

[1452] Es sei denn, es erfolgt – wie häufiger zu beobachten (vgl. Abschnitt 3.2.1.3) – eine Änderung der Rechtsform in eine KGaA. In diesen Fällen besteht zwar einerseits kein Anreiz mehr zur Wandlung mit dem Ziel der Erschwerung einer Übernahme, aber andererseits auch keine Notwendigkeit der Aufrechterhaltung einer Dual-Class-Struktur als Übernahmehindernis.

[1453] Vgl. Betzer/van den Bongard/Goergen (2017), S. 11 (Tabelle 6).

[1454] Vgl. a. a. O., S. 11 (Tabelle 6).

4.6.1.4 Erwartungen an die künftige Entwicklung des Unternehmens

Pajuste (2005) kommt zu dem weiteren Ergebnis, dass die Wahrscheinlichkeit einer Umwandlung höher ist, wenn das Unternehmen auf zusätzliches Kapital, insbesondere zum Erwerb von anderen Unternehmen, angewiesen ist.[1455] Mit einer Kapitalerhöhung kann in diesem Fall bei Beibehaltung einer Dual-Class-Struktur weniger Kapital eingenommen werden. Zudem dürften für Unternehmen mit Kapitalbedarf auch die angesprochenen Reputationseffekte eine größere Rolle spielen: Eine rechtzeitige Wandlung von Vorzugs- in Stammaktien kann zu einer positiveren Berichterstattung in den Medien und damit zu einem besseren Kapitalmarktzugang beitragen.[1456] Auch Dittmann/Ulbricht (2008) stellen fest, dass Unternehmen, die ihre Vorzugsaktien umgewandelt haben, signifikant häufiger Kapitalerhöhungen durchführen als andere Dual-Class-Unternehmen.[1457] Ehrhardt/Nowak/Kuklinski (2008) ermitteln ebenfalls einen positiven Einfluss des Verhältnisses von Kapitalerhöhungen nach Umwandlung und Aktienkapital auf die Umwandlungswahrscheinlichkeit (allerdings ist dieser nur auf einem Niveau von 10% signifikant). Ein Kapitalbedarf ist auch ohne konkret angekündigte Kapitalerhöhung dann absehbar, wenn das Unternehmen über große *Wachstumsmöglichkeiten* verfügt. Diesbezügliche Erwartungen des Kapitalmarktes sollten sich in einem vergleichsweise hohen „Tobins Q" manifestieren und ebenfalls zu einer höheren Umwandlungswahrscheinlichkeit führen.[1458]

Bei einem Vergleich der Dual-Class-Unternehmen, die ihre Vorzugsaktien gewandelt haben, mit anderen Dual-Class-Unternehmen ergibt sich nach den Ergebnissen von Dittmann/Ulbricht (2008), dass Letztere eine niedrigere Investi-

---

[1455] Hierfür signifikante Proxy-Variablen waren das Verhältnis der Einzahlungen aus Kapitalerhöhungen im Verhältnis zum Eigenkapital sowie eine Dummy-Variable für Jahre, in denen eine Kapitalerhöhung stattgefunden hat. Des Weiteren ergab sich in der durchgeführten Probit-Regression ein signifikanter Zusammenhang zwischen der Umwandlungswahrscheinlichkeit und der Anzahl der erworbenen Unternehmen (normiert mit den logarithmierten Umsätzen). Auch der Zukauf von Unternehmen erwies sich als ein geeigneter Indikator für das Bestehen eines Kapitalbedarfs. Vgl. a.a.O., S. 25 und S. 50. In Maury/Pajuste (2011), S. 363, wird nur der signifikant positive Einfluss von Kapitalerhöhungen gezeigt.

[1456] Vgl. auch Lauterbach/Pajuste (2017), S. 15. Die Autoren stellen hierzu ebenfalls einen signifikant positiven Zusammenhang zwischen Umwandlungswahrscheinlichkeit und Kapitalerhöhung im selben Jahr oder im Folgejahr fest; vgl. a.a.O., S. 16.

[1457] Vgl. Dittmann/Ulbricht (2008), S. 189 f.

[1458] Pajuste (2005) verwendet als Proxy-Variable für Wachstumsmöglichkeiten das mittlere Marktwert-Buchwert-Verhältnis der Branche; das Marktwert-Buchwert-Verhältnis der Gesellschaft selbst hat bei Einschluss der Branchen-Variable keine zusätzliche Erklärungskraft. Der Zusammenhang ist allerdings nur dann signifikant, wenn nicht gleichzeitig eine Kapitalerhöhung stattfindet; vgl. a.a.O., S. 25 und S. 27.

tionsquote, ein niedrigeres Umsatzwachstum und ein niedrigeres Tobins Q haben.[1459, 1460] Dies spricht für tendenziell hohe Wachstumsmöglichkeiten der Unternehmen, die ihre Vorzugsaktien umwandeln. Die Autoren weisen aber darauf hin, dass eine Gesellschaft mit Mehrheitsaktionär eine Wachstumsmöglichkeit dann nicht nutzen wird, wenn diese nur mit einem so geringem Wachstum verbunden ist, durch das der Verlust an Private Benefits bei Umwandlung nicht kompensiert werden kann.[1461]

Ein Wermutstropfen ist zu nennen: Die empirische Evidenz im Hinblick auf die Effekte auf das wandelnde Unternehmen selbst zeigt eine eher negative Tendenz: So stellen Dittmann/Ulbricht (2008) auch fest, dass die ursprünglichen Dual-Class-Gesellschaften zwei Jahre nach Wandlung ein niedrigeres Umsatzwachstum, eine niedrigere Investitionsquote und ein geringeres Tobins Q haben als zwei Jahre vor der Umwandlung, mit anderen Worten wachsen sie nach der Wandlung langsamer als vorher – auch wenn im Jahr der Wandlung und im Folgejahr tendenziell mehr Kapitalerhöhungen als in anderen Jahren erfolgen.[1462] Dies steht im Einklang mit dem Befund von Jordan/Kim/Liu (2016), dass erstens nach einer Wandlung von Vorzug- in Stammaktien das Umsatzwachstum und die Ausgaben für Forschung und Entwicklung zurückgehen, dass aber zweitens eine Dual-Class-Struktur eher von Unternehmen mit *langfristigem* Wachstumspotenzial gewählt wird.[1463]

Ein hoher Kapitalbedarf ergibt sich abgesehen vom Fall der Ausnutzung von Wachstums- bzw. Investitionsmöglichkeiten auch dann, wenn das Unternehmen *sanierungsbedürftig* ist oder jedenfalls in der Vergangenheit keine Dividenden zahlen konnte. In diesem Fall ist die Nachholung der ausgefallenen Vorzugsdividenden und die Aussicht, auch in Zukunft – in möglicherweise schlechtem wirtschaftlichem Zustand des Unternehmens – Vorzugsdividenden zahlen zu müssen, eine hohe Belastung für eine erfolgreiche Sanierung. Daher besteht in diesen Fällen ein hoher Anreiz zur Abschaffung der Vorzugsaktien. Auch in der Untersuchung von Dittmann/Ulbricht (2008) zeigt sich, dass von den Unternehmen die gewandelt haben, 20,9 % mindestens für zwei Jahre rückständige Vorzugsdividenden hatte; bei Unternehmen, die nicht gewandelt haben, waren es mit 6,1 %

[1459] Allerdings ist keiner der Unterschiede signifikant; vgl. Dittmann/Ulbricht (2008), S. 189 f.

[1460] Auch Lauterbach/Pajuste (2017) ermitteln in ihrer Mehrländerstudie im Zeitraum 1994-2009 ein durchschnittlich um 14 Prozentpunkte niedrigeres Tobins Q für die Dual-Class-Unternehmen, die nicht gewandelt haben, im Vergleich zur Branche. Vgl. a. a. O, S. 9.

[1461] Vgl. Dittmann/Ulbricht (2008), S. 170.

[1462] Allerdings ist keiner der Unterschiede signifikant. Vgl. Dittmann/Ulbricht (2008), S. 187.

[1463] Vgl. Jordan/Kim/Liu (2016), S. 323.

signifikant weniger. Eine Logit-Analyse bestätigt den signifikanten Einfluss einer Dummy-Variablen für einen Ausfall der Vorzugsdividende für mindestens zwei Jahre auf die Umwandlungswahrscheinlichkeit.[1464]

4.6.2 Auswirkungen der Umwandlung von Vorzugs- in Stammaktien

Neben der Analyse der Bestimmungsfaktoren für die Umwandlungswahrschein-lichkeit ist es – insbesondere für die Emittenten – von Interesse, ob die mit der Umwandlung angestrebten Wirkungen, insbesondere die Steigerung des Unter-nehmenswertes und die Verbesserung der Liquidität tatsächlich eintreten.

4.6.2.1 Anstieg des Unternehmenswertes nach Wandlung

Bennedsen/Nielsen (2010) haben empirisch ermittelt, dass das Marktwert-Buch-wert-Verhältnis von 963 westeuropäischen Dual-Class-Unternehmen im Mittel um fast 20 % niedriger als das von Single-Class-Unternehmen ist.[1465] Daher liegt es nahe, dass durch Umwandlung von Vorzugs- in Stammaktien ein Anstieg auch des Unternehmenswertes erzielt werden kann. Dies erscheint aus mehreren Gründen plausibel:

– Investoren können davon ausgehen, dass bei Single-Class-Unternehmen die Möglichkeiten zur Verschanzung („Entrenchment") und damit zur Verhin-derung wertsteigernder Übernahmen geringer sind.

– Aus demselben Grund verringern sich die Möglichkeiten des Mehrheitsak-tionärs oder ggf. der Blockaktionäre zur Extrahierung von Private Benefits zulasten der Unternehmenssubstanz.

– Eine Steigerung des Unternehmenswertes sollte auch deshalb eintreten, weil durch Vereinheitlichung der Aktiengattungen die Liquidität der Stammaktie im Vergleich zur Liquidität der Stamm- und Vorzugsaktien vor Wandlung ansteigen sollte, sodass ein Liquiditätsabschlag auf den Unternehmenswert entfällt.

[1464] Vgl. a. a. O., S. 192.

[1465] Sie ermitteln für Single-Class-Unternehmen, die auch keine ersichtlichen anderen Mechanismen zu Erzielung einer Disparität zwischen Stimmrechts- und Kapitalanteilen nutzen, ein mittleres Marktwert-Buchwert-Verhältnis von 1,360 und für Dual-Class-Unternehmen ein mittleres Marktwert-Buchwert-Verhältnis von 1,099 (d.h. einen Abschlag von 19,2%). Bei Familien-unternehmen beträgt der Bewertungsabschlag sogar -24,6%. Vgl. Bennedsen/Nielsen (2010), S. 2217 (Tabelle 3). In die Untersuchung einbezogen wurden 4.096 Unternehmen aus 14 west-europäischen Staaten.

- Der Zugang der Gesellschaft zum Kapitalmarkt wird bei einer stärkeren „Shareholder Value"-Orientierung und damit mglw. einer Verbesserung des Unternehmensimages bei Presse und Investoren erleichtert, was auch dazu führen kann, dass bei Kapitalerhöhungen mehr Kapital eingenommen wird.

- Liquiditätsabflüsse infolge der Nachzahlung etwaiger ausgefallener Dividenden entfallen ggf. durch Wandlung in Stammaktien.

Selbst wenn solche rationalen Gründe nicht maßgeblich sein sollten, könnten gleichwohl auch psychologische Gründe zu einem Anstieg der Marktbewertung nach Umwandlung von Vorzugsaktien beitragen.[1466] Insgesamt dürften die mit der Aufrechterhaltung einer Dual-Class-Struktur einhergehenden Kosten bzw. Opportunitätskosten, die den Unternehmenswert tendenziell verringern, durch Wandlung vermindert werden.

Die empirische Evidenz in dieser Frage ist allerdings keineswegs eindeutig. Ang/ Megginson (1989) haben für die Vereinheitlichung der Aktiengattungen von 27 britischen Gesellschaften (1955-82) eine signifikant negative Buy-and-Hold-Aktienrendite für die ersten zwölf Monate nach Umwandlung festgestellt.[1467] Für Kanada konnte ebenfalls kein negativer Effekt einer Separierung von Cashflow- und Stimmrechten auf den Unternehmenswert festgestellt werden, obwohl auch dort wie in Deutschland eine vergleichsweise hohe Stimmrechtskonzentration besteht.[1468] Auch in der Untersuchung von Pajuste (2005) zeigt sich kein signifikanter Anstieg des Marktwertes bei Umwandlung der Vorzugs- in Stammaktien, allerdings ein signifikanter Anstieg des branchenbereinigten Marktwert-Buchwert-Verhältnisses.[1469] In einer Folgestudie stellen Lauterbach/Pajuste (2017) fest, dass Tobins Q in den sieben Jahren nach der Wandlung deutlich ansteigt und bei den Unternehmen, die nicht gewandelt haben, in etwa konstant bleibt.[1470] Gompers/Ishii/Metrick (2010) zeigen, dass auch in den USA ein negativer Zusammenhang zwischen Tobins Q und der Differenz aus dem Stimmrechtsanteil und dem Cashflowanteil von Insideraktionären besteht.[1471]

[1466] So könnte in der Praxis unabhängig vom Wahrheitsgehalt das Vorurteil bestehen, dass die Ausgabe von Vorzugsaktien den Unternehmenswert vermindert. Vgl. Binz/Sorg (1994), S. 996.

[1467] Vgl. Ang/Megginson (1989), S. 314 f.

[1468] Vgl. Ben-Amar/André (2006), S. 537-538, die Überrenditen am Ankündigungstag von 327 Übernahmen bzw. Fusionen analysieren.

[1469] Vgl. Pajuste (2005), S. 33 und S. 53. Daneben ergibt sich ein signifikanter Rückgang des Verschuldungsgrades nach Umwandlung von Vorzugs- in Stammaktien.

[1470] Vgl. Lauterbach/Pajuste (2017), S. 8 und S. 10.

[1471] Vgl. Gompers/Ishii/Metrick (2010), S. 34.

Dittmann/Ulbricht (2008) ermitteln für deutsche Aktien einen „abnormalen" Anstieg des Marktwertes in Höhe von 6,3 % bei Ankündigung der Umwandlung von Vorzugs- in Stammaktien für ein Zeitfenster von 20 Tagen um den Ankündigungstag, der auf der signifikanten Überrendite der Vorzugsaktien (15,5 %) beruht.[1472] Ehrhardt/Nowak/Kuklinski (2008) finden ebenfalls einen signifikant positiven Ankündigungseffekt und zudem einen Rückgang der Bid-Ask-Spreads nach Umwandlung der Vorzugaktien. Mit einem daraus resultierenden Rückgang des Liquiditätsabschlags der Aktienkurse steigt der Unternehmenswert tendenziell ebenfalls.[1473] Bigelli/Mehrotra/Rau (2011) ermitteln für Umwandlungen in Italien zwar *im Mittel* keinen signifikanten Marktwertanstieg um den Ankündigungstag von Umwandlungen, jedoch steigt der Marktwert bei Umwandlungen signifikant mit steigendem Anteil des Mehrheitsaktionärs und mit steigendem Kursaufschlag der Stammaktien, also mit einem potenziell höheren Ausmaß an extrahierten Privat Benefits.[1474]

Lauterbach/Pajuste (2015) befassen sich mit dem Puzzle dieser empirischen Befunde – einerseits dem überwiegend festgestellten kurzfristig positiven Einfluss einer Wandlung auf die Bewertung und andererseits dem später wieder leicht sinkenden oder insgesamt allenfalls noch schwach signifikanten Anstieg des Unternehmenswertes. Sie stellen auf Basis von 121 Umwandlungen in sieben europäischen Staaten fest, dass kurzfristig der Markt auf die positive Nachricht einer Umwandlung im Mittel überreagiert.[1475] Die Großaktionäre könnten – auch vor dem Hintergrund ihrer privaten Informationen – einen nicht fundamental gerechtfertigten Kursanstieg feststellen und hätten somit einen Anreiz, ihre Beteiligung durch Verkauf zu den kurzfristig überhöhten Preisen zu reduzieren. Die

---

[1472] Stammaktien verzeichnen in diesem Zeitraum keine signifikante Überrendite (nur am Ankündigungstag selbst). Die Angaben beziehen sich auf die 13 untersuchten Unternehmen, die nicht gleichzeitig mit der Umwandlung andere Maßnahmen bekannt gegeben haben; für alle untersuchten Aktien beträgt der marktbereinigte Marktwertanstieg 3,4%. Vgl. Dittmann/Ulbricht (2008), S. 183.

[1473] Vgl. Ehrhardt/Nowak/Kuklinski (2008), S. 27 und S. 33.

[1474] Vgl. Bigelli/Mehrotra/Rau (2011), S. 1627 f. und S. 1631.

[1475] Das branchenbereinigte Tobins Q steigt im Jahr nach der Wandlung im Vergleich zum Wert zwei Jahre vor der Wandlung um 0,29 und geht dann wieder etwas zurück, ab dem dritten Jahr beträgt der Anstieg im Vergleich zur Ausgangssituation nur noch 0,19 bis 0,22; bei nicht wandelnden Unternehmen zeigt sich nur ein geringfügiger Anstieg (+0,04). Dass es sich um einer Überreaktion handelt, schlussfolgern die Autoren daraus, dass ein solcher Verlauf von Tobins Q im Mittel nur in den ersten beiden Teilperioden (1996-2002) auftritt und danach nicht mehr; die Investoren hätten aus ihrer Fehleinschätzung über das Ausmaß der Steigerung des Unternehmenswertes gelernt. Die Autoren sehen als Grund für dieses „Overshooting" einen „public overenthusiasm"; vgl. Lauterbach/Pajuste (2015), S. 177-179 (Tabellen 3 und 4).

Folgen dieses sog. „Financial Tunneling"-Verhaltens tragen letztlich die anderen Aktionäre.[1476] Nach Entdeckung des „wahren Wertes" würden die Kurse und damit der Unternehmenswert wieder auf den fairen Unternehmenswert zurückgehen. Ist es zu einem „Financial Tunneling" gekommen, kann dies dazu führen, dass der vom Aktienkurs abgeleitete Marktwert nicht ansteigt; (nur) ohne „Financial Tunneling" würden die oben genannten positiven Effekte aus der Verbesserung der Corporate Governance Gründen überwiegen und sich ein Anstieg des Unternehmenswertes im Vergleich zur Situation vor der Wandlung feststellen lassen.[1477] Tatsächlich stellen die Autoren auch empirisch fest, dass ein starker Anstieg von Tobins Q im Jahr nach der Wandlung mit anschließendem Rückgang in etwa der gleichen Höhe nur bei solchen Unternehmen eintritt, bei denen der Großaktionär nach der Wandlung vollständig ausgestiegen ist und damit „Financial Tunneling" betrieben hat; ohne Aktienverkäufe des Großaktionärs steigt Tobins Q gleichmäßig und signifikant, in vier Jahren im Mittel um 0,29.[1478]

Auch ein Anstieg des Unternehmenswertes bedeutet nicht, dass alle Aktionäre hieran in gleicher Weise partizipieren: Vorzugsaktionäre verlieren im Gegenzug zum Erhalt von Stimmrechten ihre bevorzugten Dividendenrechte, während sich Stammaktionäre im Hinblick auf die Cashflowrechte wegen des Wegfalls der Vorzugs- und ggf. einer Mehrdividende besserstellen, dafür aber eine Verwässerung ihrer Stimmrechtsmacht und damit tendenziell des Wertes erzielbarer Private Benefits hinnehmen müssen. Mit einer Verminderung des Stimmrechtswertes pro Aktie kann es aus theoretischer Sicht c. p. auch zu einem Rückgang des Stammaktienkurses kommen.

Ein Rückgang des Stammaktienkurses bedeutet, dass das Vermögen der Stammaktionäre des Streubesitzes von der Umwandlung negativ betroffen ist und – bei steigendem Unternehmenswert – die Vorzugsaktionäre stärker profitieren.[1479] In dieser Konstellation werden die Vorzugsaktionäre einer Umwandlung zustimmen, während eine Zustimmung des Stammaktienkapitals nur dann zu erwarten ist, wenn die Mehrheit der Stammaktionäre durch die Umwandlung als Blockaktionäre höhere Private Benefits generieren oder als Streubesitzaktionäre daran partizipieren kann, sodass der Kursrückgang überkompensiert wird – dies ist unwahrscheinlich – oder wenn sie anderweitig für den Verlust kompensiert werden.

[1476] Auch ohne Klassifizierung als absichtliches „Financial Tunneling" wäre ein Verkauf nach einem starken Preisanstieg als rationales Verhalten einzustufen; empirisch können die Autoren dies nicht differenzieren, vgl. Lauterbach/Pajuste (2015), S. 183.

[1477] Vgl. Lauterbach/Pajuste (2015), S. 173 f. und S. 184.

[1478] Vgl. Lauterbach/Pajuste (2015), S. 179 f. (Tabelle 5).

[1479] Dies gilt zumindest, wenn der Kurs der Stammaktie über dem der Vorzugsaktie liegt.

Der Marktwert des Eigenkapitals kann durch die Umwandlung aber auch so weit ansteigen, dass der auf die bisherigen Stammaktien entfallende Teil des Wertanstiegs den Rückgang des Stimmrechtswertes überkompensiert, sodass es insgesamt zu einem Anstieg des Stammaktienkurses – wenn auch in geringerem Ausmaß als beim Vorzugsaktienkurs – kommen kann. Empirisch haben Lauterbach/Pajuste (2017) den gerade beschriebenen Effekt festgestellt: In den drei Jahren um den Wandlungszeitpunkt waren die kumulierten, marktbereinigten Renditen auch für die Aktien mit Stimmrecht positiv. Wenn beide Aktiengattungen von der Wandlung profitieren, ist dies aus Sicht der Autoren eine „Win-Win-Operation".[1480] Trifft dies zu, ist auch eine Zustimmung eines bisherigen Mehrheitsaktionärs zu erwarten, da/soweit der Verlust an Private Benefits durch einen Marktwertgewinn der Beteiligung überkompensiert wird.

Für den Fall, dass dies nicht zu erwarten ist, wird bisweilen bei freiwilligen Umtauschangeboten (als weniger einschneidende Maßnahme im Vergleich zu einer Aufhebung des Vorzugs) der Umtausch von Vorzugs- in Stammaktien gegen Leistung einer Zuzahlung ermöglicht, um dadurch den geschilderten Vorteil der Vorzugsaktionäre abzuschöpfen.[1481] Auch durch eine solche Zuzahlung wird der Unternehmenswert zugunsten aller Aktionäre gesteigert, sodass es auch dadurch trotz eines Verlustes des ökonomischen Wertes des Stimmrechts zu einem Anstieg des Stammaktienkurses kommen kann. Damit die Umwandlung für Vorzugsaktionäre gleichwohl attraktiv ist, muss eine Zuzahlung so bemessen sein, dass die Vorzugsaktionäre trotz Zuzahlung noch vom höheren Stammaktienkurs nach Umwandlung profitieren und dass der neue Stammaktienkurs über dem Stammaktienkurs vor Umwandlung liegt. In diesem Fall wird ein Anstieg des Unternehmenswertes auf Stamm- und Vorzugsaktionäre aufgeteilt. Für italienische Umwandlungen stellen Bigelli/Mehrotra/Rau (2011) zwar fest, dass die Vorzugsaktionäre nur in 10 von 47 Fällen eine Zuzahlung leisten müssen, obwohl die Stammaktien im Mittel signifikante Kursverluste erleiden, jedoch erfolgt die Zustimmung des Stammaktienkapitals häufig deshalb, weil der Mehrheitsaktionär im Vorfeld einen signifikanten Anteil am Vorzugsaktienkapital erwirbt und durch den im Mittel deutlichen Kursanstieg der Vorzugsaktien bei Umwandlung partizipiert.[1482] Der Mehrheitsaktionär generiert sich also faktisch eine private Kompensation für den Wertverlust, während die Umwandlung ansonsten eine Vermögensverschiebung von den übrigen Stamm- zu den Vorzugs-

---

[1480] Vgl. Lauterbach/Pajuste (2017), S. 8.
[1481] Eine freiwillige Umwandlung mit Zuzahlung wurde z.B. im Jahr 2000 von der Metro AG angeboten. Rechtlich begegnet dies keinen Bedenken, vgl. Wirth/Arnold (2002), S. 878.
[1482] Vgl. Bigelli/Mehrotra/Rau (2011), S. 1625 und S. 1632.

aktionären darstellt. Rationale Stammaktionäre müssten dies allerdings antizipieren und einen Rückgang des Kursaufschlags der Stammaktien bewirken.[1483]

Sofern der Kurs der Vorzugsaktie über dem der Stammaktie liegt, werden die Vorzugsaktionäre einer Umwandlung nicht ohne Weiteres zustimmen. Dieser Fall tritt insbesondere dann ein, wenn das Unternehmen entweder sanierungsbedürftig ist bzw. jedenfalls keine ausreichenden Gewinne mehr erzielt oder wenn die Vorzugsaktien wegen der im Vergleich zur Stammaktien deutlich besseren Liquidität (z. B. bei deutlich größerem Free Float oder Indexzugehörigkeit der Vorzugsaktie) über den Stammaktien notieren. Insbesondere im ersten Fall ist von einem Vermögensverlust der Vorzugsaktionäre auszugehen, da der kumulative Dividendenvorzug für spätere Geschäftsjahre entfällt. Im zweiten Fall dürfte die Liquidität der Stammaktien nach Umwandlung größer als die der Vorzugsaktien vor Umwandlung sein, sodass sich eine Verschlechterung der Position der Vorzugsaktionäre jedenfalls aus Liquiditätsgründen nicht ergeben sollte. Eine Verschlechterung der Vermögensposition kann aber auch in diesem Fall eintreten, wenn die Vorzugsaktien eine Mehrdividende erhalten. Um die Zustimmung der Vorzugsaktionäre zur Umwandlung zu erhalten, dürfte es in den geschilderten Fällen erforderlich sein, diesen einen Ausgleich für den Wertverlust zu zahlen. Hierfür wäre die Ausschüttung einer Zusatzdividende auf die dann jungen Stammaktien/Umtauschansprüche denkbar.[1484]

4.6.2.2 Auswirkungen auf die Liquidität der Aktien

Die mit der Umwandlung nach Angabe der Unternehmen[1485] häufig bezweckte gesteigerte Attraktivität der (Stamm-)Aktie und die Anziehung neuer, u. a. ausländischer Investorenkreise sollte sich in einer gesteigerten Liquidität der Aktie, also in höheren Umsätzen im Vergleich zu den kumulierten Umsätzen der Stamm- und Vorzugsaktien vor Umwandlung niederschlagen. Dies stünde im Einklang mit den Ergebnissen von Ehrhardt/Nowak/Kuklinski (2008), wonach sich nach Umwandlung ein niedrigerer Bid-Ask-Spreads der Stammaktien im Vergleich zu beiden Aktiengattungen vor der Umwandlung gezeigt habe.[1486] In einer Mehr-Länder-Studie ermitteln auch Li/Zaiats (2017) signifikant niedrigere

---

[1483] So auch Bigelli/Mehrotra/Rau (2011), S. 1632.
[1484] Zur Kompensation für den Verlust ihrer Vorrechte bei einer 1:1-Umwandlung in Stammaktien, käme es als Alternative zu einer Barausschüttung auch in Betracht, den Vorzugsaktionären im Gegenzug Genussrechte einzuräumen [vgl. Kakuschke (1996), S. 28]. Dadurch würde der Anreiz verstärkt, einer Umwandlung zuzustimmen.
[1485] Vgl. Abbildung 6 auf Seite 263.
[1486] Vgl. Ehrhardt/Nowak/Kuklinski (2008), S. 25.

Bid-Ask-Spreads und weitere, zum Teil aber erst drei Jahre nach Umwandlung signifikante Proxys für eine geringere Informationsasymmetrie nach Umwandlung der Vorzugsaktien.[1487]

Welche Motivation auch hinter der Umwandlung steckt: Es darf unterstellt werden, dass die maßgeblichen Gründe nicht ausschließlich irrational sind, dass die Mehrzahl der Aktionäre beider Gattungen also von der Umwandlung profitiert und z. B. an einem etwaigen Anstieg des Unternehmenswertes partizipiert.

Dies bedeutet aber nicht, dass der umgekehrte Fall der Neuemission von Vorzugsaktien, die üblicherweise (und wegen der Möglichkeit zur Verschanzung) mit einer Verminderung des Unternehmenswerts in Zusammenhang gebracht wird,[1488] nicht ebenfalls rational begründbar wäre. Auch hier kann eine individuell rationale Entscheidung der Mehrheit der (Stamm-)Aktionäre angenommen werden, z. B. wenn aufgrund einer Verschuldungsquote kein zusätzliches Fremdkapital aufgenommen werden kann.

Allgemein ausgedrückt, dürften sich Unternehmen, die Vorzugsaktien einführen in einer anderen Situation befinden als Unternehmen die Vorzugsaktien abschaffen: Bei der Einführung von Vorzugsaktien geht es den Familien- oder anderen Mehrheitsaktionären regelmäßig darum, den Einfluss auf „ihr" Unternehmen zu bewahren und weiterhin Private Benefits zu konsumieren. Wenn die Aufrechterhaltung wegen zu hoher Opportunitätskosten zu unattraktiv wird, kann eine Abschaffung der Vorzugsaktien erfolgen. In der jeweiligen Phase des Unternehmenszyklus kann also die eine oder die andere Maßnahme optimal sein.[1489]

Ein möglicher Anstieg des Unternehmenswertes bei Umwandlung von Vorzugs- in Stammaktien ist – ganz abgesehen von der spärlichen empirischen Evidenz – keine Rechtfertigung für die Forderung, dass Vorzugsaktien abgeschafft werden sollten. Aus dem Befund von Pajuste (2005), dass Dual-Class-Unternehmen kein signifikant geringeres Umsatzwachstum verzeichnen als Single-Class-Unternehmen mit vergleichbaren Wachstumsmöglichkeiten, ergibt sich, dass die Aufrechterhaltung einer Dual-Class-Struktur nicht zwingend ineffizient ist.

[1487] Vgl. Li/Zaiats (2017), S. 18 f. Daneben stellen die Autoren fest, dass nach Umwandlung auch die Ergebnisse weniger durch Bildung von Rückstellungen beeinflusst werden, was ebenfalls für eine verbesserte Transparenz der Unternehmen spricht.

[1488] Vgl. Binz/Sorg (1994), S. 996.

[1489] So auch Dittmann/Ulbricht (2008), S. 165, und Ødegaard (2007), S. 3625.

4.6.3 Empirische Studien zu Umwandlungseffekten am deutschen Aktienmarkt

Die Ergebnisse der drei wesentlichen Studien zu Umwandlungen von Vorzugs-
in Stammaktien in Deutschland sind bereits umfassend in die vorstehenden Dar-
legungen eingeflossen. Angesichts der Bedeutung des Themas für Dual-Class-
Unternehmen sollen diese im Folgenden nochmals kurz im Zusammenhang
dargestellt werden. Eine Übersicht über Studien zu Umwandlungen an ausländischen Kapitalmärkten bzw. zu länderübergreifenden Studien findet sich im
Anhang, Tabelle 42.

4.6.3.1 Ergebnisse von Dittmann/Ulbricht (2008)

Dittmann/Ulbricht (2008) untersuchen 29 Umwandlungen von Vorzugs- in
Stammaktien für den Zeitraum von 1989-2002, wobei sie Unternehmen aller
Börsensegmente und Größenklassen einbeziehen. Ihre Ereignisstudie basiert auf
einem Ereignisfenster von -20 bis +20 Tagen bezogen auf den Ereigniszeitpunkt
und einer vorlaufenden Schätzperiode von 200 Tagen. Nach ihren Angaben ergibt sich ein Anstieg der mittleren kumulierten Überrendite der Stamm- bzw. der
Vorzugsaktien bis zum Tag „-1" von 6 % bzw. 10 % und der Vorzugsaktien
nochmals am Folgetag in Höhe von etwa 3 %.[1490] Über einen Zeitraum von ±10
Tagen um den Ankündigungstermin ist eine statistisch signifikante Überrendite
der Vorzugsaktien, jedoch keine signifikante Überrendite der Stammaktien festzustellen. Der Marktwert des Aktienkapitals steigt aber in diesem Zeitraum insgesamt – relativ zur Marktentwicklung – signifikant an.[1491, 1492]

[1490] Die Autoren geben dies (vgl. a. a. O., S. 178) unter Bezugnahme auf ihre Abbildung 2 (S. 181)
an, ohne diese Werte und zugehörige Teststatistiken zu zeigen. In ihrer Tabelle 4, S. 183, werden
die Werte für die Intervalle [-4;1] und [-1;0] angegeben. Demnach beträgt die kumulierte Überrendite im Sechs-Tages-Zeitraum bzgl. der Vorzugsaktien 9,9 % und bzgl. der Stammaktien
3,9 % sowie im Zwei-Tages-Zeitraum bzgl. der Vorzüge 7,3 % und bzgl. der Stammaktien 2,4 %.

[1491] Vgl. Dittmann/Ulbricht (2008), S. 183. Die auf den Marktwert der einzelnen Unternehmen
(Kurswert aller Stammaktien plus Kurswert aller Vorzugsaktien) berechnete „kumulierte Überrendite" (d.h. der um die Marktentwicklung bereinigte Marktwertanstieg) beträgt im Mittel 3,4 %
für alle Aktien bzw. 6,3 % für eine unverzerrte Teilstichprobe („clean announcements") aus den
Ankündigungen, bei denen nicht zeitgleich mit der Bekanntgabe andere Maßnahmen oder kurs-
relevante Informationen veröffentlicht wurden.

[1492] Die Autoren verwenden für die Ermittlung der kumulierten Überrenditen offensichtlich das arithmetische Mittel der kumulierten Überrenditen der einzelnen Gesellschaften, d. h. die Überrenditen bei Wandlungen z. B. eines DAX-Unternehmens wie SAP fließen mit dem gleichen Gewicht
ein wie die Renditen eines Börsenmantels wie der Firma NAK Stoffe, für die zum Ereigniszeit-

Allerdings könnten fehlerhafte Ankündigungsdaten in der Untersuchung von Dittmann/Ulbricht (2008) dafür verantwortlich sein, dass die stärkste Reaktion am Tag „-1" erfolgt: Bei Überprüfung derjenigen 21 Ankündigungstermine,[1493] bei denen keine fundamentale Abweichung im Sinne eines mehrwöchigen Abstands zu dem von Dittmann/Ulbricht (2008) ermittelten Datum besteht,[1494] war nur in vier Fällen das vom Verfasser ermittelte Ankündigungsdatum mit dem von Dittmann/Ulbricht (2008) identisch. In 16 Fällen verwenden die Autoren hingegen einen zu späten Ankündigungszeitpunkt, und zwar im Mittel um 2,1 Kalendertage bzw. 1,4 Handelstage;[1495] in einem Fall lag das verwendete Datum vor dem im Rahmen der Überprüfung ermittelten Datum.[1496, 1497]

Zur Analyse des Zusammenhangs der Überrenditen mit anderen Faktoren führen die Autoren univariate Regressionen der kumulierten Überrenditen auf verschiedene Größen durch. Dabei ergeben sich signifikante Zusammenhänge für das Fenster vom Tag „-10" bis zum Tag „+10" nur für den Stimmrechtsanteil des

---

punkt bereits seit 4 Jahren das Konkursverfahren lief (beide auch in der Teilstichprobe „clean announcements").

[1493] Die Ankündigungstermine ergeben sich aus Tabelle 3 der Studie (S. 179 f.).

[1494] Die Autoren geben zwar an, stets das Datum der offiziellen Verkündung des Umtauschs durch das Unternehmen auszuwählen und etwaige vorherige Gerüchte in der Wirtschaftspresse nicht zu berücksichtigen, wenden dieses Prinzip jedoch nicht konsequent an: So wird im Fall Gerry Weber als Ankündigungstermin der 24.2.2000 verwendet, da an diesem Tag ein Unternehmensvertreter eine entsprechende Andeutung machte; die DGAP-Meldung mit der offiziellen Bekanntmachung der Umwandlung erfolgte jedoch erst am 13.4.2000. Auch im Fall der Koenig & Bauer AG wurde entgegen dem Auswahlprinzip die Veröffentlichung eines Gerüchts als maßgeblicher Ankündigungstermin verwendet. Umgekehrt hat bei der Escada AG der Finanzvorstand am 2.3.2001 erklärt, dass an einer Umwandlung im darauffolgenden Jahr gearbeitet werde; die Autoren verwenden jedoch erst den Tag der offiziellen Bekanntgabe der Umwandlung (18.7.2002) als Ankündigungstag. Es ist anzunehmen, dass in diesem Fall ein großer Teil der zu erwartenden Kursreaktion bereits im Jahr 2001 erfolgt ist. Wie dieses Beispiel zeigt, wäre die Anwendung dieses Prinzips allerdings auch problematisch: Da es in der Wirtschaftspresse nicht selten „gut informierte Kreise" gibt, würden zumindest auf der Basis konkreterer Gerüchte Anleger zu handeln beginnen, was die Renditen in der Periode vor dem offiziellen Ankündigungstag tendenziell nach oben (oder im Falle einer negativen Einschätzung der Umwandlung nach unten) verzerren könnte.

[1495] Beispielsweise wurde im Fall der AdCapital AG als Ankündigungsdatum ein Samstag verwendet; die DGAP-Meldung erfolgte allerdings bereits am davor liegenden Freitagmorgen.

[1496] Bezogen auf die Gruppe der 13 „clean announcements" ist im Mittel – bei Nichtberücksichtigung der drei Gesellschaften mit großen Abweichungen zwischen den von mir und von Dittmann/Ulbricht (2008) ermittelten Ankündigungsdaten – ein um 0,7 Tage zu später Ankündigungstermin festzuhalten.

[1497] Etwas problematisch ist auch die Einbeziehung einer freiwilligen Umwandlung von Vorzugsaktien gegen Zuzahlung in die Untersuchung, da es sich qualitativ um einen anderen Vorgang handelt, als die (zwangsweise) Aufhebung des Vorzugs ohne Zuzahlung.

größten Aktionärs (positiver Zusammenhang), die Zunahme der Liquidität (positiver Zusammenhang) und den Streubesitzanteil (negativer Zusammenhang).[1498] Keinen signifikanten Einfluss haben hingegen der Anteil der Stammaktien, der Anteil des zweitgrößten Aktionärs, der Umstand, dass kein Blockaktionär Ausländer ist, die Marktkapitalisierung und deren Unterschied zur Marktkapitalisierung des kleinsten Indexwertes (DAX oder MDAX).

Dittmann/Ulbricht (2008) stellen auch die Entwicklung einiger Charakteristika für den Zeitraum von zwei Jahren vor bis zwei Jahren nach der Umwandlung dar. Dabei ergeben sich signifikante Änderungen des Stimmrechtsanteils des größten Aktionärs (Rückgang von 55,1 % auf 41,3 %), des Streubesitzanteils (Anstieg von 37,8 % auf 49,6 %), des Wertumsatzes der Stammaktien (Erhöhung um 13,3 % im Vergleich zum anfänglichen Umsatz von Stamm- und Vorzugsaktien zusammengerechnet) und der Dividendenausschüttungsquote. Keine signifikanten Veränderungen ergeben sich hingegen beispielsweise im Verschuldungsgrad, im Free Cashflow, in Tobins Q (dieses nimmt allerdings permanent ab), in der Investitionsquote (auch wenn diese im Mittel deutlich abnimmt), im Umsatzwachstum (nimmt ebenfalls tendenziell ab) und in der Häufigkeit von Kapitalerhöhungen.[1499] Aus diesen Ergebnissen lässt sich also nicht ableiten, dass Umwandlungen von Vorzugsaktien in finanziell angespannter Lage oder zur Nutzung von Wachstumsmöglichkeiten durchgeführt würden.

Allerdings zeigt sich bei einem Vergleich der Unternehmen, die die Vorzugsaktie gewandelt haben, mit Dual-Class-Unternehmen, die keine Umwandlung vorgenommen haben, dass Letztere eine niedrigere Investitionsquote, ein niedrigeres Umsatzwachstum und ein niedrigeres Tobins Q haben sowie weniger Kapitalerhöhungen durchführen. Daraus kann man ablesen, dass von den Dual-Class-Unternehmen eher solche mit besseren Wachstumsmöglichkeiten ihre Vorzugsaktien umwandeln. Ansonsten ist der einzige signifikante Unterschied zwischen beiden Gruppen von Dual-Class-Unternehmen, dass die Unternehmen, die Vorzugsaktien umgewandelt haben, häufiger seit mindestens zwei Jahren keine Vorzugsdividende gezahlt haben, sodass das Stimmrecht dieser Vorzugsaktien aufgelebt ist. Die Abwendung des prioritätischen Nachzahlungsanspruchs scheint daher ein wichtiges Motiv für die Umwandlung zu sein.

[1498] Vgl. a. a. O., S. 184. Für die kurzfristige Reaktion (Fünf-Tages-Fenster) haben daneben der Umsatzanteil von Ausländern und der Umstand, dass es keinen institutionellen Investor gibt (Dummy-Variable), einen signifikanten negativen bzw. positiven Einfluss.

[1499] Vgl. a. a. O., S. 187.

Auch eine Logit-Analyse zur Bestimmung der Einflussfaktoren auf die Übernahmewahrscheinlichkeit zeigt signifikante Einflüsse des Stimmrechtsanteils des größten Aktionärs (negativer Einfluss), des Verlust an Stimmrechtsmacht dieses Aktionär (negativer Einfluss), des Grundkapitalanteils der Stammaktien (positiver Einfluss) und des Umstands mindestens zwei Jahre nicht gezahlter Vorzugsdividenden (positiver Einfluss).[1500] Diese Ergebnisse stehen im Einklang mit den oben aufgeführten Unterschieden von Gesellschaften, die eine Umwandlung vorgenommen haben und Dual-Class-Unternehmen, die ihre Vorzugsaktien nicht umgewandelt haben.

4.6.3.2 Studie von Ehrhardt/Nowak/Kuklinski (2008)

Ehrhardt/Nowak/Kuklinski (2008)[1501] untersuchen 43 Umwandlungen von Vorzugsaktien im Zeitraum von 1987 bis 2003, davon bei 36 Gesellschaften, bei denen zum Zeitpunkt der Umwandlung gleichzeitig bereits Stammaktien notiert waren.[1502] Die Autoren stellen fest, dass im Jahr vor der Umwandlung der größte Aktionär im Mittel einen Stimmrechtsanteil von 55,7 % hat, wobei der Anteil deutlich größer ist, wenn es sich dabei um einen Familienaktionär handelt, und deutlich kleiner ist, wenn es sich um eine Bank oder die öffentliche Hand handelt.[1503] Nach der Umwandlung beträgt der mittlere Stimmrechtsanteil des größten Aktionärs nur noch 44,6 %; dieser Anteil liegt selbst bei Familiengesellschaften unter 50 %.[1504] Die bisherigen Mehrheitsaktionäre scheinen also bei der Umwandlung ihre Stimmenmehrheit häufig zu verlieren.[1505] Interessant ist das Ergebnis, dass 60 % der ehemaligen Dual-Class-Gesellschaften fünf Jahre nach der Umwandlung wieder in Mehrheitsbesitz stehen.[1506]

Die Untersuchung von Bestimmungsfaktoren für die Umwandlungswahrscheinlichkeit ergibt einen signifikant negativen Einfluss des Marktwerts, der Differenz

---

[1500] Vgl. Dittmann/Ulbricht (2008), S. 192

[1501] Bisher unveröffentlicht, derzeit im Gutachterverfahren im Journal of Banking and Finance.

[1502] In der Kontrollgruppe der Unternehmen, die keine Wandlung vorgenommen haben, waren bei 57 von 96 Gesellschaften beide Gattungen notiert.

[1503] Vgl. Ehrhardt/Nowak/Kuklinski (2008), S. 44 (Tabelle 3).

[1504] Allerdings behalten ausländische Aktionäre auch nach der Umwandlung eine deutliche Mehrheit von im Mittel 69,5 % (vor der Umwandlung 75,8 %).

[1505] Vor der Umwandlung stehen 58,5 % der Gesellschaften in Mehrheitsbesitz, nach der Umwandlung nur noch 45 % der ehemaligen Dual-Class-Gesellschaften; vgl. a. a. O., S. 44 f. (eigene Berechnung auf Basis der Angaben jeweils in Panel B der Tabellen 3 und 4).

[1506] Dabei beträgt der mittlere Stimmrechtsanteil des größten Aktionärs 56,0 %. Drei Jahre nach der Umwandlung liegt der mittlere Stimmrechtsanteil und der Anteil der Unternehmen im Mehrheitsbesitz wieder über 50 %.

aus Stimm- und Cashflowrechten sowie des Verhältnisses aus den Einnahmen bei Kapitalerhöhungen im laufenden Jahr und dem Aktienkapital im Vorjahr. Demnach scheint eine Umwandlung wahrscheinlicher bei kleinen Unternehmen, bei Unternehmen mit weniger „verschanzten" Aktionären (d. h. mit tendenziell weniger Private Benefits) und bei Unternehmen, die Kapitalbedarf haben (und durch die Umwandlung einen höheren Gegenwert für das Eigenkapital erhalten könnten).[1507]

Eine Ereignisstudie zeigt für Intervalle von 20 Handelstagen vor und bis zu 20 Handelstagen nach Ankündigung der Umwandlung signifikant positive kumulierte Überrenditen von Stamm- und Vorzugsaktien, wobei die kumulierten Überrenditen bei Vorzügen höher als bei Stammaktien waren; für eine Periode von ± 60 Tagen sind kumulierte Überrenditen aber nicht mehr signifikant.[1508]

Ehrhardt/Nowak/Kuklinski (2008) vergleichen schließlich die Liquidität der Aktien von zwölf Dual-Class-Gesellschaften vor und nach der Umwandlung der Vorzugsaktien. Dabei stellen die Autoren fest, dass vor der Umwandlung die Vorzugsaktien einen im Mittel 0,25 Prozentpunkte höheren Spread als Stammaktien aufwiesen und dass der Spread der Stammaktien nach der Umwandlung um 0,33 Prozentpunkte unter deren Spread vor der Umwandlung liegt.[1509] Dies bestätigt aus Sicht der Autoren die Verbesserung der Liquidität der Aktien durch Umwandlung und führt – in acht der zwölf Fälle – zu einer Reduzierung des Liquiditätsabschlags beim Aktienkurs und damit zum einen Anstieg des Unternehmenswertes.[1510]

[1507] Vgl. Ehrhardt/Nowak/Kuklinski (2008), S. 48 (Tabelle 7). Keinen signifikanten Einfluss hat demnach der Umfang von Unternehmensübernahmen, der Umstand, dass die Gesellschaft auch in den USA gelistet ist, der Umstand, dass größter Aktionär ein Finanzinvestor ist, sowie eine Variable, die einen möglichen Herden-Effekt abbilden soll (Anzahl der Umwandlungen ab 1996 bis zum untersuchten Jahr). R^2-Werte geben die Autoren nicht an, sodass eine Aussage zum Erklärungsgehalt der Modelle nicht möglich ist.

[1508] Vgl. Ehrhardt/Nowak/Kuklinski (2008), S. 49 (Tabelle 8). Die Überrendite im Zeitfenster ±20 Tage beträgt für Stammaktien 7,69 % und für Vorzugsaktien 8,04 %

[1509] Vgl. a. a. O., S. 25 und S. 51 (Tabelle 9). In vier Fällen war der Spread der Vorzugsaktien vor der Umwandlung geringer als der der Stammaktien.

[1510] Vgl. a. a. O., S. 27. Der Preisabschlag wird dabei durch Ausnutzung einer funktionalen Beziehung zum Bid-Ask-Spread bestimmt. Diese funktionale Beziehung wird aus einer empirischen Arbeit zum Schweizer Aktienmarkt abgeleitet, in der der ermittelte Koeffizient für den Bid-Ask-Spread als auch für den deutschen Markt anwendbar angesehen wird.

4.6.3.3 Analyse von Betzer/van den Bongard/Goergen (2017)

Der Fokus der Studie von Betzer/van den Bongard/Goergen (2017) liegt auf der Untersuchung des Einflusses der im August 2000 angekündigten und zum Juni 2002 umgesetzten Änderung der Regeln der Deutschen Börse für die Indexgewichtung und -auswahl[1511] auf die Wahrscheinlichkeit einer Vereinheitlichung der Aktiengattungen.[1512] In die Studie wurden 85 CDAX-Dual-Class-Unternehmen einbezogen, von denen 25 im Untersuchungszeitraum 2000-2008 ihre Vorzugsaktien umgewandelt haben, darunter 19 von 54 Dual-Class-Unternehmen, die in einem Auswahlindex (DAX, MDAX, SDAX, TecDAX) vertreten waren.

Für die Zeit vor der Implementierung der Neuregelung berechnen die Autoren das hypothetische Indexgewicht, das das jeweilige Unternehmen gehabt hätte, wenn die Regeländerung bereits vorher umgesetzt worden wäre. Die Differenz zwischen tatsächlichem Indexgewicht und Indexgewicht nach hypothetischer Wandlung der Vorzugsaktien ist aus Sicht der Autoren ein maßgeblicher Faktor für das Dual-Class-Unternehmen bei der Entscheidung zur Wandlung und ist – entsprechend der Entscheidungssituation eines Mehrheitsaktionärs – dem Verlust an Stimmgewicht durch Wandlung gegenüberzustellen. Die Autoren ermitteln, dass Mehrheitsaktionäre der Indexunternehmen bei einem mittleren Grundkapitalanteil von 40,5 % im Mittel einen Stimmrechtsanteil von 64,7 % haben, der durch Wandlung um 22,3 % sinken würde. Das Indexgewicht würde im Mittel um 0,33 Prozentpunkte sinken.[1513]

Betzer/van den Bongard/Goergen (2017) stellen im Rahmen einer Ereignisstudie fest, dass die Ankündigung der Änderung der Indexregeln signifikante Überrenditen bei den betroffenen Dual-Class-Unternehmen über einen Zeitraum von ±20 Tagen um die Ankündigungstag ausgelöst hat, und zwar in größerem Maße bei den jeweiligen Vorzugsaktien im Vergleich zu den Stammaktien.[1514] Nach Ansicht der Autoren zeigt dies, dass die Änderung einen gewissen Druck bzw.

[1511] Mit dieser Änderung wurde für das Indexgewicht bei mehreren Aktiengattungen die liquideste Gattung maßgeblich, und zwar konkret die Marktkapitalisierung des Free-Floats dieser Gattung.

[1512] Dieser Umstand wird in der o.g. Studie Dittmann/Ulbricht (2008) zwar erwähnt, findet jedoch soweit ersichtlich keinen Eingang in das Untersuchungsdesign. In der Studie Ehrhardt/ Nowak/Kuklinski (2008) wird dieser potenzielle Strukturbruch anscheinend nicht berücksichtigt.

[1513] Dabei betrug der mittlere Stimmrechtsanteil bei den Unternehmen, die gewandelt haben, nur 46,7 % bei einem Cashflow-Anteil von 28,1 %. Vgl. Betzer/van den Bongard/Goergen (2017), S. 146 (Tabelle 4, Teile B und C).

[1514] Vgl. a.a.O., S. 147 (Tabelle 5, Teil A). Die kumulierte Überrendite der Vorzugsaktien betrug 5,7 % (signifikant auf Niveau 5 %) und die der Stammaktien 3,7 % (signifikant auf Niveau 10 %).

Erwartungen zur Umwandlung der Vorzugsaktien ausgelöst hat. Die tatsächlich erfolgten Ankündigungen von Umwandlungen gingen ebenfalls mit hochsignifikanten kumulierten Überrenditen der Vorzugsaktien (5,3 % im Zeitfenster ± 1 Tag und 7,4 % im Zeitfenster ± 20 Tage) einher.[1515]

Eine Logit-Analyse zur Ermittlung der Determinanten für die Umwandlungswahrscheinlichkeit erbringt mehrere hochsignifikante erklärende Variablen: Die Umwandlungswahrscheinlichkeit steigt mit der Höhe des Verlustes an Indexgewicht, wenn keine Umwandlung vorgenommen wird, und mit der Gefahr, wegen eines niedrigen Ranges[1516] im Index aus dem Index „abzusteigen". Sie sinkt mit zunehmender Disparität zwischen Stimmrechts- und Kapitalanteil des größten Aktionärs, mit zunehmender Unternehmensgröße (logarithmierte Bilanzsumme) sowie mit einem größeren Umfang an Sachanlagen (als Indikator für die Unabhängigkeit von der Eigenkapitalfinanzierung, da Sachanlagen leichter zu bewerten und als Sicherheit für anderweitige Kapitalbeschaffungen einsetzbar sind).[1517] Insofern erfordert die Umwandlungsentscheidung aus Sicht des Mehrheitsaktionärs eine Abwägung zwischen dem Umfang des Stimmrechtsverlusts und dem Nutzen aus einer Erhöhung des Indexgewichts.[1518]

4.6.4 Zwischenfazit

Für die Wahrscheinlichkeit der Abschaffung von Vorzugsaktien sollte die konkrete Situation des jeweiligen Dual-Class-Unternehmens unter Berücksichtigung der potenziellen Umwandlungsmotive – wie schon im Abschnitt 3.4 dargestellt insbesondere die Verbesserung der Marktliquidität, ein verbesserter Zugang zum Kapitalmarkt durch Signalisierung einer aktionärsfreundlichen Unternehmenspolitik und die Vermeidung kumulativer Dividendenzahlungen – maßgeblich sein. So dürften Umwandlungen von Vorzugs- in Stammaktien in solchen Unternehmen wahrscheinlicher sein, bei denen Private Benefits nur in geringem Ausmaß extrahiert werden, was an einem längerfristig niedrigen Kursaufschlag abzulesen sein sollte. Dies dürfte bei solchen Unternehmen der Fall sein, bei denen der Stimmrechtsanteil des größten Aktionärs oder der Anteil des Vorzugsaktienkapi-

---

[1515] Vgl. a. a. O., S. 147 (Tabelle 5, Teil B)

[1516] Für den Rang werden zwei Dummy-Variablen „Danger" und „Chance" als erklärende Variablen verwendet, die den Wert 1 annehmen, wenn der Rang des Indexunternehmens im 5%- bzw. 95%-Quantil des jeweiligen Index liegt und somit der Abstieg aus dem oder der Aufstieg in einen „höheren" Index in Reichweite ist.

[1517] Vgl. a. a. O., S. 150 (Tabelle 6).

[1518] Vgl. a. a. O., S. 141.

tals gering ist, deren größter Aktionär ein ausländischer Investor oder eine Bank ist oder die im Streubesitz sind, dagegen eher nicht bei Familienunternehmen.

Für einen positiven Einfluss der Unternehmensgröße auf die Umwandlungswahrscheinlichkeit sprechen die stärkere mediale Berichterstattung über größere Unternehmen und die aus der Aufrechterhaltung einer Dual-Class-Struktur mglw. resultierenden negativen Reputationseffekte. Empirisch wird dagegen tendenziell ein negativer Zusammenhang festgestellt und zwar selbst für in einem relevanten Aktienindex vertretene Unternehmen, soweit diese nicht von einem Abstieg aus dem Index bedroht sind. Diese Ergebnisse sind möglicherweise dadurch zu begründen, dass mit zunehmender Größe (und bei Ausschöpfung der Obergrenze für Vorzugsaktienkapital) die Zusammenführung der Gattungen ein größeres Übernahmehemmnis bewirkt, da ein eventueller Bieter einen größeren Betrag für die Erlangung einer Stimmrechtsmehrheit aufwenden müsste.

Es ist naheliegend, dass die Umwandlungswahrscheinlichkeit bei bestehendem Kapitalbedarf höher ist, da in einer Single-Class-Unternehmung wegen des fehlenden Abschlags für Vorzugsaktien Eigenkapitalanteile zu einem höheren Preis ausgegeben werden können. Ein Kapitalbedarf wird insbesondere dann erwartet, wenn das Unternehmen mutmaßlich über Wachstumschancen verfügt. Empirisch ist allerdings festzustellen, dass *nach* der Umwandlung die Wachstumskennziffern wieder zurückgehen. Dies könnte darauf hindeuten, dass Wandlungen eher bei kurzfristigen Wachstumsmöglichkeiten attraktiv sind, während bei langfristigen Wachstumserwartungen Dual-Class-Strukturen vorteilhaft sein könnten. Kapitalbedarf besteht im Übrigen auch dann, wenn ein Unternehmen sanierungsbedürftig ist: Durch Wandlung können die festen Verpflichtungen zur Zahlung bzw. Nachzahlung des Dividendenvorzugs vermieden werden.

Da nach Umwandlung von Vorzugs- in Stammaktien die Möglichkeiten eines Großaktionärs zur Extrahierung von Private Benefits vermindert und bei Kapitalerhöhungen tendenziell höhere Einnahmen für denselben Grundkapitalanteil erzielt werden sowie weil die Marktliquidität der Aktien nach Vereinigung der Aktiengattungen insgesamt steigen sollte, ist ein Anstieg des Unternehmenswertes nach Wandlung plausibel. Empirisch werden zwar positive Ankündigungseffekte, insbesondere bei den Vorzugsaktien, beobachtet. Gleichwohl zeigen Untersuchungen eines längerfristigen Anstiegs des Unternehmenswertes allenfalls eine schwache Signifikanz; Tobins Q sinkt nach anfänglichem Anstieg tendenziell wieder ab. Diese Befunde könnten durch eine Überreaktion auf die Ankündigung einer Wandlung sowie durch Anteilsverkäufe der Großaktionäre mit Insiderinformationen zu den kurzfristig überhöhten Preisen („Financial Tunneling") begründet sein.

Für Stammaktionäre kann durch Wandlung der Vorzugsaktien bei höherem Stammaktienkurs u. U. ein Wertverlust ihrer Anteile entstehen, da zwar bevorrechtigte Dividendenansprüche entfallen, ihr Stimmrechtsanteil jedoch verwässert wird. Soweit dies nicht durch einen erwarteten Anstieg des Unternehmenswertes ausgeglichen wird – nur in diesem Fall wäre es rational, einer Wandlung zuzustimmen – können sie durch Zuzahlungen der Vorzugsaktionäre bei freiwilliger Wandlung – wie im Fall der Metro AG im Jahr 2000 – „entschädigt" werden. Bei höherem Kurs der Vorzugsaktionäre ist deren Zustimmung zu einer Wandlung nur realistisch, wenn diese für einen wahrscheinlichen Wertverlust z. B. durch Sonderdividenden entschädigt werden.

Auch wenn infolge von Umwandlungen Unternehmenswerte tendenziell steigen sollten, kann nicht generell geschlossen werden, dass die Einführung einer Dual-Class-Struktur durch Ausgabe neuer Vorzugsaktien wertvernichtend ist. Vielmehr dürften sich diese Unternehmen in einer anderen Situation oder Phase ihres Unternehmenszyklus befinden.

4.7   Bisherige Untersuchungen zu einzelnen weiteren Aspekten von Dual-Class-Strukturen am deutschen Kapitalmarkt

In diesem Abschnitt sollen einige weitere empirische Ergebnisse von Studien über Dual-Class-Unternehmen dargestellt werden, die jedoch außerhalb des Fokus dieser Arbeit liegen und daher nicht für den deutschen Markt überprüft werden sollen.

4.7.1   Einführung von Dual-Class-Strukturen

Während in den letzten fünfzehn Jahren die Untersuchung der Umwandlung von Vorzugs- in Stammaktien und der Schaffung einer One-Share-One-Vote-Struktur im Vordergrund von Aufsätzen über Dual-Class-Strukturen stand, wurden vor allem in den achtziger und neunziger Jahren eher die Effekte bei der Einführung von Dual-Class-Strukturen untersucht. Da kaum noch Neuemissionen zu verzeichnen sind, hat dieses Thema aktuell keine Relevanz und wird im Rahmen dieser Arbeit daher auch nicht empirisch untersucht.

Die Abschaffung von Vorzugsaktien geht nach den vorgestellten Ergebnissen mit positiven Überrenditen einher. Daher könnte man vermuten, dass bei Ankündigung der Einführung von Vorzugsaktien für die bereits notierten Stammaktien negative Überrenditen entstehen würden. Hierfür besteht insbesondere bei Studien am US-amerikanischen und kanadischen Kapitalmarkt wenig Evidenz – im Gegenteil: Neben insignifikanten Veränderungen werden eher positive Überrenditen festgestellt.[1519] Dies könnte auf ein Endogenitätsproblem bzw. eine umgekehrte Kausalität hinweisen: Sowohl die Einführung als auch die Abschaffung von Vorzugsaktien werden möglicherweise hauptsächlich von solchen Gesellschaften durchgeführt, die sich davon in ihrer spezifischen Situationen eine positive Entwicklung im Hinblick auf Rendite und Kurs versprechen.[1520]

Für den deutschen Kapitalmarkt hatten sich) auch Weber/Berg/Kruse (1992) (am Rande) mit der Auswirkung der Einführung von Vorzugsaktien auf die Rendite der Stammaktien befasst. Dabei haben sie festgestellt, dass die Rendite der Stammaktien vor der Emission meist höher als die Rendite des FAZ-Index und nach der Emission deutlich niedriger als die Indexrendite war. Allerdings war die Stammaktienrendite nach der Emission in allen Fällen höher als die der Vorzugsaktien.[1521]

Ehrhardt/Nowak (2003a) untersuchen die Performance beim Börsengang von Dual-Class-Unternehmen und stellen – wie bereits im Abschnitt 4.5.3 erwähnt – fest, dass die Aktienrendite in den ersten drei Jahren im Vergleich zur Rendite eines Benchmark-Portfolios um 6,1 % höher ist, wenn der Stimmrechtsanteil der Familie nach der Börseneinführung unter 75 % liegt, und mit -21,3 % deutlich geringer ist, wenn die Familien die 75 %-Mehrheit nicht aus der Hand gibt.[1522] Dies deutet darauf hin, dass der Kapitalmarkt annimmt, dass die Familie ihre faktisch unumschränkte Macht zur Ausbeutung der Kleinaktionäre auch tatsächlich nutzt.[1523] Allerdings ist ebenfalls eine stark unterdurchschnittliche Rendite zu verzeichnen, wenn sich die Familienaktionäre innerhalb der ersten drei Jahre

---

[1519] Vgl. den Überblick in Adams/Ferreira (2008), S. 63-65.

[1520] Vgl. a. a. O., S. 65.

[1521] Die Autoren untersuchen fünf Gesellschaften, die Vorzugsaktien eingeführt haben. Davon erzielte allerdings die Otto Stumpf AG im Zeitraum vor der Emission eine negative Rendite und konnte nach der Emission der Vorzugsaktien eine positive Rendite verzeichnen. Vgl. Weber/Berg/Kruse (1992), S. 561.

[1522] Vgl. a. a. O., Tabelle 2. Die Autoren ermitteln außerdem, dass die mittlere Drei-Jahres-Überrendite bei Ausgabe von Stammaktien 0,2 % und bei Ausgabe von Vorzugsaktien -19,6 % beträgt. Dieser (auch ausreißerbereinigt noch) hohe negative Wert liegt offenkundig darin begründet, dass die Familien in Dual-Class-Unternehmen meist einen Stimmenanteil von mehr als 75 % behalten.

[1523] Diese Ergebnisse stehen auch im Einklang mit dem allgemeineren Befund von Kuklinski et al. (2005), die bei 177 IPOs deutscher Familienunternehmen von 1977-1998 eine mittlere (negative) 5-Jahres-Überrendite von -43,4 % feststellen; das Vorhandensein einer Dual-Class-Struktur hatte hierbei keine signifikante Auswirkung auf das Ergebnis. Vgl. a. a. O., S. 457 f.

nahezu vollständig zurückgezogen haben und damit i. d. R. einen neuen Großaktionär haben.[1524]

Diese Ergebnisse unterscheiden sich von Böhmer/Sanger/Varshney (1995), die in den USA eine im Vergleich zur Kontrollgruppe höhere Rendite nach dem Börsengang von US-amerikanischen Dual-Class-Gesellschaften feststellen.[1525] Auf Basis ihres Modells erklären dies Chemmanur/Jiao (2012) dadurch, dass Dual-Class-Strukturen gegenüber Single-Class-Strukturen vorteilhaft wären, wenn sich die intrinsische Werte von Projekten mit hoher und mit niedriger kurzfristiger Unsicherheit stark unterscheiden und wenn zugleich das Management eine hohe Reputation genießt.[1526] Allerdings sind die rechtlichen Bestimmungen und die faktischen Gegebenheiten von Dual-Class-Stock in den USA zu den deutschen sehr verschieden.[1527] Insbesondere verkaufen die Familienaktionäre in den USA beim Börsengang einen größeren Anteil ihrer Cashflow- und Stimmrechte als z. B. in Deutschland.[1528] Zudem sind in den USA Kapitalerhöhungen mit Bezugsrecht sehr selten. Bei Kapitalerhöhungen mit Bezugsrecht erhalten Vorzugsaktionäre in Deutschland grundsätzlich auch Stammaktien, sofern nicht ausdrücklich ein gekreuzter Bezugsrechtsausschluss beschlossen wird.[1529] Dass es

---

[1524] Die kumulierte Überrendite bei einem Stimmrechtsanteil der Familienaktionäre von unter 25 % beträgt -25,5 %. Diese Aussage bezieht sich aber auf die Drei-Jahres-Rendite aller 105 im Zeitraum von 1970 bis 1990 untersuchten IPOs, nicht nur auf die Rendite der IPOs von Vorzugsaktien. Vgl. a. a. O. Tabelle 2.

[1525] Demnach erzielen Dual-Class-Gesellschaften in den drei Jahren nach Börsengang zwar marktadjustiert eine (nicht signifikante) Unterrendite, jedoch ist deren Rendite um 20 % signifikant höher als die der Kontrollgruppe mit Börsengängen von Single-Class-Unternehmen. Vgl. Böhmer/Sanger/Varshney (1995), S. 30 (Tabelle 4, Panel B).

[1526] In dieser Konstellation wäre ein Schutz vor Übernahmeangeboten kurzfristig orientierter Investoren im Interesse der langfristigen Marktwertmaximierung aus Sicht der Streubesitzaktionäre vorzugswürdig. Vgl. Chemmanur/Jiao (2012), S. 316. Siehe hierzu auch Abschnitt 3.2.2.3.

[1527] Aufgrund der in den USA fehlenden gesetzlichen Festlegung von Gattungsmerkmalen von Minder- bzw. Mehrstimmrechtsaktien sind die Unternehmen in der Ausgestaltung dieser Aktien sehr flexibel. So hängen die Reaktion des Kapitalmarktes und die Rendite davon ab, ob die neuen Aktien im Vergleich zu den bisherigen ein Minder- oder Mehrstimmrecht haben und ob sie als Kompensation mit höheren bzw. niedrigeren oder denselben Cashflowrechten ausgestattet sind. Vgl. hierzu die Ergebnisse von Shum/Davidson III/Glascock (1995), S. 283. Insgesamt ist die Evidenz über die Kapitalmarktreaktionen bei Einführung einer Dual-Class-Struktur gespalten: Während Partch (1987) und Ang/Megginson (1989) positive Ankündigungseffekte finden, ermitteln andere Autoren [z. B. Jog/Riding (1986), Jarrell/Poulsen (1988)] negative Überrenditen; vgl. Hanson/Song (1996), S. 831.

[1528] Vgl. Arugaslan/Cook/Kieschnick (2010) für IPOs im Zeitraum von 1980 bis 2008. Demnach sank der Cashflowanteil der Mehrheitseigner nach dem IPO um 24,8 % auf 52,2 %, während der Stimmrechtsanteil von 77,9 % auf 70,7 % abnahm.

[1529] Vgl. hierzu den Abschnitt 2.2.4.4.

dadurch zu einer relativen Verschiebung der Stimmrechte zugunsten der Vorzugsaktionäre kommt, könnte ein Motiv dafür sein, dass Familien bei Börsengängen mit Vorzugsaktien einen höheren Stimmrechtsanteil behalten.[1530]

Ehrhardt/Nowak (2003a) untersuchen auch die Entwicklung der Anteilseignerstruktur von deutschen Familienunternehmen nach dem Börsengang der Gesellschaft ausführlicher.[1531] Sie stellen fest, dass bei Ausgabe von Stammaktien der
Stimmrechtsanteil der Familienaktionäre von 99 % vor dem Börsengang beim
Börsengang auf 62 % sinkt und in den Folgejahren kontinuierlich weiter abnimmt, wobei die Stimmenmehrheit im Mittel etwa fünf Jahre nach dem Börsengang abgegeben wird.[1532] Bei der Ausgabe von Vorzugsaktien sieht das Bild
hingegen deutlich anders aus: Beim Börsengang behalten die Familienaktionäre
noch 98 % der Stimmrechte und auch nach drei Jahren wird die 75 %-Mehrheit
noch nicht unterschritten (mittlerer Anteil 87 %, Median 100 %). Selbst nach 10
Jahren verfügen die Familien noch über eine Stimmenmehrheit der Dual-Class-
Unternehmen (mittlerer Anteil 52 %, Median 60 %). Dies bestätigt, dass die Erhaltung der Stimmrechtsmacht (und damit die Erhaltung der Möglichkeit zur
Generierung von Private Benefits) das Hauptmotiv für die Ausgabe von stimmrechtslosen Vorzugsaktien ist.

Im Vergleich zu anderen Studien zeigt sich, dass in Deutschland eine besonders
ausgeprägte Verschanzung von Familienaktionären besteht.[1533] Dies wird durch
weitere Ergebnisse von Ehrhardt/Nowak (2002) untermauert: Erstens bleibt bei
Dual-Class-Unternehmen der Anteil von Streubesitzaktionären an den Stimmrechten deutlich geringer.[1534] Zweitens führt nur ein Viertel der Dual-Class-

---

[1530] So Brioschi (1998), S. 183-185, für vergleichbare Kapitalerhöhungen in Italien. Die Autoren
verweisen darauf, dass Mehrheitsaktionäre auch bestrebt sein dürften, den Eindruck eines
„fairen" Umgangs mit Vorzugsaktionären zu erwecken. Dies kann mit einem Mischbezugsrecht
besser signalisiert werden als mit einem Gattungsbezugsrecht und kann dazu beitragen, dass die
Kapitalerhöhung auch tatsächlich im gewünschten Umfang gezeichnet wird.

[1531] Die Ergebnisse sind auch in der umfangreicheren Studie Ehrhardt/Nowak (2002) enthalten.

[1532] Nach 3 Jahren beträgt der Stimmenanteil noch 54 %, nach 5 Jahren noch 47 % (Median 51 %)
und nach 10 Jahren 32 %. Vgl. Ehrhardt/Nowak (2003a), Tabelle 1.

[1533] Allerdings scheint diese Verschanzung auch in anderen Staaten zuzunehmen. So ermittelt Partch
(1987) für US-amerikanische IPOs von 1962-84 viel geringere Anteile der größten Aktionäre vor
und nach dem IPO mit Minderstimmrechtsaktien als (für den Zeitraum 1980-2008) Arugaslan/
Cook/Kieschnick (2010), siehe hierzu Fußnote 1528. Für den Zeitraum von 1962-84 betragen
diese vor dem IPO im Mittel 48,6 % und zwei Jahre nach dem IPO 58,6 % der Stimm- und
43,7 % der Cashflowrechte; vgl. Partch (1987), S. 332.

[1534] Zehn Jahre nach dem IPO beträgt der Anteil nur 14,3 %, bei Ausgabe von Stammaktien dagegen
etwa 35,0 %.

Familiengesellschaften in den ersten zehn Jahren nach dem IPO eine – den Stimmrechtsanteil potenziell weiter verwässernde – Kapitalerhöhung durch.[1535] Damit wird drittens auch der Stimmrechtsanteil der Familien in Dual-Class-Unternehmen weniger stark verwässert als in der Folge von IPOs anderer Gesellschaften.[1536] Viertens haben bei 77% der Dual-Class-Gesellschaften die Familien nach zehn Jahren noch die Stimmenmehrheit, bei Single-Class-Gesellschaften beträgt der Anteil nur 52%. In dieser Hinsicht ist fünftens auch das Ergebnis plausibel, dass die Wahrscheinlichkeit eines Kontrollwechsels innerhalb von zehn Jahren nach dem IPO für Dual-Class-Gesellschaften geringer ist als für Single-Class-Gesellschaften.[1537] Schließlich ist auch eine Verschanzung des Managements – zu dem gerade bei Familienunternehmen oft Mitglieder der Familie gehören – mit der Hilfe von Dual-Class-Strukturen festzustellen. Dies kann man u. a. daran ablesen, dass in Deutschland – wie vergleichbar auch in den USA – Vorstand und Aufsichtsrat bei IPOs von Dual-Class-Unternehmen im Mittel höhere Vergütungen erhalten als bei Single-Class-Unternehmen.[1538, 1539]

Auch wenn das in der Literatur verwendete Wort „Verschanzung" („Entrenchment") einen negativen Klang hat, sei nochmals darauf verwiesen, dass die Auswirkungen der Verschanzung nicht zwingend oder zumindest nicht nur negativ zu sehen sind: Zum einen können die Aktionäre, die über Dual-Class-Strukturen eine Mehrheitsposition gesichert haben, möglicherweise Synergieeffekte mit anderen Beteiligungen generieren, die bei einer nicht im Mehrheitsbesitz befindlichen Unternehmung gar nicht entstehen würde. Zum anderen folgt aus der z. B. häufig festzustellenden Abhängigkeit der Dual-Class-Unternehmen vom Humankapital der Gründerfamilien [so z. B. Taylor/Whittred (1998)], dass sich bei ei-

---

[1535] Bei Single-Class-Unternehmen sind es 54%, vgl. Ehrhardt/Nowak (2002), S. 49 (Tabelle 4). Auch dieser Umstand wird für US-amerikanische Gesellschaften nicht beobachtet. Vielmehr stellen Lehn/Netter/Poulsen (1990) bei einem Vergleich von Dual-Class-IPOs mit „Leveraged Buy-outs" (die vergleichbare Wirkungen auf die Stimmrechtsverteilung zwischen „Insidern" und „Outsidern" haben) fest, dass Dual-Class-Unternehmen im Anschluss häufiger Kapitalerhöhungen durchführen und branchenbereinigt einen höheren Gewinn erzielen, was auf bessere Wachstumsmöglichkeiten schließen ließe; vgl. a. a. O., S. 578.

[1536] Vgl. Ehrhardt/Nowak (2002), S. 49 (Tabelle 4). Bei den Kapitalerhöhungen in – wie erwähnt - 54% aller Single-Class-Familiengesellschaften innerhalb von zehn Jahren verringert sich der Stimmrechtsanteil der Familie um 26,2%, bei Dual-Class-Gesellschaften nur um 15,0%.

[1537] Vgl. Ehrhardt/Nowak (2003a), S. 32 und S. 54 (Tabelle 7b).

[1538] Diese Differenz ist beim Vergleich der Gesamtvergütung des Vorstands auch signifikant. Vgl. Ehrhardt/Nowak (2002), S. 51 (Tabelle 6)

[1539] Field (1999) stellt für Dual-Class-IPOs in den USA fest, dass die Vorstandsvorsitzenden (CEOs) signifikant höhere Vergütungen erhalten und überdies zum Zeitpunkt des IPOs dem Unternehmen im Mittel drei Jahre länger angehört haben.

nem (z. B. durch erforderliche Kapitalerhöhung bei einer Single-Class-Unternehmung erzwungenen) Ausstieg der Familien der Unternehmenswert u. U. vermindert, da das Humankapital durch Dritte möglicherweise nur langsam wieder aufgebaut werden kann.[1540] Beide Umstände zusammen führen zu dem Ergebnis, dass sich trotz eines höheren Private-Benefits-Konsums in Dual-Class-Unternehmen ein höherer anteiliger Unternehmenswert für alle Aktionäre ergeben kann.

4.7.2 Kointegration der Kurse von Stamm- und Vorzugsaktien

Eine zentrale Hypothese der klassischen Finanzierungstheorie ist, dass Kapitalmärkte informationseffizient sind, d. h. dass sich (zumindest) die öffentlich verfügbaren Informationen vollständig und korrekt in den Preisen widerspiegeln (halbstrenge Informationseffizienz) und dass sich auf Basis allein dieser Informationen keine profitablen Handelsstrategien entwickeln lassen. Insbesondere lassen sich auch keine profitablen Handelsstrategien allein aus dem bisherigen Verlauf der Aktienkurse ableiten (schwache Informationseffizienz).[1541] Die zufälligen Veränderungen der Aktienkurse werden als „Random Walk" angesehen. Neue Informationen zu einer Dual-Class-Gesellschaft werden aber in der Regel sowohl die Kurse der Stamm- als auch die der Vorzugsaktien beeinflussen, sodass die Kursveränderungen in einer Beziehung stehen und die Kurse einen gemeinsamen Trend besitzen sollten. Ökonometrisch gesprochen spricht dies für das Vorhandensein einer so genannten „Granger-Kausalität", d. h. der Kurs einer Vorzugsaktie im Zeitpunkt t+1 kann besser aus dem Kurs der Vorzugsaktie im Zeitpunkt t prognostiziert werden, wenn zusätzlich der Kurs der Stammaktie im Zeitpunkt t bekannt ist.

Sind die Kurszeitreihen der Stamm- und der Vorzugsaktien nicht stationär und integriert[1542] – wie dies bei stochastischen Aktienkurszeitreihen mit Trend häufig der Fall ist – und besteht ein langfristiges Gleichgewicht zwischen beiden Zeitreihen, liegt eine so genannte Kointegration vor, d. h. dass die Zeitreihe der Differenzen zwischen beiden Zeitreihen (oder allgemeiner ausgedrückt: eine Linearkombination der beiden Zeitreihen) stationär ist. Zwar kann es hierbei kurzfristig zu Abweichungen vom Gleichgewicht kommen, jedoch erfolgt im Zeitablauf

---

[1540] Vgl. Taylor/Whittred (1998), S. 130. Die Autoren stellen im Übrigen fest, dass Dual-Class-Unternehmen über einen höheren Anteil immaterieller Vermögenswerte verfügen, was ein weiteres Indiz für die Abhängigkeit vom Humankapital darstellt.

[1541] Vgl. z. B. Fama (1970), S. 383.

[1542] Eine Zeitreihe hat die Eigenschaft der Integration (erster Ordnung), wenn die (ersten) Differenzen stationär sind, wenn diese also insbesondere einen konstanten Erwartungswert und eine zeitinvariante Varianz aufweisen.

wieder eine Anpassung eines oder beider Kurse an das Gleichgewicht. Die kurz-fristige Reaktion auf Abweichungen vom Gleichgewicht wird durch ein sog. Fehlerkorrekturmodell („Error Correction Model") beschrieben. Dass solche Reaktionen des Kapitalmarktes im Fall von Stamm- und Vorzugsaktien tatsäch-lich erfolgen, ist schon deshalb plausibel, weil Analysten bei einem zu starken Auseinanderdriften der Kurse eine vermeintliche Über- bzw. Unterbewertung von einer der Aktien im Vergleich zu einem „Fundamentalwert" diagnostizieren und Händler hierauf reagieren würden. Allerdings setzt dies eine Kenntnis des Fundamentalwertes voraus; die diesbezügliche Unsicherheit kann eine verzö-gerte Reaktion erklären.[1543]

Sofern die Aktienkurszeitreihen für Stamm- und Vorzugsaktien kointegriert sind, wenn also eine langfristige Gleichgewichtsbeziehung besteht, sollten aus Abwei-chungen von diesem Gleichgewicht profitable Handelsstrategien entwickelt wer-den können. Die Möglichkeit, aus der Kursentwicklung einer Gattung auf die Kursentwicklung der anderen Gattung zu schließen und dadurch risikolose Ge-winne zu erwirtschaften wäre allerdings nicht einmal mit der schwachen Form der Effizienzmarkthypothese zu vereinbaren. Insbesondere gilt dies für die An-nahme einer im Zeitablauf konstanten und nur von Charakteristika der Gesell-schaft abhängigen Stimmrechtsprämie.[1544] Vor diesem Hintergrund wurden Zeit-reihen für deutsche Dual-Class-Unternehmen von Breitung/Wulff (2001) und Dittmann (2001) auf das Vorliegen von Kointegrationsbeziehungen analysiert.

Breitung/Wulff (1999) ziehen hierzu tägliche Kursdaten von sechs liquiden Stamm- und Vorzugsaktienpaaren im Zeitraum von (frühestens) 1984 bis Juni 1997 heran. Die Analyse der Residuen einer Regression der Kurse der Vorzugs-auf die Kurse der Stammaktien zeigt auf Basis der üblichen parametrischen Tests nur für drei der sechs Gesellschaften (RWE, BMW und Hugo Boss) eine lineare Kointegrationsbeziehung.[1545] Die Autoren prüfen des Weiteren, ob das Fehler-korrekturmodell eine nichtlineare Form aufweist, etwa weil Abweichungen von einer linearen Beziehung von Händlern (Arbitrageuren) aufgrund von Transak-tionskosten nicht sofort ausgenutzt werden.[1546] Auch dies wird – abhängig vom

---

[1543] Vgl Daske (2002), S. 6.

[1544] So Dittmann (2001), S. 322.

[1545] Vgl. Breitung/Wulff (1999), S. 424. Bei einem zusätzlich ausgeführten nichtparametrischen Test lässt sich nur für BMW eine signifikante Kointegration feststellen. Nach dem Phillips-Peron-Test ergibt sich für alle Kurspaare eine Kointegrationsbeziehung.

[1546] Vgl. Breitung/Wulff (1999), S. 421.

Test – nur für einige Zeitreihen bestätigt.[1547] Auch der Test auf das Vorhandensein eines Schwellwert-Fehlerkorrekturmodells („Threshold Error Correction Model"), bei dem eine Anpassung an das Gleichgewichtsverhältnis der beiden Zeitreihen erst bei zu großer Abweichung vom Gleichgewicht (also bei Überschreiten der Schwellwerte) erfolgt, ergibt nur für zwei Gesellschaften (MAN und BMW) eine substanzielle Verbesserung des Bestimmtheitsmaßes im Vergleich zu einer linearen Regression der beiden Zeitreihen. Angewendet auf die konkrete Fragestellung, ob eine Portfoliostrategie, bei der zunächst eine Aktie einer Dual-Class-Unternehmung gekauft und dann bei Überschreiten eines Schwellwertes aus dem Schwellwert-Fehlerkorrekturmodell die relativ überbewertete Aktien verkauft und die relative unterbewertete Aktie gekauft wird, eine höhere Rendite erzielt als eine Buy-and-Hold-Strategie in einer der Aktien, stellen die Autoren fest, dass dies zwar ohne Berücksichtigung von Transaktionskosten stets der Fall war, dass jedoch bei Berücksichtigung von Transaktionskosten der Unterschied zu einer Buy-and-Hold-Strategie relativ gering ist.[1548] Die Autoren schlussfolgern daraus, dass die Konstruktion einer Portfoliostrategie zur Ausnutzung einer Gleichgewichtsbeziehung zwischen Stamm- und Vorzugsaktien nur ein geringes (Über-)Renditepotenzial hätte.

Dittmann (2001) untersucht Kurszeitreihen von acht liquiden deutschen Stamm- und Vorzugsaktienpaaren auf der Basis wöchentlicher Kursdaten von 1974 bis 1996 auf das Vorhandensein einer (fraktionellen) Kointegration.[1549] Eine fraktionelle Kointegration zwischen zwei Zeitreihen liegt vor, wenn die Zeitreihe der Differenzen (bzw. eine Linearkombination) der beiden Zeitreihen zwar nicht stationär ist (wie bei einer „echten" Kointegration), aber einen Prozess mit langem Gedächtnis („long-memory process") darstellt.[1550] In diesem Fall können nicht nur kurzfristige Abweichungen von der Gleichgewichtsbeziehung auftreten,

---

[1547] Nach dem Wald-Test auf Vorliegen eines polynomialen Zusammenhangs wird die Nullhypothese, dass kein solcher Zusammenhang besteht, bei MAN, Hugo Boss und Rheinmetall verworfen. Ein Test auf Vorhandensein eines neuronalen Netzwerks liefert dasselbe Ergebnis. Bei einer Kerndichteschätzung des funktionalen Zusammenhangs zeigt sich nur für Gattungen bei MAN, Rheinmetall, RWE und Volkswagen eine nichtlineare Beziehung. Vgl. a. a. O., S. 426 f.

[1548] Vgl. Breitung/Wulff (1999), S. 432. Bei MAN, BMW und Hugo Boss ist der Renditevorteil der „Schwellwert-Strategie" substanziell, bei Rheinmetall, RWE und VW ergibt sich kein nennenswerter Vorteil, allerdings auch kein Nachteil im Vergleich zur Buy-and-Hold-Strategie.

[1549] Von den ursprünglich zehn ausgewählten Unternehmen wurden die Deutsche Babcock und Rheinmetall ausgeschlossen, da die Kurszeitreihen keinem Random Walk folgten, sondern trendstationär waren. Auch dies widerspricht der Effizienzmarkthypothese.

[1550] Vgl. Dittmann (1999), S. 2. Eine Kointegrationsbeziehung ist ein Spezialfall einer fraktionellen Kointegration, bei der Abweichungen von der Gleichgewichtsbeziehung einen Prozess mit kurzem Gedächtnis (z. B. ARMA-Prozess) darstellen; vgl. auch Dittmann (2001), S. 323.

sondern der Prozess der beiden Zeitreihen kann sich weit von der Gleichge-wichtsbeziehung entfernen und erst nach langer Zeit wieder zu ihr zurückkehren. Demzufolge ist auch eine Spekulation auf die Einhaltung der Gleichgewichts-beziehung bei fraktionell kointegrierten Aktienkurszeitreihen weniger erfolg-versprechend bzw. man benötigt u. U. einen sehr „langen Atem". Zwischen-zeitlich aus einer entsprechenden Portfoliostrategie möglicherweise auftretende große Verluste machen die Spekulation auf den Kursunterschied von Stamm- und Vorzugsaktien für den Fall des Vorliegens fraktionell kointegrierter Zeitrei-hen daher für börsennotierte Gesellschaften wegen der Publizitätsanforderungen und des öffentlichen Bekanntwerdens von Bilanzen wenig attraktiv.

Von den ursprünglich zehn ausgewählten Unternehmen zeigte sich nach den Er-gebnissen von Dittmann (2001) bei sieben Paaren von Stamm- und Vorzugs-aktienkursen eine statistisch signifikante („echte") Kointegrationsbeziehung.[1551] Bei der Betrachtung der Residuen aus der Regression zur Ermittlung der Kointe-grationsbeziehung zeigt sich, dass die empirische Autokorrelation mit zuneh-mendem Zeitabstand nur sehr langsam abfällt. Mit anderen Worten zeigen die Zeitreihen aller sieben verbliebenen Gesellschaften ein langes Gedächtnis, die „Long-Memory"-Parameter liegen sämtlich über 0,4, bei vier Gesellschaften deutlich über 0,6. Demzufolge sind die Residuen nicht stationär, was für das Vorliegen einer fraktionellen Kointegration spricht. Dittmann (2001) untersucht die Profitabilität darauf gegründeter Handelsstrategien (Verkauf der überbewer-teten und Kauf der unterbewerteten Aktie bei Überschreiten von Schwellwerten) für zwei Gesellschaften (WMF und Dyckerhoff) und stellt dabei auch unter Be-rücksichtigung von Transaktionskosten deutlich höhere Renditen im Vergleich zur Buy-and-Hold-Strategie in einer der Aktien fest.[1552]

Spricht dies nun gegen die Gültigkeit der Effizienzmarkthypothese in ihrer schwachen Form? Wie bei jeder Hypothese bedarf es starker Argumente (u. a. einer ausreichenden Anzahl von Beobachtungen), um die Hypothese abzulehnen. Mit den zwei von Dittmann (2001) geprüften erfolgreichen Handelsstrategie und der nach der Untersuchung von Breitung/Wulff (2001) nur in einem Fall deutlich höheren Überrendite einer solchen Strategie kann dieser Beweis sicher nicht erbracht werden. Wenn solche Strategien Erfolg hätten, würden diese Gewinn-

---

[1551] Das marginale Signifikanzniveau lag zudem bei einer weiteren Gesellschaft (RWE) bei 7,5 %.

[1552] Mit Transaktionskosten und mit Informationskosten allein könnte eine bestehende fraktionelle Kointegration nicht erklärt werden, da diese für Besitzer/Käufer größerer Aktienpakete relativ betrachtet gering sind und daher einem Kauf bzw. Verkauf mit dem Ziel der Ausnutzung eines größeren Ungleichgewichts nicht im Wege stehen würden. So auch Dittmann (2001), S. 330.

möglichkeiten durch Arbitrageure zunichte gemacht mit der Folge, dass der Kurs der überbewerteten Aktie durch Verkäufe sinkt und der Kurs der unterbewerteten Aktie durch Käufe steigt. Tatsächlich werden solche Strategien am Kapitalmarkt verfolgt. Der Umstand, dass dabei auch Unternehmen, die ihr Eigenkapital nicht am Kapitalmarkt beschaffen müssen und daher auch zeitweilige Verluste besser „kaschieren" können, große Verluste mit solchen Spread-Strategien erlitten haben, zeigt, dass es auch hierbei kein „Free Lunch" geben dürfte.

Ferner ist auch die Anzahl statistisch nachgewiesener Kointegrationsbeziehungen (Breitung/Wulff (2001): drei von sechs, Dittmann (2001): sieben von zehn, bei denen sich allerdings herausstellt, dass die Residuen gar nicht stationär sind, weshalb „nur" eine schwerer auszubeutende fraktionelle Kointegration vorliegt) kein ausreichender Beleg gegen die Gültigkeit der schwachen Informationseffizienz. Erst die Möglichkeit, die Gleichgewichtsbeziehung auf breiter Front in profitable Handelsstrategien umsetzen zu können, wäre überzeugend. Dies ist wegen des in diesem Sinne positiven Handelns von Arbitrageuren aber nicht zu erwarten.

Auch wenn zwischen den Kursen von Stamm- und Vorzugsaktien eine „echte" Kointegration vorläge, widerspräche dies nicht der Effizienzmarkthypothese: Zumindest solange sich die in dieser Arbeit abgeleiteten Einflussfaktoren auf den Kursunterschied (Aktionärsstruktur, Cashflowrechte, Zinsniveau etc.) nicht ändern, ist es plausibel, näherungsweise einen kurzfristig im Mittel konstanten Kursaufschlag anzunehmen. Umgekehrt ist es wenig plausibel, dass der Kursaufschlag trotz sich ändernder Umstände (z. B. der Aktionärsstruktur) eine langfristig konstante Gleichgewichtsbeziehung haben sollte, die aber im Rahmen von Kointegrationsbeziehungen unterstellt wird.[1553] Vielmehr ist hier eher an einer Abfolge von in Zeitabschnitten etwa konstanten Kursaufschlägen mit ereignisabhängigen Strukturbrüchen zu denken. Dies würde auch eine hohe Autokorrelation erklären.

[1553] Dittmann (2001) verweist auf das Argument, dass eine Abfolge von Übernahmegerüchten, die die „Stimmrechtsprämie" beeinflussen, eine augenscheinliche Kointegrationsbeziehung verursachen könnte. Er lehnt Corporate-Governance-Argumente als Erklärung einer nur augenscheinlichen, nicht jedoch tatsächlichen Kointegrationsbeziehung ab, da sie statisch seien und die Dynamik einer Kointegration nicht erklären könnten; vgl. a. a. O., S. 331 f.

4.7.3   Einfluss von Noise-Trading auf die Renditen von Stamm- und Vorzugsaktien

Jaron (2011) analysiert Noise-Trading-Effekte, d. h. Auswirkungen von auf nicht-fundamentalen Informationen basierten Handels irrationaler Marktakteure, auf die Aktienrenditen von Stamm- und Vorzugsaktien. Dazu untersucht er den Erfolg von Arbitragestrategien aus „Long-Short"-Portfolios, die aus dem Kauf der im DAX gehandelten Aktiengattung eines Dual-Class-Unternehmens und Leerverkauf der anderen Gattung gebildet werden. Acht Unternehmen waren im Untersuchungszeitraum 1990-2007 für einen ausreichend langen Zeitraum (mindestens fünf Jahre) mit einer Gattung im Index vertreten. Die Konzentration auf DAX-Unternehmen begründet der Autor damit, dass in diesen Fällen keine Verzerrungen der Renditebildung durch Übernahmewettbewerbe zu erwarten gewesen seien – zumal die relevanten Unternehmen mehrheitlich im Besitz eines Großaktionärs waren und anderenfalls zumindest eine qualifizierte Sperrminorität bestand. Bei diesen Gesellschaften wies die Nichtindexgattung zwar eine im Vergleich zur anderen Gattung niedrigere, absolut jedoch sehr hohe Liquidität auf, weshalb ebenfalls keine Renditeverzerrungen durch Änderung des Liquiditätsrisikos zu erwarten seien.[1554] Zur Abmilderung von Marktmikrostruktureffekten aus dem Einfluss der Liquidität auf die Rendite verwendet der Autor zudem wöchentliche bzw. monatliche Renditen.[1555]

Ziel der Untersuchung ist die Frage, ob Arbitrageure – wie im Abschnitt 4.7.2 angenommen – die Fähigkeit besitzen, durch Noise-Trading-Schocks – also z. B. durch sich selbst verstärkenden Gerüchte – ausgelöste Fehlbewertungen zu korrigieren. Bei limitierter Arbitragemöglichkeit könne es zu „sentimentbasiertem Comovement" der Renditen kommen.[1556] Fundamentale Risiken wären aus Sicht des Autors in einem Long-Short-Portfolio aus Stamm- und Vorzugsaktien überwiegend ausgeschaltet, sodass auf diesem Wege das Noise-Trading-Risiko isoliert werden kann, da sich in der Volatilität dieses Portfolios neben Marktmikrostruktureffekten letztlich die Veränderungen im Noise-Trading-Sentiment widerspiegeln. Sofern durch Noise-Trading nur die Renditen der im Index enthaltenen Gattung verzerrt werden – insbesondere wegen der größeren medialen Aufmerksamkeit im Hinblick auf Indexaktien –, wären die Indexrenditen positiv mit der

---

[1554] Vgl. Jaron (2011), S. 114 f.

[1555] Vgl. Jaron (2011), S. 110 f.

[1556] Tatsächlich stellen Daske/Ehrhardt (2002b), S. 20, eine mit 0,55 vergleichsweise hohe Korrelation der Renditen von Stamm- und Vorzugsaktien fest, die aber fundamental begründbar ist.

Rendite des Hedge-Portfolios korreliert.[1557] In diesem Fall könne es zum „relativen Mispricing" von Stamm- und Vorzugsaktien kommen, was aus Sicht des Autors auch ein Aspekt für zeitliche Schwankungen im Kursunterschied von Stamm- und Vorzugsaktien sein könnte.[1558] Dass die Arbitrage-Fähigkeiten jedenfalls kurzfristig limitiert sein können, hat sich u. a. im Zuge der Übernahmespekulation Volkswagen/Porsche gezeigt.[1559] Gründe können rechtliche oder finanzielle Beschränkungen, die Besteuerung von Spekulationsgewinnen, zu hohe Transaktionskosten oder die im Rahmen des Risikomanagements festgelegte Notwendigkeit des Schließens verlustreicher Positionen nach einer Verlustperiode oder bei Überschreiten einer bestimmten Verlustschwelle sein.[1560]

OLS-Regressionen der Renditen der Indexgattung auf die Renditen der anderen Gattung ergeben für die acht untersuchten Dual-Class-Unternehmen signifikante Koeffizienten zwischen 0,85 und 0,96 auf Basis wöchentlicher Renditen (R^2 im Mittel 81%) sowie zwischen 0,91 und 1,07 auf Basis monatlicher Renditen (R^2 im Mittel 89%). Zumindest bei wöchentlichen Renditen wird die Hypothese, dass der Koeffizent eins ist, in sieben von acht Fällen abgelehnt. Der nicht erklärte Teil der Variation kann angesichts des mit dem Untersuchungsdesign verbundenen weitgehenden Ausschlusses von Effekten der Aktionärsstruktur, der Liquidität und von Marktmikrostruktureffekten auf Noise Trading zurückzuführen sein.[1561]

Bei einem informationseffizienten Markt dürfte die Rendite des Long-Short-Portfolios wie oben erläutert nicht abhängig von der Rendite des Aktienindex sein. Tatsächlich stellt Jaron (2011) auf der Basis wöchentlicher Renditen bei einer entsprechenden Regression[1562] aber fest, dass bei sechs von acht Unternehmen ein signifikant positiver Zusammenhang zur DAX-Rendite und in allen Fällen Autokorrelation der Portfoliorenditen besteht. Da durch die Konstruktion des Long-Short-Portfolios fundamentalbasierte Erklärungen ausgeschlossen sind, ist aus Sicht des Autors die naheliegende Erklärung, dass die jeweilige Indexgattung im Vergleich zur Nichtindexgattung systematischen Noise-Schocks durch das

---

[1557] Vgl. Jaron (2011), S. 106f., S. 109f.
[1558] Vgl. Jaron (2011), S. 111.
[1559] Vgl. Fußnote 718, S. 164.
[1560] Vgl. z. B. Daske (2002), S. 6.
[1561] So Jaron (2011), S. 118f.
[1562] Zur Kontrolle für Autokorrelation werden die um eine Woche verzögerten Renditen in die Regression aufgenommen und erweisen sich als signifikanter Faktor.

Handeln irrationaler Investoren ausgesetzt ist.[1563] Nach den Ergebnissen impliziere (auf Wochenbasis) ein Anstieg des DAX um eine Standardabweichung (rd. 3 %) einen Anstieg der Rendite des Hedgeportfolios um 20-50 bp. Schließlich stellt der Autor eine heterogene Informationsdiffusion bzgl. der beiden Gattungen fest: Die Rendite der Nichtindexgattung werde erst mit Verzögerung durch Noise Trading erfasst und vermindere infolgedessen erst mit Verzögerung die (Über-)Rendite des Hedgeportfolios.[1564]

Die Ergebnisse sind im Hinblick auf die bestehende Autokorrelation der Renditen des Hedgeportfolios im Grundsatz ähnlich zu den erwähnten von Dittmann (2001); sie bieten auch eine plausible Erklärung für die beobachteten Effekte. Gleichwohl ist auch hierzu anzumerken, dass die Untersuchung auf der Basis von acht Paaren von Stamm- und Vorzugsaktien erfolgte. Die Autokorrelation bzw. der Long-Memory-Prozess im Sinne der Untersuchung von Dittmann (2001) sind letztlich Ausdruck dafür, dass durch das Handeln von Arbitrageuren Marktungleichgewichte temporär bestehen und nur über einen etwas längeren Zeitraum zurückgeführt werden.

4.7.4   Price Discovery von Stamm- und Vorzugsaktien

Mit der Frage, welche Gattung schneller auf neue Information reagiert, befasst sich auch Niehoff (2016) in einer Untersuchung auf Basis der Dual-Class-Unternehmen, die im März 2013 an der Frankfurter Wertpapierbörse oder auf Xetra gehandelt wurden.[1565] Bei Gültigkeit der Hypothese, dass Kapitalmärkte zumindest im „halbstrengen" Sinn informationseffizient sind, sollten die Aktien beider

---

[1563] Ursachen für die Autokorrelation der Renditen aufgrund solcher „Noise-Schocks" können insbesondere das Verfolgen von Momentum-Strategien und die „Overreaction" von Investoren z. B. durch eine Höhergewichtung neuerer Informationen gegenüber älteren und damit eine Trendverstärkung sein; vgl. zu diesem Thema Daske (2002), S. 3 f.

[1564] Vgl. Jaron (2011), S. 120.

[1565] Insgesamt trifft dies auf 18 Unternehmen zu. Davon wurden bei der Analyse der täglichen Kursdaten für den Zeitraum 2003-2013 5 Unternehmen ausgeschlossen, weil die Zeitreihen der Stamm- und Vorzugsaktien nicht kointegriert waren bzw. weil die Differenzenzeitreihen instationär waren (BMW, Fresenius Medical Care, Metro, RWE, Henkel). Von den 9 Unternehmen mit im Mittel mehr als 25 Trades pro Tag, bei denen zusätzlich die Preisentwicklung auf Minutenbasis im März 2013 untersucht wird, werden 3 Unternehmen ausgeschlossen, bei denen zumindest eine Zeitreihe der Gattungen stationär ist (BMW, MAN, Westag+Getalit). Grund hierfür ist jeweils, dass die für die Untersuchung verwendeten und theoretisch abgeleiteten Maße an die Aktienkurszeitreihen die Anforderung stellen, nichtstationär und vom Grad 1 integriert zu sein und Bezug auf die Paare von Stamm- und Vorzugsaktien kointegriert zu sein. Vgl. Niehoff (2016), S. 294 f.

Gattungen, die sich ja auf denselben fundamentalen Wert beziehen, zeitgleich reagieren. Anderenfalls läge die Vermutung nahe, dass die Stammaktien schneller reagieren, da sie eher von institutionellen Investoren gehalten werden, bei denen man unterstellen kann, dass sie besser informiert sind und schneller reagieren, während die Vorzugsaktien tendenziell von vergleichsweise uninformierten Privatanlegern gehalten werden.[1566]

Tatsächlich kommt die Autorin aber zu dem Ergebnis, dass die Hypothese, dass Stammaktien zuerst reagieren, abgelehnt wird und dass im Mittel Vorzugsaktien zuerst reagieren.[1567] Dies schlussfolgert sie aus der – für Untersuchungen zum „Price Discovery"-Prozess üblichen – Zerlegung der dauerhaften, gemeinsamen Komponente („common factor") einer Kursänderung und der transitorischen „information share"-Komponente, abgeleitet aus der Varianz der dauerhaften Komponente, auf beide Aktiengattungen. Aus den Daten ergibt sich, dass im Mittel 79% der permanenten Komponente und 72% der „information share"-Komponente auf Vorzugsaktien entfallen; mit einer Ausnahme (MAN) liegen alle Werte bezüglich der Vorzugsaktien über 50%. Sowohl der gemeinsame Faktor als auch die „information share"-Komponente sind mit dem Anteil der Vorzugsaktien am Umsatz beider Gattungen positiv korreliert: Mit zunehmendem Umsatzanteil der Vorzugsaktien nimmt insbesondere der Anteil der Vorzugsaktien am „information share" zu.[1568]

Niehoff (2016) schlussfolgert daraus, dass entweder die Annahme nicht zutrifft, dass Retail-Investoren uninformiert sind, oder dass die Annahme nicht zutrifft, das (uninformierte) Retail-Investoren vorrangig in Vorzugsaktien investieren.[1569] Dies bietet allerdings noch keine Erklärung dafür, *warum* Vorzugsaktien früher und im Hinblick auf den Umsatz stärker reagieren. Wie die Autorin angibt, nimmt die Stärke des „Price Discovery"-Prozesses mit steigender Liquidität der Vorzugsaktien zu. Die im Ergebnis höheren mittleren Anteile der „information share"-Komponente bei Vorzugsaktien könnten daher daraus resultieren, dass bei der Untersuchung auf Basis von täglichen Daten bei 11 von 13 Gesellschaften die Vorzugsaktien eine höhere Liquidität und bei 4 der 5 aufgrund der statistischen Eigenschaften nicht betrachteten Gesellschaften die Stammaktien 8- bis 509-mal höhere Umsätze als Vorzugsaktien aufwiesen. Mit anderen Worten

---

[1566] So auch Niehoff (2016), S. 286.
[1567] Vgl. a. a. O., S. 301.
[1568] Vgl. a. a. O., S. 299, 301.
[1569] Vgl. a. a. O., S. 301.

könnte der ermittelte Price-Discovery-Effekt unabhängig von der Gattung der Aktie sein und nur von deren Liquidität abhängen.

Um die Schlussfolgerung von Niehoff (2016), dass Vorzugsaktien schneller reagieren, abzusichern, könnte in einer weitere Analyse die Reaktion der Kurse oder Umsätze der Gattungen in zeitlicher Hinsicht im Rahmen einer Ereignisstudie in Bezug auf Informationen (z. B. Dividendenankündigungen) verglichen werden.

Eine vertiefte Untersuchung dieses Zusammenhangs und der Marktmikrostruktureffekte wäre auch vor dem Hintergrund interessant, dass nach den Ergebnissen von Schultz/Shive (2010) auch für US-amerikanische Dual-Class-Unternehmen festzustellen ist, dass Aktien ohne oder mit Minderstimmrecht schneller auf neue Informationen reagieren und dass bei bestehenden Arbitragemöglichkeiten zwischen den zwei Gattungen, die sich nur im Stimmrecht, nicht jedoch in den Dividendenrechten unterscheiden, vorwiegend Kurskorrekturen der Aktien mit Minderstimmrecht zu verzeichnen sind.[1570]

Wie erwähnt liegt es nahe, bei solchen Analysen auch nach der Art der kursrelevanten Information zu differenzieren. So kommen Wang/Yang (2015) zu dem Ergebnis, dass vor positiven Gewinnmeldungen die „information share"-Komponente der Aktien mit Stimmrecht größer ist als der „information share"-Anteil der stimmrechtslosen Aktien, vor negativen Gewinnmeldungen jedoch nicht.[1571] Dies könnte auch bzgl. stimmrechtsloser Vorzugsaktien in Deutschland der Fall

---

[1570] Vgl. Schultz/Shive (2010), S. 549. Die Autoren untersuchen 100 Aktienpaare von Dual-Class-Unternehmen mit identischen Cashflow-Rechten aber abweichendem Stimmrecht im Zeitraum 1993-2006 und analysieren dabei die Kursbewegung bei bestehender Arbitragemöglichkeit, die aus Sicht der Autoren dann besteht, wenn der Geld-Kurs der einen (leerzuverkaufenden) Gattung über dem Brief-Kurs der anderen (zu kaufenden) Gattung liegt. Dies ist im Untersuchungszeitraum 3.678-mal der Fall. Solche Preisdifferenzen, entstehen nach den Ergebnissen der Studie vorrangig durch Kursveränderungen der Aktien mit Minderstimmrecht, verschwinden aber auch vorrangig durch Kursbewegung dieser Aktien, und zwar weniger durch Arbitragegeschäfte, sondern durch separate Käufe der billigeren und Verkäufe der teureren Gattung. Die Autoren erklären dies damit, dass die Aktien mit Minderstimmrecht häufig eine höhere Liquidität aufwiesen, weshalb sich dabei schneller ein Preisdruck in eine Richtung auswirken könne, dafür aber auch schneller eine dadurch entstandene Fehlbewertung korrigiert würde. Aus Sicht der Autoren ist zu schlussfolgern, dass es sich bei solchen Kursdifferenzen um „Mispricing" handelt, da es bei einem echten Wertunterschied zwischen den Aktiengattungen aufgrund des unterschiedlichen Stimmrechts oder unterschiedlicher Liquidität keine solchen Korrekturbewegungen geben dürfte; vgl. a. a. O., S. 538 f. und S. 549. Auf Deutschland ist diese Erklärung nicht ohne Weiteres übertragbar.

[1571] Vgl. Wang/Yang (2015), S. 693-695. Die Autoren untersuchen die „Price discovery"-Effekte bei 62 US-amerikanischen Dual-Class-Unternehmen im Zeitraum 2002 bis Juni 2008.

sein, da bei negativen Gewinnmeldungen der Dividendenvorzug wichtiger wird und daher eher Preisanpassungen der Vorzugsaktien zu erwarten sind als bei positiven Gewinnmeldungen.

4.7.5 Zwischenfazit

Neben Kurs- und Renditeunterschieden zwischen Stamm- und Vorzugsaktien und Effekten bei der Abschaffung von Vorzugsaktien, werden in der Literatur auch für den deutschen Aktienmarkt weitere Aspekte von Dual-Class-Strukturen analysiert:

– Während bei der *Börseneinführung von Vorzugsaktien* in den USA und Kanada eher positive Überrenditen bereits notierter Stammaktien festgestellt wurden, scheint dies in Deutschland nur dann der Fall zu sein, wenn die Beteiligung des Großaktionärs durch den Börsengang auf unter 75 %, jedoch nicht unter 25 % sinkt. Ehrhardt/Nowak (2003a) stellen allerdings fest, dass die Großaktionäre von deutschen Dual-Class-Unternehmen anders als in den USA selbst drei Jahre nach dem Börsengang im Mittel noch eine Dreiviertelmehrheit (Median 100 %!) und nach zehn Jahren immer noch eine Stimmenmehrheit. Dazu trägt bei, dass drei Viertel dieser Unternehmen in Deutschland in den zehn Jahren nach dem IPO keine weiteren, potenziell das Stimmrecht verwässernden Kapitalerhöhungen durchführen.

– Es ist ökonomisch plausibel, dass zwischen den Kurszeitreihen der Paare von Stamm- und Vorzugsaktien ein langfristig stabiles Gleichgewicht, eine sog. *Kointegrationsbeziehung*, besteht. Dies ist insbesondere bei Stationarität der Zeitreihe der Kursdifferenzen der Fall. Breitung/Wulff (2001) sehen dies für drei von sechs untersuchten Kurspaaren bestätigt, Dittmann (2001) für sieben von zehn über einen längeren Zeitraum analysierten Kurspaaren. Eine Kointegrationsbeziehung müsste dazu führen, dass aus Abweichungen von diesem Gleichgewicht durch Verkauf der überbewerteten und Kauf der unterbewerteten Gattung Überrenditen im Vergleich zu einer Buy-and-Hold-Strategie erzielt werden können. Nach Berücksichtigung von Transaktionskosten ist dies in den beiden genannten Studien allerdings nur für ein bzw. zwei Kurspaare der Fall. Angesichts der geringen Fallzahl können die Ergebnisse nicht als Widerlegung der Effizienzmarkthypothese in ihrer schwachen Form angesehen werden.

– Ein weiteres Ergebnis spricht gegen die Attraktivität solcher Handelsstrategien: Nach Feststellung von Dittmann (2001) sind die Residuen der analysierten Regressionen der einen auf die andere Kurszeitreihe stark autokorreliert, weshalb es sich um Long-Memory-Prozesse handelt und daher eher eine so genannte *fraktionelle* Kointegration vorliegt. Dies bedeutet, dass sich die Kurse über einen längeren Zeitraum von der Gleichgewichtsbeziehung entfernen können, was zu temporär größeren Verlusten für ein Arbitrageportfolio führen kann.

– Aus der Sicht von Jaron (2011) wird durch ein Hedge-Portfolio aus dem Kauf der im DAX vertretenen Gattung eines Dual-Class-Unternehmens und dem Verkauf der anderen Gattung der Einfluss fundamentaler Effekte auf die Rendite dieses Hedge-Portfolios ausgeschlossen. Die tatsächlich festzustellende Korrelation der Renditen des Hedge-Portfolio und des Index, die ermittelte Autokorrelation der Renditen des Hedge-Portfolios sowie die Befunde, dass die Rendite der Nichtindexgattung zum einen der Rendite der Indexgattung erst mit Verzögerung folgt und zum anderen nur einen Teil der Variation der Rendite der Indexgattung erklärt, zeigen aus Sicht des Autors, dass die Rendite der Indexgattung durch sog. *Noise-Trading*, d.h. durch nicht auf fundamentalen Informationen, sondern auf Gerüchten basierende Handelsaktivitäten beeinflusst wird. Dass solche potenziellen Fehlbewertungen erst über einen längeren Zeitraum ausgeglichen werden, könnte an rechtlichen, finanziellen oder durch das Risikomanagement induzierten Limitierungen für Arbitragegeschäfte liegen und zudem ein temporäres Auseinanderdriften der Kurse von Stamm- und Vorzugsaktien erklären.

– Die auf der Basis einer Faktorzerlegung der Kurszeitreihen basierende Schlussfolgerung von Niehoff (2016), dass die Kurse von Vorzugsaktien wider Erwarten schneller als die Kurse von Stammaktien auf neue Informationen reagieren, könnte durch eine Ereignisstudie in Bezug auf das konkrete Bekanntwerden von Information untermauert werden. Möglicherweise lässt sich dies auf die höhere Liquidität der Vorzugsaktien in der untersuchten Stichprobe oder durch die Art der relevanten Informationen erklären; US-amerikanische Studien legen dies nahe.

4.8   Zusammenfassung der herausgearbeiteten Hypothesen

Nachfolgend werden die im Kapitel 4 abgeleiteten und im folgenden Teil der Arbeit zu testenden Hypothesen zusammengestellt.

4.8.1   Hypothesen zum Kursunterschied zwischen Stamm- und Vorzugsaktien

Hypothese K1:
Der Kurs von börsennotierten Stammaktien liegt über dem Kurs von börsennotierten Vorzugsaktien derselben Gesellschaft.

Hypothese K2:
Der Kursaufschlag der Stammaktien ist abhängig vom Typ des größten Aktionärs. Dabei ist der Kursaufschlag am höchsten, wenn der größte Aktienanteil in Familienbesitz liegt. Auch wenn der größte Aktionär ein inländisches Unternehmen ist, ist der Kursaufschlag höher als in anderen Fällen (außer im Vergleich zu Familienaktionären).

Hypothese K3:
Der Kursaufschlag der Stammaktien ist in solchen Gesellschaften vergleichsweise höher, bei denen der Name eines Großaktionärs Teil des Gesellschaftsnamens ist.

Hypothese K4:
Der Kursaufschlag der Stammaktien ist umso höher, je geringer der Grundkapitalanteil des Stammaktienkapitals bzw. je höher der Grundkapital¬anteil des Vorzugsaktienkapitals ist.

Hypothese K5:
Der Kursaufschlag der Stammaktien ist abhängig von der Stimmrechtskonzentration:

a) Bei sehr hoher und sehr geringer Konzentration ist der Stimmrechtswert gering.
b) Bei einem Anteil des größten Aktionärs von nahezu 50 % ist der Stimmrechtswert besonders hoch.
c) Die Abhängigkeit des Kursaufschlags von der Stimmrechtskonzentration ist (folglich) nicht monoton. Sie nimmt einen „glockenförmigen" Verlauf mit einem Maximalwert bei leicht unter 50 % ein.

Hypothese K6:
Der Kursunterschied zwischen Stamm- und Vorzugsaktienkursen steigt mit höherem BIP-Wachstum.

Hypothese K7:
Der Kursunterschied zwischen Stamm- und Vorzugsaktienkursen steigt mit einem allgemeinen Anstieg der Aktienkurse.

Hypothese K8:
Je höher die Mehrdividende ist, desto geringer ist der relative Kursaufschlag der Stammaktien.

Hypothese K9:
Je höher der Dividendenvorzug ist, desto geringer ist der relative Kursaufschlag der Stammaktien.

Hypothese K10:
Der relative Kursaufschlag der Stammaktien ist geringer, wenn die Dividende auf Vorzugsaktien ausfällt.

Hypothese K11:
Der relative Kursaufschlag der Stammaktien steigt bei einem Anstieg des Stammaktienkurses.

Hypothese K12:
Je höher das Zinsniveau am Kapitalmarkt ist, desto höher ist der relative Kursaufschlag der Stammaktien.

Hypothese K13:
Der relative Kursaufschlag der Stammaktien ist umso größer, je höher die Volatilität des Vorzugsaktienkurses ist.

Hypothese K14:
Der relative Kursaufschlag der Stammaktien ist c. p. umso geringer, je weniger Zeit bis zum nächsten Ausschüttungstermin verbleibt.

Hypothese K15:
Der Kursaufschlag der Stammaktien ist umso höher, je höher die Liquidität der Stammaktien im Vergleich zur Liquidität der Vorzugsaktien bzw. je geringer die Liquidität der Vorzugsaktien im Vergleich zur Liquidität der Stammaktien ist.

Hypothese K16:
Der Kursaufschlag ist höher, wenn (nur) die Stammaktie in einem bedeutenden Index vertreten ist und geringer, wenn (nur) die Vorzugsaktien in einem bedeutenden Index vertreten ist.

Hypothese K17:
Der mittlere Kursaufschlag deutscher Stamm- gegenüber Vorzugsaktien steigt mit zunehmender Auslandsnachfrage nach deutschen Aktien.

Hypothese K18:
Der Kursaufschlag der Stammaktien sinkt mit zunehmendem Marktwert des Eigenkapitals.

4.8.2 Hypothesen zum Renditeunterschied zwischen Stamm- und Vorzugsaktien

Hypothese R1:
Die Dividendenrendite der börsennotierten Vorzugsaktien ist im Mittel größer als die Dividendenrendite der zugehörigen börsennotierten Stammaktien.

Hypothese R2:
Die Gesamtrendite der börsennotierten Stammaktien ist größer als die Gesamtrendite der zugehörigen Vorzugsaktien.

Hypothese R3:
Die Volatilität der Stammaktienkurse ist größer als die Volatilität der Kurse der zugehörigen Vorzugsaktien.

Hypothese R4:
Der Betafaktor der Stammaktien ist größer als der Betafaktor der zugehörigen Vorzugsaktien.

Hypothese R5:
Der Renditeunterschied zwischen Stamm- und Vorzugsaktien steigt mit zunehmendem Grundkapitalanteil der Vorzugsaktien.

Hypothese R6:
Die Differenz der Renditen von Stamm- und Vorzugsaktien steigt mit zunehmendem BIP-Wachstum.

Hypothese R7:
Die Differenz der Renditen von Stamm- und Vorzugsaktien erhöht sich bei einem allgemeinen Anstieg der Aktienkurse.

Hypothese R8:
Die Differenz der Renditen von Stamm- und Vorzugsaktien vermindert sich, wenn die Liquidität der Stammaktie relativ zur Liquidität der Vorzugsaktie zunimmt bzw. wenn die Liquidität der Vorzugsaktien im Vergleich zur Liquidität der Stammaktien abnimmt.

Hypothese R9:
Die Differenz der Renditen von Stamm- und Vorzugsaktien ist bei Gesellschaften mit Mehrdividende geringer als bei Gesellschaften ohne Mehrdividende.

Hypothese R10:
Die Aktienrendite der börsennotierten Vorzugs- und ggf. der Stammaktien ist bei Dual-Class-Unternehmen, die von Familienaktionären kontrolliert werden (Familiengesellschaften), größer als bei anderen Dual-Class-Unternehmen.

Hypothese R11:
Die Rendite der Aktien von Dual-Class-Unternehmen ist sowohl für Stamm- als auch für Vorzugsaktien nicht-monoton abhängig von der Stimmrechtskonzentration:

a)   Bei sehr hoher und sehr geringer Konzentration ist die Rendite vergleichsweise gering.

b)   Bei einem Anteil des größten Aktionärs von nahezu 50 % ist die Rendite vergleichsweise hoch.

Hypothese R12:
Die Rendite der Vorzugsaktien von Gesellschaften, deren Stammaktien nicht börsennotiert sind, ist im Mittel geringer als die Rendite der Vorzugsaktien von Gesellschaften, von denen auch Stammaktien börsennotiert sind.

Dritter Teil:
Empirische Analysen von Vorzugsaktien

5 Kursunterschiede, Renditen und Aktionärsstrukturen von Dual-Class-Unternehmen

5.1 Bisherige Studien zur Untersuchung von Kurs- und Renditeunterschieden

Seit Mitte der 1990er Jahre hat die Anzahl der Untersuchungen zum Kursunterschied von Aktien mit Stimmrechtsunterschieden national wie international stark zugenommen. Dies dürfte mit dem zunehmenden Interesse an Fragen der Corporate Governance und der leichteren Datenverfügbarkeit zusammenhängen. Insbesondere sind der Kursunterschied zwischen Stamm- und Vorzugsaktien allgemein und unterschiedliche Preise im Fall von Übernahmeangeboten oder Block Trades im Besonderen gute Indikatoren für das (vom Markt bzw. Erwerber geschätzte) Ausmaß von Private Benefits, die eine wichtige Erklärung für den Wert von Stimmrechten darstellen.

5.1.1 Untersuchungen zum deutschen Kapitalmarkt

5.1.1.1 *Dissertation von Doerks (1992)*

Doerks (1992) hat eine umfassende Arbeit zum Kursunterschied von Stamm- und Vorzugsaktien in Deutschland vorgelegt. Er überprüft zahlreiche Hypothesen für das Kursverhältnis und die Renditen in Bezug auf 50 Paare zeitgleich gehandelter Stamm- und Vorzugsaktien im Zeitraum 1966-1989.[1572] Aus Regressionsanalysen konnten allerdings im Wesentlichen keine statistisch signifikanten Bestimmungsfaktoren für die Höhe des Kursunterschiedes abgeleitet werden: Der Autor führt zunächst jährliche Querschnittsregressionen der Jahresmittelwerte des täglichen Kursaufschlags der einzelnen Aktienpaare auf die herausgearbeiteten potenziell erklärenden Variablen durch, und zwar auf die absolute Dividendendifferenz, den relativen Dividendenunterschied, den Grundkapitalanteil der Stammaktien, den Grundkapitalanteil des Freefloats der Stammaktien sowie auf einen selbst konstruierten Stimmrechtswiederauflebungsindikator (Verhältnis des Bilanzgewinns zu aktuellen Zahlungen des Dividendenvorzugs

---

[1572] Vgl. Doerks (1992), S. 105-107.

und bestehenden Dividendenrückständen). In allen Fällen ist eine Signifikanz der Regressoren allenfalls in sehr wenigen Jahren festzustellen.[1573]

Im Längsschnitt zeigt sich bei Regressionen des ungewichteten Mittelwertes der jährlichen mittleren Kursunterschiede der einzelnen Aktienpaare auf kapitalmarktbezogene Größen, dass der Kursaufschlag bei liquide gehandelten Aktien stärker von der in- und ausländischen Nachfrage nach Aktien abhängt, während bei diesen Aktien die (negative) Abhängigkeit des Kursunterschieds vom Zinsniveau weniger stark (und nicht signifikant) ist als in Bezug auf alle untersuchten Aktienpaare.[1574] Im Längsschnitt hat zwar der Grundkapitalanteil des Stammaktienkapitals für liquide gehandelte Aktien (d.h. definiert als Aktien mit maximal 25% umsatzlosen Kursen) einen (anders als erwartet) signifikant positiven Einfluss auf den Kursaufschlag,[1575] jedoch ist die Regression ungewichteter Jahresmittelwerte der Kursaufschläge auf ungewichtete Jahresmittelwerte der Grundkapitalanteile der Stammaktien, jeweils gemittelt über alle Unternehmen, methodisch fragwürdig. Unternehmensbezogene Längsschnittsregressionen zeigen für immerhin 13 der 50 einbezogenen Unternehmen einen signifikant positiven Einfluss von Proxy-Variablen für den Free Cashflow und bei 15 Unternehmen einen signifikant positiven Einfluss der Nachfrage nach inländischen Aktien auf den Kursaufschlag der Stammaktien.[1576] Beim Pooling von Querschnitts- und Zeitreihendaten ergeben sich keine Modelle mit nach statistischen Maßstäben signifikantem Erklärungsgehalt; einzige Ausnahme ist auch hier die Signifikanz der Variable „Erwerb inländischer Aktien". Aus Sicht von Doerks (1992) deutet dies darauf hin, dass bei einer Erhöhung der Nachfrage nach inländischen Aktien vorrangig Stammaktien erworben werden, dass es also möglicherweise eine Hemmschwelle gegenüber Vorzugsaktien gibt.[1577]

Der Autor führt die meist nur geringe statistische Signifikanz auf ökonometrische Probleme (wie Autokorrelation) zurück.[1578] Es ist allerdings auch denkbar, dass hierzu der Umstand beigetragen hat, dass der Autor sechs (von 50) Unternehmen in die Untersuchung einbezogen hat, die entweder eine Höchstdividende haben und damit genussscheinähnlich ausgestaltet sind oder bei denen die Vor-

---

[1573] Vgl. a.a.O., S. 117-124 und S. 80.
[1574] Vgl. a.a.O., S. 125-128.
[1575] Vgl. a.a.O., S. 128.
[1576] Vgl. a.a.O., S. 130 f. und S. 134 f.
[1577] Vgl. a.a.O., S. 163 und S. 168. Auch bei nichtparametrischer Korrelationsanalyse auf Basis des Spearman-Rangkorrelationskoeffizienten sind keine starken Abhängigkeit des Kursunterschieds von den beobachteten Variablen festzustellen, vgl. a.a.O., S. 173.
[1578] Vgl. a.a.O., S. 168 f.

zugsaktie über ein Stimmrecht verfügt.[1579] Die hierbei für diese Unternehmen offensichtlich abweichenden Bestimmungsfaktoren für die Kursbildung können die Ergebnisse deutlich verzerrt haben.

Doerks (1992) stellt weiterhin fest, dass im Fall einer Mehrdividende der Vorzugsaktien der Kursunterschied in den 30 Tagen vor der Hauptversammlung infolge der im Kurs enthaltenen Erwartung einer höheren Dividende der Vorzugsaktien geringer ist als in den 30 Tagen danach.[1580] Er nimmt dies zum Anlass, eine entsprechende Handelsstrategie zu untersuchen (s. unten). Bei liquide gehandelten Gesellschaften ohne Mehrdividende, bei denen der Umstand, dass das Stimmrecht nur bei der Hauptversammlung tatsächlich einen Einfluss hat, nicht durch den gegenläufigen Dividendeneffekt überlagert wird, ist der relative Kursunterschied vor der Hauptversammlung tendenziell, jedoch nicht statistisch signifikant höher als danach.[1581]

Die Zeitreihen der täglichen Kursunterschiede sind nach den Ergebnissen des Autors nicht stationär; die Hypothese eines *Random Walk* wird nicht verworfen. Zwar ist die Standardabweichung bei den einzelnen Gesellschaften über die Zeit relativ stabil, nicht jedoch der Mittelwert (wenn auch ohne „große Sprünge"). Allerdings haben die Zeitreihen eine autoregressive Tendenz.[1582] Aus Sicht von Doerks (1992) lassen sich aus vorab definierten, aus Vorjahres-Mittelwerten und Vorjahres-Standardabweichungen abgeleiteten Handelsstrategien[1583] zum Teil

---

[1579] Von den 50 Unternehmen (vgl. a. a. O., S. 106) haben die Vorzugsaktien der Verseidag AG und der Gerling-Konzern Allgemeine Versicherungs-AG keine partizipative Dividende und die Vorzugsaktien der GBWAG Bayerische Wohnungs-AG, der Ilmebahn AG und der Langenbrahm AG ein Stimmrecht. Die ebenfalls einbezogene Augsburger Kammgarn-Spinnerei AG hatte ausweislich der Angaben in den jährlichen Ausgaben des Saling Aktienführer keine Vorzugsaktien.

[1580] Vgl. a. a. O., S. 204 (in der Zusammenfassung auf S. 264 ist der Befund falsch wiedergegeben).

[1581] Vgl. a. a. O., S. 199-201.

[1582] Vgl. a. a. O., S. 210, 220 und 264 f. Eine Normalverteilung der täglichen Renditen in den einzelnen Jahren wird insbesondere für liquide gehandelte Aktien überwiegend bestätigt, jedoch nicht für die täglichen Renditen über die Totalperiode der Börsennotiz der einzelnen Dual-Class-Unternehmen; vgl. a. a. O., S. 183 f. und S. 187 f.

[1583] Konkret werden vom Autor sog. „Filterhandelsstrategien" analysiert, bei denen zunächst in Stammaktien oder auf Basis eines Schwellwertes in Bezug auf den Vorjahres-Mittelwert des Kursunterschieds in vermeintlich unterbewertete Vorzugaktien investiert wird und in Abhängigkeit vom Erreichen eines Schwellwertes die Gattung im Bestand gegen die andere Gattung ausgetauscht wird. Die Schwellwerte für den Erwerb der Vorzugsaktie sind a) 30 %, b) 40 % bzw. c) 1,96 mal dem Vorjahres-Standardfehler über dem Vorjahres-Mittelwert (Variante c bildet das 95%-Konfidenzintervall ab); die Schwellwerte für den Tausch von Vorzugs- in Stammaktien liegen in den angegebenen Größen unter dem Vorjahresmittelwert; vgl. a. a. O., S. 230-233. Daneben wird eine Strategie analysiert, bei der zu Jahresbeginn die Vorzugsaktie gekauft, 30 Tage

gewinnbringende Portfoliostrategien ableiten. Im Einzelnen stellt der Autor in Abhängigkeit von den unterstellten Transaktionskosten[1584] fest:[1585]

- Bei einem Transaktionskostensatz von 1,35 % haben Buy-and-Hold-Strategien in Stamm- oder in Vorzugsaktien i. d. R. signifikant höhere Renditen als die sog. Filterhandelsstrategien, sofern eine Wiederanlage von Erträgen im Sinne einer Operation Blanche erfolgt.[1586] Bei Unterstellung einer Anlage von Erträgen zum Geldmarktzins ermittelt der Autor selbst bei diesem hohen Transaktionskostensatz signifikant höhere Renditen der Filterhandelsstrategien auf jährlicher Basis.[1587]

- Ohne Berücksichtigung von Transaktionskosten sind bei allen Untersuchungsdesigns die betrachteten Filterhandelsstrategien den Buy- and Hold-Strategien überlegen.[1588]

- Die Filterhandelsstrategie mit den Grenzen des 95%-Konfidenzintervalls als Schwellwerten hat in allen Untersuchungsdesigns zumindest bei einem Transaktionskostensatz von 0,65 % eine signifikant höhere Rendite als eine Buy-and-Hold-Strategie, bei Betrachtung des geometrischen Mittels der Jahresrenditen mehrperiodiger Anlagen bereits bei einem Transaktionskostensatz von 0,85 %[1589].

- Die „Hauptversammlungsstrategie" ist einer Buy- and Hold-Strategie bei Berücksichtigung der untersuchten Transaktionskostensätze unterlegen; oh-

---

vor der Hauptversammlung in die Stammaktien getauscht und diese 30 Tage nach der Hauptversammlung wiederum in die Vorzugsaktie getauscht wird („Hauptversammlungsstrategie").

[1584] Der Autor verwendet 0,85 % als typischen Transaktionskostensatz für „große Privatkunden". Daneben werden 0,65 % als typischer Satz für „institutionelle Kunden und 1,35 % als typischer Satz für „private Kleinanleger" analysiert, vgl. a. a. O., S. 238.

[1585] Analysiert werden die Renditen sowohl auf jährlicher Basis als auch mehrperiodig und sowohl für den Fall, dass anfallende Erträge zum Geldmarktzins angelegt als auch nach Art einer Operation Blanche reinvestiert werden; vgl. a. a. O., S. 249 f.

[1586] Vgl. a. a. O., S. 254 f. und Tabellen I.1, I.5 und I.9 , S. 317, 321 und 325.

[1587] Vgl. a. a. O., S. 256 und Tabelle I.13 und I.17, S. 329 und 333. Der Autor erklärt dieses zu den Ergebnissen bei einer Wiederanlage konträre Ergebnis mit seiner Bedingung, dass durch Erreichen der Schwellwerte ausgelöste Umtauschtransaktionen nur stattfinden können, wenn aus dem Verkaufserlös sowohl der Kaufpreis für die andere Gattung als auch die Transaktionskosten (ggf. vom Kontoguthaben) bezahlt werden können; insofern fallen tendenziell weniger Transaktionen und damit geringere absolute Transaktionskosten als bei Wiederanlage an, weshalb – so wohl der implizite Schluss – bei Wiederanlage die Filterhandelsstrategien eine geringere Rendite nach Transaktionskosten erzielen. Tatsächlich dürfte auch der zum Teil sehr hohe Geldmarktzins im Untersuchungszeitraum eine Rolle bei der Vorteilhaftigkeit gespielt haben.

[1588] Vgl. a. a. O., S. 254 f. und Tabelle I.4, I.8, I.12 und I.16, S. 320, 324, 328 und 332.

[1589] Vgl. a. a. O., S. 255 und 259 sowie u. a. Tabellen I.10, I.18 und I.22, S. 326, 334 und 338.

ne Transaktionskosten ergibt sich kein signifikanter Unterschied.[1590] Insofern konnte der Autor für Investoren, die an der Ausübung des Stimmrechts interessiert sind, keine gewinnbringende Handelsstrategie ableiten.

Die festgestellte Vorteilhaftigkeit von vergangenheitsorientierten Filterhandelsstrategien, die der technischen Aktienanalyse zuzurechnen sind, steht im Widerspruch zur (nicht verworfenen) Random-Walk-Hypothese und zur Effizienzmarkthypothese. Der Autor vertritt die Auffassung, dass die Vorteilhaftigkeit der von ihm untersuchten Handelsstrategien den Marktteilnehmern angesichts der erstmaligen Veröffentlichung solcher Befunde zu deutschen Stamm- und Vorzugsaktienpaaren nicht bekannt gewesen sei und dass insofern Informationsineffizienz bestanden habe.[1591]

Im Rahmen der Untersuchung der Strategien zeigte sich im Übrigen auch als „Nebenprodukt", dass es keinen signifikanten Renditeunterschied zwischen Stamm- und Vorzugsaktien gab, weder bei jährlicher noch bei mehrperiodiger Betrachtung.[1592]

5.1.1.2 Studie von Daske/Ehrhardt (2002)

Auch Daske/Ehrhardt (2002a) können bei Untersuchung der marktwertgewichteten monatlichen Renditen und der geometrischen Mittel der Monatsrenditen von Buy-and-Hold-Strategien auf der Basis von 101 deutschen Dual-Class-Unternehmen im Zeitraum 1956 bis 1998 die Nullhypothese der Gleichheit der Renditen von Stamm- und Vorzugsaktien nicht verwerfen. Tendenziell lag aber die Monatsrendite der Vorzugsaktien leicht über der der Stammaktien, insbesondere im Zeitraum 1988-1998 (+0,22 % p.m.).[1593] Zwar erwiesen sich die Dividendenrenditen der Vorzugsaktien erwartungsgemäß als signifikant höher als die Dividendenrenditen der Stammaktien, jedoch reichte dies offenbar nicht aus, um auch eine *signifikant* höhere Gesamtrendite der Vorzugsaktien hervorzurufen.[1594]

Der Fokus der Studie liegt aber in der Untersuchung von Einflussfaktoren für den relativen Kursunterschied. Dieser betrug im Mittel 17,2 % und war im Zeitablauf starken Schwankungen unterlegen: Nach abnehmender Tendenz in den

---

[1590] Vgl. a.a.O., S. 256.

[1591] Vgl. a.a.O., S. 261.

[1592] Vgl. a.a.O., Tabellen I.1 bis I.24, S. 314-340.

[1593] Vgl. Daske/Ehrhardt (2002a), S. 198-200. Angabegemäß gilt dies auch für gleichgewichtete Monatsrenditen.

[1594] Vgl. a.a.O., S. 201. Bei einem Steuersatz von 0 % beträgt die signifikante Differenz der Dividendenrendite demnach im Mittel 0,87 %, im Teilzeitraum 1988-1998 sogar 1,04 %.

1970er Jahren war der mittlere Kursunterschied zu Beginn der 1980er Jahre (zur Zeit einer Hochzinsphase) im Mittel sogar leicht negativ; nach einem anschließenden starken Anstieg bis auf über 30 % zu Beginn der 1990er Jahre zeigte sich wieder eine rückläufige Tendenz.[1595] Die Schwankungen korrespondieren mit den Schwankungen des mittleren Stimmrechtsanteils von Familienaktionären und mit den Schwankungen des Anteils von Familienunternehmen (bei denen der größte Aktionär eine Privatperson bzw. Familie ist).[1596] Bei Letzteren ist der mittlere Kursaufschlag überdurchschnittlich hoch, bei Streubesitzunternehmen und Unternehmen, bei denen der größte Aktionär die öffentliche Hand oder ein Kreditinstitut ist, deutlich unterdurchschnittlich.[1597] Die Autoren erklären dies mit potenziell höheren privaten Kontrollrenten bei Familienunternehmen, die sich im Kursaufschlag der Stammaktien widerspiegeln. Der Rückgang des mittleren Kursaufschlags seit Mitte der 1990er Jahre würde mit der Erklärung im Einklang stehen, dass die Kontrollrenten seit Inkrafttreten des Übernahmekodex im Jahr 1995 rückläufig waren.

Bei Differenzierung nach der Höhe des Anteil des größten Aktionärs ermitteln Daske/Ehrhardt (2002a), dass der mittlere Kursaufschlag bei Unternehmen, bei denen der größte Aktionär einen Stimmrechtsanteil zwischen 50 % und 75 % hat, am höchsten ist (19,3 %),[1598] bei einem Anteil zwischen 5 % und 50 % ergibt sich ebenfalls ein überdurchschnittlicher Kursaufschlag (18,1 %). Zusammen mit dem besonders niedrigen mittleren Kursaufschlag (6,1 %) bei Unternehmen ohne Aktionäre mit mehr als 5 % Stimmrechtsanteil spricht dies ebenfalls für die Annahme des Einflusses privater Kontrollrenten auf den Stimmrechtswert. Bei einem Großaktionär mit einem Anteil von 75 % dürften die Kontrollrenten zwar noch höher ausfallen, die geringe Übernahmewahrscheinlichkeit in dieser Konstellation dürfte jedoch für den mit 15,3 % unterdurchschnittlichen mittleren Kursaufschlag verantwortlich sein.

Auch im Rahmen einer Fixed-Effects-Regression des relativen Kursunterschiedes auf die potenziell erklärenden Variablen, zeigt sich, dass bei einem Anteil des größten Aktionärs zwischen 25 % und 50 % der Kursaufschlag im Vergleich zu Streubesitzunternehmen ansteigt (nicht signifikant), im Falle eines Großaktio-

---

[1595] Vgl. a.a.O., S. 191 f. und die dortige Abb. 1. Ausweislich der Ergebnisse in der Tabelle 1 war der Kursaufschlag für Freiverkehrswerte mit 4,9 % sehr gering (wenn auch signifikant positiv).

[1596] Vgl. a.a.O., S. 193 f. Die Bestimmtheitsmaße der Regressionen des mittleren Kursaufschlags auf den genannten Faktor und einen Dummy für die Zeit nach Inkrafttreten des Übernahmekodex 1995 betragen 0,58 bzw. 0,42.

[1597] Vgl. a.a.O., S. 194 und die dortige Tabelle 2.

[1598] Für diesen Absatz vgl. a.a.O., S. 195 und die dortige Tabelle 3.

närs mit Anteil zwischen 50 % und 75 % zusätzlich deutlich ansteigt (schwach signifikant) und bei noch größerem Anteil wieder abnimmt (signifikant).[1599] Die Feststellung des nicht-linearen Zusammenhangs zwischen Aktionärsstrukturgrößen und relativem Kursaufschlag der Stammaktien ist ein wichtiger Beitrag dieser Studie. Im Rahmen der Regressionsanalyse zeigt sich weiterhin, dass eine höhere Dividende der Vorzugsaktien tendenziell (allerdings ohne statistische Signifikanz) eine Verringerung des Kursaufschlags bewirkt. Ein Ausfall des Dividendenvorzugs führt dagegen zu einer deutlichen und signifikanten Verminderung des Kursaufschlags der Stammaktien, die ja anders als die Vorzugsaktien keine Nachzahlung in späteren Jahren erhalten. Die Mitgliedschaft des Unternehmens im DAX oder MDAX hat im Übrigen keinen signifikanten Einfluss auf den Kursunterschied ergeben;[1600] allerdings ist hierzu anzumerken, dass der DAX erst zum 1. Juli 1988 und der MDAX erst im Januar 1996 eingeführt wurden, weshalb die hier verwendete Dummy-Variable nur in einem kleinen Teil des Untersuchungszeitraums Erklärungskraft besitzen konnte.

5.1.1.3   Übersicht über weitere Analysen zum deutschen Kapitalmarkt

Anders als in der internationalen Corporate-Governance-Literatur liegen die letzten wissenschaftlichen Studien, die sich empirisch mit Kurs- oder Renditeunterschieden von Stamm- und Vorzugsaktien in Deutschland beschäftigen, schon längere Zeit zurück. Zu erwähnen sind insbesondere elf nachfolgend zusammengefasste Untersuchungen.

[1599] Vgl. a. a. O., S. 197 (Tabelle 4). Bei einer alternativen Modellspezifikation werden die Aktionärsstrukturdaten durch das Shapley-Maß abgebildet, das hier die „Macht" von Koalitionen abbildet, die zusammen „nur" über eine Sperrminorität verfügen und damit zum Beispiel Verschmelzungen verhindern kann. Aus Sicht von Daske/Ehrhardt (2002a), S. 198, deutet dies darauf hin, dass positive Stimmrechtsprämien nicht – wie in der Literatur häufig unterstellt – nur durch Übernahmewettbewerbe im Sinne der Übernahme der Stimmrechtsmehrheit bzw. Unternehmensbeherrschung erklärbar sind, sondern dass bereits die Erreichung einer Sperrminorität einen ausreichenden Einfluss sichert, durch den dem Stimmrecht ein Wert beigemessen wird.

[1600] Vgl. a. a. O., S. 197 (Tabelle 4). Allerdings hat nach Angabe der Autoren (S. 198) die Gesamtnachfrage nach Aktien einen signifikant positiven Einfluss auf den Kursaufschlag, was dem Befund von Doerks (1992) entspricht. Dies deutet zudem auf einen noch zu untersuchenden Einfluss der Marktliquidität der einzelnen Gattungen hin.

Tabelle 10: Empirische Studien zu Kursunterschieden und Renditeeigenschaften von Stamm- versus Vorzugsaktien in Deutschland

Faktoren mit positivem Einfluss auf den relativen Kursaufschlag der Stammaktien gegenüber Vorzugsaktien („RKU") sind mit „+", Faktoren mit negativem Einfluss mit „–" und Faktoren ohne signifikanten Einfluss mit „o" gekennzeichnet. Quelle: Eigene Auswertung der angegebenen Quellen.

Zeitraum	Autor/Jahr	Datenbasis	Wichtige Ergebnisse
1963	Kriebel (1963)	20 Dual-Class-Unternehmen Betrachtung zum Stichtag 31.12.1962	Im Mittel notieren Vorzugsaktien 7,8 % unter den Stammaktien (d. h. RKU 8,5 %)
1965-1978	Klein (1981)	11 Dual-Class-Unternehmen mit hohem Handelsvolumen an der Frankfurter Wertpapierbörse	– Jahresultimokurse der VzA im Mittel 9,4 % unter denen der StA, d.h. RKU 10,3 % – Korrelation der Kurse von StA & VzA 0,86 – Korrelation der Kurse der VzA mit Aktienindex des Stat. Bundesamtes (nur StA) 0,85 – Höhere jährliche Gesamtrendite der VzA (1,46 %) ggü. StA (0,83 %); dabei Dividendenrendite VzA 4,3 %, StA 3,7 %
1972-1981	Reckinger (1983)	13 Gesellschaften mit StA & VzA (ohne Dräger & Herlitz, da Neuemissionen)	RKU 10 %, Korrelation der Kurse 0,8 Tendenz zur Annäherung der Kurse Höhere Rendite der Vorzugsaktien „bis zu 1,6 %" (Dividendenrendite +1,0 %)
1977-1989	Weber/ Berg/Kruse (1992)	25 Gesellschaften mit StA und VzA im amtlichen Handel, Geregelten Markt bzw. im geregelten Freiverkehr, davon 14 Gesellschaften mit Mehrdividende. Mindestens 60 Monate notiert. Monatsultimokurse. Ausschluss WKM AG, da Verhältnis K_V/K_S=5.	– Bis 1981 Absinken des RKU bis auf ca. 9 %, danach Anstieg RKU bis auf 14,9 % – Korrelation der Kurse 0,9 – Rendite StA (12,08 %) > Rendite VzA (11,25 %), Differenz nicht signifikant. – 1977-81 Renditedifferenz 4,06 %, 1982-89 Renditedifferenz −3,49 % – Bei Neuemission sinkt Rendite StA deutlich – Dividendenrendite StA 2,39 %, VzA 2,86 % – Abhängigkeit Renditeunterschied: Kursunterschied (o), Grundkapital (o), BSP-Änderung (o) – *Abhängigkeit RKU*: Umlaufrendite (−) [Signifikanz steigt bei Vorlauf des Zinsniveaus, maximal bei 6 Monaten Vorlauf]; FAZ-Index (+)
1988-1990	Kruse/ Berg/ Weber (1993)	28 Gesellschaften mit börsennotierten StA und VzA	– RKU 29,1 % (hohe Schwankung: -15,2 %) – mittlerer RKU 1982/83 negativ, dann bis 1988 ansteigend, dann konstant. *(Fortsetzung auf der nächsten Seite)*

			– *Unternehmensspezifische Abhängigkeiten RKU*: Summe der Anteile der drei größten Aktionäre (+), Dummy für Familiengesellschaft (+), Grundkapitalanteil der StA (o), Höhe des Dividendenvorzugs (o), Dummy für statutarische Mehrdividende (o), Höhe der Dividende auf StA (o), Dummy für kontinuierliche Dividendenzahlungen auf StA in den vorangegangenen fünf Jahren (+), Marktwert-/ Buchwert-Verhältnis der StA (++), „relative Marktaktivität" = Kapitalverhältnis der frei gehandelten StA/VzA minus Umsatzverhältnis der StA/VzA (++, erklärt über 40% des RKU) – Bei multivariater Regression von RKU auf „relative Marktaktivität" und Dividendenkontinuität ist Bestimmtheitsmaß R² ca. 0,5
1954-1990	Stehle (1997)	266 in Frankfurt amtlich notierte Gesellschaften inkl. VzA (2 Gesellschaften 1954 bis 60 Gesellschaften 1990)	Mittlere marktwertgewichtete Monatsrenditen: – 1954-90: alle Aktien 1,05%, VzA 0,96% – 1954-66: alle Aktien 1,24%, VzA 1,26% – 1967-78: alle Aktien 0,80%, VzA 0,82% – 1979-90: alle Aktien 1,09%, VzA 0,77%
1977-1992	Rothauge/ Menkhoff/ Krahnen (1993)	30 börsennotierte Gesellschaften (aller Segmente) mit StA und VzA	– mittleres Verhältnis Kurs VzA/Kurs StA schwankt zwischen 0,77 [1990] und 0,99 [1982] (entspricht RKU 29,9% bzw. 1,0%) – 1988-92: RKU ist bei Gesellschaften mit Mehrheitsaktionär größer als bei Gesellschaften mit höherem Streubesitz (im Mittel 26,4% vs. 16,8%, Diff. nicht signifik.) – *Einflussfaktoren RKU*: Börsenkapitalisierung (o), GK-Anteil der VzA (+ [mit R²=0,12]). RKU wäre nur dann durch Übernahmespekulation zu erklären, wenn der Kurs der StA bei Übernahme auf 200% bis 2.000% des Kurses der VzA steigen würde. Da dies unrealistisch ist, ist der beobachtbare Kursaufschlag der Stammaktien lt. Autoren wohl nicht allein durch Übernahmespekulation zu erklären.

1990-1993	Fatemi/ Krahnen (2000)	58 Dual-Class-Unternehmen, tägliche Kurse aus der KKMDB	– Mittlerer RKU 41,6%; Dividendenrendite VzA um 0,7% größer als die der StA. – Anteil StA am GK im Mittel 70%; größter Aktionär hält im Mittel 58,3%, bei Familienunternehmen 50,7%. – Verhältnis aus Handelsvolumen und Anzahl der Aktien ist bei VzA 16-mal so hoch wie bei StA (Quotient =„relatives Handelsvolumen"). – *Einflussfaktoren RKU:* Anteil Blockaktionäre an Stammaktien (+), Anteil Stammaktienkapital (o), Ausfall Vorzugsdividende (o), relatives Handelsvolumen (++), Dummy für Familie mit Aktienanteil >5% (-), Dummy für Finanzinvestor/Bank mit Anteil >5% (-), relatives Handelsvolumen mal Dummy für Familienanteil >5% (-), relatives Handelsvolumen mal Dummy für Anteil Finanzinvestor >5% (+)
1970-1991	Ehrhardt/ Nowak (2003a) Ehrhardt/ Nowak (2002)	105 IPOs von Familiengesellschaften, davon 44 IPOs mit Vorzugsaktien *(Fortsetzung auf der nächsten Seite)*	– Rückgang des Anteils der Familienaktionäre von 99% vor IPO bis auf 32% (StA) bzw. 52% (VzA) nach 10 Jahren (nach 5 Jahren: 47% StA, 73% VzA) – Anstieg Freefloat von Dual-Class-Unternehmen von 1,2% auf 14,3% nach 10 J. – Wkt. eines Kontrollwechsels ist bei IPO mit VzA geringer als bei IPO mit StA. – IPO-Rendite bei VzA höher (15,9% vs. 11,4% bei StA, Differenz insignifikant) – 3-Jahres-Überrendite insgesamt -8,1% (insign.); dabei bei IPO mit StA: 0,2% (insign.), bei IPO mit VzA -19,6% (sign.) – Bei Dual-Class-Unternehmen mit >75% StA -21,3% (sign.), sonst 6,1% (insign.). – Bei IPOs mit verbleibendem Stimmrechtsanteil der Familienaktionäre nach 3 Jahren noch zwischen 25% und 50%: 60,8% (insign.); bei verbleibendem Anteil unter 25%: -25,5% (insign.); bei verbleibendem Anteil über 75%:-19,6% (sign.); – Kapitalerhöhungen innerhalb von 10 Jahren nach IPO führen nur 24% der Dual-Class-Gesellschaften durch (54% der Single-Class-Gesellschaften).

			– Nach zehn Jahren haben die Familien noch bei 76,8% der Dual-Gesellschaften die Stimmenmehrheit, aber nur bei 51,7% der Single-Class-Gesellschaften. – Einfluss auf Wkt. eines IPOs mit VzA: Alter des Unternehmens (–), Vorstandsvergütung (+), Einwohnerzahl am Sitzort (–), Luxusmarke (+), Familiengesellschaft (+)
1988-1997	Hoffmann-Burchardi (1999)	84 börsennotierte Dual-Class-Unternehmen (einschl. Freiverkehr), 601 Beobachtungen; Kursdaten aus Datastream; Durchführung von Fixed-Effects-Regressionen. Es wird ein „Private Benefit Multiplier" (*PBM*) als Verhältnis der im Konzern kontrollierten Assets zu dem zur Ausübung der Kontrolle für den kontrollierenden Aktionär benötigten Eigenkapital berechnet.	– 73% der Unternehmen waren im Mehrheitsbesitz, 27,5% sogar mit Großaktionär mit über 75% Stimmrechtsanteil. – GK-Anteil der Vorzugsaktien im Mittel 28,3% – Im neunjährigen Untersuchungszeitraum erzielten Vorzugsaktien eine um 46% höhere Gesamtrendite (Kursrendite +21%). – RKU im Mittel 26,3%. – *Einflussfaktoren*: *PBM* bei Unterstellung des Erfordernisses einer 50%-Mehrheit zur Kontrollerlangung (+), bei Unterstellung einer 25%-Mehrheit (o), Dividendenrückstände (-), aufgelebtes Stimmrecht der VzA (-), gleich hohe Dividende auf Stamm- und Vorzugsaktien (+) Mitgliedschaft der Vorzugsaktie im DAX oder MDAX (-), Anteil des Vorzugsaktienkapitals (o), nichtlinearer Einfluss des Verschuldungsgrades: Verschuldungsgrad (+), Quadrat des Verschuldungsgrades (-), Akzeptanz des freiwilligen Übernahmekodex 1995 (-), Vorhandensein eines Mehrheitsaktionärs (nach 1995: +, bis 1994: o), Vorhandensein eines 75%-Aktionärs (nach 1995: +, bis 1994: o).
1974-2000	Dittmann (2004)	79 Dual-Class-Unternehmen Untersuchung des Einflusses von Paketkäufen bzw. -verkäufen, definiert als die 5% größten „Transaktionen" ...	– Langjähriges Mittel des RKU 18,5% (davon ein Prozentpunkt aufgrund eines Ausreißers). – Verhältnis der mittleren jährlichen Wertumsätze von Stamm- und Vorzugsaktien 3,2 (Median 0,86 !!!). *(Fortsetzung auf der nächsten Seite)*

| | | in beiden Gattungen pro Jahr. (Diese „Transaktionen" sind ermittelt als durchschnittlicher Wertumsatz aller Transaktionen pro Handelstag). Bei positiver Überrendite am Tag der „Transaktion" wird von einem Blockkauf, bei negativer Überrendite von einem Blockverkauf ausgegangen. | – Überrendite beträgt bei Paketkäufen in der jeweiligen Gattung ca. 2,5%, in der jeweils anderen Gattung 1,6% (bei Paketverkäufen: −1,9% bzw. −1,0%).
 – 57% der Pakettransaktionen erfolgen in Stammaktien (dieser Anteil wird PBV= „Percentage of Block Trades in Voting Shares" genannt). Wenn Stammaktien liquider sind, gilt PBV=74%, sonst =42%.
 – *Abhängigkeit des PBV*: Anteil des größten Aktionärs (−), Marktkapitalisierung (o), Verhältnis Wertumsätze (+).
 – *Abhängigkeit des RKU*: Marktkapitalisierung (o), Verhältnis der Wertumsätze (+), *ohne Berücksichtigung PBV*: Anteil des größten Aktionärs (−), *mit Berücksichtigung PBV*: PBV (+), Anteil des größten Aktionärs (o).
 – Nach Berücksichtigung des negativen Einflusses der Aktionärsstrukturvariablen auf das PBV gibt es keinen zusätzlichen sign. Einfluss der Aktionärsstruktur auf RKU. |

In der Gesamtschau dieser Ergebnisse ist im Wesentlichen festzuhalten:

- Der prozentuale Kursaufschlag der Stammaktien bewegte sich abgesehen von einer kurzen Periode Anfang der 1980er Jahre überwiegend im niedrigen zweistellig positiven Bereich.

- Die Kursentwicklung der Stamm- und Vorzugsaktien ist stark korreliert.

- Der Kursaufschlag steigt mit sinkendem Zinsniveau, steigendem Aktienindex, höherem Marktwert/Buchwert-Verhältnis, kontinuierlicher Dividendenzahlung und höherer Marktliquidität der Stammaktien. Er ist höher bei Unternehmen mit Mehrheitsaktionär (insb. bei Familiengesellschaften).[1601]

- Unterschiede in den Aktienrenditen lassen sich trotz höherer Dividendenrendite der Vorzugsaktien nicht statistisch signifikant nachweisen; Vorzugsaktien haben zwar tendenziell höhere mittlere Gesamtrenditen, aber nicht in allen Teilperioden.

[1601] Hiervon weichen die Resultate von Dittmann (2004) ab, nach denen der Kursaufschlag mit steigendem Anteil des größten Aktionärs sinkt (siehe oben).

5.1.2 Studien zum Bewertungsunterschied an ausländischen Kapitalmärkten

Studien zu Bewertungsunterschieden von Aktiengattungen, die sich im Stimmrecht unterscheiden, wurden für zahlreiche Aktienmärkte weltweit vorgelegt; besonders viele Studien befassen sich mit Ländern mit einer hohen absoluten oder relativen Anzahl an börsennotierten Dual-Class-Unternehmen, namentlich mit den USA, Kanada,[1602] Italien, der Schweiz und den skandinavischen Ländern.[1603] Ein Augenmerk der Studien gilt auch Ländern mit vergleichsweise sehr hohen Stimmrechtsprämien, wie dies neben Italien auch in Israel der Fall ist.[1604]

Auch wenn die rechtliche Ausgestaltung der Gattungsunterschiede international sehr unterschiedlich ausfällt, lassen sich einige Tendenzaussagen zusammenfassen (die sich allerdings nicht in allen Studien zeigen):

– Aktien mit höherem Stimmrecht (nachfolgend: „Stammaktien") notieren i. d. R. höher als solche mit niedrigerem.

– Der Kursaufschlag der „Stammaktien" steigt tendenziell mit einem höheren Stimmrechtsanteil von „Insidern" (dies gilt nicht in Italien und Kanada), zunehmender Ungleichverteilung der Stimmrechte, sinkendem Abstand zwischen den Stimmrechtsanteilen des größten und des zweitgrößten Aktionärs (sog. „Rydqvist-Maß") sowie mit zunehmendem Grundkapitalanteil der Aktien mit geringeren Stimmrechten.

– In Unternehmen mit größerem Marktwert ist der Kursaufschlag meist geringer.

– Eine höhere Marktliquidität bzw. geringere Bid-Ask-Spreads einer Gattung verändern das Kursverhältnis zugunsten dieser Gattung.

– Erwerbsbeschränkungen in Form von Vinkulierungen oder Beschränkungen für Ausländer verändern das Kursverhältnis zu Ungunsten der betroffenen Gattung.

– Eine höhere Dividende der Gattung mit geringerem Stimmrecht verringert tendenziell den Kursaufschlag der „Stammaktie".

[1602] Die Vielzahl der Untersuchungen zum kanadischen Aktienmarkt (hier nur eine Auswahl) liegt in der Tatsache begründet, dass an der TSE im Gegensatz zur NYSE der Handel von Dual-Class-Shares stets zugelassen war, zudem wegen des vergleichsweise hohen Anteils von Familienunternehmen und Unternehmen mit konzentriertem Anteilsbesitz in Kanada.

[1603] Für die Anzahl der Dual-Class-Unternehmen in den einzelnen Aktienmärkten vgl. die ausführliche Darstellung in den Abschnitten 2.4.1.1 und 2.4.2.

[1604] Diese werden mit ineffizienteren rechtlichen Möglichkeiten zur Durchsetzung der vertraglichen Regelungen erklärt, was größere Control Benefits ermöglicht; vgl. Rydqvist (1992), S. 56.

- Die Einführung einer (klein)aktionärsfreundlichen Rechtslage (z. B. die Pflicht zur Abgabe von Übernahmeangeboten) vermindert tendenziell den Kursaufschlag.

Detaillierte Ergebnisse der Studien sind der folgenden Übersicht zu entnehmen:

Tabelle 11: Empirische Studien zu Dual-Class-Strukturen an ausländischen Aktienmärkten (Auswahl)

Faktoren mit positivem Einfluss auf den Kursaufschlag der Stammaktien im Vergleich zu den Vorzugsaktien sind mit „+", Faktoren mit negativem Einfluss mit „–" und Faktoren ohne signifikanten Einfluss mit „o" gekennzeichnet. RKU bezeichnet den relativen Kursunterschied zwischen Stamm- und Vorzugsaktien. Der Begriff der Stammaktie (StA) wird synonym für Aktien mit (einem) vollen Stimmrecht, Vorzugsaktie (VzA) synonym für Aktien mit beschränktem Stimmrecht oder soweit angegeben mit Mehrstimmrecht verwendet. „RSRA" wird als Abkürzung für das in der Literatur häufiger verwendete Maß „relativer Stimmrechtsanteil" verwendet, d. h. den Anteil des Stimmrechtskapitals am Grundkapital.

Quelle: Eigene Auswertung der angegebenen Quellen.

Land/ Zeit- raum	Autor/Jahr	Datenbasis	Wichtige Ergebnisse
Brasi- lien 1994- 2004	Carvalhal da Silva/ Subrah- manyam (2007)	Alle 141 Gesellschaften mit StA und VzA an der Sao Paulo Stock Exchange, 10.497 Beobachtungen	– RKU nur bei 27% (1999) bis 62% (1995) der Unternehmen positiv. Median -10% bis +10%. Große RKU-Unterschiede zwischen den Unternehmen (-67% bis +580%). – Signifikanter RKU-Rückgang bei Abschaffung der Pflicht zu Übernahmeangeboten auf StA (1997); signifikanter, aber geringer RKU-Anstieg bei Wiedereinführung 2001 mit Pflicht zu Übernahmeangeboten auf VzA in Höhe von mindestens 80% des StA-Gebots. *RKU-Einflussfaktoren:* Staat als kontrollierender Aktionär (–), unternehmensspezifischer Corporate Governance Index [12 ja/nein-Fragen zu Publizität, Management und Aktionärsrechten](–), freiwillige Verpflichtung zu Übernahmeangeboten für StA (+) und für VzA (–), ADR-Notiz in den USA (–), Mehrdividende der StA (+), Liquiditätsunterschied zwischen StA und VzA (+), Eigenkapital des größten Aktionärs (–), GK-Anteil StA.(+), log.(Marktwert des Eigenkapitals) (+), Return on Assets(+),
		(Fortsetzung auf der nächsten Seite)	

			Leverage [FK/EK] (+), Tobins Q (+). Angepasstes R² ca. 0,3.
China 1995-1999	Berg-ström/ Tang (2001)	79 Unternehmen mit A- und B-Aktien an Shanghai Stock Exchange oder Shenzen Stock Exchange (A-Aktien nur für Chinesen, B-Aktien nur für Ausländer, gleiche Stimm- und Dividendenrechte)	Preisabschlag B-Aktien 70%; relative Illiquidität B-Aktien (+); Informationsasymmetrie gemessen an Kovarianz (−) und an Häufigkeit Medienberichterstattung (−), Diversifikationsvorteile aus B-Aktien gemessen als Korrelation mit Hang Seng Index (+).
Dänemark 1992-1999	Neumann (2003)	Alle 34 Unternehmen, von denen im gesamten Zeitraum StA und VzA mit Mehrstimmrecht (oft 10 Stimmen) an der Kopenhagener Börse notiert waren	RKU VzA ggü StA: konstanter Rückgang von 22% (1992) bis -8% (1999, marktwertgewichtet; 1999 ungewichtet +18%) [seit 1995 Pflicht zu Übernahmeangeboten] *RKU-Einflussfaktoren:* Bid-Ask-Spread(StA)/Bid-Ask-Spread(VzA) (−); Stückumsatz(VzA)/Stückumsatz(StA) (-); implizites Liquiditätsrisiko über 20 Handelstage (−); Blockaktionär mit 20%, 30% oder 40% Anteil (o); Shapley-Value des Streubesitzes (o); Streubesitz größer 10% (o).
Frankreich 1986-1996	Muus (1998)	25 Unternehmen mit StA und VzA, tägliche Daten	RKU 51,35%. *Einflussfaktoren*: Dividendendifferenz (o), Marktwert der StA (− bei Einzelregression, + bei multipler Regression), Anteil StA am GK (−). RKU besonders hoch bei mehrheitlichem Familienbesitz.
Griechenland 1990-1995	Milonas (2000)	55 Unternehmen	RKU 27,5%. *Einflussfaktoren*: Volatilität StA (−), relative Liquidität StA im Vgl. zu VzA (−), Stimmrechtsanteil von „Insidern" (+), Dividendenrendite aus Minimumdividende (−).
Großbritannien 1955-1982	Ang/ Megginson (1989); Megginson (1990)	152 Unternehmen mit Dual-Class-Struktur	RKU 13,3%. Signifikant positive Überrendite in den ersten beiden Tagen nach Ankündigung einer Emission von „Restricted Votes Shares".
Israel 1974-1980	Levy (1982)	alle israelischen Unternehmen mit Gattungen mit unterschiedlichen Stimmrechten (25 Unternehmen 1981)	25 von 104 notierten Unternehmen haben zwei Gattungen. RKU 52,11%. RKU steigt mit zunehmender Ungleichverteilung der Stimmrechte.

Italien 1987-1990	Zingales (1994)	alle insgesamt 96 Unternehmen mit StA und VzA an der Mailänder Börse	RKU 81,5% (Median 73,7%) trotz 1,4facher Dividendenrendite der VzA; *Einflussfaktoren*: Quotient Relatives Shapley-Maß des „Ozeans" durch RSRA (+), prozentual gezahlte Mehrdividende der VzA (–), Dummy für Mehrheitsaktionär (–), Anteil des größten Aktionärs (–), Anteil des zweitgrößten Aktionärs (+).
Italien 1987-1988	Nicodano (1998)	60 Unternehmen mit StA und VzA	*Einflussfaktoren*: Anteil VzA am GK (+), Verhältnis Umsatz/ Anzahl der StA (–), Differenz der Verhältnisse Umsatz/Anzahl zwischen StA und VzA (–), PBM (+).
Italien 1989-2000	Linciano (2002)	80 Unternehmen mit StA und VzA (758 Beobachtungen)	RKU 62,3%. *Einflussfaktoren*: Anteil des größten Aktionärs (–), GK-Verhältnis VzA/StA (–), Mehrdividende VzA (–), Dummy für Dividendenbesteuerung bis 1994 (+), Dummy für Holdinggesellschaft [mehr als 50% der Aktiva in Beteiligungen] (+), Teil einer Gruppe (o), Dummy für bestehende Pflicht zu Übernahmeangeboten für StA ab 1992 (+), bestehende Pflicht zu Übernahmeangeboten für VzA ab 1998 (–), Volatilität des Marktindex (+), Handelsvolumen (+, nur Kontrollvariable), 10-Jahres-Zins (+).
Italien 1974-2003	Caprio/ Croci (2008)	116 Unternehmen mit gelisteten StA und VzA an der Mailänder Börse	Entwicklung RKU: Anfang 80er Jahre um 0%, zweite Hälfte 80er Jahre: ca. 80% bis zu 100%, 90er Jahre: ca. 60%, Ausgang 2000er Jahre: ca. 20%. Mittelwert. RKU 56,5% (bei Familienunternehmen 59,4%). *Einflussfaktoren*: Anteil des größten Aktionärs (-), größter Aktionär ist Familie (+), größter Aktionär ist Staat (–), Streubesitzunternehmen (+), Verhältnis Anz. StA zu Anz. VzA (–), Anzahl am Markt notierter Dual-Class-Unternehmen (+), Kapitalmarktzins(+).
Italien 1993-2003	Massari/ Monge/ Zanetti (2006)	17 Pflicht-Übernahmeangebote, 10 freiwillige Übernahmeangebote	Private Benefits als Differenz zwischen Block-Preis und Kurs nach Ankündigung (steigt theoretisch um extrahierbare Benefits) im Mittel 12,2% des Marktwerts (9,3% bei Pfichtangeboten; 18% bei freiwilligen Angeboten). *Einflussfaktoren*: Proxy für Ausmaß der Pyramidenbildung (+), Unternehmensumsätze (-), Ausländische Bieter (-), Finanzinvestor als Bieter (-)

Italien 1999-2008	Bigelli/ Croci (2013)	Alle Dual-Class-Unternehmen an der Mailänder Börse (1999: 72, 2008: 28) 430 Beobachtungen	Betrachtung eines alternativen Stimmrechts-maßes „Relative Vote Segment" (RVS), bei dem im Zähler des RKU der Kurs der StA um die Differenz aus dem Kurs der VzA und dem Barwert des Dividendenvorzugs bereinigt wird. Mittlerer RKU 20,4 % (Median 9,1 %), Mittleres RVS 35,6 % (Median 37,2 %), abnehmender Trend (RKU 1999: 44,5 %, 2008: 2,9 %). *Signifikante Faktoren:* Anteil StA am GK (-), MW/BW-Verh. der VzA (-), Dividenden-vorteil VzA (+), Marktkapitalisierung (-); nicht signifikant: Anteil größter Aktionär, Quadrat des Anteils, Anteil des zweitgrößten Aktionärs. Zudem Vergleich mit Maß von Nenova (2003): Einflussfaktoren sind unabhängig vom Maß, sofern für Dividendenunterschied kontrolliert wird.
Kana-da 1975-1985	Jog/Riding (1986)	33 an der TSE gelis-tete Unternehmen mit „dual class shares"; tgl. Daten	Bei Einführung von VzA schwach negative Ankündigungseffekte auf StA, stärkere negative Überrenditen nach erfolgter Einführung der VzA.
Kana-da 1983-1987	Amoako-Adu/Smith/ Schnabel (1990)	66 an der TSE gelistete Unter-nehmen mit „dual class shares"; monatliche Daten	RKU 7,4 % (1/83 –10/86), 15,5 % (10/86-12/87); Betafaktoren und Varianzen von StA und VzA nicht signifikant verschieden, auch nicht nach Liquiditätskorrektur, hohe Korrelation der Renditen.
Kana-da 1984-1987	Robinson/ White (1990)	71 an der TSE gelis-tete Unternehmen mit „dual class shares"; tgl. Daten	RKU 8,4 % (1984) bis 23,3 % (1987), Median 5,4 % bis 11,8 %. *Einflussfaktor:* Existenz eines Mehrheits-aktionärs (–).
Kana-da 1980-1987	Foerster/ Porter (1993)	36 an der TSE gelis-tete Unternehmen mit „dual class shares", aber glei-chen Dividenden; tgl. Kurse&Renditen	Bei 30 Unternehmen notieren die StA über den VzA; alle Renditeunterschiede sind insignifikant (35 marg. Signifikanzniveaus über 0,5)-Auch mit Size-Portefeuilles keine Renditeunterschiede.
Kana-da 1981-1992	Smith/ Amoako-Adu (1995)	98 (nach 1986: 81) an der TSE gelistete Unternehmen mit „dual class shares"; tägliche Daten	RKU: 1981-86 7,84 % (Median 4,17 %), 1988-92 19,31 % (Median 6,37 %). *Einflussfaktoren:* RSRA (+); log. Marktwert der StA (–); Umsatzverhältnis StA zu VzA (bis 1986: +, danach: o), Dividendenvorzug (o); Streubesitz (bis 1986: +, danach: o).

Kanada 1983-1984	Maynes (1996)	55 Dual-Class-Gesellschaften, davon 23 ohne „Coattail Provision" (bei Übernahmeangebot erhalten VzA Stimmrecht oder werden „automatisch" zu StA)	Untersuchung des Effekts der Einführung einer regulatorischen „Coattail Provision": Bei Gesellschaften ohne vorherige satzungsgemäße Coattail Provision: RKU sinkt um 2% (signifikant). Bei Gesellschaften mit bereits bestehender satzungsgemäßer Coattail Provision: RKU unverändert.
Norwegen 1988-2005	Ødegaard (2007)	36 Dual-/Triad-Class-Unternehmen (28%-50% des Marktwertes der Osloer Börse). A-, F-Aktien mit Stimmrecht, B-Aktien nur bei Satzungsänderung, bis 1994 A-Aktien nur für Inländer.	– RKU A-/B-Aktien: 1988-94 –3,4%, 1995-2005 10,0%. – RKU F-/B-Aktien: 1988-94 3,7%. – RKU A-/F-Aktien: 1988-94 –9,5% (jeweils marktwertgewichtet). – Einflussfaktoren A/B-Aufschlag 1988-94: Ausländeranteil an Stimmrechten (–), Marktwert (–), Umsätze nicht signifikant. – Einflussfaktoren A/B-Aufschlag 1995-2005: Ausländeranteil an Stimmrechten (–), Marktwert (+), relativer Umsatz A-/B-Aktien (+), Anteil des größten Aktionärs (+). – Einflussfaktoren F-/B-Aufschlag, 1989-94: Ausländeranteil an Stimmrechten (–), Anteil des größten Aktionärs (+).
Russland 2000-2002	Muravyev (2009a)	Alle an der RTS liquide gehandelten Dual-Class-Unternehmen. Vergleich von zwei Gruppen: A: bis 2001 Vetorecht der VzA gemäß Satzung (28 Gesellschaften mit 76 Beobachtungen); Gruppe B: kein Vetorecht (68 Gesellschaften mit 170 Beobachtungen). (Ab 2002 gesetzliches Vetorecht)	– RKU A: 117,4%, B: 148,3% mit großer Standardabweichung (68,5% bzw. 85,2%) – Stark abnehmender Trend wegen Einführung einer aktionärsfreundlicheren Gesetzgebung ab 2002 (Gruppe A: 2000: 172,9%, 2002 75,3%; Gruppe B: 2000: 218,4%, 2002: 91,5%) – RKU-Minderung signifikant. – *Einflussfaktoren*: Liquidität StA (+) Liquidität VzA (–), Übernahmewahrscheinlichk./GK-Anteil StA (+), Dividendenvorzug (–), Mindestdividendensumme von 10% des Bilanzgewinns für VzA (–); Sektor (o), ADR-Notiz in USA (–)
Russland 1997-2005	Muravyev (2009b) *(Fortsetzung auf nächster Seite)*	Alle 99 an der RTS liquide gehandelten Dual-Class-Unternehmen. 341 Beobachtungen (jährlich)	RKU: 0,2% mit Standardabweichung 83%. im Zeitablauf schwankend, ab 2002 geringer. *Einflussfaktoren*: Proxy für Übernahmewahrscheinlichkeit (+) [Shapley-Value (+), Abstand der Anteile des größten und zweitgröß-

			ten Aktionärs (-)]; Risiko der Enteignung, da kein Veto (+ nicht sig.); aktueller Dividendenvorteil (-); ADR-Notiz in USA (–); Konvertierbarkeit in StA (-); rel. Bid-Ask-Spread (+), vor allem vor 2002.
Schweden 1983-1990	Bergström/ Rydqvist (1992)	65 Gesellschaften der Stockholmer Börse, Freiverkehr oder OTC	RKU 15,2%, „voting inequality index" und RSRA (+)
Schweden 1983-1990	Rydqvist (1996)	65 Gesellschaften der Stockholmer Börse, Freiverkehr oder OTC	RKU 12%, Rydqvist-Maß (Differenz der Anteile der beiden größten Aktionäre) (–), RSRA (+), Mehrheitskontrolle (+); in den 25 Übernahmen betrug der durchschnittliche max. RKU 69,2%
Schweiz 1973-1983	Horner (1988)	Wochenschlusskurse von 45 Gesellschaften mit mindestens zwei Gattungen (Namen- oder Inhaberaktien oder Partizipationsscheine [PS]); Namenaktien durften grds. nur Schweizer kaufen, Ausländer nur auf Termin für maximal drei Monate.	– Positiver Kursunterschied zwischen Inhaberaktien und PS ist in allen 21 Fällen signifikant. – Positiver Kursunterschied zwischen Inhaberaktien und Namenaktien in 31 von 35 Fällen signifikant. – Bei Vergleich zwischen Namenaktien und PS in 13 Fällen sign. höherer Kurs der PS und in 8 Fällen höherer Kurs der Namenaktien (6 signifikant). Das Ausmaß der „voting inequality" (gemessen am Verhältnis der Stimmrechte von Namen- und Inhaberaktien sowie an der Differenz von Stimmrechts- und Kapitalanteil der Namenaktien) hat einen signifikant positiven Einfluss auf das Kursverhältnis von Namenaktien zu PS und einen sign. negativen Einfluss auf das Kursverhältnis Inhaberaktien zu Namenaktien. Bzgl. des Verhältnisses Inhaberaktien zu PS kein signifikanter Einfluss.
Schweiz 1990-1991	Kunz/ Angel (1996), Kunz (1996), Kunz (1998), S. 41-69 *(Fortsetzung auf nächster Seite)*	41 Paare von stimmrechtslosen Papieren (Partizipationsscheinen, PS) und Aktien mit Stimmrecht (sowohl Namen- als auch Inhaberaktien) von 29 Unternehmen, tgl. Daten.	Mittlerer logarithmierter RKU gegenüber PS (bereinigt um Cashflowunterschiede) 0,133, bei Namenaktien (0,07) geringer als bei Inhaberaktien (0,18). *Einflussfaktoren*: Verhältnis der Stimmrechte von Namen- und Inhaberaktien (+), Dummy-Variable für vinkulierte Aktien (–), Dummy für vorhandenen Mehrheitsaktionär (–), Dummy für Koalition (o), Levy-Maß der Ungleichverteilung von Stimmrechten (+),

			Differenz der logarithmierten Bid-Ask-Spreads von Aktien und PS (–), logarithmiertes Umsatzverhältnis Aktien/PS (o). [geringfügige Abweichungen der Ergebnisse zwischen der ersten und den beiden anderen Veröffentlichungen]
Schweiz 2002-2005	Schmid (2009)	Untersuchung der Wahrscheinlichkeit für Aufrechterhaltung Dual-Class-Struktur; 113 Beobachtungen (davon 27 mit Partizipationsscheinen, 86 von Gesellschaften mit 2 Gattungen m. Stimmunterschied)	*Einflussfaktoren für Wahrscheinlichkeit* der Aufrechterhaltung einer Dual-Class-Struktur: größter Aktionär hat mehr als 50% der Stimmrechte (+), größter Aktionär hat auch mehr als 50% der Cashflowrechte (–), Vorhandensein von „outside blockholders" (–). Der Unternehmenswert ist bei Dual-Class-Unternehmen geringer und sinkt mit zunehmender Diskrepanz zwischen Cashflow- und Stimmrechten.
Südkorea 1992-1993	Chung/Kim (1999)	119 an der Korea Stock Exchange notierte Gesellschaften mit gehandelten StA und stimmrechtslosen VzA (mit 1% Mehrdividende)	RKU 9,6%. *Einflussfaktoren*: „Power Ratio" des Streubesitzes = Milnor/Shapley-Power-Index des Streubesitzes dividiert durch Anteil des stimmberechtigten Streubesitzes (+); Grundkapitalanteil der StA (–); Marktwert EK (–); unterschiedliches Handelsvolumen (o). Mittlerer Dividendenunterschied bezogen auf den Kurs der VzA: 0,3%; Stimmrechtsanteil des größten Aktionärs im Mittel 21,5%, des zweitgrößten Aktionärs 2,7%.
USA 1940-1978	Lease/ McConnell/ Mikkelson (1983)	30 Gesellschaften mit Gattungen mit superiorem und inferiorem Stimmrecht	Superiore Aktien haben einen um 5,4% höheren Kurs als inferiore, wenn nicht gleichzeitig (andere) Mehrstimmrechtsaktien existieren.
USA 1960-1980	Lease/ McConnell/ Mikkelson (1984)	Alle 6 an der AMEX notierte Gesellschaften mit Aktien mit superiorem und inferiorem Stimmrecht, aber gleichen Dividendenrechten	Superiore Aktien haben bei 5 Gesellschaften einen höheren Kurs als inferiore. *Einflussfaktoren*: Umsatzvolumen (o), Ankündigung von Übernahmen anderer Firmen (+).
USA 1980	DeAngelo/ DeAngelo (1985)	45 Gesellschaften mit unterschiedliche Stimmrechten und gleichen Dividenden	Die Manager bzw. Familien besitzen im Median 56,9% der Stimmrechte (dabei in 27 Unternehmen die Mehrheit), aber nur 24% der Dividendenrechte.

USA 1978-1982	Barclay/ Holderness (1989)	63 Block Trades (>5 %)	20,4 % Aufschlag für Block Trades; geringer bei gleichzeitigem Erwerb von Preferred Stock.
USA 1984-1990	Zingales (1995)	94 Gesellschaften mit mind. 2 Gattungen mit unterschiedlichen Stimmrechten. Beide Gattungen müssen an derselben Börse notieren.	SRP 10,47 % (Median 3,02 %). *Einflussfaktoren*: Quotient aus Shapley-Maß des „Ozeans" und RSRA (+), Dummy für gezahlte Mehrdividende der VzA (–), logarithmierter Gesamtmarktwert (–), Quotient aus mittleren jährlichen Umsätzen StA/VzA (o).
USA 1984-1999	Cox/Roden (2002)	98 Unternehmen mit zwei an NYSE, AMEX oder NASDAQ börsennotierten Gattungen mit unterschiedlichem Stimmrecht. 839 Beobachtungen.	RKU zwischen Aktien mit superioren und inferiorem Stimmrecht 7,7 %, dabei Unternehmen mit Vorzugsdividende 3,8 % und Unternehmen mit gleicher Dividende auf VzA und StA 11,1 %. *Einflussfaktoren*: Dummy für mindestens gleich hohe Dividende (–), Dummy für Vorzugsdividende (–), Dummy für Übernahmegerüchte in Zeitungsberichten (+), Stimmenanteil der superioren Aktien (o), Dummy für mind. 40 %igen Stimmenanteil von Insidern (–), Liquiditätsunterschied (o), Performance als ROA, ROE bzw. Aktienrendite (jeweils –)
USA 1995-2002	Gompers/ Ishii/ Metrick (2010) *(Fortsetzung auf nächster Seite)*	Alle Dual-Class-Unternehmen, von denen mindestens eine Aktiengattung an NYSE, AMEX oder NASDAQ gelistet ist (je nach Jahr 362 bis 504 Unternehmen). Zwei oder mehr Gattungen von Dual-Class-Unternehmen waren lediglich in 52-77 Fällen notiert (mit abnehmender Tendenz).	Keine Bestimmung von RKU und dessen Determinanten, sondern Bestimmung der *Faktoren, die für Nutzung einer Dual-Class-Struktur maßgeblich sind* (Probit-Analyse): Firmenname enthält Personenname (+); Unternehmen gehört zur Medienbranche [a] (+); Rang des Umsatzes bei IPO im Vergleich zum Umsatz anderer IPOs des Jahres als Proxy für das Unternehmensalter (–); prozentualer Anteil der Unternehmen der Region an allen Unternehmen (-) [b]; prozentualer Umsatzanteil der Unternehmen der Region am Umsatz aller Unternehmen (+) [b]. *Einflussfaktoren auf Tobins Q bzw.* log(Tobins Q) als Proxy für die Bewertung des Unternehmens: Dummy für Vorhandensein einer Dual-Class-Struktur (o); Differenz des Stimmrechtsanteils und des Cashflowanteils der Insider-Aktionäre (–) bzw. ALTERNATIV hierzu: Cashflowanteil der Insider (+), (Cashflowanteil)² (–); Stimmrechtsanteil der Insider (–), (Stimmrechtsanteil)² (+) [al-

| USA 1995-2002 | Jordan/ Liu/Wu (2014) | Datensatz von Gompers/Ishii/ Metrick (2010). 2.641 Beobachtungen (Unternehmen/Jahre). Ziel: Untersuchung Dividendenunterschiede bzw. Auszahlungen (auch vermittels Aktienrückkäufen) | lerdings ohne Scheitelpunkt der letzteren quadratischen Funktion im Bereich (0%, 100%), in diesem Bereich fällt Funktion monoton]. Dividendenrendite (Cash) der VzA mit im Mittel 0,73% p.a. um 0,25% höher als bei Single-Class-Unternehmen. Inkl. Auszahlungen wg. Aktienrückkäufen betragen die „Total payout yields" 1,8% bzw. 1,2% (Single-Class-Unt.). Differenzen auch nach Berücksichtigung verschiedener Faktoren (z.B. Size) signifikant. *Einflussfaktoren Dividendenrenditen:* Disparität zwischen Stimmrecht und Cashflow-Rechten (+), log. Bilanzsumme (+), FK-Quote (-), Alter des Unternehmens (+), Gewinnrücklagen/Bilanzsumme (+), Standardabweichung der Aktienkurse (-). *Interpretation:* Zahlung einer höheren Dividende als Kompensation für höhere Agency-Kosten. Anteil Cash-Dividenden an Ausschüttungen steigt mit zunehmender Stimmrechts-Disparität (und ist höher als bei Single-Class-Unternehmen). *Interpretation:* Commitment zur Kompensation. Anteil Cash-Dividenden an Ausschüttungen steigt mit abnehmendem Tobins Q und steigendem Free Cashflow. *Interpretation:* Firmen mit geringerem Wachstum/Investitionsmöglichkeiten und höherem Free Cashflow haben höhere Agency-Kosten und zahlen zur Kompensation (noch) höhere Dividende. |

[a] Die Aufnahme der Variable in die Untersuchung basiert auf den Erkenntnissen von DeAngelo/DeAngelo (1985) und Smart/Zutter (2003) über eine größere Wahrscheinlichkeit dafür, dass Medienunternehmen eine Dual-Class-Struktur haben, da Zeitungen und Fernsehsender bessere Möglichkeiten hätten, Private Benefits zu generieren; vgl. Gompers/Ishii/Metrick (2010), S. 12f.

[b] Gompers/Ishii/Metrick (2010) erklären dies damit, dass Unternehmen in ihrer Heimatregion als Wohltäter wirken. Je weniger konkurrierende Unternehmen ansässig sind, umso weniger sei eine Dual-Class-Struktur erforderlich, da das Unternehmen als vielleicht einziger größerer Arbeitgeber im Bedarfsfall eine größere Unterstützung (auch finanzieller Art) durch lokale Behörden erfahren würde, um sich vor feindlichen Übernahmen zu schützen. Je größer konkurrierende Unternehmen in der Region sind, umso wahrscheinlicher ist das Bestreben, unabhängig von der vorgenannten Überlegung Übernahmehindernisse wie Dual-Class-Strukturen einzurichten; vgl. a.a.O., S. 1064f.

5.1.3 Ländervergleichende Studien

Von den Studien zu einzelnen ausländischen Kapitalmärkten sind vergleichende Studien über Dual-Class-Unternehmen in verschiedenen Ländern zu unterscheiden. Meist enthalten Studien mit speziellem Schwerpunkt (wie der Wandlung von Vorzugs- in Stammaktien oder der Analyse von Cross-Listings) deskriptive Vergleiche zum Vorkommen von Dual-Class-Strukturen in verschiedenen Staaten. So vergleicht Pajuste (2005) Dual-Class-Strukturen in Deutschland, Skandinavien, Italien und der Schweiz und stellt fest, dass der Anteil von Dual-Class-Unternehmen an allen börsennotierten Unternehmen dieser Ländern von 41 % Ende 1995 auf 22 % Ende 2001 gesunken ist, wobei mit Ausnahme von Italien und Schweden ein sehr starker Rückgang von 39 % (in Dänemark) bis zu 69 % (in Norwegen) zu verzeichnen war.[1605] Im Mittel aller 493 einbezogenen Unternehmen betrug die „Stimmrechtsprämie" 16 %.[1606]

Doidge (2004) untersucht die Auswirkungen eines Cross-Listings von Dual-Class-Unternehmen in den USA anhand von 137 Gesellschaften (davon die Hälfte aus Kanada, Mexiko und Brasilien, sechs Unternehmen aus Deutschland) im Zeitraum 1994 bis 2001.[1607] Es wird festgestellt, dass die in den USA gelisteten Dual-Class-Unternehmen im Mittel eine um 43 % niedrigere Stimmrechtsprämie hatten als dort nicht gelistete Dual-Class-Unternehmen, obwohl vor dem Cross-Listing kein unterdurchschnittlicher Kursunterschied bestand. Ursächlich hierfür ist nach den Ergebnissen der Studie ein stärkerer Anstieg des Kurses der Aktie mit niedrigerem Stimmrecht im Vergleich zur „Stammaktie" (deren Kurs durch Cross-Listing ebenfalls ansteigt).[1608] Der Autor schlussfolgert, dass bei einem Cross-Listing in den USA das Ausmaß von Private Benefits zurückgeht und Minderheitsaktionäre besser geschützt sind.

Faccio/Lang (2002) analysieren die Diskrepanz zwischen Cashflow- und Stimmrechten – unter anderem durch Dual-Class-Strukturen – in 13 westeuropäischen Ländern in den Jahren 1996-1999. Interessant aus deutscher Perspektive ist, dass die Anteile, die der größte Aktionär an den Cashflow- und an den Stimmrechten deutscher Unternehmen hat, im Vergleich zu allen betrachteten Ländern am höchsten sind: Im Mittel hält der größte Aktionär 49 % der Cashflowrechte (europäischer Mittelwert 35 %) und 55 % der Stimmrechte (europäischer

---

[1605] Vgl. Pajuste (2005), Tabelle II (S. 46). In Italien betrug der Rückgang 16 %, in Schweden 24 %.
[1606] Vgl. a. a. O., Tabelle IV (S. 48).
[1607] Vgl. Doidge (2004), S. 528 (Tabelle 1).
[1608] Vgl. a. a. O., S. 550. Länderspezifische Ergebnisse werden in der Veröffentlichung nicht gezeigt.

Mittelwert 39%); das Verhältnis von Cashflow- zu Stimmrechten ist aber in der Nähe des Durchschnitts.[1609]

Die bisher umfassendste ländervergleichende empirische Studie zur Bewertung von Stimmrechten hat Nenova (2003) vorgelegt. Aus den Kursunterschieden im Jahr 1997 zwischen Aktiengattungen mit verschiedenem Stimmrecht von 661 Dual-Class-Unternehmen in den 30 größten Aktienmärkten (davon 65 Unternehmen aus Deutschland) ermittelt sie unter Berücksichtigung anderer Einflussfaktoren auf den Kurs (Dividenden- und Liquiditätsunterschied, Marktwert) für Zwecke der Vergleichbarkeit den Stimmrechtsaufschlag für ein Aktienpaket von 50% („control block").[1610] Der höchste Stimmrechtswert ergibt sich mit einem Median von 22,6% für Länder mit einem am französischen Zivilrecht orientierten Aktienrecht[1611] gefolgt von Ländern, die sich am deutschen Handelsrecht orientieren mit einem Median von 11,0%.[1612] Deutlich geringere Stimmrechtswerte ergeben sich in Staaten mit Common Law[1613] mit einem Median von 1,6% und – trotz der großen Verbreitung von Dual-Class-Strukturen – in den skandinavischen Ländern (Median 0,5%).[1614] Dies korrespondiert mit dem Ergebnis, dass der Shapley-Wert als Maß für Konzentration des Anteilsbesitzes und die Wahrscheinlichkeit eines Übernahmewettbewerbs in den Common-Law-Ländern und den skandinavischen Ländern vergleichsweise hoch und in den erstgenannten Ländern deutlich niedriger ist.[1615] Aus einer Regressionsanalyse schlussfolgert die Autorin, dass die wesentlichen Treiber der unterschiedlichen Stimmrechtswerte in den rechtlichen Rahmenbedingungen und Usancen des jeweiligen Landes zu finden sind, namentlich in Bezug auf die Qualität des Übernahmerechts, den Schutz von Minderheitsaktionären, die rechtliche Durchsetzbarkeit von Ansprüchen und die „Aktionärs(un)freundlichkeit" der Satzungsregelungen im Hinblick auf den Schutz von Paketaktionären.[1616]

[1609] Vgl. Faccio/Lang (2002), S. 392 (Tabelle 9).

[1610] Vgl. Nenova (2003), S. 331. Konkret soll dadurch u. a. das Problem umgangen werden, dass der marginale Stimmrechtswert abhängig von der Stimmrechtskonzentration ist.

[1611] Frankreich, Italien, Brasilien, Chile, Mexiko; Spanne: 23% bis 36%.

[1612] Deutschland (Median 4,9%, Mittelwert 9,5%), Südkorea und die Schweiz.

[1613] USA, Großbritannien, Kanada, Südafrika, Australien.

[1614] Vgl. Nenova (2003), S. 333 f. Die als Proxys für diese Größen aus verschiedenen Quellen aggregierten Indizes erklären 68% der systematischen Unterschiede.

[1615] Vgl. a. a. O., S. 337 f. Für deutsche Unternehmen wird mit im Mittel 0,1 einer der geringsten Shapley-Werte aller Länder ermittelt, was mit dem oben erwähnten Befund von Faccio/Lang (2002) eines hohen Stimmrechtsanteils des größten Aktionärs in Deutschland in Einklang steht.

[1616] Vgl. a. a. O., S. 348 f. Das Untersuchungsdesign trägt dem Umstand Rechnung, dass die vier Faktoren hochkorreliert, allerdings auch gemeinsam signifikant sind.

Dyck/Zingales (2004a)[1617] kommen auf Basis der gezahlten Prämie bei 393 Blocktransaktionen in 39 Ländern im Zeitraum 1990-2000 und dem zu beobachtenden Kursanstieg innerhalb von zwei Tagen nach Ankündigung zu vergleichbaren Schlussfolgerungen. Auch hier ergab sich für Deutschland eine hochsignifikante „Kontrollprämie" von 9,5 % und über alle betrachteten Länder ein Mittelwert von 14 % mit besonders niedrigen Werten (unter 3 %, nicht signifikant von null verschieden) u. a. in den USA, Großbritannien und Finnland.[1618] Auch in dieser Studie zeigt sich, dass ein Cross-Listing in den USA zu einer geringeren Kontrollprämie führt.[1619]

Die Studien zeigen, dass es zweifelsohne allgemein maßgebliche Einflussfaktoren auf die Höhe der Private Benefits und damit den Bewertungsunterschied wie die Qualität und Durchsetzbarkeit des Aktien- und Übernahmerechts und eine geringe Konzentration des Anteilsbesitzes gibt. Allerdings besteht bei solchen Studien die Gefahr, nationale Besonderheiten unberücksichtigt zu lassen. Diese dürften jedoch einen wichtigen Einfluss auf die Kursbildung bei Dual-Class-Unternehmen haben, z. B. die konkrete nationale Ausgestaltung der Vorzugsaktien, die Aktionärskultur, die Bedeutung von Familienunternehmen, Erwerbsbeschränkungen für Ausländer, Einflussmöglichkeiten der Arbeitnehmer auf Unternehmen, die Macht von Wirtschaftsmedien im Hinblick auf die Erzielung von Transparenz und durchaus auch allgemeine moralische Vorstellungen und die Steuermoral.[1620] Zudem ist die Wirkung dieser Faktoren möglicherweise nicht in

---

[1617] Auf Basis desselben Datensatzes und mit überwiegend identischen Aussagen auch veröffentlicht in Dyck/Zingales (2004b).

[1618] Als signifikante länderspezifische Faktoren für den Stimmrechtswert ermitteln die Autoren: transparentere Bilanzierungsvorschriften (-), Indizes für Stärke des Kleinanlegerschutzes und deren zeitnahe rechtliche Durchsetzbarkeit (-), einen Proxy für die Qualität des Wettbewerbsrechts (-), Steuerehrlichkeit (-), Anzahl verkaufter Zeitungen je 100.000 Einwohner (-). Daneben könnten aus Sicht der Autoren Moralvorstellungen eine Rolle spielen: Bei Verwendung der primären Religion in dem jeweiligen Land als Proxy waren in überwiegend katholischen Staaten Stimmrechtswerte nach den Ergebnissen deutlich (jedoch nicht signifikant) höher, in überwiegend protestantischen Staaten deutlich niedriger als in anderen Staaten; vgl. Dyck/Zingales (2004a), S. 66 f. Gemäß Dyck/Zingales (2004b), S. 571-575, sind in Ländern mit höheren Private Benefits auch die Aktionärsstruktur typischerweise stärker konzentriert, die Marktkapitalisierung des Aktienmarktes im Verhältnis zum BIP ist geringer, es finden weniger IPOs und mehr private Aktientransaktionen statt (Einflussfaktoren signifikant) – mit anderen Worten sind die Aktienmärkte weniger entwickelt.

[1619] Vgl. Dyck/Zingales (2004a), S. 58.

[1620] Vgl. Dyck/Zingales (2004a), S. 53. Die Autoren argumentieren u. a., dass die Steuerverwaltung und Kleinaktionäre gleichgerichtete Interessen hätten, den Abfluss privater Vermögensvorteile zu verhindern. In der Folge dürften in Ländern mit besserer Steuergerechtigkeit und entsprechender Durchsetzungskraft der Steuerverwaltung Private Benefits geringer sein; vgl. a. a. O.

allen Staaten gleich und zu einigen dieser Aspekte dürften nicht ohne Weiteres geeignete Proxys zur Verfügung stehen. Dies erschwert ökonometrische Analysen, soweit deren Ziel ist, Faktoren für Kursunterschiede auf unternehmensindividueller Ebene zu erklären. In dieser Hinsicht sollten die Ergebnisse von länderübergreifenden Studien mit einer gewissen Skepsis betrachtet werden. Allerdings leisten sie einen wichtigen Beitrag, um auf aggregierter Ebene Aussagen darüber abzuleiten, welche rechtlichen oder sonstigen Umstände Unterschiede in der Qualität des Corporate-Governance-Systems erklären.

5.2   Datenbasis der empirischen Untersuchungen zu Dual-Class-Unternehmen in Deutschland

5.2.1   Datenquellen und Beschreibung der Grundgesamtheit der Gesellschaften mit stimmrechtslosen Vorzugsaktien

Zur Bestimmung aller seit Einführung der stimmrechtslosen Vorzugsaktien in Deutschland börsennotierten Vorzugsaktien wurden die monatlichen Kurstabellen des Verlages Hoppenstedt ab 1954 im Abstand von vier Jahren bis zu deren Einstellung 1999 auf Vorzugsaktien durchgesehen, ab 1984 im Abstand von zwei Jahren. In den Kurstabellen sind entsprechend der früheren Usance Vorzugsaktien i. d. R. an der letzten Ziffer der Wertpapierkennnummer („3" oder „4"[1621]) zu identifizieren, außerdem an Abkürzungen wie „Vz." oder „Vorz." im Gattungsnamen. Für die Zeit ab 1999 wurde bis Ende 2017 jährlich der Kursteil „Aktien" der jährlichen Jahresschlussausgaben der Börsen-Zeitung auf Vorzugsaktien überprüft. Für die Zeit vor 1954 wurden weitere Veröffentlichungen herangezogen, insbesondere Aktienlisten in zeitgenössischen Dissertationen zu Vorzugsaktien (Lichtherz (1941), Albart (1955), Keinath (1957)) sowie die Arbeit von Klein (1981). Außerdem wurden die Verzeichnisse der Notizaufnahmen und -einstellungen in den jährlichen Ausgaben des „Saling Aktienführer" bzw. „Hoppenstedt Aktienführer" auf dort aufgeführte Vorzugsaktien durchgesehen. Schließlich wurde die am früheren Institut für Bank-, Börsen- und Versicherungswesen der Humboldt-Universität zu Berlin (Prof. Stehle) erstellte Datenbank zu in Frankfurt im früheren amtlichen Handel oder Geregelten Markt notierten Aktien auf dort verzeichnete Vorzugsaktien geprüft. Durch diese Vor-

---

[1621] Die „4" als letzte WKN-Ziffer wurde abgesehen von jungen Vorzugsaktien dann verwendet, wenn eine andere Vorzugsaktie (oft mit Mehrstimmrecht) existierte, deren WKN auf „3" endete.

gehensweise kann davon ausgegangen werden, dass alle seit 1939 in Deutschland börsennotierten Vorzugsaktien erfasst wurden.[1622]

Insgesamt wurden auf diese Weise 203 Gattungen börsennotierter Vorzugsaktien identifiziert. Zu diesen wurden in den erwähnten Aktienführern sowie in Ausgaben des Handbuchs der deutschen Aktiengesellschaften des Verlages Hoppenstedt[1623] die Angaben zum Stimmrecht und zu Dividenden- und sonstigen Vorzügen erhoben. Dabei war festzustellen, dass es sich in zwei Fällen um börsennotierte Vorzugsaktien mit Minderstimmrecht oder beschränktem Mehrstimmrecht[1624] und in 18 Fällen um börsennotierte Vorzugsaktien mit Stimmrecht handelte.[1625] Demnach waren zwischen 1939 und Ende 2017 stimmrechtslose Vorzugsaktien von 183 Unternehmen börsennotiert (einschl. Freiverkehr), davon Ende 2017 noch 37. Eine Liste dieser 183 Gesellschaften ist im Anhang B ersichtlich (Tabelle 41, S. 612).[1626] Die zeitliche Entwicklung der Anzahl der Vorzugsaktien wurde bereits in Abschnitt 3.1, S. 193, dargestellt.

[1622] Es ist denkbar, dass Gesellschaften, bei denen im Jahr der Notizaufnahme die Notierung wieder eingestellt wurde, auf diese Weise nicht erfasst worden sind; dies ist aber sehr unwahrscheinlich. Daneben gibt es auch einige Dual-Class-Unternehmen, bei denen Vorzugsaktien nur an die Mitarbeiter ausgegeben wurden und nicht börsennotiert sind. Diese Vorzugsaktien sind nicht Gegenstand dieser Untersuchung.

[1623] Diese mehrbändigen, seit 1896 erschienenen Werke wurden auch in den 1940er Jahren aufgelegt; von 1998 bis zu deren Einstellung 2008 unter den Namen „Companies & Sectors".

[1624] Berliner Kindl Stammprioritäten (Letztnotiz 1964); Vorzugaktien der Erdölwerke FRISIA mit doppeltem Stimmrecht, jedoch begrenzt auf den Nominalbetrag von 5000 DM (Letztnotiz 1965).

[1625] Konkret waren dies Vorzugsaktien der folgenden Unternehmen (Letztnotiz jeweils in Klammern): Liegnitz-Rawitscher Eisenbahn-Gesellschaft AG (1944), Anhaltinische Kohlenwerke AG (1944), Riebeck-Brauerei AG (1946), Görlitzer Waggon- und Maschinenbau AG (1948), Schultheiß AG (1957), Kasseler Verkehrs-Gesellschaft AG (1957), Busch-Jaeger Dürener Metallwerke AG (1964), Lenz Bau-AG (1964), Lederer-Bräu AG (1972), Ilmebahn AG (1993), Krupp Stahl AG (1993), Rinteln-Stadthagener Eisenbahn-Gesellschaft AG (1996), GBWAG Bayerische Wohnungs-AG (1998), BFI Bank AG (2007), Teutoburger Wald-Eisenbahn-AG (2011), Areal Immobilien und Beteiligungs AG (2017), Dahlbusch AG, GAG Immobilien AG (beide Ende 2017 noch notiert).

[1626] Dort sind auch die Wertpapierkennnummern, die Erst- und Letztnotiz der Stamm- und Vorzugsaktien und Gründe für Notizeinstellungen angegeben. Für die empirischen Untersuchungen werden die Kursdaten ggf. nur bis zum Tag der Bekanntgabe eines Insolvenzantrages oder der Absicht einer Verschmelzung oder eines Squeeze-out verwendet (Spalte „maßgebliche Letztnotiz"). Das Datum und die Begründung für einen Börsenrückzug wurden auf der Basis von Ad-Hoc-Mitteilungen und einer Recherche in Zeitungsdatenbanken ermittelt. Da die Gesellschaften bisweilen ihre Firma wechselten, wird auf die Gesellschaften in dieser Untersuchung mit dem Namen referenziert, den sie während der Börsennotiz von Vorzugsaktien zuletzt hatten.

Von den 183 börsennotierten stimmrechtslosen Vorzugsaktien waren 52 Vorzugsaktien nur allein (also zu keinem Zeitpunkt zeitgleich mit den Stammaktien) notiert.[1627] Davon wurden in 15 Fällen die Vorzugsaktien so in Stammaktien gewandelt, dass sich die Börsennotiz der Stammaktien direkt an die Notiz der stimmrechtslosen Vorzugsaktien anschloss. Von den übrigen 36 Gesellschaften waren bis Ende 2017 nie Stammaktien an einer Börse notiert, dabei waren die Vorzugsaktien in 11 Fällen auch noch Ende 2017 notiert. Für die 52 Gesellschaften mit nur notierten Vorzugsaktien können keine Untersuchungen zum Kurs- und Renditeunterschied der Stamm- und Vorzugsaktien durchgeführt werden.

Im Ergebnis umfasst die Gesamtheit aller Dual-Class-Unternehmen mit zumindest zeitweilig paralleler Notiz von Stamm- und stimmrechtslosen Vorzugsaktien 131 Gesellschaften,[1628] von denen 26 noch Ende 2017 notiert waren. Sieben Unternehmen, bei denen die Börsennotiz vor 1956 endete oder die sich kriegsfolgenbedingt seit 1945 in Liquidation befanden, konnten nicht in die Untersuchung einbezogen werden.[1629] Bei zwei weiteren Gesellschaften waren die Vorzugsaktien nicht mit einer partizipativen Dividende, sondern einer Höchstdividende ausgestattet. Da die Kursbildung solcher genussscheinähnlicher Instrumente wesentlich von der von Vorzugsaktien mit partizipativer Dividende abweicht, mussten diese Gesellschaften ebenfalls von der Untersuchung ausgeschlossen werden.[1630] Insofern waren zwischen 1956 und 2017 122 Paare von Stamm- und stimmrechtslosen Vorzugsaktien mit partizipativer Dividende börsennotiert. Diese bilden die Grundgesamtheit für die Untersuchungen in diesem Kapitel. Allein bei sechs dieser Unternehmen bestand ein beherrschender oder zumindest ein maßgeblicher Einfluss der Unternehmerfamilie Merckle.[1631] Auch wenn einige dieser Gesellschaften mglw. nur als Mäntel zur Vermögensverwaltung genutzt worden sind, ist dies für sich genommen kein Grund, diese *bei aus-*

[1627] In der Tabelle 41 im Anhang A als Kategorie „A" (für „allein notiert") markiert.

[1628] In der Tabelle 41 im Anhang A als Kategorie „B" (für „beide notiert") markiert.

[1629] Anhaltinische Kohlenwerke AG, Dt. Golddiskontbank AG, Mannesmannröhrenwerke AG, O&K Orenstein + Koppel AG, Siemens & Halske AG, Köllmann AG, Stettiner Oderwerke AG. Daneben auch die Vorzugsaktien der Oberschlesischen Hydrierwerke und der Cornelius Heyl AG, von denen allerdings nie zeitgleich Stammaktien notiert waren.

[1630] Dabei handelt es sich um die Vorzugsaktien der Verseidag AG und der Gerling-Konzern Allg. Versicherung AG. Auch die stimmrechtslosen Vorzugsaktien der Mannesmannröhrenwerke AG wiesen eine limitierte Dividende auf, allerdings wurden diese schon wegen der Letztnotiz 1949 nicht in die Untersuchung einbezogen.

[1631] Deren Anteil lag jedenfalls zeitweilig über 75% bei den Hanfwerken Oberachern AG, den Kötitzer Leder- und Wachstuchwerken AG, der F. Reichelt AG und der Otto Stumpf AG. Beteiligungsquoten von mehr als 20% bestehen oder bestanden bei der HeidelbergCement AG und der früheren Allweiler AG.

reichenden Umsätzen (siehe aber Seite 493) von der Untersuchung auszuschließen, da sich die Kurse der Stammaktien und der Vorzugsaktien frei am Markt bilden konnten.

Von den 122 zeitgleich notierten Stamm- und Vorzugsaktienpaaren wurden in 44 Fällen die Vorzugsaktien in dann allein notierte Stammaktien gewandelt.[1632] Zusammen mit den 15 allein notierten Vorzugsaktien, die seit 1956 in börsennotierte Stammaktien gewandelt wurden, waren also bis 2017 59 Wandlungen von börsennotierten Vorzugs- in börsennotierte Stammaktien zu verzeichnen.

5.2.2   Aktionärsstruktur der Dual-Class-Unternehmen

5.2.2.1   Erhebung von Aktionärsstrukturdaten

Die Daten zur Aktionärsstruktur wurden im zeitlichen Abstand von vier Jahren für die Jahre 1954 bis 2014 aus den Angaben in den Saling- bzw. Hoppenstedt Aktienführern erhoben.[1633] Bei unplausiblen Angaben wurden weitere Informationsquellen herangezogen und Korrekturen vorgenommen.[1634] Aufgrund der Fertigstellung dieser Arbeit Anfang 2018 wurde abweichend von dem vierjährigen Turnus als letzter Jahrgang eine Erhebung per Ende 2016 (mithin drei Jahre nach dem letzten Stand aus den Aktienführern 2014) durchgeführt, und zwar auf Basis der Geschäftsberichte der Unternehmen für 2016, sonstiger ver-

---

[1632] Hinzu kommen fünf Wandlungen in den aus der Untersuchung ausgeschlossenen Unternehmen, namentlich der beiden Gesellschaften mit Höchstdividende und von drei Gesellschaften mit Wandlung vor 1956 (Stettiner Oderwerke, O&K Orenstein & Koppel, Siemens & Halske).

[1633] Für die Interpretation zu berücksichtigen ist, dass die Aktienführer gegen Ende des jeweiligen Vorjahres erschienen und folglich auf dem Stand etwa vom Ende des Vorjahres sind. Beispielsweise stellen die Angaben im „Hoppenstedt Aktienführer 2010" den Stand per Ende 2009 dar, weshalb bei einer Bezugnahme zum Kursaufschlag eine Verknüpfung mit den Kursdaten per Ende des Vorjahres erfolgt (d. h. die Daten aus dem Aktienführer 2010 werden mit den Jahresschlusskursen 2009 verknüpft).

[1634] So war beispielsweise für die Allweiler AG ab 1980 regelmäßig in den Aktienführern vermerkt, dass sich die Aktien in Streubesitz befänden, obwohl in Veröffentlichungen konkrete Beteiligungsquoten eines familiären Stammaktienpools und weiterer Paketaktionäre (wie Adolf Merckle [Quelle: „Die Aktiengesellschaft" (z. B. 1995, S. R408)]) genannt sind. In dem konkreten Fall Allweiler wurde für die Aktionärsstrukturdaten angesichts eines kompletten Austauschs des Vorstands und – lt. Bundesanzeiger vom 23.9.1988 im September 1988 auch des Aufsichtsrates – nach einem Verlust in doppelter Höhe des Grundkapitals im Jahr 1987 angenommen, dass der Wechsel der Anteilseignerverhältnisse auf die spätere Struktur zwischen den Erhebungen 1986 und 1990 erfolgte (für 1990 konnten keine anderen Angaben ermittelt werden; lt. Handelsblatt vom 6.10.1992 bestand eine maßgebliche Beteiligung der Autania AG für Industriebeteiligungen, weshalb die Angabe „Streubesitz" in den Aktienführern nicht zutreffen konnte). Zudem wurde 1988 der spätere Vorstandsvorsitzende und Paketaktionär Scheerle Aufsichtsratsmitglied.

öffentlichter Investor-Relations-Informationen und Ad-Hoc-Meldungen sowie der bei der Bundesanstalt für Finanzdienstleistungsaufsicht einsehbaren Stimmrechtsdatenbank. Mit dem grundsätzlich vierjährigen Abstand soll dem Umstand Rechnung getragen werden, dass Veränderungen in der Aktionärsstruktur (wie auch in dem zeitgleich erhobenen Grundkapital) meist nicht jährlich sondern nur über längere Zeiträume erfolgen; über mehrere Beobachtungen konstante Erklärungsvariablen könnten zudem zu statistischen Problemen führen und die Aussagekraft von Regressionsergebnissen einschränken.

Für fünf Unternehmen bestand eine relevante Börsennotiz von stimmrechtslosen Vorzugsaktien nur in einem kurzen Zeitraum zwischen zwei Erhebungsstichtagen, weshalb eine Einbeziehung in die Regressionsanalysen nicht möglich ist.[1635] Insgesamt waren für 167 Gesellschaften Aktionärsstrukturdaten zu erheben.[1636] Unter Berücksichtigung des grundsätzlich vierjährigen Turnus und der jeweiligen Periode der Notiz der Vorzugsaktien ergibt dies 805 Beobachtungen (Kombinationen aus Gesellschaft und Jahr), zu denen die Aktionärsstrukturdaten sämtlich erhoben wurden.[1637] 567 dieser Beobachtungen von 120 Gesellschaften betreffen gleichzeitig notierte Stamm- und Vorzugsaktien und stehen also für vergleichende Untersuchungen grundsätzlich zur Verfügung.[1638]

Erhoben und nach Typ klassifiziert wurden jeweils die vier größten Aktionäre mit ihren Stimmrechtsanteilen, die Anzahl und der kumulierte Anteil weiterer

---

[1635] Dabei handelt es sich um die PINTSCH BAMAG AG (Einführung der Vorzugsaktien im Juni 1968, Umwandlung in Stammaktien nach Beschluss der Hauptversammlung am 29.5.1969), zwei kurz nach Börseneinführung in Konkurs geratene Unternehmen der EDV-Branche (BCT-Computer AG, notiert 15.3.1984 bis 6.5.1985; Tewidata AG, notiert 27.7.1983 bis 3.4.1985), die Koch Gruppe Automobile AG (notiert 2011/12) sowie die erst im Juli 2017 von der früheren Metro AG abgespaltene und an der Börse eingeführte (neue) Metro AG (vormals Metro Wholesale & Food Specialist AG). Auch für diese Unternehmen wurde der letzte Stand der Aktionärsstruktur erhoben.

[1636] Und zwar für die genannten 183 börsennotierten Vorzugsaktien abzüglich der elf in den Fußnoten 1629 und 1630 genannten ausgeschlossenen Gesellschaften mit letzter Börsennotiz bis 1955 oder Liquidation seit Ende des Zweiten Weltkriegs oder limitierter Vorzugsdividende sowie abzüglich der fünf o.g. Unternehmen mit nur kurzer Börsennotiz zwischen zwei Erhebungsstichtagen.

[1637] Daten bis 2002 wurden z.T. von früheren studentischen Mitarbeitern des Instituts für Bank-, Börsen- und Versicherungswesen der Humboldt-Universität zu Berlin für Lehrstuhlszwecke erhoben. Der Dank des Verfassers gilt insbesondere Sven Brüsewitz, Hannes Fuchs, Sascha Lehr, Toni Lohde, Martina Natsch und Marit Rigow.

[1638] Dementsprechend betreffen 238 Beobachtungen Zeitpunkte, an denen nur die Vorzugsaktien notiert waren; dies von 47 Unternehmen mit niemals börsennotierten Stammaktien und von 21 Unternehmen, bei denen zeitweilig eine parallele Notierung bestand. Diese Beobachtungen werden für deskriptive Analysen von Dual-Class-Unternehmen herangezogen.

Paketaktionäre[1639] und der Streubesitzanteil. Maßgeblich war jeweils der Anteil an den Stammaktien, da in dieser Untersuchung der Einfluss der Stimmrechtsmacht auf den Kurs- und ggf. Renditeunterschied untersucht werden soll; Anteile am Vorzugsaktienkapital spielen hierfür nur bei aufgelebtem Stimmrecht eine Rolle.[1640] Der Anteil an den Stammaktien wurde um angegebene Bestände der Gesellschaft an eigenen Aktien korrigiert, d. h. es wurde der Anteil der Aktionäre an den ausstehenden Stammaktien erfasst. Bei Angaben zu Beteiligungshöhen wie „mehr als x%" wurde der angegebene Wert um 0,01 Prozentpunkte erhöht (z. B. auf 25,01%), bei Angaben wie „unter x%" um 0,01 Prozentpunkte vermindert (z. B. auf 24,99%) und bei der Angabe „rund x%" der angegebene Wert verwendet. „Mehrheitlich in Besitz von ..." wurde als 50,01% interpretiert.[1641] Bei der Bezeichnung „maßgeblicher Anteil" wurde ein Stimmrechtsanteil von 49,99% angesetzt.[1642] Der Streubesitzanteil wurde – soweit nicht anders angegeben – als Residualgröße der erfassten Anteile zu 100% berechnet.

Die Klassifizierung der Aktionäre erfolgte nach den Kategorien Familienaktionär, inländisches Unternehmen, Kreditinstitut, Eigentümer mit genossenschaftlichem Charakter,[1643] Versicherung, öffentliche Hand und ausländischer Aktio-

---

[1639] Allerdings waren Angaben für mehr als vier einzelne Paketaktionäre nur bei insgesamt sieben Gesellschaften und nur für einzelne Jahre verzeichnet (Biotest, Ceconomy, Dyckerhoff, Hornblower Fischer, RWE, Spar und Versiko).

[1640] Zudem standen zu den Anteilen am Vorzugsaktienkapital keine zuverlässigen Informationen zur Verfügung. Daher muss die Unschärfe abweichender Stimmrechtsanteile bei nach zweimaligem Dividendenausfall aufgelebtem Stimmrecht in Kauf genommen werden. In dieser Situation dürfte allerdings ohnehin der Dividendenvorzug einen größeren Einfluss auf den Kursunterschied haben. Die Angaben zur Aktionärsstruktur in den Aktienführern waren offenbar uneinheitlich zum Teil auf das Grundkapital, zum Teil nur auf die Stammaktien bezogen. Daher mussten zum Teil weitere Informationsquellen herangezogen werden und im Rahmen der Konsistenzprüfung Vergleiche mit früheren oder späteren Jahren durchgeführt und auf dieser Basis ggf. Annahmen getroffen werden.

[1641] Sofern aus anderen Quellen wie Presseveröffentlichungen und Ad-Hoc-Mitteilungen konkretere Informationen vorlagen, wurden diese verwendet.

[1642] Handelsrechtlich wird unter einem maßgeblichen Einfluss eine Beteiligung von mehr als 20% (§ 311 Abs. 1 Satz 2 HGB) und weniger als 50% verstanden. Es ist allerdings nicht auszuschließen, dass in den Angaben in den Saling- bzw. Hoppenstedt-Aktienführern auch bei Mehrheitsbeteiligungen der Begriff „maßgeblicher Einfluss" verwendet wurde.

[1643] In diese Kategorie wurden neben direkten genossenschaftlichen Eigentümern wie im Fall der Sanacorp AG der Sanacorp eG (mit nahezu 7.000 Apotheken als Mitgliedern) auch andere Aktionäre eingeordnet, bei denen (z. B. durch die Rechtsform eines Vereins) gleichgerichtete Interessen mehrerer natürlicher Personen wahrgenommen werden. Beispiele sind bei der Stada AG die Gesamtheit der im Besitz von Apothekern und Ärzten (die historisch eine Genossenschaft bildeten) befindlichen vinkulierten Namens-Stammaktien, bei der Mineralbrunnen Überkingen-Tei-

när. Bei separater Angabe der Anteile von Mitgliedern *einer* Familie wurden die Anteile zusammengerechnet und als ein Aktionär behandelt, da in aller Regel von einem abgestimmten Vorgehen der Familienmitglieder ausgegangen werden kann; bei mehreren Gründern wurden aber die jeweiligen Familienstämme grundsätzlich separat erfasst.[1644] In- und ausländische Holdinggesellschaften und Stiftungen wurden ebenfalls der Kategorie „Familienaktionär" zugerechnet, sofern es sich um Holdings bzw. Stiftungen der Familien handelte. Ansonsten wurden Holdings und andere Beteiligungsgesellschaften als inländisches Unternehmen, ausländischer Aktionär oder bei Holdings mit maßgeblicher Beteiligung von Banken wie der Gesellschaft für Automobilwerte GmbH (mit 50%iger Beteiligung der früheren Dresdner Bank) als Kreditinstitut klassifiziert. Bei ausländischen Aktionären – häufig Private-Equity-Gesellschaften – wurde keine weitere Differenzierung vorgenommen, d.h. davon ausgegangen, dass die Investitionsmotive und Handlungsweisen ausländischer Aktionäre ähnlich sind.[1645]

5.2.2.2 Deskriptive Ergebnisse zur Aktionärsstruktur

In der nachfolgenden Abbildung 12 werden die für die Beobachtungsjahre erhobenen Daten zur Aktionärsstruktur von Unternehmen, bei denen sowohl Stamm- als auch stimmrechtslose Vorzugsaktien börsennotiert waren, denen von Dual-Class-Unternehmen mit ausschließlicher Notiz der Vorzugsaktien gegenübergestellt. Maßgeblich ist dabei der Anteil an den Stammaktien (ohne Berücksichtigung eines mglw. aufgelebten Stimmrechts der Vorzugsaktien).[1646]

---

nach AG die Versorgungshilfe der Betriebsangehörigen und der Wohlfahrtsverein des württembergisch-hohenzollerischen Gaststättengewerbes sowie Belegschaftsaktionäre.

[1644] Im Fall eines wertpapierhandelsrechtlich gemeldeten „Acting in concert" wurde diese allerdings wie ein Aktionär behandelt, z.B. im Jahr 2016 bei der Jungheinrich AG.

[1645] Ein Besonderheit betrifft – aufgrund der sehr breiten Aktionärsstruktur – die RWE AG: Hier wurden die in den Aktienführern vorgefundenen prozentualen Beteiligungsquoten von „Gemeinden und Gemeindeverbänden", „Banken, Versicherungen, Vermögensgesellschaften, Investmentgesellschaften", „Industrie, Handel und Gewerbe" jeweils wie ein Aktionär behandelt und dementsprechend gleichgerichtete Interessen unterstellt; konkrete einzelne Aktionäre waren bis 1994 nicht angegeben. Die Angaben zu „Privatpersonen", „Rentnern", „Studenten", „Selbständigen", „Hausfrauen" und „Sonstigen" wurden dem Streubesitz zugerechnet.

[1646] Maßgeblich ist die Börsennotiz am 31. Dezember des jeweiligen Beobachtungsjahres. Für Unternehmen, bei denen die Stammaktien erst später an der Börse eingeführt wurden, werden die Aktionärsstrukturdaten bis dahin der letztgenannten Kategorie („Vorzugsaktien einzeln notiert") zugeordnet. Dasselbe gilt bei Börsennotiz der Vorzugsaktien nach Delisting der Stammaktien, was allerdings nur in einem Fall (Teutonia Zementwerk AG) vorkam.

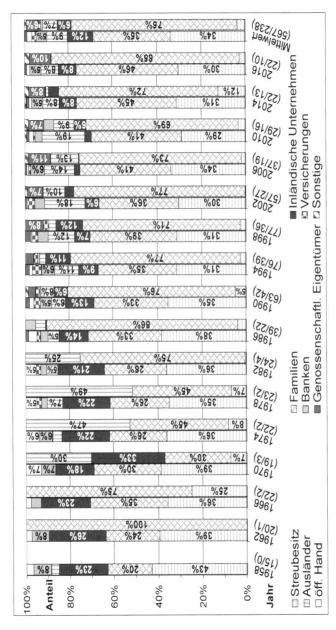

Abbildung 12:   Mittlere Stimmrechtsanteile von Dual-Class-Unternehmen nach Aktionärstypen

Schraffuren: vertikal gestreift = Streubesitz, horizontal gestreift = Ausländer, kariert = Familien, Schachbrett = Versicherungen, schräg gestreift = Sonstige. Die Angaben in der jeweils linken Säule beziehen sich auf Beobachtungen, bei denen StA und VzA gleichzeitig notiert sind, die Angaben in der rechten Säule auf einzeln notierte VzA (jeweils auf ganze Prozent gerundet). Mittlere Anteilsquoten unter 5 % werden nicht zahlenmäßig ausgewiesen. Unter den Jahreszahlen der Beobachtungen ist die Anzahl der Beobachtungen für die Fälle „beide notiert" bzw. „einzeln notiert" angegeben.

Quelle: Eigene Erhebungen

Bei *Gesellschaften mit allein notierten Vorzugsaktien* lagen im arithmetischen Mittel 74,9% der Stammaktien in den Händen von Familienaktionären, wie der Abbildung 12 zu entnehmen ist. Aktienpakete von anderen inländischen Unternehmen, ausländischen Investoren und Anteilseignern mit genossenschaftlichem Charakter haben mit durchschnittlich 6-7% der Stammaktien nur eine geringe Bedeutung. Die auffälligen Werte in den Jahren bis 1982 resultieren aus der sehr geringen Anzahl von Beobachtungen.[1647] Der im Mittel vergleichsweise hohe Anteil an Aktionären mit genossenschaftlichem Charakter resultiert vor allem aus dem 100%igen Besitz der Stammaktien der Sanacorp AG durch die Apothekergenossenschaft Sanacorp eG und dem 100%igen Besitz der Stammaktien der Garant Schuh AG durch nahezu 5.000 selbstständige Schuhfachhändler sowie vergleichbare Strukturen bei der früheren Südmilch AG. Es ist angesichts des hohen Anteils der Familienaktionäre offensichtlich, dass die Eigentümerfamilien in diesen Familien ihren Herrschaftsanspruch auch nach Ausgabe von Vorzugsaktien in der Regel nicht aufzugeben gedachten. Vor diesem Hintergrund liegt es nahe, dass die weiteren Stammaktien und insbesondere die börsennotierten Vorzugsaktien eine reine Finanzierungsfunktion hatten, wie dies vom Gesetzgeber 1938 auch intendiert war. In dieser Konstellation dürften Vorzugsaktien wohl nur zu einem größeren (Risiko-)Abschlag zum vermeintlichen Wert der (nicht-notierten) Stammaktien von den Investoren übernommen worden sein.

Auch bei *Unternehmen mit börsennotierten Stamm- und Vorzugsaktien* stellen Familienaktionäre mit Abstand die größte Aktionärsgruppe. Zwar haben sie mit einem mittleren Stammaktienanteil von 34,9% ihre absolute Stimmenmehrheit im Durchschnitt aufgegeben. Gleichwohl haben sie seit 1986 in allen beobachteten Jahren eine Stimmenmehrheit unter allen Paketaktionären aufrechterhalten; die anderen Paketaktionäre besitzen zusammen im Mittel 31,5% der Stammaktien. Aktienpakete, die von anderen inländischen Nichtfinanz-Unternehmen oder ausländischen, i.d.R. institutionellen Investoren gehalten wurden, haben mit im Mittel 21,0% eine größere Bedeutung als bei Unternehmen ohne notierte Stammaktien. Der mittlere Streubesitzanteil der börsennotierten Stammaktiengattungen schwankt seit 1962 nur in geringem Maße zwischen 29% und 39% (seit 1990 nur bis 35%), während sich Vorzugsaktien zum Teil zu 100% im Streubesitz befanden. Der relativ konstante Streubesitzanteil deutet nicht darauf hin, dass sich Streubesitz(stamm)aktionäre aus den Dual-Class-Unternehmen zurückziehen und sich nicht an Kapitalerhöhungen beteiligen würden.

[1647] Konkret waren die Stammaktien der Warenhaus-Liegenschaften AG zunächst vollständig im Besitz des Kaufhaus-Eigners Helmut Horten und die Stammaktien der Braun AG anfänglich zu 89%, später zu 100% im Eigentum der US-amerikanischen Gillette-Company.

Die aus Abbildung 12 gewonnenen Erkenntnisse korrespondieren auch zu einer Analyse des Typs der größten Aktionäre in der folgenden Abbildung 13.

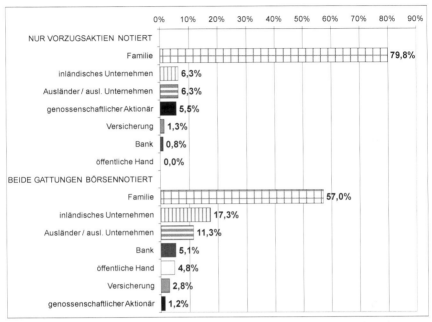

Abbildung 13: Typ des größten Stammaktionärs nach relativer Häufigkeit

Maßgeblich ist die Anzahl der Beobachtungen, bei der der Aktionär mit dem größten Stammaktienanteil vom angegebenen Typ ist, im Verhältnis zu allen 238 Beobachtungen bei einzeln notierten Vorzugsaktien bzw. 567 Beobachtungen bei parallel notierten Stamm- und Vorzugsaktien.

Quelle: Eigene Erhebungen

Konkret ist festzuhalten, dass bei fast 80 % der Beobachtungen von Unternehmen mit einzeln notierenden Vorzugsaktien Familien größte Aktionäre sind – in Zusammenhang mit Abbildung 12 ist es naheliegend, dass die Gesellschaften in diesen Fällen auch von der Familie beherrscht wird. Bei sieben Gesellschaften war zumindest zeitweilig ein anderes inländisches Unternehmen größter Aktionär,[1648] bei ebenfalls sieben Gesellschaften ein ausländischer Investor.[1649]

[1648] Z. B. Rheinmetall bei der Jagenberg AG und Philipp Holzmann bei der Scheu + Wirth AG.
[1649] Z. B. Prada bei der Jil Sander AG und American Standard bei der Jado Design Armaturen AG.

Auch wenn Familien bei Gesellschaften mit notierten Stamm- *und* Vorzugsaktien *im Mittel* die Stimmenmehrheit abgegeben haben, stellen die Familien bei
mehr als der Hälfte dieser Gesellschaften (57%) den größten Aktionär. Die relative Bedeutung der Gesellschaften, die von anderen inländischen Unternehmen
kontrolliert werden (oder jedenfalls einen solchen größten Aktionär haben), ist in
der Teilmenge von Gesellschaften mit Notiz beider Gattungen allerdings fast
dreimal so hoch, und die von ausländischen Investoren fast doppelt so hoch wie
bei Unternehmen ohne notierte Stammaktien. Die öffentliche Hand war zeitweilig größter Aktionär bei der Deutsche Lufthansa AG, bei der Volkswagen AG[1650]
und bei der RWE AG. Bei immerhin neun Dual-Class-Unternehmen hielt ein
Kreditinstitut das größte Aktienpaket, insbesondere als Vehikel zur Anlage in
Immobilien (wie die frühere Bayerische Hypotheken- und Vereinsbank AG bzw.
Unicredit Bank AG bei der AGROB Immobilien AG) oder in Unternehmens-
beteiligungen (wie die Deutsche Bank AG bei der Deutsche Beteiligungs-AG).
Bei 4,8% der Beobachtungen war eine Versicherung größter Aktionär, z.B. die
Allianz bei MAN oder die AXA Colonia Konzern AG bei drei notierten
Versicherungsunternehmen mit Dual-Class-Struktur.

Zu untersuchen ist noch, wie hoch der mittlere Anteil des größten Aktionärs tatsächlich ist: Da dies bei Gesellschaften mit einzeln notierten Vorzugsaktien in
den allermeisten Fällen eine Familie ist, dürfte der Anteil dort in etwa dem aus
Abbildung 12 entsprechen, sofern es sich um *eine* Familie als Mehrheitsgesellschafter handelt (was nicht immer der Fall ist). Im Fall der Notiz von Stamm-
und Vorzugsaktien ist keine solche Schlussfolgerung möglich. Dies wird auch
anhand der beiden oberen Linien in Abbildung 14 (auf der Folgeseite) deutlich.

Tatsächlich schwankt bei allein notierten Vorzugsaktien in der Zeit seit 1986 (in
der die Zahl der Beobachtungen ausreichend ist) der mittlere Stimmrechtsanteil
des größten Aktionärs zwischen 74,3% und 92,5% (Mittelwert 84,1%). Bei Notiz beider Gattungen liegt dieser Anteil zwar deutlich darunter (59,0%), jedoch
liegt er etwas überraschend in allen Jahren deutlich über 50%. Gleichwohl steht
dies nicht im Widerspruch zu den Ergebnissen von Abbildung 12, da Familienaktionäre – wie in Abbildung 13 unten ersichtlich – nur bei etwas mehr als 50%
der Beobachtungen größte Aktionäre sind und sonst durch die anderen Mehrheitsverhältnisse der mittlere Anteil der Familienaktionäre reduziert wird.

[1650] Bei der Volkswagen AG zwar anders als bei der Lufthansa nicht mit Mehrheit der Stammaktien,
jedoch geschützt durch ein Höchststimmrecht, vgl. Abschnitt 2.3.3.2, S. 161.

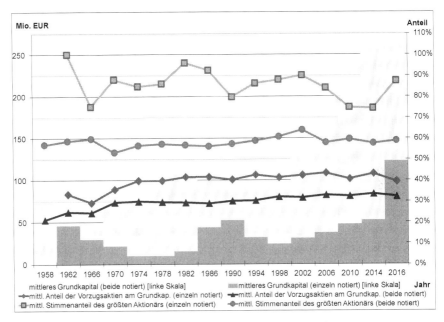

Abbildung 14: Kapitalanteil der Vorzugsaktien, Stimmenanteil des größten
Aktionärs und Entwicklung des Grundkapitals der Dual-Class-
Unternehmen im Zeitablauf

In der Abbildung sind die jeweiligen Mittelwerte für Beobachtungen, bei denen
Stamm- und Vorzugsaktien gleichzeitig notiert waren („beide notiert"), denen
von Beobachtungen mit nur notierten Vorzugsaktien („einzeln notiert") gegenübergestellt. Die jeweilige Anzahl der Beobachtungen kann der Abbildung 12
entnommen werden. Angaben zum Grundkapital in DM wurden mit dem amtlichen Umrechnungskurs in Euro umgerechnet.

Quelle: Eigene Erhebungen.

Im Zusammenhang mit der Erhebung der Aktionärsstruktur wurde aus den
Saling- bzw. Hoppenstedt-Aktienführern auch das Grundkapital der Stamm- und
der Vorzugsaktien erhoben. Auf dieser Basis wurden der Grundkapitalanteil des
Vorzugsaktienkapitals am gesamten Grundkapital (die beiden unteren, dunkleren
Linien) berechnet und ebenfalls in Abbildung 14 dargestellt. Dem im Hintergrund als Säulen dargestellten mittleren Grundkapital kann man entnehmen, dass
die Gesellschaften, von denen beide Gattungen an der Börse notiert waren, seit
1966 in jedem Beobachtungsjahr ein deutlich, im Mittel nahezu dreifach höheres
Grundkapital hatten als Gesellschaften mit einzeln notierten Vorzugsaktien. Der
deutliche Anstieg des mittleren Grundkapitals seit 2002 ist ein Indiz dafür, dass

insb. kleinere Dual-Class-Unternehmen ihre Vorzugs- in Stammaktien gewandelt haben und dementsprechend im Mittel größere Dual-Class-Unternehmen (wie BMW, MAN, RWE und Volkswagen) „übriggeblieben" sind.[1651, 1652]

Deutliche Unterschiede zeigen sich auch beim Grundkapitalanteil des Vorzugsaktienkapitals. Im Mittel und zu jedem Beobachtungszeitpunkt lag dieser bei Unternehmen mit einzeln notierten Vorzugsaktien mit 41,3 % um 11 Prozentpunkte über dem mittleren Grundkapitalanteil von Gesellschaften mit notierten Stamm- *und* Vorzugsaktien (30,2 %).[1653] Die gesetzliche Begrenzung für die Ausgabe von Vorzugaktien auf die Hälfte des Grundkapitals nutzen die Dual-Class-Unternehmen also nicht aus, wenn auch die meist kleineren Dual-Class-Gesellschaften mit einzeln notierten Vorzugsaktien von der Möglichkeit zur Ausgabe von Vorzugsaktien stärker Gebrauch machen. Angesichts eines im Mittel deutlich größeren Stammaktienanteils des größten Aktionärs bei diesen Gesellschaften haben diese Aktionäre trotz eines höheren Anteils ausgegebener Vorzugsaktien selbst im Fall eines aufgelebten Stimmrechts der Vorzugsaktien nahezu eine Mehrheit des dann stimmberechtigten Kapitals: Mit einem Anteil von 49,4 %[1654] dürften diese Aktionäre (im Mittel) sogar noch eine faktische Stimmenmehrheit bei der Hauptversammlung erreichen.

Bei Dual-Class-Unternehmen mit zwei notierten Gattungen erreicht der größte Aktionär bei aufgelebtem Stimmrecht trotz des im Mittel geringeren Anteils ausgegebener Vorzugsaktien „nur" einen Anteil von durchschnittlich 41,0 % am stimmberechtigten Kapital. Zusammen mit den drei nächstgrößeren Aktionären (in der Abbildung nicht gezeigt) beträgt bei diesen Gesellschaften der mittlere Stammaktienanteil allerdings 66,2 %, sodass für diese Aktionäre bei aufgelebtem Stimmrecht mit einem kumulierten Anteil am dann stimmberechtigten Kapital von im Mittel 46,2 % die Erreichung einer faktischen Hauptversammlungsmehr-

---

[1651] Ebenso erklärt sich der Sprung 2016 bei den Gesellschaften mit einzeln notierten Vorzugsaktien: Nach dem Ausscheiden kleinerer Gesellschaften zwischen 2014 und 2016 (wie CONET und Berentzen) ist der Einfluss der größeren Gesellschaften (Porsche, Schaeffler und Jungheinrich) auf den Mittelwert gestiegen und hat zu dessen Anstieg geführt.

[1652] Für eine Einordnung des mittleren Grundkapitals der Dual-Class-Unternehmen wäre ein Vergleich zum mittleren Grundkapital aller börsennotierten Aktiengesellschaften und KGaA interessant. Seit Einstellung der Statistik der Aktienmärkte durch das Statistische Bundesamt im Jahr 1995 ist dies allerdings nicht möglich; dem Verfasser lagen jedenfalls keine anderen Angaben zum aggregierten Grundkapital der börsennotierten Gesellschaften vor.

[1653] Die anfänglich geringen Werte liegen darin begründet, dass bis zur Aktiennovelle 1965 Vorzugsaktien nur bis zur Höhe von einem Drittel des Grundkapitals ausgegeben werden durften. Vgl. hierzu den Abschnitt 1.4.3, S. 42.

[1654] Dies errechnet sich aus den vorgenannten Angaben als 84,1 % / [100 % / (100 % − 41,3 %)].

heit nicht unwahrscheinlich ist. Der größte Aktionär ist dafür aber anders als bei Gesellschaften mit nur notierten Vorzugsaktien auf das Eingehen einer Koalition mit den anderen Paketaktionären angewiesen. Je stärker er darauf angewiesen ist, je geringer also sein eigener Anteil am Stammaktienkapital ist, umso stärker wird der größte Aktionär auch ohne aufgelebtes Stimmrecht auf die Interessen der anderen Paketaktionäre Rücksicht nehmen. In einigen Fällen erwarben Groß-aktionäre auch Aktienpakete von Vorzugsaktien, wohl auch, um bei aufgelebtem Stimmrecht weniger auf andere Paket(stamm)aktionäre angewiesen zu sein.[1655]

Bei den vorgenannten Ausführungen ist zu berücksichtigen, dass im Rahmen der Datenerhebung die Angaben in den Aktienführern wie „Mehrheit" als 50,01 % und „über 75 %" als 75,01 % interpretiert wurden. Da die tatsächliche Beteili-gungsquote in diesen Fällen höher liegen dürfte, ist es wahrscheinlich, dass in den beschriebenen Konstellationen bei aufgelebtem Stimmrecht nicht nur eine faktische, sondern eine tatsächliche Hauptversammlungsmehrheit erreicht wird.

Auffällig ist, dass bei beiden Gruppen von Unternehmen der Anteil des Vor-zugsaktienkapitals im Zeitablauf nur wenig geschwankt hat; zumindest bei Ge-sellschaften mit notierten Stamm- und Vorzugsaktien gilt das auch für den Stammaktienanteil des größten Aktionärs.[1656] Dies ist auch deshalb bemer-kenswert, da im Laufe der Jahre Vorzugsaktien verschiedener Gesellschaften an der Börse eingeführt und deren Notizen z. T. wieder beendet wurden, weshalb sich die hinter den Beobachtungen zu den einzelnen Zeitpunkten stehenden Un-ternehmen jeweils unterscheiden. Offensichtlich hat sich hier ein gewisses Gleichgewicht herausgebildet, was mit den erwähnten Stimmrechtsanteilen bei aufgelebtem Stimmrecht zusammenhängen könnte. Dass die über die Jahre er-mittelten Werte relativ konstant sind, bedeutet aber nicht zwingend, dass dies auch auf die Entwicklung bei den einzelnen Unternehmen im Zeitablauf nach der Börseneinführung der Vorzugsaktien zutrifft. Diese Frage ist Gegenstand der folgenden Abbildung 15, in der auf der Abszisse die Anzahl der Beobachtungen nach dem IPO der jeweiligen Vorzugsaktie abgetragen ist. Aufgrund des i. d. R. vierjährigen Beobachtungsintervalls liegt die erste Beobachtung null bis unter vier Jahre nach der Börseneinführung der Vorzugsaktie.

[1655] Wesentliches Motiv dafür dürfte aber sein, dass der größte Aktionär auf die Zustimmung zu Kapitalerhöhungen um konkurrierende Vorzugsaktien, die die Vorzugsaktionäre in einer geson-derten Versammlung beschließen müssen (vgl. Abschnitt 2.2.3.2, S. 61), Einfluss nehmen kann.

[1656] Die etwas größeren Schwankungen bei Gesellschaften mit einzeln notierten Vorzugsaktien sind möglicherweise durch die geringere Anzahl an Beobachtungen und die damit einhergehende größere Abhängigkeit von Werten einzelner Unternehmen zu erklären.

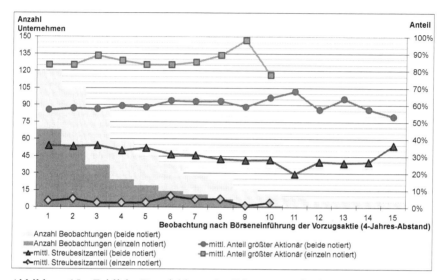

Abbildung 15: Zeitliche Entwicklung des Stimmenanteils des größten Aktionärs und des Streubesitzanteils in aufeinanderfolgenden Beobachtungen nach Börseneinführung der Vorzugsaktie

Die Beobachtung Nummer 1 ist die erste Beobachtung nach der Börseneinführung und kann folglich bis (unter) vier Jahre nach dem tatsächlichen IPO erfolgen. Die weiteren Beobachtungen erfolgen grundsätzlich im Abstand von vier Jahren mit der Ausnahme, dass bei den noch 2016 notierten Gesellschaften der letzten Abstand der Beobachtungen zwei Jahre beträgt. Die jeweilige Anzahl der einbezogenen Unternehmen ist als Balken im Hintergrund dargestellt.

Quelle: Eigene Erhebungen.

Angesichts der im Zeitablauf nach Börseneinführung stark abnehmenden Anzahl von einbezogenen Unternehmen pro Beobachtung eignen sich nur die ersten Beobachtungen für eine Interpretation. Bemerkenswert ist auch hier die geringe Schwankungsbreite der Anteile des größten Stammaktionärs: Bei Gesellschaften mit einzeln notierten Vorzugsaktien schwankt der Anteil um den Mittelwert von 85,4 % (bezogen auf die ersten acht Beobachtungen), während der Anteil des größten Aktionärs bei Gesellschaften mit börsennotierten Stamm- *und* Vorzugsaktien kontinuierlich, wenn auch nur leicht von 56,9 % auf 62,1 % ansteigt (Mittelwert der ersten acht Beobachtungen 59,5 %). Anders als man erwarten könnte, trifft es demnach im Durchschnitt nicht zu, dass Stammaktionäre nach dem Börsengang von Vorzugsaktien schrittweise an Bedeutung verlieren, z. B. weil sie nicht an Kapitalerhöhungen teilnehmen wollen oder können.

Auffällig ist aber der Rückgang des mittleren Streubesitzanteils der Stammaktien bei den Gesellschaften mit notierten Stamm- *und* Vorzugsaktien: Dieser sinkt von im Mittel 36,0% nach der Börseneinführung bis zur achten Beobachtung (also über einen Zeitraum von rund 30 Jahren) kontinuierlich bis auf 28,3%. Die Beteiligungsquote des größten Stammaktionärs steigt in dieser Zeit nicht im gleichen Maße an. Dies legt den Schluss nahe, dass im Laufe der Zeit trotz des überwiegenden Mehrheitsbesitzes andere kleinere, jedoch nicht mehr dem Streubesitz zuzurechnenden Aktienpakete gebildet werden, z. B. durch fortgesetzte Käufe über die Börse. Bei den Gesellschaften mit einzeln notierten Vorzugsaktien spielt der Streubesitz – wie schon Abbildung 12 gezeigt hatte – ohnehin keine größere Rolle (mittlerer Anteil 3,9%).

Dass die bisher erörterten Mittelwerte des Stammaktienanteils des größten Aktionärs über 50% bzw. – bei Unternehmen mit einzeln notierten Vorzugsaktien – über 75% liegen, sagt noch nichts über deren Verteilung. In der nachfolgenden Abbildung 16 wird ersichtlich, welcher Anteil der Unternehmen sich tatsächlich in Mehrheitsbesitz befindet. Zu diesem Zweck wird der Stammaktienanteil des größten Aktionärs in Anlehnung an Daske/Ehrhardt (2002a) nach Quartilen aufgeschlüsselt.

Aus der Abbildung wird ersichtlich, dass im Gesamtzeitraum bei 75,2% der Beobachtungen von Gesellschaften mit allein notierten Vorzugsaktien der Stimmenanteil des größten Aktionärs mindestens 75% betrug; in 92,9% der Fälle war der Stimmenanteil über 50% (Prozentangaben in der Abbildung gerundet). Bei Notiz von Stamm- *und* Vorzugsaktien war der Anteil von Beobachtungen von Gesellschaften mit einem Großaktionär mit mindestens 75%iger Beteiligungsquote am Stammaktienkapital mit im Mittel 26,8% deutlich geringer, jedoch standen auch 77,4% dieser Unternehmen im Mehrheitsbesitz (mit geringeren Schwankungen im Zeitablauf als bei einzeln notierten Vorzugsaktien). Selbst in den Fällen, in denen der größte Aktionär weniger als 50% der Stimmen besitzt, wird es wie erwähnt häufig möglich sein, dass er die Unternehmung beherrscht, z. B. weil die Anwesenheit auf den Hauptversammlungen regelmäßig deutlich unter 100% liegt oder er sich auf indirekte Weise (z. B. durch Aufsichtsratsmandate) durchsetzen kann; eine feste Größe, ab der dies möglich ist, kann nicht generell angegeben werden.

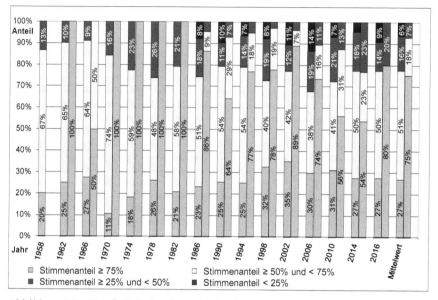

Abbildung 16: Häufigkeit der Quartile für den Stimmenanteil des größten
Aktionärs

> Die Angaben in der jeweils linken Säule beziehen sich auf Beobachtungen, bei
> denen Stamm- und Vorzugsaktien gleichzeitig notiert sind, die Angaben in der
> rechten Säule auf die einzeln notierten Vorzugsaktien (d.h. ohne gleichzeitige
> Notiz der Stammaktie). Prozentangaben sind auf ganze Prozent gerundet und
> mittlere Anteilsquoten unter 6% nicht zahlenmäßig ausgewiesen.
>
> Maßgeblich sind die Anteile an den Stammaktien (ohne Berücksichtigung eines
> aufgelebten Stimmrechts der Vorzugsaktien); angegeben ist das arithmetische
> Mittel über die einbezogenen Beobachtungen.
>
> Quelle: Eigene Erhebungen.

Im Ergebnis gilt für das typische Dual-Class-Unternehmen, bei dem nur Vorzugsaktien börsennotiert sind, dass es im Mittel kleiner als ein Dual-Class-Unternehmen mit notierten Stamm- *und* Vorzugsaktien ist, einen höheren Anteil am
Grundkapital in Form von Vorzugsaktien begeben hat und ganz überwiegend
von einer Familie mit einem Stimmenanteil von über 75% kontrolliert wird.
Auch bei einem typischen Dual-Class-Unternehmen mit notierten Stamm- *und*
Vorzugsaktien überwiegen die Fälle einer Familiengesellschaft, jedoch liegt deren Anteil an den Stammaktien überwiegend zwischen 50% und 75%.

5.2.3   Erhebung von Kursdaten und weiteren relevanten Daten

5.2.3.1 Kurs- und Umsatzdaten

Für die Untersuchung der Kurse und Rendite von börsennotierten Vorzugsaktien und die zeitgleich notierten Stammaktien wurde eine Datenbank mit Monatsschlusskursen und Umsatzdaten erstellt. Vorzugsaktien werden dabei vom Zeitpunkt ihrer Erstnotiz bis zum in die Untersuchung einzubeziehenden Zeitpunkt, der „maßgeblichen Letztnotiz", in die Datenbank aufgenommen.[1657] Stammaktien von Dual-Class-Gesellschaften werden für die Zeit der parallelen Notiz mit den Vorzugsaktien, im Fall von vollständigen Wandlungen der Vorzugs- in Stammaktien für den Zeitraum von bis zu vier Monaten nach Wandlung einbezogen. Von den demnach für alle börsennotierten deutschen Dual-Class-Unternehmen insgesamt 66.020 für eine vollständige Kurserfassung benötigten Monatsschlusskursen lagen 59.489 Kurse vor. Ohne Berücksichtigung der nach den Erläuterungen im Abschnitt 5.2.1 nicht in die Untersuchung einbezogenen Gesellschaften, deren Börsennotiz vor 1956 endete oder die sich kriegsfolgenbedingt seit 1945 in Liquidation befanden oder die mit einer limitierten Vorzugsdividende ausgestattet waren, wurden bis Ende 2017 63.904 Monatsschlusskurse benötigt, von denen 58.234 vorhanden waren; bei 44.767 dieser Kurse lagen auch Angaben zu Handelsumsätzen (Stück- und Wertumsätze) vor.[1658]

Die Kurs- und Umsatzdaten entstammen zum ganz überwiegenden Teil (74,1 %) den am früheren Institut für Bank-, Börsen- und Versicherungswesen der Humboldt- Universität zu Berlin (Prof. Stehle) vorhandenen Datenbanken aus Monatsschlusskursen für Aktien des amtlichen Handels und des Geregelten Marktes an der Frankfurter Wertpapierbörse, die zum Teil von der Deutschen Finanzdatenbank Karlsruhe (DFDB) geliefert wurden und an dem genannten Institut qualitätsgesichert und durch manuelle Erhebungen, insbesondere aus Hoppenstedt-Kurstabellen und für Jahre vor 1992, ergänzt worden sind. 23,5 % der

---

[1657] Siehe Tabelle 41 im Anhang. Der letzte verwendete Monatsschlusskurs ist dementsprechend grundsätzlich der Monat vor der Letztnotiz, sofern die Letztnotiz nicht auf ein Monatsende fällt. In Fällen der Ankündigung eines Squeeze-out oder eines Konkurs- oder Insolvenzantrags werden die Aktienkurse nur bis zum Monatsschluss vor diesem Ereignis berücksichtigt, auch wenn die tatsächliche Letztnotiz Monate oder z. T. (häufig in Konkursfällen) Jahre später erfolgte. Tatsächlich wurden die Kurse auch in diesen Fällen bis zum Datum der tatsächlichen Letztnotiz erhoben, sie werden jedoch für die Untersuchungen in dieser Arbeit nicht verwendet und gelten daher im Sinne der nachfolgenden Zahlenangaben nicht als „benötigt".

[1658] In wenigen Fällen wurden in Datastream verzeichnete Stückumsätze pro Monat verwendet und mit dem Monatsschlusskurs multipliziert, um einen Näherungswert für den Wertumsatz zu generieren.

Kursdaten, insbesondere für nicht amtlich oder im Geregelten Markt in Frankfurt notierte Aktien, Freiverkehrswerte und nach 2007 notierte Dual-Class-Unternehmen stammen aus drei separat erhaltenen Lieferungen täglicher Kurs- und Umsatzdaten aus der DFDB. Datastream® ist die Quelle von 1.097 Monatsschlusskursen (1,9 % der Gesamtanzahl von Kurse), wobei insgesamt 44.877 Monatsschlusskurse aus Datastream erhoben wurden und abgesehen von der Ergänzung fehlender Kurse zu Vergleichs- bzw. Qualitätssicherungszwecken verwendet wurden. Zirka 300 Kurse wurden manuell den Hoppenstedt-Kurstabellen, Saling- bzw. Hoppenstedt-Aktienführern oder dem Wertpapierinformationssystem der Börsen-Zeitung entnommen.

Bei den gelieferten Kursdaten wurden die Monatsschlusskurse wie folgt ermittelt: Zunächst wurden aus den gelieferten täglichen Kursdaten aller Börsen alle „Handelskurse" herausgefiltert, die auf tatsächlichen Umsätzen basieren (Kurszusätze bezahlt, [etwas] bezahlt Brief/Geld, rationiert/repartiert Brief/Geld). Vom Monatsultimo wurde tageweise rückwärts ermittelt, an welchem Tag der letzte Handelskurs festgestellt wurde. Waren an einem Handelstag Handelskurse an mehreren Börsen festzustellen, wurde der Kurs der Börse verwendet, an der der größte Umsatz stattfand. Sofern kein Handelskurs in der zweiten Monatshälfte (ab 15. des Monats) festzustellen war, wurde ebenfalls tageweise rückwärts ab dem Monatsultimo geprüft, ob auf bestehendem Angebot oder bestehender Nachfrage festgestellte Nichthandelskurse (Kurszusätze Brief und Geld) in der zweiten Monatshälfte vorhanden waren. Waren an einem Handelstag mehrere Nichthandelskurse zu verzeichnen, wurde der Kurs von derjenigen Wertpapierbörse verwendet, die sich aus der in der DFDB angelegten, an der Bedeutung der Wertpapierbörse orientierten Reihenfolge (beginnend mit Frankfurt, Düsseldorf und München, endend mit Hannover und Bremen) ergibt. Kurse in der ersten Monatshälfte und Taxkurse wurden nicht als Monatsschlusskurse verwendet.[1659]

[1659] Sofern nur ein Kurs in der ersten Monatshälfte vorliegt, liegt dieser nahe am Monatsschlusskurs des Vormonats und kann z. B. Entwicklungen am Aktienmarkt bis zum Ende des laufenden Monats nur unzureichend abbilden. In diesen Fällen erscheint eine fehlende Beobachtung im Vergleich zu einem möglicherweise ergebnis- und renditeverzerrenden Kurs vorteilhafter. Bei der Ermittlung von Taxkursen orientieren sich Börsenmakler z. B. an gehandelten Kassakursen anderer Regionalbörsen (vgl. Wulff (2000), S. 142). Da in dieser Arbeit allerdings Handelskurse und bei deren Nichtverfügbarkeit in der zweiten Monatshälfte auch Geld- oder Briefkurse aller Regionalbörsen herangezogen werden, können Taxkurse keinen Bezug zu konkreten Umsätzen oder wenigstens Geboten haben und erscheinen daher für die Ermittlung eines Monatsschlusskurses wenig geeignet.

Wulff (2000) spricht sich in seinen Untersuchungen zur Renditeberechnung bei Ereignisstudien zwar gegen die Gleichbehandlung von gehandelten und nicht-gehandelten Kursen und für das sog. „Trade-to-Trade"-Verfahren, d. h. den Vergleich der Rendite zwischen zwei Handelskursen (ggf. über Kurslücken hinweg) mit einer Benchmark-Rendite in derselben Zeitspanne, aus, jedoch sind Ereignis-studien auf Basis täglicher Kurse bzw. Renditen nicht Gegenstand dieser Arbeit. Durch das gewählte Design und die Verwendung von monatlichen Daten auf der Basis von Kursen aller Regionalbörsen tritt es potenziell viel seltener als bei täglichen Daten auf, dass überhaupt Nichthandelskurse herangezogen werden müssen. Sofern durch die Nichtverwendung von Taxkursen Kurslücken entstehen sollten, ist dies für die Berechnung von Kursaufschlägen und die Verwendung z. B. in Regressionen und auch für die Berechnung monatlicher Renditen deutlich weniger problematisch als in einer Ereignisstudie.

Sofern in der DFDB bei Nichthandelskursen die Angaben zu Umsätzen nicht leer waren, wurden diese ignoriert, da nach dem Kurszusatz offensichtlich kein Umsatz stattgefunden haben kann. Waren bei Handelskursen in der DFDB keine Umsätze angegeben, wurden vorhandene Umsätze aus Datastream verwendet oder sonst in der Beobachtung das Merkmal „Umsatz" als fehlend angesetzt.

Neben den Kursen und Umsätzen wurde für jede Aktiengattung für jeden Mo-natsschlusskurs auch die „höchstrangige" *Börsennotiz* in der Reihenfolge: a) amtlicher Handel bzw. ab 1.11.2007 Regulierter Markt, b) Geregelter Markt (bis 31.10.2007 und c) Freiverkehr erfasst.[1660] Erfolgte an einer Regionalbörse eine amtliche Notierung und an einer anderen nicht, wurde die Gattung dem amtli-chen Handel zugerechnet; bei Notiz im Geregelten Markt einer Börse und im Freiverkehr einer anderen erfolgte eine Zuordnung zum Geregelten Markt.

Kurse aus dem geregelten Freiverkehr (vor Einführung des Geregelten Marktes zum 1.5.1987) wurden als „Geregelter Markt" klassifiziert: Der Gesetzgeber hat es bei der Einführung des Geregelten Marktes ermöglicht, dass bis dahin im geregelten Freiverkehr notierte Werte durch einfache Erklärung innerhalb eines Jahres in das neue Marktsegment „Geregelter Markt" wechseln konnten.[1661] Die-

---

[1660] Die monatliche Erfassung basierte grundsätzlich auf den Angaben zum Marktsegment pro Bör-senplatz in den von der DFDB gelieferten Kursdaten sowie zur Ergänzung und Qualitätssiche-rung durch Vergleich mit den Angaben in Hoppenstedt-Kurstabellen und Jahresschlussausgaben der Börsen-Zeitung sowie durch die Angaben zur Börsennotiz in den Saling- bzw. Hoppenstedt-Aktienführern.

[1661] Vgl. die Gesetzesbegründung, BT-Drucksache 10/4296, S. 19. Der „amtliche Handel" wurde mit dem 4. Finanzmarktförderungsgesetz in „amtlicher Markt" umbenannt (vgl. BT-Drs. 14/8017).

se Möglichkeiten nahmen bis auf zwei Gesellschaften alle bis dahin im geregelten Freiverkehr notierte Unternehmen wahr, sodass die bisher im geregelten Freiverkehr notierten Gesellschaften anfänglich den Schwerpunkt des Geregelten Marktes bildeten.[1662] Mit der Zusammenführung von amtlichem Handel und Geregeltem Markt zum Regulierten Markt wurde ab dem 1.11.2007 die letztgenannte Kategorie nicht mehr verwendet.

In der Kategorie „Freiverkehr" wären für die Zeit vor dem 1.5.1987 nur Kurse aus dem „ungeregelten Freiverkehr" erfasst und ab 1.5.1987 die im neuen Segment Freiverkehr notierten Werte; Kurse aus dem „ungeregelten Freiverkehr" vor 1987 lagen allerdings nicht vor. Da am Neuen Markt keine Vorzugsaktien gehandelt wurden, kommt dieses Marktsegment in dieser Arbeit nicht vor.

Die von den benötigten Monatsschlusskursen vorhandenen 58.234 Daten teilen sich wie in der nachfolgenden Tabelle 12 ersichtlich auf die drei Marktsegmente auf. In der Tabelle sind in der grau hinterlegten Spalte „Ohne Zuordnung" überwiegend die Vorzugsaktiengattungen erfasst, die allein notiert waren, weshalb keine Zuordnung eines Segments der Stammaktien erfolgen kann. In dem fett umrandeten Bereich der Tabelle sind die Marktsegmente der benötigten Stamm- und Vorzugsaktien erfasst, wenn beide Gattungen notiert sind und beide Kurse vorliegen. Dies ist bei 22.835 monatlichen Beobachtungen der Fall.[1663] Wie man in der Tabelle sieht, sind fast immer (in 22.286 oder 97,6 % der Beobachtungen mit zwei vorhandenen Kursen) Stamm- und Vorzugsaktien im selben Segment notiert. Die wenigen Beobachtungen mit abweichenden Segmenten stammen von insgesamt nur fünf Unternehmen.[1664] Die Entscheidung für eine Notiz in unterschiedlichen Segmenten dürfte mit unterschiedlichen direkten Kosten des Listings oder mit der Nichterfüllung von Zulassungskriterien für die im niedrigeren Segment notierte Gattung (Mindestanzahl emittierter Aktien, Mindest-Freefloat, erwarteter Mindestkurswert) zusammenhängen; die jeweiligen Transparenzvorschriften und Berichterstattungspflichten gelten für Unternehmen schon dann, wenn nur eine Gattung im amtlichen Handel oder Geregelten Markt

---

In den genannten Gesetzen wurden die Segmente mit Kleinschreibung („amtlicher ...") benannt, die Deutsche Börse verwendete aber die Bezeichnung „Amtlicher Markt" (Großschreibung).

[1662] Vgl. Brückner/Stehle (2013), S. 29.

[1663] Bei der Berechnung der Anzahl der insgesamt vorhandenen Monatsschlusskurse von Stamm- und Vorzugsaktien ist diese Anzahl doppelt anzurechnen, da beide Kurse vorliegen. Die erwähnte Gesamtzahl der vorhandenen Beobachtungen von 58.234 ergibt sich auch als 35.399+22.835.

[1664] Vorzugsaktie amtlich / Stammaktie Geregelter Markt: Glunz AG. Vorzugsaktie amtlich / Stammaktie Freiverkehr: Eurokai KGaA, Knürr AG, Koenig & Bauer AG. Vorzugsaktie Geregelter Markt / Stammaktie Freiverkehr: CompuGROUP Holding AG.

bzw. im Regulierten Markt notiert ist, weshalb in dieser Hinsicht keine Kostenersparnis durch Notiz nur einer Gattung in einem niedrigeren Segment entsteht.

Tabelle 12: Anzahl der Monatsschlusskurse von Dual-Class-Unternehmen nach Börsensegment

Maßgeblich sind die 58.252 vorhandenen Kursdaten zu den für die Untersuchung benötigten Monatsschlusskursen. Die Einordnung erfolgt nach der höchstrangigen Notiz an einer deutschen Börse. Quelle: Eigene Erhebungen.

| | Segment | Höchstes Marktsegment der Stammaktiennotierungen | | | | Summe |
		Amtlicher Handel [a]	Geregelter Markt [b]	Freiverkehr [c]	Ohne Zuordnung [d]	
Höchstes Marktsegment der Vorzugsaktiennotierung	Amtlicher Handel	17.542	166	329	6.137	24.174
	Geregelter Markt		3.022	54	3.943	7.019
	Freiverkehr			1.722	574	2.296
	Ohne Zuordnung [e]	1.426 [f]	184 [g]	300 [h]		1.910
Summe		18.968	3.372	2.405	10.654	35.399

[a] Ab 1.11.2007 Regulierter Markt (einschl. dem ebenfalls darin aufgegangenen Geregelten Markt).

[b] Einschließlich geregelter Freiverkehr (bis 30.4.1987). Segment bestand nur bis zum 31.10.2007.

[c] Vor dem 1.5.1987 nur ungeregelter Freiverkehr.

[d] Hierbei handelt es sich ganz überwiegend um die Kurse von Vorzugsaktien, bei denen die Stammaktien nicht börsennotiert waren. Daneben – für die Fälle gleichzeitiger Börsennotiz – auch um Beobachtungen mit fehlendem Stammaktienkurs oder Abweichung von für die Untersuchung maßgeblicher und tatsächlicher Letztnotiz (in diesem Fall erfolgt keine Zuordnung des nicht für die weiteren Untersuchungen benötigten Kurses der Stammaktien).

[e] Der Fall einer Zuordnung des Marktsegments der Stamm- jedoch nicht der Vorzugsaktie (*Zeile* „Ohne Zuordnung" kann auftreten bei fehlendem Kurs der Vorzugsaktien (629 Fälle) oder im Fall der Abweichung von für die Untersuchung maßgeblicher und tatsächlicher Letztnotiz sowie bei Umwandlungen von Vorzugs- in Stammaktien für die Stammaktienkurse in den ersten 4 Monaten nach Letztnotiz der Vorzüge.

[f] Davon 961 vorhandene (jedoch nicht benötigte und daher nicht zugeordnete) Kurse von Vorzugsaktien zwischen maßgeblicher und tatsächlicher Letztnotiz, die ebenfalls amtlich notiert sind.

[g] Davon 121 vorhandene (jedoch nicht benötigte und daher nicht zugeordnete) Kurse von Vorzugsaktien zwischen maßgeblicher und tatsächlicher Letztnotiz, die ebenfalls im Geregelten Markt notiert sind, sowie 11 Monatsschlusskurse mit Notiz der Vorzugsaktien im amtlichen Handel bzw. Regulierten Markt.

[h] Davon 174 vorhandene (jedoch nicht benötigte und daher nicht zugeordnete) Kurse von Vorzugsaktien zwischen maßgeblicher und tatsächlicher Letztnotiz, die ebenfalls im Freiverkehr notiert sind, sowie 14 Monatsschlusskurse mit Notiz der Vorzugsaktien im Geregelten Markt.

Interessant ist auch der Befund, dass in keinem Fall Vorzugsaktien in einem niedrigeren Segment notiert sind als Stammaktien. Auch dies dürfte damit zusammenhängen, dass die Stammaktien in einigen Fällen, z.B. bei zu geringem Freefloat, nicht die Anforderungen für den amtlichen Handel erfüllt haben.

Bei den in Fußnote 1664 genannten Unternehmen betrug jedenfalls in allen Fällen der Anteil der größten Paketaktionäre mehr als 75%. Vorzugsaktien sind dagegen in den meisten Fällen zu einem großen Teil in Streubesitz.

Insgesamt ist bei 25.600 bzw. 72,3% der vorhandenen monatlichen Beobachtungen aus Vorzugs- und soweit notiert Stammaktienkurs mindestens eine Gattung im amtlichen Handel bzw. Regulierten Markt an einer deutschen Wertpapierbörse notiert. Bei 20,3% der Beobachtungen liegt die höchstrangige Notierung im Geregelten Markt bzw. vor dem 1.5.1987 im geregelten Freiverkehr; in 7,3% der Fälle besteht nur eine Notiz im Freiverkehr.

Für einige Gesellschaften, insbesondere Freiverkehrswerte und nicht in Frankfurt amtlich notierte Werte, lagen für die 1950er und 1960er Jahre, zum Teil bis 1973 keine monatlichen Kursdaten vor. In diesen Fällen wurden zwar die Jahresschlusskurse für die Jahre 1957, 1961, 1965, 1969 und 1973 manuell aus den Hoppenstedt-Kurstabellen und den Saling-Aktienführern erhoben, um die Werte für die Regressionen des Kursverhältnisses heranziehen zu können, jedoch finden diese Gesellschaften keinen Eingang in die monatlichen Vergleiche zum Kursunterschied und zu Renditen von Stamm- und Vorzugsaktien.[1665]

[1665] Ein Ausschluss vor 1974 erfolgte immer dann, wenn für eine der beiden Gattungen keine Daten verfügbar waren. Dies betrifft konkret folgende Gesellschaften: AGROB bis 1972 (amtlich in München notiert), AG Kühnle Kopp & Kausch bis 1972 (geregelter Freiverkehr in Frankfurt), Allweiler AG bis 1970 (amtlich in Frankfurt), H.W. Appel Feinkost bis 1973 (geregelter Freiverkehr in Hannover), Braun AG bis 6/1965 (amtlich in Frankfurt), Dyckerhoff AG bis 10/1958 (amtlich in Frankfurt), Hamburger Getreide-Lagerhaus AG bis 1973 (geregelter Freiverkehr in Hamburg), Karstadt bis 1964 (amtlich in Frankfurt), Langenbrahm AG bis 1973 (amtlich in Düsseldorf), Pegulan-Werke bis 6/1969 (geregelter Freiverkehr in Frankfurt), Teutonia Zementwerk bis 1973 (amtlich in Hannover), WKM/Westfälische Kupfer- und Messingwerke bis 1973 (geregelter Freiverkehr in Düsseldorf), WMF bis 10/58 (amtlich in Frankfurt). Ausgeschlossen wurden auch die folgenden, zum Teil nur für einen kurzen Zeitraum notierten Gesellschaften, für die überhaupt keine Kursdaten oder jedenfalls keine auf Handel basierenden Kurse verfügbar waren: Pintsch Bamag (amtlich in Frankfurt 1968/69), Chemische Werke Albert AG (amtlich in Frankfurt bis 1965), AG Weser (bis 1966 im Freiverkehr Bremen), BCT Computer (1984, ungeregelter Freiverkehr München, Konkurs 7 Monate nach Erstnotiz), Kampnagel/IWT (bis 1968 amtlich in Hamburg), Norddeutsche Lederwerke (bis 1966 amtlich in Frankfurt), „Nordsee" Deutsche Hochseefischerei (bis 1960 amtlich in Hamburg), Ostertag-Werke Vereinigte Geldschrankfabriken (bis 1965 amtlich in Stuttgart), Steinkohlenbergbau Matthias Stinnes (bis 1969 amtlich in Frankfurt), Warenhaus-Liegenschaften (bis 1970 geregelter Freiverkehr in Frankfurt).

Abgesehen von den nicht vorhandenen Daten werden – wie in den beiden nachfolgenden Abschnitten zu erläutern sein wird – einige Gesellschaften und damit vorhandene Beobachtungen ganz oder teilweise aus der Untersuchung ausgeschlossen. Eine Übersicht über die tatsächlich verwendeten Daten findet sich in Abbildung 17 im Abschnitt 5.2.3.4.

5.2.3.2 Ausschluss von Pennystocks

Ein weiteres Problem besteht darin, dass bei sehr niedrigen Kursen kleinere absolute Änderungen des Kurses große prozentuale Änderungen darstellen und so zu einer erheblichen Verzerrung der Werte von Rendite und Kursaufschlag führen können. So ging beispielsweise bei der Deinböck AG vom Oktober zum November 2012 der Kurs der Stammaktie von 0,089 € auf 0,04 € zurück, während der Kurs der Vorzugsaktie von 0,008 € auf 0,012 € stieg. Der schon für sich genommen riesige prozentuale Kursaufschlag der Stammaktie veränderte sich demnach durch die minimalen Kursänderungen innerhalb eines Monats von 1.025 % auf 3.233 %. Um solche Verzerrungen zu vermeiden, werden alle Gesellschaften insgesamt oder ab/bis zu einem bestimmten Zeitpunkt ausgeschlossen, bei denen zumindest eine Aktiengattung nahezu immer unter einem Kurs von zwei Euro notiert; diese Aktie wurde als Penny Stock betrachtet.[1666] Die gewählte Grenze von zwei Euro wurde auf Basis einer Ausreißeranalyse festgelegt.

Von den insgesamt 24 Gesellschaften, für die der Kurs einer Gattung zeitweilig unter 2 € lag, wurden fünf Gesellschaften vollständig ausgeschlossen[1667] und sechs Gesellschaften für einen Teilzeitraum.[1668] Insgesamt führt dies zu einem Ausschluss von 1.269 Beobachtungen, dabei von 1.200 Beobachtungen mit gleichzeitig notierter Stamm- und Vorzugsaktie.[1669] Bei 92,9 % der mit den be-

---

[1666] Für den Begriff Penny Stock gibt es in Deutschland keine Legaldefinition. Üblicherweise werden Aktien mit einem Kurs unter 1 € als Penny-Stock bezeichnet, in den USA sind diese jedoch durch die SEC als Aktien mit einem Kurs von unter 5 US-Dollar definiert; vgl. die Wikipedia-Seiten für „Pennystock" (URL https://de.wikipedia.org/w/index.php?title=Pennystock&oldid= 183102089) und „Penny stock" (URL https://en.wikipedia.org/w/index.php?title=Penny_stock &oldid=873463909), beide abgerufen am 14.1.2019.

[1667] Palatium Real Estate (vorm. Volkmann Vermögensverwaltungsges.), Deinböck-Immobilien, Klepper Faltbootwerft, Koch Gruppe Automobile AG, Investunity (vormals ILKA Holding).

[1668] AG für chemische Industrie (ab 11/2000), Ehlebracht (ab 7/2001), Jado Design Armaturen (ab 1999), Kunert (ab 8/2007), Walter Bau (ab 9/2001), WKM (ab 9/2000).

[1669] Auch für nicht (und auch nicht teilweise) ausgeschlossene Gesellschaften, deren Kurse in selteneren Fällen unter 2 € liegen, werden Kurse unter 2 € als Ausreißer behandelt und daher entsprechende Beobachtungen in den empirischen Untersuchungen nicht berücksichtigt. Dies betrifft insgesamt 403 weitere Beobachtungen von Unternehmen mit gleichzeitiger Notiz von Stamm- und Vorzugsaktie.

troffenen Gesellschaften und Zeiträumen ausgeschlossenen Beobachtungen lag der Kurs einer Gattung tatsächlich unter 2 €, bei 97,5 % der Beobachtungen unter 3 €. In 77,0 % der Fälle lag der Kurs sogar unter 1 €, sodass diese Fälle auch bei der in Deutschland im Sprachgebrauch wohl üblichen Verwendung des Begriffs Pennystock ausgeschlossen worden wären.

Häufig sind diese Pennystocks auch Gegenstand von Spekulationsgeschäften, was auch bei den genannten Unternehmen in einschlägigen Internetforen deutlich wird. In einigen Fällen findet bei Unternehmen, die sich seit längerer Zeit in Insolvenz oder Liquidation befinden, eine sog. Mantelspekulation statt, also faktisch ein Wetten auf sehr hohe aber sehr unsichere künftige Rückflüsse bei Gesellschaften ohne verbliebenes operatives Geschäft und i. d. R. auch ohne Mitarbeiter. Motivation können z. B. das erfolgreiche Eintreiben von Forderungen an zahlungsunwillige Schuldner wie im Fall Walter-Bau oder vage Aussichten (oder Gerüchte) auf eine operative Reaktivierung des Börsenmantels sein.[1670] Im Handelsblatt am 31.8.2011 wurde hierfür der treffende Ausdruck „Heiße Wetten auf Börsen-Zombies" verwendet.[1671] Aus diesem Grund wird auch die Westafrikanische Pflanzengesellschaft „Victoria" (mit nur acht monatlichen Beobachtungen) nicht in die Untersuchung einbezogen, bei der in den 1980er Jahren der Mehrheitsaktionär der ebenfalls ausgeschlossenen Palatium Real Estate (vormals Volkmann Vermögensverwaltungsgesellschaft) die Aktienmehrheit hatte. In diesem dem Grauen Kapitalmarkt zuzurechnenden Fall wie auch im Fall Deinböck wurden Vorzugsaktionäre über die Veräußerung von Aktiensparplänen durch Anlageberater gewonnen; den Anlegern wurden Gewinne aus Immobilienprojekten in Aussicht gestellt, die sich so i. d. R. nicht realisiert haben.

Bei diesen Unternehmen sind erratische Kursbewegungen mit üblicherweise kurzfristiger starker Kursbewegung und vergleichsweise hohen Umsätzen im Wechsel mit völlig ausbleibender Handelsaktivität typisch. Dadurch kann es zu einer zumindest zeitweiligen Entkopplung des Kurses von einem realistischen Wert des Unternehmensanteils kommen. Eine große Volatilität des Kursaufschlags bei Kursen unter 2 € wird in der Übersicht der Kursverläufe im Anhang (Abbildung 35) an den Beispielen Kunert AG (ab 1999) und der VOGT electronic AG (2002/2003) ersichtlich.

In einigen der Fälle (z. B. Kunert, Ehlebracht) resultiert der sehr niedrige Aktienkurs aus einer wirtschaftlichen Krise des Unternehmens. Bei Nichtberücksich-

---

[1670] Vgl. Fockenbrock (2011).
[1671] Vgl. a. a. O.

tigung solcher Unternehmen könnte es zu einem sog. Survivorship Bias kommen. Dieses Problem käme allerdings vorrangig dann zum Tragen, wenn es um Aussagen zur erzielbaren Aktienrendite geht, da es durch den Ausschluss von weniger erfolgreichen Unternehmen zu einer Überschätzung der erzielbaren Rendite kommen kann. Allerdings liegt der Fokus dieser Arbeit im Vergleich der Kurse von Stamm- und Vorzugsaktien. Auch bei den Aussagen zu Renditen geht es um den Vergleich der Renditen von nicht insolventen Unternehmen und nicht primär um die erzielbare Rendite. Zudem enthält die nach den genannten Ausschlüssen verbliebene Stichprobe immer noch sehr viele Unternehmen, die in eine wirtschaftliche Krise geraten sind. Für die vorzunehmenden Analysen wurde das Ziel der Vermeidung von Verzerrungen der Aussagekraft von Zusammenhängen durch erratische Kursbewegungen als wichtiger angesehen. Die interessante Frage des Verhaltens von Stamm- und Vorzugsaktienkursen bei Sanierung und vor Insolvenz muss anderen Studien vorbehalten bleiben; sie bedarf auch einer sorgfältigen Einzelfallanalyse.

5.2.3.3 Ausschluss von Gesellschaften mit besonders geringem Handelsvolumen

Eine weitere Quelle für Verzerrung von Untersuchungsergebnissen ist eine geringe Handelsliquidität der Aktiengattung. Ein gängiges Maß für die Liquidität ist das Handelsvolumen. Handel kommt insbesondere dann zustande, wenn Investoren die verfügbaren Informationen unterschiedlich interpretieren und/oder wenn die Informationsverteilung asymmetrisch ist, wenn also einzelne Marktteilnehmer einen Informationsvorsprung besitzen oder zu besitzen glauben, oder wenn die Anleger die verfügbaren Informationen unterschiedlich interpretieren.[1672] Bei seltenen Handelsumsätzen und geringem Handelsvolumen haben es Käufer und Verkäufer schwerer, einen Handelspartner zu einem für sie akzeptablen Kurs zu finden. Dies kann dazu führen, dass Verkäufer u. U. niedrigere Verkaufspreise und Käufer höhere Erwerbspreise für die Aktien akzeptieren müssen, als es dem aus ihrer Sicht „wahren Wert" der Aktie entspricht. Auch dies kann zu Kursen führen, die die Aussagekraft der Ergebnisse von Kurs- und Renditeschätzungen verfälschen. Daher werden in der Untersuchung auch solche Gesellschaften ausgeschlossen oder – soweit nachfolgend angegeben – zeitweilig ausgeschlossen, bei denen die Handelsumsätze im Mittel mit unter 120.000 € pro Jahr und damit 10.000 € Handelsumsatz pro Monat bzw. rund 2.500 € pro Kalenderwoche besonders niedrig sind; ein Ausschluss erfolgt auch, wenn in maximal zwei „Ausreißerjahren" leicht höhere Umsätze zu verzeichnen waren.

[1672] Ähnlich Kempf/Korn (1999), S. 179 f.

Insgesamt trifft dies auf 14 Gesellschaften zu, von denen sechs schon nach dem Kriterium „Pennystock" ausgeschlossen wurden.[1673, 1674] Bei den weiteren acht (zum Teil nur ab einem bestimmten Zeitpunkt) ausgeschlossenen Unternehmen handelt es sich um Otto Stumpf (mittlerer jährlicher Handelsumsatz der Vorzugsaktie ab 1998: 32 T€), Beton- und Monierbau (35 T€), Hornblower Fischer (37 T€, ausgenommen 1998), Mainzer Aktien-Bierbrauerei (ab 1991: 40 T€), Reederei Herbert Ekkenga (46 T€)[1675], F. Reichelt (55 T€ ab 2009), Hamburger Getreide-Lagerhaus (61 T€ ab 9/1998) und Hanfwerke Oberachern (83 T€).

Vorsorglich wurde anstelle des Handelsumsatzes in Euro auch der Stückumsatz als Maß für die Handelsliquidität überprüft. Die genannten Unternehmen gehören auch nach diesem Kriterium zu den Unternehmen mit der geringsten Liquidität. Stamm- und Vorzugsaktien einiger Unternehmen handeln allerdings zu sehr hohen Kursen und wurden daher bei dem Kriterium „Wertumsatz" nicht herausgefiltert. So lagen bei den Kötitzer Leder- und Wachstuchwerken die Kurse der Stamm- oder der Vorzugsaktie in 260 von 285 grundsätzlich einzubeziehenden Monaten über 2.000 €, in der Spitze notierte die Stammaktie bei 17.500 € pro Aktie; im Jahr 1997 wurden allerdings nur 218 Aktien an der Börse gehandelt, im Jahr 1999 sogar nur 10 Stück. In diesen Fällen kann offensichtlich nicht davon gesprochen werden, dass der ermittelte Kurs sich durch eine ausreichende Anzahl aus Kauf- und Verkaufsaufträgen gebildet hat. Vor diesem Hintergrund wurden auch Beobachtungen von Unternehmen für einzelne Jahre ausgeschlossen, wenn der Stückumsatz nicht nur in einzelnen Jahren weniger als 1.200 Stück pro Jahr, d. h. 100 Stück pro Monat, beträgt. Dies betrifft neben den Kötitzer Leder- und Wachstuchwerken[1676] auch die Tarkett Pegulan-Werke AG (ab 1990) sowie die Nordstern Allgemeine Versicherungs-AG (ab 1996).

[1673] AG für chemische Industrie (mittlerer jährlicher Handelsumsatz 25 T€), Investunity (48 T€, außer 2006/7), Koch Gruppe Automobile AG, Kunert (ab 2009: 69 T€), Palatium Real Estate (75 T€), Klepper Faltbootwerft (102 T€).

[1674] Hinzu kommt die ebenfalls bereits ausgeschlossene Westafrikanische Pflanzungsgesellschaft „Victoria", für die keine Umsatzdaten für die Vorzugsaktien vorliegen.

[1675] Bei der Reederei Herbert Ekkenga AG besteht das Grundkapital überhaupt nur aus 460 Stammaktien und 230 Vorzugsaktien mit einem Nennwert von 550 €. Schon durch diese geringe Aktienanzahl ist ein liquider Handel nicht möglich.

[1676] Umsätze unter 1.200 Stück pro Jahr sind bei den Kötitzer Leder- und Wachstuchwerke AG zwar nur von 1995 bis 2000 festzustellen. Gleichwohl fanden auch in den Jahren davor und danach nur in sehr wenigen Monaten Umsätze statt. Da es sich bei der schon seit 1946 wegen Enteignung in der sowjetischen Besatzungszone nicht mehr operativ tätigen Gesellschaft, die seit 1978 mehrheitlich zur Unternehmensgruppe Merckle gehört, faktisch (wie bei den Hanfwerken Oberachern) um eine Briefkastenfirma zur Vermögensverwaltung der Gruppe handelt, wurde die Gesellschaft aufgrund der Zusammenschau mit den spärlichen Umsätzen gänzlich ausgeschlossen.

Damit wurden im Übrigen alle vier nicht oder nicht mehr operativ tätigen Unternehmen, die unter dem Einfluss der Unternehmerfamilie Merckle standen, wegen sehr geringer Umsätze zumindest ab einem bestimmten Zeitpunkt aus der Untersuchung ausgeschlossen.[1677]

Um liquiditätsbedingte Verzerrungen der empirischen Analysen zu vermeiden, wurde schließlich geprüft, ob für die Aktiengattungen einzelner Unternehmen Übertragungshindernisse durch *Vinkulierungen* von Aktien bestanden haben. Die Stammaktien waren bei insgesamt elf Gesellschaften mit börsennotierten stimmrechtslosen Vorzugsaktien jedenfalls in Teilen des Zeitraums der Notiz der Vorzugsaktien vinkuliert, davon allerdings bei sieben Gesellschaften, bei denen die vinkulierten Stammaktien nicht notiert waren oder die wegen einer limitierten Vorzugsdividende ausgeschlossen waren.[1678] Vinkulierungen von börsennotierten Stammaktien bei Gesellschaften mit gleichzeitig notierter nicht vinkulierter Vorzugsaktie gab es bei der Albingia Versicherung AG, der früheren Colonia Versicherungs-AG,[1679] der Kölnischen Rückversicherungs-AG und der STADA Arzneimittel AG. Bei Versicherungsunternehmen waren Vinkulierungen allerdings (wegen früher üblicher Teileinzahlung der Aktien) häufig anzutreffen und auch kein faktisches Hindernis für liquiden Handel.[1680] Bei STADA hatten die im MDAX notierten vinkulierten Stammaktien im Mittel etwa zehnmal so hohe Umsätze wie die Vorzugsaktien. Insgesamt wurde kein Anlass für einen Ausschluss dieser vier Gesellschaften aus der Untersuchung gesehen.[1681]

5.2.3.4 Tatsächlich verwendete Kursdaten

Insgesamt wurden aufgrund der Eigenschaft als Pennystock oder wegen besonders geringer Handelsumsätze zehn Unternehmen (von denen mit einer Ausnahme zwei Gattungen notiert waren) vollständig aus der Untersuchung ausgeschlossen und zwölf Unternehmen (von denen bei elf Unternehmen beide Gat-

---

[1677] Das operative Geschäft der Otto Stumpf AG und der F. Reichelt AG ist 1994 auf die neugegründete Phoenix AG übergegangen, die beiden Gesellschaften dienten fortan ebenfalls als Vermögensverwaltungsgesellschaft der Unternehmensgruppe Merckle.

[1678] Gerling-Konzern Allgemeine Versicherungs-AG (mit gleichzeitig vinkulierter Vorzugsaktie), Markant-Südwest Handels AG, ProSieben Sat.1 Media AG, Sanacorp AG, Sto AG, Südmilch AG sowie die YMOS AG (bei der die vinkulierte Stammaktie nicht notiert war, dafür aber eine separate Gattung von Inhaber-Stammaktien).

[1679] Später mit derselben WKN 841000 Axa Konzern AG.

[1680] Nur bei der Albingia-Versicherung waren die Umsätze der Stammaktien deutlich geringer, was darauf zurückzuführen sein dürfte, dass über 96% der Stammaktien im Festbesitz waren.

[1681] Die nach dem Luftverkehrsnachweissicherungsgesetz nötige Vinkulierung der Stammaktien der Lufthansa wurde erst nach Wandlung der Vorzugsaktien eingeführt.

tungen notiert waren) nur ab einem bestimmten Zeitpunkt nicht im Untersu-
chungssample verwendet. Von diesen Unternehmen waren acht Unternehmen im
Freiverkehr und drei Unternehmen im Geregelten Markt notiert. Immerhin fünf
der Gesellschaften waren im amtlichen Handel (bzw. im Regulierten Markt) in
Frankfurt notiert. Die beschriebenen Probleme (Pennystock und geringe Liquidität) hätten also nicht dadurch gelöst werden können, dass eine Beschränkung auf
in Frankfurt amtlich notierte Werte vorgenommen wird oder zum Beispiel Freiverkehrswerte ausgeschlossen werden. Zusammenfassend lässt sich die Anzahl
der in die Untersuchungen einbezogenen Unternehmen wie folgt ableiten:

---

203 deutsche Gesellschaften mit börsennotierten Vorzugsaktien seit 1939
– davon 18 mit einfachem Stimmrecht
– <u>davon 2 mit Minderstimmrecht</u>
→ 183 Gesellschaften mit börsennotierten Vorzugaktien ohne Stimmrecht

    DAVON 52 Gesellschaften *ohne* gleichzeitige Notiz der Stammaktien
       (davon 16 Vorzugsaktien in Stammaktien gewandelt,
       davon in 36 Fällen Stammaktien bis Ende 2017 nie notiert)
    ./. 2 Gesellschaften mit Notizeinstellung vor 1956
       (Ausschlusskriterium)
    <u>./. 2 Gesellschaften, für die keine Kursdaten verfügbar waren</u>
    <u>48 zu berücksichtigende Gesellschaften mit alleiniger Notiz der Vorzüge</u>

    DAVON 131 Gesellschaften *mit* (z.T.) gleichzeitig notierter Stammaktie
    ./. 7 Gesellschaften mit Notizeinstellung vor 1956
       oder kriegsfolgenbedingter Liquidation
    ./. 2 Gesellschaften mit limitierter Vorzugsdividende
    ./. 8 Gesellschaften, für die keine Kursdaten verfügbar waren
    ./. 5 Gesellschaften, die als Pennystock vollständig ausgeschlossen
       wurden
    ./. 5 Gesellschaften, die wegen sehr geringer Handelsumsätze
       <u>vollständig ausgeschlossen wurden</u>
    <u>104 zu berücksichtigende Gesellschaften mit Notiz</u>
    <u>von Stammaktien und Vorzugsaktien</u>

Faktisch waren allerdings 49 bzw. 103 Gesellschaften zu berücksichtigen.[1682]

[1682] Bei der Teutonia Zementwerk AG war zwar die Vorzugsaktie von 1961 bis 2008 börsennotiert,
die Stammaktie jedoch nur bis 1967. Für den Zeitraum der gemeinsamen Notiz lagen allerdings
keine Kursdaten für die nur an der Börse Hannover notierte Gesellschaft vor. Kurs- und Umsatz-

Aus der nachfolgenden Abbildung 17 ergibt sich, wie viele Monatsschlusskurse von Stammaktien und Vorzugsaktien dieser Unternehmen in den einzelnen Jahren verwendet wurden.

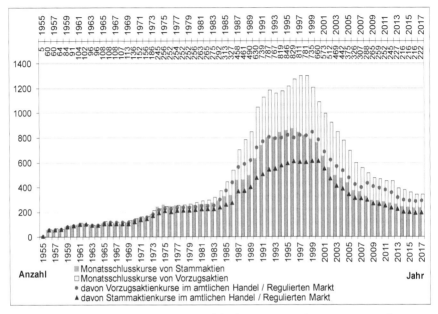

Abbildung 17: Anzahl der für die empirischen Untersuchungen verwendeten Monatsschlusskurse von Stamm- und Vorzugsaktien

In der Abbildung sind nur vorhandene Kurse aufgenommen (ohne Kurslücken). Die unter der *oberen Skala* angegebene Anzahl ist die Anzahl der monatlichen Beobachtungen pro Jahr, bei denen sowohl ein Stammaktien- als auch ein Vorzugsaktienkurs vorliegt und demzufolge ein Kursaufschlag berechnet werden kann (hierzu wurde aus Gründen der Übersichtlichkeit keine grafische Entsprechung in die Abbildung aufgenommen).

Quelle: Eigene Erhebungen.

Insgesamt stehen 21.689 Monatsschlusskurse von Stammaktien und 31.218 Monatsschlusskurse von Vorzugsaktien zur Verfügung. Dies entspricht einem Anteil von jeweils über 99,8 % der für eine vollständige Datenerfassung benötigten

daten für die Vorzugsaktie waren erst für die Zeit ab 1974 verfügbar, als die Stammaktie nicht mehr notiert war. Insofern wird die Vorzugsaktie wie eine allein notierte Aktie behandelt.

Monatsschlusskurse, er lag in keinem einzigen Jahr unter 99 %. Dieser hohe Anteil erklärt sich erstens dadurch, dass die Gesellschaften mit vor 1974 fehlenden Kursen anfänglich nicht einbezogen werden, zweitens durch den Ausschluss von Pennystocks und Unternehmen mit sehr geringen Umsätzen – bei diesen Unternehmen fehlen häufiger Monatsschlusskurse bzw. sind nur Taxkurse vorhanden – drittens durch den Ausschluss von i. d. R. nur sehr kurzzeitig notierten Unternehmen, für die überhaupt keine Kursdaten verfügbar waren, und viertens durch die Berücksichtigung von Handelskursen oder hilfsweise Geld-/Briefkursen notfalls bereits ab dem 15. Tag eines Monats als Monatsschlusskurs.

Aus dem amtlichen Handel bzw. Regulierten Markt stammen 74,6 % der Monatsschlusskurse der Vorzugsaktien und 80,6 % der Monatsschlusskurse der Stammaktien. Dieser Wert liegt über dem in Abschnitt 5.2.3.1 genannten Anteil von 72,3 % der vorhandenen Kursdaten, da bei dem Ausschluss von Pennystocks und Gesellschaften mit sehr geringen Umsätzen überproportional viele Unternehmen bzw. Beobachtungen von Freiverkehrswerten und im Geregelten Markt notierten Gesellschaften betroffen waren.

Die in der Abbildung ersichtliche, auch im Vergleich zum Jahr 1956 sehr geringe Anzahl von vorhandenen Beobachtungen im Jahr 1955 (neun Monatsschlusskurse von Stammaktien und fünf Monatsschlusskurse von Vorzugsaktien) erklärt sich dadurch, dass alle vier im Jahr 1955 einbezogenen Unternehmen mit vorhandenen Kursdaten erst im dritten Tertial des Jahres stimmrechtslose Vorzugsaktien an der Börse eingeführt haben.[1683]

Für die Analyse von Kurs- und Renditeunterschieden zwischen Stamm- und Vorzugsaktien können nur solche monatlichen Beobachtungen der – wie oben dargelegt – 103 Dual-Class-Unternehmen mit gleichzeitiger Notiz von Stamm- und Vorzugsaktie verwendet werden, bei denen sowohl ein Kurs der Stamm- als auch ein Kurs der Vorzugsaktie vorliegt. Dabei handelt es sich insgesamt um 20.661 Beobachtungen. Dies entspricht 95,3 % der vorhandenen 21.689 Beobachtungen mit Monatsschlusskursen von Stammaktien, wobei der Anteil im Zeitablauf schwankte: Bis 1984 entsprach der Anteil angesichts nur sehr weniger Wandlungen und hauptsächlich im amtlichen Handel (d. h. mit wenig Kurslücken) notierter Dual-Class-Unternehmen zwischen 99 % und 100 % der Anzahl der verfügbaren Stammaktienkurse. Zwischen den Jahren 2000 und 2014 lag der Anteil fast immer unter 90 % mit einem Minimum von 84,3 % im Jahr 2007.

[1683] Didier-Werke, Hartmann & Braun, Nordwestdeutsche Kraftwerke und RWE.

Diese 20.661 vorhandenen Kurspaare bilden (vor Bereinigung etwaiger Ausrei-
ßer) die Grundlage für die Untersuchungen in den Abschnitten 5.3.1 und 5.4.
Zum Vergleich sei angemerkt, dass in der bisher umfangreichsten Studie von
Daske/Ehrhardt (2002b) 14.283 Kurspaare (bis 1998) einbezogen wurden. In-
sofern ist die Anzahl der potenziellen Beobachtungen in dieser Arbeit und auf
Basis der Daten von September 1955 bis Ende 2017 um rund 45 % höher.

5.2.3.5 Dividenden von Stamm- und Vorzugsaktien

Angaben zur statutarischen Ausgestaltung des Dividendenvorzugs, d. h. insbesondere zur Höhe der prioritätischen Dividende und einer etwaigen Mehrdividende wurden für alle Gesellschaften aus den Saling- bzw. Hoppenstedt-Aktienführern, den Handbüchern der deutschen Aktiengesellschaften und durch Ein-
sichtnahme in Satzungen der Gesellschaften ermittelt.[1684] Lediglich für zwei
nach 1945 faktisch als rechtliche Hüllen verbliebene Gesellschaften mit gleichwohl vorhandenem (spekulativen) Börsenhandel von Vorzugsaktien konnten
keine Angaben ermittelt werden.[1685] Die Ergebnisse wurden bereits in Abschnitt
3.3.2 (S. 239) und in Abbildung 5 dargestellt.

Für die Analyse der Dividendenrenditen (wie der Renditen insgesamt) werden
die Unternehmen, die insbesondere aufgrund sehr geringer Umsätze oder von
Kursen unter 2 € oder Notizeinstellung vor 1956 aus der Untersuchung ausgeschlossen wurden, ebenfalls nicht berücksichtigt. Ausgehend von der jeweiligen
Dauer der Notiz der Vorzugsaktie waren für 2.724 Kombinationen aus Unternehmen und Jahren Dividendenereignisse für die Vorzugsaktien zu ermitteln,
davon in 1.809 Fällen auch für die gleichzeitig notierten Stammaktien. Dies erfolgte auf Basis der so genannten Termindaten der KKMDB, der Daten aus der
„Stehle-Datenbank" sowie ergänzender manueller Erhebungen und Prüfungen
der genannten Daten mit Hilfe der Saling- bzw. Hoppenstedt-Aktienführer oder
der Angaben in Datastream.

[1684] Erhoben wurde auch das Vorhandensein eine Liquidationsvorzugs, d. h. einer bevorrechtigten
Zahlung im Fall der Liquidation der Gesellschaft. Eine solche Regelung konnte nur für acht der
182 Gattungen von stimmrechtslosen Vorzugsaktien ermittelt werden. Diese Vorzugsaktien wurden mit einer Ausnahme vor 1956 an der Börse eingeführt; ihre Börsennotiz endete mit zwei
Ausnahmen vor 1970. Für die empirische Untersuchung hat dieser Umstand mithin keine Relevanz. Seit 1986 ist die Hamburger Getreide-Lagerhaus AG nach den Erhebungen die einzige, bis
heute (Stand: Ende 2017) notierte Gesellschaften, für deren Vorzugsaktien ein Liquidationsvorrecht besteht.
[1685] Westafrikanische Pflanzungsgesellschaft „Victoria" AG und Oberschlesische Hydrierwerke AG.

Die Berechnung der Dividendenrendite erfolgte als Quotient aus der jeweils gezahlten Dividende, für die Dauer der Geltung des Körperschaftsteuer-Anrech-
nungsverfahrens ggf. vermehrt um die KSt-Gutschrift (vgl. Abschnitt 5.3.2.1),
und dem Schlusskurs des Vormonats. In insgesamt sieben Fällen haben Gesellschaften im Zusammenhang mit einer Umstellung des Hauptversammlungster-
mins zweimal in einem Jahr eine Dividende ausgeschüttet,[1686] i. d. R. im Januar
oder Februar und im Dezember; davon wurde in fünf Fällen auch im Vorjahr
und im darauffolgenden Jahr eine Dividende ausgeschüttet. In dem betroffenen
Jahr wurde der Einfachheit halber die Dividendenrendite beider Ereignisse
addiert, um eine Dividendenrendite pro Jahr zu ermitteln.[1687]

Bei der Berechnung von Dividendenrenditen und nennwertbezogenen Mehrdividenden wurden nur die tatsächlichen Zahlungen herangezogen und nicht etwa
die nachzahlbaren prioritätischen Dividenden abgegrenzt. Letzteres wäre nicht
sachgerecht, da der Zeitpunkt der Nachzahlung ungewiss ist und da der Anspruch bei Insolvenz des Unternehmens auch untergehen kann. Folglich können
bei Unternehmen in wirtschaftlicher Krise für einen längeren Zeitraum die
Dividendenrendite und die Mehrdividende den Wert null haben und zum
Nachzahlungszeitpunkt eine größere Dividendenrendite und insbesondere eine
faktisch große gezahlte Mehrdividende zu verzeichnen sein. Die Auswirkungen
auf die Dividendenrendite können insofern begrenzt sein, als sich der Nachzahlungsanspruch c. p. in einem steigenden Kurs der Vorzugsaktie widerspiegeln
sollte. Ein gutes Beispiel hierfür ist der Fall Kunert AG: Auf die seit der Hauptversammlung 2007 stimmberechtigten Vorzugsaktien, die mit einer nachzahlbaren Vorzugsdividende von 1,28 € pro Aktie ausgestattet waren, hatte sich bis
Ende 2012 ein Nachzahlungsanspruch von über 15 € kumuliert. Während sich
seit der Sanierung 2008/2009 der Kurs der Stammaktie nur von rund 0,40 € auf
2,05 € erholte, stieg der Vorzugsaktien-Kurs zeitgleich bis auf 18,40 €; er lag
selbst kurz vor der Zahlungsunfähigkeit im März 2013 noch bei 4,88 € (am
25.2.2013), bis auch dieser Kurs am Tag darauf auf 0,50 € sank, als die Wertlosigkeit der Nachzahlungsansprüche offenbar wurde.

[1686] MAN und RWE 1990, Kölnische Rückversicherung 1994, Hach AG 1994 und 2001, Wella
2004, Porsche 2010.

[1687] Eine kleine Ungenauigkeit resultiert daraus, dass bei zwei Dividenden pro Jahr die Dividendenrendite auf unterschiedlichen Kursen (den jeweiligen Schlusskursen des Vormonats) basiert. Die
Ungenauigkeit bei alternativer Verwendung des Schlusskurses des Vorjahres wäre allerdings
potenziell noch größer. Außerdem handelt es sich um einen sehr geringen Anteil an allen Divi-
dendenereignissen.

5.2.3.6 Berechnung der Aktienrenditen

Die monatlichen Aktienrenditen werden bei den aus der KKMDB stammenden Daten berechnet als Quotient aus dem Kurs am Monatsende und dem mit dem so genannten Bereinigungsfaktor des laufenden Monats multiplizierten Schlusskurs des Vormonats (minus eins). In den von der KKMDB gelieferten Bereinigungsfaktoren werden Dividendenzahlungen, Kapitalveränderungen und Nennwertumstellungen abgebildet. Der Bereinigungsfaktor wird beispielsweise bei einer Nennwertumstellung berechnet als Quotient aus neuem und altem Nennwert, bei einer Barkapitalerhöhung als Quotient aus Ex-Kurs und der Summe aus Ex-Kurs und erstem notierten Kurs des Bezugsrechts (hilfsweise dessen rechnerischem Wert) und bei Dividendenausschüttungen als Quotient aus Ex-Kurs und der Summe aus Ex-Kurs und Bardividende (ohne KSt-Gutschrift).[1688]

Für die sog. Termindaten der Lieferungen der KKMDB zu den Kursen ab 2010 wurden keine Bereinigungsfaktoren mitgeliefert, sondern auf Basis der jeweiligen Ereignisse (z.B. Dividendenzahlungen) wie in der KKMDB-Dokumentation angegeben selbst berechnet; dasselbe gilt für manuell erhobene Kursdaten und Dividenden- bzw. Kapitalereignisse. Außerdem wurden Renditen aus vorhandenen Datastream-Daten als Quotient der Return-Index-Stände am Ende des Monats und des Vormonats (minus eins) berechnet. Sofern keine Daten aus der KKMDB- oder der Stehle-Datenbank vorhanden waren wurden die Datastream-Renditen verwendet. Ansonsten wurden die Datastream-Renditen zur Plausibilisierung mit den KKMDB-basierten Renditen verglichen.

Außerdem wurden die besonders hohen und niedrigen Renditen manuell plausibilisiert, insbesondere durch Prüfung in anderen Quellen zu Kurs- und Ereignisdaten (z.B. dem Wertpapier-Informationssystem der Börsen-Zeitung, in Hoppenstedt-Kurstabellen und Hoppenstedt Handbüchern der Aktiengesellschaften).

Schließlich wurden für die Dauer der Geltung des Körperschaftsteueranrechnungsverfahrens in Monaten mit Ausschüttung von Dividenden zu den aus den o.g. Quellen berechneten, auf den Bruttodividenden basierenden Renditen der Quotient aus Körperschaftsteuergutschrift und Schlusskurs des Vormonat hinzugerechnet, um einheitliche Renditen zu erhalten, die die Perspektive eines inländischen Anlegers mit 0% Steuersatz abbilden (vgl. Abschnitt 5.3.2.1).

[1688] Die Dokumentationen mit allen Erläuterungen auch zu anderen Kapitalmaßnahmen sind bei der Abteilung „Finanzmärkte und Informationen" des Karlsruher Instituts für Technologie unter der URL http://fmi.fbv.kit.edu/21.php zugänglich (Abruf am 14.1.2019). Hinzuweisen ist insb. auf das Dokument „Die Bereinigung von Aktienkursen" von Dr. Andreas Sauer (Stand 1991).

Für einen vollständigen Renditevergleich in Bezug auf die Unternehmen mit gleichzeitig notierten Stamm- und Vorzugsaktien hätten 20.621 Renditepaare herangezogen werden müssen, wenn man die Gesellschaften mit Notizeinstellung vor 1956 oder kriegsfolgenbedingter Liquidation sowie die Gesellschaften mit limitierter Vorzugsdividende nicht berücksichtigt. Wie bei den Kursdaten wurden aber auch für Renditeberechnungen Pennystocks und Gesellschaften mit besonders niedrigen Handelsumsätzen ausgeschlossen, da mit der Verzerrung der Kurse potenziell auch Verzerrungen der Renditen auftreten. Zusätzlich erfolgte ein Ausschluss, wenn eine der beiden Renditen über 50 % oder (wegen der „reziproken Symmetrie") unter -33 % [=1/(1+50 %) − 1] lag. Dadurch wurden 91 bzw. 51, mithin insgesamt 142 zusätzliche Beobachtungspaare ausgeschlossen. Hinzu kommt eine weitere Beobachtung, bei der der Unterschied zwischen der Rendite von Stamm- und Vorzugsaktie über 50 Prozentpunkte betrug. Bei derartig extremen, auch nach Verifizierung bestätigten Monatsrenditen dürften wesentliche unternehmensspezifische Umstände eingetreten sein, die durch die erklärenden Faktoren in einem Regressionsmodell nicht sachgerecht abgebildet werden können.[1689] Nach Abzug der Beobachtungen, bei denen mindestens eine der Renditen nicht vorliegt, verblieben 19.607 Beobachtungen von monatlichen Renditepaaren ab 1956.

Von den 10.508 grundsätzlich benötigten Renditen allein notierter Vorzugsaktien verbleiben nach Abzug der aus den o.g. Gründen auszuschließenden Beobachtungen (darunter 61 wegen einer Rendite über 50 % oder unter -30 %) und der nicht vorhandenen Beobachtungen 10.271 monatliche Vorzugsaktienrenditen.

Für die Berechnung von mittleren Jahresrenditen *über alle Unternehmen* aus den vorhandenen Monatsrenditen der einzelnen Gesellschaften waren zwei Entscheidungen zu treffen:

a) Berechnung als (gewichteter) *Mittelwert der Jahresrenditen aller Aktien,*

d. h. als $\sum_{i=1}^{n} w_{i,0} \cdot \left[\left(\prod_{t=1}^{12} (1+r_{i,t}) \right) - 1 \right]$, wobei $w_{i,0}$ das Gewicht des

Unternehmens *i* am Jahresanfang und $r_{i,t}$ die Monatsrendite des Unternehmens *i* in Monat *t* bezeichnen,

---

[1689] Stehle/Schmidt (2015) schließen keine Beobachtungen aus, auch keine Pennystocks (vgl. a. a. O., S. 444). Allerdings basiert deren Untersuchung auf dem amtlichen Handel bzw. Regulierten Markt in Frankfurt und damit auf liquideren Aktien relativ größerer Unternehmen, in denen so extreme Renditen deutlich seltener auftreten dürften.

o d e r Berechnung als geometrische *Verknüpfung der mittleren Monatsren-diten* über alle Aktien, also als $\left[\prod_{t=1}^{12}\left(1+\sum_{i=1}^{n}w_{i,t}\cdot r_{i,t}\right)\right]-1$.

In dieser Arbeit wird für die Berechnung der jährlichen Renditen die erste Variante angewendet, da durch sie ein gewichteter Mittelwert aus den Renditen berechnet wird, die die einzelnen Aktien tatsächlich nach einem Jahr erzielt haben. Die Gewichtung erfolgt dabei z. B. nach dem Marktwert am Periodenanfang. Die zweite Variante, die z. B. Stehle/Schmidt (2015) verwenden, geht bei der Berechnung von Jahresrenditen nicht von einem Aktienportfolio aus, das ein Jahr lang gehalten wird, sondern unterstellt implizit die Anpassung der Gewichtung zu Beginn jedes Monats. Es stellt daher eher die Rendite einer Portfoliostrategie mit monatlicher Anpassung dar.

b) *Umgang mit Datenlücken*: Nach der obigen Renditeformel sind zur Berechnung einer Jahresrendite in der ersten Variante alle zwölf monatlichen Beobachtungen erforderlich.[1690] Damit würde für das Jahr der Börseneinführung und für das Jahr der Abschaffung der Vorzugsaktien definitiv keine Jahresrendite berechnet werden können, selbst wenn die Einführung im Januar oder die Abschaffung im Dezember erfolgen. Durch einzelne fehlende Monatsrenditen würde auch in der Zwischenzeit die Anzahl der berechenbaren Jahresrenditen mglw. beträchtlich abnehmen. Aus diesem Grund bietet sich die Annualisierung der verfügbaren Monatsrenditen an: Sind z. B. für eine Aktie nur die Renditen von Januar bis November eines Jahres vorhanden, würden diese dabei geometrisch verknüpft und mit dem Exponenten $^{12}/_{11}$ potenziert. Dadurch würden die Anzahl der Beobachtungen erhöht und somit die tatsächlich erzielten Monatsrenditen nicht ohne Not unberücksichtigt gelassen. Die Alternative, nur die tatsächlich vorhandenen Monatsrenditen geometrisch zu verknüpfen und als Jahresrendite anzusetzen, würde dagegen im Mittel zu einer Unterschätzung der tatsächlich erzielten Renditen führen. Die Annualisierung unterstellt implizit, dass sich in den fehlenden Monaten die Rendite genauso entwickelt hätte wie im geometrische Mittel der vorhandenen Monate. Für die Frage, wie viele Monatsrenditen mindestens vorhanden sein sollten, damit eine Annualisierung durchgeführt wird, wurde eine Sensitivitätsanalyse mit dem Gesamtmittelwert der Renditen durchgeführt:

[1690] In der zweiten Berechnungsvariante stellt sich diese Frage faktisch nicht, da schon bei vorhandener Rendite mindestens einer Aktie für den betreffenden Monat eine mittlere Monatsrendite über alle Unternehmen berechnet werden kann und im Anschluss daran aus den mittleren Monatsrenditen eine Jahresrendite errechnet werden kann.

Tabelle 13: Sensitivitätsanalyse zur Annualisierung von Monatsrenditen bei Datenlücken

> In der Tabelle ist ersichtlich, wie sich die mittleren gleichgewichteten Jahresrenditen von gleichzeitig notierten Stamm- und Vorzugsaktien (1956-2017) bei Steuersatz 0% und die Anzahl der Beobachtungen entwickeln würden, wenn man die Jahresrenditen durch Annualisierung der verfügbaren Monatsrenditen berechnet und hierfür eine Mindestanzahl an vorhandenen Monatsrenditen fordert. Zum Vergleich sind die Ergebnisse für die Berechnung der Jahresrenditen als geometrische Verknüpfung über die zwölf mittleren Monatsrenditen eines jeden Jahres angegeben (letzte Zeile). Die Berechnung des Durchschnitts über mehrere Jahre hinweg erfolgt in beiden Fällen als arithmetisches Mittel über die einzelnen Jahre. Quelle: Eigene Berechnungen.

Mindestanzahl von Monatsrenditen	Anzahl Beobachtungen (Kombination Jahre und Unternehmen)	Mittlere Jahresrendite der Stammaktien (gleichgewichtet)	Mittlere Jahresrendite der Vorzugsaktien (gleichgewichtet)
1	1.770	13,67%	19,90%
3	1.731	11,65%	13,77%
6	1.659	10,67%	12,43%
9	**1.575**	**10,30%**	**11,77%**
10	1.553	10,42%	11,91%
12	1.404	11,12%	12,62%
Berechnung durch geometrische Verknüpfung der mittl. Monatsrenditen	nicht berechenbar	11,76%	12,85%

Die Durchführung einer Annualisierung auch bei einer nur geringen Anzahl an vorhandenen Monatsrenditen führt – wie in der Tabelle ersichtlich ist – zu insgesamt höheren mittleren Monatsrenditen, was durch überdurchschnittlich hohe Renditen im Jahr der Einführung oder der Abschaffung von Vorzugsaktien oder durch höhere Renditen von besonders illiquiden Aktien (bei denen größere Datenlücken bestehen) erklärbar ist.

Mit Blick einerseits auf die abnehmende Anzahl an Beobachtungen bei strengerer Anforderung an die für eine Annualisierung notwendige Anzahl vorhandener Monatsrenditen und andererseits auf die implizite und spekulative Unterstellung, dass in den nicht verfügbaren Monaten dieselbe Rendite wie im geometrischen Mittel der anderen Monate erzielt wurde, wurde entschieden, Annualisierungen nur bei mindestens neun vorhandenen Renditen vorzunehmen. Der interessierende Renditeunterschied zwischen Stamm- und Vorzugsaktien weicht bei allen Varianten mit Ausnahme einer schwachen

Anforderung an die Anzahl vorhandener Monatsrenditen mit einem Wert um 1,5 Prozentpunkte nicht stark voneinander ab.

5.2.3.7 Nennwerte und Marktwerte

Für die Berechnung der Marktwerte des Stamm- und Vorzugsaktienkapitals (und damit des Eigenkapitals der Gesellschaft insgesamt) ist die jeweilige Aktienstückzahl erforderlich. Diese wurde für alle Gesellschaften aus den Hoppenstedt- bzw. Saling-Aktienführern erhoben oder aus den dort ersichtlichen Angaben aus Grundkapital und Nennwert der Gattung berechnet; der Zeitpunkt von Nennwertänderungen wurde mit den entsprechenden Termindaten und Bereinigungsfaktoren aus der KKMDB plausibilisiert. Die Erfassung der Nennwerte bzw. die Bestimmung der impliziten Nennwerte als Quotient aus dem Grundkapital der Gattung und der Stückzahl, in die dieses Grundkapital eingeteilt ist, ist zudem wichtig für die korrekte Berechnung der Renditen im Monat einer Nennwertumstellung, da sich dadurch c. p. der Kurs entsprechend dem Verhältnis aus neuem und alten Nennwert verändert.

Nennwertumstellungen waren bei 98 Unternehmen festzustellen, davon in 28 Fällen mehr als einmal. Insgesamt kam es bei den einbezogenen Unternehmen zu 130 Nennwertumstellungen.[1691] Wulff (2000) stellt in Ereignisstudien positive Überrenditen um den Ankündigungs- und den Umsetzungszeitpunkt für solche Nennwertumstellungen fest,[1692] eine Persistenz der Überrenditen konnte jedoch statistisch nicht belegt werden. Daher bleibt dieser mögliche Effekt bei den hier zu ermittelnden Renditedaten auf Monatsbasis außer Betracht.

Für Vergleiche zwischen Stamm- und Vorzugsaktien müssen zudem ggf. die Kurse so bereinigt werden, dass sie sich auf denselben Nennwert beziehen. Dass sich der Börsenkurs einer Gattung auf einen anderen Nennwert bezieht als der Kurs der anderen Gattung im selben Monat, war allerdings nur bei insg. vier Gesellschaften mit notierten Stamm- und Vorzugsaktien der Fall: Langenbrahm AG (bis 1978), Otto Stumpf AG (bis 1983), Kölnische Rückversichungs-Gesellschaft (bis 1989) und Nordstern Allgemeine Versicherungs-AG (bis 1995).[1693]

[1691] Gleichzeitige Nennwertumstellungen von Stamm- und Vorzugsaktien sind nur einmal gezählt.

[1692] Vgl. Wulff (2000), S. 221 ff.

[1693] Daneben war der kleinste Nennwert der beiden Gattungen unterschiedlich bei der Südmilch AG (bis 1993), der SG-Holding AG (bis 1995) und der YMOS AG (bis 1985), jedoch war in diesen Fällen die Stammaktie nicht oder noch nicht börsennotiert.

Von den vorhandenen Kursen beziehen sich 58% auf einen Nennwert von 50 DM, 8% auf einen Nennwert von 100 DM oder 200 DM und 21% auf einen Nennwert von 5 DM. Vielfach wurde der letztgenannte Wert auch nach Euro-Einführung beibehalten oder nur leicht angepasst (z.B. auf 2,56 €). Bei den sonstigen nach Euro-Einführung angepassten (meist impliziten) Nennwerten überwiegt der Nennwert 1 € (rund 7% der Gesamtbeobachtungen); in 4% dieser Fälle liegt der Nennwert zwischen 3 € und 10 €.

Aus den erhobenen Aktienstückzahlen der Gattungen und den vorhandenen Kursen der Stamm- und Vorzugsaktien wurden zu jedem Zeitpunkt die Marktwerte des Stamm- und des Vorzugsaktienkapitals und als deren Summe der Gesamtmarktwert des Eigenkapitals berechnet. Die auf der Seite 505 folgende Abbildung 18 dient der Charakterisierung der Größenklassen der in die Untersuchungen einbezogenen Unternehmen.

Aus den in der Abbildung angegebenen Häufigkeiten für die arbiträr gewählten Größenklassen ist ersichtlich, dass es sich bei Dual-Class-Unternehmen häufig um vergleichsweise kleine und mittelgroße Unternehmen handeln dürfte: Bei 57% der 103 Unternehmen mit notierten Stamm- und Vorzugaktien liegt der Marktwert des Eigenkapitals unter 500 Mio. €. Für eine valide Aussage müsste allerdings ein Vergleich mit dem Anteil solcher Unternehmen z.B. bezüglich aller börsennotierten Gesellschaften getroffen werden; diese Angaben lagen aber nicht vor. Für Gesellschaften, bei denen nur Vorzugsaktien notiert sind, ist der Anteil der Unternehmen mit einem Marktwert unter 500 Mio. € mit 75% noch deutlich höher; bei diesen Gesellschaften handelt es sich häufig um kleinere Familiengesellschaften, bei denen die Stammaktien in festen Händen sind.

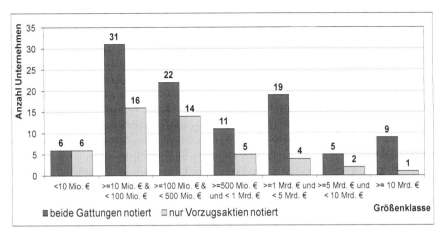

Abbildung 18: Häufigkeit der Marktwerte der in die Untersuchung
einbezogenen Unternehmen mit börsennotierten Vorzugsaktien

> Maßgeblich ist der Marktwert in Euro im Monat vor der letzten gemeinsamen
> Notiz von Stamm- und Vorzugsaktie bei gleichzeitig notierten Unternehmen und
> sonst der Monat vor der letzten Notiz der Vorzugsaktie im Untersuchungszeit-
> raum (mithin handelt es sich mangels Alternative um Marktwerte zu unterschied-
> lichen Zeitpunkten). Für Gesellschaften, bei denen nur die Vorzugsaktie börsen-
> notiert war, wird der Marktwert des Stammaktienkapitals hier mit dem (ggf.
> nennwertbereinigten) Kurs der Vorzugsaktie ohne Auf- oder Abschläge berech-
> net. Quelle: Eigene Erhebungen.

Nicht zu verkennen ist allerdings, dass es auch sehr große Gesellschaften mit
börsennotierten Vorzugsaktien gibt oder gab; die Unternehmen mit dem größten
Marktwert sind Volkswagen, SAP, BMW und Henkel; an fünfter Stelle steht mit
einigem Abstand die Porsche SE, bei der nur Vorzugsaktien notiert sind. Der
große Einfluss der vier erstgenannten Unternehmen auf den mittleren Kursaufschlag wird sich u. a. noch bei der Berechnung eines marktwertgewichteten
Kursaufschlags zeigen, vgl. Abschnitt 5.3.1.4.

Angesichts der breiten Streuung der Unternehmensmarktwerte ist es offensichtlich, dass die Beobachtungen nicht normalverteilt sein können. Daher wird für
die Zwecke der Regressionen eine Logarithmierung der Marktwerte vorgenommen. Die Verteilung der Log-transformierten Marktwerte ergibt folgendes Bild:

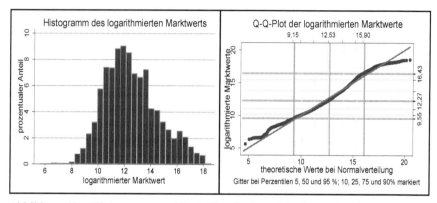

Abbildung 19: Histogramm und Q-Q-Plot der logarithmierten Marktwerte
Im Q-Q-Plot sind die Perzentile 10%, 25%, 75% und 90% auf der rechten bzw.
oberen Achse durch kleine Striche markiert, jedoch der Übersichtlichkeit halber
nicht beschriftet. Quelle: Eigene Untersuchungen.

Die Werte für die Schiefe (0,42) und die Wölbung (Kurtosis 2,81) der Verteilung weichen nicht stark von den Werten der Normalverteilung (0 bzw. 3) ab,
angesichts des großen Stichprobenumfangs wurden jedoch ein darauf bezogener
Test auf Normalverteilung wie auch zwei andere Normalverteilungstests verworfen.[1694] Gleichwohl legen die grafischen Darstellungen des Histogramms und des
Q-Q-Plots nahe, dass die Abweichung von einer Normalverteilung jedenfalls
zwischen dem 5. und dem 95. Perzentil gering ist. Vor diesem Hintergrund erscheint die Verwendung logarithmierter Marktwerte sachgerecht.

5.2.3.8 Indexzugehörigkeit

Um den Einfluss der aus der Mitgliedschaft in einem relevanten Aktienindex resultierenden höheren Liquidität einer Aktiengattung untersuchen zu können,[1695]
wurde für alle börsennotierten Dual-Class-Unternehmen geprüft, ob und wann
diese Mitglied im DAX, MDAX[1696], TecDAX oder SDAX waren; Grundlage

---

[1694] Der Shapiro-Wilks-Test ist ohnehin nur für bis zu 5.000 Beobachtungen geeignet. Zudem ist er
wie der Komolgorov-Smirnov-Anpassungstest anfällig für sog. Bindungen („ties"), d.h. das
mehrfache Auftreten gleicher Werte, sowie für Ausreißer; beides ist in der Stichprobe der Fall.
[1695] Vgl. Abschnitt 4.4.1 und Hypothese K16 (S. 368).
[1696] Der 1996 eingeführte MDAX als Index für sog. „Mid Caps" umfasste ursprünglich die 70 nach
dem DAX nächstgrößeren Unternehmen, die die Aufnahmekriterien der Deutschen Börse erfüll-
ten und für die jeweils nur eine Aktiengattung in den Index aufgenommen wurde. Seit März

hierfür bildeten die entsprechenden Veröffentlichungen der Deutschen Börse AG zur historischen Indexzusammensetzung.[1697] Da sich der Einfluss der Indexmitgliedschaft für die drei Indizes deutlich unterscheiden dürfte, werden drei Indexdummys für die Zeiträume der Mitgliedschaft im DAX, im Midcap-Index (MDAX plus TecDAX) und im 1999 eingeführten SDAX-Index der 50 nächstgrößeren Werte („Small Caps") verwendet. Insgesamt waren 65 Dual-Class-Unternehmen zumindest zeitweilig in einem der gewählten Indizes vertreten. Diese sind in der nachfolgenden Tabelle 14 ersichtlich.

Tabelle 14: Indexmitgliedschaft von Dual-Class-Unternehmen

Angegeben sind nur die Indexzugehörigkeiten während der Börsennotiz der Vorzugsaktie. Mehrfachnennungen entstehen durch Wechsel von Unternehmen zwischen den Indizes nach dem Regelwerk der Deutschen Börse. Zur besseren Lesbarkeit der Tabelle wurden die Namen der Unternehmen nicht vollständig wiedergegeben. In der Spalte „Gat." ist die Gattung angegeben, für die die Indexmitgliedschaft aufgeführt ist. Quelle: Eigene Erhebung auf Basis von Deutsche Börse AG (2018).

Notiz	Gat.	DAX	MDAX oder TecDAX	SDAX
Stämme und Vorzüge notiert	StA	BMW, Ceconomy (vorm. Metro), Dt. Babcock, Lufthansa, Fresenius Medical Care, MAN, RWE, Volkswagen (bis 22.12.2009)	ASKO, AXA Konzern, Ceconomy (vorm. Metro), FAG Kugelfischer, Fresenius Medical Care, HeidelbergCement, Herlitz, MAN, Metro neu (2017), Sixt, STRABAG	AdCapital, Ahlers, B.U.S., Gerry Weber, Herlitz, Möbel Walther, Sixt, STADA
	VzA	Fresenius, Henkel, SAP, Volkswagen (ab 23.12.2009)[1698]	Drägerwerk, Dyckerhoff, ESCADA, Fresenius, Fuchs Petrolub, GEA, Hugo Boss, Koenig & Bauer, Krones, KSB, MLP, Rheinmetall, Rhön-Klinikum, SAP, Sartorius, SPAR, Südzucker, Wella	Biotest, Dyckerhoff, Ehlebracht, Fuchs Petrolub, Koenig & Bauer, KSB, Sartorius, VOGT electronic, WMF
(Fortsetzung auf der nächsten Seite)				

2003 umfasst der MDAX nur noch 50 Unternehmen, allerdings wurde der TecDAX eingeführt, in den 30 Technologiewerte aufgenommen werden. Zusammen bilden diese 80 Werte seither den „Midcap Market Index" der Deutschen Börse.

[1697] Vgl. Deutsche Börse AG (2018).

[1698] Vgl. Fußnote 5, S. 2.

Notiz	Gat.	DAX	MDAX oder TecDAX	SDAX
nur Vorzüge notiert	VzA	Nixdorf	Fielmann, Friedrich Grohe, Hornbach Holding, Jungheinrich, Porsche, ProSieben-Sat.1, Schaeffler, Villeroy & Boch	Berentzen, Burg-bad, Creaton, Einhell, Gardena, Hach, Hornbach Holding, Jung-heinrich, Quante, Sanacorp, Schaeffler, Schuler, SG-Holding, STO, Villeroy & Boch

Von den als Pennystock oder wegen sehr geringen Umsatzes ausgeschlossenen Unternehmen war mit einer Ausnahme (Ehlebracht) keine Aktiengattung je in einem der drei Indizes notiert; auch bei der Ehlebracht AG erfolgte der Ausschluss aus der Untersuchung ab 7/2001 (wegen Aktienkursen unter 2 €) erst nach Abstieg aus dem SDAX am 18.6.2001.

5.2.3.9 Makroökonomische Kennzahlen

Zur Untersuchung der Hypothesen K6, K7, K12, K17, R3, R4, R6 und R7 ist schließlich auch die Erhebung makroökonomischer Kennzahlen erforderlich. Für die Berechnung von Betafaktoren werden zudem ein risikoloser Zinssatz und die Rendite des Marktportfolios benötigt.

Als *Rendite des Marktportfolios* wird die Rendite aller in Frankfurt amtlich gehandelten Aktien ab 1954 verwendet, wie sie zuerst Stehle/Hartmond (1991) und zuletzt Stehle/Schmidt (2015) für den Zeitraum bis 2013 berechnet hatten und als FTS-Reihe bezeichnen („Frankfurt Top Segment"). Eine wichtige Eigenschaft dieser Reihe ist, dass sie im Gegensatz zu den Aktienindizes der Deutschen Börse um die im Zeitablauf variierende steuerliche Behandlung von Dividenden bereinigt ist und zum Zwecke der Vergleichbarkeit Renditen für einen Steuersatz von null Prozent ausweist.[1699] Für die Zeit ab 2014 wird die Rendite des CDAX-Performance-Index verwendet, der auf der Homepage der Deutschen

---

[1699] So enthalten die nur aufgrund der Kurse und ausgeschütteten Dividenden berechneten Performance-Indizes wie der DAX für den Zeitraum von 1977 bis 2000 nicht die Körperschaftsteuergutschrift von 56,25% bzw. ab 1994 42,86%, weshalb die Renditen implizit für einen inländischen Anleger mit einem Steuersatz von 36% bzw. 30% gelten und daher im Zeitablauf nicht vergleichbar sind. Für Details vgl. die Erläuterungen in Stehle/Schmidt (2015), S. 440f.

Bundesbank zur Verfügung steht. Zum einen bestanden ab 2014 nicht mehr die davor bestehenden Probleme des veröffentlichten CDAX, insbesondere die Verzerrungen durch Einbeziehung des Neuen Marktes.[1700] Zum anderen unterstellt seit 2002 auch die Rendite der Performance-Indizes wie des CDAX implizit einen Steuersatz von null Prozent. Außerdem stellen Stehle/Schmidt (2015) trotz Abweichungen in einzelnen Jahren aufgrund der im CDAX nur auf Basis des Freefloat vorgenommenen Gewichtung eine hohe Korrelation der FTS-Reihe mit dem CDAX (98,24 %) und für den Zeitraum 2004 bis 2013 eine im geometrischen Mittel identische Jahresrendite von nominal 9,48 % fest.[1701] Die um die CDAX-Renditen bis 2017 ergänzte FTS-Reihe wird auch für die auf die allgemeinen Veränderungen der Aktienkurse bezogenen Hypothesentests verwendet. Tests auf Normalverteilung werden für diese Renditezeitreihe zwar abgelehnt, da sie eine für Aktienrenditen übliche Leptokurtosis aufweist, jedoch hat die Verteilung – worauf auch schon Stehle/Schmidt (2015) hingewiesen haben – nur eine geringe Schiefe; insgesamt erscheint die Abweichung von einer Normalverteilung gering.

Als *risikoloser Zinssatz* wird in vielen Studien zum deutschen Kapitalmarkt der am Frankfurter Interbankenmarkt festgestellte Zinssatz (FIBOR bzw. EURIBOR) für z.B. einmonatige Anlagezeiträume verwendet.[1702] Daran dass dieser Zinssatz tatsächlich eine risikolose Anlage darstellt, hat die Entwicklung während der Finanzmarktkrise 2007-2010 Anlass zum Zweifeln gegeben: Das zeitweilige Misstrauen zwischen Banken selbst für Overnight-Anlagen hat zeitweilig zu einem deutlich Anstieg des EURIBOR im Vergleich zu AAA-gerateten Bundesanleihen geführt: Seit August 2007 liegen die aus den Renditen von Bundeswertpapieren mit einer Restlaufzeit von sechs Monaten abgeleiteten Nullkuponrenditen dauerhaft unter den 6-Monats- und auch unter den 1-Monats-EURIBOR-Sätzen, im Mittel um über 60 bzw. um über 30 Basispunkte; im Herbst 2008 lagen diese sogar über 200 Basispunkte darunter.

Vor diesem Hintergrund erscheint es sinnvoll, die Renditen von AAA-gerateten Bundeswertpapieren als risikolose Anlage zu betrachten. Diese stehen (für 6-monatige Restlaufzeiten) in der Zeitreihendatenbank der Deutschen Bundesbank ab 9/1972 zur Verfügung. Nach den langen Zinszeitreihen der OECD waren die

---

[1700] Vgl. im Detail Stehle/Schmidt (2015), S. 454-465.
[1701] Vgl. Stehle/Schmidt (2015), S. 464 und 466.
[1702] So z.B. in Schulz/Stehle (2005) – vgl. S. 32 –, Brückner/Lehmann/Stehle (2013) – vgl. S. 98 – und Stehle (1997) – vgl. S. 249. Die Verwendung dieses Satzes mag auch darin begründet liegen, dass diese Zeitreihe für einen sehr langen Zeitraum zur Verfügung steht.

Renditen von Bundesanleihen seit etwa 1977 in fast allen Jahren bis 2017 die Staatsanleihen aller G20-Staaten mit der niedrigsten Rendite,[1703] was den Status der Bundeswertpapiere als vermeintlich risikolose Benchmark-Anlage unterstreicht. Zudem beträgt die Korrelation der 6-Monats-Nullkuponrenditen von Bundesanleihen mit dem Frankfurter 1-Monat-Interbankensatz zwischen 1977 und Juli 2007 98,6 %, danach nur 93,7 %.[1704] Daher werden von 1977 bis 2017 die nach der Methode von Nelson/Siegel/Svensson abgeleiteten Nullkuponrenditen von Bundeswertpapieren mit sechsmonatiger Restlaufzeit (Monatsendstände aus der Zeitreihendatenbank der Deutschen Bundesbank) verwendet.[1705] Im Gegensatz zu Anlagen am Interbankenmarkt stellt eine Investition in Bundeswertpapiere auch eine für Nichtbanken zugängliche Anlagealternative dar.

Für die Zeit vor 1972 stehen allerdings an seit den 1950er Jahren vorhandenen Zeitreihen nur die Umlaufrenditen öffentlicher Emittenten sowie der Durchschnitt des Monatsgeldes am Frankfurter Geldmarkt zur Verfügung. Da die Umlaufrenditen auf Anleihen mit einer Restlaufzeit von mindestens 3 Jahren basieren, wurden vor 1977 die 1-Monats-Geldmarktsätze als risikoloser Zins verwendet. In dem Zeitraum von 9/1972 bis 1976, in dem auch bereits die 6-Monats-Nullkuponrenditen von Bundesanleihen verfügbar waren, lag auch in mehr als 70 % der Monate der 1-Monats-Geldmarktsatz unterhalb der 6-Monats-Nullkuponrendite, danach bis 2017 nur in weniger als 45 % der Fälle. Dies deutet auf den bis Mitte der 1970er Jahre noch nicht vorhandenen Benchmarkstatus von Bundesanleihen hin. Insofern erscheint die Verwendung des 1-Monats-Geldmarktsatzes als risikoloser Zins für den Zeitraum von 9/1955 bis Ende 1976 sachgerecht.[1706]

[1703] Nur in den Jahren 1991-93 und 2002/3 waren die Renditen von US-amerikanischen Staatsanleihen deutlich geringer. Vgl. die OECD-Webseite „Short-term interest rates", doi: 10.1787/2cc37d77-en (abgerufen am 14. Januar 2019).

[1704] Werte für den 6-monatigen Frankfurter Interbankensatz stehen in der Zeitreihendatenbank der Deutschen Bundesbank erst ab 1981 zur Verfügung. Deren Korrelation mit der 6-monatigen Nullkuponrendite von Bundesanleihen beträgt bis 7/2007 99,7 %, danach 93,8 %.

[1705] Ergänzend sei darauf hingewiesen, dass sich die mittleren Renditen der beiden Zeitreihen mit 4,46 % (1-Monats-FIBOR bzw. EURIBOR) bzw. 4,42 % (Nullkuponrenditen von Bundeswertpapieren) kaum unterscheiden und dass beide Verteilungen annähernd normalverteilt sind (für die letztere Zeitreihe wird eine Normalverteilung im Shapiro-Wilks-Test bei Monatsdaten nur knapp abgelehnt, auf Basis von Jahresdaten wird sie nicht abgelehnt).

[1706] Im Übrigen waren im Januar 1977 beide annualisierten Renditen mit 4,76 % bzw. 4,77 % nahezu identisch.

Daten zum *Bruttoinlandsprodukt* (nominal und real) entstammen der Datenbank des Statistischen Bundesamtes.[1707] Zur Prüfung eines eventuellen Einflusses der *Aktiennachfrage* auf den Kursunterschied zwischen Stamm- und Vorzugsaktien wurden mehrere potenzielle Indikatoren aus der früheren Statistik der Aktienmärkte des Statistischen Bundesamtes verwendet, die von der Bundesbank in der Kapitalmarktstatistik fortgeführt werden und jeweils seit 1960 zur Verfügung stehen. Dabei handelt es sich allerdings nicht um Handelsumsätze – für diese von der Deutschen Börse veröffentlichen Angaben liegt keine Differenzierung nach Art des Käufers oder Verkäufers vor – sondern um die Umsätze aus der Emissionstätigkeit von in- und ausländischen Aktiengesellschaften in Deutschland. Konkret liegen Angaben vor für den Absatz von inländischen Aktien zu Emissionskursen (bei Ausgabe gegen „Barzahlung" und Tausch von Wandelanleihen), das Volumen des Aktienerwerbs durch inländische Anleger und durch ausländische Anleger[1708] sowie die daraus gebildete Summe des Aktienerwerbs insgesamt. Bis auf den Absatz aus inländischen Emissionen können alle Werte negativ werden, da bei den anderen Kennzahlen der Saldo von Transaktionen mit dem Ausland berücksichtigt wird (z. B. der Erwerb und die Veräußerung inländischer Aktien durch Ausländer). Auch wenn Daten zu Handelsumsätzen und eine Aufgliederung nach Erwerber wünschenswert wären, dürften die verfügbaren Kennzahlen über die Emissionstätigkeit in Deutschland und die Beteiligung von Ausländern daran gute Indikatoren für das Interesse ausländischer Investoren an deutschen Aktien und die von deutschen Emittenten gesehene Zukunftsperspektive darstellen.

Zu den statistischen Eigenschaften der Aktiennachfrage-Kennzahlen ist anzumerken, dass diese sämtlich eine sehr hohe bis extreme Kurtosis aufweisen (bzgl. der Aktiennachfrage von Inländern liegt dieser Wert bei monatlichen Daten bei 124,6) und dass dementsprechend weit vom Median entfernte Ausreißer auftreten. Die Aktiennachfrage der Inländer ist zudem deutlich rechtsschief (d. h. die Werte konzentrieren sich auf einen vergleichsweise niedrigen Wert mit jedoch vielen Ausreißern nach oben, Schiefe-Wert 5,3), die Nachfrage der Aus-

---

[1707] Vgl. https://www.destatis.de/DE/ZahlenFakten/GesamtwirtschaftUmwelt/VGR/Inlandsprodukt/Tabellen/Volkseinkommen1925_xls.html (Abruf am 14.1.2019). Die verkettete Zeitreihe enthält ab 1991 Daten einschließlich der Neuen Bundesländer; vor 1960 sind keine Daten aus dem Saarland und von West-Berlin eingeflossen. Normalverteilungsannahmen werden für reale und nominale BIP-Änderungen nicht verworfen, allerdings ist die Anzahl der Beobachtungen wegen der Verfügbarkeit nur auf jährlicher Basis gering.

[1708] Nach telefonischer Auskunft des Zentralbereichs Statistik der Deutschen Bundesbank basieren die auf Ausländer und ausländische Unternehmen bezogenen Angaben auf Meldungen der Banken zur Zahlungsbilanz.

länder nach inländischen Aktien dagegen stark linksschief (d. h. die Werte konzentrieren sich auf einen vergleichsweise hohen Wert mit jedoch vielen Ausreißern nach unten, Schiefe-Wert -6,3). Letzteres könnte dadurch zu erklären sein, dass sich ausländische Investoren nicht permanent für eine Investition in deutsche Aktien entscheiden – wenn sie es aber tun, dann in größerem Umfang.

5.3   Kurs- und Renditeunterschied zwischen Stamm- und Vorzugsaktien – Deskriptive Analyse

5.3.1   Kursunterschiede

5.3.1.1 Bereinigung von Ausreißern

Neben dem erläuterten Ausschluss von Unternehmen, die als Pennystocks oder wegen besonders geringer Umsätze häufig als Ausreißer einzustufende Werte für den Kursaufschlag nach sich ziehen, ist auch eine Bereinigung von sonstigen, nur vorübergehend auftretenden Ausreißern erforderlich. Deren Ursache kann z. B. in unternehmensspezifischen Sonderentwicklungen liegen, die durch die für Regressionsmodelle als sinnvoll erachteten unabhängigen Faktoren nicht erklärt werden können und zu Ergebnisverzerrungen z. B. bei Regressionsanalysen führen können. In der Abbildung 35 im Anhang (ab S. 642) sind für alle 103 nicht vollständig ausgeschlossenen Gesellschaften mit notierten Stamm- und Vorzugsaktien die Entwicklungen der Kurse und des Kursverhältnisses und mithin auch die Ausreißer ersichtlich (einschließlich der ausgeschlossenen Beobachtungen).

Eine naheliegende Herangehensweise zur Ausreißerbehandlung ist die Beschränkung des Kursaufschlags auf ein bestimmtes Intervall. Da es sich bei dem Kursaufschlag um einen Quotienten handelt, muss die untere Grenze des Intervalls dem Reziproken der oberen Grenze entsprechen, um ein „ökonomisch symmetrisches" Intervall zu erhalten. Wird beispielsweise die Obergrenze des Verhältnisses auf 1,5 ($=^3/_2$) festgelegt, müsste die untere Grenze $^2/_3$=66,7% betragen: An der Obergrenze hätte auf diese Weise die Stammaktie einen Kursaufschlag von 50% gegenüber der Vorzugsaktie, an der unteren Grenze hätte die Vorzugsaktie einen Kursaufschlag von 50% gegenüber der Stammaktie. Daneben sollte auch für kurze Perioden, in denen der Preis einer Gattung unter 2 € fällt, ein Ausschluss in Erwägung gezogen werden, da dies wie schon in Abschnitt 5.2.3.2 erläutert mit Verzerrungen und hoher Volatilität des Kursverhältnisses und der Renditen einhergehen kann.

In der folgenden Tabelle 15 sind die mittleren Kursaufschläge über den gesamten Beobachtungszeitraum in Abhängigkeit von der Art der Ausreißerbereinigung angegeben.

Tabelle 15: Mittlerer Kursaufschlag der Stammaktien in Abhängigkeit von der Ausreißerbehandlung

Angegeben ist das gleichgewichtete arithmetische Mittel der einbezogenen Beobachtungen im Zeitraum 9/1955 bis Ende 2017. In der Spalte „Variationskoeffizient" ist der empirische Variationskoeffizient, also der Quotient aus Standardabweichung und Mittelwert, angegeben. Quelle: Eigene Berechnungen.

Art der Bereinigung	Beobachtungen	Mittlerer Kursaufschlag	Standardabweichung	Variationskoeffizient
keine	**20.661**	**18,78 %**	**36,3 %**	**1,93**
nur Kurse >2 €	20.258	18,79 %	35,1 %	1,87
nur Werte -67 %...200 %	20.552	17,38 %	25,2 %	1,45
nur Werte -60 %...150 %	20.470	16,98 %	23,7 %	1,39
nur Werte -50 %...100 %	**20.237**	**16,24 %**	**21,5 %**	**1,32**
nur Werte -40 %...67 %	19.584	14,44 %	18,3 %	1,27
nur Werte -33 %...50 %	18.571	12,42 %	15,6 %	1,26
nur Werte -50 %...100 % UND nur Kurse > 2 €	**19.868**	**16,22 %**	**21,3 %**	**1,31**

In der Tabelle ist ersichtlich, dass eine bloße Beschränkung auf Kurse über 2 € keine nennenswerte Veränderung zum unbereinigten arithmetischen Mittel des Kursaufschlags von 18,8 % ergibt. Eine nur schwache Beschränkung auf einen Wertebereich des Kursaufschlags bis zu 200 % (in diesem Fall wäre der Stammaktienkurs dreimal so hoch wie der Kurs der Vorzugaktie!) oder bis zu 150 % reduziert zwar deutlich den mittleren Kursaufschlag und die Volatilität, eliminiert jedoch nur sehr wenige Ausreißer (0,5 % bzw. 0,9 %). Unabhängig von der statistischen Betrachtung erscheint ein so extremes Kursverhältnis ökonomisch kaum erklärbar. Auf der anderen Seite würde der mittlere Kursaufschlag bei starker Beschränkung des Kursaufschlags auf 50 % sehr deutlich reduziert und 10,1 % der Beobachtungen würden als Ausreißer eliminiert, während der Variationskoeffizient (also die um den Mittelwert standardisierte Standardabweichung) im Vergleich zu einer „mittleren Lösung" nur geringfügig niedriger ist.

Daher wird in der Untersuchung eine mittlere Lösung für die Ausreißerbereinigung gewählt: Der Wertebereich des Kursaufschlags wird nach oben auf 100 % beschränkt, nach unten auf -50 % (was einem Kursaufschlag der Vorzugsaktie von 100 %) entspricht. Statistisch sind die Unterschiede zu einer Ausreißerbehandlung, bei der zusätzlich der Kurs über 2 € liegen muss, marginal (beide

Varianten in Tabelle 15 hervorgehoben). Allerdings führen wie schon erörtert Kurse unter 2 € bei konkreten Unternehmen, die insgesamt nur ein geringes Gewicht haben, zu einer sehr hohen Volatilität, wie man in den Kursentwicklungen im Anhang (Abbildung 35) ablesen kann; gute Beispiele hierfür sind die Hamburger Getreide-Lagerhaus AG und die Kunert AG. Da dies in Regressionen potenziell zu einem geringeren Bestimmtheitsmaß führen würde, werden neben der Beschränkung auf das genannte Intervall auch Beobachtungen aus der Untersuchung ausgeschlossen, bei denen der Kurs der Stamm- oder der Vorzugsaktie unter 2 € liegt. Dies erscheint auch konsistent mit der Behandlung von Pennystocks. Zudem erscheint ein mit dieser Lösung einhergehender Ausschluss von 793 (d. h. 3,8 %) der 20.661 Beobachtungen mit vorhandenen Kurspaaren eine angemessene Größenordnung, um den Mittelwert einerseits nichts zu stark zu glätten, andererseits um dessen Abhängigkeit von Ausreißern zu reduzieren. Dies zeigt sich im Zeitablauf auch in der folgenden Abbildung 20.

Aus der Abbildung wird ersichtlich, dass eine bloße Beschränkung auf Kurse über 2 € (Linie mit gefülltem und gedrehten Quadrat ◆) und auch eine nur geringfügige Einschränkung des Kursaufschlags auf maximal 200 % (Linie mit Stern-Symbol ✳) nicht geeignet sind, die extremen Kursentwicklungen der VW-Stammaktie im Jahr 2008[1709] und auch der Stammaktie der früheren Metro AG (heute Ceconomy AG) und der BMW AG um das Jahr 2000 als Ausreißer zu eliminieren, siehe vergleichend die Entwicklung des Kursaufschlags ohne Ausreißerbehandlung (gepunktete Linie mit kleinem ungefülltem Quadrat ☐ als Symbol). Bei einer Beschränkung auf einen Kursaufschlag von 150 % (dunkle Linie mit Balkensymbol ▬) kann ein Ausreißer Ende 1967 nicht eliminiert werden.[1710] Die sehr enge Begrenzung auf einen Kursaufschlag von maximal 50 % (gestrichelte Linie) führt hingegen fast im gesamten Beobachtungszeitraum zu einer vergleichsweise starken Glättung des Verlaufs des Kursaufschlags. Im Ergebnis zeigt sich auch im Zeitablauf, dass die Beschränkung des Kursverhältnisses auf ein Intervall zwischen -50 % und +100 % dem Interesse der Ausreißerbereinigung am besten Rechnung trägt (helle Linie mit Kreissymbol O). Im Zeitablauf unterscheidet sich diese Beschränkung nur minimal von der aus den obigen Erwägungen letztlich verwendeten zusätzlichen Beschränkung auf Kurse über 2 € (helle Linie mit Dreieckssymbol △).

[1709] Vgl. Fußnote 5, S. 2.
[1710] Bei der Mainzer Akienbierbrauerei AG betrug der mittlere (!) Kursaufschlag von Juni 1966 bis Mai 1967 111,7 %, wobei nur ein Wert im Dezember 1966 über 150 % lag.

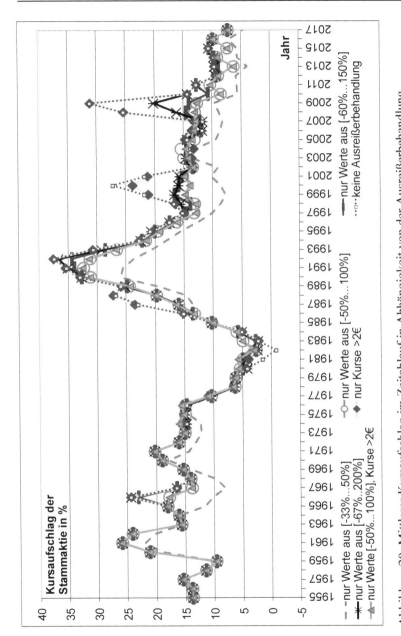

Abbildung 20: Mittlerer Kursaufschlag im Zeitablauf in Abhängigkeit von der Ausreißerbehandlung

Alle Linien verlaufen von Ende 1955 bis Ende 2017. Sofern eine Linie oder die zugehörigen Symbole nicht sichtbar sind, sind sie von anderen Linien verdeckt. Quelle: Eigene Untersuchungen.

5.3.1.2 *Mittlerer Kursaufschlag im Zeitablauf*

Im Ergebnis ergibt sich also für den Zeitraum von September 1955 bis Dezember 2017 ein gleichgewichtetes arithmetisches Mittel aller 19.868 Beobachtungen (nach Ausreißerbehandlung) von 16,22%. Die Größenordnung hat sich im Vergleich zum Mittelwert von 17,23% in der auf Daten bis 1998 basierenden Untersuchung von Daske/Ehrhardt (2002a) trotz des deutlich längeren Untersuchungszeitraums nicht wesentlich (nur um rund einen Prozentpunkt) geändert. Auch der Median ist mit 11,2% um etwa einen Prozentpunkt geringer als in der Studie von Daske/Ehrhardt (2002a). Beide Werte sind auf Basis eines t-Tests bzw. eines Vorzeichentests signifikant von null verschieden. *Dies bestätigt die Hypothese K1.*

In der nachfolgenden Abbildung 21 sind die prozentuale Verteilung des Kursaufschlags in 5%-Bändern und ein Vergleich mit den Quantilen der Normalverteilung („Q-Q-Plot") ersichtlich:

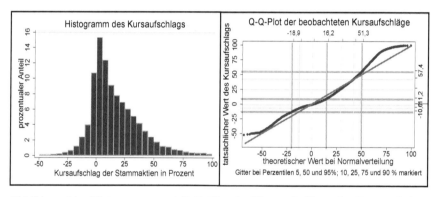

Abbildung 21: Histogramm und Q-Q-Plot des Kursaufschlags der Stammaktien

> Im Q-Q-Plot sind die Perzentile 10%, 25%, 75% und 90% auf der rechten bzw. oberen Achse durch kleine Striche markiert, jedoch der Übersichtlichkeit halber nicht beschriftet. Quelle: Eigene Untersuchungen.

Die Verteilung der Kursaufschläge ist offensichtlich rechtsschief (Schiefe-Wert 0,93) und durch positiven Exzess gekennzeichnet (Kurtosis-Wert 4,32). Da es sich beim Kursaufschlag um einen Quotienten handelt, war allerdings wegen der schon beschriebenen Asymmetrie (also z.B. der ökonomisch gerechtfertigten

Vergleichbarkeit eines Kursaufschlags von +50 % mit einem Kursabschlag von -33,3 %) auch eine rechtsschiefe Verteilung zu erwarten.[1711] Tests auf Normalverteilung werden dementsprechend auch verworfen,[1712] allerdings zeigt der Q-Q-Plot, dass zumindest zwischen dem 10. und 95. Perzentil der Verteilung eine gute Annäherung an eine Normalverteilung gegeben ist.

In der auf der nächsten Seite folgenden Abbildung 22 sind mit Ausnahme von 130 Beobachtungen unter -30 % und 114 Beobachtungen über 90 % alle einbezogenen Beobachtungen ersichtlich und durch ein kleines hellblaues bzw. hellgraues Kreuz markiert.

[1711] Auch die logarithmierten Kursverhältnisse weisen Rechtsschiefe (0,24) und Exzess (Kurtosis 3,94) auf, wenn auch in geringerem Ausmaß.

[1712] Dies gilt ebenso für die logarithmierten Kursverhältnisse. Allerdings neigen die üblichen Tests auf Normalverteilung (Komolgorov-Smirnov-Test und Shapiro-Wilks-Test) mit steigender Anzahl an Beobachtungen ohnehin zu einer Ablehnung des Tests.

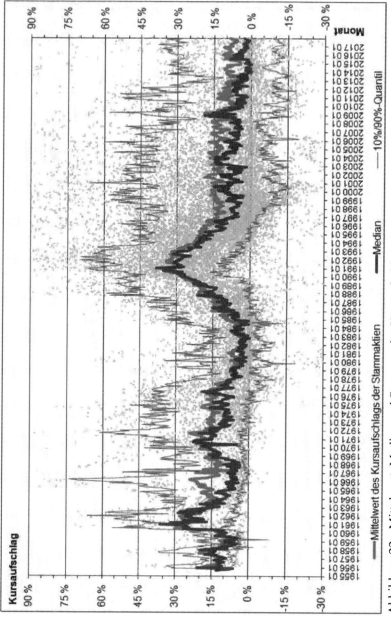

Abbildung 22:   Mittelwert, Median und Streuung des Kursaufschlags der Stammaktien (Monatsdaten)

Quelle: Eigene Untersuchungen.

In der Abbildung 22 wird optisch auch deutlich, dass der überwiegende Teil der Beobachtungen (15.912 bzw. 80,1 % der 19.868 Kursaufschläge) einen positiven Wert aufweist. Das arithmetische Mittel der jeweiligen monatlichen Beobachtungen (rote bzw. hellgraue dünnere Linie) liegt fast immer oberhalb des ebenfalls dargestellten Medians (blaue bzw. dunkelgraue dickere Linie), was typisch für eine rechtsschiefe Verteilung und ebenfalls durch die Asymmetrie des Kursverhältnisses begründet ist. In der Phase mit einer besonders hohen Anzahl an börsennotierten Vorzugsaktien, etwa zwischen 1990 und 2005, hat die ersichtlich höhere Streuung zu einer Ausweitung des Abstands zwischen dem 10. und 90. Perzentil geführt; das 10. Perzentil liegt seit 1996 dauerhaft unter null. Insgesamt liegt das 10. Perzentil bei einem Wert von -4,26 % und das 90. Perzentil bei einem Wert von 44,8 %.[1713] Die größeren Schwankungen in den 1960er Jahren dürften auf die deutlich geringere Anzahl an Beobachtungen zurückzuführen sein. Um dies zu illustrieren, werden Mittelwert und Median des Kursaufschlags im Zeitablauf in der folgenden Abbildung 23 noch einmal gemeinsam mit der Anzahl der jeweils einbezogenen Unternehmen mit notierten Stamm- und Vorzugsaktien dargestellt, zwecks besserer Erkennbarkeit auf Quartalsbasis.

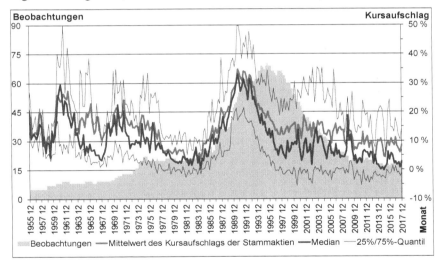

Abbildung 23: Mittelwert und Quartile des Kursaufschlags der Stammaktien (Quartalsdaten)

Quelle: Eigene Untersuchungen.

[1713] Das 5. Perzentil liegt bei einem Kursaufschlag von -10,59 %, das 95. Perzentil bei +57,43 %.

Auffällig ist der scheinbare zeitliche Zusammenhang des Auf- und Abschwungs der Anzahl börsennotierter Dual-Class-Unternehmen mit der Höhe des Kursaufschlags der Stammaktien ab 1984. Nach den Ergebnissen von Daske/Ehrhardt (2002a) könnte ein Zusammenhang mit dem Anteil von Familienunternehmen bzw. Familienaktionären bestehen.[1714] Eine andere (dem nicht widersprechende) Erklärung könnte der zwischen 1983 und 2000 mit nur einem Jahr Unterbrechung (1993) anhaltende, in den 1990er Jahren auch durch die Wiedervereinigung Deutschlands induzierte konjunkturelle Aufschwung in Deutschland sein: Der Finanzierungsbedarf für Investitionen konnte angesichts eines vergleichsweise hohen Zinsniveaus möglicherweise durch Emission von Vorzugsaktien günstiger gedeckt werden. Dass dies mit einem Abschlag zum Stammaktienkurs möglich ist, kann immer weitere Unternehmen, insbesondere Familienunternehmen, dazu veranlasst haben, ebenfalls Vorzugsaktien auszugeben. Ein steigendes Angebot an Vorzugsaktien kann zu einem Rückgang des (in Bezug zu Stammaktienkursen) relativen Preises der Vorzugsaktien geführt haben. Dass die Ausgabe von Vorzugsaktien einen gewissen Vorlauf, z.B. wegen der notwendigen Zustimmung der Hauptversammlung, erfordert, könnte auch den zeitlichen Nachlauf des Anstiegs der Anzahl von Vorzugsaktien gegenüber dem Anstieg des Kursaufschlags (bzw. des Kursabschlags der Vorzugsaktien) erklären.

In der Abbildung sind ebenfalls die quartalsweisen Grenzen des unteren und des oberen Quartils ersichtlich. Insgesamt liegen diese Werte bei einem Kursaufschlag von +1,63 % bzw. +27,78 %.

Für eine Betrachtung des Kursunterschieds in Teilzeiträumen bietet sich auch in Anbetracht der Entwicklung der Anzahl von börsennotierten Dual-Class-Unternehmen die Aufteilung in vier etwa 15 Jahre andauernde Abschnitte an:

1. eine „historische Phase" von September 1955 bis 1972,
2. eine erste Phase des „Aufschwungs" der Anzahl von Vorzugsaktien (1973-87),
3. eine Phase des „Booms" von Vorzugsaktien von 1988-2002 und
4. eine Phase des „Abschwungs" der Bedeutung von Vorzugsaktien von 2003-17.

Für diese Zeiträume ergeben sich folgende Werte für den Kursaufschlag der Stamm- über die Vorzugsaktien:

[1714] Vgl. Daske/Ehrhardt (2002a), S. 193 (Abbildung 2).

Tabelle 16: Mittlerer Kursaufschlag in einzelnen Zeitperioden

„Mittelwert" ist das gleichgewichtete arithmetische Mittel der Kursaufschläge.
Quelle: Eigene Berechnungen.

	bis 1972 „historische Phase"	1973-1987 „Aufschwung"	1988-2002 „Boom"	2003-2017 „Abschwung"
Beobachtungen	1.740	3.950	10.014	4.164
Mittelwert	**17,31%**	**10,25%**	**20,41%**	**11,36%**
Median	11,85%	6,69%	17,08%	5,46%
Standardabweichung	17,11%	15,42%	22,69%	22,02%

Wie schon in der grafischen Darstellung im Zeitablauf in Abbildung 22 und in Abbildung 23 wird auch in Tabelle 16 ersichtlich, dass die Höhe des insgesamt festgestellten Kursaufschlags von 16,22% wesentlich durch die Entwicklung des Kursaufschlags in der Boom-Phase getrieben ist, die sich so nicht verstetigt hat. Dies ist z. B. bei aktuellen Prognoserechnungen oder der Ableitung des Wertes von nicht notierten Stammaktien aus dem Wert börsennotierter Vorzugsaktien zu berücksichtigen. Langfristig erscheint (aus heutiger Sicht) eher das Niveau in der letzten Teilphase (das sehr ähnlich zu dem Niveau in der Phase des langsamen Aufschwungs ist) ein typisches Wertverhältnis zwischen Stamm- und Vorzugsaktien widerzuspiegeln.

5.3.1.3 Kursaufschlag nach Börsensegment

Auch bei Aufgliederung der Beobachtungen nach dem Marktsegment sind Unterschiede im mittleren Kursaufschlag zu erwarten. Beispielsweise hatten Daske/Ehrhardt (2002a) einen erheblich geringeren mittleren Kursaufschlag für Freiverkehrswerte (4,9%, Median 2,8%) ermittelt, während der mittlere Kursaufschlag im Geregelten Markt leicht über dem im amtlichen Handel lag.[1715] Auch in der nachfolgenden Abbildung 24 werden strukturelle Unterschiede zwischen den Segmenten deutlich:

[1715] Vgl. Daske/Ehrhardt (2002a), S. 191, Tabelle 1.

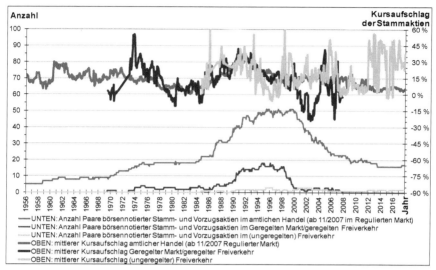

Abbildung 24: Mittlerer Kursaufschlag nach Börsensegment

Die dickeren Linien in der oberen Hälfte des Diagramms stellen den Verlauf des mittleren Kursaufschlags nach Börsensegment, die dünneren Linien in der unteren Hälfte die jeweils einbezogene Anzahl an Beobachtungen dar. Die Notierungen im geregelten Freiverkehr vor dem 1.5.1987 werden wie eine Notierung im Geregelten Markt behandelt (vgl. Abschnitt 5.2.3.1, S. 485). Ab der Zusammenlegung des Geregelten Marktes mit dem amtlichen Handel zum Regulierten Markt per 1.11.2007 sind die Werte des vorherigen Geregelten Marktes der Kategorie „amtlicher Handel/Regulierter Markt" zugeordnet. Auch bei Segmentwechseln erfolgt die Zuordnung monatsgenau zum jeweiligen Segment. Bei Notiz der Stamm- und der Vorzugsaktie in verschiedenen Segmenten wird die Beobachtung dem höherrangigen Segment zugeordnet. Quelle: Eigene Untersuchungen.

Vor 1974 konnten nur für zwei Gesellschaften aus dem geregelten Freiverkehr Kursdaten verwendet werden, bis zur Einführung des Geregelten Marktes im Mai 1987 waren zu keinem Zeitpunkt mehr als vier Dual-Class-Unternehmen im geregelten Freiverkehr. Aus dem Freiverkehr seit Mai 1987 konnten nach der beschriebenen Ausreißerbehandlung und dem Ausschluss von Pennystocks und Unternehmen mit sehr niedrigem Umsatz fast immer nur Kurse von ein bis zwei Dual-Class-Unternehmen herangezogen werden; nur in 39 Monaten waren dies drei Unternehmen. Die geringe Anzahl einzubeziehender Dual-Class-Gesellschaften erklärt die hohe Volatilität des Kursaufschlags im Geregelten Markt bzw. geregelten Freiverkehr und im Freiverkehr ab 1987.[1716, 1717]

Die Mittelwerte des Kursaufschlags für die einzelnen Segmente und Perioden sind in der Tabelle 17 auf der folgenden Seite aufgeführt. Der deutlich geringere Mittelwert und der geringere Median für Freiverkehrswerte, wie dies Daske/ Ehrhardt (2002a) ermittelt hatten, lässt sich auf Basis der hier verwendeten Daten nicht mehr feststellen. Dies dürfte ganz wesentlich damit zusammenhängen, dass in dieser Studie deutlich mehr Beobachtungen im Freiverkehr eliminiert wurden, die häufig einen geringen oder negativen Kursaufschlag aufgewiesen haben; insgesamt ist die Anzahl der Beobachtungen im Freiverkehr sogar etwas geringer als in der nur auf Daten bis 1998 basierenden Untersuchung von Daske/Ehrhardt (2002a).

[1716] Verstärkend wirkt die Ausreißerbehandlung: Wenn z. B. nach einem nicht aus der Untersuchung ausgeschlossenen Kursaufschlag von 90 % ein Kursaufschlag von mehr als 100 % folgt und die Beobachtung daher ausgeschlossen wird, ergibt sich bei nur zwei oder drei einbezogenen Unternehmen im ersten Monat ein hoher Mittelwert des Kursaufschlag; im zweiten Monat folgt dann bei „normalen" Kursaufschlägen der anderen ein bis zwei Unternehmen ein starker Rückgang des mittleren Kursaufschlags auf ein „normales" Maß und nach einem Wert von z. B. 95 % im dritten Monat wiederum ein starker Anstieg des Mittelwertes. Dieser in der Abbildung 24 deutlich sichtbare Effekt wäre zwar vermeidbar, wenn anstelle des hier gewählten Ausschlusses einer Beobachtung mit einem Kursaufschlag von über 100 % der Wert in der Beobachtung auf 100 % gesetzt würde, jedoch dürfte dies angesichts der ohnehin schon rechtsschiefen Verteilung zu einem deutlichen Anstieg des arithmetischen Mittels des Kursaufschlags im Vergleich zum Median führen, ohne dass dies ökonomisch (außer mit Sondereffekten bei einem einzelnen Unternehmen) begründbar wäre. Auf der anderen Seite würde unter der Annahme, dass ein so starker Anstieg ökonomisch rational erklärbar wäre, die denkbare Ersetzung des tatsächlichen Kursaufschlags durch einen anderen Wert die Bestimmtheit eines Regressionsmodells mit den mutmaßlich „wahren" Faktoren und damit die Aufdeckung des ökonomischen Zusammenhangs beeinträchtigen.

[1717] Die auffälligen Ausschläge im Geregelten Markt bzw. geregelten Freiverkehr sind 1973/74 durch einen hohen Kursaufschlag bei der AG Kühnle, Kopp & Kausch und in den Jahren 2002 und 2006 durch die LHA Internationale Lebensmittelhandelsagentur Krause AG, 2006 auch durch die Kunert AG, hervorgerufen. Ursächlich für den hohen Kursabschlag der LHA-Stammaktie war der mit großem Abstand größte prozentuale Dividendenvorzug einer deutschen Vorzugsaktie: Die prioritätische Dividende betrug 0,64 € (bei einem impliziten Nennwert von 1 €), die Mehrdividende 0,16 €.

Tabelle 17: Mittlerer Kursaufschlag nach Börsensegment und Zeitperiode

Der Mittelwert μ ist das gleichgewichtete arithmetische Mittel der Kursaufschläge, m der Median und # die Anzahl der Beobachtungen. Quelle: Eigene Berechnungen.

Segment/ Notiz		bis 1972 „historisch"	1973-1987 „Aufschwung"	1988-2002 „Boom"	2003-2017 „Abschwung"	Insgesamt 1955-2017
amtl. Handel bzw. Regulierter Markt	#	1.722	3.442	7.886	3.769	16.819
	μ	17,48%	9,77%	20,35%	10,64%	15,71%
	m	12,04%	6,25%	17,65%	5,25%	11,02%
amtl. Handel in Frankfurt	#	1.722	2.977	7.141	3.371	15.211
	μ	17,48%	10,04%	21,23%	11,36%	16,42%
	m	12,04%	6,43%	18,8%	5,63%	11,84%
Geregelter Markt/gereg. Freiverkehr	#	18	483	1.801	128	2.430
	μ	1,08%	13,08%	21,28%	5,51%	18,67%
	m	0,75%	9,61%	14,52%	4,35%	12,23%
Freiverkehr (ab Mai 1987)	#		25	327	267	619
	μ		21,79%	17,08%	24,27%	20,37%
	m		21,57%	16,67%	8,88%	14,29%

Ansonsten zeigt sich aber ein vergleichbares Muster: Der Mittelwert und der Median des Kursaufschlags sind bei in Frankfurt amtlich notierten Gesellschaften etwas höher als unter Einbeziehung aller an deutschen Börsen amtlich gehandelten Dual-Class-Unternehmen; im Geregelten Markt liegen die Werte noch leicht darüber. Insgesamt liegen die Werte für Mittelwert und Median in dem deutlich längeren Untersuchungszeitraum aber um 1,5 bis 2,5 Prozentpunkte unter den Ergebnissen von Daske/Ehrhardt (2002a), deren Datenbasis in der „Boomphase" der Vorzugsaktien mit ihren im langfristigen Vergleich sehr hohen Kursaufschlägen endete.

Dass der Kursaufschlag im Geregelten Markt höher als bei amtlich notierten Unternehmen ist, könnte – auch angesichts der damit verbundenen geringeren Transparenzanforderungen – ein Indiz dafür sein, dass in den dort notierten Unternehmen in stärkerem Maße die Möglichkeit zur Extraktion von Private Benefits bestand oder dass dies jedenfalls vom Markt angenommen wurde. Ob dieses Argument auch den niedrigeren Kursaufschlag bei den zwar im amtlichen Handel, jedoch nicht an der Frankfurter Wertpapierbörse notierten Unternehmen erklären kann, darf jedoch bezweifelt werden: Der Mittelwert für diese 1.608 Beobachtungen ist mit 9,00% deutlich geringer (Median 5,8%) als für in Frankfurt amtlich gehandelte Werte. Dies liegt jedoch im Wesentlichen daran, dass bei diesen Beobachtungen viel seltener sehr hohe Kursaufschläge aufgetreten sind (das 90%-Quantil liegt beispielsweise bei 28,7%, bei in Frankfurt amtlich gehandelten Werten dagegen bei 44,2%) und dass auch häufiger ein negativer Kursaufschlag zu verzeichnen war (5%-Quantil -12,2% versus -10,3%). Letztlich können diese Unterschiede bloßer Zufall oder Ausfluss anderer Charakteristika der nur an anderen Regionalbörsen amtlich gehandelten Unternehmen sein, z.B. der „Größe" des Unternehmens, der Präsenz in den Medien oder des geringeren Fokus von Analysten.

5.3.1.4 Marktwertgewichtete Betrachtung

Um den Einfluss der „Größe" der einzelnen Unternehmen auf den mittleren Kursaufschlag zu untersuchen, bietet sich ein Vergleich der gleichgewichteten Mittelwerte des Kursaufschlags mit marktwertgewichteten Mittelwerten an. Angesichts der breiten Streuung der Marktwerte von Dual-Class-Unternehmen (vgl. Abbildung 18, S. 505) kann ein erheblicher Einfluss auf den Mittelwert resultieren, wenn der Kursaufschlag bei einer großen Gesellschaften deutlich vom gleichgewichteten Mittelwert abweicht. Zu berücksichtigen ist, dass es sehr große Gesellschaften mit einem hohen Grundkapital- und damit auch Marktwertanteil der Vorzugsaktien gibt (bei RWE betrug z.B. der Grundkapitalanteil bis 1997 ca. 39%), aber ebenso Gesellschaften mit mittlerem Abteil (Volkswagen: bis 2014 Anteil zwischen 18% und 26%) und mit niedrigem Anteil (BMW: 5-8%, frühere Metro AG: seit 2001 ca. 0,8%). Bei geringem Anteil des Vorzugsaktienkapitals erschiene eine Gewichtung mit dem dann im Wesentlichen durch den Stammaktienkurs determinierten Marktwert des Eigenkapitals nicht in jedem Fall angemessen. Daher werden in der folgenden Abbildung 25 neben der Entwicklung der marktwertgewichteten Renditen im Zeitablauf zum Vergleich auch mittlere monatliche Renditen auf Basis einer Gewichtung mit dem Marktwert nur des Vorzugsaktienkapitals dargestellt:

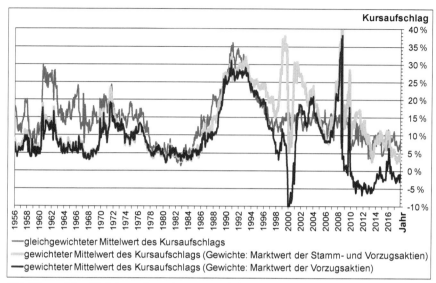

Abbildung 25: Gleich- und marktwertgewichteter Mittelwert des
Kursaufschlags der Stammaktien im Zeitablauf
Quelle: Eigene Untersuchungen.

Aus der Abbildung ist erstens ersichtlich, dass es in den 1960er Jahren zu großen
Abweichungen zwischen Gleich- und Marktwertgewichtung kam. Diese liegen
(exemplarisch für den Juli 1961) darin begründet, dass drei der neun einbezogenen Unternehmen – Hartmann & Braun AG, Nordwestdeutsche Kraftwerke AG
und Mainzer Aktienbierbrauerei AG – bei einem hohen Kursaufschlag von im
Mittel 49,9% nur über einen Anteil von 5,3% am Gesamt-Marktwert und von
3,5% am Marktwert der Vorzugsaktien verfügten, während allein die beiden
großen Gesellschaften RWE und M.A.N. zusammen auf einen Marktwertanteil
von 83% bzw. 88% kamen, bei diesen jedoch nur ein Kursaufschlag von im
Mittel 14,8% bestand.

Zweitens ist von 1970 bis 1997 ein weitgehender Gleichlauf von gleich- und
marktwertgewichteten Kursaufschlägen festzustellen. Drittens kam es seit 1998,
insbesondere bis 2010, zu erheblichen Abweichungen zwischen gleichgewichteten und gewichteten Kursaufschlägen, wobei sich sehr deutliche Unterschiede in
Abhängigkeit von der gewählten Gewichtung (Marktwert der Vorzugsaktien versus Marktwert des gesamten Eigenkapitals) zeigen. Um dies näher zu analysieren wird in der folgenden Abbildung 26 der Ausschnitt von 1998 bis 2010 näher
betrachtet.

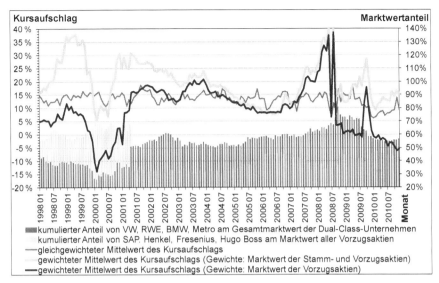

Abbildung 26: Gleich- und marktwertgewichtete Mittelwerte des Kursaufschlags der Stammaktien in den Jahren 1998 bis 2010

In der unteren Bildhälfte ist der Anteil der im Hinblick auf den Marktwertanteil größten vier Gesellschaften mit typischerweise hohem Kursaufschlag (dunklere bzw. lilafarbene Säulen) sowie der Anteil der im Hinblick auf den Anteil am Marktwert aller Vorzugsaktien größten vier Gesellschaften mit typischerweise negativem Kursaufschlag (hellere bzw. grüngelbe Säulen) dargestellt. Ab 5/2001 sind letztere Säulen niedriger als die Erstgenannten, davor ist es umgekehrt.

Quelle: Eigene Untersuchungen.

In der Abbildung ist unter anderem ersichtlich, dass vier große Gesellschaften mit niedrigem bzw. negativem Kursaufschlag bis April 2001 über einen Anteil am Marktwert der Vorzugsaktien von 60 %-70 % verfügten. Dies war ganz wesentlich durch die SAP AG determiniert; nach Wandlung von deren Vorzugsaktien in Stammaktien zum 3.5.2001 ist der Anteil der drei verbliebenen Unternehmen sehr deutlich auf ca. 35 % gefallen, während der Anteil der vier in der Abbildung genannten DAX-Werte am Marktwert aller Dual-Class-Unternehmen wegen des Wegfalls der ebenfalls durch einen hohen Gesamtmarktwert gekennzeichneten SAP AG auf dauerhaft über 50 % gestiegen ist.

Die großen Schwankungen im marktwertgewichteten Kursaufschlag sind vor allem auf die Entwicklungen der genannten DAX-Werte zurückzuführen: Die hohen Werte des mit dem Gesamtmarktwert gewichteten Kursaufschlags in den Jahren 1999 und 2000/2001 resultieren insbesondere aus hohen Kursaufschlägen der früheren Metro AG (mittlerer Kursaufschlag 1999 84,6%, Kursaufschlag im Monat 12/2000: 95,6%), der BMW AG (Mittelwert 8/2000 bis 1/2001 85,0%), der Volkswagen AG (Mittelwert 1999 70,8%) und der RWE AG (Mittelwert 10/1998 bis 5/1999 51,6%). Im Jahr 2000 hatten dagegen andere große Unternehmen, deren Vorzugsaktie in den DAX oder MDAX aufgenommen war, einen besonders hohen Kursabschlag der Stamm- gegenüber den Vorzugsaktien (SAP im Mittel -21,0%, MLP im Mittel -20,5%, Fresenius im Mittel -24,6%, Henkel im Mittel -11,2%). Dies erklärt zum einen den starken Ausschlag nach unten bei den mit dem Marktwert der Vorzugsaktien gewichteten Kursaufschlägen. Zum anderen führen diese auch zu dem Ausschlag des mit dem Gesamtmarktwert gewichteten Kursaufschlags im Jahr 2000, da in dieser Phase (von 10/1999 bis 7/2000) der Kursaufschlag der BMW-Stammaktie durchgehend über 100% betrug (Mittelwert 107,6%) und daher im Rahmen der Ausreißerbehandlung ausgeschlossen wurde. Ohne die Eliminierung von Ausreißern wäre im Jahr 2000 kein Ausschlag der gewichteten Kursaufschläge nach unten erfolgt.

Der starke Ausschlag beider marktwertgewichteter Kursaufschläge zwischen Ende 2007 und 2010 geht ganz wesentlich auf die schon erörterte spekulative Ausweitung des Kursaufschlags der Stammaktien der Volkswagen AG zurück, der im Zeitraum 1/2008 bis 8/2009 im Mittel +305% betrug, in der Spitze im Oktober 2008 +929,9%; daneben betrug auch der Kursaufschlag von BMW in dieser Zeit im Mittel +39,3%. Der Ausschlag nach unten im Jahr 2009 ist auch hier nur dem Umstand der Ausreißerbereinigung geschuldet und wäre ansonsten nicht zu verzeichnen gewesen (in dieser Zeit betrug der Kursabschlag bei Henkel und Fresenius im Mittel „nur" -12,8%; SAP und MLP hatten ihre Vorzugsaktien in der Zwischenzeit gewandelt).

Insgesamt ergeben sich für die unterschiedlichen Gewichtungsmöglichkeiten die in Tabelle 18 auf der folgenden Seite angegebenen mittleren Kursaufschläge.

Aus der Tabelle ist ersichtlich, dass die Größenordnungen der mit dem Gesamtmarktwert gewichteten Kursaufschläge einigermaßen nahe am gleichgewichteten Mittelwert sind; die Mittelwerte bei Gewichtung mit dem Marktwert der Vorzugsaktien sind dagegen nicht vergleichbar. Vor dem Hintergrund der zeitweilig sehr hohen Volatilität marktwertgewichteter Renditen, die wie erläutert auch durch die Ausreißerbehandlung induziert sein kann, werden für die weiteren Untersuchungen gleichgewichtet berechnete mittlere Kursaufschläge verwendet.

Tabelle 18: Mittlerer Kursaufschlag nach Art der Gewichtung

Beim „Anteil am Marktwert des Eigenkapitals aller Unternehmen" ergibt sich das Gewicht der einzelnen Unternehmen als Anteil des Marktwerts des Eigenkapitals des Unternehmens am kumulierten Marktwert des Eigenkapitals aller jeweils einbezogenen Unternehmen. Beim „Anteil am Marktwert des Vorzugsaktienkapitals aller Unternehmen" ergibt sich das Gewicht der einzelnen Unternehmen als Anteil des Marktwerts des Vorzugsaktienkapitals des Unternehmens am kumulierten Marktwert des Vorzugsaktienkapitals aller jeweils einbezogenen Unternehmen.

Art der Gewichtung	bis 1972 „historisch"	1973-1987 „Aufschwung"	1988-2002 „Boom"	2003-2017 „Abschwung"	Insgesamt 1955-2017
Gleichgewichtung	17,31%	10,25%	20,41%	11,36%	16,22%
Gewicht: Anteil am Marktwert des Eigenkapitals aller Unternehmen	9,54%	7,45%	23,69%	12,36%	15,85%
Gewicht: Anteil am Marktwert des Vorzugsaktienkapitals aller Unternehmen	8,81%	6,99%	10,13%	2,43%	5,50%

5.3.2 Renditen und Renditeunterschiede von Stamm- und Vorzugsaktien

5.3.2.1 Dividendenrenditen

Bei der Berechnung von Renditen ist die unterschiedliche steuerliche Behandlung von ausgeschütteten Gewinnen im Zeitablauf zu berücksichtigen. Insbesondere war während der Geltung des Körperschaftsteueranrechnungsverfahrens für vom 30.9.1976 beginnende Geschäftsjahre bis Ende 2000 für inländische Anleger die ausgeschüttete Dividende zuzüglich der von der Gesellschaft darauf gezahlten Körperschaftsteuer („Körperschaftsteuergutschrift" in Höhe von $9/_{16}$ bis 1993 und $3/_7$ danach) die Basis für die individuelle Besteuerung.[1718] In der Untersuchung werden daher für die Dividendenzahlungen von 1978 bis 2001 die veröffentlichten (Brutto-)Dividenden um die Körperschaftsteuergutschrift erhöht.[1719] Auf dieser Grundlage stellen die angegebenen Dividendenrenditen im

---

[1718] Vgl. Abschnitt 3.3.7.1, S. 248, sowie Stehle/Schmidt (2015), S. 440.

[1719] Ungenauigkeiten können durch diese Vorgehensweise theoretisch nur bei Unternehmen mit vom Kalenderjahr abweichendem Geschäftsjahr auftreten. Im Jahr 1977 wurden allerdings alle Ausschüttungen spätestens im 3. Quartal vorgenommen, sodass bei keinem dieser Unternehmen das Geschäftsjahr nach dem 30.9.1976 begonnen haben dürfte, weshalb das Anrechnungsverfahren für die Ausschüttungen 1977 noch nicht maßgeblich war. Auch die Ausschüttungen im Jahr

Zeitablauf einheitlich die Rendite vor individueller Besteuerung bzw. die Rendite aus Sicht eines inländischen Anlegers mit einem Steuersatz von 0 % dar.

In der nachfolgenden Abbildung 27 ist die zeitliche Entwicklung der Dividendenrenditen von börsennotierten Paaren von Stamm- und Vorzugsaktien sowie von allein notierten Vorzugsaktien ersichtlich.

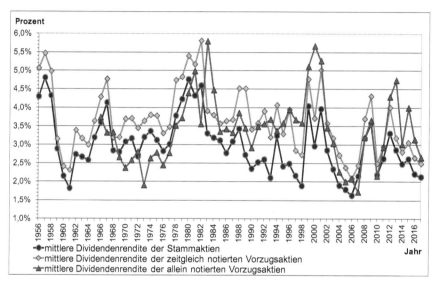

Abbildung 27: Gleichgewichtetes Mittel der Dividendenrenditen von börsennotierten Dual-Class-Unternehmen im Zeitablauf (Steuersatz 0 %)
Quelle: Eigene Untersuchungen.

Dabei wird insbesondere deutlich, dass die gleichgewichteten Jahresmittel der Dividendenrenditen von Vorzugsaktien um einen Wert von etwa 3,5 % schwan-

---

2001 erfolgten mit zwei Ausnahmen (Hach AG und Kennamental Hertel AG) spätestens im 3. Quartal 2001, weshalb das Anrechnungsverfahren in diesen Fällen noch gültig war. In den beiden genannten Fällen – mit Geschäftsjahresende zum 30.6. – war das Anrechnungsverfahren noch gültig, da nach einer Verlautbarung der Obersten Finanzbehörden der Länder vom 6.11.2003 bei vom Kalenderjahr abweichendem Geschäftsjahr die Anwendung des Halbeinkünfteverfahrens erst ab 2002 erfolgte. Bei der Hach AG erfolgte die Ausschüttung bereits im Dezember 2001 und damit vor der im Januar 2002 stattfindenden Hauptversammlung (vorgeblich wegen der Euro-Umstellung).

ken, die mittleren Dividendenrenditen der Stammaktien um einen Wert von etwa 3,0 %. In jedem einzelnen Jahr sind bei den Paaren von Stamm- und Vorzugsaktien die Dividendenrenditen der Vorzugsaktien im Mittel höher – dies ist bei einem im Mittel bestehenden Kursaufschlag der Stammaktien und einer im Mittel zu verzeichnenden Mehrdividende der Vorzugsaktien auch nicht anders zu erwarten. Zwischen den Dividendenrenditen der allein und der zeitgleich mit den jeweiligen Stammaktien notierten Vorzugsaktien ist kein systematischer Unterschied ersichtlich (bis 1983 lag die Zahl der Beobachtungen der allein notierten Vorzugsaktien unter 5, weshalb die mittlere Dividende für diese Jahre weniger aussagekräftig ist).

Hohe Dividendenrenditen sind nicht auf Jahre mit sinkenden bzw. niedrigen Aktienkursen beschränkt, vielmehr treten sie eher im Folgejahr auf. Dies gilt etwa für 2001, 2009 und 2012 (nach deutlichen Kursrückgängen 2000, 2008, 2011). In anderen Fällen traten hohen Dividendenrenditen auch in Jahren mit stark steigenden Aktienkursen auf (z. B. 1967, 1980-1983, 1988-1989, 1996, 1999).

Bei Aggregation der Dividendenrenditen nach verschiedenen Kriterien ergeben sich die in Tabelle 19 dargestellten Mittelwerte (siehe folgende Seite).

Insbesondere bestätigen sich dabei die aus der Abbildung 27 abgeleiteten Befunde: Die Dividendenrendite der Vorzugsaktien ist (bei einem Steuersatz von 0 %) mit einem Mittelwert von 3,6 % um etwa 0,8 % höher als die der gleichzeitig notierten Stammaktien. Die Differenz ist mit einem t-Wert von 22,54 hochsignifikant von null verschieden. Da die Dividendenrenditen und ihre Differenz nicht normalverteilt sind, wurde zusätzlich Wilcoxon-Vorzeichen-Rang-Test für gepaarte Stichproben verwendet: Auch nach diesem Test wird mit einem z-Wert von 30,93 die Hypothese der Gleichheit der mittleren Dividendenrenditen von Stamm- und Vorzugsaktien verworfen. *Dies bestätigt die Hypothese R1.*

Die Mittelwerte gleichen trotz des deutlich längeren Untersuchungszeitraums mit Werten von 3,8 % versus 2,9 % nahezu den Ergebnissen von Daske/ Ehrhardt (2002a).[1720] Die (in der Tabelle 19 nicht angegebenen) Mittelwerte für unbereinigte Dividendenrenditen betragen 2,8 % für Vorzugsaktien bzw. 2,2 % für Stammaktien und weichen von den von Daske/Ehrhardt (2002a) ermittelten ebenfalls nur geringfügig (um weniger als 0,1 Prozentpunkte) ab. Die Differenzen zwischen den um die KSt-Gutschrift bereinigten und den unbereinigten Dividendenrenditen für die Dividendenzahlungen der Jahre 1978 bis 2001 betragen

---

[1720] Vgl. Daske/Ehrhardt (2002a), S. 201.

1,31 Prozentpunkte für Vorzugsaktien und 0,99 Prozentpunkte für Stammaktien; Stehle/Schmidt (2015) schätzten diesen Effekt für in Frankfurt amtlich notierte Aktien in diesem Zeitraum auf 1,4 Prozentpunkte.[1721]

Tabelle 19: Mittlere jährliche gleichgewichtete Dividendenrenditen von Stamm- und Vorzugsaktien bei Steuersatz 0 %

Angegeben ist das gleichgewichtete arithmetische Mittel der jeweils einbezogenen Beobachtungen im Zeitraum 1956 bis Ende 2017. Für die Dauer der Geltung des Körperschaftsteueranrechnungsverfahrens wird die KSt-Gutschrift hinzugerechnet. Die angegebenen Renditen bilden daher die Perspektive eines inländischen Anlegers mit Steuersatz 0% ab.
In der vorletzten Spalte ist die tatsächliche mittlere Mehrdividende der Vorzugsaktien gegenüber Stammaktien in Relation zum jeweiligen, ggf. impliziten Nennwert der Aktien für diejenigen Fälle angegeben, in denen eine Dividendenberechtigung für das gesamte vorherige Geschäftsjahr bestanden hat.
Alle in der Tabelle angegebenen Prozentangaben sind bezüglich eines t-Tests auf einem Signifikanzniveau von 99% von null verschieden.
Quelle: Eigene Berechnungen.

Aggregations-stufe	Beobach-tungen mit gleichzeiti-ger Notiz StA & VzA	Dividenden-rendite VzA (StA & VzA notiert)	Dividenden-rendite StA (StA & VzA notiert)	**Differenz der Divi-dendenren-diten (beide notiert)**	Mehrdivid. in Proz. des Nennwerts (StA & VzA notiert)	Dividenden-rendite VzA (nur VzA notiert)
Insgesamt (1956-2017)	**1.804**	**3,63 %**	**2,83 %**	**0,81 %**	**1,93 %** (1723 Beob.)	**3,55 %** (945 Beob.)
nach Perioden:						
bis 1972 („historisch")	150	3,56 %	3,04 %	**0,53 %**	0,25 % (144 Beob.)	2,97 % (8 Beob.)
1973-1987 („Aufschwung")	363	4,14 %	3,48 %	**0,68 %**	1,18 % (330 Beob.)	3,57 % (114 Beob.)
1988-2002 („Boom")	919	3,75 %	2,74 %	**1,01 %**	2,31 % (879 Beob.)	3,85 % (575 Beob.)
2003-2017 („Abschwung")	372	2,92 %	2,40 %	**0,54 %**	2,34 % (370 Beob.)	2,90 % (248 Beob.)
nach Segment:						
amtlicher Handel/ Regulierter Markt	1.492	3,57 %	2,84 %	**0,74 %**	1,63 % (1435 Beob.)	3,34 % (551 Beob.)
Geregelter Markt/ ger. Freiverkehr	251	3,88 %	2,72 %	**1,18 %**	3,77 % (233 Beob.)	4,01 % (343 Beob.)
(ungeregelter) Freiverkehr	61	4,15 %	3,02 %	**1,09 %**	1,88 % (55 Beob.)	2,89 % (51 Beob.)

[1721] Vgl. Stehle/Schmidt (2015), S. 441.

Es bestätigt sich auch, dass im Vergleich der Dividendenrenditen zwischen den gleichzeitig mit Stammaktien notierten Vorzugsaktien und den allein notierten Vorzugsaktien (siehe letzte Spalte in Tabelle 19) weder insgesamt noch bei Aufgliederung nach Teilperioden oder Segmenten nennenswerte Unterschiede bestehen, wenn man von den Freiverkehrswerten mit einer allerdings sehr geringen Zahl an Beobachtungen absieht.

Für die Analyse der tatsächlich gezahlten prozentualen Mehrdividende im Verhältnis zum (ggf. impliziten) Aktiennennwert wurden (anders als für die Dividendenrenditen insgesamt) 81 Beobachtungen ausgeschlossen, bei denen im Jahr oder Folgejahr der Erstnotiz infolge einer nicht für ein volles Geschäftsjahr bestehenden Dividendenberechtigung keine oder nur eine anteilige Dividendenzahlung erfolgte und damit zum Beispiel (in 24 Fällen) eine geringere Dividendenzahlung auf Vorzugsaktien als auf Stammaktien resultierte.[1722] Die im Mittel (unter Einbeziehung der Gesellschaften ohne Mehrdividende) gezahlte prozentuale Mehrdividende von 1,93 % liegt nahe an der mittleren statutarischen Mehrdividende von 2,02 %, vgl. S. 241 und Abbildung 5; der tatsächliche Wert ist etwas geringer, da im Fall eines Dividendenausfalls Mehrdividenden jedenfalls bis zum Jahr 2015 nicht kumulativ ausgestaltet sein mussten, also anders als die prioritätische Dividende nicht in den Folgejahren nachzahlbar waren.[1723] Bei 1.090 der 1.723 Beobachtungen wurde tatsächlich eine Mehrdividende gezahlt. Der Mittelwert der gezahlten Mehrdividenden (d. h. insbesondere ohne Berücksichtigung der Gesellschaften ohne statutarische Mehrdividende) betrug im Zeitraum 1956-2017 insgesamt 3,05 %.

Bei der Aufgliederung der Dividendenrenditezahlungen nach Teilperioden ist auffällig, dass die Dividendenrenditen in der Aufschwung- und der Boomphase der Vorzugsaktien (1973-2002) überdurchschnittlich hoch waren, dass aber die Differenz zu den Dividendenrenditen der gleichzeitig notierten Stammaktien nur in der Boomphase überdurchschnittlich war. Dies dürfte insbesondere daran liegen, dass in der Boomphase fast doppelt so hohe Mehrdividenden gezahlt wurden wie in der Aufschwungphase. Offensichtlich waren die seit Mitte der 1980er Jahre mit Vorzugsaktien an die Börse gegangenen Unternehmen bemüht, die Attraktivität der Vorzugsaktien durch höhere Mehrdividenden zu steigern.

[1722] Bei insgesamt 3 Beobachtungen (Dividendenzahlungen der GEA AG 2001 bis 2003) ergab sich unabhängig davon eine negative Mehrdividende, da die Garantiedividende auf Vorzugsaktien unter der auf Stammaktien lag. Dieser Umstand führte nicht zum Ausschluss der Beobachtung.

[1723] Seit Inkrafttreten der Aktienrechtsnovelle 2016 ist es zulässig, dass Mehrdividenden anstelle der prioritätischen Dividende kumulativ ausgestaltet sind, vgl. Abschnitt 2.2.1, S. 50.

Im Einklang damit steht auch das bei Aufgliederung nach Segment auffallende Ergebnis, dass im Geregelten Markt die Mehrdividenden und auch die Dividendenrenditen der allein wie der zeitgleich mit den Stammaktien notierten Vorzugsaktien (und auch die Dividendenrenditedifferenz bzgl. dieser Aktien) überdurchschnittlich hoch waren. Seit Mitte der 1980er Jahre waren zahlreiche kleinere Unternehmen, häufig Familienunternehmen, zum Teil nur mit Vorzugsaktien an die Börse gegangen und hatten die vom Gesetzgeber geschaffenen Erleichterungen einer Notiz am Geregelten Markt genutzt: Neben der höheren Mehrdividende können die im Vergleich zum Kursniveau relativ hohen Dividendenzahlungen im Geregelten Markt dazu beigetragen haben, die Attraktivität der jeweiligen Aktien trotz geringerer Handelsliquidität aufrechtzuerhalten.

In der Abschwungphase seit 2003 sind trotz weiterhin hoher Mehrdividenden bei den verbliebenen Dual-Class-Unternehmen die Dividendenrenditen der Stamm- und Vorzugsaktien und deren Differenz zurückgegangen.

5.3.2.2 Monatliche Aktienrenditen von Stamm- und Vorzugsaktien

In der nachfolgenden Abbildung 28 sind die Monatsmittel der Differenzen aus den Monatsrenditen von Stamm- und zugehörigen Vorzugsaktien dargestellt.

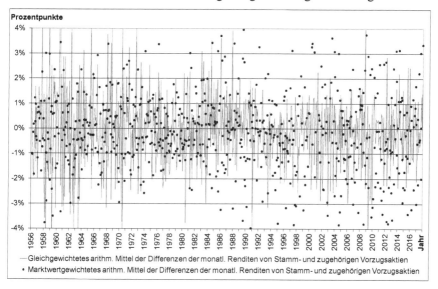

Abbildung 28: Gleich- und marktwertgewichtetes Mittel der monatlichen Renditedifferenzen von Stamm- und Vorzugsaktien
Quelle: Eigene Untersuchungen.

Die Volatilität der gleichgewichteten Renditen ist ab etwa 1989 deutlich zurück-gegangen, was aber angesichts der vorher deutlich geringeren Anzahl an Beob-achtungen und der damit verbundenen größeren Ausreißerempfindlichkeit nicht verwundert. Insgesamt liegen nur 17 monatliche Beobachtungen (d. h. 2,2 %) au-ßerhalb des hier dargestellten Intervalls für die monatliche Renditedifferenz von -4 bis +4 Prozentpunkten. Besonders gering war die Volatilität der Renditediffe-renzen in der Boomphase der Vorzugsaktien in der 1990er Jahren. Die Volatilität der marktwertgewichteten Renditedifferenzen war dagegen seit der Boomphase deutlich höher als die der gleichgewichteten Renditedifferenzen. Zuvor war sie dagegen deutlich niedriger, was ebenfalls an der geringen Anzahl der Beobach-tungen und der dabei relativ gesehen höheren Anzahl an größeren einbezogenen Unternehmen gelegen haben dürfte.

Ein Trend bei der Entwicklung der monatlichen Renditedifferenzen ist anhand der Abbildung nicht auszumachen. Allerdings dürfte jedenfalls seit Mitte der 1970er Jahre der größere Teil der Beobachtungen unter der Nulllinie liegen, was auf eine im Mittel höhere Monatsrendite der Vorzugsaktien hindeutet. Dies bestätigt sich auch bei Aggregation der monatlichen Renditen in Tabelle 20 (siehe nächste Seite). Darin ist ersichtlich, dass sowohl bei Berechnung gleich-gewichteter als auch auf Basis marktwertgewichteter Renditen Vorzugsaktien insgesamt und seit der Boomphase ab 1988 trotz eines im Zeitablauf schwan-kenden Renditeniveaus höhere monatliche Renditen erzielt haben als Stamm-aktien; insgesamt beträgt der Unterschied 0,12 Prozentpunkte bzw. bei Gewich-tung mit dem Marktwert des Eigenkapitals 0,15 Prozentpunkte.

Ein t-Tests auf Signifikanz der gleichgewichteten *Renditedifferenzen* ergibt ein marginales Signifikanzniveau von 0,26 %. *Damit ist die Hypothese R2 einer höheren Gesamtrendite der Stammaktien zu verwerfen.* Auch in der Boom- und der Abschwungphase sind die *Renditen der Vorzugsaktien signifikant höher* (p-Werte 0,0023 bzw. 0,0141). Vor 1987 sind zwar die Renditen der Stammaktien leicht höher, jedoch sind die Renditedifferenzen nicht signifikant von null verschieden. Bei Aufgliederung nach Segmenten ist für den amtlichen Handel eine signifikant höhere Rendite der Vorzugsaktien festzustellen (p-Wert 0,0104), für die anderen Segmente ist die Signifikanz schwach (p-Wert Freiverkehr 0,0830, p-Wert Geregelter Markt 0,1287).

Tabelle 20: Mittlere monatliche Renditen von Stamm- und Vorzugsaktien bei Steuersatz 0%

Angegeben ist jeweils das arithmetische Mittel der jeweils einbezogenen Beobachtungen im Zeitraum 1956 bis 2017 bzw. in der angegebenen Teilperiode. Die Renditen bilden die Perspektive eines inländischen Anlegers mit Steuersatz 0% ab. Bei den nach Perioden bzw. Segment aufgegliederten Renditen ist jeweils die gleichgewichtete Rendite und die mit dem Marktwert (MW) des Eigenkapitals (EK) gewichtete Rendite angegeben; bei den Monatsrenditen der allein notierten Vorzugsaktien erfolgt die Gewichtung dagegen nach dem Marktwert der Vorzugsaktien. Die Signifikanz der gleichgewichteten Renditedifferenzen wurde mit einem t-Test geprüft. Dabei bezeichnen *, ** bzw. *** die Signifikanz auf einem Niveau von 90%, 95% bzw. 99%.

Quelle: Eigene Berechnungen.

Aggregations-stufe	Beobach-tungen mit gleichzeiti-ger Notiz StA & VzA	Monats-rendite VzA (StA & VzA notiert)	Monats-rendite StA (StA & VzA notiert)	Differenz d. Monatsren-diten (StA minus VzA)	Beobach-tungen mit alleiniger Notiz der VzA	Monats-rendite VzA (nur VzA notiert)
insgesamt (1956 – 2017):						
gleichgewichtet	19.607	**0,88 %**	**0,76 %**	**-0,12 %*****	10.271	**0,83 %**
gewichtet mit dem MW des EK	19.607	**1,04 %**	**0,89 %**	**-0,15 %**		nicht berechenbar
gewichtet mit MW der VzA	19.607	**1,27 %**	**1,24 %**	**-0,03 %**	10.271	**0,61 %**
nach Perioden (gleichgewichtet/marktwertgewichtet):						
bis 1972 („historisch")	1.713	0,76 % / 0,31 %	0,81 % / 0,33 %	**0,05 %** / **0,02 %**	88 / *Gew. MW Vz*	1,41 % / 0,92 %
1973-1987 („Aufschwung")	3.897	0,39 % / 0,18 %	0,44 % / 0,22 %	**0,05 %** / **0,04 %**	1.112 / *Gew. MW Vz*	0,22 % / 0,31 %
1988-2002 („Boom")	9.865	0,75 % / 0,96 %	0,56 % / 0,79 %	**-0,19 %***** / **-0,16 %**	6.321 / *Gew. MW Vz*	0,57 % / 0,35 %
2003-2017 („Abschwung")	4.132	1,71 % / 1,14 %	1,51 % / 0,99 %	**-0,20 %**** / **-0,15 %**	2.750 / *Gew. MW Vz*	1,66 % / 0,76 %
nach Segment (gleichgewichtet/marktwertgewichtet):						
amtlicher Handel/Regulierter Markt	16.640	0,93 % / 1,04 %	0,82 % / 0,89 %	**-0,11 %**** / **-0,15 %**	5.990 / *Gew. MW Vz*	0,96 % / 0,61 %
Geregelter Markt/ger. Freiverkehr	2.366	0,61 % / 0,57 %	0,42 % / 0,48 %	**-0,19 %** / **-0,09 %**	3.761 / *Gew. MW Vz*	0,63 % / 0,84 %
(ungeregelter) Freiverkehr	601	0,84 % / 1,23 %	0,42 % / 0,96 %	**-0,42 %*** / **-0,27 %**	520 / *Gew. MW Vz*	0,77 % / 0,38 %

Die höheren *marktwertgewichteten* Renditen von Stamm- *und* Vorzugsaktien im Vergleich zu gleichgewichteten Renditen deuten darauf hin, dass in größeren Dual-Class-Unternehmen und insbesondere in solchen mit einem hohen Marktwert der Vorzugsaktien überdurchschnittlich hohe Renditen erzielt werden. Dies zeigt sich auch daran, dass die Renditen der im amtlichen Handel notierten und damit tendenziell größeren Dual-Class-Unternehmen im gleichgewichteten Mittel höher als (und bei Marktwertgewichtung faktisch identisch wie) bei Einbeziehung aller Unternehmen sind. Zwar sind die marktwertgewichteten mittleren Renditen im Freiverkehr noch höher, jedoch handelt es sich dabei nur um 3,1 % der Beobachtungen, weshalb auch die betragsmäßig große mittlere Renditedifferenz zwischen Vorzugs- und Stammaktien nicht besonders ins Gewicht fällt.

Im Vergleich zu der Untersuchung von Daske/Ehrhardt (2002a), die auf Daten bis 1998 basiert, sind die Renditedifferenzen in dieser Untersuchung im Mittel deutlich höher.[1724] Dies dürfte angesichts der bis 1987 in beiden Untersuchungen festzustellenden leicht höheren Rendite der Stammaktien vor allem an dem anhaltend hohen Renditevorteil der Vorzugsaktien in dem um 19 Jahre längeren Betrachtungszeitraum in dieser Untersuchung liegen. Hinzu kommt, dass die Autoren keine 0%-Renditen verwenden (also die Körperschaftsteuergutschrift unberücksichtigt lassen), weshalb die Renditedifferenz für die Dauer des Körperschaftsteueranrechnungsverfahrens zulasten der Vorzugsaktien mit im Mittel höheren Dividenden und damit höheren KSt-Gutschriften vermindert ist: Bei einer um 1 % höheren Dividendenrendite der Vorzugsaktien (vgl. Tabelle 19) macht dieser Unterschied für die Dauer der Anwendung des KSt-Satzes von 36 % (stark vereinfacht) $^{36}/_{64} \cdot 1\% = 0,5625\%$ p.a. bzw. im geometrischen Mittel immerhin 0,046 % pro Monat Renditedifferenz aus.

Abgesehen von den Renditedifferenzen ist in Tabelle 20 auch auffällig, dass die Renditen von Stamm- und Vorzugsaktien in der Periode ab 2003 deutlich höher als davor sind. Dies steht mit den Ergebnissen von Stehle/Schmidt (2015) im Einklang, wonach im (geometrischen) Mittel der Jahre 2003 bis 2013 die marktwertgewichtete Monatsrendite 0,9 % betrug.[1725]

In Tabelle 20 sind in der rechten Spalte auch die *Monatsrenditen der allein notierten Vorzugsaktien* angegeben. Im gleichgewichteten Mittel über den gesamten Untersuchungszeitraum und bei Aufgliederung nach Segmenten sind die Renditeunterschiede zu den zeitgleich mit Stammaktien notierten stimmrechtslosen Vorzugsaktien gering. Zwar sind Monatsrenditen der allein notierten Vorzugsaktien leicht geringer, wie dies auch in Hypothese R12 abgeleitet wurde, jedoch ist der Unterschied auf Basis eines t-Tests der Renditedifferenzen bzgl. der Beobachtungen ab 1985 – davor lag nur eine einstellige Anzahl an Beobach-

---

[1724] Vgl. a. a. O. S. 199, Tabelle 5 (linke Tabellenhälfte mit marktwertgewichteten Mittelwerten).
[1725] Eigene Berechnung auf Basis der Angaben in der Tabelle auf der dortigen S. 450. Einbezogen sind dort nur in Frankfurt amtlich notierte Aktien, es wird ebenso ein Steuersatz 0 % unterstellt.

tungen allein notierter Vorzugsaktien vor – statistisch nicht signifikant (396 Beobachtungen, t-Wert 0,3966, p-Wert 0,6919). *Insofern lässt sich jedenfalls auf Basis des gleichgewichteten Mittels der monatlichen Renditen die Hypothese R12 nicht bestätigen.*[1726]

Dies gilt allerdings nicht bei Berechnung gewichteter Renditen, wobei für diese Aktien nur eine Gewichtung mit dem Marktwert des Vorzugsaktienkapitals möglich ist: Die so gewichteten Renditen der allein notierten Vorzugsaktien sind über den gesamten Untersuchungszeitraum im Mittel deutlich geringer als (grob vereinfacht halb so hoch wie) im gewichteten Mittel der zeitgleich mit Stammaktien notierten Vorzugsaktien. Dieser Unterschied ist auch statistisch signifikant: Aus dem t-Wert eines Paardifferenzentests von 2,3182 folgen p-Werte von 0,0209 (zweiseitiger Test) bzw. 0,0105 (einseitiger Test), d.h. *die Hypothese R12 wird bezüglich der mit dem Marktwert der Vorzugsaktien gewichteten Monatsrenditen auf einem Konfidenzniveau von 95% bestätigt.*

Wie man der Tabelle 20 entnehmen kann, sind für die geringeren marktwertgewichteten Renditen allein notierter Vorzugsaktien im Vergleich zu den gewichteten Renditen der Vorzugsaktien mit zeitgleich notierten Stammaktien die Differenzen ab 1988 sowie die Differenzen im amtlichen Handel und auch im Freiverkehr ursächlich (wobei allerdings jeweils die Gewichtung der nicht allein notierten Vorzugsaktien mit dem Marktwert des Eigenkapitals erfolgte). Aus der im Vergleich zur gleichgewichteten geringeren marktwertgewichteten Durchschnittsrendite der allein notierten Vorzugsaktien ist schließlich zu schlussfolgern, dass die Vorzugsaktienrenditen bei den größeren dieser Gesellschaften deutlich niedriger sind als bei kleineren Gesellschaften, die häufig Familienunternehmen sind.

5.3.2.3 *Jährliche Aktienrenditen von Stamm- und Vorzugsaktien*

Im Abschnitt 5.2.3.6 (ab S. 499) wurde die Berechnung der Jahresrenditen als geometrische Verknüpfung der Monatsrenditen pro Unternehmen mit anschließender Mittelwertbildung über die Unternehmen (also nicht als geometrische Verknüpfung der Monatsmittelwerte) erläutert und auf die Annualisierung bei Vorliegen von mind. neun Monatsrenditen hingewiesen. Die so berechneten Renditen und Renditedifferenzen haben sich im Zeitablauf wie folgt entwickelt:

[1726] Der p-Wert für einen einseitigen t-Test der Differenzen mit der Hypothese einer negativen Renditedifferenz beträgt 0,3459, auch diese Hypothese lässt sich also nicht verwerfen.

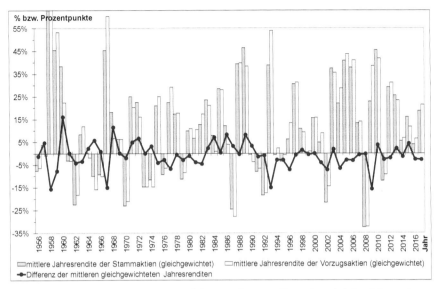

Abbildung 29: Mittlere gleichgewichtete Jahresrenditen der gleichzeitig notierten Stamm- und Vorzugsaktien von Dual-Class-Unternehmen

Angegeben ist das arithmetische Mittel der jeweils einbezogenen Beobachtungen
im Zeitraum 1956 bis Ende 2017 (Steuersatz 0%). Die Renditedifferenzen sind
berechnet als jeweilige mittlere Jahrendite der Stammaktien minus jeweilige
mittlere Jahresrendite der Vorzugsaktien. Quelle: Eigene Untersuchungen.

Aus der Abbildung 29 ist ersichtlich, dass zwar bis 1990 auch bei Betrachtung
der Jahresrenditen keine Tendenz zu erkennen ist, ob die Renditedifferenz positiv oder negativ ausfällt, dass jedoch seit 1991 – also seit der Boomphase – in
fast allen Jahren Vorzugsaktien eine höhere Rendite erzielt haben als Stammaktien. Diese Aussage gilt auch bei Betrachtung von marktwertgewichteten Renditen, wobei in der nachfolgenden Abbildung 30 die Differenzen sowohl aus mit
dem Marktwert des Eigenkapitals (d. h. der Stamm- und der Vorzugsaktien) als
auch aus „nur" mit dem Marktwert des Vorzugsaktienkapitals gewichteten Renditen berechnet wurden.

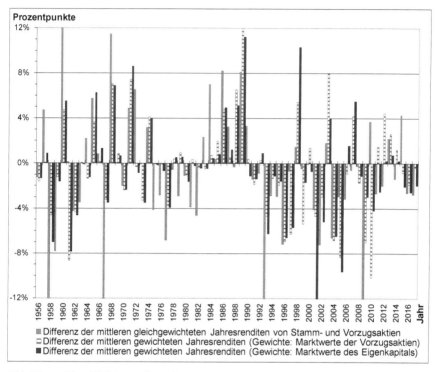

Abbildung 30: Gleich- und marktwertgewichtete mittlere Differenzen der
jährlichen Renditen von gleichzeitig notierten Stamm- und
Vorzugsaktien (Steuersatz 0 %)

Die Renditedifferenzen sind berechnet als jeweilige Jahresrendite der Stammaktien minus jeweilige Jahresrendite der Vorzugsaktien. Bei sieben der dargestellten Beobachtungen lagen die Renditedifferenzen über 12 % bzw. unter -12 %.

Quelle: Eigene Untersuchungen.

Der Abbildung 30 ist darüber hinaus zu entnehmen, dass die gleichgewichteten
Renditedifferenzen vor allem bis zur Mitte der 1980er Jahre eine höhere Volatilität aufwiesen als die Differenzen der marktwertgewichteten Renditen. Dies
dürfte an der größeren Ausreißerempfindlichkeit angesichts der deutlich geringeren Anzahl von Beobachtungen bis zu diesem Zeitpunkt liegen. Außerdem ist ersichtlich, dass die Abweichungen zwischen den Renditedifferenzen bei Gewichtung nach dem Marktwert des Eigenkapitals und nach dem Marktwert des Vorzugsaktienkapitals nur in den beiden Phasen 1998 bis 2003 und 2009 bis 2012
ein größeres Ausmaß (größer als drei Prozentpunkte) angenommen haben, und

zwar im Mittel der absoluten Abweichungen in der ersten Phase 5,1% (davon 14,0% im Jahr 2001, ohne dieses Jahr 3,1%) und im Mittel der zweiten Phase 4,6%).[1727] Wie schon bei der Ausreißeranalyse zum Kursunterschied (vgl. Abschnitt 5.3.1.1, S. 514) und bei der Betrachtung marktwertgewichteter Kursunterschiede (vgl. Abschnitt 5.3.1.4, S. 525 ff.) sind diese großen Abweichungen zum einen in den extremen Kursentwicklungen bei der früheren Metro AG (heute Ceconomy AG), der BMW AG um das Jahr 2000 und der VW-Stammaktie ab dem Jahr 2008 begründet sowie zum anderen in der großen Renditedifferenz bei anderen Gesellschaften mit – wie bei den vorgenannten – vergleichsweise geringem Marktwertanteil der Vorzugsaktien, z. B. bei RWE, MAN und Fresenius Medical Care. Letzteres führt dazu, dass bei der Gewichtung mit dem Marktwert des Vorzugsaktienkapitals bei anderen Gesellschaften mit großem Anteil des Vorzugsaktienkapitals, in den genannten Zeiträumen insbesondere Fresenius, Henkel und Hugo Boss, eine große Renditedifferenz ein höheres Gewicht erhält.

In der nachfolgenden tabellarischen Übersicht sind die aggregierten Jahresrenditen nach verschiedenen Kriterien aufgeschlüsselt:

Tabelle 21: Jahresrenditen von Stamm- und Vorzugsaktien bei Steuersatz 0%

Angegeben ist das arithmetische Mittel der jeweils einbezogenen Jahresrenditen im Zeitraum 1956 bis Ende 2017 bzw. in der angegebenen Teilperiode. Die Renditen bilden die Perspektive eines inländischen Anlegers mit Steuersatz 0% ab. Die Renditedifferenzen sind berechnet als jeweilige Rendite der Stammaktien minus jeweilige Rendite der Vorzugsaktie.

Im zweiten Abschnitt der Tabelle werden die Jahresrenditen erst ab dem Jahr aggregiert, ab dem dauerhaft die Anzahl von mind. 17 Unternehmen pro Jahr einbezogen werden konnte; dies war ab 1975 der Fall. Bei allein notierten Vorzugsaktien wurden mindestens 9 Unternehmen pro Jahr vorausgesetzt, was durchgehend erst ab 1985 der Fall war.

Bei den nach Perioden bzw. Segment aufgegliederten Renditen ist jeweils die gleichgewichtete Rendite und die mit dem Marktwert (MW) des Eigenkapitals (EK) gewichtete Rendite angegeben; bei den Jahresrenditen der allein notierten Vorzugsaktien erfolgt die Gewichtung dagegen nach dem Marktwert der Vorzugsaktien. Bei der Aufgliederung nach Segment sind nur die Beobachtungen einbezogen, bei denen innerhalb eines Jahres kein Segmentwechsel erfolgte.

Die Signifikanz der gleichgewichteten Renditedifferenzen wurde mit einem t-Test geprüft. *, ** bzw. *** bezeichnen die Signifikanz auf einem Niveau von 90%, 95% bzw. 99%.

Quelle: Eigene Berechnungen. *(Fortsetzung auf der nächsten Seite)*

[1727] Die Abweichung der tatsächlichen (nicht der absoluten) Renditedifferenzen beträgt in der ersten Phase im Mittel nur 2,3% und in der zweiten Phase im Mittel nur -0,5%.

(Fortsetzung)

Aggregations-stufe	Beobach-tungen mit gleichzei-tiger Notiz StA & VzA	Jahres-rendite VzA (StA & VzA notiert)	Jahres-rendite StA (StA & VzA notiert)	**Differenz d. Jahres-renditen (StA minus VzA)**	Beobach-tungen mit alleiniger Notiz der VzA	Jahres-rendite VzA (nur VzA notiert)
insgesamt (1956 – 2017)						
gleichgewichtet	1.575	**11,77 %**	**10,30 %**	**-1,47 %*****	826	**13,48 %**
gewichtet mit dem MW des EK	1.575	**14,21 %**	**13,18 %**	**-1,03 %**		nicht be-rechenbar
gewichtet mit dem MW der VzA	1.575	**15,85 %**	**15,15 %**	**-0,70 %**	826	**10,91 %**
Rendite StA gew. mit MW der StA, Rendite VzA gew. mit MW der VzA	1.575		**12,63 %**	**-3,22 %**		nicht be-rechenbar
Zeitraum mit ausreichender Anzahl Beobachtungen (1975 - 2017)					**(1985 – 2017)**	
gleichgewichtet	1.401	12,50 %	10,74 %	**-1,76 %*****	786	14,01 %
gewichtet mit dem MW des EK	1.401	15,28 %	14,07 %	**-1,21 %**		nicht be-rechenbar
gewichtet mit dem MW der VzA	1.401	17,08 %	16,26 %	**-0,82 %**	786	11,12 %
Rendite StA gew. mit MW der StA, Rendite VzA gew. mit MW der VzA	1.401		13,47 %	**-3,61 %**		nicht be-rechenbar
nach Perioden (gleichgewichtet/marktwertgewichtet):						
bis 1972 („historisch")	141	10,71 % 9,25 %	11,44 % 9,60 %	**0,73 %** **0,35 %**	7 *Gew. MW Vz*	1,35 % 1,35 %
1973-1987 („Aufschwung")	314	5,21 % 6,41 %	5,30 % 6,67 %	**0,09 %** **0,26 %**	85 *Gew. MW Vz*	9,64 % 8,23 %
1988-2002 („Boom")	788	10,39 % 16,26 %	8,14 % 14,63 %	**-2,25 %***** **-1,63 %**	513 *Gew. MW Vz*	7,96 % 8,93 %
2003-2017 („Abschwung")	332	21,70 % 18,83 %	19,68 % 17,41 %	**-2,02 %**** **-1,42 %**	2.750 *Gew. MW Vz*	28,14 % 16,83 %
nach Segment (gleichgewichtet/marktwertgewichtet):						
amtlicher Handel/ Regulierter Markt	1.343	12,40 % 13,90 %	11,08 % 12,91 %	**-1,32 %***** **-0,99 %**	477 *Gew. MW Vz*	15,46 % 11,28 %
Geregelter Markt/ ger. Freiverkehr	177	6,76 % 6,62 %	4,12 % 4,65 %	**-2,64 %**** **-1,97 %**	293 *Gew. MW Vz*	10,08 % 9,44 %
(ungeregelter) Freiverkehr	43	11,86 % 13,20 %	6,45 % 7,92 %	**-5,41 %*** **-5,28 %**	39 *Gew. MW Vz*	13,36 % 11,75 %

Die Schlussfolgerungen zum *Renditeunterschied* auf jährlicher Basis entsprechen denen bei Betrachtung der monatlichen Renditen: Vorzugsaktien erzielen im langjährigen Mittel rund 1,5 Prozentpunkte höhere Renditen als die zugehörigen Stammaktien. Dieser Unterschied ist statistisch signifikant (auf Basis eines t-Tests der jährlichen Renditedifferenzen ab 1975 beträgt der t-Wert -1,98 und der p-Wert 0,0273) – *die Hypothese R2 höherer Stammaktienrenditen wird demnach auch bezüglich jährlicher Renditen verworfen.* Die Renditedifferenz wird ab der Boomphase der Vorzugsaktien 1988 (hoch)signifikant, sie beträgt ab diesem Zeitpunkt gerechnet sogar über zwei Prozentpunkte.

Auf Basis marktwertgewichteter Renditen ändern sich diese Aussagen zur höheren Rendite von Vorzugsaktien qualitativ nicht, jedoch haben diese Renditedifferenzen mit rund einem Prozentpunkt ein etwas geringeres Ausmaß (rund 1,5 Prozentpunkte ab 1988). Dies hängt auch damit zusammen, dass die Renditedifferenz bei im amtlichen Handel notierten Gesellschaften, die i. d. R. größer sind, geringer ist. Anders als bezüglich monatlicher Renditen ist die Renditedifferenz auch für im Geregelten Markt notierte Aktien signifikant von null verschieden.

In Tabelle 43 im Anhang sind die mittleren Renditen und die Renditeunterschiede bezüglich der verschiedenen Gewichtungen für alle einzelnen Jahre ersichtlich. Aufgrund der geringen Anzahl von Beobachtungen vor 1975 werden die dort angegebenen deskriptiven Statistiken (Mittelwert, Median, Standardabweichung) nur für die Jahre ab 1975 berechnet.[1728] Im Unterschied zur Darstellung bei den monatlichen Renditen sind dort und in Tabelle 21 auch die Renditen der mit dem Marktwert der Stammaktien gewichteten Stammaktienrenditen sowie deren Differenzen zu den mit dem Marktwert der Vorzugsaktien gewichteten Renditen der Vorzugsaktien angegeben: Der Mittelwert der Differenzen zwischen zwei so konstruierten Portfolios zeigt eine um über 3 Prozentpunkte p. a. höhere Rendite der Vorzugsaktien. Dies liegt ganz offensichtlich in der mit 15,85 % sehr hohen mittleren Rendite der mit dem Marktwert der Vorzugsaktien gewichteten Rendite der Vorzugsaktien begründet. Zwar ist die Stammaktienrendite der Unternehmen mit hohem Marktwert der Vorzugsaktien – z. B. bei im Index enthaltenen Vorzugsaktien – im Mittel auch vergleichsweise hoch (15,15 % im gewichteten Mittel aller Unternehmen), jedoch erhalten diese Stammaktien

---

[1728] Die Mittelwerte unterscheiden sich leicht von den Angaben in Tabelle 21, da dort die gleich- oder marktwertgewichteten Mittelwerte über alle Beobachtungen angegeben sind, während in der detaillierten Anhangstabelle (Tabelle 41) die gleichgewichteten Mittelwerte über die einzelnen Jahresmittelwerte in der Tabelle für die Jahre 1975 bis 2017 angegeben sind. Insofern haben in der Anhangstabelle die Jahre mit weniger Beobachtungen ein relativ höheres Gewicht.

bei Gewichtung mit deren Marktwert ein relativ geringeres Gewicht im Vergleich zur Gewichtung mit dem Marktwert der Vorzugsaktien.

Wollte man die gerade diskutierte hohe Renditedifferenz durch Kauf der Vorzugsaktien und Leerverkauf der Stammaktien ausnutzen, wäre zu bedenken, dass die Stamm- und die Vorzugsaktien eines Unternehmens in ein solches Portfolio mit unterschiedlichem Gewicht aufgenommen würden, weshalb von Vornherein bezüglich jedes Unternehmens ein höheres idiosynkratisches Risiko verbliebe und das Gesamtrisiko des Portfolios ansteigen würde. Insofern kann die höhere Renditedifferenz als Ausdruck des höheren Portfoliorisikos gesehen werden.

Die Betrachtung der *jährlichen Renditen der einzeln notierten Vorzugsaktien* (vgl. rechte Spalte in Tabelle 21) zeigt im Vergleich zu den oben erörterten monatlichen Renditen ein anderes Bild: Zum einen sind die gleichgewichteten Jahresrenditen mit 13,5 % deutlich höher als die gleichgewichteten Jahresrenditen der zeitgleich mit Stammaktien notierten Vorzugsaktien.[1729] Zum anderen sind zwar auch bei den Jahresrenditen die mit dem Marktwert der Vorzugsaktien gewichteten Renditen bei den allein notierten Vorzugaktien im Mittel deutlich geringer, aber nicht in dem Ausmaß wie bei monatlichen Renditen. Ursächlich hierfür sind die deutlich höheren gleichgewichteten Jahresrenditen der allein notierten Vorzugsaktien in der Periode ab 2003 (28,1 %) bzw. der geringere Abstand bei Marktwertgewichtung in dieser Periode. Eine denkbare Ursache wäre, dass bei der in dieser Periode (in der auch Verbesserungen der Rechte von Minderheitsaktionären umgesetzt wurden) verstärkt anzutreffenden Umwandlung von Vorzugsaktien in Stammaktien oder bei Squeeze-outs Vorzugsaktien stärker profitiert haben als in früheren Jahren. Über die in dieser Untersuchung vorgenommene Annualisierung der monatlichen Renditen zu Jahresrenditen bei mindestens neun vorliegenden Monatsrenditen können sich solche höheren Renditen bei Abschaffung von Vorzugsaktien stärker auf Jahresrenditen ausgewirkt haben als bei arithmetischer Durchschnittsbildung monatlicher Renditen.

[1729] Der Unterschied der 33 jährlichen Mittelwerte der Renditen ab 1985 ist auf der Basis eines Paardifferenzentests wohl aufgrund der geringen Anzahl der Beobachtungen statistisch nicht signifikant (p-Wert 0,1150).

5.3.2.4 Renditeunterschied für unterschiedliche Anlagezeiträume zu verschiedenen Anlagezeitpunkten

Nach Kenntnis des Verfassers haben zuerst Stehle/Hartmond (1991) so genannte Renditedreiecke für den deutsche Aktienmarkt veröffentlicht, in denen das geometrische Jahresmittel der Renditen für in einem bestimmten Jahr und eine bestimmte Anlagedauer angelegte Aktienportfolios angegeben ist.[1730] Auf diesem Prinzip und dieser Vorarbeit basieren auch die heute vom Deutschen Aktieninstitut veröffentlichten Renditedreieicke.[1731]

In Tabelle 44 bis Tabelle 46 im Anhang sind demselben Prinzip folgende separate Renditedreiecke für Stammaktien von Dual-Class-Unternehmen, Vorzugsaktien mit gleichzeitig notierten Stammaktien und allein notierte Vorzugsaktien für jeweils 14 verschiedene Anlagezeiträume von einem Jahr bis zu 30 Jahren dargestellt. In diesen Renditedreiecken wurde eine Gleichgewichtung der einbezogenen Unternehmen vorgenommen. Außerdem wurden „Renditedifferenzen-Dreiecke" erstellt, die in Tabelle 47 bis Tabelle 49 im Anhang wiedergegeben werden. In ihnen sind die Differenzen der wie in den o. g. Renditedreiecken für Stamm- und Vorzugsaktien ermittelten mittleren Renditen der Stamm- und der Vorzugsaktien über verschiedene Anlagezeiträume und zu verschiedenen Anlagezeitpunkten ersichtlich. Die Renditedifferenzen-Dreiecke wurden nicht nur für gleichgewichtete Renditen (Tabelle 47), sondern auch für mit dem Marktwert des Eigenkapitals (d. h. des Stamm- *und* Vorzugsaktienkapitals) und dem Marktwert des Vorzugsaktienkapitals gewichtete mittlere Portfoliorenditen über die einzelnen Anlagehorizonte erstellt.

In allen Rendite- und Renditedifferenzen-Dreiecken wurden – wie schon in Stehle/Hartmond (1991) – deskriptive Statistiken zu den für den jeweiligen Anlagezeitraum festzustellenden mittleren Jahresrenditen ergänzt. Der ebenfalls angegebene p-Wert zeigt, ob die jeweilige mittlere Rendite bzw. die mittlere Renditedifferenz über den Anlagezeitraum signifikant von null verschieden ist. Aufgrund der geringen Anzahl an Beobachtungen für die Jahre vor 1975 wurden diese Statistiken erst aus den Beobachtungen ab 1975 berechnet, bei allein notierten Vorzugsaktien erst für Anlagezeiträume ab 1985. In der folgenden Tabelle 22 sind die Mittelwerte für die drei Renditedreiecke und die drei Renditedifferenzen-Dreiecke für fünf ausgewählte Anlagehorizonte zusammengefasst:

[1730] Vgl. Stehle/Hartmond (1991), S. 390.
[1731] Siehe https://www.dai.de/de/das-bieten-wir/studien-und-statistiken/renditedreieck.html (Abruf am 14.1.2019).

Tabelle 22: Mittlere Renditen von Stamm- und Vorzugsaktien über verschiedene Anlagezeiträume (geometrische Jahresmittel, Steuersatz 0 %)

Die Berechnung erfolgte wie folgt: Beginnend in jedem Jahr wird die Gesamtrendite eines Portfolios aus Vorzugs- bzw. aus Stammaktien über den jeweils angegebenen Anlagezeitraum bestimmt. Daraus werden die Jahresrenditen als geometrisches Mittel berechnet. In der Tabelle angegeben ist das arithmetische Mittel dieser Jahresrenditen über alle mittleren Jahresrenditen für dieselbe Anlagedauer. Wegen der geringen Anzahl von Beobachtungen bis zur Mitte der 1970er Jahre wurden nur Anlagezeiträume berücksichtigt, die 1975 oder später beginnen, für allein notierte Vorzugsaktien erst Anlagezeiträume ab 1985. Die einzelnen Jahresrenditen sind Tabelle 44 bis Tabelle 49 im Anhang C zu entnehmen. Die Renditen bilden die Perspektive eines inländischen Anlegers mit Steuersatz 0 % ab. Die Signifikanz der Renditedifferenzen wurde mit einem t-Test geprüft. Bis auf den kursiv gedruckten Wert (p-Wert 0,1151) sind alle Werte mindestens auf einem Niveau von 95 % signifikant.

Quelle: Eigene Berechnungen.

Art der Rendite bzw. Renditedifferenz	Mittl. Rendite bzw. Renditedifferenz über Anlagezeitraum von				
	2 Jahren	5 Jahren	10 Jahren	20 Jahren	30 Jahren
Gleichzeitig notierte Stamm- und Vorzugsaktien (1975 – 2017)					
Jahresrendite der StA (gleichgew.)	11,15%	10,63%	10,43%	9,90%	10,36%
Jahresrendite der VzA (gleichgew.)	12,55%	11,97%	11,72%	11,41%	11,69%
Renditediff. (gleichgewichtet)	-1,41%	-1,34%	-1,29%	-1,51%	-1,33%
Renditediff. (gew. mit MW EK)	-1,05%	-1,06%	-1,11%	-1,29%	-1,18%
Renditediff. (gew. mit MW VzA)	*-0,61%*	-0,61%	-0,70%	-0,86%	-0,70%
Allein notierte Vorzugsaktien (1985 – 2017)					
Gleichgewichtete Jahresrenditen	15,18%	13,80%	13,01%	12,88%	13,48%

Durch die Renditedreiecke ist es im Vergleich zur Betrachtung von Mittelwerten von Jahres- oder Monatsrenditen besser möglich, den langfristigen Erfolg von Aktienportfolios bewerten zu können: Kurzfristige Schwankungen bzw. Jahre mit negativer oder jedenfalls geringer Aktienrendite werden geglättet, was sich in allen Rendite- und Renditedifferenzen-Dreiecken an mit zunehmender Anlagedauer leicht sinkenden mittleren Rendite und Renditedifferenzen und deutlich abnehmenden Standardabweichungen zeigt. Dies führt in aller Regel zur Verbesserung der Signifikanz mit zunehmender Anlagedauer.

Konkret ist aus der Tabelle 22 festzuhalten, dass allein notierte Vorzugsaktien bei langfristiger Anlage eine mittlere Rendite um 13 % erzielen, gleichzeitig mit Stammaktien notierte Vorzugsaktien langfristig eine mittleren Rendite von etwa 11,7 % und die notierten Stammaktien der Dual-Class-Unternehmen im langfristigen Mittel eine Jahresrendite von etwa 10,4 % erbringen. Auch bei langfristigen Anlagen erzielen die Vorzugsaktien also im Mittel eine um 1 bis 1,5 Prozentpunkte höhere Gesamtrendite pro Jahr.

Dass die ermittelten Werte etwas geringer sind als die mittlere Jahresrendite von in Frankfurt amtlich notierten Aktien gemäß Stehle/Schmidt (2015) – diese beträgt im Mittel der Jahre 1953-2013 13,8% – dürfte dadurch zu erklären sein, dass die Ergebnisse in Tabelle 22 nur auf den Jahren ab 1975 bzw. ab 1985 basieren: Das arithmetische Mittel der von den Autoren angegebenen Jahresrenditen beträgt für den Zeitraum 1975 bis 2013 (wegen des höheren Mittelwertes im Zeitraum vor 1975) „nur" 13,00% und ist daher mit den hier ermittelten Jahresrenditen vergleichbar.[1732]

5.3.2.5 Risiko von Stamm- und Vorzugsaktien

Typische Risikomaße von Aktienrenditen sind einerseits die auch als Volatilität bezeichnete Standardabweichung der Aktienrenditen als Maß für das diversifizierbare Risiko und andererseits der Betafaktor als auf dem Capital Asset Pricing Model (CAPM) aufbauendes Maß für das systematische, nicht diversifizierbare Risiko; der Betafaktor ist dabei der Quotient aus der Kovarianz der Aktienrendite mit der Rendite eines effizienten Marktportfolios (Zähler) und der Varianz der Rendite des Marktportfolios (Nenner).

Im Abschnitt 4.5.2.1 (ab S. 382) wurden die Hypothesen R3 und R4 abgeleitet, wonach Stammaktienrenditen eine höhere Volatilität und Stammaktien einen höheren Betafaktor aufweisen würden. Dem lag unter anderem die nun verworfene Hypothese R2 zugrunde, wonach Stammaktien unter anderem wegen des höheren Dividendenzahlungsrisikos eine höhere Gesamtrendite hätten.

Zur Prüfung dieser Hypothesen werden die empirischen Volatilitäten und Betafaktoren – um ausreichend Beobachtungen für eine Schätzung zu erhalten – auf der Basis von jeweils 36 monatlichen Beobachtungen geschätzt. Um Überlappungen zu vermeiden, erfolgt die Schätzung jeweils für die dreijährigen Perioden 1976-1978, 1970-1981 usw. bis 2015-2017.[1733] Die Betafaktoren für die Aktie i werden für jeden dreijährigen Zeitraum nach dem aus dem CAPM folgenden empirischen Modell $R_{i,t} - r_{f,t} = \alpha_i + \beta_i \cdot (R_{m,t} - r_{f,t}) + \varepsilon_{i,t}$ durch OLS-Regressionen der Differenz zwischen der monatlichen Aktienrendite und dem monatlichen risikolosen Zinssatz auf die Differenz zwischen dem Proxy für das

---

[1732] Wie in den Anhangstabellen (Tabelle 44 bis Tabelle 46) ersichtlich ist, beträgt die wie bei Stehle/Schmidt (2015) berechnete ungewichtete (d. h. ohne Berücksichtigung der unterschiedlichen Anzahl einbezogener Aktien pro Jahr bestimmte) mittlere Jahresrendite für einjährige Anlagezeiträume ab 1975 für die Stammaktien der Dual-Class-Unternehmen 12,3%, für die zugehörigen Vorzugsaktien 13,8% sowie für allein notierte Vorzugsaktien (ab 1985) 17,6%.

[1733] Für die Durchführung der Schätzung müssen in dem 3-Jahres-Zeitraum wenigstens 30 Beobachtungen vorhanden sein.

Marktportfolio und dem risikolosen Zinssatz bestimmt.[1734] Um mögliche Größeneffekte zu berücksichtigen, werden zusätzlich auch mit dem Marktwert des Eigenkapitals gewichtete mittlere Volatilitäten und Betafaktoren berechnet und in der nachfolgenden Tabelle dargestellt:

Tabelle 23: Mittlere Volatilitäten und Betafaktoren der Renditen von zeitgleich notierten Stamm- und Vorzugsaktien

> Die Volatilitäten sind die Standardabweichungen der monatlichen Renditen von Stamm- und Vorzugsaktien in den angegebenen Zeiträumen für einen inländischen Anleger mit Steuersatz 0%. Der Betafaktor wurde über den jeweils angegebenen Zeitraum für jedes Unternehmen durch Regression der Renditedifferenz zwischen Aktienrendite und risikolosem Zins auf die Renditedifferenz zwischen Rendite des Marktportfolios und risikolosem Zins bestimmt. Die Berechnung der Mittelwerte erfolgte jeweils über alle Unternehmen, ggf. gewichtet mit dem Marktwert des Eigenkapitals. Die Signifikanz der gleichgewichteten Renditedifferenzen wurde mit t-Tests geprüft. Auf einem Niveau von 95% signifikante Differenzen wurden dunkelgrau unterlegt und mit Fettdruck kenntlich gemacht, auf einem Niveau 90% signifikante Differenzen wurden hellgrau unterlegt und kursiv hervorgehoben. Die Unterlegung erfolgt jeweils beim größeren Wert (Parameter bzgl. der Stamm- oder Vorzugsaktie).
> Quelle: Eigene Berechnungen.

Zeitraum	Beob-achtun-gen	Volatilität				Betafaktor			
		StA gleich-gew.	VzA gleich-gew.	StA MW-gew.	VzA MW-gew.	StA gleich-gew.	VzA gleich-gew.	StA MW-gew.	VzA MW-gew.
1976-1978	19	5,81%	5,80%	4,77%	4,89%	0,880	0,871	1,070	1,033
1979-1981	19	5,92%	6,38%	4,83%	4,57%	1,004	1,000	1,011	1,013
1982-1984	19	8,79%	6,78%	5,98%	5,36%	0,975	0,941	0,937	0,931
1985-1987	20	9,90%	9,41%	9,18%	8,15%	0,806	0,824	0,914	0,869
1988-1990	31	9,60%	9,50%	9,15%	8,80%	0,977	0,979	1,000	0,983
1991-1993	48	8,96%	9,50%	6,77%	6,57%	1,052	1,066	1,007	1,034
1994-1996	54	8,66%	8,37%	7,44%	7,50%	0,868	0,882	0,930	0,954
1997-1999	50	10,38%	10,50%	10,36%	10,69%	0,649	0,666	0,940	1,002
2000-2002	34	10,72%	10,42%	9,62%	9,60%	0,594	0,570	0,674	0,643
2003-2005	24	9,48%	9,27%	7,99%	7,47%	0,687	0,599	0,933	0,825
2006-2008	21	9,49%	10,37%	6,92%	7,42%	1,083	1,114	1,062	1,088
2009-2011	18	9,40%	9,22%	8,70%	7,91%	0,844	0,826	0,976	0,899
2012-2014	17	6,30%	6,04%	6,73%	6,32%	0,725	0,717	1,283	1,148
2015-2017	17	7,09%	6,73%	8,07%	8,58%	0,710	0,731	1,157	1,197
insgesamt	391	**8,93%**	**8,83%**	**8,04%**	**7,98%**	**0,843**	**0,841**	**1,049**	**1,022**

[1734] Zur Datenbasis für den risikolosen Zinssatz und zum Proxy für das Marktportfolio vgl. Abschnitt 0 (S. 508).

Aus den in Tabelle 23 ersichtlichen Ergebnissen ist zum einen zu schlussfolgern, dass im Mittel Stammaktienrenditen eine höhere Volatilität aufweisen als Renditen von Vorzugsaktien. Dies gilt sowohl bei Gleichgewichtung der Beobachtungen (im Mittel und in 11 der 14 Zeiträume) als auch bei Gewichtung der Drei-Jahres-Standardabweichungen mit dem jeweiligen Marktwert des Eigenkapitals der Unternehmen. Allerdings ist der Unterschied auf einem Konfidenzniveau von 95 % statistisch nicht signifikant (p-Wert 0,2257). Signifikante Unterschiede treten nur in vier der Zeiträume auf, davon ist allerdings in zwei Fällen die Volatilität der Vorzugsaktienrenditen größer.

Zum anderen ist auch der Betafaktor der Stammaktien im Mittel sowohl bei Gleichgewichtung als auch bei Marktwertgewichtung leicht höher als der Betafaktor der Vorzugsaktien, jedoch ist der mittlere Unterschied statistisch nicht signifikant (p-Wert 0,46); ein signifikant höherer Betafaktor der Stammaktien ist nur in zwei Teilperioden festzustellen. *Die Ergebnisse entsprechen also tendenziell den Hypothesen R3 und R4, wonach Stammaktien von Dual-Class-Unternehmen eine höhere Volatilität und einen höheren Betafaktor als die zugehörigen Vorzugsaktien aufweisen, jedoch sind die Unterschiede statistisch nicht signifikant.*

Bemerkenswert ist neben den starken Schwankungen des mittleren Betafaktors im Zeitablauf, dass das marktwertgewichtete Mittel der Volatilitäten sowohl für Stamm- als auch für Vorzugsaktien geringer als das gleichgewichtete ist, während zugleich der marktwertgewichtete mittlere Betafaktor sowohl für Stamm- als auch für Vorzugsaktien deutlich größer als das gleichgewichtete Mittel der Betafaktoren ist. Demnach weisen größere Dual-Class-Unternehmen ein geringeres diversifizierbares und ein höheres systematisches Risiko auf. Dies steht im Einklang mit den Ergebnissen von Stehle (1997), der für große Gesellschaften im Mittel Betafaktoren größer als eins und für kleinere Gesellschaften im Mittel Betafaktoren deutlich unter eines feststellt.[1735]

[1735] Vgl. Stehle (1997), S. 251. Gemäß der dortigen Tabelle 7 beträgt der Betafaktor für die größten zehn Unternehmen im Zeitraum 1979-1990 1,12, der Betafaktor für das Portfolio der kleinsten Unternehmen 0,57.

5.4   Analyse der Einflussfaktoren auf Kurs- und Renditeunterschiede

5.4.1   Kapitalmarktbezogene Hypothesen

5.4.1.1   Makroökonomische Einflüsse auf den Kursunterschied

Vier der für den Kursunterschied zu testenden Hypothesen (K6, K7, K12 und K17) beziehen sich auf makroökonomische und kapitalmarktbezogene Größen, und zwar auf das BIP-Wachstum (Hypothese: positiver Einfluss auf den Kursaufschlag der Stammaktien, nachfolgend durch „+" gekennzeichnet), die Veränderung des allgemeinem Kursniveaus, d. h. die Rendite eines breiten Aktienportfolios (+), das Zinsniveau (+) und die Nachfrage von ausländischen Investoren nach deutschen Aktien (+). Diese Größen haben tendenziell Auswirkungen auf das Niveau des mittleren Kursaufschlags und damit mglw. indirekt auf unternehmensindividuelle Kursaufschläge. Daher können diese Variablen bei Regressionen zur Erklärung der unternehmensindividuellen Kursaufschläge als Kontrollvariablen dienen. Zunächst wird jedoch deren Einfluss zur Erklärung des mittleren Kursaufschlags auf Basis *monatlicher Daten* untersucht.

Die nominalen und realen BIP-Variablen werden dabei nicht monatlich bestimmt, sondern die *Jahres*änderungsraten verwandt. Zwar wird das BIP eines Jahres erst im Folgejahr bekannt, es gibt jedoch die Entwicklungen im laufenden Jahr wieder, die bei den Wirtschaftssubjekten und am Aktienmarkt während des laufenden Jahres spürbar und wegen der Veröffentlichung von z. B. Quartalsdaten und Prognosen auch bekannt sind. Die Verwendung des Jahreswertes unterstellt somit im Ergebnis letztlich nur eine gleichmäßige Entwicklung des BIP über das Kalenderjahr.[1736]

Zur Aktiennachfrage werden über die nur auf den Erwerb inländischer Aktien durch Ausländer (Variable ERW_AUSL) bezogene Hypothese K17 hinausgehend auch die aus der Kapitalmarktstatistik der Bundesbank verfügbaren Kennzahlen des Erwerbs in- und ausländischen Aktien durch Inländer (Variable ERW_INL), der Summe aus beiden Größen (Variable ERW_INSG) sowie des Absatzes inländischer Aktien zu Emissionskursen (Variable ERW_INL_AKT) einbezogen.[1737]

[1736] Streng genommen müsste die monatliche Änderungsrate angesetzt werden, jedoch hätte dies bei der unterstellten gleichmäßigen Entwicklung über die Kalenderjahre in einer Regression nur die Konsequenz, dass der geschätzte Koeffizient sich ungefähr um den Faktor 12 unterscheidet.

[1737] Zu berücksichtigen ist, dass es sich – wie schon im Abschnitt 0 erläutert – nicht um Börsenumsatzdaten, sondern um Daten aus Aktienemissionen und Kapitalerhöhungen handelt, die aber einen guten Indikator für Aktiennachfrage und -absatz in Deutschland darstellen dürften.

Die Kennzahlen für die Aktiennachfrage sind zum Teil hochkorreliert, wie die folgende Übersicht zeigt:

Tabelle 24: Korrelationsmatrix der Aktiennachfrage-Variablen (monatlich)
Besonders hohe Korrelationswerte sind fett markiert. Quelle: Eigene Berechnungen.

	ERW_INSG	ERW_INL	ERW_AUSL	ABS_INL_AKT
ERW_INSG	1,0000			
ERW_INL	0,1366	1,0000		
ERW_AUSL	**0,4487**	**-0,8240**	1,0000	
ABS_INL_AKT	**0,4344**	0,1326	0,1290	1,0000

Aufgrund der hohen Korrelation werden Regressionsmodelle nur mit jeweils einer der Nachfragevariablen geschätzt. Wegen der extremen Kurtosis der Nachfragewerte (24,8 bis 124,6) und der hohen Schiefe-Werte (-6,3 bis +5,3) sind jedoch Variablentransformationen notwendig. Durch Logarithmierung erreichen die Schiefewerte (0,17 bis 0,28) und die Werte für die Wölbung (Kurtosis 2,27 bis 2,84) ein für die Regressionsanalyse akzeptables Maß. Die dritten und vierten Momente wurden auch für die anderen makroökonomischen Faktoren untersucht: Wie schon von Stehle/Schmidt (2015) dargestellt,[1738] sind die monatlichen Aktienrenditen leicht linksschief und leptokurtisch verteilt; die Verteilung der monatlichen Zinssätze ist dagegen leicht rechtsschief und die Änderungen des realen Bruttoinlandsprodukts sind ebenfalls leptokurtisch verteilt. Auch wenn Normalverteilungstests für den Absatz inländischer Aktien und den Aktienerwerb durch Inländer abgelehnt werden – was bei einer so hohen Anzahl an Beobachtungen nicht selten der Fall ist – erscheinen die genannten Variablen für eine Regressionsanalyse geeignet. Die Korrelationen der makroökonomischen Größen auf Basis monatlicher Beobachtungen stellen sich wie in der folgenden Tabelle 25 angegeben dar (Werte mit einem absoluten Betrag von mehr als 0,3 sind fett hervorgehoben):[1739]

[1738] Vgl. a. a. O., S. 446.

[1739] Dabei haben die weiteren Variablennamen die folgende Bedeutung: RF_M risikoloser Zins (Monatsrendite), AKTIEN_M Monatsrendite des breiten Aktienportfolios, BIP_Ä_NOM Änderungsrate des nominalen BIP, BIP_Ä_REAL Änderungsrate des realen BIP.

Tabelle 25: Korrelationsmatrix der makroökonomischen Variablen
(monatliche Daten)

Besonders hohe Korrelationswerte sind fett markiert. Quelle: Eigene Berechnungen.

	RF_M	AKTIEN_M	BIP_Ä_NOM	BIP_Ä_REAL	L_ABS_INL_A	L_ERW_INL	L_ERW_AUSL	L_ERW_INSG
RF_M	1,0000							
AKTIEN_M	-0.0938	1.0000						
BIP_Ä_NOM	**0.3600**	-0.1096	1.0000					
BIP_Ä_REAL	0.0078	-0.0866	**0.8008**	1.0000				
L_ABS_INL_A	-0.1084	0.0520	**-0.4564**	-0.2840	1.0000			
L_ERW_INL	-0.1720	0.0896	**-0.5101**	-0.3117	**0.7851**	1.0000		
L_ERW_AUSL	-0.2615	0.2109	**-0.5249**	-0.2660	**0.7257**	**0.6464**	1.0000	
L_ERW_INSG	-0.2456	0.1254	**-0.5729**	-0.3155	**0.8408**	**0.9302**	**0.8352**	1.0000

Anstelle des – wenig überraschend – mit der Änderungsrate des realen BIP und
dem Zinsniveau deutlich korrelierten nominalen BIPs wird im Weiteren die Änderungsrate des realen BIPs verwendet. In den Korrelationsdaten (erste und
zweite Spalte) wird auch deutlich, dass bei steigenden Zinsen die Aktiennachfrage sinkt und dass bei steigenden Aktienkursen die Aktiennachfrage steigt.[1740]
Etwas überraschend sind die negativen Korrelationen zwischen der Änderung
des realen BIP auf der einen Seite und sowohl der Aktiennachfrage als auch der
Rendite des breiten Aktienportfolios auf der anderen Seite. Mit den transformierten Variablen zur Aktiennachfrage ergeben sich die in der folgenden Tabelle
26 dargestellten folgenden Regressionsmodelle:

[1740] Dies stellt allerdings keine Aussage über die Kausalität dar, die aus Korrelationen nicht abgeleitet werden kann.

Tabelle 26: Regressionen des mittleren Kursaufschlags am Monatsende auf makroökonomische Erklärungsvariablen

Ergebnisse von OLS-Regressionen des mittleren prozentualen Kursaufschlags der Stammaktien über die Vorzugsaktien auf die dargestellten Variablen. t-Werte sind in Klammern angegeben. ***,** bzw. * bezeichnen die Signifikanz auf einem Konfidenzniveau von 99%, 95% bzw. 90%. Modell 1 deckt den gesamten Untersuchungszeitraum von September 1955 bis Ende 2017 ab, die anderen Modelle erst den Zeitraum ab Verfügbarkeit von statistischen Daten zur Aktiennachfrage (ab 1960, d.h. 696 Monate), Modell 4b den Zeitraum ab Januar 1975. RMSE bezeichnet den Root Mean Square Error, d.h. die Wurzel der mittleren Fehlerquadratsumme. Die angepassten Bestimmtheitsmaße für dieselben Modelle bei Schätzung ab 1975 sind in der letzten Zeile angegeben (Signifikanz der Koeffizienten außer bei 4b unverändert). Quelle: Eigene Berechnungen.

Regressor	Hypothese	Modell 1 ohne Nachfragevariablen	Modell 2 mit Absatz inländ. Aktien L_ABS_ INL_A	Modell 3 mit Erwerb durch Inländer L_ERW_ INL	Modell 4a mit Erwerb durch. Ausländer L_ERW_ AUSL	Modell 4b mit Erwerb durch Ausländer *(ab 1975)* L_ERW_ AUSL	Modell 5 mit Aktienwerb Inland L_ERW_ INSG
Risikoloser Monatszins	K12+	7,57*** (7,42)	7,34*** (7,12)	7,11*** (5,65)	3,78*** (2,75)	9,32*** (5,58)	7,15*** (6,01)
Monatsrendite am Aktienmarkt	K7+	-8,32* (-1,79)	-6,29 (-1,31)	-10,60* (-1,80)	-3,74 (-0,62)	1,17 (0,87)	-8,23 (-1,48)
Änd. des realen BIP p.a.	K6+	0,45*** (4,80)	0,85*** (7,66)	1,00*** (7,47)	0,93*** (7,13)	0,55*** (3,21)	0,87*** (7,21)
Log. Absatz inländ. Aktien			0,86*** (4,21)				
Log. Aktienerwerb d. Inländer				0,45** (2,56)			
Log. Erwerb inl. Aktien durch Ausländer	K17+				0,17 (1,08)	1,23*** (6,01)	
Log. Aktienerwerb im Inland insgesamt							0,49*** (2,61)
Konstante		10,68***	5,02***	6,71***	9,75***	0,54	6,83***
Beobachtungen		748	696	549	482	342	621
Angepasstes R²		**11,29%**	**15,88%**	**14,89%**	**11,51%**	**13,63%**	**13,72%**
F-Wert		32,7***	33,80***	24,96***	16,63***	14,45***	25,65***
RMSE		6,37	6,34	6,64	6,27	6,22	6,65
Angepasstes R² bei Regression ab 1975		**11,94%**	**20,01%**	**23,05%**	→	**13,63%**	**19,95%**

Aus den Regressionsergebnissen in Tabelle 26 geht hervor, dass die Ergänzung einer unabhängigen Variable zur Aktiennachfrage das angepasste Bestimmtheitsmaß erhöht, also den Erklärungsgehalt des Modells verbessert. Die größte Verbesserung wird erzielt durch Hinzunahme der Information zum Absatz inländischer Aktien zu Emissionskursen (Modell 2) und zum Erwerb in- und ausländischer Aktien durch Inländer (einschl. inländischer Kreditinstitute), d.h. durch Modell 3. Die im Hinblick auf die Hypothese K17 interessierende Variable „Erwerb inländischer Aktien durch Ausländer" ist allerdings bei Schätzung ab 1960 nicht signifikant, weshalb auch das Modell 4a nicht zu einem wesentlichen Anstieg des angepassten Bestimmtheitsmaßes führt; in der Folge fällt auch der Beitrag der Variable „Aktienerwerb im Inland insgesamt" trotz Signifikanz geringer aus, da es sich bei dieser Variable um die Summe aus den den Modellen 3 und 4a hinzugefügten Nachfragevariablen handelt.

Auch angesichts der Verfügbarkeit von Beobachtungen für alle Monate in Modell 2 ist dieses als vorzugswürdig anzusehen, weshalb auch bei den Regressionen mit unternehmensindividuellen Faktoren die Variable „Absatz inländischer Aktien" als Kontrollvariable verwendet werden soll.[1741] In jedem Fall hat also die Nachfrage nach inländischen Aktien (unabhängig davon, ob diese Nachfrage aus dem In- oder Ausland stammt) einen signifikant positiven Einfluss auf den Kursaufschlag der Stammaktien. Dies lässt daher den Schluss zu, dass Stammaktien bei stärkerer Aktiennachfrage stärker profitieren als Vorzugsaktien.

Aufgrund der geringen Anzahl von Unternehmen, für die vor 1974 Kursdaten vorlagen und der – wie sich zum Beispiel in der Abbildung 22 gezeigt hatte – daraus resultierenden höheren Volatilität des Kursaufschlags wurden die Modelle nochmals mit den Kursdaten ab 1975 geschätzt.[1742] Dabei zeigt sich, dass sich der Erklärungsgehalt der Modelle mit Aktiennachfragevariablen (im Vergleich zum Modell 1) deutlich erhöht: Mit den Modellen 2 und 5 können rund 20% der Variabilität der Beobachtungen erklärt werden, mit Modell 3 sogar mehr als 23%.[1743] Die Signifikanz der Variablen (und die Vorzeichen der geschätzten Ko-

---

[1741]   Die geringere Anzahl an Beobachtungen in den Modellen 3 bis 5 resultiert aus den wegen Nettoveräußerungen ausländischer Aktien zum Teil negativen Werten der Variablen, die bei Logarithmierung zu *Missing Values* (fehlenden Beobachtungen) führen.

[1742]   Zwar wäre dies mit Kursdaten bereits ab 1974 möglich, jedoch wurde im Interesse eines Gleichlaufs mit der Analyse von (Jahres-)Renditen die Schätzung erst ab 1975 begonnen; mangels Schlusskursen 1973 konnten in vielen Fällen keine Jahresrenditen 1974 berechnet werden.

[1743]   Diese Aussage ist streng genommen nur auf Basis des Bestimmtheitsmaßes R^2, nicht des angepassten Bestimmtheitsmaßes, möglich. Die Werte des „normalen" Bestimmtheitsmaßes sind aber ähnlich (Modelle 2 und 5 20,63% bzw. 20,68%, Modell 3 23,86%).

effizienten) bleiben mit einer Ausnahme in allen Modellen gleich: Im Modell 4b hat nun die Aktiennachfrage-Variable „Erwerb inländischer Aktien durch Ausländer" (logarithmiert) einen auf einem Konfidenzniveau von 99 % signifikant positiven Einfluss. Insofern *wird für Kursdaten ab 1975 die Hypothese K17 bestätigt.*

Eine Ursache für diese Veränderung könnte darin liegen, dass die Nachfrage von Ausländern nach deutschen Aktien in den 1960er Jahren und der ersten Hälfte der 1970er Jahre noch relativ gering war (oder jedenfalls keine Auswirkung auf den Kursaufschlag und dessen Schwankungen hatte).[1744] Insgesamt bleibt allerdings auch bei Schätzung mit Daten ab 1975 das Modell 2 präferiert, da bei den Modellen 3 und 5 mit ähnlich hohem angepassten Bestimmtheitsmaß wie schon bei der Schätzung ab 1960 die Wurzel der mittleren Fehlerquadratsumme (RMSE) höher ist. Dieser Wert gibt faktisch an, wie stark eine Prognose auf Basis des Modells von den tatsächlichen Beobachtungswerten im Durchschnitt abweicht. In dieser Hinsicht hat das Modell 2 eine bessere Prognosegüte als die Modelle 3 und 5.

Allen Modellen ist gemein, dass sowohl der risikolose Zinssatz als Maßstab für das Zinsniveau als auch die Änderung des realen Bruttoinlandsprodukts einen hochsignifikant positiven Einfluss auf des Kursaufschlag der Stammaktien haben. *Dies bestätigt die Hypothesen K6 und K12.*

Auffällig ist, dass entgegen der Hypothese K7 der Koeffizient der Rendite des Marktportfolios stets negativ ist. Einzige Ausnahme ist wiederum das Modell 4b mit leicht positivem Wert. In keinem der Modelle ist der Koeffizient allerdings auf einem Niveau von 95 % statistisch signifikant. Daran ändert sich im Übrigen auch nichts, wenn man die einzelnen Modelle ohne die Zinsvariable oder die Änderung des realen BIP schätzt. *Insofern kann die Hypothese K7 eines positiven Einflusses der Kursentwicklung am Aktienmarkt, angenähert durch die Renditen eines breiten Aktienportfolios, nicht bestätigt werden.*

Bei einer Analyse auf Basis der *jährlichen Daten* der makroökonomischen Variablen ergeben sich weder im Hinblick auf die notwendigen Variablentransformationen und die Korrelation zwischen den Variablen noch im Hinblick auf die Regressionsanalyse wesentlich abweichende Ergebnisse. Dies wird auch in der nachfolgenden Tabelle 27 mit jährlichen Daten ab 1975 deutlich.

[1744] Von der aggregierten Summe des gesamten Aktienerwerbs lt. Kapitalmarktstatistik in den Jahren 1960 bis 1974 in Höhe von 36,6 Mrd. € (nach Umrechnung der DM-Angaben) entfielen 7,3 Mrd. €, also rund 20 %, auf ausländische Erwerber.

Tabelle 27: Regressionen des mittleren Kursaufschlags am Jahresende auf makroökonomische Erklärungsvariablen (1975-2017)

Ergebnisse von OLS-Regressionen des mittleren prozentualen Kursaufschlags der Stammaktien über die Vorzugsaktien auf die dargestellten Variablen. t-Werte sind in Klammern angegeben. ***,** bzw. * bezeichnen die Signifikanz auf einem Konfidenzniveau von 99%, 95% bzw. 90%. RMSE bezeichnet den Root Mean Square Error, d. h. die Wurzel der mittleren Fehlerquadratsumme. Quelle: Eigene Berechnungen.

Regressor	Hypothese	Modell 1 ohne Nachfragevariablen L_ABS_INL_A	Modell 2 mit Absatz inländ. Aktien L_ERW_INL	Modell 3 mit Erwerb durch Inländer L_ERW_INL	Modell 4 mit Erwerb durch. Ausländer L_ERW_AUSL	Modell 5 mit Aktienerwerb Inland L_ERW_INSG
Risikoloser Zins p. a.	K12+	0,66* (1,79)	1,18*** (3,30)	0,976** (2,47)	0,34 (0,91)	1,16*** (2,89)
Jahresrendite Aktienmarkt	K7+	-2,23 (-0,46)	-0,56 (-0,13)	-1,83 (-0,37)	4,74 (0,86)	-0,26 (-0,05)
Änderung des realen BIP	K6+	1,02* (1,77)	1,17** (2,30)	1,09* (1,87)	1,07* (2,01)	1,05* (1,86)
Log. Absatz inländ. Aktien			5,07*** (3,54)			
Log. Aktienerwerb d. Inländer				2,07* (1,96)		
Log. Erwerb inl. Aktien durch Ausländer	K17+				1,33* (1,92)	
Log. Aktienerwerb im Inland insgesamt						3,27** (2,69)
Konstante		9,52***	-38,95***	-11,70	-2,42	-25,11*
Beobachtungen		43	43	40	34	40
Angepasstes R²		**11,35 %**	**31,54 %**	**19,59 %**	**11,29 %**	**24,09 %**
F-Wert		2,79*	5,84***	3,37**	2,05	4,09***
RMSE		7,09	6,23	6,99	6,23	6,80

Angesichts der niedrigen Anzahl jährlicher Beobachtungen seit 1975 stellen sich die Signifikanz der Koeffizienten und damit der Wert der F-Statistik etwas schwächer dar als bei Heranziehung monatlicher Daten. Abgesehen vom auf Basis des F-Wertes abzulehnenden Modell Nr. 4 (mit der Variable „Erwerb inländischer Aktien durch Ausländer") bestätigt sich der positive Einfluss des Zinsniveaus und der Änderung des realen BIP auf den Kursaufschlag, zum Teil besteht eine Signifikanz aber nur noch auf einem Niveau von 90%. Der Koeffizient der jährlichen Rendite eines breiten Aktienportfolios hat außer im Modell Nr. 4 ein negatives Vorzeichen, jedoch ebenfalls in keinem Modell einen signifikanten Einfluss auf den Kursaufschlag. Die Aktiennachfrage-Variablen der Modelle 3 bis 5 zeigen nur einen schwach signifikanten positiven Einfluss (marginales Signifikanzniveau zwischen 5% und 10%). Schließlich erzielt auch auf Basis jährlicher Daten das Modell Nr. 2 mit Einbeziehung des „Absatzes inländischer Aktien zu Emissionskursen" mit einem angepassten R^2 von 31,5% und einem RMSE-Wert von 6,23 die höchste Prognosegüte; auch der risikolose Zins und die Änderung des realen BIP haben in diesem Modell das geringste (also das „beste") marginale Signifikanzniveau. In der folgenden Abbildung sind die partiellen Zusammenhänge zwischen Kursaufschlag und Regressoren des Modells 2 bildlich dargestellt:

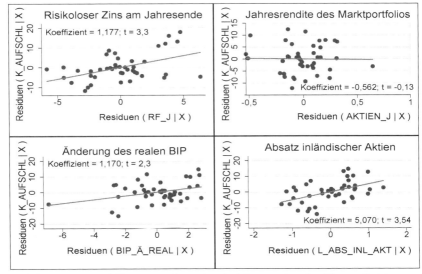

Abbildung 31: Partielle Regressionsplots bei Regression des Kursaufschlags auf makroökonomische Variablen (jährliche Daten)

Bei jedem Plot bezüglich einer Erklärungsvariable V (Überschrift des jeweiligen Diagramms) werden die Residuen einer Regression des Kursaufschlags gegen die anderen Erklärungsvariablen (Vektor X) auf der Ordinate gegen die Residuen einer Regression der jeweiligen Erklärungsvariable V gegen die anderen Erklärungsvariablen X auf der Abszisse dargestellt. Quelle: Eigene Untersuchungen. Der Steigungskoeffizient der Regressionsgeraden entspricht dem aus der multivariaten Regression (hier: Modell 2). Vgl. z.B. Jann (2005), S. 3f.

In der Abbildung 31 wird deutlich, dass die Beziehung zwischen Kursaufschlag und dem Zinsniveau, BIP-Änderung und dem Absatz inländischer Aktien gut durch einen linearen Zusammenhang beschrieben werden kann. Im Hinblick auf die Rendite des Marktportfolios besteht erst recht ohne Berücksichtigung der vier in der Abbildung (rechts oben) ersichtlichen Ausreißer kein erkennbarer Zusammenhang (nicht nur kein linearer).

Die bessere Prognosegüte bei jährlicher Regression ist mglw. dadurch zu erklären, dass die Schwankungen des mittleren Kursaufschlags im Jahresverlauf zu einem größeren Teil durch einzelne unternehmensbezogene Einflüsse bzw. Ereignisse (z.B. Übernahmeversuche) bestimmt sein können, die durch die makroökonomischen Variablen nicht erklärt werden können. Die langfristig auf den Kursaufschlag wirkenden Trends dürften jedoch eher durch das makroökonomische Umfeld geprägt sein.

5.4.1.2 Renditeunterschied

Nach den Hypothesen R6 und R7 sollen die Änderung des BIP und die Renditen am Aktienmarkt einen positiven Einfluss auch auf den Renditeunterschied haben. Der Renditeunterschied weist auf Basis monatlicher Daten wie die Renditen der Stamm- und der Vorzugsaktien selbst eine akzeptable Schiefe (Schiefe-Wert 0,18) und Leptokurtosis (Kurtosis-Wert 5,25) auf, weshalb keine Transformation dieser Variablen erforderlich ist. Angesichts der Ergebnisse im vorigen Abschnitt zum Einfluss makroökonomischer Größen auf den Kursunterschied sollen bei dieser Analyse zusätzlich auch der Einfluss des Zinsniveaus und der Aktiennachfrage (auf Basis des Modells 2) betrachtet werden. In der nachfolgenden Tabelle 28 sind die Ergebnisse für monatliche Renditeunterschiede dargestellt.

In der Tabelle ist ersichtlich, dass die Regressionsmodelle ausweislich der F-Statistiken als Ganzes signifikant sind, dass sie jedoch nur einen minimalen Teil der Variabilität der Renditedifferenz erklären können (R^2-Werte unter 3%). Dies wird auch daran deutlich, dass der – vereinfacht gesprochen – mittlere Schätzfehler RMSE mit 1,2% etwa zehnmal so hoch ist wie die aus Tabelle 20 ersichtliche mittlere monatliche Renditedifferenz zwischen Stamm- und Vorzugsaktien von -0,12 Prozentpunkten.

Tabelle 28: Regressionen der monatlichen Renditedifferenzen von Stamm- und Vorzugsaktien auf makroökonomische Erklärungsvariablen (1975-2017)

Ergebnisse von OLS-Regressionen der mittleren Differenz der gleichgewichteten monatlichen Durchschnittsrenditen von Stamm- und Vorzugsaktien auf die dargestellten Variablen. t-Werte sind in Klammern angegeben. ***,** bzw. * bezeichnen die Signifikanz auf einem Konfidenzniveau von 99 %, 95 % bzw. 90 %. RMSE bezeichnet den Root Mean Square Error, d. h. die Wurzel der mittleren Fehlerquadratsumme. Der Schätzwert der Konstante wird nicht angegeben. Quelle: Eigene Berechnungen.

Regressor	Hypothese	Regressionen der Renditedifferenz StA minus VzA, monatliche Daten		
		Modell 0 nur BIP und Marktrendite	Modell 1 ohne Nachfragevariablen	Modell 2 mit Absatz inländ. Aktien L_ABS_INL_A
Rendite Aktienmarkt	R7+	-0,020* (-1,9)	-0,020* (-1,89)	-0,020* (3,30)
Änderung des realen BIP	R6+	0,00091*** (3,31)	0,00090*** (3,22)	0,00090*** (3,21)
Risikoloser Zins			0,00048 (0,21)	0,00050 (0,22)
Logarithmierter Absatz inländischer Aktien				0,000067 (0,14)
Beobachtungen		516	516	516
Angepasstes R²		**2,51 %**	**2,32 %**	**2,14 %**
F-Wert		7,62***	5,08***	3,81***
RMSE		0,0121	0,0121	0,0121

Für sich genommen haben aber die Änderungsraten des realen BIP einen signifikant positiven Einfluss auf den Renditeunterschied, während sich auch im Hinblick auf die Renditedifferenzen ein negativer Einfluss der Rendite des breiten Aktienportfolios zeigt, der sich hier sogar als schwach signifikant erweist (p-Werte gerundet sämtlich 0,059). Offensichtlich sinkt also in guten Börsenjahren – mit im Mittel höheren Aktienrenditen – die Renditedifferenz von Stamm- und Vorzugsaktien, d. h. die Vorzugsaktien profitieren stärker von einem Anstieg der Aktienkurse als die Stammaktien. *Insgesamt werden in statistischer Hinsicht die Hypothesen R6 bestätigt und R7 verworfen.* Im Hinblick auf die ökonomische Signifikanz ist angesichts des sehr kleinen Koeffizienten der BIP-Änderungsraten und einer mittleren BIP-Änderung von 1,9 % pro Jahr anzumerken, dass eine solche durchschnittliche BIP-Steigerung zu einem Anstieg der (monatlichen) Renditedifferenz um rund 0,0009·1,9 = 0,00171 = 0,171% führen würde.[1745] Bei der mittleren Renditedifferenz von -0,12% ist dies daher durchaus auch ein ökonomisch relevanter Einflussfaktor.

Die Aktiennachfragevariable „Absatz inländischer Aktien" hat auf die Renditedifferenz keinen signifikanten Einfluss. Dies gilt in gleicher Weise für die anderen Nachfragevariablen (in der Tabelle nicht gezeigt).

Regressionen der *jährlichen Renditeunterschiede* auf makroökonomische Variablen führen nicht zu verwertbaren Ergebnissen: Die Renditeunterschiede selbst sind hochgradig linksschief verteilt und überwiegend negativ (siehe Tabelle 47 im Anhang, erste Spalte). Als geeignete Transformation wurde daher der Weg gewählt, zur negativen Differenz (mithin zur Differenz aus Vorzugsaktienrenditen und Stammaktienrenditen) deren (negatives) Minimum zu subtrahieren und die so erhaltenen positiven Werte der dann rechtsschiefen Verteilung zu logarithmieren. Auch mit den so transformierten Variablen wurden allerdings in keinem Modell signifikante erklärende Variablen festgestellt und alle Bestimmtheitsmaße lagen unter 1%.

5.4.2   Unternehmensspezifische Bestimmungsfaktoren

Zur Untersuchung der auf die Höhe des Kursunterschieds einwirkenden unternehmensspezifischen Faktoren sollen im Abschnitt 5.4.2.2 zunächst auf Basis der monatlichen Beobachtungen Schätzungen mit den für diese Frequenz verfügbaren Faktoren vorgenommen; im Wesentlichen sind dies alle Faktoren mit Ausnahme der Daten zur Aktionärsstruktur und zu Dividendenzahlungen.[1746] Für jährliche Regressionen werden im Anschluss im Abschnitt 5.4.2.3 die jährlichen Dividendenzahlungen einbezogen und schließlich werden mit den Aktionärsstrukturvariablen Regressionen mit Beobachtungen am jeweiligen Jahresende im vierjährigen Abstand bis 2013 und – wie erläutert – zusätzlich für Ende 2016 durchgeführt (Abschnitt 5.4.2.4).

[1745] In der verwendeten Datenbank sind für die BIP-Werte Zahlen ohne Berücksichtigung, dass es sich um prozentuale Werte handelt, vermerkt (also z. B. der Wert „1,9" statt 1,9%). Bei den anderen Werten ist dies nicht der Fall, also ist z. B. für Renditen statt 0,12% der Wert 0,0012 vermerkt. Dies ist bei der Interpretation der Koeffizienten zu berücksichtigen.

[1746] Gleichwohl fließen die tatsächlichen Dividendenzahlungen in den monatlich berechneten Aktienrenditen im Monat der Zahlung ein.

5.4.2.1 Variablentransformation für Regressionen auf Basis von Monatsdaten

Einige Faktoren müssen im Hinblick auf deren Verteilung und insbesondere im Hinblick auf deren Schiefe sowie auf deren ökonomisch sinnvolle Aussagekraft (wie die Herstellung eines linearen Zusammenhangs als Voraussetzung für die Durchführung linearer Regressionen) geeignet transformiert werden. Dies betrifft im Einzelnen folgende Transformationen:

- Die Höhe der *Handelsumsätze* ist extrem rechtschief verteilt; der Schiefe-Wert beträgt beispielsweise für die monatlichen Umsätze der Vorzugsaktien 20,27, der Kurtosis-Wert beträgt rund 511. Ursächlich hierfür sind die häufig geringen Umsätze der Vorzugsaktien bei gleichzeitig einigen extrem hohen Umsätzen z. B. bei DAX-Werten. Durch Logarithmierung der Umsätze erhält man wie schon für die Marktwerte (vgl. Abschnitt 5.2.3.7) eine für Regressionen akzeptable Verteilung (Schiefe -0,23, Kurtosis 3,21), vgl. die nachfolgende Abbildung.[1747]

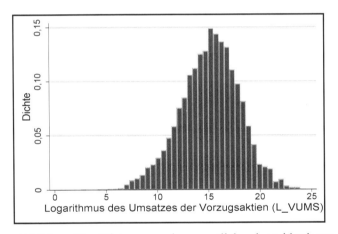

Abbildung 32:   Histogramm der monatlichen logarithmierten
Handelsumsätze (in Tsd. Euro) der Vorzugsaktien
Quelle: Eigene Untersuchungen.

[1747] Beobachtungen mit dem Umsatz 0 werden nicht in die Untersuchung einbezogen, da in den Datenlieferungen keine sichere Unterscheidung zwischen tatsächlichen Nullumsätzen und fehlenden Daten möglich war. Insofern entsteht auch durch Logarithmierung kein Problem. Trotz des Ausschlusses von Unternehmen mit längerfristig niedrigen Umsätzen (vgl. Abschnitt 5.2.3.3) liegen Umsätze für Stamm- und Vorzugsaktien, bei denen beide Werte vorhanden und größer als null sind, „nur" für 15.548 der 19.868 monatlichen Beobachtungen vor.

• Eine maßgebliche Rolle für die Erklärung des Kursunterschiedes dürfte aber nicht die absolute Höhe der Umsätze haben (die stark mit der Größe des Unternehmens, d.h. dem Marktwert des Eigenkapitals bzw. der jeweiligen Gattung korreliert ist), sondern ein Maß, mit dem die *Relation zwischen den Umsätzen von Stamm- und Vorzugsaktien* ausgedrückt wird. Naheliegend ist hier die Verwendung des Umsatzanteils der Vorzugsaktien an den Gesamt-umsätzen der Aktien des Unternehmens (also dem Umsatz der Stamm- plus dem Umsatz der Vorzugsaktien), Variable V_ANTUMS.

Kruse/Berg/Weber (1993) schlagen als Maß die „Relative Marktaktivität der Vorzugsaktien" vor, die sie definieren als Quotient des frei gehandelten Grundkapitals der Stammaktien und des frei gehandelten Grundkapitals der Vorzugsaktien abzüglich des Quotienten aus dem Umsatz der Stammaktien und dem Umsatz der Vorzugsaktien. Motivation für diese Definition ist, dass der erste Quotient ausdrückt, welchen Wert das Umsatzverhältnis an-nehmen sollte, wenn es proportional zum Verhältnis des börsengehandelten Kapitals wäre; haben die Vorzugsaktien einen relativ höheren Umsatz wird der zweite Quotient als Subtrahend kleiner und folglich die Differenz posi-tiv. In ihrer Untersuchung hat das Maß einen hochsignifikanten Einfluss auf den Kursunterschied hat (für die betrachteten Jahre 1989/90).[1748]

Das vorgeschlagene Maß ist allerdings insofern problematisch, als es bei Unternehmen mit nur sehr geringem relativ Handelsvolumen von Vorzugs-aktien dazu kommen kann, dass der zu subtrahierenden zweite Quotient (das Umsatzverhältnis) sehr groß und die Differenz damit sehr stark negativ werden kann, was auch tatsächlich zu zahlreichen Ausreißern und starker Linksschiefe führt. Stattdessen soll in dieser Analyse ein ähnlich motiviertes Maß verwendet werden, bei dem das genannte Problem nicht auftritt und zwar die Differenz aus dem schon erwähnten Anteil der Umsätze der Vor-zugsaktien an allen Umsätzen und dem Grundkapitalanteil der Vorzugsak-tien am gesamten frei gehandelten Grundkapital, mit den verwendeten Vari-ablenbezeichnungen also

$$\text{VANT\_UM\_M\_GK} = \frac{\text{V\_UMS}}{\text{V\_UMS} + \text{S\_UMS}} - \frac{\text{V\_GK}}{\text{V\_GK} + \text{S\_GK} \cdot \text{STREUBES\_ST}}.$$

Da keine Angaben zum börsengehandelten Kapital der einzelnen Gattungen vorlagen, wurde dabei unterstellt, dass das Vorzugsaktienkapital vollständig

---

[1748] Vgl. Kruse/Berg/Weber (1993), S. 29 f.

an der Börse gehandelt wird und dass von den Stammaktien nur das nicht in den Händen der Paketaktionäre liegende Stammkapital an der Börse einge-führt war.[1749] Das so berechnete Maß ist annähernd normalverteilt, jeden-falls ab dem 5. Perzentil, wie aus der folgenden Abbildung hervorgeht:

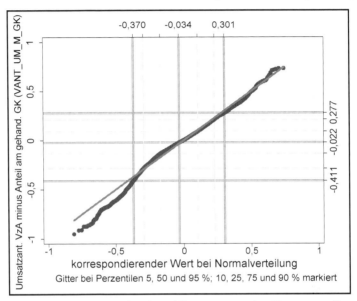

Abbildung 33: Q-Q-Plot der Differenzen aus den Umsatzanteilen der Vorzugsaktien und den Anteilen der Vorzugsaktien am börsengehandelten Grundkapital gegen eine Normalverteilung

Quelle: Eigene Untersuchungen.

• Für die Unternehmen wird auch das *Marktwert-Buchwert-Verhältnis* als Quotient aus der Summe der Marktwerte von Stamm- und Vorzugsaktien und dem Grundkapital berechnet, um es als Regressor verwenden zu kön-nen. Auch hier erfolgt wegen der Rechtsschiefe eine Logarithmierung.

[1749] Im Rahmen der Erfassung der Aktionärsstruktur wurden, wie im Abschnitt 5.2.2.1 erläutert, die Anteile der größten vier Aktionäre einzeln und zusätzlich die Summe der in seltenen Fällen angegebenen weiteren Paketaktionäre erhoben. Der Streubesitzanteil der Stammaktien wurde dann als 100 % abzüglich der Anteile der Paketaktionäre berechnet. Da die Aktionärsstruktur-angaben nur alle vier Jahre erhoben wurden, wurde für die Zwecke der Berechnung dieser Kennziffer unterstellt, dass der Streubesitzanteil in den drei Folgejahren konstant war.

- Um den Einfluss der satzungsgemäßen *Ausgestaltung des Dividendenvorzugs* berücksichtigen zu können, wurden die statutarische Vorzugsdividende und die prozentual auf den ggf. impliziten Nennwert bezogene Mehrdividende um Ausreißer bereinigt, indem nur Werte von unter 11% für monatliche Regressionen herangezogen werden (ausgeschlossen wurden damit insgesamt 73 der 19.868 Beobachtungen), die Variablen werden als PD_SATZ_B11 und MD_SATZ_B11 bezeichnet.

- Zur Prüfung des Einflusses der *Nähe der nächsten Dividendenausschüttung* und damit der Vereinnahmung des Dividendenvorzugs und der Mehrdividende (Hypothese K14) wurde für alle Gesellschaften für jeden Monat der Abstand zum nächsten tatsächlichen Ausschüttungstermin in Monaten bestimmt (am letzten Monatsende vor dem Tag der Ausschüttung mit dem Wert eins). Da diesbezüglich ein linearer Zusammenhang ökonomisch unplausibel ist – der Einfluss sollte wenige Monate vor der Ausschüttung stärker zunehmen als wenn die Ausschüttung weit entfernt ist – wurde der Monatsabstand plus eins logarithmiert, allerdings nicht mit der Basis e (natürlicher Logarithmus), sondern mit der Basis 13: Dies hat den Vorteil, dass zwölf Monate vor der Zahlung die den Einfluss potenziell erklärende Variable den Wert eins (= $\log_{13} 13$) und am Ende des Monats (also nach) der Zahlung theoretisch den Wert null (=$\log_{13} 1$) annimmt.[1750] Zwischen null und eins (und darüber hinaus) steigt dieses zur Prüfung der Hypothese verwendete Maß L13_MON_DIV mit zunehmender Entfernung von der Ausschüttung immer langsamer an. Für die so konstruierte Variable ist im Fall von Signifikanz ein positiver Koeffizient zu erwarten; die Vereinnahmung der Dividenden sollte sich lt. Hypothese ja zugunsten der Vorzugsaktien auswirken, also den Kursaufschlag mit zunehmender Nähe der HV senken.

- Für die Untersuchung der Hypothese K3 (Einfluss des Vorhandenseins des *Namens eines Gesellschafters im Firmennamen*) wurde eine Dummy-Variable NAME_FIRMA eingerichtet, die den Wert eins annimmt, wenn ein Familienname erkennbarer Teil des Firmennamens ist.[1751] Dies war insgesamt bei 7.046 bzw. 35% der monatlichen Beobachtungen der Fall.

[1750] Beispiel: Bei einer Dividendenausschüttung am 15.9.2008 ist der Wert für die Anzahl der Monate bis zur nächsten Ausschüttung am 31.8.2008 bei eins und der Wert am 30.9.2007 bei zwölf. Der Wert am 30.9.2008 wäre theoretisch null. Durch Logarithmierung zur Basis 13 der um eins erhöhten Anzahl Monate ist der so erhaltene Wert am 30.9.2017 bei 1 und 30.9.2018 theoretisch bei null.

[1751] In zwei Grenzfällen wurde davon Abstand genommen, die Dummy-Variable auf den Wert 1 zu setzen: Bei der Otto Stumpf AG war schon seit dem Börsengang mit Vorzugsaktien 1977 unter

- Schließlich wurden auch Dummy-Variablen zur Mitgliedschaft der *Stamm-oder der Vorzugsaktie im DAX und/oder MDAX/TecDAX und/oder SDAX* konstruiert (Hypothese K16). Anders als in Daske/Ehrhardt (2002a) wurde für die Stamm- und die Vorzugsaktie jeweils eine eigene Dummy-Variable eingerichtet, um unterschiedlich starke Effekte einer Indexmitgliedschaft bei Stamm- und bei Vorzugsaktien zu ermöglichen.[1752]

Im Ergebnis stehen für die Regressionen auf Basis monatlicher Daten folgende grundsätzlich geeigneten erklärenden Variablen zur Verfügung:

Tabelle 29: Übersicht der Variablen für monatliche Regressionen

Quelle: Eigene Darstellung / eigene Berechnungen.

Variable	Anzahl	Mittelwert	Standardabw.	Minimum	Maximum	Inhalt der Variable
K_AUFSCHL	19.868	16,2137	21,30224	-49,74	99,88	Prozentualer Kursaufschlag
RENDDIFF	19.868	-0,001276	0,063948	-0,47224	0,49701	Differenz der Monatsrenditen
LOG_MW	19.868	12,52668	2,052064	5,62067	18,5657	log. Marktwert EK
L_MWBW	19.868	1,983525	0,945101	-1,38801	6,24901	log. MW/BW-Verhältnis
V_ANT_GK	19.868	0,318481	0,152096	0,00168	0,5	Anteil VzA am Grundkapital
L_VUMS	15.938	15,11481	2,876613	2,54945	24,3742	log. Umsatz Vorzugsaktien
V_ANTUMS	15.548	0,547579	0,310446	0,00006	0,99986	Anteil der VzA am Umsatz
VANT_UM_M_GK	14.232	-0,034153	0,204046	-0,95117	0,7326	Umsatzanteil VzA. abzgl. Anteil VzA am gehandelten GK
S_REND	19.676	0,007627	0,088987	-0,32773	0,49701	Monatsrendite der StA
PD_SATZ_B11	19.849	4,640952	1,416162	1	10,24	prior. Div. lt. Satzung (< 11%)
MD_SATZ_B11	19.855	1,381032	1,080605	0	10,2	Mehrdiv. lt. Satzung (< 11%)
L13_MON_DIV	18.039	0,778893	0,281508	0,27024	1,99769	log(Basis 13) Anz. Mon. bis HV
S_DAX_MDAX	19.868	0,112037	0,315420	0	1	Dummy StA im DAX, MDAX oder TecDAX
V_DAX_MDAX	19.868	0,102249	0,302983	0	1	Dummy VzA im DAX, MDAX oder TecDAX
NAME_FIRMA	19.868	0,353679	0,478123	0	1	Dummy Familienname in Firma
K_AUF_GG	19.868	16,2137	7,479275	1,3745	36,1053	mittl. gleichgew. Kursaufschlag
RF_PM	19.868	0,375680	0,221049	-0,07700	1,07791	risikoloser Monatszins
AKTIEN_M	19.868	0,009036	0,051811	-0,21623	0,18274	Monatsrendite am Aktienmarkt
BIP_Ä_REAL	19.868	2,228231	2,021493	-5,61886	12,0107	Änderungsrate des realen BIP
L_ABS_INL_AK	19.649	6,233734	1,141596	1,96851	9,41091	log. Absatz inländ. Aktien

---

der Ägide des Mehrheitseigners Merckle offensichtlich, dass es sich nicht (mehr) um eine Gesellschaft der Familie Stumpf handelt. Bei MLP stehen die drei Buchstaben für die Familiennamen der Gründer. Die Gesellschaft wurde aber nie als Familiengesellschaft wahrgenommen.

[1752] Daske/Ehrhardt (2002a) konstruierten eine Index-Variable so, dass diese bei Indexmitgliedschaft der Stammaktien den Wert 1 und bei Indexmitgliedschaft der Vorzugsaktie den Wert -1 annimmt. Dies setzt jedoch voraus, dass die Kurseffekte symmetrisch sind, was nicht zwingend der Fall sein muss. Vgl. a. a. O., S. 197

5.4.2.2 Einflussfaktoren auf Kurs- und Renditeunterschiede auf Basis monatlicher Daten

Für die unternehmensbezogenen monatlichen Variablen ergeben sich folgende Korrelationen:

Tabelle 30: Korrelationsmatrix der unternehmensindividuellen metrisch skalierten Regressoren

Besonders hohe Korrelationswerte sind in Fettschrift markiert.
Quelle: Eigene Berechnungen.

	LOG_MW	L_MWBW	V_ANT_GK	L_VUMS	V_ANTUMS	VANT_UM_M_GK	S_REND	PD_SATZ_B11	MD_SATZ_B11	L13_MON_DIV
LOG_MW	1,0000									
L_MWBW	**0,7836**	1,0000								
V_ANT_GK	-0,2922	-0,0878	1,0000							
L_VUMS	**0,7140**	**0,6096**	0,1820	1,0000						
V_ANTUMS	-0,2609	-0,0075	**0,7523**	0,1998	1,0000					
VANT_UM_M_GK	-0,0694	0,0109	0,1372	0,1588	**0,5969**	1,0000				
S_REND	0,0407	0,0952	0,0142	0,0727	0,007	-0,0192	1,0000			
PD_SATZ_B11	-0,1570	-0,1612	-0,1037	-0,1517	-0,0538	0,0473	-0,0201	1,0000		
MD_SATZ_B11	0,1919	0,1662	-0,0884	0,1501	0,0243	0,0913	-0,0082	0,1703	1,0000	
L13_MON_DIV	-0,1389	-0,1249	-0,0233	-0,1082	-0,0266	-0,0444	-0,0928	-0,0413	-0,0045	1,0000

Aufgrund der hohen Korrelationen des logarithmierten Marktwert-Buchwert-Verhältnisses (L_MWBW) und der logarithmierten Monatsumsätze der Vorzugsaktien (L_VUMS) mit dem logarithmierten Marktwert des Unternehmens (LOG_MW) werden die beiden erstgenannten Variablen ausgeschlossen. Wegen der hohen Korrelation des Umsatzanteils der Vorzugsaktien (V_ANTUMS) mit deren Grundkapitalanteil (V_ANT_GK) wird auch der Umsatzanteil nicht weiter betrachtet; inhaltlich werden Umsätze der Vorzugsaktien im Vergleich zu den Umsätzen der Stammaktien durch die (damit ebenfalls hoch korrelierte) oben beschriebene Variable VANT_UM_M_GK abgedeckt.

Im Hinblick auf die in der Tabelle nicht gezeigten Dummy-Variablen ist festzustellen, dass sich die naheliegenden größenbezogenen Zusammenhänge mit der Indexmitgliedschaft bestätigen (positiver Zusammenhang zwischen Indexmitgliedschaft und Marktwerten, Umsätzen und Marktwert-Buchwert-Verhältnissen; größerer Umsatzanteil der Vorzugsaktien, wenn die Vorzugsaktie im Index ist, dies gilt auch für den Umsatzanteil im Vergleich zum Grundkapitalanteil).

Außerdem ist bei Unternehmen mit Stammaktie im Index der Grundkapitalanteil der Vorzugsaktien geringer (und umgekehrt). In Unternehmen, bei denen der Gesellschaftsname einen Familiennamen enthält, ist der Anteil der Vorzugsaktien am Grundkapital und an den Umsätzen höher.

Bei den Korrelationen mit den kapitalmarktbezogenen Faktoren (ebenfalls nicht in der Tabelle gezeigt) besteht wie zu erwarten ein negativer Zusammenhang zwischen dem Zinsniveau und den Marktwerten, Umsätzen und Marktwert-Buchwert-Verhältnissen (Korrelationen zwischen -0,2 und -0,3). Wegen des im obigen Abschnitt 5.4.1.1 festgestellten Zusammenhangs zwischen mittlerem Kursaufschlag und kapitalmarktbezogenen Variablen können in Regressionen entweder der mittlere Kursaufschlag oder Makro-Variablen (aber nicht beide gleichzeitig) verwendet werden.

In der unten folgenden Tabelle 31 (S. 568) sind die Ergebnisse der Regressionsschätzungen für den *monatlichen Kursaufschlag* für diese beiden Varianten (Modelle 2 und 3) aufgeführt. Zusätzlich wird noch eine dritte Schätzung durchgeführt, bei der davon ausgegangen wird, dass der unternehmensindividuelle Kursaufschlag nur vom mittleren gleichgewichteten Kursaufschlag (K_AUF_GG) aller Unternehmen abhängt, der ja selbst von makroökonomischen Variablen beeinflusst wird, und dass allenfalls die Mitgliedschaft der Stamm- oder der Vorzugsaktie in einem Index (DAX, MDAX oder TecDAX, Variablen S_DAX_MDAX und V_DAX_MDAX) eine systematische Abweichung hervorrufen kann (Modell 1).[1753] Durch Letzteres werden implizit auch die mit der Indexzugehörigkeit in Zusammenhang stehenden Faktoren Größe des Unternehmens (LOG_MW) und Umsatzanteil der Vorzugsaktien (V_ANTUMS) mit berücksichtigt.

Für die drei Modelle wird jeweils eine Pooled-OLS-Regression (gekennzeichnet mit „p") mit robusten Standardfehlern und eine Fixed-Effects-Schätzung (gekennzeichnet mit „f") durchgeführt. Bei der *Pooled-OLS-Regression* werden alle Beobachtungen (Kombinationen aus Unternehmen und Monat) so behandelt, als wären sie unabhängig. Die Schätzer solcher Regressionen sind zwar konsistent, jedoch wird dabei die besondere Datenstruktur des hier vorliegenden Datenpanels nicht berücksichtigt. Einer zu erwartenden seriellen Korrelation wegen eines tatsächlich bestehenden Zusammenhangs der von einem Unternehmen stammen-

---

[1753] Es wurden auch Varianten der Index-Dummys unter Einschluss des SDAX und der Index-Dummys nur für die Mitgliedschaft im DAX, MDAX oder SDAX geprüft, allerdings waren die Bestimmtheitsmaße mit diesen Dummy-Variablen geringer, konkret in der hier genannten Reihenfolge abnehmend.

den Beobachtungen wird durch Verwendung robuster Standardfehler Rechnung getragen.[1754]

Bei einer *Fixed-Effects-Regression* zur Schätzung von Paneldaten wird eine unbeobachtete Heterogenität zwischen den einzelnen Unternehmen unterstellt, wobei die Unterschiede zwischen den Unternehmen als fest und zeitinvariant unterstellt werden. Faktisch erfolgt die Schätzung so, als wenn für jedes Unternehmen eine Dummy-Variable zur Abbildung der Idiosynkrasien bestehen würde. Bei einer alternativen Random-Effects-Schätzung werden diese Unterschiede zwischen den Unternehmen als Zufallsvariablen mit dem Mittelwert null betrachtet und zudem vorausgesetzt, dass diese Zufallsvariablen nicht mit den Modellvariablen korreliert sind. Letzteres wird man kaum unterstellen können, da die „unsichtbaren" unternehmensindividuellen Umstände durchaus auch mit Regressoren wie der Unternehmensgröße oder der statutarischen Dividendenausstattung korreliert sein können. Es erscheint auch ökonomisch plausibel, solche durch die Regressoren nicht erfassten Effekte faktisch durch Dummy-Variablen abzubilden. Schließlich wurden für alle drei Modelle neben den Fixed-Effects- auch Random-Effects-Regressionen durchgeführt; der Hausman-Test wurde dabei jeweils verworfen, was ebenfalls gegen die Anwendung des Random-Effects-Modells spricht.[1755]

Tabelle 31: Regressionen des Kursaufschlags auf Basis monatlicher Daten

Ergebnisse von Pooled-OLS-Regressionen mit robusten Standardfehlern und von Fixed-Effects-Regressionen des monatlichen Kursaufschlags der jeweiligen Stamm- über die zugehörige Vorzugsaktie auf die dargestellten Variablen. t-Werte sind in Klammern angegeben. ***, ** bzw. * bezeichnen die Signifikanz auf einem Konfidenzniveau von 99%, 95% bzw. 90%. Die Modelle („Mod.") decken den gesamten Zeitraum 9/1955 bis 2017 ab, jeweilige Verfügbarkeit der einbezogenen Variablen vorausgesetzt. Bei den angegebenen Bestimmtheitsmaßen für die Fixed-Effects-Schätzungen handelt es sich um das R^2 der sog. Within-Schätzung. Zum mittleren Kursaufschlag als erklärende Variable wurde in Abschnitt 4 keine Hypothese abgeleitet. Die Hypothese K17 bezog sich auf die Aktiennachfrage von Ausländern.

\# Bei Fixed-Effects-Schätzungen werden zeitinvariante Variablen nicht mitgeschätzt.

Quelle: Eigene Berechnungen. *(Fortsetzung auf der nächsten Seite)*

[1754] Bei „normalen" OLS-Schätzung wären wegen der offensichtlich bestehenden Autokorrelation die Standardfehler der geschätzten Koeffizienten zu niedrig und mithin die t-Wert zu hoch, d.h. die marginalen Signifikanzniveaus wären trotz erwartungstreuer Schätzung zu niedrig.

[1755] Die Fixed-Effect-Schätzungen sind unverzerrt, aber konservativ, während die Random-Effects-Schätzungen effektiver sind, aber bei Verletzung der Annahmen verzerrt sein können. Beim Hausman-Test werden die Koeffizienten miteinander verglichen und die Abweichungen anhand des Quantils der χ^2-Verteilung getestet. Vgl. z.B. Giesselmann/Windzio (2012), S. 110 ff.

Regressor	Hypothese und Wirkungsrichtung/ Variable	Pooled-OLS-Regression			Fixed-Effects-Regression		
		Mod. 1p nur mittlerer Kursaufschlag und Index	Mod. 2p unternehmensspezif. Faktoren & mittlerer Kursaufschlag	Mod. 3p unternehmensspezifische & makroökonom. Faktoren	Mod. 1f nur mittlerer Kursaufschlag und Index	Mod. 2f unternehmensspezif. Faktoren & mittlerer Kursaufschlag	Mod. 3f unternehmensspezifische & makroökonom. Faktoren
Log. Marktwert des Eigenkapitals	K18+ LOG_MW		0,410*** (3,31)	0,558*** (4,27)		-0,537*** (-2,67)	0,043* (0,19)
Anteil VzA am Grundkapital	K4+ V_ANT_GK		16,80*** (14,58)	19,53*** (16,19)		37,54*** (15,80)	40,14*** (16,12)
Umsatzanteil VzA – Ant. gehandelt. GK	K15 – VANT_UM_M_GK		7,63*** (8,63)	7,28*** (7,95)		1,62** (2,02)	1,63* (1,94)
Monatsrendite der jeweiligen StA	K11+ S_REND		8,12*** (4,19)	11,03*** (4,98)		11,06*** (8,27)	13,70*** (9,04)
prioritätische Div. laut Satzung (≤ 11%)	K9 – PD_SATZ_B11		0,106 (0,95)	0,023 (0,21)		-0,261 (-0,46)	-0,449 (-0,76)
Mehrdividende laut Satzung (≤ 11%)	K8 – MD_SATZ_B11		2,36*** (11,76)	3,67*** (17,98)		-2,89*** (-3,19)	-1,58* (-1,66)
Log zur Basis 13 der Anz. Monate bis HV	K14+ L13_MON_DIV		-1,29** (-2,00)	0,269 (0,45)		1,30** (2,52)	2,56*** (4,76)
Dummy StA im DAX, MDAX oder TecDAX	K16+ S_DAX_MDAX	9,24*** (19,03)	11,87*** (17,96)	13,38*** (20,12)	7,46*** (13,03)	10,84*** (15,68)	14,80*** (20,50)
Dummy VzA im DAX, MDAX oder TecDAX	K16– V_DAX_MDAX	-11,52*** (-28,26)	-15,22*** (-24,42)	-15,92*** (-24,29)	-4,52*** (-8,06)	-5,88*** (-9,21)	-8,33*** (-12,44)
Dummy Familienname in Firma [#]	K3+ NAME_FIRMA		-2,45*** (-6,79)	-2,03*** (-5,48)			
mittlerer gleichgewichteter Kursaufschl.	(+) K_AUF_GG	0,94*** (52,02)	0,89*** (39,52)		0,90*** (54,42)	0,81*** (39,35)	
risikoloser Monatszins	K12+ RF_PM			18,67*** (22,47)			12,69*** (15,48)
Monatsrendite des Aktienmarktes	K7+ AKTIEN_M			-11,18*** (-2,94)			-11,46*** (-4,14)
Änderung des realen BIP p. a.	K6+ BIP_A_REAL			0,346*** (3,72)			0,126* (1,65)
logarithmierter Absatz inländischer Aktien	(K17+) L_ABS_INL_AK			1,28*** (7,99)			0,676*** (4,92)
Konstante		1,10***	-10,25***	-17,47***	1,25***	2,03	-5,01
Beobachtungen		19.868	12.893	12.893	19.868	12.893	12.893
(angepasstes) R²		**17,37 %**	**23,42 %**	**18,25 %**	**15,87 %**	**17,57 %**	**9,88 %**
F-Wert		1.544,9***	402,7***	216,7***	1.245,7***	272,8***	107,9***

Die geringere Anzahl von Beobachtungen in den Modellen 2 und 3 ist vor allem durch das Fehlen von Umsätzen der Stamm- und/oder der Vorzugsaktie verursacht. Daneben ist zu berücksichtigen, dass die Daten zur Aktiennachfrage in der Kapitalmarktstatistik erst ab 1960 erfasst wurden und 73 Beobachtungen mit prioritätischen Dividenden oder Mehrdividenden über 11 % des Nennwertes ausgeschlossen wurden.

Die verwendeten Modelle erklären zirka 15-20 % der Variation.[1756] Die hohen F-Werte zeigen die deutliche (gemeinsame) Signifikanz der geschätzten Modellparameter an. Bei den Modellen 2p, 1f und 2f, bei denen der mittlere Kursaufschlag als Regressor verwendet wird, sind die Bestimmtheitsmaße deutlich höher als im Modell 3 mit direkter Verwendung makroökonomischer Variablen. Ersteres ist zwar theoretisch/statistisch insofern problematisch, als der Regressor offensichtlich nicht unabhängig von der zu erklärende Variable ist, da der individuelle Kursaufschlag selbst in die Mittelwertbildung einfließt. Allerdings fällt das einzelne Unternehmen angesichts von insgesamt über 100 monatlichen Beobachtungen pro Jahr ab 1961 und durchgehend über 200 monatlichen Beobachtungen pro Jahr ab 1974 (zum Teil mit über 800 Beobachtungen pro Jahr, vgl. die obere Skala in Abbildung 17, S. 495) sowie angesichts des Umstandes, dass hier das *gleichgewichtete* Mittel der Kursaufschläge verwendet wurde, kaum ins Gewicht, weshalb eine mögliche statistische Verzerrung in diesen Modellen (und auch im Modell 1p) ökonomisch nur eine sehr geringe Auswirkung haben dürfte. Angesichts der äußerst hohen t-Werte der für den Faktor „mittlerer Kursaufschlag" geschätzten Koeffizienten kann ein deutlich signifikanter positiver Einfluss auf die individuellen Kursaufschläge konstatiert werden.

Auch in den Modellen 3p und 3f mit makroökonomischen Variablen zeigt sich bei allen vier verwendeten Regressoren ein signifikanter Einfluss in derselben Richtung wie bei der Regression des mittleren Kursaufschlags auf diese Variablen im Abschnitt 5.4.1.1, Tabelle 26. Mit anderen Worten werden auch *auf Basis der individuellen Kursaufschläge die Hypothesen K6 und K12 eines positiven Einflusses des Zinsniveaus und der BIP-Entwicklung auf den Kursaufschlag der Stammaktien bestätigt und die Hypothese K7 eines positiven Einflusses der Rendite am Aktienmarkt abgelehnt.* Im Gegensatz dazu sinkt der Kursaufschlag bei positiver Aktienmarktentwicklung signifikant ab, d. h. Vorzugsaktien profitieren stärker als Stammaktien von einem allgemeinen Kursanstieg. Auch eine Steigerung der Nachfrage nach inländischen Aktien (bei Neuemission bzw. Kapitalerhöhungen) hat wie erwartet einen positiven Einfluss auf den Kursaufschlag der

---

[1756] Die „normalen" Bestimmtheitsmaße R^2 der Modelle 1p-3p betragen 17,4 %, 27,2 % bzw. 23,9 %.

Stammaktien, allerdings bezog sich die diesbezügliche Hypothese K17 auf die Nachfrage von Ausländern nach inländischen Aktien, wofür die verfügbaren Daten aus der Kapitalmarktstatistik aber wie erwähnt nicht ohne Weiteres verwendet werden konnten.

Im Hinblick auf die unternehmensindividuellen Faktoren *bestätigt sich der positive Einfluss des Marktwertes und des Anteils der Vorzugsaktien am Grundkapital sowie der Monatsrendite der Stammaktien (Hypothesen K4, K11 und K18).* Bei der Fixed-Effects-Regression bestätigt sich auch der erwartete signifikant negative Einfluss der Höhe der Mehrdividende auf den Kursaufschlag (Hypothese *K8*). Die prioritätische Dividende (die ja letztlich nur bei Dividendenausfällen eine Rolle spielt) hat nach den Regressionsschätzungen keinen signifikanten Einfluss (d. h. *Hypothese K9 kann nicht bestätigt werden*). Der Abstand zum nächsten Dividendenausschüttungstermin zeigt bei den Fixed-Effects-Regressionen wie angenommen (Hypothese *K14*) ein positives Vorzeichen, was auf Basis der konstruierten Variable eine signifikante Verminderung des Kursaufschlags mit nahendem Hauptversammlungstermin bzw. Ausschüttungstermin bedeutet. Bei der Pooled-OLS-Regression haben die geschätzten Koeffizienten für den Abstand zur Ausschüttung und für die Mehrdividende allerdings das jeweils gegenteilige Vorzeichen.

Ebenfalls anders als (in Hypothese *K15*) angenommen, steigt der Kursaufschlag mit zunehmender relativer Liquidität der Vorzugsaktien; jedenfalls führt die zu diesem Zweck konstruierte Variable VANT_UM_M_GK – die Differenz aus dem Umsatzanteil der Vorzugsaktien und deren Anteil am börsengehandelten Grundkapital – in allen Modellen zu einem signifikanten Ergebnis, bei Fixed-Effects-Regressionen zumindest auf einem Konfidenzniveau von 90 %. Dies ist insofern kontraintuitiv, als mit im Vergleich zu Stammaktien relativ steigender Liquidität der Vorzugsaktien der Vorzugaktienkurs relativ zum Stammaktienkurs stärker steigen sollte, weshalb sich der Kursaufschlag vermindern müsste. Ein Ansatz für eine Erklärung dieses Befundes könnte es sein, dass die bei der Ermittlung der Werte für die Variablen (mangels alternativer Daten) getroffenen Annahmen verletzt sind: Zum einen könnte es unzutreffend sein, dass 100 % des Vorzugsaktienkapitals an der Börse gehandelt werden, zum anderen könnte es sein, dass kleinere Stammaktienpakete anders als unterstellt zum (grundsätzlich) börsennotierten Kapital zählen. Beides führte tendenziell zu einer Verminderung des Subtrahenden und damit hätten an sich höhere Werte für die Variable in die Regressionsschätzung einfließen müssen. Sofern dieser Effekt z. B. für Unternehmen mit verschiedenen Umsatzanteilen der Vorzugsaktien unterschiedlich stark auftritt, könnte dies zu einer Drehung der Regressionsgeraden geführt haben.

Wie erwartet haben allerdings die Mitgliedschaft der Stammaktien im DAX, MDAX oder TecDAX eine stark positive und die Indexmitgliedschaft der Vorzugsaktien eine stark negative Auswirkung auf den Kursaufschlag, die in allen Fällen auf einem Konfidenzniveau von 99% signifikant ist. Da Aktionärsstrukturdaten nicht auf jährlicher Basis zur Verfügung stehen, kann der Einfluss der Eigenschaft als Familienunternehmen auf den Kursaufschlag hier nur über die beschriebene Dummy-Variable NAME_FIRMA näherungsweise betrachtet werden. Anders als mit Hypothese *K3* prognostiziert, zeigt sich bei den Pooled-OLS-Regressionen ein signifikant negativer Einfluss, d. h. Vorzugsaktien werden bei Familienunternehmen nach diesem Ergebnis offensichtlich relativ besser bewertet, was zu einem geringeren Kursaufschlag führt. Daske/Ehrhardt (2002a) hatten dagegen ermittelt, dass bei inländischen Familienunternehmen der höchste mittlere Kursaufschlag festzustellen ist,[1757] was für einen positiven Einfluss einer solchen Dummy-Variablen spräche. Tatsächlich ergäbe sich bei Modell 3p bei Schätzung nur bis 1998 [wie im Datensatz von Daske/Ehrhardt (2002a)] auch ein signifikant positiver Wert für die Dummy-Variable NAME_FIRMA. Insofern bleibt abzuwarten, welches Ergebnis bei Verwendung der tatsächlichen Aktionärsstrukturvariablen resultiert (siehe Abschnitt 5.4.2.4).

Für die Erklärung des *monatlichen Renditeunterschiedes* ergibt die Verwendung des mittleren Kursaufschlags als Regressor keinen Sinn, weshalb nur *ein* Modell getestet wird, bei dem im Vergleich zu den Regressionen der Kursdifferenzen noch vier weitere Variablen weggelassen werden, zu denen keine renditebezogene Hypothese besteht und bei denen ein Einfluss auch nicht zu erwarten ist; die Rendite der Stammaktien wäre überdies nicht exogen. Aus den Schätzergebnissen in der nachfolgenden Tabelle 32 wird wie schon bei Betrachtung des Einflusses der makroökonomischen Variablen auf die Monatsmittelwerte der Renditedifferenzen in Tabelle 28 deutlich, dass die Modelle mit den hier abgeleiteten und betrachteten potenziellen Einflussfaktoren nur einen denkbar geringen Teil der Variation erklären können, auch wenn die F-Werte eine gemeinsame Signifikanz der Regressoren widerspiegeln.

[1757] Vgl. Daske/Ehrhardt (2002a), S. 194.

Tabelle 32: Regressionen der monatlichen Renditedifferenz aus Stamm- und Vorzugsaktien

Ergebnisse einer Pooled-OLS-Regression mit robusten Standardfehlern und einer Fixed-Effects-Regression der monatlichen Renditedifferenzen (Rendite der Stammaktien minus Rendite der jeweiligen Vorzugsaktien) auf die dargestellten Variablen. Ausreißer (Renditen über +50% oder unter -33% oder Renditedifferenzen über 50 Prozentpunkte) werden nicht in die Schätzung einbezogen. t-Werte sind in Klammern angegeben. ***, ** bzw. * bezeichnen die Signifikanz auf einem Konfidenzniveau von 99%, 95% bzw. 90%. Die Modelle decken den Zeitraum 1960 bis 2017 ab, jeweilige Verfügbarkeit der einbezogenen Variablen vorausgesetzt. Beim Bestimmtheitsmaß für die Fixed-Effects-Schätzung handelt es sich um das R^2 der so genannten Within-Schätzung. Quelle: Eigene Berechnungen.

Regressor	Hypothese und Wirkungsrichtung/ Variablenname	Pooled-OLS-Regression	Fixed-Effects-Regression
Log. Marktwert des Eigenkapitals	LOG_MW	0,00059 (1,38)	0,00139 (1,62)
Anteil VzA am Grundkapital	R5+ V_ANT_GK	0,0013 (0,31)	-0,0185* (-1,91)
Umsatzanteil VzA – Ant. am gehandelten GK	R8+ VANT_UM_M_GK	-0,0232*** (-7,50)	-0,0331*** (-10,24)
Mehrdividende laut Satzung ($\leq 11\%$)	R9 – MD_SATZ_B11	0,000053 (0,10)	-0,00081 (-0,33)
Dummy StA im DAX, MDAX oder TecDAX	S_DAX_MDAX	-0,00324* (-1,75)	-0,00476* (-1,73)
Dummy VzA im DAX, MDAX oder TecDAX	V_DAX_MDAX	0,00042 (0,22)	0,00123 (0,46)
risikoloser Monatszins	RF_PM	0,00138 (0,58)	0,00609* (1,89)
Monatsrendite des Aktienmarktes	R7+ AKTIEN_M	-0,00188 (-0,17)	-0,00042 (-0,04)
Änderung des realen BIP p.a.	R6+ BIP_Ä_REAL	0,00086*** (2,67)	0,00085*** (2,78)
logarithmierter Absatz inländischer Aktien	L_ABS_INL_AK	0,00010 (0,21)	0,00014 (0,26)
Konstante		-0,0125*	-0,0174
Beobachtungen		14.089	14.089
(angepasstes) R^2		**0,57%**	**0,86%**
F-Wert		6,77***	12,18***
RMSE		0,062	0,062

Von den makroökonomischen Variablen zeigt sich auch hier nur die Änderung des realen Bruttoinlandsproduktes als (hochsignifikanter) Einflussfaktor: Bei einem BIP-Anstieg steigt demnach (wie in Hypothese *R6* angenommen) auch die Renditedifferenz, d.h. die Rendite der Stammaktien profitiert daran stärker als die Rendite der Vorzugsaktien. Dies steht auch im Einklang mit dem festgestellten positiven Einfluss des BIPs auf den Kursaufschlag. Die anderen makroökonomischen Faktoren wie die Rendite am Aktienmarkt (Hypothese *R7*) wirken potenziell auf die Rendite der Stamm- *und* der Vorzugsaktien und haben keinen signifikanten Einfluss auf die Renditedifferenz. Dies könnte auch die Ursache dafür sein, dass von den unternehmensindividuellen Faktoren die Größe des Unternehmens (genauer: der logarithmierte Marktwert) keinen signifikanten Einfluss hat. Allerdings könnte die schwache Signifikanz des negativen Einflusses der Mitgliedschaft der Stammaktie im DAX auf die Renditedifferenz dadurch zustande kommen, dass der Size-Effekt mglw. nicht auf die Gesellschaft, sondern auf die einzelne Aktiengattung wirkt. Unterstellt man dies, hätte die in den DAX, MDAX oder TecDAX aufgenommene Stammaktie eine vergleichsweise niedrigere Rendite und die Renditedifferenz würde – wie sich auch in den Daten zeigt – negativ. Bei Vorzugsaktien im DAX, MDAX oder TecDAX hätte die Stammaktie c.p. eine höhere Rendite und die Differenz wäre folglich positiv. Die Dummy-Variable für die Indexmitgliedschaft der Vorzugsaktie hat in der Tat auch ein positives Vorzeichen, ist aber nicht signifikant. Diese Befunde sind aber auch direkt durch Liquiditätseffekte der Indexgattungen erklärbar.

Der einzige hochsignifikante unternehmensindividuelle Einflussfaktor ist der relative Umsatzanteil der Vorzugsaktien im Vergleich zum Kapitalanteil (VANT_UM_M_GK, Hypothese *R8*): Wie schon bei der Regression der Kursdifferenz zeigt der Einfluss dieser Variable auch hier in die andere Richtung. Für die anderen Variablen findet sich keine überzeugende Bestätigung, weshalb auch die Hypothesen *R5* und *R9* abgelehnt werden.

Auch wenn sich für einige wenige Regressoren statistisch ein signifikanter Einfluss zeigt, ist nicht zu verkennen, dass neben dem schon erwähnten niedrigen Bestimmtheitsmaß R^2 auch der vergleichsweise große Wert der Quadratwurzel der mittleren quadrierten Abweichungen (RMSE) die klare Schlussfolgerung zulässt, dass mit dem Modell keine sinnvolle Prognose für die Renditedifferenz möglich ist: Im Mittel liegt man demnach bei einer Prognose der Renditedifferenz um 6,2 Prozentpunkte daneben – und dies bei einer mittleren monatlichen Renditedifferenz von -0,12 Prozentpunkten.[1758]

[1758] Vgl. Tabelle 20, S. 536.

5.4.2.3 Regressionen von Kurs- und Renditeunterschieden auf jährlicher Basis

Für die Regressionen auf Basis jährlicher Daten werden nicht nur die Jahreswerte von Umsätzen, Renditen und Renditedifferenzen der Stamm- und Vorzugsaktien sowie die Jahreswerte der makroökonomischen Kennzahlen (risikoloser p.a.-Zins, jährliche Rendite des breiten Aktienportfolios, kumulierte jährliche Aktiennachfrage) verwendet, sondern es sind auch einige weitere Variablentransformationen notwendig um für Regressionen nutzbare Faktoren mit akzeptablen Werten für Schiefe und Kurtosis zu erhalten.

Konkret wurden in die Regressionen zusätzlich die Angaben zu den tatsächlich gezahlten Dividenden sowie zur Volatilität der Aktienrenditen aufgenommen: Zwar ist die Höhe der Dividende bzw. der Dividendenrendite schon Teil der jeweiligen Aktienrendite, im Hinblick auf Hypothese K8 wird aber auch eine Variable TATS_MD verwendet, die die tatsächlich von den Vorzugsaktien erzielte Mehrdividende in Prozent des (ggf. impliziten) Nennwertes angibt. Diese wurde auf einen Wertebereich von 0 % bis 12 % beschränkt, wodurch zehn extreme Beobachtungen mit Mehrdividenden bis zu 80 % ausgeschlossen wurden. Für die Jahresrenditen der Stamm- und Vorzugsaktien (S_JREND und V_JREND) wurde eine Beschränkung auf den Wertebereich von -66 % bis +200 % vorgenommen; dies hat zum Ausschluss von zusammen 36 Beobachtungen geführt, davon 28 Beobachtungen wegen Überschreitung der Renditegrenzen bei Stammaktien und 27 Beobachtungen wegen Überschreitung bei Vorzugsaktien. Zusätzlich wurde eine Beschränkung der Differenz der Jahresrenditen von Stamm- und Vorzugsaktien (RENDDIFF_J) auf einen Wertebereich von -100% bis +100% festgelegt, wodurch in den Regressionen zur Renditedifferenz sieben weitere Beobachtungen ausgeschlossen wurden. Insgesamt handelt es sich angesichts der schwachen Einschränkungen nur um wenige ausgeschlossene Fälle, die jedoch deutlich zur Verbesserung der Eignung als Schätzparameter beitragen. So wurden dadurch bspw. die Werte für Schiefe und Kurtosis der Stammaktienrendite von 6,2 bzw. 106 auf 1,0 bzw. 4,8 gesenkt. Aus demselben Grund wurde schließlich auch die für den Test der Hypothese K13 benötigte Volatilität der Vorzugsaktienrenditen logarithmiert, wodurch sich deren Kurtosis-Wert von 8,48 auf 4,7 vermindert hat (Variable L_SIGMA_V).[1759] Insgesamt werden folgende Variablen verwendet:

[1759] Es werden – wie im Abschnitt 5.3.2.5 (S. 547) beschrieben – die über einen Zeitraum von jeweils drei Jahren geschätzten Volatilitäten verwendet, d.h. die Volatilitäten sind stückweise (für jeweils drei Jahresendwerte) konstant. Diese Werte stehen erst ab 1976 (ab dem ersten Schätzzeitraum 1976-1978) zur Verfügung, was aber angesichts des oben beschriebenen Umstands von nur wenigen Renditebeobachtungen jedenfalls vor 1974 keine wesentliche Einschränkung ist.

Tabelle 33: Übersicht der Variablen für jährliche Regressionen

Quelle: Eigene Darstellung / eigene Berechnungen.

Variable	Anzahl	Mittelwert	Standardabw.	Minimum	Maximum	Inhalt der Variable
K_AUFSCHL	1.662	16,5515	21,89896	48,83	99,88	Prozentualer Kursaufschlag
RENDDIFF_J	1.641	-0,0178	0,181427	-0,94696	0,88145	Differenz der Jahresrenditen
LOG_MW	1.662	12,5128	2,070532	6,57627	18,2756	log. Marktwert des EK
L_MWBW	1.662	1,96099	0,953379	-1,18110	5,63836	log. MW/BW-Verhältnis
V_ANT_GK	1.662	0,31849	0,152189	0,00168	0,5	Anteil VzA am Grundkapital
L_V_J_UMS	1.398	17,5104	2,95267	7,03445	26,2538	log. Jahresumsatz d. VzA
V_J_ANT_UMS	1.387	0,54490	0,299654	0,00024	0,99898	Anteil VzA am Jahresumsatz
VAN_JUM_M_GK	1.254	-0,03980	0,194347	-0,77830	0,74380	Umsatzanteil VzA abzgl. Anteil VzA am gehandelten GK
S_JREND	1.634	0,09832	0,365518	-0,65456	1,88431	Jahresrendite der StA
L_SIGMA_V	1.173	-2,50349	0,391279	-4,47443	-1,23558	Volatilität der VzA-Rendite
PD_SATZ_B11	1.656	4,63812	1,426601	1	10,24	prior. Div. lt. Satzung (< 11%)
MD_SATZ_B11	1.657	1,38185	1,090124	0	10,2	Mehrdiv. lt. Satzung (< 11%)
TATS_MD	1.652	1,19610	1,308595	0	12	tatsächl. Mehrdiv. in % d. NW
L13_MON_DIV	1.494	0,78925	0,218406	0,27024	1,98351	log(Basis 13) Anz. Mon. bis HV
DIV_AUSFALL	1.662	0,20277	0,402182	0	1	Dummy keine Ausschüttung
S_DAX_MDAX	1.662	0,11191	0,315355	0	1	Dummy StA im DAX, MDAX oder TecDAX
V_DAX_MDAX	1.662	0,10229	0,303116	0	1	Dummy VzA im DAX, MDAX oder TecDAX
NAME_FIRMA	1.662	0,35499	0,478656	0	1	Dummy Familienname in Firma
K_AUF_GG	1.662	16,5515	7,640988	2,10191	33,7140	mittl. gleichgew. Kursaufschlag
RF_J	1.662	4,69691	2,720398	-0,76335	12,0478	risikoloser Zins am Jahresende
AKTIEN_J	1.662	0,12258	0,229521	-0,39360	0,78473	Jahresrendite am Aktienmarkt
BIP_Ä_REAL	1.662	2,28189	2,053921	-5,61886	12,0107	Änderungsrate des realen BIP
L_JABS_INL_A	1.636	9,02734	0,851504	6,51307	10,4916	log. Absatz inländ. Aktien

Die Korrelationsstruktur ist ähnlich zur Korrelationsmatrix auf Basis monatlicher Daten (siehe Tabelle 30) und wird daher nicht nochmals aufgeführt. Aus diesem Grund werden auch bei der Analyse auf der Basis von Jahresdaten die Variablen für die logarithmierten Marktwert-Buchwert-Verhältnisse (L_MWBW), die logarithmierten Monatsumsätze der Vorzugsaktien (L_V_JUMS) und den Umsatzanteil der Vorzugsaktien (V_J_ANT_UMS) aus der Untersuchung ausgeschlossen. Des Weiteren wird statt der satzungsgemäßen Mehrdividende (MD_SATZ_B11) die tatsächlich gezahlte Mehrdividende (TATS_MD) verwendet. Erwähnenswert sind die negative Korrelation (-0,36) der Dummy-Variable für das Vorliegen eines Dividendenausfalls (DIV_AUSFALL) mit dem logarithmierten Marktwert und deren positive Korrelation (0,32) mit der Volatilität der Vorzugsaktienrenditen – mit anderen Worten treten Dividendenausfälle bei großen Unternehmen seltener auf und sie gehen mit einer Zunahme der Schwankungsbreite des Vorzugsaktienkurses einher. Mit diesen Variablen ergeben sich die in der Tabelle 34 ersichtlichen Ergebnisse für die *Regressionen des Kursaufschlags mit Jahresdaten.* Dabei wird neben den um die zusätzlichen Variablen erweiterten Modellen 2 und 3 aus der monatlichen Regression ein weiteres Modell 4 geschätzt, bei dem nur die Variablen verwendet werden, für die für alle Beobachtungspaare von Stamm- und Vorzugsaktien Werte für die Regressoren vorliegen – für die Modelle 2/3 liegen nur in weniger als 60 % der Beobachtungen alle benötigten Werte vor, wodurch viele Beobachtungen nicht nutzbar sind.

Das Bestimmtheitsmaß bewegt sich im Ergebnis in ähnlichem Rahmen wie bei den monatlichen Regressionen. Dies gilt auch für das neue Modell 4, wobei hier die F-Werte deutlich höher sind und auf eine größere gemeinsame Signifikanz der Regressoren hinweisen. Bei den makroökonomischen Einflussfaktoren einschließlich des mittleren Kursaufschlags ergibt sich im Vergleich zu den Regressionen auf Monatsbasis keine wesentliche Änderung der Signifikanz oder Wirkungsrichtung der Variablen; nur der negative Einfluss der Aktienmarkt-Rendite hat ein höheres marginales Signifikanzniveau. *Mithin werden auch auf jährlicher Basis die Hypothesen K6, K12 und prinzipiell K17 bestätigt und Hypothese K7 verworfen.*

Der Koeffizient des mittleren Kursaufschlags liegt hier wie schon bei den monatlichen Regressionen bei etwa 0,9. Dies bedeutet, dass der individuelle Kursaufschlag bei einem Unternehmen im Mittel um 0,9 Prozentpunkte steigt, wenn der mittlere Kursaufschlag um einen Prozentpunkt ansteigt – dies verdeutlicht die große materielle Bedeutung dieses Einflussfaktors. Auch die Dummy-Variablen zur Indexmitgliedschaft und zum Familiennamen im Gesellschaftsnamen zeigen die gleiche Wirkungsrichtung wie im vorigen Abschnitt. *Die Hypothese K16 wird mithin bestätigt, die Hypothese K3 verworfen.*

Tabelle 34: Regressionen des Kursaufschlags auf Basis jährlicher Daten

Ergebnisse von Pooled-OLS-Regressionen mit robusten Standardfehlern und von Fixed-Effects-Regressionen des Kursaufschlags der jeweiligen Stamm- über die zugehörige Vorzugsaktie am Jahresende auf die dargestellten Variablen. t-Werte in Klammern. ***,** bzw. * bezeichnen die Signifikanz auf einem Konfidenzniveau von 99 %, 95 % bzw. 90 %. Die Modelle („Mod.") decken den Zeitraum 1955 bis 2017 ab, jeweilige Verfügbarkeit der einbezogenen Variablen vorausgesetzt. Die Bezeichnungen „Mod. 2" bzw. „Mod. 3" werden zwecks Vergleichbarkeit mit den monatlichen Regressionen beibehalten. Bei den Bestimmtheitsmaßen für die Fixed-Effects-Schätzungen handelt es sich um das R^2 der sog. Within-Schätzung. Zum mittleren Kursaufschlag als Einflussfaktor wurde in Abschnitt 4 keine Hypothese abgeleitet. Die Hypothese K17 bezog sich an sich auf die Aktiennachfrage von Ausländern.

$^{\#}$ Bei Fixed-Effects-Schätzungen werden zeitinvariante Variablen nicht mitgeschätzt.

Quelle: Eigene Berechnungen. *(Fortsezung auf der nächsten Seite)*

Regressor	Hypothese und Wirkungs-richtung/ Variable	Pooled-OLS-Regression			Fixed-Effects-Regression		
		Mod. 2p unternehmensspezif. Faktoren & mittlerer Kursaufschlag	Mod. 3p unternehmensspezifische & makroökonom. Faktoren	Mod. 4p maximale Anzahl einbezogener Beobachtungen	Mod. 2f unternehmensspezif. Faktoren & mittlerer Kursaufschlag	Mod. 3f unternehmensspezifische & makroökonom. Faktoren	Mod. 4f maximale Anzahl einbezogener Beobachtungen
Log. Marktwert des Eigenkapitals	K18+ LOG_MW	-0,171 (-0,33)	0,186 (0,35)	-0,057 (-0,17)	-1,26 (-1,46)	-1,43 (-1,48)	-0,531 (-0,91)
Anteil VzA am Grundkapital	K4+ V_ANT_GK	22,17*** (5,08)	23,63*** (5,24)	19,18*** (5,52)	34,97*** (5,52)	38,04*** (3,72)	32,13*** (4,98)
Umsatzanteil VzA – Ant. gehandelt. GK	K15 – VAN_JUM_M_GK	9,09** (2,36)	10,28*** (2,58)		2,05 (0,59)	4,16 (1,03)	
Jahresrendite der jeweiligen StA	K11+ S_JREND	0,78 (0,45)	2,24 (1,02)		2,39 (1,56)	4,46** (2,50)	
Log. Volatilität der Rendite der VzA.	K13+ L_SIGMA_V	0,037 (0,02)	0,124 (0,07)		1,38 (0,78)	1,06 (0,57)	
prioritätische Div. lt. Satzung (≤ 11%)	K9 – PD_SATZ_B11	0,367 (0,92)	0,207 (0,51)		-0,985 (-0,63)	-1,08 (-0,67)	
tatsächlich gezahlte Mehrdividende	K8 – TATS_MD	0,333 (0,64)	0,628 (1,20)		-0,834 (-1,14)	-0,820 (-1,08)	
Log zur Basis 13 der Anz. Monate bis HV	K14+ L13_MON_DIV	-1,96 (-0,56)	1,74 (0,45)		-1,12 (-0,29)	3,81 (0,95)	
Dummy für Dividendenausfall im Jahr	K10 – DIV_AUSFALL	-3,99 (-1,41)	-3,77 (-1,28)	-3,33** (-2,28)	-1,81 (-0,74)	-1,81 (-0,71)	0,126 (0,10)
Dummy StA im DAX, MDAX o. TecDAX	K16+ S_DAX_MDAX	14,52*** (5,74)	14,13*** (5,55)	11,93*** (5,55)	10,86*** (3,68)	11,81*** (3,82)	10,64*** (4,87)
Dummy VzA in DAX MDAX o. TecDAX	K16 – V_DAX_MDAX	-12,71*** (-5,23)	-14,92*** (-5,92)	-13,19*** (-7,23)	-2,70 (-1,05)	-2,31** (-9,21)	-4,25** (-1,94)
Dummy Familienname in Firma #	K3+ NAME_FIRMA	-3,39** (-2,52)	-3,57** (-2,56)	-1,87* (-1,86)			
mittlerer gleichgew. Kursaufschlag	(+) K_AUF_GG	0,91*** (9,92)			0,975*** (14,94)	0,797*** (9,79)	0,888*** (14,87)
risikoloser p.a.-Zins am Jahresende	K12+ RF_J		1,71*** (6,87)			0,773*** (2,83)	
Jahresrendite des Aktienmarktes	K7+ AKTIEN_J		-4,06 (-1,21)			-5,84** (-2,19)	
Änderung des realen BIP p. a.	K6+ BIP_A_REAL		0,849*** (2,58)			0,756** (2,53)	
log. jährlicher Absatz inländ. Aktien	(K17+) L_JABS_INL_A		6,12*** (5,56)			4,93*** (4,56)	
Konstante		-3,05	-61,01***	-3,63	16,57	-23,6	-2,52
Beobachtungen		976	976	1.662	976	976	1.662
(angepasstes) R²		20,83%	16,92%	18,24%	15,95%	10,88%	16,64%
F-Wert		23,1***	17,2***	58,6***	13,9***	7,2***	51,7***

Für die neue Dummy-Variable DIV_AUSFALL, die eine in dem Jahr ausgeblie-
bene Dividendenzahlung und damit einen Anspruch auf Nachzahlung der prioritätischen Dividende anzeigt, ergibt sich – jedenfalls im Modell 4p – eine Signifikanz des auch mit der Hypothese *K10* vermuteten negativen Einflusses. Der
Anteil der Vorzugsaktien am Grundkapital hat auch nach den Ergebnissen der
jährlichen Regressionen einen signifikant positiven Einfluss (Bestätigung Hypothese *K4*), ebenso wie die Differenz zwischen Umsatz- und Grundkapitalanteil
der Vorzugsaktien (Ablehnung *K15*). Die anderen Hypothesen (*K8, K9, K11,
K13, K14* und *K18*) können angesichts fehlender statistischer Signifikanz nicht
bestätigt werden.

Für die Diagnostik von Regressionsergebnissen ist neben dem Bestimmtheitsmaß, dem F-Wert und dem RMSE auch wichtig zu prüfen, ob die Annahmen der
Regressionen erfüllt sind. Die Unabhängigkeit der erklärenden Variablen wurde
wie schon dargelegt mithilfe der Korrelationsmatrix überprüft. Für OLS-Regressionen müssen zudem auch die Fehlerterme den Erwartungswert null haben.[1760]
Dies soll anhand der folgenden Abbildung veranschaulicht werden:

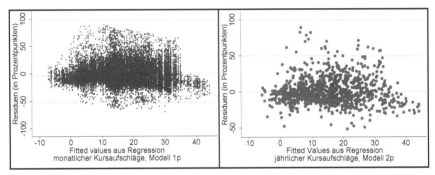

Abbildung 34:   „Residual-versus-Fitted"-Plots von monatlichen und jährlichen
                Regressionen
                Quelle: Eigene Untersuchungen.

In den Diagrammen in Abbildung 34 wird die Streuung der tatsächlichen Daten
um die ermittelte Regressionsgerade dargestellt, d. h. bei R^2=100% würden alle
Punkte auf der Null-Linie liegen. Es ist sowohl für die monatlichen als auch für
die jährlichen Regressionen festzustellen, dass bei sehr hohen Kursaufschlägen
von über etwa 35% die Residuen negativ sind, weshalb ein Erwartungswert von

---

[1760] Vgl. Kohler/Kreuter (2012), S. 271.

null in diesem Bereich nicht erfüllt wird. Bei Kursaufschlägen unter 35 %, also bei der übergroßen Mehrzahl der Beobachtungen, erscheint ein Mittelwert der Residuen von null auch in einzelnen Zeitabschnitten jedenfalls bei „optischer Prüfung" plausibel. Außerdem sind keine Strukturen in den Residuen erkennbar, die auf fehlende einflussreiche Variablen hindeuten würden. Insofern erscheint die Verwendung der hier geprüften Modelle gerechtfertigt. Zwar liegt der größte Teil der Residuen in einem Bereich von ±20 Prozentpunkten, allerdings sind auch diverse Ausreißer erkennbar und bei den Regressionen auf Monatsbasis liegen nicht selten die tatsächlichen Werte um über 50 Prozentpunkte über den Schätzungen. Insgesamt zeigt sich also eine große Prognoseunsicherheit.

Bei den Regressionen der *jährlichen Renditedifferenzen* (vgl. Tabelle 35 auf der folgenden Seite) ergibt sich ein sehr ähnliches Bild wie bei den Schätzungen auf Monatsbasis: Die Bestimmtheitsmaße sind sehr gering und die Wurzel der mittleren quadratischen Abweichung (RMSE) liegt mit rund 16 Prozentpunkten deutlich höher als die mittlere Differenz der Jahresrenditen von -1,5 % (vgl. Tabelle 21, S. 541).

Auch hier erweisen sich die Änderung des realen BIP als signifikanter positiver Einflussfaktor (Bestätigung Hypothese *R6*) und der Umsatzanteil der Vorzugs-aktien abzüglich deren Anteil am gehandelten Grundkapital als signifikanter negativer Faktor (Ablehnung Hypothese *R8*). Für die anderen hier relevanten Hypothesen (*R5*, *R7* und *R9*) findet sich kein signifikanter Einfluss. Allerdings zeigt sich im Fixed-Effects-Modell, dass sich ein Dividendenausfall signifikant negativ auf die Renditedifferenz auswirkt, was angesichts des Umstands, dass den Stammaktien wegen des Nachzahlungsanspruchs der Vorzugsaktionäre relativ gesehen größere Kursverluste drohen, sehr plausibel ist – hier hatte sich auch bei der Regression der Kursunterschiede ein signifikanter Einfluss (im Modell 4p) gezeigt. Die Höhe der tatsächlich gezahlten Mehrdividende hat wie in Hypothese *R9* angenommen einen negativen Einfluss, das marginale Signifikanzniveau von 90 % wird allerdings „knapp verfehlt"; die p-Werte betragen 12,4 % bzw. 13,4 %. Im identischen Random-Effects-Modell ergäbe sich im Übrigen eine schwache Signifikanz (p-Wert 8,8 %).[1761]

[1761] Der Hausman-Test wird bei dieser Schätzung nicht abgelehnt, sodass hier aus statistischer Sicht die effizientere Random-Effects-Schätzung zugrunde gelegt werden könnte.

Tabelle 35: Regressionen der jährlichen Renditedifferenz aus Stamm- und Vorzugsaktien

Ergebnisse einer Pooled-OLS-Regression mit robusten Standardfehlern und einer Fixed-Effects-Regression der jährlichen Renditedifferenzen (Rendite der Stammaktien minus Rendite der jeweiligen Vorzugsaktien) auf die dargestellten Variablen. Ausreißer (Renditen über +200% oder unter -66% oder Renditedifferenzen über 100 Prozentpunkte) werden nicht in die Schätzung einbezogen. t-Werte sind in Klammern angegeben. ***,** bzw. * bezeichnen die Signifikanz auf einem Konfidenzniveau von 99%, 95% bzw. 90%. Die Modelle decken den Zeitraum von 1976 bis 2017 ab, jeweilige Verfügbarkeit der einbezogenen Variablen vorausgesetzt. Beim Bestimmtheitsmaß für die Fixed-Effects-Schätzung handelt es sich um das R^2 der so genannten Within-Schätzung. Quelle: Eigene Berechnungen.

Regressor	Hypothese und Wirkungsrichtung/ Variablenname	Pooled-OLS-Regression	Fixed-Effects-Regression
Log. Marktwert des Eigenkapitals	LOG_MW	-0,0040 (-1,08)	-0,0036 (-0,75)
Anteil VzA am Grundkapital	R5+ V_ANT_GK	-0,0170 (-0,41)	-0,0782 (-0,80)
Umsatzanteil VzA – Ant. am gehandelt. GK	R8+ VAN_JUM_M_GK	-0,1281*** (-4,49)	-0,1233** (-3,21)
Log. Volatilität der Rendite der VzA.	L_SIGMA_V	-0,206 (-1,35)	-0,0171 (-0,95)
tatsächlich gezahlte Mehrdividende	R9 – TATS_MD	-0,00654 (-1,54)	-0,01116 (-1,50)
Dummy für Dividendenausfall im Jahr	DIV_AUSFALL	-0,0283 (-1,51)	-0,0596** (-2,49)
Dummy StA im DAX, MDAX oder TecDAX	S_DAX_MDAX	0,0144 (0,78)	-0,0216 (-0,74)
Dummy VzA im DAX, MDAX oder TecDAX	V_DAX_MDAX	0,0277 (1,38)	0,0191 (0,72)
risikoloser Jahreszins	RF_J	-0,00168 (-0,93)	0,00094 (0,35)
Jahresrendite des Aktienmarktes	R7+ AKTIEN_J	0,00418 (0,20)	0,0110 (0,47)
Änderung des realen BIP p.a.	R6+ BIP_A_REAL	0,0140*** (3,46)	0,0124*** (4,11)
logarithmierter Absatz inländischer Aktien	L_JABS_INL_A	0,00159 (0,19)	0,0110 (1,04)
Konstante		-0,0446	-0,209
Beobachtungen		1.063	1.063
(angepasstes) R²		**3,69 %**	**4,01 %**
F-Wert		3,43***	3,35***
RMSE		0,164	0,163

5.4.2.4 Einbeziehung von Aktionärsstrukturdaten in die Erklärung von Kurs- und Renditeunterschieden

Um die auf Corporate-Governance-Aspekte bezogenen Hypothesen zu testen, ist es erforderlich, geeignete *Variablen für die Abbildung der Aktionärsstruktur* zu integrieren, da die Möglichkeit der Extraktion von Private Benefits möglicherweise ein wesentlicher Faktor für die Erklärung von Kursunterschieden ist. Konkret werden hier zum einen – wie in Daske/Ehrhardt (2002a) – vier Variablen AB1 bis AB4 gebildet, in denen der Anteilsbesitz des größten Aktionärs in vier 25%-Abschnitte zerlegt wird. Damit kann vor dem Hintergrund der Hypothese K5 – eines nicht linearen und nicht-monotonen „glockenförmigen" Einflusses des Stimmrechtsanteils des größten Aktionärs mit einem Maximum bei etwa 50 % – untersucht werden, ob bei einem Anstieg des Stimmenanteils in dem jeweiligen Quartil (wenn also der Anteil des größten Aktionärs in diesem Stimmrechtsquartil liegt) der Kursaufschlag steigt oder fällt. Liegt zum Beispiel der Anteil des größten Aktionärs bei 40%, hätten die Variable AB1 den Wert 25, die Variable AB2 den Wert 15 und die Variablen AB3 und AB4 den Wert null. In diesem Fall ließe sich anhand des Regressionskoeffizienten von AB2 die Frage beantworten, ob bei einem weiteren Anstieg des Anteils auf z. B. 45 % der Kursaufschlag steigt (dies folgte aus der Hypothese). Ob bei einem bestehenden Anteil von zum Beispiel 55 % der Kursaufschlag bei einem weiteren Anstieg auf zum Beispiel 60 % steigt oder fällt, ließe sich dementsprechend mit der Variable AB3 beantworten; nach der Hypothese K5 würde Letzteres gelten.

Als Alternative zu dem damit implizit unterstellten stückweise linearen Verlauf soll die funktionale Form eines quadratischen Zusammenhangs getestet werden. In diesem Fall müsste – da in der Hypothese von einem Maximum des Einflusses bei mittlerem Anteilsbesitz ausgegangen wird – der Koeffizient des Quadrates des Stimmrechtsanteils (Variable SQ_AKT1_ST) negativ sein. Zusätzlich sollen entsprechend der Hypothese K2 (höherer Kursaufschlag bei Familienunternehmen und bei Unternehmen mit anderem inländischen Unternehmen als größtem Aktionär) zwei Dummy-Variablen getestet werden, die diese Eigenschaft widerspiegeln. Schließlich wird mit der Differenz zwischen den Anteilen des größten und des zweitgrößten Aktionärs, dem so genannten „Rydqvist-Maß", auch geprüft, ob sich – wie in Rydqvist (1996) – ein steigender Kursaufschlag bei abnehmendem Abstand der Anteile beider Aktionäre auch für deutsche Dual-Class-Unternehmen zeigt. Insgesamt werden zusätzlich zu den Variablen für jährliche Regressionen für die nun im vierjährigen Abstand (1957-2013 und 2016, jeweils Kursdaten am Jahresende) durchgeführten Regressionen mit Aktionärsstrukturvariablen die folgenden Regressoren verwendet:

Tabelle 36: Übersicht der zusätzlichen Variablen für vierjährliche Regressionen
Quelle: Eigene Darstellung / eigene Berechnungen.

Variable	Anz.	Mittelwert	Standardabw.	Min.	Max.	Inhalt der Variable
K_AUFSCHL	413	16,05811	20,89325	-35,42	98,78	Prozentualer Kursaufschlag
RENDDIFF_J	404	-0,03677	0,21252	-0,9470	0,8085	Differenz der Jahresrenditen
AKT1TYP_FM	413	0,55448	0,49763	0	1	Dummy: größter Aktionär ist Familie
AKT1TYP_UN	413	0,16465	0,37131	0	1	gr. Aktionär ist inl. Unternehmen
AKT1_ST	413	57,32199	21,13452	0	99,7	Stimmrechtsanteil größter Aktionär
SQ_AKT1_ST	413	3731,397	2415,922	0	9940,09	Quadrat von AKT1_ST
DIF_AKT1_M_2	413	51,17035	26,22993	0	99,7	Diff. Stimmrechtsanteile des größ¬ ten und des zweitgrößten Aktionärs
AB1	413	24,51457	2,34579	0	25	Anteilsbesitz 0 % bis 25 %*
AB2	413	20,34113	8,96206	0	25	Anteilsbesitz >25 % bis 50 %*
AB3	413	10,35805	10,93798	0	25	Anteilsbesitz >50 % bis 75 %*
AB4	413	2,10825	5,56337	0	24,7	Anteilsbesitz >75 % bis 100 %*
nachrichtlich für die Fälle, in denen der größte Aktionär einen Stimmrechtsanteil im Quartil i =1...4 hat						
AB1 (i=1)	27	17,57467	5,803796	0	24,996	wenn größter Anteilsbesitz < 25 %
AB2 (i=2)	81	9,57884	8,600626	0	24,99	wenn größter Anteilsbesitz ≥ 25 % und <50 %
AB3 (i=3)	201	8,347638	8,542716	0	24,8	wenn größter Anteilsbesitz ≥ 50 % und < 75 %
AB4 (i=4)	104	8,372163	8,417408	0	24,7	wenn größter Anteilsbesitz ≥ 75 %

* Der Wert der Variablen ABi nimmt wie in Daske/Ehrhardt (2002a), S. 197, definiert für die Höhe α des Anteilsbesitzes des größten Aktionärs in Prozent die folgenden Werte an:
a) 0, wenn α< (i–1)·25%; b) α–25·(i–1), wenn (i–1)·25%≤α<i·25%; c) 25, wenn α≥i·25%.

Aus den nachrichtlichen Angaben zu den Variablen AB1 bis AB4 kann man die mittleren Beteiligungsquoten für die einzelnen Konstellationen ablesen: Verfügt der größte Aktionär nicht über eine Sperrminorität, liegt sein Anteil im Mittel bei 17,6%; verfügt er über eine Sperrminorität, aber keine Stimmrechtsmehrheit, liegt der mittlere Anteil bei 34,6% (=25%+9,6%). Mehrheitsaktionäre ohne qualifizierte Mehrheit von 75% halten im Mittel 58,3% (=2·25%+8,3 %) der Stimmrechte, Aktionäre mit qualifizierter Mehrheit verfügen durchschnittlich über 83,4% (=3·25%+8,4 %) der Stammaktien. Bei drei Vierteln der Beobachtungen (305 von 413) hat der größte Aktionär eine Stimmenmehrheit.

Mit diesen Variablenspezifikationen ergeben sich für die beiden alternativen *Regressionsmodelle zur Erklärung des Kursunterschieds* (bei denen nach den Ergebnissen der jährlichen Regressionen nicht signifikante Variablen nicht mehr berücksichtigt werden) die in Tabelle 37 (siehe S. 584 f.) dargestellten Pooled-OLS- und Fixed-Effects-Schätzungen. Wie dort ersichtlich ist, zeigen auch bei den vierjährlichen Regressionen der Grundkapitalanteil der Vorzugsaktien (Hypothese *K4*), die Änderungsrate des realen BIP (Hypothese *K6*) und die „Mitgliedschaft" der Stamm- oder der Vorzugsaktie im DAX, MDAX oder TecDAX (Hypothese *K16*) die prognostizierte Einflussrichtung auf den Kursunterschied, sind jedoch nur teilweise signifikant oder haben ein höheres marginales Signifikanzniveau. Eine „Verschlechterung" des Signifikanzniveaus" ist aber angesichts der geringeren Anzahl an Beobachtungen nicht unerwartet. Einen hoch signifikanten Einfluss hat weiterhin der mittlere gleichgewichtete Kursaufschlag.

Von den Aktionärsstrukturvariablen zeigt sich in den Modellen 6p und 6f mit stückweisen Variablen AB1 bis AB4 zum Anteilsbesitz des größten Aktionärs bei den Variablen AB3 und AB4 wie in der Hypothese *K5* unterstellt ein negatives Vorzeichen und auch bei der Variable AB2 wie erwartet ein positives Vorzeichen; eine Signifikanz ist aber nur für die Variable AB3 bei der Pooled-OLS-Regression (p-Wert 0,0812) und für die Variable AB4 bei der Fixed-Effects-Regression (p-Wert 0,0215) festzustellen. Die Insignifikanz der Variable AB1 dürfte daraus resultieren, dass (wie in Tabelle 36 ersichtlich) nur in 27 der 413 Beobachtungen die Variable überhaupt einen Wert unter 25 annimmt. Der nichtmonotone Einfluss des Anteilsbesitzes folgt aber auch aus der Signifikanz des Quadrats des Stimmenanteils des größten Aktionärs sowohl in Modell 5p als auch in Modell 5f. Angesichts des negativen Vorzeichens ergibt sich in Abhängigkeit vom Stimmrechtsanteil α des größten Aktionärs eine nach unten geöffnete quadratische Funktion. Das Maximum dieser Funktion, d. h. der „α-Wert" des Scheitelpunktes ergibt sich mit den festgestellten Koeffizienten für den Stimmrechtsanteil und dessen Quadrat bei der Pooled-OLS-Regression als 41,3 % und bei der Fixed-Effects-Regression als 45,3 %.[1762] Die Hypothese K5, wonach der höchste Einfluss des Stimmrechtsanteils des größten Aktionärs bei „nahezu 50%" liege, wird damit und angesichts der gefundenen Signifikanz der Schätzparameter als bestätigt angesehen.

Tabelle 37: Regressionen des Kursaufschlags unter Einbeziehung der Aktionärsstrukturvariablen (vierjähriger Abstand Ende 1957-2013 und 2016)

Ergebnisse von Pooled-OLS-Regressionen mit robusten Standardfehlern und von Fixed-Effects-Regressionen des Kursaufschlags der jeweiligen Stamm- über die zugehörige Vorzugsaktie am Jahresende auf die dargestellten Variablen. t-Werte in Klammern. ***, ** bzw. * bezeichnen die Signifikanz auf einem Konfidenzniveau von 99 %, 95 % bzw. 90 %. Bei den Bestimmtheitsmaßen für die Fixed-Effects-Schätzungen handelt es sich um das R^2 der sog. Within-Schätzung. Zu den nur mit (+) markierten Regressoren wurde in Abschnitt 4 keine Hypothese abgeleitet.

Quelle: Eigene Berechnungen. *(Fortsetzung auf der nächsten Seite)*

[1762] Der x-Wert des Scheitelpunktes einer quadratischen Funktion der Form $a \cdot x^2 + b \cdot x + c$ berechnet sich als $-b/(2 \cdot a)$. Mit den genaueren Koeffizientenwerten aus Tabelle 37 (Pooled-OLS-Regression $a = -0,00407318$, $b = 0,33645207$; Fixed-Effects-Regression: $a = -0,00647055$, $b = 0,58664226$) ergeben sich die oben angegebenen Werte.

Regressor	Hypo-these und Wirkungs-richtung / Variablen-name	Pooled-OLS-Regression		Fixed-Effects-Regression	
		Modell 5p mit Anteil des größten und zweitgrößten Aktionärs	Modell 6p mit Zerlegung des Anteils des größten Aktionärs in 25%-Stufen	Modell 5f mit Anteil des größten und zweitgrößten Aktionärs	Modell 6f mit Zerlegung des Anteils des größten Aktionärs in 25%-Stufen
Log. Marktwert des Eigenkapitals	K18+ LOG_MW	0,472 (0,66)		0,510 (0,35)	
Anteil VzA am Grundkapital	K4+ V_ANT_GK	8,39 (1,17)	12,98* (1,73)	13,51 (0,81)	13,37 (0,95)
Umsatzanteil VzA – Ant. gehandelt. GK	K15 – VAN_JUM_M_GK	-0,832 (-0,11)		-0,441 (-0,06)	
tatsächlich gezahlte Mehrdividende	K8 – TATS_MD	0,332 (0,35)		-0,726 (-0,61)	
Stimmenanteil des größten Aktionärs	K5 AKT1_ST	0,336 (1,39)		0,587* (1,70)	
Quadrat des Stimmenant. d. gr. Akt.	K5 – SQ_AKT1_ST	-0,0041* (-1,93)		-0,0065** (-2,30)	
Differenz zw. Anteil gr. u. zweitgr. Akt.	(–) DIF_AKT1_M_2	-0,018 (-0,16)		0,051 (0,29)	
Dummy größter Aktionär ist Familie	K2+ AKT1TYP_FM	-5,10** (-2,04)	-1,76 (-0,69)	-11,22*** (-2,60)	-3,17 (-0,77)
Dummy gr. Aktion. ist inländ. Untern.	K2+ AKT1TYP_UN		4,28 (1,26)		1,10 (0,19)
Anteil größter Akt. im Quartil 0...25%	K5+ AB1		-0,249 (-0,85)		0,055 (0,12)
Anteil größter Akt. im Quartil 25...50%	K5+ AB2		0,117 (0,93)		0,017 (0,09)
Anteil größter Akt. im Quartil 50...75%	K5 – AB3		-0,211* (-1,75)		-0,045 (-0,31)
Anteil größter Akt. im Quartil 75...100%	K5 – AB4		-0,200 (-0,97)		-0,609** (-2,31)
Dummy StA im DAX/MDAX/TecDAX	K16 + S_DAX_MDAX	2,59 (0,71)	7,17** (2,42)	4,90 (0,98)	10,84** (2,25)
Dummy VzA im DAX/MDAX/TecDAX	K16 – V_DAX_MDAX	-15,13*** (-3,40)	-15,93*** (-4,27)	-4,37 (-0,93)	-9,27** (-2,16)
mittlerer gleichgew. Kursaufschlag	(+) K_AUF_GG	0,918*** (5,92)		0,823*** (5,13)	
risikoloser p.a.-Zins am Jahresende	K12+ RF_J		0,005 (0,01)		-0,238 (-0,69)
Änd. des realen BIP p.a.	K6+ BIP_A_REAL		0,634* (1,84)		0,512 (1,38)
Konstante		-6,53	18,19**	-12,77	13,45
Beobachtungen		337	413	337	413
(angepasstes) R²		**16,24%**	**7,97%**	**17,10%**	**7,25%**
F-Wert		10,51***	5,9***	4,4***	2,2**

Das Rydqvist-Maß, die Differenz der Anteile des größten und des zweitgrößten Aktionärs, hat keinen Einfluss auf den Kursunterschied. Angesichts des Umstandes, dass wie erwähnt bei 305 der 413 Beobachtungen der größte Aktionär über eine Stimmenmehrheit verfügt, ist die hinter dem Maß steckende Erklärung eines Wettbewerbs zwischen größtem und zweitgrößtem Aktionär um die Unternehmensbeherrschung für deutsche Dual-Class-Unternehmen kaum einschlägig.

Überraschend ist wiederum der signifikant negative Einfluss der Dummy-Variable für das Vorhandensein eines Familienunternehmens; dies hatte sich auch schon bei den Regressionen auf monatlicher und jährlicher Basis gezeigt (Variable NAME_FIRMA). Um den scheinbaren Widerspruch zu den Ergebnissen von Daske/Ehrhardt (2002a) zu untersuchen, die einen vergleichsweise hohen Kursaufschlag für Familienunternehmen festgestellt hatten, werden nachfolgend die *Kursaufschläge nach Aktionärstyp und Periode* aufgeschlüsselt.

Tabelle 38: Kursaufschlag nach Typ des größten Aktionärs und Zeitperiode

μ=Mittelw., Med.=Median, #=Anz. Beobachtungen. Quelle: Eigene Berechnungen.

Periode → Typ des größten Aktionärs ↓		bis 1972 „historisch"	1973-1987 „Aufschwung"	1988-2002 „Boom"	2003-2016 „Abschwung"	insgesamt (1957-2016)
inländische Familie	μ	18,3%	17,4%	16,4%	10,5%	14,3%
	Med.	13,4%	8,1%	15,9%	3,3%	11,11%
	#	16	37	123	53	229
inländisches Unternehmen	μ	33,7%	9,4%	26,2%	13,8%	21,1%
	Med.	26,8%	7,6%	23,1%	9,5%	17,2%
	#	11	19	29	9	68
ausländischer Investor	μ		8,4%	22,8%	5,2%	16,4%
	Med.		7,1%	11,6%	-0,1%	5,9%
	#		10	32	12	54
Kreditinstitut	μ	7,9%	8,6%	19,4%	4,7%	12,8%
	Med.	7,9%	9,1%	24,4%	0,8%	10,3%
	#	2	4	9	4	19
Versicherung	μ		15,4%	25,7%		23,5%
	Med.		14,2%	27,0%		24,9%
	#		3	11		14
öffentliche Hand	μ	5,1%	-0,5%	24,9%	22,5%	13,1%
	Med.	4,5%	0,2%	22,4%	15,1%	7,3%
	#	4	8	8	5	25
genossen-schaftlicher Eigentümer	μ			34,8%		34,8%
	Med.			42,4%		42,4%
	#			4		4
insgesamt	μ	21,2%	9,1%	19,9%	10,7%	16,1%
	Med.	14,9%	6,7%	19,1%	3,6%	12,3%
	#	33	81	216	83	413

Nach der Hypothese K2 wäre der Kursaufschlag bei Familienunternehmen und Gesellschaften mit inländischem Unternehmen als größtem Aktionär am höchsten – dies entspricht wie erwähnt den Ergebnissen von Daske/Ehrhardt (2002a) bei deren Untersuchung des Kursunterschiedes bis 1998.[1763] Es ist allerdings – wie schon in Tabelle 16 (S. 521) dargestellt – festzustellen, dass sich in der Abschwungphase seit 2003 das arithmetische Mittel der Kursaufschläge der Stammaktien im Vergleich zur Boomphase nahezu halbiert hat; bezüglich des Medians zeigt sich ein noch deutlicherer Rückgang auf einstellige Werte. Während der überdurchschnittlich hohe Kursaufschlag bei Familiengesellschaften in der Aufschwungphase (1973-1982) bei Daske/Ehrhardt (2002a) noch zu einem überdurchschnittlichen Mittelwert für diese Gruppe von Unternehmen geführt haben könnte, hat der letztlich seit 1988 festzustellende vergleichsweise niedrigere Wert für Familienunternehmen zu einer Verminderung des langfristigen Durchschnittswerts bei Familienunternehmen geführt.[1764] Der unterdurchschnittliche Kursaufschlag für Familiengesellschaften spiegelt sich angesichts der großen Anzahl an Beobachtungen (bei vierjährlicher Regression: 229 von 413 Beobachtungen) auch in einem signifikant negativem Koeffizienten wider.

Zu dem unterdurchschnittlichen Wert für Familiengesellschaften beigetragen haben dürfte insbesondere auch der sowohl in der Boomphase als auch in der Abschwungphase (mithin seit 1988) bestehende überdurchschnittlich hohe Kursaufschlag bei Gesellschaften, deren größter Aktionär ein inländisches Unternehmen ist. Vermutlich ist aber die deutlich geringere Anzahl von 68 Beobachtungen von Gesellschaften mit inländischem Unternehmen als Hauptgesellschafter ein Grund dafür, dass der hohe positive Koeffizient für die entsprechende Dummyvariable AKT1TYP_UN nicht signifikant ist (p-Wert in der Pooled-OLS-Regression 0,2099). Im Ergebnis findet sich nach statistischen Maßstäben *keine Bestätigung für die Hypothese K2*; aus ökonomischer Sicht wäre die Hypothese im Hinblick auf den Kursaufschlag von Familienunternehmen (auch nach dem marginalen Signifikanzniveau) abzulehnen und im Hinblick auf den Kursaufschlag inländischer Unternehmen vermutlich (jedenfalls nach Mittelwert und Median) zutreffend.

[1763] Vgl. Daske/Ehrhardt (2002a), S. 194.

[1764] Eine alternative Erklärung wäre eine weniger strenge Ausreißerbehandlung in Daske/Ehrhardt (2002a) jedenfalls dann, wenn besonders hohe Kursaufschläge, die in der hiesigen Untersuchung als Ausreißer identifiziert wurden, vorrangig Familienunternehmen sind. Von den als Penny-Stocks oder wegen geringer Handelsumsätze ganz oder teilweise ausgeschlossenen 18 Unternehmen sind 10 Familienunternehmen (vgl. 1667, 1668 und S. 492).

Abschließend wird auch der Einfluss der Aktionärsstrukturvariablen auf die Renditeunterschiede analysiert, siehe Tabelle 39 unten.

Auch auf Basis der vierjährlichen Regressionen ergibt sich für die Änderungsrate des BIP ein deutlicher positiver Einfluss auf den Renditeunterschied (*Bestätigung R6*) und für den Umsatzanteil der Vorzugsaktien abzüglich des Anteils am gehandelten Grundkapital ein signifikant negativer Einfluss (*Ablehnung R8*). Der Anteil der Vorzugsaktien am Grundkapital hat einen signifikant negativen Einfluss, wie sich auch schon bei der monatlichen Fixed-Effects-Regression und, allerdings ohne Signifikanz, bei der Regression mit Jahresdaten gezeigt hatte (*Ablehnung R5*). Der negative Einfluss der Höhe der Mehrdividende auf die Differenz der Renditen von Stamm- und Vorzugsaktien wird bei der Pooled-OLS-Regression mit vierjährigem Abstand signifikant (*Bestätigung R9*).

Von den Aktionärsstrukturvariablen zeigt sich (im Modell 7f) ebenfalls ein negativer Einfluss der Eigenschaft als Familienunternehmen, was angesichts des im Mittel zurückgegangenen Kursaufschlags bei Familienunternehmen, d. h. des im Mittel relativ betrachtet stärkeren Kursanstiegs der Vorzugsaktien auch folgerichtig ist (damit *Ablehnung R10*).

Aus der Signifikanz der Dummy-Variablen `AKT1TYP_UN` in den Modellen 8p und 8f ist zu schlussfolgern, dass bei Gesellschaften mit inländischem Unternehmen als größtem Aktionär Stammaktien in Relation zu den Vorzugsaktien tendenziell höhere Renditen als der Durchschnitt aller einbezogenen Unternehmen haben. Dies korrespondiert zu ihrem im Mittel vergleichsweise hohen Kursaufschlag der Stammaktien.

Tabelle 39: Regressionen der Renditedifferenzen unter Einbeziehung der Aktionärsstrukturvariablen (vierjähriger Abstand per Ende 1957-2013 und 2016)

Ergebnisse von Pooled-OLS-Regressionen mit robusten Standardfehlern und von Fixed-Effects-Regressionen der Renditedifferenzen (Rendite der Stammaktien minus Rendite der zugehörigen Vorzugsaktien). Ausreißer (Renditen über +200% oder unter −66% oder Renditedifferenzen über 100%) werden nicht in die Schätzung einbezogen. In den Modellen 7p unf 7f erfolgt eine Zerlegung des Anteils des größten Aktionärs (Variablen `AB1` bis `AB4`); im Modell 8p erfolgt die Parameterauswahl durch eine sog. Stepwise-Regression (8f verwendet dieselben Parameter).

t-Werte sind in Klammern angegeben. ***,** bzw. * bezeichnen die Signifikanz des geschätzten Parameters auf einem Konfidenzniveau von 99%, 95% bzw. 90%. Bei den Bestimmtheitsmaßen für die Fixed-Effects-Schätzungen handelt es sich um das R^2 der so genannten Within-Schätzung.

Quelle: Eigene Berechnungen. *(Fortsetzung auf der nächsten Seite)*

Regressor	Hypothese und Wirkungsrichtung/ Variablennamen	Pooled-OLS-Regression		Fixed-Effects-Regression	
		Modell 7p mit Zerlegung des Anteils des gr. Aktionärs in 25%-Stufen	Modell 8p Ergebnis einer „Stepwise"-Regression	Modell 7f mit Zerlegung des Anteils des gr. Aktionärs in 25%-Stufen	Modell 8f wie Modell 8p
Log. Marktwert des Eigenkapitals	LOG_MW	-0,0034 (-0,37)		0,0289 (1,34)	
Anteil VzA am Grundkapital	R5+ V_ANT_GK	-0,200** (-2,02)		-0,641*** (-2,74)	
Umsatzanteil VzA – Ant. gehandelt. GK	R8+ VAN_JUM_M_GK	-0,211*** (-3,01)	-0,202*** (-3,29)	-0,482 (-0,51)	-0,005 (-0,05)
prioritätische Div. lt. Satzung (≤ 11%)	PD_SATZ_B11	0,0033 (0,37)		-0,0010 (-0,03)	
tatsächlich gezahlte Mehrdividende	R9 – TATS_MD	-0,0213** (-2,07)		0,0107 (0,49)	
Dummy für Dividendenausfall im jew. Jahr	DIV_AUSFALL	-0,0304 (-0,84)		0,0244 (0,44)	
Stimmanteil des größten Aktionärs	R11 AKT1_ST				
Quadrat des Stimmenant. d. gr. Akt.	R11 – SQ_AKT1_ST		$-9,4 \cdot 10^{-6}$** (-2,00)		$-3,5 \cdot 10^{-6}$ (-0,41)
Differenz zw. Anteil gr. u. zweitgr. Akt.	DIF_AKT1_M_2				
Dummy größter Aktionär ist Familie	R10+ AKT1TYP_FM	0,0088 (0,28)		-0,1444** (-2,38)	
Dummy gr. Aktion. ist inländ. Untern.	AKT1TYP_UN	0,070 (1,57)	0,088** (2,17)	0,069 (0,67)	0,169* (1,93)
Anteil größter Akt. im Quartil 0...25%	R11+ AB1	0,0075 (1,54)		0,0181** (2,29)	
Anteil größter Akt. im Quartil 25...50%	R11+ AB2	-0,0019 (-0,96)		-0,0030 (-1,00)	
Anteil größter Akt. im Quartil 50...75%	R11 – AB3	0,00061 (0,42)		0,00023 (0,10)	
Anteil größter Akt. im Quartil 75...100%	R11 – AB4	-0,0056** (-2,29)		-0,0065 (-1,53)	
Dummy StA im DAX/ MDAX oder TecDAX	S_DAX_MDAX	0,0034 (0,07)		0,137 (00,21)	
Dummy VzA im DAX/ MDAX oder TecDAX	V_DAX_MDAX	0,0415 (0,86)		0,0220 (0,36)	
risikoloser p.a.-Zins am Jahresende	RF_J	-0,0038 (-1,08)		0,0050 (0,89)	
Änd. des realen BIP p.a.	R6+ BIP_Ä_REAL	0,0273*** (3,72)	0,027*** (3,70)	0,030*** (5,63)	0,027*** (5,14)
Konstante		-0,097	-0,058**	-0,584	-0,080**
Beobachtungen		328	328	328	328
(angepasstes) R^2		**11,20%**	**11,48%**	**17,94%**	**11,27%**
F-Wert		3,10***	8,37***	3,02***	7,43***

Die Auswahl des Modells 8p erfolgte durch eine so genannte Stepwise-Regression. Angesichts der niedrigen Bestimmtheitsmaße der monatlichen und jährlichen Regressionsschätzungen zu Renditedifferenzen wurde die Möglichkeit von Stata® (die es auch bei anderer Statistik-Software gibt) genutzt, den Modellfit der Pooled-OLS-Regression durch „automatische" Auswahl aus den zur Verfügung stehenden Variablen unter Berücksichtigung etwaiger Multikollinearität und des vorgegebenen marginalen Signifikanzniveaus (hier: 10%) zu optimieren. In das so erhaltene Modell 8p sind daher nur die Variablen eingeflossen, die die Variation der Renditedifferenzen gemeinsam am besten erklären. Neben den drei schon erörterten Faktoren relativer Umsatzanteil, Änderung des realen BIP und der Dummy-Variable AKT1TYP_UN zeigt sich dabei auch das Quadrat des Stimmrechtsanteils des größten Aktionärs als auf einem Konfidenzniveau von 95% signifikanter Einflussfaktor. Auf dieser Basis (und angesichts des negativen Vorzeichens) wird die Hypothese *R11* im Hinblick auf den nichtmonotonen Einfluss des Anteils des größten Aktionärs bestätigt; allerdings ist der negative geschätzte Koeffizient bei der Fixed-Effects-Regression mit denselben Regressoren (Modell 8f) nicht signifikant.

5.5   Zusammenfassung der Ergebnisse

Von den bei einer Vollerhebung aller in Deutschland seit 1938 börsennotierten stimmrechtslosen Vorzugsaktien identifizierten 183 Gesellschaften waren in 131 Fällen Stamm- und Vorzugsaktien zumindest zeitweilig parallel notiert. Für den Vergleich von Kurs- und Renditeunterschieden konnten nach dem Ausschluss von Unternehmen mit Höchstdividende, kriegsfolgenbedingter Liquidation, fehlenden Kursen sowie von Unternehmen mit dauerhaft sehr niedrigen Umsätzen oder dauerhaft sehr niedrigen Kursen („Pennystocks") die Kurs- und Umsatzdaten von 103 Dual-Class-Gesellschaften herangezogen werden, von denen immerhin 35 Gesellschaften zumindest zeitweilig im DAX, MDAX oder TecDAX vertreten waren. Zudem standen 49 Unternehmen mit ausschließlicher Notiz der Vorzugsaktie für Vergleiche mit den Renditen der Vorzugsaktien mit gleichzeitig notierten Stammaktien zur Verfügung, darunter neun DAX-, MDAX- und TecDAX-Werte.

Eine Analyse der im vierjährigen Abstand manuell erhobenen *Aktionärsstrukturdaten* ergab, dass bei Gesellschaften mit allein notierten Vorzugsaktien im Mittel 75% der Stammaktien in den Händen von Familienaktionären lagen und dass Familienaktionäre bei 80% der allein notierten Gesellschaften den größten Aktionär stellten. Durchschnittlich hatten diese Gesellschaften Vorzugsaktienkapital im Umfang von 41% des Grundkapitals ausgegeben; auch bei aufgelebtem

Stimmrecht der Vorzugsaktien verfügten die Mehrheitsaktionäre des Stammaktienkapitals im Mittel über eine Stimmenmehrheit. Bei Unternehmen mit gleichzeitiger Notiz von Stamm- und Vorzugsaktien lag der Anteil des Vorzugsaktienkapitals im Mittel nur bei 30 %, allerdings verfügte auch hier der größte Aktionär dieser Gesellschaften im Mittel über einen Stimmrechtsanteil von 59 %, bei aufgelebtem Stimmrecht (theoretisch) im Mittel von 41 %. Angesichts eines durchschnittlichen Streubesitzanteils der Stammaktien bei diesen Gesellschaften von 34 % der Stammaktien (der im Zeitablauf nach Börsengang tendenziell langsam abnimmt) und in aller Regel geringer Hauptversammlungspräsenzen wäre also auch hier bei aufgelebtem Stimmrecht eine Stimmenmehrheit in der Hauptversammlung zumindest „in Reichweite". Daran wird die Eignung von Vorzugsaktien zur Kapitalbeschaffung ohne Abgabe der Kontrolle deutlich. Familienaktionäre waren im Übrigen auch bei 57 % dieser Gesellschaften die größte Aktionärsgruppe.

Bei langjähriger Betrachtung – von September 1955 bis Ende 2017 – ergibt sich auf Basis der 19.868 nach Ausschluss von Ausreißern in die Untersuchung einbezogenen Beobachtungen von Paaren von Stamm- und Vorzugsaktien ein *mittlerer Kursaufschlag der Stammaktien über die Vorzugsaktien* von 16,2 % (Median 11,2 %); bei 80 % der Beobachtungen war der Kursaufschlag positiv. Dieser Wert liegt angesichts des Rückgangs des mittleren Kursaufschlags ab etwa 2001 um einen Prozentpunkt unter dem von Daske/Ehrhardt (2002a) ermittelten Wert auf der Basis von Daten bis 1998. Im Zeitablauf ist festzustellen, dass der Kursaufschlag in der „Boomphase" der Vorzugsaktien von etwa 1988 bis 2002, in der es besonders viele börsennotierte Vorzugsaktien gab, mit 20,4 % im Mittel fast doppelt so hoch war wie in den 15 Jahren davor und danach (10,3 % bzw. 11,4 %); im Hinblick auf den Median ist der Unterschied noch ausgeprägter. Vor dem Hintergrund des schon seit Längerem wieder gesunkenen Niveaus des Kursaufschlags wäre bei aktuellen Bewertungsanlässen von Dual-Class-Unternehmen daher eher von dem letzteren Wert auszugehen. Für die vormals im Geregelten Markt bzw. geregelten Freiverkehr notierten Werte ergeben sich im Mittel leicht höhere Werte für den Kursaufschlag; Freiverkehrswerte haben dagegen durchschnittlich *deutlich* höhere Kursaufschläge, was auf die geringere Transparenz für Vorzugsaktionäre und die damit einhergehenden höhere Risiken aus Sicht der Anleger zurückzuführen sein könnte.

Größere Schwankungen des Kursaufschlags im Vergleich zum gleichgewichteten Mittel aller Beobachtungen ergeben sich nicht nur für im Freiverkehr oder im früheren Geregelten Markt notierte Werte, sondern auch bei Betrachtung marktwertgewichteter Mittel. Dies liegt insbesondere an starken Kursbewegungen der Indexwerte SAP, MLP und vor allem Volkswagen zwischen 1999 und 2009; bei

Volkswagen betrug der (in der Untersuchung als Ausreißer ausgeschlossene) Kursaufschlag beispielsweise im Oktober 2008 angesichts spekulativer Geschäfte im Zusammenhang mit der versuchten Ünernahme durch Porsche über 900 %. Sofern die Vorzugsaktien im DAX oder MDAX notieren, sind die Kursaufschläge deutlich niedriger oder sogar negativ (bei SAP, MLP und Fresenius zeitweilig unter -20%). Daher ist der mittlere Kursaufschlag bei Gewichtung mit dem Marktwert der Vorzugsaktien mit 5,5 % deutlich geringer als im gleich- oder auch (gesamt)marktwertgewichteten Mittel. Zudem führt dies bei Wandlung der Vorzugs- in Stammaktien wie im Fall MLP zu starken Veränderungen des so gewichteten Mittelwertes.

Stimmrechtslose Vorzugsaktien (sowohl allein als auch gleichzeitig mit der Stammaktie der Gesellschaft notierte) erzielen im langjährigen Mittel aus der Perspektive eines inländischen Anlegers mit einem Steuersatz von 0 % eine jährliche *Dividendenrendite* von 3,6 % und damit eine um 0,8 Prozentpunkte höhere Dividendenrendite als Stammaktien. Dies entspricht rund 2 % des (ggf. impliziten) Nennwertes, liegt also in der Größenordnung der mittleren statutarischen Mehrdividende. Auch die *Aktienrendite der Vorzugsaktien* insgesamt erweist sich als signifikant höher als die Aktienrendite der Stammaktien: 0,12 Prozentpunkte auf Monatsbasis bzw. 1,5 Prozentpunkte auf Jahresbasis. Dabei war die Renditedifferenz seit 1988 im Mittel noch höher (0,19 Prozentpunkte pro Monat bzw. leicht über 2 Prozentpunkte pro Jahr). Die Monatsrenditen der allein notierten stimmrechtslosen Vorzugsaktien weichen bei Gleichgewichtung nur geringfügig von denen der zeitgleich mit Stammaktien notierten Vorzugsaktien ab. Ein Portfolio, in dem die Vorzugsaktien entsprechend ihrem Marktwert gewichtet werden, erzielt sogar eine um 3,2 Prozentpunkte höhere Jahresrendite als ein Portfolio, in dem die zugehörigen Stammaktien entsprechend ihrem Marktwert gewichtet werden. Allerdings unterscheidet sich wegen der unterschiedlichen Gewichtungen auch die Risikostruktur der beiden so konstruierten Portfolios.

In Anlehnung an Stehle/Hartmond (1991) wurden so genannten *Renditedreiecke* erstellt, in denen die Renditen der Stamm- und der Vorzugsaktien und die resultierenden Differenzen über längere Anlagezeiträume von bis zu 30 Jahren betrachtet werden. Das geometrische Jahresmittel dieser Vorzugsaktienrenditen liegt bei einem Anlagehorizont von fünf bis zu 30 Jahren im arithmetischen Mittel über alle einzelnen Anlageperioden bei etwa 11,7 % für Vorzugsaktien mit gleichzeitig notierten Stammaktien und bei etwa 10,4 % für die Stammaktien; insofern erweist sich die höhere Vorzugsaktienrendite als sehr nachhaltig. Allein notierte Vorzugsaktien, die häufig von kleineren Familiengesellschaften ausgegeben wurden, erzielen bei langfristiger Anlage im Jahresmittel etwa 13 % p.a. Die höhere Rendite im Vergleich zu den anderen Vorzugs- und den Stammaktien könnte durch den Size-Effekt zu erklären sein. Allerdings ist festzustellen, dass Vorzugsaktien trotz im Mittel höherer Rendite tendenziell (nicht signifikant) eine etwas geringere Volatilität und einen etwas geringeren Betafaktor aufweisen.

Bei der Analyse der *Bestimmungsfaktoren für Kursunterschiede* ist zunächst festzustellen, dass es auch trotz einer überwiegend sehr großen Anzahl von Beobachtungen pro Monat einen starken positiven Zusammenhang zwischen den unternehmensindividuellen Kursaufschlägen und dem mittleren gleichgewichteten Kursaufschlag gibt: Bei einem Anstieg des mittleren Kursaufschlags von einem Prozentpunkt steigen die individuellen Kursaufschläge der Unternehmen im Mittel um etwa 0,9 Prozentpunkte an. Der mittlere Kursaufschlag wird wiederum hochsignifikant positiv beeinflusst von den makroökonomischen Variablen risikoloser Zinssatz, Änderung des realen Bruttoinlandsproduktes, Aktiennachfrage durch Ausländer und durch Inländer. Die Rendite eines breiten Aktienportfolios – die FTS-Reihe von Stehle/Schmidt (2015) – als Proxy für das Marktportfolio zeigt nur einen schwach signifikanten Einfluss auf den mittleren Kursaufschlag. Anders als erwartet ist dieser negativ, d. h. bei einem allgemeinen Anstieg der Aktienkurse steigen die Kurse der Vorzugsaktien stärker als die der zugehörigen Stammaktien. Dieser Befund (ebenso wie die genannten signifikant positiven Einflüsse der anderen makroökonomischen Variablen) bestätigt sich auch bei Panel-Regressionen der individuellen Kursaufschläge der einzelnen Unternehmen mit monatlichen und jährlichen Daten auf einem Konfidenzniveau von mindestens 95 %. Offensichtlich ist die im Abschnitt 4.3.1 abgeleitete Erklärung für die Hypothese K7 eines positiven Einflusses der Aktienrenditen (demnach wären Vorzugsaktien wegen der Nachzahlbarkeit der prioritätischen Dividende der „sicherere" Hafen und würde bei schlechteren Zukunftsaussichten bevorzugt, Stammaktien hingegen bei positiven Zukunftsaussichten) nur „eine Seite der Medaille": Auf der anderen Seite steigt für Vorzugsaktionäre im positiven wirtschaftlichen Umfeld die Wahrscheinlichkeit, dass eine (nicht nachzahlbare) Mehrdividende im Vergleich zur Dividende auf Stammaktien auch tatsächlich vereinnahmt werden kann. Dass dieser Effekt überwiegt zeigt sich auch an dem signifikant negativen Einfluss der Höhe der statutarischen Mehrdividende in den Fixed-Effects-Regressionen und der Insignifikanz der Höhe der prioritätischen Dividende. Erst wenn es tatsächlich zu einem Dividendenausfall kommt, führt der Anspruch auf Nachzahlung des Dividendenvorzugs (nach den Ergebnissen der Pooled-OLS-Regression auf Jahresbasis) zu einem Rückgang des Kursaufschlags.

Als weiterer hochsignifikanter Einflussfaktor auf die Höhe des Kursunterschieds erweist sich die „Mitgliedschaft" der *Stammaktie oder der Vorzugsaktie im DAX,*

MDAX oder TecDAX: Ist die Stammaktie in einem der Indizes vertreten, liegt der Kursaufschlag um etwa 11-14 Prozentpunkte höher als im Durchschnitt; die Mitgliedschaft der Vorzugsaktie im DAX, MDAX oder TecDAX senkt den Kursaufschlag nach den Ergebnissen der Pooled-OLS-Regressionen in derselben Größenordnung (nach den Fixed-Effects-Regressionen liegt der Kursaufschlag in solchen Gesellschaften allerdings „nur" etwa 4 bis 8 Prozentpunkte niedriger). Die als weiteres Maß für Liquiditätseffekte in grober Anlehnung an Kruse/Berg/ Weber (1993) konstruierte Differenz aus dem Umsatzanteil der Vorzugsaktien an den Umsätzen beider Gattungen und dem Anteil der Vorzugsaktien am börsengehandelten Grundkapital – dieses Maß soll ausdrücken, wie stark über- oder unterproportional die Vorzugsaktien im Vergleich zu den Stammaktien gehandelt werden – zeigt einen signifikant postiven Einfluss, mit anderen Worten würde demnach bei im Vergleich zu den zugehörigen Stammaktien handelsaktiveren Vorzugsaktien der Kursaufschlag steigen. Dieses unplausible Ergebnis ist aber möglicherweise durch unzutreffende Annahmen bei der Wertbestimmung zu erklären: In Anbetracht fehlender Angaben zum börsengehandelten Kapital wurde mglw. das börsengehandelte Vorzugsaktienkapitals überschätzt (es wurde angenommen, dass 100 % börsennotiert sind) und das börsengehandelte Stammaktienkapital unterschätzt (es wurde angenommen, dass auch kleinere Aktienpakete vom börsengehandelten Stammaktienkapital abzuziehen sind).

Wie erwartet zeigen auch der Anteil des Vorzugsaktienkapitals am Grundkapital und – auf Basis monatlicher Regressionen – der logarithmierte Marktwert des Eigenkapitals einen signifikant positiven Einfluss auf den Kursaufschlag. Bei den monatlichen Fixed-Effects-Regressionen zeigt sich zudem, dass der Kursaufschlag mit zunehmender Nähe zur nächsten Ausschüttung und damit bei der Mehrzahl der Gesellschaften zur Vereinnahmung einer Mehrdividende ggü. den Stammaktien signifikant sinkt.

Interessant und anders als erwartet ist das Ergebnis, dass bei Gesellschaften, bei denen die Firma den Eindruck erweckt, es handele sich um ein *Familienunternehmen,* bei denen nämlich ein Personenname Teil des Gesellschaftsnamens ist, der Kursauschlag signifikant niedriger als bei anderen Unternehmen ist. Der hinter der Annahme eines positiven Zusammenhangs steckende Befund von Daske/ Ehrhardt (2002a), dass bei Familienunternehmen der höchste Kursaufschlag der Stamm- über die Vorzugsaktien besteht, bestätigt sich auf Basis der in dieser Untersuchung um fast 20 Jahre längeren Datenbasis nicht. Vielmehr liegt bei Betrachtung der letzten 30 Jahre (seit 1988) der Kursaufschlag bei Familienunternehmen unter dem Durchschnitt (obwohl mehr als die Hälfte der Beobachtungen von Familienunternehmen stammen), während der mittlere Kursaufschlag bei Gesellschaften, deren größter Aktionär ein inländisches Unternehmen ist, überdurchschnittlich hoch ist. Dementsprechend zeigt sich auch bei den Regressionen mit Aktionärsstrukturvariablen ein signifikanter Einfluss der Dummy-Variablen für das Vorliegen eines Familienunternehmens bzw. eines inländischen Unternehmens als größtem Aktionär in die genannten Richtungen. Insofern scheint aus Sicht der Anleger das Ausmaß an extrahierten Private Benefits in Familienunternehmen abgenommen zu haben und/oder die Übernahmewahrscheinlichkeit bei Unternehmen in der Hand anderer Unternehmen größer zu sein und/oder es bei Übernahme von in der Hand von anderen Unternehmen (also in der Regel Konzernobergesellschaften) befindlichen Gesellschaften größere Wertsteigerungspotenziale bei Übernahmen zu geben.

Die Regressionen mit Aktionärsstrukturdaten auf vierjährlicher Basis liefern signifikante Hinweise auf einen nicht-linearen und auch nicht-monotonen Einfluss des *Anteils des größten Stammaktionärs*: Zum einen zeigt sich bei Unterstellung eines stückweise linearen Verlaufs in Abschnitten mit jeweils 25 %-Stimmrechtsanteil, dass bei einem Stimmrechtsanteil zwischen 25 % und 50 % der Kursaufschlag mit steigender Beteiligungsquote zunimmt (nicht signifikant) und dass dieser ab 50 % mit weiter steigender Beteiligungsquote wieder abnimmt (signifikant bei einem Konfidenzniveau von 90 %); bei Beteiligungsquoten über 75 % sinkt der Kursaufschlag noch stärker ab (signifikant). Die Schätzung eines quadratischen funktionalen Zusammenhangs zwischen Kursaufschlag und Stimmrechtsanteil erweist sich bei der Fixed-Effects-Regression auf einem Konfidenzniveau von 95 % (bei der Pooled-OLS-Regression auf einem Konfidenzniveau von 90 %) als signifikant. Aus den geschätzten Koeffizienten ergibt sich ein Maximum der quadratischen Funktion bei einem Stimmrechtsanteil des größten Aktionärs zwischen 41 % (Pooled-OLS-Regression) und 45 % (Fixed-Effects-Regression). Diese Ergebnisse sind überaus plausibel, da – wie schon oben erwähnt – mit einer solchen Beteiligungsquote regelmäßig eine Stimmenmehrheit in der Hauptversammlung erzielt werden kann, weshalb also schon ab dieser Schwelle der Wert des Stimmrechts für außenstehende Aktionäre abnehmen dürfte. Der Abstand der Stimmenanteile zwischem dem größten und dem zweitgrößten Aktionär (das sog. Rydqvist-Maß) hat für deutsche Dual-Class-Unternehmen mutmaßlich in Ermangelung einer ausreichenden Zahl an Übernahmewettbewerben keine Relevanz.

Für die *Erklärung der signifikanten Differenzen der Renditen von Stamm- und (minus) Vorzugsaktien* bieten die monatlichen und jährlichen Regressionen nur wenige Anhaltspunkte: Die Bestimmtheitsmaße bewegen sich überwiegend im Bereich einstelliger Prozentwerte und das RMSE-Maß (die Wurzel der mittleren quadraierten Abweichungen) deutet darauf hin, dass man sich mit den geschätzten Modellen bei der Differenz der Jahresrenditen im Mittel um 16 Prozentpunkte verschätzt. Als sicherer (und hochsignifikanter) Einfluss ist gleichwohl die Änderungsrate des realen Bruttoinlandsproduktes anzusehen: Bei einem wirtschaftlichen Aufschwung profitieren die Renditen der Stammaktien stärker als die der Vorzugsaktien, was auch mit dem positiven Einfluss der BIP-Änderung auf den Kursaufschlag in Zusammenhang steht. Neben dem signifikant negativen Einfluss eines im Vergleich zum Grundkapitalanteil überdurchschnittlichen Umsatzanteils der Vorzugsaktien (das Maß ist allerdings wie oben erwähnt wegen fehlender Daten möglicherweise fehlerbehaftet) erweist sich noch der wie erwartet negative Einfluss eines tatsächlichen Dividendenausfalls als signifikant: Aufgrund der Nachzahlbarkeit der prioritätischen Dividende sinkt der Kurs der Vorzugsaktien in diesem Fall weniger stark als der der Stammaktien, wie sich auch bei den Regressionen zum Kursaufschlag gezeigt hatte.

Bei den Regressionen der Renditedifferenz unter Einbeziehung der Aktionärsstrukturvariablen auf vierjährlicher Basis zeigen sich wie bei den Kursaufschlägen erstens ein signifikanter Koeffizient des quadrierten Stimmrechtsanteils des größten Aktionärs, zweitens ein Anstieg der Renditedifferenz (mithin relativ höhere Stammaktienrenditen) bei einem Anteil des größten Aktionärs von unter 25 % und drittens eine Verminderung der Renditedifferenz bei hohem Anteil des größten Aktionärs von übrr 75 %. Viertens ist nach den Ergebnissen – im Einklang mit den Ergebnissen beim Kursaufschlag – bei Familiengesellschaften die Differenz der Renditen von Stamm- und Vorzugsaktien geringer und bei Gesellschaften mit einem anderen inländischen Aktionär als größtem Aktionär höher. Gleichwohl können die Modelle auch bei Einbeziehung der Aktionärsstrukturdaten angesichts von Bestimmtheitsmaßen um 11 % nur in sehr moderatem Umfang die Variation der Renditedifferenzen erklären.

Schlussfolgerungen und Ausblick

Ergebnisse der Untersuchung

Die Motivation für die Ausgabe von stimmrechtslosen Vorzugsaktien hat sich seit ihrem Aufkommen in der Mitte des 19. Jahrhunderts im Grunde nicht geändert: Mit ihnen ist es für Unternehmen möglich, Kapital aufzunehmen, um große Wachstumsinvestitionen und Unternehmensübernahmen zu finanzieren, die Sanierung des Unternehmens zu erleichtern oder die Belegschaft am Unternehmenserfolg zu beteiligen, ohne hierfür die Mehrheitsverhältnisse der Gesellschaft anzutasten und – anders als bei Kreditfinanzierungen oder der Ausgaben von Anleihen – ohne die eigene Bonität zu belasten. Die Emittenten erhalten im Gegenzug für die Stimmrechtslosigkeit weniger Zuflüsse für das mit den stimmrechtslosen Vorzugsaktien ausgegebene Eigenkapital im Vergleich zur Ausgabe von Stammaktien: Im langjährigen Mittel lag der Kurs von Stammaktien nach dieser Untersuchung um 16,2 % über dem Kurs von Vorzugsaktien. Allerdings ist der mittlere Kursaufschlag seit der „Boomphase" der Vorzugsaktien in den 1990er Jahren, als von 117 deutschen Gesellschaften stimmrechtslose Vorzugsaktien börsennotiert waren und mindestens 150 weitere Gesellschaften Vorzugsaktien ausgegeben hatten, wieder deutlich zurückgegangen: Von über 30 % Ende 1990 bis auf 8,5 % Ende 2017 – bei Berechnung eines marktwertgewichteten Mittelwertes sogar auf nur 4,1 %.

Dies bedeutet aber nicht, dass Vorzugsaktien für Anleger uninteressant geworden sind: Abgesehen vom Anspruch auf Nachzahlung der prioritätischen Dividende und dem Wiederaufleben des Stimmrechts nach zwei dividendenlosen Jahren[1765] erhalten die Vorzugsaktionäre häufig eine Mehrdividende im Vergleich zu den Stammaktien, die zu einer im Mittel um 0,8 Prozentpunkte signifikant höheren jährlichen Dividendenrendite beiträgt. Auch die jährliche Gesamtrendite der Vorzugsaktien vor Steuern liegt im langjährigen Mittel um 1,5 Prozentpunkte signifikant über der der Stammaktien (im Zeitraum seit 1988 beträgt der Unterschied sogar über 2 Prozentpunkte) – und dies trotz einer im Mittel leicht geringeren Volatilität und eines etwas geringeren Betafaktors. Stammaktionäre profi-

---

[1765] So die geltende Rechtslage bis Ende 2015. Seit 2016 sind auch nicht nachzahlbare Vorzüge zulässig, bei denen im Fall der Nichtzahlung das Stimmrecht sofort auflebt. Dem Verfasser ist aber kein Fall bekannt, in dem seit der Novelle des Aktiengesetzes 2016 eine Vorzugsaktie ohne kumulative Dividendenpriorität ausgegeben worden wäre.

© Springer Fachmedien Wiesbaden GmbH, ein Teil von Springer Nature 2019
S. Daske, *Vorzugsaktien in Deutschland*, Empirische Finanzmarktforschung/Empirical Finance, https://doi.org/10.1007/978-3-658-25776-7_7

tieren möglicherweise stärker bei Übernahmeangeboten oder im Squeeze-out-Fall, allerdings wurden diese Effekte in dieser Arbeit nicht näher betrachtet.

Die Ergebnisse zu den empirischen Untersuchungen dieser Arbeit zum Kurs- und Renditeunterschied sind im Detail im Abschnitt 5.5 (ab S. 590) zusammengefasst. Als wesentliches Ergebnis ist festzuhalten, dass die Kursaufschläge bei den einzelnen Gesellschaften trotz eines ganz überwiegend geringen Gewichts des einzelnen Unternehmens sehr deutlich durch den mittleren gleichgewichteten Kursaufschlag aller Dual-Class-Unternehmen beeinflusst werden, auf den wiederum makroökonomische Faktoren, insbesondere das Zinsniveau, die Änderungsrate des realen Bruttoinlandsproduktes und die Aktiennachfrage einen jeweils gleichgerichteten (signifikant positiven) Einfluss haben.

Wie in den Hypothesen im Kapitel 4 abgeleitet, steigt nach den Ergebnissen der Regressionsanalysen der Kursaufschlag bei größerem Marktwert des Eigenkapitals, höherem Grundkapitalanteil des Vorzugsaktienkapitals und Zugehörigkeit der Stammaktie zum DAX, MDAX oder TecDAX; der Kursaufschlag fällt dagegen bei Zugehörigkeit der Vorzugsaktie zum DAX, MDAX oder TecDAX, Ausfall der Dividende und tendenziell bei höherer Mehrdividende der Vorzugsaktie sowie nahender Dividendenausschüttung. Außerdem kann ein nichtlinearer und nicht monotoner Einfluss des Stimmrechtsanteils des größten Aktionärs auf den Kursaufschlag bestätigt werden: Bei Unterstellung eines quadratischen Zusammenhangs (der sich in den Regressionsanalysen als signifikant erweist) ist der Einfluss bei einer Beteiligungsquote von 41 % bis 45 % am höchsten. Überraschend ist dagegen, dass der Kursaufschlag bei steigendem Aktienmarkt signifikant sinkt – dies könnte auf die Bedeutung der im positiven Umfeld sichereren Mehrdividende für den Kurs hinweisen.

Ebenfalls unerwartet ist das Ergebnis, dass der Kursaufschlag in Familiengesellschaften anders als nach bisherigen Studien, z. B. von Daske/Ehrhardt (2002a) signifikant niedriger als im Durchschnitt ist. Dies ist durch den starken Rückgang des Kursaufschlags in den letzten 20 Jahren auch bei Familienunternehmen erklärbar und könnte darauf hindeuten, dass der Kapitalmarkt von einem gesunkenen Ausmaß an Private Benefits bei Familienunternehmen oder einem größeren Wertsteigerungspotenzial bei Gesellschaften, deren größter Aktionär ein anderes Unternehmen ist ausgeht. Ein geeignetes Maß zu finden, das den Einfluss der unterschiedlichen Liquidität von Stamm- und Vorzugsaktien außerhalb der Indexzugehörigkeit abbildet, muss der weiteren Forschung überlassen bleiben: Der für das hier verwendete Maß der Differenz zwischen Umsatz- und Grundkapitalanteil der Vorzugsaktien gefundene hochsignifikant positive Einfluss auf den Kursunterschied und der signifikant negative Einfluss auf die Differenz der Renditen von Stamm- und Vorzugsaktien erscheint jedenfalls überaus unplausibel. Auch sonst kann die Variation der *Rendite*differenzen durch die anhand der verfügbaren Variablen geprüften Modelle trotz des hochsignifikanten Einflusses der Änderungsrate des BIP und von Dividendenausfällen angesichts äußerst niedriger Bestimmtheitsmaße nur unzureichend erklärt werden.

Ansätze für weitere Forschung

Die Effekte bei der Umwandlung von Vorzugs- in Stammaktien am deutschen Kapitalmarkt werden bisher in zwei in dieser Arbeit vorgestellten Ereignisstudien ausführlich untersucht, die bis zu 43 Umwandlungen bis 2002 bzw. 2003 einbeziehen. Mittlerweile sind 59 Umwandlungen von Vorzugs- in Stammaktien zu verzeichnen, sodass es nun auf einer größeren Datenbasis möglich wäre, zu prüfen, ob die von den wandelnden Unternehmen regelmäßig neben der Steigerung der Liquidität als Grund für die Wandlung angegebene Steigerung des Marktwertes tatsächlich eintritt. Hierfür wären ergänzend zu Ereignisstudien auch längerfristige Analysen sinnvoll.

Auch bei anderen Ereignissen der Beendigung der Notiz von Vorzugsaktien, wie Unternehmensübernahmen mit und ohne Squeeze-outs, Insolvenzen und Sanierungen sowie Delistings, könnten Analysen der unterschiedlichen Reaktionen von Stamm- und Vorzugsaktien im Vorfeld solcher Ereignisse aufschlussreich sein, zum Beispiel auch um die These von Wenger/Hecker (2004) von Vorzugsaktionären als „bevorzugten Plünderungsopfern" zu belegen oder jedenfalls als pauschale Aussage zu widerlegen. Solche Untersuchungen kommen aber letztlich nur als Fallstudien in Betracht: Auch die im Anhang dargestellten Kursdiagramme der in die Untersuchung einbezogenen Dual-Class-Unternehmen belegen, dass regelmäßig unternehmensindividuelle Umstände großen Einfluss auf die Kursbildung der Stamm- und Vorzugsaktien haben. Aus diesem Grund sind im Übrigen auch die Ergebnisse länderübergreifender Studien, die zudem noch rechtlich verschieden ausgestaltete Aktientypen mit abweichenden Stimmrechten vermengen, mit Vorsicht zu interpretieren.

Für den deutschen Aktienmarkt wäre es in jedem Fall interessant, auch Zusammenhänge in der Bilanzstruktur von Dual-Class-Unternehmen zu analysieren. So haben z. B. für die USA Moyer/Rao/Sisneros (1992) festgestellt, dass der Verschuldungsgrad der Dual-Class-Gesellschaften nach dem IPO von Vorzugsaktien ansteigt,[1766] was so interpretiert werden kann, dass die Gesellschaften bereits beim Börsengang auf Eigenkapital angewiesen sind und dass sie die durch die Aufnahme des Eigenkapitals in Form von Vorzugsaktien die wieder erweiterten Möglichkeiten zur Fremdfinanzierung auch tatsächlich nutzen.

Bei der Verknüpfung mit Bilanzdaten könnte auch geprüft werden, ob auf deren Basis nach Dividendenausfällen prognostiziert werden kann, ob/wann wieder eine Dividendenzahlung aufgenommen werden könnte und folglich die rückständigen Vorzugsdividenden nachgezahlt werden könnten. Dies könnte einen Einfluss auf den Kurs der Vorzugsaktien ausüben. Doerks (1992) hatte zu diesem Zweck einen „Stimmrechtswiederauflebungsindikator" konstruiert, allerdings für die Jahre 1974 bis 1987 keinen signifikanten Zusammenhang finden können.[1767]

Schließlich verdient auch die tatsächliche Nutzung der bei bestehender Dual-Class-Struktur (wie im Abschnitt 3.2.3 dargestellt) verbesserten Möglichkeiten zur Kreierung von Eigenkapitalpyramiden und allgemeiner der Zusammenhang zwischen Verschuldungsgrad und Stimmrechtswert im Hinblick auf den Nutzen von stimmrechtslosen Vorzugsaktien eine vertiefte Analyse.

Ausblick

Die Europäische Kommission ist zu Beginn des Jahrhunderts mit ihren Bemühungen gescheitert, das „One Share – One Vote"-Prinzip in der Europäischen Union – vorgeblich zum Schutz uninformierter Kleinanleger und des europäischen Binnenmarktes – zwecks Erleichterung von Übernahmen, damit also auch im Interesse von Finanzinvestoren, durchzusetzen. Abgesehen davon, dass kein zwingendes Gemeinwohlinteresse an einem solchen Eingriff in die Vertrags- und Satzungsautonomie bestanden hat und besteht, darf trotz abnehmender Anzahl von Vorzugsaktien nicht verkannt werden, dass die mit der Ausgabe von Vorzugsaktien verbundenen Motive der Emittenten weiter bestehen und bei einer Abschaffung von Vorzugsaktien auf andere Weise (z. B. durch Umwandlung der Gesellschaften in KGaAs) Lösungen gefunden werden, deren Governance-Strukturen und Einflussmöglichkeiten für uninformierte Kleinanleger möglicherweise deutlich intransparenter sind. Für manche Gründer, die die Kontrolle über „ihr" Unternehmen nicht abgeben wollen, zum Beispiel um das Humankapital in einem Start-up zu halten, mag es nicht die Frage sein, ob man Stamm- oder Vor-

---

[1766] Vgl. a. a. O., S. 41.
[1767] Vgl. a. a. O., S. 124.

zugsaktien emittiert, sondern eher, ob man überhaupt in der Lage ist, Mittel am Kapitalmarkt zu beschaffen und so Wachstum zu ermöglichen – stimmrechtslose Eigenkapitalinstrumente sind in dieser Situation sehr nützlich. An diesem Beispiel zeigt sich auch die volkswirtschaftliche Bedeutung einer Aufrechterhaltung der Möglichkeiten zur Finanzierung mittels Vorzugsaktien.

Wenn für Vorzugsaktionäre stets die Gefahr bestünde, zum „Plünderungsopfer" zu werden, würden Vorzugsaktien von selbst vom Markt verschwinden. Dies ist nicht abzusehen und mit der Aktienrechtsnovelle 2016 wurde vom deutschen Gesetzgeber die Möglichkeit eröffnet, auch neue Emittenten und Investoren für das Instrument Vorzugsaktie zu gewinnen. In einem jüngst erschienenen Aufsatz im Journal of Corporate Finance heißt es treffend: „Organizational forms exist as long as they are useful. If an organizational form outlives its usefulness it will fade away.... Despite market forces and external pressures, the dual class structure successfully survives as an intermediate organizational form."[1768]

[1768] So Howell (2017), S. 448.

Anhang

Anhang A: Detaillierte Nachweise zum Bezugsrecht bei ordentlichen Kapitalerhöhungen

Angemessenes Verhältnis der Bezugspreise von jungen Stamm- und Vorzugsaktien (zu Abschnitt 2.2.4.4, S. 99 ff., Fußnoten 432 bis 443)

Vorbemerkung

Im Allgemeinen ergibt sich der der Wert eines Bezugsrechts ohne Berücksichtigung von möglichen Wertsteigerungen durch die Kapitalerhöhung als

$$K_B = \frac{K_n - K_E}{a / j},$$ wobei K_B den (rechnerischen) Wert des Bezugsrechts, K_n den

theoretischen neuen Kurs der Aktie nach Kapitalerhöhung, K_E dem Bezugspreis (Emissionspreis), a die Anzahl der alten Aktien und j die Anzahl der jungen Aktien, mithin $^a/_j$ das Bezugsverhältnis bezeichnen.[1769] Der Kurs K_n ergibt sich

dabei als Mischkurs aus alten und jungen Aktien: $K_n = \dfrac{aK_a + jK_E}{a + j}$.

Bezeichne nun e die prozentuale Erhöhung des Grundkapitals (d.h. j=e·a), s den Grundkapitalanteil der Stammaktien und v den Grundkapitalanteil der Vorzugsaktien (=1−s), p das Kursverhältnis aus Vorzugs- und Stammaktien p=K_{aV}/K_{aS} und kennzeichnen die Indizes S und V den jeweiligen Wert für Stamm- und Vorzugsaktien, dann gilt für die theoretischen Werte der jungen Stamm- und Vorzugsaktien:

$$K_{nS} = \frac{s \cdot a \cdot K_{aS} + s \cdot e \cdot a \cdot K_{ES}}{s \cdot a + s \cdot e \cdot a} = \frac{K_{aS} + e \cdot K_{ES}}{1 + e} \quad \text{und}$$

$$K_{nV} = \frac{v \cdot a \cdot K_{aV} + v \cdot e \cdot a \cdot K_{EV}}{v \cdot a + v \cdot e \cdot a} = \frac{K_{aV} + e \cdot K_{EV}}{1 + e}$$

[1769] Notation in Anlehnung an Rammert (1998), S. 706 f.

© Springer Fachmedien Wiesbaden GmbH, ein Teil von Springer Nature 2019
S. Daske, *Vorzugsaktien in Deutschland*, Empirische Finanzmarktforschung/Empirical Finance, https://doi.org/10.1007/978-3-658-25776-7

a) Gattungsbezugsrecht

Das Bezugsverhältnis ist in diesem Falle $s \cdot a/(s \cdot e \cdot a) = 1/e = v \cdot a/(v \cdot e \cdot a)$ und die rechnerischen Werte der Bezugsrechte ergeben sich als

$$K_{BS} = \frac{\dfrac{K_{aS} + e \cdot K_{ES}}{1+e} - K_{ES}}{1/e} = \frac{K_{aS} - K_{ES}}{(1+e)/e} \quad \text{bzw.}$$

$$K_{BV} = \frac{\dfrac{K_{aV} + e \cdot K_{EV}}{1+e} - K_{EV}}{1/e} = \frac{K_{aV} - K_{EV}}{(1+e)/e}.$$

aa)

Wird als Gerechtigkeitsmaßstab im Sinne des Gleichbehandlungsgrundsatzes die *Gleichheit der Bezugsrechtswerte von Stamm- und Vorzugsaktien* angesehen,[1770] gilt

$$K_{BS} = K_{BV} \Leftrightarrow K_{aS} - K_{ES} = K_{aV} - K_{EV} \Leftrightarrow K_{aS} - K_{aV} = K_{ES} - K_{EV},$$

d.h. die Bezugsrechte haben denselben Wert genau dann, wenn die Differenz der Bezugspreise der Differenz der Altaktienkurse entspricht.

Bezeichnet nun q das Verhältnis der Bezugspreise von Vorzugs- und Stammaktien $q = K_{EV}/K_{ES}$ folgt wegen

$$K_{aS} - K_{aV} = K_{ES} - K_{EV} \Leftrightarrow K_{aS} - p \cdot K_{aS} = K_{ES} - q \cdot K_{ES} \Leftrightarrow K_{ES} = \frac{1-p}{1-q} K_{aS}$$

einerseits und $K_{ES} < K_{aS}$ andererseits, dass $p > q$ gelten muss, dass also der prozentuale Abschlag des Bezugskurses der Vorzugsaktien gegenüber dem Bezugskurs der Stammaktien $(1-q)$ größer sein muss als der prozentuale Kursunterschied (Kursabschlag) im Aktienkurs $(1-p)$.

[1770] Wie z. B. von Bezzenberger (1991b), S. 154.

ab)

Wird als Gerechtigkeitsmaßstab im Sinne des Gleichbehandlungsgrundsatzes ein *Verhältnis der Bezugsrechtswerte von Vorzugs- und Stammaktien im Verhältnis der Marktwerte der Altaktien* gesehen,[1771] so gilt mit dem Verhältnis von $p = K_{aV}/K_{aS}$

$$K_{BV}/K_{BS} = p \Leftrightarrow K_{aV} - K_{EV} = p \cdot (K_{aS} - K_{ES}) \Leftrightarrow p \cdot K_{aS} - K_{EV} = p \cdot K_{aS} - p \cdot K_{ES}$$
$$\Leftrightarrow K_{EV} = p \cdot K_{ES} \Leftrightarrow K_{EV}/K_{ES} = p,$$

d. h. dass auch die Bezugspreise der jungen Aktien dieses Verhältnis aufweisen müssen.

In diesem Fall gilt im Übrigen $\dfrac{K_{nV}}{K_{nS}} = \dfrac{K_{aV} - e \cdot K_{EV}}{K_{aS} - e \cdot K_{ES}} = \dfrac{p \cdot K_{aS} - p \cdot e \cdot K_{ES}}{K_{aS} - e \cdot K_{ES}} = p$,

das heißt der Kursabschlag der Vorzugsaktien ändert sich (theoretisch) auch nach der Kapitalerhöhung nicht.

b) Mischbezugsrecht

Im Unterschied zum Gattungsbezugsrecht ist das Bezugsverhältnis für Stamm- und Vorzugsaktien beim Mischbezugsrecht im Allgemeinen unterschiedlich, da außer im Falle s=v mehr Stammaktien emittiert werden. Speziell werden s·e·a Stammaktien emittiert, auf die alle a Aktien (d. h. Stamm- *und* Vorzugsaktien) ein Bezugsrecht haben. Das Bezugsverhältnis für Stammaktien ist daher a/(s·e·a)=1/(s·e), für Vorzugsaktien entsprechend 1/(v·e). Die Formeln für den Bezugsrechtswert müssen daher entsprechend angepasst werden:

$$K_{BS} = \frac{\dfrac{K_{aS} + e \cdot K_{ES}}{1+e} - K_{ES}}{1/(s \cdot e)} = \frac{K_{aS} - K_{ES}}{(1+e)/(s \cdot e)} = \frac{s \cdot K_{aS} - s \cdot K_{ES}}{(1+e)/e}, \text{ bzw.}$$

$$K_{BV} = \frac{v \cdot K_{aV} - v \cdot K_{EV}}{(1+e)/e}.$$

Wie man sieht, entspricht der Bezugsrechtswert dem Bezugsrechtswert bei Gattungsbezugsrecht multipliziert mit dem Kapitalanteil der eigenen Gattung.

[1771] Wie z. B. von Trölitzsch (1993), S. 1460.

ba)

Wird als Gerechtigkeitsmaßstab im Sinne des Gleichbehandlungsgrundsatzes die *Gleichheit der Bezugsrechtswerte von Stamm- und Vorzugsaktien* angesehen, so gilt

$$K_{BS} = K_{BV} \Leftrightarrow s \cdot K_{aS} - s \cdot K_{ES} = v \cdot K_{aV} - v \cdot K_{EV} \Leftrightarrow \frac{s}{v} K_{ES} - K_{EV} = \frac{s}{v} K_{aS} - K_{aV}$$

$$\Leftrightarrow \left(1 + \frac{s-v}{v}\right) K_{ES} - K_{EV} = \left(1 + \frac{s-v}{v}\right) K_{aS} - K_{aV} \Leftrightarrow K_{ES} - K_{EV} = K_{aS} - K_{aV} + \frac{s-v}{v}(K_{aS} - K_{ES})$$

Wegen $\dfrac{s-v}{v}(K_{aS} - K_{ES}) > 0$ für den üblichen Fall $s > v$ muss die Differenz der

Bezugspreise im Falle des Mischbezugsrechts größer sein als die Differenz der Altaktienkurse (wie dies beim Gattungsbezugsrecht erforderlich wäre). Eine Gleichheit gilt nur im Falle $s = v$. Durch Umstellen der letzten Gleichung in obiger erster Zeile erhält man mit $r = K_{EV}/K_{ES}$ und $p = K_{aV}/K_{aS}$ zudem

$$K_{EV} = r \cdot K_{ES} = \left(p - \frac{s}{v}\right) K_{aS} + \frac{s}{v} K_{ES} \Leftrightarrow \left(r - \frac{s}{v}\right) K_{ES} = \left(p - \frac{s}{v}\right) K_{aS} \Leftrightarrow K_{ES} = \left(\frac{s}{v} - p\right) \Big/ \left(\frac{s}{v} - r\right) K_{aS}$$

und wegen $\left(\dfrac{s}{v} - p\right) \Big/ \left(\dfrac{s}{v} - q\right) > \dfrac{1-p}{1-q}$ für den üblichen Fall $s > v$ kann beim Misch-

bezugsrecht für dasselbe Bezugspreisverhältnis wie beim Gattungsbezugsrecht (d. h. $r = q < p$) ein höherer Emissionspreis für die Stammaktien angesetzt werden. Für den gleichen Bezugspreis der jungen Stammaktien K_{ES} folgt mit einem vom entsprechenden Verhältnis q beim Gattungsbezugsrecht abweichenden Verhältnis r der Bezugspreise von Vorzugs- zu Stammaktien

$$\left(\frac{s}{v} - p\right) \Big/ \left(\frac{s}{v} - r\right) = \frac{1-p}{1-q} \Leftrightarrow (1-q)\left(\frac{s}{v} - p\right) = (1-p)\left(\frac{s}{v} - r\right) \Leftrightarrow r = \frac{\frac{s}{v} \cdot (q-p) + p \cdot (1-q)}{1-p}$$

$$\Rightarrow \quad r < q \Leftrightarrow \tfrac{s}{v} \cdot (q-p) + p \cdot (1-q) < q \cdot (1-p) \Leftrightarrow q \cdot (\tfrac{s}{v} - 1) < p \cdot (\tfrac{s}{v} - 1) \Leftrightarrow q < p,$$

dass im Falle $s > v$ der Abschlag des Bezugspreises der Vorzugsaktien noch höher sein muss als der entsprechende Abschlag beim Gattungsbezugsrecht.

Auch beim Mischbezugsrecht gilt generell, dass wegen

$$r = \left(p - \frac{s}{v}\right) \frac{K_{aS}}{K_{ES}} + \frac{s}{v} = p \cdot \frac{K_{aS}}{K_{ES}} - \frac{s}{v}\left(\frac{K_{aS}}{K_{ES}} - 1\right) < p \Leftrightarrow p \cdot \left(\frac{K_{aS}}{K_{ES}} - 1\right) - \frac{s}{v}\left(\frac{K_{aS}}{K_{ES}} - 1\right) < 0 \Leftrightarrow p < \frac{s}{v}$$

und der üblichen Gültigkeit der rechten Ungleichung ($p < 1 < s/v$) der Abschlag des Bezugspreises der Vorzugsaktien über dem Kursabschlag der Vorzugsaktien liegen muss.

bb)

Wird als Gerechtigkeitsmaßstab im Sinne des Gleichbehandlungsgrundsatzes ein *Verhältnis der Bezugsrechtswerte von Vorzugs- und Stammaktien im Verhältnis der Marktwerte der Altaktien* gesehen, so gilt im Normalfall ($s > v$, $K_{aS} > K_{ES}$)

$$K_{BV}/K_{BS} = p \Leftrightarrow v \cdot K_{aV} - v \cdot K_{EV} = p \cdot (s \cdot K_{aS} - s \cdot K_{ES}) \Leftrightarrow v \cdot p \cdot K_{aS} - v \cdot K_{EV} = p \cdot s \cdot K_{aS} - p \cdot s \cdot K_{ES}$$

$$\Leftrightarrow K_{EV} = p \cdot \frac{v-s}{v} \cdot K_{aS} + p \cdot \frac{s}{v} \cdot K_{ES} = p \cdot \frac{v-s}{v} \cdot K_{aS} + p \cdot \left(1 - \frac{v-s}{v}\right) \cdot K_{ES}$$

$$= p \cdot \frac{v-s}{v} \cdot (K_{aS} - K_{ES}) + p \cdot K_{ES}$$

$$\Rightarrow K_{EV} < p \cdot K_{ES} \Leftrightarrow K_{EV}/K_{ES} < p,$$

d. h. das Verhältnis der Bezugspreise der Vorzugs- und Stammaktien muss kleiner als das Kursverhältnis der Altaktien und somit kleiner als der entsprechende Wert beim Gattungsbezugsrecht sein. Eine Gleichheit ergibt sich nur im Falle gleich hoher Grundkapitalanteile beider Gattungen ($v = s = 50\%$).

c) Berücksichtigung von Marktwertsteigerungen beim Gattungsbezugsrecht

Resultiert aus einer Kapitalerhöhung eine über das eingezahlte Kapital hinausgehende Marktsteigerung W – dem Kapitalwert der Investition –[1772] und bezeichne α den Anteil an W, der den Stammaktionären in Form von Kurssteigerungen zufließt, modifizieren sich die Gleichungen für den theoretischen Mischkurs unter Berücksichtigung der Marktwertsteigerung zu

$$K_{nS} = \frac{s \cdot a \cdot K_{aS} + s \cdot e \cdot a \cdot K_{ES} + \alpha \cdot W}{s \cdot a + s \cdot e \cdot a} = \frac{K_{aS} + e \cdot K_{ES} + \alpha \cdot W/s \cdot a}{1+e}$$

bzw.

$$K_{nV} = \frac{v \cdot a \cdot K_{aS} + v \cdot e \cdot a \cdot K_{ES} + \alpha \cdot W}{v \cdot a + v \cdot e \cdot a} = \frac{K_{aS} + e \cdot K_{ES} + (1-\alpha) \cdot W/v \cdot a}{1+e}$$

und für den Bezugsrechtswert demnach zu

[1772] Eine ausführliche Diskussion findet sich bei Rammert (1998), S. 706.

$$K_{BS} = \frac{\frac{K_{aS} + e \cdot K_{ES} + \alpha \cdot W/s \cdot a}{1+e} - K_{ES}}{1/ \cdot e} = \frac{K_{aS} - K_{ES} + \frac{\alpha \cdot W}{s \cdot a}}{(1+e)/e} \quad \text{und}$$

$$K_{BV} = \frac{K_{aV} - K_{EV} + \frac{(1-\alpha) \cdot W}{v \cdot a}}{(1+e)/e}.$$

Nun gilt

$$K_{BV} / K_{BS} = p \Leftrightarrow \frac{K_{aV} - K_{EV} + \frac{(1-\alpha) \cdot W}{v \cdot a}}{K_{aS} - K_{ES} + \frac{\alpha \cdot W}{s \cdot a}} = p \Leftrightarrow -K_{EV} + \frac{(1-\alpha) \cdot W}{v \cdot a} = -p \cdot K_{ES} + p \cdot \frac{\alpha \cdot W}{s \cdot a}$$

$$\Leftrightarrow p \cdot K_{ES} - K_{EV} = \frac{W}{a} \left(\frac{p \cdot \alpha}{s} - \frac{1-\alpha}{v} \right)$$

Für ein dem Kursverhältnis entsprechendes Bezugspreisverhältnis $K_{EV}/K_{ES} = p$ muss folglich $\frac{p \cdot \alpha}{s} = \frac{1-\alpha}{v} \Leftrightarrow \alpha = \frac{s}{v \cdot p + s} > s$ und damit $1-\alpha = \frac{v \cdot p}{v \cdot p + s} < v$ gelten, d. h. die Stammaktionäre erhalten in diesem Fall einen höheren Anteil am Wertzuwachs als ihrem Grundkapitalanteil entspricht. Dies liegt in dem niedrigeren Kurswertanteil der Vorzugsaktien begründet, wie man an der Formel für $(1-\alpha)$ ablesen kann.

Umgekehrt muss zum Erreichen eines dem Grundkapitalanteil entsprechenden Anteils am Wertzuwachs (d. h. mit $s = \alpha$ und $v = 1-\alpha$) wegen

$$p \cdot K_{ES} - K_{EV} = \frac{W}{a} \left(\frac{p \cdot \alpha}{s} - \frac{1-\alpha}{v} \right) = \frac{W}{a}(p-1) \Leftrightarrow K_{EV} = p \cdot K_{ES} + \frac{W}{a}(1-p) > p \cdot K_{ES}$$

der Bezugspreisabschlag der jungen Vorzugsaktien geringer sein als der Kursabschlag der Vorzugsaktien. Dies ist auch intuitiv klar: Der gemessen am Grundkapitalanteil relativ höhere Bezugspreis der Vorzugsaktien muss den geringeren Kurswert ausgleichen.

Anhang B: Datenbasis

Tabelle 40: Anzahl deutscher Vorzugsaktien (1938-2017, Stand am Jahresende)

Quelle: Eigene Erhebungen. Angaben zu nichtnotierten Gesellschaften konnten nur bis 2002 erhoben werden. Für die Zeit vor 1955 standen keine verlässlichen Angaben über die Anzahl von Vorzugsaktien mit einfachem oder mehrfachem Stimmrecht zur Verfügung.

Jahr	Vorzugs- aktien ohne Stimm- recht	davon notierte Vorzugs- aktien ohne Stimm- recht	davon notierte VzA mit gleich- zeitig notierter StA	davon notierte VzA ohne gleich- zeitig notierte StA	Vorzugs- aktien mit einfa- chem Stimm- recht	davon notierte Vorzugs- aktien mit ein- fachem Stimm- recht	Mehr- stimm- rechts- aktien	Vorzugs- aktien ins- gesamt
1938	5	1	0	1		9		
1939	6	2	1	1		9		
1940	8	3	2	1		9		
1941	11	6	5	1		9		
1942	11	6	5	1		9		
1943	12	7	5	2		10		
1944	12	7	5	2		10		
1945	10	5	3	2		8		
1946	10	5	3	2		8		
1947	10	5	3	2		8		
1948	12	7	5	2		9		
1949	13	8	6	2		8		
1950	16	7	5	2		8		
1951	17	7	6	1		8		
1952	20	8	7	1		8		
1953	21	9	8	1		8		
1954	25	9	8	1		9		
1955	30	14	13	1	47	9	147	224
1956	32	16	15	1	49	9	146	227
1957	34	17	16	1	47	8	144	225
1958	36	18	17	1	47	8	143	226
1959	36	18	17	1	48	8	140	224
1960	37	18	17	1	49	8	135	221
1961	44	21	20	1	50	8	133	227

Jahr	Vorzugs-aktien ohne Stimm-recht	davon notierte Vorzugs-aktien ohne Stimm-recht	davon notierte VzA mit gleich-zeitig notierter StA	davon notierte VzA ohne gleich zeitig notierte StA	Vorzugs-aktien mit einfa-chem Stimm-recht	davon notierte Vorzugs-aktien mit ein-fachem Stimm-recht	Mehr-stimm-rechts-aktien	Vorzugs-aktien ins-gesamt
1962	46	23	21	2	52	8	131	229
1963	47	23	20	3	58	8	132	237
1964	50	25	21	4	57	6	129	236
1965	52	27	23	4	56	6	120	228
1966	54	25	22	3	55	7	110	219
1967	55	25	21	4	52	7	106	213
1968	58	26	22	4	51	7	102	211
1969	53	22	19	3	46	7	99	198
1970	58	22	20	2	46	7	96	200
1971	58	23	21	2	46	7	92	196
1972	63	23	21	2	45	6	88	196
1973	70	24	22	2	46	6	82	198
1974	74	26	24	2	46	6	82	202
1975	75	26	24	2	45	6	78	198
1976	77	26	24	2	43	6	73	193
1977	77	26	24	2	42	6	71	190
1978	78	26	24	2	40	7	68	186
1979	79	27	24	3	39	7	67	185
1980	83	27	24	3	41	7	67	191
1981	86	28	24	4	42	7	65	193
1982	91	29	25	4	41	7	64	196
1983	94	31	25	6	41	7	63	198
1984	111	43	29	14	39	7	61	211
1985	119	51	33	18	38	7	61	218
1986	132	59	37	22	38	7	60	230
1987	156	74	44	30	36	7	60	252
1988	169	78	43	35	35	7	59	263
1989	198	92	52	40	37	7	58	293
1990	228	105	64	41	36	7	56	320
1991	246	113	72	41	37	7	52	335
1992	249	113	73	40	40	7	51	340
1993	255	112	75	37	39	5	46	340

Jahr	Vorzugs-aktien ohne Stimm-recht	davon notierte Vorzugs-aktien ohne Stimm-recht	davon notierte VzA mit gleich-zeitig notierter StA	davon notierte VzA ohne gleich zeitig notierte StA	Vorzugs-aktien mit einfa-chem Stimm-recht	davon notierte Vorzugs-aktien mit ein-fachem Stimm-recht	Mehr-stimm-rechts-aktien	Vorzugs-aktien ins-gesamt
1994	266	116	78	38	37	5	46	349
1995	267	117	77	40	39	5	45	351
1996	248	113	77	36	37	4	40	325
1997	208	114	76	38	28	4	37	273
1998	191	110	74	36	23	3	34	248
1999	173	107	71	36	20	4	27	220
2000	154	95	63	32	20	4	21	195
2001	136	85	57	28	18	4	15	169
2002	130	81	54	27	18	4	13	161
2003		77	51	26		4		
2004		74	49	25		4		
2005		65	42	23		4		
2006		62	41	21		4		
2007		61	39	22		3		
2008		55	36	19		3		
2009		54	34	20		3		
2010		53	34	19		3		
2011		52	33	19		3		
2012		48	31	17		3		
2013		43	27	16		3		
2014		41	27	14		3		
2015		38	26	12		3		
2016		36	26	10		3		
2017		36	26	10		2		

Tabelle 41: Übersicht aller im Zeitraum 1939-2017 in Deutschland börsennotierten stimmrechtslosen Vorzugsaktien

Auf den folgenden Seiten sind die Dual-Class-Gesellschaften unter der Firma verzeichnet, die sie während der Dauer der Börsennotiz der Vorzugsaktie zuletzt offiziell hatten, und alphabetisch sortiert. Aus Platzgründen wurde der Firmenname leicht gekürzt, jedoch zum besseren Auffinden nicht am Anfang des Namens.

In der Tabelle verzeichnet ist das für die empirische Untersuchung maßgebliche letzte Datum der Einbeziehung (z. B. der Tag der Ankündigung eines Squeeze-out oder der Insolvenzanmeldung). Das tatsächliche Delisting erfolgte bisweilen Monate oder Jahre später (siehe die Angaben in der nachfolgenden Abbildung 35).

Aus Platzgründen sind die Angaben zur Notiz der Stammaktie auf das Jahr beschränkt. Ist kein Anfangsjahr angegeben, war die Stammaktie seit mind. 1953 notiert, ist kein Endjahr angegeben, war die Aktie Ende 2017 notiert. Die Angaben „noch notiert" als Letztnotiz bei Vorzugsaktien bedeutet, dass die Aktie Ende 2017 noch notiert war.

In der *Spalte „Kateg."* (für Kategorie) ist angegeben, ob die Vorzugsaktie stets allein (Kategorie A) notiert war, d. h. ohne gleichzeitige Notiz der Stammaktie, oder ob zeitweilig beide Gattungen parallel notiert waren (Kat. B).

Mit dem Zeichen * gekennzeichnet sind die Vorzugsaktien, die nicht in die Untersuchung einbezogen wurden, weil deren Notiz vor 1956 endete oder sich die Gesellschaft seit Ende des 2. Weltkriegs in Liquidation befand oder sie statutarisch mit einer Höchstdividende ausgestattet und daher mit den anderen nicht vergleichbar sind.

In der *Spalte „Erstnotiz Vorzugsaktie"* mit dem Buchstaben **A** gekennzeichnet sind die vor 1974 notierten Gesellschaften, bei denen anfänglich, d. h. zu Beginn der Börsennotiz, keine Kursdaten vorlagen, mit dem Buchstaben **K** die Gesellschaften, für die überhaupt keine Kursdaten vorlagen. Mit dem Buchstaben **P** sind die Gesellschaften markiert, die als Pennystock gänzlich aus der Untersuchung ausgeschlossen wurden; bei Kennzeichnung **Q** erfolgte der Ausschluss als Pennystock nur für einen Teilzeitraum. Mit dem Buchstaben **U** sind die Gesellschaften markiert, die wegen sehr geringer Umsätze gänzlich aus der Untersuchung ausgeschlossen wurden; bei Kennzeichnung **V** erfolgte dieser Ausschluss nur für einen Teilzeitraum.

In der *Spalte „Ereign."* (für Ereignis) ist das Ereignis angegeben, das zum Delisting der Vorzugsaktie geführt hat. Dabei bedeuten: **S** Squeeze-out, **F** Fusion/ Eingliederung, **I** Insolvenz/Konkurs, **W** Wandlung in Stammaktien, **R** Rechtsformwechsel, **D** einfaches Delisting (z. B. aus Kostengründen), **N** Aktie war Ende 2017 noch notiert.

Quelle: Eigene Erhebungen.

Name	Kateg.	WKN	Früherer Name / Sonstige Bemerkungen	Erstnotiz Vorzugsaktie	maßgebliche Letztnotiz Vorzugsaktie	Ereign.	Notiz der Stammaktie
AdCapital AG	B	521450/3	Berliner Elektro-Holding AG	25.10.1984	27.06.2001	W	1986-
ADV/Orga Beteiligungen AG	B	500910/3	Sema Group, jetzt: cash.life AG	20.12.1984	19.07.1999	W	1990-
AG für chemische Industrie	B	542200/3	später: AFKEM AG nicht notiert: 17.4.1986 bis 1.11.2000	06.12.1985 (Q)	12.08.2004	W	seit mind. 1899
AG Kühnle, Kopp & Kausch	B	502770/3		20.05.1964 (A)	14.09.2005	S	-2006
AG Weser	B	558700/3	Deschimag	07.02.1955 (K)	26.05.1965	W	-1984
AGROB Immobilien AG	B	501900/3	AG für Grob- und Feinkeramik	10.01.1956 (A)	noch notiert	N	seit md.1914
Albingia Versicherung AG	B	845700/3		13.08.1987	23.05.2000	F	1953-2000
Ahlers AG	B	500970/3	Adolf Ahlers AG	31.08.1994	noch notiert	N	1987-
Allweiler AG	B	503490/3		10.11.1961 (A)	28.08.2003	S	-2003
Anhaltinische Kohlenwerke	B*	50480/4		01.04.1941	31.12.1944	I	-1944
ASKO Deutsche Kaufhaus AG	B	505710/3		25.10.1984	24.05.1996	F	1977-1996
AXA Konzern AG	B	841000/3	Colonia AG, AXA Colonia Konz. AG	15.10.1986	20.07.2006	S	1953-2007
AXA Versicherung AG	B	845450/3	(AXA) Colonia Vers. AG	04.10.1999	12.07.2005	S	1999-2005
B.U.S. Berzelius Umwelt-Serv.AG	B	528570/3		05.02.1990	18.11.2002	F	1990-2003
Bankhaus Main AG	A	A0KD0H	RG Securities AG	4.7.2007	18.08.2012	I	
BBS Kraftfahrzeugtechnik AG	A	519623		11.05.1987	06.02.2007	I	
BCT Computer AG	A	519723		15.03.1984 (K)	31.10.1984	I	
Berentzen Gruppe AG	A	520160/3		14.07.1994	28.09.2015	W	2015-
Beton- und Monierbau AG	B	522600/3	BuM AG, AG f. Monierbauten	01.11.1978 (U)	28.03.1979	I	1969-1980
Biotest AG	B	522720/3		14.10.1987	noch notiert	N	1996-
BMW AG	B	519000/3	Bayerische Motorenwerke AG	25.08.1989	noch notiert	N	seit mind.1925
Braun AG	A	525203		27.10.1964 (A)	29.04.1992	F	
Burgbad AG	A	530210/3		08.05.1995	14.06.2005	W	2005-2010
Carl Schenck AG	B	717170/3		26.05.1987	11.06.1999	W	1984-2004
Ceconomy AG (vorm. Metro AG)	B	725750/3	vor 12.7.2017 Metro AG	22.07.1996	noch notiert	N	1996-
Chemische Werke Albert AG	B	542300/4		02.01.1962 (K)	30.06.1965	F	-1966
CompuGROUP Holding AG	B	543730/3	Compudent AG	11.07.1988	27.08.1999	W	1996-
CONET Technologie AG	A	A0LD6V	Squeeze-out nach Ende Börsennotiz	28.02.2007	31.10.2015	D	

Name	Kateg.	WKN	Früherer Name / Sonstige Bemerkungen	Erstnotiz Vorzugsaktie	maßgebliche Letztnotiz Vorzugsaktie	Ereign.	Notiz der Stammaktie
Cornelius Heyl AG, Lit. B	A*	605560/4		01.01.1938	30.06.1951	W	1951-1970
Creaton AG	A	548303		09.11.1995	07.11.2005	S	
CS Interglas AG	A	621001/3	Interglas AG, später: P-D Interglas	21.12.1989	26.02.1993	W	1993-2006
Deinböck-Immob.-Verw. AG	B	554010/3	seit 2006 WKN A0D650/1	23.10.1997 (P)	16.03.2007	I	1997-2013
Deutsche Babcock AG	B	550700/3	Deutsche Babcock & Wilcox AG	07.04.1971	05.04.1993	W	-2001
Deutsche Beteiligungs AG	B	550810/3		19.12.1985	21.03.1996	W	1990-
Deutsche Golddiskontbank AG	B*	813700/3	seit 1945 in Liquidation	11.03.1952	01.10.1961	I	-1969
Deutsche Lufthansa AG	B	823210/3	StA zeitweilig auch mit WKN 823213	02.01.1970	03.07.1996	W	1966-
Didier-Werke AG	B	553700/3		28.12.1955	26.07.1962	W	-2010
Drägerwerk AG & Co. KGaA	B	555060/3	Drägerwerk AG	03.04.1979	noch notiert	N	2010-
Dyckerhoff AG	B	559100/3	Dyckerhoff Portland-Zementw. AG	01.11.1955 (A)	08.02.2013	S	-2013
edding AG	A	564793		30.10.1986	noch notiert	N	
Effecten-Spiegel AG	B	564760/3		01.04.1998	noch notiert	N	1998-
Ehlebracht AG	B	564910/3		28.03.1994 (Q)	20.06.2008	W	1989-2015
Einhell Germany AG	A	565493	Hans Einhell AG	22.07.1987	noch notiert	N	
ESCADA AG	B	569210/3		23.05.1986	18.09.2002	W	1987-2011
Eurokai KgaA	B	570650/3		13.12.1985	noch notiert	N	2006-
F. Reichelt AG	B	707500/3		01.04.1992 (V)	09.10.2012	S	1955-2013
FAG Kugelfischer G. Schäfer AG	B	575470/3	vormals Rechtsform KGaA	03.11.1986	10.06.1996	W	1985-2003
Ferdinand Rückforth AG	B	707000/3		21.12.1982	19.03.1985	I	-1986
Fielmann AG	A	577220/3		15.09.1994	06.07.2000	W	2000-
Fresenius AG	B	578560/3	später: Fresenius SE & Co. KGaA	18.12.1986	30.03.2010	W	1993-
Fresenius Medical Care AG	B	578580/3	später Rechtsform KGaA	25.11.1996	28.06.2013	W	1996-
Friedrich Deckel AG	B	550430/3	später WKN 655260	01.02.1987	23.08.1993	I	1981-1994
Friedrich Grohe AG	A	590043		09.12.1991	24.02.2000	W	
Fröhlich Bau AG	B	579030/3		16.09.1994	20.12.1997	I	1990-
Fuchs Petrolub AG	B	579040/3		30.01.1985	noch notiert	R	1986-
G. Bluthardt AG	B	523340/3	später: MYSPARTA Beteilig. AG	12.09.1989	25.07.1996	I	1986-
Garant Schuh + Mode AG	A	585303		02.11.1989	28.06.2012	S	1986-

Name	Kateg.	WKN	Früherer Name / Sonstige Bemerkungen	Erstnotiz Vorzugsaktie	maßgebliche Letztnotiz Vorzugsaktie	Ereign.	Notiz der Stammaktie
Gardena Holding AG	A	585203		27.09.1996	12.09.2002	S	
GEA AG	B	585700/3		13.12.1989	13.08.2004	S	1989-2005
Gerling-Konzern Allg. Vers.-AG	B*	842892/3	**Vorzugsaktie mit Höchstdividende**	23.06.1973	03.07.1997	W	1953-2007
Gerry Weber International AG	B	776240/3		13.10.1989	09.06.2000	W	1996-
GFC (G. f. Comp. i.d. Med.) AG	B	587810/3		01.10.1984	03.04.1986	I	1983-1986
Glunz AG	B	588720/3		01.12.1987	31.05.2005	S	1991-2006
H.W. Appel Feinkost AG	B	505250/3		17.12.1965 (A)	27.04.1977	R	-1977
Hach AG	A	600173		30.11.1989	02.09.2002	I	
Hamburg. Getreide-Lagerh. AG	B	601150/3		vor 1948 (A,V)	noch notiert	N	seit md.1924
Hanfwerke Oberachern AG	B	601950/3		28.05.1974 (U)	09.11.2007	S	-2012
Hartmann & Braun AG	B	603600/4		15.09.1955	12.07.1993	W	-1994
HeidelbergCement AG	B	604700/3	Heidelberger Zement AG	18.07.1991	07.05.2002	W	seit md.1936
Heilit + Woerner Bau-AG	B	604300/3	Heilmann & Littmann AG	29.09.1993	31.05.2000	F	-2000
Henkel AG & Co. KGaA	B	604840/3	Henkel KGaA	11.10.1985	noch notiert	N	1996-
Herlitz AG	B	605310/3		20.08.1980	08.06.2000	W	1977-2015
Hornbach Holding AG	A	608340/3		03.07.1987	09.07.2015	W	2015-
Hornblower Fischer AG	B	608380/3		27.07.1990 (U)	30.12.1998	W	1990-2012
Hugo Boss AG	B	524550/3		20.12.1985	14.06.2012	W	1989-
Ingram Macrotron AG	B	654910/3	Macrotron AG für Datenerfassungss.	15.06.1990	12.12.2002	S	1988-2003
Investunity AG	B	613590/3	ILKA AG, seit 2009 WKN A1A60A/B	24.6.2002 (P)	noch notiert	N	2002-
IWT Industriew.Transportsyst. AG	B	636000/3	Kampnagel AG	vor 1948 (K)	31.12.1968	R	-1970
JADO Design Armat u Beschl AG	A	621193		04.12.1990 (Q)	08.06.2004	S	
Jagenberg AG	A	621203	WKN StA A0KPPA	09.07.1987	27.03.2006	W	2007-09
Jil Sander AG	A	716403		01.12.1989	06.09.2006	S	
Jungheinrich AG	A	621993		30.08.1990	noch notiert	N	
Karstadt AG	B	627500/3	Rudolph Karstadt AG, spät. Arcandor	16.11.1962	03.07.1975	W	seit md.1934
Kaufhof Holding AG	B	781900/3	Westdt. Kaufhof (vorm. L. Tietz) AG	26.02.1987	30.05.1996	F	-1996
Kennametal Hertel AG	B	605380/3	Hertel AG Werkzeuge + Hartstoffe	03.06.1987	15.12.2004	S	1989-2005
KIH Kommunik. Industr. Hold. AG	B	692170/3	Pietzsch AG	07.06.1988	17.12.1999	F	1991-2000

Name	Kateg.	WKN	Früherer Name / Sonstige Bemerkungen	Erstnotiz Vorzugsaktie	maßgebliche Letztnotiz Vorzugsaktie	Ereign.	Notiz der Stammaktie
Klepper Faltbootwerft AG	B	593961	WKN StA 605194	15.03.2012 (P)	noch notiert	N	2012-
Knürr AG	B	629690/3	Knürr-Mechanik f. die Elektronik AG	19.05.1981	22.06.2006	S	1991-2008
Koch Gruppe Automobile AG	A	A1JKDU		01.10.2011	15.12.2012	D	
Koenig & Bauer AG	B	719350/3	Koenig & Bauer-Albert (KBA) AG	06.08.1985	22.11.2001	W	1975-
Kögel Fahrzeugwerke AG	A	630073		13.09.1991	26.01.2004	I	
Köllmann-Werke AG Leipzig	B*	63020/3	Zahnräderfabrik Köllmann AG	01.06.1941	31.12.1944	I	1941-1944
Kölnische Rückversicherungs-AG	B	842200/3		16.02.1989	30.10.1997	W	-2009
Kötitzer Leder- u. Wachstuch AG	B	631800/3		14.03.1985 (U)	19.12.2007	S	-2008
Krones AG	B	633500/3	Herrmann Kronsender Masch.-AG	29.10.1984	23.06.2004	W	1998-
KSB AG	B	629200/3	Klein, Schanzlin & Becker AG	10.05.1961	noch notiert	N	seit md.1923
Kunert AG	B	634190/3	später WKN AOXYLX / AOXYLY	23.11.1989 (Q)	21.02.2013	I	1988-2017
Langenbrahm AG	B	645540/3	Langenbrahm Steinkohle AG	03.10.1955 (A)	30.04.1988	R	1955-1988
Leffers AG	B	646370/3		01.06.1984	07.03.1997	F	1977-1997
LHA Int Lebensm.-Handels- AG	B	649010/3	Lebensmittelhandelsagentur Krause	15.06.2000	04.06.2007	W	2000-2012
M.A.N. AG	B	506300/3	Maschinenfabr. Augsburg-Nürnberg	26.01.1956	11.04.1986	F	-1986
Mainzer Aktien-Bierbrauerei AG	B	655500/4		02.05.1960 (V)	09.06.2002	S	-2002
MAN SE (bis 2009 AG)	B	593700/3	bis 86 Gutehoffnungshütte/GHH AG	24.03.1975	noch notiert	N	1954-
Mannesmann Röhrenwerke AG	B*	65620/3	Vorzugsaktie mit Höchstdividende	21.10.1939	Ende 1949	I	-1949
Markant-Südwest Handels-AG	A	701600/3	REWE Südwest, später Wagau AG	05.10.1994	25.07.2001	W	2001-
Massa AG	A	605283		10.04.1990	noch notiert	N	
Metro AG (2017)	B	657960/3		07.05.1986	28.08.1989	W	1986-2003
Metro AG (2017)	B	BFB001/2	Metro Wholesale & Food Special. AG	12.07.2017	noch notiert	S	seit 2017
Mineralbr. Überkingen-Teinach AG	B	661400/3		27.11.1986	noch notiert	N	1977-
MLP AG	B	656990/3	Marschollek, Lautenschläger & Partn.	15.06.1988	17.11.2000	W	1990-
Möbel Walther AG	B	662090/3		13.11.1991	31.08.2007	W	1994-2010
Moenus Textilmaschinen AG	B	662100/3	auch WKN 662109/5	29.08.1995	13.03.2000	S	1948-2013
MPH Mittelst. Pharma Hold. AG	A	A0NF69	WKN StA A0L1H3	01.09.2009	02.09.2014	W	2014-
M-Tech Technol. u. Beteilig.-AG	A	723630/3	Signalbau Huber AG	12.02.1990	25.06.2001	W	2001-2014
MVG AG f. internationale Mode	A	665633		21.12.1988	20.11.1992	I	

Name	Kateg.	WKN	Früherer Name / Sonstige Bemerkungen	Erstnotiz Vorzugsaktie	maßgebliche Letztnotiz Vorzugsaktie	Ereign.	Notiz der Stammaktie
N.-York Hamb. Gummi-Waaren C.AG	B	676550/3	später: NYH ... Compagnie AG	02.08.1991	19.08.1998	W	seit md.1936
NAK Stoffe AG	B	675900/3	Neue Augsburger Kattunfabrik AG	21.08.1990	29.06.1995	W	1969-
Nixdorf Computer AG	A	775613		12.06.1984	23.08.1990	F	
NORDAG Immobilien AG	B	554600/3	Dornkaat AG, später: AGOR AG StA nicht notiert 19.7.1988 – 21.5.1995	27.05.1987	16.05.2000	W	1987-2012
Norddeutsche Lederwerke AG	B	677100/3	Adler & Oppenheimer AG	30.12.1953 (K)	16.05.1966	I	1941-1966
Nordsee Dt. Hochseefischerei AG	B	677500/3		vor 1949 (K)	13.07.1960	R	-1960
Nordstern Allgemeine Vers.-AG	B	843300/3		23.11.1989 (V)	24.03.1999	F	1974-1999
Nordwestdt. Kraftwerke AG	B*	677600/3	Siemens Elektrische Betriebe AG	02.11.1955	23.09.1985	F	-1986
O&K Orenstein & Koppel AG	B*	686500/3	Maschinenbau und Bahnbedarf AG	24.01.1941	03.09.1954	W	-2003
Oberschlesische Hydrierw. AG	A*	683133	später auch WKN 685130/3	23.06.1943	14.09.1957	I	
Ökoworld AG	A	760543	Versiko AG, seit 2002 WKN 540868	14.12.1999	noch notiert	N	
Ostertag-Werke AG	B	687500/3	Ostertag Verein Geldschrankfabr AG	29.06.1965 (K)	12.06.1973	I	1937-1973
Otto Stumpf AG	B	728200/4		15.02.1977 (V)	20.12.2007	S	1969-2009
Palatium Real Estate AG	B	747237	Volkmann Verw Verw AG, Solano AG	29.6.2007 (P)	14.12.2012	D	2007-2012
Pegasus Beteiligungen AG	B	690470/7	später: Greenwich Beteiligungen AG	27.11.1990	30.08.1999	W	1990-2003
Pintsch-Bamag AG	B	516200/3	Bamag Meguin AG	20.06.1968 (K)	29.05.1969	I	-1971
Pongs & Zahn AG	B	695400/3	Pongs & Zahn Textilwerke AG	17.06.1991	12.06.1998	W	seit md.1927
Porsche Automobil Holding SE	A	PAH003	Dr Ing F Porsche AG, WKN 693773	02.05.1984	noch notiert	N	
ProSieben Sat.1 Media AG	A	777117	ProSieben Media AG, WKN 777773	17.07.1997	16.08.2013	W	2013-
Puma AG	A	696960/3		25.07.1986	29.05.1996	W	1996-
Quante AG	A	697563		22.03.1991	29.08.2003	S	
Radeberger Gruppe AG	B	719500/3	(Schöfferhof-) Binding-Brauerei AG	31.07.1973	25.09.2003	S	-2004
Reederei Herbert Ekkenga AG	B	828830/3		20.11.1997 (U)	noch notiert	N	1997-
Rheinmetall AG	B	703000/3	Rheinmetall-Borsig AG	31.10.1984	10.05.2005	W	seit md.1933
Rhön-Klinikum AG	B	704230/3		27.11.1989	20.07.2005	W	1991-
Rolf Benz AG	A	520373		05.07.1994	17.08.2000	R	
RWE AG	B	703712/4	Rhein.-Westf. Elektrizitätswerk AG (bis 2000 WKN 703700/3)	02.11.1955	noch notiert	N	seit mind. 1900

Name	Kateg.	WKN	Früherer Name / Sonstige Bemerkungen	Erstnotiz Vorzugsaktie	maßgebliche Letztnotiz Vorzugsaktie	Ereign.	Notiz der Stammaktie
Sanacorp Pharmahandel AG	A	716313		25.10.1996	14.6.2016	D	
SAP AG	B	716460/3		18.06.1990	03.05.2001	W	1988-
Sartorius AG	B	716560/3		10.07.1990	noch notiert	N	1990-
Schaeffler AG	A	SHA015		09.10.2015	noch notiert	N	
Schaerf AG	A	716973		15.09.1989	17.09.1999	R	
Scheu + Wirth AG	A	717300/3	Regensburger Verm.verw.-AG	22.11.1984	09.06.1999	W	1999-2003
Schuler AG	A	721060/3		23.03.1999	10.04.2008	W	2008-
SG-Holding AG	A	826253	Schwabengarage AG	30.06.1987	23.11.2000	R	
Siemens & Halske AG	B*	723600/3	später: Siemens AG (WKN 723610)	17.05.1940	22.03.1955	W	seit md.1914
Sixt AG	B	723130/3	auch WKN 732132/4	07.08.1986	noch notiert	N	1990-
SPAR Handels-AG	B	724690/3		05.12.1988	26.01.2005	S	1991-2005
STADA Arzneimittel AG	B	725180/3		29.10.1997	19.06.2001	W	1998-
Steffen AG	B	725730/3		04.06.1991	19.04.2000	W	2000-2003
Steinbeis Temming AG	A	745933	Peter Temming AG	15.11.1985	27.04.2001	R	
Steinkohlenbergw. M. Stinnes AG	B	730940/3		29.01.1958 (K)	20.06.1969	F	1958-1969
Stettiner Oderwerke AG	B*	72680/3		vor 1941	24.10.1941	W	-1941
Stixi AG	A	734533		13.10.1987	18.12.1998	F	
STO SE & Co. KGaA	A	727413	STO AG	12.05.1992	noch notiert	N	
STRABAG AG	B	728300/3	Straßenbau-AG	15.10.1993	24.06.1998	W	seit md.1927
Stuttgarter Hofbräu AG	B	731800/3	später SHB AG, STINAG Stuttg. Invest	17.07.1974	24.04.1996	W	seit md.1933
Südmilch AG	A	780430/3	später (u.a.) Campina AG	02.01.1990	07.12.1993	W	1994-2000
Südzucker AG Mannh./Ochsenf.	B	729700/3		01.03.1990	23.08.2001	W	seit 1926
Tarkett Pegulan AG	B	690460/3	Pegulan-Werke AG	19.01.1965 (A,V)	17.06.1996	F	1964-96
Teutonia Zementwerk AG	B	746900/3	Teutonia Misburger Portland-Cement	18.05.1961 (A)	30.08.2006	S	-1967
Tewidata AG	A	747063		27.07.1983	03.04.1985	I	
VDO Adolf Schindling AG	A	760113	später Mannesmann VDO, Siemens VDO	27.03.1986	18.07.1994	W	
VERSEIDAG AG	B*	764400/3	Vereinigte Seidenwebereien AG / Vorzugsaktie mit Höchstdividende	27.06.1951	28.08.1978	F	1951-2002
Villeroy & Boch AG	A	765723		08.06.1990	noch notiert	N	

Name	Kateg.	WKN	Früherer Name / Sonstige Bemerkungen	Erstnotiz Vorzugsaktie	maßgebliche Letztnotiz Vorzugsaktie	Ereign.	Notiz der Stammaktie
VK Mühlen AG	B	762900/3	Vereinigte Kunstmühlen AG	28.12.1989	10.12.1996	W	-2014
VOGT electronic AG	B	765930/3		26.03.1986	19.03.2009	S	1996-2009
Volkswagen AG	B	766400/3		06.10.1986	noch notiert	N	1961-
Walter Bau-AG	B	747750/3	WTB Walter Thosti Boswau Bau-AG	27.02.1992 (Q)	01.04.2005	I	1985-
Wanderer-Werke AG	B	775600/3		23.01.1987	28.08.1992	W	-2017
Warenhaus-Liegenschaften AG	A	775633		14.11.1962 (K)	26.06.1970	F	
Wella AG	B	776560/3		13.09.1983	13.12.2005	S	1993-2007
Westafrik Pflanzungsg. Victoria AG	B	782600/3	ABE Westafrik. Pflanzungsgesellsch.	30.08.1985 (U)	22.04.1986	D	-2012
Westag & Getalit AG	B	777520/3		17.10.1989	noch notiert	N	1961-
WKM Terrain- und Beteilig.-AG	B	777900/3	Westfäl. Kupfer- und Messingwerke	08.01.1965 (A, Q)	19.11.2003	I	seit md.1922
WMF Württemb. Metallwarenf. AG	B	780300/3		12.11.1957	10.09.2014	S	-2015
YMOS AG Industrieprodukte	B	784730/3		22.05.1984	24.09.1992	W	1986-
Zanders Feinpapiere	B	785210/3		14.10.1986	09.03.2001	S	1984-2002

Anhang C: Detaillierte Darstellung von Ergebnissen

Tabelle 42: Studien zur Vereinheitlichung der Aktiengattungen an ausländischen Aktienmärkten und länderübergreifende Studien

Faktoren mit positivem Einfluss sind mit „+", Faktoren mit negativem Einfluss mit „–" und Faktoren ohne signifikanten Einfluss mit „o" gekennzeichnet. RKU= relativer Kursunterschiedes der Stamm- zu den Vorzugsaktien. Der Begriff der Stammaktie (StA) wird synonym für Aktien mit vollem Stimmrecht, Vorzugsaktie (VzA) synonym für Aktien mit beschränktem oder ohne Stimmrecht oder soweit angegeben für Aktien mit Mehrstimmrecht verwendet. Allerdings verfügen Vorzugsaktien nicht in allen Jurisdiktionen auch über Dividendenvorzüge. Gene¬rell ist darauf hinzuweisen, dass bei länderübergreifenden Studien die Besonderhei¬ten der unterschiedlichen Jurisdiktionen nicht oder nur unzureichend berücksichtigt werden können.

Quelle: Eigene Auswertung der angegebenen Quellen.

Land/ Zeit-raum	Autor/ Jahr	Datenbasis/ Methodik	Wichtige Ergebnisse
Sieben europä-ische Staaten 1996-2002	Pajuste (2005), Maury/ Pajuste (2011)	108 Umwandlungen in Dänemark, Deutschland, Finnland, Italien, Norwegen, Schweden und der Schweiz. Vergleichsgruppe: 385 Dual-Class-Unternehmen, die nicht gewandt haben. Darunter für Deutschland 41 Umwandlungen (Vergleichsgruppe 88 Gesellschaften).	Die meisten Umwandlungen waren in D, N und CH zu verzeichnen (25%-30% der Dual-Class-Unternehmen). Bei Unternehmen, die VzA umgewandelt haben, gilt im Vergleich zu anderen Dual-Class-Unternehmen: – Der Unterschied zwischen Cashflow- und Stimmrechten war im Mittel geringer. – Der größte Aktionär hatte im Mittel eine niedrigere Beteiligung (38% statt 46%). – Die Unternehmen waren seltener Familien-gesellschaften (Unterschied nicht signifik.). – Es waren häufiger Finanzinvestoren beteiligt (aber kein signifikanter Einfluss). – Die Vorzugsaktien der wandelnden Unter-nehmen haben in den Vorjahren im Mittel höhere Dividenden erhalten. – Der Marktwert und das Marktwert-Buch-wert-Verhältnis waren größer (jedoch kein signif. Einfluss auf Umwandlungswahrsch.) – Die Unternehmen führten häufigere und höhere Kapitalerhöhungen durch. – Die Unternehmen führten häufiger Über-nahmen anderer Unternehmen durch. – Es bestand häufiger eine US-Börsen-notierung.
(Fortsetzung auf nächster Seite)			

			– Es bestand ein deutlich, allerdings nicht signif. geringerer mittlerer Kursaufschlag. – Nach der Umwandlung gab es keine Unterschiede in Umsatz und Investitionen, allerdings ein signifikant größeres Marktwert-Buchwert-Verhältnis, eine geringere Verschuldungsquote (schwach signifikant) und es fanden signifikant häufiger Kapitalerhöhungen im ersten Jahr statt. – Durch die Umwandlung verlor bei 14% der Gesellschaften ein Mehrheitsaktionär die Stimmenmehrheit. Die *signifikanten Treiber* der Umwandlungsentscheidung (auf Basis einer Probit-Regression) waren ein geringer Kursaufschlag der Stammaktien, ein niedriger Unterschied zwischen Cashflow- und Stimmrechten, ein geringer Stimmrechtsanteil des größten Aktionärs, ein Listing an einer US-Börse, die maßgebliche Beteiligung eines Finanzinvestors sowie ein größeres Ausmaß an Kapitalerhöhungen im Jahr der Umwandlung.
Sieben europäische Staaten 1996-2002, z.T. bis 2009	Lauterbach/ Pajuste (2017) *(Fortsetzung auf nächster Seite)*	Auf Basis des Datensatzes von Maury/Pajuste (2011) mit 108 Umwandlungen werden 72 Gesellschaften (davon 30 aus Deutschland) ausgewählt, die noch bis Ende 2009 notiert waren, in der Vergleichsgruppe ohne zwischenzeitliche Wandlung verblieben noch 214 Unternehmen. Ziel ist die Untersuchung des Einflusses des Images und der Haltung in der Öffentlichkeit zu	Unternehmen, die gewandelt haben, waren im Vergleich zu den Unternehmen, die nicht gewandelt haben, im Mittel kleiner; sie hatten ein höheres Tobins Q (das nach der Wandlung über den Branchendurchschnitt anstieg), aber eine etwa gleich hohe Umsatzrentabilität. Der größte Aktionär hatte im Mittel einen geringeren Stimmrechtsanteil (46,4% statt 52,0%), der durch die Wandlung auf 37% sank (in 72% der Fälle mit Kontrollverlust), während er in der Vergleichsgruppe auch noch nach 7 Jahren etwa konstant blieb. Das Tobins Q der Unternehmen ohne Wandlung sank mit Häufigkeit der negativen Berichterstattung in der internationalen Wirtschaftspresse (Financial Times und Wall Street Journal Europe) über Abweichungen von „One share – one vote" allgemein und mit diesbezüglicher neg. Berichterstattung über die konkreten Unternehmen der Vergleichsgruppe (Korrel. -0,24 bis -0,41, nicht sign.).

| | | Dual-Class-Strukturen auf die Wandlungsentscheidung. | *Signifikante Einflussfaktoren für Wandlung* neben den Ergebnissen von Maury/Pajuste (2011): Wandlungsdruck durch nationale Regulierung (+) – in D nicht relevant; Häufigkeit von Zeitungsberichten zugunsten von „One share – one vote" im Jahr und im Vorjahr (+); diesbzgl. negative Zeitungsberichte zu Vergleichsgruppenunternehmen im Jahr und im Vorjahr (+); Häufigkeit der Berichterstattung zum Thema „Corporate Governance" in vier großen US-Zeitungen (schwach +); Score für „Corporate Social Responsibility" der Branche (+); Kapitalerhöhung im Umwandlungs- oder im Folgejahr (+). Bei länderspezifischen Regressionen *kein* signifikanter Faktor. |
| Sieben europäische Staaten 1996-2009, z. T. bis 2012 | Lauterbach/ Pajuste (2015) | Erweiterung des Datensatzes von Maury/Pajuste (2011) auf den Zeitraum bis 2009 mit dem Ziel der Untersuchung langfristiger Effekte auf die Bewertung bis 2012 und der Prüfung, ob Investoren anfänglich überreagieren und Großaktionäre überschießende Kurse zum Ausstieg nutzen. Wandlungen von 121 Unternehmen (davon 42 aus Deutschland); Vergleichsgruppe (Dual-Class-Unternehmen ohne Wandlung): 190 Unternehmen. | Wandelnde Unternehmen sind vor der Wandlung im Mittel etwas kleiner und weniger profitabel (bzgl. RoA); der Stimmrechtsanteil des größten Aktionärs ist mit im Mittel 46,9% vor (und 36,9% nach) der Wandlung geringer als bei nicht wandelnden Unternehmen (52,3%). Nach Wandlung steigt das branchenbereinigte Tobins Q an (wird im Gegensatz zu dem nicht wandelnder Unternehmen) überdurchschnittlich, erreicht sein Maximum im Jahr nach der Wandlung und geht dann langsam etwas zurück (Stabilisierung ab Jahr 3). Differenz der Tobins Q der beiden Gruppen steigt von Jahr -2 bis Jahr 3 um 0,165 (sign.). Dieser Verlauf ist aber nur im Zeitraum 1996 bis 2002 zu beobachten (Überreaktion?). Bei separater Betrachtung von Unternehmen, in denen der Mehrheitsaktionär im Jahr 0 oder Jahr 1 Aktien veräußert hat, zeigt sich der beschriebene Verlauf von Tobins Q (Anstieg +0,3 bis Jahr 1, dann Rückgang -0,28 im Jahr 3 [darunter bei vollständigem Ausstieg +0,49 bis Jahr 1, dann -0,5 bis Jahr 3]). Von Jahr -1 auf Jahr 1 Kursanstieg der Stammaktien um 48,2% (in Fällen ohne Veräußerungen des Großaktionärs +28,2%). |

Brasilien 2000-2008	Bortolon/ Câmara Leal (2014)	33 Umwandlungen (davon 25 2005-2007). 19 Umwandlungen waren durch Listing im Premium-Segment (Novo Mercado) motiviert, das nur Single-Class-Unternehmen zulässt; in 8 Fällen nach Wandlung Übernahme oder Insolvenz. Vergleichsgruppe ohne Umwandlungen: 125 Unternehmen	*Einflussfaktoren für die Umwandlungswkt.:* Anteil VzA am Grundkapital (negativ, aber nicht signifikant); Verhältnis Investitionsausgaben zur Bilanzsumme (+), Dividendenrendite (-), log. Bilanzsumme (positiv, aber nicht signifikant), Quotient aus Anteil des größten Aktionärs am Vorzugsaktienkapital und dessen Anteil an Grundkapital (+). *Unterschiede zur Vergleichsgruppe:* *signifikant:* geringere Liquidität (nach Wandlung Anstieg um im Mittel 13%); größerer Quotient aus Anteil des größten Aktionärs am Vorzugsaktienkapital und dessen Anteil am Grundkapital; geringerer Anteil VzA am Grundkapital; größerer Marktwert; geringere Verschuldungsquote; geringere Dividendenrendite *schwach signifikant:* geringerer Streubesitz (!), seltener Mitglied im Ibovespa-Index. Tobins Q im Mittel deutlich höher, aber *nicht signifikant.* Bilanzsumme im Mittel deutlich geringer, aber nicht signifikant.
Großbritannien 1955-1982	Ang/ Megginson (1989)	49 Umwandlungen von Superior Voting Shares (SV) von Unternehmen mit zwei börsennotierten Aktiengattungen (SV und Restricted Voting Shares = RV), die sich nur im Stimmrecht unterscheiden. Für die Ereignisstudie auf Basis monatlicher Daten werden 27 Unternehmen ausgewählt.	In 45 der Fälle erhalten die SV-Aktionäre Aktien als Kompensation für die Aufgabe des höheren Stimmrechts (Wert im Mittel 12,3% des Kurswertes). In 13 Fällen verlieren SV-Aktionäre durch Umwandlung ihre Dominanz (Stimmrechtsanteil sinkt unter 40%). Das Verhältnis der Stimmrechte SV zu RV beträgt im Mittel 7:1. Bei Unternehmen aus der Ereignisstudie beträgt der Kursaufschlag im Mittel 17,2% (Stimmrechtsverhältnis 8,5:1) In Ereignisstudie für den Zeitraum von ±12 Monaten um den Ankündigungszeitpunkt ist keine Überrendite signifikant von null verschieden (14 von 25 Überrenditen sind negativ, davon 9 nach der Ankündigung der Umwandlung). Nur die kumulierte Überrendite für den Zeitraum Monat „+1" bis „+12" ist signifikant negativ (−23,5%). Allerdings ergibt sich gerechnet vom Ankündigungstag eine im Mittel positive 2-Tages-Rendite (0,65% bei 9 Unternehmen)

Israel 1990-2000	Hauser/ Lauterbach (2004)	84 Umwandlungen von Mehrstimm-rechtsaktien in StA. Herleitung eines Stimmrechtswerts aus unterschied-lichen Marktpreisen von bis auf das Stimmrecht iden-tischen Aktiengat-tungen.	Vor Umwandlung beträgt der Stimmrechts-anteil des größten Aktionärs 76% bei 70,3% Cashflowanteil. *Einflussfaktoren*: Höhe des Stimmrechts-verlusts des Mehrheitsaktionärs (+), Beteiligung institutioneller Investoren (–), Familiengesellschaft (+).
Israel 1990-2000	Lauter-bach/ Yafeh (2011)	80 Umwandlungen (von 109 im Jahr 1990 börsennotier-ten Dual-Class-Gesellschaften). Vergleichsgruppe: 25 Dual-Class-Unternehmen die nicht gewandelt haben.	Kaum Unterschiede im Anteil des größten Aktionärs zwischen beiden Gruppen und vor/ nach Umwandlung (65% bis 70%). Anstieg von 2,9% vor Umwandlung im Vergleich zur Vergleichsgruppe ist aber signifikant. Nur geringe Stimmrechtsverwässerung (im Mittel 3,6%): Mehrheitsaktionäre gleichen die Stimmrechtsverwässerung durch den Kauf von Aktien vor und nach Umwandlung aus (auch bei Anteil über 50%). Bis zum Jahr 7 nach Umwandlung aber signifikanter Rückgang um 5,3%. Es gab aber kaum Ver-änderungen des Mehrheitsaktionärs nach der Umwandlung. „Wandelnde" Unternehmen sind tendenziell größer, Tobins Q ist aber praktisch identisch (im Jahr nach Umwandlung aber zunächst stärkerer Anstieg). Die Nutzung von Eigenkapitalpyramiden unterscheidet sich nicht zwischen Unter-nehmen, die gewandelt haben und denen, die nicht gewandelt haben, ist aber bei diesen Unternehmen insgesamt geringer als bei anderen börsennotierten Gesellschaften. Nach Umwandlung ist keine substanzielle Erhöhung von Rendite und Marktwert festzustellen.
Italien 1982-2003	Bigelli (2004) *(Fortsetzung auf nächster Seite)*	Alle 43 Umwand-lungen von stimm-rechtslosen Aktien in Italien (darunter 29 nach 1998),	Annahmequote bei freiwilligen Umwandlun-gen sehr hoch (Median 91,4%). Simulation der Auswirkungen einer Um-wandlung bei verschiedenen relativen Kurs-unterschieden und GK-Anteilen der StA zeigt für Zwangsumwandlungen einen

		davon 16 zwangsweise Umwandlungen mit Zustimmung der Vorzugsaktionäre, Rest freiwillig. Teilweise mit Zuzahlung, teilweise mit Ausgleich.	hohen Gewinn der umgewandelten VzA und moderaten Verlust der StA. Umwandlung wird daher als Enteignung der Klein(stamm)aktionäre gesehen, hierzu Darstellung von fünf Fallstudien. Dabei ist der Ankündigungseffekt stets negativ (–4,3 % bis –10,4 %). Ebenso im Vorfeld häufig Kauf von VzA-Aktienblöcken und Verkauf von StA.
Italien 1974-2008	Bigelli/ Mehrotra/Rau (2011)	Alle 47 Wandlungen in Italien, davon 23 zwangsweise Wandlungen (davon 19 ohne Zuzahlung der Vorzugsaktionäre) und 14 freiwillige ohne Zuzahlung. Ereignisstudie.	– Stimmrechtsanteil des größten Aktionärs sinkt im Mittel von 60,3 % auf 56,4 % (Median der Reduktion 0,00 % [!]). – In 22 Fällen hält der Mehrheitsaktionär unmittelbar vor Umwandlung auch Vorzugsaktien (im Mittel 33 %). Keine signifikanten Abweichungen des Marktwert-Buchwert-Verhältnisses, der Profitabilität und Verschuldung vom Branchendurchschnitt. – Median des Kursaufschlag der Stammaktien vor Wandlung 34 % bei freiwilligen und 16 % bei zwangsweisen Umwandlungen; bei Kompensation der Stämme Median 52 %. – Im 5-Tages-Fenster um Ankündigung einer Umwandlung kumulierte Überrendite der VzA von im Mittel +12,1 % und der Stammaktien von -1,9 %; Anstieg des Marktwertes insg. nicht signifikant (+0,04 %), jedoch signifikant korreliert mit Anteil des Mehrheitsaktionärs und Stimmrechtsprämie. – Wenn Mehrheitsaktionär Vorzugsaktien hält, größerer Verlust der Stammaktien (-3,3 %), größerer Anstieg bei VzA (+14,9 %) und Rückgang des Marktwertes (-0,3 %, nicht sign.). *Interpretation*: Umwandlung ist Vermögenstransfer von Stammaktionären zu Vorzugsaktionären; der Mehrheitsaktionär entzieht sich dem durch Kompensation über VzA. Wahrscheinlichkeit einer *Umwandlung mit Kompensation* sinkt bei freiwilligen und steigt bei zwangsweisen Umwandlungen mit
	(Fortsetzung auf nächster Seite)		

			Anteil des Mehrheitsaktionärs an den Vorzugsaktien. *Faktoren für Umwandlungswahrscheinlichkeit*: Stimmrechtsprämie (+), Anteil Vorzugsaktienkapital (-), Kapitalerhöhungen innerhalb eines Jahres (+), Beteiligung des Mehrheitsaktionärs an den VzA (+), Marktwert (-, schwach sign.).
Kanada 1979-1998	Amoako-Adu/ Smith (2001)	56 Umwandlungen von an der TSE gelisteten Dual-Class-Unternehmen	Analyse der *Gründe für Umwandlungen*: Finanzielle Probleme/Restrukturierung (9), Blockverkauf erleichtern (9), Attraktivität der Aktie steigern (15), Aktionärsrechte verbessern (4), Erleichterung eines Listings in den USA (4), Rechtsformwechsel (3), Ausstieg des Staates (2), befristete Vorzugsaktien (6), sonstige Gründe (6).
Schweiz 1992-1994	Kunz (2002)	Abschaffung von 38 stimmrechtslosen Partizipationsscheinen (PS). [Daneben werden auch andere Vereinheitlichungen der Aktionärsstruktur, insbesondere die Abschaffung von Namenaktien untersucht.]	– Von 1989 bis 2001 ist die Anzahl der Unternehmen mit Partizipationsscheinen von 78,6% auf 6,0% gesunken. – Am Ankündigungstag signifikante Überrendite der PS von 1,0%, am Vortag von 0,6% und am Folgetag von 2,6%. – Die kumulierte Überrendite ab Tag „-20" über 80 Tage beträgt >9%; sie wird jedoch durch den Kursverfall der Aktien nach Umwandlung aufgebraucht und ist ab Tag „+70" insignifikant. – Aktionäre erzielen bei Umwandlung Verluste (insign.). Insgesamt ergibt sich keine signifikante Marktwertveränderung.
USA 1990-1998	Smart/ Thirumalai/ Zutter (2008)	37 Umwandlungen von Dual-Class-Unternehmen, bei denen die Class B Shares nicht durch Übernahmen entstanden sind.	Signifikante kumulierte Überrenditen für Zeiträume von 5 Tagen (2,7%) und 11 Tagen (5,2%) um den Tag der Umsetzung der Umwandlung (sowohl bei Nutzung des Marktmodells als auch bei Nutzung des Fama-French-Dreifaktoren-Modells mit „SMB"- und „HML"-Faktor).
USA 1992-2006	Howell (2008) *(Fortsetzung auf nächster Seite)*	60 Umwandlungen von an NYSE, NASDAQ oder AMEX notierten Dual-Class-Gesellschaften	– RKU 3,5% vor Umwandlung, mittlere Dauer des Bestehens einer Dual-Class-Struktur: 9,3 Jahre. – Keine signifikanten Unterschiede von Bilanzgrößen und Tobins Q zwischen Dual-Class-Unternehmen, die gewandelt haben

			und solchen ohne Wandlung, aber wandelnde Unternehmen haben signifikant mehr Aktionäre. – Mittlere kumulierte Überrendite von Tag −2 bis Tag +2 bei VzA +3,1 % (sign.), bei StA +2,5 % (sign.), Marktwert EK +2,8 % (sign.) – Nach Wandlung steigen Tobins Q und Leverage zumindest 3 Jahre lang an (schwach sign.), die GK-Rendite und die branchenbereinigte Umsatzrendite nur im Ereignisjahr. – Nach Wandlung verbessert sich die Liquidität: Sign. Rückgang Bid-Ask-Spreads und sign. Verbesserung des Liquiditätsmaßes von Amihud [tägliche Rendite/Wertumsatz] – 10 Jahre nach Umwandlung wurden 29 % der Unternehmen übernommen und 57 % sind noch börsennotiert (bei Unternehmen ohne Umwandlung: 14 % bzw. 64 %). – *Determinanten der Umwandlungswahrscheinlichkeit*: Differenz von Stimmrechts- und Kapitalanteilen der Insider (−), Stimmrechtsanteil der Insider (−).
19 Staaten 1994-2010	Li/Zaiats (2017)	Entwicklung der Informationsasymmetrie und des „Earnings Managements" nach Umwandlung. Je nach Variable bis zu 139 Beobachtungen.	Ab drei Jahren nach Umwandlung signifikante Verbesserung der Informationsasymmetrie (u. a. gemessen am prozentualen Bid-Ask-Spread, an Prognosegüte und Varianz von Analystenschätzungen) sowie signifikant weniger Gewinnglättung.

Tabelle 43: Mittlere Renditen und Renditedifferenzen der börsennotierten Stamm- und Vorzugsaktien von Dual-Class-Unternehmen nach Gewichtung

Angegeben ist die mit den angegebenen Gewichten berechnete mittlere Portfoliojahresrendite bzw. Renditedifferenz in Prozent p.a. In der ersten Spalte ist das Anlagejahr des gebildeten Portfolios angegeben, in der zweiten Spalte die Anzahl der jeweils in das Portfolio einbezogenen Unternehmen. Da vor 1975 nur eine geringe Zahl Dual-Class-Unternehmen börsennotiert war, beziehen sich die statistischen Parameter nur auf die ab 1975 gebildeten Portfolios (siehe Folgeseite). Der p-Wert bezieht sich auf einen einseitigen Test (Mittelwert ≤ 0). Quelle: Eigene Berechnungen.

Jahr	Anz. Unt.	Jahresrendite eines Portfolios aus Stammaktien			Jahresrendite eines Portfolios aus Vorzugsaktien			Differenz der Jahresrenditen eines Stamm- und Vorzugsaktienportfolios			
		Renditen der Stammaktien gleichgewichtet	gewichtet mit den Marktwerten der Stammaktien	gewichtet mit den Marktwerten der Stamm- und Vorzugsaktien	Renditen der Vorzugsaktien gleichgewichtet	gewichtet mit den Marktwerten der Stamm- und Vorzugsaktien	gewichtet mit den Marktwerten der Vorzugsaktien	beide Portfolios gleichgewichtet	Renditen in beiden Portfolios gewichtet mit den Marktwerten der StA und VzA	Renditen in beiden Portfolios gewichtet mit den Marktwerten der Vorzugsaktien	Stammaktienrenditen gewichtet mit Marktwert der StA, Vorzugsaktienrenditen mit dem Marktwert der VzA
1956	5	-7,63	-5,89	-5,93	-6,09	-6,41	-4,59	-4,48	-1,22	-1,34	-1,62	-1,41
1957	5	3,78	-2,48	-2,55	-2,75	-0,91	-3,43	-2,81	4,69	0,88	0,06	0,33
1958	5	76,97	76,06	76,99	79,59	92,63	83,98	84,21	-15,67	-6,99	-4,62	-8,15
1959	7	45,37	63,06	63,81	65,88	53,17	65,42	67,10	-7,80	-1,61	-1,22	-4,04
1960	7	38,32	51,14	51,64	52,80	22,30	46,13	48,07	16,02	5,51	4,74	3,07
1961	8	-3,16	-3,86	-4,00	-4,34	-3,28	3,82	4,30	0,12	-7,82	-8,63	-8,16
1962	8	-22,56	-20,05	-19,82	-19,27	-18,36	-15,22	-14,94	-4,20	-4,60	-4,33	-5,11
1963	8	8,37	11,61	11,66	11,76	11,82	11,73	11,72	-3,45	-0,07	0,05	-0,11
1964	8	0,34	-10,77	-10,84	-10,99	-1,87	-9,62	-9,64	2,20	-1,22	-1,36	-1,13
1965	9	-10,15	-9,34	-10,65	-14,03	-15,89	-16,93	-17,68	5,74	6,28	3,66	8,35
1966	8	-9,37	-13,34	-12,35	-9,60	-10,20	-13,67	-9,77	0,83	1,32	0,16	-3,58
1967	9	45,23	50,29	50,82	52,11	60,30	54,31	55,31	-15,07	-3,48	-3,20	-5,01
1968	9	18,09	17,83	17,51	16,76	6,65	10,63	9,71	11,45	6,88	7,05	8,12
1969	9	6,21	-4,89	-4,38	-3,19	6,14	-5,04	-4,04	0,07	0,66	0,86	-0,84
1970	11	-23,16	-20,17	-20,17	-20,17	-21,18	-17,82	-17,78	-1,98	-2,35	-2,39	-2,39
1971	12	25,02	18,45	18,55	18,78	20,15	9,96	11,33	4,87	8,59	7,45	7,13
1972	13	22,50	1,14	0,44	-1,32	15,95	1,29	-1,00	6,56	-0,85	-0,32	2,14
1973	15	-14,75	-14,77	-14,35	-13,29	-14,74	-10,87	-10,01	-0,02	-3,49	-3,27	-4,76
1974	18	-11,58	-5,74	-5,71	-5,65	-14,73	-9,63	-9,77	3,15	3,92	4,11	4,03
1975	20	20,97	36,52	36,17	35,32	25,08	36,31	35,37	-4,11	-0,14	-0,06	1,15
1976	20	-9,32	5,70	5,49	5,00	-6,49	6,15	5,09	-2,83	-0,66	-0,09	0,61
1977	19	22,28	23,04	23,16	23,46	29,12	27,08	27,18	-6,83	-3,92	-3,72	-4,14
1978	20	17,17	8,05	8,36	9,10	17,73	7,85	8,74	-0,55	0,50	0,36	-0,69
1979	21	-11,40	0,27	0,50	1,04	-8,52	-0,05	0,09	-2,89	0,55	0,95	0,18
1980	19	9,83	-2,86	-2,34	-1,11	10,90	-0,73	-0,05	-1,07	-1,60	-1,05	-2,80
1981	20	6,56	5,10	5,35	5,94	10,42	5,56	5,58	-3,86	-0,21	0,36	-0,49
1982	20	12,70	15,09	14,21	12,19	17,30	14,64	12,55	-4,60	-0,43	-0,37	2,53
1983	20	23,41	19,21	17,65	13,95	21,09	18,12	14,45	2,31	-0,47	-0,50	4,76
1984	21	7,92	7,72	6,90	4,93	0,93	6,46	4,19	6,99	0,43	0,74	3,53

(Fortsetzung Tabelle 43)

Jahr	Anz. Unt.	Jahresrendite eines Portfolios aus Stammaktien				Jahresrendite eines Portfolios aus Vorzugsaktien			Differenz der Jahresrenditen eines Stamm- und eines Vorzugsaktienportfolios			
		Renditen der Stammaktien gleichgewichtet	gewichtet mit den Marktwerten der Stammaktien	gewichtet mit den Marktwerten der Stamm- und Vorzugsaktien	gewichtet mit den Marktwerten der Vorzugsaktien	Renditen der Vorzugsaktien gleichgewichtet	gewichtet mit den Marktwerten der Stamm- und Vorzugsaktien	gewichtet mit den Marktwerten der Vorzugsaktien	beide Portfolios gleichgewichtet	Renditen in beiden Portfolios gewichtet mit den Marktwerten der StA und VzA	Renditen in beiden Portfolios gewichtet mit den Marktwerten der Vorzugsaktien	Stammaktienrenditen gewichtet mit dem Marktwert der StA, Vorzugsaktienrenditen mit dem Marktwert der VzA
1985	24	28,45	34,27	33,96	33,18	28,06	33,16	31,20	0,39	0,81	1,99	3,07
1986	23	12,19	9,39	11,41	16,95	3,97	6,46	12,17	8,22	4,95	4,77	-2,78
1987	34	-24,57	-29,15	-28,30	-25,12	-27,82	-29,52	-25,64	3,24	1,22	0,52	-3,52
1988	35	39,37	32,48	32,79	33,90	39,69	27,66	27,38	-0,32	5,13	6,52	5,10
1989	36	46,43	63,89	66,42	76,03	38,33	55,20	63,59	8,11	11,22	12,44	0,30
1990	47	-0,48	-16,82	-15,52	-10,31	-3,78	-14,38	-10,67	3,30	-1,13	0,36	-6,15
1991	55	-8,16	0,53	-0,05	-2,11	-6,75	1,30	-0,25	-1,41	-1,35	-1,86	0,78
1992	59	-18,40	-8,43	-8,15	-7,16	-17,51	-9,04	-7,42	-0,88	0,89	0,25	-1,01
1993	54	38,81	51,05	49,32	43,23	53,87	55,54	47,91	-15,06	-6,22	-4,69	3,13
1994	64	-0,67	3,41	4,20	6,99	2,18	5,30	8,32	-2,85	-1,10	-1,33	-4,90
1995	68	-3,60	11,38	13,80	22,19	-0,67	15,36	24,13	-2,94	-1,56	-1,94	-12,75
1996	60	6,24	21,22	19,38	14,16	13,42	25,95	21,09	-7,19	-6,57	-6,93	0,13
1997	65	30,53	49,49	53,47	64,99	31,21	59,15	71,25	-0,67	-5,68	-6,26	-21,76
1998	58	10,82	26,57	24,94	21,04	9,37	14,63	15,62	1,45	10,32	5,41	10,94
1999	56	0,50	-6,60	-6,43	-5,90	0,97	-4,76	-0,54	-0,47	-1,67	-5,37	-6,06
2000	49	15,59	14,66	19,09	29,89	15,67	19,09	28,50	-0,08	-0,70	1,38	-13,84
2001	42	4,81	-1,19	-1,31	-1,95	8,89	17,36	2,73	-4,08	-18,67	-4,68	-3,92
2002	40	-21,65	-32,38	-31,91	-29,42	-14,42	-26,75	-26,46	-7,23	-5,16	-2,96	-5,92
2003	34	37,27	36,55	36,38	35,46	35,47	32,39	27,49	1,81	3,99	7,97	9,06
2004	32	21,94	5,73	5,94	7,13	28,58	12,38	13,98	-6,64	-6,44	-6,85	-8,25
2005	27	40,75	33,50	33,66	34,57	43,67	43,27	42,89	-2,92	-9,61	-8,32	-9,40
2006	25	37,70	39,20	39,90	43,64	40,85	38,33	44,55	-3,14	1,57	-0,91	-5,35
2007	24	13,34	27,93	27,72	26,57	13,93	22,21	22,41	-0,58	5,51	4,16	5,52
2008	22	-32,42	-39,14	-39,08	-38,73	-32,16	-37,96	-37,03	-0,26	-1,12	-1,70	-2,11
2009	20	22,81	30,66	31,45	36,24	38,51	34,39	43,27	-15,70	-2,95	-7,03	-12,61
2010	20	45,36	28,24	29,86	37,95	41,67	34,04	48,10	3,68	-4,18	-10,15	-19,86
2011	20	-12,05	-14,89	-13,12	-4,58	-9,40	-10,60	-6,03	-2,65	-2,52	1,45	-8,86
2012	20	29,11	34,03	37,17	51,25	31,09	36,98	46,85	-1,98	0,19	4,40	-12,83
2013	17	25,51	22,65	24,07	29,38	23,33	23,33	26,78	2,18	0,74	2,60	-4,13
2014	18	5,47	0,15	0,39	1,26	6,83	0,19	0,04	-1,37	0,20	1,22	0,11
2015	17	15,94	13,29	16,27	24,72	11,66	18,34	25,58	4,28	-2,07	-0,85	-12,28
2016	18	3,88	0,17	0,75	2,44	6,48	3,31	4,32	-2,61	-2,56	-1,88	-4,15
2017	18	18,63	11,91	12,62	14,48	21,38	14,58	14,85	-2,75	-1,96	-0,37	-2,94

Parameter für Renditen ab 1975

Mittelwert		12,32	13,29	13,87	16,10	13,82	14,86	16,61	-1,50	-0,99	-0,51	-3,32
Median		12,70	11,91	13,80	14,16	13,42	14,64	14,45	-1,37	-0,70	-0,37	-2,80
Minimum		-32,42	-39,14	-39,08	-38,73	-32,16	-37,96	-37,03	-15,70	-18,67	-10,15	-21,76
Maximum		46,43	63,89	66,42	76,03	53,87	59,15	71,25	8,22	11,22	12,44	10,94
Standardabw		19,46	22,15	22,30	23,43	19,95	21,80	23,04	4,82	4,87	4,44	6,99
p-Wert		0,000	0,000	0,000	0,000	0,000	0,000	0,000	0,024	0,095	0,227	0,002

Tabelle 44: Renditen eines Portfolios aus notierten Vorzugsaktien von Dual-Class-Unternehmen mit gleichzeitig notierten Stammaktien über verschiedene Anlagezeiträume

Angegeben ist das gleichgewichtete geometrische Mittel der Renditen über den jeweiligen Anlagezeitraum in Prozent p.a.

In der ersten Spalte ist das Anlagejahr des gebildeten Portfolios angegeben, in der zweiten Spalte die Anzahl der jeweils in das Portfolio einbezogenen Unternehmen. Da vor 1975 nur eine geringe Zahl Dual-Class-Unternehmen börsennotiert war, beziehen sich die statistischen Parameter (Mittelwert, Median, Standardabweichung, p-Wert) nur auf die ab 1975 gebildeten Portfolios. Diese Werte sind auf der Folgeseite angegeben.

Der p-Wert bezieht sich auf einen einseitigen Test (Mittelwert $\leq$ 0). Wegen überlappender Zeiträume besteht für Anlagezeiträume ab 2 Jahren allerdings keine Unabhängigkeit der Beobachtungen. Quelle: Eigene Berechnungen.

Anl.-	Anz.	Anlagedauer in Jahren													
jahr	Unt.	1	2	3	4	5	6	7	8	9	10	15	20	25	30
1956	5	-6,41	-3,70	21,34	28,61	27,33	21,62	14,89	14,50	12,56	9,32	7,91	7,13	7,23	8,51
1957	5	-0,91	38,16	42,99	37,51	28,17	18,89	17,85	15,18	11,23	8,87	9,72	7,13	7,94	8,89
1958	5	92,63	71,77	53,38	36,68	23,30	21,30	17,69	12,85	10,02	14,24	10,88	8,56	8,67	7,75
1959	7	53,17	36,87	21,91	10,28	10,59	8,41	4,55	2,58	7,80	7,68	5,01	5,92	6,67	6,60
1960	7	22,30	8,76	-1,16	1,94	1,17	-1,90	-3,13	3,16	3,55	3,80	0,99	3,22	4,91	6,24
1961	8	-3,28	-11,14	-4,06	-3,52	-6,13	-6,82	0,69	1,41	1,93	-0,66	1,14	2,72	5,10	5,40
1962	8	-18,36	-4,45	-3,60	-6,83	-7,52	1,36	2,10	2,60	-0,36	1,52	0,92	3,40	5,40	5,27
1963	8	11,82	4,75	-2,64	-4,59	5,85	5,98	6,00	2,15	4,01	5,14	4,05	5,29	4,89	5,30
1964	8	-1,87	-9,15	-9,50	4,40	4,85	5,06	0,84	3,07	4,43	2,33	4,40	5,71	5,82	6,43
1965	9	-15,89	-13,09	6,58	6,60	6,51	1,29	3,80	5,24	2,81	0,90	3,92	5,86	7,29	6,57
1966	8	-10,20	19,98	15,36	12,98	5,13	7,50	8,67	5,42	2,97	4,99	5,85	8,11	7,86	7,17
1967	9	60,30	30,75	21,97	9,36	11,44	12,18	7,86	4,74	6,83	5,41	7,32	8,90	8,03	8,00
1968	9	6,65	6,39	-3,73	1,75	4,45	0,97	-1,44	1,54	0,62	3,16	5,11	4,65	5,19	7,28
1969	9	6,14	-8,53	0,17	3,90	-0,13	-2,72	0,83	-0,11	2,78	4,18	6,00	6,07	6,75	7,37
1970	11	-21,18	-2,69	3,17	-1,63	-4,40	-0,02	-0,97	2,37	3,97	2,65	5,65	7,48	6,59	7,20
1971	12	20,15	18,03	5,91	0,32	4,85	2,87	6,26	7,63	5,70	6,21	9,12	8,56	7,58	8,58
1972	13	15,95	-0,57	-5,53	1,33	-0,28	4,11	5,95	4,02	4,77	5,32	8,07	7,19	7,33	8,22
1973	15	-14,74	-14,73	-3,12	-3,97	1,89	4,37	2,42	3,45	4,20	5,44	4,71	5,38	7,86	7,13
1974	18	-14,73	3,28	-0,09	6,53	8,68	5,60	6,34	6,85	7,96	9,21	8,22	8,54	8,94	8,80

(Fortsetzung Tabelle 44)

Anl.-jahr	Anz. Unt.	1	2	3	4	5	6	7	8	9	10	15	20	25	30
		Anlagedauer in Jahren													
1975	20	25,08	8,15	14,73	15,47	10,22	10,33	10,34	11,19	12,25	11,06	11,76	9,53	9,68	10,30
1976	20	-6,49	9,88	12,44	6,79	7,60	8,06	9,34	10,74	9,61	11,32	9,83	8,27	9,34	10,81
1977	19	29,12	23,29	11,62	11,44	11,23	12,22	13,45	11,80	13,50	12,51	9,81	9,32	10,00	12,33
1978	20	17,73	3,78	6,10	7,16	9,12	11,03	9,53	11,69	10,80	6,15	6,57	9,41	8,21	11,86
1979	21	-8,52	0,72	3,86	7,07	9,74	8,22	10,85	9,97	4,94	7,99	8,49	9,01	8,82	9,82
1980	19	10,90	10,66	12,83	14,84	11,91	14,46	12,90	6,76	9,99	12,54	9,30	9,55	10,31	11,35
1981	20	10,42	13,81	16,19	12,17	15,18	13,23	6,18	9,88	12,73	10,96	8,50	9,78	11,46	12,27
1982	20	17,30	19,18	12,76	16,40	13,80	5,49	9,80	13,02	11,02	9,10	8,69	9,70	12,55	11,53
1983	20	21,09	10,55	16,10	12,94	3,27	8,60	12,42	10,26	8,22	5,32	9,51	7,98	12,42	11,94
1984	21	0,93	13,69	10,35	-0,76	6,26	11,04	8,79	6,71	3,70	7,88	8,76	8,59	9,84	12,01
1985	24	28,06	15,39	-1,32	7,64	13,18	10,16	7,57	4,06	8,68	8,01	8,77	9,91	11,24	12,22
1986	23	3,97	-13,37	1,59	9,74	6,89	4,49	1,02	6,47	5,99	5,30	8,03	10,55	11,69	11,71
1987	34	-27,82	0,42	11,73	7,63	4,59	0,53	6,83	6,24	5,45	6,22	8,37	12,24	11,08	11,80
1988	35	39,69	39,01	22,97	14,75	7,42	14,05	12,27	10,57	10,88	12,76	9,60	14,83	13,76	13,75
1989	36	38,33	15,37	7,47	0,59	9,51	8,26	6,93	7,72	10,11	10,04	9,38	10,76	13,20	
1990	47	-3,78	-5,28	-9,54	3,30	3,08	2,44	3,94	7,02	7,27	6,63	8,85	10,76	12,03	
1991	55	-6,75	-12,30	5,78	4,87	3,74	5,29	8,65	8,74	7,85	8,61	11,79	12,93	12,70	
1992	59	-17,51	12,66	9,05	6,54	7,88	11,46	11,16	9,83	10,46	10,30	14,91	12,76	13,30	
1993	54	53,87	25,39	16,02	15,37	18,37	16,82	14,41	14,57	13,92	10,71	17,41	15,41	15,07	
1994	64	2,18	0,75	4,81	10,86	10,56	8,90	9,84	9,72	6,74	9,31	11,17	14,14		
1995	68	-0,67	6,14	13,92	12,76	10,30	11,17	10,85	7,32	10,13	11,85	13,45	14,39		
1996	60	13,42	21,99	17,63	13,22	13,71	12,89	8,51	11,56	13,34	16,06	16,17	15,06		
1997	65	31,21	19,79	13,16	13,78	12,78	7,71	11,30	13,33	16,35	18,60	14,44	14,70		
1998	58	9,37	5,08	8,50	8,60	3,54	8,29	10,98	14,62	17,27	16,93	14,43	14,25		
1999	56	0,97	8,07	8,34	2,14	8,07	11,25	15,39	18,30	17,81	11,48	15,35			
2000	49	15,67	12,23	2,53	9,93	13,43	17,98	21,01	20,10	12,71	15,06	15,79			
2001	42	8,89	-3,47	8,08	12,87	18,45	21,92	20,75	12,35	14,99	17,42	15,52			
2002	40	-14,42	7,67	14,23	20,97	24,71	22,84	12,85	15,78	18,41	15,28	15,35			
2003	34	35,47	31,98	35,76	37,02	32,05	18,18	20,89	23,31	19,16	20,30	18,06			
2004	32	28,58	35,91	37,54	31,21	14,99	18,62	21,66	17,26	18,72	19,18				
2005	27	43,67	42,25	32,10	11,83	16,72	20,55	15,73	17,55	18,18	16,99				
2006	25	40,85	26,67	2,87	10,81	16,39	11,63	14,22	15,33	14,35	14,08				
2007	24	13,93	-12,09	2,30	10,97	6,56	10,31	12,08	11,41	11,44	10,93				
2008	22	-32,16	-3,07	10,01	4,80	9,59	11,77	11,05	11,13	10,60	11,64				
2009	20	38,51	40,08	21,14	23,56	23,51	20,56	19,25	17,57	17,99					
2010	20	41,67	13,30	18,94	20,02	17,26	16,31	14,85	15,65						
2011	20	-9,40	8,98	13,57	11,85	11,81	10,90	12,34							
2012	20	31,09	27,15	19,98	17,85	15,48	16,44								
2013	17	23,33	14,79	13,74	11,88	13,72									
2014	18	6,83	9,22	8,30	11,43										
2015	17	11,66	9,04	13,01											
2016	18	6,48	13,69												
2017	18	21,38													

Parameter für Renditen ab 1975

	1	2	3	4	5	6	7	8	9	10	15	20	25	30
Mittelwert	13,82	12,55	12,22	12,06	11,97	11,96	11,89	11,93	11,87	11,72	11,66	11,41	11,41	11,69
Median	13,42	11,44	12,44	11,63	11,23	11,21	11,16	11,30	11,02	11,19	9,83	10,65	11,46	11,83
Standardabw.	19,95	13,61	9,14	7,36	6,15	5,28	4,67	4,35	4,30	4,11	3,34	2,48	1,83	0,95
p-Wert	0,000	0,000	0,000	0,000	0,000	0,000	0,000	0,000	0,000	0,000	0,000	0,000	0,000	0,000

Tabelle 45: Renditen eines Portfolios aus notierten Stammaktien von Dual-
Class-Unternehmen mit gleichzeitig notierten Vorzugsaktien über
verschiedene Anlagezeiträume

Angegeben ist das gleichgewichtete geometrische Mittel der Renditen über den jeweiligen Anlagezeitraum in Prozent p.a.
In der ersten Spalte ist das Anlagejahr des gebildeten Portfolios angegeben, in der
zweiten Spalte die Anzahl der jeweils in das Portfolio einbezogenen Unternehmen.
Da vor 1975 nur eine geringe Zahl Dual-Class-Unternehmen börsennotiert war, beziehen sich die statistischen Parameter (Mittelwert, Median, Standardabweichung, p-
Wert) nur auf die ab 1975 gebildeten Portfolios. Diese Werte sind auf der Folgeseite
angegeben.
Der p-Wert bezieht sich auf einen einseitigen Test (Mittelwert ≤ 0). Wegen überlappender Zeiträume besteht für Anlagezeiträume ab 2 Jahren allerdings keine Unabhängigkeit der Beobachtungen. Quelle: Eigene Berechnungen.

Anl.-	Anz.	Anlagedauer in Jahren													
jahr	Unt.	1	2	3	4	5	6	7	8	9	10	15	20	25	30
1956	5	-7,63	-2,09	19,26	25,31	27,81	22,04	14,36	13,59	12,04	9,59	8,00	7,72	7,13	8,48
1957	5	3,78	35,52	38,73	38,62	29,03	18,50	17,00	14,77	11,69	9,38	10,20	7,62	7,75	9,19
1958	5	76,97	60,39	52,67	36,25	21,69	19,36	16,44	12,73	10,03	13,12	11,42	8,51	8,10	8,03
1959	7	45,37	41,80	24,88	10,82	10,32	8,59	5,69	3,68	7,64	8,64	6,13	6,30	6,55	7,17
1960	7	38,32	15,74	1,23	2,97	2,44	0,22	-1,21	3,67	5,18	5,28	2,67	3,70	5,29	7,20
1961	8	-3,16	-13,40	-6,68	-4,97	-6,03	-6,60	-0,52	1,64	2,14	-0,73	1,75	2,51	4,98	6,03
1962	8	-22,56	-8,39	-5,57	-6,74	-7,27	-0,07	2,34	2,82	-0,46	1,84	1,31	3,00	5,60	5,84
1963	8	8,37	4,28	-0,77	-3,00	5,16	7,21	7,07	2,72	4,99	6,62	4,44	4,95	5,49	6,03
1964	8	0,34	-5,05	-6,51	4,37	6,98	6,85	1,94	4,57	6,43	4,09	4,99	5,63	6,56	6,91
1965	9	-10,15	-9,76	5,75	8,71	8,20	2,20	5,19	7,21	4,52	2,78	4,12	6,02	8,18	6,87
1966	8	-9,37	14,73	15,84	13,35	4,87	7,99	9,95	6,51	4,33	5,89	5,52	7,93	8,62	7,12
1967	9	45,23	30,96	22,13	8,77	11,84	13,55	9,00	6,18	7,73	5,89	6,67	9,09	8,68	7,69
1968	9	18,09	11,99	-1,22	4,77	8,10	3,90	1,54	3,78	2,24	4,09	4,88	5,57	6,20	7,31
1969	9	6,21	-9,66	0,67	5,74	1,28	-0,99	1,89	0,41	2,64	4,00	5,19	6,45	6,89	7,08
1970	11	-23,16	-1,99	5,58	0,08	-2,37	1,18	-0,39	2,20	3,76	2,14	5,30	8,17	6,61	6,88
1971	12	25,02	23,76	9,30	3,66	6,91	4,01	6,45	7,73	5,42	5,85	8,97	9,58	7,58	8,35
1972	13	22,50	2,19	-2,62	2,81	0,26	3,63	5,47	3,19	3,91	4,17	8,19	7,90	6,88	7,71
1973	15	-14,75	-13,18	-3,03	-4,64	0,22	2,87	0,69	1,79	2,31	3,31	4,74	5,73	7,15	6,12
1974	18	-11,58	3,42	-1,01	4,36	6,80	3,53	4,41	4,67	5,54	7,20	8,23	8,34	8,28	7,82

(Fortsetzung Tabelle 45)

Anl.-jahr	Anz. Unt.	Anlagedauer in Jahren													
		1	2	3	4	5	6	7	8	9	10	15	20	25	30
1975	20	20,97	4,74	10,29	11,97	6,85	7,34	7,23	7,90	9,52	9,36	11,93	8,98	8,84	8,98
1976	20	-9,32	5,30	9,12	3,58	4,80	5,09	6,15	8,16	8,14	10,01	10,49	7,75	8,64	9,53
1977	19	22,28	19,70	8,28	8,66	8,24	8,97	10,92	10,54	12,40	12,38	10,58	8,60	9,27	11,07
1978	20	17,17	1,89	4,47	4,99	6,49	9,14	8,96	11,22	11,33	7,08	7,64	8,96	7,34	10,79
1979	21	-11,40	-1,36	1,21	3,97	7,60	7,65	10,40	10,62	6,01	8,95	8,86	8,65	8,02	8,77
1980	19	9,83	8,18	9,67	12,95	11,93	14,52	14,19	8,42	11,49	14,57	9,70	9,34	9,41	9,97
1981	20	6,56	9,59	14,01	12,46	15,49	14,93	8,22	11,70	15,11	13,45	8,75	9,62	10,50	11,00
1982	20	12,70	17,93	14,49	17,83	16,68	8,50	12,45	16,22	14,24	11,77	8,72	9,53	11,64	10,29
1983	20	23,41	15,40	19,60	17,70	7,68	12,41	16,74	14,43	11,67	8,22	9,79	7,56	11,67	10,79
1984	21	7,92	17,74	15,86	4,07	10,33	15,66	13,20	10,28	6,65	9,50	9,01	8,13	9,01	10,85
1985	24	28,45	20,04	2,82	10,94	17,27	14,11	10,62	6,50	9,68	8,60	8,49	8,79	9,58	10,77
1986	23	12,19	-8,01	5,65	14,64	11,44	7,90	3,68	7,53	6,59	5,52	7,73	9,29	10,12	10,39
1987	34	-24,57	2,53	15,47	11,25	7,07	2,33	6,88	5,91	4,81	4,95	7,25	10,42	9,05	10,11
1988	35	39,37	42,86	26,64	16,87	8,77	13,28	11,17	9,21	8,87	10,87	7,52	12,69	11,42	11,78
1989	36	46,43	20,72	10,20	2,23	8,68	7,06	5,47	5,56	8,08	8,35	7,41	8,68	10,96	
1990	47	-0,48	-4,40	-9,31	0,87	0,56	-0,15	0,74	4,06	4,79	4,35	6,11	7,73	9,51	
1991	55	-8,16	-13,43	1,33	0,82	-0,08	0,95	4,72	5,47	4,90	5,93	8,59	9,79	10,18	
1992	59	-18,40	6,43	4,01	2,05	2,87	7,04	7,57	6,66	7,62	7,33	11,56	9,56	10,73	
1993	54	38,81	17,42	9,95	9,01	13,01	12,64	10,82	11,41	10,65	6,90	14,03	12,10	12,40	
1994	64	-0,67	-2,15	0,57	7,35	8,03	6,74	7,96	7,56	3,84	6,78	8,69	11,54		
1995	68	-3,60	1,20	10,16	10,32	8,28	9,47	8,79	4,42	7,64	8,99	10,24	11,87		
1996	60	6,24	17,76	15,40	11,48	12,29	11,01	5,62	9,14	10,49	13,20	13,30	12,91		
1997	65	30,53	20,27	13,28	13,86	11,99	5,52	9,56	11,03	14,00	16,17	11,88	12,78		
1998	58	10,82	5,53	8,78	7,78	1,12	6,40	8,50	12,08	14,68	14,54	11,80	12,24		
1999	56	0,50	7,78	6,78	-1,17	5,54	8,12	12,27	15,17	14,97	9,02	12,73			
2000	49	15,59	10,07	-1,72	6,84	9,71	14,36	17,43	16,91	10,01	11,22	13,09			
2001	42	4,81	-9,38	4,08	8,28	14,11	17,74	17,10	9,33	10,75	13,80	13,11			
2002	40	-21,65	3,71	9,46	16,56	20,51	19,29	9,99	11,51	14,85	13,05				
2003	34	37,27	29,38	33,06	34,21	29,75	16,38	17,28	20,47	16,33	17,55	16,22			
2004	32	21,94	31,01	33,20	27,93	12,60	14,24	18,24	13,95	15,54	16,50				
2005	27	40,75	39,22	30,00	10,38	12,76	17,64	12,85	14,77	15,91	14,82				
2006	25	37,70	24,93	1,79	6,68	13,49	8,77	11,47	13,13	12,25	12,62				
2007	24	13,34	-12,48	-2,02	8,14	3,76	7,61	10,00	9,42	10,13	9,49				
2008	22	-32,42	-8,90	6,45	1,49	6,50	9,45	8,87	9,73	9,07	9,99				
2009	20	22,81	33,61	16,23	19,32	20,53	17,88	17,60	15,79	16,10					
2010	20	45,36	13,07	18,18	19,97	16,92	16,76	14,82	15,29						
2011	20	-12,05	6,56	12,54	10,73	11,75	10,40	11,54							
2012	20	29,11	27,30	19,56	18,64	15,53	16,04								
2013	17	25,51	15,05	15,35	12,37	13,59									
2014	18	5,47	10,58	8,30	10,79										
2015	17	15,94	9,74	12,63											
2016	18	3,88	11,01												
2017	18	18,63													

Parameter für Renditen ab 1975

	1	2	3	4	5	6	7	8	9	10	15	20	25	30
Mittelwert	12,32	11,15	10,87	10,72	10,63	10,61	10,54	10,60	10,55	10,43	10,28	9,90	9,91	10,36
Median	12,70	9,91	9,95	10,55	10,33	9,46	10,40	10,41	10,49	9,74	9,79	9,44	9,58	10,58
Standardabw	19,46	13,46	9,16	7,33	5,98	4,91	4,22	3,87	3,67	3,46	2,47	1,73	1,34	0,83
p-Wert	0,000	0,000	0,000	0,000	0,000	0,000	0,000	0,000	0,000	0,000	0,000	0,000	0,000	0,000

Tabelle 46: Renditen eines Portfolios aus allein notierten Vorzugsaktien über verschiedene Anlagezeiträume

Angegeben ist das gleichgewichtete geometrische Mittel der Renditen über den jeweiligen Anlagezeitraum in Prozent p.a.
In der ersten Spalte ist das Anlagejahr des gebildeten Portfolios angegeben, in der zweiten Spalte die Anzahl der jeweils in das Portfolio einbezogenen Unternehmen.
Da vor 1985 nur eine geringe Zahl Vorzugsaktien ohne gleichzeitige Notiz der Stammaktien börsennotiert war, beziehen sich die statistischen Parameter (Mittelwert, Median, Standardabweichung, p-Wert) nur auf die ab 1985 gebildeten Portfolios.
Diese Werte sind auf der Folgeseite angegeben.
Der p-Wert bezieht sich auf einen einseitigen Test (Mittelwert $\leq$ 0). Wegen überlappender Zeiträume besteht für Anlagezeiträume ab 2 Jahren allerdings keine Unabhängigkeit der Beobachtungen. Quelle: Eigene Berechnungen.

Anl.- jahr	Anz. Unt.	Anlagedauer in Jahren													
		1	2	3	4	5	6	7	8	9	10	15	20	25	30
1966	1	6,18	25,78	11,59	-1,58	-4,16	-4,47	-1,45	-0,28	-3,65	-3,74	-1,55	1,81	3,93	3,44
1967	1	48,99	14,40	-4,04	-6,58	-6,47	-2,67	-1,16	-4,81	-4,78	-5,93	-2,42	3,43	3,35	3,57
1968	1	-12,16	-22,99	-20,04	-16,74	-10,62	-7,70	-10,71	-9,96	-10,62	-8,12	-3,77	-0,34	1,23	2,83
1969	1	-32,48	-23,71	-18,22	-10,22	-6,78	-10,47	-9,65	-10,42	-7,66	-5,51	-1,89	1,66	3,25	3,46
1970	1	-13,80	-9,99	-1,28	1,05	-5,27	-5,15	-6,73	-3,98	-1,91	-1,93	0,65	5,16	5,00	4,73
1971	1	-6,02	5,64	6,54	-3,01	-3,32	-5,50	-2,49	-0,32	-0,52	-0,22	3,88	6,06	5,03	5,75
1972	1	18,75	13,44	-1,99	-2,63	-5,40	-1,89	0,53	0,19	0,44	-0,33	6,95	5,96	5,71	6,12
1973	1	8,37	-10,95	-8,87	-10,62	-5,56	-2,23	-2,21	-1,64	-2,25	-0,16	3,34	4,43	5,76	4,86
1974	2	-26,83	-16,43	-16,18	-8,75	-4,22	-3,87	-2,99	-3,50	-1,06	0,65	4,64	5,92	5,64	6,17
1975	2	-4,55	-10,29	-1,78	2,45	1,52	1,68	0,40	2,74	4,28	3,75	8,89	7,74	6,86	7,90
1976	2	-15,68	-0,37	4,90	3,10	2,97	1,24	3,83	5,43	4,72	7,69	9,38	7,23	7,67	9,47
1977	2	17,72	17,00	10,25	8,25	5,02	7,49	8,86	7,59	10,65	13,72	10,04	8,68	8,58	10,83
1978	2	16,29	6,69	5,27	2,06	5,56	7,44	6,22	9,80	13,28	8,09	7,99	8,79	7,08	10,61
1979	2	-2,12	0,15	-2,28	3,03	5,76	4,62	8,90	12,91	7,22	9,38	9,53	8,26	8,38	8,45
1980	3	2,47	-2,37	4,80	7,82	6,03	10,86	15,24	8,45	10,73	12,77	9,89	8,23	9,22	10,92
1981	3	-6,98	5,99	9,67	6,93	12,61	17,52	9,33	11,81	13,97	12,74	8,68	8,88	10,82	12,57
1982	4	20,77	19,08	12,02	18,12	23,14	12,31	14,79	16,90	15,17	12,65	9,93	9,49	12,03	13,05
1983	4	17,41	7,89	17,26	23,75	10,69	13,82	16,36	14,49	11,78	9,22	9,89	7,47	11,65	13,16
1984	6	-0,87	17,18	25,93	9,08	13,12	16,19	14,08	11,09	8,35	11,47	9,11	9,05	8,99	13,33

(Fortsetzung Tabelle 46)

Anl.-jahr	Anz. Unt.	Anlagedauer in Jahren													
		1	2	3	4	5	6	7	8	9	10	15	20	25	30
1985	13	38,51	41,93	12,61	16,91	19,93	16,78	12,92	9,56	12,93	11,88	8,98	10,04	11,92	13,62
1986	18	45,44	1,53	10,49	15,69	12,86	9,14	5,95	10,08	9,26	6,77	7,66	10,38	12,56	13,31
1987	21	-29,12	-3,70	7,19	5,92	3,05	0,50	5,79	5,42	3,16	3,86	5,28	9,41	11,13	12,20
1988	30	30,83	31,83	21,10	13,15	7,77	13,09	11,57	8,12	8,37	9,49	6,41	11,90	13,66	14,80
1989	35	32,83	16,51	7,80	2,67	9,84	8,65	5,21	5,85	7,35	7,16	7,72	7,98	13,37	
1990	39	2,20	-2,88	-5,77	4,74	4,37	1,20	2,47	4,53	4,63	3,88	6,92	10,01	12,40	
1991	38	-7,71	-9,52	5,61	4,91	1,01	2,51	4,86	4,94	4,07	5,15	9,56	12,48	13,40	
1992	41	-11,30	12,97	9,49	3,31	4,69	7,12	6,88	5,64	6,68	6,42	11,62	13,25	14,13	
1993	39	43,87	21,65	8,70	9,11	11,24	10,25	8,31	9,17	8,60	5,74	13,30	15,18	16,25	
1994	35	2,86	-5,52	-0,49	4,31	4,54	3,31	4,95	4,85	2,18	6,68	7,37	14,27		
1995	38	-13,22	-2,13	4,79	4,96	3,40	5,31	5,13	2,10	7,11	8,22	11,96	14,51		
1996	34	10,38	15,16	11,83	8,03	9,46	8,55	4,49	9,97	10,91	14,11	16,59	16,73		
1997	36	20,14	12,56	7,25	9,23	8,19	3,54	9,91	10,98	14,53	15,26	16,25	16,62		
1998	36	5,46	1,34	5,82	5,39	0,51	8,29	9,73	13,85	14,73	14,35	16,52	17,54		
1999	33	-2,62	6,00	5,37	-0,69	8,87	10,46	15,10	15,95	15,39	8,82	17,71			
2000	30	15,39	9,60	-0,04	11,94	13,28	18,35	18,88	17,86	10,17	16,50	18,47			
2001	26	4,11	-6,96	10,82	12,75	18,95	19,47	18,22	9,53	16,62	20,33	19,26			
2002	23	-16,85	14,34	15,79	22,98	22,80	20,75	10,33	18,29	22,28	20,51	19,57			
2003	19	57,21	36,64	40,12	35,37	30,10	15,66	24,39	28,32	25,58	25,46	23,84			
2004	20	18,76	32,28	28,79	24,09	8,77	19,63	24,66	22,10	22,35	22,39				
2005	21	47,33	34,12	25,92	6,41	19,81	25,67	22,59	22,81	22,80	21,16				
2006	17	22,09	16,41	-4,53	13,77	21,73	18,89	19,66	20,04	18,55	19,41				
2007	16	10,99	-15,58	11,13	21,64	18,25	19,26	19,75	18,12	19,12	17,98				
2008	16	-35,79	11,20	25,41	20,14	20,98	21,27	19,17	20,18	18,79	20,82				
2009	15	92,56	75,27	48,05	41,74	37,72	32,11	31,43	28,28	29,61					
2010	15	59,53	29,81	27,98	26,65	22,52	23,33	21,05	23,36						
2011	16	5,63	14,63	17,27	14,69	17,14	15,61	18,91							
2012	14	24,39	23,56	17,88	20,21	17,71	21,28								
2013	13	22,74	14,76	18,85	16,10	20,67									
2014	12	7,29	16,95	13,97	20,15										
2015	9	27,47	17,46	24,77											
2016	9	8,23	23,44												
2017	9	40,79													

Parameter für Renditen ab 1985

Mittelwert	17,59	15,18	14,00	13,88	13,80	13,57	13,42	13,46	13,43	13,01	12,90	12,88	13,20	13,48
Median	15,39	14,69	11,13	12,95	12,86	14,35	11,57	10,53	12,93	12,99	11,96	12,87	13,37	13,47
Standardabw.	26,90	18,05	12,11	9,91	9,03	8,18	7,88	7,76	7,54	6,78	5,51	3,04	1,48	1,07
p-Wert	0,000	0,000	0,000	0,000	0,000	0,000	0,000	0,000	0,000	0,000	0,000	0,000	0,000	0,000

Tabelle 47: Differenzen aus den gleichgewichteten Renditen eines Portfolios aus Stammaktien und eines Portfolios aus zugehörigen Vorzugsaktien über verschiedene Anlagezeiträume

Angegeben ist die Differenz der gleichgewichteten geometrischen Mittel der Renditen über den jeweiligen Anlagezeitraum in Prozent p.a.
In der ersten Spalte ist das Anlagejahr der gebildeten Portfolios angegeben, in der zweiten Spalte die Anzahl der jeweils in die Portfolios einbezogenen Unternehmen.
Da vor 1975 nur eine geringe Zahl Dual-Class-Unternehmen börsennotiert war, beziehen sich die statistischen Parameter (Mittelwert, Median, Standardabweichung, p-Wert) nur auf die ab 1975 gebildeten Portfolios. Diese Werte sind auf der Folgeseite angegeben.
Der p-Wert bezieht sich auf einen einseitigen Test (Mittelwert $\geq$ 0). Wegen überlappender Zeiträume besteht für Anlagezeiträume ab 2 Jahren allerdings keine Unabhängigkeit der Beobachtungen. Quelle: Eigene Berechnungen.

Anl.-jahr	Anz. Unt.	Anlagedauer in Jahren												
		1	2	3	4	5	6	7	8	9	10	15	20	25	30
1956	5	-1,22	1,60	-2,08	-3,30	0,49	0,41	-0,53	-0,91	-0,52	0,27	0,09	0,59	-0,10	-0,03
1957	5	4,69	-2,64	-4,27	1,11	0,86	-0,38	-0,85	-0,41	0,47	0,51	0,48	0,49	-0,19	0,29
1958	5	-15,67	-11,38	-0,71	-0,43	-1,61	-1,94	-1,25	-0,12	0,01	-1,12	0,55	-0,05	-0,57	0,28
1959	7	-7,80	4,93	2,97	0,53	-0,27	0,18	1,14	1,10	-0,16	0,96	1,11	0,38	-0,12	0,57
1960	7	16,02	6,98	2,38	1,03	1,27	2,12	1,92	0,50	1,63	1,48	1,68	0,47	0,39	0,96
1961	8	0,12	-2,26	-2,61	-1,45	0,10	0,23	-1,20	0,22	0,21	-0,07	0,61	-0,21	-0,12	0,64
1962	8	-4,20	-3,94	-1,97	0,09	0,25	-1,43	0,24	0,22	-0,09	0,32	0,39	-0,40	0,20	0,58
1963	8	-3,45	-0,48	1,86	1,59	-0,69	1,23	1,06	0,57	0,98	1,47	0,39	-0,34	0,60	0,73
1964	8	2,20	4,10	2,99	-0,04	2,13	1,79	1,10	1,50	2,00	1,76	0,58	-0,08	0,73	0,48
1965	9	5,74	3,33	-0,83	2,11	1,70	0,91	1,39	1,97	1,71	1,88	0,20	0,16	0,89	0,30
1966	8	0,83	-5,25	0,48	0,37	-0,26	0,49	1,29	1,09	1,36	0,90	-0,33	-0,18	0,76	-0,04
1967	9	-15,07	0,21	0,16	-0,59	0,41	1,38	1,13	1,44	0,90	0,48	-0,65	0,18	0,65	-0,31
1968	9	11,45	5,60	2,51	3,02	3,65	2,93	2,97	2,24	1,62	0,93	-0,23	0,93	1,01	0,02
1969	9	0,07	-1,13	0,50	1,83	1,40	1,73	1,05	0,52	-0,14	-0,18	-0,81	0,38	0,14	-0,29
1970	11	-1,98	0,70	2,41	1,72	2,04	1,21	0,59	-0,17	-0,21	-0,51	-0,35	0,69	0,02	-0,31
1971	12	4,87	5,73	3,39	3,33	2,06	1,15	0,19	0,10	-0,29	-0,36	-0,15	1,02	0,00	-0,23
1972	13	6,56	2,76	2,91	1,47	0,54	-0,48	-0,49	-0,83	-0,86	-1,15	0,11	0,71	-0,45	-0,51
1973	15	-0,02	1,55	0,09	-0,67	-1,67	-1,51	-1,73	-1,65	-1,89	-2,14	0,03	0,35	-0,71	-1,01
1974	18	3,15	0,15	-0,92	-2,17	-1,87	-2,07	-1,94	-2,17	-2,42	-2,01	0,02	-0,20	-0,66	-0,98

(Fortsetzung Tabelle 47)

Anl.-jahr	Anz. Unt.	Anlagedauer in Jahren													
		1	2	3	4	5	6	7	8	9	10	15	20	25	30
1975	20	-4,11	-3,41	-4,44	-3,50	-3,37	-2,99	-3,12	-3,30	-2,73	-1,71	0,17	-0,55	-0,84	-1,31
1976	20	-2,83	-4,58	-3,32	-3,21	-2,79	-2,97	-3,19	-2,58	-1,47	-1,31	0,66	-0,52	-0,70	-1,27
1977	19	-6,83	-3,59	-3,34	-2,77	-3,00	-3,25	-2,53	-1,26	-1,10	-0,13	0,78	-0,72	-0,73	-1,26
1978	20	-0,55	-1,89	-1,63	-2,18	-2,63	-1,89	-0,57	-0,46	0,53	0,93	1,07	-0,45	-0,87	-1,07
1979	21	-2,89	-2,08	-2,64	-3,10	-2,14	-0,57	-0,45	0,66	1,07	0,97	0,37	-0,35	-0,79	-1,05
1980	19	-1,07	-2,48	-3,16	-1,89	0,01	0,07	1,29	1,66	1,49	2,02	0,40	-0,20	-0,90	-1,39
1981	20	-3,86	-4,23	-2,18	0,29	0,31	1,70	2,04	1,81	2,38	2,49	0,25	-0,16	-0,95	-1,27
1982	20	-4,60	-1,25	1,74	1,43	2,88	3,01	2,65	3,20	3,22	2,67	0,03	-0,17	-0,91	-1,24
1983	20	2,31	4,85	3,49	4,76	4,41	3,81	4,31	4,17	3,45	2,90	0,29	-0,43	-0,75	-1,15
1984	21	6,99	4,05	5,51	4,83	4,07	4,62	4,41	3,57	2,95	1,62	0,24	-0,46	-0,83	-1,16
1985	24	0,39	4,66	4,13	3,30	4,10	3,95	3,06	2,44	1,00	0,59	-0,27	-1,12	-1,66	-1,46
1986	23	8,22	5,36	4,07	4,90	4,55	3,42	2,67	1,06	0,60	0,22	-0,30	-1,25	-1,57	-1,32
1987	34	3,24	2,12	3,74	3,62	2,48	1,80	0,05	-0,33	-0,64	-1,27	-1,12	-1,82	-2,03	-1,69
1988	35	-0,32	3,85	3,68	2,12	1,35	-0,77	-1,10	-1,36	-2,01	-1,90	-2,08	-2,14	-2,34	-1,97
1989	36	8,11	5,35	2,74	1,64	-0,84	-1,19	-1,47	-2,16	-2,03	-1,68	-1,97	-2,07	-2,24	
1990	47	3,30	0,88	0,23	-2,43	-2,52	-2,59	-3,20	-2,96	-2,49	-2,27	-2,74	-3,03	-2,52	
1991	55	-1,41	-1,13	-4,45	-4,04	-3,81	-4,34	-3,93	-3,28	-2,95	-2,68	-3,21	-3,13	-2,52	
1992	59	-0,88	-6,23	-5,04	-4,48	-5,00	-4,42	-3,59	-3,17	-2,84	-2,97	-3,35	-3,21	-2,58	
1993	54	-15,06	-7,96	-6,07	-6,36	-5,36	-4,18	-3,59	-3,16	-3,27	-3,81	-3,38	-3,31	-2,67	
1994	64	-2,85	-2,89	-4,23	-3,52	-2,53	-2,16	-1,88	-2,16	-2,89	-2,53	-2,49	-2,60		
1995	68	-2,94	-4,95	-3,76	-2,44	-2,01	-1,71	-2,05	-2,90	-2,49	-2,86	-3,21	-2,52		
1996	60	-7,19	-4,23	-2,23	-1,74	-1,42	-1,88	-2,89	-2,43	-2,85	-2,86	-2,87	-2,16		
1997	65	-0,67	0,48	0,13	0,08	-0,80	-2,20	-1,74	-2,29	-2,35	-2,42	-2,56	-1,92		
1998	58	1,45	0,45	0,28	-0,82	-2,43	-1,88	-2,48	-2,53	-2,59	-2,39	-2,64	-2,01		
1999	56	-0,47	-0,29	-1,56	-3,31	-2,53	-3,13	-3,12	-3,13	-2,84	-2,46	-2,63			
2000	49	-0,08	-2,16	-4,25	-3,08	-3,72	-3,63	-3,57	-3,18	-2,71	-3,84	-2,70			
2001	42	-4,08	-5,91	-4,00	-4,59	-4,34	-4,18	-3,64	-3,02	-4,24	-3,62	-2,40			
2002	40	-7,23	-3,96	-4,77	-4,41	-4,19	-3,55	-2,86	-4,27	-3,56	-3,46	-2,30			
2003	34	1,81	-2,60	-2,70	-2,81	-2,30	-1,79	-3,61	-2,84	-2,83	-2,75	-1,85			
2004	32	-6,64	-4,91	-4,34	-3,28	-2,39	-4,37	-3,42	-3,31	-3,18	-2,68				
2005	27	-2,92	-3,03	-2,11	-1,45	-3,95	-2,91	-2,88	-2,78	-2,26	-2,17				
2006	25	-3,14	-1,74	-1,07	-4,13	-2,90	-2,86	-2,76	-2,19	-2,09	-1,46				
2007	24	-0,58	-0,39	-4,31	-2,84	-2,80	-2,70	-2,08	-1,99	-1,31	-1,44				
2008	22	-0,26	-5,83	-3,55	-3,30	-3,10	-2,32	-2,18	-1,40	-1,54	-1,65				
2009	20	-15,70	-6,47	-4,92	-4,24	-2,98	-2,68	-1,65	-1,78	-1,89					
2010	20	3,68	-0,23	-0,76	-0,05	-0,34	0,45	-0,03	-0,36						
2011	20	-2,65	-2,42	-1,03	-1,12	-0,06	-0,51	-0,81							
2012	20	-1,98	0,15	-0,42	0,80	0,05	-0,40								
2013	17	2,18	0,27	1,61	0,49	-0,12									
2014	18	-1,37	1,36	0,00	-0,64										
2015	17	4,28	0,70	-0,38											
2016	18	-2,61	-2,68												
2017	18	-2,75													

Parameter für Renditen ab 1975

	1	2	3	4	5	6	7	8	9	10	15	20	25	30
Mittelwert	-1,50	-1,41	-1,35	-1,34	-1,34	-1,35	-1,35	-1,33	-1,33	-1,29	-1,37	-1,51	-1,49	-1,33
Median	-1,37	-1,99	-2,11	-2,30	-2,39	-2,03	-2,08	-2,18	-2,09	-1,80	-1,97	-1,54	-0,95	-1,27
Standardabw.	4,82	3,42	3,07	2,88	2,68	2,54	2,38	2,23	2,10	1,98	1,52	1,10	0,77	0,25
p-Wert	0,024	0,006	0,004	0,003	0,002	0,001	0,001	0,001	0,000	0,000	0,000	0,000	0,000	0,000

Tabelle 48: Differenzen aus den Renditen eines Portfolios aus Stammaktien und eines Portfolios aus zugehörigen Vorzugsaktien über verschiedene Anlagezeiträume (Gewichtung: Marktwerte des Eigenkapitals)

Angegeben ist die Differenz der gewichteten geometrischen Mittel der Renditen über den jeweiligen Anlagezeitraum in Prozent p.a.

In der ersten Spalte ist das Anlagejahr der gebildeten Portfolios angegeben, in der zweiten Spalte die Anzahl der jeweils in die Portfolios einbezogenen Unternehmen. Da vor 1975 nur eine geringe Zahl Dual-Class-Unternehmen börsennotiert war, beziehen sich die statistischen Parameter (Mittelwert, Median, Standardabweichung, p-Wert) nur auf die ab 1975 gebildeten Portfolios. Diese Werte sind auf der Folgeseite angegeben.

Der p-Wert bezieht sich auf einen einseitigen Test (Mittelwert ≥ 0). Wegen überlappender Zeiträume besteht für Anlagezeiträume ab 2 Jahren allerdings keine Unabhängigkeit der Beobachtungen. Quelle: Eigene Berechnungen.

Anl.-jahr	Anz. Unt.	1	2	3	4	5	6	7	8	9	10	15	20	25	30
1956	5	-1,34	-0,24	-1,73	-1,72	-0,44	-2,00	-2,56	-2,23	-2,10	-1,02	-0,44	0,04	-0,16	-0,13
1957	5	0,88	-1,96	-1,87	-0,09	-2,16	-2,81	-2,38	-2,21	-0,98	-0,69	0,20	0,08	-0,11	0,08
1958	5	-6,99	-4,18	-0,63	-3,26	-3,77	-3,08	-2,75	-1,25	-0,89	-1,09	0,08	-0,14	-0,16	0,11
1959	7	-1,61	2,13	-2,30	-3,18	-2,53	-2,27	-0,75	-0,43	-0,68	0,05	0,06	0,09	-0,01	0,39
1960	7	5,51	-2,52	-3,46	-2,64	-2,32	-0,65	-0,33	-0,60	0,17	0,22	0,41	0,17	0,05	0,67
1961	8	-7,82	-6,08	-4,37	-3,53	-1,41	-0,93	-1,18	-0,29	-0,18	-0,44	0,16	-0,10	-0,08	0,48
1962	8	-4,60	-2,70	-2,19	0,07	0,33	-0,08	0,80	0,78	0,36	1,08	0,64	0,29	0,44	0,71
1963	8	-0,07	-0,71	1,86	1,72	1,05	1,94	1,74	1,12	1,86	1,58	0,83	0,56	0,74	0,94
1964	8	-1,22	2,61	2,18	1,30	2,31	2,02	1,27	2,07	1,75	1,16	0,86	0,55	0,91	0,81
1965	9	6,28	3,81	2,27	3,35	2,77	1,73	2,60	2,17	1,45	1,72	1,00	0,64	1,29	0,83
1966	8	1,32	-0,44	2,02	1,63	0,63	1,85	1,45	0,73	1,12	1,03	0,39	0,30	0,92	0,52
1967	9	-3,48	2,47	1,75	0,41	1,97	1,47	0,63	1,09	0,99	0,82	0,27	0,47	0,80	0,28
1968	9	6,88	3,50	1,22	2,84	2,11	1,06	1,49	1,35	1,13	0,72	0,40	0,66	0,92	0,23
1969	9	0,66	-0,97	1,70	1,08	0,09	0,74	0,66	0,50	0,10	0,14	-0,05	0,55	0,50	0,32
1970	11	-2,35	2,22	1,23	-0,05	0,76	0,66	0,48	0,02	0,07	0,12	-0,07	0,91	0,43	0,23
1971	12	8,59	3,58	0,90	1,70	1,43	1,08	0,47	0,48	0,48	0,26	0,18	0,99	0,50	0,32
1972	13	-0,85	-2,27	-0,18	-0,18	-0,27	-0,79	-0,61	-0,46	-0,59	-0,55	-0,04	0,51	-0,06	-0,59
1973	15	-3,49	0,11	0,05	-0,12	-0,78	-0,57	-0,40	-0,56	-0,52	-0,51	0,15	0,60	-0,19	-0,82
1974	18	3,92	2,32	1,29	0,11	0,19	0,26	-0,04	-0,06	-0,10	-0,13	0,73	0,62	0,38	-0,58

(Fortsetzung Tabelle 48)

Anl.-jahr	Anz. Unt.	Anlagedauer in Jahren													
		1	2	3	4	5	6	7	8	9	10	15	20	25	30
1975	20	-0,14	-0,44	-1,57	-1,00	-0,65	-0,83	-0,74	-0,70	-0,68	-0,56	0,96	0,33	0,11	-0,96
1976	20	-0,66	-2,16	-1,24	-0,75	-0,94	-0,81	-0,76	-0,73	-0,60	-0,48	0,84	0,26	0,09	-1,21
1977	19	-3,92	-1,55	-0,78	-1,01	-0,84	-0,78	-0,74	-0,59	-0,46	0,09	0,79	0,00	-0,66	-1,16
1978	20	0,50	0,53	-0,21	-0,21	-0,25	-0,28	-0,18	-0,08	0,49	0,60	1,06	-0,03	-0,83	-0,87
1979	21	0,55	-0,53	-0,43	-0,43	-0,44	-0,29	-0,16	0,48	0,61	0,98	0,76	0,43	-0,73	-0,94
1980	19	-1,60	-0,93	-0,78	-0,71	-0,47	-0,30	0,47	0,62	1,03	1,75	0,64	0,29	-1,02	-1,05
1981	20	-0,21	-0,32	-0,36	-0,16	0,01	0,87	0,96	1,40	2,18	1,76	0,67	0,36	-1,27	-1,12
1982	20	-0,43	-0,45	-0,14	0,07	1,11	1,16	1,64	2,51	1,99	1,63	0,29	-0,61	-1,22	-1,21
1983	20	-0,47	0,00	0,24	1,50	1,45	1,97	2,93	2,28	1,85	1,73	0,05	-0,98	-1,01	-1,20
1984	21	0,43	0,60	2,14	1,86	2,41	3,49	2,65	2,11	1,96	1,37	0,73	-0,80	-1,05	-1,17
1985	24	0,81	3,10	2,31	2,91	4,15	3,04	2,36	2,15	1,48	1,21	0,56	-1,16	-1,17	-1,17
1986	23	4,95	2,75	3,41	4,85	3,38	2,55	2,29	1,55	1,24	0,98	0,47	-1,58	-1,34	-1,26
1987	34	1,22	2,72	4,81	3,00	2,09	1,87	1,06	0,78	0,54	-0,10	-1,17	-1,79	-1,66	-1,52
1988	35	5,13	7,90	3,87	2,38	2,03	1,00	0,67	0,39	-0,34	-0,75	-1,85	-1,69	-1,77	-1,67
1989	36	11,22	3,30	1,60	0,27	0,03	-0,20	-0,94	-1,34	-0,19	-1,93	-1,95	-1,92		
1990	47	-1,13	-1,24	-0,52	-1,51	-1,43	-1,45	-2,10	-2,44	-1,09	-1,16	-2,82	-2,44	-2,19	
1991	55	-1,35	-0,18	-1,66	-1,52	-1,52	-2,30	-2,68	-1,07	-1,16	-1,11	-3,34	-2,60	-2,24	
1992	59	0,89	-1,84	-1,57	-1,57	-2,51	-2,94	-1,02	-1,13	-1,08	-2,98	-3,22	-2,67	-2,29	
1993	54	-6,22	-3,24	-2,65	-3,63	-3,98	-1,45	-1,50	-1,40	-3,53	-3,85	-3,02	-2,77	-2,44	
1994	64	-1,10	-1,32	-2,95	-3,51	-0,68	-0,89	-0,86	-3,27	-3,64	-3,01	-2,67	-2,47		
1995	68	-1,56	-3,98	-4,49	-0,55	-0,84	-0,82	-3,61	-3,97	-3,24	-3,57	-2,80	-2,40		
1996	60	-6,57	-6,22	-0,16	-0,65	-0,66	-3,96	-4,30	-3,44	-3,79	-4,28	-2,96	-2,42		
1997	65	-5,68	3,41	1,30	0,79	-3,46	-3,97	-3,03	-3,47	-4,04	-3,58	-2,71	-2,24		
1998	58	10,32	3,64	2,31	-3,04	-3,69	-2,71	-3,23	-3,87	-3,39	-2,58	-2,41	-2,10		
1999	56	-1,67	-1,25	-7,00	-6,49	-4,94	-5,18	-5,70	-4,99	-3,94	-3,53	-3,01			
2000	49	-0,70	-10,16	-8,14	-5,85	-5,96	-6,48	-5,55	-4,27	-3,76	-3,70	-2,88			
2001	42	-18,67	-10,74	-7,27	-7,08	-7,53	-6,32	-4,76	-4,10	-4,00	-4,02	-2,96			
2002	40	-5,16	-2,11	-3,45	-4,70	-3,69	-2,26	-2,04	-2,14	-2,34	-2,36	-1,85			
2003	34	3,99	-1,78	-4,17	-2,83	-1,12	-1,17	-1,39	-1,70	-1,83	-1,66	-1,49			
2004	32	-6,44	-7,89	-5,00	-2,32	-2,01	-2,15	-2,40	-2,43	-2,19	-1,92				
2005	27	-9,61	-4,03	-0,63	-0,89	-1,24	-1,68	-1,84	-1,63	-1,38	-1,20				
2006	25	1,57	3,65	1,27	0,41	-0,38	-0,82	-0,70	-0,54	-0,45	-0,60				
2007	24	5,51	1,14	0,13	-0,75	-1,17	-0,99	-0,77	-0,64	-0,79	-0,98				
2008	22	-1,12	-1,82	-2,46	-2,48	-2,09	-1,68	-1,39	-1,47	-1,60	-1,64				
2009	20	-2,95	-3,56	-3,18	-2,44	-1,82	-1,43	-1,52	-1,67	-1,70					
2010	20	-4,18	-3,25	-2,29	-1,57	-1,16	-1,31	-1,51	-1,57						
2011	20	-2,52	-1,49	-0,81	-0,53	-0,82	-1,14	-1,25							
2012	20	0,19	0,48	0,37	-0,25	-0,77	-0,97								
2013	17	0,74	0,45	-0,37	-0,96	-1,16									
2014	18	0,20	-0,85	-1,44	-1,57										
2015	17	-2,07	-2,34	-2,22											
2016	18	-2,56	-2,28												
2017	18	-1,96													

Parameter für Renditen ab 1975

	1	2	3	4	5	6	7	8	9	10	15	20	25	30
Mittelwert	-0,99	-1,05	-1,08	-1,04	-1,06	-1,09	-1,11	-1,11	-1,11	-1,11	-1,22	-1,29	-1,30	-1,18
Median	-0,70	-1,08	-0,78	-0,82	-0,84	-0,98	-1,02	-1,10	-1,09	-1,05	-1,85	-1,63	-1,22	-1,17
Standardabw	4,87	3,56	2,84	2,47	2,35	2,25	2,14	2,03	1,96	1,93	1,68	1,15	0,74	0,21
p-Wert	0,095	0,031	0,010	0,006	0,004	0,002	0,002	0,001	0,001	0,001	0,000	0,000	0,000	0,000

Tabelle 49: Differenzen aus den Renditen eines Portfolios aus Stammaktien und
eines Portfolios aus zugehörigen Vorzugsaktien über verschiedene
Anlagezeiträume (Gewichtung: Marktwerte der Vorzugsaktien)

Angegeben ist die Differenz der gewichteten geometrischen Mittel der Renditen über
den jeweiligen Anlagezeitraum in Prozent p.a.
In der ersten Spalte ist das Anlagejahr der gebildeten Portfolios angegeben, in der
zweiten Spalte die Anzahl der jeweils in die Portfolios einbezogenen Unternehmen.
Da vor 1975 nur eine geringe Zahl Dual-Class-Unternehmen börsennotiert war, beziehen sich die statistischen Parameter (Mittelwert, Median, Standardabweichung, p-
Wert) nur auf die ab 1975 gebildeten Portfolios. Diese Werte sind auf der Folgeseite
angegeben.
Der p-Wert bezieht sich auf einen einseitigen Test (Mittelwert ≥ 0). Wegen überlappender Zeiträume besteht für Anlagezeiträume ab 2 Jahren allerdings keine Unabhängigkeit der Beobachtungen. Quelle: Eigene Berechnungen.

Anl.-	Anz.	Anlagedauer in Jahren													
jahr	Unt.	1	2	3	4	5	6	7	8	9	10	15	20	25	30
1956	5	-1,62	-0,79	-1,66	-1,59	-0,47	-2,20	-2,67	-2,31	-2,18	-1,42	-0,76	-0,20	-0,28	-0,17
1957	5	0,06	-1,65	-1,53	-0,02	-2,34	-2,88	-2,43	-2,27	-1,39	-1,20	-0,17	-0,11	-0,19	0,04
1958	5	-4,62	-2,85	-0,07	-3,20	-3,65	-2,96	-2,67	-1,61	-1,37	-1,51	-0,20	-0,28	-0,21	0,07
1959	7	-1,22	1,91	-2,82	-3,44	-2,70	-2,43	-1,33	-1,11	-1,28	-0,47	-0,27	-0,12	-0,12	0,33
1960	7	4,74	-3,37	-3,84	-2,90	-2,55	-1,32	-1,09	-1,28	-0,41	-0,28	0,09	-0,03	-0,05	0,62
1961	8	-8,63	-6,31	-4,49	-3,66	-2,05	-1,67	-1,83	-0,84	-0,65	-0,86	-0,12	-0,24	-0,12	0,52
1962	8	-4,33	-2,49	-2,10	-0,54	-0,40	-0,70	0,29	0,36	-0,01	0,64	0,45	0,22	0,42	0,75
1963	8	0,05	-0,74	0,91	0,71	0,20	1,26	1,20	0,65	1,32	1,15	0,62	0,48	0,66	0,95
1964	8	-1,36	1,23	0,89	0,24	1,48	1,37	0,72	1,46	1,26	0,75	0,64	0,45	0,87	0,84
1965	9	3,66	1,97	0,86	2,33	2,01	1,11	1,92	1,63	1,01	1,35	0,81	0,57	1,28	0,86
1966	8	0,16	-1,12	1,68	1,45	0,47	1,54	1,26	0,61	1,03	0,95	0,44	0,43	1,11	0,65
1967	9	-3,20	2,73	1,99	0,56	1,87	1,48	0,68	1,16	1,06	0,94	0,46	0,66	1,02	0,44
1968	9	7,05	3,72	1,33	2,67	2,07	1,08	1,54	1,40	1,24	0,83	0,57	0,78	1,10	0,38
1969	9	0,86	-0,91	1,42	0,99	0,07	0,77	0,68	0,59	0,20	0,22	0,11	0,72	0,71	0,32
1970	11	-2,39	1,71	1,04	-0,12	0,75	0,65	0,55	0,11	0,14	0,22	0,09	1,09	0,62	0,08
1971	12	7,45	3,28	0,82	1,69	1,44	1,18	0,58	0,56	0,60	0,43	0,42	1,28	0,69	0,23
1972	13	-0,32	-1,88	0,13	0,10	0,06	-0,47	-0,36	-0,18	-0,29	-0,22	0,25	0,81	0,15	-0,18
1973	15	-3,27	0,34	0,25	0,16	-0,51	-0,36	-0,16	-0,28	-0,21	-0,23	0,32	0,84	0,00	-0,32
1974	18	4,11	2,47	1,58	0,39	0,38	0,48	0,25	0,26	0,19	0,13	0,96	0,89	0,37	0,04

(Fortsetzung Tabelle 49)

Anl.-jahr	Anz. Unt.	Anlagedauer in Jahren													
		1	2	3	4	5	6	7	8	9	10	15	20	25	30
1975	20	-0,06	-0,08	-1,25	-0,82	-0,42	-0,54	-0,40	-0,40	-0,41	-0,29	1,22	0,58	-0,08	-0,36
1976	20	-0,09	-1,75	-1,02	-0,49	-0,61	-0,45	-0,44	-0,44	-0,31	-0,12	1,22	0,49	-0,03	-0,58
1977	19	-3,72	-1,54	-0,63	-0,74	-0,52	-0,50	-0,50	-0,34	-0,12	0,36	1,08	0,17	-0,24	-0,61
1978	20	0,36	0,67	0,08	0,14	0,05	-0,04	0,08	0,27	0,75	0,73	1,29	0,13	-0,28	-0,37
1979	21	0,95	-0,06	0,08	-0,03	-0,12	0,03	0,26	0,80	0,76	1,24	1,06	0,37	-0,03	-0,48
1980	19	-1,05	-0,37	-0,37	-0,40	-0,17	0,13	0,78	0,74	1,27	2,03	0,90	0,00	-0,35	-0,71
1981	20	0,36	0,01	-0,16	0,08	0,40	1,13	1,01	1,59	2,43	2,17	0,88	0,13	-0,58	-0,95
1982	20	-0,37	-0,43	-0,02	0,42	1,29	1,13	1,78	2,71	2,39	1,91	0,41	-0,16	-0,63	-0,90
1983	20	-0,50	0,15	0,69	1,72	1,41	2,13	3,17	2,74	2,16	1,94	0,16	-0,37	-0,46	-0,78
1984	21	0,74	1,30	2,48	1,84	2,63	3,79	3,19	2,49	2,20	1,68	0,55	0,00	-0,55	-0,69
1985	24	1,99	3,49	2,21	3,13	4,49	3,64	2,75	2,39	1,79	1,46	0,07	-0,39	-0,82	-0,67
1986	23	4,77	2,25	3,41	5,04	3,91	2,85	2,43	1,77	1,41	1,11	0,03	-0,82	-1,22	-0,75
1987	34	0,52	2,81	5,13	3,70	2,49	2,07	1,35	1,01	0,71	-0,01	-0,64	-1,11	-1,33	-0,98
1988	35	6,52	9,17	5,33	3,21	2,51	1,55	1,11	0,74	-0,10	-0,55	-1,01	-0,98	-1,26	-1,03
1989	36	12,44	4,76	2,23	1,66	0,67	0,32	0,02	-0,84	-1,27	-0,59	-0,92	-1,38	-1,40	
1990	47	0,36	-0,70	-0,38	-1,16	-1,19	-1,30	-2,05	-2,43	-1,58	-2,03	-1,90	-2,06	-1,65	
1991	55	-1,86	-0,77	-1,77	-1,66	-1,71	-2,55	-2,95	-1,89	-2,36	-2,02	-2,45	-2,55	-1,72	
1992	59	0,25	-1,71	-1,58	-1,66	-2,70	-3,16	-1,89	-2,43	-2,04	-2,35	-2,41	-2,34	-1,72	
1993	54	-4,69	-2,79	-2,50	-3,66	-4,09	-2,37	-2,93	-2,41	-2,72	-2,80	-2,21	-2,24	-1,76	
1994	64	-1,33	-1,62	-3,36	-3,95	-1,97	-2,68	-2,14	-2,52	-2,63	-1,71	-2,05	-1,92		
1995	68	-1,94	-4,49	-5,02	-2,15	-2,99	-2,29	-2,70	-2,80	-1,76	-2,28	-2,38	-1,77		
1996	60	-6,93	-6,76	-2,23	-3,25	-2,36	-2,83	-2,91	-1,74	-2,32	-2,82	-2,83	-1,72		
1997	65	-6,26	0,60	-1,95	-1,14	-1,99	-2,28	-1,02	-1,77	-2,38	-2,26	-2,23	-1,47		
1998	58	5,41	-0,52	0,04	-1,26	-1,76	-0,46	-1,34	-2,04	-1,94	-1,38	-1,70	-1,25		
1999	56	-5,37	-2,50	-3,29	-3,23	-1,49	-2,33	-3,02	-2,82	-2,11	-2,08	-1,90			
2000	49	1,38	-2,04	-2,51	-0,43	-1,66	-2,56	-2,38	-1,62	-1,67	-2,10	-1,39			
2001	42	-4,68	-3,73	-0,89	-2,25	-3,21	-2,93	-2,00	-1,98	-2,43	-3,04	-1,52			
2002	40	-2,96	0,95	-1,43	-2,81	-2,52	-1,47	-1,57	-2,12	-2,83	-2,33	-1,31			
2003	34	7,97	-0,08	-2,58	-2,21	-0,89	-1,17	-1,88	-2,76	-2,19	-1,66	-1,05			
2004	32	-6,85	-7,55	-5,57	-3,05	-2,72	-3,32	-4,15	-3,30	-2,63	-2,14				
2005	27	-8,32	-4,69	-1,49	-1,68	-2,58	-3,65	-2,77	-2,05	-1,57	-1,24				
2006	25	-0,91	1,81	-0,01	-1,41	-2,85	-2,00	-1,29	-0,84	-0,57	-0,60				
2007	24	4,16	0,27	-1,51	-3,21	-2,16	-1,34	-0,83	-0,54	-0,57	-0,72				
2008	22	-1,70	-3,62	-5,33	-3,47	-2,32	-1,59	-1,15	-1,11	-1,21	-1,12				
2009	20	-7,03	-8,57	-4,37	-2,48	-1,45	-0,91	-0,90	-1,05	-0,97					
2010	20	-10,15	-3,24	-1,10	-0,19	0,15	-0,01	-0,32	-0,33						
2011	20	1,45	2,66	2,65	2,24	1,66	1,01	0,81							
2012	20	4,40	3,44	2,57	1,72	0,89	0,67								
2013	17	2,60	1,84	1,00	0,21	0,10									
2014	18	1,22	0,30	-0,47	-0,45										
2015	17	-0,85	-1,42	-1,07											
2016	18	-1,88	-1,17												
2017	18	-0,37													

Parameter für Renditen ab 1975

	1	2	3	4	5	6	7	8	9	10	15	20	25	30
Mittelwert	-0,51	-0,61	-0,63	-0,60	-0,61	-0,64	-0,67	-0,70	-0,71	-0,70	-0,73	-0,86	-0,85	-0,70
Median	-0,37	-0,40	-0,89	-0,78	-0,89	-0,72	-0,90	-0,94	-1,21	-0,92	-1,01	-0,90	-0,63	-0,70
Standardabw.	4,44	3,26	2,52	2,20	2,05	1,97	1,89	1,77	1,69	1,63	1,37	1,00	0,63	0,21
p-Wert	0,227	0,115	0,057	0,045	0,035	0,026	0,019	0,011	0,009	0,009	0,004	0,000	0,000	0,000

Abbildung 35:   Kursentwicklung und Entwicklung des Kursverhältnisses der
                 Stamm- und Vorzugsaktien im Zeitablauf

In den auf den nächsten Seiten nachfolgenden Grafiken werden die Kurse der Stamm- und
der Vorzugsaktien der für die empirischen Untersuchungen verwendeten (d. h. nicht
ausgeschlossenen) Dual-Class-Unternehmen und deren Kursverhältnis für den Zeitraum
der gemeinsamen Notiz von Stamm- und Vorzugsaktien, jedoch längstens bis zu der in
der Tabelle 41 angegebenen für die Untersuchungen maßgeblichen Letztnotiz dargestellt.

Die Kurse sind in doppelter Hinsicht nennwertbereinigt: Zum einen wurden die historischen Kurse im Falle von (bei fast allen der nach 1999 noch notierten Gesellschaften
vorkommenden) Nennwertänderungen auf den letzten Nennwert im Beobachtungszeitraum umgerechnet, zum anderen wurden etwaige Nennwertunterschiede zwischen
Stamm- und Vorzugsaktien bereinigt, in dem die Umrechnung auf den Nennwert der
Vorzugsaktie erfolgte.

Als Ausreißer ausgeschlossene Beobachtungen (dies sind Beobachtungen, bei denen der
Kurs der Stamm- oder der Vorzugsaktien unter 2 € liegt oder bei denen der Kursaufschlag
der Stammaktien über 100% unter unter -50% liegt) sind entsprechend gekennzeichnet.

Ebenfalls angegeben ist der Zeitraum der tatsächlichen Börsennotiz (einschließlich der
tatsächlichen Letztnotiz [und nicht der bereits in Tabelle 41 angegebenen maßgeblichen
Letztnotiz]). Ist keine Letztnotiz angegeben, war die betreffende Aktiengattung Ende
2017 noch notiert.

Ergänzend zur Dauer der Börsennotiz wird das „höchstrangige" Marktsegment (amtlicher
Handel bzw. Regulierter Markt, Geregelter Markt, [geregelter] Freiverkehr) angegeben, in
dem die jeweilige Aktiengattung in dem untersuchten und dargestellten Zeitraum zuletzt
notiert war. Bei Notiz der Gattung in diesem Segment an mehreren Börsenplätzen richtet
sich die angegebene Börse nach der in der Deutschen Finanzdatenbank an der Bedeutung
der deutschen Regionalbörsen orientierten Reihenfolge (beginnend mit Frankfurt und
Düsseldorf und endend mit Hannover und Bremen).

Das angegebene arithmetische Mittel des Kursaufschlags bezieht sich auf den Mittelwert
nach Bereinigung der gekennzeichneten ausgeschlossenen Beobachtungen.

Quelle: Eigene Untersuchungen.

Kurse und Kursverhältnis AdCapital AG (WKN 52145x)

vormals: Berliner Elektro-Holding AG
Vorzüge notiert von 25.10.1984 bis 28.09.2001 (zuletzt amtlicher Handel in Frankfurt)
Stämme notiert seit 18.09.1986 (zuletzt amtlicher Handel in Frankfurt)
arithmetisches Mittel des Kursaufschlags: 10,73 %

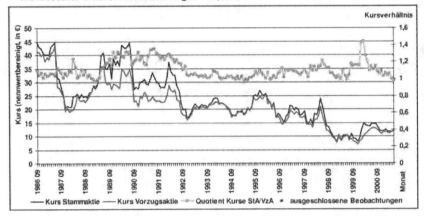

Kurse und Kursverhältnis ADV/Orga Beteiligungen AG (WKN 50091x)

vormals: ADV/ORGA F.A. Meyer AG, Sema Group Systems AG, jetzt: cash.life AG
Vorzüge notiert von 20.12.1984 bis 03.12.1999 (zuletzt geregelter Markt in Frankfurt)
Stämme notiert seit 13.12.1990 (zuletzt geregelter Markt in Frankfurt)
arithmetisches Mittel des Kursaufschlags: 4,95 %

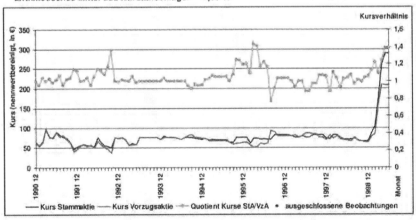

Kurse und Kursverhältnis AG Kühnle, Kopp & Kausch (WKN 50277x)

Vorzüge notiert von 20.05.1964 bis 26.06.2006 (zuletzt geregelter Markt in Frankfurt)
Stämme notiert seit mindestens 1936 bis 26.06.2006 (zuletzt geregelter Markt in Frankfurt)

arithmetisches Mittel des Kursaufschlags: 23,4 %

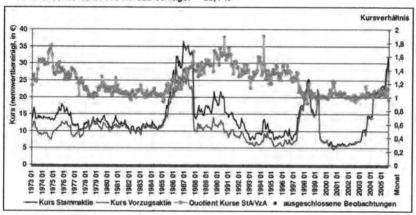

Kurse und Kursverhältnis AGROB Immobilien AG (WKN 50190x)

vormals: AG für Grob- und Feinkeramik, AGROB AG
Vorzüge notiert seit 10.01.1956 (zuletzt regulierter Markt in München)
Stämme notiert seit mindestens 1914 (zuletzt regulierter Markt in München)

arithmetisches Mittel des Kursaufschlags: 10,09 %

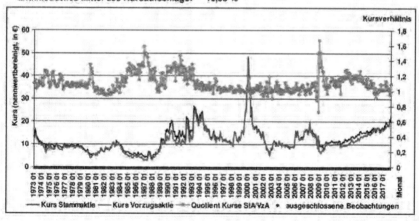

Kurse und Kursverhältnis Ahlers AG (WKN 50097x)

vormals: Adolf Ahlers AG
Vorzüge notiert seit 31.08.1994 (zuletzt regulierter Markt in Frankfurt)
Stämme notiert seit 03.06.1987 (zuletzt regulierter Markt in Frankfurt)

arithmetisches Mittel des Kursaufschlags: 1,64 %

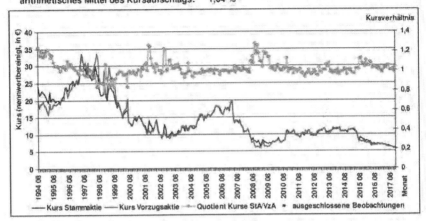

Kurse und Kursverhältnis Albingia Versicherung AG (WKN 84570x)

Vorzüge notiert von 13.08.1987 bis 13.10.2000 (zuletzt amtlicher Handel in Frankfurt)
Stämme notiert von 30.06.1953 bis 13.10.2000 (zuletzt amtlicher Handel in Frankfurt)

arithmetisches Mittel des Kursaufschlags: 65,72 %

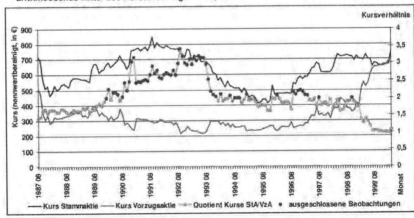

Kurse und Kursverhältnis Allweiler AG (WKN 50349x)

Vorzüge notiert von 10.11.1961 bis 13.10.2003 (zuletzt amtlicher Handel in Frankfurt)
Stämme notiert seit mindestens 1923 bis 13.10.2003 (zuletzt amtlicher Handel in Frankfurt)
arithmetisches Mittel des Kursaufschlags: 40,3 %

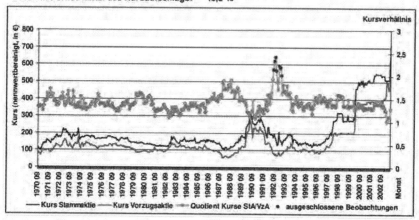

Kurse und Kursverhältnis ASKO Deutsche Kaufhaus AG (WKN 50571x)

Vorzüge notiert von 25.10.1984 bis 19.07.1996 (zuletzt amtlicher Handel in Frankfurt)
Stämme notiert von 23.09.1977 bis 19.07.1996 (zuletzt amtlicher Handel in Frankfurt)
arithmetisches Mittel des Kursaufschlags: 20,16 %

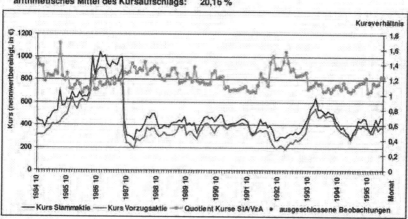

Kurse und Kursverhältnis AXA Konzern AG (WKN 84100x)

vormals: Colonia AG, AXA Colonia Konzern AG
Vorzüge notiert von 15.10.1986 bis 06.07.2007 (zuletzt amtlicher Handel in Frankfurt)
Stämme notiert seit mindestens 1953 bis 06.07.2007 (zuletzt amtlicher Handel in Frankfurt)

arithmetisches Mittel des Kursaufschlags: 23,73 %

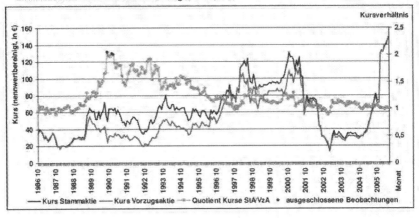

Kurse und Kursverhältnis AXA Versicherung AG (WKN 84545x)

vormals: Colonia Versicherungs AG, AXA Colonia Versicherungs AG
Vorzüge notiert von 04.10.1999 bis 22.12.2005 (zuletzt Freiverkehr in Frankfurt)
Stämme notiert von 04.10.1999 bis 22.12.2005 (zuletzt Freiverkehr in Frankfurt)

arithmetisches Mittel des Kursaufschlags: -0,11 %

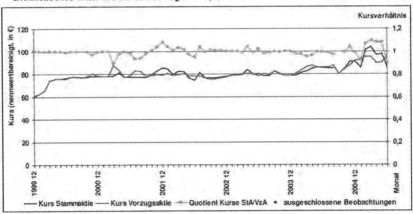

Kurse und Kursverhältnis B.U.S. Berzelius Umwelt-Service AG (WKN 52857x)

Vorzüge notiert von 05.02.1990 bis 30.05.2003 (zuletzt amtlicher Handel in Frankfurt)
Stämme notiert von 05.02.1990 bis 30.05.2003 (zuletzt amtlicher Handel in Frankfurt)
arithmetisches Mittel des Kursaufschlags: 22,69 %

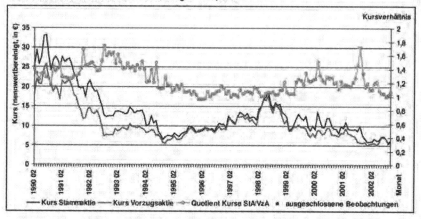

Kurse und Kursverhältnis Biotest AG (WKN 52272x)

Vorzüge notiert seit 14.10.1987 (zuletzt regulierter Markt in Frankfurt)
Stämme notiert seit 31.05.1996 (zuletzt regulierter Markt in Frankfurt)
arithmetisches Mittel des Kursaufschlags: 13,66 %

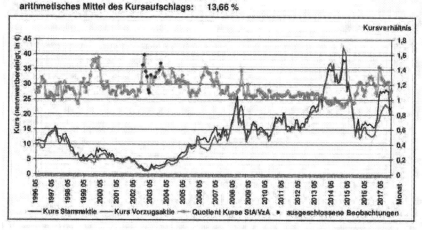

Kurse und Kursverhältnis BMW AG (WKN 51900x)

vormals: Bayerische Motorenwerke AG
Vorzüge notiert seit 25.08.1989 (zuletzt regulierter Markt in Frankfurt)
Stämme notiert seit mindestens 1924 (zuletzt regulierter Markt in Frankfurt)
arithmetisches Mittel des Kursaufschlags: 37,76 %

Kurse und Kursverhältnis Carl Schenck AG (WKN 71717x)

Vorzüge notiert von 26.05.1987 bis 09.07.1999 (zuletzt geregelter Markt in Frankfurt)
Stämme notiert von 29.05.1984 bis 20.09.2004 (zuletzt geregelter Markt in Frankfurt)
arithmetisches Mittel des Kursaufschlags: 1,93 %

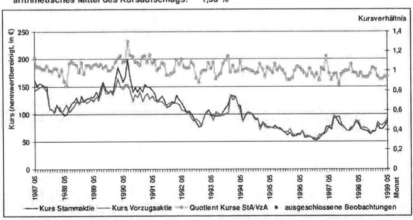

Kurse und Kursverhältnis Ceconomy AG (WKN 72575x)

vormals Metro AG (bis zu Abspaltung am 12.7.2017)
Vorzüge notiert seit 22.07.1996 (zuletzt regulierter Markt in Frankfurt)
Stämme notiert seit 22.07.1996 (zuletzt regulierter Markt in Frankfurt)

arithmetisches Mittel des Kursaufschlags: 16,55 %

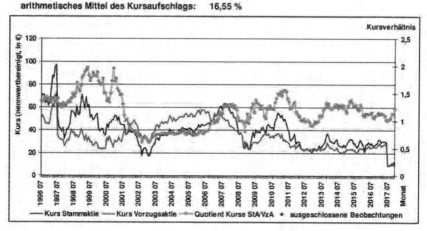

Kurse und Kursverhältnis CompuGROUP Holding AG (WKN 54373x)

vormals: Compudent AG
Vorzüge notiert von 11.07.1988 bis 07.07.2000 (zuletzt geregelter Markt in Frankfurt)
Stämme notiert seit 08.02.1996 (zuletzt Freiverkehr in Hamburg)

arithmetisches Mittel des Kursaufschlags: 17,03 %

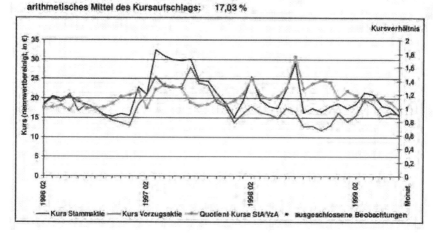

Kurse und Kursverhältnis Deutsche Babcock AG (WKN 55070x)

vormals: Deutsche Babcock & Wilcox AG
Vorzüge notiert von 07.04.1971 bis 09.02.1995 (zuletzt amtlicher Handel in Frankfurt)
Stämme notiert seit mindestens 1949 bis 13.07.2001 (zuletzt amtlicher Handel in Frankfurt)

arithmetisches Mittel des Kursaufschlags: 6,37 %

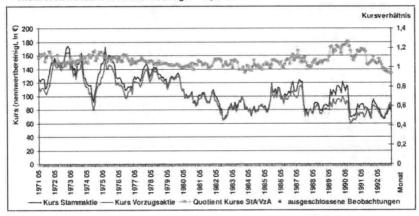

Kurse und Kursverhältnis Deutsche Beteiligungs AG Unternehmensbeteiligungsges.
(WKN 55081x)

Vorzüge notiert von 19.12.1985 bis 08.05.1996 (zuletzt geregelter Markt in Frankfurt)
Stämme notiert seit 18.04.1990 (zuletzt geregelter Markt in Frankfurt)

arithmetisches Mittel des Kursaufschlags: 38,99 %

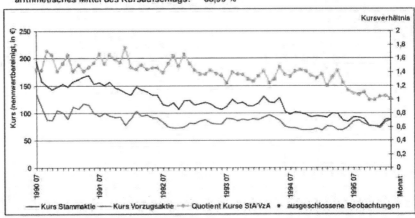

Kurse und Kursverhältnis Deutsche Lufthansa AG (WKN 82321x)

Vorzüge notiert von 02.01.1970 bis 09.10.1996 (zuletzt amtlicher Handel in Frankfurt)
Stämme notiert seit 01.02.1966 (zuletzt amtlicher Handel in Frankfurt)

arithmetisches Mittel des Kursaufschlags: 6,45 %

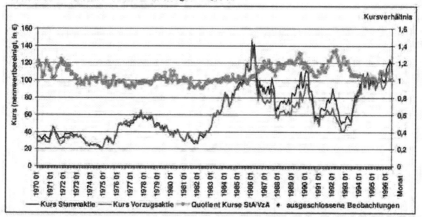

Kurse und Kursverhältnis Didier-Werke AG (WKN 55370x)

Vorzüge notiert von 28.12.1955 bis 03.08.1962 (zuletzt amtlicher Handel in Frankfurt)
Stämme notiert seit mindestens 1923 bis 17.08.2010 (zuletzt amtlicher Handel in Frankfurt)

arithmetisches Mittel des Kursaufschlags: 12,47 %

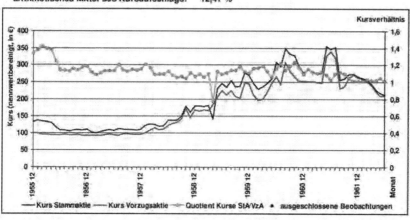

Kurse und Kursverhältnis Drägerwerk AG & Co. KGaA (WKN 55506x)

vormals: Drägerwerk AG
Vorzüge notiert seit 03.04.1979 (zuletzt regulierter Markt in Frankfurt)
Stämme notiert seit 21.06.2010 (zuletzt regulierter Markt in Frankfurt)

arithmetisches Mittel des Kursaufschlags: -17,19 %

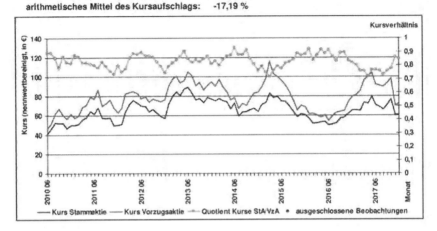

Kurse und Kursverhältnis Dyckerhoff AG (WKN 55910x)

vormals: Dyckerhoff Portland-Zementwerke AG
Vorzüge notiert von 01.11.1955 bis 27.08.2013 (zuletzt regulierter Markt in Frankfurt)
Stämme notiert seit mindestens 1923 bis 27.08.2013 (zuletzt regulierter Markt in Frankfurt)

arithmetisches Mittel des Kursaufschlags: 20,54 %

Kurse und Kursverhältnis Effecten-Spiegel AG (WKN 56476x)

Vorzüge notiert seit 01.04.1998 (zuletzt Freiverkehr in München)
Stämme notiert seit 01.04.1998 (zuletzt Freiverkehr in München)
arithmetisches Mittel des Kursaufschlags: 16,88 %

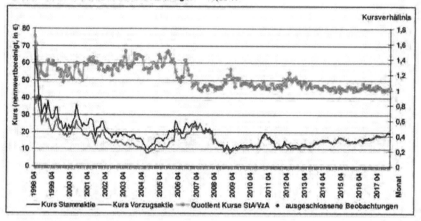

Kurse und Kursverhältnis Ehlebracht AG (WKN 56491x)

Vorzüge notiert von 28.03.1994 bis 05.09.2008 (zuletzt geregelter Markt in Frankfurt)
Stämme notiert von 11.12.1989 bis 16.07.2015 (zuletzt geregelter Markt in Frankfurt)
arithmetisches Mittel des Kursaufschlags: 11,1 %

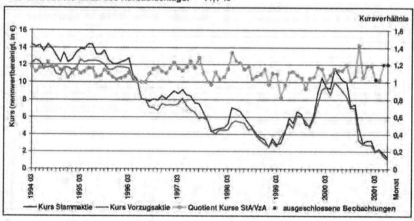

Kurse und Kursverhältnis ESCADA AG (WKN 56921x)

Vorzüge notiert von 23.05.1986 bis 15.10.2002 (zuletzt amtlicher Handel in Frankfurt)
Stämme notiert von 06.05.1987 bis 14.01.2011 (zuletzt amtlicher Handel in Frankfurt)

arithmetisches Mittel des Kursaufschlags: 11,8 %

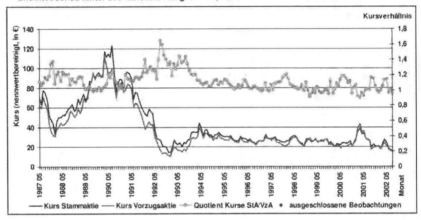

Kurse und Kursverhältnis Eurokai KGaA (WKN 57065x)

Vorzüge notiert seit 13.12.1985 (zuletzt regulierter Markt in Hamburg)
Stämme notiert seit 10.10.2006 (zuletzt Freiverkehr in Hamburg)

arithmetisches Mittel des Kursaufschlags: 5,52 %

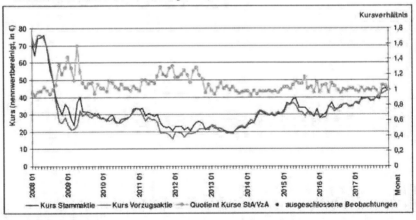

Kurse und Kursverhältnis F. Reichelt AG (WKN 70750x)

Vorzüge notiert von 01.04.1992 bis 06.03.2013 (zuletzt regulierter Markt in Hamburg)
Stämme notiert von 24.01.1955 bis 06.03.2013 (zuletzt regulierter Markt in Hamburg)
arithmetisches Mittel des Kursaufschlags: -3,71 %

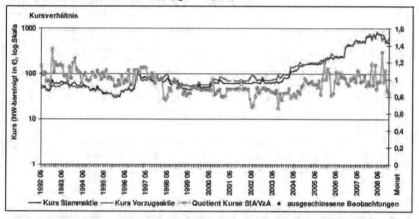

Kurse und Kursverhältnis FAG Kugelfischer Georg Schäfer AG (WKN 57547x)

vormals: FAG Kugelfischer Georg Schäfer KGaA
Vorzüge notiert von 03.11.1986 bis 16.08.1996 (zuletzt amtlicher Handel in Frankfurt)
Stämme notiert von 04.11.1985 bis 17.02.2003 (zuletzt amtlicher Handel in Frankfurt)
arithmetisches Mittel des Kursaufschlags: 19,42 %

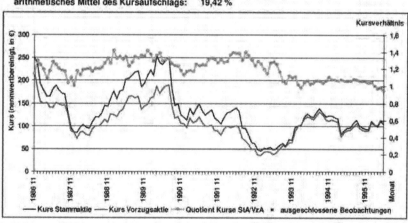

Kurse und Kursverhältnis Ferdinand Rückforth AG (WKN 70700x)

Vorzüge notiert von 21.12.1982 bis 28.02.1986 (zuletzt geregelter Freiverkehr in München)
Stämme notiert seit mindestens 1923 bis 28.02.1986 (zuletzt geregelter Freiverkehr in München)
arithmetisches Mittel des Kursaufschlags: 6,8 %

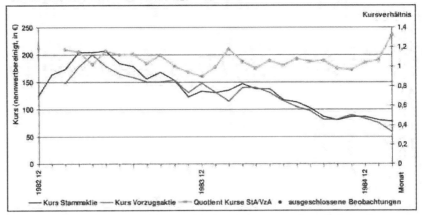

Kurse und Kursverhältnis Fresenius AG (WKN 57856x)

später: Fresenius SE & Co. KGaA
Vorzüge notiert von 18.12.1986 bis 28.01.2011 (zuletzt regulierter Markt in Frankfurt)
Stämme notiert seit 01.07.1993 (zuletzt regulierter Markt in Frankfurt)
arithmetisches Mittel des Kursaufschlags: -3,02 %

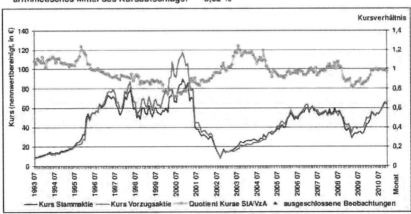

Kurse und Kursverhältnis Fresenius Medical Care AG (WKN 57858x)

später: Fresenius Medical Care KGaA
Vorzüge notiert von 25.11.1996 bis 28.06.2013 (zuletzt regulierter Markt in Frankfurt)
Stämme notiert seit 02.10.1996 (zuletzt regulierter Markt in Frankfurt)

arithmetisches Mittel des Kursaufschlags: 28,83 %

Kurse und Kursverhältnis Friedrich Deckel AG (WKN 55043x)

Vorzüge notiert von 01.02.1987 bis 30.03.1994 (zuletzt amtlicher Handel in Frankfurt)
Stämme notiert von 05.10.1981 bis 30.03.1994 (zuletzt amtlicher Handel in Frankfurt)

arithmetisches Mittel des Kursaufschlags: 20,26 %

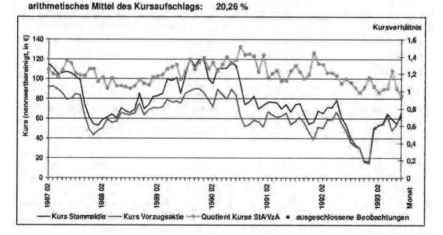

Kurse und Kursverhältnis Fröhlich Bau AG (WKN 57903x)

Vorzüge notiert seit 16.09.1994 (zuletzt amtlicher Handel in Frankfurt)
Stämme notiert seit 06.07.1990 (zuletzt amtlicher Handel in Frankfurt)
arithmetisches Mittel des Kursaufschlags: 14,95 %

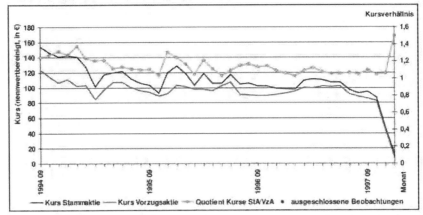

Kurse und Kursverhältnis Fuchs Petrolub AG (WKN 57904x)

Vorzüge notiert seit 30.01.1985 (zuletzt regulierter Markt in Frankfurt)
Stämme notiert seit 25.07.1986 (zuletzt regulierter Markt in Frankfurt)
arithmetisches Mittel des Kursaufschlags: 8,48 %

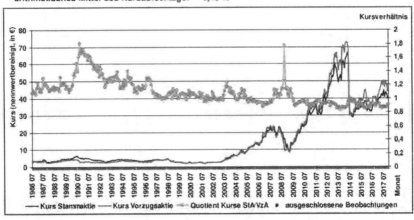

Kurse und Kursverhältnis G. Bluthardt AG (WKN 52334x)

später: MYSPARTA Beteiligungen AG
Vorzüge notiert von 12.09.1989 bis 30.05.1997 (zuletzt Freiverkehr in Stuttgart)
Stämme notiert seit 19.08.1986 (zuletzt Freiverkehr in Stuttgart)

arithmetisches Mittel des Kursaufschlags: 13,82 %

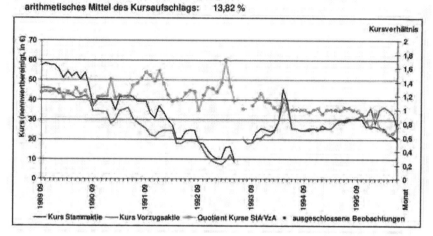

Kurse und Kursverhältnis GEA AG (WKN 58570x)

Vorzüge notiert von 13.12.1989 bis 02.05.2005 (zuletzt amtlicher Handel in Frankfurt)
Stämme notiert von 13.12.1989 bis 02.05.2005 (zuletzt amtlicher Handel in Frankfurt)

arithmetisches Mittel des Kursaufschlags: 14,85 %

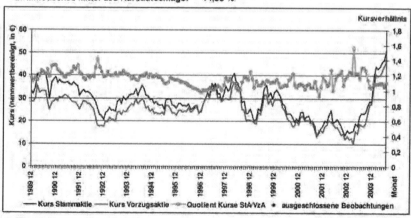

Kurse und Kursverhältnis Gerry Weber International AG (WKN 77624x)

Vorzüge notiert von 13.10.1989 bis 04.07.2000 (zuletzt amtlicher Handel in Frankfurt)
Stämme notiert seit 26.08.1996 (zuletzt amtlicher Handel in Frankfurt)

arithmetisches Mittel des Kursaufschlags: 13,29 %

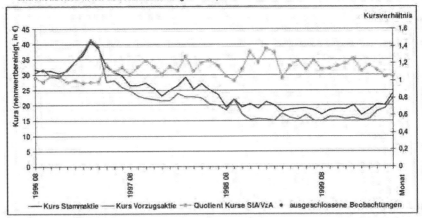

Kurse und Kursverhältnis GFC (Gesellsch. f. Computersysteme in der Medizin) AG (WKN 58781x)

Vorzüge notiert von 01.10.1984 bis 03.04.1986 (zuletzt Freiverkehr in München)
Stämme notiert von 25.10.1983 bis 03.04.1986 (zuletzt Freiverkehr in München)

arithmetisches Mittel des Kursaufschlags: 16,54 %

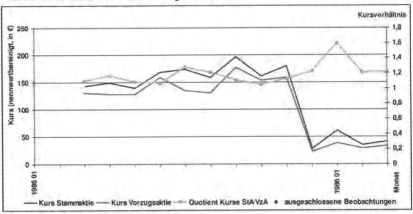

Kurse und Kursverhältnis Glunz AG (WKN 58872x)

Vorzüge notiert von 01.12.1987 bis 24.03.2006 (zuletzt amtlicher Handel in Frankfurt)
Stämme notiert von 19.07.1991 bis 24.03.2006 (zuletzt geregelter Markt in Frankfurt)

arithmetisches Mittel des Kursaufschlags: 9,18 %

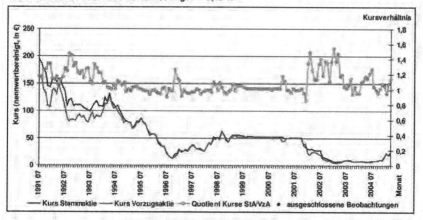

Kurse und Kursverhältnis H.W. Appel Feinkost AG (WKN 50525x)

Vorzüge notiert von 17.12.1965 bis 27.04.1977 (zuletzt geregelter Freiverkehr in Hannover)
Stämme notiert von mindestens 1937 bis 27.04.1977 (außer 1942-1948) (zuletzt geregelter Freiverkehr in Hannover)

arithmetisches Mittel des Kursaufschlags: 12,75 %

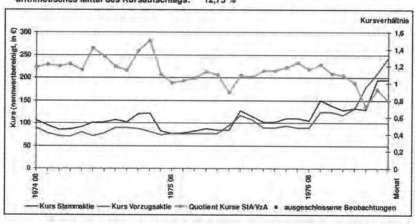

Kurse und Kursverhältnis Hamburger Getreide-Lagerhaus AG (WKN 60115x)

Vorzüge notiert seit 01.01.1948 (zuletzt geregelter Markt in Hamburg)
Stämme notiert seit mindestens 1933 (zuletzt geregelter Markt in Hamburg)

arithmetisches Mittel des Kursaufschlags: 17,94 %

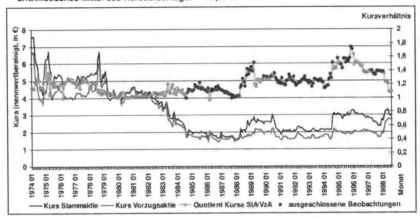

Kurse und Kursverhältnis Hartmann & Braun AG (WKN 60360x)

Vorzüge notiert von 15.09.1955 bis 02.11.1993 (zuletzt amtlicher Handel in Frankfurt)
Stämme notiert seit mindestens 1931 bis 23.09.1994 (zuletzt amtlicher Handel in Frankfurt)

arithmetisches Mittel des Kursaufschlags: 24,21 %

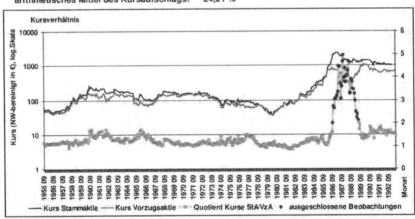

Kurse und Kursverhältnis HeidelbergCement AG (WKN 60470x)

vormals: Portland-Zementwerke Heidelberg AG, Heidelberger Zement AG
Vorzüge notiert von 18.07.1991 bis 12.07.2002 (zuletzt amtlicher Handel in Frankfurt)
Stämme notiert seit mindestens 1936 (zuletzt amtlicher Handel in Frankfurt)

arithmetisches Mittel des Kursaufschlags: 37,58 %

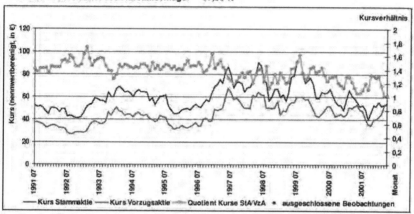

Kurse und Kursverhältnis Heilit + Woerner Bau-AG (WKN 60430x)

vormals: Heilmann & Littmann AG
Vorzüge notiert von 29.09.1993 bis 03.11.2000 (zuletzt amtlicher Handel in Frankfurt)
Stämme notiert von mindestens 1933 bis 03.11.2000 (außer 18.11.1988-28.9.1993) (zuletzt amtlicher Handel in Frankfurt)

arithmetisches Mittel des Kursaufschlags: 12,46 %

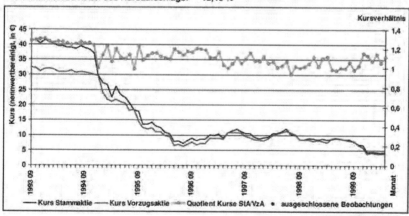

Kurse und Kursverhältnis Henkel AG & Co. KGaA (WKN 60484x)

vormals: Henkel KGaA
Vorzüge notiert seit 11.10.1985 (zuletzt regulierter Markt in Frankfurt)
Stämme notiert seit 02.07.1996 (zuletzt regulierter Markt in Frankfurt)

arithmetisches Mittel des Kursaufschlags: -10,95 %

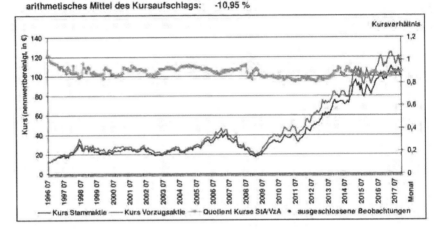

Kurse und Kursverhältnis Herlitz AG (WKN 60531x)

Vorzüge notiert von 20.08.1980 bis 10.11.2000 (zuletzt amtlicher Handel in Frankfurt)
Stämme notiert von 28.09.1977 bis 02.03.2015 (zuletzt amtlicher Handel in Frankfurt)

arithmetisches Mittel des Kursaufschlags: 17,87 %

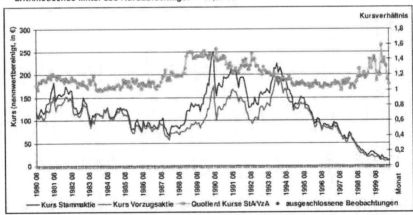

Kurse und Kursverhältnis Hornblower Fischer AG (WKN 60838x)

Vorzüge notiert von 27.07.1990 bis 22.08.2000 (zuletzt Freiverkehr in Frankfurt)
Stämme notiert von 27.07.1990 bis 14.12.2012 (zuletzt Freiverkehr in Frankfurt)

arithmetisches Mittel des Kursaufschlags: 21,3 %

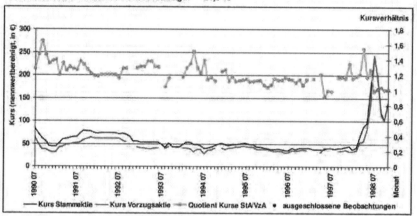

Kurse und Kursverhältnis Hugo Boss AG (WKN 52455x)

Vorzüge notiert von 20.12.1985 bis 14.06.2012 (zuletzt regulierter Markt in Frankfurt)
Stämme notiert seit 22.05.1989 (zuletzt regulierter Markt in Frankfurt)

arithmetisches Mittel des Kursaufschlags: 0,8 %

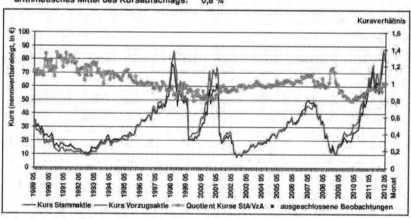

Kurse und Kursverhältnis Ingram Macrotron AG für Datenerfassung (WKN 65491x)

vormals: MACROTRON AG für Datenerfassungssysteme
Vorzüge notiert von 15.06.1990 bis 28.01.2003 (zuletzt Freiverkehr in München)
Stämme notiert von 11.07.1988 bis 28.01.2003 (zuletzt Freiverkehr in München)

arithmetisches Mittel des Kursaufschlags: 30,52 %

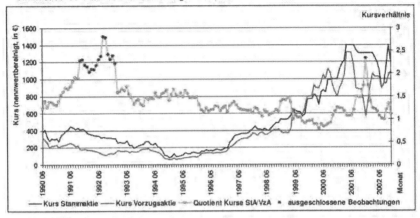

Kurse und Kursverhältnis Karstadt AG (WKN 62750x)

vormals: Rudolph Karstadt AG, später: Arcandor AG
Vorzüge notiert von 16.11.1962 bis 07.07.1975 (zuletzt amtlicher Handel in Frankfurt)
Stämme notiert seit mindestens 1937 (außer 1945-1948) (zuletzt amtlicher Handel in Frankfurt)

arithmetisches Mittel des Kursaufschlags: 4,29 %

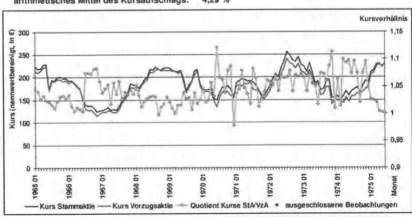

Kurse und Kursverhältnis Kaufhof Holding AG (WKN 78190x)

vormals: Westdeutsche Kaufhof (vorm. Leonhard Tietz) AG
Vorzüge notiert von 26.02.1987 bis 19.07.1996 (zuletzt amtlicher Handel in Frankfurt)
Stämme notiert seit mindestens 1937 bis 19.07.1996 (zuletzt amtlicher Handel in Frankfurt)
arithmetisches Mittel des Kursaufschlags: 33,63 %

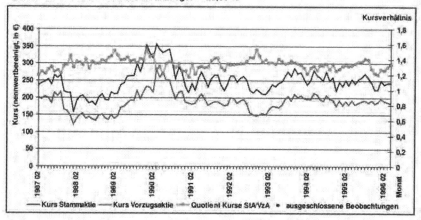

Kurse und Kursverhältnis Kennametal Hertel AG Werkzeuge + Hartstoffe (WKN 60538x)

vormals: Hertel AG Werkzeuge + Hartstoffe
Vorzüge notiert von 03.06.1987 bis 29.04.2005 (zuletzt amtlicher Handel in München)
Stämme notiert von 09.11.1989 bis 29.04.2005 (zuletzt amtlicher Handel in München)
arithmetisches Mittel des Kursaufschlags: 12,35 %

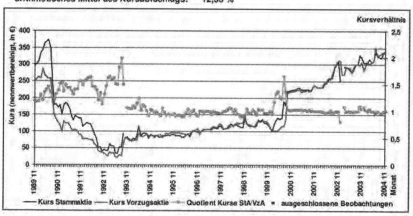

Kurse und Kursverhältnis KIH Kommunikations Industrie Holding AG (WKN 69217x)

vormals: Pietzsch AG (bis1995)
Vorzüge notiert von 07.06.1988 bis 24.03.2000 (zuletzt geregelter Markt in Frankfurt)
Stämme notiert von 08.05.1991 bis 24.03.2000 (zuletzt geregelter Markt in Frankfurt)

arithmetisches Mittel des Kursaufschlags: **32,77 %**

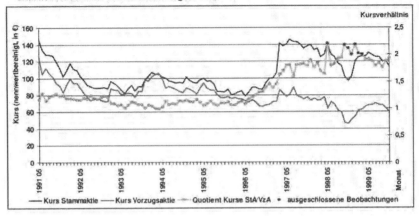

Kurse und Kursverhältnis Knürr AG (WKN 62969x)

vormals: Knürr-Mechanik für die Elektronik AG
Vorzüge notiert von 19.05.1981 bis 10.10.2008 (zuletzt geregelter Markt in München)
Stämme notiert von 16.01.1991 bis 10.10.2008 (zuletzt geregelter Markt in München)

arithmetisches Mittel des Kursaufschlags: **17,48 %**

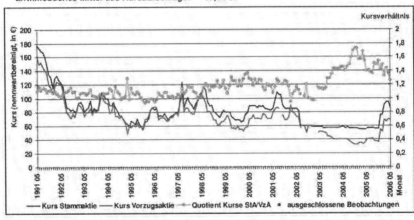

Kurse und Kursverhältnis Koenig & Bauer AG (WKN 71935x)

vormals: Koenig & Bauer-Albert (KBA) AG
Vorzüge notiert von 06.08.1985 bis 14.12.2001 (zuletzt amtlicher Handel in Frankfurt)
Stämme notiert seit 03.11.1975 (zuletzt amtlicher Handel in Frankfurt)
arithmetisches Mittel des Kursaufschlags: 19,45 %

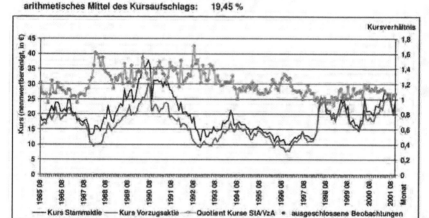

Kurse und Kursverhältnis Kölnische Rückversicherungs-Gesellschaft AG (WKN 84220x)

Vorzüge notiert von 16.02.1989 bis 14.01.1998 (zuletzt amtlicher Handel in Frankfurt)
Stämme notiert seit mindestens 1933 bis 12.02.2009 (zuletzt amtlicher Handel in Frankfurt)
arithmetisches Mittel des Kursaufschlags: 35,53 %

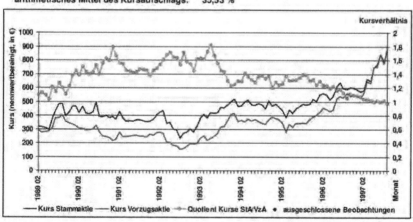

Kurse und Kursverhältnis Krones AG (WKN 63350x)

vormals: Herrmann Kronsender Maschinen-AG
Vorzüge notiert von 29.10.1984 bis 21.07.2004 (zuletzt amtlicher Handel in Frankfurt)
Stämme notiert seit 31.08.1998 (zuletzt amtlicher Handel in Frankfurt)

arithmetisches Mittel des Kursaufschlags: -3,38 %

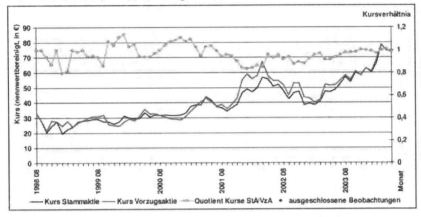

— Kurs Stammaktie —— Kurs Vorzugsaktie ···· Quotient Kurse StA/VzA • ausgeschlossene Beobachtungen

Kurse und Kursverhältnis KSB AG (WKN 62920x)

vormals: Klein, Schanzlin & Becker AG
Vorzüge notiert seit 10.05.1961 (zuletzt regulierter Markt in Frankfurt)
Stämme notiert seit mindestens 1923 (zuletzt regulierter Markt in Frankfurt)

arithmetisches Mittel des Kursaufschlags: 11,75 %

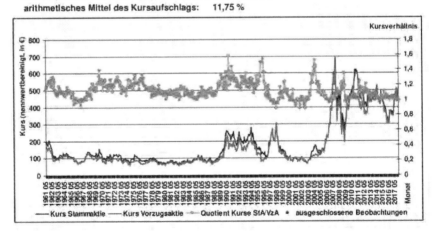

— Kurs Stammaktie —— Kurs Vorzugsaktie ···· Quotient Kurse StA/VzA • ausgeschlossene Beobachtungen

Kurse und Kursverhältnis Kunert AG (WKN 63419x)

später WKN A0XYLX / A0XYLY
Vorzüge notiert von 23.11.1989 bis 29.09.2017 (zuletzt geregelter Markt in München)
Stämme notiert von 08.07.1988 bis 29.09.2017 (zuletzt geregelter Markt in München)
arithmetisches Mittel des Kursaufschlags: 30,75 %

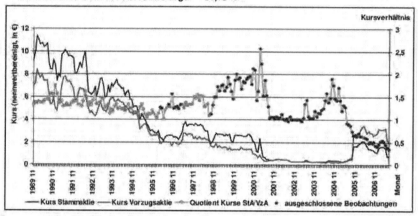

Kurse und Kursverhältnis Langenbrahm AG (WKN 64554x)

vormals: Langenbrahm Steinkohle AG
Vorzüge notiert von 03.10.1955 bis 30.04.1988 (zuletzt amtlicher Handel in Düsseldorf)
Stämme notiert von 03.10.1955 bis 30.04.1988 (zuletzt amtlicher Handel in Düsseldorf)
arithmetisches Mittel des Kursaufschlags: 5,87 %

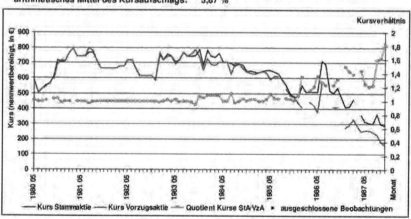

Kurse und Kursverhältnis Leffers AG (WKN 64637x)

Vorzüge notiert von 01.06.1984 bis 19.12.1997 (zuletzt amtlicher Handel in Frankfurt)
Stämme notiert von 17.11.1977 bis 19.12.1997 (zuletzt amtlicher Handel in Frankfurt)

arithmetisches Mittel des Kursaufschlags: 12,65 %

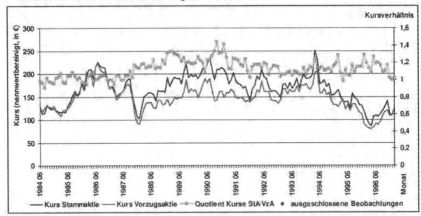

Kurse und Kursverhältnis LHA Internat. Lebensmittelhandelsagent. Krause AG (WKN 64901x)

Vorzüge notiert von 15.06.2000 bis 04.09.2007 (zuletzt geregelter Markt in Hamburg)
Stämme notiert von 15.06.2000 bis 06.01.2012 (zuletzt geregelter Markt in Hamburg)

arithmetisches Mittel des Kursaufschlags: -27,56 %

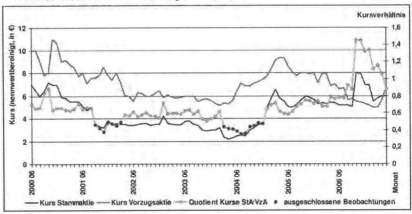

Kurse und Kursverhältnis M.A.N. AG (WKN 50630x)

vormals: Maschinenfabrik Augsburg-Nürnberg AG (1986 Verschmelzung auf GHH AG)
Vorzüge notiert von 26.01.1956 bis 30.06.1986 (zuletzt amtlicher Handel in Frankfurt)
Stämme notiert seit mindestens 1914 bis 30.06.1986 (zuletzt amtlicher Handel in Frankfurt)

arithmetisches Mittel des Kursaufschlags: 8,65 %

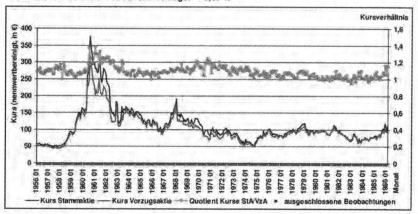

Kurse und Kursverhältnis Mainzer Aktien-Bierbrauerei AG (WKN 65550x)

Vorzüge notiert von 02.05.1960 bis 27.08.2002 (zuletzt amtlicher Handel in Frankfurt)
Stämme notiert seit mindestens 1935 bis 27.08.2002 (zuletzt amtlicher Handel in Frankfurt)

arithmetisches Mittel des Kursaufschlags: 13,73 %

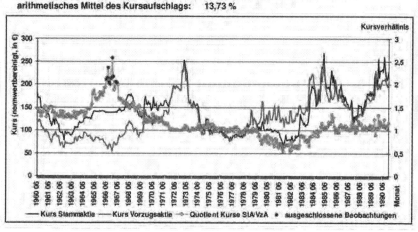

Kurse und Kursverhältnis MAN SE (WKN 59370x)

vormals: Gutehoffnungshütte (GHH) AG (1986 Verschmelzung mit M.A.N. AG), MAN AG
Vorzüge notiert seit 24.03.1975 (zuletzt regulierter Markt in Frankfurt)
Stämme notiert seit 04.01.1954 (zuletzt regulierter Markt in Frankfurt)

arithmetisches Mittel des Kursaufschlags: 17,7 %

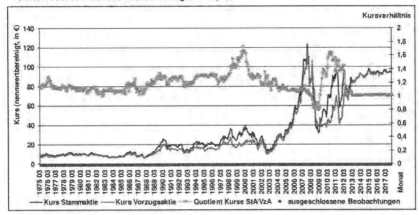

Kurse und Kursverhältnis Massa AG (WKN 65796x)

Vorzüge notiert von 07.05.1986 bis 08.09.1989 (zuletzt amtlicher Handel in Frankfurt)
Stämme notiert von 24.11.1986 bis 28.01.2003 (zuletzt amtlicher Handel in Frankfurt)

arithmetisches Mittel des Kursaufschlags: 8,8 %

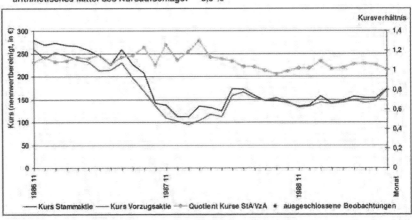

Kurse und Kursverhältnis Metro AG (2017), WKN BFB001/2

vormals: Metro Wholesale & Food Specialist AG
Vorzüge notiert seit 12.07.2017 (zuletzt regulierter Markt in Frankfurt)
Stämme notiert seit 12.07.2017 (zuletzt regulierter Markt in Frankfurt)

arithmetisches Mittel des Kursaufschlags: 2,2 %

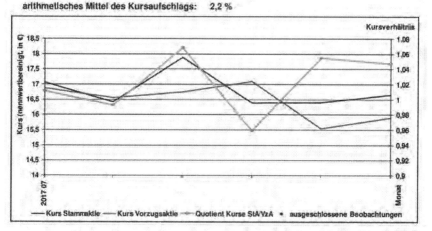

Kurse und Kursverhältnis Mineralbrunnen Überkingen-Teinach AG (WKN 66140x)

Vorzüge notiert seit 27.11.1986 (zuletzt Freiverkehr in Frankfurt)
Stämme notiert seit 24.08.1977 (zuletzt Freiverkehr in Frankfurt)

arithmetisches Mittel des Kursaufschlags: 61,24 %

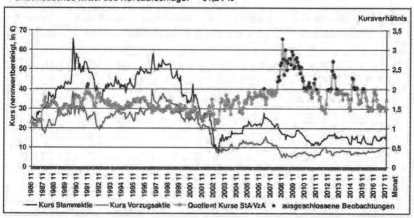

Kurse und Kursverhältnis MLP AG (WKN 65699x)

vormals: Marschollek, Lautenschläger und Partner AG
Vorzüge notiert von 15.06.1988 bis 07.09.2001 (zuletzt amtlicher Handel in Frankfurt)
Stämme notiert seit 18.07.1990 (zuletzt amtlicher Handel in Frankfurt)

arithmetisches Mittel des Kursaufschlags: 13,12 %

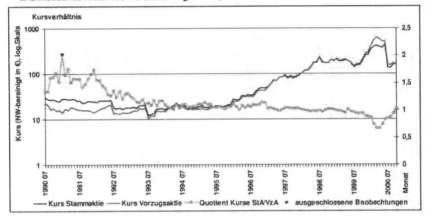

Kurse und Kursverhältnis Möbel Walther AG (WKN 66209x)

Vorzüge notiert von 13.11.1991 bis 02.09.2010 (zuletzt amtlicher Handel in Frankfurt)
Stämme notiert von 07.04.1994 bis 02.09.2010 (zuletzt amtlicher Handel in Frankfurt)

arithmetisches Mittel des Kursaufschlags: 27,46 %

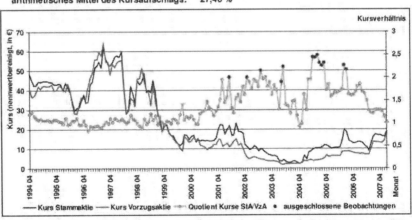

Kurse und Kursverhältnis Moenus Textilmaschinen AG (WKN 66210x)

Vorzüge notiert von 29.08.1995 bis 15.06.2000 (zuletzt amtlicher Handel in Frankfurt)
Stämme notiert seit mindestens 1948 bis 30.04.2013 (zuletzt amtlicher Handel in Frankfurt)

arithmetisches Mittel des Kursaufschlags: 23 %

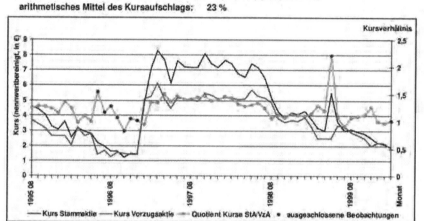

Kurse und Kursverhältnis NAK Stoffe AG (WKN 67590x)

vormals: Neue Augsburger Kattunfabrik AG
Vorzüge notiert von 21.08.1990 bis 11.08.1995 (zuletzt amtlicher Handel in München)
Stämme notiert seit 16.06.1969 (zuletzt amtlicher Handel in München)

arithmetisches Mittel des Kursaufschlags: 62,95 %

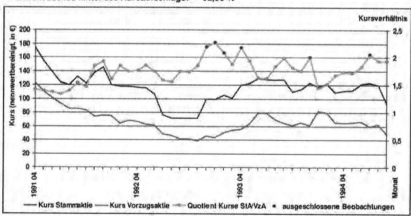

Kurse und Kursverhältnis New-York Hamburger Gummi-Waaren Compagnie AG (WKN 67655x)

später: NYH AG
Vorzüge notiert von 02.08.1991 bis 03.12.1998 (zuletzt geregelter Markt in Hamburg)
Stämme notiert seit mindestens 1936 (zuletzt geregelter Markt in Hamburg)

arithmetisches Mittel des Kursaufschlags: 37,81 %

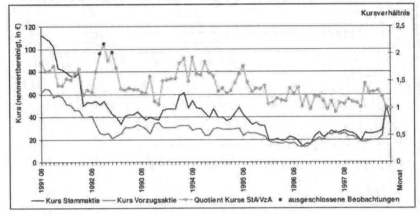

Kurse und Kursverhältnis NORDAG Immobilien AG (WKN 55460x)

vormals: Dornkaat AG, später: AGOR AG
Vorzüge notiert von 27.05.1987 bis 17.11.2000 (zuletzt geregelter Markt in Hamburg)
Stämme notiert von 27.05.1987 bis 04.12.2012 (außer 19.7.1988-21.5.1995) (zuletzt geregelter Markt in Hamburg)

arithmetisches Mittel des Kursaufschlags: 13,16 %

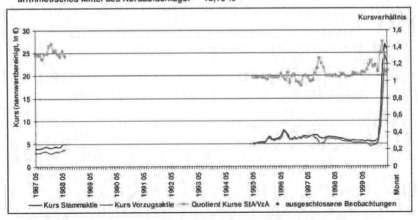

Kurse und Kursverhältnis Nordstern Allgemeine Versicherungs-AG (WKN 84330x)

Vorzüge notiert von 23.11.1989 bis 01.10.1999 (zuletzt amtlicher Handel in Frankfurt)
Stämme notiert von 28.02.1974 bis 01.10.1999 (zuletzt amtlicher Handel in Frankfurt)
arithmetisches Mittel des Kursaufschlags: 31,27 %

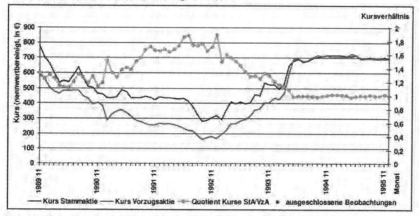

Kurse und Kursverhältnis Nordwestdeutsche Kraftwerke (NWK) AG (WKN 67760x)

vormals: Siemens Elektrische Betriebe AG
Vorzüge notiert von 02.11.1955 bis 05.02.1986 (zuletzt amtlicher Handel in Frankfurt)
Stämme notiert seit mindestens 1934 bis 05.02.1986 (zuletzt amtlicher Handel in Frankfurt)
arithmetisches Mittel des Kursaufschlags: 28,33 %

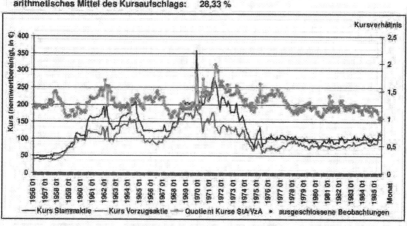

Kurse und Kursverhältnis Otto Stumpf AG (WKN 72820x)

Vorzüge notiert von 15.02.1977 bis 24.04.2009 (zuletzt amtlicher Handel in Frankfurt)
Stämme notiert von 10.01.1969 bis 24.04.2009 (zuletzt amtlicher Handel in Frankfurt)

arithmetisches Mittel des Kursaufschlags: -9,44 %

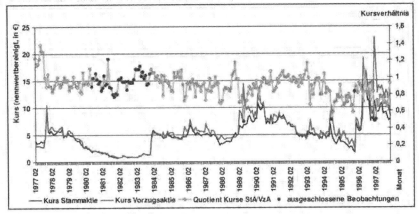

Kurse und Kursverhältnis Pegasus Beteiligungen AG (WKN 69047x)

später: Greenwich Beteiligungen AG (WKN 126211)
Vorzüge notiert von 27.11.1990 bis 17.12.1999 (zuletzt geregelter Markt in Frankfurt)
Stämme notiert von 27.11.1990 bis 16.10.2003 (zuletzt geregelter Markt in Frankfurt)

arithmetisches Mittel des Kursaufschlags: 13,16 %

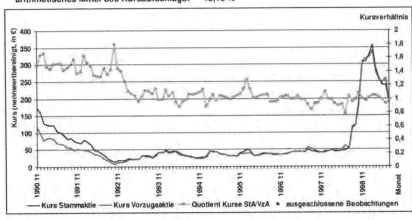

Kurse und Kursverhältnis Pongs & Zahn AG (WKN 69540x)

vormals: Pongs & Zahn Textilwerke AG
Vorzüge notiert von 17.06.1991 bis 04.09.1998 (zuletzt amtlicher Handel in Düsseldorf)
Stämme notiert seit mindestens 1924 (außer 8.12.1983-2.11.1989) (zuletzt amtlicher Handel in Düsseldorf)

arithmetisches Mittel des Kursaufschlags: -2,19 %

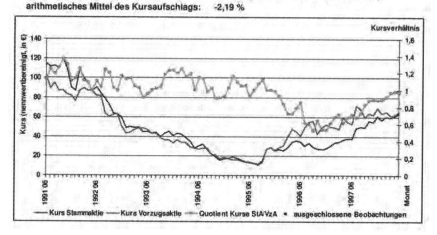

Kurse und Kursverhältnis Radeberger Gruppe AG (WKN 71950x)

vormals: Binding-Brauerei AG, Schöfferhof-Binding-Brauerei AG
Vorzüge notiert von 31.07.1973 bis 10.08.2004 (zuletzt amtlicher Handel in Frankfurt)
Stämme notiert seit mindestens 1931 bis 10.08.2004 (zuletzt amtlicher Handel in Frankfurt)

arithmetisches Mittel des Kursaufschlags: 3,83 %

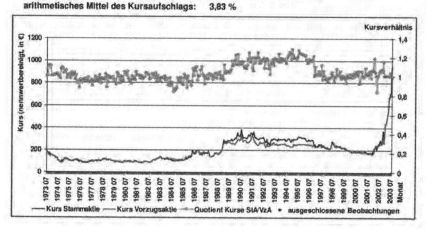

Kurse und Kursverhältnis Rheinmetall AG (WKN 70300x)

vormals: Rheinmetall-Borsig AG
Vorzüge notiert von 31.10.1984 bis 24.06.2005 (zuletzt amtlicher Handel in Frankfurt)
Stämme notiert seit mindestens 1933 (zuletzt amtlicher Handel in Frankfurt)

arithmetisches Mittel des Kursaufschlags: 29,52 %

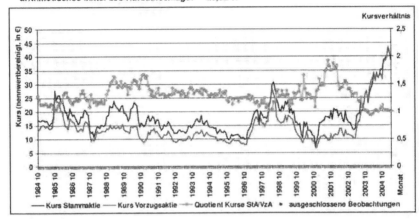

Kurse und Kursverhältnis Rhön-Klinikum AG (WKN 70423x)

Vorzüge notiert von 27.11.1989 bis 23.09.2005 (zuletzt amtlicher Handel in Frankfurt)
Stämme notiert seit 07.06.1991 (zuletzt amtlicher Handel in Frankfurt)

arithmetisches Mittel des Kursaufschlags: 8,66 %

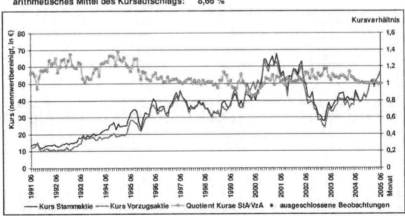

Kurse und Kursverhältnis RWE AG (WKN 70370x)

vormals: Rheinisch-Westfälisches Elektrizitätswerk. Seit 2000 WKN 703712/4.
Vorzüge notiert seit 02.11.1955 (zuletzt regulierter Markt in Frankfurt)
Stämme notiert seit mindestens 1933 (zuletzt regulierter Markt in Frankfurt)

arithmetisches Mittel des Kursaufschlags: 11,74 %

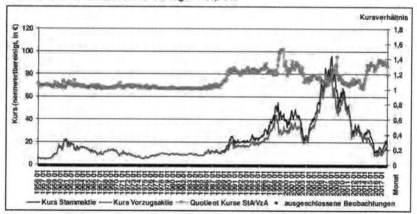

**Kurse und Kursverhältnis SAP AG Systeme, Anwendungen, Produkte in der
Datenverarbeitung (WKN 71646x)**

Vorzüge notiert von 18.06.1990 bis 15.06.2001 (zuletzt amtlicher Handel in Frankfurt)
Stämme notiert seit 04.11.1988 (zuletzt amtlicher Handel in Frankfurt)

arithmetisches Mittel des Kursaufschlags: 6,72 %

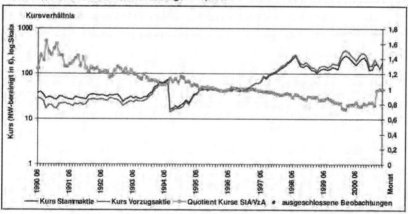

Kurse und Kursverhältnis Sartorius AG (WKN 71656x)

Vorzüge notiert seit 10.07.1990 (zuletzt regulierter Markt in Frankfurt)
Stämme notiert seit 10.07.1990 (zuletzt regulierter Markt in Frankfurt)

arithmetisches Mittel des Kursaufschlags: 14,53 %

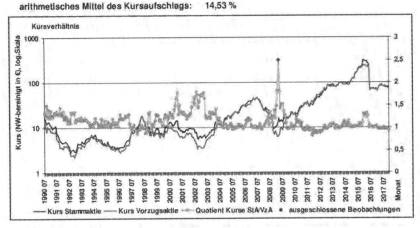

Kurse und Kursverhältnis Sixt AG (WKN 72313x)

Vorzüge notiert seit 07.08.1986 (zuletzt regulierter Markt in Frankfurt)
Stämme notiert seit 08.02.1990 (zuletzt regulierter Markt in Frankfurt)

arithmetisches Mittel des Kursaufschlags: 22,87 %

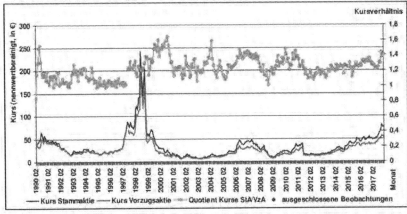

Kurse und Kursverhältnis SPAR Handels-AG (WKN 72469x)

Vorzüge notiert von 05.12.1988 bis 19.04.2005 (zuletzt amtlicher Handel in Frankfurt)
Stämme notiert von 28.05.1991 bis 19.04.2005 (zuletzt amtlicher Handel in Frankfurt)
arithmetisches Mittel des Kursaufschlags: 23,05 %

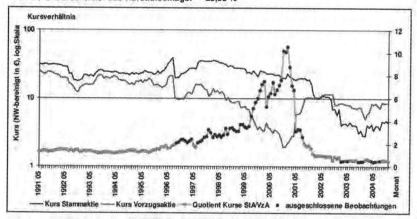

Kurse und Kursverhältnis STADA Arzneimittel AG (WKN 72518x)

Vorzüge notiert von 29.10.1997 bis 02.11.2001 (zuletzt amtlicher Handel in Frankfurt)
Stämme notiert seit 16.02.1998 (zuletzt amtlicher Handel in Frankfurt)
arithmetisches Mittel des Kursaufschlags: -4,47 %

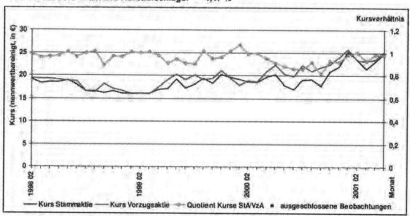

Kurse und Kursverhältnis STRABAG AG (WKN 72830x)

vormals: Strassenbau-AG
Vorzüge notiert von 15.10.1993 bis 05.08.1998 (zuletzt amtlicher Handel in Frankfurt)
Stämme notiert seit mindestens 1937 (zuletzt amtlicher Handel in Frankfurt)

arithmetisches Mittel des Kursaufschlags: 16,58 %

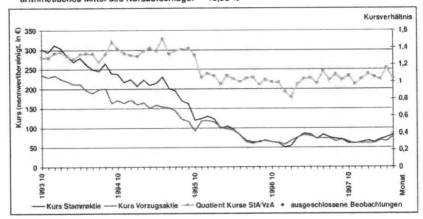

Kurse und Kursverhältnis Stuttgarter Hofbräu AG (WKN 73180x)

später: SHB Stuttgarter Finanz.- und Beteiligungs-AG, STINAG Stuttgart Invest AG
Vorzüge notiert von 17.07.1974 bis 04.06.1996 (zuletzt amtlicher Handel in Frankfurt)
Stämme notiert seit mindestens 1933 (zuletzt amtlicher Handel in Frankfurt)

arithmetisches Mittel des Kursaufschlags: 28,18 %

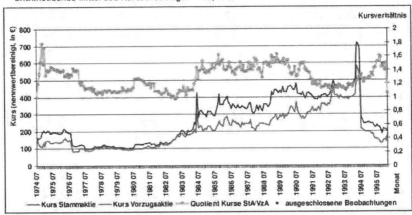

Kurse und Kursverhältnis Südzucker AG Mannheim/Ochsenfurth (WKN 72970x)

Vorzüge notiert von 01.03.1990 bis 14.09.2001 (zuletzt amtlicher Handel in Frankfurt)
Stämme notiert seit mindestens 1931 (zuletzt amtlicher Handel in Frankfurt)

arithmetisches Mittel des Kursaufschlags: 16,57 %

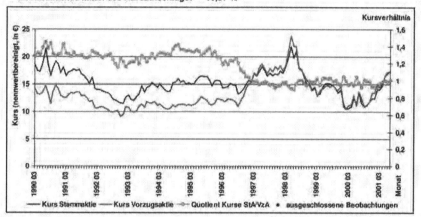

Kurse und Kursverhältnis Tarkett Pegulan AG (WKN 69046x)

vormals: Pegulan-Werke AG
Vorzüge notiert von 19.01.1965 bis 06.09.1996 (zuletzt amtlicher Handel in Frankfurt)
Stämme notiert von 20.03.1964 bis 06.09.1996 (zuletzt amtlicher Handel in Frankfurt)

arithmetisches Mittel des Kursaufschlags: -2,36 %

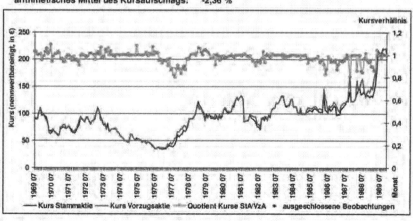

Kurse und Kursverhältnis VK Mühlen AG (WKN 76290x)

vormals: Vereinigte Kunstmühlen AG
Vorzüge notiert von 28.12.1989 bis 24.02.1997 (zuletzt amtlicher Handel in Frankfurt)
Stämme notiert seit mindestens 1932 bis 27.06.2014 (zuletzt amtlicher Handel in Frankfurt)

arithmetisches Mittel des Kursaufschlags: 65,27 %

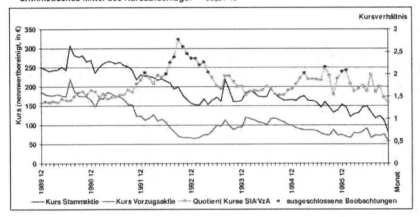

Kurse und Kursverhältnis VOGT electronic AG (WKN 76593x)

Vorzüge notiert von 26.03.1986 bis 05.08.2009 (zuletzt regulierter Markt in Frankfurt)
Stämme notiert von 12.07.1996 bis 05.08.2009 (zuletzt regulierter Markt in Frankfurt)

arithmetisches Mittel des Kursaufschlags: 18,13 %

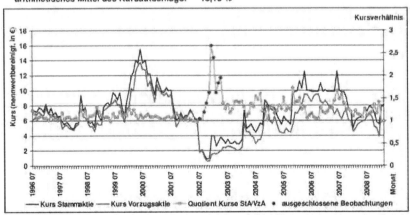

Kurse und Kursverhältnis Volkswagen AG (WKN 76640x)

Vorzüge notiert seit 06.10.1986 (zuletzt regulierter Markt in Frankfurt)
Stämme notiert seit 07.04.1961 (zuletzt regulierter Markt in Frankfurt)

arithmetisches Mittel des Kursaufschlags: 26,06 %

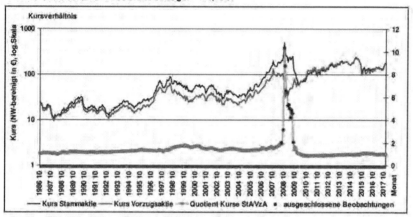

Kurse und Kursverhältnis Walter Bau-AG (WKN 74775x)

vormals: WTB Walter Thosti Boswau Bau-AG, Thormann & Stiefel ("THOSTI") AG
Vorzüge notiert seit 27.02.1992 (zuletzt amtlicher Handel in Frankfurt)
Stämme notiert seit 30.08.1985 (zuletzt amtlicher Handel in Frankfurt)

arithmetisches Mittel des Kursaufschlags: 17,71 %

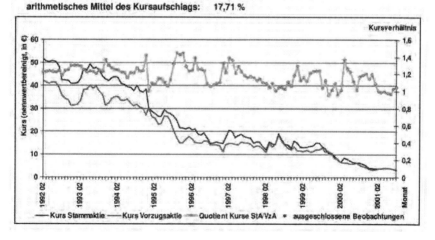

Kurse und Kursverhältnis Wanderer-Werke AG (WKN 77560x)

Vorzüge notiert von 23.01.1987 bis 08.09.1992 (zuletzt amtlicher Handel in Frankfurt)
Stämme notiert seit mindestens 1932 bis 19.12.2017 (zuletzt amtlicher Handel in Frankfurt)

arithmetisches Mittel des Kursaufschlags: 23,6 %

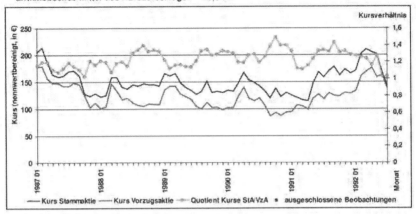

Kurse und Kursverhältnis Wella AG (WKN 77656x)

Vorzüge notiert von 13.09.1983 bis 12.11.2007 (zuletzt amtlicher Handel in Frankfurt)
Stämme notiert von 15.12.1993 bis 12.11.2007 (zuletzt amtlicher Handel in Frankfurt)

arithmetisches Mittel des Kursaufschlags: 0,48 %

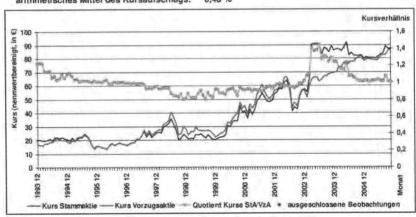

Kurse und Kursverhältnis Westag & Getalit AG (WKN 77752x)

Vorzüge notiert seit 17.10.1989 (zuletzt regulierter Markt in Frankfurt)
Stämme notiert seit 26.06.1961 (zuletzt regulierter Markt in Frankfurt)
arithmetisches Mittel des Kursaufschlags: 8,13 %

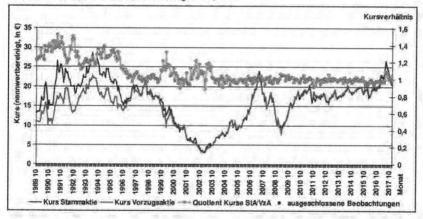

Kurse und Kursverhältnis WKM Terrain- und Beteiligungs-AG (WKN 77790x)

vormals: "Westfälische Kupfer- und Messingwerke AG vorm. Casp. Noell"
Vorzüge notiert seit 08.01.1965 (zuletzt geregelter Markt in Düsseldorf)
Stämme notiert seit mindestens 1922 (zuletzt geregelter Markt in Düsseldorf)
arithmetisches Mittel des Kursaufschlags: 3,17 %

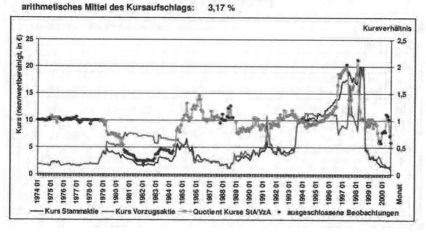

Kurse und Kursverhältnis WMF Würtembergische Metallwarenfabrik AG (WKN 78030x)

Vorzüge notiert von 12.11.1957 bis 20.03.2015 (zuletzt regulierter Markt in Frankfurt)
Stämme notiert seit mindestens 1937 bis 20.03.2015 (zuletzt regulierter Markt in Frankfurt)

arithmetisches Mittel des Kursaufschlags: 14,82 %

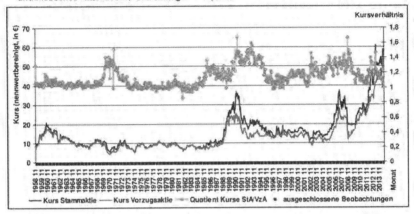

Kurse und Kursverhältnis YMOS AG Industrieprodukte (WKN 78473x)

Vorzüge notiert von 22.05.1984 bis 26.02.1993 (zuletzt amtlicher Handel in Frankfurt)
Stämme notiert seit 04.02.1986 (zuletzt amtlicher Handel in Frankfurt)

arithmetisches Mittel des Kursaufschlags: 25,23 %

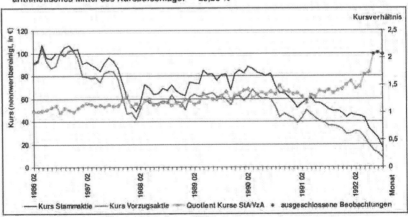

Kurse und Kursverhältnis Zanders Feinpapiere AG (WKN 78521x)

Vorzüge notiert von 14.10.1986 bis 08.08.2002 (zuletzt amtlicher Handel in Frankfurt)
Stämme notiert von 25.01.1984 bis 08.08.2002 (zuletzt amtlicher Handel in Frankfurt)

arithmetisches Mittel des Kursaufschlags: 26,65 %

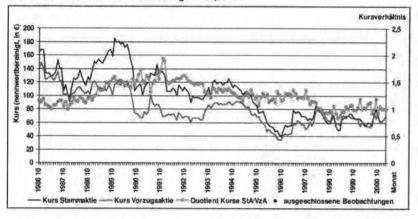

Literaturverzeichnis

Adams, Renee; Ferreira, Daniel (2008): One Share – One Vote: The Empirical Evidence, Review of Finance 12, S. 51-91.

Albart, Robert (1955): Die stimmrechtslose Vorzugsaktie, Dissertation, Friedrich-Alexander-Universität zu Erlangen.

Alchian, Armen A.; Demsetz, Harold (1972): Production, Information Costs, and Economic Organization, American Economic Review 62, S. 777-795.

Allaire, Yvan (2006): Dual-Class Share Structures in Canada: Some modest Proposals, Working Paper (SSRN), http://dx.doi.org/10.2139/ssrn.952043, The Institute for Governance of Private and Public Organizations.

Allmandiger, Hans; Güttler, Cuno (1989): Die Vorzugsaktie als Instrument am Aktienmarkt, Zeitschrift für das gesamte Kreditwesen 42, S. 458-462.

Altmeppen, Holger (2005): Umwandlung von Vorzugsaktien in Stammaktien gegen Zuzahlung, Neue Zeitschrift für Gesellschaftsrecht 8, S. 771-775.

Amihud, Yakov; Mendelson, Haim (1986): Asset Pricing and the Bid-Ask Spread, Journal of Financial Economics 17, S. 223-249.

Amihud, Yakov; Mendelson, Haim (1991a): Liquidity and Asset Prices, Financial Markets and Portfolio Management 5, S. 235-240.

Amihud, Yakov; Mendelson, Haim (1991b): Liquidity, Asset Prices and Financial Policy, Financial Analysts Journal 47, S. 56-66.

Amoako-Adu, Ben; Baulkaran, Vishaal; Smith, Brian F. (2014): Analysis of dividend policy of dual and single class U.S corporations, Journal of Economics and Business 72, S. 1-29.

Amoako-Adu, Ben; Baulkaran, Vishaal; Smith, Brian F. (2011): Executive compensation in firms with concentrated control: The impact of dual class structure and family management, Journal of Corporate Finance 17, S. 1580-1594.

Amoako-Adu, Ben; Smith, Brian F. (2001): Dual class firms: Capitalization, ownership structure and recapitalization back into single class, Journal of Banking and Finance 25, S. 1083-1111.

Amoako-Adu, Ben; Smith, Brian; Schnabel, Jacques (1990): The risk of dual classes of shares: Are there differences?, Journal of Economics and Business 42, S. 39-50.

Anderson, Ronald; Mansi, Sattar; Reeb, David (2003): Founding family ownership and the agency cost of debt, Journal of Financial Economics 68, S. 263-285.

Ang, James S.; Megginson, William L. (1989): Restricted Voting Shares, Ownership Structure, and the Market Value of Dual-Class Firms, Journal of Financial Research 12, S. 301-318.

Arbeitskreis Finanzierung der Schmalenbach-Gesellschaft für Betriebswirtschaft (2009): Kapitalstrukturpolitik und Kapitalgeberinteressen – Ergebnisse einer explorativen Befragung von Vertretern börsennotierter Unternehmen in Deutschland, Zeitschrift für betriebswirtschaftliche Forschung 61, S. 323-354.

Arnold, Arnd (2003): Entschädigung von Mehrstimmrechten bei Übernahmen, Betriebs-Berater 58, S. 267-270.

© Springer Fachmedien Wiesbaden GmbH, ein Teil von Springer Nature 2019
S. Daske, *Vorzugsaktien in Deutschland*, Empirische Finanzmarktforschung/Empirical Finance, https://doi.org/10.1007/978-3-658-25776-7

Arruñada, Benito; Paz-Ares, Cándido (1995): The conversion of ordinary shares into nonvoting shares, International Review of Law and Economics 15, S. 351-372.

Arugaslan, Onur; Cook, Douglas O.; Kieschnick, Robert (2010): On the decision to go public with dual class stock, Journal of Corporate Finance 16, S. 170-181.

Assmann, Heinz-Dieter; Bozenhardt, Friedrich (1990): Übernahmeangebote als Regelungsproblem zwischen gesellschaftsrechtlichen Normen und zivilrechtlich begründeten Verhaltensgeboten, in Assmann, H.-D. et al. [Hrsg.]: Übernahmeangebote (ZGR-Sonderheft Nr. 9), Verlag Walter de Gruyter, Berlin.

Atzler, Elisabeth (2008): VW-Reinfall erdrückt ersten Hedge-Fonds, Financial Times Deutschland vom 20.11.2008, S. 23.

Atzler, Elisabeth; Dreykluft, Joachim; Haake, Gregor (2009): Katar-Einstieg: VW-Aktie sackt um ein Fünftel ab, Handelsblatt vom 19.8.2009.

Bailey, Warren (1988): Canada's Dual Class Shares: Further Evidence on the Market Value of Cash Dividends, Journal of Finance 43, S. 1143-1160.

Ballwieser, Wolfgang (2002): Der Kalkulationszinsfuß in der Unternehmensbewertung: Komponenten und Ermittlungsprobleme, Wirtschaftsprüfung 55, S. 736-742.

Bank, Christian (2006): Präventivmaßnahmen börsennotierter Gesellschaften zur Abwehr feindlicher Übernahmeversuche in Deutschland und Großbritannien: eine rechtsvergleichende Untersuchung des deutschen und britischen Rechts unter Berücksichtigung der Europäischen Übernahmerichtlinie, Lang-Verlag, Frankfurt am Main, zugl. Dissertation Universität Köln.

Barclay, Michael J.; Holderness, Clifford G. (1989): Private benefits from control of public corporations, Journal of Financial Economics 25, S. 371-395.

Baulkaran, Vishaal (2014): Management entrenchment and the valuation discount of dual class firms, The Quarterly Review of Economics and Finance 54, S. 70-81.

Baumbach, Adolf; Hueck, Alfred; Hueck, Götz (1961): Aktiengesetz – Beck'sche Kurz-Kommentare, 11. Auflage, C. H. Beck, Berlin und München.

Baums, Theodor (1990): Höchststimmrechte, Die Aktiengesellschaft 35, S. 221-242.

Baums, Theodor (1994): Vorzugsaktien, Ausgliederung und Konzernfinanzierung, Die Aktiengesellschaft 39, S. 1-12.

Baums, Theodor; Fraune, Christian (1995): Institutionelle Anleger und Publikumsgesellschaft: Eine empirische Untersuchung, Die Aktiengesellschaft 40, S. 97-112.

BDI e.V. (2015): Stellungnahme vom 23. April 2015 zum Regierungsentwurf einer Aktienrechtsnovelle 2014, verfügbar unter URL https://www.bundestag.de/ausschuesse/ausschuesse18/a06/anhoerungen/Archiv/stellungnahmen/371890 (Abruf 14.1.2019).

Beckerhoff, Tom (1996): Treuepflichten bei der Stimmrechtsausübung und Eigenhaftung des Stimmrechtsvertreters, Lang-Verlag, Frankfurt, zugl. Dissertation Universität Bonn.

Bekker, Ernst Immanuel (1871): Ueber Stammprioritäts-Aktien, Zeitschrift für das gesammte Handelsrecht 16 = 1 (N. F.), S. 33-84.

Ben-Amar, Walid ; André, Paul (2006): Separation of Ownership from Control and Acquiring Firm Performance: The Case of Family Ownership in Canada, Journal of Business Finance & Accounting 33, S. 517-543.

Bendel, Daniel; Demary, Markus; Voigtländer, Michael (2016): Entwicklung der Unternehmensfinanzierung in Deutschland, Vierteljahresschrift zur empirischen Wirtschaftsforschung, 43. Jahrgang, Institut der deutschen Wirschaft Köln.

Bennedsen, Morten; Nielsen, Kasper Meisner (2010): Incentive and entrenchment effects in European ownership, Journal of Banking & Finance 34, S. 2212-2229.

Berger, Annette (2008): VW-Aktie stellt DAX auf den Kopf, Financial Times Deutschland vom 28.10.2008.

Bergström, Clas; Rydqvist, Kristian (1992): Differentiated bids for voting and restricted voting shares in public tender offers, Journal of Banking and Finance 16, S. 97-114.

Bergström, Clas; Tang, Ellen (2001): Price Differentials Between Different Classes of Stocks: An Empirical Study on Chinese Stock Markets, Journal of Multinational Financial Management 11, S. 407-426.

Berle, Adolf A. (1967): Macht ohne Eigentum, Verlag Anton Hain, Meisenheim.

Berle, Adolf A.; Means, G. C. (1932): The Modern Corporation and Private Property, Harcourt, Brace and World, New York.

Betzer, André; van den Bongard, Inga; Goergen, Marc (2013): Index Membership vs. Loss of Control: The Unification of Dual-Class Shares, Working Paper Universität Wuppertal/Universität Mannhein.

Betzer, André; van den Bongard, Inga; Goergen, Marc (2017): Index membership vs. loss of voting power: The unification of dual-class shares, Journal of International Financial Markets, Institutions and Money, forthcoming.

Bezzenberger, Gerold (1991a): Zum Bezugsrecht stimmrechtsloser Vorzugsaktionäre, in Westermann, H. et al. [Hrsg.]: Festschrift für Karlheinz Quack zum 65. Geburtstag am 3. Januar 1991, De Gruyter, Berlin, S. 153-166.

Bezzenberger, Tilman (1991b): Vorzugsaktien ohne Stimmrecht, Carl-Heymanns-Verlag, Köln, zugl. Dissertation Ludwig-Maximilians-Universität München.

Bezzenberger, Tilman (2002): Das Bezugsrecht der Aktionäre und sein Ausschluss, Zeitschrift für Wirtschaftsrecht 23, S. 1917-1930.

Bigelli, Marco (2004): Dual class stock unifications and shareholder's expropriation, Working Paper, University of Bologna, Department of Management, Bologna.

Bigelli, Marco; Croci, Ettore (2013): Dividend Privileges and the Value of Voting Rights: Evidence from Italy, Journal of Empirical Finance 24, S. 94-107.

Bigelli, Marco; Mehrotra, Vikas; Rau, P. Raghavendra (2011): Why are shareholders not paid to give up their voting privileges? Unique evidence from Italy, Journal of Corporate Finance 17, S. 1619-1635.

Bigelli, Marco; Mengoli, Stefano (2004): Sub-optimal Acquisition Decisions under a Majority Shareholder System, Journal of Management and Governance 8, S. 373-405.

Binz, Mark K.; Sorg, Martin H. (1987): Vermögensteuerliche Folgen des going public von Familien-Unternehmen, Betriebs-Berater 42, S. 1996-1998.

Binz, Mark K.; Sorg, Martin H. (1994): Aktuelle Fragen der Bewertung von Stamm- und Vorzugsaktien im Steuerrecht, Deutsches Steuerrecht 32, S. 993-997.

Bjuggren, Per-Olof; Eklund, Johan E.; Wiberg, Daniel (2007): Ownership structure, control and firm performance: the effects of vote-differentiated shares, Applied Financial Economics 17, S. 1323-1334.

Bjuggren, Per-Olof; Palmberg, Johanna (2010): The Impact of Vote Differentiation on Investment Performance in Listed Family Firms, Family Business Review 23, S. 327-340.

Böhmer, Ekkehart (2002): Who Controls German Corporations?, in McCahery, J. A. [Hrsg.]: Corporate governance regimes: convergence and diversity, Oxford University Press, Oxford, S. 268-286.

Böhmer, Ekkehart; Sanger, Gary C.; Varshney, Sanjay B. (1995): The Effect of Consolidated Control on Firm Performance: The Case of Dual-Class IPOs, in: Levis, M. (1996): Empirical Issues in Raising Equity Capital, Elsevier. Volltext verfügbar unter URL https://www.researchgate.net/publication/256066074 (Abruf am 14.1.2019).

Bormann, Michael; Di Prima, Pascal (2015): Auswirkungen der Neuregelung von Vorzugsaktien, Die Bank, S. 48-50.

Bortolon, Patrícia M.; Câmara Leal, Ricardo P. (2014): Dual-class unifications and corporate governance in Brazil, Emerging Markets Review 20, S. 89-108.

Bösselmann, Kurt (1938): Zur Finanzierung der A.-G. vor 1850, Walter de Gruyter & Co., Berlin, zugl. Dissertation Universität Köln.

Bozec, Yves; Bozec, Richard (2007): Ownership Concentration and Corporate Governance Practices: Substitution or Expropriation Effects?, Canadian Journal of Administrative Sciences 24, S. 182-195.

Brause, Christian (2002): Stimmrechtslose Vorzugsaktien bei Umwandlungen, Verlag Dr. Otto Schmidt, zugl. Dissertation Universität Mainz.

Brealey, Richard A.; Myers, Stewart C.; Marcus, Alan J. (1995): Fundamentals of Corporate Finance, McGraw-Hill, New York (USA).

Breitung, Jörg; Wulff, Christian (1999): Nonlinear Error Correction and the Efficient Market Hypothesis: The Case of German Dual-Class Shares, Discussion Paper Nr. 67, Sonderforschungsbereich 373, Humboldt-Universität zu Berlin, http://dx.doi.org/ 10.18452/3282.

Breitung, Jörg; Wulff, Christian (2001): Non-linear Error Correction and the Efficient Market Hypothesis: The Case of German Dual-Class Shares, German Economic Review 2, S. 419-434.

Briesemeister, Simone (2006): Hybride Finanzinstrumente im Ertragsteuerrecht, IDW-Verlag, Köln, zugl. Dissertation Universität Köln.

Brioschi, F., Paleari, S. (1998): Wealth Transfers in Dual Class Recapitalisations with the Rights Method: The Case of the Italian Stock Market, Giornale Degli Economisti e Annali di Economia 57, S. 157-188.

Brückner, Roman; Lehmann, Patrick; Schmidt, Martin H. ; Stehle, Richard (2015): Non-U.S. Multi-Factor Data Sets Should be Used with Caution, Working Paper (SSRN), http://dx.doi.org/10.2139/ssrn.2390063, Version vom 3.11.2015.

Brückner, Roman; Lehmann, Patrick; Stehle, Richard (2013): In Germany the CAPM is Alive and Well, in Brückner, Roman (2013): Three Essays on the German Capital Market, Dissertation Humboldt-Universität zu Berlin, http://dx.doi.org/10.18452/ 16708.

Brückner, Roman; Stehle, Richard (2013): Der geregelte Markt: Ein ökonomischer Nachruf, in Brückner, Roman (2013): Three Essays on the German Capital Market, Dissertation Humboldt-Universität zu Berlin, http://dx.doi.org/10.18452/16708.

Bungert, Hartwin; Wettich, Carsten (2012): Das weitere Schicksal der „Macrotron"-Grundsätze zum Delisting nach der Entscheidung des BVerfG, Der Betrieb 40, S. 2265-2269.

Burgard (1995): Die Berechnung des Stimmrechtsanteils nach §§ 21-23 WpHG, Betriebs-Berater 50, S. 2069-2078.

Burkart, Mike; Lee, Samuel (2008): One Share – One Vote: the Theory, Review of Finance 12, S. 1-49.

Capelle, Paul-Gerhard (1989): Der Genußschein als kapitalmarktfähiges Instrument der Eigenfinanzierung von Aktiengesellschaften, Dissertation, TU Braunschweig.

Caprio, Lorenzo; Croci, Ettore (2008): The determinants of the voting premium in Italy: The evidence from 1974 to 2003, Journal of Banking & Finance 32, S. 2433-2443.

Carvalhal da Silva, Andre; Subrahmanyam, Avanidhar (2007): Dual-class premium, corporate governance, and the mandatory bid rule: Evidence from the Brazilian stock market, Journal of Corporate Finance 13, S. 1-24.

Chan, Raymond Siu Yeung; Ho, John Kong Shan (2014): Should Listed Companies Be Allowed to Adopt Dual-Class Share Structure in Hong Kong?, Common Law World Review 43, S. 155-182.

Chemmanur, Thomas J.; Jiao, Yawen (2007): Dual Class IPOs, Share Recapitalizations, and Unifications: A Theoretical Analysis, Working Paper Boston College, Carroll School of Management.

Chemmanur, Thomas J.; Jiao, Yawen (2012): Dual class IPOs: A theoretical analysis, Journal of Banking & Finance 36, S. 305-319.

Chung, Kee H.; Kim, Jeong-Kuk (1999): Corporate ownership and the value of a vote in an emerging market, Journal of Corporate Finance 5, S. 35-54.

Claessens, Stijn; Djankov, Simeon; Lang, Larry H. P. (2000): The separation of ownership and control in East Asian Corporations, Journal of Financial Economics 58, S. 81-112.

Clark, Gordon L.; Wojcik, Dariusz (2003): Financial Valuation of the German (Regional) Model: The Negative Relationship Between Ownership Concentration and Stock Market Returns, 1997-2001, Working Paper, http://dx.doi.org/10.2139/ssrn.401522.

Classen, W. (1950): Die Zuständigkeit für ministerielle Ausnahmegenehmigungen, insbesondere im Aktienrecht, Neue Juristische Wochenschrift 3, S. 525-527.

Claussen, Carsten P. (1998): Wie ändert das KonTraG das Aktiengesetz?, Der Betrieb 51, S. 177-186.

Coenenberg, Adolf G.; Schultze, Wolfgang (2002a): Das Multiplikator-Verfahren in der Unternehmensbewertung: Konzeption und Kritik, Finanz Betrieb 4, S. 697-703.

Coenenberg, Adolf G.; Schultze, Wolfgang (2002b): Unternehmensbewertung: Konzeptionen und Perspektiven, Die Betriebswirtschaft 62, S. 597-621.

Commission of the European Communities, DG Internal Market (2007): Impact Assessment on the Proportionality between Capital and Control in Listed Companies, Kommissionsdokument SEC(2007) 1705 vom 12.12.2007.

Conac, Pierre-Henri (2005): The New French Preferrd Shares: Moving towards a More Liberal Approach, European Company and Financial Law Review 2, S. 487-511.

Copeland, Thomas E.; Weston (1988): Financial Theory and Corporate Policy, Addison-Wesley, Reading.

Cox, Steven R.; Roden, Dianne M. (2002): The source of value of voting rights and related dividend promises, Journal of Corporate Finance 8, S. 337-351.

Croci, Ettore; Nowak, Eric; Ehrhardt, Olaf (2017): The corporate governance endgame – minority squeeze-out regulation and post-deal litigation in Germany, Managerial Finance 43, S. 95-123.

Cronqvist, Henrik; Nilsson, Mattias (2003): Agency Costs of Controlling Minority Shareholders, Journal of Financial and Quantitative Analysis 38, S. 695-719.

Daske, Stefan (2002): Winner-Loser-Effekte am deutschen Aktienmarkt, Discussion Paper 87/2002, Sonderforschungsbereich 373, Humboldt-Universität zu Berlin, http://dx.doi.org/10.18452/3550.

Daske, Stefan; Ehrhardt, Olaf (2002a): Kursunterschiede und Renditen deutscher Stamm- und Vorzugsaktien, Financial Markets and Portfolio Management 16, S. 179-207.

Daske, Stefan; Ehrhardt, Olaf (2002b): Kursunterschiede und Renditen deutscher Stamm- und Vorzugsaktien, Discussion Paper 5/2002, Sonderforschungsbereich 373, Humboldt-Universität zu Berlin, http://dx.doi.org/10.18452/3439

Dauner-Lieb, Barbara; Lamandini, Marco (2003): Der neue Kommissionsvorschlag einer EU-Übernahmerichtlinie – Stellungnahme der Gutachter des EU-Parlaments, Betriebs-Berater 58, S. 265-267.

De Bondt, Werner F. M.; Thaler, Richard H. (1987): Further Evidence On Investor Overreaction and Stock Market Seasonality, Journal of Finance 42, S. 557-581.

DeAngelo, Harry; DeAngelo, Linda (1985): Managerial ownership of voting rights : A study of public corporations with dual classes of common stock, Journal of Financial Economics 14, S. 33-69.

Dempewolf, Günter (1959): Ist die vorgesehene Abschaffung der Mehrstimmrechtsaktien in jedem Falle zweckmäßig?, Der Betrieb 12, S. 131-132.

Depenbrock, Hartwig (1975): Zur Entwicklung und Bedeutung der Vorzugsaktie in den Aktienrechten der USA und im deutschen Aktienrecht, Dissertation, Universität Bielefeld.

Deutsche Börse AG (2010): Leitfaden zu den Aktienindizes der Deutschen Börse (Version 6.14, Stand: Juni 2010).

Deutsche Börse AG (2018): Historical Index Composition of the Equity- and Strategy Indices of Deutsche Börse (Version 8.8, Stand: März 2018).

Deutsche Bundesbank (1976): Deutsches Geld- und Bankwesen in Zahlen 1876-1975, Knapp-Verlag, Frankfurt (Main).

Deutsches Aktieninstitut (2013): DAI-Factbook 2013, Deutsches Aktieninstitut e.V., Frankfurt.

Die Deutsche Kreditwirtschaft (2015): Stellungnahme vom 3. Februar 2015 zum Regierungsentwurf eines Gesetzes zur Änderung des Aktiengesetztes (Aktienrechtsnovelle 2014), verfügbar unter https://www.bundestag.de/ausschuesse/ausschuesse18/a06/anhoerungen/Archiv/stellungnahmen/371890 (Abruf am 14.1.2019).

Dimitrov, Valentin; Jain, Prem C. (2006): Recapitalization of one class of common stock into dual-class: Growth and long-run stock returns, Journal of Corporate Finance 12, S. 342-366.

Dittmann, Ingolf (1999): Fractional cointegration of voting and non-voting shares, Dissertation Universität Dortmund.

Dittmann, Ingolf (2001): Fractional cointegration of voting and non-voting shares, Applied Financial Economics 11, S. 321-332.

Dittmann, Ingolf (2004): Block Trading, Ownership Structure, and the Value of Corporate Votes, Working Paper (SSRN), http://dx.doi.org/10.2139/ssrn.521482.

Dittmann, Ingolf; Kübler, Dorothea; Maug, Ernst; Mechtenberg, Lydia (2014): Why votes have value: Instrumental voting with overconfidence and overestimation of others' errors, Games and Economic Behavior 84, S. 17-38.

Dittmann, Ingolf; Maug, Ernst G.; Kübler, Dorothea F.; Mechtenberg, Lydia (2009): Why Votes Have a Value, Working Paper (SSRN), http://dx.doi.org/10.2139/ssrn.1074803.

Dittmann, Ingolf; Ulbricht, Niels (2008): Timing and Wealth Effects of German Dual Class Stock Unifications, European Financial Management 14, S. 163-196.

Doerks, Wolfgang (1992): Der Kursunterschied zwischen Stamm- und Vorzugsaktien in der BRD: Eine empirische Untersuchung, Müller-Botermann-Verlag, Köln, zugl. Dissertation Universität Münster.

Doidge, Craig (2004): U.S. cross-listings and the private benefits of control: evidence from dual-class firms, Journal of Financial Economics 72, S. 519-553.

Donaldson, Gordon (1962): In Defense of Preferred Stock, Harvard Business Review 39, S. 368-392.

Duden, Konrad (1951): Umstellung des rückständigen Dividendenvorzugs, Betriebs-Berater 6, S. 715-716.

Dunlavy, Colleen A. (1998): Corporate Governance in Late 19th-Century Europe and the U.S.: The Case of Shareholder Voting Rights, in Hopt , K. J. [Hrsg.]: Comparative Corporate Governance, Oxford University Press, Oxford.

Dyck, Alexander; Zingales, Luigi (2004a): Control Premiums and the Effectiveness of Corporate Governance Systems, Journal of Applied Corporate Finance 16, S. 51-72.

Dyck, Alexander; Zingales, Luigi (2004b): Private Benefits of Control: An International Comparison, The Journal of Finance 59, S. 537-600.

Edwards, Jeremy S. S.; Weichenrieder, Alfons J. (2004): Ownership Concentration and Share Valuation, German Economic Review 5, S. 143-171.

Ehrhardt, Olaf; Nowak, Eric (2002): Private Benefits and Minority Shareholder Expropriation - Empirical Evidence from IPOs of German Family-Owned Firms, Working Paper (März 2002), Humboldt-Universität zu Berlin.

Ehrhardt, Olaf; Nowak, Eric (2003a): The Effect of IPOs on German Family-Owned Firms: Governance Changes, Ownership Structure, and Performance, Journal of Small Business Management 41, S. 222-232.

Ehrhardt, Olaf; Nowak, Eric (2003b): Private Kontrollrenten in deutschen Familienunternehmen, Die Betriebswirtschaft 63, S. 363-377.

Ehrhardt, Olaf; Nowak, Eric ; Kuklinski, Jan (2008): Unifications of Dual-Class Shares in Germany –First Empirical Evidence on Liquidity Effects of Share Class Unifications, Working Paper (SSRN), http://dx.doi.org/10.2139/ssrn.677000.

Ehrhardt, Olaf; Nowak, Eric; Weber, Felix-Michael (2006): „Running in the Family" – The Evolution of Ownership, Control, and Performance in German Family-owned Firms 1903-2003, Swiss Finance Institute, Research Paper Nr. 06-13.

Eklund, Johan Erik; Poulsen, Thomas (2014): One share – one vote: evidence from Europe, Applied Financial Economics 24, S. 453-464.

Elschen, Rainer (1988): Die getrennte Handelbarkeit von Aktienstimmrechten – Verbesserung der Kapitalmarkteffizienz und Leitidee einer ökonomischen Theorie der Unternehmensverfassung?, Zeitschrift für betriebswirtschaftliche Forschung 40, S. 1009-1036.

Endell, Antje (2000): Volkswagen im Angebot: VW-Gesetz bietet keinen dauerhaften Schutz vor feindlicher Übernahme, Neue Zeitschrift für Gesellschaftsrecht 3, S. 1160-1163.

Engel, Ernst (1875): Die Actiengesellschaften, Zeitschrift des Königlich Preußischen Statistischen Bureaus 15, S. 457-537.

Engelen, Christian (2015): The effects of managerial discretion on moral hazard related behaviour: German evidence on agency costs, Journal of Management & Governance 19, S. 927-960.

European Corporate Governance Forum (2007): Statement of the European Corporate Governance Forum on Proportionality (25.8.2007).

Faccio, Mara; Lang, Larry H. P. (2002): The ultimate ownership of Western European corporations, Journal of Financial Economics 65, S. 365-395.

Fama, Eugene F. (1970): Efficient capital markets: A review of theory and empirical work, Journal of Finance 25, S. 383-417.

Fatemi, Ali; Krahnen, Jan Pieter (2000): On the valuation of common and preferred shares in Germany: new evidence on the value of voting rights, Managerial Finance 26, S. 42-54.

Ferrarini, Guido (2006): One Share –One Vote: A European Rule?, Law Working Paper 58/2006, European Corporate Governance Institute.

Field, Laura C. (1999): Control Considerations of Newly Public Firms: The Implementation of Antitakeover Provisions and Dual Class Shares Before the IPO, Working Paper, Pennsylvania State University.

Fleischer, Holger; Kalss, Susanne (2002): Das neue Wertpapiererwerbs- und Übernahmegesetz, Verlag C.H. Beck, München.

Fockenbrock, Dieter (2011): Heiße Wetten auf Börsen-Zombies, Handelsblatt, 31.8.2011.

Focus (2016): Porsche weist Bericht über Machtkampf bei Volkswagen zurück, Focus-Online vom 20.5.2016, verfügbar unter URL https://www.focus.de/regional/niedersachsen/auto-porsche-weist-bericht-ueber-machtkampf-bei-volkswagen-zurueck_id_5551809.html, Abruf am 14.1.2019

Foerster, Stephen R.; Porter, David C. (1993): Dual Class Shares: Are there return differences?, Journal of Business Finance and Accounting 20, S. 893-903.

Franks, Julian; Mayer, Colin (2001): Ownership and Control of German Corporations, Review of Financial Studies 14, S. 943-977.

Franks, Julian; Mayer, Colin; Volpin, Paolo; Wagner, Hannes F. (2012): The Life Cycle of Family Ownership: International Evidence, Review of Financial Studies 25, S. 1675-1712.

Frey, Kaspar; Hirte, Heribert (1989): Vorzugsaktionäre und Kapitalerhöhung, Der Betrieb 42, S. 2465-2469.

Fritzsche, Michael; Dreier, Peter; Verfürth, Ludger C. (2004): Kommentar zum Spruchverfahrensgesetz, Erich Schmidt Verlag, Berlin.

Fung, Hung-Gay; Lee, Wai; Leung, Wai Kin (2000): Segmentation of the A- and B-Share Chinese Equity Markets, Journal of Financial Research 23, S. 179-196.

Gardiol, Lucien; Gibson-Asner, Rajna; Tuchschmid, Nils S. (1997): Are liquidity and corporate control priced by shareholders? Empirical evidence from Swiss dual class shares, Journal of Corporate Finance 3, S. 299-323.

Gebhardt, Günther; Daske, Holger (2005): Kapitalmarktorientierte Bestimmung von risikofreien Zinssätzen in der Unternehmensbewertung, Die Wirtschaftsprüfung 58, S. 649-655.

Geldmacher, Detlef; Foit, Kristian (1999): Der Markt für Stimmrechte als Instrument einer verbesserten Managementkontrolle in Publikumsaktiengesellschaften, Working Paper Nr. 81, Mitteilungen und Berichte des Instituts für Bankwirtschaft und Bankrecht an der Universität zu Köln, Abteilung Bankwirtschaft.

Gerke, Wolfgang; Bank, Matthias (1999): Finanzierungsprobleme mittelständischer Unternehmen, Finanz Betrieb 1, S. 10-29.

Gerster, Max (1997): Stimmrechtsaktien, Verlag Schulthess, Zürich, zugl. Dissertation Universität Zürich.

Geßler, Ernst (1971): Besprechung des Großkommentars zum Aktiengesetz (Barz et. al.), Betriebs-Berater 26, S. 1015-1016.

Giesselmann, Marco; Windzio, Michael (2012): Regressionsmodelle zur Analyse von Paneldaten, Springer-Verlag für Sozialwissenschaften, Wiesbaden.

Girgensohn, Thomas; Calmbach, Jürgen (1980): Der Einfluß der Aktionärsstruktur auf die Kapitalerhöhungen deutscher Industrieaktiengesellschaften, Zeitschrift für Betriebswirtschaft 50, S. 426-440.

Glaser, Markus; Weber, Martin (2003): Momentum and Turnover: Evidence from the German Stock Market, Schmalenbach Business Review 55, S. 108-135.

Goergen, Marc; Manjon, Miguel C.; Renneboog, Luc (2008): Is the German system of corporate governance converging towards the Anglo-American model?, Journal of Management & Governance 12, S. 37-71.

Goetzmann, William N.; Spiegel, Matthew; Ukhov, Andrey (2003): Modeling and Measuring Russian Corporate Governance: The Case of Russian Preferred and Common Shares, NBER Working Paper No. W9469.

Gompers, Paul A.; Ishii, Joy; Metrick, Andrew (2010): Extreme Governance: An Analysis of Dual-Class Firms in the United States, Review of Financial Studies 23, S. 1051-1088.

Grafmüller, Frank (1994): Die Kommanditgesellschaft auf Aktien als geeignete Rechtsform für börsenwillige Familienunternehmen, Lang-Verlag, Frankfurt/M., zugl. Dissertation Universität Stuttgart.

Groß, Wolfgang (1993): Der Inhalt des Bezugsrechts nach § 186 AktG. Ein Beitrag zum gekreuzten und faktischen Bezugsrechtsausschluß, Die Aktiengesellschaft 38, S. 449-457.

Grossman, Sanford J.; Hart, Oliver D. (1980): Takeover bids, the free-rider problem, and the theory of the corporation, Bell Journal of Economics 11, S. 42-64.

Grossman, Sanford J.; Hart, Oliver D. (1988): One share – one vote and the market for corporate control, Journal of Financial Economics 20, S. 175-202.

Grundmann, Stefan; Möslein, Florian (2002): Die Golden Shares Grundsatzentscheidungen des Europäischen Gerichtshofs, Zeitschrift für Bank- und Kapitalmarktrecht 2, S. 758-765.

Gugler, K.; Kalss, S.; Stomper, A.; Zechner, J. (2001): The Separation of Ownership and Control in Austria, in Barca, F. et al. [Hrsg.]: The Control of Corporate Europe, Oxford University Press, Oxford.

Haase, Bernd (2009): Der Kampf gegen Pirelli, Hannoversche Allgemeine Zeitung vom 24.2.2009.

Habersack, Mathias (2015): Stellungnahme vom 29. April 2015 zum Entwurf eines Gesetzes zur Änderung des Aktiengesetzes (Aktienrechtsnovelle 2014), verfügbar unter URL https://www.bundestag.de/ausschuesse/ausschuesse18/a06/anhoerungen/Archiv/stellungnahmen/371890 (Abruf am 14.1.2019).

Hagelin, Niclas; Holmén, Martin; Pramborg, Bengt (2003): Dual Class Shares and Risk Management, Working Paper, School of Business, Stockholm University.

Hamann, Andreas (1962): Mehrstimmrecht und Grundgesetz, Die Aktiengesellschaft 7, S. 287-290.

Hansemann, David (1837): Die Eisenbahnen und deren Aktionäre in ihrem Verhältniß zum Staat, Renger'sche Verlagsbuchhandlung-Verlag, Leipzig und Halle.

Hanson, Robert C.; Song, Moon H. (1996): Ownership Structure and Managerial Incentives: The Evidence from annoul Acquisitions by Dual Class Firms owners, Journal of Business Finance and Accounting 23, S. 831-850.

Harbarth, Stephan; von Plettenberg, Hanno (2016): Aktienrechtsnovelle 2016: Punktuelle Fortentwicklung des Aktienrechts, Die Aktiengesellschaft 61, S. 145-156.

Harris, Milton; Raviv, Artur (1988): Corporate control contests and capital structure, Journal of Financial Economics 20, S. 55-86.

Hartmann-Wendels, Thomas; v. Hinten, Peter (1989): Marktwert von Vorzugsaktien, Zeitschrift für betriebswirtschaftliche Forschung 41, S. 263-293.

Hartmond, Anette (1993): Bewertung junger Aktien, Deutscher Universitäts-Verlag, Wiesbaden, zugl. Universität Augsburg.

Hauser, Shmuel; Lauterbach, Beni (2004): The Value of Voting Rights to Majority Shareholders: Evidence from Dual-Class Stock Unifications, Review of Financial Studies 17, S. 1167-1184.

Heaney, Richard; Holmen, Martin (2008): Family ownership and the cost of underdiversification, Applied Financial Economics 18, S. 1721-1737.

Heeren, Kai-Alexander (2008): Kapitalgeberschutz und hybride Finanzierungsinstrumente: risikoabhängiges Schutzinstrumentarium durch kapitalmarkt-, gesellschafts- und schuldrechtliche Regelungsmechanismen, Dissertation Universität Freiburg, Duncker & Humblot.

Henselmann, Klaus (2001): Zur Bewertung von Mehrstimmrechten: Stellungnahme zu einem Beitrag von Thomas Hering/Michael Olbrich in der zfbf (Februar 2001, S. 20-38), Zeitschrift für betriebswirtschaftliche Forschung 53, S. 723-725.

Hering, Thomas; Olbrich, Michael (2001a): Zur Bemessung der Abfindung nach § 5 EGAktG – Die Abschaffung von Mehrstimmrechtsaktien aus modelltheoretischer und empirischer Sicht, Die Wirtschaftsprüfung 54, S. 809-815.

Hering, Thomas; Olbrich, Michael (2001b): Zur Bewertung von Mehrstimmrechten, Zeitschrift für betriebswirtschaftliche Forschung 53, S. 20-38.

Hering, Thomas; Olbrich, Michael (2003): Der Wert der Mehrstimmrechte und der Fall „Siemens", Zeitschrift für Wirtschaftsrecht 24, S. 104-106.

Herzig, Norbert; Ebeling, Ralf M. (1989): Substanzsteuerliche Folgen der Börseneinführung stimmrechtsloser Vorzugsaktien, Die Aktiengesellschaft 34, S. 221-230.

Hillebrandt, Franca; Schremper, Ralf (2001): Analyse des Gleichbehandlungsgrundsatzes beim Rückkauf von Vorzugsaktien, Betriebs-Berater 56, S. 533-538.

Hintner, Otto (1941): Stimmrechtslose Vorzugsaktien, Die Betriebswirtschaft 34, S. 71-76.

Hoffmann-Burchardi, Ulrike (1999): Corporate governance rules and the value of control – A study of German dual-class shares, Discussion Paper Nr. 315, Financial Markets Group, London School of Economics.

Hoi, Chun-Keung; Robin, Ashok (2010): Agency Conflicts, Controlling Owner Proximity, and Firm Value: An Analysis of Dual-Class-Firms in the United States, Corporate Governance: An International Review 18, S. 124-135.

Horner, Melchior R. (1986): Ein Portfolio-Modell zur Erklärung des Preisabschlages der Namenaktien gegenüber den Inhaberaktien und Partizipationsscheinen, Schweizerische Zeitschrift für Volkswirtschaft und Statistik 1, S. 61-79.

Horner, Melchior R. (1988): The value of the corporate voting right: Evidence from Switzerland, Journal of Banking and Finance 12, S. 69-83.

Howell, Jason W. (2008): No More Share Classes: A Study of U.S: Dual Class Stock Unifications, Working Paper, University of Georgia.

Howell, Jason W. (2014): The survival of the U.S. dual class share structure, Journal of Corporate Finance forthcoming.

Howell, Jason W. (2017): The survival of the U.S. dual class share structure, Journal of Corporate Finance 44, S. 440-450.

Huber, Berthold (2008): Die historische Verantwortung für VW, in: FAZ vom 5.3.2008, S. 15, auch verfügbar unter http://www. igmetall.de, (Abruf am 14.1.2019).

Hüffer, Uwe (2001): Kommentar zu § 243 AktG, in Kropff, B. et al. [Hrsg.]: Münchener Kommentar zum Aktiengesetz, 1. Auflage, Verlag C.H. Beck, München.

Hüffer, Uwe (2002): Aktiengesetz: Beck'sche Kurzkommentare, 5. Auflage, Verlag C.H. Beck, München.

Hüffer, Uwe (2014): Aktiengesetz: Beck'sche Kurzkommentare (bearbeitet von Prof. Dr. Jens Koch), 11. Auflage, Verlag C.H. Beck, München.

Hwang, Soosung; Satchell, Stephen (2002): Calculating the misspecification in beta from using a proxy for the market portfolio, Applied Financial Economics 12, S. 771-781.

Iber, Bernhard (1987): Entwicklung der Aktionärsstruktur börsennotierter deutscher Aktiengesellschaften, Wissenschaftsverlag Vauk, Kiel.

Institutional Shareholder Services Europe, Shearman & Sterling LLP, European Corporate Governance Institute (2007): Report on the Proportionality Principle in the European Union – Proportionality Between Ownership and Control in EU Listed Companies, 18.5.2007.

Jann, Benn (2005): Diagnostik von Regressionsschätzungen bei kleinen Stichproben, Manuskript Universität Bern, verfügbar unter http://doi.org/10.7892/boris.69406 (akzeptierte Version: URL https://boris.unibe.ch/69406/2/diagnostik.pdf).

Jansen, Karsten; Kleimeier, Stefanie (2004): Motives for going private in Germany, Finanz Betrieb 6, S. 457-470.

Jaron, Martin (2011): Noise Trading in Stamm- und Vorzugsaktien, Kredit und Kapital 44, S. 105-128.

Jarrell, Gregg A.; Poulsen, Annette B. (1988): Dual-class recapitalizations as antitakeover mechanisms: The recent evidence, Journal of Financial Economics 20, S. 129-152.

Jaskiewicz, Peter; González, Víctor; Menéndez, Susana; Schiereck, Dirk (2005): Long-Run IPO Performance Analysis of German and Spanish Family-Owned Businesses, Family Business Review 18, S. 179-202.

Jensen, Michael C.; Meckling, William H. (1976): Theory of the firm: Managerial behavior, agency costs and ownership structure, Journal of Financial Economics 3, S. 305-360.

Jin, Kyuho; Park, Choelsoon (2015): Separation of Cash Flow and Voting Rights and Firm Performance in Large Family Business Groups in Korea, Corporate Governance: An International Review 23, S. 434-451.

Jog, Vijay M.; Riding, Allan L. (1986): Price Effects of Dual-Class Shares, Financial Analysts Journal 42, S. 58-67.

Jog, Vijay; Zhu, PengCheng; Dutta, Shantanu (2010): Impact of Restricted Voting Share Structure on Firm Value and Performance, Corporate Governance: An International Review 18, S. 415-437.

Jordan, Bradford D.; Kim, Soohyung; Liu, Mark H. (2016): Growth opportunities, short-term market pressure, and dual-class share structure, Journal of Corporate Finance 41, S. 304-328.

Jordan, Bradford D.; Liu, Mark H.; Wu, Qun (2014): Corporate payout policy in dual-class firms, Journal of Corporate Finance 26, S. 1-19.

Jubb, Guy (2007): Doppelstimmrechte ärgern Institutionelle noch immer, Börsenzeitung vom 30.6.2007.

Jung, Erich (1960): Die Vorzugsaktien mit vielfachem Stimmrecht: Ein Beitrag zur Aktienrechtsreform, (Selbstverlag), Mainz.

Kakuschke (1996): Marktorientierte Bewertung von Genußscheinen, Cuvillier, Göttingen, zugl. Dissertation Universität Köln.

Kalckreuth, Ulf von; Silbermann, Leonid (2010): Bubbles and incentives : a post-mortem of the Neuer Markt in Germany.

Kanders, Georg (1991): Bewertung von Genußscheinen, Duncker und Humblot, Berlin, zugl. Dissertation Universität Bonn.

Kaserer, Christoph; Moldenhauer, Benjamin (2006): Insider Ownership and Corporate Performance – Evidence from Germany, CEFS Working Paper No. 1/2005 (hier: Version März 2006), Technische Universität München.

Keinath, Ulrich (1957): Die Vorzugsaktie, zugl. Dissertation Universität Würzburg.

Kempf, Alexander; Korn, Olaf (1999): Preisprognosen mit Handelsvolumen, Financial Markets and Portfolio Management 13, S. 178-193.

Kempf, Alexander; Uhrig-Homburg, Marliese (2000): Liquidity and its Impact on Bond Prices, Schmalenbach Business Review 52, S. 26-44.

Khachaturyan, Arman; McCahery, Joseph A. (2007): European Union takeover regulation and the one-share one-vote controversy, in Gregoriou, G. et al. [Hrsg.]: Corporate Governance and Regulatory Impact on Mergers and Acquisitions, Academic Press, S. 163-189.

Kiem, Roger (1997): Die Stellung der Vorzugsaktionäre bei Umwandlungsmaßnahmen, Zeitschrift für Wirtschaftsrecht 18, S. 115.

Klein, Gabriele (1981): Vorzugsaktien in der Bundesrepublik Deutschland und den Vereinigten Staaten von Amerika: Darstellung und Vergleich, Dissertation Univ. zu Köln.

Kluth, Winfried (1997): Abschaffung von Mehrstimmrechtsaktien verfassungswidrig?, Zeitschrift für Wirtschaftsrecht 18, S. 1217-1223.

Koch, Jens (2015): Stellungnahme vom 3. Mai 2015 zur Aktienrechtsnovelle 2014 und Änderungsanträgen, verfügbar unter URL https://www.bundestag.de/ausschuese/aus schuesse18/a06/anhoerungen/Archiv/stellungnahmen/371890 (Abruf am 14.1.2019).

Köhler, Hans (1926): Die Behandlung der Vorzugsaktien in der Verordnung über die Goldbilanzen vom 28. Dezember 1923 und ihren Durchführungsverordnungen, Dissertation Universität zu Köln.

Kohler, Ulrich; Kreuter, Frauke (2012): Datenanalyse mit Stata, Oldenbourg Verlag, München.

Konschewski, Heinz (1921): Vorzugsaktie und Pluralstimmrecht, Dissertation Schlesische Friedrich-Wilhelms-Universität Breslau.

Körner, Adrian (2006): Die angemessene Gegenleistung für Vorzugs- und Stammaktien nach dem WpÜG, Lang-Verlag, Franfurt am Main, zugl. Dissertation Universität Frankfurt.

Krämer, Lutz Robert; Theiß, Simone (2003): Delisting nach der Macrotron-Entscheidung des BGH, Die Aktiengesellschaft 48, S. 225-242.

Krauel, Wolfgang; Weng, Björn (2003): Das Erfordernis von Sonderbeschlüssen stimmrechtsloser Vorzugsaktionäre bei Kapitalerhöhungen und Kapitalherabsetzungen, Die Aktiengesellschaft, S. 561-565.

Kriebel, Horst (1963): Mehr stimmrechtslose Vorzugsaktien?, Die Aktiengesellschaft 8, S. 175-178.

Kropff, Bruno [Hrsg.] (1965): Aktiengesetz vom 6.9.1965 mit Begründung des Regierungsentwurfes und Bericht des Rechtsausschusses des Deutschen Bundestags, Verlagsbuchhandlung des Instituts der Wirtschaftsprüfer, Düsseldorf.

Kruse, Henning (2001): Den Vorzugsaktien geht es jetzt an den Kragen / Einstieg bei „Auslaufmodellen" kann sich aber lohnen, WELT vom 2.3.2001.

Kruse, Hermann; Berg, Erik; Weber, Martin (1993): Erklären unternehmensspezifische Faktoren den Kursunterschied von Stamm- und Vorzugsaktien?, Zeitschrift für Bankrecht und Bankwirtschaft 5, S. 23-31.

Kuklinski, Jan; Lowinski, Felix; Schiereck, Dirk; Jaskiewicz, Peter (2005): The Stock Market Performance of German Family Firms, in Baier, D. et al. [Hrsg.]: Innovations in Classification, Data Science, and Information Systems: Proceedings of the 27th Annual Conference of the Gesellschaft für Klassifikation e.V., Brandenburgische Technische Universität, Cottbus, Springer-Verlag Berlin Heidelberg, S. 454-460.

Kunz, Roger M. (1996): Was beeinflusst den Wert des Aktienstimmrechts?, Financial Markets and Portfolio Management 10, S. 330-347.

Kunz, Roger M. (1998): Shareholder Value durch Financial Engineering, Verlag Paul Haupt, Bern, zugl. Habilitation Universität Basel.

Kunz, Roger M. (2002): Simplification of Equity Capital Structure and Market Value, Financial Markets and Portfolio Management 16, S. 30-52.

Kunz, Roger M.; Angel, James J. (1996): Factors Affecting the Value of the Stock Voting Right: Evidence from the Swiss Equity Market, Financial Management 25, S. 7-20.

Kunze, Dirk (2004): Positive Stimmpflichten im Kapitalgesellschaftsrecht, Dissertation Universität Bonn, Lang-Verlag.

Lattemann, Christoph; Klemens, Hartmut; Durica, Michael (2007): Travo-Projekt - Der Handel mit Aktionärsstimmrechten, Manuskript, Universität Potsdam / Eurex Frankfurt AG.

Laurent, Sandra (2003): Securities that Do the Deal: The Decision to Issue Preference Shares by UK Firms, Working Paper, University of the West of England, Bristol Business School, verfügbar unter https://ssrn.com/abstract=301984 (Abruf 14.1.2019).

Lauterbach, Beni; Yafeh, Yishay (2011): Long term changes in voting power and control structure following the unification of dual class shares, Journal of Corporate Finance 17, S. 215-228.

Lauterbach, Beni; Pajuste, Anete (2015): The long-term valuation effects of voluntary dual class share unifications, Journal of Corporate Finance 31, S. 171-185.

Lauterbach, Beni; Pajuste, Anete (2017): The Media and Firm Reputation Roles in Corporate Governance Improvements: Lessons from European Dual Class Share Unifications, Corporate Governance: An International Review 25, S. 4-19.

Lease, Ronald C.; McConnell, John J.; Mikkelson, Wayne H. (1983): The market value of control in publicly-traded corporations, Journal of Financial Economics 11, S. 439-471.

Lease, Ronald C.; McConnell, John J.; Mikkelson, Wayne H. (1984): The Market Value of Differential Voting Rights in Closely Held Corporations, Journal of Business 57, S. 443-467.

Lehn, Kenneth; Netter, Jeffry; Poulsen, Annette (1990): Consolidating corporate control: Dual-class recapitalizations versus leveraged buyouts, Journal of Financial Economics 27, S. 557-580.

Levy, Haim (1982): Economic Evaluation of Voting Power of Common Stock, Journal of Finance 38, S. 79-93.

Li, Ting; Zaiats, Nataliya (2017): Information environment and earnings management of dual class firms around the world, Journal of Banking & Finance 74, S. 1-23.

Lichtherz, Horst (1941): Die Vorzugsaktie ohne Stimmrecht nach dem Gesetz über Aktiengesellschaften und Kommanditgesellschaften auf Aktien vom 30. Januar 1937, Dissertations-Verlag G. H. Nolte, Düsseldorf, zugl. Dissertation an der Hohen Juristischen Fakultät der Universität Köln.

Liebi, Martin (2008): Vorzugsaktien: eine Darstellung nach gesellschaftsrechtlichen, bilanzierungsrechtlichen, steuerrechtlichen, rechtsgeschichtlichen, rechtsökonomischen, rechtsvergleichenden und corporate finance-Gesichtspunkten, Verlag Dike, Zürich, zugl. Dissertation Universität Zürich.

Lim, Lucy (2016): Dual-class versus single-class firms: information asymmetry, Review of Quantitative Finance and Accounting 46, S. 763-791.

Linciano, Nadia (2002): Non-voting shares and the value of control: The impact of corporate regulation in Italy, Working Paper, Consob.

Lorch, Bernhard (1993): Der börsenfähige aktienähnliche Genußschein, Eul-Verlag, Köln, zugl. Dissertation Universität Hohenheim.

Löwe, Henning; Thoß, Stefan (2002): Der Ausgleich für den Entzug von Mehrstimmrechten, Zeitschrift für Wirtschaftsrecht 23, S. 2075-2078.

Lutter, Marcus (1995): Kommentar zu §§ 222, 237 AktG, in Zöllner, W. [Hrsg.]: Kölner Kommentar zum Aktiengesetz (Band 5/1), 2. Auflage, Carl Heymanns Verlag, Köln.

Massari, Mario; Monge, Vittorio; Zanetti, Laura (2006): Control Premium in Legally Constrained Markets for Corporate Control: The Italian Case (1993-2003), Journal of Management & Governance 10, S. 77-110.

Maury, Benjamin; Pajuste, Anete (2011): Private Benefits of Control and Dual-Class Share Unifications, Managerial and Decision Economics 32, S. 355-369.

Maynes, Elizabeth (1996): Takeover Rights and the Value of Restricted Shares, Journal of Financial Research 19, S. 157-174.

McCahery, Joseph ; Vermeulen, Erik P. M. (2008): Corporate governance of non-listed companies, Oxford University Press, Oxford.

McConaughy, Daniel L.; Walker, Michael C.; Henderson Jr., Glenn V.; Mishra, Chandra S. (1998): Founding Family Controlled Firms: Efficiency and Value, Review of Financial Economics 7, S. 1-19.

McConnell, John J.; Servaes, Henri (1990): Additional evidence on equity ownership and corporate value, Journal of Financial Economics 27, S. 595-612.

McGuire, Sean T.; Wang, Dechun; Wilson, Ryan J. (2014): Dual Class Ownership and Tax Avoidance, The Accounting Review 89, S. 1487-1516.

Megginson, William L. (1990): Restricted Voting Stock, Acquisition Premiums, and the Market Value of Corporate Control, Financial Review 25, S. 175-198.

Meili, Friedrich (1874): Die Lehre der Prioritätsactien. Ein Beitrag zum Actienrechte, Commissionsverlag von Orell, Füssli & Co., Zürich.

Milde-Büttcher (1999): Mehrstimmrechte bei Kapitalerhöhungen aus AG-Gesellschaftsmitteln – Opfer der heißen Nadel des Gesetzgebers?, Betriebs-Berater 54, S. 1073-1075.

Milonas, Nikolaos T. (2000): Similarly Traded Securities : Greek Common vs. Preferred Stock, European Financial Management 6, S. 343-366.

Mittermeier, Martin (2014): Empty Voting – risikoentleerte Stimmrechtsausübung im Recht der börsennotierten Aktiengesesellschaft, Dissertation Humboldt-Universität zu Berlin, Verlag de Gruyter, Berlin.

Möllers, Thomas M. J. (2015): The takeover battle Volkswagen/Porsche: the Piëch-Porsche clan – Family clan acquires a majority holding in Volkswagen, Capital Markets Law Journal 10, S. 410-430.

Morck, Randall; Shleifer, Andrei; Vishny, Robert W. (1988): Management ownership and market valuation: An empirical analysis, Journal of Financial Economics 20, S. 293-315.

Morell, Alexander (2016): Gefahr erkannt, Gefahr gebannt? Ist eine Abfindung beim regulären Delisting aus Effizienzsicht überhaupt geboten?, Zeitschrift für Bankrecht und Bankwirtschaft 28, S. 67-88.

Moyer, R. Charles; Rao, Ramesh; Sisneros, Phillip M. (1992): Substitutes for Voting Rights: Evidence From Dual Class Recapitalizations, Financial Management 21, S. 35-47.

Müller, Mario; Schumacher, Oliver (1997): Krupp/Thyssen: Erstmals waren die Banken offen auf Seiten des Angreifers, DIE ZEIT vom 28. März 1997.

Münch, Christoph (1993): Der gekreuzte Bezugsrechtsausschluß im Recht der Aktiengesellschaft, Der Betrieb 46, S. 769-775.

Muravyev, Alexander (2009a): Investor Protection and Share Prices: Evidence from Statutory Rules Governing Variations of Shareholders' Class Rights in Russia, DIW Berlin Discussion Paper No. 865, http://dx.doi.org/10.2139/ssrn.1331367.

Muravyev, Alexander (2009b): Dual Class Stock in Russia: Explaining a Pricing Anomaly, Emerging Markets Finance and Trade 45, S. 21-43.

Muus, Christian K. (1998): Non-voting shares in France: An empirical analysis of the voting premium, Working Paper Nr. 22, Finance & Accountig, Universität Frankfurt (Main).

Nenova, Tatiana (2003): The value of corporate voting rights and control: A cross-country analysis, Journal of Financial Economics 68, S. 325-351.

Neumann, Robert (2003): Price Differentials between Dual-Class Stocks: Voting Premium or Liquidity Discount?, European Financial Management 9, S. 315-332.

Nguyen, Thuan; Xu, Li (2010): The Impact of Dual Class Structure on Earnings Management Activities, Journal of Business Finance & Accounting 37, S. 456-485.

Nicodano, Giovanna (1998): Corporate groups, dual-class shares and the value of voting rights, Journal of Banking and Finance 22, S. 1117-1137.

Niehoff, Karin (2016): Price Discovery in Voting and Non-Voting Stocks, Schmalenbach Business Review 17, S. 285-307.

Noack, Ulrich (2015): Stellungnahme vom 5. Mai 2015 zur Aktienrechtsnovelle 2014 und zu einer Regelung des sog. Delisting, verfügbar unter URL https://www.bundestag.de/ausschuesse/ausschuesse18/a06/anhoerungen/Archiv/ stellungnahmen/371890 (Abruf am 14.1.2019).

Nottmeier, Horst; Schäfer, Holger (1997): Praktische Fragen im Zusammenhang mit §§ 21,22 WphG, Die Aktiengesellschaft 42, S. 87-109.

Nüesch, Stephan (2016): Dual-class shares, external financing needs, and firm performance, Journal of Management & Governance 20, S. 525-551.

o.V. (1925): Die Statistik der Stimmrechts- und Vorzugsaktien (Vorläufiges Ergebnis), Wirtschaft und Statistik, S. 737-740.

o.V. (1927): Die Statistik der Stimmrechts- und Vorzugsaktien (Neue Bestandsaufnahme), Wirtschaft und Statistik 7, S. 635-637.

o.V. (1937a): Die Entwicklung der Mehrstimmrechtsverhältnisse bei den Aktiengesellschaften seit dem Jahre 1920, Wirtschaft und Statistik, S. 113-115.

o.V. (1937b): Die Entwicklung der Mehrstimmrechtsverhältnisse bei den Aktiengesellschaften seit dem Jahre 1920, Wirtschaft und Statistik 17, S. 113-115.

o.V. (1939): Der Umfang des Mehrstimmrechts bei den Aktiengesellschaften Ende 1938, Wirtschaft und Statistik, S. 666-667.

o.V. (1940): Wandelvorzugsaktien, Bank-Archiv 40, S. 271-272.

o.V. (2000): Dresdner plante feindliche Übernahme, Berliner Zeitung vom 26.08.2000, S. 37.

o.V. (2001): Jahrespressekonferenz des Deutschen Aktieninstituts, Die Aktiengesellschaft – Report, S. R167.

o.V. (2003a): Europa-Parlament beschließt abgeschwächte Übernahmerichtlinie, Financial Times Deutschland vom 16.12.2003.

o.V. (2003b): EU-Ministerrat versagt bei Übernahmerichtlinie, Financial Times Deutschland vom 19.5.2003.

o.V. (2005): Vorzug – Spekulation auf sterbende Aktiengattung, Rheinische Post vom 28.2.2005.

o.V. (2007a): WestLB verspekuliert sich im Eigenhandel, Börsen-Zeitung vom 6.4.2007.

o.V. (2007b): Wie beim Fußball (Interview mit Thilo Sarrazin), Wirtschaftswoche Nr. 37 vom 10.9.2007, S. 18.

o.V. (2008a): Der Rausschmeißer, Magazin „Inside B", Ausgabe 2/2008.

o.V. (2008b): VW zeitweise teuerstes Unternehmen der Welt, Tagesspiegel vom 28.10. 2008, abgerufen am 13.2.2017.

o.V. (2010a): Volkswagen-Aktie bricht ein (Handelsblatt online vom 23.3.2010), URL https://www.handelsblatt.com/finanzen/maerkte/aktien/details-zur-kapitalerhoehung-volkswagen-aktie-bricht-ein/3396620.html, (Abruf am 14.1.2019).

o.V. (2010b): Porsche und VW begraben das Kriegsbeil, Handelsblatt vom 11.8.2010.

o.V. (2014): Unternehmer-Nachfolge brennt auf den Nägeln, Remscheider General-Anzeiger, 15.12.2014.

o.V. (2016): Porsche und Piëch wollten Niedersachsen bei VW entmachten, Spiegel Online (http://www.spiegel.de/wirtschaft/unternehmen/porsche-und-piech-wollten-niedersachsen-bei-vw-entmachten-a-1093314.html), Abruf am 14.1.2019.

Ødegaard, Bengt Arne (2007): Price Differences between Equity Classes. Corporate Control, Foreign Ownership or Liquidity?, Journal of Banking & Finance 31, S. 3621-3645.

Oechsler, Jürgen (2001): Kommentar zu §§ 222, 237 AktG, in Kropff, B. et al. [Hrsg.]: Münchener Kommentar zum Aktiengesetz (7. Band), 1. Auflage, Verlag C. H. Beck, München.

Oechsler, Jürgen (2003): Kommentar zu § 71 AktG, in Kropff, B. et al. [Hrsg.]: Münchener Kommentar zum Aktiengesetz (2. Band), 2. Auflage, Verlag C. H. Beck, München.

Ogorek, Markus (2007): Anmerkungen zu BVerfG, Beschluss v. 28.8.2007 - 1 BvR 861/06 (keine Grundrechtsbeeinträchtigung durch Ausschluss stimmrechtsloser Vorzugsaktien von Squeeze-Out-Entscheidung), Entscheidungen zum Wirtschaftsrecht, S. 673-674.

Olbrich, Michael; Rapp, David (2011a): Die Wandlung von Vorzugsaktien in Stammaktien als Problem der Unternehmensbewertung, Wirtschaftsprüfung 64, S. 474-484.

Olbrich, Michael; Rapp, David (2011b): Zur Berücksichtigung des Börsenkurses bei der Unternehmensbewertung zum Zweck der Abfindungsbemessung – Besprechung des BGH-Beschlusses vom 19.7.2010 (II ZB 18/09), Deutsches Steuerrrecht 49, S. 2005-2007.

Ostler, Nicolas A. (2010): Stimmrecht ohne Beteiligungsinteresse: Erwerb und Ausübung des Aktienstimmrechts ohne das Vermögensinteresse an der Beteiligung, Dissertation Universität Frankfurt, Verlag Lang.

Otto, Hans-Jochen (1994): Die Verteilung der Kontrollprämie bei Übernahme von Aktiengesellschaften und die Funktion des Höchststimmrechts, Die Aktiengesellschaft 39, S. 167-175.

Pajuste, Anete (2005): Determinants and Consequences of the Unification of Dual-class Shares, ECB Working Paper No. 465, verfügbar im SSRN unter URL https://ssrn.com/abstract=469821.

Partch, M. Megan (1987): The creation of a class of limited voting common stock and shareholder wealth, Journal of Financial Economics 18, S. 313-339.

Passow, Richard (1922): Die Aktiengesellschaft: Eine wirtschaftswissenschaftliche Studie, 2. Auflage, Verlag Gustav Fischer, Jena.

Passow, Richard (1930): Der Strukturwandel der Aktiengesellschaft, Verlag Gustav Fischer, Jena.

Peemöller, Volker H.; Beckmann, Christoph; Meitner, Matthias (2005): Einsatz eines Nachsteuer-CAPM bei der Bestimmung objektivierter Unternehmenswerte – eine kritische Analyse des IDW ES 1 n.F., Betriebs-Berater 60, S. 90-96.

Pellens, Bernhard; Schmidt, André (2014): Verhalten und Präferenzen deutscher Aktionäre, Studie des Deutschen Aktieninstituts (Hrsg.).

Peltzer, Martin (1997): Die Abschaffung von Mehrstimmrechten und Stimmrechtsbeschränkungen im KonTraG-Entwurf, Die Aktiengesellschaft 42, S. S90-S99.

Polte, Marcel (2005): Aktiengattungen: eine rechtsvergleichende Untersuchung zum deutschen, US-amerikanischen und englischen Recht, Dissertation Universität Frankfurt a.M., Lang.

Pyszka, Tillmann (1997): Paketzuschlag nach § 11 Abs. 3 BewG bei der Bewertung von wesentlichen Beteiligungen an börsennotierten Aktiengesellschaften, Die Aktiengesellschaft 42, S. 461-470.

Raemisch, Walter (1923): Die Vorzugsaktie, Dissertation, Bayerische Julius-Maximilians-Universität Würzburg.

Rammert, Stefan (1998): Der vereinfachte Bezugsrechtsausschluß – eine ökonomische Analyse, Zeitschrift für betriebswirtschaftliche Forschung 50, S. 703-724.

Rapp-Jung, Barbara; Bartosch, Andreas (2009): Das neue VW-Gesetz im Spiegel der Kapitalverkehrsfreiheit – Droht wirklich ein neues Vertragsverletzungsverfahren?, Betriebs-Berater, S. 2210 ff.

Rapp, David (2012): Im Dax herrscht noch großes Wandlungspotenzial, Börsen-Zeitung vom 1.6.2012, S. 20.

Rasonyi, P. (2008): Milliardär Adolf Merckle hinter VW-Spekulationen?, Neue Zürcher Zeitung vom 18.11.2008, S. 270.

Rathenau, Walther (1918): Vom Aktienwesen: Eine geschäftliche Betrachtung, Fischer-Verlag, Berlin.

Realdon, Marco (2006): Revisiting cumulative preferred stock valuation, Finance Research Letters 3, S. 2-13.

Reckinger, Gabriele (1983): Vorzugsaktien in der Bundesrepublik, Die Aktiengesellschaft 28, S. 216-222.

Reischer, Bernhard (1925): Vorzugsaktien und Genußscheine, Veröffentlichungen des Banktechnischen Institutes für Wissenschaft und Praxis an der Hochschule für Welthandel Wien, Hölder-Pichler-Tempsky A.G., Wien.

Renner, Wolfgang (1999): Die Publikums-Aktiengesellschaft im Spannungsfeld von Markt- und Anreizstrukturen – Eine neo-institutionalistische Analyse, Springer-Verlag.

Ritzer-Angerer, Petra (2004): Angemessenheit von Barabfindungen beim Squeeze-out, Finanz Betrieb 6, S. 285-293.

Robinson, Chris; Rumsey, John; White, Alan (1996): Market Efficiency in the Valuation of Corporate Control: Evidence from Dual Class Equity, Canadian Journal of Administrative Sciences 13, S. 251-263.

Robinson, Chris; White, Alan (1990): Empirical Evidence on the Relative Valuation of Voting and Restricted Voting Shares, Canadian Journal of Administrative Sciences 7, S. 9-18.

Roitzsch, Frank; Wächter, Gerhard H. (2009): Gesellschaftsrechtliche Probleme des Finanzmarktstabilisierungsgesetzes, Deutsche Zeitschrift für Wirtschafts- und Insolvenzrecht 19, S. 1-8.

Ronge, Ulrich (2002): Die langfristige Rendite deutscher Standardaktien: Konstruktion eines historischen Aktienindex ab Ultimo 1870 bis Ultimo 1959, Lang-Verlag, Frankfurt/M., zugl. Dissertation Universität Würzburg.

Ross, Stephen A.; Westerfield, Randolph W.; Jaffe, Jeffrey F. (1996): Corporate Finance, 4 Auflage, Irwin.

Rothauge, Frank A.; Menkhoff, Lukas; Krahnen, Jan P. (1993): Kann Übernahmespekulation die Preisbildung von Vorzugsaktien erklären?, Die Bank 13, S. 239-244.

Rothauge, Frank A.; Schmitt, Erhard (1993): Vorzugsaktien: Ramsch oder Schnäppchen?, August 1993, Helaba Trust Beratungs- und Mangament GmbH (Hrsg.).

Röthlisberger, Alain P. (2000): Die Abschaffung von Stimmrechtsaktien, Schulthess, Zürich.

Ruge, Reinhard (2002): Goldene Aktien und EG-Recht, Europäische Zeitschrift für Wirtschaftsrecht 13, S. 421-424.

Rydqvist, Kristian (1992): Dual-Class Shares: A Review, Oxford Review of Economic Policy 8, S. 47-57.

Rydqvist, Kristian (1996): Takeover bids and the relative prices of shares that differ in their voting rights, Journal of Banking and Finance 20, S. 1407-1425.

Saenger, Ingo (1997): Mehrstimmrechte bei Aktiengesellschaften, Zeitschrift für Wirtschaftsrecht 18, S. 1813-1820.

Saint-Pierre, Josée; Gagnon, Jean-Marie; Saint-Pierre, Jacques (1996): Concentration of voting rights and board resistance to takeover bids, Journal of Corporate Finance 3, S. 45-73.

Saling, August (1871): Die Börsen-Papiere, Band 2, Haude & Spener, Berlin.

Schäcker, Hanns-Achim (1997): Börsenpreise von Genußscheinen, Verlag für Wissenschaft und Forschung, Berlin, zugl. Dissertation Universität Bayreuth.

Schieber, Dietmar; Schweizer, Thilo (2010): Varianten des Aktienbezugsrechts, Corporate Finance biz 2/2010, S. 100-105.

Schlegelberger, Franz (1926): Probleme des Aktienrechts (Vortrag, gehalten am 26. Oktober 1926 in der Studiengesellschaft für Währungs- und Finanzreform e.V. in Berlin; mit einer Erwiderung von Prof. Dr. Arthur Nußbaum, Berlin, und einem Schlußwort des Redners), G.A. Gloeckner Verlagsbuchhandlung, Leipzig.

Schlegelberger, Franz; Quassowski, Leo [Hrsg.] (1938): 1. Durchführungsverordnung zum Aktiengesetz vom 29. September 1937 (Ergänzungsband zum Kommentar zum Aktiengesetz), Verlag Franz Vahlen, Berlin.

Schlegelberger, Franz; Quassowski, Leo [Hrsg.] (1939): Aktiengesetz vom 30. Januar 1937 – Kommentar, 3. Auflage, Verlag Franz Vahlen, Berlin.

Schlitt, Michael; Winzen, Jan (2012): Die Kommanditgesellschaft auf Aktien (KGaA) – eine attraktive Rechtsform für börsennotierte Unternehmen?, Corporate Finance Law 6/2012, S. 261-273.

Schmalenbach, Eugen (1908): Die Vorzugsaktie, Zeitschrift für handelswissenschaftliche Forschung 2, S. 241-262.

Schmalenbach, Eugen (1928): Finanzierungen, 4. Auflage, G. A. Gloeckner Verlagsbuchhandlung, Leipzig.

Schmalenbach, Eugen (1950): Die Aktiengesellschaft, Westdeutscher Verlag, Köln und Opladen.

Schmalenbach, Eugen (1966): Die Beteiligungsfinanzierung (bearbeitet von Richard Bauer), 9. Auflage, Westdeutscher Verlag, Köln und Opladen.

Schmid, Markus M. (2009): Ownership structure and the separation of voting and cash flow rights – evidence from Switzerland, Applied Financial Economics 19, S. 1453-1476.

Schmidt, Reinhard H. (1981): Grundformen der Finanzierung – Eine Anwendung des neo-institutionalistischen Ansatzes der Finanzierungstheorie, Kredit und Kapital 14, S. 186-221.

Schmidt, Reinhard H. (1988): Neuere Property Rights-Analysen in der Finanzierungstheorie, in: Budäus, D. et al. [Hrsg.]: Betriebswirtschaftslehre und Theorie der Verfügungsrechte, Gabler Verlag, Wiesbaden, S. 239-268.

Schneider, Uwe H. (1991): Stimmrechtsbeschränkungen im amerikanischen Aktien- und Kapitalmarktrecht, in: Löwisch, M. [Hrsg.]: Beiträge zum Handels- und Wirtschaftsrecht (Festschrift für Fritz Rittner), Beck-Verlag, München, S. 613-627.

Schnell, Christian (2009): Die Vorzüge der Vorzüge, Handelsblatt vom 24.8.2009.

Schremper, Ralf (2002): Aktienrückkauf und Kapitalmarkt: eine theoretische und empirische Analyse deutscher Aktienrückkaufprogramme, Lang-Verlag, Frankfurt/Main, zugl. Dissertation Universität Bochum.

Schultz, Paul; Shive, Sophie (2010): Mispricing of dual-class shares: Profit opportunities, arbitrage, and trading, Journal of Financial Economics 98, S. 524-549.

Schulz, Anja (2006): Der Einfluss von Dividenden auf Aktienrenditen, Deutscher Universitäts-Verlag, Wiesbaden, zugl. Dissertation Humboldt-Universität zu Berlin.

Schulz, Anja; Stehle, Richard (2005): Empirische Untersuchungen zur Frage CAPM vs. Steuer-CAPM, Die Aktiengesellschaft – Sonderheft vom 20. November 2005, S. 22-34.

Schulz, Stephan (2002): Der Ausgleichsanspruch für erloschene und beseitigte Mehrstimmrechte gem. § 5 III EGAktG, Neue Zeitschrift für Gesellschaftsrecht 5, S. 996.

Schumacher, Hermann (1937): Die Entwicklung der inneren Organisation der Aktiengesellschaft im deutschen Recht bis zum Allgemeinen Deutschen Handelsgesetzbuch, Enke-Verlag, Stuttgart, zugl. Dissertation Universität Göttingen.

Schürmann, Walter (1995): Gründliche Vorbereitung von Kapitalerhöhungen – Emissionskonzept muß spätere Kapitalmaßnahmen berücksichtigen, Handelsblatt vom 20.4.95, S. 26.

Schwark, Eberhard (1993): Zur Rechtsposition der Mehrstimmrechtsaktionäre, in Bierich, M. [Hrsg.]: Festschrift für Johannes Semler zum 70. Geburtstag am 28. April 1993: Unternehmen und Unternehmensführung im Recht, De Gruyter, Berlin, S. 367-385.

Schwennicke, Andreas; Auerbach, Dirk (2009): Kreditwesengesetz (Kommentar), 1. Auflage, Verlag C. H. Beck, München.

Schwetzler, Bernhard (2003): Probleme der Multiple-Bewertung, Finanz Betrieb 5, S. 79-90.

Seifert, Udo (2006): Aktienrückkäufe in Deutschland – Renditeeffekte und tatsächliche Volumina, Deutscher Universitäts-Verlag, Wiesbaden, zugl. Dissertation Humboldt-Universität zu Berlin.

Seiler, Oliver; Wittgens, Jonas (2008): Sonderaktienrecht für den Finanzsektor – Kapitalerhöhungen nach dem Finanzmarktstabilisierungsgesetz, Zeitschrift für Wirtschaftsrecht, S. 2245-2255.

Seiwert, Martin (2010): Die Lehren aus der Debatte um den VW-Anteilsverkauf, Wirtschaftswoche, Ausgabe 5.8.2010.

Senger, Michael; Vogelmann, Axel (2002): Die Umwandlung von Vorzugsaktien in Stammaktien, Die Aktiengesellschaft 47, S. 193-214.

Shum, Connie M.; Davidson III, Wallace N.; Glascock, John L. (1995): Voting Rights and Market Reaction to Dual Class Common Stock Issues, Financial Review 30, S. 275-298.

Smart, Scott B.; Thirumalai, Ramabhadran S.; Zutter, Chad J. (2008): What's in a vote? The short- and long-run impact of dual-class equity on IPO firm values, Journal of Accounting and Economics 45, S. 94-115.

Smart, Scott B.; Zutter, Chad J. (2003): Control as a motivation for underpricing: a comparison of dual and single-class IPOs, Journal of Financial Economics 69, S. 85-110.

Smith, Brian F.; Amoako-Adu, Ben (1995): Relative Prices of Dual Class Shares, Journal of Financial and Quantitative Analysis 30, S. 223-239.

Staats, Stefan (2006): Fusionen bei Sparkassen und Landesbanken : eine Untersuchung zu den Möglichkeiten der Vereinigung öffentlich-rechtlicher Kreditinstitute, Duncker & Humblot, Berlin, zugl. Dissertation Universität München.

Stehle, Richard (1994): Eigenkapitalquoten und Fremdkapitalstruktur börsennotierter deutscher Aktiengesellschaften, Zeitschrift für Betriebswirtschaft 64, S. 811-837.

Stehle, Richard (1997): Der Size-Effekt am deutschen Aktienmarkt, Zeitschrift für Bankrecht und Bankwirtschaft 9, S. 237-260.

Stehle, Richard (2004): Die Festlegung der Risikoprämie von Aktien im Rahmen der Schätzung des Wertes von börsennotierten Kapitalgesellschaften, Die Wirtschaftsprüfung 57, Heft 17/2004, S. 906-927.

Stehle, Richard (2007): Den wahren Wert einer Aktie kennt nur der liebe Gott (Interview), Welt am Sonntag Nr. 44 (2.11.1997).

Stehle, Richard; Hartmond, Annette (1991): Durchschnittsrenditen deutscher Aktien 1954-1988, Kredit und Kapital 24, S. 371-411.

Stehle, Richard; Huber, Rainer; Maier, Jürgen (1996): Rückberechnung des DAX für die Jahre 1955 bis 1987, Kredit und Kapital 29, S. 277-304.

Stehle, Richard; Schmidt, Martin H. (2015): Returns on German Stocks 1954 to 2013, Credit and Capital Markets – Kredit und Kapital 48, S. 427-476.

Steinmeyer, Roland; Häger, Michael (2002): Kommentar zum Wertpapiererwerbs- und Übernahmegesetz, Erich-Schmidt-Verlag, Berlin.

Steuer, Helmut (2010): A- und B-Aktien: Zwei-Klassen-Gesellschaft in Schweden, Handelsblatt Online vom 2.4.2010.

Streeck, Wolfgang; Höpner, Martin (2003): Alle Macht dem Markt?, in Höpner, M. et al. [Hrsg.]: Alle Macht dem Markt? Fallstudien zur Abwicklung der Deutschland AG, Campus-Verlag, S. 11-59.

Stulz, Rene M. (1988): Managerial control of voting rights: Financing policies and the market for corporate control, Journal of Financial Economics 20, S. 25-54.

Tamowicz, Piotr ; Dzierzanowski, Maciej (2002): Ownership and Control of Polish Listed Corporations, Working Paper (SSRN), Gdansk Institute for Market Economics, http://dx.doi.org/10.2139/ssrn.386822.

Tautges, Marco (2015): Empty Voting und Hidden (Morphable) Ownership: Die Entkopplung des Stimmrechts des Aktionärs einer börsennotierten Aktiengesellschaft von der wirtschaftlichen Betroffenheit, Dissertation Universität Bonn, Duncker & Humblot.

Taylor, Stephen; Whittred, Greg (1998): Security design and the allocation of voting rights: Evidence from the Australian IPO market, Journal of Corporate Finance 4, S. 107-131.

Terbrack, Christoph; Wermeckes, Bernd (1998): Mehrstimmrechte bei Aktiengesellschaften – Ein Überblick aus aktuellem Anlaß, Deutsche Zeitschrift für Wirtschaftsrecht 8, S. 186-191.

Tinaikar, Surjit (2012): Voluntary disclosure and ownership structure: an analysis of dual class firms, Journal of Management & Governance 18, S. 373-417.

Töpfert, Norbert (1998): Aktionäre der Brauerei beschlossen beträchtliche Eigenkapitalerhöhung, Leipziger Volkszeitung vom 5.10.1998.

Trautvetter, Andreas (2011): Bedeutung der Eigenkapitalausstattung für den Mittelstand, HWWI Policy Paper 56, Hamburgisches Weltwirtschaftsinstitut.

Trölitzsch, Thomas (1993): Festlegung unterschiedlicher Ausgabekurse bei einem gekreuzten Bezugsrechtsausschluss, Der Betrieb 46, S. 1457-1459.

v. Godin, Reinhard (1950): Die kapitalmäßige Umgestaltung von Vorzugsaktien, Juristische Rundschau Juni 1950, S. 325-329.

v. Godin, Reinhard (1952a): Das Nachbezugsrecht stimmrechtsloser Vorzugsaktien, Der Betrieb 5, S. 1077-1078.

v. Godin, Reinhard (1952b): Nachbezug von Vorzugsdividende für Ausfalljahre der RM-Zeit, Der Betrieb 5, S. 1004-1006.

v. Müffling, Hanskarl Frhr. (1940): Höchst- und Mehrstimmrecht – Bedeutung und Grenzen ihrer Auswirkung nach dem neuen Aktiengesetz, Dissertation Schlesische Friedrich-Wilhelms-Universität zu Breslau.

Villalonga, Belen; Amit, Raphael (2010): Family Control of Firms and Industries, Financial Management 39, S. 863-904.

Vinaimont, Tom; Sercu, Piet (2008): Deviations from 'One Share, One Vote' Can Be Optimal: An Entrepreneur's Point of View One Share, One Vote?, Working Paper (SSRN), KU Leuven, http://dx.doi.org/10.2139/ssrn.302916.

Vins, Benjamin (2014): Die Ausgabe konkurrierender Vorzugsaktien bei der SE, Nomos Verlagsgesellschaft, zugl. Dissertation Universität Mannheim.

Vogl-Mühlhaus, Claudia (1998): Mehrstimmrechtsaktien – Historische Entwicklung, gegenwärtige Verbreitung und ökonomische Bedeutung, Peter Lang Verlag, Frankfurt, zugl. Dissertation Universität Würzburg.

Volhard, Rüdiger (2004): Kommentar zu §§ 139-141 AktG, in Kropff, B. et al. [Hrsg.]: Münchener Kommentar zum Aktiengesetz (4. Band), 2. Auflage, Verlag C. H. Beck, München.

Vollmer, Lothar (1991): Der Ausschluß des Bezugsrechts von Minderheitsaktionären auf Genußscheine und andere stimmrechtslose Titel, Der Betrieb 44, S. 1313-1318.

Wang, Qin; Yang, Hsiao-Fen (2015): Earnings announcements, trading volume, and price discovery: evidence from dual class firms, Review of Quantitative Finance and Accounting 44, S. 669-700.

Wasmann, Dirk (2002): Erlöschen und Beseitigung von Mehrstimmrechten nach § 5 EGAktG: Gerichtliche Prüfung des Ausgleichs im Spruchverfahren, Betriebs-Berater 57, S. 57.

Wasmann, Dirk; Glock, Jana (2014): Die FroSTA-Entscheidung des BGH – Das Ende der Macrotron-Grundsätze zum Delisting, Der Betrieb 17.1.2014, S. 105-109.

Weber, Adolf (1927): Die Vorzugsaktie vom Standpunkt der Kapitalanlage, Dissertation Universität Köln.

Weber, Martin; Berg, Erik; Kruse, Hermann (1992): Kurs- und Renditevergleich von Stamm- und Vorzugsaktien, Zeitschrift für betriebswirtschaftliche Forschung 44, S. 548-565.

Weiss, Gunther A. (2005): Kombinierte Kapitalerhöhung aus Gesellschaftsmitteln mit nachfolgender ordentlicher Kapitalherabsetzung – Instrument flexiblen Eigenkapitalmanagements der Aktiengesellschaft, Betriebs-Berater 60, S. 2697-2702.

Wenger, Ekkehard; Hecker, Renate (2004): Der Vorzugsaktionär als bevorzugtes Plünderungsopfer, in Dirrigl, H. et al. [Hrsg.]: Steuern, Rechnungslegung und Kapitalmarkt: Festschrift für Franz W. Wagner zum 60. Geburtstag, Deutscher Universitätsverlag, Wiesbaden, S. 265-295.

Wenger, Ekkehard; Knoll, Leonhard (2001): Aktionärsdemokratie, in Bühner, R. [Hrsg.]: Management-Lexikon, Verlag Oldenbourg, München, S. 26-30.

Winkler, Nina (2006): Das Stimmrecht der Aktionäre in der Europäischen Union, Verlag De Gruyter Recht, Berlin, zugl. Dissertation Humboldt-Universität zu Berlin.

Winzen, Jan (2014): Vorzugsaktie und KGaA - Instrumente zur Kontrollerhaltung bei der Eigenkapitalfinanzierung, Verlag Peter Lang, zugl. Dissertation Universität zu Köln.

Wirth, Gerhard; Arnold, Michael (2002): Umwandlung von Vorzugsaktien in Stammaktien, Zeitschrift für Unternehmens- und Gesellschaftsrecht 31, S. 859-897.

Witt, Carl-Heinz (2000): Mehrheitsregelnde Satzungsklauseln und Kapitalveränderungsbeschlüsse, Die Aktiengesellschaft 45, S. 345-353.

Wöhe, Günter; Bilstein, Jürgen (1991): Grundzüge der Unternehmensfinanzierung, 6. Auflage, Verlag Vahlen, München.

Wulff, Christian (2000): Kapitalmarktreaktionen auf Nennwertumstellungen, Deutscher Universitätsverlag, Wiesbaden, zugl. Dissertation Humboldt-Universität zu Berlin.

Zingales, Luigi (1994): The Value of the Voting Right: A Study of the Milan Stock Exchange Experience, Review of Financial Studies 7, S. 125-148.

Zingales, Luigi (1995): What Determines the Value of Corporate Votes?, Quarterly Journal of Economics 110, S. 1047-1073.

Zöllner, Wolfgang (1988): Kommentar zu § 12 AktG, in Zöllner, W. [Hrsg.]: Kölner Kommentar zum Aktiengesetz, Heymann-Verlag, Köln, S. 119-130.

Zöllner, Wolfgang (2002): Gerechtigkeit bei der Kapitalerhöhung, Die Aktiengesellschaft 47, S. 585-592.

Zöllner, Wolfgang; Hanau, Hans (1997): Die verfassungsrechtlichen Grenzen der Beseitigung von Mehrstimmrechten bei Aktiengesellschaften, Die Aktiengesellschaft 42, S. 206-219.

Zöllner, Wolfgang; Noack, Ulrich (1991a): One share – one vote? Stimmrecht und Kapitalbeteiligung bei der Aktiengesellschaft, Die Aktiengesellschaft 36, S. 117-131.

Zöllner, Wolfgang; Noack, Ulrich (1991b): Zulässigkeitsgrenzen des gesetzgeberischen Eingriffs in Gesellschaftsrechte: Verfassungsrechtliche Fragen der Beseitigung bestehender Höchst- und Mehrstimmenrechte, Die Aktiengesellschaft 36, S. 157-165

Verzeichnis der Urteile und Rechtsquellen

BayObLG (31.7.2002): Keine Barabfindung für Beseitigung von Mehrstimmrechten ohne fassbaren Vermögenswert, Az. 3Z BR 362/01, in: Betriebs-Berater (2003), S. 66-70.

BFH (9.3.1994): Ableitung des gemeinen Wertes der nichtnotierten Stammaktien vom Börsenkurs der Vorzugsaktien, Az. II R 39/90, in: Betriebs-Berater (1994), S. 1199-1201.

BFH (28.5.1997): Ableitung des gemeinen Werts nichtnotierter Stammaktien aus dem Börsenkurs von Vorzugsaktien – Bedenken gegen die von der Finanzverwaltung festgesetzten pauschalen Zuschläge, Az. II B 105/96, in: Betriebs-Berater (1997), S. 1988-1990.

BFH (21.4.1999): Gemeiner Wert an der Börse nicht notierter Stammaktien – Ableitung aus dem Börsenkurs von Vorzugsaktien – Höhere oder niedrigere Bewertung je nach Ausstattung, Az. II R 87/97, in: Der Betrieb (1999), S. 1736-1737.

BGH (8.10.1952): Nachbezugsrecht von Vorzugsdividenden für Ausfalljahre der RM-Zeit, Az. II ZR 313/51, in: BGHZ (7), S. 263.

BGH (20.3.1995): Treupflicht des Minderheitsaktionärs („Girmes AG"), Az. II ZR 205/94, in: BGHZ (1995), S. 136-177.

BGH (23.6.1997): Voraussetzungen des Bezugsrechtsausschlusses (Änderung der Rechtsprechung) „Siemens/Nold", Az. II ZR 132/93, in: Die Aktiengesellschaft (1997), S. 465-467.

BGH (12.3.2001): Dreimonatiger Referenzzeitraum für Ermittlung der angemessenen Abfindung ausscheidener Aktionäre („DAT/Altana"), Az. II ZB 15/00, in: Zeitschrift für Wirtschaftsrecht (2001), S. A 31 Nr. 68.

BGH (25.11.2002): Voraussetzungen des „Delisting" („Ingram Macrotron AG"), Az. II ZR 133/01, in: Die Aktiengesellschaft (2003), S. 273-276.

BGH (25.10.2005): Verfassungsmäßigkeit des Squeeze out, Az. II ZR 327/03, in: Betriebs-Berater (2005), S. 2651-2652.

BGH (8.6.2009): Kein Verstoß gegen Kapitalverkehrsfreiheit durch Entsenderechte in den Aufsichtsrat („ThyssenKrupp"), Az. II ZR 111/08, in: Zeitschrift für Wirtschaftsrecht Heft 33/2009, S. 1566 ff.

BGH (15.4.2010): Erlöschen unselbständiger Nachzahlungsansprüche im Insolvenzplanverfahren, Az. IX ZR 188/09, in: Zeitschrift für Wirtschaftsrecht (2010), S. 1039 ff.

BGH (19.7.2010): Ermittlung des Börsenwerts der Aktie für Barabfindung nach Squeezeout: Referenzzeitraum für Bestimmung des Durchschnittsbörsenkurses, Az. II ZB 18/09, in: Der Betrieb Heft 31/2010 vom 6.8.2010, , S. 1693-1697.

BGH (8.10.2013): Keine Barabfindung beim Delisting – Aufgabe der Macrotron-Rechtsprechung („Frosta"), Az. II ZB 26/12, in: Zeitschrift für Wirtschaftsrecht (2013), S. 2254.

BGH (29.9.2015): Zeitliche Anwendung von IDW-Bewertungsstandards in Spruchverfahren, Az. II ZB 23/14, in: Der Betrieb DB, Heft 9/2016 vom 4.3.2016, S. 520-521.

BVerfG (27.4.1999): Bestimmung der Abfindung ausscheidender Aktionäre unter Berücksichtigung des Börsenkurses („DAT/Altana"), Az. 1 BvR 1613/94, in: Zeitschrift für Wirtschaftsrecht (1999), S. 1436-1444.

© Springer Fachmedien Wiesbaden GmbH, ein Teil von Springer Nature 2019
S. Daske, *Vorzugsaktien in Deutschland*, Empirische Finanzmarktforschung/Empirical Finance, https://doi.org/10.1007/978-3-658-25776-7

BVerfG (29.11.2006): Berücksichtigung der Börsenkurse nach Bekanntgabe der Eingliederungsmaßnahme für Abfindung ausscheidender Aktionäre („Siemens/Nixdorf"), Az. 1 BvR 704/03, in: Zeitschrit für Wirtschaftsrecht, Heft 4/2017, S. 175-178.

BVerfG (28.8.2007): Keine verfassungsrechtlichen Bedenken gegen stimmrechtslose Vorzugsaktien und gegen Versagung des Stimmrechts bei Squeeze-out-Beschluss, Az. 1 BvR 861/06, in: Zeitschrift für Wirtschaftsrecht (2007), S. 1987.

BVerfG (11.7.2012): Widerruf der Börsenzulassung für den regulierten Markt auf Antrag des Emittenten berührt grundsätzlich nicht den Schutzbereich des Eigentumsgrundrechts des Aktionärs, Az. 1 BvR 1569/08, in: Der Betrieb v. 20.7.2012, S. 1618-1623.

BVerwG (28.2.1997): Ausnahme vom Verbot der Mehrstimmrechte nach Aktiengesetz, Az. 1 C 28.95, in: Neue Juristische Wochenschrift – Rechtsprechungsreport, S. 173-175.

EuGH (4.6.2002): Ausländerdiskriminierung beim Erwerb „Goldener Aktien" bei Privatisierungen in Portugal, Az. C-367/98, in: Europäische Zeitschrift für Wirtschaftsrecht (2002), S. 437-441.

EuGH (4.6.2002): Unzulässigkeit „Goldener Aktien" in privatisierten Unternehmen („Elf-Aquitaine"), Az. C-483/99, in: Europäische Zeitschrift für Wirtschaftsrecht (2002), S 433-437.

EuGH (4.6.2002): Zulässigkeit „Goldener Aktien", um die Sicherheit der Energieversorgung im Krisenfall zu gewährleisten (Belgien), Az. C-503/99, in: Europäische Zeitschrift für Wirtschaftsrecht (2002), S. 429-433.

EuGH (13.5.2003): Einführung von Sonderaktien (goldene Aktien) und Genehmigungsverfahren im Rahmen der Privatisierung staatlicher Unternehmen: Grundsätzliche Unvereinbarkeit mit dem freien Kapitalverkehr in der EU, Az. C-463/00, in: Der Betrieb, Heft 21/2003 vom 23.05.2003, S. 1160-1163.

EuGH (23.10.2007): VW-Gesetz verstößt gegen Kapitalverkehrsfreiheit, Az. C-122/05, in: Betriebs-Berater (2007), S. 2423 ff.

FG München (23.9.1997): Ableitung des gemeinen Werts nichtnotierter Stammaktien aus börsennotierten Vorzugsaktien zulässig – n. rkr., Az. 7 K 4/95, in: Deutsches Steuerrecht Entscheidungssammlung (1998), S. 140-141.

FinMin Baden-Württemberg (24.8.1998): Ableitung des Werts von Stammaktien aus dem Börsenkurs der Vorzugsaktien (§ 11 BewG, Abschn. 3 und 3a VStR), Az. 3 - S 3263/2, in: Deutsches Steuerrecht (1998), S. 1473.

FinMin Niedersachsen (25.5.1994): Ableitung des Werts nichtnotierter Aktien und Anteile aus dem Börsenkurs der Vorzugsaktien bzw. Stammaktien, Az. S3263 - 50 -34, in: Betriebs-Berater (1994), S. 1205.

FinMin Nordrhein-Westfalen (19.7.1990): Ableitung des Werts nichtnotierter Aktien/ Anteile an Kapitalgesellschaften aus dem Börsenkurs der Vorzugsaktien bzw. Stammaktien, Az. S 3263 - 54 - V A 4, in: Der Betrieb (1990), S. 1592.

FinMin Nordrhein-Westfalen (31.5.1994): Ableitung des Werts nichtnotierter Aktien und Anteile an Kapitalgesellschaften aus dem Börsenkurs der Vorzugsaktien bzw. Stammaktien, Az. S 3263 - 54 - V A 4, in: Der Betrieb (1994), S. 1447.

LG Dortmund (19.3.2007): Bewertungsstandard bei Spruchverfahren, Vor- und Nachsteuerbetrachtung, Identifizierung von Risikozuschlägen, Wertverhältnis von Stamm- und Vorzugsaktien, Az. 18 AktE 5/03, WM Wertpapier-Mitteilungen, S. 938-947.

LG Frankfurt/Main (25.4.1991): Wirksamkeit einer vereinfachten Kapitalherabsetzung auch ohne Zustimmung der betroffenen stimmrechtslosen Vorzugsaktionäre bei unverändertem prozentualen Dividendenabzug („coop"), Az. 3/11 O 179/89, in: Zeitschrift für Wirtschaftsrecht (1991), S. 1499-1503.

LG Hannover (27.11.2008): Europarechtswidrigkeit der Sperrminorität bei VW nur in Kombination mit Höchststimmrecht, Az. 21 O 61/08, in: Zeitschrift für Wirtschaftsrecht (2009), S. 666 ff.

LG Memmingen (12.2.2001): Beschluss über das Fortgelten von Mehrstimmrechten über den 1.7.2003 hinaus („Gruschwitz Textilwerke"), Az. 2H O 1748/00, in: Der Betrieb (2001), S. 1240-1241.

LG München I (14.9.2001): Barabfindung im Falle der Umwandlung vinkulierter Namensaktien mit beschränktem Mehrstimmenvorzug in nicht-vinkulierte Inhaberstammaktien ohne Stimmrechtsvorzug („Siemens") – n. rkr., Az. 5HK O 16369/99, in: Zeitschrift für Wirtschaftsrecht (2001), S. 1959-1962.

LG Tübingen (15.11.1990): Ausschluß des Bezugsrechts bestimmter Aktionäre bei Kapitalerhöhung – n. rkr., Az. 2 HO 116/89 und 174/89, in: Neue Juristische Wochenschrift – Rechtsprechungsreport (1991), S. 616-618.

Ober-Appelationsgericht zu Lübeck (31.5.1858): Wesen der Prioritätsactien. Unterschied von Prioritätsobligationen?, in: Zeitschrift für das gesammte Handelsrecht (1859), S. 155-165.

OLG Düsseldorf (10.6.2009): Bei Aufteilung des Unternehmenswerts auf Vorzugs- und Stammaktien ist die unterschiedliche Ausstattung der Aktien zu berücksichtigen, Az. I-26 W 1/07, in: Betriebs-Berater (2.7.2010), S. 1716.

OLG Düsseldorf (14.1.2005): Ausschluss von Minderheitsaktionären nach §§ 327a ff. AktG ist mit Art. 14 GG vereinbar, Az. I 16 U 59/04, in: Zeitschrift für Wirtschaftsrecht (2005), S. 44 ff.

OLG Düsseldorf (27.5.2009): Zur Feststellung risikogerechter Kapitalkosten bei der Unternehmensbewertung durch das Capital Asset Pricing Model als wichtigstes Modell, Az. I-26 W 5/07 (AktE), in: WM Wertpapier-Mitteilungen, S. 2220-2228.

OLG Düsseldorf (30.9.2009): Fortbestehen von Stimmrecht und Nachzahlungsanspruch stimmrechtsloser Vorzugsaktien bei Aufhebung des Insolvenzplanverfahrens, Az. I-6 U 166/08, in: Zeitschrift für Wirtschaftsrecht(2009), S. 2350 ff.

OLG Düsseldorf (22.6.2017): Vorzugsaktien bei Spaltung einer AG, Az. I-6 AktG 1/17, in: Die Aktiengesellschaft 24/2017, S. 900-910.

OLG Frankfurt/Main (23.12.1992): Kapitalherabsetzung und anschließende Kapitalerhöhung: Kein Erfordernis eines Sonderbeschlusses der stimmrechtslosen Vorzugsaktionäre, Az. 21 U 143/91, in: Der Betrieb (1993), S. 272-273.

OLG Frankfurt/Main (28.3.2014): Aktienrechtliches Spruchverfahren: Angemessenheit der für Minderheitsaktionäre zu gewährenden Barabfindung für Vorzugsaktien („Wella AG"), Az. 21 W 15/11, in: Zeitschrift für Wirtschaftsrecht (2014), S. 2138 ff.

OLG Hamburg (8.8.2003): Ausschluss von Minderheitsaktionäre („Volksfürsorge Holding AG"), Az. 11 U 45/03, in: Die Aktiengesellschaft (2003), S. 698-700.

OLG Karlsruhe (10.1.2006): Im Falle eines aufgelebten Stimmrechts kann bei der Bewertung von Vorzugsaktien ein Abschlag vom Wert der Stammaktien unter Umständen entfallen („ADITRON AG"), Az. 12 W 136/04, in: Neue Zeitschrift für Gesellschaftsrecht, Heft 17/2016, S. 670-671.

OLG Karlsruhe (28.8.2002): Gleichwertigkeit aktiengesetzlich geregelter Kapitalbeschaffungsmaßnahmen („MLP"), Az. 7 U 137/01, in: Neue Zeitschrift für Gesellschaftsrecht (2002), S. 959-966.

OLG Köln (20.9.2001): Keine willkürliche Diskriminierung von Stammaktionären durch Umwandlung von Vorzugs- in Stammaktien bei Ausgleich der Nachteile durch nachvollziehbare Vorteile für die Gesellschaft („Metro AG"), Az. 18 U 125/01, in: Zeitschrift für Wirtschaftsrecht (2001), S. 2049-2052.

OLG München (24.3.1993): Anforderungen an Bezugsrechtsausschluss bei Kapitalerhöhung im Wege des genehmigten Kapitals - n. rkr., Az. 7 U 3550/92, in: Der Betrieb (1993), S. 925-927.

OLG München (19.10.2006): Bemessung der Barabfindung im Spruchverfahren bei Vorzugsaktien mit Mehrstimmrechten, Az. 31 Wx 92/05, in: Die Aktiengesellschaft (2007), S. 287-292.

OLG München (26.10.2006): Bemessung der Barabfindung bei Squeeze-Out am Ertragswert trotz Beherrschungs- und Gewinnabführungsvertrag, Az. 31 Wx 012/06, in: Zeitschrift für Wirtschaftsrecht (2007), S. 375 ff.

OLG Stuttgart (11.2.1992): Stellung der Vorzugsaktionäre bei Kapitalerhöhungen („Hugo Boss AG"), Az. 10 U 313/90, in: Die Aktiengesellschaft (1993), S. 94-98.

OLG Stuttgart (17.3.2010): Zur Ermittlung des Unternehmenswerts einer beherrschten AG mit Ertragswertverfahren im Rahmen eines Squeeze-out, Az. 20 W 9/08, in: Betriebs-Berater (2010), S. 1716 ff.

OLG Stuttgart (23.1.1995): Selbständige und unselbständige Nachzahlungsrechte der Vorzugsaktionäre („Südmilch AG"), Az. 5 U 117/94, in: Die Aktiengesellschaft (1995), S. 283-284.

OVG Nordrhein-Westfalen (9.10.1995): Zulassung von Mehrstimmrechtsaktien: Anspruch eines Aktionärs auf Wiederaufgreifen des Genehmigungsverfahrens bzw. auf Aufhebung der Mehrstimmrechtsgenehmigung? - n. rkr., Az. 4 A 2986/93, in: Der Betrieb (1996), S. 202-204.

Reichsfinanzhof (31.10.1939), Az. I/77/37, in: Reichssteuerblatt (1940), S. 35.

Schleswig-Holsteinisches OLG (27.5.2004): Zulässigkeitsvoraussetzung der Ermächtigung des Vorstands zur Ausgabe von stimmrechtslosen Vorzugsaktien im Rahmen des genehmigten Kapitals, Az. 5 U 2/04, in: Der Betrieb (2004), S. 1492-1493.

Printed in Poland
by Amazon Fulfillment
Poland Sp. z o.o., Wrocław